DER **JUGEND**BROCKHAUS

Band 2

DER **JUGEND**BROCKHAUS

4., völlig neu bearbeitete Auflage

Zweiter Band GRO–PIA

F. A. BROCKHAUS Leipzig · Mannheim

Redaktionelle Leitung
Marianne Strzysch-Siebeck

Redaktionelle Bearbeitung
Dr. Stephan Ballenweg
Ursula Butzek
Dr. Dieter Geiß
Dr. Gernot Gruber
Hildegard Hogen M. A.
Jürgen Hotz M. A.
Dr. Renate Schmitt-Fiack
Birgit Staude M. A.
Johannes Ulrich Wening

Freie Mitarbeit
Dr. Katja Profes, Mainz

Typografisches Konzept
Iris Farnschläder, Hamburg

Umschlaggestaltung
Hans Helfersdorfer, Heidelberg

Herstellung
Nicole Rieser

Die Deutsche Bibliothek – CIP-Einheitsaufnahme
Ein **Titeldatensatz** für diese Publikation ist bei der Deutschen Bibliothek erhältlich.

Das Werk wurde in neuer Rechtschreibung verfasst.

Satz Bibliographisches Institut & F. A. Brockhaus Setzerei GmbH (PageOne, alfa Media Partner GmbH), Mannheim
Druck und Bindearbeit Franz Spiegel Buch GmbH, Ulm-Jungingen
Printed in Germany

Gesamtwerk ISBN 3-7653-2304-7
Band 2 ISBN 3-7653-2324-1

G

Grönland, mit 2 175 600 km² die größte Insel der Erde. Sie wird zum arktischen Nordamerika gerechnet und ist nur schwach besiedelt (56 100 Einwohner). Die Hauptstadt ist Godthåb im Südwesten der Insel. Das Innere Grönlands ist zum größten Teil mit Inlandeis bedeckt, das eine Dicke bis etwa 3 400 m erreicht; nur ein schmaler Küstenstreifen im Westen und Süden ist eisfrei. Die Küste ist stark gegliedert und durch tief greifende Fjorde zerklüftet, südlich 75° nördlicher Breite ist sie eisfrei. Die polaren Temperaturen im Norden liegen im Sommer nicht über 0 °C, im Winter bei – 30 °C und tiefer. Der Haupterwerbszweig der Grönländer, die aus Europäern und Eskimo hervorgegangen sind, ist die Fischerei (bis etwa 1920 war es die Robbenjagd). Abgebaut werden Blei- und Zinkerze.

Geschichte: Die Insel wurde um 900 von den Wikingern entdeckt. Ab 986 wurden auf Grönland von Island aus Siedlungen gegründet, um 1000 wurde es christianisiert. Die Kolonien waren zunächst selbstständig, gehörten ab 1261 zu Norwegen und Dänemark. 1815 wurde Grönland endgültig dänisch, 1979 erhielt es Selbstverwaltung.

Gropius, Walter, deutsch-amerikanischer Architekt und Industriedesigner, *Berlin 18. Mai 1883, †Boston (Massachusetts) 5. Juli 1969. Er gründete 1919 das →Bauhaus in Weimar und war bis 1928 dessen Direktor; 1933 emigrierte er nach London und lebte ab 1937 in den USA. In seiner streng geometrischen Architektur suchte Gropius Zweckmäßigkeit und Ausgewogenheit mit den jeweils neuesten technischen Standards zu verbinden.

Groschen, in Deutschland übliche Bezeichnung für Münzen seit dem 13. Jahrh.; seit dem 14. Jahrh. 1/21 bis zu 1/30 →Taler. Noch heute wird das Zehnpfennigstück oft Groschen genannt. In Österreich ist ein Groschen = 1/100 Schilling.

Großbritannien und Nordirland (Vereinigtes Königreich von Großbritannien und Nordirland), Königreich in Nordwesteuropa. Die Bevölkerung (81,5 % Engländer, ferner Schotten, Waliser, Iren) gehört überwiegend (57 %) der →anglikanischen Kirche an.
Politisch ist Großbritannien gegliedert in England, →Schottland, →Wales und →Nordirland; nicht zum Staatsgebiet werden die Außenbesitzungen gerechnet.
Im Süden der Hauptinsel liegen fruchtbare Ebenen und Hügelländer, im Westen die Mittelgebirge von Wales und Cornwall. Den Norden nehmen Mittelgebirge mit weiten Wiesen- und Weidegebieten ein. Höchster Berg ist der Ben Nevis (1 343 m). Die Küste ist stark gegliedert, ihr sind zahlreiche kleine Inseln vorgelagert. Das Klima ist ozeanisch, mit milden Wintern, kühlen Sommern, reichlichen Niederschlägen und häufiger Nebelbildung.
Nur noch 2 % der Erwerbstätigen sind in der Landwirtschaft beschäftigt; diese produzieren jedoch zwei Drittel des gesamten Nahrungsbedarfs des Landes (vor allem Milchwirtschaft und Viehhal-

Walter Gropius

Der aus Deutschland vertriebene **Walter Gropius** setzte aus der Ferne dem Bauhaus ein Denkmal: nach seinen Plänen wurde in den späten 1970er-Jahren das Bauhaus-Archiv am Berliner Landwehrkanal erbaut

Großbritannien und Nordirland
Fläche 244 101 km²
Einwohner 59,001 Mio.
Hauptstadt London
Amtssprache Englisch
Nationalfeiertag Offizieller Geburtstag des Monarchen
Währung 1 Pfund Sterling (£) = 100 New Pence (p)
Zeitzone MEZ –1 Std.

Großbritannien und Nordirland

Flagge

Wappen

tung, wobei die Schafzucht seit dem 12. Jahrh. zur Grundlage der englischen Wollindustrie wurde). Im Fischfang steht Großbritannien innerhalb der EG hinter Dänemark an zweiter Stelle.

Großbritannien ist der älteste moderne Industriestaat der Erde, der auf der Grundlage der Steinkohle- und Erzvorkommen entstand. Während traditionelle Industriebereiche wie Stahl, Schiffbau, Textilien- und Metallverarbeitung einen großen Bedeutungsverlust erlitten haben, zählen die chemische wie die Luft- und Raumfahrtindustrie zu den weltweit bedeutendsten. In der Nordsee fördert Großbritannien seit 1967 Erdgas und seit 1975 Erdöl. Wichtigster Wirtschaftsbereich ist jedoch der Dienstleistungssektor. Das Land ist ein internationales Finanzzentrum und verfügt über den größten Versicherungsmarkt. Die günstige Lage zur Mitte Europas, seine Bedeutung als atlantische Gegenküste Nordamerikas und die große Anzahl ausgezeichneter Naturhäfen machten Großbritannien und Nordirland zu einem Zentrum des Weltverkehrs.

Geschichte: Die Britischen Inseln waren bereits in der Altsteinzeit besiedelt; im Süden Englands liegt mit der Anlage von Stonehenge (um 3000 v. Chr.) ein bedeutendes Zeugnis der Megalithkultur. Nach verschiedenen regional unterschiedlichen Kulturen der Jungsteinzeit und der Bronzezeit lassen sich bis ins 1. Jahrh. v. Chr. Einwanderungen keltischer Stämme nachweisen. 55 v. Chr. landete Cäsar in Britannien, 43 n. Chr. wurde der Südostteil unter dem Namen »Britannia« römische Provinz. Die Einwanderung von Angeln, Jüten und Sachsen um 470 führte zur Gründung von sieben, seit dem 7. Jahrh. christianisierten Reichen, die im 9. Jahrh. vereint wurden. Anfang des 11. Jahrh. war das Land Teil eines skandinavischen Großreichs.

Nach dem Sieg des Normannenherzogs Wilhelm (später »der Eroberer« genannt) bei Hastings 1066 begann die Herrschaft des normannischen Königshauses, das enge Bindungen an die Normandie und die französische Kultur bewahrte. Heinrich II. (1154–89 auf dem Thron) aus dem Haus Anjou-Plantagenet gewann durch Erbschaft und Heirat große Teile im Westen Frankreichs als französisches Lehen (Angevinisches Reich); er begann die Unterwerfung Irlands und geriet bei der Abgrenzung königlicher und kirchlicher Rechte in Konflikt mit Thomas Becket (1118–70), dem Erzbischof von Canterbury.

1215 musste König Johann Ohneland dem englischen Adel in der Magna Charta Mitspracherechte einräumen. König Eduard I. (1272–1307) eroberte 1284 Wales (seit 1301 Titel »Prince of Wales« für den englischen Thronfolger), vorübergehend auch Schottland. Im Hundertjährigen Krieg (1339–1453) verlor England nach anfänglichen Erfolgen fast alle Besitzungen auf dem Festland; nur die Stadt Calais wurde bis 1558 gehalten. 1485 beendete Heinrich VII. aus dem Haus Tudor die →Rosenkriege. Unter Heinrich VIII. (1509–47) kam es 1534 zur Gründung einer von Rom unabhängigen Staatskirche.

Unter Königin Elisabeth I. (1558–1603) wurden die Grundlagen des Aufstiegs Englands zur See- und Kolonialmacht gelegt – gegen Widerstände Spaniens, der katholische Vormacht Europas, deren Flotte (Armada) die Engländer 1588 besiegten, und Schottlands unter Maria Stuart.

Jakob I. (1603–25) aus dem schottischen Haus Stuart vereinigte England, Schottland und Irland zum Königreich Großbritannien und Irland. Unter den Stuarts (1603–1714) kam es zu heftigen Kämpfen zwischen König und Parlament, die schließlich zur Hinrichtung Karls I. (1649) und zur Errichtung einer Republik unter Oliver →Cromwell führten. Mit Karl II. wurde das Königtum wiederhergestellt (1660) und die koloniale Ausweitung vorangetrieben. Als sich der katholische König Jakob II. durch seine Rekatholisierungsbemühungen missliebig machte, riefen seine Gegner den protestantischen Prinzen Wilhelm III. von Oranien nach England;

Jakob floh und wurde abgesetzt (Glorreiche Revolution 1688/89). Wilhelm III. von Oranien (1689–1702) und seine Gemahlin Maria (1689–94), die gemeinsam regierten, unterzeichneten 1689 die Bill of Rights (= Gesetz der [Grund]rechte), die dem Parlament wesentliche Rechte zusicherte und damit zur Grundlage des parlamentarischen Königtums wurde. 1707 bildeten England und Schottland mit der Vereinigung ihrer Parlamente den Staat Großbritannien.

1714 fiel die Königswürde durch Erbfolge an den Kurfürsten von Hannover, der als Georg I. (1714–27) Großbritannien und Hannover in Personalunion verband. Während des Spanischen Erbfolgekrieges und des Siebenjährigen Krieges gelang es Großbritannien, seinen Kolonialbesitz in Nordamerika wesentlich zu erweitern (vor allem auf Kosten Frankreichs); gleichzeitig eroberte es Indien. Damit wurde es zur stärksten Kolonial- und Wirtschaftsmacht der Erde und nahm die unbestrittene Herrschaft auf

den Meeren ein. Allerdings lösten sich im Unabhängigkeitskrieg (1775–83) die nordamerikanischen Kolonien – außer Kanada – vom Mutterland.
Der Kampf gegen das revolutionäre Frankreich und gegen Napoleon I. brachte weitere Gewinne (Malta, Ceylon, das Kapland, Helgoland u. a.); die Seesiege von Abukir und Trafalgar (durch Admiral Nelson) sowie die Vernichtung der dänischen Flotte 1807 (zur Abwehr der von Napoleon verfügten Seeblockade) sicherten die britische Seeherrschaft.
Die Parlamentsreform von 1832, die u. a. zu einer Verdoppelung der Anzahl der Wahlberechtigten führte, setzte die Entwicklung zum parlamentarisch regierten Staat in Gang; in der Folgezeit stabilisierte sich das Zweiparteiensystem (Konservative und Liberale, später Labour Party). In der langen Regierungszeit Königin Viktorias (1837–1901) vollzog sich in Großbritannien der endgültige Durchbruch der Industrialisierung, verbunden mit dem allmählichen Erstarken der Arbeiterbewegung. Im Zeitalter des Imperialismus beteiligte sich Großbritannien an der Aufteilung Afrikas.
Mit Eduard VII. (1901–10) bestieg das Haus Sachsen-Coburg (seit 1917 Haus Windsor genannt) den Thron. Die Entente cordiale mit Frankreich (1904) setzte der traditionellen Bündnisfreiheit (»splendid isolation«) ein Ende. Der Sieg über die Mittelmächte im Ersten Weltkrieg und der Gewinn von Gebieten, die Großbritannien im Auftrag des Völkerbundes zu verwalten hatte (Mandatsgebiete), ging mit der schrittweisen Umwandlung des britischen Weltreichs (Empire) in das Commonwealth of Nations einher. 1921 entließ Großbritannien den größten Teil Irlands (mit Ausnahme Nordirlands) aus dem britischen Staatsverband.
Zwischen den beiden Weltkriegen betrieb Großbritannien eine Politik des Ausgleichs zwischen Frankreich und Deutschland. Nach vorübergehender Beschwichtigungspolitik gegenüber den Achsenmächten (Münchner Abkommen 1938) erklärte Großbritannien 1939 nach dem deutschen Einfall in Polen Deutschland den Krieg.
Trotz des mit den Alliierten errungenen Sieges leitete der Zweite Weltkrieg mit der Verselbstständigung der Kolonien (u. a. 1947 Indien) den Prozess der Auflösung des Empires ein. Sozialpolitische Reformen und die enge außenpolitische Zusammenarbeit mit den USA kennzeichneten die unmittelbare Nachkriegszeit. Seit 1952 ist Elisabeth II. Königin.
Häufigen Regierungswechseln zwischen den Konservativen und der Labour Party folgten nachhaltige innenpolitische Kurswechsel. Als schwere Belastung erwiesen sich die 1969 offen ausgebrochenen bürgerkriegsähnlichen Unruhen in →Nordirland, die 1974 zur Übernahme der direkten Regierungsgewalt in diesem Landesteil durch die britische Regierung führten (bis 1999).
Die Hinwendung Großbritanniens zum europäischen Kontinent dokumentierte sich im Beitritt zur EG (1973). Margaret Thatcher, 1979–90 Premierministerin, verband eine zum Teil erfolgreiche, extrem am Markt ausgerichtete Wirtschaftspolitik mit einer betont nationalistischen Außenpolitik, die im Falkland-Konflikt (1982) und einer skeptischen Haltung gegenüber der europäischen Einigung gipfelten. Tony Blair, der nach dem besten Wahlergebnis in der Geschichte der Labour Party 1997 Premierminister wurde, leitete eine grundlegende Modernisierung seiner Partei und der innenpolitischen Strukturen des Landes ein; außenpolitisch strebt er eine Annäherung Großbritanniens an die Europäische Union an.

■ **Größe** →Helligkeit.

■ **Großer Bär** (lat. Ursa Maior), das bekannteste →Sternbild des nördlichen Himmels. Die sieben auffälligsten Sterne werden auch **Großer Wagen** genannt.

■ **Großer Belt** →Belt.

■ **Großer Kurfürst,** Beiname des brandenburgischen Kurfürsten →Friedrich Wilhelm.

■ **Großer Ozean** →Pazifischer Ozean.

■ **Großer Wagen** →Großer Bär.

■ **Große Seen** (engl. Great Lakes), die fünf großen, zusammenhängenden Seen der USA und Kanadas: →Oberer See, →Michigansee, →Huronsee, →Eriesee und →Ontariosee.

■ **Großglockner,** höchster österreichischer Berg (3 798 m) und zugleich höchste Erhebung der Hohen Tauern. Östlich des Großglockners verläuft die 47,8 km lange Großglockner-Hochalpenstraße, eine 1930–35 erbaute Nord-Süd-Verbindung zwischen Salzburg und Kärnten. Der Großglockner wurde 1800 erstmals erstiegen.

■ **Großstadt,** in der Statistik eine Stadt mit mehr als 100 000 Einwohnern.

■ **Großvenediger,** stark vergletschertes Bergmassiv (3 666 m) in den Hohen Tauern (Österreich). Der Großvenediger wurde 1841 erstmals erstiegen.

■ **grotesk** [griech.], absonderlich, fantastisch wirkend. Eine Erzählform des Widersprüchlichen sowie ein fantastisch geformtes Tier- und Pflanzenornament werden als **Groteske** bezeichnet.

■ **Grundbuch,** das öffentliche Verzeichnis aller Grundstücke eines Amtsgerichtsbezirks. In der Regel ist für jedes Grundstück ein Grundbuchblatt angelegt, auf dem alle Angaben über Lage, Größe, Ei-

Grundgesetz

In der Aula der Pädagogischen Akademie in Bonn wurde am 23. Mai 1949 das Grundgesetz verkündet und unterzeichnet, das der Parlamentariche Rat in neunmonatiger Arbeit geschaffen hatte. Dieser Tag gilt als Gründungsdatum der Bundesrepublik Deutschland.

Dabei griff der Parlamentarische Rat bewusst nicht auf den Namen »Deutsches Reich« zurück – zu frisch war die Erinnerung an die Untaten die während zwölf Jahren in diesem Namen begangen worden waren und zu groß war die Gefahr, dass dieser Name den Blick auf die neue Wirklichkeit vernebeln könnte. Es war also ein neuer Name zu finden, und dieser Name ist Bundesrepublik Deutschland.

Zum In-Kraft-Treten des Grundgesetzes bedurfte es sowohl der Genehmigung der (westlichen) Allierten, die unter Vorbehalten am 12. Mai 1949 erteilt wurde, als auch der Zustimmung durch zwei Drittel der Länderparlamente, die ebenfalls erfolgte; nur Bayern stimmte dagegen.

gentumsverhältnisse, Belastungen (z. B. →Hypotheken) und Wegerechte verzeichnet sind. Jeder, der ein berechtigtes Interesse nachweist, kann das Grundbuch einsehen.

■ **Gründerjahre** (Gründerzeit), die der Gründung des Deutschen Reiches (1871) folgenden Jahre bis etwa 1890, in denen sich in Deutschland die industrielle Revolution durchsetzte und es zu zahlreichen wirtschaftlichen Neugründungen kam. – Die rege Bautätigkeit, die sich auch in den 1890er-Jahren fortsetzte, ist vom Historismus geprägt.

■ **Gründgens,** Gustaf, deutscher Schauspieler, Regisseur und Intendant, *Düsseldorf 22. Dezember 1899, †Manila 7. Oktober 1963. Seine berühmteste Theaterrolle war die des Mephisto in Goethes »Faust«; er spielte auch in Filmen und drehte eigene Filme. Seine eigenwilligen Theaterinszenierungen setzten neue Maßstäbe.

■ **Grundgesetz,** traditionell ein verfassungsrechtlich besonders bedeutsames Gesetz (keine vollständige Verfassung). Die Bezeichnung »**G**rund**g**esetz« (Abkürzung **GG**) erhielt auch die am 23. Mai 1949 verkündete, aufgrund der deutschen Teilung damals nur als provisorisch erachtete Verfassung, in der die Grundzüge des politischen Systems der Bundesrepublik Deutschland geregelt sind.

■ **Grundrechenarten** →Addition, →Subtraktion, →Multiplikation, →Division.

■ **Grundrechte** →Menschenrechte.

■ **Grundriss,** maßstabgerechte Zeichnung, waagerechter Schnitt eines Bauwerkes.

■ **Grundschule,** die gemeinsame Pflichtschule für alle Kinder ab vollendetem 6. Lebensjahr (vorzeitige Einschulung oder Rückstellung ist möglich), die mit der Weimarer Verfassung 1920 eingeführt wurde.

Die Grundschule gliedert sich in die Eingangsstufe (Klassen 1 und 2) sowie in die Grundstufe (Klassen 3 und 4). Im Vordergrund des Unterrichts steht die Vermittlung der so genannten Kulturtechniken: Schreiben, Lesen und Rechnen.

Der Übergang in die weiterführenden Schulen (→Hauptschule, →Realschule, →Gymnasium) folgt teils nach dem 4. Schuljahr, teils nach dem Besuch einer Orientierungsstufe (Klassen 5 und 6). Die →Gesamtschule beginnt nach dem 4. Schuljahr mit differenzierten Leistungskursen.

■ **Grundstufe** →Adjektiv.

■ **Grundvertrag** (Grundlagenvertrag), Kurzbezeichnung für den Vertrag zwischen der Bundesrepublik Deutschland und der DDR vom 21. Dezember 1972, der den gutnachbarlichen Beziehungen zueinander auf der Grundlage der Gleichberechtigung dienen sollte. Die Vertragspartner bekräftigten die Unverletzlichkeit der Grenze zwischen beiden Staaten und akzeptierten die beiderseitige Unabhängigkeit und Selbstständigkeit. Sie versicherten ihre Bereitschaft, praktische und humanitäre Fragen (z. B. Reiseerleichterungen) zu regeln und vereinbarten den Austausch ständiger Vertretungen. Zu dem Vertrag gehören mehrere Erklärungen, u. a. der »Brief zur deutschen Einheit« der Bundesregierung, in dem das politische Ziel der Wiedervereinigung bekräftigt wird.

■ **Grundwasser,** Wasser, das durch Versickerung der Niederschläge oder aus Seen und Flüssen

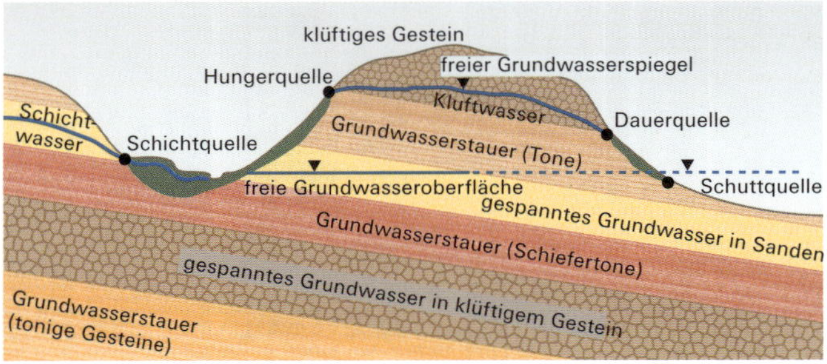

Das **Grundwasser** füllt die Hohlräume der lockeren Erde und die Zwischenräume in klüftigen Gesteinen wie Sand oder Kies; an der Erdoberfläche bildet das Grundwasser Quellen – Quellen, die nur in besonders nassen Jahren Wasser führen, nennt man Hungerquellen, und diejenigen, deren eigentlicher Quellaustritt durch Hangschutt verdeckt ist, Schuttquellen; wird das Grundwasser oben von einer undurchlässigen Schicht begrenzt, so steht es unter Druck und wird deshalb in Unterscheidung zum freien Grundwasser gespanntes Grundwasser genannt, das unter anderem in artesischen Brunnen zutage tritt

in die Erd- und Gesteinsschichten gelangt ist. Das Grundwasser sammelt sich in Grundwasserträgern und fließt dem Gefälle folgend ab. Je nach dem Aufbau des Untergrundes tritt es in Quellen aus, bildet Seen, Sümpfe und Moore oder wird durch Brunnen gefördert. Der **Grundwasserspiegel** ist die Grenzfläche zwischen lufthaltigem und wassergesättigtem Erdboden.

■ **Grundzahl,** *Mathematik:* **1)** →Kardinalzahlen.
2) die Basis einer →Potenz, das heißt diejenige Zahl, die mit sich selbst multipliziert werden soll. Bei der Potenz 3^7 ist die Zahl 3 die Grundzahl.

■ **Grüne** (Die Grünen), politische Partei in der Bundesrepublik Deutschland Sie bildete sich Anfang 1980 durch Zusammenschluss regionaler Gruppen (»grüne Listen«, »bunte Listen«, »alternative Listen«). Mit ihren Grundwerten »ökologisch – sozial – basisdemokratisch – gewaltfrei« strebten sie eine umwelt- und sozialverträgliche Produktionsweise an und forderten eine aktive Friedenspolitik. Die Grünen waren 1983–90 im Deutschen Bundestag vertreten.
Im Zuge der gewaltfreien Revolution 1989/90 entstand auch in der DDR eine **Grüne Partei,** die nach der Volkskammerwahl vom 18. März 1990 mit den im »Bündnis 90« zusammengeschlossenen Bürgerrechtsbewegungen eine gemeinsame Fraktion bildete und sich mit ihnen im August 1990 zum **Bündnis 90/Grüne** zusammenschloss. Das Bündnis errang bei der ersten gesamtdeutschen Bundestagswahl am 2. Dezember 1990 (mit einmalig veränderter Fünfprozentklausel) 5,9 % der Stimmen im Wahlbereich Ost und verfügte über eine parlamentarische Gruppe im Bundestag (bis 1994).
Nachdem sich 1991 die Grünen auf gesamtdeutscher Ebene vereinigt hatten, schlossen sich 1993 Bündnis 90 und Die Grünen zur Partei **Bündnis 90/Die Grünen** zusammen. Diese Partei ist seit 1994 im Deutschen Bundestag vertreten und trägt seit 1998 in Koalition mit der SPD die Regierungsverantwortung in Deutschland.

■ **Grünewald,** Matthias, deutscherMaler, *Würzburg um 1460–80, †Halle (Saale) vor dem 1. 9. 1528. Sein Werk spiegelt wie das Dürers und Cranachs den Umbruch vom Mittelalter zur Neuzeit. Am bekanntesten ist der Isenheimer Altar (1512–16, heute in Colmar).

Mit seinem Hauptwerk, dem Isenheimer Altar, schuf **Matthias Grünewald** einen Wandelaltar, der je nach Stellung der Flügel drei verschiedene Ansichten erlaubt. Die Haupttafel zeigt die »Kreuzigung Christi«

■ **Grünspan,** ein Gemenge von grünen bis blauen Kupferacetaten (Salzen der Essigsäure). Es sind giftige chemische Verbindungen, die sich u. a. beim Kochen von essigsäurehaltigen Früchten oder Fruchtsäften in kupferhaltigen Gefäßen (dazu gehört auch Messinggeschirr) bilden. Fälschlicherweise wird Grünspan auch mit →Patina gleichgesetzt.

■ **Gruppe 47,** eine 1947 von dem Schriftsteller Hans Werner Richter in München begründete lose Vereinigung deutschsprachiger Autoren, die nach

Guatemala
Fläche 108 889 km²
Einwohner 12,336 Mio.
Hauptstadt Guatemala
Amtssprache Spanisch
Nationalfeiertag 15. 9.
Währung 1 Quetzal (Q) = 100 Centavos (cts)
Zeitzone MEZ–7 Std.

den Erfahrungen in Nationalsozialismus und Krieg die (auch politische) Verantwortung des Schriftstellers in der Gesellschaft betonten. Zur Gruppe 47, die sich 1977 auflöste, gehörten u.a. Günter Grass, Heinrich Böll und Ingeborg Bachmann.

■ **Gryphius,** Andreas, deutscher Dichter des Barock, *Glogau (Schlesien, heute zu Polen) 2. Oktober 1616, †ebenda 16. Juli 1664. Seine Lyrik (Oden, Sonette) und Trauerspiele sind vom Motiv der Vergänglichkeit bestimmt, sie entstanden unter dem Eindruck des Dreißigjährigen Krieges.

■ **Guadeloupe, La** [...g^{u}ad^{e}lụp], Inselgruppe der nördlichen Kleinen Antillen und französisches Überseedépartement (seit 1946), im Karibischen Meer, mit 428 700 Einwohnern. Es besteht aus der Hauptinsel Guadeloupe (mit 1 513 km² die größte Insel der Kleinen Antillen) und mehreren kleinen Inseln. Die Hauptstadt ist Basse-Terre.

■ **Guạm** →Marianen.

■ **Guanako** →Kamele.

■ **Guano** [spanisch] *der,* phosphor- und stickstoffreiche Ablagerung von Exkrementen von Kormoranen u.a. Seevögeln in warmen Klimaten. Durch Umsatz mit Kalk wird Calciumphosphat gebildet. Guano ist ein wichtiger Phosphatrohstoff, der als Düngemittel abgebaut wird.

■ **Guatemala** (Ciudad de Guatemala), Hauptstadt von Guatemala, mit 1,17 Mio. Einwohnern; 1 500 m über dem Meeresspiegel gelegen; das kulturelle und wirtschaftliche Zentrum des Landes. – 1776 wurde Guatemala als dritte Hauptstadt errichtet, nachdem die beiden Vorgängerinnen durch Vulkanausbrüche und Erdbeben zerstört worden waren.

■ **Guatemala,** Republik in Zentralamerika mit überwiegend indianischer Bevölkerung (mehrheitlich katholisch). Guatemala ist ein Hochgebirgsland mit zahlreichen Vulkanen und fruchtbaren Hochebenen. Im Tiefland herrscht tropischer Regenwald vor, in höheren Lagen Laub- und Nadelwald. Guatemala ist der größte Kaffeeproduzent Zentralamerikas; weitere Ausfuhrprodukte sind Zucker, Bananen, Tabak und Baumwolle.

Geschichte: Guatemala ist altes Siedlungsgebiet der →Maya, das 1524 von Mexiko aus von den Spaniern unterworfen wurde. 1821 schloss es sich dem Kaiserreich Mexiko an. 1839 wurde Guatemala als Republik unabhängig.

Guatemala

Flagge

Wappen

■ **Guayana,** Großlandschaft im Nordosten Südamerikas zwischen Orinoco, Atlantischem Ozean und Amazonastiefland, etwa 1,5 Mio. km²; davon entfallen zwei Drittel auf Brasilien und Venezuela, der Rest auf Guyana, Surinam und Französisch-Guayana. Den größten Teil des Gebiets nimmt das Bergland von Guayana ein, dem am Atlantik eine Küstenebene vorgelagert ist.

■ **Guericke** [ge...] (Gericke), Otto von, deutscher Erfinder und Physiker, *Magdeburg 20. November 1602, †Hamburg 11. Mai 1686. Guericke, der 1646 Bürgermeister von Magdeburg wurde, arbeitete zunächst an der Verbesserung von Luftpumpen. Später folgte der berühmte Versuch mit den →Magdeburger Halbkugeln. Außerdem erfand er ein Barometer und erkannte den Zusammenhang zwischen Luftdruck und Wetter. Andere Versuche führten zur Erfindung einer Elektrisiermaschine und zur Erklärung des Blitzes als elektrischer Entladung.

■ **Guerilla** [gerịlja; spanisch, Verkleinerung von guerra, = Krieg] *die,* Bezeichnung für alle Arten des im Völkerrecht umstrittenen Kleinkrieges, den bewaffnete Gruppen einer einheimischen Bevölkerung gegen eine Besatzungsmacht (oder im Bürgerkrieg gegen die Regierung des eigenen Landes) führen; auch die Gruppen selbst und ihre Mitglieder (Guerilleros) insgesamt werden Guerilla genannt.

■ **Guevara Sẹrna** [gewara...], Ernesto, genannt Che Guevara, kubanischer Politiker, *Rosario (Argentinien) 14. Juni 1928, †in Bolivien 9. Oktober 1967; Arzt. Er beteiligte sich als Guerillaführer am Aufstand Fidel Castros gegen die Militärdiktatur auf Kuba. 1961–65 war er Industrieminister in Kuba (u.a. Enteignung des Großgrundbesitzes). 1966 versuchte er in Bolivien eine revolutionäre Be-

Che Guevara war auch ein Idol der Studentenbewegung von 1968

wegung aufzubauen, wurde gefangen genommen und sofort erschossen. Che Guevara wurde zu einer Leitfigur der Befreiungsbewegungen in der Dritten Welt.

■ **Guillotine** [gijotin^{e}; nach dem französischen Arzt Joseph Guillotin] *die,* Fallbeil, das seit 1792 als Hinrichtungsgerät in der Französischen Revolution und in der Folgezeit verwendet wurde. Es besteht aus einem scharfen Eisenblatt, an dem rechts und links Gewichte befestigt sind. Dieses Messer wird an einem Gerüst hochgezogen und fällt, von den Gewichten gezogen, auf den Nacken des darunter knienden Verurteilten und enthauptet ihn.

Guinea

Flagge

Wappen

■ **Guinea** [ginẹa], Republik an der Westküste Afrikas mit überwiegend muslimischer Bevölkerung. Das Land gliedert sich in die feuchtheiße Küstenzone (Niederguinea), das von Grassavanne bedeckte, höher gelegene Mittelguinea und das nach Osten und Südosten anschließende trockenere Oberguinea. Nach Australien ist Guinea das wichtigste Bauxitförderland der Erde; gewonnen werden außerdem Diamanten, Gold, Uran- und Kupfererz. Für den Export werden Kaffee, Bananen und Erdnüsse angebaut.

Geschichte: Auf dem Gebiet des heutigen Guinea bestand seit 1725 ein Reich der Fulbe. Seit 1895 gehörte Guinea zum französischen Kolonialgebiet, 1958 wurde es unabhängig.

Guinea
Fläche 245 857 km²
Einwohner 7,673 Mio.
Hauptstadt Conakry
Amtssprache Französisch
Nationalfeiertag 2. 10.
Währung Guinea-Franc (F.G.)
Zeitzone MEZ −1 Std.

Guinea-Bissau

Flagge

Wappen

■ **Guinea-Bissau** [ginẹa...], Republik an der Westküste Afrikas, die aus dem flachen Festland und den etwa 60 vorgelagerten Bissagosinseln besteht. Wirtschaftsgrundlagen sind Landwirtschaft (Ausfuhr von Erdnüssen und Palmöl) und Fischerei. Industrie ist kaum vorhanden. Die Bevölkerung, etwa 25 Völker und Stämme, gehört mehrheitlich Naturreligionen an, 38 % sind Muslime.

Geschichte: Das 1446 für Portugal in Besitz genommene Gebiet wurde 1879 als Portugiesisch-Guinea portugiesische Kolonie. 1974 erlangte es nach einem Guerillakrieg die Unabhängigkeit.

Guinea-Bissau
Fläche 36 125 km²
Einwohner 1,134 Mio.
Hauptstadt Bissau
Amtssprache Portugiesisch
Nationalfeiertag 24. 9.
Währung CFA-Franc
Zeitzone MEZ −1 Std.

■ **Gụlden,** Bezeichnung für verschiedene Münzen, ursprünglich verwendet für den in Deutschland seit Beginn des 14. Jahrh. geprägten Goldgulden. Er entstand in Nachahmung des florentinischen Fiorino und hieß deshalb auch Florin oder Floren (Abkürzung fl.). Später ging der Name auf den silbernen Reichsguldiner und mehrere regionale Münzen über. Seit 1679 ist der Gulden die Hauptwährungsmünze der Niederlande.

■ **Gụmmi** [ägyptisch] *das,* Bezeichnung für Pflanzensäfte (vor allem aus Kautschukbäumen), die an der Luft verharzen und eine feste, elastische Struktur annehmen. Bekanntester Vertreter ist das **Gummiarabikum,** das aus verschiedenen arabischen Akazienarten gewonnen und als Klebstoff und Bindemittel in Lebensmitteln (Gummibonbons) verwendet wird. – auch →Kautschuk.

■ **Gụnther** (Gunnar), in der germanischen Sage ein König der →Burgunder, Gatte Brunhilds und Bruder Kriemhilds. Gunther wird mitschuldig am Tod seines Schwagers Siegfried.

■ **Gụrke,** ein Kürbisgewächs aus dem nördlichen

Vorderindien, einjähriges Fruchtgemüse mit langen, schlanken, fleischigen Beerenfrüchten. Die Blattranken sind unverzweigt, die Blüten gelb und glockenförmig.

■ **Gürtelrose,** eine fiebrige Virusinfektion von etwa 2–3 Wochen Dauer. Dabei treten meist im Bauchbereich schmerzhafte rote Bläschen auf, die später austrocknen. Das auslösende Virus ist Herpes zoster, das im Kindesalter Windpocken verursacht. Das Virus überlebt im Körper und kann im Erwachsenenalter Nervenendigungen befallen und so Gürtelrose verursachen. Zur Behandlung werden schmerzstillende Mittel, eventuell Cortisonpräparate verabreicht.

■ **Gürteltiere,** eine Familie der Säugetiere in Süd- und Nordamerika. Die Körperoberseite ist mit einem Panzer bedeckt, der sich am Rumpf aus gürtelartigen Ringen zusammensetzt und dadurch beweglich ist. Der zugespitzte Kopf trägt einen verknöcherten Schild. Die Gliedmaßen sind relativ kurz, die vorderen sind sehr kräftig und tragen Grabkrallen. Als Nahrung dienen vor allem Termiten und Ameisen.

■ **Guru** [Sanskrit] *der,* im Hinduismus und bei den Sikh der Name für den geistlichen Lehrer, dessen Aufgabe es ist, seine Schüler auf dem Weg zur religiösen und geistigen Vervollkommnung zu führen. Gurus sind meist alte Männer, denen diese Befähigung zugestanden wird, weil sie selbst diesen Weg bereits gegangen sind. In den modernen Gurubewegungen wird das Wissen um den richtigen Weg im Unterschied zum ursprünglichen Verständnis nur einem einzigen geistlichen Lehrer zugestanden.

Gürteltiere

Weibliche Gürteltiere können nach der Paarung die Entwicklung des Embryos bis zu drei Jahre lang hinausschieben. Dadurch gewährleisten sie, dass die Jungen nicht zu Zeiten von Dürre und Nahrungsmangel geboren werden.

■ **GUS,** Abkürzung für **G**emeinschaft **U**nabhängiger **S**taaten, am 8. Dezember 1991 in Minsk zunächst von →Russland, der →Ukraine und →Weißrussland gegründeter lockerer Staatenbund, dem am 21. Dezember 1991 bei einem Treffen in Alma-Ata acht weitere ehemalige sowjetische Republiken (Aserbaidschan, Armenien, Kasachstan, Kirgisien, Moldawien, Tadschikistan, Turkmenistan und Usbekistan) beitraten; 1994 wurde auch Georgien Mitglied der GUS. Die GUS übernahm als Nachfolgeor-

Guillotine

Die Guillotine erhielt ihren Namen nach dem französischen Arzt Joseph Ignace Guillotin (1738–1814) nicht, weil dieser sie erfunden hätte, sondern weil er als Mitglied der Nationalversammlung 1789 den Antrag stellte, alle zum Tod verurteilten Bürger auf die gleiche Weise hinrichten zu lassen. Die Köpfmaschine war aufgrund eines Gutachtens des Arztes Antoine Louis (1723–92) aus Metz schon vorher in Frankreich eingesetzt worden. Sie hieß daher zunächst »Louisette« oder »Petite Louison«. Ihr häufiger Einsatz in den Jahren der Französischen Revolution machte sie dann aber so bekannt, dass selbst der Dichterfürst J. W. von Goethe 1793 seinem damals vierjährigen Sohn eine Spielzeug-Guillotine zu schenken gedachte und seine in Frankfurt am Main lebende Mutter bat, eine solche zu besorgen. Darüber empörte sich die alte Dame in einem Brief an ihren Sohn: »Die Jugend mit so etwas Abscheulichem spielen zu lassen – den Kindern Mord und Blutvergießen als einen Zeitvertreib in die Hände zu geben – nein, da wird nichts draus!«

Dem Schwedenkönig **Gustav II. Adolf** hat Conrad Ferdinand Meyer eine erfundene Geschichte gewidmet: in der Novelle »Gustav Adolfs Page« spielt ein als Junge verkleidetes Mädchen die Rolle des engsten Kriegsbegleiters

ganisation der Sowjetunion deren völkerrechtliche Verbindlichkeiten (insbesondere die internationalen Abrüstungsverträge).

■ **Gusseisen,** Eisen, das sich durch den hohen Kohlenstoffgehalt von 2–4% sehr gut in Formen gießen lässt (Heizkörper, Motorblöcke, Rohre, Maschinenteile u.a.), dafür aber den Nachteil hat, dass es außerordentlich spröde und im Gegensatz zu dem kohlenstoffärmeren, elastischeren Stahl mit einem Kohlenstoffgehalt von unter 2% nicht schmiedbar ist.

■ **Gustav II. Adolf,** schwedischer König (seit 1611), *Stockholm 19. Dezember 1594, †bei Lützen 16. November 1632. Unter seiner Herrschaft stieg Schweden zur führenden Macht des europäischen Nordens auf. Aus Sorge vor einer Ausbreitung der kaiserlichen Macht an der Ostsee und einer katholischen Restauration griff er 1630, von Frankreich unterstützt, in den Dreißigjährigen Krieg ein und rettete die schwer bedrängten protestantischen Fürsten u.a. durch Siege bei Breitenfeld (1631) und bei Rain am Lech (1632). Er fiel in der Schlacht bei Lützen.

■ **Gutenberg,** Johannes, eigentlich Johannes Gensfleisch zur Laden, genannt Gutenberg, deutscher Buchdrucker, *Mainz zwischen 1397 und 1400, †ebenda 3. Februar 1468. Er erfand um 1450 den Druck mit beweglichen, gegossenen Lettern und schuf damit den für die kulturelle Entwicklung der Neuzeit entscheidend wichtigen Buchdruck. Sein erster Druck war ein Gedicht vom Weltgericht, der berühmteste ist die Gutenbergbibel (vollendet 1456), die künstlerisch und technisch hervorragend gestaltet ist.

GUS

Mitglieder:

Russland	Kirgistan
Ukraine	Moldawien
Weißrussland	Tadschikistan
Armenien	Turkmenistan
Aserbaidschan	Usbekistan
Kasachstan	

gemeinsame Organe:
u.a. Rat der Staatsoberhäupter
Interparlamentarische Versammlung
Exekutivsekretariat
Vereinigter Stab für die Koordinierung der militärischen Zusammenarbeit in der GUS

Bilaterale Abkommen:
«Gemeinschaft Integrierter Staaten« (Abkürzung: GIS; mit Russland, Kasachstan, Kirgistan und Tadschikistan)
Gemeinschaft Souveräner Republiken (Staatenbund zwischen Russland und Weißrussland)

Guyana

Flagge

Wappen

Guyana
Fläche 214969 km²
Einwohner 855000
Hauptstadt Georgetown
Amtssprache Englisch
Nationalfeiertag 23.2.
Währung 1 Guyana-Dollar (G$) = 100 Cents (¢)
Zeitzone MEZ –5 Std.

■ **Guyana,** Republik an der Nordküste Südamerikas, im Bergland von Guayana, dem die Küstenebene vorgelagert ist. Rund 70% des Landes sind von tropischem Regenwald bedeckt. Hauptwirtschaftszweige sind der Abbau von Bauxit (wichtigstes Ausfuhrgut) und die Landwirtschaft. Rund 49% der Bevölkerung sind Inder, die als Plantagenarbeiter eingewandert sind; die Schwarzen (36%) und Mischlinge (Mulatten, 11%) sind Nachkommen der Negersklaven.

Geschichte: Seit 1816 in britischem Besitz, seit 1831 unter dem Namen Britisch-Guayana, wurde das Gebiet 1928 Kronkolonie. 1966 erhielt es die Unabhängigkeit im Rahmen des Commonwealth; 1979 wurde Guyana Republik.

■ **Gymnasium** [griech.] *das,* weiterführende Schule, deren Abschluss, das Abitur, zum Studium an einer Hochschule berechtigt. Der Besuch eines Gymnasiums setzt eine mindestens vierjährige Grundschulzeit voraus. Nach der Sekundarstufe I, die die Klassen 5 bis 10 umfasst, schließt sich die Sekundarstufe II (Klassen 11–13, gymnasiale Oberstufe) an. Diese ist heute als Kurssystem organisiert, in dem die Schüler unter Berücksichtigung bestimmter Pflichten ihre Fächer in Form von Grund- und Leistungskursen selbst wählen. Für Berufstätige mit abgeschlossener Berufsausbildung gibt es

Abendgymnasien, auf denen das Abitur nachgeholt werden kann.

Geschichte: Im antiken Griechenland war das Gymnasium (Gymnasion) zunächst eine Schule zur körperlichen Erziehung junger Männer; später wurde es zunehmend ein Ort musischer und geistiger Bildung. Die mittelalterlichen Kloster- und Domschulen trugen später wie die humanistischen Gelehrtenschulen des 16. Jahrh. die Bezeichnung Gymnasium. Seit 1812 hießen in Preußen, später auch in anderen deutschen Ländern, alle Schulen Gymnasium, die auf die Universität vorbereiteten.

■ **Gymnastik** [griech.] *die,* systematisch betriebene Bewegungsschulung. Man unterscheidet je nach Zielsetzung: **funktionelle Gymnastik** (Erhaltung oder Erneuerung körperlicher Funktionen), **rhythmische Gymnastik** (Ausdrucksgymnastik, rhythmische Sportgymnastik) und **Zweckgymnastik** (zur Leistungssteigerung in anderen Sportarten).

■ **Gynäkologie** [griech.] *die,* die Lehre von den Frauenkrankheiten und von der Geburtshilfe.

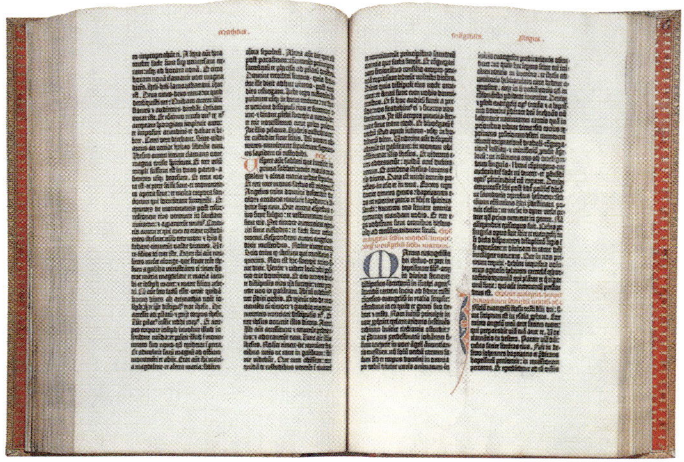

Die Gutenbergbibel hat **Johannes Gutenberg** nach einer handschriftlichen Vorlage gesetzt und gedruckt; von den unterschiedlich ausgemalten 180 Exemplaren sind heute noch 48 bekannt

H

■ **H, 1)** der achte Buchstabe des deutschen Alphabets, ein Konsosnant.
2) *Musik:* die 7. Stufe der C-Dur-Tonleiter.

■ **ha,** Einheitenzeichen für →Hektar.

■ **Haag, Den** →Den Haag.

■ **Haardt** *die,* der östliche Teil des →Pfälzerwaldes, der im Osten steil zum Oberrheinischen Tiefland abfällt. Höchste Erhebung ist die Kalmit (673 m).

■ **Haare,** ein- oder mehrzellige, meist fadenförmige Horngebilde der Haut bei Tier und Mensch. Unter den Wirbeltieren haben nur Säugetiere Haare, die vor allem der Temperaturregulation dienen, aber (z. B. bei Katzen) auch eine Tastsinnesfunktion haben. Die meisten Säugetiere haben ein den ganzen Körper bedeckendes Haarkleid.

Beim *Menschen* treten Haare nur an bestimmten Stellen auf (und gar nicht auf der Fußsohle, der Handinnenfläche und den Lippen). Das menschliche Haar besteht aus dem Haarschaft (er ragt aus der Haut) und der Haarwurzel, in die eine Haarpapille hineinragt. Nach Wachstumsende löst sich das Haar von der Papille, und diese bildet ein neues Haar, das das alte mitschiebt, bis es ausfällt (täglich fallen etwa 50 bis 120 Haare aus). Die Pigmentzusammenstellung bestimmt die Haarfarbe; sinkt der Pigmentgehalt im Alter, wird das Haar grau.

Bei *Pflanzen* sind Haare aus der Epidermis hervorgehende Anhangsgebilde. Sie haben verschiedene Funktionen: Beispielsweise dienen Brennhaare dem Schutz der Pflanze, z. B. bei der Brennnessel, Drüsenhaar dem Ausscheiden von Sekreten, Schuppenhaare schützen vor zu hoher Erwärmung und Fühlhaare vermitteln Berührungsreize. – Infokasten und Grafik S. 16

■ **Haarlem,** Hauptstadt der niederländischen Provinz Nordholland, mit 147 800 Einwohnern. Es besitzt Weltruf als Mittelpunkt der niederländischen Blumenzwiebelzucht. – Als Sitz der Grafen von Holland war Haarlem bereits im 13. Jahrh. eine wohlhabende Stadt.

■ **Habeas-Corpus-Akte** [lat.], 1679 erlassenes englisches Staatsgrundgesetz zum Schutz der persönlichen Freiheit, wonach niemand ohne richterlichen Befehl in Haft genommen oder gehalten werden werden darf.

■ **Haber-Bosch-Verfahren,** von dem deutschen Chemiker Fritz Haber (1868–1934; Nobelpreis für Chemie 1918) im Experiment entwickeltes und von dem deutschen Chemiker Carl Bosch (1874–1940; Nobelpreis für Chemie 1931) für die Industrie ausgebautes Verfahren zur großtechnischen Herstellung von →Ammoniak. Ein Gasgemisch aus Stickstoff und Wasserstoff reagiert bei hohem Druck (etwa 200 bar) und hoher Temperatur (etwa 500 °C) in Kontaktöfen zu Ammoniak.

■ **Habichte,** weltweit verbreitete Unterfamilie der Greifvögel mit 47 Arten. Bei uns sind vor allem Hühnerhabicht und Sperber bekannt. Der **Hühnerhabicht** wird bis zu 50 cm (Männchen) bzw. 60 cm (Weibchen) groß. Er richtet unter Hausgeflügel und Niederwild (Hasen, Rebhühner u. a.) Schaden an und wurde deshalb stark verfolgt. Der bis etwa 40 cm große **Sperber** nährt sich vor allem von kleinen Singvögeln und Sperlingen.

Haare

Das Haar galt von alters her als ein Zeichen der Lebenskraft. Als Symbol verwendet es zum Beispiel das Alte Testament in der Samsonerzählung (Richter 16, 19): Samson verriet seiner Geliebten Delila das Geheimnis seiner Stärke. Diese ermöglichte dadurch ihren Landsleuten, den Philistern, die Samsons Feinde waren, ihn gefangen zu nehmen: »Delila ließ Samson auf ihrem Schoß einschlafen und rief dann einen Mann, der ihm die sieben Locken seines Haares abschnitt. Da wurde er schwach und seine Kraft verließ ihn.« – Auch die Germanen sahen im Haarabschneiden ein Zeichen von Unterwerfung. Bis in die Gegenwart hat sich das Kahlscheren z. B. auch als entehrende Behandlung Gefangener erhalten.
Im Hochmittelalter wurden Hexen und Teufel oft mit rotem Haar dargestellt, ebenso Judas. Noch lange galten Rothaarige als treulos und falsch. Im Märchen werden »goldene« (blonde) Haare besonders hoch geschätzt.

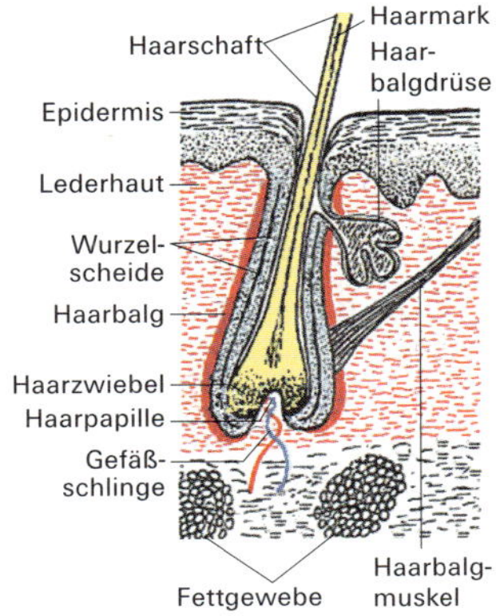

Diese Zeichnung demonstriert den raffinierten Bau des meist schräg in der Haut verankerten **Haares;** während der Haarbalgmuskel das Haar aufrichten und so das Sichsträuben der Haare bewirken kann, das wir »Gänsehaut« nennen, hält das ölige Sekret der Haarbalgdrüse das Haar geschmeidig

■ **Habsburger,** europäisches Herrscherhaus, das seit dem 10. Jahrh. mit Gütern am Oberrhein, im Elsass und in der Schweiz (im heutigen Kanton Aargau befindet sich die namengebende Habsburg) nachweisbar ist.
Der Aufstieg der Habsburger begann 1273 mit der Wahl Rudolfs I. zum deutschen (»Römischen«) König und der Belehnung seiner Söhne mit den neu gewonnenen Herzogtümern Österreich und Steiermark (1282).
Nach Gebietsvergrößerungen wurden die Stammlande der Habsburger seit dem 15. Jahrh. als **Haus Österreich** bezeichnet. Von 1452 bis 1806 (außer 1742–45) waren die Habsburger Könige und Kaiser des Heiligen Römischen Reiches. Mit dem Erwerb Burgunds, Spaniens, Ungarns, Böhmens und Mährens vollzog sich ihr Aufstieg zur europäische Großmacht.
Nach dem Tod Karls V. (1556) teilte sich die Dynastie in eine spanische Linie, die 1700 ausstarb, und eine österreichische Linie, die 1740 ausstarb. Die Tochter Karls VI., Maria Theresia, heiratete Franz Stephan von Lothringen und begründete damit die Linie Habsburg-Lothringen. Seit 1804 waren die regierenden Mitglieder der Habsburger Kaiser von Österreich, bis 1918 Karl I. auf den Thron verzichtete und Österreich Republik wurde.

■ **Hackbrett,** zitherartiges Musikinstrument. Die über einen meist trapezförmigen Schallkörper gespannten Metallsaiten werden mit zwei Klöppeln angeschlagen.

■ **Hacker,** Computerbenutzer, der sich unberechtigterweise über Telefon- oder Datenverbundnetz Zugang zu fremden Computersystemen oder Datenbanken verschafft.

■ **Hackfrüchte,** Kulturpflanzen, bei deren Wachstum der Boden oftmals gehackt werden muss, z. B. Kartoffeln, Zuckerrüben.

Habeas-Corpus-Akte

Die englische Habeas-Corpus-Akte von 1679 ist eine Rechtsformel, welche die persönliche Freiheit schützt und sich gegen staatliche Willkür insbesondere im Fall einer Verhaftung richtet. Sie wurde aus Beschränkungen staatlicher Macht in der »Magna Charta Libertatum« (1215) und der »Petition of Rights« (1628) entwickelt.
In Deutschland ist der Gedanke der Habeas-Corpus-Akte in den Artikel 104 des Grundgesetzes eingegangen:
»Über die Zulässigkeit einer Freiheitsentziehung hat nur der Richter zu entscheiden. Bei jeder nicht auf richterlicher Anordnung beruhenden Freiheitsentziehung ist unverzüglich eine richterliche Entscheidung herbeizuführen.«

■ **Hackordnung,** die Rangordnung in Vogelgemeinschaften, z. B. hackt das stärkere Huhn das schwächere vom Futter weg. Im weiteren Sinne auch die →Rangordnung in Tiergesellschaften überhaupt, oft als Ergebnis harter früherer Kämpfe.

■ **Hades** *der,* in der griechischen Mythologie der Gott der Unterwelt; auch Bezeichnung für die Unterwelt selbst.

■ **Hadrian** (Publius Aelius Hadrianus), römischer Kaiser (seit 117), *Italica (Spanien) 24. Januar 76, †Baiae (heute Baia, Italien) 10. Juli 138. Er war ein Freund griechischer Bildung und Kultur. Das Reich sicherte er durch innere Reformen und nach außen durch den Bau von Grenzwällen (u. a. durch den Limes).

■ **Hadsch** (Hadjdj) [arabisch] *der,* die Pilgerfahrt nach Mekka, die als eine der fünf Grundpflichten jedem Muslim einmal im Leben vorgeschrieben ist. Sie findet im letzten Monat des islamischen Mondjahres statt.

■ **Haeckel** [hä...], Ernst, deutscher Zoologe, *Potsdam 16. Februar 1834, †Jena 9. August 1919. Haeckel formulierte das **biogenetische Grundgesetz,** das sinngemäß aussagt: Die Entwicklung eines Lebewesens von der Eizelle zum erwachsenen Zustand (Ontogenese) stimmt weitgehend mit der Entwicklung überein, die seine Vorfahren im Verlaufe der Stammesgeschichte (Phylogenese) erfahren haben. So sind in einem frühen Embryonalstadium des Menschen am Hals Kiemenöffnungen angelegt, die später wieder verschwinden. Da so aber nicht alle embryonalen Strukturen erklärt werden können, spricht man heute von der **biogenetischen Grundregel.**

■ **Hafen,** schützender Anker- und Anlegeplatz für Schiffe, mit Anlagen für Verkehr und Güterumschlag. Man unterscheidet See- und Binnenhäfen. – auch →Freihafen.

■ **Hafer,** eine vermutlich aus Vorderasien stammende Getreideart, deren Blütenstand eine Rispe mit zwei- bis mehrblütigen Ährchen ist. Die Körner dienen als Pferdefutter oder werden u. a. zu Haferflocken und Hafermehl verarbeitet.

Die bekannteste Art des **Hafers,** der für die alten Germanen ein Grundnahrungsmittel war, ist der hier abgebildete Saathafer

■ **Haff,** Meeresbucht an Flachküsten, die durch eine →Nehrung weitgehend vom offenen Meer abgetrennt ist. Eine **Haffküste** ist z. B. die südliche Ostseeküste mit Kurischem, Frischem und Stettiner Haff.

■ **Haflinger,** kleines Gebirgspferd, das aus Arabern und einheimischen Gebirgspferden gezüchtet wurde; Stockmaß 1,35–1,45 m. Haflinger sind stets fuchsfarben mit heller Mähne und hellem Schweif.

■ **Hafnium** [nach Hafnia, dem lateinischen Namen von Kopenhagen] *das,* ein chemisches Element. Das stark glänzende Metall, das in der Natur vor allem in der Verbindung mit Mineralien des Zirkoniums vorkommt, wird u. a. als Werkstoff für den Bau von Kernreaktoren verwendet.

Hafnium
chemisches Symbol: Hf
Ordnungszahl: 72
relative Atommasse: 178,49
Dichte: 13,31 g/cm^3
Schmelzpunkt: 2 233±20 °c
Siedepunkt: 4 603 °C

■ **Haftpflicht,** die Pflicht zum Schadenersatz, wenn jemand den Schaden eines anderen verschuldet hat; eine **Haftpflichtversicherung** ist z. B. für Kraftfahrzeughalter, Betreiber von Atomanlagen und, als Berufshaftpflichtversicherung, bei Notaren u. a. zwingend vorgeschrieben.

■ **Hagebutte,** die beerenartige rote Sammelnussfrucht der Rosengewächse. Sie wird von dem fleischig gewordenen Blütenboden gebildet, der sich krugförmig ausbildet. Das Fruchtfleisch ist reich an Vitamin C.

Eine Geschichte mit schrecklichem Ende: heute ein Symbol für Rassismus, Antisemitismus sowie Fremdenhass, blickt das **Hakenkreuz** als religiöses Symbol nicht nur in Europa, sondern vor allem in Asien und teilweise auch in Afrika bis in die Anfänge der menschlichen Kulturgeschichte zurück

■ **Hagel,** Niederschlag in Form von Eiskörnern mit einem Durchmesser von mehr als 5 mm. Bei hoch in die Atmosphäre reichenden Quellwolken besteht der obere Teil aus Eisteilchen. Von starken Aufwinden wird wasserdampfhaltige Luft in die Höhe geblasen, der Wasserdampf lagert sich bei Temperaturen unter 0 °C an die Eisteilchen an und gefriert. Hagelkörner können die Größe von Tennisbällen erreichen.

■ **Hagenbeck,** Karl, deutscher Tierhändler, *Hamburg 10. Juni 1844, †ebenda 14. April 1913. Er gründete 1907 den Tierpark Stellingen bei Hamburg und leitete einen Zirkus.

■ **Hagen von Tronje,** in der Nibelungensage ein treuer Gefolgsmann König Gunthers und Mörder Siegfrieds; er wird von Kriemhild erschlagen.

■ **Hagia Sophia** [griech., = heilige Weisheit] *die,* 532–537 erbaute Kirche in Konstantinopel (heute Istanbul), die zuerst Krönungskirche der oströmischen Kaiser war, ab 1453 als Moschee diente und seit 1934 Museum ist. Die Hagia Sophia, ein Meisterwerk der byzantinischen Baukunst, ist ein hoher Kuppelbau mit reicher Marmor- und Mosaikverkleidung im Inneren; sie gehört zum Weltkulturerbe der UNESCO.

Die von vier Pfeilern getragene Kuppel der **Hagia Sophia** scheint schwerelos über dem Bau zu schweben

■ **Hahn,** Otto, deutscher Chemiker und Physiker, *Frankfurt am Main 8. März 1879, †Göttingen 28. Juli 1968. Hahn war Professor in Berlin und Göttingen, 1946–60 Präsident der Max-Planck-Gesellschaft. 1938 entdeckte er mit Fritz Straßmann (1902–80) nach Vorarbeiten mit Lise Meitner (1878–1968) die Kernspaltung und die Möglichkeiten der Kernenergiegewinnung; dafür erhielt er 1944 den Nobelpreis für Chemie.

Bei weitem nicht alle **Haie** greifen Menschen an; der hier abgebildete Weiße Hai, auch Menschenhai genannt, gehört zu den Menschenfresserhaien, die Schiffen bis zur Küste folgen; er frisst auch Delphine, Robben und kleinere Haie

■ **Hahnenfußgewächse,** Pflanzenfamilie mit etwa 2 000 formenreichen Arten vor allem auf der Nordhalbkugel; meist Kräuter, seltener Halbsträucher oder Lianen. Häufig besitzen sie hahnenfußartig geteilte Blätter. Bekannte Hahnenfußgewächse sind z. B. Buschwindröschen, Dotterblume, Eisenhut und Rittersporn.

■ **Haie,** Ordnung bis zu 15 m langer Knorpelfische mit etwa 250, meist im Meer lebenden Arten. Sie sind Räuber, deren breites Maul auf der Kopfunterseite liegt und mehrere Reihen scharfer, spitzer Zähne trägt. Haie legen Eier oder sind lebend gebärend.

Raubfische, die auch dem Menschen gefährlich werden können, sind der etwa 4 m lange **Grauhai,**

Haie

Haie verlieren ständig ihre Zähne, aber immer wenn sich ein Zahn löst, rückt innerhalb von wenigen Tagen ein neuer nach. Die größten Haifische haben ein Gebiss von bis zu 3 000 Zähnen; im Laufe ihres Lebens wachsen ihnen über 20 000 Zähne!

der nach der T-ähnlichen Kopfform benannte **Hammerhai** und die **Makrelenhaie** mit dem etwa 7 m langen **Weißen Hai**.

Der häufigste Hai der Nordsee ist der etwa 1 m lange **Dornhai**. Der über 12 m lange **Riesenhai** der warmen Meere ist Planktonfresser.

■ **Haifa,** Hafenstadt in Israel, am Mittelmeer gelegen, mit 255300 Einwohnern. Bemerkenswert sind die Persischen Gärten mit dem von einer goldenen Kuppel bekrönten Bahai-Schrein (1953 vollendet), dem Wahrzeichen der Stadt.

■ **Haithabu,** bedeutender Handelsplatz des Mittelalters, an der Schlei (gegenüber dem heutigen Schleswig). Haithabu, wohl um die Mitte des 8. Jahrh. gegründet, wurde im 10. Jahrh. befestigt; zeitweise war es Wikingerhafen. Ausgrabungen (seit 1900) haben Funde aus der Wikingerzeit erbracht.

■ **Haiti,** Republik im Westen der Insel Hispaniola. Die heutigen Bewohner sind überwiegend Nachkommen der im 18. Jahrh. aus Westafrika für die Plantagenarbeit eingeführten Sklaven. In den Städten leben Mulatten (etwa 10 %). Für den Export werden Kaffee und Kakao angebaut. Neben dem Fremdenverkehr gewinnt die Industrie an Bedeutung.

Geschichte: 1697 trat Spanien das westliche Drittel der Insel Hispaniola an Frankreich ab. 1804 als erste Republik in Lateinamerika unabhängig geworden, spaltete sich 1844 die →Dominikanische Republik von Haiti ab. Im 20. Jahrh. wurde Haiti von zahlreichen Bürgerkriegen erschüttert, vor allem am Ende der Diktatur der Familie Duvalier (1957–86).

Haiti
Fläche 27 750 km²
Einwohner 6,884 Mio.
Hauptstadt Port-au-Prince
Amtssprachen Französisch und Kreolisch
Nationalfeiertag 1. Januar
Währung 1 Gourde (Gde.) = 100 Centimes (cts.)
Zeitzone MEZ – 6 Std.

Haiti

Flagge

Wappen

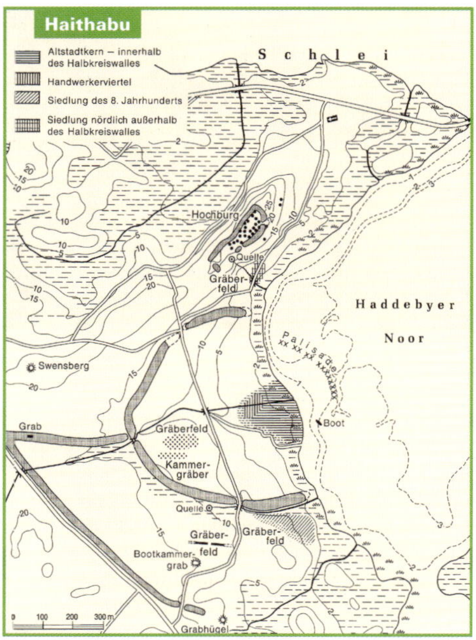

■ **Hakenkreuz** (altindisch Swastika), gleichschenkliges Kreuz mit vier in die gleiche Richtung weisenden, rechtwinkligen, spitzwinkligen oder abgerundeten Armen. Im 20. Jahrh. wurde das weltweit in zahlreichen Kulturen (schon seit etwa 4000 Jahren) bekannte Hakenkreuz Emblem der NSDAP und anderer faschistischer Bewegungen. Auch nach 1945 wird es in neofaschistischen Bewegungen verwendet.

■ **Häkkinen,** Mika, finnischer Automobilrennfahrer, * Helsinki 28. September 1968. Häkkinen , der seit 1991 in der Formel 1 fährt, wurde 1998 und 1999 in dieser Rennwagenkategorie Fahrerweltmeister (auf McLaren-Mercedes).

■ **Halbaffen,** eine Unterordnung der Primaten, die in Afrika, auf Madagaskar und in Südasien leben. Halbaffen stehen den Insektenfressern in Bau und Aussehen nahe. Sie sind großäugige, meist nachtaktive Baumbewohner, z. B. Lemuren und Fingertiere.

■ **Halbedelsteine** →Edelsteine.

■ **Halbleiter,** ein Stoff, dessen elektrische Leitfähigkeit bei normaler Temperatur zwischen der von reinen Metallen (Leiter) und der von Isolatoren (Nichtleiter) liegt und mit wachsender Temperatur stark zunimmt, z. B. Silicium, Germanium, Galliumarsenid und Indiumantimonid. Die elektrischen Eigenschaften eines Halbleiters lassen sich durch das Einbringen fremder Atome (Dotierung) gezielt beeinflussen. Halbleiter sind von großer technischer Bedeutung durch ihre Anwendbarkeit in Halbleiterbauelementen, z. B. in Dioden, Transistoren, Chips und Solarzellen.

■ **Halbwertszeit** →Radioaktivität.

■ **Halleluja** [hebräisch, = Preiset Jahwe!], aus den Psalmen in die christliche Liturgie übernommener Aufruf zum Lob Gottes.

■ **Halle (Saale),** Stadt in Sachsen-Anhalt, an der Saale, mit 254 400 Einwohnern und bedeutender Industrie; Sitz der Martin-Luther-Universität Halle-Wittenberg. Sehenswert sind vor allem die Burg Giebichenstein (10. Jahrh.), die Moritzburg (um 1500) und die Marktkirche (16. Jahrh.). – Halle war ehemals eine Hansestadt mit bedeutendem Salzhandel (Salzgewinnung schon in vorgeschichtlicher Zeit).

■ **Halley** [hä̩li], Edmond, englischer Astronom, *Haggerston (bei London) 8. November 1656, †Greenwich 25. Januar 1742; Direktor der Sternwarte in Greenwich. Er entdeckte, dass Kometen in bestimmten Zeitabständen wiederkehren und dass Fixsterne eine Eigenbewegung haben. Nach Halley ist der **Halleysche Komet** benannt, der sich alle 76 Jahre so weit an die Erde annähert, dass er gut zu erkennen ist, so z. B. 1910 und 1986.

■ **Halligen,** Gruppe der Nordfriesischen Inseln im Wattenmeer vor der Westküste Schleswig-Holsteins. Die flachen, meist unbedeichten Marschinseln werden häufig von Sturmfluten überschwemmt; daher stehen die Gebäude auf künstlichen Hügeln (Wurten).

■ **Halloween** [hälo[u]in; engl. *das*, Fest, das am Vorabend (31. Oktober) von Allerheiligen auf den britischen Inseln und in den USA gefeiert wird. Es geht zurück auf das keltisch-angelsächsische Fest (»Samhain«) zur Feier des Winteranfangs, bei dem man durch Opfer, Feuer, Maskerade u. a. Geister, Hexen und Dämonen vertreiben wollte.

■ **Hallstattzeit** [nach der Marktgemeinde Hallstatt im Salzkammergut, Österreich], vorgeschichtliche Epoche in Europa am Anfang der →Eisenzeit.

■ **Halluzination** [lat.] *die*, eine Sinnestäuschung, die bei bestimmten seelischen Krankheiten (Schizophrenie), bei Erkrankungen des Gehirns (z. B. Geschwülste), durch Gifte oder Rauschmittel

Halleyscher Komet

Der nach dem englischen Astronomen Edmond Halley benannte Komet ist der bekannteste der periodisch wiederkehrenden Kometen. Bei einer Umlaufzeit von 76 Jahren erreichte er zuletzt am 16. April 1986 mit 62,8 Mio. km seine kürzeste Entfernung zur Erde. Das hier zu sehende Bild wurde damals von der sowjetischen Raumsonde Wega 1 aus 8 000 km Entfernung aufgenommen. 1984 und 1985 starteten mehrere Sonden, um erstmals in der Geschichte der Raumfahrt einen Kometen aus der Nähe zu erforschen. Die europäische Raumsonde Giotto kam bis auf 600 km an den Kometen heran. Die wissenschaftliche Ausbeute der Missionen war so groß, dass die Interpretation der Messergebnisse mehrere Jahre dauerte.
Die Größe des Kometenkerns konnte mit etwa 15 km Länge und 7,5 bis 10 km Breite ermittelt werden. Die Oberfläche besteht aus einer etwa 1 cm dicken Staubkruste mit einer Temperatur von 300 bis 330 Kelvin. Die Kruste weist Spalten auf, aus denen bis zu 70 000 kg Wasserdampf pro Sekunde ausgestoßen werden.

Die Berichte über die Annäherungen des Halleyschen Kometen reichen über 2000 Jahre zurück. Die früheste Darstellung befindet sich auf dem im 11. Jahrh. entstandenen »Wandteppich von Bayeux«. Darauf ist der Komet in einer Darstellung vom Sieg Wilhelms des Eroberers über Harold II. in der Schlacht bei Hastings im Jahr 1066 zu sehen. Wenige Monate vor der Schlacht hatte er seinen sonnennächsten Punkt durchlaufen.

Hallstattzeit

Besuchenswerte Fundorte in Deutschland:
Eberdingen-Hochdorf (Kreis Ludwigsburg, Baden-Württemberg): Fürstengrab von Hochdorf
Herbertingen (Kreis Sigmaringen, Baden-Württemberg): Heuneburg, Befestigungsanlage und Fürstensitz

(Alkohol oder Drogen, z. B. Haschisch, Meskalin, LSD) auftritt. Die Betroffenen hören z. B. Stimmen, sehen Farben und Licht oder nicht vorhandene Dinge und Personen.

■ **Halluzinogene** [lat.-griech.], auf das Zentralnervensystem wirkende Stoffe (Rauschgifte), die Halluzinationen hervorrufen, z. B. Haschisch, Meskalin, LSD.

■ **Halo** [griech.] *das,* eine meist ringförmige Lichterscheinung (»Hof«) um Sonne und Mond, die durch Brechung oder Spiegelung, seltener durch Beugung des Lichts an den Eiskristallen in der Atmosphäre entsteht.

■ **Halogene** [griech.], die Elemente Fluor, Chlor, Brom, Jod und das seltenere Astat. Sie bilden mit Metallen Salze, die **Halogenide**. Das bekannteste Halogenid ist das Kochsalz (Natriumchlorid, NaCl).

Halogenlampen haben eine Edelgasfüllung, der eine Halogenverbindung (meist Methyljodid oder -bromid) beigemischt ist; wegen ihrer großen Lichtausbeute, sehr kleinen Abmessungen und langer Lebensdauer werden sie vor allem in Projektoren und Kraftfahrzeugscheinwerfern verwendet.

■ **Hals,** Frans, niederländischer Maler, *Antwerpen zwischen 1580 und 1585, begraben in Haarlem 1. September 1666. Hals schuf Einzel- und besonders Gruppenporträts, in denen er Menschen aller Gesellschaftsschichten darstellte, u. a. »Das Festmahl der Offiziere der Sankt-Georgs-Schützengilde« (1627).

■ **Hambacher Fest,** demokratisch-republikanische Massenveranstaltung auf der Maxburg (»Hambacher Schloss« genannt) bei Hambach (heute zu Neustadt an der Weinstraße) vom 27. bis zum 30. Mai 1832. Unter den Farben Schwarz-Rot-Gold suchten die Teilnehmer ein Bekenntnis für Deutschlands Einigkeit und Freiheit abzulegen. Der Deutsche Bund antwortete auf das Hambacher Fest mit verstärkter Unterdrückung der freiheitlich-nationalen Bestrebungen.

■ **Hamburg** (Freie und Hansestadt Hamburg), zweitgrößte deutsche Stadt und Welthafen an der unteren Elbe, zugleich Bundesland der Bundesrepublik Deutschland, 755 km², mit 1,704 Mio. Einwohnern. Außer der Universität und der Technischen Universität hat Hamburg Kunst- und Fachhochschulen sowie mehrere Forschungsinstitute, u. a. das Hamburgische Weltwirtschaftsarchiv und das Deutsche Elektronen-Synchroton (DESY). Hamburg besitzt die älteste deutsche Oper (Hamburger Staatsoper), mehrere Theater und Museen. Bekannt ist auch Hagenbecks Tierpark.

Wirtschaftlicher Mittelpunkt ist der Hafen, der auch von den größten Seeschiffen angelaufen werden kann. Hamburg ist Sitz großer Schifffahrtsgesellschaften und hat einen bedeutenden Seefischmarkt. Die Industrie ist äußerst vielseitig. Als Handelszentrum besitzt die Stadt eine Börse und ist Sitz vieler Banken und Versicherungen.

Wahrzeichen von Hamburg ist der 132 m hohe Turm der Michaeliskirche (»Michel«), in dessen Nähe sich das Vergnügungsviertel Sankt Pauli befindet.

Geschichte: Hamburg entstand um 825 und wurde ein bedeutendes Mitglied der Hanse. Im 16. und 17. Jahrh. gelangte es als Seehandelsplatz zu Weltgeltung, wobei es seine Unabhängigkeit erfolgreich gegen Dänemark verteidigen konnte. 1871 trat

An der ersten Massenkundgebung für eine freie und einige Republik Deutschland, die als **Hambacher Fest** in die Geschichte eingegangen ist, nahmen um die 30 000 Menschen teil, darunter auch polnische und französische Demokraten, die – wie hier auf einer zeitgenössischen Darstellung – im Mai 1832 unter den späteren deutschen Farben Schwarz-Rot-Gold auf die Maxburg ziehen

es dem Deutschen Reich bei. Die im Zweiten Weltkrieg stark zerstörte Stadt wurde 1949 Land der Bundesrepublik Deutschland. Erster Bürgermeister ist seit 1997 Ortwin Runde (* 1944; SPD).

■ **Hameln,** Stadt in Niedersachsen an der Weser, im Weserbergland, mit 58 600 Einwohnern. In der Stadt befinden sich schöne Renaissancegebäude (u. a. Rattenfängerhaus, Dempterhaus, Hochzeitshaus) und Fachwerkhäuser. – Bekannt ist die Sage vom →Rattenfänger von Hameln.

■ **Hamlet,** Titelfigur der Tragödie »Hamlet, Prinz von Dänemark« (um 1601) von William Shakespeare: Prinz Hamlet erhält vom Geist seines kurz zuvor vom eigenen Bruder Claudius ermordeten Vaters, des Königs von Dänemark, den Auftrag, ihn zu rächen. Der Mörder hatte sich des Throns bemächtigt und die Witwe des Königs geheiratet. Hamlet führt diesen Auftrag nach langem Zögern schließlich aus, findet jedoch in einem Zweikampf selbst den Tod. – Der Hamlet-Stoff geht auf eine alte dänische Sage zurück.

Auf der 2,25 m hohen Stele ist über der Gesetzessammlung **Hammurapi** selbst dargestellt, der vom Sonnengott Schamasch die Insignien der Macht empfängt

■ **Hammerfest,** Hafenstadt in Norwegen, auf der Insel Kvaløy, die nördlichste Stadt Europas, mit 9 500 Einwohnern. Die Polarnacht dauert hier vom 21. Dezember bis zum 23. Januar.

■ **Hammerwerfen,** leichtathletische Disziplin, bei der mithilfe einer Drehbewegung das Wurfgerät (Hammer) möglichst weit aus einem Wurfkreis (Durchmesser 2,134 m) heraus geschleudert wird. Der Hammer besteht aus einer massiven Eisenkugel von etwa 12 cm Durchmesser, die durch einen Stahldraht mit einem Handgriff verbunden ist. Sein Mindestgesamtgewicht beträgt 7,26 kg, für Frauen 4 kg.

Hammurapi

Der Codex Hammurapi ist die umfangreichste Sammlung von Rechtsnormen der antiken Welt – älter als das Bundesbuch des Mose und älter als das älteste römische Gesetzeswerk, das Zwölftafelgesetz aus dem 5. Jahrh. v. Chr. Er besteht aus 282 Rechtssätzen, die sich jeweils auf einen Einzelfall beziehen. Dabei werden die einzelnen Fälle einer Tatbestandsgruppe u. a. nach der sozialen Stellung der Beteiligten angeordnet. Das Prinzip »Auge um Auge, Zahn um Zahn« z. B. galt nur zwischen Gleichgestellten:
Wenn ein Bürger ein Auge eines (anderen) Bürgers zerstört, so soll man ihm ein Auge zerstören.
Wenn er ein Auge eines Palasthörigen zerstört ..., so soll er eine Mine Silber zahlen.
Wenn er ein Auge eines Sklaven eines Bürgers zerstört ..., so soll er die Hälfte seines Kaufpreises zahlen.

■ **Hammondorgel** [hạmᵉnd...; engl.], ein seit 1934 gebautes mechanisch-elektronisches Tasteninstrument der Unterhaltungsmusik, dessen Tonerzeugung durch »Tonräder« (Metallzahnräder) erfolgt, die mithilfe eines Elektromotors angetrieben werden.

■ **Hammurapi** (Hammurabi), König von Babylonien (1728–1686 v. Chr.). Durch Bündnispolitik und Kriegszüge schuf er um 1700 v. Chr. ein ganz Mesopotamien umfassendes Reich. Er brachte dem Land eine wirtschaftliche Blüte, war ein Förderer der Künste und ist bekannt als Schöpfer einer umfangreichen Gesetzessammlung **(Codex Hammurapi),** die, auf einer 2,25 m hohen Dioritstele eingemeißelt, 1902 in Susa (Iran) gefunden wurde (sie befindet sich heute im Louvre in Paris).

■ **Hämoglobin** [griech.-lat.] *das,* der rote Blutfarbstoff, der in den roten Blutkörperchen enthalten ist. Hämoglobin ist aus einem Protein, dem Globin, und einem eisenhaltigen Farbstoff, dem Häm, aufgebaut, das in seinem chemischen Aufbau dem →Chlorophyll ähnelt. In den Atmungsorganen wird der Sauerstoff an das Eisen des Hämoglobins gebunden und an die Verbrauchsstellen im Körpergewebe befördert. Das im Austausch gegen den Sauerstoff gebundene Kohlendioxid wird vom Hämoglobin zu den Atmungsorganen befördert und dort nach außen freigesetzt.

■ **Hamster,** Gattungsgruppe 5 bis 35 cm langer, plumper Nagetiere, meist mit großen Backentaschen, in denen sie ihre Vorräte für den Winter transportieren, und kurzem Schwanz.
Der 30 cm lange **Feldhamster** ist ein nachtaktiver Steppen- und Feldbewohner mit einem bräunlich- bis rötlich gelben Fell. Seinen Winterschlaf, den er alle fünf Tage unterbricht, hält er in einem selbst gegrabenen Bau. Er zehrt dann von den eingetragenen Getreidevorräten. Zu den Hamstern gehört auch der **Goldhamster,** der etwa 18 cm lang (Schwanz 1,5 cm) und oberseits grau bis goldbraun gefärbt ist und häufig als Haustier gehalten wird.

Hamster

Es ist noch gar nicht so lange her, dass Goldhamster als Haustiere gehalten werden. Erst 1938 wurde in Syrien ein weibliches Exemplar des Nagetiers mit einem Wurf von 12 Jungen entdeckt. Nur einmal, 100 Jahre vorher, war nahe der Stadt Aleppo ein Exemplar der Gattung gefunden worden. Alle heutzutage weltweit so emsig im Laufrad tippelnden Hamster stammen von dem 1938 gefundenen Goldhamsterweibchen ab.

■ **Hamsun,** Knut, eigentlich Knut Pedersen, norwegischer Schriftsteller, *Lom (Oppland) 4. August 1859, †Gut Nørholm (bei Grimstad, Aust-Agder) 19. Februar 1952. Starkes Naturgefühl und die Darstellung unbewusster seelischer Vorgänge sind kennzeichnend für seine Romane, u.a. »Hunger« (1890) und »Segen der Erde« (1917). 1920 erhielt Hamsun den Nobelpreis für Literatur.

■ **Hand,** der Endabschnitt der Vordergliedmaßen der Menschenaffen und des Menschen. Die Hand besteht aus der Handwurzel (acht Knochen), der Mittelhand (fünf Mittelhandknochen) und den Fingern.

■ **Handball,** Ballspiel für zwei Mannschaften, als Wettkampfsport nur noch in der Halle ausgetragen **(Hallenhandball).** Ziel ist es, einen Ball mit der Hand ins gegnerische Tor (Höhe 2 m) zu befördern. Der Hohlball hat ein Gewicht von 425–475 g (für Frauen und Jugendliche 300–400 g).
Eine Mannschaft besteht aus zehn Feldspielern und zwei Torhütern, von denen höchstens sechs Feldspieler und ein Torwart gleichzeitig auf dem Spielfeld sein dürfen. Der Ball darf geworfen und bis zu drei Sekunden in der Hand gehalten werden. Mit dem Ball in der Hand darf man nur drei Schritte laufen. Nach einmaligem Tippen des Balles und Wiederaufnahme mit beiden Händen darf man weitere drei Schritte laufen und den Ball wieder drei Sekunden halten. Mit einhändigem Dribbeln darf der Ball über das gesamte Spielfeld geführt werden.
Regelwidrigkeiten und unsportliches Verhalten werden mit Freiwurf (ausgeführt mindestens 9 m vom gegnerischen Tor entfernt) oder Strafwurf (Siebenmeter) bestraft. Ein Spieler kann für Regelwidrigkeiten zwei Minuten des Feldes verwiesen oder disqualifiziert werden. Die Spielzeit beträgt 2×30 Minuten.

■ **Handel,** der Kauf und Verkauf von wirtschaftlichen Gütern. Nach Art der gehandelten Waren unterscheidet man: Warenhandel, Immobilienhandel (mit Grundstücken und Gebäuden), Effektenhandel (mit Wertpapieren) und Geldhandel (Kreditwesen). Nach Art der Kundschaft unterscheidet man: **Einzelhandel** (er führt die Waren direkt dem Verbraucher zu) und **Großhandel** (er vermittelt zwischen Hersteller und Wiederverkäufer). Der Handel innerhalb des Landes heißt **Binnenhandel,** der über die Staatsgrenzen hinaus **Außenhandel,** gegliedert in Export (Ausfuhr) und Import (Einfuhr). – Zum elektronischen Handel (E-Commerce) →Internet.

■ **Händel,** Georg Friedrich, deutscher Komponist und Organist, *Halle (Saale) 23. Februar 1685, †London 14. April 1759. Nach einigen Jahren in Hamburg und in Italien lebte Händel seit 1712 in London. Er schrieb bis 1741 mehr als 40 Opern, danach fast ausschließlich Oratorien (»Messias«, 1742). Daneben komponierte er Kammermusik sowie Orchesterwerke (»Wassermusik«, 1717; »Feuer-

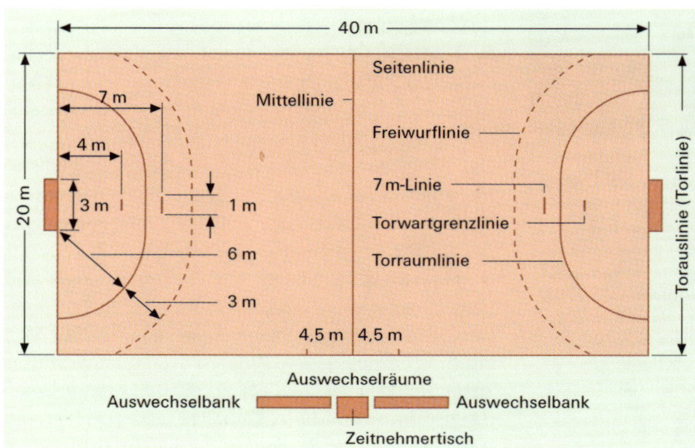

Handball: Spielfeld

Das Porträt zeigt **Georg Friedrich Händel** zu Beginn der 1730er-Jahre; der aus Deutschland stammende Komponist, der 1727 englischer Staatsbürger geworden war, wird in seiner Wahlheimat noch heute wie ein Nationalkomponist gefeiert; seine Grabstätte befindet sich in der Londoner Westminster Abbey, sein Nachlass im Britischen Museum

werksmusik«, 1749) und Orgelkonzerte. Er ist neben Bach der bedeutendste Komponist der Barockzeit.

Peter Handke: bringt auch Theaterstücke ohne Worte auf die Bühne; in »Die Stunde, da wir nichts voneinander wußten« (1992) versorgen die sprachlosen Figuren den Zuschauer ausschließlich mit aus Bewegung, Gebärden und Mimik gespeistem Augenstoff

■ **Hạndelsregister,** öffentliches, vom Amtsgericht geführtes Register eines Bezirks, in dem die rechtlichen Verhältnisse der Kaufleute und Handelsgesellschaften (Firma, Inhaber, Gesellschafter u. a.) eingetragen werden müssen.

■ **Hạndelsschule,** meist zweijährige →Berufsfachschule im Bereich Wirtschaft und Verwaltung, die neben allgemein bildenden vor allem kaufmännisch-wirtschaftliche Kenntnisse vermittelt. Der Abschluss gilt als Fachoberschulreife. Die **höhere Handelsschule** (meist zwei Jahre) setzt die Fachoberschulreife oder mittlere Reife voraus. Ihr Besuch führt zur Fachhochschulreife.

■ **Hạndelsspanne,** die Differenz zwischen dem Bezugspreis (Einkaufspreis zuzüglich Transport- und sonstigen Nebenkosten) und dem Verkaufspreis, die meist in Prozent des Verkaufspreises ausgedrückt wird. Aus der Handelsspanne müssen die Kosten (u. a. Miete, Gehälter, Steuern) gedeckt und Gewinne erzielt werden.

■ **Hạndharmonika,** ein Harmonikainstrument, bei dem (im Gegensatz zum →Akkordeon) auf Druck und Zug des Faltenbalgs verschiedene Töne erklingen und die Knopftasten diatonisch (das heißt im Dur-Moll-System) angeordnet sind.

■ **Handikap** [hạndikäp] (engl. Handicap) *das,*
1) *allgemein:* Benachteiligung, Erschwerung.
2) *Sport:* in einigen Sportarten Bezeichnung für die Punkt- (z. B. beim Golf), Gewichts- (z. B. beim Pferdesport), Zeit- oder Distanzvorgabe für einen leistungsschwächeren Wettkampfteilnehmer, die möglichst gleiche Startchancen schaffen soll.

■ **Hạndke,** Peter, österreichischer Schriftsteller, *Griffen (Kärnten) 6. Dezember 1942. Besonders in seinen Schauspielen (u. a. »Publikumsbeschimpfung«, 1966) experimentiert Handke mit den Möglichkeiten der Sprache. Thema ist oft die Einsamkeit des Menschen: »Die Angst des Tormanns beim Elfmeter« (Erzählung, 1970), »Der kurze Brief zum langen Abschied« (Roman, 1972), »Die linkshändige Frau« (Erzählung, 1976), »Versuch über die Jukebox« (Erzählung, 1990).

■ **Hạndwerk,** ein Gewerbe, das ursprünglich im Wesentlichen mit den Händen ausgeübt wurde. Heute ist das Handwerk im Vergleich zur Industrie durch geringere Betriebsgröße, geringeren Grad der Technisierung, persönliche Mitarbeit des Inhabers und ein Überwiegen der Einzelfertigung aufgrund individueller Bestellung gekennzeichnet. Auch eine Gruppe von Handwerksberufen, bei denen ein amtliches Berufsbild für die Ausbildung vorliegt, wird als Handwerk bezeichnet. Der Berufsweg im Handwerk ist: Auszubildender – Geselle – Meister.
Die Entstehung einzelner (gewerblich betriebener) Handwerke (z. B. Töpferei, Weberei) geht bis in die Antike zurück. Im Mittelalter, vor allem mit dem Aufblühen des Städtewesens, schlossen sich die Handwerker in Zünften (→Zunft) zusammen. Das Vordringen von Technik und Industrie leitete einen Wandlungsprozess im Handwerk ein, der bis heute nicht abgeschlossen ist. Eine Reihe von Handwerksberufen musste der Industrie weichen (z. B. Seifensieder), andere dagegen entstanden neu (z. B. Fernmeldetechnik).

■ **Hạndwerkskammern,** öffentliche Einrichtungen mit regionaler Zuständigkeit zur Vertretung der Handwerksinteressen; ihnen unterstehen alle Handwerksbetriebe (die Beiträge an die Handwerkskammern zu zahlen haben) in ihrem Zuständigkeitsbereich. Die Handwerkskammern überwachen, zum Teil in Zusammenarbeit mit den Innungen, u. a. Berufsausbildung und Prüfungsordnungen der Handwerksberufe und die Führung der Handwerksrolle. Die Mitgliedschaft ist für selbstständige Handwerker sowie deren Gesellen und Auszubildende Pflicht.

■ **Handwerksrolle,** ein von den Handwerkskammern geführtes Verzeichnis, in das die selbstständigen Handwerker mit dem von ihnen betriebenen Handwerk einzutragen sind. Für Auszubildende gibt es eine spezielle **Lehrlingsrolle**.

■ **Handy** [hăndi; engl., = handlich] *das,* ein kleines, tragbares →Mobiltelefon.

■ **Hanf** (Cannabis), ein bis etwa 3,5 m hohes Hanfgewächs. Aus den Bastfasern der Stängel stellt man Bindfäden, Seile, Abdichtungen von Rohrleitungen (Werg) u. a. her. Angebaut wird Hanf vor allem in Indien, Iran und Afghanistan. Die Drüsen der Blätter und Zweigspitzen liefern ein Harz, aus dem Haschisch hergestellt werden kann.

■ **Hangar** [frz.] *der,* große Halle zur Unterbringung, Wartung und Reparatur von Flugzeugen.

■ **Hannibal,** karthagischer Feldherr, *Karthago 247/246 v. Chr., †Libyssa (Bithynien, heute Türkei) 183 v. Chr. Seit 221 Oberbefehlshaber des karthagischen Heeres in Spanien, überschritt Hannibal im 2. Punischen Krieg mit seinem Heer und 37 Kriegselefanten die verschneiten Alpen. Er besiegte die Römer in mehreren Schlachten, u. a. bei Cannae (216). 211 stand er vor Rom, konnte die Römer aber nicht völlig bezwingen. Nach der Landung des römischen Feldherrn Scipio Africanus des Älteren in Afrika wurde Hannibal nach Karthago zurückgerufen. Er unterlag 202 bei Zama (im heutigen Tunesien) den Römern; die Karthager mussten daraufhin Frieden schließen. 195 floh Hannibal nach Syrien, später nach Bithynien. Um der Auslieferung an Rom zu entgehen, beging er Selbstmord.

■ **Hannover,** Landeshauptstadt von Niedersachsen, an der Leine, mit 515 600 Einwohnern. Bedeutend ist die jährliche Industriemesse. Im Jahr 2000 fand in Hannover die Weltaustellung »EXPO 2000« statt. Einige bedeutende Baudenkmäler der Altstadt sind nach ihrer Zerstörung im Zweiten Weltkrieg wieder aufgebaut worden, u. a. die Marktkirche, das Alte Rathaus und das Leineschloss (heute Landtagsgebäude). Die Herrenhausener Gärten sind eine berühmte barocke Parkanlage. Kurz vor 1100 wurde Hannover als Marktsiedlung erwähnt, 1241 wurden die Stadtrechte bestätigt, seit 1386 war es Hansestadt. 1636–1866 war Hannover Residenz der hannoverschen Kurfürsten.

Die hier abgebildete weibliche Pflanze des **Hanfs** liefert das Rohmaterial für Haschisch und Marihuana

■ **Hanoi,** Hauptstadt von Vietnam, am rechten Ufer des Roten Flusses, mit 2,16 Mio. Einwohnern (als Stadtprovinz). Es ist Sitz einer Universität, mehrerer Hochschulen, Akademien und Forschungsinstitute. – Die Ein-Pfeiler-Pagode der Göttin Quan-Am (11. Jahrh.) gilt als Nationalheiligtum.

■ **Hanse** *die,* Zusammenschluss deutscher Kaufleute im Mittelalter, der dazu dienen sollte, Handelsinteressen gemeinsam zu vertreten und sich gegenseitig Schutz und Beistand zu gewähren. Seit 1356 bildete sich unter der Führung Lübecks ein Städtebund, dem zur Blütezeit (1370–1494) alle bedeutenden Handelsstädte nördlich der Linie Köln – Dortmund – Göttingen – Halle (Saale) – Breslau – Thorn – Dünaburg – Dorpat angehörten.

Die wirtschaftliche Macht der Hanse beruhte auf der Beherrschung der Ostsee, auf Handelsvorrechten auf den nordischen Meeren sowie in englischen und niederländischen Häfen. Die wichtigsten Niederlassungen waren in London, Brügge, Bergen, Visby und Nowgorod. Seit dem späten 15. Jahrh. verringerte sich die Machtstellung der Hanse u. a. durch das Erstarken Englands, Dänemarks und der Niederlande, die zunehmende Macht der Landesfürsten und durch die mit den überseeischen Entdeckungen einsetzende Verlagerung der Handelswege. 1669 fand der letzte Hansetag statt.

Die einst wichtigen Hansestädte Lübeck, Rostock, Hamburg und Bremen führen die Bezeichnung »Hansestadt« noch heute im amtlichen Namen. – Karte S. 26

■ **Happening** [häp^{e}ning; engl., = Ereignis] *das,* Bezeichnung für Ende der 1950er-Jahre aufgekommene künstlerische Veranstaltungen, die die Grenzen zwischen Kunst und täglichem Leben aufheben und erstarrte Denkformen aufbrechen wollen. Dabei soll durch die Einbeziehung des Publikums ein überraschendes Ergebnis zustande kommen. Bedeutende Happeningkünstler waren u. a. Allan Kaprow (*1927) in den USA und Joseph Beuys in Deutschland.

■ **Harakiri** [japanisch, = Bauchaufschneiden] *das* (Seppuku), seit dem 12. Jahrh. bezeugte Form des rituellen Selbstmords bei japanischen Adligen,

Bäckerhandwerk

Holz und Kunststoff verarbeitendes Handwerk

Keramikerhandwerk

Maler- und Lackiererhandwerk

Metallhandwerke

Steinmetz-, Stein- und Holzbildhauerhandwerk

Uhrmacherhandwerk (Uhren, Schmuck u. Zeitmesstechnik)

Zeichen der Fachverbände verschiedener **Handwerke**

Die **Harfe** blickt auf eine gut viertausendjährige Geschichte zurück; die hier abgebildete Pedalharfe stammt aus dem 18. Jahrhundert

vor allem den Samurai. Im Rahmen einer Zeremonie schnitt sich der Harakiri Begehende mit seinem Schwert von links nach rechts den Bauch auf, während ihm ein Freund fast gleichzeitig den Kopf abschlug. Harakiri galt als »ehrenhafte« Reaktion auf »entehrende« Lebensumstände.

■ **Hạrdenberg, 1)** Karl August Fürst von, preußischer Staatsmann, *Essenrode (bei Braunschweig) 31. Mai 1750, †Genua 26. November 1822. Er setzte als preußischer Staatskanzler (seit 1810) in der Nachfolge des Freiherrn vom Stein bedeutende Reformen durch, u. a. Gewerbefreiheit, Gleichberechtigung der Juden, Abschluss der →Bauernbefreiung. Hardenberg vertrat Preußen auf dem →Wiener Kongress.
2) Friedrich Leopold Freiherr von →Novalis.

■ **Hardrock** [ha̲ʳdrok; engl.] *der,* seit Ende der 1960er-Jahre verbreitete Stilrichtung der Rockmusik mit einfacher harmonischer und rhythmischer Struktur sowie extremer Lautstärke. Kennzeichnend sind verzerrte Gitarren und monoton durchgeschlagene Schlagzeugfiguren. Zu den Vorläufern des Hardrock zählten Gruppen und Solointerpreten wie The Who und Jimi Hendrix. In den 70er-Jahren waren u. a. Led Zeppelin und Deep Purple, später Eddie van Halen (*1957), AC/DC und die Scorpions erfolgreich. Als besonders harte Variante des Hardrock hat sich in den späten 1970er-Jahren der →Heavy Metal entwickelt.

■ **Hardware** [ha̲ʳdᵘäʳ; engl.] *die,* Sammelbezeichnung für alle elektronischen, elektromechanischen und mechanischen Bauteile, Baugruppen, Geräte und Einrichtungen einer Datenverarbeitungsanlage. – auch →Software, →Computer.

■ **Ha̲rem** [arabisch, = verboten] *der,* in islamischen Ländern der den Frauen und Kindern vorbehaltene Teil des Hauses. Als einzige Männer haben der Hausherr und sein Vater Zutritt. Die Frauen

dürfen den Harem nur verschleiert verlassen. Heute ist die Bedeutung des Harems stark zurückgegangen.

■ **Häresie** [griech.] *die,* religiöse Überzeugung, die von den festgelegten Glaubenssätzen der Kirche abweicht und als Irrlehre angesehen wird; sie wurde im Mittelalter auch als Ketzerei bezeichnet.

■ **Harfe,** Musikinstrument, dessen Saiten mit den Fingerkuppen beider Hände angezupft werden. Die Saiten verlaufen von einem schräg aufsteigenden Resonanzkörper zum quer verlaufenden Saitenhalter, der durch die Vorderstange gestützt wird. Die heute gebräuchliche 46- bis 48-saitige Doppelpedalharfe hat am Fuß sieben Pedale, mit denen alle Saiten zweimal um jeweils einen Halbton erhöht werden können.

Härteskala

Härtestufe	Mineral		
1	Talk	mit Fingernagel ritzbar	mit Taschenmesser oder Stahlnagel ritzbar
2	Gips		
3	Kalkspat		
4	Flussspat		
5	Apatit – etwa gleich hart wie Fensterglas		
6	Orthoklas	ritzen Fensterglas	
7	Quarz		
8	Topas		
9	Korund		
10	Diamant		

■ **Harlekin** [italienisch] *der,* eine komische Figur des Stegreiftheaters, die im 17. Jahrh. den Hanswurst ablöste.

■ **Harlem** [hal^{e}m], Stadtteil in New York, in dem überwiegend Farbige wohnen.

■ **Harmonie** [griech.] *die,* in der Musik der Zusammenklang von mehreren Tönen, der als wohlklingend empfunden wird; auch gleichbedeutend mit →Harmonik und →Akkord verwendet.

■ **Harmonik** [griech.] *die,* in der Musik das Ganze der musikalischen Erscheinungen, der Klang- und Akkordvorrat, dessen Aufbau und Verwendung. Die Harmonik ist neben Melodie und Rhythmik ein Hauptelement der Musik.

■ **Harmonika** [griech.] *die,* Bezeichnung für Musikinstrumente mit aufeinander abgestimmten, selbst klingenden Zungen, Röhren, Plättchen u.a., insbesondere →Mundharmonika, →Handharmonika, →Akkordeon.

■ **Harmonium** [griech.] *das,* ein im 19. Jahrh. entwickeltes Tasteninstrument in Form eines Klaviers mit orgelähnlichem Klang. Die Töne werden durch frei schwingende Zungen erzeugt, die mittels zweier Fußblasebälge durch Druck- oder Saugwind in Bewegung versetzt werden.

■ **Harn** (Urin), von den Nieren gebildete, über den Harnleiter abgeleitete Flüssigkeit, die in der Harnblase gespeichert und über die Harnröhre ausgeschieden wird. Der Harn enthält Abfallprodukte der Stoffwechselvorgänge (hauptsächlich Harnstoff), die aus dem Blut ausgeschieden werden. Der Mensch sondert täglich durchschnittlich etwa 1–2 Liter Harn ab.

■ **Harnisch** →Rüstung.

■ **Harpune** [niederländisch] *die,* ein Wurfspieß mit Widerhaken, der an einer Leine befestigt ist. Die Harpune wird vorwiegend bei der Jagd auf größere Fische verwendet. Sie wird entweder von Hand geschleudert oder (beim Walfang mit einer Kanone, bei der Unterwasserjagd aus einem gewehrähnlichen Gerät) abgeschossen.

■ **Härteskala** (mohssche Härteskala), das Maß des Widerstandes, den ein Mineral (Kristall) der mechanischen Verletzung seiner Oberflächenschichten entgegensetzt. Nach der **mohsschen Härteskala** (nach Friedrich Mohs, 1773–1818) sind die Minerale in zehn Härtegrade eingeteilt. Jedes darin eingeordnete Mineral wird von dem nachfolgenden Mineral geritzt und ritzt selbst das vorangehende.

■ **Härtling,** Peter, deutscher Schriftsteller, *Chemnitz 13. November 1933. Härtling schreibt vor allem (biographische) Romane, in denen er oft geschichtliche Themen mit den modernen Mitteln der Erzähltechnik ausgestaltet (z.B. »Niembsch oder Der Stillstand«, 1964; »Hölderlin«, 1976; »Schubert«, 1992; »Schumanns Schatten«, 1996). Er hat auch bedeutende Kinder- und Jugendbücher (u.a. »Oma«, 1975; »Fränze«, 1989) verfasst.

■ **Hartmann von Aue,** deutscher Dichter, *2. Hälfte des 12. Jahrh., †Anfang des 13. Jahrh. Hartmann von Aue, der sich selbst in seinem Werk als gelehrten Ritter bezeichnete, stammte aus alemannischem Geschlecht und nannte sich Dienstmann der Herren von Aue. Er verfasste (in mittelhochdeutscher Sprache) die Ritterepen »Erec« und »Iwein« und führte damit den Sagenstoff um König →Artus in die deutschen Literatur ein. Auch in seinen Legendendichtungen »Gregorius« und »Der arme Heinrich« gestaltete er ritterlich-höfische Ideale.

■ **Harz** *der,* nördlichstes deutsches Mittelgebirge zwischen dem Thüringer Becken und dem Norddeutschen Tiefland, der Leine und der Saale. Höchster Berg ist mit 1142 m der Brocken. Der

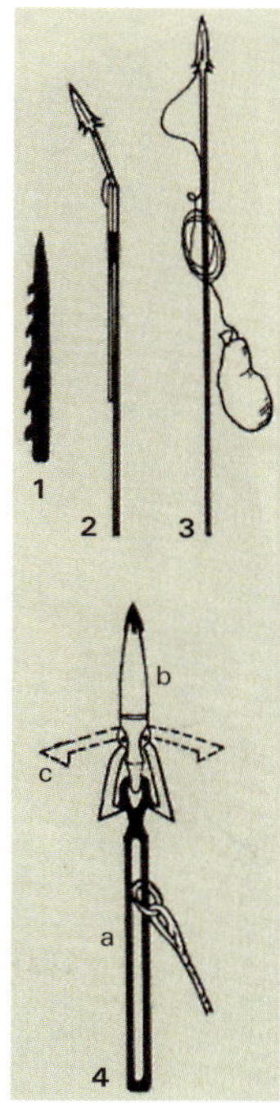

Die **Harpune** gehört zu den ältesten Jagd- und Fanggeräten: 1 vorgeschichtliche Harpune aus Knochen; 2 Stoßharpune der Eskimo; 3 Wurfharpune der Eskimo mit Luftsack; 4 Walfangharpune: a Harpunenschaft mit Leine, b Granate, c Widerhaken

Oberharz mit großen Nadelwäldern ist im Durchschnitt 200 m höher als der östliche Unterharz, der auch ein weniger raues Klima hat. Die Flüsse bilden oft tief eingeschnittene Täler und sind zum Teil durch große Talsperren gestaut (Oker-, Rappbode-, Oder-, Söse-, Eckertalsperre).

Früher war im Harz der Abbau von Silber-, Blei-, Zink-, Eisen- und Kupfererzen von großer Bedeutung. Heute sind die Lagerstätten weitgehend erschöpft. Der Harz ist ein viel besuchtes Wintersport- und Erholungsgebiet.

■ **Harze,** Sammelbezeichnung für eine große Gruppe von zähelastischen, organischen Stoffen, die natürlicher oder synthetischer Herkunft sein können. Harze haben keinen genauen Schmelzpunkt, sondern werden bei Erwärmung allmählich weich, verformbar und klebrig. Naturharze sind die Baumharze, wie sie etwa aus angeschnittenen Rinden vor allem von Nadelbäumen (Kiefern, Fichten, Tannen) fließen. Heute kann eine große Anzahl von Harzen künstlich hergestellt werden (Kunstharze). Sie finden Verwendung vor allem. für die Herstellung von Lacken, Klebstoffen und als Gießharze. Bernstein ist ein fossiles Harz.

■ **Haschisch** [arabisch, = Gras] *das,* aus dem harzartigen Drüsensekret der weiblichen Hanfpflanze gewonnene →Droge, deren berauschende Wirkung durch ätherische Öle verursacht wird. Haschisch wird meist (als Joint) geraucht, seltener auch als Zusatz von Getränken oder Backwaren konsumiert. Das Halluzinogen ruft sehr unterschiedliche Reaktionen hervor, z.B. Entspanntheit, Heiterkeit, Lachanfälle, aber auch, vor allem in größeren Mengen, Ängste, Traurigkeit oder Aggressivität. Der Missbrauch von Haschisch führt zur psychischen Abhängigkeit.

Dem weiblichen Blütenstand der **Haselnuss** sind die aus den knospenähnlichen Gebilden herausragenden roten Narben eigen, die männlichen Blüten befinden sich in den hängenden, im Vorjahr gewachsenen Kätzchen; typisch für den Zweig mit den Haselnussfrüchten sind die grob doppelt gesägten Blätter

■ **Haselnuss,** eine Gattung der Birkengewächse mit 15 Arten, in der nördlichen gemäßigten Zone. Die männlichen Blütchen sitzen in langen, hängenden Kätzchen, die weiblichen in knospenähnlichen Blütenständen, die hartschaligen, meist einsamigen Früchte in je einer becher- oder schlauchförmigen Hochblatthülle. Heimisch ist die **Gemeine Haselnuss (Haselstrauch),** die in Gebüschen und Wäldern Europas wächst und öl- und eiweißreiche Früchte (Haselnüsse) bildet.

■ **Hasen,** mit 45 Arten weltweit verbreitete Familie der Säugetiere, die im Unterschied zu den Nagetieren hinter den oberen Nagezähnen noch ein zweites Zahnpaar haben. In großen Teilen Europas, auch in Südwestasien und in Nordwestafrika lebt der erdfarbene, bis 70 cm lange **Feldhase,** der bei Gefahr sehr schnell (und Haken schlagend) davonlaufen kann. Er bewohnt mit Vorliebe Ebenen und offene Landschaften, wo er sich eine flache Grube scharrt. Als Pflanzenfresser wird er im Winter vor allem durch den Rindenfraß an Obstbäumen schädlich. Eine weitere Art ist das auch in Südwesteuropa heimische Wildkaninchen (→Kaninchen).

■ **Hasenscharte,** angeborene seitliche Oberlippenspalte; sie kann durch Operation beseitigt werden.

Hassium
chemisches Symbol: Hs
Ordnungszahl: 108

■ **Hassium** [benannt nach dem Bundesland Hessen] *das,* ein radioaktives chemisches Element aus der Gruppe der →Transurane. Es wurde 1984 in Darmstadt zum ersten Mal künstlich hergestellt.

■ **Hattrick** [hätrik; engl.] *der,* der dreimalige Torerfolg eines Spielers in einem Spiel, ohne dass zwischen den Treffern ein Spieler der eigenen oder der gegnerischen Mannschaft ein Tor geschossen hat (vor allem beim Fußball). Bei einem »echten Hattrick« geschieht das innerhalb einer Halbzeit.

■ **Haubitze** →Geschütz.

■ **Hauff,** Wilhelm, deutscher Dichter, *Stuttgart 29. November 1802, †ebenda 18. November 1827. Er schrieb den historischern Roman »Lichtenstein« (1826) sowie Novellen und Zeitsatiren. Bekannt wurde er vor allem durch seine Märchen, u. a. »Das kalte Herz«, »Zwerg Nase«, »Kalif Storch« und »Das Wirtshaus im Spessart«.

■ **Hauptmann,** Gerhart, deutscher Dichter, *Obersalzbrunn (Bad Salzbrunn, Niederschlesien, heute zu Polen) 15. November 1862, †Agnetendorf (Niederschlesien, heute zu Polen) 6. Juni 1946. Durch seine frühen Dramen, die die menschliche Wirklichkeit in Wort und Bühnenbild sehr genau wiedergeben und gesellschaftliche Missstände schonungslos anprangern, wurde Hauptmann zum Mitbegründer des deutschen Naturalismus. Als sein Hauptwerk gilt das Drama »Die Weber« (1892) über den Weberaufstand von 1844 in Schlesien. Außerdem schrieb er u. a. die Novelle »Bahnwärter Thiel« (1892), die Komödie »Der Biberpelz« (1893), die Tragödie »Rose Bernd« (1904) und die Tragikomödie »Die Ratten« (1911). Hauptmann erhielt 1912 den Nobelpreis für Literatur.

■ **Hauptsatz** →Satz.

■ **Hauptschule,** auf der →Grundschule aufbauende, weiterführende Schulart der Sekundarstufe I. Sie umfasst das 5. bis 9. Schuljahr, in einigen

Bundesländern zusätzlich ein 10. Schuljahr. Ziel ist die Vermittlung einer allgemeinen Bildung.
Die Hauptschule schließt mit dem **Hauptschulabschluss** ab, der für eine Ausbildungsstelle im gewerblichen, kaufmännischen, sozialen, handwerklichen oder landwirtschaftlichen Bereich oder für den Besuch einer →Berufsaufbauschule qualifiziert. Der »qualifizierte Hauptschulabschluss« nach Abschluss der 10. Klasse ermöglicht u. a. den Besuch einer →Berufsfachschule oder der 10. Klasse einer Realschule.

■ **Hauptwort** →Substantiv.

■ **Hausa** (Haussa), muslimisches Volk im mittleren Sudan und im Norden Nigerias. Da viele Hausa als Händler umherziehen, ist ihre Sprache, das Hausa, zur Verkehrs- und Handelssprache in Westafrika geworden. Ihr Kunsthandwerk ist hoch entwickelt, sie sind bekannt für Metall- und Lederverarbeitung. – Schon um 1000 n. Chr. gab es zahlreiche Hausastaaten mit städtischen Zentren; sie wurden im 14. Jahrh. islamisiert.

■ **Hauser,** Kaspar, Findelkind, *(nach eigenen Angaben) 30. April 1812, †(ermordet) Ansbach 17. Dezember 1833. Kaspar Hauser tauchte 1828 in Nürnberg auf, wo sich vor allem der Rechtsgelehrte Anselm von Feuerbach des Findlings annahm. Er gab an, dass er allein in einem dunklen Raum aufgewachsen sei. Früh tauchte die Behauptung auf, er sei ein beiseite geschaffter Erbprinz von Baden, was aber 1996 durch Genanalyse widerlegt wurde.

Ganz in der Pose eines Dichters, der sich als Erbe von Goethe verstand: **Gerhart Hauptmann** auf einem Gemälde aus dem Jahr 1930

■ **Haushaltsplan** (Budget, Etat), systematische Zusammenstellung der für einen bestimmten Zeitraum **(Haushaltsperiode)** geplanten Einnahmen und Ausgaben eines öffentlichen Gemeinwesens (z. B. Staat, Gemeinde).

■ **Haushaltungsschule,** ein- bis zweijährige hauswirtschaftliche Berufsfachschule, in der Schüler nach Abschluss der Haupt- oder Realschule eine hauswirtschaftliche Ausbildung erhalten. Absolventen werden in Betrieben der Ernährungswirtschaft und der Großverpflegung, in Anstaltshaushalten und in Privathaushalten sowie in sozialen und pflegerischen Einrichtungen tätig. Die zweijährige Haushaltungsschule vermittelt die Fachschulreife.

■ **Haushuhn,** Sammelbezeichnung für die aus dem ostasiatischen Bankivahuhn gezüchteten Hühnerrassen, die heute als Haustiere weltweit verbreitet sind. Die rund 150 Hühnerrassen lassen sich in fünf Gruppen einteilen:
Legerassen mit einer Leistung von nahezu 300 über 60 g schweren Eiern pro Huhn im Jahr, **Zwierassen,** die zur Eier- und Fleischnutzung dienen, **Fleischrassen,** die vor allem zur Fleischgewinnung gehalten werden (und bis zu 6 kg schwer werden können), sowie **Zierhühner** und **Kampfhühner** (für Hahnenkämpfe als wohl älteste Rasse gezüchtet).

■ **Hausmeier** (lat. Maiordomus), ursprünglich Vorsteher der Hausverwaltung an germanischen Fürstenhöfen, im Fränkischen Reich unter den Merowingern Vorstand der königlichen Hofhaltung. Seit etwa 600 auch Führer des kriegerischen Gefolges, verdrängten die Hausmeier allmählich die Königsmacht. Mit der Absetzung des letzten Merowingerkönigs Childerich III. und der Wahl des Hausmeiers →Pippin des Jüngeren zum König erlosch das Amt des Hausmeiers.

■ **Haussa** →Hausa.

■ **Hausse** [hoss(e); frz.] *die,* starker Anstieg der Börsenkurse; Gegensatz: Baisse.

■ **Haustiere,** die vom Menschen zur Nutzung ihrer Produkte oder Arbeitsleistungen oder aus Liebhaberei gezüchteten oder gehaltenen Tiere. Haustiere haben sich durch künstliche Zuchtwahl gegenüber ihren Wildformen oft so stark verändert, dass sie als eigene Rassen angesehen werden. – Be-

Dem bis heute ungelösten Kriminalfall des Findelkinds **Kaspar Hauser,** das am Pfingstmontag 1828 aus dem Dunkeln auftauchte und anderthalb Jahre später durch einen Unbekannten erdolcht wurde, hat der Schriftsteller Jakob Wassermann (1873 – 1934) seinen Roman »Caspar Hauser oder Die Trägheit des Herzens« gewidmet

Haustiere

Der Ausdruck »Wie Katz und Hund« deutet daraufhin, dass Katzen und Hunde sich nicht verstehen, was aber so nicht stimmt. Allerdings sprechen diese beiden häufigsten aller Haustiere nicht die gleiche Sprache und ihre Signale können vom anderen äußerst übel aufgenommen werden. Hebt z.B. die Katze die Pfote, so entspricht dies einer Drohung, während die gleiche Geste beim Hund einer Einladung zum Spielen gleichkommt. Und für den Hund ist das Schnurren ein Knurren. Was sich da sonst noch alles auf der Geruchs- und Markierebene abspielt, können wir Menschen mit unserem wenig ausgebildeten Geruchssinn uns gar nicht ausmalen.

reits vor mehr als 10000 Jahren begann der Mensch, Tiere zu zähmen und zu züchten (Domestikation). Zu den ältesten Haustieren gehören Schwein, Schaf, Ziege, Rind und Hund.

■ **hauswirtschaftliche Schulen,** berufliche Schulen zum Erlernen der Haushaltsführung und zur Ausbildung in hauswirtschaftlichen Berufen, u. a. hauswirtschaftliche Berufsfachschulen (→Haushaltungsschulen), Berufsaufbauschulen, Berufsschulen, Fachakademien und Fachschulen.

■ **Haut** (Cutis), die äußere Körperbedeckung bei Wirbeltieren und beim Menschen, die sich aus mehreren Schichten zusammensetzt: Die **Oberhaut** (Epidermis) ist dreischichtig. Die Hornschicht besteht aus abgestorbenen, verhornten Hautzellen, die ständig abgeschilfert werden. Sie stammen aus der darunter liegenden Keimschicht, in der u.a. die Hautfarbstoffe (Pigmente) gebildet werden. Darunter liegt die Basalmembran, die die Oberhaut mit der Lederhaut verbindet.
Die von Blutgefäßen und Nerven durchzogene **Lederhaut** besteht hauptsächlich aus starken Faserbündeln von Bindegewebsprotein (Kollagen) und der Hautmuskulatur. Dazwischen sind Schweiß- und Talgdrüsen sowie die Haarwurzeln eingelagert. Die darunter liegende, stark durchblutete **Unterhaut** enthält das Unterhautfettgewebe, das als Fettspeicher, aber auch als Druckpolster und zur Wärmeisolation des Körpers dient.
Außer gegen mechanische Einflüsse schützt die Haut mit ihrem Säureschutzmantel aus einem dünnen Schweißfilm gegen Bakterien. Die Schweißabgabe dient auch der Regulation der Körpertemperatur und des Wasserhaushalts. Die Pigmente absorbieren UV-Strahlung und Licht. Die mit Tastkörperchen sowie Kälte- und Wärmerezeptoren ausgestattete Haut vermittelt schließlich dem Zentralnervensystem eine Vielfalt von Wahrnehmungen.

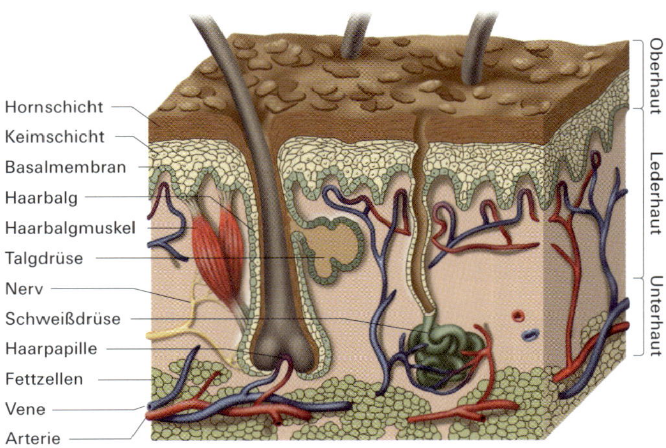

Die **Haut** besteht aus Ober-, Leder- und Unterhaut; darin eingelagert sind die Haarbälge sowie die Talg- und Schweißdrüsen

Haut

Warum schrumpelt die Haut an Händen und Füßen, wenn man lange badet? Die Haut der Finger, Handflächen, Fußsohlen und Zehen sättigt sich bei der gemütlichen Sitzung in der Badewanne mit Wasser. Das Stratum corneum, die Hornhautschicht, die die Haut unserer Hände und Füße bedeckt und schützt, dehnt sich dabei aus und verursacht so den Schrumpeleffekt. An anderen Stellen des Körpers findet der gleiche Prozess statt, hat aber nicht solch sichtbare Folgen, da das Wasser dort großflächiger absorbiert wird.

■ **Hautflügler,** Insektenordnung, deren über 100000 Arten weltweit verbreitet sind. Sie sind 0,1 mm bis 6 cm groß und besitzen zwei meist durchsichtig-häutige Flügelpaare mit wenig Adern sowie beißende oder leckende Mundwerkzeuge. Die Weibchen haben einen Legestachel. Zu den Hautflüglern gehören z.B. die Bienen, Wespen und Ameisen.

■ **Häutung,** ein durch Hormone gesteuertes, in regelmäßigen Abständen stattfindendes Abstreifen der Außenhaut. Darunter hat sich bereits eine neue gebildet, die dann in kurzer Zeit die Festigkeit und Zähigkeit der alten Haut annimmt. Krebse, Insekten und Spinnen, die einen starren Hautpanzer haben, können ohne Häutung nicht wachsen. Schlangen streifen ihre alte, verhornte Haut (»Natternhemd«) als Ganzes ab.

Joseph Haydn – das Bildnis zeigt ihn um das Jahr 1795 – revolutionierte mit der Sinfonie und dem Streichquartett die Gestaltungsformen der Musik; schon zu Lebzeiten wurde Haydn im Ausland, besonders in England, gefeiert; dort organisierte er in den 1790er-Jahren auch Konzerte zu Ehren des 1759 verstorbenen Barockkomponisten Georg Friedrich Händel

■ **Havanna** (spanisch La Habana), Hauptstadt von Kuba, an der Nordwestküste der Insel gelegen, mit 2,24 Mio. Einwohnern. Die Stadt, die einen der besten Naturhäfen der Karibik besitzt, ist das kulturelle und industrielle Zentrum des Landes. – Havanna wurde 1515 als eine der ersten Städte der Neuen Welt von Spaniern gegründet.

■ **Havarie** [frz.] *die,* Schaden an einem Schiff oder seiner Ladung, der während der Fahrt durch Unfall (z. B. Zusammenstoß) entsteht; auch Unfall von Flugzeugen.

■ **Havel,** Václav, tschechischer Schriftsteller und Politiker, *Prag 5. Oktober 1936. Er gehörte zu den führenden Köpfen des Prager Frühlings und der Bürgerrechtsbewegung Charta 77; aus politischen Gründen war er 1977, 1979–83 und 1989 in Haft. Havel deckt in seinen Grotesken die Sinnlosigkeit der mechanisierten menschlichen Beziehungen in der Gesellschaft auf (»Das Gartenfest«, 1964). 1989 erhielt er den Friedenspreis des Deutschen Buchhandels. 1989–92 war er Staatspräsident der Tschechoslowakischen Republik; seit 1993 ist er Staatspräsident der Tschechischen Republik.

■ **Havel** [...f...] *die,* rechter Nebenfluss der mittleren Elbe, 343 km lang und größtenteils schiffbar. Die Havel fließt von der Mecklenburgischen Seenplatte durch die Havelseen (bei und in Berlin) bis unterhalb von Havelberg. Zahlreiche Kanäle zweigen von ihr ab (z. B. zur Elbe und zur Oder).
Als **Havelland** bezeichnet man das Gebiet im Bogen des Flusses westlich von Berlin.

■ **Hawaii,** Bundesstaat der USA, der die Hawaii-Inseln, eine Inselgruppe im nördlichen Pazifischen Ozean, umfasst (28 313 km², 1,19 Mio. Einwohner); Hauptstadt ist Honolulu. Neben acht größeren Inseln (sieben sind bewohnt; die größte ist Hawaii), die aus den Gipfeln versunkener Vulkane bestehen, gehören zu den Hawaii-Inseln mehr als 120 kleine Koralleninseln. Die meisten Vulkane sind erloschen, während Mauna Loa und Kilauea auf Hawaii noch tätig sind. Die landschaftlich schönen Inseln mit mildem Klima haben starken Fremdenverkehr.
Die von Polynesiern besiedelten Hawaii-Inseln wurden 1778 von James Cook entdeckt. 1898 wurden sie von den USA besetzt und bilden seit 1959 den Bundesstaat Hawaii.

■ **Haydn,** Joseph, österreichischer Komponist, *Rohrau (Niederösterreich) 31. März(?) 1732, †Wien 31. Mai 1809. Er war 1761–90 Kapellmeister und Hofkomponist des Fürsten Esterházy in Eisenstadt, wo die meisten seiner Werke entstanden. Haydn legte den Grund für die universale Bedeutung der Gattungen Sinfonie (über 100 Werke, darunter die »Abschiedssinfonie«, 1772, und die »Sinfonie mit dem Paukenschlag«, 1791) und Streichquartett (etwa 70 Werke), denen er in Formenbau und Satztechnik das klassische Gepräge verlieh. Er komponierte ferner Klaviersonaten, Kammermusik, Opern, Lieder und zwei bedeutende Oratorien (»Die Schöpfung«, 1798, und »Die Jahreszeiten«, 1801). 1797 schrieb Haydn die Melodie zur österreichischen Kaiserhymne (»Gott erhalte Franz den Kaiser«), die nach Textbearbeitungen zeitweise bis 1946 österreichische, 1922 deutsche Nationalhymne wurde. Haydn gilt als Begründer der »Wiener Klassik«; mit Mozart war er befreundet, der junge Beethoven war sein Kompositionsschüler.

■ **Hearing** [hiring; engl.] *das,* öffentliche Anhörung von Fachleuten zu einer bestimmten Frage durch Ausschüsse eines Parlaments.

■ **Heavy Metal** [häwi mätl; engl., = Schwermetall] *das,* eine aus dem →Hardrock entstandene

Der Schriftsteller und spätere Staatspräsident **Václav Havel** gehört zu den Symbolfiguren der demokratischen Wende in Mittel- und Osteuropa; auch die friedlich gebliebene Trennung der Slowakei von der Tschechoslowakei ist seiner besonnenen Politik zu verdanken

Form der Rockmusik, die sehr schnell und aggressiv gespielt wird und durch überlauten »metallischen« Gitarrenklang gekennzeichnet ist. Die Texte behandeln Themen wie Dämonen, Teufel und Hexen sowie Sex und Gewalt. Schwarze, eisenbeschlagene Lederbekleidung, Metallpanzer und Reißzähne gehören zum Kult dieser betont »männlichen« Subkultur. – Bekannte Vertreter sind u.a. die Gruppen Black Sabbath, Iron Maiden und Judas Priest. Heavy Metal ist inzwischen in eine Vielzahl von Stilen aufgefächert, die nach den Songtexten (Death Metal, Doom Metal) oder nach der Spielweise (Speed Metal) benannt sind.

Nach seinen eigenen Worten machte **Friedrich Hebbel** in seinem Trauerspiel »Die Nibelungen« den «dramatischen Schatz des Nibelungenliedes für die reale Bühne flüssig«

■ **Hebbel,** Christian Friedrich, deutscher Dramatiker, *Wesselburen (Landkreis Dithmarschen) 18. März 1813, †Wien 13. Dezember 1863. In seinen Stücken schildert Hebbel Menschen, die an großen Wendepunkten der Geschichte stehen, in nicht zu lösendeen Gegensatz zur gesellschaftlichen Ordnung geraten und an deren weiteren Entwicklung zugrunde gehen. Bekannte Dramen sind »Herodes und Mariamne« (1850), »Agnes Bernauer« (1856), »Gyges und sein Ring« (1856) und »Die Nibelungen« (1862).

Ein Meister der Anekdote: **Johann Peter Hebel**

■ **Hebel,** Johann Peter, deutscher Dichter, *Basel 10. Mai 1760, †Schwetzingen (Rhein-Neckar-Kreis) 22. September 1826. Er schrieb Gedichte in alemannischer Mundart sowie anekdotische und humorvolle Geschichten, die u.a. im »Schatzkästlein des rheinischen Hausfreundes« (1811) gesammelt sind.

■ **Hebel,** ein starrer, meist stabförmiger Körper, der um eine Achse drehbar ist. Befindet sich die Drehachse am Ende des Hebels, spricht man von einem einarmigen Hebel, andernfalls von einem zweiarmigen Hebel. Hängt auf der einen Seite eines zweiarmigen Hebels eine Last *L*, muss man auf der anderen Seite eine bestimmte Kraft *K* ausüben, damit der Hebel im Gleichgewicht bleibt. Die Geichgewichtsbedingung wird durch das **Hebelgesetz** beschrieben:

Kraft × Kraftarm = Last × Lastarm

(Kraftarm = Abstand des Angriffspunktes bzw. der Wirkungslinie der Kraft von der Drehachse; Lastarm = Abstand des Angriffspunktes bzw. der Wirkungslinie der Last von der Drehachse).

Beim einarmigen Hebel greifen Last und Kraft an demselben Hebelarm an (z.B. Schubkarre). Sie müssen dann entgegengesetzt gerichtet sein. Mithilfe des Hebels können schwere Lasten mit geringen Kräften gehoben werden, wenn der Kraftarm länger ist als der Lastarm. Die Arbeit (das Produkt aus Kraft und Weg) bleibt dabei jedoch immer gleich. Der Hebel wird in mannigfaltiger Weise im täglichen Leben verwendet, z.B. als Brechstange, Nussknacker und Zange.

■ **hebräische Sprache,** semitische Sprache, die nach der Landnahme der Israeliten (im Alten Testament **Hebräer** genannt) um 1200 v.Chr. entstand. Außer einigen Inschriften und den Texten der Schriftrollen von →Qumran sind die Bücher des Alten Testaments das einzige Denkmal des **Althebräischen,** das seit dem 5. Jahrh. v.Chr. durch das Aramäische zurückgedrängt wurde.

Gegen Ende des 19. Jahrh. wurde das **Neuhebräische (Iwrit)** geschaffen, das heute in Israel gesprochen wird.

■ **Hebriden,** Inselgruppe vor der Westküste Schottlands. Von den rund 500 felsigen Inseln und Klippen sind weniger als 100 bewohnt. Das Klima ist kühl, sturmreich und feucht. Die Bewohner leben vor allem von Schafzucht und Fischfang.

■ **Hecht,** ein bis 1,5 m langer und bis 35 kg schwerer Raubfisch, der in klaren Binnengewässern Eurasiens und Nordamerikas lebt. Er erjagt seine Beute (Fische, Enten) durch schnelles Vorstoßen aus seinem Versteck.

Hecht

In der Natur jagt der Hecht die trägen Karpfen hin und her und lässt sie nicht zur Ruhe kommen. Mit einem Hecht wurde der französische Kaiser Napoleon III. verglichen, den das Deutsche Reich als politischen Störenfried im Gleichgewicht der europäischen Kräfte sah. In einer Reichstagsrede am 6. Februar 1888 griff Bismarck das Bild des »Hechts im Karpfenteich« auf und charakterisierte die Stellung Deutschlands zwischen den beiden Nachbarstaaten Frankreich und Russland mit den Worten: »Die Hechte im europäischen Karpfenteich hindern uns, Karpfen zu werden.« Heute wird jemand, der durch seine Anwesenheit, besonders in einer langweiligen, nicht sehr aktiven Umgebung, Unruhe schafft, als Hecht im Karpfenteich bezeichnet.

Sven Hedin

■ **Hedin,** Sven, schwedischer Asienforscher, *Stockholm 19. Februar 1865, †ebenda 26. November 1952. Er durchquerte Asien vom Ural bis Peking und erforschte die Wüste Gobi. Als erster Europäer erkundete er das Hochland von Tibet. Der von Hedin entdeckte Transhimalaja wird nach ihm auch Hedingebirge genannt. Über seine Reisen und Expe-

Das Porträt zeigt **Georg Wilhelm Friedrich Hegel** auf der Höhe seiner Laufbahn in Berlin; seine nicht nur von Studenten besuchten Vorlesungen hatten eine enorme Breitenwirkung: sie wurden zum Erlebnis der bildungshungrigen Berliner Gesellschaft

ditionen verfasste er zahlreiche Reisebeschreibungen und wissenschaftliche Berichte.

■ **Hedschra** (Hidjra, Hidschra) [arabisch] *die,* die Auswanderung →Mohammeds von Mekka nach Medina im September 622 (dieses Jahr ist der Beginn der islamischen Zeitrechnung).

■ **Heer,** Landstreitmacht eines Staates, die zusammen mit Luftwaffe und Marine dessen Gesamtstreitmacht bildet. Ein Heer besteht aus verschiedenen Truppengattungen, in der Bundeswehr z. B. Panzer-, Panzergrenadier-, Panzeraufklärungstruppe, Fallschirmjäger- und Gebirgsjägertruppe, Artillerie, Pioniere, Heeresflieger, Heeresflugabwehr- und ABC-Abwehrtruppe, Instandsetzungs- und Nachschubtruppe, Fernmelde- und Feldjägertruppe und Sanitätstruppe.

Es gliedert sich in unterschiedlich große Einheiten und Verbände. Grundeinheit ist die **Kompanie** mit 60–200 Mann); es folgen: die aus Truppenteilen einer Truppengattung bestehenden »Verbände« **Bataillon** (mit drei bis fünf Kompanien, 400–800 Mann) und **Regiment** (meist drei Bataillone mit 1500–3000 Mann), die aus Truppenteilen unterschiedlicher Truppengattungen bestehenden »Großverbände« **Brigade** (drei bis fünf Bataillone sowie selbstständige Kompanien; 3000–4000 Mann), **Division** (drei Brigaden und Divisionstruppen, 12000–15000 Mann), **Korps** (zwei bis fünf Divisionen und Korpstruppen, 40000–70000 Mann) und **Armee** (zwei bis fünf Korps und Armeetruppen, 100000–250000 Mann).

■ **Hefen** (Hefepilze), einzellige, mikroskopisch kleine Pilze, die sich vor allem ungeschlechtlich durch Sprossung, das heißt durch Abschnürung einer kleinen »Tochterzelle«, vermehren. Sie besitzen die Fähigkeit, aus Kohlenhydraten (z. B. Stärke, Zucker) durch →Gärung Alkohol (Äthanol) und Kohlendioxid zu bilden, was z. B. bei der Bierherstellung (»Bierhefe«) genutzt wird, während bei der Verwendung als Treibmittel (»Backhefe«) vor allem die Kohlendioxidbildung eine Rolle spielt.

■ **Hegel,** Georg Wilhelm Friedrich, deutscher Philosoph, *Stuttgart 27. August 1770, †Berlin 14. November 1831. Hegel, der in Jena, Heidelberg und Berlin lehrte, gilt als der bedeutendste Vertreter des deutschen Idealismus. Er versteht die Weltgeschichte als notwendig fortschreitenden Prozess des absoluten Geistes, in welchem er sich seiner Freiheit bewusst wird. Diese Entwicklung verläuft dialektisch, indem sich aus Entgegengesetztem (These und Antithese) etwas Neues (Synthese) bildet, das wiederum eine neue Entgegensetzung bedingt. Aus der Natur tritt der Geist heraus, der sich als subjektiver, objektiver und absoluter Geist selbst erkennt. Als subjektiver Geist konkretisiert sich das Absolute im menschlichen Individuum, als objektiver Geist in Familie, Gesellschaft, Staat, Recht, als absoluter Geist in Kunst, Religion und Philosophie. Hegels Lehre hatte großen Einfluss auf die Philosophie und Geistesgeschichte des 19. Jahrh., insbesondere auf Karl Marx. Seine bedeutendsten Schriften sind »Phänomenologie des Geistes« (1807) und »Wissenschaft der Logik« (1812–16).

■ **Hegemonie** [griech., = Führung] *die,* die Vormachtstellung eines Staates gegenüber anderen Staaten.

■ **Hehlerei,** Straftat, die darin besteht, Sachen, von denen man weiß, dass sie durch eine strafbare Handlung erlangt sind, anzukaufen oder sonst an sich zu bringen oder zu verkaufen. Hehlerei kann mit einer Freiheitsstrafe von bis zu fünf Jahren bestraft werden.

■ **Heide,** eine offene Landschaft mit typischem Pflanzenwuchs. Die **Zwergstrauchheide** ist durch nährstoffarme, saure Böden und feuchtes Klima bedingt: Hier herrschen Heidekraut, Glockenheide und Besenginster vor; hinzu kommen Kiefern, Birken, Wacholder. Besonders ausgeprägt ist die Zwergstrauchheide in Norddeutschland (Lüneburger Heide).

Steppenheide findet man auf trockenen, meist kalkreichen Böden: Sie besteht aus Gräsern, Stauden, Kräutern, Flechten und Moosen; selten wachsen auch hier Bäume und Sträucher.

■ **Heidegger,** Martin, deutscher Philosoph, *Meßkirch (Kreis Sigmaringen) 26. September 1889, †Freiburg im Breisgau 26. Mai 1976. Sein die →Existenzphilosophie mitbegründendes Hauptwerk ist »Sein und Zeit« (1927), in dem er die alte, in Vergessenheit geratene philosophische Frage nach dem Sein neu stellt: Warum ist Seiendes und nicht vielmehr Nichts? Was ist der »Sinn von Sein«? Heideggers Analysen der Seinfrage gehen vom Dasein des Menschen aus, zu dessen Merkmalen u. a. das »In-der-Welt-Sein« und die Endlichkeit (»Sein zum Tode«) als eines sich sorgenden Wesens unter dem Aspekt der Zeitlichkeit, aber auch etwa die Angst gezählt werden. Wegen seines Engagements für die nationalsozialistische Bewegung unterlag Heidegger 1945–51 einem Lehrverbot.

Das Heidekraut ist die in unseren Breiten bekannteste Gattung der **Heidekrautgewächse**

■ **Heidekrautgewächse** (Erikagewächse), eine Pflanzenfamilie mit rund 2 000 weltweit verbreiteten Arten. Sie sind meist kleine Sträucher, seltener Bäume. Ihre Blätter sind ledrig, winter- oder sommergrün, zuweilen sogar nadelförmig. Bekannte Heidekrautgewächse sind z. B. das **Heidekraut** (Besenheide), mit kleinen nadelförmigen Blättern und fleischroten Blüten, die **Glockenheide** (Erika), mit fleischfarbenen, meist glockenförmigen Blüten, sowie Heidelbeere, Preiselbeere und Alpenrosen.

■ **Heidelbeere** (Blaubeere), ein Zwergstrauch der Heidekrautgewächse in Europa und Nordasien mit grünlichen bis rötlichen Blüten. Die Früchte sind blauschwarze, wohlschmeckende Beeren.

■ **Heidelberg,** Stadt in Baden-Württemberg, am Neckar und an der Bergstraße, mit 138 800 Einwohnern. Der Universität (gegründet 1386 als älteste deutsche Universität auf dem Gebiet der Bundesrepublik Deutschland) sind wissenschaftliche Institute (u. a. das Deutsche Krebsforschungszentrum) angeschlossen.

Berühmt ist die Stadt durch ihre malerische Lage am Ausgang des Neckartals und durch das Heidelberger Schloss (1689 zerstört, teilweise wieder aufgebaut). In der Romantik wurde die Stadt zu einem künstlerischen Zentrum und später zum Ziel für Touristen aus aller Welt.

■ **Heiden,** im christlichen Sprachgebrauch ursprünglich Bezeichnung für alle, die nicht die christliche Taufe empfangen haben; seit der Neuzeit nicht mehr für Juden und Muslime gebraucht; heute überholt und meist durch »Nichtchristen« ersetzt.

■ **Heidschnucke** *die,* kleine, sehr genügsame Schafrasse, die v. a. in der Lüneburger Heide gehalten wird. Heidschnucken werden 40 bis 70 kg schwer und liefern jährlich 2 bis 3 kg Schurwolle. Es gibt graue gehörnte und weiße ungehörnte Zuchtformen.

Heilige Drei Könige

In der Bibel steht nichts über Caspar, Melchior und Balthasar. Die drei Namen kamen erst im frühen Mittelalter auf und die Verehrung der drei Könige begann erst im 12. Jahrhundert. Der Evangelist Matthäus erwähnt »Magier aus dem Morgenland«, ohne deren Zahl zu nennen. »Als sie den Stern sahen, wurden sie von sehr großer Freude erfüllt...«. Auf die Frage, ob es den Stern von Bethlehem tatsächlich gegeben hat, ist bisher keine letztgültige Antwort gefunden worden. Eine noch heute beachtete Theorie stellte der Astronom Johannes Kepler auf. Für ihn war es die dreimalige Konjunktion (Annäherung) der Planeten Saturn und Jupiter im Sternzeichen der Fische. Er selbst konnte sie 1603/04 beobachten und stellte fest, dass sie nur alle 805 Jahre eintrifft, das vorletzte Mal also 7 v. Chr.; ein nicht unwahrscheinliches Datum für Christi Geburt, schreibt doch Matthäus, Jesus sei »zur Zeit des Herodes« zur Welt gekommen. Nach dem jüdischen Geschichtsschreiber Josephus Flavius ist Herodes in der Nacht vom 12. auf den 13. März im Jahre 4 v. Chr. gestorben. Der Segenswunsch C+M+B (Abkürzung für die Namen der Drei Könige), zusammen mit Jahreszahl und Kreuzzeichen am Vorabend des Dreikönigsfestes in katholischen Gegenden mit Kreide an Türbalken geschrieben, geht auf heidnisches Brauchtum zurück, das vom Dreikönigskult überlagert wurde. Kirchlicherseits werden die drei Buchstaben auch als »Christus mansionem benedicat« (Christus segne die Wohnung) gedeutet.

■ **Heilige,** Menschen, die als »Bekenner« besonders fromm und christlich gelebt oder als »Märtyrer« ihr Leben für ihren Glauben hingegeben haben und nach ihrem Tod vom Papst heilig gesprochen wurden. Sie werden vor allem in der katholischen und orthodoxen Kirche als Vorbilder, Mittler zu Gott und Glaubenszeugen verehrt. Viele gelten als **Schutzpatrone** und **Nothelfer** für bestimmte Le-

bensbereiche, z. B. Petrus für die Fischer und Angler, Hubertus für die Jäger und Christophorus für die Reisenden.
Für die lutherischen Kirchen sind Heilige Vorbilder des Glaubens ohne besondere Verehrung, die reformierten Kirchen lehnen die Heiligenverehrung ab.

■ **Heilige Allianz,** Absichtserklärung der Monarchen Russlands, Österreichs und Preußens vom 26. September 1815, ihr politisches Handeln christlichen Grundsätzen zu unterwerfen. Ihr traten außer Großbritannien und dem Papst alle christlichen Mächte Europas bei. Unter der Führung Metternichs war die Heilige Allianz ein Symbol für eine Politik der Erhaltung der alten Ordnung.

■ **Heilige Drei Könige** (Drei Könige), die Magier oder Weisen, von denen im Neuen Testament berichtet wird, sie seien dem Stern von Bethlehem gefolgt, um dem neu geborenen »König der Juden« zu huldigen. Von der Legende wurden sie zu Königen erhoben, die seit dem 9. Jahrh. Kaspar, Melchior und Balthasar heißen. Ihr Fest wird am 6. Januar gefeiert.

■ **Heiliger Geist,** nach der christlichen Glaubenslehre die dritte Person der Dreifaltigkeit (Trinität), »wesensgleich« mit dem Vater (Gott) und dem Sohn (Christus). – Die christliche Kunst stellt den Heiligen Geist häufig als Taube dar.

■ **Heiliges Römisches Reich,** vom Mittelalter bis 1806 Titel des Herrschaftsgebietes des Kaisers und der in ihm verbundenen Reichsterritorien. Als Otto der Große 962 in Rom zum Kaiser gekrönt wurde, knüpfte er bewusst an das Römische Reich des Altertums an. Der Zusatz »heilig« betonte, dass neben der Kirche auch das Reich selbst heilig sei. Im 15. Jahrh. kam die Bezeichnung **deutscher Nation** hinzu, um die deutschen Reichsgebiete von Italien und Burgund abzugrenzen.

■ **Heilpflanzen,** Pflanzen, die medizinisch verwertbare Substanzen liefern und daher Heilzwecken dienen. Sie werden heute meist industriell verarbeitet. – auch → Naturheilkunde, Übersicht

■ **Heilpraktiker,** eine Berufsbezeichnung für Personen, die mit amtlicher Erlaubnis, jedoch ohne Zulassung als Arzt die Heilkunde berufsmäßig ausüben. Der Heilpraktiker darf auf bestimmten medizinischen Gebieten (z. B. meldepflichtige Krankheiten, Geburtshilfe, Zahnheilkunde) nicht tätig werden; er darf auch keine rezeptpflichtigen Arzneien verschreiben.

■ **Heilquelle,** eine natürliche Quelle, deren Wasser aufgrund der darin enthaltenen Mineralstoffe, Spurenelemente oder sonstigen Bestandteile (z. B. Kohlensäure, natürliche Wärme bei einer Thermalquelle) für Trink- und/oder Badekuren verwendet wird.

■ **Heilsarmee** (engl. Salvation Army), von dem Methodistenprediger William Booth (1829–1912) 1878 gegründete, nach militärischem Vorbild organisierte christlich-soziale Bewegung, die das Evangelium verbreiten und sich der Rettung Verwahrloster, dem Kampf gegen Laster (Alkoholmissbrauch) und der Fürsorge für Arbeitslose widmen will. Weltweit hat die Heilsarmee rund 2,5 Mio. Mitglieder.

■ **Heilserum,** zur Immunisierung bei Infektionen und als Gegengift bei Schlangenbissen verwendetes Serum, das von Menschen oder Tieren gewonnen wird, die Antikörper (Abwehrstoffe) gebildet haben.

Das Porträt zeigt **Heinrich Heine** im Jahr 1831, dem ersten Jahr seines Pariser Exils; zweimal reiste er nach Deutschland zurück: im Herbst 1843 und im Juli 1844; die Eindrücke dieser Reisen verarbeitete er in »Deutschland, ein Wintermärchen«

■ **Heine,** Heinrich, deutscher Dichter. *Düsseldorf 13. Dezember 1797, †Paris 17. Februar 1856. Heine lebte ab 1831 in Frankreich. Seine politischen und zeitkritischen Schriften, in denen er die Obrigkeit verspottete, wurden 1835 in Deutschland verboten. Sein Werk umfasst u. a. Liebeslyrik, Lieder, Balladen, Reiseskizzen und Novellen. Neben den Gedichten (vor allem »Buch der Lieder«, 1827) wurde besonders die Versdichtung »Deutschland, ein Wintermärchen« (1844) bekannt, eine Satire über die Missstände in Deutschland Seit 1848 litt der Dichter an einem unheilbaren Rückenmarksleiden, das ihn bis zu seinem Tod an seine »Matratzengruft« fesselte.

■ **Heinemann,** Gustav, deutscher Politiker, *Schwelm (Ennepe-Ruhr-Kreis) 23. Juli 1899, †Essen 7. Juli 1976; Jurist. Während der nationalsozialistischen Herrschaft gehörte Heinemann zu den führenden Männern der →Bekennenden Kirche. Er wurde 1945 Mitglied der CDU, 1949 Bundesinnenminister, trat aber 1950 wegen der Wiederaufrüstungspolitik Adenauers zurück. Nach seinem Austritt aus der CDU (1952) war Heinemann Mitbegründer und Vorsitzender der Gesamtdeutschen Volkspartei (GVP). Seit 1957 Mitglied der SPD, war er 1966–69 Bundesjustizminister und 1969–74 Bundespräsident.

Heinrich der Löwe wie er an seinem Grabmal im Braunschweiger Dom dargestellt ist

■ **Heinrich der Löwe,** Herzog von Sachsen (1142–80) und Bayern (1156–80) aus dem Geschlecht der Welfen, *um 1129, †Braunschweig 6. August 1195. Der Ausbau seiner herzoglichen Gewalt, vor allem in Norddeutschland (Eroberung Mecklenburgs und Pommerns, Neugründung Lübecks, Ausbau seiner Residenz Braunschweig), führte zu Streitigkeiten mit den betroffenen Reichsfürsten (vor allem den Erzbischöfen von Köln) und – wegen des königsgleichen Verhaltens Heinrichs – zur Entfremdung von seinem Vetter, Kaiser Friedrich I. Barbarossa. Als Heinrich diesem 1176 die Waffenhilfe bei dessen Kampf gegen die oberitalienischen Städte verweigerte, ließ Friedrich 1180 die Reichsacht über ihn verhängen. Nach seiner Unterwerfung und der Rückkehr aus der Verbannung (Exil bei seinem Schwiegervater Heinrich II. von England) blieb ihm nur der welfische Familienbesitz um Braunschweig und Lüneburg; sein übriges Herrschaftsgebiet wurde neu verteilt.

■ **Heinrich I.,** Herzog von Sachsen (seit 912) und deutscher König (seit 919), *um 875, †Memleben 2. Juli 936. Als Nachfolger Konrads I. war Heinrich der erste deutsche König aus dem Stamm der Sachsen. Seine wichtigste Aufgabe war die Sicherung der Ostgrenze, die von Ungarn bedroht war; diese schlug er 933 bei Riade an der Unstrut. 927–929 brachte er die Slawen östlich der Elbe (Brandenburg) und Böhmen unter deutscher Oberhoheit. Im Norden war er gegen die Dänen siegreich.

■ **Heinrich II.,** der Heilige, deutscher König (seit 1002) und Kaiser (seit 1014), *Bad Abbach (Kreis Kelheim) 6. Mai 973, †Pfalz Grone (heute Göttingen-Grone) 13. Juli 1024. Heinrich, der seit seit 995 als Heinrich V. Herzog von Bayern war, wurde als Nachfolger Ottos III. zum König gewählt. Seine Regierungszeit war mit Feldzügen ausgefüllt. Er festigte die deutsche Herrschaft in Italien und zwang in mehreren Feldzügen (1002–18) die Polen zum Verzicht auf Böhmen und Meißen. In Deutschland förderte er die Kirchen- und Klosterreform. 1007 stiftete er das Bistum Bamberg.

■ **Heinrich IV.,** deutscher König (seit 1056) und Kaiser (seit 1084), *Goslar (?) 11. November 1050, †Lüttich 7. August 1106. Heinrich stand bis 1066 unter der Regentschaft zunächst seiner Mutter Agnes von Poitou, dann des Erzbischofs Adalbert von Hamburg-Bremen. Der Versuch Heinrichs, den Einfluss vor allem der kirchlichen Fürsten im Reich einzuschränken, und sein Streit mit dem Papst über die Ernennung eines neuen Erzbischofs in Mailand führten über innere Unruhen zum →Investiturstreit. Papst Gregor VII. verhängte gegen den König den Kirchenbann, der erst durch den Gang nach Canossa (1077) und die Anerkennung der päpstlichen Macht durch Heinrich gelöst wurde.

Nachdem er so die politische Handlungsfreiheit wiedergewonnen hatte, suchte er durch mehrere Italienzüge die volle Macht wiederzuerringen. Er vertrieb schließlich Gregor VII. aus Rom und ließ sich von dem Gegenpapst Klemens III. (1080–1100) zum Kaiser krönen. Erst fünf Jahre nach seinem Tod wurde der 1080 erneut verhängte Kirchenbann gelöst, sodass er im Dom zu Speyer beigesetzt werden konnte. Sein Sohn **Heinrich V.** (1086–1125; König seit 1106, Kaiser seit 1111) erreichte die endgültige

heliozentrisch

In seiner Schrift »Commentariolus« formulierte Kopernikus um 1510 folgende Thesen:
»Die Himmelsbewegungen haben verschiedene Mittelpunkte.«
»Die Erde ist nicht Mittelpunkt der Welt.«
»Der Mittelpunkt der Welt befindet sich in der Nähe der Sonne.«
Damit stellte er ein Weltbild in Frage, das seit der Antike Gültigkeit besaß, das ptolemäische Weltsystem, in dem die Erde den Mittelpunkt des Kosmos bildete. Natürlich führte das neue heliozentrische System des Kopernikus sofort zu heftigen theologischen und philosophischen Auseinandersetzungen, denn es machte den Menschen zur Randfigur im Weltall. Der Philosoph Friedrich Nietzsche klagte später: »Seit Kopernikus rollt der Mensch aus dem Zentrum ins x«, ins Unbestimmte also.

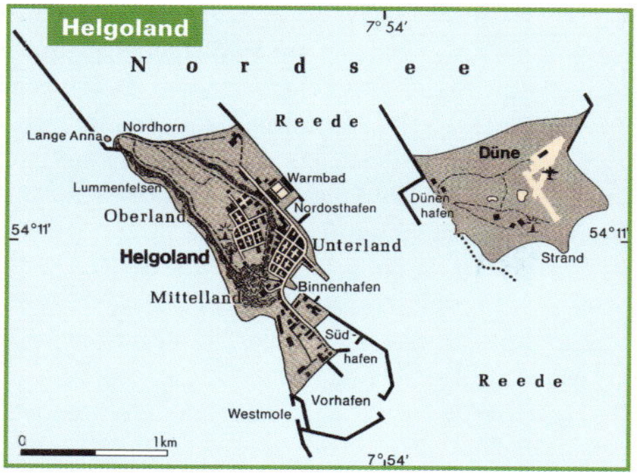

Aussöhnung mit dem Papsttum durch das Wormser Konkordat (1122).

■ **Heinrich IV.,** König von Navarra (seit 1572) und Frankreich (seit 1589) aus dem Hause Bourbon, *Pau 13. Dezember 1553, †Paris 14. Mai 1610. Heinrich, der Anhänger der Lehren Calvins (→Hugenotten) war, heiratete 1572 die französische Königstochter Margarete von Valois. Bei der Hochzeit kam es zu Gewalttaten gegen die in Paris anwesenden Protestanten, denen in der **Bartholomäusnacht** (24. August 1572) zwischen 5000 und 10000 Menschen zum Opfer fielen. Nach dem Tod der drei Brüder seiner Frau fiel Heinrich die französische Krone zu. Durch seinen Übertritt zum Katholizismus 1593 erlangte er volle Anerkennung und seine Krönung in Chartres. Durch das Edikt von Nantes (1598) gewährte er den Hugenotten Glaubensfreiheit. Er leitete den wirtschaftlichen Wiederaufbau des Landes nach den Glaubenskämpfen ein.

■ **Heinrich VIII.,** König von England (seit 1509), *Greenwich 28. Juni 1491, †Westminster 28. Januar 1547. Der Name Heinrichs VIII. verbindet sich mit der Reformation in England. Er war anfangs ein gläubiger Katholik, der gegen Martin Luther auftrat. Als aber der Papst die Scheidung seiner ersten Ehe mit Katharina von Aragonien ablehnte (1526), erklärte der König sie selbst für aufgelöst. Er heiratete 1533 Anna Boleyn (die spätere Mutter der Königin Elisabeth I.) und schloss danach noch vier weitere Ehen. 1535 machte er sich selbst zum Oberhaupt der →anglikanischen Kirche und ließ den Klosterbesitz zugunsten der Krone einziehen. Viele seiner politischen und persönlichen Gegner ließ er hinrichten, so den Lordkanzler Thomas Morus (1535), aber auch Anna Boleyn (1536) und seine fünfte Frau Katharina Howard (1542).

■ **Heisenberg,** Werner, deutscher Physiker, *Würzburg 5. Dezember 1901, †München 1. Februar 1976. Heisenberg wurde 1927 Professor in Leipzig und erhielt 1932 den Nobelpreis für Physik; ab 1958 war er Professor in München. Er schuf die Grundlagen der Matrizenmechanik (1925), einer Form der Quantenmechanik (→Quant). Weitere bedeutende Arbeiten befassen sich mit der Physik der Atomkerne und mit der Physik der Elementarteilchen.

■ **Heißluftballon** →Ballon.

■ **Heizwert,** die Reaktionswärme, die bei der vollständigen Verbrennung einer bestimmten Brennstoffmenge freigesetzt wird. Dabei ist Voraussetzung, dass das bei der Verbrennung entstehende Wasser im gasförmigen Zustand anfällt, im Gegensatz zum Brennwert, bei dem das Wasser in flüssigem Zustand bleibt.

■ **Hektar** [griech.] *das* oder *der,* Einheitenzeichen **ha**, ein Flächenmaß:

1 ha = 100 a = 10000 m².

■ **hekto..., Hekto...** [griech.], das Hundertfache einer Einheit, z. B.

1 Hektoliter = 1 hl = 100 l;

1 Hektometer = 1 hm = 100 m;

1 Hektopascal = 1 hPa = 100 Pascal.

■ **Hektor,** in der griechischen Mythologie Sohn des trojanischen Königs Priamos und der tapferste Held Trojas; er wird von Achill im Zweikampf getötet.

■ **Helena,** in der griechischen Mythologie die Frau des spartanischen Königs Menelaos; sie galt als schönste Frau der Welt. Ihre Entführung durch den trojanischen Prinzen →Paris wird zum Anlass des →Trojanischen Krieges.

■ **Helgoland,** zu Schleswig-Holstein gehörende Nordseeinsel, 2,09 km², in der Deutschen Bucht, rund 65 km von Cuxhafen entfernt. Die 1600 Einwohner leben vorwiegend vom Fremdenverkehr. Die Insel ist ein Buntsandsteinsockel mit steiler Kliffküste. – Deutschland erwarb Helgoland 1890 im Tausch gegen Sansibar von Großbritannien.

■ **Helikopter** →Hubschrauber.

■ **Helios,** griechischer Sonnengott, Herr des Lichtes.

■ **heliozentrisch,** auf die Sonne als Mittelpunkt bzw. auf den Mittelpunkt der Sonne bezogen. Im **heliozentrischen System** des Kopernikus bildet die Sonne das Zentrum des Planetensystems. – auch →geozentrisch.

■ **Helium** *das,* farbloses chemisches Element aus der Gruppe der Edelgase. Das unbrennbare Helium findet sich in der Luft (nur 0,0005 %), vor allem aber im Erdgas (bis 16 %), aus dem es gewonnen wird. Es

So sah der Maler Hans Holbein d. J. den berüchtigten englischen König **Heinrich VIII.**

Werner Heisenberg erkannte unter anderem die Protonen und Neutronen als Bausteine der Atomkerne

Helium
chemisches Symbol: He
Ordnungszahl: 2
relative Atommasse: 4
Dichte: 0,18 g/l
Schmelzpunkt: −272 °C
Siedepunkt: −269 °C

wird verwendet zur Füllung von Ballonen, als Kühlmittel zur Erreichung tiefster Temperaturen, als Schutzgas zum Schweißen, in der Raumfahrt sowie in der Reaktortechnik.

■ **Hellas,** antiker Name Griechenlands, der 1822 für den neugriechischen Staat wieder aufgegriffen wurde.

■ **Hellenismus** [griech.] *der,* eine Epoche der altgriechischen Geschichte, die um 330 v. Chr. mit den Eroberungen →Alexanders des Großen einsetzt und bis zur Eroberung Griechenlands, Kleinasiens und Ägyptens durch die Römer um Christi Geburt dauert. In dieser Zeit entstand in den Staaten, die sich in den von Alexander dem Großen eroberten Gebieten gebildet hatten, eine einheitliche griechische Kultur; Griechisch wurde Weltsprache.

■ **Hellespont** [griech.] *der,* in der Antike Name der →Dardanellen.

■ **Helligkeit** (Größe), *Astronomie:* Maß zur Angabe der Strahlungsmenge, die von einem Himmelskörper ausgeht. Es wird unterschieden zwischen der scheinbaren Helligkeit, mit der ein Himmelskörper auf der Erde wahrgenommen oder gemessen wird (Formelzeichen m), und der absoluten Helligkeit, die ein Himmelskörper in einer Standardentfernung von 32,6 Lichtjahren haben würde (Formelzeichen M). Außerdem unterscheidet man die Helligkeiten auch nach den Bereichen des elektromagnetischen →Spektrums, in denen sie festgestellt wurden (z. B. visuelle Helligkeit, Radiohelligkeit). Die Einheit der Helligkeit ist die **Größenklasse** (oder kurz: Größe), Einheitenzeichen m oder mag.

Mit seinen mathematisch ausgearbeiteten Untersuchungen über Wirbelstürme, Gewitter, Luft- und Wasserwellen oder Gletscher wurde **Hermann von Helmholtz** zum Begründer der Meteorologie

■ **Helmholtz,** Hermann Ludwig Ferdinand von, deutscher Physiker und Physiologe, *Potsdam 31. August 1821, †Charlottenburg (heute zu Berlin) 8. September 1894. Er untersuchte u. a. die Nervenleitung, den Sehvorgang und die Tonempfindungen, begründete die Klanganalyse sowie die chemische Thermodynamik und entdeckte unabhängig von Julius Robert Mayer (1814–78) den Satz von der Erhaltung der Energie.

■ **Heloten** [griech.], die Staatssklaven im alten Sparta.

■ **Helsinki,** Hauptstadt Finnlands, auf einer Halbinsel am Finnischen Meerbusen gelegen, 546 300 Einwohner. Zahlreiche Buchten, Halbinseln und Inseln (Schären) bestimmen das Bild der »weißen Stadt des Nordens«. Das Zentrum ist von Bauten aus der Zeit des Klassizismus beherrscht, u. a. Dom, Regierungspalast, Universität.

■ **Helvetia,** lateinischer Name der Schweiz, abgeleitet von den **Helvetiern,** einem keltischen Volksstamm, der im 1. Jahrh. v. Chr. in das Schweizer Mittelland einwanderte.

■ **Hemingway** [...ᵘeⁱ], Ernest, amerikanischer Schriftsteller, *Oak Park (Illinois) 21. Juli 1899, †Ketchum (Idaho) 2. Juli 1961. Hemingway war 1921–27 Korrespondent in Europa, vor allem in Paris, und 1936/37 Berichterstatter im Spanischen Bürgerkrieg auf der Seite der Republik. In seinen in knappem, sachlichen Stil geschriebenen Romanen und Kurzgeschichten, die häufig eigene Erlebnisse verarbeiten, schildert er das Leben als Selbstbewährung des Mannes in Abenteuer und Gefahr. Zu seinen Hauptwerken gehören die Romane »Fiesta« (1926) und »Wem die Stunde schlägt« (1940) sowie die Erzählung »Der alte Mann und das Meer«

Hellenismus

323 v. Chr.: Tod Alexanders des Großen
Diadochen (»Nachfolger«) sind die Feldherren Alexanders:
- Antipater (später Kassander) in Makedonien
- Lysimachos in Thrakien
- Antigonos in Vorderasien
- Ptolemaios in Ägypten
- Seleukos in Babylonien

301 bzw. 281 v. Chr.: Ende der Diadochenkämpfe
Reiche der »Epigonen«:
- Antigoniden in Makedonien bis 168 v. Chr.
- Seleukiden in Vorderasien bis 63 v. Chr.
- Ptolemäer in Ägypten bis 30 v. Chr.

Weitere Reiche in Kleinasien (u. a. Pergamon) und Sizilien
1. Jahrh. v. Chr.: alle hellenistischen Staaten werden römische Provinzen
Kulturzentren des Hellenismus:
- Alexandria
- Pergamon
- Antiochia am Orontes (heute in Syrien)
- Rhodos
- Athen

(1952). 1954 erhielt Hemingway den Nobelpreis für Literatur.

■ **Hemisphäre** [griech.] *die,* Halbkugel, insbesondere die nördliche und die südliche Halbkugel der Erde.

■ **Hendrix,** Jimi, amerikanischer Rockmusiker (Gitarre, Gesang), *Seattle (Washington) 27. November 1942, †London 18. September 1970. Als Gitarrist und Sänger (»Hey Joe«, »Purple Haze«) wurde er nach 1966 durch seine orgiastischen Auftritte und Klangexperimente (elektrische Klangverfremdung, Gitarrenspiel mit der Zunge) zum Symbol der Rockszene.

■ **Hepatitis** [griech.] *die* (Leberentzündung), eine Entzündung des Lebergewebes mit nachfolgender Leberzellschädigung. Sie kann durch Viren, Bakterien, Parasiten, Lebergifte, Alkohol und Arzneimittel verursacht werden. Häufigste Erkrankung ist die meldepflichtige akute Virus-Hepatitis.

In Abhängigkeit vom Erregertyp werden verschiedene Formen unterschieden:

Virus-A-Hepatitis tritt vor allem bei Jugendlichen auf. Die mit dem Stuhl ausgeschiedenen Viren werden vor allem über den Mund durch Schmier- und Schmutzinfektion oder durch verunreinigte Lebensmittel (auch Trinkwasser) übertragen. Bislang ist nur eine passive Immunisierung möglich.

Virus-B-Hepatitis wird vor allem durch Einbringen des in Blut, Speichel, Schweiß enthaltenen Erregers in die Blutbahn übertragen, z. B. bei Bluttransfusionen, durch verunreinigte Spritzen oder beim Geschlechtsverkehr. Der Verlauf ist häufig schwerer als bei der Virus-A-Hepatitis und kann chronisch werden. Neben der passiven Immunisierung ist auch die für Risikogruppen empfohlene vorbeugende Impfung mit antigenhaltigem Serum möglich.

Virus-C-Hepatitis ähnelt in Übertragung und Verlauf der Virus-B-Hepatitis; eine Schutzimpfung ist jedoch noch nicht möglich.

Hepatitis D wird durch einen virusähnlichen Erreger (Viroid) hervorgerufen. Eine Schutzimpfung gegen Virus-B-Hepatitis schützt auch gegen diese Form.

Hepatitis E tritt akut auf; sie kommt nur in Teilen Asiens, Afrikas und Mittelamerikas vor.

Die Symptome einer Hepatitis bestehen zunächst in Glieder- und Kopfschmerzen, Appetitlosigkeit, Übelkeit, Druck in der Magen- und Lebergegend und mäßigem Fieber, später Gelbsucht mit hellem Stuhl und dunkelbraunem Harn. Nach unterschiedlicher Krankheitsdauer (etwa zwölf Wochen) kommt es meist zur Abheilung. Die Virus-B- und C-Hepatitis können in 10–15% der Fälle in ein chronisches Stadium übergehen oder aber zu einer Leberzirrhose führen. Eine ursächliche Behandlung ist nicht möglich; allgemeine Maßnahmen sind Bettruhe, Diät und der Verzicht auf alkoholische Getränke für mindestens ein Jahr.

■ **Hephaistos,** griechischer Gott des Feuers und des Schmiedehandwerks; ihm entspricht der römische Gott **Vulcanus.**

■ **Hera,** griechische Göttin der Ehe, Gemahlin des Zeus. Die Römer setzten ihr **Juno** gleich.

■ **Herakles** (lat. Herkules), Held der griechischen Mythologie, Sohn des Zeus und der Alkmene. Er verfügt über außergewöhnliche Kräfte. Berühmt sind die zwölf Taten (»Arbeiten«) des Herakles, die er im Dienste des Königs Eurystheus vollbringt.

■ **Heraldik** → Wappenkunde.

■ **Herbarium** [lat.] *das,* eine Sammlung getrockneter Pflanzen und Pflanzenteile, die meist systematisch geordnet wird. Die gepressten und auf Papierbogen geklebten Pflanzen werden mit Angaben zum Namen, Fundort u. a. versehen.

■ **Herberger,** Joseph (Sepp), deutscher Fußballspieler und -trainer, *Mannheim 28. März 1897, †ebenda 28. April 1977. Herberger war 1936–64 Trainer der deutschen Fußballnationalmannschaft, mit der er 1954 die Weltmeisterschaft gewann.

■ **Herbizid** [lat.] *das,* chemisches Mittel zur Vernichtung von Wildkräutern.

■ **Herbst** → Jahreszeiten.

■ **Herbstpunkt** → Frühlingspunkt.

■ **Herbstzeitlose,** Liliengewächs auf feuchten Wiesen. Die krokusähnliche, hellviolette Blüte erscheint im Herbst. Die Reservestoffe zum Blühen entnimmt sie ihrer tief in der Erde sitzenden zwiebelähnlichen Knolle. Erst im folgenden Frühjahr trägt sie breite lanzettförmige Blätter und Fruchtkapseln. Die Herbstzeitlose enthält ein sehr giftiges Alkaloid.

■ **Herder,** Johann Gottfried von (geadelt 1802), deutscher Schriftsteller, Philosoph und evangelischer Theologe, *Mohrungen (Ostpreußen, heute zu Polen) 25. August 1744, †Weimar 18. Dezember 1803. Herder war einer der großen Anreger der deutschen Geistesgeschichte, vor allem der Geschichts- und Sprachphilosophie. Für ihn sind Natur, Geschichte und Kulturgeschichte durch die Richtung auf ein höchstes Ziel der Entwicklung, die gesetzmäßig fortschreitet, miteinander verbunden. Endziel ist die Verwirklichung der Humanität. Sein Werk umfasst u. a. die Schrift «Über die neuere deutsche Literatur« (1767) und die Sammlung

Die erzählenden Werke von **Ernest Hemingway,** die zum Großteil auch verfilmt worden sind, präsentieren eine ausgesprochen männliche Welt

Der engagierte Kulturvermittler Johann Gottfried Herder – das Porträt zeigt ihn um das Jahr 1799 – hatte das Ziel, die Literatur der Völker der Welt zum Allgemeingut des deutschen Lesers zu machen; seine Sammlung »Stimmen der Völker...« enthält zahlreiche Beispiele der Weltliteratur, die Herder ins Deutsche übersetzt hat, darunter vor allem auch Kostproben aus Dramen von Shakespeare

»Stimmen der Völker in Liedern« (erschienen 1807). Herders Werk hatte eine große Wirkung auf den Sturm und Drang und darüber hinaus auf die Dichtung der Romantik.

■ **Hering,** ein bis etwa 45 cm langer Fisch, der den Nordatlantik auf der Suche nach Nahrung (vor allem Plankton und Jungfische) und Laichplätzen in großen Schwärmen durchzieht. Ein Weibchen legt etwa 20 000–70 000 Eier. Von den beiden Arten ist für die europäische Fischerei der **Atlantische Hering** besonders wichtig. – Der Hering kommt u.a. als grüner Hering, Salzhering (Pökelhering), Räucherhering (Bückling), Matjeshering (noch nicht geschlechtsreifer, mild gesalzener Hering) auf den Markt, daneben mariniert als Bismarckhering, Rollmops und Brathering.

■ **Herisau,** Hauptort des schweizerischen Halbkantons Appenzell Außerrhoden, am Fuß des Säntis südwestlich von Sankt Gallen, mit 16 100 Einwohnern.

■ **Herkules** →Herakles.

■ **Hermann der Cherusker** →Arminius.

■ **Hermelin** (Großes Wiesel), eine bis 30 cm lange, schlanke Marderart auf der nördlichen Halbkugel, mit bis 12 cm langem Schwanz. Im Winter ist die Oberseite des Fells ganz oder teilweise weiß (im Sommer braun), die Unterseite gelblich weiß, der Schwanz weiß und die Schwanzspitze schwarz. Das überwiegend dämmerungs- und nachtaktive Tier ist sehr anpassungsfähig. Da es sich hauptsächlich von Wühlmäusen, Hausmäusen und Ratten ernährt, ist es für den Menschen nützlich. Wegen seines kostbaren Winterpelzes wird es oft gejagt.

■ **Hermes,** griechischer Gott des sicheren Geleits, der die Wanderer und Reisenden beschützte. Er war ein Sohn des Zeus und trat vor allem als Götterbote auf und wird meistens mit Flügelschuhen und Heroldstab dargestellt. Die Römer setzten ihm den **Merkur** gleich, den sie auch als Gott des Handels und der Kaufleute verehrten.

■ **hermetisch** [griech.], luft- und wasserdicht verschlossen; geheimnisvoll.

■ **Herodes I., der Große,** Herrscher des jüdischen Staates (seit 37 v. Chr.), *um 73 v. Chr., †4 v. Chr. Herodes vereinigte im Bündnis mit den Römern das jüdische Land. Unter seiner Herrschaft konnten die Juden ihren Kult frei ausüben. Er ließ den Tempel in Jerusalem wieder aufbauen. In der Bibel wird berichtet, dass Herodes den »Kindermord von Bethlehem« befohlen habe, um dabei auch Jesus zu töten, den Weissagungen als den neuen »König der Juden« ankündigten.

■ **Herodot,** griechischer Geschichtsschreiber, *Halikarnassos (heute Bodrum) um 490 v. Chr., †um 425 v. Chr. Das Werk Herodots, der oft als »Vater der Geschichtsschreibung« bezeichnet wird, behandelt die Geschichte Griechenlands bis 479, insbesondere die Perserkriege. Es gibt zugleich ein farbiges Bild von den Ländern und Völkern der damals bekannten Welt.

Während sich Heringe tagsüber in Tiefen bis etwa 250 m bewegen, steigen sie bei Nacht meist bis in 30–50 m Wassertiefe auf; der hier abgebildete Atlantische Hering lebt in riesigen Schwärmen in planktonreichen Meeresgebieten

■ **Heroin** [griech.] *das,* aus Morphin, einem Bestandteil des Opiums, gewonnene →Droge, die Schmerzen betäubt und die Wahrnehmung verändert, ohne das Bewusstsein völlig auszuschalten. Heroin wird geraucht, geschnupft, inhaliert oder (mit Wasser verdünnt) gespritzt. Es hat eine stark suchterzeugende Wirkung, die bei Missbrauch schnell zum körperlichen Verfall führen kann. Der »goldene Schuss« (eine Überdosis) führt zum Tod. Beim Spritzen (»Fixen«), der Injektion in die Vene, besteht das äußerst große Risiko der Ansteckung mit dem HI-Virus und einer späteren Aidserkrankung, wenn die Spritze eines HIV-Infizierten verwendet wird.

Heroin ist eine der stärksten suchterzeugenden Drogen. Die Gewöhnung (die sehr schnell einsetzen kann), verbunden mit Dosissteigerungen, mündet in einer starken seelischen und körperlichen Abhängigkeit, die sich vor allem in starken Entzugserscheinungen (z. B. Unruhe, Hitzewallungen, Schlafstörungen, Fieber, Erbrechen) beim Absetzen der Droge äußert. Die Entwöhnung ist für den Abhängigen selten aus eigener Kraft zu schaffen und bedarf meist einer langwierigen Therapie, z. B. in Selbsthilfegruppen und therapeutischen Gemeinschaften oder in Fachkliniken sowie durch Ersatzdrogenprogramme, z. B. mit dem Arzneimittel Methadon. Vor diesen Rehabilitationsmaßnahmen steht in der Regel der körperliche Entzug. Der Erfolg dieser Therapien ist allerdings nicht immer gegeben; viele Patienten brechen die Behandlung frühzeitig ab, weil sie sich überfordert fühlen und meinen, nicht die Kraft zum Durchhalten zu haben.

■ **Herold** [frz.] *der,* im Mittelalter ein Hofdiener, der wegen seiner Wappenkenntnis (daher Heroldskunst, Heraldik) die Berechtigung der Ritter zur Teilnahme an Turnieren prüfte, als Schiedsrichter Turniere leitete und andere Aufgaben am Hof übernahm.

■ **Heros** [griech.] *der,* Held, Halbgott.

■ **Herpes** [griech.], eine entzündliche Haut- und Schleimhauterkrankung, bei der kleine, mit seröser Flüssigkeit gefüllte Bläschen auftreten. **Herpes simplex** wird durch Tröpfchen- oder Schmierinfektion (z. B. beim Geschlechtsverkehr) übertragen und tritt vor allem an den Übergangsstellen zwischen Haut- und Schleimhaut oder an den Geschlechtsteilen auf. Symptome sind zunächst Juckreiz und Spannungsgefühl unter geringfügigem Brennen und dann plötzlich hervortretender Ausschlag von gruppiert angeordneten, stecknadelkopfgroßen Bläschen auf gerötetem Grund. Nach dem Erguss des Inhalts der Bläschen trocknen diese aus und heilen ab. Die Erstinfektion mit dem Virus findet – häufig unerkannt – meist im frühen Kindesalter statt und führt zur Bildung von Antikörpern, ohne jedoch eine Immunität zu hinterlassen. Häufig verbleibt der Erreger in Ruhe im Körpergewebe, sodass es bei Störungen immer wieder zu Rückfällen kommt, z. B. bei fiebrigen Erkrankungen, während der Menstruation oder durch erhöhte Sonneneinstrahlung. Die Behandlung erfolgt durch die äußerliche Anwendung austrocknender Puder oder Salben und die Einnahme von virushemmenden Arzneimitteln.

■ **Herrentiere** →Primaten.

■ **Hertz,** Heinrich, deutscher Physiker, *Hamburg 22. Februar 1857, †Bonn 1. Januar 1894. Er wies als Erster experimentell nach, dass Licht eine elektromagnetische Wellenerscheinung ist. Seine Forschungen bildeten die Grundlage für die Entwicklung der Radiotechnik. Nach ihm ist die gesetzliche Einheit der →Frequenz eines periodischen Vorgangs, das **Hertz** (Einheitenzeichen: Hz), benannt.

Ein Schüler von Hermann von Helmholtz: **Heinrich Hertz** wies auch den Einfluss ultravioletter Strahlen auf die elektrische Entladung nach

■ **Herz,** das zentrale Pumporgan im Blutkreislauf der Tiere und des Menschen. Bei niederen Tieren ist es meist ein zusammenziehbarer Schlauch mit Öffnungen am Vorder- und Hinterende oder auch an den Seiten. Bei den Wirbeltieren findet sich von den Fischen bis zu den Säugetieren eine fortschreitend ausgeprägtere Unterteilung in Vor- und Herzkammern, die zu einer völligen Trennung des sauerstoffreichen (arteriellen) Blutes (aus der Lunge) vom sauerstoffarmen (venösen) führt. Bei den Vögeln und Säugetieren besteht das Herz aus zwei völlig voneinander getrennten Herzkammern, die eine mit nur venösem, die andere mit nur arteriellem

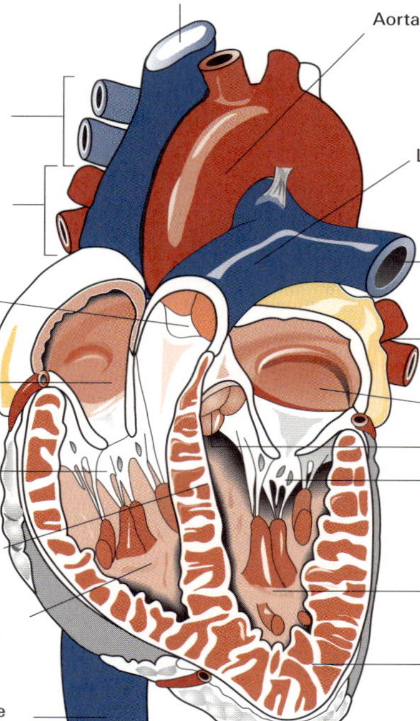

Herz: Aufbau des menschlichen Herzens

Blut. Damit haben sich auch zwei gesonderte Blutkreisläufe ausgebildet: ein über die Lungen gehender kleiner Lungenkreislauf und ein großer Körperkreislauf.

Herz

Gewicht beim Mann: 310 g
Gewicht bei der Frau: 260 g
Herzschläge in der Minute: 60–75
Herzschläge am Tag: ca. 100 000
Dauer eines Herzschlags: 0,8 s bei 75 Herzschlägen je Minute
Blutförderung je Herzschlag: 70–100 ml je Herzkammer (das sind 5–7 l je Minute)

Beim Menschen ist das Herz ein faustgroßer, über die Herzkranzgefäße mit Blut versorgter Hohlmuskel, der als Saug- und Druckpumpe den Blutstrom antreibt. Es wird durch die Herzscheidewand in eine linke und eine rechte Hälfte geteilt. Zusätzlich ist jede Hälfte nochmals in eine kleine Vorkammer (Vorhof) und eine Hauptkammer unterteilt. So entstehen vier Hohlräume, von denen jeweils in jeder Herzhälfte Vorkammer und Hauptkammer durch Segelklappen (Mitral-, Pulmonal- und Trikuspidalklappe) miteinander verbunden sind. Diese Klappen wirken wie Ventile, indem sie das Blut nur in eine Richtung, nämlich von den Vorkammern in die Hauptkammern, fließen lassen. In die Vorkammern münden die zuleitenden Blutadern (Venen). Die rechte Herzkammer treibt das sauerstoffarme (venöse) Blut, das vom Körper kommt, in die Lunge, die linke Herzkammer treibt das sauerstoffreiche (arterielle) Blut, das von der Lunge kommt, in den Körper. Von der linken Kammer geht die große Körperschlagader (Aorta) ab, von der rechten Kammer die Lungenschlagader (→Blutkreislauf).

Roman Herzog war der erste gesamtdeutsch gewählte Bundespräsident

■ **Herzegowina** *die,* historisches Gebiet im Süden der Republik →Bosnien und Herzegowina, ein dünn besiedeltes, verkarstetes Hochland, das von der Neretva, einem 215 km langen Fluss, der in die Adria mündet, durchflossen wird. Hauptort ist Mostar.

■ **Herzinfarkt,** das Absterben eines Teils des Herzmuskels durch Sauerstoffmangel, meist nach längerer Verengung der Herzkranzarterien. Ein Herzinfarkt kündigt sich oft durch Engegefühl, Übelkeit und Angstzustände an. Drohenden tödlichen Herzstillstand kann man durch sofortige ärztliche Hilfe vermeiden. Infarktpatienten benötigen eine intensive Nachbehandlung, da ein wiederholter Infarkt nicht auszuschließen ist. Das Infarktrisiko ist besonders hoch bei Rauchern und Menschen mit Übergewicht, Bluthochdruck, Bewegungsmangel oder Stress.

■ **Herzog,** in germanischer Zeit ein für die Dauer eines Krieges gewählter Heerführer; bis ins hohe Mittelalter der Herrscher über ein Stammesgebiet; später allgemein ein hoher Adelsrang.

■ **Herzog,** Roman, deutscher Staatsrechtslehrer und Politiker, *Landshut 5. April 1934. Herzog, seit 1970 Mitglied der CDU, war 1987–94 Präsident des Bundesverfassungsgerichts und 1994–99 Bundespräsident.

■ **Hesse,** Hermann, deutscher Schriftsteller (seit 1923 schweizerischer Staatsbürger), *Calw 2. Juli 1877, †Montagnola (Kanton Tessin) 9. August 1962. Sein Werk wird bestimmt von dem Gegensatz Geist–Leben (Natur) und weist Einflüsse der Psychoanalyse und der indischen Philosophie auf. Hesse schrieb u. a. die Romane »Peter Camenzind« (1904), »Der Steppenwolf« (1927), »Narziss und Goldmund« (1930) und »Das Glasperlenspiel« (1943) sowie liedhafte Lyrik. 1946 erhielt er den Nobelpreis für Literatur.

Hermann Hesse – hier auf einem Foto aus dem Nobelpreisjahr 1946 – lebte ab 1919 im Tessin; als Vierzehnjähriger war Hesse aus dem evangelischen Klosterseminar Maulbronn geflohen, weil er »entweder Dichter oder gar nichts werden wollte«

■ **Hessen,** Bundesland der Bundesrepublik Deutschland, 21 115 km², mit 6,034 Mio. Einwohnern. Die Hauptstadt ist Wiesbaden. Kerngebiet ist das Hessische Bergland. Hessen umfasst weiter den Taunus (im Südwesten), den rechtsrheinischen nördlichen Teil des Oberrheinischen Tieflandes, den Hauptteil des Odenwaldes (im Süden), kleine Teile des Weserberglandes (im Norden), des Westerwaldes (im Westen) und des Spessarts (im Südosten).

Die ergiebigsten Ackerbaugebiete sind Untermainebene, Wetterau, unteres Lahntal, Schwalmgrund und Kasseler Becken. Rheingau und Bergstraße sind wichtige Wein-, Obst- und Gemüsebaugebiete. An Bodenschätzen werden Kalisalz sowie Erdöl und Erdgas gefördert. Es gibt zahlreiche Mineralquellen (Hessen ist das bäderreichste Land der Bundesrepublik Deutschland). Die Untermainebene bis Darmstadt im Süden gehört zu den größten deutschen Industrie-, Handels- und Verkehrszentren mit Frankfurt am Main als Mittelpunkt; führend sind chemische, Elektro- und Elektronikindustrie sowie Maschinen- und Fahrzeugbau

Geschichte: Hessen war im frühen Mittelalter Teil des Herzogtums Franken. 1122 kam es an Thüringen. Nach dem Erlöschen des thüringischen Landgrafenhauses wurde Hessen selbstständige Landgrafschaft (1292). Durch Landesteilung entstanden im 16. Jahrh. mehrere Linien, u. a. Hessen-Kassel (ab 1803 Kurhessen) und Hessen-Darmstadt (ab 1806 Großherzogtum). 1868 wurde Kurhessen als Provinz unter Einschluss des Herzogtums Nassau und Frankfurts Preußen eingegliedert; das Großherzogtum Hessen-Darmstadt gehörte ab 1871 zum Deutschen Reich und war nach 1918 Volksstaat. 1945 wurden Hessen-Nassau und Hessen-Darmstadt zum Land Hessen vereinigt. Ministerpräsident ist seit 1999 Roland Koch (* 1958; CDU).

■ **hetero…, Hetero…** [griech.], Bestimmungswort mit der Bedeutung: anders, fremd, verschieden.

■ **Heterosexualität,** auf gegengeschlechtliche Partner gerichtete Sexualität; im Gegensatz zur →Homosexualität.

■ **heterotroph** →Ernährung.

■ **Hethiter,** indogermanisches Volk, das im 2. Jahrtausend v. Chr. im östlichen Kleinasien das Reich **Hatti** gründete; Hauptstadt war seit dem 16. Jahrh. v. Chr. Hattusa (heute Boğazkale, Türkei). Die hoch entwickelte Kultur der Hethiter war von kleinasiatischen und babylonischen Elementen beeinflusst. Um 1200 v. Chr. zerfiel das Reich.

■ **Heuschnupfen,** vom Frühjahr bis zum Herbst, vor allem zur Zeit der Gräserblüte auftretende →Allergie gegen Blütenstaub. Durch eine Entzündung der Nasenschleimhaut und der Bindehaut der Augen treten Schnupfen, Niesen und Tränenfluss auf. Hinzu können noch Atemnot, Fieber und Kopfschmerzen kommen.

■ **Heuschrecken,** mit etwa 20 000 Arten weltweit verbreitete Ordnung etwa 0,2–25 cm langer Insekten. Die **Feldheuschrecken** kommen mit etwa 40 Arten in Deutschland vor. Sie fressen vor allem Gräser. Ihre Fühler sind meist von halber Körperlänge. Sie zirpen durch Reiben ihrer Hinterbeine (die eine Schrillleiste mit Zähnchen besitzen) an einer verstärkten Ader der Vorderflügel. Zu den Feldheuschrecken gehören die oft durch Kahlfraß schädlichen **Wanderheuschrecken,** die hauptsächlich in warmen Ländern vorkommen. Die riesigen, dichten Schwärme können 1 000–2 000 km weit wandern.

Heuschrecken: Wanderheuschrecken beim Paarungsvorspiel; in den vergangenen Jahrhunderten sind riesige Schwärme von Wanderheuschrecken immer wieder auch in Mitteleuropa eingefallen; eine mitteldeutsche Chronik aus dem Jahr 1693 berichtet: Es waren »ihrer so viele Millionen, dass sie wie schwarze Wolken daherzogen… Ein Teil von ihnen machte sich an die Bäume, und zwar in solcher Menge, dass sich die Zweige zur Erde beugten«

■ **Heuss,** Theodor, deutscher Politiker und Publizist, *Brackenheim (Kreis Heilbronn) 31. Januar 1884, †Stuttgart 12. Dezember 1963. Heuss war 1924–28 und 1930–33 Mitglied des Reichstages, nach 1945 einer der Gründer der FDP und 1948–49 ihr erster Bundesvorsitzender. 1949–59 war er der erste Bundespräsident der Bundesrepublik Deutschland.

Theodor Heuss, der erste Bundespräsident der Bundesrepublik Deutschland, schrieb zur Zeit der Hitlerdiktatur unter dem Decknamen Thomas Brackheim für die »Frankfurter Zeitung«

■ **Hexaeder** [griech.] *das* (Sechsflach, Sechsflächner), ein von sechs Vierecken begrenztes Polyeder mit acht Ecken und zwölf Kanten. Das **regelmäßige Hexaeder** ist ein Würfel.

■ **Hexameter** →Vers.

■ **Hexen,** nach dem Volksglauben zauberkundige Frauen mit übernatürlichen Kräften. Das grausame Vorgehen gegen der Hexerei bezichtigte Personen (vor allem Frauen) während der **Hexenverfolgungen** des Spätmittelalters fußte auf einer systematischen »Hexenlehre«: Vorstellungen von nächtlichen Spukgestalten, die sich in Tiere verwandeln oder durch die Lüfte reiten können, verbanden sich mit der Vorstellung, Hexen träfen sich nachts an schaurigen Orten mit Dämonen oder dem Teufel (Hexensabbat). In den **Hexenprozessen,** die die Inquisition häufig nach Verleumdungen in Gang setzte, bediente man sich der Folter, um Geständnisse und die Nennung von »Komplizen« zu erzwingen; verurteilte Hexen endeten auf dem Scheiterhaufen (letztmalig 1782 in der Schweiz).

Thor Heyerdahl

■ **Heyerdahl,** Thor, norwegischer Naturforscher, *Larvik 6. Oktober 1914. Er fuhr 1947 auf einem Floß, das nach alten indianischen Vorbildern gebaut und nach dem indianischen Gott »Kon-Tiki« benannt war, von Peru zu den ostpolynesischen Inseln (Tahiti). Die Reise dauerte 97 Tage. Sie sollte die Möglichkeit der Besiedlung der Inseln des Pazifischen Ozeans von Südamerika aus nachweisen. 1970 überquerte Heyerdahl von Marokko aus den Atlantik in einem Papyrusboot.

■ **Hierarchie** [griech.] *die,* Rangordnung; in der katholischen Kirche die Gesamtheit der Geistlichkeit und deren Rangordnung.

Diese Wachtelküken stellen keine vogelkundliche Studie dar, sondern eine Vorlage für die Hieroglyphe »w«

■ **Hieroglyphen** [griech., = heilige Schriftzeichen], Schriftzeichen, die die Form von Bildern haben, z. B. die Keilschrift oder besonders die im alten Ägypten seit 3000 v. Chr. verwendete Bilderschrift, die 1822 von dem französischen Gelehrten Jean François Champollion entziffert wurde. Hieroglyphische Schriften gab es auch im Industal, auf der Osterinsel und bei den Maya.

■ **Hi-Fi** [haifi, auch haifai; engl.], Abkürzung für **Hi**gh**fi**delity, Bezeichnung für hohe Wiedergabequalität in Tonumfang und Klangreinheit von UKW-Rundfunkempfängern, Platten- und CD-Spielern, Tonbandgeräten, Kassettenrekordern, Verstärkern, Mikrofonen, Kopfhörern und Lautsprechern.

■ **Hildebrandslied,** ältestes, nur bruchstückhaft erhaltenes Heldenlied der deutschen Literatur, das Anfang des 9. Jahrh. in Fulda aufgezeichnet wurde. Die in Stabreimen geschriebene Dichtung handelt von Hildebrand, dem Waffenmeister Dietrichs von Bern, der mit seinem Herrn das Land verlassen hatte und bei seiner Rückkehr nach 30 Jahren seinem Sohn Hadubrand begegnet. Dieser weigert sich, in dem »alten Hunnen« seinen Vater zu erkennen. Um seine Ehre zu verteidigen, stellt sich Hildebrand einem Zweikampf. Der Schlussteil fehlt.

■ **Hildegard von Bingen,** deutsche Mystikerin, *bei Alzey 1098, †im Kloster Rupertsberg bei Bingen 17. September 1150; Benediktinerin. Sie hatte bereits als Kind Visionen, die sie ab 1141 in lateinischer Sprache niederschrieb. So entstand als ihr Hauptwerk die mystische Glaubenslehre »Scivias« (deutsch »Wisse die Wege«). Daneben verfasste sie u. a. auch naturkundliche Abhandlungen und geistliche Lieder.

■ **Hildesheim,** Stadt in Niedersachsen, an der Innerste, südöstlich von Hannover, mit 104600 Einwohnern. Das Stadtbild wird geprägt von der Altstadt mit dem Dom (11. Jahrh.) u. a. bedeutenden Kirchenbauten, darunter Sankt Michael (11. Jahrh.) und Sankt Godehard (12. Jahrh.). – Hildesheim war an der Jahrtausendwende unter Bischof Bernward (um 960–1022) ein bedeutendes Kunstzentrum, wovon Hauptwerke der ottonischen Kunst (u. a. Bronzetüren) zeugen.

■ **Hilfsverb** (Hilfszeitwort), ein Verb in der besonderen Funktion, bestimmte Zeitformen in Ver-

Hieroglyphen

Das Entschlüsseln der ägyptischen Hieroglyphen gelang 1822 dem Franzosen Jean-François Champollion (1790–1832) anhand eines Textes, der in altägyptischer und jüngerer ägyptischer (demotischer) Schrift mit einer griechischen Übersetzung auf dem »Stein von Rosette« eingraviert war. Diesen kann man heute im Britischen Museum in London sehen. Champollion hatte erkannt, dass allen Hieroglyphen Lautwerte entsprachen.

bindung mit einem Vollverb zu bilden, z. B. »ich *bin* gegangen, ich *werde* schlafen, ich *wurde* gelobt, ich *habe* gelesen«. Hilfsverben können auch als Vollverben verwendet werden, z. B. »hier *sind* viele Mücken«. – auch → Modalverb.

Himalaja

Die zehn Achttausender des Himalaja:
- Mount Everest (8 846 m)
- Kangchendzönga (8 586 m)
- Lhotse (8 516 m)
- Makalu (8 463 m)
- Cho Oyu (8 201 m)
- Dhaulagiri (8 167 m)
- Manaslu (8 163 m)
- Nanga Parbat (8 126 m)
- Annapurna I (8 091 m)
- Shisha Pangma (8 012 m)

■ **Himalaja** [auch himalaja; Sanskrit, = Schneewohnung] *der,* das mächtigste und höchste Gebirgssystem der Erde. Es erstreckt sich in Zentralasien zwischen dem Hochland von Tibet und der nordindischen Tiefebene und ist 2 500 km lang und durchschnittlich 200 km breit. Von den zehn Achttausendern des Himalaja ist der Mount Everest mit 8 846 m zugleich der höchste Berg der Erde.
Der Himalaja scheidet die feuchtheißen Gebiete Indiens vom trockenen und Kalten tabetanischen Hochland. Die Schneegrenze liegt wesentlich höher als in den Alpen: auf der Südseite bei 4 800–5 200 m, auf der Nordseite bei 5 500–6 000 m. Bis auf 3 000 m wird noch Getreide angebaut. Die Baumgrenze liegt bei 4 200 m; darüber breiten sich Bergwiesen aus.

■ **Himbeere,** ein Rosengewächs, das besonders an feuchten Waldstellen und in Lichtungen zu finden ist. Die Himbeere ist ein stacheliger Halbstrauch, der im zweiten Jahr rote, bei Gartenformen auch weiße oder gelbe, beerenartige Sammelsteinfrüchte hervorbringt.

■ **Himmel,** der Raum über der Erde, den man sich als Kugelschale vorstellt, allerdings mit unbestimmtem Radius und unbestimmter Schalendicke. Am Himmel befindet sich alles, was über der Erde schwebt, z. B. die Vögel, die Wolken und insbesondere die Sterne sowie die Sonne.
In der Astronomie wird diese Vorstellung zur Himmelskugel oder **Sphäre** abstrahiert, die einen ungeheuer großen, aber dabei endlichen Radius hat. An ihr befinden sich alle **Himmelskörper** und wiederum insbesondere die Sterne, die sich in sehr großen Zeiträumen an ihr bewegen.
Anschaulich erscheint uns der Himmel als ein Gewölbe, das sich über dem Horizont spannt. Dieses Gewölbe kommt uns flacher vor als eine Halbkugel, weil für unsere Wahrnehmung der Himmel dicht über dem Horizont weiter entfernt zu sein scheint als »direkt« über uns. Das ist auch der Grund dafür, dass uns Sonne und Mond bei ihrem Auf- und Untergang größer erscheinen als wenn sie hoch am Himmel stehen. Das Himmelsblau entsteht durch die Streuung des Sonnenlichts an den Luftmolekülen. Senkrecht über dem Beobachter ist der **Zenit**; diesem entgegengesetzt liegt der **Nadir**. Durch die Rotation der Erde scheint sich der Himmel um deren Achse zu drehen, die mit der **Himmelsachse** zusammenfällt.

■ **Himmelsäquator** → Äquator.

■ **Himmler,** Heinrich, deutscher Politiker, *München 7. Oktober 1900, †Lüneburg 23. Mai 1945. Himmler nahm 1923 am Hitlerputsch teil und war 1926–30 stellvertretender Propagandaleiter der NSDAP. Er wurde 1929 zum »Reichsführer SS« ernannt und 1936 zum »Reichsführer SS und Chef der deutschen Polizei«. Er organisierte den Terror der Gestapo und war verantwortlich für die Errichtung der → Konzentrationslager und als Mitorganisator der Massenverbrechen für den Mord an den europäischen Juden und der Bevölkerung des östlichen Europa. 1945 wurde Himmler aus der NSDAP entlassen; in britischer Gefangenschaft beging er 1945 Selbstmord.

■ **Hindemith,** Paul, deutscher Komponist, *Hanau 16. November 1895, †Frankfurt am Main 28. Dezember 1963. Er gilt als Bahnbrecher der modernen Musik (u. a. Abkehr von der Dur- und Moll-

Himmel

Der Himmel gilt bei vielen Völkern als Ort der Götter, zu dem sich die menschliche Seele nach dem Tod erhebt. Man dachte ihn sich als Gewölbe oder als Mantel Gottes oder auch – wie in China – als flache Scheibe. In der griechischen Mythologie vereinigen sich Himmel (Uranos) und Erde (Gaia) als erstes Paar und bringen die Titanen hervor. Das Himmelsgewölbe stellte man sich als eine Kuppel vor, die von dem Riesen Atlas oder von Pfeilern gestützt wird. – Im Alten Testament ist der Himmel der Wohnort Gottes. – Im Islam ist der »siebente Himmel« der oberste von meist sieben übereinander liegenden Himmeln, in dem die Engel das Lob Allahs singen.

1930 schrieb **Paul Hindemith** die Kinderoper »Wir bauen eine Stadt«; 1935 wurde er wegen seiner »entarteten« Musik aus Berlin vertrieben; er wirkte dann in der Türkei, in der Schweiz und ab 1940 in Amerika, ab 1953 war sein Wohnsitz in Zürich

Tonart) und schrieb u. a. die Opern »Mathis der Maler« (1934/35) und »Die Harmonie der Welt« (1956/57) sowie Ballette, Orchesterwerke, Kammer- und Schulmusik (»Wir bauen eine Stadt«, 1930).

■ **Hindenburg,** Paul von Beneckendorff und von H., deutscher Generalfeldmarschall und Reichspräsident, *Posen 2. Oktober 1847, †Neudeck (Westpreußen) 2. August 1934. Hindenburg, seit 1914 Oberbefehlshaber der 8. Armee, wurde mit dem Sieg über die russischen Truppen in der Schlacht bei Tannenberg (1914) zum volkstümlichsten deutschen Heerführer im Ersten Weltkrieg. 1916 übernahm er die Führung der 3. Obersten Heeresleitung (OHL) und war in quasidiktatorischer Machtstellung gemeinsam mit Erich Ludendorff (1865–1937) verantwortlich für die strategische Planung und Leitung des Krieges. 1925–34 war Hindenburg als Nachfolger Friedrich Eberts Reichspräsident; unter dem Einfluss radikaler Nationalisten, der Reichswehrführung und großagrarischer Interessenvertreter vollzog er 1930 mit der Ernennung Heinrich Brünings zum Reichskanzler den Übergang vom parlamentarischen System zum Präsidialsystem. 1933 berief er Hitler zum Reichskanzler.

■ **Hindernislauf** →Lauf.

■ **Hindi,** seit 1965 die offizielle Landessprache Indiens (neben Englisch).

■ **Hinduismus** *der,* eine der →Weltreligionen. Der Hinduismus bezeichnet die vielgestaltigen religiösen Traditionen in Indien, ist in erster Linie jedoch ein soziologischer Begriff für das Leben innerhalb von Kasten. Hindu wird man nicht als Einzelner durch ein Glaubensbekenntnis, sondern man ist es durch die Zugehörigkeit zu einer →Kaste. Außerhalb der Kasten stehen die »Unberührbaren«, die Parias. Die Zugehörigkeit zu einer bestimmten Kaste ist nach der Lehre von der Seelenwanderung (Samsara) und dem Gesetz der Vergeltung aller Taten (Karma) in der sittlichen Weltordnung (Dharma) begründet. Die einzelnen Seelen unterliegen dem Kreislauf von Geburt, Tod und Wiedergeburt und durchlaufen zahllose Existenzen. Jedem Wesen wird aufgrund seiner guten und schlechten Taten in einer früheren Existenz sein Platz zugewiesen. Gute Taten führen zu einer glücklichen, schlechte Taten zu einer leidvollen Existenzform. Die Lehre von der Seelenwanderung dient somit als religiöse Rechtfertigung für das Kastenwesen. Auf einem langen Läuterungsweg kann die Seele schließlich Erlösung, das heißt Befreiung aus dem Kreislauf der Wiedergeburten erlangen und ins Nirwana, den Zustand der Seligkeit, eingehen.

Der Hinduismus kennt keinen Stifter. Er nennt sich selbst »Sanatana Dharma«, die »ewige Religion«, die seit jeher bestand und immer wieder in neuen Formen von Sehern und Heiligen verkündet wird. Unter den Göttern gilt Brahma als der Schöpfer, Wischnu als Erhalter und Schiwa als Zerstörer. Neben dieser Dreiheit stehen Dämonenglaube, Pflanzen- und Tierkulte (z. B. Verehrung der heiligen Kuh) sowie zahlreiche weitere Gottesvorstellungen. Die kultische Verehrung der Gottheiten ist durch viele Feste und Wallfahrten gekennzeichnet.

Schriftliche Quellen für den Hindu sind vor allem die heiligen Schriften des →Weda (= Wissen), die auf göttlicher Offenbarung beruhen und zunächst

Hinduismus

Zahl der Hinduisten weltweit (2000)
rd. 811 Mio. (eingeschlossen die im hinduistischen Verständnis kastenlosen Inder)
Hauptverbreitungsgebiet
Indien
große hinduistische Gemeinschaften (über 1 Mio. Hindus) außerhalb Indiens
Nepal (Staatsreligion: Hinduismus)
Bangladesh
Indonesien (bes. Bali)
Pakistan
Sri Lanka
Malaysia
Hauptrichtungen
Vishnuismus
Shivaismus
Shaktismus
wichtige Feste (Auswahl)
Holi (Farbenfest; Februar/März)
Mahashivaratri (das große Fest zu Ehren Shivas; Februar/März)
Ramnavami (Ramas Geburtstag; März/April)
Janmashtami (Krishnas Geburtstag; August, September)
Divali (Lichterfest; Oktober/November)
wichtigstes Pilgerfest
Kumbhamela
wichtige Wallfahrtsorte, heilige Stätten (Auswahl)
Allahabad
Hardwar
Kanchipuram
Mathura
Nasik
Puri
Ujjain
Varanasi (Benares)
der Berg Kailas in Tibet

mündlich weitergegeben und später in der altindischen Gelehrtensprache Sanskrit niedergelegt wurden.

■ **Hindustan** [persisch, = Land der Hindus], frühere Bezeichnung für Nordindien, vor allem für das Indus- und Gangesgebiet, gelegentlich auch für ganz Vorderindien.

Hiroshima

Das Datum des 6. Augusts 1945, 8 Uhr 15, als die amerikanische Luftwaffe auf die japanische Stadt Hiroshima die erste, mit 4,5 t Sprengkraft noch kleine Atombombe abwarf, markiert den Beginn eines neuen Zeitalters. Keine bis dahin eingesetzte Waffe war von solch fürchterlicher Wirkung, wobei es nicht bei 130 000 sofort getöteten und 100 000 verwundeten Menschen blieb: Bis heute fallen der Langzeitverstrahlung der Stadt Menschen zum Opfer.
Erschreckend an der Atombombe ist also nicht nur ihr ungeheures Vernichtungspotenzial zum Zeitpunkt des Abwurfs – wobei die von Hiroshima verglichen mit den heutigen von bescheidener Wirkung war –, sondern dass sie im Gegensatz zu anderen, verharmlosend »konventionell« genannten Waffen auch künftige Generationen schädigt und, massenhaft eingesetzt, den Planeten unbewohnbar macht.
Die militärische Bedeutung des Angriffs auf Hiroshima war gering, denn Japan war militärisch ohnehin schon bezwungen. Es ging den USA nur noch darum, den Krieg abzukürzen. Dieses Kalkül ging zwar auf, doch ob der Preis nicht zu hoch war, ist bis heute umstritten.

■ **Hinterindien,** große Halbinsel Südostasiens. Sie wird im Norden von China und vom indischen Unionsstaat Assam begrenzt. In Nord-Süd-Richtung ist sie von Gebirgen durchzogen. Hauptflüsse sind der Irawadi, der Salween, der Menam und der Mekong. Es herrscht Monsunklima; die Regenmengen nehmen von den Küsten her ab. Hinterindien umfasst die Staaten →Birma, →Thailand, →Laos, →Kambodscha, →Vietnam, einen Teil von →Malaysia und →Singapur.

■ **hinweisendes Fürwort** (Demonstrativpronomen) →Pronomen.

■ **Hip-Hop** [engl.] *der,* ursprünglich Bezeichnung für eine in den 1970er-Jahren im New Yorker Stadtteil Bronx entstandene afroamerikanische Straßenkultur. Sie fand ihren Ausdruck in Musik, Tanzformen, Graffiti und einem charakteristischen Kleidungsstil. Mitte der 1980er-Jahre ging der Begriff Hip-Hop auf die in New Yorker Diskotheken aufgekommene Spielweise der Rockmusik über. Der Musikstil, der sich als Musik der Hip-Hop-Kultur etablierte war der →Rap.

■ **Hippie** [von amerikanisch hip, = eingeweiht] *der,* Anhänger einer jugendlichen Protestbewegung, die in der 2. Hälfte der 1960er-Jahre in den USA entstand und friedlich gegen die Wohlstands- und Leistungsgesellschaft rebellierte. Ziel der Hippies, deren Symbol die Blume war, war ein glückliches Leben in einer freien und natürlichen Gemeinschaft ohne bürgerliche Zwänge (»Flowerpower«). Musik und Drogen spielten eine auflockernde Rolle.

■ **Hippokrates,** griechischer Arzt, * auf Kos um 460 v. Chr., † Larissa um 370 v. Chr. Hippokrates gilt aufgrund seiner Beobachtung und Beschreibung von Krankheitssymptomen als Begründer der Medizin als Erfahrungswissenschaft. An seine verantwortungsbewusste Haltung erinnert der (ihm zugeschriebene) **hippokratische Eid,** der noch heute Grundlage des Ärztegelöbnisses ist: nur dem Patienten zu dienen, ihm keinen Schaden zuzufügen. – auch →Temperament.

■ **Hirnanhangsdrüse** →Hypophyse.

■ **Hiroshima** [hiroschima, auch hiro..., hiro...] (Hiroschima), Hafenstadt in Japan, auf der Hauptinsel Honshū, mit 1,1 Mio. Einwohnern. – Auf Hiroschima fiel im August 1945 die erste Atombombe. Die Ruine der Industrie- und Handelskammer wurde von der UNESCO als Mahnmal gegen den Atomkrieg zum Weltkulturerbe erklärt.

■ **Hirsche,** eine weltweit verbreitete Familie wiederkäuender, meist in Rudeln lebender Paarhufer. Die Männchen tragen meist ein Geweih (beim Ren auch die Weibchen). Viele Hirsche sind begehrte Jagdtiere. Am bekanntesten sind das →Reh und der rotbraune **Edel-** oder **Rothirsch,** der bis etwa 2,50 m lang wird. Sein Geweih wirft er im Februar ab, bis Ende Juli ist das neue fertig ausgebildet. Er lebt bevorzugt in Laubwäldern. Der etwas kleinere **Damhirsch** besitzt ein weiß geflecktes Sommerkleid. Vom fünften Lebensjahr an verbreitern sich die Geweihstangen zu Schaufeln. Weitere Vertreter sind der Elch und das Ren, in Amerika der Wapiti.

■ **Hirschkäfer,** mit über 1000 Arten weltweit verbreitete Familie der Blatthornkäfer. Der **Eurasische Hirschkäfer** ist der größte europäische Käfer

Mit der Unterzeichnung des Ermächtigungsgesetzes vom 24. März 1933 ebnete Reichspräsident **Hindenburg** den Weg für eine Regierung des organisierten Verbrechertums gegen die Menschenrechte in den Jahren 1933–1945

Der männliche **Hirschkäfer** – hier der Eurasische Hirschkäfer – trägt mit seinem geweihförmigen Oberkiefer, deshalb auch Hirschkäfer genannt, heftige Rivalenkämpfe aus

(bis 8 cm lang). Das Männchen trägt gewaltige, geweihförmige Oberkiefer. Er leckt zuckerhaltige, aus Eichen auslaufende Säfte. Seine Entwicklung von der weißen, im Moderholz lebenden Larve bis zum fertigen Käfer dauert fünf bis acht Jahre. Als Käfer lebt er nur etwa vier Wochen.

■ **Hirse,** eine Gattung der Süßgräser mit rund 550 Arten, ein Getreide mit kleinen, runden Körnern, die keine Längsfurche haben. Bekannt ist z. B. die **Echte Hirse,** die wohl aus Ostasien stammt und seit der Jungsteinzeit in Mitteleuropa angepflanzt wird. Sie wird bis 1 m hoch, ihre Körner werden zu Brot oder Fladen, für Brei, Suppen und Vollwertspeisen verwendet sowie als Viehfutter.

Die Echte Hirse mit ihren zweiblütigen Ährchen in der aufrecht kompakten Rispe wird bei uns heute nur noch selten angepflanzt; die darunter abgebildete **Hirse,** die bei uns als Vogelfutter bekannte Kolbenhirse, wird in Indien und Ostasien als Nahrungsmittel angebaut

■ **Hispaniola,** zweitgrößte Insel der Großen Antillen, südöstlich von Kuba. Sie wurde 1492 von Kolumbus entdeckt und gehörte zum spanischen Kolonialreich; 1697–1804 war der westliche Teil der Insel in französischem Besitz. Nach jahrelangen Kämpfen entstand 1844 die →Dominikanische Republik durch Abspaltung von →Haiti.

■ **Histologie** →Anatomie.

■ **historisch** [griech.-lat.], die Vergangenheit betreffend, geschichtlich.

■ **Historismus** *der,* der Rückgriff auf historische Stile, vor allem in der Architektur.

■ **Hit** [engl., = Treffer] *der,* besonders erfolgreiches Musikstück, Schlager. In Hitlisten (Charts) werden die beliebtesten Hits zusammengestellt.

■ **Hitchcock** [hitschkok], Alfred, britisch-amerikanischer Filmregisseur, *London 13. August 1899, †Los Angeles (Kalifornien) 29. April 1980. Er schuf über 50 Filme, vorwiegend Thriller mit psychologisch ausgefeilter Handlung, z. B. »Verdacht« (1941), »Das Fenster zum Hof« (1954), »Psycho« (1960), »Die Vögel« (1963).

■ **Hitler,** Adolf, nationalsozialistischer Politiker und Diktator, *Braunau am Inn (Oberösterreich) 20. April 1889, †(Selbstmord) Berlin 30. April 1945 . Nach ungeregeltem Leben wurde Hitler 1921 Vorsitzender der NSDAP (→Nationalsozialismus). Am 9. November 1923 scheiterte in München sein Versuch eines Staatsstreiches (Hitlerputsch). Hitler wurde zu fünf Jahren Festungshaft verurteilt, jedoch bereits 1924 vorzeitig freigelassen. In dieser Zeit entstand die Programmschrift »Mein Kampf«, in der Hitlers Ziele bereits vorgezeichnet waren: Entrechtung, Verfolgung und Vernichtung der Juden, die Kampfansage an den »Bolschewismus« und die Forderung nach Eroberung »neuen Lebensraums für das deutsche Volk« im Osten.

Nachdem die NSDAP unter Hitlers Führung im Zuge von allgemeiner Radikalisierung, Massenarbeitslosigkeit und Regierungskrisen 1932 stärkste Partei im Reichstag geworden war, wurde Hitler am 30. Januar 1933 von Reichspräsident Hindenburg zum Reichskanzler des Deutschen Reiches berufen (»Machtergreifung«). Mithilfe von Neuwahlen, Notverordnungen und Ermächtigungsgesetz schuf Hitler in wenigen Monaten den totalitären Einheitsstaat, in dem Andersdenkende und Geächtete (vor allem Juden, Zigeuner) verfolgt und umgebracht wurden. Nach dem Tod Hindenburgs 1934 vereinigte er die höchsten Staatsämter in seiner Hand (»Führer und Reichskanzler«); die Reichswehr wurde auf seine Person vereidigt.

Hitlers außenpolitisches Streben, auf Kosten anderer Nationen das deutsche Staatsgebiet zu erweitern, verursachte den Zweiten →Weltkrieg. Auf seine Anweisung und mittels des seit 1939 rasch wachsenden Terrorapparats der SS wurde in den besetzten Gebieten, vor allem im Osten, eine brutale wie verbrecherische Unterdrückungs- und Vernichtungspolitik ausgeübt; die »Endlösung der Judenfrage« forderte Millionen grausam ermordeter Opfer.

Schon im November 1923 versuchte **Adolf Hitler** in Bayern durch einen Putsch die Macht an sich zu reißen; das Bild zeigt den zu fünf Jahren Verurteilten, der schon nach wenigen Monaten wieder entlassen wurde, in seiner gemütlichen Gefängniszelle mit ebenfalls verurteilten Anhängern; der zweite Mann von rechts ist sein späterer Stellvertreter Rudolf Heß; in dem aufregend geschriebenen Roman »Erfolg« beschreibt der deutsche Schriftsteller Lion Feuchtwanger (1884–1958) die Frühphase der Nationalsozialisten in Bayern

■ **Hitler-Jugend,** Abkürzung HJ, 1926–45 die Jugendorganisation der NSDAP; sie unterstand ab 1931 einem »Reichsjugendführer« (bis 1940 Baldur von Schirach, danach Arthur Axmann) und wurde

1936 zur Staatsjugend erklärt. Ab 1939 war die Mitgliedschaft für alle Jugendlichen vom 10. bis zum 18. Lebensjahr Pflicht.

Die Hitler-Jugend umfasste das **Deutsche Jungvolk** (Jungen von 10 bis 14 Jahren), die **Deutschen Jungmädel** (Mädchen von 10 bis 14 Jahren), die eigentliche **HJ** (Jungen von 14 bis 18 Jahren) und den **Bund Deutscher Mädel** (BDM; Mädchen von 14 bis 18 Jahren).

■ **Hitzschlag,** durch Überwärmung des Körpers ausgelöste Störung des Wärmehaushalts mit Schweißausbrüchen, Schwindel und Erbrechen, später Bewusstlosigkeit. Der Tod kann durch Herzlähmung in wenigen Stunden eintreten.

■ **HIV,** Abkürzung für Human Immunodeficiency Virus [engl., = menschliches Immunschwächevirus], der Erreger der Immunschwächekrankheit →Aids. Das Virus kann sich nur in manchen Zellsorten des menschlichen Körpers vermehren (z. B. Gehirnzellen und T-Helferzellen des Immunsystems).

■ **Hoangho** →Hwangho.

■ **Hoch** (Hochdruckgebiet), ein Gebiet hohen Luftdrucks mit absinkenden Luftmassen. In den unteren Schichten fließt Luft aus dem Hoch heraus, zum Ausgleich fließt Luft aus höheren Schichten nach, wobei sich Wolken auflösen, was zu heiterem und trockenem Wetter führt. Die Absinkbewegungen können auch in einiger Höhe enden, wo sich eine Sperrschicht bildet, über der wärmere Luft als darunter liegt (Inversion). An dieser Grenzfläche können sich Verunreinigungen sammeln, sodass eine Dunstschicht entsteht, wobei es vor allem im Winter zu Nebelbildungen kommt.

■ **Hochbau,** derjenige Zweig des Bauwesens, der sich mit der Errichtung von Bauten über der Erdoberfläche befasst (z. B. Häuser, Fabrikhallen, Türme); Gegensatz: Tiefbau.

■ **Hochfrequenz,** Abkürzung **HF,** elektromagnetische Schwingungen mit Frequenzen zwischen 10 kHz und 300 GHz, entsprechend einer Wellenlänge zwischen 30 km und 0,3 mm. Hochfrequente Schwingungen werden insbesondere in der Nachrichtentechnik verwendet.

■ **Hochhuth,** Rolf, deutscher Schriftsteller, *Eschwege (Werra-Meißner-Kreis) 1. April 1931. In teilweise umstrittenen Theaterstücken stellt er zeitgeschichtliche Ereignisse dar, u. a. »Der Stellvertreter. Ein christliches Trauerspiel« (1963) und »Wessis in Weimar« (1993).

■ **Ho Chi Minh** [hotschimin], eigentlich Nguyen That Thanh, vietnamesischer Politiker, *Kim Lien 19. Mai 1890, †Hanoi 3. September 1969. Er kämpfte seit 1941 an der Spitze der «Vietminh« um die Unabhängigkeit Indochinas. Nach der Ausrufung der »Demokratischen Republik Vietnam« (1945) wurde er deren Präsident. Im darauf folgenden Indochinakrieg (1946–54) leitete er den Widerstand gegen die französische Besatzungsmacht. Nach der Teilung Vietnams (1954) war er Staatspräsident von Nord-Vietnam und Generalsekretär der Kommunistischen Partei. Er wurde zur Symbolfigur des Kampfes gegen die militärische Intervention der USA und erreichte nach dem Vietnamkrieg (→ Vietnam) die Wiedervereinigung Vietnams unter kommunistischer Herrschaft.

Lebte unter verschiedenen Namen: **Ho Chi Minh,** Sohn eines Dorfgelehrten, fuhr 1911 als Schiffsjunge nach Europa, gelangte auch in die USA und arbeitete 1915–1923 als Journalist in Paris; sein staatsmännischer Name bedeutet »der nach Erkenntnis Strebende«

■ **Hochkulturen,** Kulturkreise verschiedener Epochen, die einen hohen Entwicklungsstand erreicht haben. Kennzeichnend sind das Vorhandensein staatlicher und städtischer Organisation, eine gesellschaftliche Schichtung, spezialisierte Berufsgruppen und, darauf aufbauend, eine gut entwickelte Wirtschaft sowie künstlerische Ausdrucksformen, meistens auch eine Schrift. Man gebraucht die Bezeichnung für die Kulturen des Altertums (z. B. in Mesopotamien und Ägypten) und die indianischen Kulturen (z. B. der Maya). Heute spricht man auch von »komplexen Gesellschaften«.

■ **Hochofen,** ein großer, schachtförmiger Ofen zur Gewinnung von Roheisen und Eisenlegierungen aus Eisenerzen. Der Hochofen wird von oben über die Gicht schichtweise mit Koks und Möller (Eisenerze und Zuschläge, z. B. Kalkstein) gefüllt. Aus den Winderhitzern wird erhitzte Luft zuge-

die größten wissenschaftlichen Hochschulen Deutschlands (Zahl der Studenten 1998)	
Ludwig-Maximilians-Universität München	58663
Universität zu Köln	54000
Universität Münster	45900
Freie Universität Berlin	43000
Universität Hamburg	40996
Universität Bochum	37473
Universität Bonn	36621
Universität Frankfurt am Main	35914
Universität Hannover	31880
Technische Universität Berlin	31700
Technische Hochschule Aachen	31094
Universität Mainz	30000
Universität Heidelberg	27400
Universität Göttingen	27000
Universität Dortmund	25389
Universität Erlangen-Nürnberg	25000
Technische Universität Dresden	23913
Universität Kiel	23000
Universität Gesamthochschule Essen	23000
Humboldt-Universität zu Berlin	22752
Universität Leipzig	21137
Universität Düsseldorf	21110
Universität Freiburg im Breisgau	21100
Universität Tübingen	21035
Universität Stuttgart	21000
Universität Karlsruhe	20574
Universität Gießen	20169
Universität Bielefeld	20000
Universität Würzburg	19800
Universität Saarbrücken	19000
Universität Bremen	18000
Universität Gesamthochschule Kassel	18000
Universität Marburg	17900
Technische Universität München	17743
Universität Gesamthochschule Wuppertal	17500
Universität Gesamthochschule Paderborn	17200
Universität Regensburg	16700
Technische Universität Darmstadt	16175
Universität Gesamthochschule Duisburg	15013
Technische Universität Braunschweig	14646
Universität Augsburg	13196
Universität Osnabrück	13000
Universität Jena	12600
Universität Mannheim	12000
Universität Oldenburg	11638
Universität Trier	11501
Universität Gesamthochschule Siegen	11500

führt, sodass der Koks verbrennen kann. Das dabei entstehende Kohlenmonoxid »reduziert« die Erze (Eisenoxide), indem es ihnen den chemisch gebundenen Sauerstoff entzieht und dabei zu Kohlendioxid wird. Aus diesem Reduktionsprozess entsteht allmählich metallisches Eisen, das flüssig aus dem Hochofen mit Temperaturen von 1300–1450°C entnommen (»abgestochen«) wird. Nebenprodukte des Hochofenprozesses sind Schlacke (dient z.B. als Baumaterial) und Gichtgas (beheizt z.B. die Winderhitzer).

■ **Hochrechnung,** in der Statistik der Schluss von der Stichprobe auf die Gesamtheit. Dabei ist das Auswahlverfahren häufig streng zufällig. Die Hochrechnung wird u.a. zur vorläufigen Berechnung von Wahlergebnissen angewendet. Man befragt z.B. in einem Wahlbezirk von 10000 Wahlberechtigten 250 zufällig ausgewählte Personen nach ihrem Wahlverhalten und multipliziert das Ergebnis mit 40. Jede Stichprobenerhebung ist allerdings mit einem Fehler behaftet, dessen Größe jedoch abgeschätzt werden kann.

■ **Hochschulen,** Einrichtungen des Bildungswesens, die Aufgaben in Lehre und Forschung wahrnehmen. Zum Hochschulbereich zählen heute →Universitäten, →Gesamthochschulen, →Technische Hochschulen, Medizinische, Pädagogische, Kunst- (Akademien), Musik- und Sporthochschulen sowie →Fachhochschulen.

Voraussetzung für die Zulassung zum Studium an einer Hochschule ist in der Regel die Hochschulreife (→Abitur, Fachhochschulreife, besondere Abschlussprüfungen). Lehrbetrieb und Studium bestehen im Wesentlichen aus Vorlesungen (Vorträge eines Hochschullehrers über ein bestimmtes Fach- und Themengebiet), Seminaren oder Übungen (Lehrveranstaltungen, in denen die Studenten unter Anleitung selbstständig lernen und arbeiten), Kolloquien (Lehrdiskussionen für fortgeschrittene Studenten) und der praktischen Ausbildung in Instituten, Werkstätten, Laboratorien, Kliniken und Ähnlichem. Das Studium wird nach einer Mindestanzahl von Semestern mit (in der Regel) schriftlicher Hausarbeit, Klausuren und mündlichen Prüfungen durch ein Staatsexamen (Lehrer, Juristen u.a.) oder durch Hochschulprüfungen mit akademischen Graden (Magister, Diplom, Doktor) abgeschlossen.

Mitglieder einer Hochschule sind die an ihr hauptberuflich Tätigen und die eingeschriebenen Studenten. Im Rahmen der entsprechenden gesetzlichen Bestimmungen haben die Hochschulen das Recht der Selbstverwaltung mit einem →Rektor

die größten wissenschaftlichen Hochschulen Österreichs (Zahl der Studenten 1998)

Universität Wien	86015
Universität Graz	35068
Universität Innsbruck	27000
Technische Universität Wien	22200
Universität Linz	17500
Technische Universität Graz	14983
Universität Salzburg	13000
Universität Klagenfurt	5500

(oder Präsidenten) oder einem Leitungsgremium (z. B. Rektorat) als oberster Leitung. Zentrale Kollegialorgane (→Senat, Universitätsparlament, Konvent u. a.), an der alle Gruppen (Professoren, Hochschulassistenten, wissenschaftliche und künstlerische Mitarbeiter u. a. Lehrkräfte, Lehrbeauftragte, Tutoren, Studenten, technisches und Verwaltungspersonal) beteiligt sind, beschließen über Grundordnung und Grundsatzangelegenheiten der Hochschule und über die Wahl der Hochschulleitung.
Die Hochschulen sind in Fakultäten, Abteilungen oder Fachbereiche als organisatorische Grundeinheiten gegliedert. Trotz Ausbau und Neugründungen ist die Zulassung (→ZVS) in vielen Studiengängen durch →Numerus clausus eingeschränkt.

■ **Hochspannung,** elektrische Spannungen von mehr als 1000 Volt. Hauptanwendungsgebiete sind die elektrische Energieübertragung, der Einsatz bei Röntgenanlagen und Fernsehbildröhren. Eine Berührung von Hochspannung führenden Leitungen ist lebensgefährlich.

■ **Hochsprache** →Sprache.

■ **Hochsprung,** leichtathletische Disziplin, bei der eine in der Höhe verstellbare Sprunglatte überquert werden muss. Für jede Sprunghöhe hat der Springer drei Versuche. Sieger eines Wettbewerbs ist, wer die größte Höhe meistert oder wer von mehreren Athleten mit gleicher erreichter Höhe die wenigsten Versuche im Wettkampf benötigt hat. Einzige Regel ist, dass der Absprung nur mit einem Fuß erfolgen darf. Bei der heute üblichen Sprungtechnik, dem **Fosbury-Flop,** schnellt der Sportler seinen Körper nach dem Absprung mit einer seitlichen Drehung rückwärts und Kopf voran über die Latte.

die größten wissenschaftlichen Hochschulen der Schweiz (Zahl der Studenten 1998)

Universität Zürich	19900
Universität Genf	12191
Technische Hochschule Zürich	12096
Universität Bern	10000
Universität Lausanne	9000
Universität Freiburg (im Üechtland)	8757
Universität Basel	7439
Technische Universität Lausanne	4700
Universität Sankt Gallen	4000
Universität Neuenburg	3427

■ **Hochtemperaturreaktor,** ein →Kernreaktor, der mit sehr hohen Kühlmitteltemperaturen (bis 1200 °C) betrieben wird.

■ **Hockey** [hoki, hoke; engl.] *das,* Ballspiel für zwei Mannschaften. Beim **Feldhockey** besteht jedes Team aus elf Spielern, das Spielfeld ist 91,40 m lang und 55 m breit. Ziel des Spiels ist es, einen 160 g schweren Massivball mit der flachen Seite der abgebogenen Keule des Hockeystocks in das gegnerische Tor (Höhe 2,14 m, Breite 3,66 m) zu schlagen. Ein Tor ist nur dann gültig, wenn der Schuss innerhalb des 14,63 m von der Torlinie entfernten Schusskreises abgegeben wurde. Bei Regelverstößen gibt es Freischläge, Strafecken und Strafstoß (Siebenmeter). Die Spielzeit beträgt 2 × 35 Minuten.
Im **Hallenhockey** ist das Spielfeld 18–22 m breit und 36–44 m lang. Die Mannschaften bestehen aus je sechs Spielern und sechs Auswechselspielern, die beliebig oft bei Spielunterbrechungen eingewechselt werden dürfen. Die Spielzeit beträgt 2 × 20 Minuten.

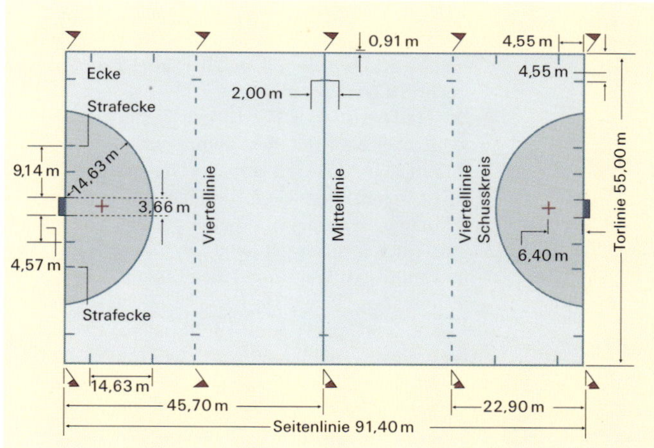

Hockey: Spielfeld des Feldhockeys

■ **Hoden,** die männliche Keimdrüsen, in denen die Samenzellen gebildet werden. Sie befinden sich außerhalb des Körpers im **Hodensack**, wo sie verschiebbar und durch Bindegewebe voneinander getrennt sind. Meistens ist der linke Hoden etwas größer als der rechte. Die Hoden besitzen eine 0,5 mm dicke, derbe Bindegewebskapsel, die noch von mehreren Hüllen umgeben ist. Im Inneren der Hoden befinden sich die **Hodenkanälchen,** die in den jeweiligen Nebenhoden münden. In den Hodenkanälchen entstehen die Spermien. In den **Hodenzwischenzellen** (leydigschen Zellen) zwischen den Hodenkanälchen werden die männlichen und in geringer Menge auch weibliche Geschlechtshormone gebildet. – auch →Geschlechtsorgane.

Andreas Hofer, der bis heute verehrte Tiroler Volksheld, bot den Stoff für zahlreiche Dramen und Erzählungen

■ **Hofer,** Andreas, Tiroler Freiheitskämpfer, *Sankt Leonhard in Passeier (bei Meran) 22. November 1767, †Mantua 20. Februar 1810. Er war einer der Anführer des Tiroler Volksaufstands 1809 gegen die bayerische Herrschaft und die mit ihnen verbündeten Franzosen. Nach siegreichen Kämpfen geriet er durch Verrat in französische Gefangenschaft und wurde auf Befehl Napoleons I. standrechtlich erschossen.

■ **Hoffmann,** E. T. A. (Ernst Theodor Amadeus), deutscher Schriftsteller, Komponist und Zeichner, *Königsberg (Pr) 24. Januar 1776, †Berlin 25. Juni 1822. In fantasiereichen Novellen, Erzählungen und Märchen verbindet er oft eine normale Alltagswelt mit einer bizarren, spukhaften Geisterwelt. Seine bekanntesten Werke sind die Romane »Die Elixiere des Teufels« (1815/16) und die »Lebensansichten des Katers Murr …« (1819–21) sowie die Erzählsammlung »Die Serapionsbrüder« (1819–21, darin u. a. »Die Bergwerke zu Falun«, »Nußknacker und Mäusekönig«, »Das Fräulein von Scudéri«). 1816 komponierte Hoffmann, der zu den Vorläufern der musikalischen Romantik gehört, die Oper »Undine«. – Auf drei Erzählungen Hoffmanns beruht die Oper »Hoffmanns Erzählungen« (1881) von Jacques Offenbach.

Seine fantastischen Werke würde man heute als surrealistisch bezeichnen: der zu seiner Zeit von Schriftstellern wie Balzac, Puschkin und Dostojewski bewunderte Schriftsteller, Opernkomponist, Kapellmeister und Musikkritiker **E. T. A. Hoffmann,** der auch professionell malte und zeichnete – hier ein Selbstporträt – war, obwohl er den Lebenswandel eines erklärten Genussmenschen führte, zugleich auch noch als Beamter im Berliner Justizministerium tätig

Die Burg der **Hohenzollern** – ein romantisches Zeugnis längst vergangener Zeiten: die heutige Burg wurde im 19. Jahrhundert unter Einbeziehung der mittelalterlichen Sankt Michaelskapelle von den preußischen Königen Friedrich Wilhelm IV. und Wilhelm I., der 1871 deutscher Kaiser wurde, neu errichtet

■ **Hoffmann von Fallersleben,** August Heinrich, deutscher Dichter, *Fallersleben (heute zu Wolfsburg) 2. April 1798, †Schloss Corvey (heute zu Höxter) 19. Januar 1874. Er schrieb vaterländische Gedichte, u. a. »Das Lied der Deutschen« (das so genannte Deutschlandlied), und heitere Lieder, von denen besonders die Kinderlieder bekannt sind (z. B. »Alle Vögel sind schon da« und »Ein Männlein steht im Walde«).

■ **Hofmannsthal,** Hugo von, österreichischer Dichter des Impressionismus und Symbolismus, *Wien 1. Februar 1874, †Rodaun (heute zu Wien) 15. Juli 1929. Er erneuerte das geistliche Spiel des Mittelalters (»Jedermann«, 1911; seit 1926 Kern der Salzburger Festspiele) und setzte mit »Das Salzburger Große Welttheater« (1922) die Tradition des österreichischen Barocktheaters fort. Daneben bearbeitete er antike Stoffe (u.a. »Elektra«, 1904) und verfasste Lustspiele (u.a. »Der Schwierige«, 1921). Für Richard Strauss schrieb er Operntexte (u.a. »Der Rosenkavalier«, 1911). Hofmannsthal war Mitbegründer der »Salzburger Festspiele« (1917).

■ **Hoheitsgewässer,** diejenigen Gewässer, an denen staatliche Rechte, insbesondere Hoheitsrechte, bestehen: Binnengewässer, Küstenmeere und historisch zum Staatsgebiet zählende Buchten.

■ **Hoheitsrechte,** die dem Staat zur Erfüllung des Staatszweckes und zur Ausübung der Staatsgewalt zustehenden Befugnisse, z.B. Gesetzgebungsgewalt, Polizeigewalt, Wehrhoheit, Finanzgewalt, Gerichtsbarkeit.

■ **Hoheitszeichen,** Zeichen, die die Staatshoheit symbolisieren, z.B. Grenzzeichen, Flaggen, Wappen, Siegel.

■ **Höhenkrankheit,** körperliche Beschwerden, die in größeren Höhen (z.B. im Gebirge) auftreten, wenn das Blut wegen des geringeren Luftdrucks nicht mehr ausreichend mit Sauerstoff versorgt wird. Es kommt dabei zu Herzklopfen, Kopfschmerzen, Atemnot, Erbrechen und schließlich zu Bewusstlosigkeit.

■ **Hohenstaufen** *der* (Hoher Staufen), Berg vor dem Steilrand der Schwäbischen Alb zwischen Schwäbisch Gmünd und Göppingen, 684 m hoch. Auf dem Hohenstaufen stand die Ende des 11. Jahrh. erbaute und im Bauernkrieg 1525 zerstörte Stammburg der →Staufer, von der heute nur noch geringe Reste zu sehen sind.

■ **Höhenstrahlung** →kosmische Strahlung.

■ **Hohenzollern,** seit 1061 unter dem Namen Zollern nachweisbares schwäbisches Fürstengeschlecht, benannt nach der Stammburg Hohenzollern auf dem Zollerberg südlich von Hechingen, Baden-Württemberg. Es teilte sich ab 1214 in eine fränkische und eine schwäbische Linie. Die **schwäbische Linie**, die katholisch blieb, gehörte bis zum Beginn der Neuzeit zu den führenden Dynastengeschlechtern Südwestdeutschlands. Der **fränkischen Linie,** die mit der Reformation evangelisch wurde, entstammen die Markgrafen und Kurfürsten von Brandenburg. Sie erlangten 1701 für →Preußen die Königswürde und waren seit 1871 auch Deutsche Kaiser.

■ **hohe Schule,** dressurmäßige Ausbildung von Pferden zur Beherrschung schwierigster Figuren, Schrittformen und Sprünge auf der Grundlage der klassischen Reitkunst. Die hohe Schule wird unterteilt in die »Schulen auf der Erde« (mit den Übungen Piaffe, Passage und Pirouette, die auch bei Dressurprüfungen gefordert werden) und die »Schulen über der Erde«, zu denen Pesade, Levade, Kurbette, Kruppade, Ballotade und Kapriole gehören.

■ **Höhle,** eine große Hohlform im Gestein. Man unterscheidet primäre Höhlen, die zugleich mit der Gesteinsbildung entstanden sind (z.B. Lavahöhlen), und sekundäre Höhlen, die durch Aushöhlung des Gesteins (z.B. durch Brandung) entstanden sind. Am größten sind die **Karsthöhlen** (→Karst), die zum Teil ganze Höhlensysteme bilden (häufig als Tropfsteinhöhlen). In **Eishöhlen** gefriert das Höh-

hohe Schule

Piaffe: taktmäßige Bewegung auf der Stelle, bei der das Pferd sich in den Hanken beugt und die diagonalen Beinpaare in getragener Kadenz trabartig hebt und senkt.
Passage: höchste Versammlung des Trabes, bei der die diagonalen Beinpaare länger in der Beugung aushalten, wodurch eine ausgeprägte Schwebephase erreicht wird.
Pirouette: Wendung des Pferdes um 360 Grad in versammeltem Galopp.
Pesade: Sich auf seine tief gesetzte Hinterhand stützend, erhebt das Pferd die Vorhand so, dass der Körper einen Winkel von etwa 45 Grad zum Boden bildet.
Levade: Das Pferd erhebt sich wie bei der Pesade, der Körper bildet aber nur einen Winkel von 30 Grad zum Boden.
Kurbette: Schulsprung, bei dem das Pferd aus der Position Levade heraus mehrfach auf der Hinterhand springt.
Kruppade: erste Phase auf dem Weg zur Kapriole. Das Pferd schnellt sich aus der Levade vom Boden ab, zieht die Beine unter dem Körper an und landet auf den Hinterbeinen.
Ballotade: zweite Phase auf dem Weg zur Kapriole, zunächst wie die Kruppade ausgeführt. Die Hinterbeine sind, zum Ausschlagen bereit, so angezogen, dass die Hufeisen zu sehen sind; es kommt aber nicht zum Ausschlagen.
Kapriole: schwierigster Schulsprung, in dem aufeinander folgen: das Abspringen aus der Levade zur Kruppade, das energische Ausschlagen mit den Hinterbeinen in dem Augenblick, in dem der Pferdekörper waagerecht in der Luft schwebt, und das Landen auf vier Beinen.

Den Autor des Salzburger »Jedermann«, **Hugo von Hofmannsthal,** verband als Operndichter eine tiefe Künstlerfreundschaft mit dem Komponisten Richard Strauss

Das Bildnis zeigt **Friedrich Hölderlin** im Alter von etwa 22 Jahren; berühmt ist der am Neckar gelegene Hölderlinturm in Tübingen, in dem der Dichter 37 Jahre unter dem Schutz der Familie des Schreinermeisters Ernst Zimmer lebte und auch weiter Gedichte schrieb, die er mit Zukunftsdaten versah, zum Beispiel »d. 9ten März 1940«

lenwasser; das Eis erhält sich, wo kalte Winterluft im Sommer nicht abfließen kann.

Die dauernd im Dunklen lebenden **Höhlentiere** sind gar nicht oder kaum gefärbt und haben rückgebildete Augen (manche Krebs- und Spinnentiere, Insekten, Höhlenfische und der Grottenolm).

■ **Hohlmaße** (Raummaße), Maßeinheiten für den Rauminhalt von Körpern. Die gebräuchlichsten sind Kubikmeter (m^3) und Liter (l).

die längsten Höhlen der Erde

Name	Lage	Länge
Mammoth Cave System	Kentucky, USA	560 km
Optimistitscheskaja peschtschera	Ukraine	183 km
Jewel Cave	South Dakota, USA	157 km
Hölloch	Kanton Schwyz, Schweiz	156 km
Siebenhengste-Höhlensystem	Kanton Bern, Schweiz	126 km
Wind Cave	South Dakota, USA	118 km
Fisher Ridge Cave	Kentucky, USA	114 km
Osernaja peschtschera	Ukraine	111 km
Lechuguilla Cave	New Mexico, USA	111 km
Gua Air Jernih (Clearwater Cave)	Malaysia	102 km
Ojo Guareña	Provinz Burgos, Spanien	97 km
Courne d'Hyouernede	Haute-Garonne, Frankreich	95 km

■ **Hohlspiegel** (Konkavspiegel), ein kugelförmig oder parabolisch gekrümmter, an der Innenseite verspiegelter Körper. Lässt man parallel zur optischen Achse verlaufende Lichtstrahlen auf den Hohlspiegel fallen, dann werden sie so zurückgeworfen (reflektiert), dass sie sich in einem Punkt, dem →Brennpunkt, schneiden. Umgekehrt werden Lichtstrahlen, die vom Brennpunkt ausgehen, nach der Reflexion zu Parallelstrahlen.

Hohlspiegel werden u. a. als Scheinwerfer (Taschenlampe, Autoscheinwerfer) benutzt. Die Lichtquelle befindet sich dabei im Brennpunkt. In astronomischen Fernrohren werden Hohlspiegel anstelle von Linsen zur optischen Abbildung verwendet.

■ **Hohltiere,** eine Unterabteilung der vielzelligen Tiere mit etwa 10 000 im Wasser lebenden, sehr einfach gebauten, urtümlichen Arten. Ihre Körperwand besteht nur aus zwei Zellschichten mit einer dünnen Membran oder dicken Gallertschicht dazwischen. Ihr Inneres wird von einem Hohlraum gebildet, der oft in Nischen geteilt ist und nur eine Öffnung nach außen besitzt. Hierzu gehören u. a. die →Nesseltiere.

■ **Holbein, 1)** Hans, der Ältere, deutscher Zeichner und Maler * Augsburg um 1465, † am Oberrhein (Basel oder Isenheim, Elsass) 1524; Meister der deutschen Spätgotik, der jedoch in sein Werk (vor allem Altarwerke, Porträts) schon Elemente der Renaissancekunst aufnahm

2) Hans, der Jüngere, deutscher Maler und Zeichner, * Augsburg 1497, begraben London 29. November 1543; Sohn von 1), einer der bedeutendsten Vertreter der Renaissance. Er schuf vor allem Porträts von plastischer Lebensechtheit sowie Zeichnungen für Holz- und Metallschnitte (z. B. Bibelillustrationen). 1536 wurde er Hofmaler König Heinrichs VIII. von England.

■ **Hölderlin,** Friedrich, deutscher Dichter, * Lauffen am Neckar 20. März 1770, † Tübingen 7. Juni 1843. Er sehnte sich nach einer Harmonie zwischen Mensch und Natur, wie er sie in einem idealisierten Bild des alten Griechenland erblickte und für die Zukunft wieder erhoffte. Seine feierlich-ernsten, manchmal schwermütigen Gedichte greifen auf antike Formen (Ode, Elegie, Hymne) zurück. Er schrieb ferner den Briefroman »Hyperion« (1797–99) und das (unvollendete) Drama »Der Tod des Empedokles« (drei Fassungen, 1798–1800, erschienen 1826). Seit seinem 32. Lebensjahr lebte Hölderlin in geistiger Umnachtung.

■ **Holdinggesellschaft** [ho^{u}lding…; engl.] (Beteiligungsgesellschaft), Gesellschaft, die Anteile an anderen Gesellschaften besitzt, um deren Ge-

Holocaust

Am 22. April 1993, in der Woche des 50. Jahrestags des Ausbruchs des Warschauer Gettoaufstands 1943, wurde in Washington, D. C., ein Museum eingeweiht: Mit ausschließlich privaten Spenden hatten vor allem jüdische Überlebende des Nationalsozialismus das United States Holocaust Memorial Museum als ein Haus der Erinnerung und Geschichte errichtet, das den Nachgeborenen die furchtbaren Erfahrungen der Betroffenen vermitteln will. Die ständige Ausstellung zeigt anhand von Dokumenten, Gegenständen, Fotografien und Filmen die grauenvolle Chronik vom Aufstieg der Nazis bis zur »Endlösung der Judenfrage«. Fast alle Zeugnisse des Völkermords sind authentisch. Selbst das Gebäude, entworfen von dem in Essen geborenen New Yorker Architekten James Ingo Freed, dessen Familie 1938 die Flucht in die USA gelang, ist bis ins Detail ein Monument der Erinnerung. Der mächtige Ziegel- und Kalksteinkomplex ist durch »Wachtürme«, die mit gläsernen Brücken verbunden sind, gegliedert. Die große, fabrikähnliche Halle symbolisiert die Vernichtungsmaschinerie, Ziegelwände die Verbrennungsöfen; Treppen wie Eisenbahngleise lassen an Entladerampen denken.

schäftstätigkeit zu beeinflussen. Sie dient als Dachgesellschaft von Konzernen und ist selbst weder an der Produktion noch am Verkauf beteiligt.

■ **Holland,** der Westteil der → Niederlande; umgangssprachlich auch für die Niederlande insgesamt gebraucht.

■ **Hölle,** in zahlreichen Religionen Bezeichnung für die Unterwelt als den Bereich des Todes und der Todesgottheiten (z. B. griechisch »Hades«, römisch »Orkus«); im Neuen Testament Strafort der Verdammten nach dem Jüngsten Gericht. Moderne Auffassungen sprechen von der Hölle als dem »Ort der Gottesferne und -verlassenheit«.

■ **Hollywood** [holiwud], Stadtteil von →Los Angeles.

■ **Holmium** *das,* ein chemisches Element aus der Gruppe der Lanthanoide. Das silbergraue Metall findet in den Leuchtmassen von Farbfernsehschirmen Verwendung.

■ **Holocaust** [engl., von griech. holokaustos, = völlig verbrannt] *der* (hebräisch Schoah, Shoa), die Tötung einer großen Zahl von Menschen, Völkermord, vor allem Bezeichnung für die Vernichtung der Juden während der nationalsozialistischen Herrschaft.

■ **Holographie** [griech.] *die,* von Dennis Gabor (1900–79) ab 1948 entwickeltes Verfahren der Bildaufzeichnung mit Lichtwellen, die im gleichen zeitlichen Abstand verlaufen. Im Unterschied zur normalen Fotografie ist die Speicherung und Reproduktion von Bildern in dreidimensionaler Struktur möglich. Das Bild selbst, das **Hologramm,** kann man in begrenztem Winkel und von verschiedenen Seiten betrachten, wobei es Farbe und Perspektive ändert. Anwendungstechnische Bedeutung hat die Holographie erst mit der Entwicklung des →Lasers als leistungsfähige, kohärente Lichtquelle gewonnen. Hologramme werden z. B. als fälschungssicherer Bestandteil von Scheckkarten, Banknoten u. a. eingesetzt. Außer mit Licht werden Hologramme mit Mikro- und Schallwellen hergestellt. Die akustische Holographie ist für die Medizin und Technik bedeutsam, da man mit ihr wichtige Aussagen über Materialfehler machen kann (z. B. Überprüfung von Implantaten und dickwandiger Kernreaktorbauelemente).

■ **Holozän** →geologisches System (Übersicht).

■ **Holstein** →Schleswig-Holstein.

■ **Holunder** *der,* eine Gattung der Geißblattgewächse in Eurasien. Der bis 6 m hohe **Schwarzer Holunder** hat weißliche, stark duftende Blüten, die in breiten, flachen Doldenrispen stehen. Die daraus hervorgehenden essbaren Steinfrüchte (»Holunderbeeren«) sind zuerst rot, dann schwarz und enthalten reichlich Vitamin C.

Den **Holunder** erkennt man an dem rispenförmigen Blütenstand der fünfzähligen Blüten; die glänzenden, erst roten, später schwarzen Früchte des hier abgebildeten Schwarzen Holunders sind reich an Vitamin C

■ **Holz,** ein hartes Gewebe der Bäume und Sträucher, das sich vor allem aus →Zellulose, zelluloseartigen Stoffen und dem Holzstoff **Lignin** zusammensetzt. Holz hat sowohl die Aufgabe der Festigung und Stoffleitung (Wasser- und Nährstofftransport) wie auch die der Stoffspeicherung. Durch Einlagerung von Lignin in die Zellwände verholzen die Zellen im Alter immer mehr, wodurch das Gewebe eine größere Festigkeit erhält. Während das jüngere Splintholz noch aus lebenden Zellen besteht, wird

Holmium

chemisches Symbol: Ho

Ordnungszahl: 67

relative Atommasse: 164,93

Dichte: 8,79 g/cm³

Schmelzpunkt: 1 472 °C

Siedepunkt: 2 694 °C

das Zentrum des Stammes meist von totem, stark verholztem und gerbstoffreichem, dunklerem Kernholz eingenommen (abgesehen vom kleinen, zentralen Markteil).

In den Stämmen vieler mehrjähriger Pflanzen, vor allem der Bäume, wird Jahr für Jahr von einem Zellbildungsgewebe (Kambium) Holz und Bast gebildet. Am Querschnitt ist zu sehen, dass sich der Holzteil aus konzentrischen Ringen, den **Jahresringen,** zusammensetzt. Jeder einzelne Ring beginnt innen mit großen, dünnwandigen Zellen. Diese werden im Frühjahr während eines gesteigerten Wachstums gebildet (Frühholz, Frühjahrsholz). Es folgt das dichter strukturierte Sommer- und Herbstholz (Spätholz), bis die Winterruhe einsetzt und das Wachstum für einige Zeit ruht. Da es in den Tropen keinen großen Unterschied zwischen den Jahreszeiten gibt, bilden die Bäume dort auch keine Jahresringe aus.

Holz ist mengenmäßig gesehen das häufigste organische Naturprodukt: Ein Drittel der Festlandoberfläche der Erde wird von Wäldern bedeckt. Bis zur Mitte des 19. Jahrh. wurde Holz meist als Energielieferant verwendet, entweder direkt als Brennholz oder in Form von Holzkohle. Aufgrund seines hohen Sauerstoffgehalts (45%) ist sein Heizwert im

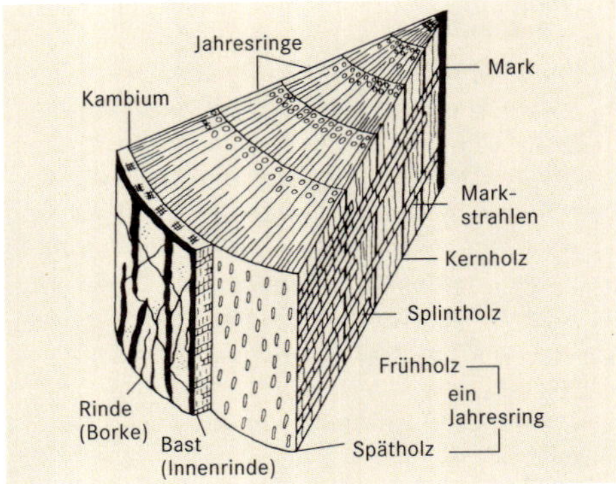

Dieser Querschnitt durch einen einheimischen Baumstamm zeigt Einzelheiten im Aufbau des **Holzes:** im Zentrum befindet sich das Mark, das von einem breiten Holzkörper umschlossen wird, die Markstrahlen dienen der Leitung und Speicherung der organischen Stoffe sowie dem Wassertransport, auch im Splintholz erfolgt der Transport des von den Wurzeln aufgenommenen Wassers; ebenso wie das Mark zählen Rinde und Bast nicht zu den Bestandteilen des Holzes

Vergleich zu Kohle und Heizöl allerdings gering. Die größte Rolle spielt Holz noch heute als Baumaterial, für die Möbelherstellung sowie als Rohstoff für Zellstoff und Papier.

Holz

Ein charakteristisches Merkmal der Bäume in unseren Breiten sind die Jahresringe: Im Frühjahr bilden sich unter der Rinde helle, große Zellen, die viel Saft enthalten. Sie bauen jene Schichten auf, die wir Frühholz nennen. Das Spätholz dagegen setzt sich aus kleineren, dunklen Zellen zusammen. Der Unterschied ist also jahreszeitlich bedingt, und die Trennungslinie zwischen dem Spätholz des einen und dem Frühholz des folgenden Jahres ist besonders scharf ausgebildet. Die deutlich sichtbaren Ringe (im Querschnitt als konzentrische Kreise, im Längsschnitt als Maserung sichtbar) variieren in ihrer Breite je nach Baumart, Alter und Standort sowie nach den klimatischen Bedingungen des jeweiligen Jahres. Sie ermöglichen der Forschung daher vielfältige Rückschlüsse, z. B. auf das Alter des Baumes und die Klimaentwicklung am Standort.

Da es in den Tropen keinen Wechsel von kalten und warmen Jahreszeiten gibt, bilden die Bäume dort auch keine Jahresringe aus.

■ **Holzkohle,** eine feinporige, leicht pulverisierbare Form der Kohle mit sehr großer Oberfläche. Holzkohle entsteht, wenn Holz unter Luftabschluss auf etwa 275°C erwärmt wird und sich dann von selbst weiter auf 350–400°C erhitzt. Holzkohle wird als Grillkohle, für medizinische Zwecke, in der chemischen Industrie und bei der Wasseraufbereitung (als Aktivkohle) eingesetzt.

■ **Holzschnitt,** eine der ältesten druckgrafischen Techniken, ein Hochdruckverfahren. Der Formschneider (Reißer) arbeitet die Linien der seitenverkehrten Zeichnung aus einem Holzbrett (»Stock«) als erhöhte Stege heraus. Die stehengebliebenen Flächen und Stege werden mit Druckfarbe eingewalzt, die unter der Presse auf saugendes Papier abgezogen wird.

Der älteste erhaltene Holzschnitt entstand im 9. Jahrh. in China. In Mitteleuropa wird die Technik des Holzschnitts seit dem 14. Jahrh. verwendet. Die erste Blütezeit lag zwischen 1490 und etwa 1550 (Entwürfe u. a. von Dürer, Cranach und Altdorfer). Auch im 20. Jahrh. gab es mit Munch, Barlach, Kirchner, Beckmann, Grieshaber hervorragende Vertreter. Auf besonders hohem Niveau stand die Kunst des Farbholzschnitts im 19. Jahrh. in Japan.

Homepage [houmpeidsch; engl., = Heimatseite] *die,* die erste Seite eines Informationsangebots im →World Wide Web.

Homer, griechischer Dichter, der im 8. Jahrh. v. Chr. im von Ioniern besiedelten Teil Kleinasiens lebte. Ihm schrieben die alten Griechen die →Ilias und die Odyssee (→Odysseus) zu, die am Anfang der großen epischen Dichtungen des Abendlandes stehen. In ihnen ist eine jahrhundertealte, bis in die mykenische Zeit zurückreichende Überlieferung zusammengefasst und die Götterwelt erhielt die für alle Griechen gültige Ordnung.

Homosexualität [griech.] *die,* sexuelles Empfinden und Verhalten, das auf das gleiche Geschlecht gerichtet ist. Homosexualität bei Frauen wird auch **lesbische Liebe** genannt. Über die Gründe für die Entstehung der Homosexualität gibt es lediglich Theorien, z. B. dass Homosexualität in der frühkindlichen Entwicklung durch eine besondere Ausprägung der Mutter-Kind-Beziehung angelegt werde oder durch Änderungen im Hormonhaushalt hervorgerufen sein könne. Heute geht man jedoch eher davon aus, dass in allen Menschen sowohl hetero- als auch homosexuelle Neigungen angelegt sind. Dies mag auch ein Grund dafür sein, dass es auch in unserer Gesellschaft noch immer Vorurteile gegen Homosexuelle gibt, denn viele Menschen, die homosexuelle Neigungen verspüren, unterdrücken diese und glauben, das auch von anderen vehement fordern zu müssen. In der Bundesrepublik Deutschland ist Homosexualität seit 1973 nicht mehr strafbar; strafrechtlich verfolgt werden nur noch homosexuelle Handlungen Erwachsener mit Jugendlichen unter 18 Jahren. 2000 wurde ein Gesetz verabschiedet, das die Eingetragene Lebenspartnerschaft für gleichgeschlechtliche Paare rechtlich in vielen Bereichen der →Ehe gleichstellt. – auch →Sexualität.

Homer

Für die Griechen war Homer – hier als blinder Sänger abgebildet – der Schöpfer ihres Götter- und Menschenbildes.
Die Frage, ob es Homer wirklich gegeben hat, oder ob seine Epen nicht aus einzelnen Dichtungen allmählich zuammengewachsen sind, wurde lange diskutiert. Heute wird sie im Allgemeinen zugunsten des Dichters entschieden, denn die kunstvolle Komposition der Epen ist ohne eine schriftliche Literatur nicht denkbar. Man ist allerdings überwiegend der Ansicht, dass die »Odyssee« jünger als die in der 2. Hälfte des 8. Jahrhunderts v. Chr. geschaffene »Ilias« ist.

Homo [lat.] *der,* im biologischen System die wissenschaftliche Bezeichnung für die Gattung →Mensch.

homogen [griech.], aus Gleichartigem zusammengesetzt, einheitlich.

Homonyme [griech.], Wörter, die in Schreibweise und Aussprache übereinstimmen, aber verschiedenen Ursprungs sind, z. B. *kosten* »schmecken« (aus althochdeutsch *kostōn*) und *kosten* »wert sein« (aus altfranzösisch *coster*).

Homöopathie [zu griech. homoios, = ähnlich] *die,* von dem deutschen Arzt Samuel Hahnemann (1755–1843) begründetes Heilverfahren, das der Vorstellung folgt, dass Gleiches durch Gleiches geheilt werden soll. Daraus folgt, dass ein Arzneimittel, das in hohen Dosen bei einem gesunden Menschen bestimmte Krankheitszeichen (Symptome) hervorruft, in verdünnter Form eine Krankheit mit ähnlichen Symptomen heilen kann.

Homophonie [griech., = Gleichklang] *die,* in der Musik eine Setzweise, bei der alle Stimmen akkordisch geführt werden und sich der Oberstimme (Melodie) unterordnen; Gegensatz: Polyphonie.

Honduras, Republik in Zentralamerika, deren Bevölkerung zu über 80 % aus Mestizen besteht. Honduras ist nur im Westen und Süden dichter besiedelt und intensiver genutzt. Im feuchtheißen Küstentiefland am Karibischen Meer breiten sich riesige Bananenplantagen aus. Ausgeführt werden vor allem Kaffee, Tabak, Bananen und Fischprodukte.

Geschichte: Der westliche Teil von Honduras war

Honduras
Fläche 112 088 km²
Einwohner 5,997 Mio.
Hauptstadt Tegucigalpa
Amtssprache Spanisch
Nationalfeiertag 15. 9.
Währung 1 Lempira (L) = 100 Centavos (cts.)
Zeitzone MEZ – 7 Std.

Honduras

Flagge

Wappen

von der Kultur der →Maya geprägt. 1502 landete Kolumbus an der Karibikküste, ab 1524 wurde das Land von den Spaniern besiedelt. Seit dem 18. Jahrh. kam es zu Kleinkriegen zwischen Spaniern und Briten, die ebenfalls Anspruch auf Honduras erhoben. 1838 wurde Honduras selbstständige Republik, die bis heute durch Bürgerkriege und Konflikte mit Nachbarstaaten erschüttert wird.

■ **Honecker,** Erich, deutscher Politiker, *Neunkirchen/Saar 25. August 1912, †Santiago de Chile 29. Mai 1994. Honecker war 1946–55 Vorsitzender der FDJ und seit 1958 Mitglied des Politbüros der SED. 1971 löste er Walter Ulbricht als Ersten Sekretär der SED ab; 1976–89 war er als Staatsratsvorsitzender Staatsoberhaupt der DDR.

Honecker wurde im Zuge der politischen Veränderungen in der DDR Ende 1989 gezwungen, alle Ämter niederzulegen; er wurde wegen Verdachts auf Totschlag (Schießbefehl an der innerdeutschen Grenze) angeklagt. 1991 flüchtete er nach Moskau, wo er sich bis zu seiner Ausreise nach Deutschland 1992 in der chilenischen Botschaft aufhielt. Nach seiner Verhaftung wurde im November 1992 der Prozess gegen ihn eröffnet; nach Einstellung des Verfahrens reiste Honecker im Januar 1993 nach Chile aus.

Erich Honecker

■ **Hongkong,** Sonderverwaltungsregion Chinas an der südchinesischen Küste, mit 10 795 km² und 6,85 Mio. Einwohnern (hauptsächlich Chinesen). Sie umfasst die Insel **Hongkong** (79,99 km²) mit der Hauptstadt Victoria, die Halbinsel **Kowloon** und die **New Territories** mit dem Hinterland von Kowloon sowie rund 240 meist unbewohnte Nebeninseln. Hongkong ist das führende Handels- und Finanzzentrum im südostasiatischen Raum.

Geschichte: Die Insel Hongkong wurde 1842 britische Kronkolonie, die 1860 um Kowloon und 1898 durch Pachtvertrag (auf 99 Jahre) um die New Territories und zahlreiche kleine Inseln erweitert wurde. Gemäß einem 1984 geschlossenen Abkommen gab Großbritannien die Kolonie 1997 an die Volksrepublik China zurück. Für eine Übergangszeit von 50 Jahren soll Hongkong nach diesem Abkommen sein gesellschaftliches und wirtschaftliches System beibehalten und weitgehend autonom bleiben.

■ **Honig,** eine klebrig-flüssige süße Masse, die die Honigbienen in ihrem Honigmagen vor allem aus Nektar herstellen. Honig wird von den Honigbienen in Honigwaben gelagert, wo er heranreift und ihnen als Wintervorrat dient. Er besteht zu etwa 80 % aus einem Zuckergemisch, zu etwa 20 % aus Wasser und aus kleinen Mengen organischer Säuren, Proteinen (vor allem Enzymen) sowie Spuren von Mineralstoffen und Vitaminen. Meist gewinnt man Honig durch Schleudern der Waben.

■ **Honigbienen,** eine weltweit verbreitete Gattung Staaten bildender Bienen mit vier Arten. Bei den Blüten besuchenden Insekten sind die Hinterbeine als Pollensammelapparat ausgebildet: Der Unterschenkel hat eine eingedellte Außenseite (Körbchen), die Innenseite des Fußgliedes ist mit Borstenreihen besetzt (Bürste), die in das Körbchen des gegenüberliegenden Hinterbeins Pollen abstreifen (Bildung so genannter Höschen). Zum Nestbau verwenden Honigbienen aus Drüsen abgesondertes Wachs (Bienenwachs), chemisch ein Gemisch aus langkettigen Fettsäuren (Wachssäuren) und ihren Estern. Den Honig stellen die Tiere im Honigmagen aus dem aufgenommen Nektar und verschiedenen Enzymen her. Der bei den Arbeitsbienen und der Königin ausgebildete Giftstachel ist mit Widerhäkchen versehen, weswegen er nach einem Stich aus der elastischen Haut der Säugetiere nicht wieder herausgezogen werden kann.

Man unterscheidet drei Kasten: Arbeiterinnen, Drohnen und Königin. Die **Arbeiterinnen** der eigentlichen Honigbiene sind 13–15 mm lang und leben etwa 4–5 Wochen. Die **Drohnen** sind 15–17 mm lange, durch Jungfernzeugung entstandene (stachellose) Männchen, die sich von den Arbeiterinnen füttern lassen. Sie erscheinen im Mai und werden im Sommer nach dem Hochzeitsflug der Königin von den kleineren Arbeiterinnen ver-

trieben (Drohnenschlacht). Die **Königin** ist 20–25 mm lang und nur zum Eierlegen (bis zu 3 000 Eier pro Tag) befähigt; sie wird nur ein einziges Mal während des Hochzeitsfluges begattet, der Samen wird in einer Samentasche aufbewahrt.

Honigbienen haben ein gut entwickeltes Verständigungssystem, mit dessen Hilfe sie sich Informationen über eine Futterquelle mitteilen **(Bienensprache)**. Liegt die Futterquelle nicht weiter als 80 m vom Stock entfernt, wird ein Rundtanz getanzt. Ein hervorgewürgter Nahrungstropfen und mitgebrachter Duft informieren, welche Pflanzenart anzufliegen ist. Liegt die Futterquelle in größerem Abstand, werden Entfernung und Richtung durch einen Schwänzeltanz übermittelt.

■ **Honolulu,** Hauptstadt und Haupthafen des Bundesstaates Hawaii, USA, an der Südküste der Insel Oahu gelegen, mit 371 300 Einwohnern; Luftverkehrs- und Schifffahrtsknotenpunkt im Pazifischen Ozean. Westlich des Handelshafens liegt der Kriegshafen → Pearl Harbor, südöstlich der Badestrand Waikiki.

■ **Honorar** [lat.] *das,* Bezahlung, die Angehörige der freien Berufe (z. B. Ärzte, Rechtsanwälte, Künstler, Schriftsteller) für bestimmte Leistungen erhalten.

■ **honoris causa** → Doktor.

■ **Honshū** [...sch...] (Hondo), die größte der vier Hauptinseln Japans mit 231 090 km² und 101,54 Mio. Einwohnern. Hauptort ist Tokio.

■ **Hooligans** [hulig^{e}ns; engl.], gewalttätige, meist in Gruppen auftretende Jugendliche, die vor allem Fußballveranstaltungen für Randale und aggressive Handlungen missbrauchen.

■ **Hopfen,** eine 3 bis 6 m lange Kletterstaude aus der Familie der Hanfgewächse. Wächst in Mitteleuropa wild in feuchten Wäldern und an Bachufern. Die zapfenartigen Blütenstände der weiblichen Pflanzen liefern einen scharf riechenden, bitter schmeckenden Stoff (Hopfenbitter). Er gibt dem Bier Würze und Haltbarkeit.

Hopfen

Schon Griechen und Römer kannten den Hopfen, verwendeten ihn aber als Gemüse und vor allem als Heilmittel. Der Zusatz von Hopfen zu Bier, der es würziger und haltbarer macht, geht wohl auf Finnen, Letten und Esten zurück. Vom Ostseeraum aus scheint der Hopfengebrauch zwischen dem 5. und 7. Jahrh. nach Westen gelangt zu sein; seit der Karolingerzeit ist die Hopfenkultur auch in Mitteleuropa nachweisbar: Erstmals erwähnt wird der Hopfen 737 im bayrischen Geisenfeld. Zunächst nur in Klostergärten gezogen, baute man ihn seit dem 14. Jahrh. in größeren Kulturen an. Vom 16. bis 18. Jahrh. wurden Blüten und Wurzel als Arznei verwendet und noch heute dienen die Bitterstoffe des Hopfens als Beruhigungsmittel. Die Hallertau zwischen Ingolstadt und München ist das größte zusammenhängende Hopfenanbaugebiet der Erde.

▶ weibliche Pflanze mit Früchten

■ **Horaz** (Quintus Horatius Flaccus), römischer Dichter, *Venusia (heute Venosa, Provinz Potenza) 8. Dezember 65 v. Chr., †27. November 8 v. Chr.. Er verfasste angriffslustige Spottverse (»Epoden« und »Satiren«). Mit seinen »Oden«, in denen er den römischen Staat, Freundschaft, Liebe und Wein besang, wurde er zum Schöpfer der römischen Lyrik. Als »Ars poetica« (Dichtkunst) wurde eine seiner »Epistulae« (Briefe) berühmt.

■ **Hörfunk** →Rundfunk.

■ **Höriger,** nach mittelalterlichem Recht ein halbfreier oder unfreier Bauer. Im Unterschied zum Leibeigenen war der Hörige nur abhängig in Verbindung mit dem Grund und Boden, den er bearbeitete. Er konnte nur zusammen mit dem Hof verkauft werden.

■ **Horizont** [griech.] *der,* die sichtbare Grenzlinie, an der Himmel und Erde zusammenzustoßen scheinen; auf See wird sie **Kimm** genannt.

■ **horizontal,** waagerecht; Gegensatz: vertikal.

■ **Hormone** [griech.], eine Gruppe von biologischen Wirkstoffen, die im Körper selbst gebildet werden und bereits in ganz geringen Mengen im Zusammenspiel mit dem Nervensystem wichtige Steuerungsfunktionen des Stoffwechsels, des Wachstums, der Entwicklung und des emotionalen Bereichs des Individuums wahrnehmen. Sie werden unterteilt nach den Organen (Hormondrüsen), in denen sie gebildet werden, z. B. das Hormon des Nebennierenmarks (Adrenalin) oder das der Bauchspeicheldrüse (Insulin), oder nach ihrem Wirkungsbereich, z. B. die →Geschlechtshormone.

die wichtigsten Hormone des Menschen und der Wirbeltiere

Name	Bildungsort	Wirkung
Adrenalin	Nebennierenmark	Pulsfrequenz-, Blutzuckererhöhung (Stresshormon)
Aldosteron	Nebennierenrinde	Regulierung des Natrium-Kalium-Gleichgewichts
Calcitonin	Schilddrüse	Senkung des Calciumspiegels
follikelstimulierendes Hormon (FSH)	Hypophysenvorderlappen	Reifung der männlichen und weiblichen Geschlechtszellen
Glukagon	Langerhans-Inseln	Erhöhung des Blutzuckerspiegels
Insulin	Langerhans-Inseln	Senkung des Blutzuckerspiegels
Corticosteron und Hydrocortison (Cortisol)	Nebennierenrinde	Erhöhung des Blutzuckerspiegels, Unterdrückung allergischer und entzündlicher Reaktionen
luteinisierendes Hormon (LH)	Hypophysenvorderlappen	Auslösung des Eisprungs, Gelbkörperbildung
luteotropes Hormon (Prolactin, LTH)	Hypophysenvorderlappen	Förderung der Milchbildung
Melatonin	Zirbeldrüse	Hemmung der Schilddrüsenfunktion, Beeinflussung der Geschlechtsdrüsen
Noradrenalin	Nebennierenmark	Blutdrucksteigerung
Östradiol	Eierstock	Ausprägung weiblicher sekundärer Geschlechtsmerkmale, Wachstum der Gebärmutterschleimhaut
Oxytocin	Hypothalamus	Gebärmutterkontraktion
Parathormon	Nebenschilddrüse	Erhöhung des Calciumspiegels
Progesteron	Gelbkörper, Gebärmutter	Sekretionsphase der Gebärmutterschleimhaut, Erhaltung der Schwangerschaft
Somatotropin (Wachstumshormon)	Hypophysenvorderlappen	Förderung des Körperwachstums
Testosteron	Hoden	Ausprägung männlicher sekundärer Geschlechtsmerkmale
Thyroxin	Schilddrüse	Steigerung des Grundumsatzes, des Eiweiß-, Kohlenhydrat-, Fett- und Mineralstoffwechsels, der Atmung, des Kreislaufs; bei Amphibien Auslösung der Metamorphose
Vasopressin (Adiuretin)	Hypothalamus	Wasserresorption in der Niere, Blutdruckerhöhung

Horus

Die Geschichte von Isis, Osiris und Horus ist die am reichsten ausgestaltete Geschichte der ägyptischen Mythologie. Osiris, der als König über Ägypten herrscht, wird von seinem Bruder Seth (dem Gott der Wildnis und der Gewalt) erschlagen, der die Teile des zerstückelten Leichnams über Ägypten verstreut. Isis, die Schwester und Gemahlin des Osiris, durchstreift das Land, findet die Glieder, setzt sie wieder zusammen und empfängt von dem vorübergehend Wiederbelebten ein Kind. Sie bringt dieses Kind, Horus, aus Furcht vor Seth an verborgenem Ort zur Welt und zieht es auf. Der Kampf zwischen Horus und Seth ist der Gründungsmythos des pharaonischen Staates, der im alten Ägypten als göttliche Institution aufgefasst wurde. Die Auseinandersetzung wird als Rechtsstreit ausgetragen. In einem ersten Urteil erhält Horus Unterägypten und Seth Oberägypten; das endgültige Urteil spricht Horus ganz Ägypten zu und findet Seth mit der Herrschaft über die Wüste ab. Die Stoßrichtung dieses Urteils ist eindeutig: Gesetz und Recht (Horus) setzten der Gewalt (Seth) Grenzen: sie wird in die Wüste geschickt.

▶ Für immer in Gold und Lapislazuli gefasst: inmitten der beschützenden Hände von Sohn **Horus** und der Schwesterfrau Isis findet Osiris, der ursprüngliche Herrscher, seinen angestammten Platz.

■ **Horn, 1)** *Biologie:* hauptsächlich aus Keratin bestehende Substanz, die von den obersten Zellschichten der Haut gebildet wird. Aus Horn bestehen die Schuppen der Reptilien, die Federn der Vögel, die Hufe und Hörner, Haare und Krallen der Säugetiere sowie die Nägel des Menschen.

2) *Musik:* (Waldhorn, italienisch Corno), Blechblasinstrument mit gekrümmtem, sich konisch (kegelförmig) erweiterndem Schallrohr und drei Ventilen. Der Ton wird mit den Lippen erzeugt, die vibrierend gegen das Kesselmundstück gepresst werden.

■ **Hornhaut, 1)** die äußerste Schicht (Hornschicht) der →Haut.

2) die gewölbte, durchsichtige Vorderfläche des Augapfels beim Linsenauge (→Auge).

■ **Hornisse,** bis 25 mm (Königin bis 35 mm) lange, braun und gelb gefärbte, größte einheimische Wespenart. Sie ist Staaten bildend und baut ovale, bis über 0,5 m lange Nester mit waagerechten Waben, die stockwerkartig übereinander liegen. Ein Volk zählt 3 000 bis 5 000 Tiere. Die Stiche der Hornisse können für Menschen und Tiere gefährlich (sogar tödlich) sein.

■ **Horntiere,** eine Familie der wiederkäuenden Paarhufer mit rund 100 Arten, die mannigfaltig ausgebildete Hörner tragen. Sie sind hasen- bis büffelgroß und leben meist in Rudeln. Zu ihnen gehören z. B. Rinder, Gämsen, Gazellen, Antilopen, Ziegen und Schafe.

■ **Horoskop** [griech., = Stundenseher] *das,* die auf Ort, Tag und Stunde eines Ereignisses, besonders einer Geburt, berechnete Stellung (Konstellation) der Planeten. Aus ihr will die Astrologie Rückschlüsse auf Charakter und Schicksal eines Menschen ziehen.

■ **Hörspiel,** für den Rundfunk entwickelte und an seine technischen Möglichkeiten gebundene dramatische Gattung. Beim Hörspiel muss das gesprochene Wort demzufolge Szenenbild, Licht, Gestik u. a. ersetzen.

■ **Horst, 1)** *Geologie:* eine an Verwerfungen herausgehobene Scholle der Erdkruste, z. B. der Thüringer Wald.

2) *Zoologie:* großes Nest, vor allem von Greif- und Stelzvögeln.

■ **Horus** (Horos), altägyptischer Gott, der als Falke verehrt wurde, ursprünglich wohl ein Lichtgott; Sohn der Isis und des Osiris. Jeder Pharao galt als seine Verkörperung und führte den Namen »Horus« in seinem Titel.

■ **Hospitalismus** [lat.] *der,* psychische Störungen (u.a. Kontaktarmut, Teilnahmslosigkeit, Weinerlichkeit, Aggressivität, verzögerte Entwicklung), die entstehen, wenn ein Kind mangelnde Gelegenheit zum Gefühlsaustausch mit Bezugspersonen hat, z.B. wenn es lange in Heimen oder Krankenhäusern lebt.

■ **Hostie** [lat., = Opfer] *die,* das in der katholischen Eucharistie und der lutherischen Abendmahlsfeier verwendete ungesäuerte Weizenbrot in Form einer dünnen, runden Scheibe (Oblate).

■ **Hotline** [hotlain; engl.] *die,* Telefonanschluss für rasche Serviceleistungen, z.B. von Computerfirmen.

■ **Hottentotten** (Eigenbezeichnung Khoikhoi, Khoikhoin), eine Völkerfamilie in Süd- und Südwestafrika. Die Hottentotten, einst Nomaden und Wildbeuter, wurden im 17. Jahrh. von den Buren versklavt oder vertrieben. Als einziges Volk haben sich die **Nama** erhalten, die im Süden Namibias leben.

■ **Houston** [hjust^{e}n], Stadt im Südosten von Texas, USA, mit 1,7 Mio. Einwohnern. Houston stellt eine der größten Ansiedlungen petrochemischer Industrie der Erde. Der Hafen von Houston ist durch einen 80 km langen Schifffahrtskanal mit dem Golf von Mexiko verbunden. Im Südosten der Stadt liegt das Raumfahrtzentrum der NASA.

■ **Hrdlicka** [hirdlitska], Alfred, österreichischer Bildhauer, Grafiker und Maler, *Wien 27. Februar 1928. In seinen expressiven Kunstwerken, die ein starkes humanes Engagement zeigen, widmet er sich Themen wie Schmerz und Lust, Gewalt, Bedrohung und Tod.

■ **Hub** *der,* die Länge des Weges, den der Kolben eines Verbrennungsmotors oder einer Dampfmaschine bei einem Hin- oder Hergang, also zwischen dem oberen und unteren Umkehrpunkt (Totpunkt), zurücklegt.

■ **Hubraum** (Hubvolumen), der Raum im Zylinder eines Verbrennungsmotors oder einer Dampfmaschine. Das Produkt aus Hub und Zylinderquerschnitt wird in cm^3 oder l angegeben.

■ **Hubschrauber** (Helikopter), ein Flugzeug, bei dem der Auftrieb nicht durch starre Tragflächen, sondern durch rotierende Drehflügel (Rotoren) mit Tragflügelprofil im Querschnitt erzeugt wird. Ein Hubschrauber kann deshalb senkrecht starten und landen, im Schwebeflug in der Luft verharren, rückwärts und seitwärts fliegen. Um einen Vortrieb zu erzeugen, zum Steigen und zum Sinken werden die Rotorblätter während der Drehung verstellt. Der Heckrotor mit horizontaler Achse wird zur Steuerung des Helikopters um seine Hochachse benutzt. Der Rotor wird meist durch eine Gasturbine angetrieben, wodurch Hubschrauber eine Geschwindigkeit bis zu 300 km/h erreichen.

■ **Huch,** Ricarda, deutsche Schriftstellerin, *Braunschweig 18. Juli 1864, †Schönberg (heute zu Kronberg im Taunus) 17. November 1947. Sie schrieb vor allem historische Romane, z.B. »Der große Krieg in Deutschland« (1912–14).

■ **Hudsonbai** [hads^{e}n...], großes Binnenmeer im nordöstlichen Kanada (mehr als doppelt so groß wie die Nordsee). Durch die rund 800 km lange **Hudsonstraße** ist es mit dem Atlantischen Ozean und über den Foxekanal mit dem Nordpolarmeer verbunden. Nur von Juli bis Oktober können die Schiffe verkehren, sonst besteht Treibeisgefahr.

■ **Huf,** Hornmasse, die das Endglied der 3. (mittleren) Zehe bei Huftieren umhüllt.

■ **Huftiere,** zusammenfassende Bezeichnung für Säugetiere, die mit Hufen oder hufähnlichen Gebilden (»Klauen«) auftreten; gegliedert in →Paarhufer und →Unpaarhufer.

■ **Hugenotten** [frz.], die Anhänger des Kalvinismus (→Calvin) in Frankreich. Der Bruch des 1562 erlassenen Edikts, in dem – eingeschränkt – ihr Glaube geduldet wurde, führte zu den **Hugenottenkriegen** (1562–98). In der Bartholomäusnacht 1572 wurden Tausende Hugenotten ermordet. →Heinrich IV. gestattete den Hugenotten im **Edikt von Nantes** 1598 die Freiheit der Religionsausübung und die Ausübung politischer Ämter. Das Edikt wurde von Ludwig XIV. 1685 wieder aufgehoben, etwa 200 000 Hugenotten wanderten daraufhin aus, vor allem nach Brandenburg-Preußen, Hessen, in die Schweiz und die Niederlande. Die in Frankreich gebliebenen Hugenotten erhielten erst nach der Französischen Revolution die volle Gleichberechtigung.

■ **Hugo** [ügo], Victor, französischer Dichter, *Besançon 26. Februar 1802, †Paris 22. Mai 1885. Mit seinen Romanen, Dramen und Gedichten schuf er Musterbeispiele romantischer Dichtung, vor allem den Roman »Der Glöckner von Notre Dame« (1831). In den sozialkritischen Werken der Spätzeit forderte er die Erneuerung der Gesellschaft (z.B. in »Die Elenden«, 1862).

■ **Hühnervögel,** eine weltweit verbreitete Ordnung der Vögel mit über 200 Arten. Es sind kräftige, kurzflügelige Bodenvögel. Sie scharren am Boden nach Nahrung und legen dort auch ihre Nester an. Die Hähne sind oft bunter gefärbt als die Hennen und meist größer. Die Jungtiere sind Nestflüchter.

Victor Hugo lebte als Schriftsteller und aktiver Politiker für eine Ästhetik der Freiheit; nach etwa 20 Jahren Verbannung wurde er mit über 70 Jahren in Paris zum Senator ernannt und nach seinem Tod im Pantheon bestattet

Viele Hühnervögel sind Haus- oder Jagdtiere, z. B. →Haushuhn, Fasan, Pfau, Rebhuhn, Wachtel, Auer- und Birkhuhn.

■ **Hülsenfrüchtler,** eine Ordnung der zweikeimblättrigen Pflanzen mit rund 14 000 Arten; holzige oder krautige Pflanzen mit vielfältig gestalteten Fiederblättern. Die Blüte hat nur ein Fruchtblatt, aus dem meist eine vielsamige Hülse **(Hülsenfrucht)** hervorgeht. Die meisten Hülsenfrüchtler besitzen an ihren Wurzeln Bakterienknöllchen mit Luftstickstoff bindenden Knöllchenbakterien. Bekannte Hülsenfrüchtler sind Erbse, Linse, Bohne und Sojabohne.

■ **Humanismus** [lat.] *der,* eine Geisteshaltung, die auf freie Entfaltung der menschlichen Persönlichkeit und ihrer Fähigkeiten gerichtet ist; das Bemühen um Humanität.

Im engeren Sinne bezeichnet Humanismus eine geistesgeschichtliche Strömung des 14. bis 16. Jahrh., die, angeregt durch das Studium antiker Schriften, die Idee einer allseitig gebildeten, unabhängigen Persönlichkeit vertrat. Mit der italienischen Renaissance entstanden, wandte sich der Humanismus zunehmend weltlichen Themen zu und geriet so mit der Kirche in Konflikt. Bedeutende Vertreter waren Erasmus von Rotterdam, Johannes Reuchlin (1455–1522), Philipp Melanchthon und Ulrich von Hutten.

■ **Humanität** [lat.] *die,* vom Geist der Humanitas (= Menschlichkeit, Menschenliebe) durchdrungene Haltung und Gesinnung; auch verstanden als eine Gesinnung, die die Verwirklichung der →Menschenrechte anstrebt.

■ **Humboldt, 1)** Alexander Freiherr von, deutscher Naturforscher und Geograph, * Berlin 14. September 1769, † ebenda 6. Mai 1859; Bruder von 2). Er unternahm zahlreiche Forschungsreisen, u. a. nach Südamerika, Kuba, Mexiko und in den Ural. Durch seine Reiseberichte leistete er wesentliche Beiträge zur Meereskunde (nach ihm ist der **Humboldtstrom**, die kühle, nach Norden gerichtete Meeresströmung vor der Westküste Südamerikas, benannt), ferner zur Wetter-, Klima- und (erstmals ökologisch betrachteten) Landschaftskunde. Die Ergebnisse seiner Expeditionen in Südamerika wertete er in Paris in Zusammenarbeit mit Wissenschaftlern aus aller Welt im größten privaten Reisewerk der Geschichte aus. Ab 1830 wieder in Berlin, beschäftigte er sich mit der Darstellung des gesamten Wissens über die Erde.

2) Wilhelm Freiherr von, deutscher Diplomat, Philosoph und Sprachforscher, * Potsdam 22. Juni 1767, † Tegel (heute zu Berlin) 8. April 1835; Bruder von 1). Er war ein führender Vertreter des neuhumanistischen Bildungsideals und reformierte das preußische Bildungswesen. Maßgebend war sein Einfluss bei der Gründung der Berliner Universität (1810; heute Humboldt-Universität).

■ **Hummeln,** eine Gattung 1–3 cm langer, pelzig behaarter Bienen mit rund 500 Arten. Sie tragen einen langen Saugrüssel und sind Staaten bildend. Bei den einjährigen Hummeln in Europa überwintert

Humboldt

Die Brüder Alexander und Wilhelm von Humboldt besaßen in Tegel (heute ein Teil Berlins) ein Landhaus. In diesem Haus, so geht das Gerücht, habe es im Jahr 1797 mehrfach gespukt. Grund für zwei enge Freunde der beiden weltberühmten Forscher, den Spuk zu bespötteln.
Der vertraute Freund Schiller schrieb an den ebenso vertrauten Freund Goethe: »Alexander soll den Geist seiner Mutter nicht loswerden können.« Goethe wiederum würdigte im 1. Teil seines »Faust« das Ereignis des Unsichtbaren. In der Walpurgisnacht gibt Wagner, der Famulus des Faust, folgenden Spottvers zum besten: »Verschwindet doch! Wir haben ja aufgeklärt! Das Teufelspack, es fragt nach keiner Regel, Wir sind so klug, und dennoch spukt's in Tegel.«

▶ Goethe lernte den auf dem linken Porträt abgebildeten **Alexander von Humboldt** bei einem Besuch bei dessen Bruder **Wilhelm** im April 1794 in Jena kennen

Hundert Jahre später fand man im nämlichen Haus in Tegel ein gut hundertjähriges Skelett. – Und der Gespensterfreund Goethe lässt im Faust II verkünden: »Ein echt Gespenst, auch klassisch hat's zu sein«

Hunde: Bernhardiner, Afghane, Zwergpudel

nur das große Weibchen; es gründet im Frühjahr ein Nest mit Brut- und Honigzellen. Die Hummeln sind wichtige Blütenbestäuber. Bekannte Arten sind z. B. die Erd-, Stein-, Garten- und Wiesenhummel.

■ **Hummer,** ein bis 50 cm langer und bis 4 kg schwerer, braun bis dunkelbraun gefärbter Zehnfußkrebs. Die beiden Scheren sind als Fang- und Knackscheren ausgebildet. Der Hummer lebt vor allem an der europäischen Felsenküste des Atlantischen Ozeans, wo er sich von Schnecken und Muscheln ernährt. Gekocht (dann rot verfärbt) gilt er als Delikatesse.

■ **Humus** [lat.] *der,* abgestorbene tierische und pflanzliche Substanzen im und auf dem Boden, die durch Mikroorganismen (z. B. Bakterien, Pilze) und biochemische Vorgänge weiter abgebaut werden (Humifizierung). Humus ist für die Fruchtbarkeit des Bodens von großer Bedeutung.

■ **Hunde,** eine mit rund 40 Arten fast weltweit verbreitete Familie durchschnittlich 35–135 cm körperlanger Raubtiere. Hunde sind Zehengänger mit 4–5 vorderen und vier hinteren, stumpf bekrallten Zehen. Die geringe Ausbildung von Hautdrüsen führt zur Wärmeabgabe durch rasches, keuchendes Atmen (»Hecheln«). Kleinere Drüsenanhäufungen in der Aftergegend dienen dem gegenseitigen Erkennen. Besonders ausgeprägt sind Geruchssinn und Hörvermögen.
Die Jungen werden blind geboren; die Augenlidränder sind verwachsen und öffnen sich erst nach Tagen oder Wochen. Die Beutetiere werden oft rudelweise gehetzt.
Zur Familie der Hunde gehören u. a. die Gattungen der Füchse, Eisfüchse, Wüstenfüchse, Afrikanischen Wildhunde sowie die Gattung Canis mit Schakal, Präriewolf und Wolf.
Der **Haushund** ist die gezüchtete Form des Wolfs und wurde vor mehr 10 000 Jahren zum Haustier des Menschen. Weltweit gibt es gegenwärtig etwa 500 Rassen, die sich nach Größe, Farbe, Behaarung, Körperbau, Körpermasse, Wesen und Gebrauchswert unterscheiden.
Zu den **Wach-** und **Schutzhunden** gehören u. a. Bernhardiner, Schnauzer und Boxer, zu den **Windhunden** u. a. Afghane, Barsoi und Greyhound, zu den **Jagdhunden** u. a. Terrier, Dackel und Setter, zu den **Begleithunden** u. a. Chow-Chow, Pudel und Mops. Haushunde werden mit 6 bis 9 Monaten geschlechtsreif, die Zuchtreife liegt je nach Rasse bei 15 bis 24 Monaten. Hündinnen werden zweimal im Jahr läufig. Nach einer Tragezeit von durchschnittlich 63 Tagen (58 bis 65) werden je nach Rasse bis über 10 Welpen geworfen, die mit 9 bis 14 Lebenstagen die Augen öffnen. Die Lebensdauer der Haushunde beträgt 12 bis 14 Jahre.

Hunde

Die Feuchtigkeit der Hundenasen entsteht hauptsächlich durch die Aussonderungen verschiedener Drüsen, aber auch weil die Tiere ihre Nase ständig lecken. Die Sekretionen der Nasendrüsen helfen zunächst einmal in Kombination mit dem Hecheln, die Körpertemperatur zu regulieren, da Hunde nicht wie Menschen schwitzen können. Außerdem produzieren die Nasennebendrüsen geruchsbindende Partikel, die die außergewöhnliche Geruchsempfindlichkeit des Hundes verstärken. Im Übrigen können alle Tiere besser riechen, wenn der Geruch auf einer feuchten Oberfläche wahrgenommen werden kann.

■ **Hundertjähriger Krieg,** der 1337 bis 1453 zwischen England und Frankreich geführte Krieg um die Vorherrschaft in Westeuropa. Anlass war der Anspruch des englischen Königs Eduard III. auf den französischen Thron nach dem Tod des letzten direkten Kapetingers, König Karls IV. († 1328). Nach anfänglichen Erfolgen Englands brachte das Eingreifen der Jungfrau von Orléans (→Jeanne d'Arc) die entscheidende Wende. England verlor alle seine festländischen Gebiete; nur die Stadt Calais blieb noch bis 1558 in englischem Besitz.

■ **Hundertwasser,** Friedensreich, österreichischer Maler und Grafiker, *Wien 15. Dezember 1928, †an Bord eines Kreuzfahrtschiffes im Pazifik 19. Februar 2000. In seinen bunten, ornamental-verschlungenen Bildern (auch Buchgestaltung) greift er die Tradition des österreichischen Jugendstils auf. Ökologisches Engagement bewog ihn auch zu architektonischen Konzepten.

■ **Hundstage,** die Tage vom 23. Juli bis zum 23. August, an denen die Sonne in der Nähe des Sirius (Hundsstern) steht. In Mitteleuropa sind dies meist die heißesten Tage des Jahres.

■ **Hunnen,** eurasisches Nomadenvolk, dessen Geschichte vor seinem Auftauchen in Osteuropa im 4. Jahrh. n. Chr. unbekannt ist. Wahrscheinlich vertrieben früher »ostasiatische Hunnen« genannte Nomadenstämme, die von China Ende des 2. Jahrh. v. Chr. nach Norden und Westen abgedrängt wurden, die benachbarten Völker, darunter auch die Hunnen, und lösten so eine Westwanderung aus. Das Vordringen der Hunnen seit 375 n. Chr. aus den Steppen Südrusslands und die Unterwerfung germanischer Stämme (Goten) löste panikartige Fluchtbewegungen (→Völkerwanderung) aus. Unter →Attila bildeten die Hunnen ein Reich mit Zentrum im Donau-Theiß-Gebiet; ihre Angriffe führten sie bis nach Italien und Gallien, wo sie 451 n. Chr. auf den Katalaunischen Feldern geschlagen wurden. Im 6. Jahrh. zogen sich die Hunnen endgültig aus Europa zurück und gingen in anderen Völkerschaften auf.

■ **Hunsrück,** der südwestliche Teil des Rheinischen Schiefergebirges mit dem Erbeskopf (818 m) als höchster Erhebung.

■ **Hürdenlauf** →Lauf.

■ **Huronsee,** der zweitgrößte der fünf Großen Seen in Nordamerika mit 59 596 km² und bis 229 m Tiefe.

■ **Hurrikan** [engl. harikᵉn; indianisch] *der,* ein tropischer Wirbelsturm im karibischen Raum und im Südosten der USA. Der Durchmesser beträgt einige 100 km, die Windgeschwindigkeit bis über 200 km/h. Die meisten Hurrikane entstehen etwa 1500 km südöstlich der Bahamainseln und ziehen von hier aus durch den Golf von Mexiko oder an die amerikanische Ostküste zwischen Florida und New York. Beim Auftreffen auf die Küste schwächen sie sich rasch ab, können jedoch durch orkanartige Winde, Wolkenbrüche und Sturmfluten verheerende Zerstörungen anrichten. Hurrikane treten am häufigsten in den Monaten August bis Oktober auf.

Friedensreich Hundertwasser gab diesem Bild den Titel »Der endlose Weg zu Dir«

■ **Hus,** Jan, (deutsch Johannes Huß), tschechischer Reformator, *Husinetz (bei Prachatitz, Südböhmen) um 1370 (?), †Konstanz 6. Juli 1415. Er verbreitete die religiösen und sozialrevolutionären Lehren des englischen Theologen John Wycliffe und kämpfte gegen kirchliche Missstände sowie für eine stärkere Unabhängigkeit der Tschechen. Nachdem König Siegmund ihm freies Geleit versprochen hatte, stellte er sich 1415 dem Konzil zu Konstanz zur Verteidigung seiner Lehren. Da er diese nicht widerrief, wurde er unter Bruch des freien Geleits festgenommen, verurteilt und als Ketzer verbrannt. Durch sein kirchliches und politisches Engagement wurde Hus zum tschechischen Nationalhelden, mit seinen Abhandlungen schuf er eine einheitliche

Der unbeugsame **Jan Hus** legte die Grundlage für die kirchlich-nationale Verselbstständigung des tschechischen Volkes

Hurrikan

Im Atlantik Hurrikan, im Pazifik Taifun heißen spiralförmige Tiefdruckgebiete, die sich speziell in den Tropen zu richtigen Wirbelstürmen auswachsen können. Die Energie für solche Wirbelstürme liefert der warme Ozean: Wasser verdunstet und kondensiert in der Höhe zu Gewitterwolken. Dies setzt große Energien frei, die die Luftmassen antreiben. Im »Auge«, einer etwa 20 km² großen Zone im Zentrum des Hurrikans wie auch des Taifuns, ist es ruhig, während in der unmittelbaren Nähe der Wind zerstörerische Höchstgeschwindigkeiten erreicht.

tschechische Schriftsprache. – Die nach seiner Hinrichtung in Böhmen um sich greifende kirchenreformerische und -revolutionäre Protestbewegung seiner Anhänger **(Hussiten)** erhob sich bis 1436 in Aufständen und Kriegen.

■ **Husain** (Hussein), Saddam, irakischer Politiker, *bei Tikrit (bei Bagdad) 28. 4. 1937. Husain, seit 1979 Staats- und Regierungschef seines Landes sowie Generalsekretär der herrschenden Baath-Partei und Oberbefehlshaber der Streitkräfte, errichtete ein diktatorisches Regime und verstrickte sein Land in zwei Kriege (→Golfkrieg 1 und 2). 1991 gab er zwar das Amt des Regierungschefs auf, konnte aber trotz der schweren Kriegsniederlage und Aufständen der Kurden und Schiiten seine Macht behaupten.

■ **Hụtte** (Hüttenwerk), eine industrielle Anlage, in der aus natürlichen Vorkommen (Bodenschätzen) oder rohstoffhaltigen Rückständen Metalle oder auch Stoffe wie Glas, Schwefel u. a. gewonnen sowie zum Teil weiterverarbeitet werden.

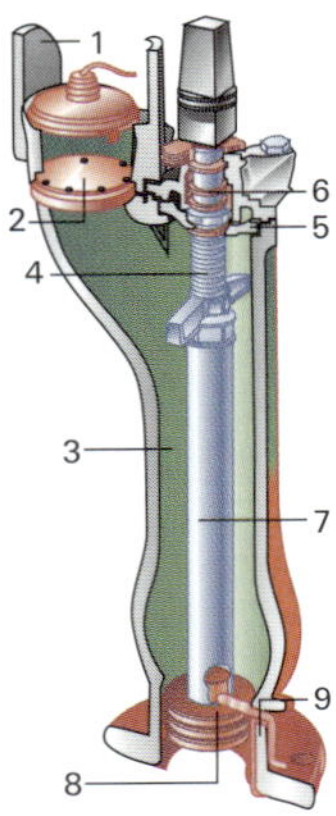

Hydrant: Aufbau eines Unterflurhydranten: 1 Schlauchanschluss (Klaue); 2 Mündungsverschluss; 3 Mantelrohr; 4 Spindel; 5 Spindelauflagescheibe; 6 Stopfbuchse; 7 Spindelverlängerung; 8 Absperrventil; 9 Entwässerungsöffnung

■ **Hụtten,** Ulrich von, deutscher Humanist, *Burg Steckelberg (bei Schlüchtern, Main-Kinzig-Kreis) 21. April 1488, †Insel Ufenau (im Zürichsee) 29. August 1523. Im Alter von 17 Jahren begann Hutten ein unruhiges Wanderleben, das ihn an mehrere deutsche und italienische Universitäten führte. In seinen Schriften verband er leidenschaftliche Kampfansagen gegen das Papsttum mit nationalen Forderungen. Er glaubte, mit Luther und Franz von Sickingen (1481–1523) das Reich reformieren und dem Kaiser eine starke Stellung verschaffen zu können. Von der Kirche verfolgt, floh Hutten in die Schweiz, wo Zwingli ihn aufnahm.

■ **Huxley** [hạksl^{i}], Aldous (Leonard), englischer Schriftsteller, *Godalming (County Surrey) 26. Juli 1894, †Hollywood 22. November 1963. Er schrieb satirische Romane, vor allem die Antiutopie »Schöne neue Welt« (1932), in der er auf die Gefahren der Technik und Unterhaltungsindustrie aufmerksam macht.

■ **Huygens** [họjch^{e}ns], Christiaan, niederländischer Physiker, Mathematiker und Astronom, *Den Haag 14. April 1629, †ebenda 8. Juli 1695. Huygens erfand die Pendel- sowie die Federuhr (mit Federunruh) und entwickelte die Pendel- und Stoßgesetze. Mithilfe selbst entwickelter Fernrohre entdeckte er den Saturnring, den Orionnebel und den ersten Saturnmond. Huygens verfasste wichtige Schriften über das Wesen des Lichts (Wellentheorie).

■ **Hwạngho** (Hoangho), der »Gelbe Fluss«, zweitlängster Fluss Chinas, 4 845 km. Er entspringt im Nordosten des Hochlandes von Tibet und strömt in großen Windungen am Südrand der Wüste Gobi in die Nordchinesische Ebene. Auf der Nordseite der Halbinsel Shantung mündet er in die Bucht von Bo Hai (Gelbes Meer). Die gelbe Farbe, von der der Fluss seinen Namen hat, rührt von Löss und Schlamm, die er auf seinem Lauf aufnimmt und mitführt. Im Unterlauf werden diese Stoffe abgelagert.

■ **Hyänen** [griech.], Familie wolfsgroßer Raubtiere mit drei Arten in den Savannen und Wüsten Afrikas, Südwestasiens und Vorderindiens. Sie sind etwa 90–160 cm lang, nachtaktiv, haben ein kräftig entwickeltes Gebiss und große Ohren; sie fressen vor allem Aas. Durch die etwas längeren Vorderbeine bildet sich ein abschüssiger Rücken.

■ **Hyazịnthe** [griech.] *die,* Gattung der Liliengewächse mit rund 30 Arten im Mittelmeergebiet und im Orient. Die Zwiebelpflanze trägt kleine, trichterförmig-glockige, duftende Blüten, die in großen Trauben stehen. Bei uns wird die Hyazinthe in zahlreichen farbenprächtigen, einfachen oder gefüllten Rassen gezüchtet.

■ **Hybrịde** [lat.] (Bastarde), Lebewesen, die aus der Kreuzung zwischen Eltern, deren Erbgut sich in mindestens einem Merkmal unterscheidet, hervorgegangen sind. Kreuzt man verschiedene Arten (z. B. Esel und Pferd), so entstehen Artbastarde (z. B. Maultier), die meist unfruchtbar sind.

■ **Hydrạnt** [griech.] *der,* eine Wasserentnahmestelle auf öffentlichen Straßen, an die die Feuerwehr und die Stadtreinigung ihre Schläuche anschließen können. Die Hydranten liegen, durch einen Eisendeckel abgeschlossen, unter der Straßendecke (Unterflurhydrant) oder sind als gusseiserne Säulen am Straßenrand zu finden (Überflurhydrant).

■ **Hydraulik** [griech.] *die,* technische Verfahren und Anlagen zur Kraftübertragung mittels Flüssigkeiten (Hydrauliköl) in geschlossenen Leitungssystemen, z. B. zum Antrieb von Arbeitsmaschinen oder zur Erzeugung sehr hoher Druckkräfte bei einer hydraulischen Presse.

■ **Hydrokultur** (Wasserkultur), Bezeichnung für verschiedene Kultivierungsarten von Pflanzen in Wasser (statt im Boden), in dem die erforderlichen Nährstoffe gelöst werden.

■ **Hygromẹter** [griech.] *das,* ein Gerät zur Messung der Luftfeuchtigkeit. In seiner gebräuchlichsten Form enthält es ein oder mehrere federnd eingespannte Haare, die sich bei hoher Luftfeuchtigkeit ausdehnen, bei geringer Luftfeuchtigkeit zusammenziehen. Die Längenänderung wird auf einen Zeiger übertragen.

■ **Hỵmne** [griech.] *die,* in der Antike ein feierlicher Gesang zum Lob der Gottheiten, später der Lobgesang im christlichen Stundengebet. In der deutschen Dichtung wurde die Hymne als freie, anfänglich der Ode ähnliche Form u.a. von Goethe, Schiller und Hölderlin verwendet.

■ **hyper..., Hyper...** [griech.], Bestimmungswort von Zusammensetzungen mit der Bedeutung »über, übermäßig«, z.B. hypermodern, hyperkorrekt.

■ **Hyperbel** [griech.] *die,* eine zweiästige Kurve, die zu den →Kegelschnitten gehört. Für alle Punkte (P), die auf der Hyperbel liegen, gilt, dass die Differenz ihrer Entfernungen von zwei festen Punkten, den Brennpunkten F_1 und F_2, stets gleich groß ist. Dort, wo die Entfernung der beiden Hyperbeläste voneinander am kleinsten ist, liegen die beiden Scheitelpunkte A_1 und A_2. Ihre Entfernung ist $2a$. Das ist zugleich der feste Wert, den die Differenz der Entfernungen jedes Hyperbelpunktes von den beiden Brennpunkten hat.

■ **Hypertext** [haipᵉr...; engl.], eine nichtlineare Anordnung von Textinformationen, die sich dem Nutzer mittels gezielter Navigation durch Dokumente erschließen. Dabei bedeutet nichtlinear, dass im Text so genannte **Hyperlinks** (Verbindungssymbole) ausgezeichnet sein können, die auf andere Dokumente verweisen. Beim Anklicken eines solchen Hyperlinks wird das entsprechende Dokument geöffnet, wobei dieses selbst wiederum Hyperlinks zu weiteren Dokumenten enthalten kann. Das Übertragungsprotokoll für solche Texte ist **http** (= **h**yper**t**ext **t**ransfer **p**rotocol). Beschränken sich die Dokumente nicht nur auf Texte, sondern lässt man Grafiken, Bilder, Sound- und Videosequenzen zu, spricht man von **Hypermedia**. Das umfangreichste Hypermedia-Informationssystem ist das →World Wide Web.

■ **Hypnose** [griech. hýpnos, = Schlaf] *die,* durch →Suggestion herbeigeführte Bewusstseinsänderung, die in körperlicher Hinsicht eher einem nur teilweisen Wachsein als einem Schlafzustand gleicht. Die Tiefe der Hypnose wie auch die Hypnotisierbarkeit überhaupt hängen wesentlich von dem zu Hypnotisierenden ab, vor allem von dessen Beeinflussbarkeit. Die genaue Natur der Hypnose ist nicht bekannt.

In der Medizin wird die Hypnose als Behandlungstechnik verwendet, um seelische Störungen, Ängste, Schlafstörungen und Schmerzen zu beeinflussen und ihre Heilung zu fördern.

■ **Hypochonder** [griech.] *der,* Mensch, der sich seine Krankheiten nur einbildet oder kleine Beschwerden stark überbewertet.

■ **Hypophyse** [griech.] *die* (Hirnanhangsdrüse), ein etwa bohnengroßes Organ an der Basis des Zwischenhirns. Die Hypophyse ist eine wichtige Hormondrüse, die in Wechselbeziehung zu anderen Hormondrüsen steht und vor allem für den Hormonhaushalt des Körpers verantwortlich ist.

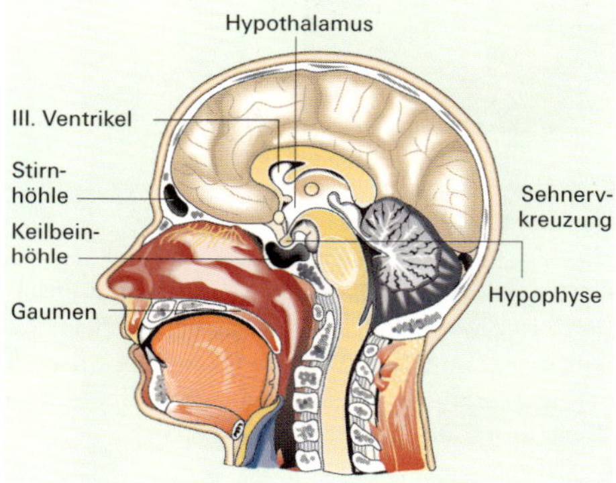

Lage der **Hypophyse** im Schädel

■ **Hypotenuse** [griech.] *die,* in einem rechtwinkligen →Dreieck die Seite, die dem rechten Winkel gegenüberliegt. Sie ist die längste Dreiecksseite.

■ **Hypothalamus** [griech.] *der,* ein Teil des Zwischenhirn (→Gehirn).

■ **Hypothek** [griech.] *die,* das Pfandrecht an einem bebauten oder unbebauten Grundstück zur Sicherung einer Geldforderung. Die Hypothek lautet auf einen bestimmten Betrag und wird ins Grundbuch eingetragen. Der Grundstücks- oder Hauseigentümer gibt seinem Gläubiger durch die eingetragene Hypothek die Sicherheit, dass jederzeit der Gegenwert für das geliehene Geld vorhanden ist, falls er mit der Rückzahlung in Verzug gerät.

■ **Hypothese** [griech.] *die,* Unterstellung, Voraussetzung. Eine Hypothese »unterstellt« einen bestimmten Zusammenhang von Tatsachen, dessen Richtigkeit noch bewiesen werden muss. Naturwissenschaftliche Theorien z.B. werden zunächst meist hypothetisch aufgestellt, anschließend durch Forschungsarbeit (teils durch Experimente) bestätigt oder korrigiert.

■ **Hypozentrum** →Erdbeben.

■ **Hysterie** [griech.] *die,* krankhafte seelische Verhaltensweise (eine Form der Neurose), die sich in meist aufgeregtem, übertreibendem Gebaren äußert. Das Verhalten nennt man **hysterisch**, doch verwendet man dieses Wort auch für nicht krankhaftes, aufgeregtes Getue.

I

■ **I, 1)** der neunte Buchstabe des deutschen Alphabets, ein Vokal.
2) römisches Zahlzeichen für 1.

■ **Iberische Halbinsel** (Pyrenäenhalbinsel), südwesteuropäische Halbinsel zwischen Pyrenäen, Mittelmeer und Atlantischem Ozean mit Spanien, Portugal, Andorra und Gibraltar. Sie wird durch die Straße von Gibraltar von Afrika getrennt.

■ **Ibisse** [ägyptisch], eine Familie storchenähnlicher Vögel mit langen Beinen, langem Hals und Schnabel (nach der Schnabelform unterscheidet man die Unterfamilien Sichler und Löffler). Es gibt etwa 30 mittelgroße bis große Arten, die hauptsächlich wärmere Gebiete bewohnen (in Sümpfen, an Ufern oder in Steppen).

■ **Ibsen,** Henrik, norwegischer Schriftsteller, *Skien (Provinz Telemark) 20. März 1828, †Christiania (heute Oslo) 23. Mai 1906. Ibsen schrieb gesellschaftskritische Dramen, in denen er die Brüchigkeit der menschlichen Beziehungen im Alltag enthüllt. Sein Werk war für das Theater des 20. Jahrh. bahnbrechend. Zu seinen meistgespielten Dramen gehören »Nora oder Ein Puppenheim« (1879), »Gespenster« (1881), »Die Wildente« (1884) und »Hedda Gabler« (1890).

Der Norweger **Henrik Ibsen** lebte etwa 20 Jahre in Deutschland; die Themen, die er auf die Bühne brachte, holte sich der unermüdliche Zeitungsleser mitten aus dem Leben: aus der Lektüre der internationalen Presse

■ **IC,** Abkürzung für →InterCity.

■ **ICE,** Abkürzung für →InterCity-Express.

■ **Icon** [aik^{e}n; engl., = Bild] *das,* Symbol auf grafischen Benutzeroberflächen zur bildlichen Darstellung von Objekten (z. B. Geräte, Dateien, Programme), Zuständen oder Aktionen. Um einen entsprechenden Befehl zu aktivieren, wird mithilfe eines Zeigegeräts (z. B. Maus oder Trackball) auf das zugehörige Icon gezeigt und durch Tastendruck der Befehl gestartet.

■ **Idealismus** [griech.] *der,* allgemein eine Lebenshaltung, die sich an ideellen Werten (Gerechtigkeit, Frieden, Freiheit) orientiert und weniger Interesse an der Befriedigung materieller Bedürfnisse zeigt.
In der Philosophie bezeichnet Idealismus eine Lehre, nach der alle Dinge letztlich auf Nichtmaterielles (etwas Geistiges, Ideen) zurückgeführt werden, im Unterschied zum Materialismus.
Der **deutsche Idealismus** ist eine philosophische Bewegung, die mit Kants »Kritik der reinen Vernunft« (1781/87) einsetzte und bis etwa 1830 in großen Systembildungen (vor allem Fichte, Schelling, Hegel) Gestalt gewann. Da er stark auf das allgemeine Geistesleben der Zeit einwirkte, macht er einen wesentlichen Bestandteil der deutschen Klassik und Romantik aus.

Ibisse

Den alten Ägyptern war der Ibis heilig. In Mittelägypten sind auf dem linken Nilufer lange Gräbergänge entdeckt worden, in denen ungezählte mumifizierte Ibisse in Tonkrügen beigesetzt waren. Der Ibis war das Symbol des Mondgottes Thot, der häufig mit einem Ibiskopf dargestellt wurde. Die Tatsache, dass man auch auf Mosaiken und Wandbildern in Pompeji Darstellungen von Ibissen fand, zeigt den Symbolwert des Vogels.

■ **Idee** [griech.] *die,* plötzlicher Einfall, schöpferischer Gedanke, Vorstellung. In der Philosophie versteht man »Idee« als Begriff, durch den die den Erscheinungen zugrunde liegenden Urbilder bestimmt werden (→ Idealismus). Hegel bestimmt die Idee als Einheit von Begriff und Realität, Subjektivem und Objektivem.

■ **Identität** [lat.] *die,* die Übereinstimmung von angenommenem und wirklichem Sein. Identität bezeichnet den subjektiv empfundenen Zustand der Ausgewogenheit und Beständigkeit des Ichs, der z. B. durch schmerzhafte Erlebnisse zerstört werden kann.

■ **Ideologie** [griech.] *die,* eine Weltanschauung, die einseitig (und verfälschend) von einem Standpunkt aus entwickelt ist und die realen Gegebenheiten danach beurteilt, ob sie den eigenen Werten, Vorstellungen und Zielen gerecht werden.

■ **Idiolekt** [griech.] *der,* Sprache als Sprachbesitz und Sprachverhalten eines Einzelnen, eines Individuums. – auch →Mundart, →Soziolekt.

■ **Idol** [griech.] *das,* ursprünglich ein Götzenbild oder eine kleine Kultfigur. Danach bezeichnet man heute auch jemanden, der (vor allem von Jugendlichen) als Vorbild sehr verehrt wird, als Idol.

■ **Idyll** [griech.] *das,* Bild oder Zustand des einfachen, friedlich-glücklichen Lebens, oft in ländlicher Abgeschiedenheit. Die Schilderung eines Idylls, vor allem von Hirten- und Schäferszenen, in Literatur und bildender Kunst ist die **Idylle.**

■ **Igel** (Europäischer Igel), bis 30 cm langer, graubrauner, nachtaktiver Insektenfresser mit aufrichtbarem Stachelkleid. Bei Gefahr rollt sich der Igel zusammen. Man findet ihn an Waldrändern, Hecken und in Gärten. Igel leben von Insekten, Würmern, Schnecken und Mäusen, bisweilen auch von Jungvögeln. Sie halten Winterschlaf. Der Igel steht bei uns unter Naturschutz.

■ **Iglu** [eskimoisch, = Haus] *der* oder *das,* kuppelförmiges, aus rechteckigen, spiralförmig übereinander geschichteten Schneeblöcken errichtetes Haus der Eskimo mit kreisförmiger Grundfläche.

■ **Ignatius von Loyola,** eigentlich Íñigo López Oñaz y Loyola, katholischer Ordensgründer baskischer Herkunft, *Schloss Loyola (bei Azpeitia, Provinz Guipúzcoa, Spanien) 1491, †Rom 31. Juli 1556; Heiliger. Ignatius von Loyola brach nach einer schweren Verwundung seine Offizierslaufbahn ab, um sich ganz in den Dienst der Kirche zu stellen. Er begründete den Orden der →Jesuiten, deren erster Generaloberer er 1541 wurde. Damit leistete er einen wichtigen Beitrag zur Neuordnung der Kirche nach der Reformation.

■ **IHK,** Abkürzung für →Industrie- und Handelskammern.

■ **IJsselmeer** [äjssᵉl...], Name für den gegen die Nordsee abgedeichten Restsee der **Zuidersee,** einer tief ins Land reichenden ehemaligen Nordseebucht (rund 3700 km²) in den nordwestlichen Niederlanden. Die Zuidersee wurde durch den 32,5 km langen Abschlussdamm (errichtet 1927–32) gegen das Wattenmeer abgeschlossen und allmählich teilweise trockengelegt (es entstanden mehrere →Polder).

■ **Ikarus,** griechische Sagengestalt, →Dädalus.

■ **Ikone** [von griech. eikon, = Bild] *die,* aus der Tradition der spätantiken Porträtmalerei entstandenes tragbares, meist auf Holz gemaltes Kultbild

Eskimofamilie vor ihrem **Iglu**

der Ostkirchen, auf dem Christus, die Gottesmutter oder andere Heilige dargestellt sind. In der Ikone wird das gnadenhafte Abbild kultisch verehrt.

■ **Ilias,** das älteste erhaltene Großepos der europäischen Literatur, als dessen Verfasser →Homer heute gilt. Es berichtet in etwa 16000 Versen über die 50 entscheidenden Tage der zehnjährigen Belagerung Trojas (auch Ilion genannt). Durch Vor- und Rückverweise werden die Hintergründe und der Verlauf des →Trojanischen Krieges sichtbar.

■ **illegal** [lat.], ungesetzlich, gesetzwidrig, ohne behördliche Genehmigung; Gegensatz: legal.

■ **Iller** *die,* rechter Nebenfluss der Donau, 165 km lang. Die Iller entspringt in den Allgäuer Alpen und mündet bei Ulm in die Donau.

■ **Illustration** [lat.] *die,* anschauliche Erläuterung, z. B. die kann man einen Text durch Bilder illustrieren.

■ **Iltis** *der* (Stinkmarder), bis 45 cm langer, nachtaktiver Marder mit buschigem Schwanz, der bei Ge-

Das hier abgebildete Frettchen mit weißem Fell ist ein **Iltis** mit fehlender Farbbildung (Albino); die scharf riechende Absonderung aus der Stinkdrüse am After des Kaninchenjägers lockt die Opfer aus ihrem Bau

fahr ein übel riechendes Sekret absondert. Der Iltis ist schwarzbraun gefärbt und lebt in Wald und Feld, bevorzugt aber die Nähe von Gewässern oder von Dörfern und Gehöften. Er jagt kleine Wirbeltiere. Seine Bestände in Mitteleuropa sind von Ausrottung bedroht. Das domestizierte **Frettchen** wird bei der Jagd auf Kaninchen verwendet.

■ **Image** [imidsch; engl.] *das,* gefühlsbetontes Vorstellungsbild, das eine Person oder Gruppe, aber auch eine Marke oder ein Unternehmen in der Öffentlichkeit besitzen.

■ **imaginär** [lat.], nur scheinbar, nur in der Einbildung vorhanden.

■ **imaginäre Zahlen** →Zahl.

■ **Imam** [arabisch] *der,* 1. der Vorbeter beim islamischen Gemeinschaftsgebet in der Moschee;
2. das Oberhaupt der islamischen Weltgemeinde (Umma), gilt als Nachfolger des Propheten; bei den Sunniten bis 1924 gleichbedeutend mit dem →Kalifen;
3. bei den Schiiten der aus der Nachkommenschaft des Kalifen Ali (†661) stammende unfehlbare Lehrer und Führer aller Muslime.

■ **Imitation** [lat.] *die,* Nachahmung, z. B. von Vogelstimmen; Nachbildung, z. B. von Schmuckgegenständen.

■ **Immatrikulation** [lat.] *die,* Einschreibung in die Liste der Studierenden einer Hochschule.

■ **Immission** [lat.] *die,* die Einwirkung von Luftverunreinigungen, Geräuschen, Erschütterungen, Licht, Wärme, Strahlen und Ähnlichem auf Menschen, Tiere, Pflanzen oder Gegenstände (nicht zu verwechseln mit →Emissionen). Der öffentlich-rechtliche Immissionsschutz wird durch das Bundesimmissionsschutzgesetz sowie Technische Anleitungen geregelt.

■ **Immobilien** [lat.], unbewegliche Güter (vor allem Grundstücke und Gebäude einschließlich der Sachen, die fest mit ihnen verbunden sind).

■ **Immunität** [lat.] *die,* **1)** *Medizin:* Unempfänglichkeit für die Erreger von →Infektionskrankheiten. Es gibt eine angeborene oder natürliche Immunität und eine erworbene Immunität, die darauf beruht, dass vom Körper als Reaktion auf eine Infektion oder durch Impfung Abwehrstoffe gebildet worden sind.

Imperialismus – Aufteilung der Welt um 1900

2) *Recht:* der Schutz für Diplomaten fremder Staaten vor Strafverfolgung durch die Gerichte des Gastlandes; auch der verfassungsrechtlich garantierte Schutz der Abgeordneten eines Parlamentes vor Strafverfolgung, es sei denn, sie werden auf frischer Tat ertappt oder im Lauf des folgenden Tages festgenommen.

■ **Immunschwäche** →Aids.

■ **Immunsystem,** die Gesamtheit der Mechanismen, die den Körper zur Abwehr gegen Krankheitserreger oder andere Fremdkörper befähigen: Die zelluläre Abwehr wird von den weißen Blutkörperchen gebildet. Die humorale (die Körperflüssigkeit betreffende) Abwehr besteht hauptsächlich aus →Antikörpern, die auf →Antigene reagieren.

■ **Imperativ** (Befehlsform) →Verb.

■ **Imperfekt** (Präteritum, Vergangenheit) →Verb.

■ **Imperialismus** [lat.] *der,* das Bestreben von Staaten, ihren Machtbereich auszudehnen, sei es als direkte, häufig gewaltsam herbeigeführte Gebietsherrschaft oder als indirekte Herrschaft über politisch, militärisch und wirtschaftlich schwächere und abhängige Gebiete. – Das Zeitalter des klassischen Imperialismus ist ein Begriff der Geschichtswissenschaft für die Zeit von 1880 bis 1918, als die europäischen Mächte sowie die USA und Japan in Afrika und Asien Kolonien gründeten. Diese Machterweiterung diente im Wesentlichen dem Ziel, neue Rohstoffquellen und Absatzmärkte für die heimische Industrie zu erschließen. Die Konflikte zwischen den einzelnen Kolonialmächten zählten zu den Ursachen für den Ersten Weltkrieg.

■ **Imperium** [lat., = Herrschaft] *das,* Großreich, Weltreich; **Imperium Romanum,** das Römische Reich, →römische Geschichte.

■ **Impfung,** Schutzmaßnahme gegen Infektionskrankheiten. Bei der **aktiven Impfung** führt man dem Organismus abgeschwächte oder abgetötete Mikroorganismen oder Gifte (Antigene) zu, um die Bildung körpereigener Antikörper anzuregen. Damit soll eine meist jahrelange Immunität gegen die entsprechende Infektionskrankheit erreicht werden. Durch die **passive Impfung** erhält der Organismus ein Impfserum mit fertigen Antikörpern, die Tiere (Pferde, Rinder, Schweine) nach Verabreichung von entsprechenden Erregern gebildet haben. Eine passive Impfung wird oft bei einer Erkrankung eingesetzt, wenn es auf sofortige Wirkung ankommt. Die Immunität hält aber nur ein bis zwei Wochen an. – auch →Schluckimpfung, →Schutzimpfung.

■ **Implantation** [lat.] *die,* die Einpflanzung von körperfremdem Material (Implantat) in den Organismus als Ersatz oder zur Verstärkung von Gewebe- oder Organteilen (z. B. Gelenk-, Herzklappen-, Gefäßprothesen, Augenlinsen oder künstliche Zahnwurzeln) während einer Operation. Auch die Einpflanzung von körperfremden Organen und Gewebestücken während einer →Transplantation wird als Implantation bezeichnet.

Das Bild »Impression – Sonnenaufgang«, in dem der französische Maler Claude Monet die dunstige Sonnenaufgangsstimmung im Hafen von Le Havre einfängt, gab dem **Impressionismus** seinen Namen

■ **Implosion**[lat.] *die,* das schlagartige Zusammenfallen eines luftleeren Behälters aufgrund des äußeren Luftdrucks. Bei der mit lautem Knall stattfindenden Implosion fliegen alle Splitter zunächst in den Innenraum, danach explosionsartig nach außen.

■ **Import** [lat.] *der,* die Einfuhr von Gütern, Dienstleistungen und Kapital aus dem Ausland; Gegensatz: Export.

■ **Impotenz** [lat., = Unvermögen] *die,* die Unfähigkeit des Mannes zum Geschlechtsverkehr, die körperliche oder seelische Ursachen haben kann (Gegensatz: Potenz); auch die Unfähigkeit, Kinder zu zeugen (z. B. weil im Sperma die Samenzellen fehlen).

■ **imprägnieren** [lat.], feste Stoffe, z. B. Textilien oder Holz, mit bestimmten Flüssigkeiten durchtränken, um sie vor Feuer, Wasser, tierischen und pflanzlichen Schädlingen zu schützen.

■ **Impressionismus** [lat.] *der,* eine Stilrichtung der modernen Kunst, entstanden um 1870 in der französischen Malerei und benannt nach Monets Bild »Impression, soleil levant« (»Impression – Sonnenaufgang«, 1872). Die Maler des Impressionismus arbeiteten entgegen der Tradition vor allem im Freien und hielten ihre Eindrücke von den wechselnden Farben und Lichtwirkungen direkt auf der Leinwand fest. Im Vordergrund standen die Landschaftsmalerei und zeitgenössische Themen; berühmte Vertreter neben Claude Monet sind Auguste Renoir, Edgar Degas, Camille Pissarro (1830–1903) und Alfred Sisley (1839–99).

Im späteren **Neoimpressionismus** (**Pointillismus,** von französisch point = Punkt; seit etwa 1885) wurden die Pinselstriche zu mosaikartig zusammengesetzten kleinsten Farbflecken.

In der *Literatur* (etwa 1890–1910) erstrebten die Dichter des Impressionismus eine möglichst genaue Wiedergabe persönlicher Eindrücke; es ging ihnen um das Erfassen seelischer Stimmungen und des Flüchtigen des Augenblicks sowie um die Wiedergabe von Sinneseindrücken. Dies bedingte eine Vorliebe für die Lyrik oder für eine lyrische Grundstimmung. Charakteristisch sind auch das Stilmittel der Lautmalerei und das Zurücktreten der äußeren Handlung. Bedeutende deutschsprachige Vertreter des Impressionismus sind Detlev von Liliencron (1844–1919), Hugo von Hofmannsthal, Rainer Maria Rilke und Arthur Schnitzler (1862–1903).

In der Musik sind zerfließende Klangbilder und eine exotische Klangwirkung kennzeichnend. Für den Hörer soll sich der klangliche Eindruck in Stimmungen und bildliche Vorstellungen umsetzen. Bedeutende Vertreter der impressionistischen Musik sind vor allem Maurice Ravel und Claude Debussy.

Index

Sie waren immer von besonderem Interesse, die Bücher, die »auf dem Index« standen. Der erste »Index librorum prohibitorum« wurde bereits 1559 – also hundert Jahre, nachdem Gutenberg den Buchdruck mit beweglichen Lettern erfunden hatte –, der letzte 1948 veröffentlicht. Im Laufe der Zeit fanden sich auch Werke auf dem Index wieder, die heute zur Weltliteratur zählen, z. B. Victor Hugos »Der Glöckner von Notre-Dame« (1834), Gustave Flauberts »Madame Bovary« (1864), sämtliche Werke René Descartes' (1663), Immanuel Kants »Kritik der reinen Vernunft« (1827), sämtliche Werke des französischen Schriftstellers Émile Zola (1894) und des Philosophen Jean-Paul Sartre (1948). Die Werke von Autoren wie Henry Miller und D. H. Lawrence sucht man dagegen vergebens im Index: Sie galten zwar als unmoralisch, aber nicht als ketzerisch. Heute gibt die katholische Kirche nur noch ab und an ein »Admonitum« heraus, das die Gläubigen vor dem einen oder anderen Buch warnt.

■ **Improvisation** [lat.] *die,* die Kunst, etwas ohne Vorbereitung, aus dem Stegreif zu tun, z. B. beim Theater einen Text von einem bestimmten Charaktertyp her frei zu entwickeln. In der Musik bedeutet Improvisation, nach bestimmten Vereinbarungen oder Regeln frei zu musizieren; dies spielt vor allem im Jazz und Rock sowie in der außereuropäischen Musik eine wichtige Rolle.

■ **Impuls** [lat.] *der,* **1)** *allgemein:* Anstoß, Anlass, Anreiz.

2) *Elektrotechnik:* ein Vorgang, dessen Augenblickswerte nur innerhalb einer beschränkten Zeitspanne merklich von Null abweichen, z. B. ein Spannungs- oder Stromstoß.

3) *Physik:* (Bewegungsgröße), physikalische Größe, Formelzeichen p; das Produkt aus Masse m und Geschwindigkeit v eines Körpers:

$$p = m \cdot v.$$

Die Summe aller Impulse eines physikalischen Systems, auf das keine Kräfte von außen wirken, bleibt stets gleich (Satz von der Erhaltung des Impulses, Impulssatz).

■ **inch** → Zoll.

■ **Indefinitpronomen** (unbestimmtes Fürwort) → Pronomen.

■ **Index** [lat.] *der,* **1)** *allgemein:* alphabetisches Verzeichnis (z. B. von Namen, Sachen, Orten), vor allem in Büchern.

2) *katholische Kirche:* das Verzeichnis der verbotenen Bücher (lat. Index librorum prohibitorum).

3) *Naturwissenschaft, Technik:* tief gestelltes Zeichen zur Unterscheidung gleichartiger Größen, z. B. a_1, a_2, a_3.

■ **Indianer,** Sammelname für die Ureinwohner Amerikas (mit Ausnahme der Eskimo), die gegen Ende der letzten Eiszeit aus dem asiatischen Raum über die Beringstraße eingewandert sind. Ihr Name geht auf Kolumbus zurück, der fälschlicherweise glaubte, seine Fahrt habe ihn nach Indien geführt. Vor der Ankunft der Europäer hatten die einzelnen Stämme zwischen Alaska und Feuerland den unterschiedlichen natürlichen Bedingungen ihres Lebensraumes entsprechend eigene Wirtschaftsgrundlagen, eigene Formen der sozialen Ordnung

> **Indianer**
>
> Vor Ankunft der Europäer gab es in Amerika eine Unzahl verschiedener Sprachen, in Nordamerika allein rund 300. Zu einer Art Gemeinschaftssprache für die unterschiedlichen Prärie-Indianer Nordamerikas entwickelte sich eine Zeichensprache, die erst entstehen konnte, nachdem die Indianer sich die entlaufenen oder erbeuteten Pferde der Spanier zu Eigen gemacht hatten. Diese Pferde – die Indianer kannten das Pferd vor Ankunft der Europäer nicht – ermöglichten einen bedeutend größeren Aktionsradius, und bei der Jagd und ihren Raubzügen trafen die Indianer nun häufiger auf fremde Stämme mit ihnen unbekannten Sprachen. Allgemein akzeptierte Gesten entwickelten sich nun über einen relativ kurzen Zeitraum zu einem äußerst differenzierten Komplex von Zeichen, mit dem sich Indianer unterschiedlicher Sprache untereinander verständigen konnten.

und der Religion sowie eigene Sprachen ausgebildet.

In *Mittel- und Südamerika* hatten sich bedeutende indianische Hochkulturen (vor allem →Maya, →Azteken, →Inka, Tolteken) entwickelt, die durch die Europäer vernichtet wurden. Von ihnen überlebten nur die Nachfahren der bäuerlichen Grundbevölkerung. Daneben gibt es in den tropischen Regenwäldern des Ostens und Südostens Stämme, die zum Teil erst im 20. Jahrh. Kontakt mit den Weißen hatten. Ihre Existenz ist heute durch die großflächige Gewinnung von Bodenschätzen, durch Entwaldung und die zunehmende Verbreitung von Krankheiten gefährdet. Andere, z. B. die Reiterjäger der Pampas, die nach Übernahme des Pferdes von den Spaniern ähnlich wie die Indianer der Prärien Nordamerikas lebten, wurden in Massakern fast völlig ausgerottet. – Die wichtigsten Indianerstämme Südamerikas sind die Kariben, Aruak, Tupi, Ge, Araukaner, Chibcha und Tucano.

In *Nordamerika,* wo die Indianer keine Hochkultur kannten, lebten die Stämme als Jäger und Sammler, Fischer oder sesshafte Feldbauern. Einige Stämme in den Prärien des mittleren Westens (z. B. Dakota, Arapaho, Cheyenne und Comanchen) entwickelten sich nach der Übernahme des Pferdes von den Spaniern (um 1630) zu Reiterjägern, die ihren Lebensbedarf nahezu ausschließlich aus der Bisonjagd deckten. Ansätze zu Staatenbildungen zeigten sich seit dem 16. Jahrh. in den Zusammenschlüssen mehrerer Stämme, z. B. der Irokesenföderation, die aus den sechs Nationen der Onondaga, Mohawk, Seneca, Cayuga, Oneida und Tuscarora bestand, sowie den »Fünf Zivilisierten Stämmen« der Creek, Choctaw, Chickasaw, Seminolen und Cherokee.

Die Landnahme der Europäer war begleitet vom Widerstand und Freiheitskampf der Indianer. 1755 vereinte Häuptling Pontiac von den Ottawa mehrere Stämme im Gebiet der Großen Seen und führte 1763–66 einen Aufstand gegen die Engländer. Häuptling Tecumseh von den Shawnee bemühte sich nach 1805 um ein Bündnis aller Stämme im Mittelwesten und Süden gegen die nach Westen vordringenden weißen Siedler. Weitere bekannte Indianerführer, die zumeist in blutigen Kriegen um die Freiheit und die Rechte ihrer Stämme kämpften, waren die Apachen Cochise und Geronimo sowie der Häuptling der Nez Percé Chief Joseph.

Im 19. Jahrh. war das Schicksal der Indianer, deren Zahl sich vor allem durch die Kriege und eingeschleppte Krankheiten in kurzer Zeit stark vermindert hatte, besiegelt. Viele Stämme wurden in das 1830 geschaffene Indianerterritorium umgesiedelt. Den Indianern im Mittelwesten war durch das Abschlachten der Bisonherden die Lebensgrundlage entzogen. Der letzte große Sieg der Indianer über die Armee der USA war die Schlacht der Sioux und anderer Stämme unter Führung von Crazy Horse

Indianer – Nordamerika in frühhistorischer Zeit

und Sitting Bull am Little Big Horn 1876. Das Massaker am Wounded Knee 1890 bedeutete die endgültige Entscheidung zugunsten der Weißen.
Die wichtigsten Indianerstämme Nordamerikas sind die Algonkin, Sioux, Irokesen und Uto-Azteken. Sie leben überwiegend in Reservationen. Seit 1960 sind Bürgerrechtsbewegungen entstanden, die die im Gesetz verankerte Gleichberechtigung der Indianer verwirklichen wollen.

Indien
Fläche 3 287 263 km²
Einwohner 1 006,8 Mio.
Hauptstadt Delhi
Amtssprache Hindi
Nationalfeiertage 26. 1. und 15. 8.
Währung 1 Indische Rupie (iR) = 100 Paise (P.)
Zeitzone MEZ + 4,5 Std.

Indien

Flagge

Wappen

■ **Indien,** Bundesstaat in Südasien, nach China der volkreichste Staat der Erde.
Landesnatur: Im Norden gliedern die Gebirgsregionen des Karakorum und des Himalaja das Land, die Flussebenen des Indus und des Ganges schließen sich südlich an sowie das Hochland von Dekhan, das durch Hügel und kleinere Gebirgsketten von der Indus-Ganges-Ebene getrennt ist. Den Steilabfall des Hochlandes von Dekhan zu den wenig gegliederten Küsten der vorderindischen Halbinsel bilden die Ost- und Westghats.
Das *Klima* ist im Süden tropisch, im Norden subtropisch-gemäßigt. Die *Bevölkerung* gliedert sich in zahlreiche Volks- und Stammesgruppen. Über 80 % der Inder sind Hindus, 12 % Muslime, 1,9 % Sikhs, 2,6 % Christen und 0,7 % Buddhisten. Neben der Amtssprache Hindi und der assoziierten Sprache Englisch gibt es 14 in der Verfassung anerkannte Regionalsprachen (u. a. Sanskrit, Tamil).
Wirtschaft, Verkehr: In der Landwirtschaft sind Haupterzeugnisse Reis, Weizen, Hirse, Zuckerrohr (Indien ist größter Produzent der Erde), Baumwolle, Jute, Tee (30 % der Tee-Ernte der Welt), Kaffee, Kautschuk, Tabak, Pfeffer. Obwohl Indien ein Agrarland ist, müssen Weizen und Reis zur Bedarfsdeckung eingeführt werden. An Bodenschätzen bietet Indien Kohle, Erdöl, Eisen-, Mangan- und Kupfererze, Bauxit, Glimmer. Bei den Exportwaren stehen Edel- und Halbedelsteine an der Spitze. Mit seiner Industrie ist Indien zwar eine der zehn größten Industriemächte der Erde (aufgrund seiner Größe), seinem Bruttosozialprodukt nach zählt es jedoch zu den ärmeren Staaten. – Indien hat das größte, aber nicht das dichteste Eisenbahnnetz Asiens. Bedeutende Häfen sind Bombay, Kalkutta, Madras, Cochin.
Geschichte: Etwa in der Mitte des 2. Jahrtausends v. Chr. wanderten indogermanische Stämme (Arier) von Nordwesten aus in den indischen Subkontinent ein und unterwarfen die einheimische Bevölkerung. Etwa um 1000 v. Chr. entstand das System der Kasten. Mit dem Auftreten →Buddhas, der ersten belegten bedeutenden Persönlichkeit, endete um 500 v. Chr. die wedische Periode (→Weda). Unter Aschoka (273/268–231 v. Chr.) umfasste das Reich der Maurya-Dynastie, die dem Buddhismus zur Ausbreitung verhalf, einen großen Teil Nordindiens. Eine geordnete Verwaltung und geistig-religiöse Toleranz bestimmten den Staat.
Mit dem Untergang der Gupta-Dynastie, unter der der Buddhismus vom →Hinduismus verdrängt wurde, zerfiel der Subkontinent um 500 n. Chr. in eine Vielzahl von Einzelstaaten. Ab dem 8. Jahrh. begann mit dem Einfall der Araber die Ausbreitung des Islam, der sich gegen Ende des 12. Jahrh. festsetzen konnte. 1398 eroberte der Mongolenherrscher Timur, im Westen auch als Tamerlan bekannt (1336–1405), große Teile Indiens. Babur (1483–1530), ein Nachkomme Timurs, gründete die islamische Mogul-Dynastie, die nominell bis in die Mitte des 19. Jahrh. an der Herrschaft blieb.
1498 landete Vasco da Gama an der Südwestküste Indiens; zu Beginn des 16. Jahrh. begann die Kolonisierung. Zunächst gründeten die Portugiesen Handelsstützpunkte, dann die Niederländer, die von den Kaufleuten der 1600 gegründeten britischen Ostindischen Kompanie verdrängt wurden. 1818 hatte sich die Herrschaft Großbritanniens in Indien durchgesetzt; ein Aufstand 1857/58 blieb erfolglos. 1857 wurde die britische Ostindische Kompanie aufgelöst und Indien nunmehr unmittelbar durch einen Vizekönig verwaltet, 1877 nahm Königin Viktoria den Titel einer »Kaiserin von Indien« an.
Nach dem Ersten Weltkrieg begannen Selbststän-

Indium
chemisches Symbol: In
Ordnungszahl: 49
relative Atommasse: 114,82
Dichte: 7,31 g/cm^3
Schmelzpunkt: 156,6 °C
Siedepunkt: 2 072 °C

digkeitsbestrebungen, die schließlich unter Führung Mahatma Gandhis zum Ziel führten. 1947 wurde Indien unabhängige Republik im Rahmen des Commonwealth; die überwiegend islamischen Gebiete wurden zum eigenständigen Staat →Pakistan erklärt, wobei der Gebietsanspruch beider Länder auf die Gebirgsregion Kaschmir immer wieder zu blutigen Auseinandersetzungen führte. 1966 wurde Indira Gandhi Premierministerin; sie wurde 1984, ebenso wie 1991 ihr im Amt folgender Sohn Rajiv Gandhi, durch Sikhs ermordet. Die innenpolitische Situation der bevölkerungsreichsten Demokratie der Welt ist in den vergangenen Jahren gekennzeichnet durch zahlreiche Unruhen, die zum Teil infolge der Gegensätze zwischen Hindus und Muslimen, zum Teil als Ausdruck sozialen Protests oder regionalistischer Tendenzen (Selbstständigkeitsbestrebungen der →Sikhs) ausbrachen.

■ **Indigo** [spanisch] *der,* ein natürlicher blauer Farbstoff, der aus der Indigopflanze, einem Schmetterlingsblütler der Tropen und Subtropen, gewonnen wird. Indigo ist einer der ältesten Farbstoffe überhaupt und wurde schon vor mehreren tausend Jahren in Indien, China und Ägypten zum Färben von Stoffen verwendet. Seit dem Ende des 19. Jahrh. wird er meist künstlich hergestellt.

■ **Indikativ** (Wirklichkeitsform) →Verb.

■ **Indikator** [lat. indicare, = anzeigen] *der,* **1)** *Chemie:* ein Stoff, der es ermöglicht, durch Farbwechsel Zustandsänderungen in chemischen Systemen anzuzeigen, z. B. zur Messung des →pH-Wertes.

2) *Technik:* ein Instrument zum Messen veränderlichen Drucks von Dampf u. a. in Zylindern.

■ **Indio** [spanisch] *der,* Bezeichnung für die Indianer Mittel- und Südamerikas.

■ **indirekte Rede** →direkte Rede.

■ **Indischer Ozean,** der kleinste der drei Ozeane. Er liegt zwischen Asien, Afrika, der Antarktis und Australien. Mit dem Roten Meer, dem Persischen Golf und der Andamanensee als Nebenmeeren bedeckt er eine Fläche von rund 74 Mio. km^2. Seine mittlere Tiefe beträgt 3 840 m; die größte Tiefe wird mit 7 455 m im Sundagraben südlich von Java erreicht. Die wichtigsten Inseln sind Madagaskar, die Komoren, die Seychellen, Ceylon, Sokotra, die Andamanen, Malediven, Maskarenen und Kergulen.

■ **Indium** *das,* ein metallisches chemisches Element, das als Legierungsbestandteil in der Elektro-, Hochfrequenz- und Reaktortechnik verwendet wird.

■ **Individuum** [lat.] *das,* das Einzelwesen, die einzelne Person in ihrer jeweiligen Besonderheit (Individualität), die sich durch nur ihr eigene (individuelle) Merkmale von anderen unterscheidet; auch Pflanze oder Tier als Einzelexemplar.

■ **Indizien** [lat.], Umstände oder Gegenstände, deren Vorhandensein mit großer Wahrscheinlichkeit auf einen bestimmten Sachverhalt (z. B. die Täterschaft in einem Verbrechen) schließen lassen.

■ **Indochina,** das ehemalige französische Gebiet in Südostasien; es umfasst die heutigen Staaten Kambodscha, Laos und Vietnam.

■ **Indogermanen,** zusammenfassende Bezeichnung für die Völker mit indogermanischen Sprachen.

■ **indogermanische Sprachen** (indoeuropäische Sprachen), eine Sprachfamilie, die schon zu Beginn der geschichtlichen Überlieferung über ganz Europa sowie große Teile Vorderasiens und Vorderindiens verbreitet war. Sie ist benannt nach den räumlich am weitesten voneinander entfernten Vertretern, den Indern im Südosten und den Germanen im Nordwesten. Zu den indogermansichen Sprachen gehören z. B. die indischen und iranischen Sprachen, das Griechische, die romanischen, slawischen und germanischen Sprachen.

■ **Indonesien,** Inselstaat in Südostasien, der den größten Teil des Malaiischen Archipels umfasst. Zu Indonesien gehören die Großen Sundainseln: Borneo (außer Nordteil), Sumatra, Celebes, Java (mit dem weitaus größten Bevölkerungsanteil), die Kleinen Sundainseln, die Molukken und der Westteil von Neuguinea. Die meisten Inseln sind gebirgig. Es gibt zahlreiche tätige Vulkane. Größere Ebenen finden sich auf Borneo und Sumatra. Das Klima ist gleichmäßig tropisch mit zum Teil reichen Niederschlägen. Die Vegetation besteht auf 70 % des Landes aus tropischem Regen- und Hochwald (Teakbaum, Bambus, Sagopalmen). Die Bevölkerung ist durch ethnische und kulturelle Vielfalt gekennzeichnet; außer der offiziellen Landessprache existieren mehr als 250 Regionalsprachen und mehrere Hundert Dialekte. Die größte Religionsgemeinschaft ist der Islam.

Wirtschaftlich bestimmend ist die Landwirtschaft

Indonesien
Fläche 1 904 443 km²
Einwohner 206,522 Mio.
Hauptstadt Jakarta
Amtssprache Bahasa Indonesia
Nationalfeiertag 17. 8.
Währung 1 Rupiah (Rp.) = 100 Sen (s)
Zeitzone (von W nach O) MEZ +6 (Jakarta), +7 bzw. +8 Std.

Indonesien

Flagge

Wappen

(vor allem Anbau von Reis), in der 50 % der Bevölkerung arbeiten. An Bodenschätzen besitzt Indonesien reiche Vorkommen an Zinn, Kohle, Erdöl und Bauxit. Ausgeführt werden Erdöl und Erdgas, Zinn, Kautschuk, Palmöl, Kaffee, Tee und Holzprodukte. Wichtigster Hafen ist der Jakartas.

Geschichte: Aus Indonesien, vor allem aus Java, stammen einige der frühesten Zeugnisse menschlichen Lebens überhaupt. Während der Jungsteinzeit wurde die indonesische Inselwelt dann in mehreren Wellen vom asiatischen Festland aus bevölkert, wobei indische Einflüsse überwogen. Der Islam breitete sich seit dem 14. Jahrh. aus.

Seit dem 16. Jahrh. wurde Indonesien von den Europäern kolonialisiert. Zunächst gründeten die Portugiesen auf Sumatra, Timor und den Molukken Handelsniederlassungen. Es folgten die Spanier und Engländer; ab 1602 gründeten die Niederländer ihr ostindisches Kolonialreich. 1818 wurde Indonesien als Niederländisch-Indien niederländische Kolonie. Unabhängigkeitsbestrebungen führten 1949 zur Bildung der unabhängigen Republik. 1976 annektierte Indonesien das ehemalige Portugiesisch-Timor (Osttimor), das 1999 in die Unabhängigkeit entlassen wurde. Nachdem die Staatspräsidenten Sukarno und Suharto jahrzehntelang ein stark auf ihre Person zugeschnittenes autoritäres Herrschaftssystem gepflegt hatten, kam es 1999 zu ersten freien Parlaments- und Präsidentschaftswahlen.

■ **Indonesier, 1)** die Staatsbürger der Republik Indonesien.

2) in der Völkerkunde Bezeichnung für die vorherrschende einheimische Bevölkerung der Inselwelt Südostasiens (Malaysia, Indonesien, Philippinen). Indonesier leben auf der Malaiischen Halbinsel, in Madagaskar, Taiwan und anderen Ländern. Früher wurden sie auch als **Malaien** bezeichnet. Ihre Kultur reicht bis ins 2. Jahrtausend v. Chr. zurück. Charakteristische Merkmale waren ursprünglich Reisanbau, Fischfang, Pfahlbauten, Metallverarbeitung sowie Ahnen- und Totenkult. Im Laufe der Jahrhunderte wurden hinduistische und vor allem islamische sowie christliche Einflüsse aufgenommen.

■ **Induktion** [lat., = Hinführung] *die,* **1)** *Logik:* das Schließen von mehreren Einzelbeobachtungen (dem Besonderen) auf einen allgemeinen Sachverhalt. Nach dieser Methode gehen alle Erfahrungswissenschaften vor. Den so begründeten Aussagen kommt ein bestimmter Grad an Bewährung, aber nie Gewissheit zu. – Gegensatz: Deduktion.

2) *Mathematik:* (vollständige Induktion), ein mathematisches Beweisverfahren, mit dessen Hilfe die Gültigkeit einer Aussage, die von einer natürlichen Zahl abhängig ist, für alle natürlichen Zahlen bewiesen werden kann. Es erfolgt in zwei Schritten:

1. Schritt: Die Richtigkeit der Aussage wird für die natürliche Zahl $n = 1$ durch Rechnung bewiesen.

2. Schritt: Unter der Annahme, dass die Aussage für die natürliche Zahl n richtig ist, wird bewiesen, dass sie dann auch für die darauf folgende natürliche Zahl $n + 1$ richtig ist.

Aus den beiden Schritten wird gefolgert, dass die Aussage für alle natürlichen Zahlen Gültigkeit hat.

3) *Physik:* a) **elektromagnetische Induktion,** die von Michael Faraday 1831 entdeckte Wechselwirkung zwischen Magnetismus und Elektrizität. Das Induktionsgesetz lautet:

Umschließt eine Leiterschleife ein magnetisches Feld, so erzeugt jede zeitliche Änderung des magnetischen Flusses in der Leiterschleife eine induzierte elektrische Spannung. Bei einem geschlossenen Leiterkreis fließt ein Induktionsstrom.

Das Induktionsgesetz findet technische Anwendung u. a. beim →Transformator, →Generator und beim elektrodynamischen →Mikrofon. Die Entdeckung der elektromagnetischen Induktion war die Voraussetzung für die Entwicklung der modernen Elektrotechnik, denn erst durch ihre Anwendung

wurde es möglich, große Mengen elektrischer Energie zu erzeugen.
b) **magnetische Induktion** →magnetische Flussdichte.

■ **Indus** *der,* der längste Strom Vorderindiens, 3 200 km lang. Er entspringt in Südwesttibet im Transhimalaja, durchfließt Kaschmir und Pakistan und mündet in einem rund 7 800 km² großen Delta ins Arabische Meer. Durch Stauwerke und Kanäle versorgt der Indus das größte Bewässerungsgebiet der Erde.

■ **Industrie** [lat. industria, = Fleiß] *die,* die gewerbliche Gewinnung von Rohstoffen sowie die Herstellung von Sachgütern durch Be- und Verarbeitung von Rohstoffen und Halbfabrikaten. Merkmale der Industrie sind erheblicher Kapitaleinsatz, Arbeitsteilung und Spezialisierung, Mechanisierung und Rationalisierung der Produktion. Vom Handwerk unterscheidet sich die Industrie vor allem durch eine stärkere Trennung von Unternehmenseigentümern und Unternehmensführung sowie durch größere Betriebsstätten.

■ **industrielle Revolution,** von Friedrich Engels geprägter Begriff für die Phase schneller technischer, wirtschaftlicher und sozialer Veränderungen im Gefolge einer raschen Industrialisierung. Der Prozess der Industrialisierung setzte gegen Ende des 18. Jahrh. in Großbritannien ein und griff zu Beginn des 19. Jahrh. auf Deutschland über. Er war u. a. gekennzeichnet durch zunehmende Arbeitsteilung und Spezialisierung, Einsatz neuer Techniken und Massenproduktion, Nutzbarmachung und Verbrauch neuer Energiequellen (Kohle, Erdöl, Elektrizität), Entwicklung des Finanzwesens und des Verkehrs sowie durch steigendes Realeinkommen pro Kopf der Bevölkerung.
Seit der Mitte des 20. Jahrh. spricht man im Zusammenhang mit der Automatisierung von einer »dritten industriellen Revolution«; der industrielle Einsatz von Mikroprozessoren wird oft als »vierte industrielle Revolution« bezeichnet.

■ **Industrie- und Handelskammern,** Abkürzung **IHK,** öffentliche Einrichtungen mit regionaler Zuständigkeit zur Vertretung der Interessen aller gewerblichen Unternehmen mit Ausnahme des Handwerks (→Handwerkskammern). Den IHK unterstehen alle Gewerbebetriebe (die Pflichtbeiträge an die IHK zu zahlen haben) in ihrem Zuständigkeitsbereich. Sie überwachen u. a. die Berufsausbildung und Prüfungsordnungen der ihnen unterstellten Berufe. Die Mitgliedschaft in einer IHK ist für Gewerbebetriebe Pflicht.

■ **Infant** [spanisch] *der,* seit dem 13. Jahrh. Titel der königlichen Prinzen (Infantin = Prinzessin) in Spanien und Portugal.

■ **Infanterie** [italienisch] *die,* seit der 2. Hälfte des 17. Jahrh. in Deutschland gebräuchliche Bezeichnung für das Fußvolk. Bis zum Ende des Mittelalters kämpfte die Infanterie in dicht zusammengeschlossenen Haufen mit Lanze und Schwert (schweres Fußvolk) sowie mit Bogen, Schleuder und Wurfspeer (leichtes Fußvolk). Seit dem 16. Jahrh. wurden diese Waffen nach und nach durch das Gewehr ersetzt. Im 18. Jahrh. bezeichnete man die gewehrtragenden Infanteristen meist als Musketiere (seltener als Füsiliere), speziell für das Werfen von Handgranaten ausgebildete Soldaten als Grenadiere.
Nachdem die Infanterie von der napoleonischen Zeit bis zum Ersten Weltkrieg relativ einheitlich bewaffnet und gegliedert war, bildeten sich seitdem verschiedene Infanteriegattungen heraus: die im bergigen Gelände kämpfenden Gebirgsjäger, die von Hubschraubern und Flugzeugen aus absetzbaren Fallschirmjäger, die vom Schützenpanzer aus kämpfenden Panzergrenadiere sowie die für den Einsatz in Wäldern und Ortschaften vorgesehenen, mit Radfahrzeugen und leichten Waffen ausgestatteten Jäger.

Besonderes Kennzeichen der **industriellen Revolution** waren die überall in Europa entstehenden Fabriken, so wie diese von August Borsig gegründete Maschinenfabrik mit Eisengießerei in Berlin vor dem Oranienburger Tor

■ **Infarkt** [lat.] *der,* das plötzliche Absterben eines Gewebestücks oder Organteils als Folge einer Unterbrechung der Blutzufuhr. Dies geschieht, wenn ein Blutgefäß durch Embolie oder Thrombose verstopft, was zu Sauerstoffnot in dem Gewebe führt; betroffen sind vor allem Herz, Lunge, Gehirn und Milz.

■ **Infektion** [lat.] *die,* die Ansteckung durch Krankheitserreger.

■ **Infektionskrankheiten** (ansteckende Krankheiten), Krankheiten, die durch Übertragung von Krankheitserregern (Infektion) hervorgerufen werden und meist mit Fieber verbunden sind. Infektionskrankheiten werden vor allem durch →Bakterien, →Viren, →Pilze und →Protozoen verursacht. Die Art der Übertragung der Krankheitserreger ist unterschiedlich: von Mensch zu Mensch durch Tröpfcheninfektion (Nies- oder Hustentröpfchen, z. B. bei Tuberkulose) oder durch Kontaktinfektion (Berührung keimhaltigen Materials) sowie durch Nahrungsmittelaufnahme (z. B. durch verseuchtes Wasser).

Krankheiten, die von Tieren auf Menschen übertragen werden, nennt man **Zoonosen;** eine Ansteckung kann über Säugetiere erfolgen (z. B. Tollwut) oder über Insekten (z. B. Malaria). Die Zeit zwischen der Infektion (dem Eindringen des Erregers in den Körper) und dem Ausbruch der Krankheit wird als Inkubationszeit bezeichnet. Um →Seuchen zu vermeiden, müssen die Kranken isoliert (abgesondert) werden; ihre Erkrankung muss zum Teil den Gesundheitsämtern gemeldet werden. Zur Vorbeugung gegen Infektionskrankheiten werden →Impfungen vorgenommen.

häufig vorkommende Infektionskrankheiten

Krankheit	Inkubationszeit
Aids	0,5–10 Jahre
Botulismus	12–36 Stunden (bis 14 Tage)
Cholera	1–5 Tage
Diphtherie	2–7 Tage
Gasbrand	wenige Stunden bis 5 Tage
Gelbfieber	3–6 Tage
Grippe (Influenza)	einige Stunden bis 4 Tage
Hepatitis A	10–40 Tage
Hepatitis B	40–160 Tage
Keuchhusten	7–14 Tage
Kinderlähmung (Poliomyelitis)	3–14 Tage
Lyme-Borreliose	Tage bis Wochen
Malaria	1–6 Wochen
Masern	10–14 Tage
Milzbrand	Stunden bis 3 Tage
Mumps	18 Tage (auch 12–35 Tage)
Pocken	7–11 Tage
Röteln	12–21 Tage
Scharlach	3–4 Tage (bis 8 Tage)
Schlafkrankheit	10–20 Tage
Syphilis	21 Tage (bis 28 Tage)
Tetanus	4–14 Tage
Tollwut	3 Wochen bis 3 Monate (bis 1 Jahr)
Toxoplasmose	etwa 3 Tage
Tripper	etwa 3 Tage (bis 7 Tage)
Tuberkulose	mehrere Wochen
Typhus	10 Tage (3–60 Tage)
Windpocken	12–21 Tage

■ **Inferno** [lat.] *das,* Unterwelt, Hölle. – auch →Dante Alighieri.

■ **Infinitiv** (Nennform) →Verb.

■ **Inflation** [lat.] *die,* das Ansteigen der Preise für Güter und Dienstleistungen (im Gegensatz zur →Deflation). Eine Inflation entsteht, wenn in einer Volkswirtschaft die Nachfrage nach Gütern größer ist als das Angebot und führt zu einer Entwertung des Geldes. – Eine der schlimmsten Inflationen herrschte in Deutschland 1922/23.

■ **Influenz** [lat.] *die* (elektrische Influenz), die Trennung der elektrischen Ladungen in einem Leiter unter dem Einfluss eines elektrischen Feldes. Die positiven Ladungen wandern zur negativen Seite des Feldes, die negativen Ladungen zur positiven. Bewirkt wird die elektrische Influenz dadurch, dass sich gleichnamige elektrische Ladungen abstoßen und ungleichnamige anziehen (auch →Elektrizität).

■ **Informatik** [lat.] *die,* die Wissenschaft von der systematischen Verarbeitung von Informationen, besonders ihrer automatischen Verarbeitung mithilfe von Computern. Die Informatik hat sich aus anderen Wissenschaften (Mathematik, Physik) heraus entwickelt und versteht sich heute als Grundlagenwissenschaft und Ingenieurdisziplin.

Ein zentraler Begriff der Informatik ist der des →Algorithmus, die Basis für die Umsetzung von Aufgabenstellungen in Programme. Die Untersuchung von zu verarbeitenden Daten und deren Strukturen gehört ebenso zur Informatik wie die Entwicklung von Programmiersprachen, Betriebssystemen und Methoden zur ingenieurmäßigen Softwareentwicklung. Man unterscheidet die theoretische, die praktische, die technische und die angewandte Informatik.

Die **theoretische Informatik** wird geprägt durch formale Beschreibungsmittel aus dem Bereich der Mathematik. Die Formulierung und Untersuchung von Algorithmen, die Konstruktion von Rechnermodellen und die Beschreibung von dynamischen Prozessabläufen spiegeln sich in Teilgebieten wie der Theorie der formalen Sprachen, der Automaten- und Komplexitätstheorie wider.

Inflation: 1000-Mark-Schein aus dem Jahr 1922 mit dem nachträglichem roten Aufdruck, der einen Wert von 1 Millarde Mark angibt

Die **praktische Informatik** beschäftigt sich mit der Umsetzung der grundlegenden Erkenntnisse in →Software, sei es die Entwicklung von →Compilern, →Betriebssystemen und →Datenbanken oder von Methoden und Werkzeugen zur Unterstützung der Softwareentwicklung.

In der **technischen Informatik** befasst man sich mit dem funktionellen Aufbau von Computern und den dazugehörigen Geräten sowie dem logischen Entwurf von Rechnern, Geräten und Schaltungen (→Hardware).

Die **angewandte Informatik** untersucht z. B., ob bestimmte industrielle Arbeitsabläufe durch den Computer steuerbar sind, aber auch wie Programme sinnvoll gestaltet werden können, sodass die Benutzer optimal damit umgehen können. Weitere Teilgebiete sind Betriebs-, Rechts- und die medizinische Informatik. – auch →Computer.

■ **Information** [lat.] *die,* **1)** *allgemein:* Nachricht, Auskunft, Mitteilung (z. B. durch die Presse). **2)** *Informatik:* die Nachricht, der durch eine bestimmte Interpretation oder einen Verarbeitungsvorgang eine Bedeutung zugeordnet wird; auch Bezeichnung für Daten, insbesondere dann, wenn sie eine logische, in sich abgeschlossene Einheit bilden.

■ **Infotainment** [infoteinment; aus Information und engl. entertainment = Unterhaltung] *das,* eine Verbindung von sachlichen Informationen und lockerer Unterhaltung, z. B. in Fernsehsendungen.

■ **Infrarotstrahlung** (Wärmestrahlung), Abkürzung **IR-Strahlung,** eine für das menschliche Auge unsichtbare elektromagnetische Strahlung, deren Wellenlänge größer ist als die des roten Lichts (→Spektrum); man kann sie durch ihre Wärmewirkung wahrnehmen. Diese wird technisch z. B. mit dem Infrarotstrahler und mit dem Infrarotgrill für Heizzwecke genutzt. Infrarotstrahlung durchdringt nahezu ungehindert Nebel und Wolken. Für die Infrarotfotografie verwendet man Filmmaterial, das

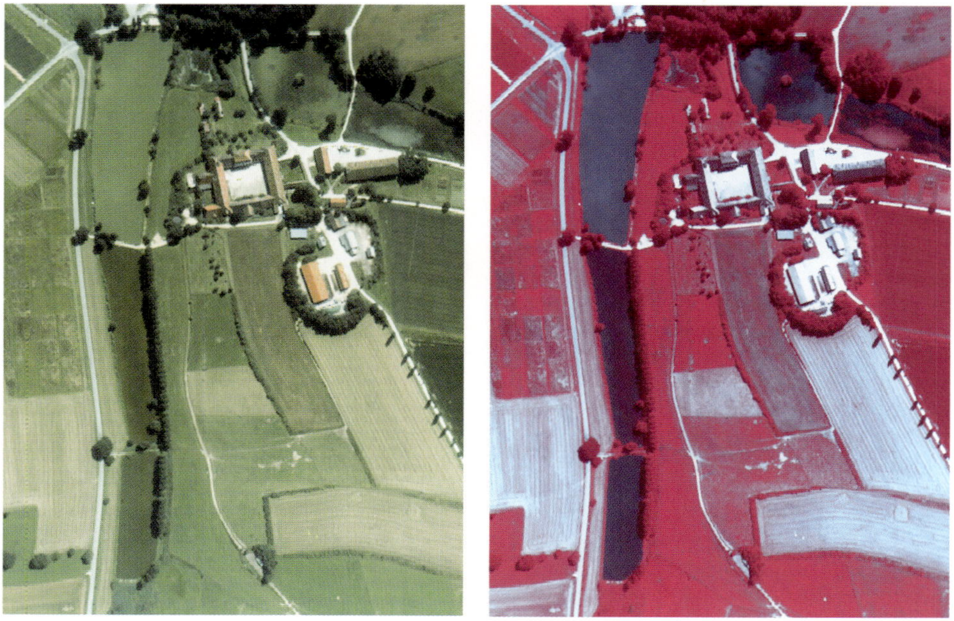

Infrarotstrahlung: Wie die hier abgebildeten Aufnahmen zeigen, wird in der Infrarotfotografie Pflanzengrün, das ein hohes Reflexionsvermögen für infrarote Strahlung besitzt, rotviolett wiedergegeben

für Infrarotstrahlung empfindlich ist. Man kann mit solchem Material auch bei Dunkelheit Aufnahmen machen.

■ **Infrastruktur,** Bezeichnung für alle Anlagen, Einrichtungen und Gegebenheiten, die vorhanden sein müssen, damit die Wirtschaft einer Region funktionieren kann, z.B. Verkehrseinrichtungen, Energieversorgung, Schulen, Krankenhäuser und Sportstätten, aber auch die Fähigkeiten der am Wirtschaftsprozess Beteiligten.

■ **Infusion** [lat.] *die,* die Zufuhr größerer Flüssigkeitsmengen (u.a. Kochsalzlösung, Blut oder Blutersatz) direkt in das Blutgefäßsystem eines Kranken. Mit einer Infusion werden größere Flüssigkeits- oder Blutverluste, z.B. nach einem Unfall, ausgeglichen; sie kann auch der künstlichen Ernährung eines Kranken dienen.

Aus Gold, Silber und Email gefertigtes Zeremonialmesser der **Inka**

■ **Ingenieur** [inschenjör; frz.] *der,* ein Hochschul- oder Fachhochschulabsolvent, der eins der insgesamt rund 120 Fachgebiete der Ingenieurwissenschaften (u.a. Maschinenbau, Elektrotechnik, Architektur, Vermessungswesen) studiert hat. Der auf einer Fachhochschule erworbene Titel des Ingenieurs lautet Diplomingenieur (FH), Abkürzung Dipl.-Ing. (FH), der des Hochschulabsolventen Diplomingenieur, Abkürzung Dipl.-Ing.

■ **Ingwer** [Sanskrit] *der,* eine schilfartige alte Kulturpflanze aus Südostasien, die heute überall in den Tropen und Subtropen kultiviert wird. Der brennend scharf schmeckende Wurzelstock (Rhizom) liefert ein häufig verwendetes Gewürz.

■ **Inhalation** [lat.] *die,* das Einatmen von gasförmigen, dampfförmigen oder zerstäubten Heilmitteln zur Behandlung von Erkrankungen der Luftwege.

■ **Initiale** [lat.] *die* (Initial), in Schriftstücken oder Büchern oft durch Verzierung, Farbe und besondere Größe hervorgehobener Anfangsbuchstabe.

■ **Initiation** [lat.] *die,* durch bestimmte Bräuche (Initiationsriten) geregelte Aufnahme eines Neulings in eine Standes-, Alters- oder Religionsgemeinschaft, einen Geheimbund und ähnliche Gemeinschaften, z.B. die Beschneidung.

■ **Injektion** [lat.] *die,* das Einspritzen einer (sterilen) Flüssigkeit, meist eines Heilmittels, in den Körper mit einer Injektionsspritze oder -pistole. Je nach der Einspritzflüssigkeit kann man unter die Haut (subkutane Injektion), in den Muskel (intramuskuläre Injektion) oder in die Vene (intravenöse Injektion) spritzen. Mit der Injektionspistole (Impfpistole) wird der Impfstoff unter hohem Druck unter die Haut gepresst.

■ **Inka,** südamerikanisches Indianervolk; ursprünglich der Herrschertitel, später Bezeichnung für alle Bewohner des Inkareiches. Die Inka erober-

Inka

Die Inka beherrschten ein großes Reich, kannten aber keine Schrift. Für viele Aufzeichnungen behalfen sie sich mit dem »Quipu«. Ein Quipu bestand aus mehreren, an einer etwa 55 cm langen Querschnur oder an einem Stock befestigten Knotenschnüren. Mit unterschiedlichen Farben und Knoten konnte man damit Ereignisse, Steuern, Volkszählungen und Waren registrieren. Die Farben bezeichneten die einzelnen Gegenstände, die Zahl der Knoten gab die Summe an. Es wurde im Zehnersystem gezählt; die untersten Knoten der Schnüre bedeuteten Einer, die nächsten Zehner und so weiter. Sogar geschichtliche Ereignisse hielten die Inka auf diese Weise fest. Das Wissen, wie vielfältig der Quipu zu gebrauchen ist, ging nach dem Untergang des Inkareiches verloren. Heute wird er von den Bauern noch als Rechenhilfe verwendet, zum Beispiel registrieren damit die Hirten die Kopfzahl ihrer Herden.

► Inkakönig Topa Yupanqui (1473–91) nimmt von einem »Buchhalter« mit Quipuschnüren einen Bericht über den Bestand seiner Speicher entgegen

ten vom Hochtal Cuzco (Peru) aus im 15. Jahrh. ein Reich, das Südkolumbien, Ecuador, Peru, Bolivien, Nordargentinien und Mittelchile umfasste. Im Mittelpunkt ihrer Religion stand der Sonnenkult. Ihr Herrscher wurde als Sohn der Sonne und damit als Sohn Gottes verehrt und nach seinem Tod vergöttlicht. Seine Hauptfrau verkörperte die Mondgöttin. Vier Vizekönige verwalteten die Reichsteile. Die Landwirtschaft der Inka beruhte auf einem hoch entwickelten Ackerbau (auf bewässerten Terrassen). Die Bevölkerung hatte ein Drittel ihrer Erträge dem König und ein Drittel den Göttern darzubringen. Die Kulturprodukte zeugen von einer ebenfalls hoch entwickelten Kunstfertigkeit: Festungen, Tempel und Paläste wurden aus sehr genau behauenen Steinen ohne Mörtel errichtet. Ton wurde kunstvoll zu Keramik verarbeitet, und die Gewebe der Inka zeigen einen sehr eigenständigen Charakter. Knotenschnüre dienten ihnen als Schriftersatz. Das Inkareich wurde 1532 von den Spaniern unter Francisco Pizarro erobert.

■ **Inkarnation** [lat., = Fleischwerdung] *die,* Verkörperung eines göttlichen oder jenseitigen Wesens in menschlicher Gestalt. In der christlichen Theologie bezeichnet man als Inkarnation die Menschwerdung Gottes in Jesus Christus.

■ **inkognito** [italienisch], unter fremdem Namen auftretend.

■ **Inkubationszeit,** der Zeitraum von der Ansteckung bis zum Ausbruch einer Krankheit (→Infektionskrankheiten).

■ **Inlandeis,** in sich geschlossene Eismasse, die weite Gebiete bedeckt und sich unabhängig vom darunterliegenden Land entwickelt. Während der Eiszeit waren weite Teile Europas (bis zum Nordrand der deutschen Mittelgebirge) vom Inlandeis überdeckt. Heute gibt es vor allem das grönländische Inlandeis mit einer Ausdehnung von rund 1,8 Mio. km^2 und das bis zu 4000 m dicke Inlandeis der Antarktis mit rund 13 Mio. km^2.

■ **Inlineskates** [inlainske'ts; engl.] (Inliners), Rollschuhe, bei denen vier Rollen in einer Reihe (engl. in line) an der Schuhsohle angebracht sind.

■ **Inn** *der,* rechter Nebenfluss der Donau, 510 km lang. Er entspringt nahe dem Malojapass in Graubünden, durchfließt Graubünden (Engadin), Tirol und Oberbayern und mündet bei Passau in die Donau.

■ **Innere Mongolei,** autonomes Gebiet der Volksrepublik China, nördlich der Chinesischen Mauer, mit 23 Mio. Einwohnern; Hauptstadt ist Hohhot. Das Gebiet besteht größtenteils aus Steppe und Halbwüste. Neben der traditionellen Viehzucht (der größte Teil der mongolischen Nomaden ist heute sesshaft) haben sich der Bewässerungsanbau von Getreide und eine moderne Industrie entwickelt.

■ **innerer Monolog,** eine Erzähltechnik des modernen Romans, durch die eine Romanfigur im stummen, rein gedanklichen Gespräch mit sich selbst vorgeführt wird. Der innerere Monolog steht in Ichform und gibt die Gedanken und Gefühle der Person sprunghaft und unmittelbar dem Bewusstsein folgend wieder, wobei zum Teil auch die grammatischen Vorgaben der Sprache nicht berücksichtigt werden (z. B. bei James Joyce »Ulysses«).

■ **Innovation** [lat.] *die,* planvolle und zielgerichtete Neugestaltung, Erneuerung.

■ **Innsbruck,** Hauptstadt des österreichischen Bundeslandes Tirol, an der Mündung der Sill in den Inn, mit 111 000 Einwohnern. Innsbruck ist Handels-, Verkehrs- und Kulturzentrum Tirols mit Universität, Theater und Museen. Die Stadt hat bedeutende Kirchen, u. a. die Hofkirche (1553–63) mit dem Grabmal Kaiser Maximilians I. und die Stadtpfarrkirche Sankt Jakob (1717–24). Erwähnenswert sind auch die Hofburg (vor allem im 18. Jahrh. erbaut) und das Landhaus der Tiroler Stände (1725–28) sowie die zahlreichen schönen Bürgerhäuser. Als Wahrzeichen Innsbrucks gilt das Goldene Dachl (Ende 15. Jahrh.), der Prunkerker des Neuhofes. – Innsbruck wurde um 1180 gegründet und erhielt 1239 Stadtrecht. 1964 und 1976 war es Austragungsort der Olympischen Winterspiele.

■ **Innung,** freiwilliger Zusammenschluss der selbstständigen Handwerker des gleichen Handwerks mit dem Ziel der Förderung der gemeinsamen Interessen und der Fortbildung der Mitglieder. Die Innung überwacht die Ausbildung der Auszubildenden und nimmt die Gesellenprüfung ab.

■ **Input** [engl.] *der,* in der Informatik Bezeichnung für Eingang, Eingangsinformation, Eingangsgröße, Eingabedaten für einen Computer; Gegensatz: Output.

■ **Inquisition** [lat., = Untersuchung] *die,* die Überprüfung des Glaubens durch kirchliche Institutionen und die daraufhin betriebene staatliche Verfolgung von Ketzern. Im 12. Jahrh. wurde die Inquisition erstmals in größerem Umfang angewandt. Seit 1231 gab es päpstliche Inquisitoren, meist Dominikaner. Ab 1252 war die Anwendung der Folter erlaubt. Hatte der Angeklagte »gestanden«, erfolgte die Verurteilung und die Urteilsvollstreckung (meist durch Feuertod). In Spanien wurde die Inquisition unter einem **Großinquisitor** 1478 staatliche Einrichtung; sie verfolgte die Marranen (zur Taufe

Der Wurzelstock des **Ingwers,** der das Gewürz liefert, wird kurz nach der Blüte ausgegraben und an der Sonne getrocknet

gezwungene Juden, die insgeheim Juden blieben) und die Morisken (äußerlich Christen gewordene Mauren), später die Protestanten.

■ **I.N.R.I.,** Abkürzung für **I**esus **N**azarenus **R**ex **I**udaeorum [lat., = Jesus von Nazareth, König der Juden], Inschrift am Kreuz Christi.

■ **Insẹkten** [lat.] (Kerbtiere), hoch entwickelte, artenreichste Tierklasse, die mit über 1,2 Mio. Arten alle Lebensräume bewohnt. Insekten sind Gliederfüßer (0,02 – 35 cm lang), die in Kopf, Brust und Hinterleib gegliedert sind und ein Außenskelett aus Chitin besitzen. Sie atmen durch ein Luftröhrensystem (Tracheensystem). Das Nervensystem ist der Form nach strickleiterähnlich ausgebildet. Am Kopf sitzen ein Paar Fühler, ein Paar große Netzaugen (Facettenaugen) und drei Paar Mundgliedmaßen. Die Brust trägt drei Beinpaare und meist zwei Flügelpaare. Im Hinterleib sitzen die Atemöffnungen (Stigmen). Insekten sind getrenntgeschlechtliche Tiere und meist Eier legend. Meist machen sie eine Verwandlung (Metamorphose) durch, die über eine Larve (z. B. Made, Raupe) zum Vollinsekt (Imago) führt. Wenn sich zwischen Larve und Vollinsekt ein Ruhestadium (Puppe) einschiebt, spricht man von vollkommener Verwandlung (z. B. bei Käfern und Schmetterlingen).

Viele Insekten sind Schädlinge (z. B. Reblaus, Kartoffelkäfer, Hausbock und Wanderheuschrecke), Krankheitsüberträger (z. B. Fliegen, Stechmücken und Flöhe), aber auch Nutzinsekten (z. B. Seidenspinner, Honigbienen und Ameisen). Zu den Insekten gehören Käfer, Schmetterlinge, Zweiflügler (z. B. Stubenfliege, Stechmücke), Hautflügler (z. B. Bienen, Wespen, Ameisen), Schnabelkerfe (Bettwanze, Reblaus, Blattlaus), Flöhe, Libellen und Geradflügler (z. B. Heuschrecken, Grillen, Ohrwürmer).

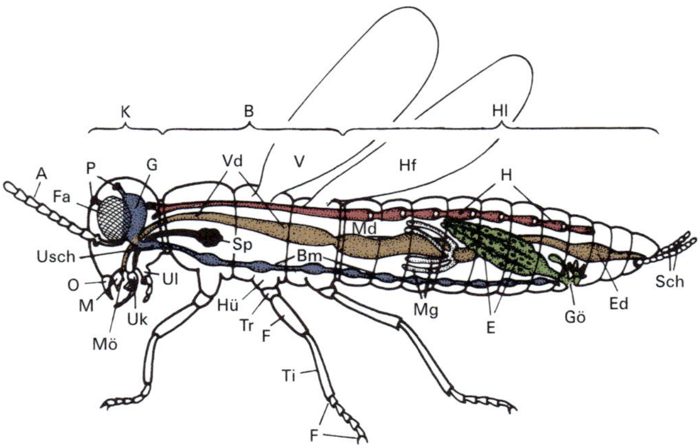

Insekten: Typischer Aufbau eines Insektenkörpers: K Kopf, B Brust, Hl Hinterleib; A Fühler (Antennen), Bm Bauchmark, E Eierschläuche, Ed Enddarm, F Fuß, Fa Facettenauge, Fe Schenkel (Femur), G Gehirn, Gö Geschlechtsöffnung, H Herz, Hf Hinterflügel, Hü Hüfte, M Oberkiefer (Mandibeln), Md Mitteldarm, Mg Malpighi-Gefäße, Mö Mundöffnung, O Oberlippe, P Punktaugen, Sch Schwanzborsten, Sp Speicheldrüse, Ti Schiene (Tibia), Tr Schenkelring (Trochanter), Uk Unterkiefer, Ul Unterlippe, Usch Unterschlundganglion, V Vorderflügel, Vd Vorderdarm

Insekten

Viele Tiere verständigen sich mit Gesängen. Meist sind es die Männchen, die bei den Insekten singen, und ihr Gesang dient der Verständigung zwischen den Geschlechtern. Beispielsweise hat eine Zikadenart am Hinterleib eine Doppeltrommel mit einer elastischen Membran, auf der sie lockenden Gesang erzeugt. Eine andere Art hingegen hat für solche Zwecke einen großen Hohlraum im Körperinnern. Die Grillen wiederum reiben ihre beiden Deckflügel gegeneinander: Der eine dient als Bogen, der andere als Saite. Die Wanderheuschrecke reibt ihre Schenkel – sie sind mit kleinen Zähnen besetzt – gegen die Deckflügel. Die Bedeutung des Insektengesangs ist allerdings weit weniger klar als die des Vogelgesangs.

■ **Insẹktenfresser,** Ordnung der Säugetiere mit rund 370 Arten (u. a. Igel, Spitzmaus, Maulwurf). Insekten sind meist kleine, dämmerungs- oder nachtaktive Tiere mit spitzen Zähnen und einem gut ausgebildeten Geruchs- sowie Gehörsinn. Sie sind (außer in Australien, weiten Teilen Südamerikas und den Polargebieten) nahezu weltweit verbreitet.

■ **Insektizịde** [lat.], chemische Insektenbekämpfungsmittel, die vor allem in der Landwirtschaft, aber auch zum Holz- und Vorratsschutz verwendet werden.

■ **Ịnsel** [lat.], rings von Wasser umgebenes Land, nicht jedoch die Erdteile. Inseln treten oft in Gruppen **(Archipel)** oder Reihen **(Inselkette)** auf. Die aus Marschland aufgebauten Inseln der deutschen Nordseeküste heißen **Halligen,** die Felsbuckel der skandinavischen Küsten **Schären.**

■ **Inseminatio̱n** [lat.] *die,* in der Medizin das künstliche Einführen von Spermien in die weiblichen Geschlechtsorgane zum Zweck der Befruchtung. Sie wird u. a. angewendet bei einer eingeschränkten Zeugungsfähigkeit des Mannes.

■ **Inserat** [lat.] *das,* Anzeige in einer Zeitung oder Zeitschrift.

■ **Insignien** [lat.], Herrschaftszeichen, Standeszeichen; im Heiligen Römischen Reich die →Reichsinsignien.

■ **Inspiration** [lat.] *die,* plötzliche Eingebung, Erleuchtung; spontanes Entstehen von Gedanken.

■ **Instanz** [lat.] *die,* **1)** *allgemein:* die für eine Entscheidung zuständige Stelle in einer Behörde.
2) *Gerichtswesen:* Verfahrensabschnitt bei →Gericht.

■ **Instinkt** [lat.] *der,* ererbte, biologisch zweckmäßige Verhaltensweisen bei Tier und Mensch. Sie werden durch Bedürfnisse (z. B. Hunger, Durst) über das Nervensystem ausgelöst. Das von Erfahrung unabhängige Instinktverhalten dient hauptsächlich der Lebens- und Arterhaltung. Beim Menschen sind z. B. die Saugbewegungen des Säuglings ein Instinktverhalten. Bei Tieren ist etwa die Fortpflanzung (auch Balz, Nestbau usw.) vom Instinkt bestimmt.

■ **Institution** [lat.] *die,* eine für bestimmte Aufgabenbereiche zuständige öffentliche Einrichtung, die dem Wohl der Gesellschaft dient und von deren Mitgliedern ein bestimmtes Verhalten gefordert wird, z. B. Schule, Justiz, Familie.

■ **Instrumentenflug,** die Führung eines Luftfahrzeuges mithilfe von der Bodensicht unabhängiger Überwachungs- und Navigationsinstrumente, nach deren Anzeige der Pilot die Lage des Flugzeuges beurteilt und steuert. Der Instrumentenflug ist erforderlich bei gewissen Sichtflugbeschränkungen (z. B. Wetter, Flughafennähe) und bei nahezu allen Flügen der kommerziellen Luftfahrt. Zu den Instrumentenflugsystemen gehören insbesondere Landesysteme.

■ **Insulin** [lat.] *das,* in der Bauchspeicheldrüse gebildetes Hormon, von dessen vielfachen Wirkungen die Herabsetzung des Zuckergehalts im Blut sowie eine Steigerung des Kohlenhydratabbaus im Vordergrund stehen. Wird zu wenig Insulin gebildet, tritt →Diabetes mellitus auf.

die größten Inseln der Erde (in km²)

Grönland	2 130 800
Neuguinea	771 900
Borneo	754 770[1]
Madagaskar	587 041[1]
Baffin Island	507 451
Sumatra	425 000
Honshū	231 090[1]
Großbritannien	229 957
Victoria Island	217 290
Ellesmere Island	196 236
Celebes	189 216[1]
Neuseeland, Südinsel	151 757

1) mit Nebeninseln

■ **Inszenierung** [lat.] *die,* die Gesamtheit der Vorbereitungen zur Aufführung eines Bühnenstücks und die daraus hervorgehende künstlerische Gestaltung.

Ein schönes Beispiel für die Verwendung von **Intarsien** ist diese Holztruhe aus dem Grab des ägyptischen Königs Tut-ench-Amun in Theben im Tal der Könige

■ **Intarsien** [lat.], in Holz eingelegte Verzierungen aus andersfarbigem Holz sowie aus Elfenbein, Schildpatt oder Metall. Intarsien, die bereits in Ägypten (1600 v. Chr.) bekannt waren, sind auch in Ostasien und in der islamischen Kunst beliebt. Ihre Vollendung erfuhren sie in der italienischen Renaissance

■ **Integralrechnung,** ein Teilgebiet der Mathematik, die Umkehrung der →Differenzialrechnung. Aus der abgeleiteten Funktion $f(x)$ wird (durch **Integration**) die ursprüngliche Funktion ermittelt. Man versteht unter dem **Integral**

$$I = \int_b^a f(x)\,dx$$

den Inhalt der Fläche, die von der x-Achse, den Ordinaten a und b sowie der Kurve $y = f(x)$ begrenzt wird.

■ **Integration** [lat., = Wiederherstellung eines Ganzen] *die,* die Eingliederung in ein größeres Ganzes, z. B. von Einzelnen oder Gruppen in eine gesellschaftliche Einheit.

■ **integrierte Schaltung,** Abkürzung **IC** für

Integrated Circuit, ein elektronischer Baustein, der die aktiven und passiven Bauelemente (z. B. Transistoren, Widerstände, Kondensatoren) einer elektrischen Schaltung auf einem Träger aus Halbleitermaterial (→Halbleiter) zusammengefasst enthält. Ein IC besteht aus einem →Chip, den Anschlussstellen (Beinchen) und dem Gehäuse.

■ **Intellektuelle** [lat.], Menschen, die aufgrund ihrer (meist akademischen) Bildung und ihrer geistigen Tätigkeit eine herausragende Stellung in der Gesellschaft einnehmen, z. B. Wissenschaftler, Schriftsteller.

■ **Intelligenz** [lat.] *die,* im allgemeinen Verständnis eine bestimmte Form der Begabung, die sich als Fähigkeit (oder eine Gruppe von verschiedenen Fähigkeiten) äußert, anschauliche sowie abstrakte Beziehungen zu erfassen, herzustellen und zu deuten und sich dadurch an neuartige Situationen anzupassen und sie gegegebenenfalls durch problemlösendes Verhalten zu bewältigen. Die Intelligenz eines Menschen hängt von seiner jeweiligen Auffassungsgabe, Urteilsgeschwindigkeit und Fantasie ab.

■ **Intelligenzquotient,** Abkürzung **IQ**, Maß für die allgemeine intellektuelle Leistungsfähigkeit eines Menschen, das sich aus dem Verhältnis Intelligenzalter (IA) zum Lebensalter (LA) nach der Formel IQ = (IA/LA) · 100 ergibt. Hierbei bedeutet ein Ergebnis von 100 eine durchschnittliche Intelligenz. Der Intelligenzquotient kann – allerdings nur bedingt zuverlässig – durch Intelligenztests ermittelt werden.

Intelligenzquotient

IQ	Intelligenz	Prozentanteil der Bevölkerung
über 140	hervorragend (»genial«)	1,5 %
120–139	sehr gut (»talentiert«)	11,0 %
110–119	gut (»intelligent«)	18,0 %
90–109	mittelmäßig (»normal begabt«)	48,0 %
80–89	gering (»lernbehindert«)	14,0 %
70–79	sehr gering (»geistig behindert«)	5,0 %
unter 69	äußerst gering (»debil«)	2,5 %

■ **Interaktion** [lat.]] *die,* **1)** *allgemein:* das aufeinander bezogene Handeln zweier oder mehrerer Personen.

2) *Informatik:* die wechselseitige Beeinflussung von Mensch und Computer, das heißt die Fähigkeit eines Anwendungsprogramms, eines Betriebssystems oder einer Benutzeroberfläche, Aufgaben interaktiv, das heißt im Dialog mit dem Anwender zu lösen.

■ **InterCity** [...ßiti; engl.] *der,* Abkürzung **IC,** Schnellverkehrszug der Deutschen Bahn AG, der etwa 90 Großstädte im Stundentakt miteinander verbindet. Das IC-Streckennetz in Deutschland umfasst über 5000 km, die Züge fahren Spitzengeschwindigkeiten von 200 km/h. Der **EuroCity (EC)** ist ein innerhalb Europas grenzüberschreitend verkehrender Schnellverkehrszug.

Triebkopf des InterCity-Express aus der ersten Generation (ICE 1)

■ **InterCity-Express** [...ßiti; engl.] *der,* Abkürzung **ICE,** Hochgeschwindigkeitszug der Deutschen Bahn AG, der seit 1991 auf Aus- und Neubaustrecken mit einer planmäßigen Spitzengeschwindigkeit von 280–300 km/h verkehrt. Der ICE 1 besteht aus zwei Triebköpfen mit je 4800 kW (6528 PS) und maximal 14 Wagen, der ICE 2 aus zwei »Halbzügen« mit je sechs Wagen. Der ICE 3 erreicht eine Reisegeschwindigkeit von 300 km/h. Der ICE verfügt über kombinierte Abteil- und Großraumwagen mit Kommunikationseinrichtungen und Konferenzräumen. Die höchste Geschwindigkeit, die bei einer Versuchsfahrt erreicht wurde, liegt bei 409,6 km/h.

■ **Interface** [...feiß; engl.] *das,* →Schnittstelle.

■ **Interjektion** [lat.] *die* (Ausrufewort), Wort zum Ausdruck von Empfindungen, einer Aufforderung oder eines Hinweises, z. B. *»Ach!«, »Oh!«*

■ **Intermezzo** [italienisch] *das,* ein kurzes Zwischenspiel in einem Drama oder in einer Oper; auch ein kleines Charakterstück für Klavier.

■ **Internat** [lat.] *das,* Schule, die mit einem Heim verbunden ist, in dem die Schüler wohnen und verpflegt werden.

■ **Internationale** [lat.] *die,* **1)** 1888 komponiertes Kampflied der internationalen sozialistischen Arbeiterbewegung (»Wacht auf, Verdammte dieser Erde«). Die Internationale war bis 1943 Hymne der Sowjetunion.

2) Zusammenschluss sozialistischer Parteien und Gewerkschaften verschiedener Länder. Die **1. Internationale** wurde 1864 von Karl Marx in London gegründet; nach einer Spaltung 1872 löste sie sich

1876 auf. 1889 gründeten Parteien aus 20 Ländern in Paris die **2. Internationale**; auf ihrem ersten Kongress wurde der 1. Mai zum Kampftag für die Erreichung des achtstündigen Arbeitstags erklärt. Mit Ausbruch des Ersten Weltkriegs zerfiel die 2. Internationale, wurde 1919 von reformistischen (nichtmarxistischen) Sozialisten neu gegründet und verband sich mit einer ähnlichen, 1921 in Wien ins Leben gerufenen Organisation (Wiener Internationale).

Zu Beginn des Zweiten Weltkriegs wurde auch dieser Zusammenschluss aufgelöst und erst 1951 in Frankfurt am Main neu begründet unter dem Namen **Sozialistische Internationale**; ihr Präsident war 1976–92 Willy Brandt, seit 1992 ist es der Franzose Pierre Mauroy (*1928).

1919–43 bestand die in Moskau gegründete **3. Internationale** (Kommunistische Internationale oder Komintern). 1947 wurde die bis 1956 bestehende Kominform (Informationsbüro der kommunistischen und Arbeiterparteien) gegründet.

Aufgrund der Auseinandersetzungen zwischen Stalin und Trotzki in der UdSSR kam es 1938 (bei Paris) zur Gründung einer trotzkistischen **4. Internationale**, die zwar noch heute besteht, aber kaum noch eine Bedeutung hat.

■ **internationale Organisationen**, aufgrund völkerrechtlicher Verträge zwischen Staaten, Personen oder gesellschaftlichen Vereinigungen errichtete selbstständige Einrichtungen mit eigenen Organen zur Wahrnehmung bestimmter gemeinsamer Aufgaben. Sie können allgemein politische (z. B. →Völkerbund, →UN), wirtschaftliche (→OPEC) oder regionale (z. B. →ASEAN, →Arabische Liga , →OAU, →OAS) Ziele verfolgen.

Neben den vielfältigen Organisationen auf staatlicher Ebene gibt es eine Vielzahl internationaler Organisationen auf nichtstaatlicher Ebene, z. B. mit allgemein humanitären Zielen (z. B. Rotes Kreuz, Amnesty International) oder ökologischen Zielen (z. B. →Greenpeace). Die wachsende Zahl internationaler Organisationen weist hin auf eine weltweite gegenseitige Abhängigkeit der Interessen und Zielsetzungen und auf die starke Verflechtung verschiedener Nationalstaaten, Regionen und gesellschaftlicher Bereiche.

■ **Internationale Raumstation** Abkürzung **ISS** (für engl. International Space Station), permanent bemannte Raumstation, die unter Beteiligung der USA, Russlands, der ESA, Japans und Kanadas errichtet wird. Sie soll in der Endphase eine Größe von etwa 110×74 m, eine Masse über 400 t und ein Laborvolumen von 1100 m³ haben. Am 4. Dezember 1998 wurde mit ihrem Zusammenbau begonnen, der bei 2004 abgeschlossen sein soll. Bis zum Jahr 2013 soll die ISS als Forschungsstation genutzt werden.

■ **Internationaler Währungsfonds** [-fong], Abkürzung **IWF** (Weltwährungsfonds), autonome Sonderorganisation der UN mit Sitz in Washington (D. C.), gegründet 1945 aufgrund des Abkommens von Bretton Woods (USA). Der IWF fördert die internationale Zusammenarbeit auf dem Gebiet der Währungspolitik unter den Mitgliedern (1999: 182 Staaten), denen er Kredite gewähren kann, wenn sie in Zahlungsschwierigkeiten geraten sind.

Das hier abgebildete Labormodul Columbus ist der Hauptbeitrag Europas zur **Internationalen Raumstation**; das Modul bleibt während der zwanzigjährigen Betriebszeit der Station fest mit dieser verbunden

■ **Internationales Olympisches Komitee**, Abkürzung **IOK** (engl. International Olympic Committee, IOC), oberste Instanz der olympischen Bewegung, gegründet 1894 von Pierre de Coubertin; Sitz: Lausanne. Präsident ist seit 1980 der Spanier Juan Antonio Samaranch. Zu den Aufgaben des IOK gehören vor allem die Vergabe der Olympischen Spiele sowie die Entscheidung über das sportliche Programm der Spiele und Regelfragen.

■ **Internet** [engl. net, = Netz] *das*, ein weltweites Computernetzwerk, das aus vielen lokalen Netzwerken besteht. Diese können jederzeit unabhängig von der eingesetzten Hardware Daten über gemeinsame »Protokolle« austauschen. Für die Kommunikation im Internet haben sich die TCP/IP-Protokolle als Standard durchgesetzt. TCP (engl. **t**ransmission control protocol) ist für den Auf- und Abbau der Verbindungen zwischen den einzelnen Computern im Netzwerk zuständig. Es steuert den Datenfluss und stellt die Vollständigkeit der Übertragung sicher. IP (engl. internet protocol) sorgt dagegen für die Organisation und Adressierung der Daten. Für die Übertragung werden die Daten in einzelne Datenpakete aufgeteilt und beim Empfänger wieder zusammengefügt. Jedes Paket sucht sich dabei seinen eigenen Weg durchs Internet. Fehlende oder unvollständige Pakete werden erneut angefordert.

Geschichte: Am Anfang des Internets steht der erfolgreiche Start des ersten künstlichen Erdsatelliten, Sputnik 1, am 4. Oktober 1957 durch die Sowjetunion. Dieser Erfolg versetzte vor allem den USA einen Schock. Innerhalb des US-Verteidigungsministeriums wurde daraufhin 1958 die Forschungsbehörde ARPA (engl. **A**dvanced **R**esearch **P**roject **A**gency) mit dem Ziel gegründet, die Überlegenheit der USA vor der Sowjetunion im wissenschaftlichen und technologischen Bereich wiederherzustellen. Zehn Jahre später, 1968, begannen die Pilotarbeiten zum Projekt ARPAnet. Geplant war die Vernetzung der über das ganze Land verteilten ARPA-Computerzentren durch ein zuverlässiges Netzwerk, das auch dann funktionsfähig bleiben sollte, wenn z. B. durch einen atomaren Erstschlag Teile seiner Infrastruktur zerstört würden. 1969 wurden die ersten vier Computerzentren miteinander verbunden. In der Folgezeit schlossenen sich zahlreiche lokale Universitätsnetze an das ARPAnet an.

Die ARPA gab das beim Netzaufbau erworbene Wissen an Forschungseinrichtungen, die Teilstreitkräfte, den Wetterdienst und die NASA weiter. Die ersten internationalen Verbindungen (nach Großbritannien und Norwegen) wurden 1973 hergestellt. Im selben Jahr erfolgte auch die Integration von Satellitenverbindungen in das ARPAnet. Mitte der 1970er-Jahre stellte die ARPA die von ihr entwickelten TCP/IP-Protokolle kostenlos zur Verfügung. Die mit TCP/IP verbundenen Netzwerke wurden zunächst als ARPA Internet und später nur noch als Internet bezeichnet. 1983 wurde mit MILnet der militärische Datenverkehr aus dem ARPAnet ausgegliedert.

Mitte der 1980er-Jahre baute die National Science Foundation (NSF), eine US-Regierungsbehörde zur Förderung der Wissenschaften, an fünf großen Universitäten Rechenzentren auf der Basis von Supercomputern auf. Da eine Verbindung dieser Rechenzentren über das ARPAnet scheiterte, entschied sich die NSF 1986, ein eigenes Netzwerk, das NSFnet, einzurichten. Zu Beginn der 1990er-Jahre übernahm das NSFnet alle Funktionen des ARPAnet. Die Beschränkungen zur kommerziellen Nutzung des Netzes wurden aufgehoben. Zur gleichen Zeit wurde am europäischen Zentrum für Teilchenphysik (CERN) bei Genf das World Wide Web (WWW) entwickelt. Seit Mitte der 1980er-Jahre breitet sich das Internet explosionsartig aus: 1985

Internet

Die wichtigsten Internet-Dienste und ihre Aufgaben:

E-Mail Mitteilung, die standardmäßig aus reinen Textinformationen besteht. Es ist aber meist auch möglich, Dateien als Anlagen (engl. attachments) zusammen mit dem Text zu versenden. Auf diese Weise können beliebige Daten (z. B. formatierte Texte, Grafiken, Töne, ausführbare Programme) übermittelt werden.

Telnet erlaubt den Zugriff auf entfernte Hosts. Damit stehen auf dem eigenen Computer sämtliche Dienste zur Verfügung, die der Host (nur) den lokal angeschlossenen Computern bietet (z. B. das Kopieren oder Löschen von Dateien auf dem Host und der Aufruf von Programmen des Hosts).

FTP (Abkürzung für engl. **f**ile **t**ransfer **p**rotocol, Protokoll zur Datenübertragung) ermöglicht die Übertragung von Dateien zwischen zwei Rechnern unabhängig von deren Betriebssystem und der Art ihrer Verbindung.

Chat Kommunikation zwischen Anwendern mithilfe der Tastatur und des Bildschirms in annähernd Echtzeit, das heißt, der Text wird nahezu unmittelbar nach der Eingabe auf den Bildschirmen der anderen Chatteilnehmer angezeigt.

Usenet (Abkürzung für engl. **use**rs **net**work, Benutzernetzwerk) riesiges Diskussionsforum, das in eine Vielzahl von Kategorien zu den unterschiedlichsten Themen (z. B. Computer, Freizeit, Wissenschaft und Technik, Gesellschaft) unterteilt ist. Die einzelnen Kategorien werden als Newsgroups (Nachrichtengruppen) bezeichnet.

WWW ermöglicht den Zugriff auf weltweit verteilte Dokumente, die jegliche in digitaler Form gespeicherte Daten – also neben Text und Grafiken auch bewegte Bilder und Töne – enthalten können.

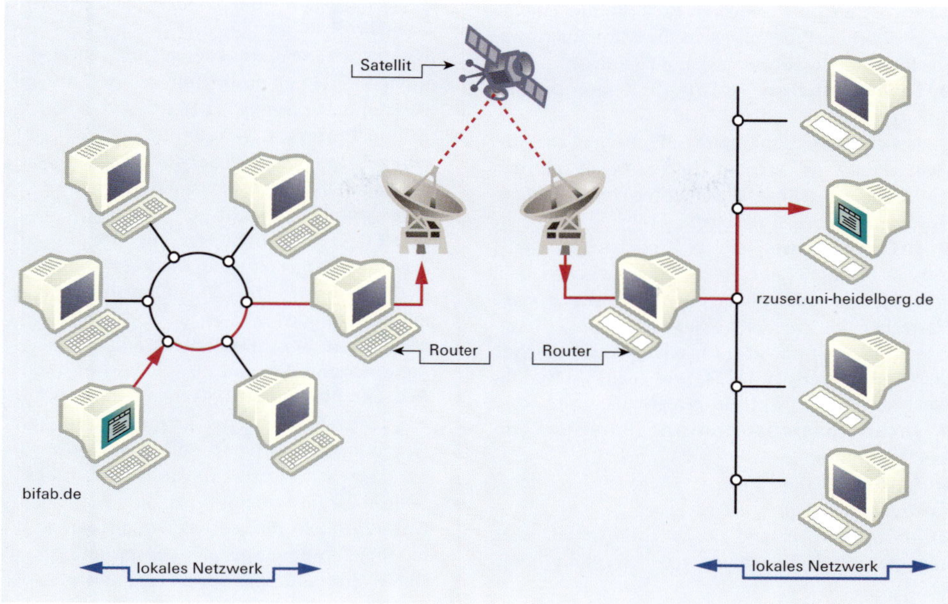

Der Transport von Daten erfolgt im **Internet** über lokale Netzwerke und so genannte Router; die Router (abgeleitet aus engl. routing, wörtlich Wegsteuerung) stellen dabei die Schnittstelle zwischen zwei Netzwerken dar

gab es knapp 2000 Hosts, heute sind es bereits über 56 Millionen.

Mit der Öffnung für kommerzielle Zwecke steht das Internet jedem sowohl als Anbieter als auch als Nachfrager zur Verfügung. Es gibt keine zentrale Verwaltung oder Finanzierung. Schätzungen zufolge haben 2001 rund 200 Millionen Nutzer weltweit Zugriff auf das Internet; in Deutschland sind es 8,4 Millionen – rund 10 Prozent der Bevölkerung. Unternehmen betrachten das Internet als Medium für Informationsaustausch und globale Werbung sowie als weltweiten Marktplatz. Für die nächsten Jahre wird mit einem raschen Anwachsen des Warenumsatzes über das Internet gerechnet.

Während heute schwerpunktmäßig Bücher und CDs, Computer und Software sowie Urlaubsreisen über das Internet verkauft werden, wird das Warenangebot in Zukunft nahezu alle Konsumbereiche umfassen. In Deutschland betrug der Umsatz im elektronischen Handel (»E-Commerce«) 1999 rund drei Milliarden DM. Bis zum Jahr 2001 wird er nach Schätzungen auf annähernd 29 Milliarden DM anwachsen. Die Vorhersage von weltweit etwa 1000 Milliarden US-Dollar Umsatz im elektronischen Handel für das Jahr 2003 macht deutlich, welche wirtschaftliche Bedeutung dem Internet zukünftig beigemessen wird. Zum Vergleich: Der für das Finanzjahr 1999/2000 veranschlagte Staatshaushalt der USA beträgt 390 Milliarden US-Dollar.

Der einfachste Zugang zum Internet erfolgt über einen Computer mit Modem oder ISDN-Anschluss. Die TCP/IP-Verbindung zum Internet erfolgt durch eine Software, die von einem Vermittler, dem Internet Service Provider (z. B. T-Online, AOL, Compuserve), zur Verfügung gestellt wird. Dieser erhebt in der Regel neben einer monatlichen Grundgebühr ein Entgelt für die Dauer der Verbindung zum Internet (Onlineentgelt). – Infokasten S. 88

■ **Interpol** *die,* Kurzbezeichnung für **Inter**nationale Kriminal**pol**izeiliche Organisation, eine 1956 (aus der seit 1923 bestehenden Internationalen kriminalpolizeilichen Kommission) entstandene Organisation mit Sitz in Lyon. Interpol hat die Aufgabe, Verbrechen, die über Staatsgrenzen reichen, durch Kontakte zu den zuständigen einzelstaatlichen Behörden zu bekämpfen.

■ **Interpretation** [lat.] *die,* **1)** Auslegung, Erklärung, vor allem die Deutung von (literarischen) Texten und Werken der bildenden Kunst.

2) das Umsetzen einer als Notentext vorliegenden Komposition in klingende Musik, die künstlerische Wiedergabe von Musik.

■ **Interpreter** [engl. intö̱rprit[er]] *der,* Programm eines Computers, das im Dialogbetrieb stückweise

Zeilen eines in einer höheren Programmiersprache geschriebenen Programms in die Maschinensprache interpretiert (übersetzt) und ausführt.

■ **Interpunktion** [lat.] *die,* die Zeichensetzung (→Satzzeichen).

■ **Interregio,** Abkürzung **IR,** Schnellzug der Deutschen Bahn AG, der im 2-Stunden-Takt das IC-/ICE-Netz ergänzt. IR verkehren mit Geschwindigkeiten von bis zu 200 km/h.

■ **Interregnum** [lat., = Zwischenherrschaft] *das,* in Wahlmonarchien die Zeit zwischen dem Tod oder der Absetzung oder Abdankung eines Herrschers bis zur Wahl eines neuen. In der deutschen Geschichte wird vor allem die Zeit zwischen dem Tod Konrads IV. (1254) und der Wahl Rudolfs von Habsburg (1273) als Interregnum bezeichnet.

■ **Interrogativpronomen** (fragendes Fürwort) →Pronomen.

■ **Intervall** [lat.] *das,* **1)** *allgemein:* zeitlicher Abstand, Zeitspanne; Pause.
2) *Musik:* der Abstand zweier Töne voneinander, den man als Unterschied in der Tonhöhe hören kann.

■ **Intervention** [lat.] *die,* Vermittlung, Einmischung, z. B. eines Staates in die Verhältnisse eines anderen.

■ **Interview** [...wju; engl.] *das,* Befragung einer Person über ihre Meinung zu einem Thema von öffentlichem Interesse im Journalismus oder in der Sozialforschung.

■ **intransitiv** →Verb.

■ **Intrauterinpessar** (Spirale) →Empfängnisverhütung.

■ **Inuit** →Eskimo.

■ **Invasion** [lat.] *die,* Bezeichnung sowohl für das Einrücken mit bewaffneter Macht in einen fremden Staat im Frieden als auch für eine größere kriegerische Operation eines Staates oder Militärbündnisses, in deren Verlauf gegnerisches oder von diesem besetzt gehaltenes Gebiet eingenommen oder zurückerobert wird. Eine besonders bekannte Invasion ist die Landung der Alliierten am 6. Juni 1944 an der französischen Normandieküste im Zweiten Weltkrieg.

■ **Investition** [lat.] *die,* Maßnahme zur Erweiterung, Erhaltung und Verbesserung der Produktion durch langfristige Anlage von Kapital in Sachgütern. Man unterscheidet u. a. Anlageinvestitionen wie Gebäude und Maschinen sowie Lager- oder Vorratsinvestitionen, z. B. Aufbau von Lagerbeständen.

■ **Investiturstreit,** der Streit zwischen Papsttum und Königtum (vor allem zwischen Papst Gregor VII. und Heinrich IV.) in der 2. Hälfte des 11. Jahrh. um die Einsetzung (Investitur) von Bischöfen und Äbten. Im Wormser Konkordat (1122) wurde der Investiturstreit beendet, indem festge-

Internet

Hardware alle materiellen (»anfassbaren«) Komponenten eines elektronischen Datenverarbeitungssystems (z. B. Drucker, Bildschirm, Prozessor, Disketten)
Host Hauptcomputer, der das lokale Netzwerk und die angeschlossenen Computer steuert und überwacht
ISDN digitales Telefonnetz, mit dem u. a. die gleichzeitige Nutzung mehrerer Dienste (z. B. Telefonieren und Datenübertragung) möglich ist
Modem Gerät zur Datenübertragung über das analoge Telefonnetz
Protokoll Vermittler zwischen Sende- und Empfangsstation bei der Datenübertragung; ist u. a. für den Auf- und -Abbau der Verbindung sowie die Korrektur von Übertragungsfehlern verantwortlich
Software alle immateriellen (nicht »anfassbaren«) Komponenten eines elektronischen Datenverarbeitungssystems (z. B. Betriebssystem, Anwendungsprogramme)

		Sekunde		Terz				Sexte		Septime	
musikalische Bezeichnung:	Prime	kleine	große	kleine	große	Quarte	Quinte	kleine	große	große	Oktave
Notenbild (im Beispiel von Ton c^1 ausgehend):											
>Abstand< in Halbtonschritten gemessen:	0	1	2	3	4	5	7	8	9	11	12
entsprechende Frequenzverhältnisse etwa:	1:1	16:15	9:8	6:5	5:4	4:3	3:2	8:5	5:3	15:8	2:1

Intervalle können nach dem Tonhöhenabstand oder dem Schwingungsverhältnis gemessen werden; wie die Grafik zeigt, haben die Prime, Quarte, Quinte und Oktave nur eine Grundform, die rein genannt wird, Sekunde Terz, Sexte und Septime haben zwei sich um einen Halbton unterscheidende Grundformen, die groß und klein genannt werden

legt wurde, dass der Kaiser die Bischöfe in ihre weltlichen, der Papst in ihre geistlichen Rechte einsetzt.

■ **In-vitro-Fertilisation** (extrakorporale Befruchtung), Abkürzung **IVF**, in der Medizin die außerhalb des Körpers in einer Nährlösung (lat. in vitro, = im Glas) stattfindende Befruchtung der menschlichen Eizelle. Nach der Befruchtung werden drei bis vier Embryonen (im sehr frühen Vier- bis Acht-Zellen-Stadium) in die Gebärmutterhöhle gebracht und die Einnistung durch Hormongaben unterstützt. Die IVF wird vor allem angewendet, wenn bei der Frau der natürliche Weg zwischen Gebärmutter und Eierstock gestört oder nicht mehr vorhanden ist.

■ **Inzest** [lat.] *der* (Blutschande), sexuelle Beziehungen zwischen engen Verwandten (z. B. Eltern–Kinder, Geschwister untereinander). Das strenge Verbot des Inzests **(Inzesttabu)** ist weltweit und bei fast allen Kulturen verbreitet, oft ausgedehnt auf größere Verwandtschaftsgruppen.

■ **Inzucht,** Fortpflanzung unter nahe verwandten Lebewesen. Inzucht beschleunigt die Bildung erbmäßig reiner Stämme und ist deshalb in der Landwirtschaft für die Tier- und Pflanzenzucht wichtig. Für den Menschen wirkt sich Inzucht nachteilig aus, da sie das Auftreten gewisser Erbkrankheiten begünstigt.

■ **Iod,** fachsprachliche Schreibweise für →Jod.

■ **IOK,** Abkürzung für →Internationales Olympisches Komitee.

■ **Ionen** [griech.], Ladungsträger, die aus Atomen oder Atomgruppierungen durch Abgabe oder Aufnahme von Elektronen entstanden sind. Die Ionen mit positiver elektrischer Ladung, die durch Elektronenabgabe entstanden sind, nennt man **Kationen,** Ionen mit negativer elektrischer Ladung, die durch Elektronenaufnahme entstanden sind, nennt man **Anionen**.

■ **Ionesco,** Eugène, französischer Schriftsteller rumänischer Herkunft, * Slatina (Rumänien) 26. November 1909, † Paris 28. März 1994. Ionesco hat vor allem Dramen verfasst, in denen sich groteske und tragische Elemente surrealistisch miteinander verbinden, u. a. »Die Stühle« (1954) und »Die Nashörner« (1959).

■ **Ionier,** einer der altgriechischen Hauptstämme, der etwa 1100–900 v. Chr. nach Ionien (die Küstengebiete im Westen Kleinasiens) auswanderte. Die Ionier siedelten außer auf den Inseln des Ägäischen Meeres auch in Unteritalien und Sizilien. Sie gründeten eine Reihe von Handelsstädten in Kleinasien (meist selbstständige Stadtstaaten), die, 546 v. Chr. ins Perserreich eingegliedert, nach dem Ionischen Aufstand (500–494) ab 480 wieder eine gewisse (vorübergehende) Unabhängigkeit erlangten und 334 durch Alexander den Großen befreit wurden (Erneuerung des Ionischen Bundes).

■ **Ionosphäre** →Atmosphäre.

■ **Iphigenie** [...ni-e], Gestalt der griechischen Mythologie: Iphigenie soll zur Besänftigung der Göttin Artemis von ihrem Vater Agamemnon in Aulis geopfert werden. Von Artemis entrückt, wirkt sie in Tauris als Priesterin. Als dort ihr Bruder →Orestes das Kultbild der Artemis rauben will, erkennen sich die Geschwister und fliehen in ihre Heimat. Der Stoff wurde oft im Drama behandelt (u. a. von Euripides, Jean Racine, Goethe und Gerhart Hauptmann).

■ **IQ,** Abkürzung für →Intelligenzquotient.

■ **IRA,** Abkürzung für Irish Republican Army, die Irisch-Republikanische Armee, eine 1919 gegründete illegale Organisation, die 1919–21 für die Unabhängigkeit Irlands von Großbritannien kämpfte. Sie trat seit dem Ausbruch religiös-sozialer Unruhen (1969) in →Nordirland als katholische Untergrundorganisation hervor, die durch Terrorakte die Angliederung von Nordirland an die Republik Irland zu erzwingen suchte.

■ **Irak,** Republik in Vorderasien. Die überwiegend muslimische (vor allem im Süden mehrheitlich schiitische) Bevölkerung besteht zum größten Teil aus Arabern, der bergige Nordosten des Landes ist von Kurden bewohnt. Das Kerngebiet Iraks ist

Irak
Fläche 438 317 km²
Einwohner 21,795 Mio.
Hauptstadt Bagdad
Amtssprache Arabisch (in der kurdischen Region auch Kurdisch)
Nationalfeiertag 14. 7.
Währung 1 I.-Dinar (ID) = 1 000 Fils
Zeitzone MEZ + 2 Std.

Eugène Ionesco brachte mit den »Nashörnern« das Thema der massenhaften Charakterverweigerung auf die Bühne: plötzlich ist es schick, ein Nashorn zu sein – erst eins, dann zwei, dann viele und dann fast alle

Irak

Flagge

Wappen

das von Euphrat und Tigris durchflossene Zweistromland (→Mesopotamien). Das Klima zeigt sehr große tägliche Temperaturschwankungen.
Wirtschaftliche Grundlage Iraks sind die reichen Erdöllagerstätten. Die Landwirtschaft spielt trotz Bewässerung und starker Mechanisierung nur eine untergeordnete Rolle. Bedeutung hat auch die Baustoff- und die Textilindustrie sowie die Produktion von Konsumgütern. Überseehäfen sind Basra und Umm Kasr.
Geschichte: Seit 539 v. Chr. war der Irak Teil des Persischen Reiches (→Iran, Geschichte). 635 wurde das Gebiet von den Arabern erobert, unter der Herrschaft der Kalifen von Bagdad (Abbasiden, 749/750–1258) war es Zentrum der islamischen Kultur. Seit 1638 gehörte Irak zum Osmanischen Reich. Nach dessen Zerfall (1918) setzte Großbritannien 1921 König Feisal (1885–1933) ein, dessen Monarchie 1932 die Unabhängigkeit erhielt. 1958 wurde die Republik ausgerufen.
Nach der Machtübernahme (1979) des Diktators Saddam Husain führte Irak 1980–88 mit Iran Krieg (→Golfkrieg 1) um die Vorherrschaft am Persischen Golf. Die gewaltsame Besetzung Kuwaits 1990 durch Irak löste 1991 einen erneuten Krieg (→Golfkrieg 2) aus, der nach wenigen Wochen mit der Niederlage Iraks durch eine von den USA angeführte alliierte Streitmacht endete; Irak musste Kuwait wieder räumen.

Iran

Flagge

Wappen

■ **Iran** (seit 1934 amtlicher Name für Persien), islamische Republik in Vorderasien, zwischen Kaspischem Meer und Persischem Golf. Iran ist ein Gebirgs- und Hochland mit wüstenhaften Becken im Zentrum und im Osten, dem erdölreichen Zagrosgebirge (bis 4548 m) im Südwesten und dem Elbursgebirge (bis 5671 m) im Norden. Die Bevölkerung besteht zu 66 % aus Iranern, ferner Kurden, Angehörigen von Turkvölkern u. a. Der größte Teil gehört dem Islam an (vor allem →Schiiten). Das Klima ist subtropisch, zum Teil extrem trocken (oft Jahre ohne Niederschlag).

Iran
Fläche 1 648 000 km²
Einwohner 73,057 Mio.
Hauptstadt Teheran
Amtssprache Persisch
Nationalfeiertage 11. 2. und 1. 4.
Währung 1 Rial (Rl.) = 100 Dinars (D.)
Zeitzone MEZ + 2 Std.

Der wichtigste Wirtschaftsfaktor des Landes ist das Erdöl; daneben spielen andere Bodenschätze wie Erdgas, Eisen, Chrom, Kupfer und Kohle eine bedeutende Rolle sowie die Industrie (Textilindustrie, Maschinenbau, Metallerzeugung). Die Landwirtschaft (Reis, Baumwolle, Obst, Wein, Tee, Tabak) sowie die Schaf-, Ziegen- und Rinderzucht prägen zwar das Land, tragen aber nicht maßgeblich zu seiner Wirtschaftskraft bei. Wichtigste Industriestadt ist Teheran, mit Abstand folgen Isfahan, Täbris, Ahwas und Abadan.
Geschichte: Die Anfänge der Geschichte der Perser, die seit dem 1. Jahrtausend v. Chr. im Nordwesten des heutigen Iran siedelten, liegen im Dunkeln. Im 7./6. Jahrh. v. Chr. lebten sie unter der Oberhoheit der Meder, bis Kyros II., der Große (559–530), aus dem Geschlecht der Achaimeniden das Mederreich unterwarf und das erste persische Großreich begründete. Seine Nachfolger Kambyses II. (530–522) und Dareios I., der Große (522–486) unterwarfen Ägypten und Thrakien. In dieser Zeit erhielt das Reich eine einheitliche Verfassung und erlebte eine kulturelle Blütezeit; es enstanden u. a. die Palastbauten von Susa und Persepolis. Danach begann der Zerfall des Großreichs.
Der Ionische Aufstand der Griechenstädte an der kleinasiatischen Küste (500–494) löste die Perserkriege (500/494–448 v. Chr.) aus, die für Persien mit dem Verlust dieser Städte endeten. Im 4. Jahrh. v. Chr. wurde das Perserreich von Alexander dem Großen erobert; danach herrschten die Seleukiden und (ab etwa 250 v. Chr.) die Parther. Ardaschir I. (224–241 n. Chr.) aus der Dynastie der Sassaniden übernahm die Macht im zerfallenden Partherreich, die Kämpfe gegen das Römische Reich nahmen zu. Im 6. Jahrh. n. Chr. erlebte das persische Reich eine neue Blüte, doch unterlag es bereits in der Mitte des 7. Jahrh. den Arabern; Iran wurde muslimisch.
Nach mongolischer Herrschaft (seit 1258) kam 1501 die Dynastie der Safawiden an die Macht (bis 1722). Unter ihrem bedeutendsten Herrscher Abbas I., dem Großen (1587–1629), wurde Persien erneut Großmacht. 1722 stürzten Afghanen die Safawiden,

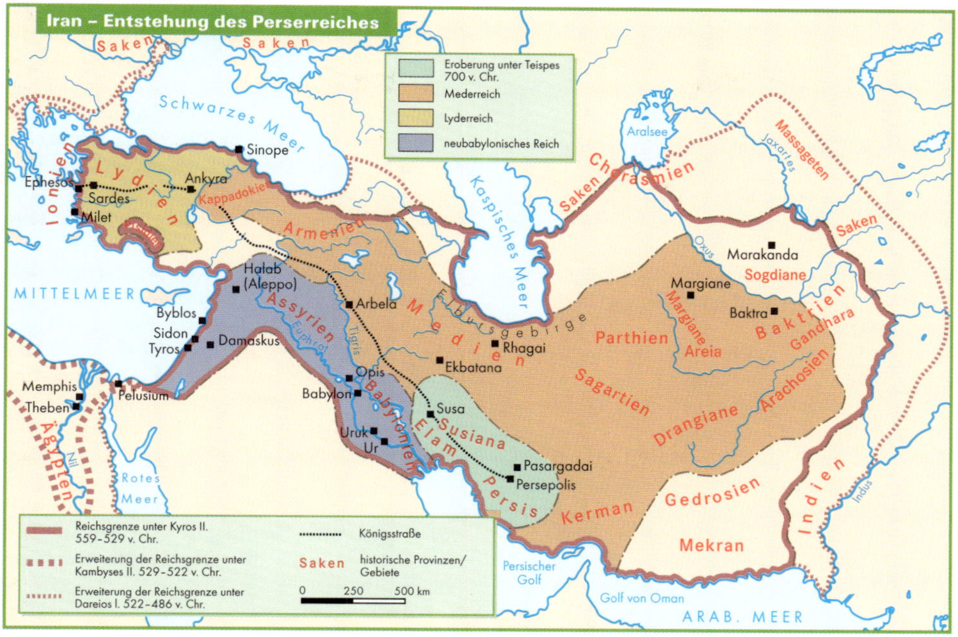

Iran – Entstehung des Perserreiches

wurden aber 1729 von den Turkmenen vertrieben. Nach einer Zeit der Wirren gelang es der turkmenischstämmigen Dynastie der Kadjaren 1794, das Land erneut zu einigen. Seit dem 19. Jahrh. bemühten sich Russland und Großbritannien um Einfluss in Persien. Im russisch-britischen Vertrag von Sankt Petersburg (1907) wurde Persien in eine nördliche russische, eine südliche britische und eine mittlere neutrale Zone geteilt.

Nach einem Staatsstreich des persischen Kosakenkommandeurs Resa Khan 1921 verzichtete Sowjetrussland auf alle Rechte in Persien. 1925 bestieg Resa Khan als Resa Schah (aus der Dynastie →Pahlewi) den Thron. Damit begann die moderne Entwicklung des Landes. Resa Schah leitete zahlreiche Reformen nach westlichem Muster ein, konnte jedoch die weitere Verarmung großer Teile der Bevölkerung, vor allem der Kleinbauern, nicht verhindern. Iran war wirtschaftlich von Großbritannien abhängig. Wegen des Versuchs der Annäherung an das nationalsozialistische Deutschland musste der Schah 1941 zugunsten seines Sohnes Mohammed Resa abdanken. Während des Zweiten Weltkriegs war Iran von britischen und sowjetischen Truppen besetzt.

Der Widerstand der schiitischen Geistlichkeit gegen die besonders seit den 1960er-Jahren vorangetriebene Modernisierung des Landes unter westlichen Vorzeichen sowie die brutalen Herrschaftsmethoden des Schahregimes führten 1978/79 zu einer blutigen Revolution, die unter Ayatollah Ruhollah →Khomeini in der Verkündung einer Islamischen Republik endete; mit gewalttätigen Mitteln ging nun die geistliche Führung gegen religiöse und ethnische Minderheiten sowie gegen politisch oppositionelle Strömungen vor.

1980–88 führte Iran Krieg mit Irak um die Vorherrschaft am Persischen Golf (→Golfkrieg 1). 1997 wurde der als gemäßigt geltende Mullah Mohammed Khatami (*1943) zum Staatspräsidenten gewählt; er setzte die vorsichtige Öffnung Irans den westlichen Ländern gegenüber fort, die sein Vorgänger Ali Akbar Hashemi Rafsandjani (*1934) begonnen hatte.

■ **Iridium** [neulateinisch] *das,* ein chemisches Element, neben Osmium das schwerste natürlich vorkommende Element. Das überaus harte, silber-

Iridium
chemisches Symbol: Ir
Ordnungszahl: 77
relative Atommasse: 192,22
Dichte: 22,5 g/cm³
Schmelzpunkt: 2 446 °C
Siedepunkt: 4 428 °C

Aus der Zeit um 600 v. Chr. stammt diese bronzene Darstellung der **Isis,** die mit ihrem Sohn Horus den Thron bestiegen hat

glänzende Edelmetall ist noch widerstandsfähiger als Platin. Es wird nur in Form seiner Legierungen (vorwiegend mit Platin) als sehr hochwertiges Material z. B. für Injektionsnadeln, Füllfederspitzen und Zündkerzen verwendet.

■ **Iris** [griech.] *die,* **1)** *Anatomie:* →Regenbogenhaut.

2) *Botanik:* →Schwertlilie.

■ **Irland,** Insel in Nordwesteuropa, von der britischen Hauptinsel durch die Irische See getrennt, mit 5 Mio. Einwohnern. Sie ist politisch in die Republik →Irland und →Nordirland, das zu Großbritannien gehört, gegliedert.

■ **Irland** (irisch Éire), Republik, die den Hauptteil der gleichnamigen Insel umfasst. Die erste Amtssprache ist offiziell Irisch (eine auf das Keltische zurückgehende Sprache, die nur noch von wenigen Iren gesprochen wird), die zweite Englisch. Etwa 94 % der Iren sind katholisch. Die Wirtschaft wird hauptsächlich durch die Landwirtschaft bestimmt. Wiesen und Weiden (fast 85 % der landwirtschaftlich genutzten Fläche) begünstigen die Viehzucht (Pferde, Rinder, Schafe und Geflügel). An Bodenschätzen sind Zink- und Bleierze sowie Torf und wenig Steinkohle vorhanden. Die Industrie produziert vor allem für den Export. Neben der Nahrungs- und Genussmittelindustrie gibt es Wollgewebeherstellung, Montage von Kraftfahrzeugen und Maschinen, Chemiewerke.

Geschichte: Um 500 v. Chr. wanderten die Kelten in das seit der Steinzeit besiedelte Irland ein. Im 5. Jahrh. wurden die Iren christianisiert. Die hauptsächlich von Mönchen getragene irische Kirche (Blütezeit 6.–9. Jahrh.) hatte einen wesentlichen Anteil an der Christianisierung Englands und des europäischen Festlands. 1171 begann die englische Eroberung Irlands. Die politischen Gegensätze wurden seit der Reformation durch religiöse verstärkt, da die Iren streng katholisch blieben, während England dem Protestantismus verpflichtet war. Mehrere Aufstände der Iren wurden blutig niedergeschlagen, z. B. 1649–51 durch Oliver Cromwell. Die Iren wurden politisch entrechtet. Hunger und Verelendung trieben sie in der zweiten Hälfte des 19. Jahrh. zu einer massenhaften Auswanderung (meist nach Nordamerika), taten allerdings der Massenbewegung zur Aufhebung der Union mit Großbritannien keinen Abbruch. 1921 wurde Irland als Freistaat Dominion; die sechs überwiegend protestantischen Grafschaften der Provinz Ulster wurden abgetrennt (→Nordirland). 1937 wurde Irland ein souveräner Staat, 1948 schied es aus dem Commonwealth aus.

Irland

Flagge

Wappen

Irland
Fläche 70 284 km^2
Einwohner 3,564 Mio.
Hauptstadt Dublin
Amtssprachen Irisch, Englisch
Nationalfeiertag 17. 3.
Währung 1 Irisches Pfund (Ir£) = 100 New Pence (p)
Zeitzone MEZ –1 Std.

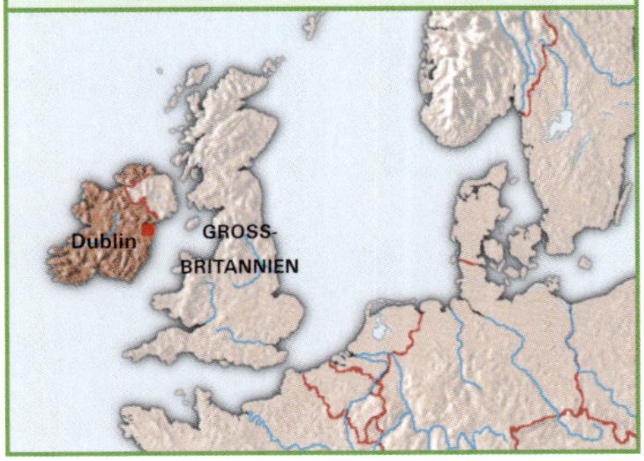

■ **Ironie** [griech.] *die,* Redeweise, bei der das Gegenteil von dem, was gesagt wird, gemeint ist.

■ **irrational** [lat.], durch Verstand, Vernunft, Geist nicht erfassbar; der Logik, dem Denken entzogen; Gegensatz: rational (→Ratio).

■ **irrationale Zahlen** →Zahl.

■ **Isaak,** im Alten Testament Stammvater Israels, Sohn Abrahams und Saras. Die Erzählung von der verhinderten Opferung des Isaak durch seinen Vater symbolisiert die Ablösung von Menschenopfern durch Tieropfer.

■ **Isar** *die,* rechter Nebenfluss der Donau in Bayern, 295 km lang. Sie entspringt im Karwendelgebirge, fließt durch München und mündet unterhalb von Deggendorf.

■ **ISDN,** Abkürzung für engl. Integrated Services Digital Network, ein Telekommunikationsnetz, in dem digitale Vermittlungstechnik und digitale Übertragungstechnik vereinigt und unterschiedliche Kommunikationsarten (Sprache, Text, Daten, Bild) in einem gemeinsamen öffentlichen Netz übertragen werden können.

Das **Schmalband-ISDN** nutzt das vorhandene Fernsprechleitungsnetz und fasst das bisher getrennte analoge Fernsprechnetz und das integrierte Text- und Datennetz zusammen. Die Datenübertragungsrate beträgt 64 Kilobit pro Sekunde.

Für die Zukunft ist ein **Breitband-ISDN** (Übertragungsgeschwindigkeit 140 Megabit pro Sekunde) geplant, bei dem die Kupferkabel von Glasfaserkabeln abgelöst werden. Hierdurch werden zusätzliche Möglichkeiten (Bildfernsehen, Videokonferenz) eröffnet.

■ **Isis,** altägyptische Göttin, Schwester und Gemahlin des →Osiris, Mutter des Horus. Sie wird als Sinnbild der Gattentreue und Mutterliebe verehrt und meist mit Kuhgehörn und Sonnenscheibe dargestellt.

■ **Islam** *der,* die von Mohammed (um 570–632) gestiftete →Weltreligion. »Islam« bedeutet die uneingeschränkte Ergebung in den Willen des einen Gottes **Allah**. Die Anhänger bezeichnen sich selbst als **Muslime**. Die heilige Schrift ist der **Koran**, der nach muslimischem Glauben dem Propheten Mohammed von Gott wörtlich in arabischer Sprache geoffenbart worden ist.

Allah hat, so die Lehre Mohammeds, im Laufe der Geschichte der Völker immer wieder Propheten geschickt (Abraham, Moses, Jesus Christus), die zum Glauben an ihn aufriefen. Mohammed selbst gilt als »das Siegel der Propheten«: Er stellt die Religion Abrahams wieder her und ist der Bote der letztgültigen und für alle Menschen verbindlichen Offenbarung. In seiner Person sahen die zerstrittenen Araberstämme ihre religiöse und politische Leitfigur.

Mohammed hatte um 610 sein Berufungserlebnis und nahm sein prophetisches Wirken in seiner Heimatstadt Mekka auf, wo er jedoch keine Anerkennung fand. 622 brachte die Auswanderung nach Medina (→Hedschra) die Wende zum Erfolg. Seit 656 spaltete sich der Islam in die Richtungen der →Schiiten und der →Sunniten, die einander die Führerschaft der islamischen Glaubensgemeinschaft streitig machen. Dieser innerislamische Zwist behinderte jedoch die rasche Ausbreitung des Islam nicht. Die Muslime verbreiteten die Lehre des Propheten bei allen Araberstämmen, in Persien (642), Nordafrika, Spanien (711), Zentralafrika (10. Jahrh.), Indien (um 1000), Indonesien (15. Jahrh.) und Afrika (20. Jahrh.). Heute zählt der Islam weltweit rund 1 Milliarde Anhänger, das sind mehr als 18 % der Weltbevölkerung.

In der Lehre Mohammeds vereinigen sich altarabische und jüdisch-christliche Gedanken sowie orientalische Gottesvorstellungen. Grundlegend für den islamischen Glauben ist die Überzeugung, dass es nur einen Gott gibt. Allah ist der Schöpfer und Erhalter aller Dinge, Richter, der alles vorherbestimmt; er ist allmächtig, allwissend und barmherzig. Der Gläubige soll sich frei dazu entscheiden, sich in Allahs Willen (Kismet) zu fügen. Das Heil, die Auferstehung von den Toten und ein Leben im Paradies erwarten die Gläubigen nach dem Tod. Die Ungläubigen verfallen den ewigen Höllenstrafen.

Eine Trennung von Religion und Politik ist nicht gegeben. Die enge Verbindung von Staat und Religion wirkt in der islamischen Welt bis heute fort. Eine Priesterschaft oder ein zentrales Lehramt kennt der

Islam

Zahl der Muslime weltweit (2000)
rd. 1 190 Mio.
Hauptverbreitungsgebiete
Vorder- und Mittelasien
Nord- und Westafrika
überwiegend islamisch geprägte Länder außerhalb dieser Gebiete (Auswahl)
Bangladesh
Pakistan
Indonesien
Somalia
Sudan
Hauptrichtungen
Sunniten
Schiiten
Sondergemeinschaften
Ahmadija
Charidjiten (Ibaditen)
Nusairier (Alawiten; Aleviten)
Hauptfeste[1]
Beginn des Fastenmonats Ramadan (1998: 20. Dezember)
Offenbarung des Koran an Mohammed (1999; 14. Januar)
Fest des Fastenbrechens (›Kleiner Bairam‹; 1999: 19. Januar)
Opferfest (›Großer Bairam‹; 1999: 28. März)
Neujahr (Tag der Hidjra; 1999: 17. April)
Aschura-Tag (Gedenken an den Märtyrertod Husains; höchster Feiertag der Schiiten; 1999: 26. April)
Geburtstag Mohammeds (1999: 26. Juni[2])
Himmelfahrt Mohammeds (1999: 5. November)
Beginn des Fastenmonats Ramadan (1999: 9. Dezember)
Hauptwallfahrtsorte, wichtige heilige Stätten (Auswahl)
Mekka (gesamtislamisch)
Medina (gesamtislamisch)
Jerusalem (gesamtislamisch)
Nedjef (bes. schiitisch)
Kerbela (schiitisch)
Kum (schiitisch)
Meschhed (schiitisch)
Touba, Senegal (schwarzafrikanischer sunnitischer Islam)

1) Die Jahreszählung des islamischen Kalenders beginnt mit der Hidjra und folgt einem Mondkalender. Die zwölf Monate sind jeweils 29 oder 30 Tage lang. Tage werden vom Sonnenuntergang an gerechnet. – 2) Sunniten; Schiiten am 30. Juni.

Islam

Sure 6 des Korans bezeugt das Selbstverständnis Mohammeds, das auch für jeden einzelnen Muslim wegweisend wurde: »Siehe, mein Gebet, meine Verehrung und mein Leben und mein Tod gehören Allah, dem Herrn der Welten. Er hat keine Gefährten, und solches ist mir geheißen, und ich bin der erste der Muslime.«
Die Muslime kennen fünf religiöse Hauptpflichten (Arkan):
- das Aussprechen des Glaubensbekenntnisses (Schahada): »Es gibt keinen Gott außer Gott, und Mohammed ist der Gesandte Gottes«;
- das fünfmal täglich zu verrichtende Gebet (Salat). Der Ort kann beliebig sein, nur am Freitag Nachmittag ist zumindest für die Männer der Besuch der Moschee vorgeschrieben;
- das Geben von Almosen (Sakat). Diese Pflicht wurde die Grundlage der Besteuerung;
- das Fasten (Saum) tagsüber im Monat Ramadan;
- die Wallfahrt nach Mekka (Hadsch) wenigstens einmal im Leben.

Islam nicht. Gläubige, die ein Leben der Entsagung führen wollen, leben in ordensähnlichen Gemeinschaften zusammen (Derwische). Neben dem zentralen Heiligtum in →Mekka sind Medina und Jerusalem Wallfahrtsorte.

■ **Islamabad,** Hauptstadt von Pakistan, in einer Hochebene im Nordwesten des Landes gelegen, mit 524 000 Einwohnern. – Islamabad wurde ab 1961 angelegt; die Feisal-Moschee (1976–84) ist eine der größten der Erde; in der Gebetshalle finden 20 000 Gläubige Platz.

Island

Flagge

Wappen

■ **Island,** Republik im nördlichen Atlantischen Ozean, südlich des Polarkreises, mit evangelisch-lutherischer Bevölkerung, die vorwiegend die Küstengebiete bewohnt. Island ist ein Hochplateau (im Hvannadalshnúkur bis 2 119 m hoch) aus vulkanischem Material. Rund 30 Vulkane sind noch tätig. Es gibt zahlreiche Geysire und heiße Quellen, die in und bei Reykjavík praktisch genutzt werden (u. a. Heizung und Warmwasserversorgung; Beheizung von Treibhäusern). Im Innern des Landes findet man gewaltige Gletscher (u. a. der Vatnajökull von 8 456 km² Fläche). Im Süden ist die Küste zum Teil flach mit kleinen Buchten; die übrigen Küsten sind sehr reich gegliedert mit tiefen Fjorden. Es herrscht ein ozeanisch-mildes Klima, das durch den Golfstrom begünstigt wird.
Nur ein geringer Teil der landwirtschaftlichen Nutzfläche wird für Ackerbau genutzt (Kartoffeln, Rüben), der Rest sind Wiesen und Weiden für Ponys, Schafe, Rinder. Wichtigste Erwerbsquelle ist der Fischfang (80 % des Exports). Island besitzt keine Eisenbahn, ein wichtiges Verkehrsmittel ist das Flugzeug.
Geschichte: Island wurde im späten 8. Jahrh. entdeckt, im 9. Jahrh. begann die Besiedlung von Norwegen aus, um die Jahrtausendwende wurde das Land christianisiert. 1262 kam es an Norwegen, 1380 an Dänemark. 1918 wurde Island ein selbstständiger Staat, blieb aber in Personalunion mit der dänischen Krone verbunden; 1944 löste es diese Verbindung und wurde Republik.

■ **Isobaren** [griech.], diejenigen Linien auf einer Wetterkarte, auf denen die Orte mit gleichem Luftdruck liegen.

■ **Isolator** [lat.] *der,* ein Stoff, der den elektrischen Strom kaum oder nicht leitet, z. B. Glas, Gummi, Keramik und die meisten Kunststoffe; in der Hochspannungstechnik ein elektrisch nicht leitendes Konstruktionselement zur Befestigung oder Durchführung spannungsführender Leiter, z. B. Stütz- oder Hängeisolatoren.

■ **Isotope** [griech.], die verschiedenen Atomsorten eines Elements (→Atom).

Island
Fläche 103 000 km²
Einwohner 277 000
Hauptstadt Reykjavík
Amtssprache Isländisch
Nationalfeiertag 17. 6.
Währung 1 Isländische Krone (ikr) = 100 Aurar (aur.)
Zeitzone MEZ –1 Std.

■ **Israel** [hebräisch, = er streitet mit Gott], Name, der dem Stammvater Jakob von Gott verliehen wurde und auf seine Nachkommenschaft, das Volk Israel, überging. Die Stämme Israels siedelten im 13. Jahrh. v. Chr. im Gebiet westlich und östlich des Jordans. Gegen 1000 v. Chr. fasste Saul sie zu einem Königreich zusammen, das unter seinem Nachfolger David zum Großreich aufstieg. Nach dem Tod Salomos 926 v. Chr. zerfiel das Reich in das Nordreich Israel, das 722 v. Chr. assyrische Provinz wurde, und das Südreich Juda, das 587/586 v. Chr. von den Babyloniern zerstört wurde.

■ **Israel,** Republik in Vorderasien, an der Südostküste des Mittelmeeres. Die Küstenebene am Mittelmeer geht zum Landesinnern in die Hochländer von Galiläa, Samaria und Judäa über. Ostwärts fällt das Gebirge zur Jordansenke ab mit dem Toten Meer (396 m unter dem Meeresspiegel) und dem See von Genezareth (209 m unter dem Meeresspiegel). Das Wüstengebiet des Negev im Süden nimmt mehr als die Hälfte des Landes ein. Das Klima ist im Küstensaum mediterran, im Landesinnern wüstenhaft, in der Jordansenke subtropisch bis tropisch.

Neben den staatstragenden →Juden leben im Land etwa 650 000 Araber (»Palästinenser«). Die jüdischen Einwanderer (seit 1882) kamen zunächst aus Mittel- und Osteuropa (Aschkenasim), dann aus islamischen Ländern (Sephardim); seit 1970 und verstärkt seit 1989/90 kam es zu einer Einwandererwelle aus der Sowjetunion. Die im Land geborenen Juden heißen Sabra.

Für die Landwirtschaft ist die genossenschaftliche Siedlungsform des →Kibbuz charakteristisch. In weitgehend neu geschaffenen Anbaugebieten, vor allem in der Küstenebene und im Norden des Landes, werden Getreide, Baumwolle, Zitrusfrüchte und Gemüse angebaut. An Bodenschätzen sind Phosphat, Salze, Kupfer, Erdöl und Erdgas vorhanden. Neben chemischer Industrie hat Israel Stahlwerke, Maschinen-, Schiff- und Flugzeugbau, Elektronikindustrie sowie zahlreiche Diamantschleifereien.

Geschichte: Seit dem Ende des 19. Jahrh. erhob sich in Europa und den USA die Forderung nach einem jüdischen Nationalstaat im Nahen Osten (→Zionismus). Als Großbritannien 1948 sein seit dem Ende des Ersten Weltkriegs bestehendes Mandat über →Palästina beendete, riefen am 15. Mai 1948 jüdische Politiker unter Führung von David Ben Gurion (1886–1973) den unabhängigen Staat Israel aus.

Der hierdurch begründete →Nahostkonflikt führte seit dem Palästinakrieg 1948/49 zu dauernden Auseinandersetzungen zwischen Israel und seinen arabischen Nachbarn.

Israel
Fläche 20 770 km²
Einwohner 5,883 Mio.
Hauptstadt Jerusalem
Amtssprachen Hebräisch und Arabisch
Nationalfeiertag 5. Ijjär (zwischen Mitte April und Mitte Mai)
Währung 1 Neuer Schekel (NIS) = 100 Agorot
Zeitzone MEZ + 1 Std.

Im Oktober/November 1956 brach ein bewaffneter Konflikt mit Ägypten aus, nachdem die israelische Schifffahrt im Suezkanal behindert worden war (Großbritannien und Frankreich beteiligten sich aufseiten Israels).

1967 führte Israel gegen Ägypten, Jordanien und Syrien den Sechstagekrieg; seine militärischen Erfolge führten zur Besetzung der Halbinsel Sinai, Jordaniens westlich des Jordan und syrischer Grenzgebiete sowie zu einem Waffenstillstand nach wenigen Tagen.

1973 kam es zum Jom-Kippur-Krieg zwischen Israel, Ägypten und Syrien, in dem die arabischen Länder die von Israel besetzten Gebiete zurückzugewinnen versuchten.

Nach dem Ende dieses Krieges kam es erstmals seit 1949 zu direkten Verhandlungen zwischen Israel und Ägypten, die 1979 zu einem Friedensvertrag und im Anschluss daran zur Räumung der Halbinsel Sinai führten.

1982 marschierten israelische Truppen in den Libanon ein, vor allem mit dem Ziel, die PLO (Palästinensische Befreiungsbewegung) auszuschalten. Als Folge der seit 1987 anhaltenden Unruhen (Intifada) in den israelisch besetzten Gebieten Palästinas kam es nach dem →Golfkrieg 2), in dem Israel von irakischen Raketen angegriffen wurde, und der Wahl Yitzhak Rabins (1922–95) zum Ministerpräsiden-

Israel

Flagge

Wappen

ten zu einem Ausgleich Israels mit seinen arabischen Nachbarn: Nach mehreren Nahost-Friedenskonferenzen, in denen auch die PLO unter Führung von Jasir Arafat auf eine kompromissbereitere, der Gewalt abschwörende Linie einschwenkte, wurde 1993 das Gaza-Jericho-Abkommen unterzeichnet, das den Palästinensern eine Teilautonomie einräumt.

Radikale Friedensgegner auf beiden Seiten suchten in der Folge den Friedensprozess zu stören (so fiel Rabin im November 1995 dem Attentat eines israelischen Extremisten zum Opfer); dieser kam nach mehrfachem Stocken erst wieder in Gang, nachdem 1999 Ehud Barak (*1942) zum Ministerpräsidenten gewählt worden war.

■ **Istanbul,** Hafenstadt beiderseits des Bosporus und am Marmarameer, mit 7,75 Mio. Einwohnern die größte Stadt sowie wirtschaftlicher und kultureller Mittelpunkt der Türkei. Das Zentrum der Stadt, Alt-Istanbul mit Hafen (Goldenes Horn), liegt auf dem europäischen Ufer. Hier befinden sich die bedeutendsten Bauwerke: die →Hagia Sophia, zahlreiche Moscheen (teilweise ehemalige Kirchen und Klöster), der Sultanspalast, aber auch die enge Altstadt mit unzähligen Geschäften. Auf asiatischer Seite liegen die neueren Stadtteile. Istanbul ist Knotenpunkt für den Verkehr zwischen Europa und Vorderasien.

Geschichte: Istanbul geht auf die griechische Kolonie **Byzantion (Byzanz)** zurück. Die Stadt, die unter Kontantin I. zur Reichshauptstadt ausgebaut und 330 in **Konstantinopel** umbenannt wurde, war ab 395 Hauptstadt des Oströmischen Reiches (→Byzantinisches Reich) und nach der Eroberung durch die Osmanen 1453–1923 des Osmanischen Reiches bzw. der Türkei. 1930 wurde sie in Istanbul umbenannt.

■ **Isthmus** [griech.] *der,* Landenge, z. B. der Isthmus von Korinth.

■ **Italien,** Republik in Südeuropa. Die Bevölkerung (hauptsächlich Italienisch sprechende Italiener) ist zu 99 % römisch-katholisch.

Italien

Flagge

Wappen

Landesnatur: Italien gliedert sich in Oberitalien (von den Alpen bis südlich des Po), Mittelitalien (bis nördlich von Neapel), Süditalien und einige Inseln (u. a. Sardinien, Sizilien). Im Norden hat Italien Anteil an den Alpen; an den Talausgängen des Gebirges liegen die oberitalienischen Seen: u. a. Gardasee, Comer See, Lago Maggiore. Die von eingedeichten Flüssen durchzogene, fruchtbare Poebene dehnt sich in einem Lagunengürtel jährlich um 70–80 m ins Adriatische Meer aus. Die Gebirgsketten des Apennin bilden den Hauptteil der Halbinsel, dem

Italien
Fläche 301 341 km²
Einwohner 57,613 Mio.
Hauptstadt Rom
Amtssprachen Italienisch, im Aostatal auch Französisch, in der Prov. Bozen auch Deutsch
Nationalfeiertag 1. Sonntag im Juni
Währung 1 Italienische Lira (Lit) = 100 Centesimi (Cent.)
Zeitzone MEZ

an der Westseite eine Kette von Erhebungen vorgelagert ist. Zwischen ihnen liegen ehemals versumpfte Ebenen. Im Südwesten hat der Apennin jenseits der Straße von Messina im hohen Kalkgebirge Siziliens seine Fortsetzung. Eine der fruchtbarsten, am dichtesten besiedelten Landschaften (wenn auch durch Vulkanausbrüche bedroht) dehnt sich an den unteren Hängen des Vesuv und um den Golf von Neapel aus. Ein weit verzweigtes Flussnetz hat nur der Po, die übrigen Flüsse sind kurz und versiegen teilweise im Sommer.

Das *Klima* ist in der Poebene fast mitteleuropäisch, an den oberitalienischen Seen subtropisch mild; die Halbinsel (der »Stiefel«) hat Mittelmeerklima.

In der *Wirtschaft* leidet Italien unter einem krassen Nord-Süd-Gefälle. Zentrum der Landwirtschaft und auch der Industrie ist die Poebene (Mailand, Turin). Exportiert werden Wein, Tabak, Südfrüchte, Olivenöl, Frühgemüse, Äpfel. An Bodenschätzen ist Italien arm; von Bedeutung sind Erdöl, Erdgas, Quecksilber, Eisen, Antimon, Schwefel und Marmor. Die wichtigsten Industriezweige sind Rohstahlerzeugung und Fahrzeugbau, Elektrotechnik, Schiff- und Maschinenbau, chemische Industrie. Wichtiger Wirtschaftsfaktor ist der Tourismus.

Geschichte: Nach dem Ende des Weströmischen Reiches 476 (→römische Geschichte) wurde Italien, zersplittert in zahlreiche Einzelreiche, für viele Jahrhunderte Kampfplatz ausländischer Mächte. Auf Odoaker (aus dem germanischen Stamm der Skiren) und den Ostgoten Theoderich folgten die Langobarden, die seit 568 in Oberitalien (»Lombardei«) einfielen. Karl der Große eroberte 774 das Langobardenreich und stellte den päpstlichen Besitz unter seinen Schutz. Die Krönung Karls des Großen zum Kaiser in Rom 800 durch den Papst begründete die Verbindung des Kirchenstaats mit dem Fränkischen Reich. Otto der Große nahm 951 Oberitalien in Besitz, Heinrich II. besiegte 1013 den letzten oberitalienischen König.

Durch den Aufschwung von Handel und Verkehr gewannen die Städte (z.B. Mailand) zunehmende Selbstständigkeit und Macht. Unteritalien wurde im Laufe des 11. Jahrh. von den Normannen erobert. Während des Investiturstreits 1075 stellten sich die Normannen und die Städte hinter den Papst. Die Versuche der Staufer, die schwindende Reichsgewalt in Italien zu erneuern, scheiterten mit dem Un-

Italien im 19. und 20. Jahrhundert

tergang der Dynastie 1268, obwohl der Sohn Friedrichs I. Barbarossa, Heinrich VI., durch Heirat das unteritalienische Normannenreich (mit Sizilien) gewonnen hatte.

Im 14. und 15. Jahrh. entstanden im Zeitalter der Renaissance im Norden Italiens Kleinstaaten (Florenz, Venedig, Mailand, Genua u. a.), die sich gegenseitig bekämpften. Im Kampf um die Vorherrschaft in Italien ab dem 16. Jahrh. siegte Spanien, unter dessen Herrschaft seit 1442 das Königreich Neapel-Sizilien stand, über Frankreich. Nach dem Aussterben der einheimischen Dynastien kam nach 1713 Österreich in den Besitz von Neapel, Sardinien, Mailand und Mantua. 1720 erhielt Piemont-Savoyen Sardinien (mit der Königskrone) im Tausch gegen Sizilien. 1735 kam Neapel-Sizilien an die spanischen Bourbonen, 1737 die Toskana an Lothringen-Habsburg, 1768 Korsika an Frankreich. 1796 rissen französische Revolutionstruppen die Macht an sich, 1805 wurde Napoleon König von Italien.

Nach dem Zusammenbruch der Herrschaft Napoleons und der Wiederherstellung der vornapoleonischen Zustände begann die Zeit des Risorgimento (1815–70), des Kampfes um die politische Einheit Italiens. Führende Persönlichkeiten in diesem Bestreben waren Giuseppe Mazzini und Giuseppe Garibaldi. 1861 wurde unter Führung des Königreichs Sardinien-Piemont und dessen Ministerpräsidenten Camillo Graf Cavour das Königreich Italien ausgerufen, Viktor Emanuel II. wurde König von Italien 1870 wurde Rom Hauptstadt, der Papst auf den Vatikan beschränkt. 1882 schloss Italien einen Dreibund mit Österreich-Ungarn und dem Deutschen Reich. Im Ersten Weltkrieg war Italien zunächst neutral, dann aufseiten der Westalliierten. 1919 gewann es Südtirol, Triest und Istrien.

Innenpolitische Krisen und wirtschaftliche Schwierigkeiten begünstigten die Bildung der faschistischen Kampfverbände unter Benito Mussolini, der nach dem Marsch auf Rom 1922 zum Ministerpräsidenten berufen wurde und eine Diktatur errichtete (→Faschismus). 1936 eignete sich Italien Äthiopien an, 1939 besetzte es Albanien. 1940 trat Italien auf deutscher Seite in den Zweiten Weltkrieg ein. Nach der Landung der Alliierten in Italien (1943) wurde Mussolini abgesetzt und ein Waffenstillstand geschlossen. 1946 musste der König abdanken, Italien wurde Republik. Im Pariser Friedensvertrag 1947 verlor Italien Istrien an Jugoslawien, den Dodekanes (u. a. Rhodos, Leros, Patmos) an Griechenland und musste auf seine afrikanischen Kolonien verzichten.

Vom Ende des Krieges an stellten die Christdemokraten bis 1981 durchweg den Regierungschef; ihnen standen als politische Machtfaktoren die Kommunisten und Sozialisten gegenüber. Die Nachkriegszeit war gekennzeichnet durch häufig wechselnde Kabinette. In den 1990er-Jahren gelangen erste Schritte zur Lösung der wirtschaftlichen Schwierigkeiten, zur Konsolidierung des Staates durch weit reichende Reformen der politischen Ordnung (einschließlich einer Neubildung des Parteiengefüges) und zur Bekämpfung von Korruption und organisierter Kriminalität (→Mafia).

■ **Ithaka,** eine der Ionischen Inseln vor der Westküste Griechenlands; 96 km² groß, 4 200 Einwohner. Die Insel besteht aus Kalkgebirge, das bis 804 m hoch ist. Trotz hoher Niederschläge trägt die Insel keinen Wald; teilweise ist sei von dem immergrünen Buschwald der Mittelmeerländer, der Macchie, bedeckt. Nur wenige fruchtbare Täler gestatten Obst- und Weinanbau. Ithaka ist nach der griechischen Sage die Heimat des Odysseus.

■ **Itinerar** [lat.], ein nach Straßen geordnetes Reisebuch der röm. Zeit; enthielt Angaben über das Straßennetz, Stationen, Ortsentfernungen in röm. Meilen und Schifffahrtslinien. – Im Mittelalter wurde als Itinerar der Reiseweg eines Herrschers von einer Pfalz oder Burg zur nächsten bezeichnet. Diese Reisewege werden jeweils nach den örtlichen und zeitlichen Angaben auf den von den Herrschern ausgestellten Urkunden rekonstruiert.

■ **Ivanhoe** [aivᵉnhou], an der Seite König Richard Löwenherz kämpfender Romanheld im gleichnamigen, 1819 erschienen Roman von W. Scott.

■ **Iwan** [russisch iwan], russische Herrscher:
1) Iwan III. Wassiljewitsch, genannt Iwan der Große, Großfürst von Moskau (seit 1462), *Moskau 22. Januar 1440, †ebenda 27. Oktober 1505. Er vereinigte die großrussischen Gebiete unter der Führung Moskaus und erreichte 1480 die Beendigung der tatarischen Oberherrschaft.

2) Iwan IV. Wassiljewitsch, genannt Iwan der Schreckliche, Großfürst (seit 1533) und erster russischer Zar (seit 1547), *Moskau 25. August 1530, †ebenda 18. März 1584. Iwan stärkte durch Reformen in Verwaltung, Rechtswesen, Kirche und Armee die Zentralgewalt. Er dehnte Russland nach Osten aus und leitete die Eroberung Sibiriens ein, scheiterte aber mit dem Versuch, einen Zugang zur Ostsee zu erwerben.

■ **IWF,** Abkürzung für →Internationaler Währungsfonds.

■ **Iwrit** (Iwrith) [hebräisch] *das,* die moderne →hebräische Sprache, neben Arabisch Amtssprache in Israel.

J

■ **J, 1)** der zehnte Buchstabe des deutschen Alphabets, ein Konsonant.
2) Einheitenzeichen für Joule.

■ **Jạcht** [niederländisch] (Yacht) *die,* größeres Segelboot mit Kajüte; auch Bezeichnung für ein meist sehr aufwendig eingerichtetes Schiff für Sport- und Vergnügungsfahrten.

■ **Jackson** [dschạkß^{e}n], Michael, amerikanischer Popsänger, *Gary (Indiana) 24. August 1958. Er unternahm bereits Ende der 1960er-Jahre in der Soulgruppe »Jackson-Five« (mit seinen Brüdern) Tourneen durch die USA. Als Solist erzielte er seinen internationalen Durchbruch 1982 mit der LP »Thriller«. Neben weiteren LPs (u. a. »Bad«, 1987; »Dangerous«, 1991; »HIStory«, 1994) veröffentlichte er seine Autobiografie »Moonwalk« (1988), die auch verfilmt wurde. Jackson, der mit seiner exzentrischen Lebensweise oft in die Schlagzeilen geriet, gilt als der bisher kommerziell erfolgreichste Künstler der Popgeschichte.

Michael Jackson

■ **Jạffa** → Tel Aviv-Jaffa.

■ **Jạgd,** das Aufsuchen, Verfolgen und Erlegen des Wildes. Die Jagd dient der sinnvollen Auslese des jagdbaren Wildes, da nach dem Aussterben vieler Raubtierarten eine natürliche Auslese häufig nicht mehr gegeben ist. Sie umfasst auch die Hege, das heißt Maßnahmen zur Erhaltung des Wildes (z. B. Fütterung in Notzeiten).
Nur Forstbeamte und Privatjäger, die einen behördlichen »Jagdschein« besitzen, dürfen die Jagd ausüben. Durch Jagdgesetze sind für die einzelnen Wildarten verschiedene Jagd- und Schonzeiten vorgeschrieben. Unberechtigtes Jagen (»Wilderei«) wird bestraft.
Die häufigsten bei uns noch üblichen Arten der Jagd sind die **Pirsch**, bei der der Jäger sein Revier durchstreift, der **Anstand** (oder Ansitz), das heißt, der Jäger erwartet auf einem Hochsitz das Wild, und die **Treibjagd**, bei der das Wild von Treibern den Schützen zugetrieben wird.

Der **Jaguar** ist der beste Kletterer unter den Großkatzen

■ **Jạguar** [indianisch] *der,* den Leoparden ähnliches, aber etwas größeres Raubtier (Kopf-Rumpf-Länge bis zu 2 m) der Wälder Mittel- und Südamerikas. Sein Fell ist rötlich gelb mit schwarzen Ringelflecken. Der Jaguar bevorzugt die Wassernähe, wo er Säugetiere, Vögel und Reptilien sowie, da er gut schwimmen kann, auch Fische erbeutet.

■ **Jahn,** Friedrich Ludwig, Gründer der deutschen Turnbewegung (»Turnvater Jahn«), *Lanz (bei Perleberg, Brandenburg) 11. August 1778, †Freyburg (Unstrut) 15. Oktober 1852. In der Zeit der napoleonischen Herrschaft sah Jahn in einer allgemeinen sportlichen Betätigung eine Möglichkeit, die körperliche und moralische Kraft des Volkes zu stärken. So eröffnete er 1811 in der Hasenheide bei Berlin den ersten Turnplatz. Jahns »Turnen« umfasste vielfältige Leibesübungen, zu denen auch Fechten, Laufen und Schwimmen, daneben Spiel und Tanz gehörten. Nach 1815 geriet Jahn in Gegensatz zu den politisch herrschenden Kräften, seine Turnplätze wurden geschlossen. 1848 wurde er in die Frankfurter Nationalversammlung gewählt. – Infokasten S. 100

■ **Jahr,** die Zeitdauer, die die Erde für einen Umlauf um die Sonne benötigt. Ein Jahr umfasst, misst man es nach zwei aufeinander folgenden Durchgän-

Jahn Turnvater

Die Bedeutung des »Turnvaters Jahn«, wie er schon zu Lebzeiten genannt wurde, liegt vor allem in der Entwicklung des Turnens. Dazu gehörte das Fechten, Schwimmen, Laufen, Spiel und Tanz ebenso wie Übungen an Geräten wie Barren und Reck, die Jahn entwickelt hatte. Die Turnbewegung sollte viele Menschen ansprechen. Jahn hatte aber auch ein politisches Ziel im Auge: Gemeinschaftsgefühl und Fitness schienen ihm ein Weg, die Wehrhaftigkeit seiner Landsleute im Kampf gegen die napoleonische Herrschaft zu stärken; später, nachdem diese 1815 beseitigt worden war, auch die Freiheit und Einheit Deutschlands zu befördern. So war das Turnermotto »Frisch, Fromm, Fröhlich, Frei« also ursprünglich eine politische Parole. Daher geriet Jahn nach 1815 in Gegensatz zum preußischen Regime der Restauration. 1819 wurde er als angeblicher geistiger Urheber der Ermordung des Dramatikers August von Kotzebue in Haft genommen. Die Turnplätze wurden geschlossen, Jahn angeklagt, 1825 freigesprochen; aber bis 1840 blieb ihm politische Betätigung untersagt. 1848 wurde Jahn als Befürworter einer Demokratisierung der Monarchie in die Deutsche Nationalversammlung gewählt.

gen der Sonne durch den Frühlingspunkt **(tropisches Jahr** oder **Sonnenjahr)**, 365,2422 Tage (365 d 5 h 48 min 46 s); misst man es dagegen nach zwei aufeinander folgenden gleichen Positionen der Sonne bezüglich des Fixsternhimmels **(siderisches Jahr** oder **Sternjahr)**, dann dauert es 365,2564 Tage (365 d 6 h 9 min 10 s). Nach dem gregorianischen →Kalender dauert ein mittleres **Kalenderjahr** exakt 365,2425 Tage.

■ **Jahresringe** →Holz.

■ **Jahreszeiten,** die vier nicht ganz gleich großen Zeitintervalle, in die das Jahr dem Sonnenstand entsprechend aufgeteilt wird:

Jahreszeiten

Nordhalbkugel	Zeit	Südhalbkugel
Frühling	20./21. 3.–21./22. 6.	Herbst
Sommer	21./22. 6.–22./23. 9.	Winter
Herbst	22./23. 9.–21./22. 12.	Frühling
Winter	21./22. 12.–20./21. 3.	Sommer

Der **Winter** der Nordhalbkugel (Dauer 89 Tage) beginnt, wenn die Sonne dort ihren niedrigsten Stand erreicht, das heißt am weitesten südlich des Himmelsäquators steht (21. oder 22. Dezember; Wintersonnenwende), und endet an dem Tag, an dem sie den Frühlingspunkt erreicht (21. März; Frühlingstagundnachtgleiche): Dann beginnt der **Frühling** (92 Tage und 19 Stunden).
Der **Sommer** der Nordhalbkugel (93 Tage und 15 Stunden) beginnt an dem Tag, an dem die Sonne dort ihren höchsten Stand erreicht, das heißt am weitesten nördlich des Himmelsäquators steht (21. oder 22. Juni; Sommersonnenwende), und endet an dem Tag, an dem sie den Herbstpunkt erreicht (23. September; Herbsttagundnachtgleiche): Dann beginnt der **Herbst** und dauert bis Winteranfang (89 Tage und 19 Stunden).
Die jahreszeitlichen Temperaturunterschiede sind durch die Neigung der Erdachse zur Ebene der Erdbahn bedingt, deren Richtung die Erde bei ihrem Lauf um die Sonne beibehält und dadurch bewirkt, dass im Nordsommer die Nordhalbkugel und im Nordwinter die Südhalbkugel mehr Sonnenschein erhält. Die Jahreszeiten der Südhalbkugel sind gegenüber denen der Nordhalbkugel um ein halbes Jahr verschoben.

■ **Jahwe,** Name des Gottes Israels, der seit dem 12. Jahrh. auch als **Jehova** gelesen wurde. Nach dem Alten Testament nannte Gott ihn, als er zu Moses aus dem brennenden Dornbusch sprach; er bedeutet: »Ich bin, der ich bin«. Später vermieden die Juden den Namen Jahwe und lesen stattdessen **Adonai** (= mein Herr). – auch →Judentum.

■ **Jak** →Yak.

■ **Jakarta** [dsch...] (Djakarta; bis 1949 Batavia), Hauptstadt und wichtigster Hafen Indonesiens. Die Stadt liegt im Nordwesten der Insel Java und hat 9,16 Mio. (überwiegend muslimische) Einwohner. Das Bild der von Kanälen durchzogenen Altstadt ist durch Bauten aus der Kolonialzeit geprägt, an die die Hochhäuser des modernen Jakarta grenzen. – Jakarta wurde 1619 von Niederländern als Batavia gegründet.

■ **Jakob** (Ehrenname Israel), Stammvater des Volkes Israel im Alten Testament, Sohn Isaaks. Von ihm wird berichtet, er habe seinem älteren Zwillingsbruder Esau das Erstgeburtsrecht um ein Linsengericht abgekauft und durch List den väterlichen Segen erhalten. Seine zwölf Söhne gelten als Väter der Stämme Israels.

■ **Jakobiner,** die Mitglieder eines zunächst gemäßigten, dann jedoch radikalen politischen Klubs während der Französischen Revolution, benannt nach ihrem Versammlungslokal, dem ehemaligen Kloster Sankt Jakob in Paris. Die Jakobiner waren die eigentlichen Träger der Schreckensherrschaft 1793/94. Nach dem Sturz ihres wichtigsten Führers →Robespierre wurde der Jakobinerklub 1794 geschlossen.

■ **Jạlta,** Hafenstadt und Kurort an der Südküste der Krim, Ukraine, mit 90 000 Einwohnern. – Auf der **Konferenz von Jalta** (4.–11. Februar 1945) wurden zwischen Stalin, Roosevelt und Churchill Vereinbarungen über politische und militärische Maßnahmen zur Beendigung des Zweiten Weltkriegs und zur Gründung der UN getroffen. Dabei wurde u. a. das Deutsche Reich in vier Besatzungszonen aufgeteilt.

■ **Jama̲ika,** mittelamerikanischer Staat und drittgrößte Insel der Großen Antillen. Die gebirgige Insel hat tropisch-feuchtes Klima. An der Küste und an Gebirgshängen werden Zuckerrohr, Bananen, Zitrusfrüchte, Tabak, Kakao und Gewürzpflanzen angebaut. Abgebaut und verarbeitet wird Bauxit als wichtigstes Exportgut. Die größten Einnahmen kommen jedoch aus dem Tourismus. Die Bevölkerung besteht zu drei Vierteln aus Schwarzen.
Geschichte: Jamaika wurde 1494 von Kolumbus entdeckt und seit 1509 von Spaniern besiedelt. Ab 1655 britische Kolonie, war Jamaika im 17. Jahrh. einer der größten Umschlagplätze des Sklavenhandels. 1962 erhielt Jamaika als parlamentarische Monarchie im Commonwealth die Unabhängigkeit.

Jamaika
Fläche 10 990 km^2
Einwohner 2,539 Mio.
Hauptstadt Kingston
Amtssprache Englisch
Nationalfeiertag 1. Montag im August
Währung 1 Jamaika-Dollar (J$) = 100 Cents (c)
Zeitzone MEZ – 6 Std.

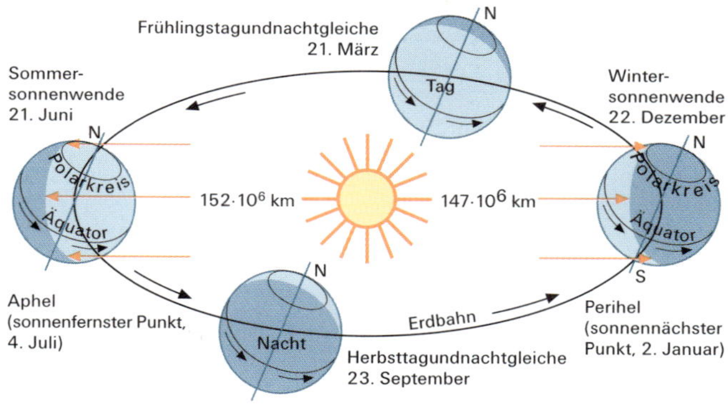

Die Darstellung der **Jahreszeiten** zeigt die Bewegung der Erde um die Sonne auf der Nordhalbkugel; im Nordsommer umläuft die Erde die Sonne langsamer, während sie im Nordwinter eine höhere Bahngeschwindigkeit hat

■ **Jạmbus** →Vers.

■ **Jam Session** [dschạm ßẹschᵉn; engl.] *die,* zwanglose Zusammenkunft von Jazzmusikern zum gemeinsamen Improvisieren; später auch Programmteil von Jazzkonzerten.

■ **Jạndl,** Ernst, österreichischer Schriftsteller, *Wien 1. August 1925, †Wien 9. Juni 2000. Er ist für seine experimentellen Lautgedichte und Sprachspiele, die zugleich auch politische und gesellschaftskritische Bedeutung haben, bekannt, z. B. in »Laut und Luise« (1966)

■ **Jạngtsekiang** *der* (chinesisch Chang Jiang), längster Fluss Asiens, 6 300 km. Er entspringt im Hochland von Tibet, tritt bei Yichang (Provinz Hubei) in die Ebene ein und mündet in breitem Trichter bei Schanghai ins Ostchinesische Meer. 2 800 km sind schiffbar.

■ **Janitscha̲ren** [türkisch], im 14. Jahrh. gegründete, 1826 aufgelöste Kerntruppe des osmanischen Sultans. Sie wurde vor allem aus der christlichen Jugend der Balkanprovinzen gebildet, die zum Islam erzogen und zu lebenslangem Dienst verpflichtet wurde.

■ **Jạnus,** römischer Gott des Eingangs und des Ausgangs, meist dargestellt mit zwei Gesichtern, die – wie die beiden Seiten einer Tür – nach innen und nach außen blicken.

■ **Ja̲pan** (japanisch Nippon, Nihon), Kaiserreich in Ostasien. Es umfasst die Hauptinseln Honshū (Hondo), Hokkaidō, Kyūshū und Shikoku sowie rund 3 500 kleinere Inseln. Japan ist vorwiegend gebirgig (viele hohe Vulkane, z. B. der →Fudschijama, mit 3 776 m der höchste Berg); größere Ebenen fin-

Jamaika

Flagge

Wappen

Darstellung des **Janus** auf einer römischen Münze

Japan
Fläche 372 824 km²
Einwohner 126,486 Mio.
Hauptstadt Tokio
Amtssprache Japanisch
Nationalfeiertag 23. 12.
Währung 1 Yen (¥) = 100 Sen
Zeitzone MEZ + 8 Std.

Japan

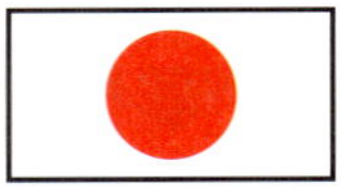

Flagge

Wappen

det man nördlich von Tokio und an den reich gegliederten Küsten; häufig treten Erdbeben auf. Japan hat Monsunklima, außer auf Hokkaidō sind fast überall die Sommer heiß und regenreich, die Winter mild.
Das Land ist zu 60 % bewaldet. Nur ein Sechstel der Landesfläche kann landwirtschaftlich genutzt werden. Angebaut werden neben Reis auch Gerste, Weizen, Kartoffeln, Tee, Tabak und Obst. Bedeutend sind die Seidenraupenzucht, die Fischerei und die Perlmuschelzucht.
Japan ist arm an Bodenschätzen, zählt jedoch zu den führenden Industriestaaten der Erde. Für die hoch entwickelte Industrie müssen Erdöl, Schwermetalle und Kokskohle zu mehr als 90 % des Bedarfs eingeführt werden. In den Hauptindustriezentren Tokio/Yokohama, Kōbe/Ōsaka und Nagoya auf Honshū sowie Kitakyūshū auf Kyūshū findet man Eisen- und Stahlindustrie, Maschinen- und Kraftfahrzeugbau, Elektronik-, optische und chemische Industrie sowie einen bedeutenden Schiffbau. Besonders wichtig ist das japanische Bank-, Börsen- und Versicherungswesen. Tokio ist nach New York und London der drittwichtigste internationale Finanzplatz.
Geschichte: Als erster Kaiser und Begründer des bis heute bestehenden Kaiserhauses gilt der legendäre Jimmu Tenno. Seit 400 n. Chr. geriet Japan unter den Einfluss der chinesischen Kultur. Im 6. Jahrh. gelangte der Buddhismus ins Land. Seit dem 7. Jahrh. war Japan ein Beamtenstaat mit dem Tenno, dem göttlichen Kaiser, an der Spitze; der Buddhismus wurde Staatsreligion. 794 wurde Kyōto zur Hauptstadt erhoben.
Seit dem Ende des 12. Jahrh. war Japan ein Feudalstaat: Die Regierungsgewalt lag bei den Schogunen (Reichsfeldherren), die sich auf Fürsten und ritterliche Lehnsleute (Samurai) stützten.
Ein Freundschafts- und Handelsvertrag mit den USA beendete 1854 die seit 1637 verfolgte Politik strengster Abschottung. 1867 dankte der letzte Schogun zugunsten des Kaisers Mutsuhito (1852–1912) ab; die Hauptstadt wurde 1869 nach Edo (= Tokio) verlegt. 1868 wurde der →Schintoismus zum Staatskult erklärt. Verfassungsreformen und die Umgestaltung von Staat und Wirtschaft nach europäischem Muster begründeten den Aufstieg des Landes zur asiatischen Großmacht. Seine Ausdehnungspolitik führte zu mehreren Kriegen (1894/95 gegen China, 1904/05 gegen Russland).
Unter Kaiser Hirohito (1901–1989) besetzte Japan 1931/32 die Mandschurei und nach 1937 weite Teile Chinas. Im Zweiten Weltkrieg suchte Japan als Verbündeter Deutschlands und Italiens seine imperialistische Politik zu vollenden (1941 japanischer Überfall auf den amerikanischen Flottenstützpunkt Pearl Harbor; 1945 amerikanischer Atombombenabwurf auf Hiroshima und Nagasaki).
Nach der Kapitulation musste Japan auf die früher eroberten Gebiete außerhalb seines Inselreiches verzichten; es folgte eine Angleichung an die westlichen Demokratien, der Kaiser (→Tenno) blieb nur Symbol der nationalen Einheit. Nach Beendigung der amerikanischen Besetzung erlangte Japan 1952 seine Hoheitsrechte zurück. Nach dem Tod des Kaisers Hirohito (1989) trat sein Sohn Akihito (* 1933) seine Nachfolge an. 1993 wurde die in der Nachkriegszeit politisch dominierende konservative Liberaldemokratische Partei in der Regierung erstmals (durch eine sozialliberale Koalition) abgelöst.

■ **Jargon** [schargong; frz.] *der* (Slang), Sondersprache bestimmter sozialer Gruppen; sie weicht im Wortschatz, nicht aber in der Grammatik, von der Hochsprache ab.

■ **Jasmin** [persisch] *der,* bis 3 m hoher Strauch mit langröhrigen weißen, rosafarbenen oder gelben, zum Teil stark duftenden Blüten. Das aus Ostasien stammende Ölbaumgewächs ist eine beliebte Zierpflanze.

■ **Jaspers,** Karl, deutscher Philosoph, * Oldenburg (Oldenburg) 23. Februar 1883, † Basel 26. Februar 1969; Vertreter der →Existenzphilosophie. Er äußerte sich auch zu politischen Fragen (»Wohin treibt die Bundesrepublik?«, 1966).

■ **Java,** eine der Großen Sundainseln, 118 000 km^2 mit 114,7 Mio. Einwohnern. Sie ist die am dichtesten bevölkerte und wirtschaftlich bedeutendste Insel →Indonesiens mit der Hauptstadt Jakarta. Es gibt auf Java zahlreiche tätige Vulkane. Vulkanische Böden und Monsunklima bedingen die Fruchtbarkeit der Insel. Neben Landwirtschaft und Fischerei sind Erdölförderung, Textilindustrie und Verarbeitung landwirtschaftlicher Produkte die wichtigsten Wirtschaftszweige.

■ **Jazz** [dschäs; engl.] *der,* eine Musik, die aus der Berührung der europäisch-amerikanischen mit der afrikanischen Musik entstanden ist. Urheber des Jazz waren die Nachfahren der von den europäischen Kolonisatoren als Sklaven in die Südstaaten der USA verschleppten Afrikaner. Diese entwickelten im 19. Jahrh. eigenständige Musikgattungen, die sowohl afrikanische als auch abendländische Elemente enthielten: **Spirituals** (religiöse Gesänge), **Worksongs** (rhythmische Arbeitslieder der Sklaven) und **Blues** (weltliche Lieder). Als die Sklavenbefreiung die Schwarzen zunehmend in Kontakt mit der europäischen Musik brachte, kamen Einflüsse der Marsch-, Tanz- und Populärmusik dazu.
Um die Jahrhundertwende verschmolzen schwarze Musiker unterschiedlichste Einflüsse zum ersten

All that Jazz: Thelonius Monk, ein Pianist

Jazzstil, dem **New-Orleans-Jazz.** Es war eine eigenwillige Musik mit starker rhythmischer Akzentuierung, rauer Tonbildung und mehrstimmigen Improvisationen. Allmählich prägte sich eine Standardbesetzung aus: Kornett oder Trompete, Klarinette und Posaune bildeten die Melodiegruppe; Klavier, Banjo oder Gitarre, Bass und Schlagzeug die Rhythmusgruppe.

All that Jazz: Charlie Parker am Saxophon und Miles Davis an der Trompete

Der New-Orleans-Jazz, noch eine typisch »schwarze« Musik, wurde schon bald durch weiße Musiker im **Dixieland-Jazz** nachgeahmt. Damit begann ein Prozess, der sich in der Geschichte des Jazz noch mehrmals wiederholte: Schwarze Musiker entwickelten einen Stil, weiße Musiker imitierten ihn, verflachten und glätteten ihn dabei.
Anfang der 1920er-Jahre begann ein anhaltender Zuzug von Schwarzen aus den ländlichen Bezirken des Südens in die nördlichen Großstädte. Mit ihnen zogen, dem Lauf des Mississippi folgend, die New-Orleans-Musiker. Neues Zentrum des Jazz wurde Chicago, wo so berühmte Musiker wie King Oliver, Louis Armstrong und Johnny Dodds arbeiteten. Auch hier entstand unter dem Einfluss und durch Imitation des »schwarzen« New-Orleans-Jazz ein neuer »weißer« Stil, der **Chicago-Stil,** dessen bedeutendster Vertreter der Trompeter Bix Beiderbecke war: Die Gruppenimprovisation wurde weitgehend aufgegeben, Solisten traten stärker hervor, die Tonbildung wurde glatter und dem europäischen Klangideal zunehmend angepasst.
Der Chicago-Stil bildete das Bindeglied zwischen den so genannten klassischen Jazzstilen und dem **Swing.** Dieser entstand Anfang der 30er-Jahre und war vor allem eine Angelegenheit der großen Orchester (Bigbands). Im Swingstil rückten die afrikanischen Elemente des Jazz weiter in den Hintergrund. Die Bigbands erforderten eine strenge musikalische Disziplin und ließen die spontane Improvi-

sation nur bei Starsolisten wie z. B. dem Klarinettisten und Orchesterleiter Benny Goodman zu, der als »King of Swing« gefeiert wurde.

Die Entwicklung des modernen Jazz setzte um 1940 in New York ein. Der Saxophonist Charlie Parker, die Trompeter Dizzy Gillespie und Miles Davis, der Pianist Thelonious Monk und andere farbige Musiker schufen als Reaktion auf den kommerzialisierten Swing mit dem **Bebop** eine neue Form des Musizierens mit erregend wirkenden, zerfetzten, ausbruchartigen Melodielinien und Rhythmen. Im Laufe der 50er-Jahre bildeten sich in der Nachfolge des Bebop zwei sehr unterschiedliche Stilbereiche heraus: **Cool Jazz** und **Hardbop**. Der erstere, vor allem von weißen Musikern praktiziert, knüpfte an die harmonischen Errungenschaften des Bebop an, glättete aber dessen Rhythmik und Tonbildung zu einer verhaltenen Kühle des Ausdrucks. Der Hardbop hingegen betonte als »schwarzer« Gegenpol des Cool Jazz die Wurzeln des Jazz, indem er auf alte Formen der afroamerikanischen Volksmusik (wie z. B. Worksong, Blues) zurückgriff.

Jean Paul beschloss im Alter von 18 Jahren als freier Schriftsteller »Bücher zu schreiben, um Bücher kaufen zu können«

Aus dem Hardbop entstand in den 60er-Jahren der frei experimentierende **Free Jazz**. In den 70er-Jahren entwickelte sich der **Electric Jazz**, der viele Elemente der Rockmusik aufnahm. Ende der 70er-Jahre setzte, ausgehend von den USA, eine Wiederbelebung des Jazz der 50er-Jahre ein, das Bebop-Revival. In den 80er- und 90er-Jahren herrschte ein weitgehender stilistischer Pluralismus, verbunden mit einer verstärkten Kommerzialisierung.

■ **Jeanne d'Arc** [schandạrk] (Johanna von Orléans), französische Nationalheldin, * Domrémy-la-Pucelle (Département Vosges) zwischen 1410 und 1412, † Rouen 30. Mai 1431. Die Tochter wohlhabender Bauern wuchs zu einer Zeit in Lothringen auf, als große Teile Frankreichs von den Engländern besetzt waren (→Hundertjähriger Krieg). Mit 16 Jahren fühlte sie sich durch »Stimmen« berufen, Frankreich zu befreien. An der Spitze eines Heeres befreite sie 1429 die von Engländern belagerte Stadt Orléans (daher ihr Beiname **Jungfrau von Orléans**) und führte den französischen Thronfolger nach Reims, wo er als Karl VII. gekrönt wurde. Ihr Eingreifen gab dem Krieg die entscheidende Wende.

Der demokratische Staatsmann **Thomas Jefferson** nahm auch Einfluss auf das geistige Leben seines Landes: im Jahr 1819 gründete er die Universität von Virginia und war auch deren erster Rektor

Im Mai 1430 geriet Jeanne d'Arc durch Verrat in Gefangenschaft. Im englisch besetzten Rouen wurde sie von einem Kirchengericht als Zauberin und Ketzerin verurteilt und auf dem Scheiterhaufen verbrannt. Das Urteil wurde 1456 kirchlich aufgehoben, Jeanne d'Arc 1920 heilig gesprochen. – In der Literatur wurde das Leben der Jeanne d'Arc vielfach

Jeanne d'Arc auf einer zeitgenössischen Darstellung

behandelt (u. a. von Schiller, Shaw, Brecht und Anouilh).

■ **Jean Paul** [schang...], eigentlich Johann Paul Friedrich Richter, deutscher Schriftsteller, * Wunsiedel (Oberfranken) 21. März 1763, † Bayreuth 14. November 1825. In seinen Romanen, u. a. »Leben des vergnügten Schulmeisterlein Maria Wuz« (1793), »Siebenkäs« (1796/97), »Titan« (1800–03) und »Flegeljahre« (1804/05), verbindet sich groteske Fantasie mit einer Erzählweise, in der die zeitliche Reihenfolge hin- und herspringt.

■ **Jeans** [dschins; von engl. jean, = geköperter Baumwollstoff], strapazierfähige, ursprünglich blaue **(Bluejeans)** Hose aus Baumwollstoff mit Kappnähten, Sattel und Taschen. Jeans wurden erstmal 1850 in den USA von L. Strauss als Arbeitshosen für Goldgräber hergestellt.

■ **Jedermann**, ein geistliches Schauspiel um das Sterben eines reichen Mannes, den alle seine Freunde verlassen. Nur seine »guten Werke« und sein Glaube begleiten ihn vor Gottes Richterstuhl; entstanden um 1500 in England oder in den Niederlanden; am bekanntesten ist die Nachdichtung von Hugo von Hofmannsthal (1911).

■ **Jefferson** [dschẹf^{e}sn], Thomas, amerikanischer Staatsmann, * Shadwell (Virginia) 13. April 1743, † Monticello (Virginia) 4. Juli 1826; dritter Präsident der USA (1801–09). Er verfasste als einer der

Führer der Unabhängigkeitsbewegung die amerikanische Unabhängigkeitserklärung vom 4. Juli 1776. Als Präsident förderte er vor allem die Ausdehnung der USA nach Westen (u. a. 1803 Erwerb Louisianas von Frankreich). Jefferson gilt als der Schöpfer der amerikanischen Demokratie.

■ **Jehova,** Lesart der hebräischen Schreibweise des Gottesnamens Jahwe.

■ **Jelzin,** Boris, russischer Politiker, *Butka (bei Swerdlowsk, heute Jekaterinburg) 1. Februar 1931. Jelzin war 1985–87 Vorsitzender der Moskauer Stadtparteiorganisation. Als Reformer wiederholt Kritiker Gorbatschows, war er 1991–99 der erste Präsident Russlands. Jelzin organisierte den Widerstand gegen den Staatsstreich orthodox-kommunistischer Kräfte vom August 1991 und entmachtete nach dessen Scheitern die KPdSU. Im Dezember 1991 beteiligte er sich führend an der Gründung der →GUS.

Außenpolitisch suchte Jelzin Russlands Anspruch auf die Rolle einer Weltmacht zur Geltung zu bringen. Seine Amtszeiten wurden vor allem durch das zweimalige militärische Eingreifen Russlands in dem nach Unabhängigkeit strebenden Tschetschenien (1994 und 1999) überschattet.

Boris Jelzin sorgte auch für den vollständigen Abzug der russischen Truppen aus dem Osten Deutschlands

■ **Jemen,** Staat im Süden Arabiens. Der größte Teil des Landes besteht aus wüstenhaften Gebirgsregionen. Die Küstenstreifen am Roten Meer und am Golf von Aden sind heiß und schwül. Die Landwirtschaft hat noch entscheidende Bedeutung, es werden Baumwolle, Kaffee, Weizen und Obst sowie die Drogenpflanze Kath angebaut. Die Industrie ist im Aufbau, Schwerpunkt ist die Erdölverarbeitung.

Geschichte: Das Gebiet des heutigen Jemen wurde von Herodot »Land des Weihrauchs«, von den Römern wegen seiner fruchtbaren Täler »Arabia Felix« (= Glückliches Arabien) genannt. Im 1. Jahrtausend v. Chr. entstanden hier die Reiche der Sabäer (Saba) und Minäer (Main) sowie Kataban und Hadramaut, die sich im 3. Jahrh. n. Chr. zu einem Großreich unter der Führung von Saba vereinigten. Im 6. Jahrh. war Jemen zwischen Äthiopien und Persien umkämpft. Seit 631 islamisiert, war das Gebiet seit 945 unabhängig vom Kalifenreich. Nach Zugehörigkeit zum Osmanischen Reich wurde Jemen 1918 ein selbstständiges Königreich.

1962 wurde die Republik ausgerufen. Der darauf folgende Bürgerkrieg, mit ägyptischer Unterstützung der republikanischen Seite, endete 1970; es entstand die Arabische Republik Jemen. Um das Gebiet der britischen Kronkolonie Aden entwickelte sich ab 1962 die Südarabische Föderation, die 1967 in der Volksrepublik Südjemen (ab 1970 Demokratische Volksrepublik Jemen) aufging. Innere Unruhen in beiden Ländern verhinderten zunächst eine seit 1972 angestrebte Union beider Staaten, bis es 1990 zur staatsrechtlichen Vereinigung kam.

Jemen
Fläche 527 968 km²
Einwohner 16,841 Mio.
Hauptstadt Sanaa
Amtssprache Arabisch
Nationalfeiertag 22. 5.
Währung 1 Jemen-Rial (Y. Rl) = 100 Fils
Zeitzone MEZ + 2 Std.

Jemen

Flagge

Wappen

■ **Jena,** Stadt an der Saale, Thüringen, mit 99 800 Einwohnern. Sie hat eine Universität sowie bedeutende optische, Glas- und Arzneimittelindustrie. – Um 1800 war Jena einer der geistigen Mittelpunkte Deutschlands; hier wirkten zeitweise Schiller, Fichte, Schelling, Hegel und die Brüder Schlegel.

■ **Jeremia** (Jeremias), Prophet des Alten Testaments, *Anatot (bei Jerusalem) um 650, † in Ägypten nach 587 v. Chr. Die nach ihm benannten Klagelieder (über den Untergang des Reiches Juda und Jerusalems) wurden wohl von seinem Gefährten Baruch niedergeschrieben.

■ **Jerewan** →Erewan.

■ **Jericho,** Oasenstadt im Jordangraben, mit rund 7 000 Einwohnern, die tiefstgelegene Stadt der Erde (250 m unter dem Meeresspiegel).

Der Bericht im Alten Testament über die Zerstörung Jerichos, einer der ältesten (noch bewohnten) Städte der Erde (die Spuren reichen bis ins 9. Jahrtausend v. Chr. zurück), ist legendär. – Seit 1967 von Israel besetzt, erhielt Jericho1993 begrenzte Selbstverwaltung für die Palästinenser. – Bild S. 106

■ **Jerusalem,** Hauptstadt (seit 1950) des Staates Israel, heilige Stadt und Wallfahrtsort von Juden, Christen und Muslimen, im Bergland von Judäa gelegen. Der Ostteil der Stadt (Altstadt; Weltkulturerbe der UNESCO) gehörte 1948–67 zu Jordanien und wurde nach der Eroberung im Sechstagekrieg (Juni 1967) gegen arabischen Widerstand 1980 dem israelischen Staatsgebiet angegliedert. Die gesamte Stadt hat 662 700 Einwohner. In Jerusalem befinden sich über 70 Synagogen, die »Klagemauer« (Rest der Tempelmauer), zahlreiche Kirchen (darunter die Grabeskirche) und Moscheen (Al-Aksa-Moschee, Felsendom).

Geschichte: Jerusalem, eine der ältesten Städte der Erde, war um 1000 v. Chr. unter den Königen David und Salomo Hauptstadt des Reiches Israel, nach dessen Zerfall Mittelpunkt des Südreiches Juda. 587/586 v. Chr. zerstörten die Babylonier Stadt und Tempel. Unter römischer Herrschaft baute Herodes der Große die Stadt prächtig aus. Um 30 n. Chr. wurde Jesus von Nazareth hier vor Gericht gestellt und gekreuzigt. 70 zerstörten die Römer nach einem jüdischen Aufstand den Tempel. 637 wurde Jerusalem von den Arabern erobert. Im Zeitalter der Kreuzzüge war es zwischen Christen und Muslimen umstritten. 1244–1917 gehörte die Stadt zum Osmanischen Reich.

Die Außenwände des Felsendoms in **Jerusalem** sind unten mit Marmorplatten und darüber mit persischen Fayencefliesen des 16. Jahrhunderts verkleidet

■ **Jesaja** (Isaias), Prophet des Alten Testaments, der wohl zwischen 736 und 701, in einer Zeit wachsender äußerer Bedrohung Judas und Israels, in Jerusalem wirkte. Er kämpfte für die religiöse Erneuerung des Volkes Israel und gegen soziale Missstände.

■ **Jesuiten,** Mitglieder der **Gesellschaft Jesu** (lat. **S**ocietas **J**esu, Abkürzung SJ), des größten katholischen Ordens. Die Jesuiten sind vor allem in der Mission, in Wissenschaft, Erziehung und Seelsorge tätig. – Der Orden wurde 1534 von →Ignatius von Loyola begründet. Er spielte in der Gegenreformation eine wichtige Rolle; 1773 wurde er vom Papst aufgehoben, 1814 jedoch wieder zugelassen. Es gibt heute etwa 24 000 Jesuiten.

Aus der Zeit um 8000 v. Chr. stammt die imposante Befestigungsanlage von **Jericho,** sie zeugt von einer frühen jungsteinzeitlichen Kultur

■ **Jesus Christus,** Begründer und Mittelpunkt des →Christentums. Über sein Leben berichten vor allem die vier Evangelien im Neuen Testament. Für eine zusammenhängende Lebensbeschreibung reichen diese Quellen jedoch nicht aus, da die Evangelisten kein Bild der menschlichen Persönlichkeit Jesu zeichnen und sich auch nicht an die zeitliche Abfolge der Ereignisse halten.

Jesus wurde um das Jahr 4 vor unserer Zeitrechnung als Sohn Marias (nach christlicher Lehre durch das Wirken des Heiligen Geistes) und Josephs geboren und wuchs in Nazareth in Galiläa auf. Seit seinem 30. Lebensjahr zog er als Wanderprediger, anknüpfend an den Täufer Johannes, von dem er sich taufen ließ, durch Palästina, gefolgt von seinen ersten Anhängern (Jüngern).

Zentraler Punkt seiner Botschaft war die Ankündigung, das Reich Gottes sei nahe; er forderte von den Menschen Sinnesänderung, Nächstenliebe und Hingabe an Gott. Mit seiner Lehre und seinem Anspruch, der →Messias zu sein, schuf er sich viele Gegner unter den Juden. Als er im Alter von 33 Jahren mit einigen Anhängern zum Passahfest nach Jerusalem kam, lieferten ihn seine Widersacher dem römischen Landpfleger von Palästina, Pontius Pilatus, aus. Dieser verurteilte ihn, nachdem die jüdischen Geistlichen ihn überzeugt hatten, dass Jesus ein politischer Aufrührer und damit für die Römer gefährlich sei, zum Tode. Die Kreuzigung und das Begräbnis Jesu fanden an einem Freitag um das Jahr 30 statt. Nach christlichem Glauben ist Jesus am dritten Tag auferstanden und in den Himmel aufgefahren. – Im Koran ist Jesus – neben Mohammed – der größte Prophet.

■ **Jetlag** [dschetläg; engl.] *der,* Bezeichnung für Beschwerden, die nach Flügen zwischen mehreren Zeitzonen auftreten können, weil der Tag-und-Nacht-Rhythmus gestört ist.

■ **jiddische Sprache,** eine Sprache der Juden, vor allem in Osteuropa, die trotz der Vernichtung eines großen Teils der jiddischen Sprachgemeinschaft während des Nationalsozialismus bis heute die am weitesten verbreitete jüdische Sprache blieb (etwa 5–6 Mio. Sprecher, denen es zumindest als Zweitsprache geläufig ist). Sie hat sich aus romanischen, hebräisch-aramäischen und slawischen Elementen geformt, die von deutschen Einflüssen dominiert werden. Der schriftlichen Wiedergabe dient das hebräische Alphabet.

■ **Jiu-Jitsu** →Judo.

■ **Job** [dschob; engl.] *der,* berufliche Tätigkeit, Arbeit; meist im Sinne von Gelegenheitsarbeit, vorübergehender beruflicher Betätigung gebraucht. – auch →Beruf.

■ **Jobsharing** [dschobschäring; engl.] *das,* eine Form der Teilzeitarbeit, bei der sich zwei oder mehrere Beschäftigte mit vereinbarten Anwesenheitszeiten einen Arbeitsplatz teilen.

Jod
chemisches Symbol: I
Ordnungszahl: 53
relative Atommasse: 126,9
Dichte: 4,93 g/cm³
Schmelzpunkt: 113,7 °C
Siedepunkt: 184 °C

■ **Jod** [griech.] (Iod) *das,* ein chemisches Element aus der Gruppe der →Halogene. Es liegt in schuppenartigen, schwarzgrauen, etwas glänzenden Blättchen vor, die schon bei Zimmertemperatur bräunliche Dämpfe bilden. Jod geht beim Erhitzen teilweise unter Umgehung des flüssigen Zustandes (→Verdampfung) in violette Dämpfe über. Chemisch verhält sich Jod ähnlich wie Chlor, ist jedoch nicht so aggressiv.
Am bekanntesten ist die desinfizierende Wirkung der alkoholischen Lösung von Jod (Jodtinktur), die jedoch wegen möglicher allergischer Reaktionen nicht mehr angewendet wird. Dagegen wird jodiertes Speisesalz zur Sicherung der Jodversorgung des Körpers (→Schilddrüse) verwendet. Das Isotop ^{131}J ist eines der gefährlichsten Radionuklide, das bei Kernkraftwerksstörfällen freigesetzt werden kann.

■ **Joga** →Yoga.

■ **Jogging** [dsch...; engl.] *das,* Ausdauertraining, bei dem man völlig gelöst und bewusst locker in mäßigem Tempo läuft.

■ **Joghurt** [türkisch] (Yoghurt) *der* oder *das,* aus Milch durch Eindampfung und Zugabe bestimmter Milchsäurebakterien hergestelltes, sauermilchartiges Nahrungsmittel.

■ **Johannes,** Gestalten der Bibel: **1)** Johannes der Evangelist, nach kirchlicher Tradition der Verfasser des Johannesevangeliums, der Offenbarung des Johannes und der Johannesbriefe. Er wirkte (vermutlich nach 70) in Ephesus und wird von der kirchlichen Tradition mit dem Apostel Johannes

Jerusalem

Als die Römer 70 n. Chr. Jerusalem zerstörten, wurde auch der jüdische Tempel bis auf einen Teil der Westwand des Tempelplatzes verwüstet. Die Westwand ist 18 m hoch und war ursprünglich 485 m lang, wovon bisher 170 m freigelegt sind. Nach der Eroberung Jerusalems durch die islamischen Araber (638) war der Tempelplatz mit Ausnahme der Westwand den Juden nicht mehr zugänglich, da die Araber auf dem Gelände des ehemaligen Tempels ein islamisches Heiligtum um den Stein, von dem Mohammed gen Himmel gefahren sein soll, den Felsendom, errichteten. So wurde die Westwand des Tempelplatzes nicht nur zu einer Stätte des Gebets und des Gottesdienstes, sondern auch zu einem Ort der Klage über die Zerstörung des Tempels. Männern und Frauen ist dabei jeweils ein eigener, deutlich abgegrenzter Bereich zugewiesen. In den Fugen der Klagemauer stecken zahlreiche zusammengerollte Zettel mit den Bitten und Gebeten der Gläubigen. Auch der Zugang zur Klagemauer wurde den Juden immer wieder verwehrt, so z. B. nach dem Bar-Kochba-Aufstand im Jahr 135, dann unter den Kreuzfahrern und zuletzt 1949–67 durch ein Verbot seitens Jordaniens.

Uwe Johnson setzt mit beharrlicher Genauigkeit Wort für Wort für die schwierige Suche nach der Wahrheit ein

Papst Johannes Paul II.

Die essbaren Früchte der **Johannisbeere,** hier ein blühender Zweig der Roten Johannisbeere , sind reich an Vitamin C

(Bruder von Jakobus dem Älteren), dem »Lieblingsjünger« Jesu, gleichgesetzt; Heiliger. Sein Sinnbild als Evangelist ist der Adler, sein Kennzeichen als Apostel der Kelch mit Schlange.

2) Johannes der Täufer, Bußprediger, nach dem Lukasevangelium der Sohn des Priesters Zacharias. Johannes rief um 28 n. Chr. angesichts des bevorstehenden Reiches Gottes zur »Umkehr« (Buße) auf und taufte als Zeichen der Sündenvergebung. Er wird im Neuen Testament als Vorläufer Jesu dargestellt, den er im Jordan taufte. Auf Wunsch der → Salome soll er enthauptet worden sein; Heiliger, dessen Fest am 24. Juni (»Johannisnacht«) gefeiert wird.

■ **Johạnnesburg,** größte Stadt der Republik Südafrika, im südlichen Transvaal 1 753 m über dem Meeresspiegel gelegen, mit 1,92 Mio. Einwohnern. Die Stadt ist Zentrum der größten Goldfelder der Erde (am Witwatersrand) und wichtigstes Handels- und Industriezentrum von Südafrika. – Johannesburg entstand 1886 als Goldgräbersiedlung.

■ **Johạnnes Paul II.,** früher Karol Wojtyła, Papst (seit 1978), *Wadowice (Woiwodschaft Krakau) 18. Mai 1920. Er wurde 1964 Erzbischof von Krakau, 1967 Kardinal; er ist der erste polnische und seit 1522 der erste nicht italienische Papst.

■ **Johạnnisbeere,** eine Gattung der Stachelbeergewächse mit gelappten Blättern und goldgelben, roten oder grünlichen Blüten, u. a. **Rote Johannisbeere,** ein 1–2 m hoher Strauch mit roten Beeren (durch Kultur sind zahlreiche Formen, z. B. mit gelblichen Beeren, entstanden), und **Schwarze Johannisbeere,** ein bis 2 m hoher Strauch mit schwarzen Beeren. Die essbaren Früchte sind reich an Vitamin C.

■ **Johannịterorden,** 1099 in Jerusalem gegründeter und damit ältester geistlicher Ritterorden, der nach der Verlegung des Ordenssitzes auf die Insel Malta im 16. Jahrh. **Malteserorden** genannt wurde. Im 19. Jahrh. kamen in Preußen die evangelischen Johanniter auf, die heute, ebenso wie die katholischen Malteser, karitativ (vor allem in der Krankenpflege) tätig sind.

■ **John** [dschon], Elton, eigentlich Reginald Kenneth Dwight, englischer Rockmusiker (Sänger, Pianist und Komponist), *Pinner (heute zu London) 25. März 1947; seit Ende der 1960er-Jahre ein Star der Rock- und Popmusik. Seine Darbietungen reichen von lyrischen Songs bis zu exzentrischen Bühnenshows.

■ **Johnson,** Uwe, deutscher Schriftsteller, *Cammin (Pommern) 20. Juli 1934, † Sheerness-on-Sea (County Kent) 23. Februar 1984. Er stellte in seinen Romanen, u. a. »Mutmaßungen über Jakob« (1959), das Leben unter den Bedingungen der deutschen Teilung und vor dem Hintergrund der Erfahrung der Weimarer Republik und des Nationalsozialismus dar. In »Jahrestage. Aus dem Leben von Gesine Cresspahl« (1970–83) erzählt er die deutsche Geschichte aus der Perspektive der amerikanischen Gegenwart am Beispiel des Lebens seiner Hauptfigur in New York.

■ **Joint** [dscheunt, engl.] *der,* selbst gedrehte Zigarette, deren Tabak Haschisch beigemengt ist.

■ **Joint Venture** [dscheunt wentsch^{e}; engl.] *das,* im weiteren Sinn die vorübergehende Zusammenarbeit von mehreren Unternehmen aus unterschiedlichen Ländern, im engeren Sinn die Bildung von Gemeinschaftsunternehmen, an denen Partner aus mehreren Ländern oder Branchen beteiligt sind.

Johannes

Johannes, der beliebteste Vorname der europäischen Sprachen, leitet sich vom biblischen Namen Yo-ha-na-n – »Gott ist gnädig« ab. Alle gehen auf diesen Namen zurück: Giovanni, Hans, Ian, Ioan, Iwan, Jan, Jean, João, John, Juan, Sean, Yahya, Yan, Yannis und weitere Abwandlungen wie auch die entsprechenden weiblichen Formen.

Selbst in häufig vorkommenden Nachnamen ist das biblische Vorbild erkennbar: Giannini, Hansen, Iwanow, Janowski, Jansen, Jenkins, Jennings, Jensen, Johansen, Johnson, Jones, Shane, Valjean.

■ **Jokohama** → Yokohama.

■ **Jọrdan** *der,* längster und wasserreichster Fluss Jordaniens und Israels sowie tiefstgelegener Fluss der Erde; er durchfließt den **Jordangraben** und mündet ins Tote Meer. Sein Tal ist 252 km lang, sein Lauf durch Mäander rund 330 km lang. Der Jordan entsteht im nördlichen Huletal (Nordisrael) durch Vereinigung dreier im Hermongebirge (Syrien) entspringender Quellflüsse, fällt von dort von 70 m Höhe in einem tief eingeschnittenen Kerbtal auf 209 m unter dem Meeresspiegel ab und durchfließt dann den See Genezareth.

■ **Jordanien,** Königreich in Vorderasien östlich des Jordan. 80 % des Landes sind Wüste und Halbwüste. Angebaut werden Weizen, Gerste, Gemüse und Südfrüchte, hinzu kommt eine ausgedehnte Viehwirtschaft (vor allem Schafe und Ziegen). Wichtigstes Exportprodukt ist Phosphat.

Jordanien
Fläche 89 342 km² (ohne das Westjordanland, auf das Jordanien verzichtet hat)
Einwohner 4,756 Mio.
Hauptstadt Amman
Amtssprache Amman
Nationalfeiertage 25. 5. und 14. 11.
Währung 1 Jordan-Dinar (JD.) = 1 000 Fils (FLS)
Zeitzone MEZ +1 Std.

Geschichte: Das in vorchristlicher Zeit besiedelte Ostjordanland wurde zunächst unter byzantinischer Oberhoheit vom christlichen Stamm der Ghassaniden beherrscht. Seit dem 6. Jahrh. gehörte es zu Syrien, seit dem 16. Jahrh. zum Osmanischen Reich. Nach dem Ersten Weltkrieg kam es zusammen mit →Palästina unter britisches Mandat. 1946 wurde Jordanien nominell unabhängig. König war seit 1952 Husain II. (1935–99). Den Anspruch auf die seit dem Krieg 1967 von Israel besetzten Gebiete westlich des Jordan gab Jordanien 1974 zugunsten der PLO (→Palästinensische Befreiungsbewegung) auf. Nach dem Tod Husains, der seit der 2. Hälfte der 1980er-Jahre einen Demokratisierungsprozess eingeleitet hatte, wurde 1999 Abdullah II. (*1962) König.

■ **Joseph,** Gestalten der Bibel: **1)** im Alten Testament Patriarch, Sohn Jakobs und Rahels. Er wird von seinen Brüdern als Sklave nach Ägypten verkauft, macht sich dort als Traumdeuter des Pharao einen Namen und gelangt zu Ansehen und Würde. **2)** im Neuen Testament ein Zimmermann aus Nazareth, der Ehemann Marias, der Mutter Jesu; Heiliger.

■ **Joseph II.,** Kaiser (seit 1765), *Wien 13. März 1741, †ebenda 20. Februar 1790; Sohn von Franz I. (1708–65) und Maria Theresia. Er war ein Anhänger des aufgeklärten Absolutismus und setzte zahlreiche Reformen durch, u. a. im Bildungs- und Sozialwesen sowie auf kirchenpolitischem Gebiet.

■ **Josquin Desprez** [schoskång deprę] (Josquin des Prés), frankoflämischer Komponist, *um 1440, †Condé-sur-l'Escaut (bei Valenciennes) 27. Oktober 1521. Der berühmteste Meister der Zeit um 1500 (→Musik) wirkte vor allem in Italien. Sein Werk umfasst Messen, Motetten und weltliche Kompositionen (meist Chansons).

■ **Joule** [dschul; nach dem britischen Physiker James Prescott Joule, 1818–89] *das,* Einheitenzeichen **J**, gesetzliche Einheit der Arbeit und Energie. 1 J ist die Arbeit, die verrichtet wird, wenn der Angriffspunkt einer Kraft der Stärke 1 N (→Newton) in Richtung der Kraft um 1 m verschoben wird. Es gilt die Beziehung:

1 Joule = 1 Newtonmeter = 1 Wattsekunde.

■ **Journalismus** [schur...; frz.] *der,* die Aufbereitung von aktuellen Informationen für die Öffentlichkeit, im engeren Sinn Bezeichnung für das Pressewesen, die Arbeit der **Journalisten** in Presse, Hörfunk, Fernsehen, Nachrichtenagenturen, Werbung und Öffentlichkeitsarbeit. Die gesellschaftliche Bedeutung des zunächst weitgehend auf Zeitungen beschränkten Journalismus ist mit der Entwicklung der elektronischen Medien ständig gewachsen. Die Verbreitung von Informationen über die →Massenmedien ist entscheidend für die Meinungsbildung der Bürger.

■ **Joyce** [dscheuß], James, irischer Schriftsteller, *Rathgar (bei Dublin) 2. Februar 1882, †Zürich 13. Januar 1941. Joyce begann mit Lyrik, Kurzgeschichten (»Dubliner«, 1914) und dem autobiografischen Jugendroman »Ein Porträt des Künstlers als junger Mann« (1916). Mit vielschichtigen →inneren Monologen und einem Geflecht von sprachlichen Assoziationen breitet Joyce in seinem umfangreichen Roman »Ulysses« (1922) die Odyssee des jüdischen Annoncenverkäufers Leopold Bloom durch Dublin an einem einzigen Tag, dem 16. Juni, aus; dieser Tag, der »Bloomsday«, wird inzwischen als Dubliner Feiertag gefeiert.

■ **Joystick** [dscheustik; engl.] *der,* ein beweglicher Steuerhebel, der vor allem bei Computerspielen und in der grafischen Datenverarbeitung zur Bewegung und Veränderung von Darstellungselementen auf dem Bildschirm verwendet wird.

■ **Juda,** biblischer Patriarch und Stammvater des israelitischen Stammes Juda. – auch →Israel.

■ **Judäa,** Bergland in Vorderasien westlich des Toten Meeres; in der Antike Name des südlichen Teils von Palästina.

■ **Judas Ischariot** (Judas Iskarioth), einer der zwölf Jünger Jesu. Er verriet Jesus an die jüdische Behörde.

Jordanien

Flagge

Wappen

Der Ire **James Joyce** kehrte im Alter von 22 Jahren seiner Heimat den Rücken; von 1904 bis zu Beginn des Zweiten Weltkriegs lebte er in Triest, später in Paris und Zürich

■ **Juden,** die Angehörigen des jüdischen Volkes und der jüdischen Religion. Ihre Geschichte ist in ihrer frühesten Zeit die Geschichte semitischer Nomadenstämme, die nach 1250 v. Chr. in Palästina sesshaft wurden. Unter König David bildeten sie um 1000 v. Chr. ein einheitliches Reich Israel mit der Hauptstadt Jerusalem. Mit dem Zerfall des Reiches in die Königreiche Juda (Südreich) und Israel (Nordreich) 926 v. Chr. begann eine wechselvolle Geschichte, die nach der Zerstörung Jerusalems (70 n. Chr.) durch die Römer zur Zerstreuung (Diaspora) der Juden über alle Länder führte.

In Deutschland lebten Juden schon seit der Römerzeit. Die ältesten Gemeinden liegen am Rhein um die Städte Mainz, Worms und Speyer. Da den Christen der Geldverleih gegen Zinsen durch kirchliches Verbot untersagt war, waren die Juden bei den Fürsten und beim König als Geldgeber willkommen.

Judenverfolgungen begannen in Deutschland und in anderen Ländern (z. B. England) besonders während der Kreuzzüge (seit 1096). Mit falschen Anschuldigungen (Kollektivschuld am Tod Jesu, Hostienschändung, Verantwortung für Hungersnot und Pest) wurden die Juden sozial ausgegrenzt. Grausame Nachstellungen folgten den Pestjahren 1348–50, so die Vertreibung der Juden aus Frankreich sowie Ende des 15. Jahrh. aus Spanien und Portugal.

Seit dem Mittelalter wird das europäische Judentum in die **Aschkenasim** (Juden in Mittel- und Osteuropa) und die **Sefardim** (aus Spanien und Portugal stammende Juden) unterteilt. Bis ins 18. Jahrh. war die Stellung der Juden in allen Ländern politisch, sozial und rechtlich ungesichert. Mit hohen Abgaben mussten sie sich das Niederlassungsrecht erkaufen, das ihnen oft nur an ganz bestimmten, abgesonderten Plätzen (Gettos) gewährt wurde. Die volle Gleichberechtigung erhielten sie

Judentum

Zu den wichtigsten Gebeten, die Juden mehrmals täglich beten, zählt das »Schema Israel«; es besteht aus drei Bibelstellen (5. Mose 6, 4–9; 11, 13–21; 4. Mose 15, 37–41). Dieses Gebet, das der fromme Jude mit seinem letzten Atemzug sprechen will, beginnt mit den Worten:
»Höre Israel, der Herr unser Gott ist ein einziger Gott, und du sollst den Herrn, deinen Gott, lieben von ganzem Herzen, von ganzer Seele, von allem Vermögen! Und diese Worte, die ich dir heute gebiete, sollst du dir zu Herzen nehmen und sollst sie deinen Kindern einschärfen und davon reden, wenn du in deinem Hause sitzest oder auf dem Wege gehest, wenn du dich niederlegst oder aufstehst, und sollst sie binden zum Zeichen auf deine Hand, und sie sollen dir ein Denkmal vor deinen Augen sein, und du sollst sie über deines Hauses Pforten schreiben und an die Tore.«

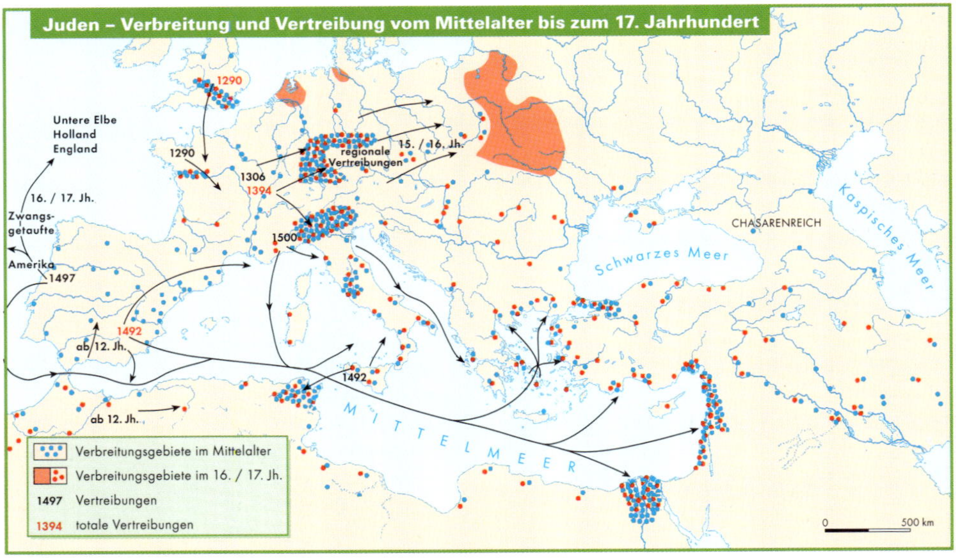

Juden – Verbreitung und Vertreibung vom Mittelalter bis zum 17. Jahrhundert

zuerst 1776 in den USA, danach 1781 in Österreich, 1791 in Frankreich (Napoleon I.) und 1812 in Preußen.

Die allmähliche Gleichstellung brachte für manche Juden einen wachsenden Einfluss auf wirtschaftlichem, kulturellem und politischem Gebiet mit sich, der wiederum neuen Vorwand für judenfeindliche Propaganda und Verfolgung bot. Unter dem Einfluss rassistischer Ideologien gipfelte der →Antisemitismus während der nationalsozialistischen Diktatur in Deutschland in einem Völkermord nie gekannten Ausmaßes (Holocaust), in dessen Verlauf 5 bis 6 Mio. europäischer Juden umgebracht wurden. Mit der Ausrufung Israels 1948 gründeten die Juden wieder einen eigenen Staat.

Von den weltweit rund 14 Mio. Juden leben fast 6 Mio. in den USA und rund 4,3 Mio. in Israel.

■ **Judentum** (jüdische Religion), die älteste monotheistische Religion und Mutterreligion von Christentum und Islam; eine der →Weltreligionen. Das Judentum blickt auf eine lange Entwicklungsgeschichte von einer Stammesreligion zur nationalen Religion des jüdischen Volkes zurück. **Jahwe,** der eine Gott, ist allmächtig und allwissend; es ist der ewige, richtende und unsichtbare Gott, der Schöpfer und Lenker des Kosmos und der Geschichte. Nach jüdischem Glauben hat Jahwe in Abraham sein Volk dazu erwählt, ihn als den einen Gott zu bekennen. Zeichen dieses »Abrahambundes« ist die →Beschneidung, durch die noch heute die männlichen Gläubigen in die Religionsgemeinschaft aufgenommen werden.

Durch Moses schloss Jahwe mit den zwölf »geeinten Stämmen Israels« einen Bund und übergab die Zehn Gebote, den Dekalog. Diese in der →Thora niedergelegte Offenbarung des Willens Gottes am Berg Sinai (Horeb) war als Erwählungsakt Verpflichtung zur Solidarität im religiösen und sozialen Bereich. Diese bildete den Kern der Identität des »auserwählten Volkes Israel«.

Die Propheten (z. B. Elias, Jeremia, Jesaja) vertieften und hüteten diesen Glauben. Unter den Königen (David, Salomo) erhielt Israel ein zentrales Heiligtum im Tempel zu Jerusalem. Nach der Zerstörung des Tempels (70 n. Chr.) durch die Römer lebten die Juden in der Diaspora (als verstreute religiöse Minderheit außerhalb eines jüdischen Staates).

Das Judentum erwartet einen Messiaskönig für die »Endzeit«. Im religiösen Leben werden eine Reihe von Regeln befolgt: Reinheits- und Speisegebote (koschere Speisen), genaue Vorschriften für das Gebet und die Heiligung des Sabbats (Samstag als wöchentlicher Feiertag). Zu Zeiten des Jerusalemer Tempels wurde der jüdische Kult vom Hohen Priester, einer erblichen Priesterschaft, und den Leviten (Tempeldienern) vollzogen. Heute wird er am Sabbat und den hohen Feiertagen (Laubhüttenfest, Passah und Wochenfest sowie Jom Kippur, = Versöhnungstag) unter der Leitung von Rabbinern in der Synagoge gefeiert oder in der Familie gestaltet.

Offenbarungsurkunde des Judentums ist die hebräische Bibel (in christlicher Sicht das Alte Testament). Von Bedeutung sind auch spätjüdische Gesetzessammlungen (Talmud) und einige religiöse Dichtungen (Haggada) und Überlieferungen (Halacha). Mystische Strömungen entwickelten sich seit dem

Judentum

Judentum
Zahl der Juden weltweit (2000)
rd. 14,4 Mio., davon rd. 4,7 Mio. in Israel
große jüdische Gemeinschaften (über 200 000 Juden) außerhalb Israels
USA (rund 6 Mio.)
GUS (mehrere Hunderttausend; starke Abwanderung)
Frankreich (rund 650 000)
Kanada (rund 360 000)
Großbritannien (rund 285 000)
Argentinien (rund 250 000)
Hauptrichtungen
orthodoxes Judentum
konservatives Judentum
Reformjudentum
Rekonstruktionismus (»Reconstructionism«)
Hauptfeste
Rosch ha-Schanah (Neujahrsfest, gefeiert am 1./2. Tischri; September/Oktober)
Jom Kippur (Versöhnungstag, gefeiert am 10. Tischri; September/Oktober)
Sukkoth (Laubhüttenfest; September/Oktober)
Simchat Thora (Fest der Freude an der Thora, gefeiert am 22./23. Tischri; September/Oktober)
Chanukka (Lichterfest; Dezember)
Purim (Losfest; Februar/März)
Passah (Fest der ungesäuerten Brote; März/April)
Schawuot (Wochenfest; Mai/Juni)
heilige Stätten (Auswahl)
Jerusalem (Klagemauer)
Hebron (Patriarchengräber der Höhle von Machpela)
Bethlehem (Grab der Rahel)
Karmel (Höhle des Propheten Elias)
wichtige Erinnerungsstätten jüdischer Geschichte in Israel
Masada
Tiberias (Gräber bedeutender jüdischer Gelehrter)
Yad Vashem

Judentum: Die Schrift = Gesetz

Das, was Gott den Menschen im Alten Testament offenbart hat, ist dem Judentum in erster Linie ein Gesetz (Thora), das das Gemeinschaftsleben regelt. Die Auslegung der »Schrift« oder »Thora« ist Sache der Schriftgelehrten. Und die »Schrift« ist gleichbedeutend mit »Lesung«: Sie ist zum mündlichen Vortrag bestimmt, darf aber nicht mit der Hand berührt werden. Der Vortragende handhabt deshalb beim Vorlesen den hier abgebildeten Thorazeiger, der Jad genannt wird, was auf deutsch Hand heißt.

Mittelalter in der Kabbala und später im Chassidismus.

■ **Judikative** [lat.] *die,* im Sinne der →Gewaltenteilung die rechtsprechende Gewalt.

■ **Judo** [japanisch] *das,* aus Japan stammender Zweikampfsport, hervorgegangen aus dem **Jujutsu,** einer bis ins Altertum zurückreichenden Kunst der waffenlosen Selbstverteidigung, die in Europa als **Jiu-Jitsu** bekannt wurde. Betrieben wird Judo in der Halle auf einer 8×8 bis 10×10 m großen, mattenbelegten Kampffläche. Ziel ist es, durch Zug oder Druck das Gleichgewicht des Gegners zu stören, um ihn überraschend auf die Matte zu werfen.

Die barfüßigen Kämpfer (Judokas) tragen weiße Kampfkleidung (reißfeste Jacke und weit geschnittene, lange Hose). Die Jacke wird von einem etwa 4 cm breiten Gürtel (Obi) in der Rangfarbe des Judokas zusammengehalten.

Je nach Leistungsstand werden die Judokas in die Schülergrade (sechs **Kyugrade** in den Farben der Gürtel Weiß, Gelb, Orange, Grün, Blau und Braun) sowie in die Meistergrade (zehn **Dangrade**: 1–5 schwarz, 6–8 rotweiß, 9 und 10 rot) eingestuft. Außerdem gibt es international die Einteilung in sieben Gewichtsklassen sowie die Allkategorie (ohne Gewichtsbeschränkung).

Der Kampf ist beendet, wenn ein Wettkämpfer einen Ippon (einen ganzen Punkt durch Wurf-, Halte-, Würge- und Hebeltechniken) erzielt oder die Kampfzeit von fünf Minuten (bei Frauen vier Minuten) abgelaufen ist. In diesem Fall entscheidet der Mattenrichter mithilfe von kleinen Wertungspunkten.

■ **Jugendamt,** in allen kreisfreien Städten und Landkreisen errichtete Behörde, die für alle Angelegenheiten der öffentlichen →Kinder- und Jugendhilfe zuständig ist. Meist arbeiten die Jugendämter in enger Verbindung mit den Sozialämtern. Zu ihren Aufgaben gehören: Mitwirkung im Vormundschafts- und Pflegekinderwesen, bei der Erziehungsbeistandschaft, bei der freiwilligen Erziehungshilfe und der Fürsorgeerziehung sowie bei der Jugendgerichtshilfe.

■ **Jugendarrest,** das härteste der im Jugendstrafrecht zulässigen Zuchtmittel unterhalb der →Jugendstrafe mit dem Zweck, dem Jugendlichen das Unrecht der Tat bewusst werden zu lassen. Jugendarrest kann als **Dauerarrest** (1–4 Wochen), **Freizeitarrest** (1–2 Freizeiten, das heißt Einschließung an Wochenenden) oder **Kurzarrest** (bis zu 4 Tagen) verhängt werden. Vollzugsleiter ist der Jugendrichter. Jugendarrest wird in das Erziehungsregister (→Bundeszentralregister eingetragen. Er ist gemäß Einigungsvertrag in den neuen Bundesländern nicht anzuordnen.

■ **Jugendbewegung,** die gegen Ende des 19. Jahrh. entstandene Bewegung der Jugend, die aus der reglementierten »Enge« und »Zivilisiertheit« des bürgerlichen Lebens nach mehr Selbstbestimmung, Einfachheit und Naturverbundenheit strebte. Ausdrucksformen der neuen (romantisch verklärten) Lebensanschauung waren u.a. Wandern, Lagerleben, Volkslied und -tanz sowie Laienspiel.

Als erster Zusammenschluss gleich gesinnter Jugendgruppen wurde 1901 in Berlin der **Wandervogel** gegründet. Eine noch umfassendere Organisation entstand 1913 mit der **Freideutschen Jugend,** die vor allem die »innere Freiheit« des Einzelnen propagierte. Nach dem Ersten Weltkrieg entstanden völkische, religiöse und sozialisitische Gruppen. Seit 1923 wurden alle politisch und konfessionell unabhängigen Jugendbünde unter der Bezeichnung **bündische Jugend** zusammengefasst.

Soweit die Verbände der Jugendbewegung nach 1933 nicht in der Hitlerjugend aufgingen, wurden sie verboten, etwa die **Freie Sozialistische Jugend** (seit 1918; ab 1925 **Kommunistischer Jugendverband Deutschlands** genannt). Nach 1945 wurden Jugendverbände (→Jugendorganisationen) unter anderem Vorzeichen (wieder) gegründet.

■ **jugendgefährdende Schriften,** Schriften, die geeignet sind, Kinder und Jugendliche sittlich zu gefährden. Dazu zählen vor allem unsittliche und verrohend wirkende, zu Gewalttätigkeit, Verbrechen oder Rassenhass anreizende sowie den Krieg verherrlichende Schriften (auch z.B. Schallplatten oder Videobänder). Ihre Verbreitung kann durch die Bundesprüfstelle für jugendgefährdende Schriften verboten werden.

■ **Jugendherberge,** Abkürzung JH, Übernachtungs- und Aufenthaltsstätte für jugendliche Wanderer und Reisende. Die erste Jugendherberge in Deutschland wurde 1909 von Richard Schirmann (1874–1961) in Altena im Sauerland gegründet. Voraussetzung für die Übernachtung in einer Jugendherberge ist die Mitgliedschaft im **Deutschen Jugendherbergswerk (DJH**; gegründet 1910, Sitz: Detmold) oder einem anderen der **International Youth Hostel Federation (IYHF)** angeschlossenen Verband.

■ **Jugendhilfe** →Kinder- und Jugendhilfe.

■ **Jugendkriminalität,** die strafbaren Handlungen junger Menschen und zum Teil auch junger Erwachsener. Seit Ende des Zweiten Weltkriegs ist in den meisten Industriestaaten die Jugendkriminalität erheblich gestiegen, überproportional zur Erwachsenenkriminalität. Eigentums- und Verkehrsdelikte herrschen vor, besonders zugenommen haben Delikte mit körperlicher Gewaltanwendung und Bandenkriminalität.

Die damit befasste Wissenschaft **(Jugendkriminologie)** erklärt die Zunahme der Jugendkriminalität mit biologisch-psychologischen Veränderungen des Reifeprozesses ebenso wie mit gesellschaftlichen und anderen Ursachen, wie der Zunahme unvollständiger oder zerbrochener Familien, dem Wertewandel in einer übersättigten Konsumgesellschaft, Sozialisierungsdefiziten infolge mangelnder schulischer Qualifikation, kultureller Entwurzelung, Jugendarbeitslosigkeit.

■ **Jugendliteratur** →Kinder- und Jugendliteratur.

■ **Jugendorganisationen,** Zusammenschlüsse von Jugendlichen, die meist fest mit Erwachsenenorganisationen verbunden sind, im Unterschied zu den **Jugendverbänden,** den überregionalen Zusammenschlüssen von Jugendbünden und Organisationen der freien Jugendpflege (die oftmals aus der →Jugendbewegung hervorgegangen sind).

Die Erwachsenenorganisationen geben ihren Jugendorganisationen den allgemeinen Rahmen vor, fördern sie finanziell und leisten mit neben-, ehrenamtlichen und professionellen Mitarbeitern Jugendarbeit.

Es gibt Jugendorganisationen der Kirchen, der Gewerkschaften, der Parteien, der berufsständischen Vereinigungen sowie von Sport- und Freizeitorganisationen. In der Regel sind die bundesweit arbeitenden mitgliederstärksten Jugendorganisationen ebenso wie die Jugendverbände in den Landesjugendringen und im Deutschen Bundesjugendring vertreten.

YOUTH HOSTELLING INTERNATIONAL

Jugendherberge

■ **Jugendrecht** →Recht.

■ **Jugendreligionen,** religiös-weltanschauliche Gruppen und Bewegungen, die seit Beginn der 1970er-Jahre vor allem unter Jugendlichen ihre Mitglieder werben. Hauptgruppen sind die »Children of God«, die »Divine Light Mission« und die Hare-Krishna-Bewegung. Gemeinsame Kennzeichen der Jugendreligionen sind eine zentrale Führungsperson (Guru), eine strenge Rangordnung und das Versprechen eines »rettenden Rezepts« für alle Lebensfragen. – auch →neue Religionen.

■ **Jugendschutz,** alle Maßnahmen zum Schutz von Kindern und Jugendlichen gegen Einflüsse, die ihrer körperlichen und seelischen Gesundheit schaden können. Sie sind geregelt im **Jugendarbeitsschutzgesetz** (u.a. Beschäftigungsverbot für Kinder unter 15 Jahren, Arbeitszeit- und Urlaubsregelungen für Jugendliche), im **Gesetz zum Schutz der Jugend in der Öffentlichkeit** (Verbot oder Beschränkung des Aufenthalts von Jugendlichen in Gaststätten, Spielhallen, Kinos, Abgabeverbot von Alkohol) und im Gesetz über die Verbreitung →jugendgefährdender Schriften.

■ **Jugendstil** (in Frankreich und Belgien Art nouveau, in England Modern Style, in Österreich Sezessionsstil), nach der Münchner Zeitschrift »Jugend« benannte Kunstrichtung um 1900, die die Nachahmung historischer Stile überwand und einen alle Kunstgattungen umfassenden neuen Stil schaffen wollte. Pflanzenformen nachempfindende, bewegte Linien, Betonung des Ornamentalen und der Flächenhaftigkeit sind kennzeichnende Stilmerkmale.

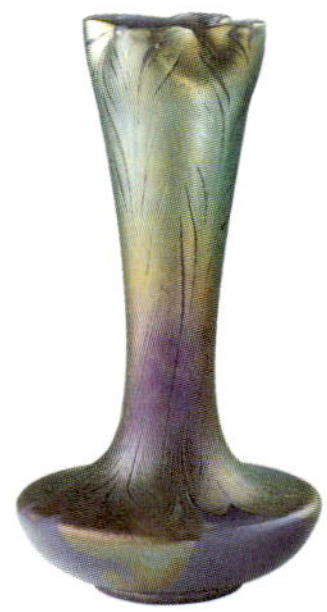

Diese Vase im **Jugendstil** ist ein Modell aus einer böhmischen Glasfabrik

Die theoretische Grundlage des Jugendstils war die Schaffung einer »Einheit von Kunst und Leben«

Mit dem Bild »Der Kuß« schuf der Österreicher Gustav Klimt eines der bekanntesten Werke des **Jugendstils,** der in Österreich auch Sezessionsstil genannt wird

und die Ächtung der Ideenlosigkeit der Industrieprodukte im Sinne des englischen Kunsthandwerkers und Sozialreformers William Morris (1834–1896). Der Erste Weltkrieg beendete den Jugendstil. Berühmte Vertreter waren u. a. Henry van de Velde (1863–1957), Louis Comfort Tiffany (1848–1933), Peter Behrens (1868–1940), Ferdinand Hodler (1853–1918), Gustav Klimt (1862–1918) und Max Klinger (1857–1920).

■ **Jugendstrafe,** die gegenüber Jugendlichen oder Heranwachsenden verhängte, erzieherisch ausgestaltete Freiheitsentziehung in Jugendstrafanstalten. Sie ist die einzige Kriminalstrafe des Jugendstrafrechts. Ihre Dauer beträgt mindestens sechs Monate und höchstens fünf, bei schwersten Verbrechen zehn Jahre. Die Vollstreckung einer Jugendstrafe von bis zu zwei Jahren kann unter bestimmten Bedingungen zur Bewährung ausgesetzt werden.

■ **Jugendstrafrecht,** das für Jugendliche im Alter von 14 bis 18 Jahren geltende Straf- und Prozessrecht. Es wird auch auf Heranwachsende (18–20 Jahre) angewendet, wenn diese zur Zeit der Tat in ihrer geistigen und sittlichen Entwicklung noch Jugendlichen gleichstanden oder wenn es sich bei der Tat um eine typische Jugendverfehlung handelt. Anliegen des Jugendstrafrechts ist es, Straftaten in erster Linie durch Erziehungsmaßnahmen zu ahnden und erst, wenn diese nicht ausreichen, →Jugendarrest oder →Jugendstrafe zu verhängen.

■ **Jugendverbände** →Jugendorganisationen.

■ **Jugendweihe,** feierliche, nichtreligiöse Einführung von Jugendlichen in die Welt der Erwachsenen. Die Jugendweihe ist bei Freireligiösen und Freidenkern entstanden und ersetzt bei ihnen die Konfirmation. Während der Zeit des Nationalsozialismus wurde von Parteiorganisationen eine Jugendweihe eingeführt und gefördert. In der DDR wurden die Schüler nach der 8. Klasse in einem feierlichen Akt in die sozialistische Gemeinschaft aufgenommen; seit 1990 wird kein Gelöbnis zu Staat und Sozialismus mehr abgelegt.

■ **Jugendzentrum** (Jugendtreff, Jugendhaus), Einrichtung, die Jugendlichen Möglichkeiten der Freizeitgestaltung bieten soll. Angeboten werden u. a. Sport-, Musik-, Theater-, Kino-, Bastel- und Diskussionsveranstaltungen.

■ **Jugoslawien,** Bundesrepublik in Südosteuropa, bestehend aus den Teilstaaten →Serbien (einschließlich Kosovo und Wojwodina) und →Montenegro; die Bevölkerung besteht zu etwa zwei Dritteln aus Serben. Jugoslawien hat im Norden Anteil am Großen Ungarischen Tiefland, südlich von Save und Donau schließt sich ein Hügel- und Gebirgsland an; die höchsten Erhebungen liegen im Dinarischen Gebirge an der Grenze zu Albanien (Đaravica, 2 656 m). Die Winter sind kalt, die Sommer heiß; im Süden hat Jugoslawien Mittelmeerklima.
Trotz reicher Bodenschätze ist das Land wirtschaftlich schwach entwickelt; der Niedergang wurde durch den Bürgerkrieg und internationale Sanktio-

Jugoslawien

Flagge

Wappen

Jugoslawien
Fläche 102 173 km²
Einwohner 10,41 Mio.
Hauptstadt Belgrad
Amtssprache Serbisch
Nationalfeiertag 27. 4.
Währung 1 Jugoslawischer Neuer Dinar (N.Din) = 100 Para (p)
Zeitzone MEZ

nen beschleunigt. Angebaut werden vor allem Getreide, Zuckerrüben, Tabak, Obst und Wein. Der Bergbau fördert Kupfer-, Zink-, Antimon- und Eisenerze. Es dominieren Maschinen- und Fahrzeugbau, chemische und elektrotechnische Industrie. Die dalmatinische Küste Montenegros war ein beliebtes Fremdenverkehrsziel; in der Teilrepublik wurde 1999 offiziell die Deutsche Mark als Parallelwährung eingeführt.

Geschichte: Nach dem Zerfall →Jugoslawiens schlossen sich 1992 Serbien und Montenegro zum Reststaat Jugoslawien zusammen, der jedoch erst 1996 international anerkannt wurde. Zur bestimmenden politischen Figur wurde der Serbe Slobodan Milošević (*1941). Der Anspruch auf alleinige völkerrechtliche Vertretung des vormaligen Jugoslawien und die militante großserbische Politik gegenüber Kroatien sowie Bosnien und Herzegowina führten zu Spannungen und militärischen Auseinandersetzungen, die zum Teil 1995 im Vertrag von Dayton entschärft werden konnten. 1998 eskalierten die nationalistischen Konflikte zwischen Serben und Albanern in der Provinz Kosovo zu einem Bürgerkrieg, der sich zu internationalen Krise auswuchs: Nach drei Monate dauernden Luftangriffen der NATO wurde dem Kosovo 1999 mit dem G8-Plan weitgehende Autonomie zugesagt und eine internationale Friedenstruppe entsandt. Als Nachfolger von Präsident Milošević wurde 2000 Vojislav Koštunica (*1944) gewählt, der sich für Wirtschaftsreformen und den demokratischen Umbau des Staates einsetzt.

■ **Jugoslawien,** nach dem Ersten Weltkrieg entstandener, bis 1990/91 bestehender Bundesstaat in Südosteuropa, der (seit 1946) die Teilrepubliken →Serbien, →Kroatien, →Slowenien, →Bosnien und Herzegowina, →Makedonien und →Montenegro umfasste. Serbokroatisch, Slowenisch und Makedonisch waren Amtssprachen. Die Hauptstadt war Belgrad. Von den knapp 24 Mio. Einwohnern waren rund 40 % Serben, 22 % Kroaten, 8 % Slowenen; außerdem lebten in Jugoslawien Albaner, Makedonier und viele weitere Volksgruppen. Die Fläche betrug 255 804 km².

Geschichte: 1918 wurde aus Teilen der österreichisch-ungarischen Monarchie, dem Königreich Montenegro und dem Königreich Serbien das »Königreich der Serben, Kroaten und Slowenen« gegründet, das 1929 in »Königreich Jugoslawien« umbenannt wurde. Im Zweiten Weltkrieg wurde Jugoslawien zwischen Deutschland, Italien, Ungarn und Bulgarien aufgeteilt (1941); in Kroatien proklamierte die rechtsextreme Ustascha unter deutschem Schutz den **Unabhängigen Staat Kroatien.** Im Land kam es zu einer regen Widerstandstätigkeit königstreuer und nationalserbischer wie auch kommunistischer Partisanen (angeführt von dem späteren Staatspräsidenten Josip Tito), die sich auch untereinander bekämpften.

Nach der Befreiung durch die sowjetische Armee (1944) gründete Tito die Föderative Volksrepublik Jugoslawien. Diese verfolgte unter ihm als Staatspräsidenten eine blockfreie Politik und einen eigenen Weg zum Sozialismus. Die nationale Frage sollte durch die Schaffung von sechs Volksrepubliken, der Autonomen Provinz Wojwodina und des Autonomen Gebiets Kosovo (bis 1970 Kosovo-Metohija) gelöst werden.

Nach dem Tod Titos (1980), der die Einigkeit und Unabhängigkeit Jugoslawiens verkörpert hatte, verschärften sich die Nationalitätenprobleme. Bürgerkriegsähnliche Auseinandersetzungen hatten die Aufstellung eigener Streitkräfte in den einzelnen

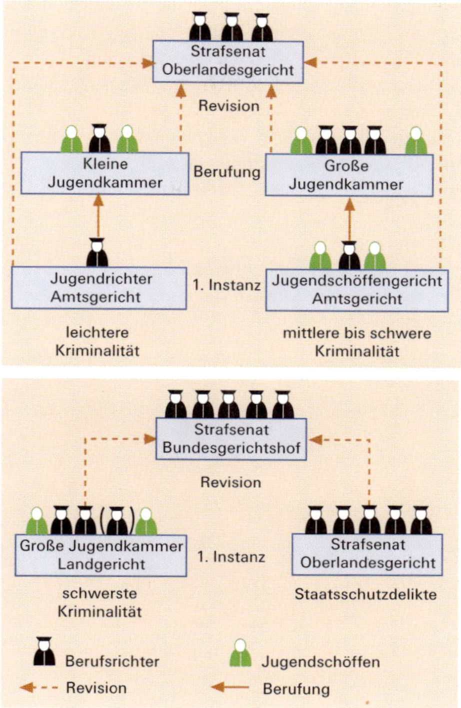

Die Grafik zeigt den Instanzenweg des **Jugendstrafrechts** bei erstinstanzlicher Zuständigkeit des Amtsgerichts und darunter den Instanzenweg bei erstinstanzlicher Zuständigkeit des Landgerichts beziehungsweise des Oberlandesgerichts

Republiken zur Folge. Im Juni 1991 erklärten Kroatien und Slowenien ihre Unabhängigkeit und damit den Austritt aus dem Bundesstaat Jugoslawien. Schwere militärische Auseinandersetzungen zwischen der serbisch dominierten Bundesarmee, serbischen Freischärlern und kroatischen Milizen mündeten in einen grausamen Bürgerkrieg, der schließlich zum Auseinanderbrechen des Landes führte. Im Oktober 1991 erklärten auch Bosnien und Herzegowina, im November Makedonien ihre Unabhängigkeit. Schließlich bildeten im April 1992 Serbien und Montenegro die neue Bundesrepublik →Jugoslawien.

Der Große Rote Fleck auf der Südhalbkugel des Jupiter ist die bemerkenswerteste Struktur der durch starke Turbulenzen geprägten Jupiteratmosphäre; er ist so groß, dass die Erdkugel dreimal in ihn hineinpassen würde

■ **Jungfernhäutchen** (Hymen), eine halbmondförmige, klappenartige Schleimhautfalte am Scheideneingang eines jungfräulichen Mädchens. Das Jungfernhäutchen wird meist beim ersten Geschlechtsverkehr eingerissen (Entjungferung, Defloration), kann aber auch schon früher, z.B. bei sportlicher Betätigung, reißen.

■ **Jungfernzeugung** (Parthenogenese), eine besondere Form der geschlechtlichen Fortpflanzung bei Tieren (vor allem Insekten, Krebsen, Würmern) und Pflanzen (u.a. bei manchen Stechapfelarten und Nachtschattengewächsen), bei der aus unbefruchteten Keimzellen Nachkommen hervorgehen.

■ **Jungfrau,** 4158 m hoher Gipfel in den Berner Alpen (Schweiz). Zum 3454 m hohen Jungfraujoch führt die 1896–1912 erbaute Jungfraubahn durch einen 7,1 km langen Tunnel.

■ **Jungfrau von Orléans** →Jeanne d'Arc.

■ **Jungsteinzeit** →Steinzeit.

■ **Jüngstes Gericht,** nach christlicher Lehre das am Jüngsten Tag (am Ende der Weltgeschichte) zu erwartende göttliche Gericht über alle Menschen.

■ **junior** [lat.], Abkürzung **jr.** oder **jun.**, jünger, der Jüngere.

■ **Juno,** römische Göttin, Gemahlin Jupiters; sie entspricht der griechischen Göttin Hera.

■ **Junta** [auch: chunta; spanisch, = Vereinigung] *die,* in Spanien und Lateinamerika ein Ausschuss, der Regierungsaufgaben wahrnimmt; heute allgemein eine durch Staatsstreich an die Macht gekommene Gruppe von Offizieren **(Militärjunta)**, die die Regierungsgewalt als Diktatur ausübt.

■ **Jupiter,** höchster römischer Gott, Sohn des Saturn und Gemahl der Juno. Jupiter ist der Herr des Himmels und Bewahrer des römischen Staates. Er entspricht dem griechischen Gott Zeus.

■ **Jupiter** [lat.] *der,* der größte und von der Sonne aus gezählt fünfte Planet des Sonnensystems. Er ist mit bloßem Auge sichtbar. Sein Durchmesser beträgt mehr als das Elffache des Erddurchmessers, seine Masse entspricht mit etwa 318 Erdmassen rund zwei Dritteln der Gesamtmasse aller Planeten. In seiner Atmosphäre wurden bisher vor allem Wasserstoff (etwa 90%), Helium (fast 10%), Methan und Ammoniak nachgewiesen. Der Jupiter hat 17 Satelliten (Monde) und ein Ringsystem. Seit 1973 wurde er mehrmals von amerikanischen Raumsonden erkundet (Pioneer und Voyager).

■ **Jura** *der,* **1)** Gebirge in der Westschweiz und in Ostfrankreich mit Höhen bis zu 1718 m.

2) Kanton der Schweiz, im Jura, mit 838 km² und 69000 überwiegend katholischen, französischsprachigen Einwohnern. Die Hauptstadt ist Delémont (deutsch Delsberg). Neben Viehzucht und Grünlandwirtschaft ist vor allem die Uhrenindustrie von Bedeutung.

Im 20. Jahrh. entstand vor allem im katholischen Nordjura eine politische Bewegung zur Schaffung eines eigenständigen Kantons. Nach drei Abstimmungen (1974, 1975 und 1978) wurde am 1. 1. 1979 aus dem nordwestlichen Teil des Kantons Bern der neue Kanton Jura geschaffen.

■ **Jura** →geologisches System (Übersicht).

■ **Jura** [Mehrzahl von lat. ius, = Recht], die Rechte, die Rechtswissenschaft.

■ **Jurisdiktion** [lat.] *die,* die weltliche und geistliche Gerichtsbarkeit.

■ **Jurist** [lat.] *der,* eine Person, die Rechtswissenschaft studiert hat und sich beruflich mit dem Recht befasst. Als Volljurist wird derjenige bezeichnet, der die 1. juristische Staatsprüfung und nach dem Vorbereitungsdienst (Referendarzeit) auch die 2. juristische Staatsprüfung abgelegt hat. Nur als Volljurist kann man als Rechtsanwalt arbeiten oder in den juristischen Staatsdienst (Richter) übernommen werden.

■ **juristische Person,** eine Organisation mit eigener Rechtsfähigkeit, meist aufgrund einer Eintragung in ein amtliches Register (z. B. Vereins- oder Handelsregister). Die juristische Person hat eigene Rechte und Pflichten und handelt durch ihre Organe (z. B. Vorstand).

■ **Jurte** [türkisch] *die,* rundes, mit Filzdecken belegtes Zelt der Hirtennomaden in West- und Zentralasien sowie in Ostsibirien. Eine Jurte ist meist 2–3 m hoch, ihr Durchmesser beträgt 6–8 m.

■ **Jury** [dschu^{e}ri, engl.] *die,* in angelsächsischen Ländern Versammlung der Geschworenen bei Prozessen gegen Kapitalverbrecher. Die Jury entscheidet in der Regel über die Schuld des Angeklagten, nicht aber über die Höhe der Strafe.

■ **Jury** [schüri, frz.] *die,* Ausschuss von Sachverständigen, die als Preisrichter bei Wettbewerben tätig sind oder über die Aufnahme der Werke für Ausstellungen entscheiden.

■ **Justinian I., der Große,** byzantinischer Kaiser (seit 527), *Tauresium (Makedonien) 482, †Konstantinopel 11. November 565. Justinian führte erfolgreiche Kriege gegen die Wandalen in Nordafrika, die Goten in Italien sowie die Perser und stellte die Größe und Einheit des Römischen Reiches wieder her. Außerdem führte er mehrere Verwaltungsreformen durch, ließ ein bedeutendes Gesetzeswerk (»Corpus Iuris Civilis«) zusammenstellen, das bis in unser heutiges Recht fortwirkt, und errichtete bedeutende Bauwerke, darunter die →Hagia Sophia.

■ **Jute** [angloindisch] *die,* Fasern aus dem Bast der aus Indien stammenden, einjährigen Jutepflanze, der nach der Baumwolle wichtigsten Faserpflanze. Die 1,5-2,5 m langen Faserbündel werden vor allem für Verpackungs-, Polster- und Wandbespannungsmaterial sowie als Grundgewebe für Teppiche und Linoleum verwendet.

■ **Jütland** (dänisch Jylland), dänische Halbinsel zwischen Nord- und Ostsee, die den festländischen Teil Dänemarks bildet; (mit vorgelagerten Inseln) 29 765 km^2 mit 2,4 Mio. Einwohnern. Ein Höhenrücken teilt Jütland in die fruchtbare Grundmoränenlandschaft im Osten mit größeren Städten und Häfen und das dünn besiedelte Geestland im Westen.

K

■ **K, 1)** der elfte Buchstabe des deutschen Alphabets, ein Konsonant.

2) Einheitenzeichen für Kelvin.

3) chemisches Symbol für Kalium.

■ **K2** (Mount Godwin Austen), zweithöchster Berg der Erde, 8 607 m, im Karakorum. Er wurde 1954 durch eine italienische Expedition erstmals bestiegen.

■ **Kaaba** [arabisch, = Würfel] *die,* das zentrale Heiligtum des Islam, Mittelpunkt der Moscheeanlage in Mekka. Die Kaaba ist ein steinernes, würfelförmiges Gebäude, das außen mit einem schwarzen Tuch bedeckt ist. An der südöstlichen Ecke ist der »Schwarze Stein« (ein Meteorit), der einst vom Himmel gefallen sein soll, eingemauert. Die Kaaba ist Ziel der Pilgerfahrt (→Hadsch), die jedem Muslim einmal im Leben vorgeschrieben ist. – Bild S. 118

■ **Kabarett** [frz.] *das,* Kleinkunstbühne, die besonders in Chansons und Sketchen Zeitkritik übt.

■ **Kabbala** [hebräisch, = Überlieferung] *die,* die mystische Geheimlehre im Judentum, die im 13. Jahrh. in Spanien eine Blütezeit hatte. Als ihr Hauptwerk gilt das Buch »Sohar«, das um 1300 von einem anonymen Autor verfasst wurde.

■ **Kabelfernsehen,** über ein Kabelnetz verbreitete Fernsehprogramme, die regional an zentraler Stelle empfangen, aufbereitet und in das Netz eingespeist werden. – auch →Fernsehen.

■ **Kabeljau,** ein Raubfisch aus der Familie der Dorsche, der vor allem im nördlichen Atlantik sowie in der Nord- und Ostsee vorkommt; die Ostseeform wird als Dorsch bezeichnet. Der bis 1,5 m lange und bis 15 kg schwere Fisch ernährt sich vor allem von Heringen und Sandaalen.

Wörter, die man unter K vermisst, suche man unter C, Ch oder Q

Die **Kaaba** in Mekka war schon vor dem Islam ein Zentralheiligtum der arabischen Stämme; der schwarze Stoffbehang des 15 m hohen und 12 m langen Bauwerks heißt in arabischer Sprache »kiswa«

■ **Kabinett** [frz., = kleines Gemach] *das,* die Gesamtheit der Minister einer Regierung.

■ **Kabriolett** [frz.] *das* (Kabrio), ein Pkw mit offenem Aufbau, zurückklappbarem Verdeck und versenkbaren Seitenfenstern.

■ **Kabul,** Hauptstadt von Afghanistan, am gleichnamigen Fluss in einem von Gebirgen umgebenen Hochbecken, 1795 m über dem Meeresspiegel gelegen, mit etwa 700000 Einwohnern. Wirtschaft, Handel und Verkehr des einstigen Wirtschaftszentrums des Landes sind durch den Bürgerkrieg stark in Mitleidenschaft gezogen, die Bevölkerung wurde durch Massenflucht dezimiert; viele Baudenkmäler sind zerstört oder verfallen.

Kabul, am Schnittpunkt alter Karawanenstraßen entstanden, gehörte seit dem 16. Jahrh. zum indischen Mogulreich und wurde 1747 Hauptstadt des Afghanenreichs.

■ **Kadenz** [zu lat. cadere, = fallen] *die,* **1)** *Metrik:* die rhythmische Gestalt des Versausgangs (→Reim).

2) *Musik:* eine Folge von Akkorden, durch die ein Musikstück oder ein Abschnitt einer Komposition abgeschlossen wird.

Als Kadenz bezeichnet man auch das unbegleitete Spiel des Solisten in einem Konzert (z. B. Klavier- oder Violinkonzert) kurz vor dem Schluss eines musikalischen Satzes. Sie wurde ursprünglich vom Interpreten improvisiert, später auch vom Komponisten aufgeschrieben.

■ **Kadi** [arabisch] *der,* Richter in arabischen Staaten.

Die weißen, wohlriechenden Blüten des **Kaffees** wachsen zu Büscheln gehäuft in den Blattachseln; bis zur völligen Reife der darunter abgebildeten Früchte, auch Kaffekirschen genannt, vergehen etwa sieben Monate

■ **Kadmium** →Cadmium.

■ **Käfer,** mit über 400000 Arten weltweit verbreitete Ordnung 0,25 bis 160 mm langer Insekten (davon rund 7000 Arten in Mitteleuropa). Der Körper hat meist einen harten Hautpanzer und stark verhärtete Vorderflügel, die in Ruhe die gefalteten, häutigen Hinterflügel schützen und meist auch den ganzen Hinterleib bedecken. Zum Flug werden die Flügeldecken abgespreizt und nur die Hinterflügel benutzt.

Die meisten Käfer sind Pflanzenfresser (darunter viele Pflanzenschädlinge, z. B. Kartoffelkäfer, Maikäfer, Borken- und Rüsselkäfer). Viele leben räuberisch und sind, da sie Schadinsekten und anderen Kleintieren nachstellen, nützlich (z. B. Marienkäfer, viele Lauf- und Buntkäfer). Verschiedene Arten leben in Aas, Dung oder Mist. Die Entwicklung ist eine vollkommene →Metamorphose.

■ **Kaffee** [arabisch] *der* (Kaffeestrauch), in Afrika, Südasien und Neuguinea heimischer (heute vor allem in Afrika und Südamerika angebauter) Strauch oder Baum mit immergrünen Blättern und kleinen Blüten. Die roten, kirschenähnlichen Steinfrüchte enthalten zwei bohnenförmige oder einen rundlichen Samen **(Kaffeebohnen).** Die Samen werden aus den getrockneten Früchten mit Schälmaschinen gelöst und anschließend geröstet. Die gerösteten Samen enthalten 0,9 bis 2,6 % Koffein.

Das aus den gemahlen Kaffeebohnen zubereitete Getränk wirkt anregend auf Herz und Atmung, verursacht aber im Übermaß Nervosität und Schlaflosigkeit. – Der Brauch des Kaffeetrinkens kam im 16. Jahrh. aus der islamischen Welt nach Europa.

Kaffee

Als Kaffee im 18. Jahrhundert in Europa heimisch wurde, waren viele Menschen davon überzeugt, dass das neue Getränk giftig sei. So erließ der Rat der Stadt Hildesheim 1768 eine Verfügung von zwölf Paragraphen, die den Kaffeegenuss untersagte. Außerdem mussten alle der Kaffeebereitung dienenden Gerätschaften, also Kaffeetassen, Kaffeekannen und Kaffeemühlen, zerstört werden. König Gustav III. von Schweden (* 1746, † 1792) war derart von der Giftigkeit des Kaffees überzeugt, dass er dies zum Wohle seiner Untertanen auch beweisen wollte. Er setzte als Todesstrafe für einen Mörder fest, dass dieser jeden Tag eine Tasse Kaffee zu trinken habe, bis er davon zu Tode gekommen sei.

■ **Kafka,** Franz, Schriftsteller, *Prag 3. Juli 1883, †Kierling (heute zu Klosterneuburg bei Wien) 3. Juni 1924. Der in Prag als Sohn eines deutsch-jüdischen Kaufmanns aufgewachsene Autor gehört zu den bedeutendsten Erzählern des 20. Jahrhunderts.

»Man sollte überhaupt nur Bücher lesen, die einen beißen und stechen«, schreibt der 21-jährige **Franz Kafka** an einen Freund; das Foto zeigt ihn 20 Jahre später, kurz vor seinem Tod

Seine Erzählweise führte zu der Wortbildung »kafkaesk« (= auf rätselhafte Weise unheimlich). Jüngere Interpreten unterstreichen eine andere Ebene des Kafkaesken: die der grotesken Komik. Neben Briefen verfasste Kafka u. a. die Erzählungen »Das Urteil« (1913) und »Die Verwandlung« (1915) sowie die Romanfragmente »Der Prozess« (1925), »Das Schloss« (1926) und »Amerika« (1927), die sein Freund Max Brod herausgab.

■ **Kaftan** [türkisch] *der,* langärmeliges, vorn offenes, weites orientalisches Obergewand; auch der lange, enge, geknöpfte Überrock der orthodoxen Juden.

■ **Kaimane** →Alligatoren.

■ **Kain,** im Alten Testament der älteste Sohn Adams und Evas, der aus Neid seinen Bruder Abel tötet. Vor der Blutrache schützt ihn das Kainszeichen (Kainsmal).

■ **Kairo,** Hauptstadt Ägyptens, deren Hauptteil am rechten Nilufer liegt, am Beginn des Nildeltas, mit 6,8 Mio. Einwohnern (im städtischen Ballungsraum rund 15 Mio.) die größte Stadt Afrikas und der arabischen Welt. Kairo, der politische, geistige und wirtschaftliche Mittelpunkt des Landes und des gesamten Nahen Ostens, hat drei Universitäten, mehrere wissenschaftliche Institute, Bibliotheken und Museen (u. a. das bedeutende Ägyptische Museum) sowie zahlreiche Moscheen.
Kairo wurde in Nachbarschaft älterer Siedlungen 969 gegründet und stieg nach der Zerstörung Bagdads durch die Mongolen (1258) zum bestimmenden Zentrum der islamischen Kultur auf. Seit dem Ende des 19. Jahrh. entwickelte es sich zur Weltstadt. Am linken Nilufer ist Kairo mit →Giseh zusammengewachsen.

■ **Kaiser** [von lat. Caesar], höchster weltlicher Herrschertitel. Während das römische Kaisertum in der westlichen Reichshälfte 476 erlosch, bestand es im oströmisch-byzantinischen Reich bis 1453. Mit der Krönung Karls des Großen durch Papst Leo III. im Jahr 800 in Rom entstand, in Rivalität zum byzantinischen Kaisertum, das abendländische Kaisertum, verbunden mit der fränkischen, später der deutschen (»römischen«) Königswürde.
Auch andere Herrscher nahmen den Kaisertitel an, z. B. in Frankreich Napoleon I.; die russischen Zaren nannten sich seit Peter dem Großen »Imperator«. Auch in Brasilien und Mexiko herrschten zeitweise Kaiser. Die chinesischen Herrscher wurden ebenfalls als Kaiser bezeichnet. In Japan entspricht der Herrschertitel »Tenno« dem Kaiser.

■ **Kaiserschnitt** (Schnittentbindung), eine geburtshilfliche Operation, bei der die →Gebärmutter durch einen Schnitt im unteren Mittelbauch geöffnet wird. Der Kaiserschnitt wird zur schnellen Entbindung des Kindes bei Geburtshindernissen oder drohenden Gefahren für Mutter und Kind ausgeführt.

■ **Kaiserstuhl,** vulkanischer Gebirgsstock in der südlichen Oberrheinischen Tiefebene, nordwestlich von Freiburg im Breisgau, 557 m hoch. Das Basaltgestein ist an vielen Stellen von hohen Lössschichten bedeckt, die bei mildem Klima einen ergiebigen Obst- und Weinbau erlauben.

■ **Kajak** →Kanusport.

■ **Kakadus** [malaiisch], 30–80 cm lange Papageien in Australien und Südostasien, mit langen Kopffedern und kräftigem Schnabel. Die Kakadus sind gesellige Vögel, ihre Nester bauen sie in Bäume und Felsen.

Zu den **Kakadus** gehört unter anderem der nach seinem gelben Federschopf benannte Gelbhaubenkakadu, der sich oft in Schwärmen sehr lebhaft und laut bemerkbar macht

■ **Kakao** [auch: ...kau; aztekisch] *der,* im tropischen Amerika heimischer, bis 10 m hoher, immergrüner Baum oder Strauch. Aus den roten Blüten entwickeln sich die bis 20 cm langen, gurkenähnlichen Früchte, in deren Fruchtfleisch 30–50 Samen **(Kakaobohnen)** eingebettet sind. Die getrockneten und gewaschenen Bohnen werden geröstet und alle Säuren entfernt. Die gewonnene **Kakaomasse** dient der Herstellung von →Schokolade. Aus den anschließend entfetteten Samen gewinnt man **Kakaobutter** und (gemahlen) **Kakaopulver**, aus dem ein Getränk **(Kakao)** bereitet wird.

■ **Kakerlaken** →Schaben.

■ **Kakteen** [griech.], einzige Familie der Kaktuspflanzen. Fälschlicherweise werden auch Wasser speichernde Pflanzenarten (Sukkulenten) anderer Familien als Kakteen bezeichnet. Ursprünglich nur in Amerika beheimatet, wurden die Kakteen auch in andere Erdteile (z.B. Südeuropa) eingeschleppt. In ihrem Bau haben sie sich Standorten mit langanhaltender Trockenheit angepasst: Der Stamm dient als Wasserspeicher (Stammsukkulenz). Um die Verdunstung gering zu halten, besitzen viele Kakteen einen Wachsüberzug und filzige Behaarung. Auch sind die Blätter zu Dornen zurückgebildet und die Spaltöffnungen versenkt. Die Blüten öffnen sich meist nur für kurze Zeit nachts und werden von Schmetterlingen oder Kolibris bestäubt.

Der hier abgebildete leuchtendgelb blühende Kaktus heißt nach seinen essbaren feigenähnlichen Früchten (Kaktusfeigen) Feigenkaktus; ebenfalls zu der vielgestaltigen Familie der **Kakteen** gehört die kugelige Teufelszunge mit ihren warzenarigen Höckern

■ **Kalahari** *die,* abflusslose Beckenlandschaft im südlichen Afrika, hauptsächlich in Westbotswana. Durch sanfte Schwellen ist sie in mehrere kleine Becken geteilt. In der Mitte und im Süden gibt es rote Flugsanddünen mit Dorngehölzen und steile Inselberge. Der Norden ist Dorn- und Trockensavanne.
Die Kalahari hat ein sehr trockenes Savannenklima mit wenig Niederschlägen. Der Regen versickert schnell im durchlässigen Sand. Der Norden entwässert periodisch zum Sambesi. Der **Kalahari-Gemsbok-Nationalpark** ist ein Wildschutzgebiet in der nördlichen Kapprovinz (Republik Südafrika). In ihm leben große Herden von Antilopen sowie Strauße, Gnus, Löwen.

■ **Kalebasse** [arabisch] *die,* ein bauchiges, flaschenartiges Gefäß, das aus dem Flaschenkürbis oder (im tropischen Amerika) aus den Früchten des Kalebassenbaums hergestellt wird. Die Kalebasse ist in Asien, Afrika und in Südamerika verbreitet.

■ **Kaleidoskop** [griech.] *das,* optisches Spielzeug, bei dem in einer Röhre durch mehrfache Spiegelung (z.B. von bunten Glasstücken) regelmäßige Muster erzeugt werden, die sich durch Bewegung verändern.

■ **Kalender** [lat.] *der,* die Einteilung der Zeit in Tage, Wochen, Monate und Jahre. Ein Sonnentag ist die Dauer zwischen zwei aufeinander folgenden Mittagen, genauer: zwischen zwei aufeinander folgenden Durchgängen der Sonne durch den Meridian im Norden (untere Kulmination, Mitternacht). Da sich der so definierte wahre Sonnentag ständig ändert, wird als Grundlage der Zeitrechnung der mittlere Sonnentag verwendet (→Tag).
Die Zeit, die die Erde für einen Umlauf um die Sonne benötigt, ist ein Jahr. Ein tropisches →Jahr, die Grundlage unseres **gregorianischen Kalenders,** hat eine Dauer von 365,2422 Tagen. Demgegenüber hat ein Kalenderjahr entweder 365 Tage (Gemeinjahr) oder 366 Tage (Schaltjahr). Schaltjahre sind alle Jahre, deren Jahreszahl sich ohne Rest durch vier teilen lässt; als zusätzlicher Tag wird in ihnen der 29. Februar eingefügt (Schalttag). Ausgenommen hiervon sind alle Jahrhundertjahre, deren Jahreszahl sich nicht ohne Rest durch 400 teilen lässt, also 1700, 1800, 1900; das Jahr 2000 dagegen ist ein Schaltjahr. Nach dieser Schaltregel hat ein mittleres Kalenderjahr nach dem gregorianischen Kalender eine Dauer von 365,2425 Tagen, weicht also mit drei Tausendsteln eines Tages nur sehr geringfügig von einem mittleren Sonnenjahr ab – erst in 3333 Jahren summiert sich diese Abweichung zu einem Tag.
Dieser heute gültige Kalender geht auf die 1582 von Papst Gregor XIII. veranlasste Kalenderreform zurück, durch die der von Julius Cäsar eingeführte **julianische Kalender** verbessert wurde. Dessen mittleres Kalenderjahr hatte aufgrund seiner einfacheren Schaltregel eine Dauer von 365,25 Tagen. Neben dem gregorianischen Kalender, der heute im internationalen Verkehr weltweit verwendet wird, gibt es einen jüdischen Kalender und einen islami-

Kalender

Die Wahl des Datums für den Jahresbeginn ist völlig willkürlich. Es gibt keinen besonderen Punkt auf der Erdumlaufbahn, durch den festgelegt werden kann, wann ein Jahr beginnt und wann es endet. Die Druiden im vorchristlichen Gallien setzten Neujahr in der sechsten Nacht nach der Wintersonnenwende an. Lange begann in Europa das Jahr am 1. März, bis Karl der Große in seinem Reich den Jahresbeginn auf Weihnachten legte. In Frankreich begann das Jahr viele Jahrhunderte am 1. April. Im 16. Jahrhundert wurde weitgehend der 1. Januar als Jahresbeginn üblich, in Deutschland genau im Jahre 1500. In England wurde der 25. März bis einschließlich 1751 beibehalten. In Russland begann das Jahr bis zu Peter dem Großen am 1. September, später (bis 1918) dann am 12. bzw. 13. Januar.

schen Kalender, die beide ganz anders aufgebaut sind.

■ **Kaliber** [griech.] *das,* der innere Durchmesser in den Rohren von Feuerwaffen und der Durchmesser der daraus abgefeuerten Geschosse.

■ **Kalif** [arabisch] *der,* seit Mohammeds Tod (632) der offzielle Titel seiner Nachfolger in der Herrschaft über die muslimische Gemeinschaft **(Kalifat).** Er ging im 16. Jahrh. an den osmanischen Sultan über, der dadurch zum Oberhaupt aller sunnitischen Muslime wurde (von den →Schiiten nicht anerkannt). 1924 schaffte die Türkische Republik das Kalifat ab.

■ **Kalifornien, 1)** Landschaft an der Südwestküste Nordamerikas; man unterscheidet **Oberkalifornien** im Norden, das zu den USA gehört, und **Niederkalifornien** im Süden, eine lange, gebirgige Halbinsel, die zu Mexiko gehört. Niederkalifornien trennt den zu Mexiko gehörenden **Golf von Kalifornien** vom Pazifischen Ozean.

2) Bundesstaat der USA, Oberkalifornien umfassend, mit 424 002 km² und 32,667 Mio. Einwohnern. Die Hauptstadt ist Sacramento. Kalifornien ist der größte Produzent der USA von Obst, Gemüse, Wein, Zucker (Anbau vor allem im zentralen Kalifornischen Längstal). Der Süden Kaliforniens ist wüstenhaft. Vor allem im 19. Jahrh. war die Gewinnung von Gold von großer Bedeutung (»Goldener Westen«). Neben Nahrungsmittelindustrie hat Kalifornien u. a. Flugzeug- und Raumfahrtindustrie, in Hollywood Filmindustrie. Haupthäfen sind San Francisco und Los Angeles. Kalifornien gilt als attraktives Reiseland, der Süden ist als Winteraufenthalt oder Alterssitz beliebt.

Kalifornien wurde im 16. und 17. Jahrh. von Mexiko aus durch Spanier besiedelt und war 1821–48 mexikanische Provinz. 1850 kam es als als 31. Staat zu den Vereinigten Staaten von Amerika.

■ **Kaliningrad** →Königsberg.

Kalium
chemisches Symbol: K
Ordnungszahl: 19
relative Atommasse: 39,1
Dichte: 0,86 g/cm³
Schmelzpunkt: 63 °C
Siedepunkt: 759 °C

■ **Kalium** [arabisch] *das,* ein metallisches chemisches Element. Das silberglänzende Kalium ist so weich, dass man es mit dem Messer schneiden kann. Es ist chemisch äußerst reaktionsfähig. So schwimmt beispielsweise ein auf eine Wasseroberfläche geworfenes Stückchen des Metalls unter Zischen und Feuererscheinung so lange hin und her, bis es durch die Reaktion mit dem Wasser zu Kaliumhydroxid (Kalilauge, KOH) und Wasserstoff (H_2) verbraucht ist:

$$2K + 2H_2O \rightarrow 2KOH + H_2.$$

Wichtige Kaliumverbindungen sind die **Kalisalze,** die Chloride und Sulfate des Kaliums sind, meist in Verbindung mit Magnesium, Calcium oder Natrium. Ein bedeutendes Kalisalz ist Kaliumchlorid (KCl), das bergmännisch abgebaut wird und Rohstoff für Kalidünger ist. **Kaliumcarbonat (Pottasche,** K_2CO_3) wird bei der Herstellung von Waschmitteln und Seifen verwendet, **Kaliumnitrat** (KNO_3) und **Kaliumchlorat** ($KClO_3$) als Bestandteil von Schieß- und Sprengpulvern sowie von Streichhölzern und Feuerwerkskörpern.

■ **Kalk,** Sammelbezeichnung für Calciumcarbonat (als chemische Verbindung oder in Form verschiedener Minerale, z. B. Kalkspat) und sich von diesem ableitende Calciumverbindungen. **Calciumcarbonat** ($CaCO_3$) wird als Düngemittel, zur Neutralisation von sauren Abwässern, als Zuschlag bei der Eisengewinnung in Hochöfen und in der →Rauchgasreinigung verwendet. In der Bauindustrie wird es durch Erhitzen auf etwa 1 000 °C in **Calciumoxid** (CaO_2 gebrannter Kalk) überführt. Aus diesem erhält man dann durch Reaktion mit Wasser **Calciumhydroxid** ($Ca(OH_2)$, gelöschter Kalk), das zur Herstellung von Kalkmörtel, einem Gemisch aus Sand, gelöschtem Kalk und Wasser, dient. Durch Reaktion mit dem Kohlendioxid der Luft (Abbinden des Mörtels) entsteht wieder Calciumcarbonat, das die Sandkörner und die Bausteine fest verkittet.

■ **Kalkriese,** Dorf im Landkreis Osnabrück, Niedersachsen, seit 1974 Ortsteil von Bramsche. – Nach neueren archäologischen Forschungen (systematische Grabungen seit 1989) fand am Kalkrieser Berg 9 n. Chr. die Varusschlacht (→Varus) statt.

■ **Kalkspat** (Calcit) *der,* sehr verbreitetes Mineral, eine der kristallinen Modifikationen von Calciumcarbonat ($CaCO_3$). Kalkspat bildet den Rohstoff für den in der Bauindustrie in großen Mengen verbrauchten →Kalk. Er ist der Hauptbestandteil des **Kalksteins,** aus dem ganze Gebirge bestehen, z. B. die Kalkalpen.

■ **Kalkulation** [lat.] *die,* in der kaufmännischen Kostenrechnung die Ermittlung der Selbstkosten einer Leistungs- oder Produkteinheit (z. B. für die Herstellung eines Autos in einer Autofabrik) oder eines Gesamtauftrags. Durch Einbeziehung eines Gewinnaufschlags wird der Angebotspreis errechnet **(Preiskalkulation)**.

■ **Kalkutta,** Hauptstadt des Bundesstaates West Bengal, Indien, mit 4,34 Mio. Einwohnern (als Ballungsraum Großkalkutta 11,6 Mio.). Die Stadt liegt im Gangesdelta, am Hugli, dem wichtigsten Mündungsarm des Ganges, der bis zu dem Welthafen Kalkutta für Seeschiffe befahrbar ist
Kalkutta entstand aus einer Handelsniederlassung der britischen Ostindischen Kompanie und war 1774–1912 Regierungssitz von Britisch-Indien.

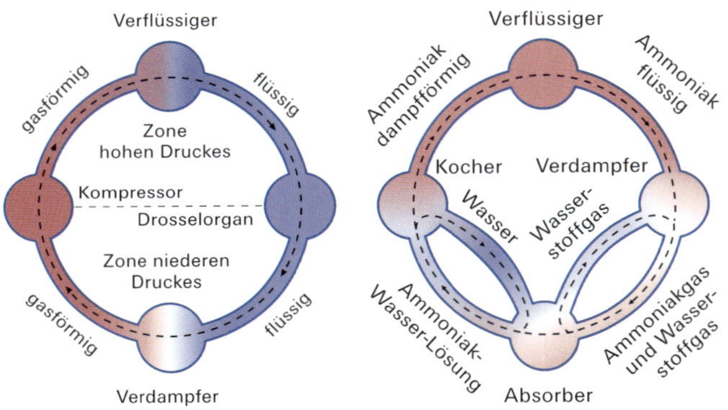

Diese Grafik zum Stichwort **Kältemaschine** demonstriert die Funktionsweise einer Kompressormaschine und einer Absorbermaschine

■ **Kalorie** [lat.] *die,* Einheitenzeichen **cal,** gesetzlich nicht mehr zugelassene Einheit der Energie, speziell der Wärmeenergie (Wärmemenge); zu der heute gültigen Einheit →Joule ergibt sich folgende Beziehung:

1 cal = 4,18684 J,

1 J = 0,239 cal.

■ **Kaltblüter** →Wechselwarme.

■ **Kältemaschine,** eine Vorrichtung zur Erzeugung tiefer Temperaturen, u.a. im Haushaltskühlschrank. Man unterscheidet die Kompressormaschine (Kompressorkühlschrank) und die Absorbermaschine (Absorberkühlschrank); in beiden werden zur Erzeugung tiefer Temperaturen **Kältemittel** verdampft, die dabei der Umgebung eine bestimmte Wärmemenge, die Verdampfungswärme, entziehen.
Bei der **Kompressormaschine** wird der Kältemitteldampf durch einen Kompressor zusammengepresst und anschließend in einem Kondensator durch Luft oder Wasser abgekühlt, wobei er flüssig wird. Das flüssige Kältemittel wird ins Innere des Kühlschrankes geleitet, wo in einem Verdampfer der Druck herabgesetzt wird, sodass das flüssige Kältemittel verdampft. Die dazu erforderliche Verdampfungswärme entzieht es der Luft im Kühlschrank und dem Kühlgut. Der Dampf wird dann zum Kompressor zurückgesaugt, wo der Kreislauf von neuem beginnt. Als Kältemittel wurden die Ozon zerstörenden Fluorchlorkohlenwasserstoffe (FCKW) durch Fluorkohlenwasserstoffe (FKW) ersetzt, die die Ozonschicht der Atmosphäre nicht angreifen. Auch eine Mischung aus Propan, Butan und Cyclopropan wird als Kältemittel genutzt.
In dem ebenfalls geschlossenen Kühlkreislauf der **Absorbermaschine** ist Ammoniak in Wasser gelöst. Die Ammoniaklösung wird erwärmt und Ammoniak verdampft. Hat sich genügend Ammoniakdampf angesammelt, steigt der Druck so weit an, dass das Ammoniak flüssig wird. Das flüssige Ammoniak wird nun innerhalb des Kühlkreislaufs in das Innere des Kühlschrankes geleitet, verdampft dort und strömt zu einem Absorber, wo es sich wiederum in Wasser löst. Das ammoniakhaltige Wasser strömt in den Kocher, wo der Vorgang erneut beginnt. Die Kältemaschine wird durch einen →Thermostat gesteuert.

■ **Kältepole,** die Orte auf der Erde mit den niedrigsten gemessenen Temperaturen; auf der Nordhalbkugel ist dies Oimjakon in Ostsibirien mit −77,8 °C, auf der Südhalbkugel die sowjetische Station Wostok im antarktischen Hochland mit −89,2 °C.

■ **Kalter Krieg,** ein diplomatischer, wirtschaftlicher und propagandistischer (nicht militärischer) Kampf zwischen Staaten oder Staatenblöcken. Die Bezeichnung ist vor allem für die Auseinandersetzungen im →Ost-West-Konflikt üblich geworden.

■ **Kalzium** →Calcium.

Kambodscha

Flagge

Wappen

■ **Kambodscha,** Staat in Südostasien, im südlichen Hinterindien. Der größte Teil des Landes ist Tiefland. Es wird von bewaldeten Gebirgen überragt. Mit dem Mekong verbunden ist der See Tonle Sap. Kambodscha hat tropisches Monsunklima und ist ein ausgeprägtes Agrarland: Über 70% des Kulturlandes nehmen Reisfelder ein. Andere Erzeugnisse sind Sesam, Baumwolle, Kautschuk, Tabak und Pfeffer. Kambodscha zählt zu den ärmsten Ländern der Erde. Die Bevölkerung gehört mehrheitlich dem Khmervolk an; der Buddhismus ist Staatsreligion.
Geschichte: Das im 6. Jahrh. von den Khmer eroberte Gebiet war vom 9. Jahrh. an Zentrum des

Kambodscha
Fläche 181 035 km²
Einwohner 10,751 Mio.
Hauptstadt Phnom Penh
Amtssprache Khmer
Nationalfeiertage 24. 9. und 9. 11.
Währung 1 Riel (CR) = 10 Kak = 100 Sen
Zeitzone MEZ + 6 Std.

mächtigen Khmerreiches (Hauptstadt Angkor), das seine Blütezeit im 12. und frühen 13. Jahrh. erlebte. Nach der Zerstörung Angkors durch die Thai wurde die Hauptstadt 1434 nach Phnom Penh verlegt. Vom 17. bis 19. Jahrh. Streitobjekt zwischen Thai und Vietnamesen, schloss Kambodscha 1863 einen Protektoratsvertrag mit Frankreich ab und wurde 1887 Indochina einverleibt.
1946 wurde Kambodscha ein autonomer Staat in der Französischen Union, 1954 erlange es die Unabhängigkeit. König war seit 1941 Norodom Sihanouk (* 1922), der 1955 zugunsten seines Vaters abdankte; nach dessen Tod 1960 blieb der Thron unbesetzt, Staatschef wurde Sihanouk.
Nach der Machtübernahme von General Lon Nol (1913–85), der 1970 die Republik ausrief, kam es zu einem Bürgerkrieg zwischen den kommunistischen »Roten Khmer« und der proamerikanisch gesinnten Regierung, der 1975 mit einem Sieg der Roten Khmer endete. Die folgende Schreckensherrschaft unter Ministerpräsident Pol Pot (1928–98) kostete etwa einer Million Menschen das Leben. 1979 wurden die Roten Khmer nach einem Krieg mit Vietnam (1977–79) gestürzt und bekämpften nun die vietnamfreundliche Regierung in einem Guerillakrieg. Nach Beginn der internationalen Kambodschakonferenz verließen die vietnamesischen Truppen 1989 das Land. 1991 einigten sich die Bürgerkriegsparteien auf ein Friedensabkommen, 1993 wurden Parlamentswahlen abgehalten und eine neue Verfassung (Wiedereinführung der Monarchie) verabschiedet; König wurde der frühere Herrscher Sihanouk.

■ **Kambrium** → geologisches System (Übersicht).

■ **Kamele** [griech.], eine Familie wiederkäuender, hochbeiniger, langhalsiger Paarhufer mit einer Körperlänge von etwa 1,3–3,5 m und einer Schulterhöhe von 70 bis 230 cm. Das Fell ist dicht und wollig. Es gibt vier Arten: **Dromedar** (einhöckrig), vor allem Last- und Reittier, **Kamel** (zweihöckrig), Last- und Reittier, Milch- und Fleischlieferant, **Guanako** (mit den Haustierrassen **Alpaka,** das vor allem als Wollieferant gezüchtet wird, und **Lama**) und **Vikunja** (das allerfeinste Wolle liefert).
Das Dromedar und das zweihöckrige Kamel können sechs bis acht Tage ohne Aufnahme von Wasser und Nahrung Lasten tragen, da der große Magen Wasser und Nahrung speicherndes Gewebe besitzt.

■ **Kamelie** *die,* ostasiatisches Teestrauchgewächs mit immergrünen, ledrigen Blättern, roten bis weißen rosenähnlichen Blüten und holzigen Kapselfrüchten. Als Zierpflanze wird häufig die bis zu 15 cm hohe **Chinarose** kultiviert.

■ **Kamera** [Kurzform von Camera obscura] *die,* ein Aufnahmegerät in der → Fotografie, beim Film und beim Fernsehen (→ Videokamera).

■ **Kameralismus** → Merkantilismus.

Auffällig an dem hier abgebildeten **Kamel** ist das an Kopf und Hals mähnenartig verlängerte Fell

■ **Kamerun,** Republik in Zentralafrika, zwischen dem Golf von Biafra und dem Tschadsee. Die Küstenebene trägt tropischen Regenwald, die Hochländer im Inneren Feuchtsavanne, im Norden Trockensavanne. Im Westen erheben sich vulkanische Gebirge mit dem Kamerunberg (4 070 m). Die Bevölkerung besteht aus Bantu- und Sudanvölkern; 55 % sind Christen, 22 % Muslime. Obwohl sich Ka-

Kamerun
Fläche 475 442 km^2
Einwohner 14,323 Mio.
Hauptstadt Yaoundé
Amtssprachen Französisch und (regional) Englisch
Nationalfeiertage 1. 1. und 1. 10.
Währung 1 CFA-Franc = 100 Centimes
Zeitzone MEZ

Kamerun

Flagge

Wappen

merun durch den Export von Erdöl (seit 1978) zu einer führenden Wirtschaftsmacht im tropischen Afrika entwickelt hat, lebt der überwiegende Teil der Bevölkerung von der Landwirtschaft. Ausgeführt werden Kakao, Kaffee, Baumwolle, Bananen und Zuckerrohr; Überseehafen ist Douala.

Geschichte: Kamerun war vor dem Ersten Weltkrieg deutsche Kolonie, danach teils französisches, teils britisches Mandatsgebiet. Der französische Teil wurde 1960 unabhängige Republik, an die 1961 der Süden des ehemals britischen Teils angeschlossen wurde (der Norden des ehemals britischen Teils gehört seitdem zu Nigeria).

■ **Kamille** [griech.] *die,* Korbblütler mit weißen, zungenförmigen Rand- und gelben, röhrenförmigen Scheibenblüten. Die getrockneten, würzig riechenden Blütenköpfchen der **Echten Kamille** dienen als Aufguss gegen Darmbeschwerden, zu Spülungen oder Umschlägen. Die Echte Kamille wächst oft an Feldrändern.

Nur kurze Zeit nach dem Aufblühen hängen die weißen Strahlenblüten der **Kamille** nach unten; wie die linke kleine Zeichnung zeigt, ist der Blütenboden der hier abgebildeten Echten Kamille hohl

■ **Kammermusik,** Instrumental- und Vokalmusik für eine kleine Gruppe von Solisten (z. B. Streichquartett), im Unterschied zu Orchester- und Chormusik. Die Bezeichnung stammt von dem um 1560 in Italien geprägten Begriff **Musica da Camera** (= Musik für die Kammer, das heißt für einen kleinen Saal an fürstlichen Höfen).

■ **Kammerton,** der auf 440 Hertz festgelegte Ton a^1, nach dem Musikinstrumente gestimmt werden.

■ **Kampanile** [italienisch] (Campanile) *der,* ein frei neben der Kirche stehender Glockenturm.

■ **Kampfer** [mittellateinisch-arabisch-altindisch] *der* (Campher), aus dem Kampferbaum (vor allem in Südostasien und Ostafrika angepflanzter Zimtbaum) gewonnene weiße Masse, die einen charakteristischen Geruch hat. Kampfer, der heute auch synthetisch hergestellt wird, wird als alkoholische Lösung in der Medizin für Einreibungen und als Anregungsmittel für die Atmung verwendet.

■ **Kampfstoffe,** Sammelbezeichnung für alle Arten von Kampfmitteln atomarer, biologischer und chemischer Herkunft (→ABC-Waffen).

■ **Kanaan,** älteste Bezeichnung für Palästina, das (im Alten Testament) dem Volk Israel verheißene Land.

■ **Kanada,** Bundesstaat in Nordamerika. Von der *Bevölkerung* sind 45 % Anglokanadier und 29 % Frankokanadier; Indianer und Eskimo machen nur noch 1,6 % aus.

Landesnatur, Klima: An der stark gegliederten Pazifikküste ragt ein Gebietsstreifen Alaskas weit nach Kanada hinein. Die Kordilleren erreichen in Kanada eine Höhe von 5 951 m. Die Rocky Mountains, die östliche Kette der Kordilleren, fallen zur Prärietafel und zum Mackenzie River ab. Der anschließende Kanadische Schild mit seinen vielen Seen erstreckt sich bis →Labrador. Die Insel Neufundland und das Gebiet östlich des Sankt-Lorenz-Stroms sind Ausläufer der Appalachen.

Außer an der Südost- und Südwestküste herrscht kühles Kontinentalklima vor, die nördlichen Landesteile mit den Inseln im Nordpolarmeer haben arktisches Klima (60 % des Landes haben Dauerfrostboden). An die Tundra im Norden schließen sich nach Süden große Nadel- und Laubwälder an. Natürliches Grasland kennzeichnet die Prärietafel. Hauptsiedlungsgebiete sind die südliche Prärietafel und vor allem das lang gestreckte, fruchtbare Land um den Sankt-Lorenz-Strom im Südosten. Hier ist das »Herz Kanadas« mit der Hauptstadt Ottawa und den großen Städten Toronto, Montreal, Quebec.

Wirtschaft: Kanada hat eine stark mechanisierte und auf den Export ausgerichtete Landwirtschaft (vorwiegend Großbetriebe); die Präriegebiete gehören zu den größten Weizenanbaugebieten der Erde. Daneben sind Vieh- und Pelztierzucht sowie Fischfang von Bedeutung. Eine weitere Grundlage der Wirtschaftskraft Kanadas bilden die reichen Vorkommen an Bodenschätzen (vor allem Erdöl, Erdgas, Eisen, Nickel, Kupfer, Uran, Gold, Kalisalze)

Kanada
Fläche 9 970 610 km²
Einwohner 31,006 Mio.
Hauptstadt Ottawa
Amtssprachen Englisch und Französisch
Nationalfeiertag 1. 7.
Währung 1 Kanadischer Dollar (kan$) = 100 Cents (c)
Zeitzone MEZ (von Ost nach West) – 4,5 bis – 9 Std.

und eine gut ausgebaute, vielfältige Industrie. Kanada zählt zu den führenden Welthandelsnationen; Haupthandelspartner sind die USA.
Geschichte: In vorgeschichtlicher Zeit wurde Kanada wie das gesamte →Nordamerika über die damals bestehende Landverbindung zwischen Sibirien und Alaska besiedelt. Zunächst lebten in dem Gebiet Jäger und Sammler, die etwa um 1000 v. Chr. sesshaft wurden. Träger der Kulturen waren im Norden seit der Zeit um 500 v. Chr. →Eskimo, im Süden Indianer. Die Ostküste Kanadas war norwegischen Seefahrern schon um 1000 bekannt.
Im 16. und 17. Jahrh. wurde das Gebiet des Sankt-Lorenz-Stroms von den Franzosen besiedelt, 1763 ging es in britischen Besitz über, 1867 wurde es Dominion, 1926 selbstständiges Mitglied des Commonwealth. Eine Verfassungsreform, die Kanada die völlige Souveränität brachte, trat 1982 in Kraft; Staatsoberhaupt blieb jedoch der britische Monarch. Unabhängigkeitsbestrebungen der französischsprachigen Provinz Quebec scheiterten mehrmals.

■ **Kanaken** [polynesisch, = Menschen], ursprünglich Bezeichnung nur für die eingeborene Bevölkerung der Hawaii-Inseln, später für alle Südseeinsulaner, heute Eigenbezeichnung der einheimischen Bevölkerung von Neukaledonien.

■ **Kanal** [lat.] *der,* ein künstlich angelegter Wasserlauf. Schifffahrtskanäle haben meist stehendes Wasser. **Binnenkanäle** verbinden Flüsse miteinander (z. B. Rhein-Main-Donau-Großschifffahrtsweg oder Mittellandkanal), zum Teil auch Seen. **Stichkanäle** schaffen Verbindungen zwischen Seehäfen und Industriegebieten. **Seekanäle** verbinden zwei durch eine Landenge getrennte Meere oder Meeresteile miteinander (z. B. Panamakanal, Nord-Ostsee-Kanal).
Höhenunterschiede werden bei Schifffahrtskanälen durch Schleusen oder Schiffshebewerke überwunden. Mithilfe von Bewässerungskanälen wird Wasser in trockene, unfruchtbare Gebiete gebracht. Entwässerungskanäle dienen zur Trockenlegung sumpfiger Flächen: Sie sammeln das Grundwasser, das an den Kanalwänden austritt. Über Abwasserkanäle wird das Abwasser abgeleitet (→Kanalisation).

■ **Kanal, Der** →Ärmelkanal.

■ **Kanalinseln,** Gruppe von Inseln im Ärmelkanal vor der französischen Küste, mit insgesamt 195 km² und 151 000 Einwohnern. Die Kanalinseln (Hauptinseln: Jersey und Guernsey) unterstehen als Selbstverwaltungsgebiete der britischen Krone. Zu Frankreich gehören nur zwei kleinere Gruppen von Eilanden und Felsen.

■ **Kanalisation** *die,* eine Einrichtung, um das in Haushalten oder Industriebetrieben anfallende Abwasser und Regenwasser abzuleiten. Das Abwasser fließt zunächst über Fallröhren in die unter den Gebäuden befindlichen Grundleitungen und von dort zu einer unter der Straße verlaufenden Sammelleitung. Mehrere solcher Sammelleitungen münden in einen Hauptkanal. Die Hauptkanäle ver-

Kanada

Flagge

Wappen

Kanal: bedeutende Seekanäle

Kanal	Verbindung	Land	Länge
Kanal von Korinth	Ionisches Meer (Golf von Korinth) – Ägäisches Meer	Griechenland	6,3 km
Nord-Ostsee-Kanal	Brunsbüttel (Unterelbe) – Kiel-Holtenau	Deutschland	98,7 km
Panamakanal	Atlantischer Ozean (Karibisches Meer) – Pazifischer Ozean	Panama	81,6 km
Sankt-Lorenz-Seeweg	Atlantischer Ozean – Duluth (Oberer See)	Kanada/USA	3 770,0 km
Suezkanal	Port Said (Mittelmeer) – Suez (Rotes Meer)	Ägypten	195,0 km

einigen sich in einem Hauptsammler, durch den das Abwasser dann zur Kläranlage fließt. Das Kanalisationsnetz ist für Kanalarbeiter über Einstiegsschächte zugänglich.

■ **Kanaltunnel** →Eurotunnel.

■ **Kanarienvogel,** auf den Kanarischen Inseln und den Azoren beheimateter graugrüner Finkenvogel. Er ist um 1500 nach Spanien und später nach ganz Europa gelangt. Aus der Wildform wurden größere und verschiedenfarbige Rassen als gut singende Käfigvögel gezüchtet.

Wassily Kandinsky

■ **Kanarische Inseln** (Kanaren), spanische Inselgruppe vulkanischen Ursprungs vor der nordwestafrikanischen Küste, 7447 km^2 mit 1,57 Mio. Einwohnern. Zu den Kanarischen Inseln gehören sechs kleinere und sieben größere Inseln, vor allem La Palma, Hierro, Gomera, Teneriffa, Gran Canaria, Fuerteventura und Lanzarote. Das Klima ist ozeanisch-subtropisch. Neben dem regen Fremdenverkehr ist der Export von Bananen, Tomaten und Frühkartoffeln von wirtschaftlicher Bedeutung.

■ **Kandinsky,** Wassily, französischer Maler und Grafiker russischer Herkunft, *Moskau 4. Dezember 1866, †Neuilly-sur-Seine (bei Paris) 13. Dezember 1944; einer der Wegbereiter der abstrakten Kunst. Kandinsky, der 1909-14 sowie 1921-33 in Deutschland und danach in Frankreich lebte, gründete mit Franz Marc 1911 in München die Künstlergemeinschaft »Blauer Reiter« und lehrte ab 1922 mehrere Jahre am →Bauhaus in Weimar und Dessau. Charakteristisch für seine Bilder sind die leuchtenden, harmonisch gegeneinander abgesetzten Farben.

Wassily Kandinsky unterschied seine Malerei nach drei Bildtypen: Improvisationen, Impressionen und Kompositionen; das hier abgebildete Gemälde aus dem Jahr 1913 trägt den Titel »Träumerische Improvisation«

Die Jungen der **Kaninchen** sind typische Nesthocker; sie kommen nackt zur Welt und öffnen erst nach drei Wochen die Augen

■ **Kängurus** [australisch], Familie etwa 25–165 cm langer Beuteltiere mit rund 50 Arten. Kängurus haben kurze, schwache Vorderbeine und starke Hinterbeine, mit denen sie weit springen können. Der lange, kräftige Schwanz dient beim Sitzen als Stütze. Die Jungen kommen blind und etwa daumengroß zur Welt; sie kriechen (von Geruchsreizen geleitet) in den Beutel der Mutter, wo sie monatelang gesäugt werden. Die Kängurus sind Pflanzenfresser und leben in den Buschsteppen Australiens.

■ **Kaninchen,** zur Familie der Hasen zählendes Säugetier mit graubraunem Fell und kurzen Ohren. Das 35–45 cm lange **Wildkaninchen** lebt in selbst gegrabenen Röhren und wirft vier- bis siebenmal im Jahr vier bis zehn (zunächst blinde) Junge. Durch seine Baue verursacht es große Schäden in Dämmen und Straßenböschungen.

Von Südosteuropa und Nordafrika aus verbreitete sich das Kaninchen über fast ganz Europa. In Australien und Neuseeland, wo es eingeschleppt wurde, ist es heute eine Landplage. Das **Hauskaninchen,** das vor allem wegen seines Fleisches und seines Fells gehalten wird, gibt es in vielen Zuchtformen, u. a. Chinchillakaninchen, Hermelinkaninchen und Angorakaninchen.

■ **Kannibalismus** [spanisch] *der,* allgemein

das Fressen von Artgenossen; im eingeschränkten Sinn der Verzehr von Menschenfleisch durch Menschen, etwa in Notsituationen. Bis in die Gegenwart wurde der rituelle Kannibalismus beobachtet, meist ein Bestattungsbrauch: das rituell-kultische Verzehren des Leichnams eines Angehörigen (etwa in Südamerika, Afrika und Ozeanien).

■ **Kanon** [griech.] *der,* **1)** *allgemein:* Richtschnur, Leitfaden.

2) *Musik:* ein Lied oder Instrumentalstück, bei dem zwei oder mehr Stimmen in vorgeschriebenem Abstand nacheinander einsetzend, die gleiche Melodie vortragen.

■ **Kanone** →Geschütz.

■ **Känozoikum** →geologisches System (Übersicht).

In einem berühmt gewordenen Aufsatz hat der Philosoph **Immanuel Kant** – hier ein Porträt aus dem Jahr 1791 – den Sinn des Wortes »Aufklärung« auf einen allgemeinen zeitlosen Punkt gebracht: »Aufklärung ist der Ausgang des Menschen aus seiner selbst verschuldeten Unmündigkeit. Unmündigkeit ist das Unvermögen, sich seines Verstandes ohne Leitung eines Anderen zu bedienen«

■ **Kant,** Immanuel, deutscher Philosoph, *Königsberg 22. April 1724, †ebenda 12. Februar 1804. Kant wurde 1770 Professor für Logik und Metaphysik im ostpreußischen Königsberg, wo er sein ganzes Leben verbrachte. Als Vertreter der →Aufklärung schuf er mit seinem Hauptwerk »Kritik der reinen Vernunft« (1781) die Grundlagen der später »Erkenntnistheorie« genannten philosophischen Disziplin, die nach dem Wesen, den Möglichkeiten und Grenzen menschlicher Erkenntnis fragt. Um das moralisch richtige Handeln zu bestimmen, entwickelte Kant den **kategorischen Imperativ,** eine Formel, nach der der Mensch so leben soll, dass alles, was er tut, auch von anderen Menschen getan werden kann, ohne dass dadurch der Menschheit insgesamt ein Schaden entsteht.

■ **Kantate** [von lat. cantare, = singen] *die,* um 1600 in Italien entstandenes mehrteiliges, instrumental begleitetes Gesangswerk, das aus Chören, Einzelgesängen (Arien, Rezitative), Duetten, Terzetten usw. besteht. In Deutschland wurde die **Kirchenkantate** zu einer Hauptform der evangelischen Kirchenmusik. Der bedeutendste Meister der Kantate war Johann Sebastian Bach.

■ **Kanton** (Canton, chinesisch Guangzhou), bedeutende Hafenstadt und Wirtschaftszentrum im Süden Chinas, am Mündungstrichter des Perlflusses, mit 2,91 Mio. Einwohnern. – Kanton war vom 16. bis in die Mitte des 19. Jahrh. die einzige chinesische Stadt, die dem Handel mit Europa geöffnet war.

■ **Kanton** [frz.] *der,* **1)** (frz. Canton), kleinere Verwaltungseinheit in Frankreich und Belgien.

2) Bezeichnung für die 26 Gliedstaaten der Schweiz, zu denen sechs Halkantone (Ob- und Nidwalden, die beiden Appenzell und Basel) zählen. Die Kantone (Stände) entsenden je zwei Abgeordnete, die Halbkantone je einen Vertreter in den Ständerat, eine der beiden Kammern der →Bundesversammlung.

■ **Kanu** [auch kanu; engl.] *das,* ursprünglich ein leichtes, kielloses Boot aus Baumrinde oder Tierhäuten bei den Indianern Nord- und Mittelamerikas; aus dem Kanu haben sich Kajak, Kanadier und Faltboot entwickelt.

■ **Kanüle** [frz.] *die, Medizin:* 1. eine spitz geschliffene Hohlnadel an Injektionsspritzen; 2. ein Röhrchen, das bei Gefahr von Erstickung in die Luftröhre eingelegt wird (Luftröhrenschnitt).

■ **Kanusport,** zusammenfassende Bezeichnung für alle sportlichen Betätigungen, die mit den Bootstypen Canadier, Faltboot und Kajak ausgeübt werden. Wettkampfsport wird nur mit Canadier und Kajak betrieben. Der aus dem indianischen Kanu entwickelte Canadier wird (als Einer oder Zweier) kniend mit Stechpaddel vorangetrieben, der auf das Eskimoboot zurückgehende Kajak (als Einer, Zweier oder Vierer) sitzend mit einem Doppelblattpaddel. Im Kanusport gibt es Slalomwettbewerbe auf wildwasserähnlichen Strecken mit Hindernissen sowie Rennen auf 500 m oder 1 000 m langen Regattastrecken.

Kanzel [lat.] *die,* erhöhter Standort für den Prediger in der Kirche, oft kunstvoll gestaltet.

Kaolin [chinesisch] *das* (Porzellanerde), durch Verwitterung von mineralischen Silikaten des Aluminiums entstandenes Tongestein, das für die Herstellung von →Porzellan verwendet wird. Häufig ist Kaolin durch farbige Metallverbindungen verunreinigt und wird dann teilweise im Bauwesen (als wasserundurchlässiger Stoff) verwendet.

Berühmt ist diese im 13. Jahrhundert aus Marmor gestaltete **Kanzel** im Dom von Pisa

Kap [niederländisch] *das,* der vorspringende Teil einer Küste.

Kapazität [lat.] *die,* **1)** *allgemein:* Aufnahmefähigkeit, Fassungsvermögen (z. B. eines Tanks).

2) *Betriebswirtschaft:* die Leistungsfähigkeit eines Betriebsmittels (z. B. einer Maschine) während einer bestimmten Zeit.

3) *Physik:* 1. eine Größe (Formelzeichen C), die beim →Kondensator als Verhältnis der →Ladung zu der an den Klemmen herrschenden →Spannung eine wichtige Kenngröße ist;

2. die Ladungsmenge, die einem →Akkumulator maximal zu entnehmen ist (Produkt aus Stromstärke und Zeit; Angabe in Amperestunden [Ah]).

Kapern [griech.], in Essig oder Öl eingelegte Blütenknospen (zum Teil auch die Früchte) des Kapernstrauchs. Der dornige, auf sonnigen Felsen und Mauern wachsende **Echte Kapernstrauch** kommt wild im Mittelmeergebiet vor, wird aber auch angepflanzt.

Kapetinger, französisches Königsgeschlecht, das von 987 bis 1328 herrschte. Sein Begründer war Hugo Capet, Herzog von Franzien (einem Teilreich des Westfränkischen Reiches, zwischen Seine und Maas), der die Herrschaft der Karolinger ablöste.

Kapillaren →Blutkreislauf.

Kapital [lat.] *das,* in der Wirtschaftslehre einer der Produktionsfaktoren: Gesamtheit der Geld- und Sachmittel (Wertpapiere, Bankguthaben, Grundstücke, Gebäude, Maschinen, Lagerbestände u. a.) eines Betriebs oder einer Volkswirtschaft, im übertragenen Sinne auch der menschlichen Fähigkeiten.

Das **Eigenkapital** umfasst denjenigen Teil des Gesamtkapitals, der einem Betrieb als Eigentum zur Verfügung steht (z. B. Aktienkapital), das **Fremdkapital** dagegen umfasst dasjenige Kapital, das im Wege der Kreditaufnahme beschafft wird.

Kapitalismus [lat.] *der,* eine Wirtschafts- und Gesellschaftsordnung, in der die wirtschaftlichen, sozialen und politischen Beziehungen der Menschen wie auch der Organisationen und Institutionen wesentlich von den Interessen derjenigen bestimmt werden, die als Unternehmer über den Einsatz des Sach- und Finanzkapitals verfügen. Die Bezeichnung wurde und wird häufig kritisch gebraucht, so besonders von Karl Marx, der die Bedeutung des Begriffs entscheidend prägte (→Marxismus). Als Merkmale des Kapitalismus gelten:

1. Privateigentum an Produktionsmitteln (Maschinen, Kapital);
2. Ausrichtung aller wirtschaftlichen Vorgänge am Prinzip der Gewinnmaximierung;
3. Produktion für einen Markt, wobei Angebot und Nachfrage den Preis bestimmen;
4. Gegensatz von Kapital und Arbeit.

Man unterscheidet nach Werner Sombart (1863–1941) den Frühkapitalismus (etwa ab 1500), den Hochkapitalismus (ab Ende des 18. Jahrh.) und den Spätkapitalismus (ab Ende des 19. Jahrh.). Außerhalb des Marxismus blieb der Begriff jedoch umstritten; die Wirtschaftswissenschaft bevorzugt heute statt des Gegensatzpaares Kapitalismus und →Sozialismus die Begriffe →Marktwirtschaft und →Planwirtschaft.

Kapitell [lat.] *das,* der oberste Teil (das Kopfstück) einer Säule oder eines Pfeilers als Zwischenglied zwischen Stütze und Last. Seine Deckplatte ist

Zwei Varianten des griechischen **Kapitells:** links das dorische, daneben das ionische

der Abakus. Es gibt eine Vielzahl von Formvarianten und dekorativen Gestaltungsmöglichkeiten. So entstanden in der griechischen Antike das **dorische Kapitell** mit der quadratischen Deckplatte, das **ionische Kapitell** mit nach außen gewölbten Voluten und das **korinthische Kapitell** mit stilisierten Blättern des Akanthus (eines Bärenklaugewächses). In romanischer Zeit entstand das Würfelkapitell und in der Gotik ein ornamentales Kelchblockkapitell.

■ **Kapitol** *das,* **1)** der kleinste der sieben Hügel Roms, auf dem einst die Heiligtümer der kapitolinischen Dreiheit (Jupiter, Juno und Minerva) standen. Das Kapitol war das kultische und politische Zentrum Roms.
2) (Capitol), ursprünglich nur der Name des Gebäude des amerikanischen Parlaments, des Kongresses, in Washington (D. C.); heute auch Bezeichnung vieler Parlamentsgebäude in den Hauptstädten amerikanischer Bundesstaaten.

■ **Kapitulation** [lat.] *die,* Unterwerfung; im Völkerrecht ein Vertrag, mit dem sich eine Truppe, eine Festung oder ein Land dem Feind ergibt; bedingungslose Kapitulation bedeutet vollständige militärische und politische Unterwerfung.

■ **Kaplan** [lat.] *der,* der in einer katholischen Pfarrei tätige geistliche Mitarbeiter des Pfarrers.

■ **Kapstadt** (Cape Town, Kaapstad), zweitgrößte Stadt der Republik Südafrika, am Atlantischen Ozean, mit 854 600 Einwohnern (im städtischen Ballungsraum 2,35 Mio.). Kapstadt ist Sitz des südafrikanischen Parlaments und hat neben der Universität zahlreiche Forschungsinstitute, Biblio-

Kapitell

Das kunstvolle korinthische Kapitell fand weite Verbreitung und Bewunderung. Da man sich seine Entstehung kaum erklären konnte, entstanden Legenden. Eine überliefert der römische Baumeister Vitruv im 1. Jahrhundert v. Chr. in seiner berühmten »Geschichte der Architektur«: »Die Erfindung des Kapitells dieser Bauweise soll so vor sich gegangen sein: eine jungfräuliche korinthische Bürgerin, schon für die Vermählung reif, wurde krank und starb. Nach ihrem Begräbnis sammelte ihre Amme die Spielsachen, an denen das Mädchen zu ihren Lebzeiten Gefallen gehabt hatte, legte sie in einen Korb und trug ihn zum Grab. Damit sich die Sachen unter freiem Himmel länger hielten, deckte sie den Korb mit einem Ziegel ab. Den Korb hatte sie zufällig auf die Wurzel einer Akanthuspflanze gesetzt. In der Frühlingszeit trieb die Wurzel Stängel und Blätter, die an den Seiten des Korbes hoch wuchsen. Am deckenden Ziegel angelangt, wurden die Triebe nach außen gedrängt, sodass sich ihre Enden einrollten. Als der Architekt Kallimachos den von sprossenden zarten Blättern umfangenen Korb sah, war er so entzückt, dass er nach diesem Vorbild die Kapitelle der Säulen entwarf.«

theken und Museen. Die Stadt, ein bedeutender Hafen, gehört zu den am schönsten gelegenen Städten der Erde. – Kapstadt wurde 1652 von den Niederländern gegründet.

Kap Verde
Fläche 4033 km²
Einwohner 417 000
Hauptstadt Praia (auf São Tiago)
Amtssprache Portugiesisch
Nationalfeiertag 5. 7.
Währung 1 Kap-Verde-Escudo (KEsc) = 100 Centavos (CTS)
Zeitzone MEZ – 3 Std.

Kap Verde

Flagge

Wappen

■ **Kap Verde,** Inselrepublik vor der Westküste Afrikas auf den **Kapverdischen Inseln.** Die Bevölkerung besteht zu 71 % aus Mischlingen (Kreolen), zu 28 % aus Schwarzen; etwa 93 % sind Katholiken. In dem tropisch-atlantischen Klima gedeihen Zuckerrohr, Kaffee und Bananen.
Die 1455/56 entdeckten, ehemals portugiesischen Inseln wurden 1975 unabhängig.

■ **Kar** *das,* nischenartige Hohlform an einem steilen, ehemals vergletscherten Hang. Der wannenförmige Karboden wird talwärts durch die Karschwelle begrenzt und enthält meist einen Karsee.

■ **Karabiner** [frz.] *der,* ein Gewehr mit kurzem Lauf.

■ **Karaffe** [arabisch] *die,* eine geschliffene, bauchige Glasflasche mit Glasstöpsel (für Wein, Saft oder Wasser).

■ **Karakorum** [auch: ...rum] *der,* stark vergletschertes Hochgebirge in Pakistan, Indien und China; höchste Erhebung ist der K 2 mit 8607 m.

■ **Karaoke** [japanisch, = leeres Orchester] *das,* Veranstaltung, bei der zur (vom Band abgespielten) Instrumentalmusik eines Schlagers dessen Text von nicht berufsmäßigen Sängern gesungen wird; auch die dafür geeignete Musikaufnahme.

■ **Karat** [frz.] *das,* **1)** Einheitenzeichen **Kt** oder **k**, die Masseneinheit für Schmucksteine:

1 k = 0,2 g.

2) Maß der Feinheit einer Goldlegierung; reines Gold hat 24 Karat; eine Goldlegierung, die mit 333 gekennzeichnet ist, hat einen Goldanteil von einem Drittel, also 8 Karat.

■ **Karate** [japanisch] *das,* aus Ostasien stammendes, waffenloses Nahkampf- und Selbstverteidigungssystem, bei dem Schläge und Stöße mit Hand, Faust, Handkante und Ellbogen, Stiche und Tritte mit Fuß und Knie auf empfindliche Körperstellen eines Gegners gerichtet werden. Viele der Aktionen können zu tödlichen Verletzungen beim (schutzlosen) Gegner führen. Beim traditionellen Karate werden daher die Angriffs- und Abwehraktionen vor dem Auftreffen abgestoppt.

■ **Karatschi** (Karachi), größte Stadt Pakistans und bedeutende Hafenstadt am Arabischen Meer, mit 9,27 Mio. Einwohnern. – Karatschi war 1947–59 Hauptstadt von Pakistan.

■ **Karawane** [persisch] *die,* Reisegesellschaft von Händlern oder Pilgern im Orient,vor allem in Wüstengebieten.

■ **Karawanken,** Gruppe der Südlichen Kalkalpen, Grenzgebirge zwischen Österreich und Slowenien. Die höchste Erhebung ist der Hochstuhl mit 2238 m.

■ **Karbide** → Carbide.

■ **Karbon** → geologisches System (Übersicht).

■ **Kardanwelle,** in Kraftfahrzeugen zwei gelenkig miteinander verbundene Antriebswellen, die veränderliche Winkelstellungen zueinander einnehmen können. Das **Kardangelenk** ermöglicht dabei gewisse Lage- und Richtungänderungen, z. B. beim Federn der Räder.

■ **Kardinal** [lat.] *der,* nach dem Papst der höchste Würdenträger der katholischen Kirche. Die Papstwahl ist seit 1059 ausschließliches Recht des Kardinalskollegiums (Altersgrenze: 80 Jahre).

■ **Kardinaltugenden,** seit dem 4. Jahrh. in der christlichen Kirche Bezeichnung für die vier Tugenden Weisheit, Tapferkeit, Besonnenheit und Gerechtigkeit.

■ **Kardinalzahlen** (Grundzahlen), diejenigen Zahlen, mit denen die Anzahl der Elemente einer Menge angegeben wird (eins, zwei, drei usw.). – auch → Ordinalzahlen.

■ **Karenzzeit,** Wartezeit, Sperrfrist.

■ **Karibisches Meer,** Teil des Amerikanischen Mittelmeeres (Nebenmeer des Atlantiks), zwischen Zentralamerika, den Antillen und der

Nordküste Südamerikas. Mit der Inselwelt Mittelamerikas bildet es den **Karibischen Raum (Karibik)**, zu dem vor allem die Karibischen oder →Westindischen Inseln gehören.

■ **Karies** [...i-es; lat.] *die* (Zahnfäule), eine Erkrankung der Zähne, bei der von der Zahnoberfläche her das Hartgewebe (Zahnschmelz und Zahnbein) zerstört wird. Die Ursachen dieser Zerstörung sind vor allem chemische (Einwirkung vergärender Speisereste) und physikalische Prozesse, doch spielt auch die jeweils unterschiedliche, zum Teil erblich bedingte Zahnsubstanz eine erhebliche Rolle.
Zur Stärkung des Hartgewebes können (z.B. dem Trinkwasser beigegebene) Fluorverbindungen nützlich sein. Die wichtigsten vorbeugenden Maßnahmen sind gründliche tägliche Zahnpflege und regelmäßige zahnärztliche Untersuchung.

■ **Karikatur** [italienisch] *die,* übertreibende Darstellung, meist als politische oder gesellschaftliche Kritik, die Typisches in Wort oder Bild witzig heraushebt.

■ **Karl I., der Große,** König der Franken (seit 768), Kaiser (seit 800), *2. April 747, †Aachen 28. Januar 814. Er entstammte einem Geschlecht, das später nach ihm →Karolinger genannt wurde. Karl dehnte die Grenzen des Frankenreichs über das gesamte Festland zwischen Elbe, Donau, Unteritalien, den Pyrenäen und dem Meer aus und bezog durch sein Eingreifen in Italien und Spanien, durch Verbindungen zu Byzanz und zum Kalifen (Harun ar-Raschid) in Bagdad als einziger germanischer Herrscher die gesamte Mittelmeerwelt in sein Blickfeld ein. Er vollendete die innere Organisation des Fränkischen Reiches und wurde zum Schöpfer der mittelalterlichen Gemeinschaft der germanischen und romanischen Völker.
Karls größtes außenpolitisches Unternehmen waren die 772 beginnenden Kriege gegen die Sachsen, die 804 nach schweren Kämpfen unterworfen und christianisiert wurden. 773/774 eroberte er das Langobardenreich und nannte sich nun auch König der Langobarden. Mit der Absetzung Herzog Tassilos III. von Bayern (†794 in Kerkerhaft) beseitigte er 788 das letzte Stammesherzogtum. Gegen die Araber drang er bis zum Ebro vor (801). Zur Sicherung der Reichsgrenzen gründete er Marken.
Seine Krönung zum »Römischen« Kaiser am 25. Dezember 800 durch Papst Leo III. (795–816) in Rom bedeutete die Verbindung antiken Erbes, christlicher Religion und germanischer Gedankenwelt; von Byzanz wurde das neu erstandene Kaisertum im Westen erst 812 anerkannt. Karl förderte Kunst und Wissenschaft und versammelte zahlreiche Gelehrte (Alkuin, Einhard) an seinem Hof in Aachen. – Infokasten Fränkisches Reich

■ **Karl IV.,** eigentlich Wenzel, deutscher König (seit 1346), König von Böhmen (seit 1347), Kaiser (seit 1355), König von Burgund (seit 1365), *Prag 14. Mai 1316, †ebenda 29. November 1378. Karl wurde 1346 in Rhense von fünf Kurfürsten gegen Ludwig IV., den Bayern, zum deutschen (»Römischen«) König erhoben; mit den Wittelsbachern gelangte er u.a. durch Verzicht auf Tirol zum Ausgleich, mit den Habsburgern schloss er 1364 einen Erbvertrag. Böhmen versuchte er durch ein Gesetzbuch, die »Maiestas Carolina«, neu zu ordnen. Karl machte Prag zum Mittelpunkt des Reiches (1348 Gründung der ersten Universität im Heiligen Römischen Reich).
Durch die »Goldene Bulle« (1356) garantierte er die Rechte der Kurfürsten und regelte die Königswahl (so bis 1806). Als erster König seit den Staufern konnte er die Wahl seines Sohnes Wenzel zum Nachfolger durchsetzen.

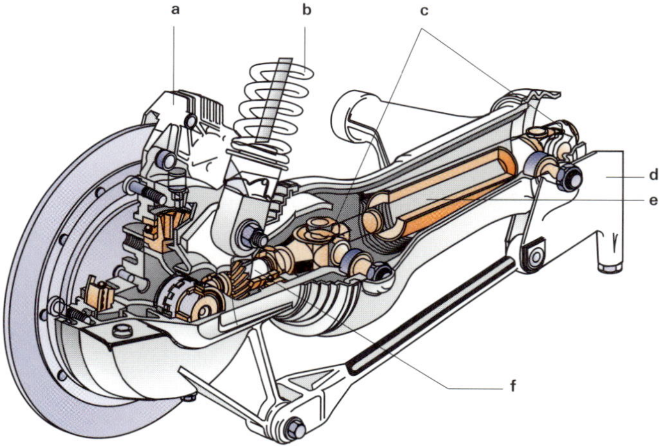

Kardanwelle: Beim Kardanantrieb werden durch eine Gelenkwelle mit zwei Kardangelenken Drehmomente vom vorn liegenden Motor auf die starre Hinterachse übertragen; a Bremssattel, b Federbein, c Kardangelenke, d Getriebegehäuse, e Gelenkwelle, f Abtriebswelle

■ **Karl V.,** deutscher (»Römischer«) König (1519–56) und Kaiser (1530–56), als Karl I. König von Spanien (1519–56), *Gent 24. Februar 1500, †San Jerónimo de Yuste (Estremadura) 21. September 1558. Er wuchs in den Niederlanden auf, bewarb sich in Konkurrenz zu Franz I. von Frankreich um die Nachfolge im Heiligen Römischen Reich, wurde 1519 gewählt und als letzter Kaiser von einem Papst

Die Fotografie zeigt den weitläufigen Komplex des 4000 Jahre alten Amuntempels in **Karnak**

(1530 in Bologna) gekrönt. Beherrschende Ereignisse seiner Regierungszeit waren die wiederholten Kriege mit Frankreich, die Kriege gegen die nach Südosteuropa vordringenden Türken sowie die Ausbreitung des Protestantismus. Im Schmalkaldischen Krieg 1546/47 konnte er zwar die protestantischen Fürsten besiegen, musste aber nach weiteren kriegerischen Auseinandersetzungen 1555 den Augsburger Religionsfrieden hinnehmen, in dem das Luthertum reichsrechtlich als Konfession anerkannt wurde. Daraufhin dankte er 1556 ab. Die deutschen Erbländer hatte er schon 1521 an seinen Bruder Ferdinand abgetreten, der ihm als Kaiser (Ferdinand I., 1556–64) nachfolgte.

■ **Karl VI.,** Kaiser (seit 1711), *Wien 1. Oktober 1685, †ebenda 20. Oktober 1740. Als Karl III. 1703 zum König von Spanien ausgerufen, erlangte er durch den Tod seines Bruders Joseph I. die österreichischen Erblande und die Kaiserwürde des Heiligen Römischen Reiches. Hauptziel seiner Politik war, die Unteilbarkeit der Union der habsburgischen Länder sowie die Erbfolge seiner Tochter Maria Theresia durch die Pragmatische Sanktion von 1713 zu sichern.

■ **Karl der Kühne,** Herzog von Burgund (seit 1467), *Dijon 10. November 1433, †Nancy 5. Januar 1477. Karl erstrebte ein einheitliches, zentral organisiertes burgundisches Reich unter Einschluss Lothringens und der Champagne. Er fiel in der Schlacht bei Nancy. Durch die Heirat seiner Tochter Maria (1457–82) mit dem späteren Kaiser Maximilian I. im Jahr 1477 fiel der Großteil seiner Länder an das Heilige Römische Reich.

■ **Karl XVI. Gustav,** König von Schweden (seit 1973), *Schloss Haga (bei Stockholm) 30. April 1946; seit 1976 verheiratet mit der Deutschen Silvia Sommerlath (*1943).

■ **Karl-Marx-Stadt,** 1953–90 der Name von →Chemnitz.

■ **Karlsbad** (tschechisch Karlovy Vary), Stadt und Kurort in der Tschechischen Republik, an der Eger, mit 54700 Einwohnern. Die radioaktiven Glaubersalzquellen (42 bis 73 °C) sind ein gutes Heilmittel gegen Stoffwechselkrankheiten. – Karlsbad wurde schon im 14. Jahrh. als »Warmbad« erwähnt.

■ **Karlsruhe,** Stadt in Baden-Württemberg, im nördlichen Oberrheinischen Tiefland, mit 276700 Einwohnern. Karlsruhe ist Sitz einer Universität, mehrerer Hochschulen und wissenschaftlicher Institute (Kernforschungszentrum), des Bundesverfassungsgerichts und des Bundesgerichtshofs. Von wirtschaftlicher Bedeutung sind vor allem die Erdölraffinerien (Pipeline von Marseille) sowie der Rheinhafen. Den Bezugspunkt der 1717 gegründeten und planmäßig angelegten Stadt bildet das Schloss mit den von dort strahlenförmig ausgehenden Straßen.

■ **Karnak,** Ort in Oberägypten, der zusammen mit dem 3 km entfernten Luxor an der Stelle der altägyptischen Stadt Theben liegt. Hier stehen die Ruinen eines riesigen Tempelbezirks, in dem vor allem der der Reichsgott Amun verehrt wurde.

■ **Karneval** [italienisch] *der,* →Fastnacht.

■ **Kärnten,** österreichisches Bundesland zwischen Hohen Tauern und Gurktaler Alpen im Norden sowie Karnischen Alpen und Karawanken im Süden, mit 9533 km^2 und 564400 Einwohnern. Die Hauptstadt ist Klagenfurt. Alm- und Holzwirtschaft sowie der Magnesitbergbau haben große Bedeutung; Industrieschwerpunkte sind Metallverarbeitung, Elektrotechnik, chemische und Baustoffindustrie. Der Fremdenverkehr bildet eine wichtige Erwerbsquelle, vor allem im Gebiet der Kärntner Seen (Wörther, Ossiacher, Faaker und Millstätter See, Weißensee).

■ **Karolinen,** größte Inselgruppe Mikronesiens, 963 Inseln (meist Atolle) im westlichen Pazifischen Ozean, mit rund 1200 km^2 Landfläche und insgesamt rund 151000 Einwohnern. Erwerbsquellen der Bevölkerung sind der Export von Kopra, Tapioka und Trockenfisch.
Die Karolinen wurden 1525 von Portugiesen entdeckt und waren 1686–1899 spanisch, 1899–1919 deutsche Kolonie, dann unter japanischer Verwaltung. 1947 kamen sie als UN-Treuhandgebiet unter amerikanische Verwaltung. Die westlichen Karolinen wurden 1994 selbstständig (→Palau), die östlichen 1991 (→Mikronesien).

■ **Karolinger,** nach Karl dem Großen (lateinisch Carolus Magnus) benanntes fränkisches Herrschergeschlecht. Es erlangte 687 das Amt des →Hausmeiers im Frankischen Reich und mit Pippin III., dem Jüngeren, die Königswürde. Die Karolinger regierten in Deutschland bis 911, in Frankreich bis 987.

■ **Karosserie** [frz.] *die,* der Aufbau eines Kraftfahrzeugs, der auf dem Fahrgestell (Chassis) sitzt.

■ **Karpaten,** Gebirgszug im südöstlichen Mitteleuropa, der sich in einem 1300 km langen Bogen von der Donau bei Preßburg bis nach Rumänien erstreckt und das Ungarische Tiefland einschließt. Die Karpaten sind entstehungsgeschichtlich die östliche Fortsetzung der Alpen. Den höchsten Teil bildet die **Hohe Tatra** mit der 2655 m hohen Gerlsdorfer Spitze. In den Wäldern der Karpaten leben noch Bären, Wölfe und Luchse.

Karthago

Bertolt Brecht brachte die Geschichte Karthagos in drei Sätzen auf den Punkt:
»Das große Karthago führte drei Kriege. Es war noch mächtig nach dem ersten, noch bewohnbar nach dem zweiten. Es war nicht mehr auffindbar nach dem dritten.«

■ **Karpfen** (Weißfische), eine über 1 m lange Art der Karpfenfische, die in pflanzenreichen Gewässern mit schlammigem Grund leben. Ihr großes Maul ist von vier Barteln umgeben, Rücken- und Afterflossen sind stachelig. Karpfen sind beliebte Speisefische und werden oft in Teichen gezüchtet, u.a. der Lederkarpfen (schuppenlos) und der Spiegelkarpfen (mit weniger großen Schuppen).

■ **Karst** *der,* vorwiegend in Kalkstein- und Gipsgebirgen auftretende geologische Bildungen, die durch Auswaschung und Erosion leicht löslicher Gesteine entstanden sind.

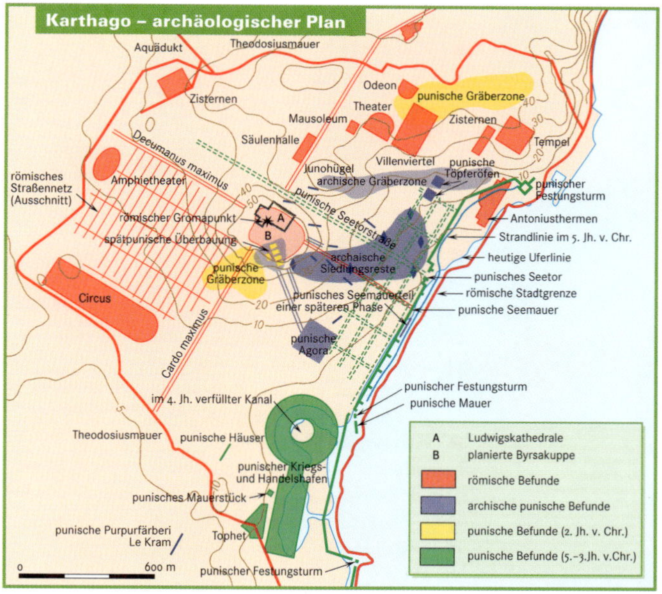

Karthago – archäologischer Plan

■ **Kartell** [frz.] *das,* vertragliche Vereinbarung zwischen rechtlich selbstständigen Unternehmen mit dem Zweck, den Wettbewerb untereinander ganz oder teilweise auszuschließen.
In der Bundesrepublik Deutschland unterliegt die Kartellbildung dem Kartellgesetz, überwacht durch das Kartellamt. Grundsätzlich verboten sind u.a. Preiskartelle, die für eine bestimmte Ware einen einheitlichen Preis vereinbaren, und Gebietskartelle, die unter den zugehörigen Unternehmen den Markt in Absatzgebiete aufteilen.

■ **Karthago,** antike Stadt an der nordafrikanischen Küste, nordöstlich der heutigen Stadt Tunis. Karthago wurde nach antiker Überlieferung im 9. Jahrh. v. Chr. von den Phönikern (Puniern) gegründet. Den Mittelpunkt der Stadt bildete die Burg, neben dem Handelshafen gab es einen Kriegshafen. Das ertragreiche Hinterland förderte die Entwicklung der Stadt, die bereits im 7. Jahrh. v. Chr. die Vormachtstellung im westlichen Mittelmeer innehatte.

Vor allem auf Sizilien, Malta und Sardinien gab es karthagische Niederlassungen. Das Eingreifen Roms in die karthagisch-griechischen Kämpfe in Sizilien führte zu den →Punischen Kriegen, die mit der Vernichtung Karthagos durch die Römer endeten (146 v. Chr.). Nach dem Wiederaufbau der Stadt, die nun zur römischen Provinz Africa gehörte, erlangte Karthago erneut Bedeutung als Handelsstadt. 697 n. Chr. wurde Karthago von den Arabern zerstört.

■ **Kartoffel,** aus Südamerika stammendes Nachtschattengewächs. Aus den weißen oder violetten Blüten entwickelt sich eine grüne, giftige Beere. Zur Verbreitung dienen die an unterirdischen Ausläufern entstehenden, stärkereichen Sprossknollen (Saat-, Speise- und Futterkartoffeln). – Die Kartoffel wurde im 16. Jahrh. nach Europa eingeführt.

■ **Kartsport,** Rennwettbewerb mit flachen, vierrädrigen, ungefederten, einsitzigen, nicht für den Straßenverkehr zugelassenen Kleinstfahrzeugen (Renn- oder Gokarts) im Freien oder in der Halle. Der Antrieb der Karts erfolgt überwiegend durch Zwei- oder Viertaktmotoren mit 80–250 cm^3 Hubraum und Kette oder Zahnriemen.

■ **Karwendelgebirge,** Teil der Nordtiroler Kalkalpen, in Österreich (Tirol) und Bayern, zwischen Seefelder Sattel, Isartal, Achensee und Inntal. Die höchste Erhebung ist die Birkkarspitze (2756 m); bei Mittenwald führt eine Bergbahn auf die Westliche Karwendelspitze (2384 m).

■ **Karwoche** (Stille Woche), im Kirchenjahr die Woche vor Ostern, mit den Haupttagen Palmsonntag, Gründonnerstag, Karfreitag und Karsamstag. Im Mittelpunkt der Gottesdienste steht die Leidensgeschichte Jesu Christi (→Passion).

■ **karzinogen** [griech.] (kanzerogen), Krebs erregend.

■ **Karzinom** →Krebs.

■ **Kasachstan** (Kasachien), Republik in Asien, zwischen Russland, China und dem Kaspischen Meer. Die Bevölkerung besteht vor allem aus Kasachen (48 %; Muslime) und Russen (33 %), ferner Ukrainern, Deutschen, Usbeken und Tataren. Das Land besteht zum großen Teil aus Steppe und Wüste (Viehhaltung). Da reiche Bodenschätze (Erdöl, Erdgas, viele seltene Metalle) vorhanden sind, hat sich eine umfangreiche Schwerindustrie entwickelt.

Kasachstan

Flagge

Wappen

Kasachstan
Fläche 2 717 300 km²
Einwohner 16,854 Mio.
Hauptstadt Astana
Amtssprache Kasachisch
Nationalfeiertage 25. 10. und 16. 12.
Währung 1 Tenge (T) = 100 Tiin
Zeitzone MEZ + 3 Std.

Geschichte: Das Land wurde 1219–21 von den Mongolen unter Dschingis Khan erobert und bildete seit dem 15. Jahrh. ein eigenes Khanat. Im 19. Jahrh. wurde es von Russland annektiert. 1920 wurde Kasachstan Teil der Kirgisischen Autonomen Sowjetrepublik, 1936 Unionsrepublik. 1941 kam es zur Zwangsansiedlung von Russlanddeutschen. 1991 erklärte das Land seine Unabhängigkeit und trat der GUS bei.

■ **Kaschmir,** Gebirgslandschaft und ehemaliges Fürstentum im nordwestlichen Himalaja und im Karakorum. Kerngebiet ist die Ebene von Srinagar (1600 m über dem Meeresspiegel), ein breites, schwer zugängliches Tal mit mildem Klima, das vorwiegend ackerbaulich genutzt wird (Reis, Mais, Weizen, Obst und Gemüse). Schaf- und Ziegenhaltung sind die Grundlage für eine bedeutende Wollindustrie.

Geschichte: Nach der Teilung Britisch-Indiens (1947) in Indien und Pakistan erklärte Kaschmir seinen Beitritt zu Indien, gegen den Protest Pakistans, das Kaschmir als ein Gebiet mit vorwiegend muslimischer Bevölkerung für sich beanspruchte. Im Kaschmirkonflikt besetzten indische Truppen den (größeren) südöstlichen, pakistanische Truppen den nordwestlichen Teil Kaschmirs. Ein von den UN vermittelter Waffenstillstand (1949) beendete den Streit vorläufig.

Die von Indien besetzten Teile wurden 1957 als Bundesstaat **Jammu and Kashmir** in die Indische Union eingegliedert. Der pakistanische Teil wird

Azad Kashmir (= Freies Kaschmir) genannt. Seither kam es wiederholt zu blutigen Grenzkonflikten zwischen Pakistan und Indien und zum Erstarken einer Autonomiebewegung.

■ **Käse,** ein Nahrungsmittel aus Käsereimilch, das frisch oder in verschiedenen Graden der Reife verzehrt wird. Die zur Käseherstellung benötigte Käsereimilch wird aus Kuh-, Schaf-, Ziegen- oder Büffelmilch sowie aus daraus gewonnener Sahne (Rahm), Mager-, Buttermilch und Molke hergestellt, wobei die Erzeugnisse eingedampft und miteinander vermischt sein dürfen.
Bei der Herstellung wird die Rohmilch vorgewärmt, zur Entfernung von Schmutz zentrifugiert und danach (häufig) pasteurisiert. Zur Verbesserung der Käsereieigenschaften wird sie anschließend unter Zugabe von Milchsäurebakterienkulturen stark angesäuert. Durch einfaches Stehenlassen reift sie bis zum gewünschten Grad.

■ **Kaskade** → Wasserfall.

■ **Kaspisches Meer,** größter Binnensee der Erde mit heute etwa 400 000 km², östlich des Kaukasus gelegen. Die Niederschläge und der Zufluss an Süßwasser (vor allem der Wolga) konnten die Verdunstung nicht ausgleichen; infolgedessen sank der Wasserspiegel. Seit 1977 und verstärkt seit Ende der 1980er-Jahre steigt er wieder. Der Fischfang, besonders auf Stör (Kaviargewinnung) ist durch die Umweltbelastung zurückgegangen. Von großer Bedeutung ist die Erdöl- und Erdgasförderung, vor allem bei Baku.

■ **Kassandra,** Gestalt der griechischen Mythologie, eine Tochter des Trojanerkönigs Priamos. Ihre Sehergabe wendet Apoll, weil Kassandra ihn verschmäht, zum Fluch: Sie findet niemals Glauben mit ihren Prophezeiungen.

■ **Kassel,** Stadt in Hessen, an der Fulda, mit 196 700 Einwohnern. Kassel ist die wirtschaftlich wichtigste Stadt in Nordhessen sowie Sitz einiger Bundesbehörden (u. a. Bundesarbeitsgericht). Ein besonderer Anziehungspunkt ist Kassel-Wilhelmshöhe mit seinem Schloss (18. Jahrh.) und einer Kaskade, über der ein achteckiges Bauwerk (Oktogon) mit der Statue des Herkules aufragt. Seit 1955 findet in Kassel (alle vier oder fünf Jahre) die »documenta«, eine Ausstellung bildender Kunst der Gegenwart, statt. – 1866–1945 war Kassel Hauptstadt der preußischen Provinz Hessen-Nassau.

■ **Kassettenrekorder** *der,* ein Tonbandgerät, in dem in Kunststoffkassetten einheitlicher Größe untergebrachte Magnetbänder (Bandbreite 3,91 mm, Bandgeschwindigkeit 4,75 cm/s) zur Aufnahme und Wiedergabe verwendet werden. Kassettenrekorder sind mit Verstärker und Lautsprecher ausgerüstet, als Radiorekorder auch mit einem Empfangsteil.

■ **Kassiopeia,** **1)** *Astronomie:* Sternbild am Nordhimmel, das wegen der Anordnung seiner fünf hellsten Sterne auch **Himmels-W** genannt wird.
2) *griechische Mythologie:* die Mutter der → Andromeda, die wie diese in den Himmel versetzt wurde.

■ **Kastagnetten** [kastanjätᵉn; frz.], Rhythmusinstrument spanischer Sänger und Tänzer. Zwei muschelförmige Holzschalen werden in der flachen Hand gegeneinander geschlagen.

■ **Kastanie** [lat.], *Botanik:* 1. eine Gattung der Buchengewächse. Die bekannteste Art ist die **Edelkastanie,** die seit der Römerzeit auch in wärmeren Gebieten Deutschlands eingebürgert ist. Die essbaren Samen (Maronen) sind von einer stacheligen Hülle umschlossen.
2. allgemeine Bezeichnung für die ebenfalls von stacheligen Hüllen umgebene **Rosskastanie** (ein Rosskastaniengewächs). Der 20–30 m hohe Baum hat weiße oder rötliche Blüten, die in großen Blütenständen (»Kerzen«) angeordnet sind.

■ **Kaste** [lat. castus, = rein] *die,* eine streng geschlossene Gesellschaftsschicht mit besonderen Sitten und Gebräuchen. Die ausgeprägteste Kastenordnung findet sich heute (trotz Aufhebung durch die Verfassung) in Indien. Die ursprünglichen vier Hauptkasten der **Brahmanen** (Priester), **Kschatrija** (Kshatriya, Krieger), **Waischja** (Vaishya, Bauern und Handwerker) und **Schudra** (Shudra, Knechte) gliedern sich heute in rund 3 000 Unterkasten. Außerhalb der Kasten befindet sich die Masse der rechtlosen → Parias. Für Kontakte außerhalb der eigenen Kaste gibt es strenge Vorschriften; eine Heirat z. B. ist nur innerhalb der eigenen Kaste erlaubt.

■ **Kastell** [lat.] *das,* **1)** befestigtes Truppenlager der Römer zur Sicherung der Grenze (z. B. die → Saalburg am Limes).
2) vor allem in Südeuropa Bezeichnung für eine Burg oder ein Schloss.

■ **Kastilien** (spanisch Castilla), zentrales Hochland in Spanien (rund 800 m hoch), ein dürres, regenarmes Gebiet mit weithin baumloser Steppenvegetation. Kastilien wird durch das Kastilische Scheidegebirge in die historische Provinz Altkastilien im Norden und Neukastilien im Süden geteilt.

■ **Kästner,** Erich, deutscher Schriftsteller, *Dresden 23. Februar 1899, † München 29. Juli 1974. Er schrieb zeitkritische Gedichte und satirische Romane (»Fabian«, 1931). Besonders beliebt sind seine Unterhaltungsromane (»Drei Männer im Schnee«, 1934) und seine Kinderromane, u. a. »Emil und die

Die Kinderromane von **Erich Kästner** sind mehrfach verfilmt worden

Detektive« (1929), »Pünktchen und Anton« (1931), »Das fliegende Klassenzimmer« (1933) und »Das doppelte Lottchen« (1949).

■ **Kastration** [lat.] *die,* Ausschaltung der Keimdrüsen (Hoden oder Eierstöcke) bei Mensch und Tier durch Operation oder radioaktive Bestrahlung. Bei Menschen liegen meist medizinische Gründe vor, bei Tieren meist wirtschaftliche oder züchterische Beweggründe (z.B. um die Tiere zahmer und fetter werden zu lassen).

■ **Kasus** →Fälle.

■ **Katakomben** [lat.], unterirdische Begräbnisstätten, die für das frühe Christentum charakteristisch sind. Die meisten Katakomben, oft weitläufige, verzweigte Stollenanlagen, finden sich in Rom. Katakomben waren auch Zufluchtsort für verfolgte Christen.

■ **Katalanen,** Volk in Nordostspanien (in Katalonien und um Valencia), auf den Balearen, in Südfrankreich (östliche Pyrenäen und Vorland) und Andorra. Die Katalanen streben nach Anerkennung ihrer kulturellen Eigenständigkeit und sprechen eine eigene, in Spanien als Regionalsprache anerkannte Sprache **(Katalanisch)**.

■ **Katalonien** (katalanisch Catalunya, spanisch Cataluña), nordostspanische Landschaft am Mittelmeer, mit 32 114 km² und 6 Mio. Einwohnern. Zentrum ist die Hafenstadt Barcelona. Katalonien wird vom Katalonischen Bergland durchzogen (im Matagalls 1 676 m hoch). In den fruchtbaren Küstengebieten werden hauptsächlich Wein und Oliven angebaut, in den Tälern der Pyrenäen wird Viehwirtschaft betrieben. Haupterwerbsquelle der Bevölkerung bildet der Fremdenverkehr in den Seebädern entlang der Costa Brava und der Costa Dorada.

■ **Katalysator** [griech.] *der,* **1)** *Chemie:* ein Stoff, der schon in geringen Spuren einen chemischen oder biochemischen Vorgang beschleunigt, ohne dabei verbraucht zu werden.

2) *Technik:* mit katalytisch wirksamen Substanzen ausgerüstete Vorrichtung zur Reinigung der Abgase von Kraftfahrzeugen, Kraftwerken und Industrieanlagen Im engeren Sinne der **Abgaskatalysator** in Kraftwagen für die Reinigung von Abgasen der Kraftfahrzeugmotoren. Dabei werden unverbrannte Kohlenwasserstoffe zu Kohlendioxid und Wasserdampf, Kohlenmonoxid zu Kohlendioxid oxidiert und Stickoxide zu Stickstoff reduziert. Am effektivsten arbeitet der mit einem Messfühler im Auspuffsystem (Lambdasonde) ausgestattete geregelte Katalysator (Dreiwegekatalysator). Er reduziert die schädlichen Abgaskomponenten um 90%. Da bleihaltige Abgase den Katalysator wirkungslos machen, ist bleifreies Benzin erforderlich.

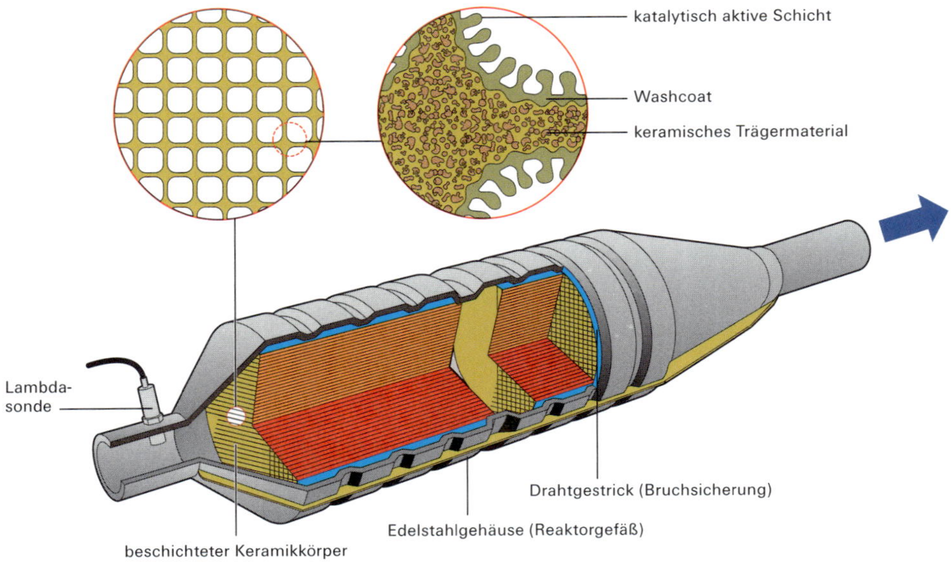

Aufbau eines **Katalysators** für einen Mittelklasse-Pkw (Dreiwegekatalysator): Um die Kontaktfläche zwischen Abgas und Katalysator möglichst groß zu halten, verwendet man als Trägermaterial keramische oder metallische Wabenkörper; auf diese wird eine Zwischenschicht, der Washcoat, aufgebracht, welche die Oberfläche des Katalysatorträgers um ein Vielfaches erhöht; der eigentliche Katalysator aus Edelstahl wird anschließend aufgedampft

Katakombe

Während die meisten unterirdischen Friedhöfe in Rom allmählich in Vergessenheit gerieten, blieb die große Katakombe bei der Kirche San Sebastiano in Catacumbas an der Via Appia ein häufig besuchter Ort; als man im 15./16. Jahrhundert die frühen christlichen Begräbnisstätten wieder entdeckte, wurde der alte Ortsname »catacumbas« zum Gattungsbegriff für alle unterirdisch angelegten Friedhöfe. Der geologische Schnitt durch die an der Via Appia liegende, zur Kallistus-Katakombe zählende Lucinagruft zeigt, wie die schmalen, niedrigen Gänge und die seitlich in die Wände eingelassenen Grabkammern in die ausbaufähigen Tuffschichten vorgetrieben wurden. Der Leichnam wurde in Tücher gehüllt in die Grabnische gelegt und diese mit einer Platte oder einem Ziegel geschlossen.

■ **Katamaran** [engl.] *der,* ein Zweirumpfsegelboot, bei dem die Rümpfe durch Querstreben und Mitteldeck miteinander verbunden sind.

■ **Katapult** [griech.] *der* oder *das,* **1)** *Technik:* eine vorwiegend auf Flugzeugträgern verwendete Startvorrichtung: Das Flugzeug wird mit laufendem Triebwerk durch eine meist mit Hochdruckdampf betriebene Schleppvorrichtung auf einer Strecke von etwa 70 m auf die erforderliche Abhebgeschwindigkeit beschleunigt.

2) *Waffenkunde:* bereits im Altertum benutzte Wurfmaschine in Form einer großen Armbrust. Das Geschoss, meist ein schwerer Stein, wird mithilfe einer gespannten Sehne über eine größere Entfernung geschleudert.

■ **Katar,** arabisches Emirat am Persischen Golf, auf der gleichnamigen Halbinsel. Die meisten der Bewohner (Muslime) leben in der Hauptstadt. Wirtschaftliche Grundlage des Scheichtums ist das Erdöl. – Katar war 1916–71 britisches Protektorat.

■ **Katarrh** [griech.] *der,* eine Entzündung der Schleimhäute mit Absonderung einer wässrigen oder schleimigen Flüssigkeit; häufig mit leichtem Fieber verbunden.

■ **Katastrophe** [griech.] *die,* schweres Unglück, Naturereignis mit verheerender Wirkung. – auch →Naturkatastrophen.

■ **Katechese** [griech.] *die,* die Vermittlung der christlichen Lehre.

■ **Katechismus** [griech.] *der,* ein in Frage- und Antwortform zusammengestelltes Lehrbuch des christlichen Glaubens; am berühmtesten sind die von Martin Luther 1529 veröffentlichten Katechismen (»Großer Katechismus« und »Kleiner Katechismus«).

■ **Kategorie** [griech., = Grundaussage] *die,* **1)** *allgemein:* Gruppe, Klasse, in die etwas einzuordnen ist.

2) *Philosophie:* ein Grundbegriff, der nicht weiter hinterfragt werden kann. Eine Kategorie kann die allgemeinste Form der Welt (des Seins) ausdrücken (Aristoteles), den begrifflichen Rahmen definieren, der die Erfahrungserkenntnis der Welt ermöglicht (Kant) oder die Struktur der Sprache bezeichnen, mithilfe derer wir über die Welt sprechen (vor allem im 20. Jahrhundert).

■ **Katharina II., die Große,** Kaiserin von Russland (1762–96), *Stettin 2. Mai 1729, †Zarskoje Selo (heute Puschkin) 17. November 1796. Als geborene Sophie Friederike Auguste von Anhalt-Zerbst entstammte sie einem deutschen Fürstengeschlecht. 1762 ließ sie ihren Gatten, Peter III. (1728–62), durch Gardeoffiziere stürzen und sich selbst zur Kaiserin ausrufen. Hochgebildet im Geist der Aufklärung, festigte sie die Stellung Russlands als europäische Großmacht. Durch die Polnischen Teilungen (1772–95) gewann sie einen bedeutenden Gebietszuwachs, durch Kriege gegen das Osmanische Reich einen Zugang zum Schwarzen Meer. Den nach Verschärfung der Leibeigenschaft ausgebrochenen Bauern- und Kosakenaufstand unter Führung von Jemeljan Iwanowitsch

Katar
Fläche 11 437 km^2
Einwohner 579 000
Hauptstadt Doha
Amtssprache Arabisch
Nationalfeiertag 1. 9.
Währung 1 Katar-Riyal (QR) = 100 Dirhams
Zeitzone MEZ + 3 Std.

Katar

Flagge

Wappen

Pugatschow (hingerichtet 1775) ließ sie blutig niederschlagen.

■ **Kathedrale** [griech.] *die,* ursprünglich Bezeichnung für die Bischofskirche, später auch für die Hauptkirche einer Stadt oder für eine sehr große Kirche, die oft auch Dom oder Münster genannt wird.

Katzen: Die elfenbeinfarbene Birmakatze gehört zu den Langhaarkatzen; Gesicht, Ohren, Beine und der buschige Schwanz können auch blau oder braun sein

■ **Katheten** [griech.], die Schenkel des rechten Winkels in einem rechtwinkligen →Dreieck (Ankathete und Gegenkathete). – Zum **Kathetensatz**→Euklid.

■ **Katheter** [griech.] *der,* ein röhrenförmiges medizinisches Instrument zur Einführung in Körperhohlorgane, angewendet zu deren Entleerung, Füllung, Spülung oder Untersuchung.

■ **Kathode** [griech.] *die,* die negative →Elektrode. – auch →Elektrolyse.

■ **Kathodenstrahlung** (Elektronenstrahlung), eine aus schnell bewegten →Elektronen bestehende Strahlung, die von der →Kathode einer Gasentladungsröhre ausgeht. Kathodenstrahlung wird u.a. in der Fernsehröhre (→Elektronenstrahlröhre) und im →Elektronenmikroskop verwendet.

■ **katholische Kirche** [griech. katholikós, = allgemein], Selbstbezeichnung der vom Papst geleiteten christlichen Kirche; ihre konfessionskundliche Bezeichnung ist **römisch-katholische Kirche** (im Unterschied etwa zu den →Altkatholiken). Die katholische Kirche hat weltweit rd. 1060 Mio. Mitglieder. Sie ist territorial gegliedert in Patriarchate, Erzdiözesen, Diözesen, Apostolische Administraturen und Exarchate (der mit Rom unierten Ostkirchen).

Wesensmerkmale sind nach eigenem Verständnis: die Stiftung durch Jesus Christus, die Einheit in Lehre und Sakramenten (Taufe, Firmung, Eucharistie, Buße, Krankensalbung, Priesterweihe und Ehe), die Rückführung auf die Apostel und die umfassende Bedeutung für das Heil der ganzen Welt. Kennzeichnend ist ihre hierarchische Struktur (Rangordnung). Priester sind zur Ehelosigkeit (Zölibat) verpflichtet. Zu einer Erneuerung der Lehre und des Lebens der katholischen Kirche kam es durch das 2. Vatikanische Konzil (1962–65).

■ **Kation** [griech.] *das,* ein elektrisch positiv geladenes →Ion. Bei der →Elektrolyse wandern die Kationen zur Kathode. – auch →Anion.

■ **Kattegat** *das,* Meerenge zwischen Jütland (Dänemark) und Schweden. Verbindungsweg zwischen der Nordsee (Skagerrak) und der Ostsee (Sund, Großer und Kleiner Belt).

■ **Katzen,** Familie nahezu weltweit verbreiteter Raubtiere. Es gibt 36 Arten von etwa 35–280 cm Körperlänge. Das Gebiss ist ausgezeichnet für das Schlagen von Beutetieren geeignet. Katzen können ihre Krallen vorstrecken (mit Ausnahme des Gepards). Entsprechend der nächtlichen Lebensweise sind Seh-, Hör- und Tastsinn (Schnurrhaare) sehr gut ausgebildet. Die schlitzförmigen Pupillen stehen senkrecht. Gegliedert werden die Katzen in Kleinkatzen (z.B. Puma, Wildkatze, Serval, Luchs, Ozelot), Großkatzen (z.B. Löwe, Tiger, Leopard, Jaguar) und Geparden.

Die Stammform der **Hauskatze** ist die nordafrikanische Falbkatze. Bereits vor mehr als 4000 Jahren wurden in Ägypten Katzen gezähmt und als Haustiere gehalten. Man unterscheidet zwischen »gewöhnlichen« Hauskatzen und Rassekatzen. Letztere werden in Langhaar- und Kurzhaarrassen ein-

Katzen

An der Stellung ihrer Ohre kann man erkennen, ob und wann Katzen zum Angriff bereit sind. Wenn eine Katze wachsam ist, stellt sie die Ohren auf und richtet sie nach vorne. Ist sie feindselig gestimmt, verdreht sie die Ohren. Vorsicht ist geboten, wenn sie die Ohren weit nach hinten dreht, denn dann kann sie unmittelbar zum Angriff übergehen. Diese Verhaltensweise zeigen übrigens alle Katzen, also auch Leoparden, Pumas, Tiger und Löwen.

Kaugummi

1906 brachte das amerikanische Unternehmen Frank H. Fleer Corporation den ersten Kaugummi als Weltneuheit unter dem Namen »Blibber-Blubber« auf den Markt. Aber das Produkt wies zwei unangenehme Eigenschaften auf: Es war zu zäh und zu spröde. Deshalb wurde die Herstellung auch wieder eingestellt. In den Zwanzigerjahren hatte das Unternehmen dann die richtige Rezeptur gefunden und vermarktete sie nun nicht mehr als »Blibber-Blubber«, sondern unter dem neuen Namen »Dubble Bubble«.

geteilt, die meist in mehreren Spielarten oder Farbschlägen vorkommen. Zu den Langhaarrassen zählen Perserkatze und **Birmakatze,** zu den Kurzhaarrassen Europäische Kurzhaarkatze, Orientalische Kurzhaarkatzen (einschließlich Siam- und Abessinierkatze) und Rexkatzen. Rassekatzen erlangen die Zuchtreife mit 10–12 Monaten. Nach einer Tragezeit von 63 bis 65 Tagen werden meist 3–6 Junge geboren. Sie sind blind und taub und öffnen die Augen im Alter von 8 bis 10 Tagen.

■ **Kaugummi,** feste, durch Kauen gummiartig werdende Masse, die zu mindestens 18 % aus wasserunlöslichen, unverdaulichen Gummistoffen natürlicher oder synthetischer Herkunft besteht. Hauptbestandteil ist Zucker.

■ **Kaukasus** (Großer Kaukasus) *der,* Hochgebirge zwischen Schwarzem und Kaspischem Meer, über 1 100 km lang, bis 180 km breit. Der höchste Berg ist der Elbrus mit 5 642 m, ein erloschener Vulkan. Im Kaukasusgebiet wohnen Volksstämme mit kaukasischen Sprachen.

■ **Kaulquappe,** im Wasser lebende, geschwänzte, zunächst beinlose Larve der →Froschlurche, die anfangs durch Kiemen atmet.

■ **Kausalität** [lat. causa, = Grund] *die,* der (gesetzmäßige) Zusammenhang zwischen Ursache und Wirkung.

■ **Kausalsatz** →Umstandssatz.

■ **Kaution** [lat.] *die,* Sicherheitsleistung. Bei Vertragsabschlüssen wird mitunter ein bestimmter Geldbetrag als Kaution verlangt, der vom Gläubiger zu verzinsen ist. Die Kaution soll sicherstellen, dass der Vertrag erfüllt wird. Bei Mietverträgen sollen z. B. eventuelle Schäden am Mietobjekt durch Hinterlegung einer Kaution aufgefangen werden.

■ **Kautschuk** [indianisch] *der,* natürlicher oder künstlich hergestellter gummiartiger Stoff, der sich unter nur geringer Wärmeentwicklung beträchtlich strecken lässt. Der natürliche Kautschuk wird meist aus dem Milchsaft des **Parakautschukbaums** gewonnen, einem Wolfsmilchgewächs, das vor allem im Amazonasgebiet wächst. Wenn die Bäume etwa 5–6 Jahre alt sind, wird die Rinde angeschnitten und der ausfließende, 25– 30 % Kautschuk enthaltende Milchsaft (Latex) in einem Behälter aufgefangen. Der künstliche Kautschuk wird vor allem aus →Erdöl hergestellt.

■ **Käuze,** →Eulen ohne Federohren. In Mitteleuropa kommt u. a. der Steinkauz und der Waldkauz vor.

■ **Kavallerie** [auch: ka...; frz.] *die,* Reiterei, berittene Truppe. Die Kavallerie bildete vom Altertum bis zum Beginn des 20. Jahrh. einen wichtigen Teil der Landstreitkräfte. Im 18./19. Jahrh. unterschied man zwischen der schweren Schlachtenkavallerie (Kürassiere) und der leichten Kavallerie für Sicherungs- und Aufklärungsaufgaben (Husaren, Ulanen). Dragoner waren eine Art berittene Infanterie, sie saßen zum Kampf ab.

■ **Kaviar** [türkisch] *der,* der gesalzene Rogen (Eier) der störartigen Fische. Kaviarersatz wird aus dem Rogen von Zander, Hecht, Barsch, Karpfen, Lachs und anderen Fischen gewonnen.

■ **Keaton** [kitᵉn], Buster, amerikanischer Schauspieler und Regisseur, * Pickway (Kansas) 4. Oktober 1895, † Woodland Hills (Kalifornien) 1. Februar 1966. Keaton, der in zahlreichen Stummfilmkomödien spielte, wurde als »der Mann, der niemals lachte« bekannt.

■ **Kegel,** ein Körper, der von einer ebenen, meist kreisförmigen **(Kreiskegel)** Grundfläche *G,* der Basis, und der gekrümmten Kegelfläche, dem Mantel, begrenzt ist. Der gerade Kreiskegel entsteht durch Drehung eines rechtwinkligen Dreiecks um eine Kathete, die die Höhe *h* des Kegels bestimmt. Der Höhenfußpunkt fällt mit dem Mittelpunkt der Basis zusammen. Beim schiefen Kegel liegt der Höhenfußpunkt neben dem Mittelpunkt der Basis. Der Rauminhalt *V* des Kegels ist $V = G \cdot h/3$.
Der **Kegelstumpf** entsteht durch Abschneiden der Kegelspitze parallel zu seiner Grundfläche.

■ **Kegeln,** Sportspiel, bei dem mit einer Kugel möglichst viele Kegel am Ende der Kegelbahn umzuwerfen sind. Sportkegeln wird in vier Disziplinen auf Bahnen ausgetragen, die in Form, Oberfläche und Ausrüstung (Kegelform und -zahl, Kugel) unterschiedlich sind: Asphalt-, Bohlen und Scherenbahn mit je neun Kegeln und Kugeln bis zu 3,15 kg Gewicht, **Bowling** mit zehn Kegeln und Kugeln bis zu 7,257 kg Gewicht.

Buster Keaton

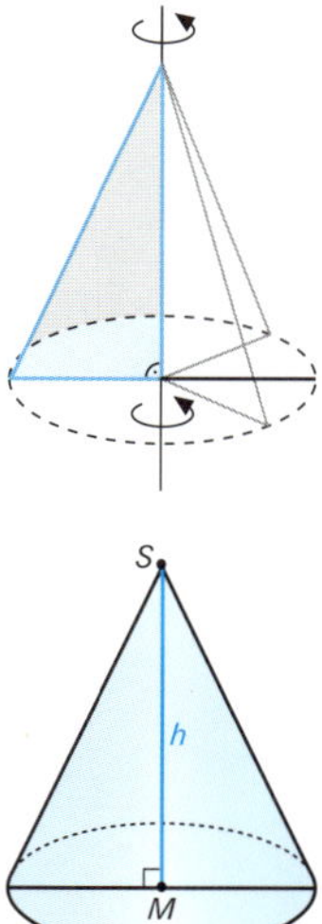

Kegel: Die untere Zeichnung zeigt die Entstehung des darüber abgebildeten geraden Kreiskegels durch die Rotation eines rechtwinkligen Dreiecks

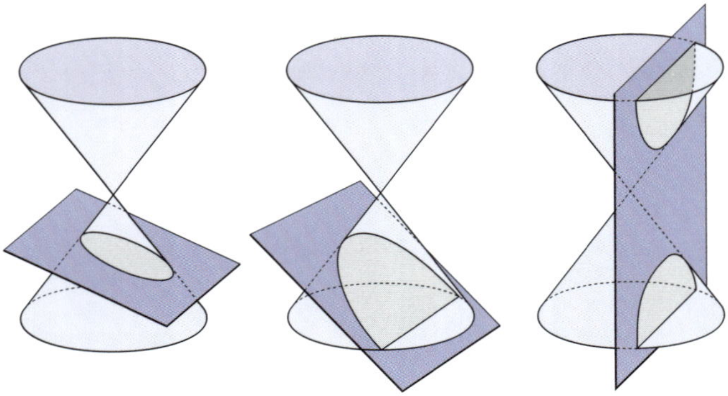

Drei **Kegelschnitte:** Ellipse, Parabel und Hyperbel

■ **Kegelschnitte,** eine Gruppe geometrischer Figuren, die entstehen, wenn ein gerader Kreiskegel durch eine Ebene geschnitten wird. Je nachdem, welchen Winkel die Schnittebene mit der Grundfläche des Kegels bildet, entsteht als Schnittfigur ein Kreis (Schnittebene parallel zur Grundfläche des Kegels), eine Ellipse, eine Parabel oder (beim Schnitt durch einen Doppelkegel) eine Hyperbel.

Kemal Atatürk, der »Vater der Türken«

■ **Kehlkopf,** das stimmbildende Organ des Menschen am Eingang zur Luftröhre im Anschluss an den Rachen. Das feste Gerüst bilden Schild-, Ring- und zwei Stellknorpel. Zwischen den Stellknorpeln und dem Ringknorpel sind die Stimmbänder so ausgespannt, dass sie die Höhle des Kehlkopfes bis auf einen schmalen Spalt, die Stimmritze, verschließen. Durch die Tätigkeit der Muskeln, die an den Stellknorpeln ansetzen, wird die Stellung der Stimmbänder verändert. Beim Schlucken wird der Kehlkopf durch den Kehldeckel verschlossen. Beim »Verschlucken« hat sich der Kehldeckel nicht rechtzeitig geschlossen.

■ **Kehrwert** (reziproker Wert), derjenige Wert eines →Bruches, den man erhält, wenn man Zähler und Nenner miteinander vertauscht. Der Kehrwert zu $^3/_5$ ist also $^5/_3$.

Allgemein gilt: Der Kehrwert zu a/b ist b/a. Auch von ganzen Zahlen lässt sichder Kehrwert ermitteln, wenn man sie als Brüche mit dem Nenner 1 auffasst. Der Kehrwert von 5 (= $^5/_1$) ist $^1/_5$ oder allgemein:

Der Kehrwertvon *a* ist 1/*a*.

■ **Keilschrift,** Schrift, die nach dem keilförmigen Eindruck des Griffels in den weichen Ton der Schreibtafel benannt ist. Die Keilschrift entwickelte sich um 2900 v. Chr. bei den Sumerern aus einer →Bilderschrift. Sie wurde mit etwa 500 Zeichen vor allem in Assyrien und Babylonien verwendet.

■ **Keimblatt** (Kotyledone), das erste, bereits an der Keimachse des pflanzlichen Embryos im Samen angelegte, kurzlebige Blattorgan der Samenpflanzen (bei Nacktsamern zwei oder mehrere, bei zweikeimblättrigen Blütenpflanzen meist zwei, bei einkeimblättrigen Blütenpflanzen ein Keimblatt).

■ **Keimling** →Embryo.

■ **Keimzellen** (Geschlechtszellen, Gameten), die grundsätzlich nur aus einer Zelle bestehenden und der geschlechtlichen Fortpflanzung dienenden Zellen. Die männlichen (beweglichen) Keimzellen sind die Spermien, die weiblichen (unbeweglichen) sind die Eizellen.

■ **Kelim** [türkisch] *der,* gewebter →Teppich oder Wandbehang mit gleichem Muster auf beiden Seiten.

■ **Keller,** Gottfried, schweizerischer Schriftsteller, *Zürich 19. Juli 1819, †ebenda 15. Juli 1890. Er schuf neben vielen Gedichten vorwiegend erzählende Werke, die sich vor allem mit der kleinbürgerlichen Alltagswelt, aber auch mit historischen Stoffen beschäftigen. Zu seinen bekanntesten Werken gehören die Novellensammlungen »Die Leute von Seldwyla« (1856–74; darin u. a. »Kleider machen Leute«), die »Zürcher Novellen« (1878; darin u. a.

Gottfried Keller gehört mit Theodor Fontane, Wilhelm Raabe und Theodor Storm zu den großen poetischen Erzählern des deutschsprachigen Realismus; das Porträt zeigt ihn im Alter von etwa 35 Jahren

»Das Fähnlein der sieben Aufrechten«) und »Das Sinngedicht« (1882). Der in der Nachfolge von Goethes »Wilhelm Meister« stehende Bildungsroman »Der grüne Heinrich« (1854/55, 2. Fassung 1879/80) ist autobiografisch gefärbt.

■ **Kẹlten,** Sammelname für keltische Sprachen sprechende Volksgruppen in Europa. Als Kernraum der frühen Kelten gilt das südwestliche Mitteleuropa, nachweisbar spätestens seit dem 7./6. Jahrh. v. Chr. Von dort breiteten sie sich über Nordfrankreich auf die Britischen Inseln und über Südfrankreich auf die Iberische Halbinsel aus. Als keltisch geprägt gelten die späte Hallstatt- und die La-Tène-Kultur (→Eisenzeit). Seit etwa 400 v. Chr. drangen die Kelten, von den Römern Gallier (→Gallien) genannt, nach Italien vor, wo sie die Etrusker besiegten und 387 v. Chr. Rom (mit Ausnahme des Kapitols) besetzten. Ein Teil der Kelten zog bis nach Griechenland und Kleinasien (hier nannte man sie Galater). Im 1. Jahrh. v. Chr. wurden sie von Germanen und Römern (Unterwerfung Galliens durch Cäsar) verdrängt und zum Teil vernichtet; der Rest verschmolz mit der römischen Bevölkerung. Keltisches Volkstum blieb bis heute in der Bretagne sowie in Wales, Irland und Schottland erhalten.

■ **Kẹlvin** [nach dem britischen Physiker William Thomson, 1824-1907, seit 1892 Lord Kelvin of Largs] *das,* Einheitenzeichen **K,** gesetzliche Einheit der →absoluten Temperatur: 0 K entspricht der Temperatur des →absoluten Nullpunktes, 273,15 K der Temperatur des Eispunktes (0 °C) und 373,15 K der Temperatur des Dampfpunktes von Wasser (100 °C).

■ **Kemạl Atatụ̈rk,** Mustafa, bis 1934 Mustafa Kemal Pascha, türkischer Politiker, *Saloniki 12. März 1881, †Istanbul 10. November 1938. Er nahm 1908/09 am Aufstand der reformorientierten Jungtürken gegen das autokratische Sultansregime teil. Als Armeebefehlshaber vereitelte er im Ersten Weltkrieg die Landung der Alliierten bei den Dardanellen. 1919 organisierte er den nationalen Widerstand gegen die alliierte und griechische Besetzung. 1920 wurde Kemal Atatürk zum Vorsitzenden der Großen Nationalversammlung gewählt. 1922 vertrieb er die Griechen aus Kleinasien. 1923 setzte er den Sultan ab und rief die Republik aus. Als Staatspräsident (seit 1923) formte er die Türkei zu einem modernen Nationalstaat westeuropäischer Prägung. Der Beiname Atatürk (= Vater der Türken) wurde ihm 1934 verliehen.

■ **Ke̱nia,** Republik in Ostafrika. 85 % der Bevölkerung (etwa 40 ethnische Gruppen mit 30 verschiedenen Sprachen) wohnen in den niederschlagsreichen Gebieten des Hochlandes und südlichen Küstentieflandes. Die Nord-, Ost- und Südostabdachung bilden Steppen und Wüstensteppen. An der Küste gedeihen Mangrove-, im Hochland tropische Höhenwälder (Nebelwälder). In den nur dünn besiedelten Trockengebieten und in den dichten Nebelwäldern konnte sich die ursprüngliche Tierwelt gut erhalten. In Kenia liegen mehrere Nationalparks und Reservate, die reich an afrikanischen Großtieren (Elefanten, Löwen, Leoparden, Giraffen, Antilo-

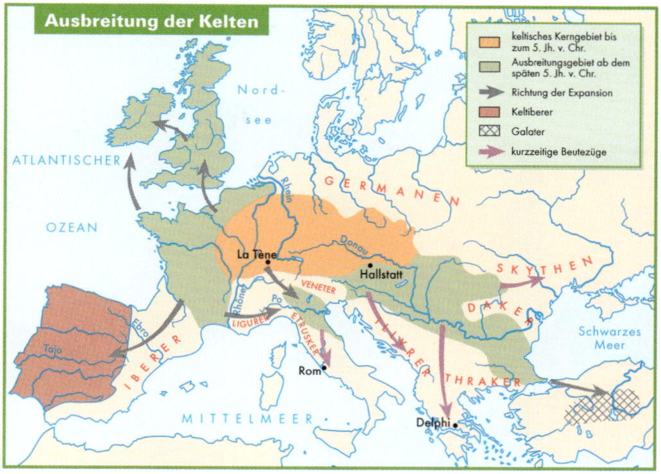

Kenia

Flagge

Wappen

Kenia
Fläche 582 646 km²
Einwohner 29,02 Mio.
Hauptstadt Nairobi
Amtssprachen Suaheli, Englisch
Nationalfeiertag 2. 12.
Währung 1 Kenia-Schilling (K. Sh.) = 100 Cents (cts)
Zeitzone MEZ + 2 Std.

pen, Zebras) sind. Angebaut und ausgeführt werden vor allem Kaffee, Tee und Sisal. Eine weitere Grundlage der Wirtschaft ist der Fremdenverkehr. Wichtigster Seehafen ist Mombasa.

Geschichte: An der Küste des heutigen Kenia bestanden mehrere Stadtstaaten, bevor die Briten ab 1890 das Land besetzten. 1963 wurde die Kolonie unter Jomo Kenyatta (1891–1978) unabhängig, 1964 Republik.

Der 35. Präsident der USA, **John F. Kennedy,** hier auf einem Foto um das Jahr 1962, veröffentlichte auch etliche Bücher; eins davon trägt den Titel »Zivilcourage«

■ **Kennedy** [kạnidi], **1)** John F. (Fitzgerald), 35. Präsident der USA (1961–63), , *Brookline (Massachusetts) 29. Mai 1917, †(ermordet) Dallas (Texas) 22. November 1963; Bruder von 2). Kennedy erstrebte einen friedlichen Ausgleich mit dem Ostblock, zeigte aber auch Härte, als er den Versuch der Sowjetunion vereitelte, auf Kuba Raketenbasen zu errichten (Kubakrise 1962). Besonderes Gewicht in seiner Außenpolitik erhielten die Beziehungen zu den Ländern der Dritten Welt. Im Innern kämpfte er gegen die Rassentrennung und für eine Wiederbelebung der demokratischen Grundwerte. Kennedy fiel einem Attentat zum Opfer.

2) Robert F. (Francis), amerikanischer Politiker (Demokrat), *Brookline (Massachusetts) 20. November 1925, †Los Angeles (Kalifornien) 6. Juni 1968; Bruder von 1). Er war 1961–64 Justizminister, 1965–68 Senator für New York. Kennedy trat entschieden für die Gleichberechtigung der Schwarzen ein. Als aussichtsreicher Bewerber um die Präsidentschaftskandidatur wurde er wie sein Bruder Opfer eines Attentats.

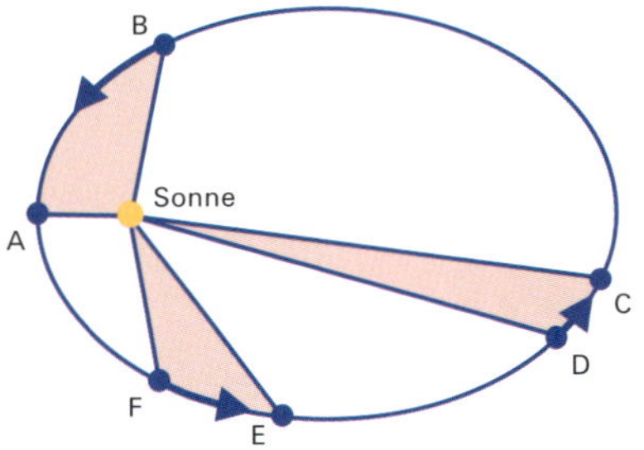

Das Diagramm stellt die von **Johannes Kepler** entdeckten drei Gesetze der Planetenbewegung dar; die Bögen BA, FE und DC werden von dem Planeten in gleich großen Zeitintervallen durchlaufen, wobei die (rot unterlegten) »Fahrstrahlen« von der Sonne zum Planeten jeweils gleich große Flächen überstreichen

■ **Kẹpler,** Johannes, deutscher Astronom (Hofastronom Kaiser Rudolfs II.) und Mathematiker, *Weil (heute Weil der Stadt) 27. Dezember 1571, †Regensburg 15. November 1630. Kepler ist der Erfinder des keplerschen Fernrohrs und Entdecker der **keplerschen Gesetze,** die die Planetenbahnen erklären und beschreiben. Sie lauten:

1. Die Planeten bewegen sich auf ellipsenförmigen Bahnen, in deren Mittelpunkt die Sonne steht.

2. Die Verbindungslinie vom Planeten zur Sonne überstreicht in gleich großen Zeitintervallen gleich große Flächen der Ellipse.

3. Die Quadrate der Umlaufzeiten der Planeten verhalten sich zueinander wie die dritten Potenzen der großen Halbachsen der Bahnen.

Mit seinen Entdeckungen bestätigte Kepler die Erkenntnisse des Kopernikus und verschaffte dem heliozentrischen Weltbild des Kopernikus Anerkennung.

■ **Kerạmik** [griech.] *die,* zusammenfassende Bezeichnung für Erzeugnisse aus gebranntem Ton (u. a. →Porzellan, →Steingut, →Steinzeug).

■ **Kẹrnenergie** (umgangssprachlich auch Atomenergie), die in Atomkernen enthaltene Energie oder genauer derjenige Teil davon, der sich freisetzen lässt. Ihre zivile Nutzung beruht ausschließlich auf der durch Neutronen induzierten (eingeleiteten) Kernspaltung, die 1938 von Otto Hahn und Friedrich Straßmann entdeckt und von Lise Meitner theoretisch erklärt wurde. Die induzierte Kernspaltung, die zunächst für Kernwaffen angewendet wurde, wird seit den 1950er-Jahren auch für zivile Zwecke genutzt.

Die zivile Nutzung der Kernenergie zur Erzeugung von elektrischem Strom geschieht mittels der Kernspaltung in Kernreaktoren. Träger der Primärenergie sind dabei die in Brennelementen enthaltenen Kernbrennstoffe, meist Uran oder Plutonium. Prinzipiell kann auch durch kontrollierte Kernfusion Energie gewonnen werden, doch diese Technik steckt für die zivile Nutzung trotz großen Forschungsaufwands noch in ihren Anfängen; Fusionsenergie konnte bislang nur explosionsartig in Wasserstoffbomben freigesetzt werden.

Der Betrieb von Kernkraftwerken setzt den Betrieb weiterer Anlagen voraus. Neben Uranerzgruben, Aufbereitungs- und Anreicherungsanlagen gehören zur Versorgung von Kernkraftwerken Fabriken, in denen Brennelemente hergestellt werden (aus Uran, zum Teil auch Plutonium) sowie Lagereinrichtungen für die Entsorgung abgebrannter Brennelemente und sonstiger radioaktiver Abfälle. In Deutschland gibt es zurzeit kein Endlager für radio-

aktive Abfälle, sodass hier die Entsorgung auf die Zwischenlagerung beschränkt ist.
Die am weitesten verbreiteten →Kernreaktoren sind Leichtwasserreaktoren (als Druckwasser- oder Siedewasserreaktoren), bei denen normales (»leichtes«) Wasser sowohl als Moderator als auch als Kühlmittel dient.
In den vergangenen Jahrzehnten wurde die Entwicklung der Kernenergie u. a. mit den Argumenten der Versorgungssicherheit, des möglichen Kostenvorteils, der Begrenztheit der fossilen Brennstoffvorräte, der Sicherung des Wirtschaftswachstums und ihrer Eignung zum Ersatz des Erdöls und zur Minderung des Treibhauseffekts (→Klima) gefordert. Als Gegenargumente wurden vor allem die erhöhte Strahlenbelastung, die Unwirtschaftlichkeit, das Risiko eines katastrophalen Reaktorunfalls sowie Unsicherheiten bei der Uranversorgung und das Problem der Entsorgung vorgebracht. Die Unfälle von Harrisburg (1979) und Tschernobyl (1986) markieren einen Wendepunkt in der Beurteilung der Kernenergie, auch wenn die meisten Staaten bis heute noch an ihr festhalten.
Das große Gefährdungspotenzial der Kernkraftwerke beruht auf der Radioaktivität und damit Giftigkeit der in ihnen in großer Menge vorhandenen Stoffe. Der von außen nicht beeinflussbare radioaktive Zerfall der Spaltprodukte in den Brennelementen bewirkt deren starke Erwärmung. Um diese Wärme abzuführen, muss ein Reaktor auch nach dem Abschalten gekühlt werden; andernfalls würde sich sein Kern bis zum Schmelzen aufheizen und dann große Mengen radioaktiver Stoffe in die Umgebung freisetzen. Aufgrund ihrer Risiken sind die Anforderungen an die Betriebssicherheit von Kernkraftwerken sehr hoch. Umfangreiche Regelungen bilden die rechtliche Grundlage für die Betriebserlaubnis. Dazu gehören das Atomgesetz, die Strahlenschutzverordnung, Leitlinien für Störfälle und Vorschriften für die Genehmigungsverfahren bei der Errichtung von Kernkraftwerken. Trotzdem bleibt ein »Restrisiko«. Nach einer in Deutschland durchgeführten Analyse beträgt die Kernschmelzwahrscheinlichkeit pro Reaktorbetriebsjahr 1:33 000.
Die beim radioaktiven Zerfall auftretende Strahlung ist für den Menschen (und alle anderen Lebewesen) sehr gefährlich, denn sie verursacht in lebendem Gewebe Zellschädigungen und verändert das Erbgut. Schon im Normalbetrieb und in der Versorgung mit und in der Entsorgung von Brennstoff werden radioaktive Stoffe an die Umwelt abgegeben (z. B. in die Atmosphäre beim Uranerz-Bergbau und bei der Wiederaufarbeitung, ins Abwasser bei der Herstellung der Brennelemente). Insgesamt liegen diese Belastungen jedoch innerhalb der Schwankungsbreite natürlicher Strahlenbelastung (natürliche Radioaktivität und Strahlung) und künstlicher Strahlenbelastung (z. B. Röntgendiagnostik). Aufgrund der vielen verschiedenen Einwirkungsmöglichkeiten von Radioaktivität auf den Menschen muss man sich bei deren Untersuchung auf die Nahrungsketten konzentrieren (Weide–Kuh–Milch–Mensch; Pflanze–Mensch; Futter–Fleisch/Fisch–Mensch), über die sich Ablagerungen radioaktiver Stoffe in der Umwelt hauptsächlich auf den Menschen übertragen.

Kernfusion, die Verschmelzung leichter Atomkerne zu schwereren unter Freisetzung von Energie, z. B. von Kernen des schweren Wasserstoffs (Deuterium und Tritium) zu Heliumkernen. Auf

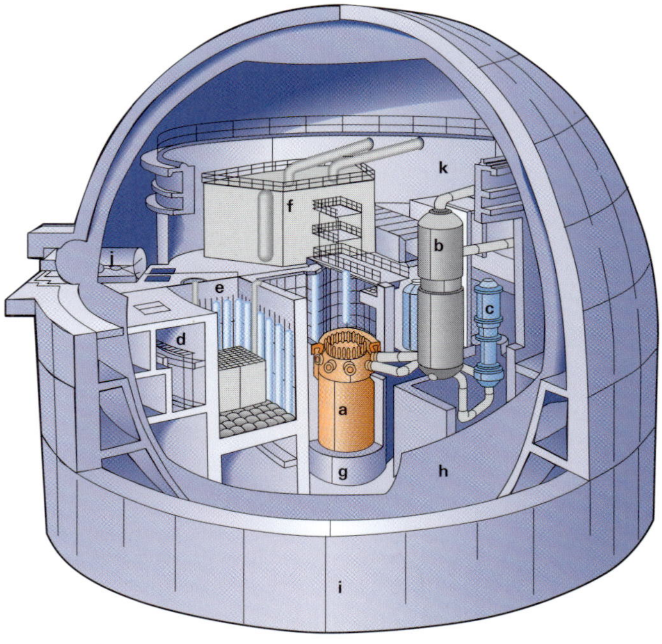

Kernenergie: Aufbau eines Druckwasserreaktors, der zum Typ des Leichtwasserreaktors gehört; der Reaktorkern wird bei diesem Kernreaktor von einem Stahldruckbehälter umfasst, der mit Wasser gefüllt ist; a Stahldruckbehälter mit Rohrstutzen für Verbindungsleitungen zum Dampferzeuger, b Dampferzeuger, c Hauptkühlmittelpumpe, d Lager für neue Brennelemente, e Lagerbecken für abgebrannte Brennelemente, f Lademaschine, g biologischer Schild gegen Strahlung, h Sicherheitsbehälter, i Reaktorgebäude, j Materialschleuse, k Frischdampfleitung zur Turbine

Kernfusion beruhen z. B. die Energieerzeugung in der Sonne und die Wasserstoffbombenexplosionen. In großen Fusionsreaktoren wird versucht, die Kernfusion kontrolliert für die Energiegewinnung nutzbar zu machen.

■ **Kẹrnkraftwerk** (Atomkraftwerk), ein Wärmekraftwerk (→Kraftwerk), in dem mit Kernenergie als Primärenergie (→Energiequellen) Strom erzeugt wird. Der physikalische Prozess, durch den in heutigen Kernkraftwerken Energie freigesetzt wird, ist die Kernspaltung. Sie erfolgt in einem →Kernreaktor, in dem die Kernenergie in Wärme umgewandelt wird. Beim Betrieb entstehen feste, flüssige und gasförmige radioaktive Stoffe, die durch eine Vielzahl von Sicherungseinrichtungen zurückgehalten werden müssen. Wegen der Risiken, die mit dem Betrieb der Kraftwerke und der Lagerung ihrer radioaktiven Abfallprodukte verbunden sind, ist die Energieversorgung durch Kernkraftwerke umstritten.

■ **Kẹrnobst,** essbare Früchte aus der Familie der Rosengewächse. Aus den Fruchtblättern und dem damit verwachsenen Blütenboden bildet sich eine Frucht mit reichem Fruchtfleisch (teilweise aus dem Stiel) und kleinen Samen (»Kerne«). Zum Kernobst gehören Apfel, Birne und Quitte.

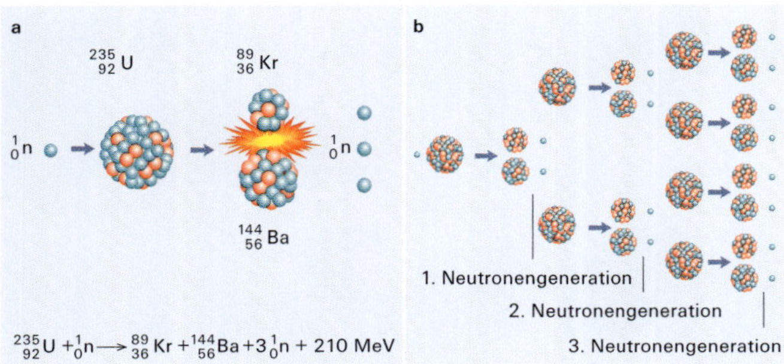

Die Grafik zeigt das Prinzip der **Kernspaltung** und der Kettenreaktion in Uran 235 (Kr = Krypton, Ba = Barium, U = Uran, n = Neutron)

■ **Kẹrnphysik,** Teilgebiet der Physik, das sich mit dem Aufbau und den Eigenschaften der Atomkerne (→Atom) sowie mit ihren Wechselwirkungen befasst. Am Anfang standen Untersuchungen natürlich ablaufender Kernumwandlungen (→Radioaktivität). Heute stehen vor allem künstlich durch Beschuss mit energiereichen Teilchen aus Teilchenbeschleunigern herbeigeführte Kernreaktionen, -streuungen und -umwandlungen im Mittelpunkt der Forschung.

■ **Kẹrnreaktor,** Anlage, in der die durch Kernspaltung frei werdende Kernenergie in andere Energieformen (im Wesentlichen Wärme) umgewandelt und einer weiteren technischen Verwendung zugeführt wird, z. B. der Erzeugung elektrischer Energie in einem Kernkraftwerk. Als Kernbrennstoff dienen vorwiegend Uran und Plutonium. Die eigentlichen Spaltstoffe sind dabei deren Isotope ^{235}U (Atomgewicht 235) und ^{239}Pu (Atomgewicht 239). Der Brennstoff befindet sich in Brennstäben im Innern des Kernreaktors. In diesen Stäben läuft die Kettenreaktion der Kernspaltungen ab, die durch Ein- und Ausfahren von Steuerstäben in diesen Kernbereich des Reaktors gesteuert und geregelt wird. Der dabei wirksame Mechanismus ist die Absorption von mehr oder weniger vielen der bei der Kernspaltung frei werdenden Neutronen durch die Substanz der Steuerstäbe.

Die verschiedenen Typen von Kernreaktoren unterscheiden sich vor allem durch die Art des verwendeten Kernbrennstoffs und durch den Stoff zum Abbremsen der Neutronen (Moderator), die durch die Kettenreaktion freigesetzt werden. Außerdem unterscheiden sie sich durch die Art der Kühlung des Reaktorkerns, dabei insbesondere durch das Kühlmittel, mit dem die Wärme aus dem Kernreaktor abgeführt und der Stromerzeugung zugeführt wird. Eine besondere Art von Kernreaktor ist der →Brutreaktor.

■ **Kẹrnspaltung,** der Zerfall von schweren Atomkernen (z. B. des Uranisotops ^{235}U oder des Plutoniumisotops ^{239}Pu) in zwei leichtere Bruchstücke (Atomkerne z. B. von Barium und Krypton) bei gleichzeitigem Freiwerden von Energie. Man unterscheidet zwischen spontaner Kernspaltung, die von selbst abläuft, und induzierter Kernspaltung, die durch Bestrahlung mit Neutronen eingeleitet wird.

Wenn die Anzahl der bei Kernspaltungen freigesetzten Neutronen größer ist als die für induzierte Kernspaltungen verbrauchte (was u. a. vom Vorhandensein einer Mindestmenge, der »kritischen Masse«, von spaltbarem Material abhängt), kann eine Kettenreaktion von Kernspaltungen einsetzen. Solche Kettenreaktionen laufen bei Explosionen von Atombomben ungeregelt, beim Betrieb von →Kernreaktoren dagegen geregelt ab.

■ **Kẹrnwaffen** (Atomwaffen, Nuklearwaffen), Waffen, deren Zerstörungskraft auf der →Kernspaltung oder der →Kernfusion beruhen. Zu den Kernwaffen gehören **Atombomben,** die von Flugzeugen abgeworfen werden (bisher zwei Einsätze in Hiroshima und Nagasaki 1945), Atomgranaten, die von Geschützen verfeuert werden, Atomminen und Atomraketen. Die Atomsprengkörper dieser Waffen (Sprengladungen oder Gefechtsköpfe) bestehen aus spaltbarem oder verschmelzbarem Material und einem Zündsystem. Die bei der Explosion frei werdende Energie bewirkt in einem Umkreis von mehreren Kilometern eine Explosionsdruckwelle (Gebäudeschäden), Wärmestrahlung (alles Brennbare geht in Flammen auf), radioaktive Strahlung (tödlich für biologisches Leben) und radioaktive Verseuchung.

Zerstörungskraft und Wirkungsradius der **Wasserstoffbombe** (H-Bombe) nach dem Prinzip der Kernfusion entsprechen der Sprengkraft aller Bomben, die im Zweiten Weltkrieg abgeworfen wurden. Die **Neutronenbombe** setzt bei ihrer Detonation 80% ihrer Energie als radioaktive Strahlung frei. Ihre Wirkung richtet sich daher in erster Linie gegen Lebewesen; Bauwerke und Waffen bleiben dagegen weitgehend unzerstört.

■ **Kernwaffensperrvertrag,** ein 1968 von den USA, Großbritannien und der Sowjetunion unterzeichneter, 1970 in Kraft getretener Vertrag über die Nichtverbreitung von Kernwaffen (daher auch als »Nichtverbreitungsvertrag« bezeichnet), dem sich bis heute zahlreiche weitere Staaten angeschlossen haben, darunter auch die Bundesrepublik Deutschland Ziel des Vertrags ist es, den Ankauf von Kernwaffen oder ihre Herstellung durch bisher kernwaffenlose Staaten zu verhindern. Über die Einhaltung der Bestimmungen wacht die Internationale Atomenergiebehörde.

■ **Kerosin** [griech.] *das,* zwischen etwa 150 und 250 °C siedende Erdölfraktion (Erdöl-Teilgemisch). Kerosin wird vor allem als Treibstoff für Düsenflugzeuge benutzt.

■ **Kerze,** eine Lichtquelle, bei der ein Docht aus Baumwolle von Wachs, Talg, Paraffin oder Stearin umgeben ist. Wird der Docht angezündet, so verdampft das Wachs zu einem brennbaren Gas. Die Flamme der Kerze besteht also aus glühendem Gas.

■ **Kettenreaktion,** Reaktionsform in der Chemie und in der Kernphysik, bei der eine einmal in Gang gebrachte Reaktion ohne weiteres Zutun von außen durch die entstehenden, meist energiereichen Reaktionsprodukte von selbst so lange weitergetrieben wird, bis die Substanz verbraucht ist. Ein typischer Fall ist die sich selbst erhaltende Kettenreaktion von →Kernspaltungen in einem Kernreaktor oder bei einer Atomexplosion.

■ **Ketzer,** Bezeichnung für Anhänger einer Lehre, die von der kirchlichen Lehre abweicht (→Häresie).

■ **Keuchhusten,** eine ansteckende Infektionskrankheit der oberen Luftwege, vor allem bei Kindern, die meist durch Tröpfchen (in der Atemluft) übertragen wird. Keuchhusten beginnt 7–14 Tage nach der Ansteckung mit Husten und Schnupfen; 1–2 Wochen danach stellen sich vor allem nachts krampfartige Hustenanfälle mit laut pfeifenden Einatmungsgeräuschen ein, die häufig mit Erbrechen enden. Keuchhusten dauert meist 6–8 Wochen und hinterlässt eine Immunität, die jedoch nach Jahrzehnten nachlässt. Eine Impfung gegen Keuchhusten ist möglich.

■ **Keyboard** [kiboʳd; engl., = Klaviatur] *das,* **1)** in der Jazz- und Rockmusik gebräuchliche Bezeichnung für die meist elektrisch verstärkten Tasteninstrumente (Klavier, Orgel, Synthesizer).

2) auch Tastatur genanntes schreibmaschinenähnliches Tastenfeld zur Dateneingabe in den Computer.

■ **Kfz,** Abkürzung für Kraftfahrzeug (→Kraftwagen).

■ **kg,** Einheitenzeichen für Kiloggramm (→Kilo...).

■ **KG,** Abkürzung für →Kommanditgesellschaft.

■ **Khaiberpass** (Khyber), wichtigster Pass zwischen Afghanistan und Pakistan, 1 072 m über dem Meeresspiegel. Die Passstraße war das natürliche Einfallstor für Eroberer, die aus Zentralasien nach Vorderindien vordrangen.

■ **Khan** [türkisch] (Chan) *der,* mongolischer Herrschertitel, der in den islamischen Nachfolgestaaten des Mongolenreichs Titel des regierenden Fürsten wurde; das Fürstentum wurde als **Khanat** bezeichnet.

■ **Khartoum** [chartum] (Khartum), Hauptstadt der Republik Sudan, am Zusammenfluss von Weißem und Blauem Nil gelegen, mit 924 500 Einwohnern (mit den Nachbarstädten Khartoum-Nord und Omdourman ergibt sich ein städtischer Ballungsraum mit über 3 Mio. Einwohnern); Hauptstandort der Industrie und Zentrum des Baumwollhandels des Landes. – Khartoum wurde 1820 als ägyptisches Militärlager gegründet.

■ **Khmer,** das Volk von Kambodscha. Die Khmer sind Anhänger des Buddhismus. Sie bildeten vom 9. bis 15. Jahrh. einen zeitweise mächtigen Staat in Hinterindien, das **Khmerreich von Angkor,** dessen bedeutendstes Denkmal die Tempelstadt von Angkor ist.

■ **Khomeini** [chomeʲni] (Chomeini), Ruhollah Mussawi, iranischer Schiitenführer (Ajatollah) und Politiker, *Khomein (Zentralprovinz) 17. Mai 1900, †Teheran 3. Juni 1989. Als Gegner des Schahs 1964 ausgewiesen, lebte er im Exil in der Türkei, Irak und Frankreich und wurde dort zur beherrschenden Figur der Opposition. Nachdem Schah Mohammed Resa Pahlewi 1979 gestürzt worden war, kehrte Khomeini nach Iran zurück und stand bis zu seinem Tod an der Spitze der streng an islamisch-fundamentalistischen Grundsätzen ausgerichteten islamischen Republik.

■ **kHz,** Einheitenzeichen für **Kilo**hert**z** (→Hertz); 1 kHz = 1 000 Hz.

■ **KI,** Abkürzung für →**k**ünstliche **I**ntelligenz.

■ **Kibbuz** [hebräisch] *der,* jüdische Gemeinschaftssiedlung in Israel mit kollektiver Wirtschafts- und Lebensweise. Die Kibbuzim bildeten mit ihrer Siedlungsarbeit eine wesentliche Voraussetzung für die Gründung des Staates Israel.

Die Jungen der **Kiebitze** sind Nestflüchter

■ **Kiebitz,** zu den Regenpfeifern gehörender, bis 30 cm langer Sumpfvogel. Die Oberseite des Gefieders ist schwarz, grün oder violett schimmernd, die Wangen weiß, die Haube schwarz. Den Namen hat der Kiebitz nach seinem Lock- und Warnruf (»ki-wit«).

■ **Kiefer** *die,* eine Gattung immergrüner Nadelhölzer (Kieferngewächse). Die weiblichen Blüten sind aufrechtstehende rötliche Zapfen, die männlichen Blüten ebenfalls zapfenähnlich. Die Samenanlage liegt frei auf dem Fruchtblatt. Die Pollenkörner keimen ein Jahr nach der Befruchtung, dann neigt sich der Zapfen nach unten. Die **Waldkiefer (Föhre)** mit rotgelber Rinde am oberen Stammteil und zu zweit an den Kurztrieben sitzenden Nadeln und gestielten Zapfen bildet in Europa und Nordasien ausgedehnte Wälder. Sie ist, vor allem im Flachland, wichtiger Lieferant von Wirtschaftsholz. Auf trockenen Böden wird in Deutschland die aus Südosteuropa stammende **Schwarzkiefer** angepflanzt. Sie hat schwarzgraue Rinde, längere Nadeln und ungestielte Zapfen. In höheren Lagen (z. B. Alpen) bis zur Baumgrenze tritt die **Bergkiefer** auf, die in aufrechten und in strauchig niederliegenden Wuchsformen **(Latsche)** vorkommt.

■ **Kiefer** *der,* paariger Knochen. Der Oberkiefer ist fest mit dem Gesichtsschädel verwachsen. Der Unterkiefer ist der einzige bewegliche Knochen des Gesichtsschädels. Der Kiefer trägt die Zähne.

■ **Kiel,** Landeshauptstadt von Schleswig-Holstein, am Südende der Kieler Förde gelegen, wichtiger deutscher Ostseehafen, mit 235 400 Einwohnern. Die Industrie der Stadt ist durch den Schiffbau geprägt; zu den Museen zählt ein Schifffahrtsmuseum. – Alljährlich findet in Kiel die **Kieler Woche** statt, eine internationale Segelsportveranstaltung.

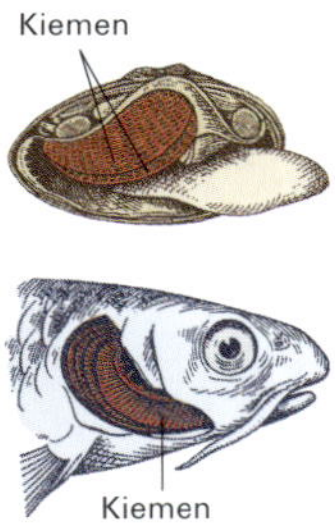

Kiemen einer Muschel und eines Fisches

■ **Kiemen,** Atmungsorgane zur Aufnahme von Sauerstoff aus dem Wasser und Abgabe von Kohlendioxid bei vielen Wassertieren. Kiemen sind Ausstülpungen der Körperwand, die von vielen Blutgefäßen durchzogen sind. Bei den Fischen tragen die knöchernen Kiemenbögen die Kiemenblättchen. Der Kiemendeckel schützt das ganze Organ.

■ **Kieselsäuren,** Sammelbezeichnung für die Sauerstoffsäuren des Siliciums, die in der Natur nur in Form ihrer Salze, der →Silikate, vorkommen und aus diesen durch Ansäuern hergestellt werden. Kieselsäuren können sich zu langen, verzweigten Ketten verbinden und dann wasserhaltige, gallertige **Kieselgele** bilden. Beim Erhitzen der Kieselgele entweicht langsam das eingeschlossene Wasser und ein weißes, trübes, äußerst poröses Produkt, das **Silicagel,** bleibt zurück; es wird wegen seiner großen inneren Oberfläche als sehr wirksames Adsorptions-, Reinigungs- und Trockenmittel für Gase und Lösungen verwendet.

■ **Kiew,** Hauptstadt der Ukraine und Hafenstadt am Dnjepr, mit 2,6 Mio. Einwohnern. Kiew ist altes Kulturzentrum mit vielen Klöstern und Kirchen (u. a. Höhlenkloster, Sophienkathedrale) sowie einer Universität. Als Wirtschafts- und Verkehrsmittelpunkt beherbergt die Stadt eine vielseitige Industrie.

Kiew war im 10./11. Jahrh. als Mittelpunkt des **Kiewer Reiches** (→Russland, Geschichte) eine der größten und reichsten Städte Europas.

■ **Kilimandscharo** *der,* höchstes afrikanisches Bergmassiv, im Nordosten von Tansania. Der Kilimandscharo besitzt drei Vulkangipfel: Kibo oder Uhuru Peak (5 895 m hoch, vergletschert), Mawensi (5 270 m) und Schira (4 000 m). Die Hänge sind bis zu einer Höhe von mehr als 3 000 m reich an Wildtieren. Am Fuß des Bergmassivs bis 1 000 m Höhe erstrecken sich heiße Savannen, die zum Teil landwirtschaftlich genutzt werden. Der Kilimandscharo ist Nationalpark (UNESCO-Welterbe).

■ **Kilo...** [griech.], Vorsatzzeichen **k,** Vorsatz vor Einheiten: das Tausendfache der betreffenden Einheit, z. B.

1 kg = 1 000 g (Gramm),

1 km = 1 000 m (Meter),

1 kV = 1 000 V (Volt).

■ **Kilogramm,** Einheitenzeichen **kg,** gesetzliche Einheit der →Masse:

1 kg = 1 000 Gramm (g).

■ **Kilopond** *das,* Einheitenzeichen **kp,** gesetzlich nicht mehr zulässige Einheit der Kraft:

1 kp = 1 000 p (Pond) = 9,80665 N (Newton).

■ **Kilowattstunde,** Einheitenzeichen **kWh,** Einheit der Energie, die vor allem in der Elektrotechnik verwendet wird. Der Verbrauch an elektrischer Energie wird in kWh gemessen:

1 kWh = 3600 kWs (Kilowattsekunden)
= $3{,}6 \cdot 10^6$ Ws (Wattsekunden)
= 3,6 MJ (Megajoule).

■ **Kimbern,** germanischer Volksstamm, der Ende des 2. Jahrh. v. Chr. von Jütland in die Ostalpen und nach Gallien wanderte und mehrfach römische Heere besiegte. Als die Kimbern in Oberitalien eindrangen, wurden sie 101 v. Chr. von Marius bei Vercellae (nordöstlich des oberen Po) vernichtend geschlagen.

■ **Kinderarbeit,** die mit der Industrialisierung im 19. Jahrh. stark zunehmende Beschäftigung von Kindern. Besonders verbreitet war sie in Bereichen, in denen kleinteilige Arbeit oder Arbeit unter beengten räumlichen Verhältnissen vorherrschte (z. B. Bergbau, Textilindustrie). Kinder wurden als billige Arbeitskräfte ausgenutzt, die tägliche Arbeitszeit betrug bis zu 16 Stunden.

1833 verbot das englische Parlament die Arbeit für Kinder unter 9 Jahren, die Arbeitszeit für 9- bis 12-Jährige wurde auf neun Stunden, die für 13- bis 18-Jährige auf zwölf Stunden begrenzt. Die preußische Regierung verbot 1839 die Kinderarbeit bis zum Alter von 9 Jahren; für 9- bis 16-Jährige durfte die Arbeitszeit zehn Stunden dauern. Heute ist (mit wenigen Ausnahmen) Kinderarbeit in Deutschland verboten.

Nach Schätzungen der Internationalen Arbeitsorganisation (IAO), einer Unterorganisation der UN, werden noch heute weltweit mehr als 200 Millionen Kinder in oft menschenunwürdigen, sklavenähnlichen Arbeitsverhältnissen ausgebeutet, vor allem in den armen und ärmsten Ländern.

■ **Kinderdörfer,** Einrichtung zur ständigen Betreuung und Erziehung von eltern- und heimatlosen Kindern. Sie werden dort in Familiengruppen zusammengefasst. Bei den **SOS-Kinderdörfern,** die der Österreicher Hermann Gmeiner (1919–86) seit 1949 gründete, umfassen die Gruppen, die in Einfamilienhäusern in einer Familiengemeinschaft leben, in der Regel acht Kinder (bis zu 14 Jahren) und als »Mutter« eine unverheiratete Frau.

■ **Kindergeld,** staatliche Maßnahme des Familienlastenausgleichs für Familien und allein erziehende Elternteile zum Unterhalt von Kindern.

■ **Kinderkrankheiten,** →Infektionskrankheiten, die vor allem im Kindesalter auftreten und meist schon beim ersten Kontakt mit den Erregern zur Erkrankung führen, dann jedoch in den meisten Fällen eine lang dauernde Immunität hinterlassen, u. a. Masern, Mumps, Scharlach, Diphtherie, Keuchhusten, Röteln, Windpocken und Kinderlähmung. Vorbeugung kann durch Schutzimpfung (→Impfung) erfolgen.

■ **Kinderlähmung** (spinale Kinderlähmung, Poliomyelitis), eine meldepflichtige, akute, durch Viren verursachte, stark ansteckende Infektionskrankheit vorwiegend von Kindern. Befallen werden bestimmte Zellen des Rückenmarks, zuweilen auch des Gehirns. Die Krankheit setzt grippeartig ein und wird durch Tröpfchen- oder Schmierinfektion (Stuhl) oder Wasser übertragen. In der Regel treten nach wenigen Tagen Lähmungen auf. Vorbeugung durch Impfung (auch →Schluckimpfung) ist möglich.

■ **Kinder- und Jugendhilfe,** alle Maßnahmen zur sozialen Förderung von Kindern, Jugendlichen und jungen Erwachsenen, die von Jugendämtern und Landesjugendämtern sowie Verbänden und nichtstaatlichen Organisationen (Träger der freien Jugendhilfe) erbracht werden. Die Kinder- und Jugendhilfe ist im Kinder- und Jugendhilfe-Gesetz von 1990 geregelt, das als achtes Buch in das Sozialgesetzbuch eingefügt wurde. Ihre Leistungen werden unterschieden in:

a) allgemein angebotene Hilfen und Einrichtungen, z. B. Jugend- und Jugendsozialarbeit, Förderung der Erziehung in der Familie, vor allem von allein erziehenden Elternteilen, Hilfe bei Trennung und der Entscheidung über das Sorgerecht;

b) Hilfen für Einzelne, z. B. Erziehungsberatung, Hilfe durch Erziehungsbeistände und Beratungshelfer, Erziehung im Heim oder in einer fremden Familie.

Weitere Aufgaben der Kinder- und Jugendhilfe sind die Inobhutnahme von Kindern und Jugendlichen in Notfällen, die Mitwirkung in Verfahren vor dem Vormundschafts- und Familiengericht sowie vor dem Jugendgericht, Beratung und Unterstützung von Pflegern und Vormündern.

■ **Kinder- und Jugendliteratur,** alle Texte und Bilder, die von heranwachsenden Menschen (vom Kleinkind bis zum Jugendlichen) bevorzugt gelesen und angeschaut werden. Erst in jüngerer Zeit wird die Kinder- und Jugendliteratur als literarische Gattung beachtet. Sie wird gefördert durch den Hans-Christian-Andersen-Preis, in Deutschland durch den Deutschen Jugendliteraturpreis.

■ **Kinetik** [griech.] *die,* in der Physik die Lehre von den Bewegungen der Körper unter dem Einfluss innerer oder äußerer Kräfte.

Das war 1963: **Martin Luther King** begrüßt die Teilnehmer einer Demonstration in Washington

■ **kinetische Gastheorie,** eine physikalische Theorie des gasförmigen Aggregatzustands, die auf der Existenz von →Atomen und Molekülen und deren freier Bewegung im gasförmigen Zustand beruht. Sie leitet alle an den Gasen messbaren Eigenschaften wie Druck, Wärme und Temperatur aus den Eigenschaften und Bewegungen der Atome oder Moleküle ab und kann insbesondere auch Phänomene erklären, die auf Schwankungserscheinungen beruhen, wie z. B. die→brownsche Bewegung.

Atemberaubend sind die Dschungelerlebnisse des bei einer Wolfsmutter aufgewachsenen Inderjungen Mowgli, die **Rudyard Kipling** in seinen Dschungelbüchern erzählt

■ **King,** Martin Luther, amerikanischer Bürgerrechtler und Baptistenpfarrer, *Atlanta (Georgia) 15. Januar 1929, †(ermordet) Memphis (Tennessee) 4. April 1968. King war die führende Persönlichkeit der amerikanischen Bürgerrechtsbewegung, die sich für die Gleichberechtigung aller amerikanischen Bürger einsetzte. Im Gegensatz zu radikalen Bewegungen versuchte King, die Forderungen der farbigen Bevölkerung auf dem Wege der Gewaltlosigkeit durchzusetzen. Für seine Bemühungen wurde ihm 1964 der Friedensnobelpreis verliehen.

■ **Kinshasa** [kinschasa] (bis 1966 Léopoldville), Hauptstadt der Demokratischen Republik Kongo, am linken Ufer des unteren Kongo, mit 4,66 Mio. Einwohnern; Verwaltungs-, Wirtschafts- und Kulturzentrum des Landes. – Kinshasa war ab 1923 Hauptstadt von Belgisch-Kongo.

■ **Kiosk** [auch kiosk; türkisch] *der,* **1)** *allgemein:* Verkaufsbude für Zeitungen, Getränke, Süßigkeiten.

2) *islamische Kunst:* orientalisches Gartenhäuschen.

■ **Kioto** (Kyōto), Stadt in Japan, auf der Insel Honshū, mit 1,46 Mio. Einwohnern. Die alte kaiserliche Residenzstadt (794–1869) ist das Zentrum des japanischen Buddhismus. Zahlreiche Tempel, Klöster und Paläste prägen das Stadtbild (UNESCO-Weltkulturerbe).

■ **Kipling,** Rudyard, englischer Schriftsteller, *Bombay 30. Dezember 1865, †London 18. Januar 1936. Kipling lebte lange Zeit in Indien. Weltbekannt wurden seine Erzählsammlungen »Im Dschungel« (1894), »Das neue Dschungelbuch« (1895) sowie der Roman »Kim« (1901). 1907 erhielt er den Nobelpreis für Literatur.

■ **Kirche** [griech.], **1)** der Versammlungsort der christlichen Gemeinde, in dem die Gottesdienste stattfinden.

2) die christliche Glaubensgemeinschaft sowie die Gesamtheit der Anhänger einer in einer festen Organisationsform zusammengeschlossenen Konfes-

Kirgistan
Fläche 198 500 km²
Einwohner 4,497 Mio.
Hauptstadt Bischkek
Amtssprachen Kirgisisch, Russisch
Nationalfeiertag 31. 8.
Währung 1 Kirgistan-Som (K.S.) = 100 Tyin
Zeitzone MEZ + 4 Std.

sion, die ebenfalls Kirche genannt werden kann. Es gibt demnach innerhalb des Christentums, dessen Anhänger sich als Glieder *einer* Kirche verstehen, eine große Zahl von Einzelkirchen. – auch →katholische Kirche, →Protestantismus, →orthodoxe Kirche.

■ **Kirchenburg** (Wehrkirche), befestigte, burgartige Kirchenanlage, die im Mittelalter der Verteidigung der Bevölkerung diente, u. a. in Siebenbürgen und Skandinavien.

■ **Kirchenjahr,** die Abfolge der kirchlichen Festtage und Sonntage. Das Kirchenjahr beginnt mit dem 1. Advent, in den orthodoxen Kirchen am 1. September (im Gedenken an das erste Auftreten Jesu in Nazareth).

■ **Kirchenstaat,** das ehemalige Herrschaftsgebiet der Päpste in Mittelitalien, in dem der Papst wie ein weltlicher Fürst herrschte. Als Gegenleistung für die kirchliche Anerkennung der Karolinger schenkte der fränkische König Pippin der Jüngere dem Papst 754 zu dem um Rom bestehenden Verwaltungsbezirk (Patrimonium Petri) zusätzliche Gebiete (z. B. um Ravenna). Unter Papst Innozenz III. (1198–1216) wurde der Kirchenstaat beträchtlich erweitert, im 16. Jahrh. zentralistisch organisiert. 1870 wurde der Kirchenstaat dem neu entstandenen Königreich Italien einverleibt. Die Lateranverträge von 1929 erklärten einen Teil Roms, die Vatikanstadt um Peterskirche und Vatikan, zum souveränen Territorium unter der Herrschaft des Papstes.

■ **Kirchner,** Ernst Ludwig, deutscher Maler und Grafiker, * Aschaffenburg 6. Mai 1880, † Frauenkirch (heute zu Davos) 15. Juni 1938. Kirchner war Mitbegründer der Künstlervereinigung Die →Brücke und ein Hauptvertreter des →Expressionismus. In seinen Bildern zeigte er u. a. die Hektik des Großstadtlebens. Von den Nationalsozialisten wurden 1937 über 600 seiner Werke als »entartet« beschlagnahmt.

■ **Kirgistan** (Kirgisien), Republik in Mittelasien an der Nordabdachung des Tienschan. Rund 70 % der Einwohner (u. a. 56,5 % Kirgisen, 18,8 % Russen, 13,3 % Usbeken) gehören dem sunnitischen Islam an. Kirgistan ist ein Gebirgsland mit Hochgebirgsbecken und Bergseen. Es gibt Schafzucht und auf den geringen Anbauflächen Bewässerungsfeldbau. Das Land verfügt über bedeutende Quecksilbervorkommen und hat Leicht- und Textilindustrie.
Geschichte: 1876 von Russland erobert, war Kirgistan seit 1918 Teil der Autonomen Sowjetrepublik Turkestan. Die 1926 errichtete Autonome Kirgisische Sowjetrepublik wurde 1936 in eine Unionsrepublik der UdSSR umgewandelt. 1991 erklärte Kirgistan seine Unabhängigkeit.

Kirgistan

Flagge

Wappen

■ **Kiribati,** Republik im Pazifischen Ozean, beiderseits des Äquators gelegen. Sie umfasst die Gilbert- und Phönixinseln, Banaba (Ocean Island) und acht der elf Linieninseln; Hauptatoll der Gilbertinseln ist Tarawa. Wirtschaftlich wichtig sind Kopragewinnung und Fischerei. – Die Inseln wurden 1576

Kiribati
Fläche 811 km² (Landfläche 717 km²)
Einwohner 83 000
Hauptstadt Bairiki (auf Tarawa)
Amtssprachen Gilbertesisch, Englisch
Nationalfeiertag 12. 7.
Währung 1 Austral. Dollar/Kiribati ($A/K) = 100 Cents (c)
Zeitzone MEZ + 11 Std. (Bairiki)

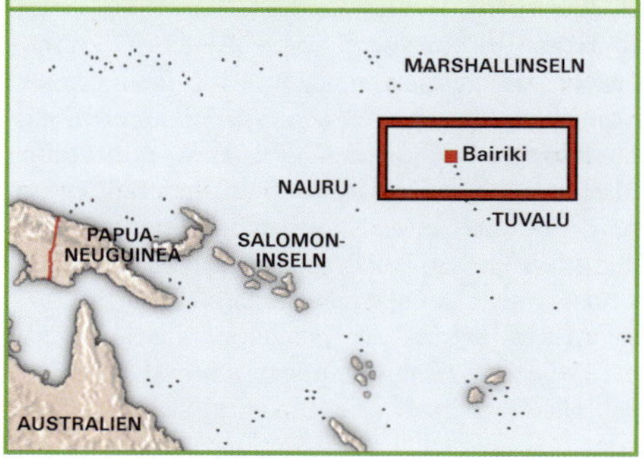

Kiribati

Flagge

Wappen

Kirsche: Blütendolde der Süßkirsche, die auch Vogelkirsche genannt wird, darunter ein Zweig mit den gelbroten Früchten der Knorpelkirsche

Kiwi: Zweig mit Früchten

von Spaniern erstmals besucht. Seit Ende des 19. Jahrh. befand sich das Gebiet in britischem Besitz, 1979 wurde es als Kiribati unabhängig.

■ **Kirsche** (Kirschbaum), Bezeichnung für Obstbäume aus der Familie der Rosengewächse. Die **Süß-** oder **Vogelkirsche**, ein bis 20 m hoher Baum Mitteleuropas und Westasiens, hat weiße Blüten in Doldenbüscheln. Die Früchte sind bei der wild wachsenden Vogelkirsche erbsengroß, rot oder schwarzrot, bei Kulturformen größer und süß. Sie werden in **Herzkirsche** mit weichfleischigen, roten oder schwarzroten Früchten und **Knorpelkirsche** mit hartfleischigen, gelben oder roten Früchten unterteilt. Die wild oder verwildert im Kaukasus und Kleinasien vorkommende **Sauerkirsche** wird auf der Nordhalbkugel in vielen Sorten und Varietäten als Obstbaum kultiviert. Die roten Früchte enthalten reichlich Fruchtsäuren.
Die wichtigsten Varietäten der Sauerkirsche sind die **Schattenmorelle** mit sauren, schwarzroten Früchten und die **Glaskirsche** mit nur mäßig sauren Früchten. Das harte Holz hat eine schöne Maserung und wird als Möbel- und Drechselholz verwendet.

■ **Kiruna,** die nördlichste Stadt Schwedens, mit einer Gemeindefläche von 19 447 km^2km^2 (größer als Schleswig-Holstein) und 24 800 Einwohnern. Bedeutend ist der Eisenerzbergbau (seit 1900).

■ **Kismet** [türkisch] *das,* im volkstümlichen Islam das dem Menschen von Allah zugeteilte, unabänderliche Schicksal.

■ **Kitsch** *der,* Bezeichnung für Gegenstände, Bilder, Filme, Bücher und Ähnliches, die nicht Kunst sind, aber Kunst oder höhere Werte vortäuschen und als »schön« erscheinen; sie werden daher aus einem bestimmten Kunstverständnis heraus als geschmacklos empfunden (z. B. nickende Dackel). Die Grenze zwischen Kunst und Kitsch ist nicht immer klar zu ziehen.

■ **Kitzler** →Klitoris.

■ **Kiuschu,** japanische Insel, →Kyūshū.

■ **Kiwi** (Chinesische Stachelbeere), eigroße Frucht des Chinesischen Strahlengriffels, eines in China beheimateten, bis 8 m hoch rankenden, wärmeliebenden windenden Strauches mit großen Blättern und zweihäusigen, weißlichen Blüten. Unter der dünnen, rauen, braunen Schale verbirgt sich das grüne Fruchtfleisch, das reich an Vitamin C ist. Anbauland ist vor allem Neuseeland.

■ **Kiwis** [Maori-Name], neuseeländische Familie bis 35 cm hoher flugunfähiger, nachtaktiver Laufvögel. Die stark zurückgebildeten Flügel sind unter dem bräunlichen, zerschlissen erscheinenden Gefieder verborgen. Die Kiwis fressen Würmer und Insekten, die sie, für Vögel ungewöhnlich, mit ihrem Geruchssinn am Boden aufspüren.

■ **Klabautermann** [niederdeutsch], im Volksglauben ein Schiffskobold, der die Schiffe begleitet. Bei drohender Gefahr soll er sich durch Klopfen bemerkbar machen.

■ **Klagenfurt,** Hauptstadt des österreichischen Bundeslandes Kärnten, östlich des Wörther Sees, mit 90 800 Einwohnern; wichtiges Kultur-, Wirtschafts- (Kärntner Messe) und Fremdenverkehrszentrum.

■ **Klapperschlangen,** Gattung bis 2,5 m langer Giftschlangen (mit rund 25 Arten) in trockenen Landschaften Amerikas. Mit einer aus lose miteinander verbundenen Hornringen bestehenden, laut raschelnden Klapper am Schwanzende schrecken sie den Gegner ab. Klapperschlangen bringen lebende Junge zur Welt.

■ **Kläranlage,** Anlage zur Reinigung von Abwasser, wobei mechanische mit chemischen oder biologischen Verfahren kombiniert werden können. Bei den **mechanischen Verfahren** werden mithilfe von Rechen- und Siebanlagen mittelgrobe Stoffe, im Sandfang Sandkörner und im Ölabscheider aufschwimmende Stoffe (Fette, Öle) entfernt. Mit **chemischen Verfahren** werden feinstverteilte Stoffe aus Suspensionen und echt oder kolloidal gelöste Stoffe aus entsprechenden Lösungen entfernt. Beim **Belebtschlammverfahren,** einem biologischen Verfahren, wird in das vorgereinigte Abwasser Luft eingeleitet. Ebenfalls zugesetzte aerobe Bakterien zersetzen die von Pflanzen oder Tieren stammenden organischen Bestandteile, der entstandene Vorklär- oder Primärschlamm kann z. B. nach der Eindickung in einen Faulbehälter eingebracht werden, in dem unter Luftabschluss eine anaerobe bakterielle Zersetzung stattfindet (Entstehung von zu Heizzwecken verwendbarem Faulgas).

■ **Klarinette** [italienisch] *die,* Holzblasinstrument mit einfachem Rohrblatt am Schnabelmundstück und zylindrisch gebohrtem Körper. Es gibt Klarinetten in verschiedenen Stimmlagen (vor allem in B, A und C).

■ **Klasse** [lat.] *die,* **1)** *biologische Systematik:* →System.

2) *Gesellschaftstheorie:* eine Gruppe von Menschen mit gemeinsamer sozialer Lage und (daraus erwachsenden) gemeinsamen Interessen. – Im →Marxismus ist der Begriff Klasse von zentraler Bedeutung: Eine Gesellschaft, die durch das Bestehen unversöhnlicher Interessengegensätze geprägt ist

Klassik

Beispiele für die Anwendung des Begriffs »Klassik«
- Klassik in der griechischen Kunst: 5./4. Jahrhundert v. Chr.
- Klassik in der römischen Literatur (Catull, Cicero, Caesar, Vergil, Horaz, Ovid): 100 v. Chr. bis 14 n. Chr. (Tod des Kaisers Augustus)
- Klassik als die Blütezeit der Maya-Kultur in Mittelamerika: 300 bis 900 n. Chr.
- Klassik in der japanischen Literatur: Heian-Zeit (794–1185)
- Klassik in der französischen Literatur (Pierre Corneille, Jean Racine, Molière): 1640–1680
- Klassisches Zeitalter in England: die Regierungszeit Königin Elisabeths I. (1558–1603)
- Weimarer Klassik: die Zeit von der ersten Italienreise J. W. von Goethes (1786) bis zum Tod Friedrich Schillers (1805)
- Wiener Klassik: in der Musik von etwa 1770 bis 1827 das Zeitalter Joseph Haydns, W. A. Mozarts und L. van Beethovens

(z. B. zwischen Bourgeoisie und Proletariat im Kapitalismus), wird hier Klassengesellschaft genannt. Das durch die gemeinsame ökonomische Lage (»Klassenlage«) bestimmte »Klassenbewusstsein« befähige das Proletariat zur gemeinsamen politischen Aktion im Klassenkampf. An dessen Ende stehe die klassenlose Gesellschaft des Kommunismus mit gesellschaftlichem Eigentum aller an den Produktionsmitteln. Dessen Kritiker verweisen heute vor allem auf die zunehmende Auffächerung der sozialen Struktur und verwenden bevorzugt den Begriff der Schicht.

3) *Pädagogik:* eine Gruppe von Schülern, die gemeinsam unterrichtet werden (Schulklasse).

■ **Klassik** [lat.] *die,* allgemein Bezeichnung für eine kulturelle Blütezeit, für Höhepunkte künstlerischer Entwicklungen. Zunächst war der Begriff auf die Kultur der Antike (vor allem die griechische Kunst des 5./4. Jahrh. v. Chr.) bezogen, die als vorbildlich und vollkommen angesehen wurde. Ihre Werke galten als »klassisch«.

Als klassische Periode gilt in England das Zeitalter Königin Elisabeths I. (Shakespeare), in Spanien die Zeit des 16./17. Jahrh. (Calderón de la Barca, Cervantes Saavedra). In Frankreich gelten die Dichter des 17. Jahrh., vor allem Racine, Molière und Corneille, als Vertreter der Klassik.

Die **Weimarer Klassik** (deutsche Klassik) beginnt etwa mit Goethes erster Reise nach Italien (1786–88) und endet streng genommen mit Schillers Tod (1805). Im engen Sinn gehören nur Goethe und Schiller zur deutschen Klassik; doch ihr Einfluss prägte nicht nur ihre Zeit, er reichte vielmehr weit ins 19. Jahrh. hinein. Voraussetzung für diese Blütezeit der deutschen Literatur waren der Rationalismus, der Sturm und Drang, die Leistungen Klopstocks, Wielands, Lessings und Herders; produktiv war die Auseinandersetzung mit der gleichzeitigen idealistischen Philosophie (u. a. Kant und Fichte). Johann Joachim Winckelmann schrieb den griechischen Kunstwerken »edle Einfalt, stille Größe« zu und gab damit der deutschen Klassik ihr Kunstideal. Menschenbildung und Menschenerziehung durch die Darstellung von Persönlichkeiten, die wahre Humanität und Harmonie verkörpern, war ihr Ziel. – In der Musik bedeutet Klassik soviel wie →Wiener Klassik.

■ **Klassizismus** [lat.] *der,* **1)** *Kunst:* der auf das Rokoko folgende Stil (etwa 1770–1830). Kennzeichnend für den Klassizismus ist der Rückgriff auf die Antike. Seine Hauptvertreter in der deutschen Architektur waren Karl Friedrich Schinkel (Nikolaikirche in Potsdam; Neue Wache und Schauspielhaus in Berlin), Carl Gotthard Langhans (1732–1808; Brandenburger Tor) und Leo von Klenze (1784–1864; Propyläen, Glyptothek und Alte Pinakothek in München, Walhalla bei Regensburg).

International führende Bildhauer waren der Däne Bertel Thorvaldsen (1770–1844), der Italiener An-

Ein Musterbeispiel des **Klassizismus** ist die von Karl Friedrich Schinkel erbaute Neue Wache in Berlin

tonio Canova (1757–1822) sowie die Deutschen Gottfried Schadow (1764–1850) und Christian Daniel Rauch (1777–1857). Herausragende Maler waren die Franzosen Jacques-Louis David (1748–1825) und Jean Auguste Dominique Ingres (1780–1867).
2) *Literatur:* eine ebenfalls auf die Antike bezogene Stilrichtung, die sich antiker Stilformen und Stoffe bedient. Klassizistische Strömungen gab es in der italienischen Renaissance, dann im 17. Jahrh. in Frankreich (vor allem Corneille, Racine), im Deutschland des 18. Jahrh. (Johann Christoph Gottsched; 1700–66) sowie in nahezu allen anderen europäischen Ländern.

■ **Klausel** [lat.] *die,* Sondervereinbarung, Nebenbestimmung in einem Vertrag.

■ **Klausur** [lat.] *die,* **1)** *katholisches Ordenswesen:* der abgeschlossene, nur den Ordensleuten vorbehaltene Bereich innerhalb eines Klosters.
2) *Pädagogik:* (Klausurarbeit), eine unter Aufsicht in einer bestimmten Zeit anzufertigende (wissenschaftliche) Prüfungsarbeit.

■ **Klavichord** [lat.] *das,* im 18. Jahrh. besonders beliebtes Tasteninstrument, Vorläufer des Klaviers. Die Saiten werden durch einen auf der verlängerten Taste angebrachten Metallstift angeschlagen und geben einen feinen, dünnen Ton.

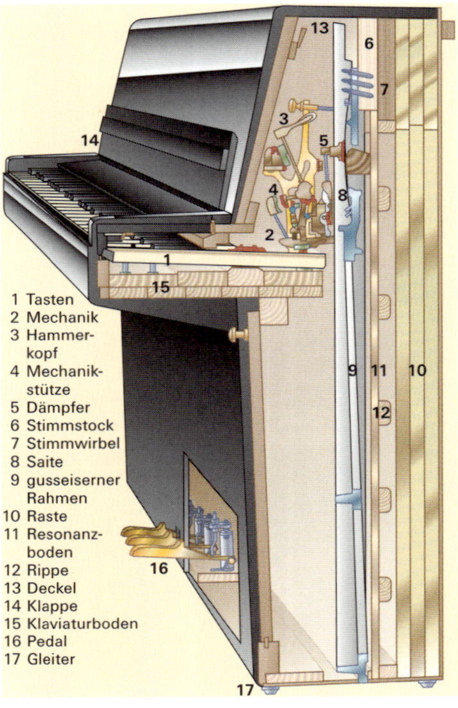

Aufbau eines heutigen **Klaviers** (Pianoforte)

■ **Klavier** [frz.] (Pianoforte) *das,* ursprünglich Bezeichnung für alle Tasteninstrumente, dann für das im frühen 18. Jahrh. entwickelte Hammerklavier. Bei diesem werden nach Tastendruck die Saiten durch Filzhämmerchen angeschlagen. Die Gesamtheit der Tasten heißt Klaviatur. Aus dem Hammerklavier haben sich das Pianoforte oder Klavier im engeren Sinn (senkrechte Saitenanordnung) und der Flügel (waagerechte Saitenanordnung) entwickelt. Die Bezeichnung Pianoforte ist zusammengesetzt aus piano = leise und forte = laut und soll anzeigen, dass man mit diesem Instrument laut und leise spielen kann. Der Tonumfang beträgt heute über sieben Oktaven.

■ **Klee,** Paul, deutsch-schweizerischer Maler und Grafiker, *Münchenbuchsee (bei Bern) 18. Dezember 1879, †Muralto (bei Locarno) 29. Juni 1940. Er beteiligte sich 1912 an einer Ausstellung der Künstlervereinigung Blauer Reiter und wurde ein einflussreicher Lehrer am →Bauhaus in Weimar und Dessau. Klee ist einer der berühmtesten Maler der modernen Kunst; seine traumhaft zarte, grafisch abstrakte Bildwelt »gibt nicht das Sichtbare wieder, sondern macht sichtbar«, wie er 1918 formulierte.

■ **Klee,** Schmetterlingsblütler mit rund 300 Arten, davon 20 in Europa. Die Blätter sind meist dreizählig. An den Wurzeln sitzen Stickstoffbakterien (Klee ist deshalb eine wichtige Gründüngungspflanze). – Es gibt u.a. den Rot- oder Wiesenklee mit roten Blütenköpfchen sowie den Weißklee.

■ **Kleiber,** eine Familie der Singvögel. Die gedrungen gebauten Tiere suchen in der Borke von Bäumen nach Insekten. Als einzige Vögel laufen sie an Bäumen auch kopfabwärts.

■ **Kleinasien** →Anatolien.

■ **Kleiner Bär** (lat. Ursa Minor), →Sternbild am nördlichen Himmel, dessen hellste Sterne den **Kleinen Wagen** bilden (mit dem äußersten »Deichselstern« als **Polarstern,** der am Himmelsnordpol steht).

■ **Kleiner Wagen** →Kleiner Bär.

■ **Kleist,** Heinrich von, deutscher Dichter, *Frankfurt (Oder) 18. Oktober 1777, †Berlin 21. November 1811. Nach unruhigem Leben als Offizier und Schriftsteller nahm er sich das Leben. Kleist gehörte keiner literarischen Schule an. Hauptmotiv in seinem Werk ist der Konflikt zwischen Gesetz und individuellem Rechtsempfinden. Er ist einer der bedeutendsten deutschen Dramatiker (»Penthesilea«, 1808; »Prinz Friedrich von Homburg«, 1811; »Der zerbrochene Krug«, 1811; »Das Käthchen von Heil-

Die bekanntesten Werke von **Heinrich von Kleist** – hier auf einer Miniatur aus dem Jahr 1801 – wurden seit den 1960er-Jahren von namhaften Filmregisseuren ins Kino gebracht und von heutigen Komponisten in die Sprache der Oper übersetzt

bronn«, erschienen 1820). Von seiner Sprachkunst zeugen auch die zahlreichen Novellen, u.a. »Die Marquise von O...«, »Michael Kohlhaas« und »Das Erdbeben von Chili« (alle 1810 erstmals erschienen), sowie Gedichte, Anekdoten und Essays.

■ **Kleopatra VII., die Große,** ägyptische Königin, *69 v. Chr., †Alexandria 30 v. Chr. Sie entstammte dem Geschlecht der Ptolemäer. Kleopatra verbündete sich mit den Römern gegen ihre Widersacher und gewann Cäsar für sich, dessen Geliebte sie wurde; später vermählte sie sich mit dem römischen Feldherrn Antonius. Nach dessen Niederlage gegen Augustus versuchte sie vergeblich, auch diesen an sich zu fesseln, und endete durch Selbstmord (Schlangenbiss). – Kleopatra ist Dramenfigur in Shakespeares »Antonius und Cleopatra« (1623) sowie in George Bernard Shaws »Cäsar und Cleopatra« (1901).

■ **Kleptomanie** [griech.] *die,* zwanghafter, vom Willen nicht kontrollierbarer Trieb zum Stehlen.

■ **klerikal** [griech.], im engeren Sinn: dem →Klerus angehörend, im weiteren Sinn: streng kirchlich gesinnt.

■ **Klerk,** Frederik Willem de, südafrikanischer Politiker (National Party), *Johannesburg 18. März 1936. Klerk, der 1989–97 Parteivorsitzender und 1989–94 Staatspräsident war, erhielt für seine Verdienste um die Abschaffung der Apartheid 1993 zusammen mit Nelson Mandela den Friedensnobelpreis.

■ **Klerus** [griech.] *der,* der geistliche Stand, die Gesamtheit der Geistlichen (Kleriker) in der katholischen Kirche. Die Aufnahme in den Klerus geschieht durch die Weihe zum Diakon.

■ **Klestil,** Thomas, österreichischer Politiker, *Wien 4. November 1932. Der parteilose Klestil, 1978–82 Botschafter seines Landes bei den UN, 1982–87 Botschafter in Washington (D. C.), wurde 1992 zum Bundespräsidenten gewählt (1998 wieder gewählt).

■ **Klette,** eine Gattung röhrenblütiger Korbblütler in der nördlich gemäßigten Zone Eurasiens. Häufigste Art ist die **Große Klette** mit großen, rötlichen bis purpurfarbenen Blütenköpfchen, deren Hüllblätter mit einer hakigen Stachelspitze versehen sind.

Große Klette

■ **Kletterpflanzen** →Lianen.

■ **Klezmer** [klesmᵉr; jiddisch, = Musiker] *der* oder *die,* die traditionelle Tanzmusik der Juden in Osteuropa, die bei Hochzeiten und anderen Festen gespielt wurde. Sie gelangte mit der Auswanderung vieler Juden zwischen 1882 und 1924 nach Amerika, vor allem New York, und ist seit den 1980er-Jahren auch in Europa wieder populär. Die Klezmerensembles setzen sich üblicherweise aus Klarinette, Hackbrett, Geige, Bratsche, Violoncello, Kontrabass, Blechblasinstrumenten und kleiner Trommel zusammen.

■ **Klima** [griech.] *das,* der durchschnittliche Wetterverlauf in einem längeren Zeitabschnitt in einer bestimmten Gegend. Das Klima setzt sich aus vielen einzelnen Vorgängen in der Atmosphäre wie Temperatur, Luftdruck und Wind, Niederschlag und Verdunstung, Luftfeuchtigkeit und Bewölkung zusammen. Die Klimaprozesse werden durch die Sonneneinstrahlung in Gang gesetzt, aber durch die Gegebenheiten unseres Planeten maßgeblich beeinflusst. Es sind dies u.a. die geographische Breite, die unregelmäßige Land-Meer-Verteilung, Höhenlage und Relief sowie die Vegetation.

Man unterscheidet vom Äquator bis zu den Polen meist fünf **Klimazonen:** tropisches Klima, Trockenklima, warmgemäßigtes Klima, Schneeklima und Eisklima. Jede Zone wird dabei nochmals in verschiedene Klimatypen unterteilt.

Die wichtigste Energiequelle in unserem **Klimasystem** ist die Sonne. Ihre Strahlung wird zum Teil von der Atmosphäre absorbiert, gestreut und an Wolken und Aerosolen (Kleinstpartikeln in der

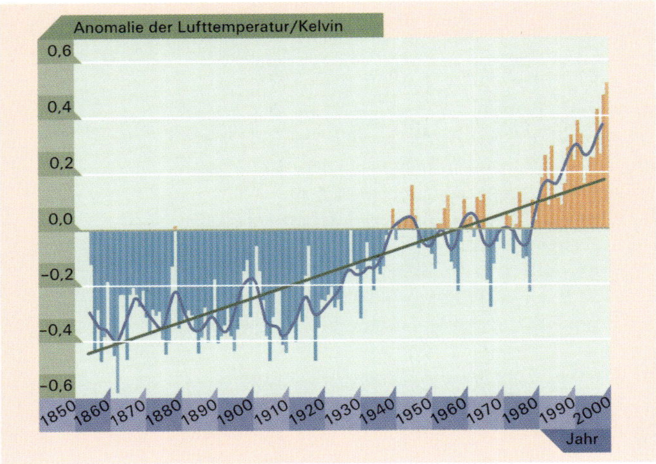

Klima: Das Diagrammm zeigt die Abweichungen der jährlichen Temperatur vom Mittelwert (0 Kelvin) – im 19. und Anfang des 20. Jahrhunderts lag die mittlere Jahrestemperatur darunter; ab 1940 wird er zunehmend überschritten

Luft) reflektiert. Die Rückstrahlung von der Erde in den Weltraum wird ebenfalls durch die Gase der Atmosphäre geregelt, wobei den Spurengasen (Kohlendioxid, Wasserstoff, Edelgase u.a.) eine bedeutende Rolle zukommt. Die Sonnenenergie erreicht die Erdkugel nicht gleichmäßig. Es herrscht ein Energiegefälle zwischen dem Äquator und den Polen, das durch Luft- und Meeresströmungen (die Zirkulation der Atmosphäre) ständig ausgeglichen wird. Hierbei kommt es neben horizontalen Strömungen auch zum Auf- und Absinken der Luft, das vom Festland und vom Meer unterschiedlich beeinflusst wird. Die Erdoberfläche absorbiert die kurzwellige Sonnenstrahlung und wandelt sie in langwellige Wärmestrahlung um, die von den unteren Luftschichten absorbiert wird und so zu deren Erwärmung führt. Hierzu tragen vor allem der Wasserdampf der Wolken und das in der Atmosphäre befindliche Kohlendioxid (CO_2) bei, die wie ein Glasdach wirken, das die Abstrahlung in den Weltraum verhindert **(Treibhauseffekt)**.

Durch den Menschen verursachte Klimaveränderungen

Durch den enormen Energieverbrauch (vor allem die Verbrennung von Erdöl, Erdgas und Kohle), den Industrialisierung, Motorisierung und wachsende Weltbevölkerung mit sich bringen, aber auch durch Brandrodung im tropischen Regenwald werden ständig große Mengen CO_2 in die Atmosphäre abgegeben. Das Meer, das neben dem Wasserkreislauf aus Verdunstung und Niederschlag auch den CO_2-Haushalt über den Gasaustausch mit der Atmosphäre reguliert, kann dieses zusätzliche CO_2 teilweise nicht mehr aufnehmen. Auf diese Weise vergrößert sich der CO_2-Gehalt in der Atmosphäre ständig, sodass innerhalb der nächsten 100 Jahre eine Verdoppelung der heutigen Werte zu erwarten ist.

Der Treibhauseffekt beruht aber nicht allein auf dem CO_2, auch andere Gase wirken hier verstärkend mit, u.a. Methan (CH_4) aus Reisanbau und Viehhaltung, das als Treibgas verwendete Distickstoffoxid (N_2O, Lachgas) und die als Treib- und Kühlmittel eingesetzten Fluorchlorkohlenwasserstoffe (FCKW). Die Auswirkungen des Treibhauseffekts versucht man mithilfe von Modellrechnungen zu bestimmen. Je nach Klimamodell wird bis zum Jahr 2030 eine globale Erwärmung der bodennahen Atmosphäre zwischen 1,5 und 4°C vorhergesagt, die von den natürlichen klimatischen Temperaturschwankungen überlagert wird. Befürchtete Folgen dieser Erwärmung sind eine Ausdehnung der Wüsten auf Kosten der Wälder, ein Abschmelzen von Gebirgsgletschern und Südpolareis und damit verbunden ein Anstieg des Meeresspiegels.

Klima

Luft wird über dem Äquator intensiv aufgeheizt, steigt dadurch auf und wird zu den Polen abgedrängt. Das ist das Grundprinzip allen klimatischen Geschehens, man nennt es »planetarische Zirkulation«. Auf dem Weg in Richtung Pole kühlt sich die Luft ab und sinkt zwischen dem 20. und 30. Grad nördlicher und südlicher Breite wieder auf die Erdoberfläche zurück. Dort angekommen, fließt sie – vom Tief am Äquator angezogen – wieder dorthin zurück (die Passate), oder sie fließt polwärts ab. Wo Luft aufsteigt, bilden sich bodennah Tiefdruckgebiete (mit Instabilität, Kondensationsprozessen und Niederschlägen), wo Luft absteigt, entstehen Hochdruckgebiete (mit starker Austrocknung, klaren Himmeln und stabilen Wetterverhältnissen). Wo kalte Polarluft und warme Tropenluft aufeinander treffen, entsteht eine Polarfront, aus der die außertropischen Tiefdruckgebiete ausbrechen. Die Lage solcher Fronten hängt vom Jetstream in der oberen Troposphäre ab, einer Art bandförmig verlaufenden Windkanals.

Klimazonen

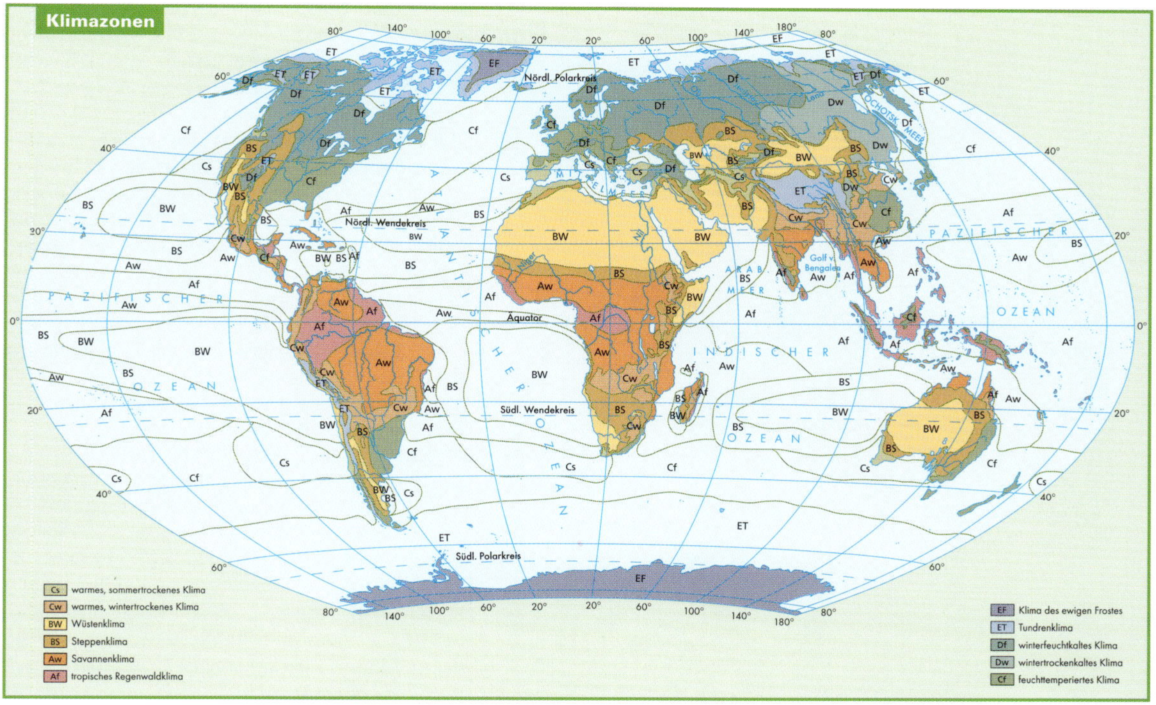

Bereits seit 1977 wurde von Stationen auf der Antarktis jeweils im Frühjahr der Südhalbkugel eine Abnahme des Ozons in der Stratosphäre beobachtet. Die anfänglich für einen Messfehler gehaltenen Daten wurden 1985 veröffentlicht, seither spricht man vom **Ozonloch**. Die Ozonschicht absorbiert in der Stratosphäre etwa 55% der von der Sonne einfallenden Ultraviolettstrahlung. Wird dieser »Schutzschild« abgebaut, müssen die Menschen u.a. mit einem erhöhten Risiko von Hautkrebs rechnen. Außerdem sind die antarktischen Meere, die zu den reichsten Lebensgemeinschaften der Erde zählen, gefährdet: Unter einer Zunahme der ultravioletten Strahlung könnten die Planktonalgen leiden, denn ihre Fähigkeit zur Photosynthese lässt bereits bei einer geringen Überdosis deutlich nach. Dies hätte nicht absehbare Folgen für die antarktische Nahrungskette, an deren Anfang die Planktonalgen stehen.

Verursacher des Ozonabbaus ist der Mensch: Stickoxide (NO_x) werden bei Verbrennungsvorgängen, FCKW durch die Verwendung als Treibmittel für Schaumstoffe und Sprühdosen sowie als Kühlflüssigkeit für Kälte- und Klimaanlagen freigesetzt. Als Spurengase zerstören sie das Ozon in der Stratosphäre. Dagegen bewirken Stickoxide in der Troposphäre, das heißt der untersten Schicht der Atmosphäre, genau das Gegenteil: Hier fördern sie die Ozonneubildung. In Bodennähe ist dieser Effekt jedoch gefährlich, da Ozon auch in kleinen Konzentrationen sehr giftig ist.

Wie der Einfluss der Menschen das Klima verändern wird, ist derzeit nicht absehbar. In einer Klimakonvention des Umweltgipfels von Rio de Janeiro 1992 wurde beschlossen, dass die Industrieländer ihren Kohlendioxidausstoß zumindest auf das Niveau von 1990 senken sollen. Auch wenn die Prozesse in der Atmosphäre kaum mehr aufzuhalten sind und effektive Maßnahmen mit wirtschaftlichen Interessen kollidieren, sind die Menschen im Interesse der folgenden Generationen aufgerufen, jeglichem klimaverändernden Handeln Einhalt zu gebieten.

■ **Klimakterium** →Wechseljahre.

■ **Klio,** eine der →Musen.

■ **Klischee** [frz.] *das,* Druckstock oder Hochdruckplatte; im übertragenen Sinn ein Abklatsch ohne eigenen Wert sowie eine immer wieder gebrauchte Redewendung oder Vorstellung.

■ **Klitoris** [griech.] *die* (Kitzler), die reizemp-

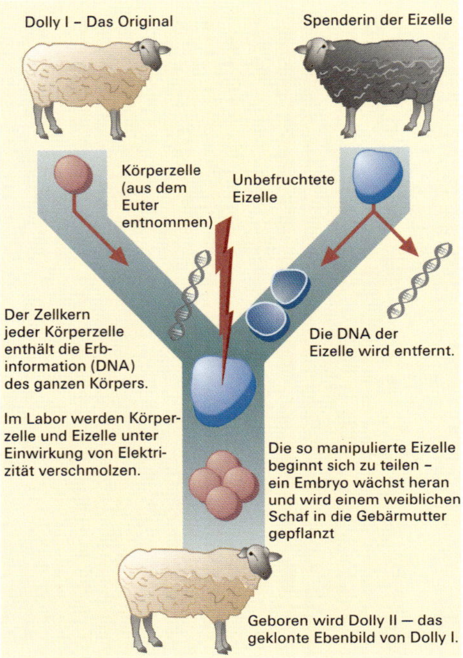

Die Grafik zeigt den Vorgang des **Klonens** am Beispiel des Schafes Dolly, das als erstes erwachsenes Lebewesen geklont worden ist

findlichste Stelle der weiblichen Geschlechtsorgane, zwischen den kleinen Schamlippen gelegen. Sie besitzt (wie der männliche Penis) Schwellkörper, die die Klitoris bei sexueller Erregung vergrößern. – auch →Geschlechtsorgane.

■ **Kloake** [lat.] *die,* **1)** *allgemein:* ein unterirdischer Abzugskanal zur Ableitung häuslicher Abwässer.

2) *Zoologie:* der Endabschnitt des Darms, der die Ausführungsgänge der Harn- und Geschlechtsorgane aufnimmt. Kloaken kommen vor bei Haien, Amphibien, Repitlien, Vögeln und den **Kloakentieren,** der primitivsten Säugetierordnung (Ameisenigel und Schnabeltier).

■ **Klonen** (Klonieren), das Herstellen einer größeren Anzahl gleichartiger, genetisch identischer Nachkommen von einem Individuum **(Klon).** Mehrere Verfahren sind beim Konen möglich, u.a. die Selektion und Vermehrung eines einzelnen Bakteriums, das Träger für eine bestimmte Mutation ist; die Vermehrung von Genen durch den Einbau in kleine ringförmige, doppelsträngige DNS-Moleküle (Plasmide) von Bakterien; die Züchtung von vollständigen Pflanzen aus isolierten Zellen in einem Nährmedium durch bestimmte Wuchsstoffzusätze; der Ersatz der Zellkerne in unbefruchteten Eizellen durch Kerne aus Körperzellen eines anderen Tierembryos.

Das Klonen eines Säugetiers aus Körperzellen eines erwachsenen Tieres gelang erstmals 1996 bei dem Schaf »Dolly«. Hierbei wurde die entkernte Eizelle eines Schafes mit einer Körperzelle aus dem Euter eines anderen Schafes verschmolzen. Die so manipulierte Eizelle teilte sich, ein Embryo wuchs heran, den man einem dritten Schaf in die Gebärmutter einpflanzte. Geboren wurde ein genetisch identisches Ebenbild des Schafes, dem die Körperzelle aus dem Euter entnommen worden war. – Durch die Gentechnologie ist auch das Herstellen menschlicher Klone technisch möglich.

■ **Klopstock,** Friedrich Gottlieb, deutscher Dichter, *Quedlinburg 2. Juli 1724, †Hamburg 14. März 1803. Er schrieb ausdrucksstarke Oden und die zu seiner Zeit viel bewunderte und viel gelesene Versdichtung »Der Messias« (20 Gesänge, 1748–73).

■ **Kloster** [lat.] *das,* in verschiedenen Religionen (u.a. Christentum, Buddhismus, Islam) der von der Außenwelt abgeschlossene Lebens- und Kultbereich einer Nonnen- oder Mönchsgemeinschaft. Die christlichen Klosteranlagen bestehen im Kern aus Kirche, Kreuzgang und dem Wohnhaus mit Speisesaal (Refektorium), Schlafteil (Dormitorium), Kapitelsaal (Versammlungsraum) und den Zellen. Oft sind dem Kloster Schule und weitläufige Wirtschaftsgebäude angegliedert (u.a. Mühle, Bäckerei, Schreinerei, Weberei, Kelterei und weitere Werkstätten, Viehställe, Vorratsräume und das Gästehaus). Geleitet wird ein Kloster meist von einem Abt oder einer Äbtissin. Die Klöster waren seit dem frühen Mittelalter Zentren der Kultur, Kunst und Wissenschaft und unterhielten Schulen und umfangreiche Bibliotheken. Der Begründer des abendländischen Mönchtums ist Benedikt von Nursia, dessen Regel zur Hauptordnung der europäischen Klöster wurde.

■ **Kluge,** Alexander, deutscher Schriftsteller und Filmregisseur, *Halberstadt 14. Februar 1932. Er schildert in seinen in Protokollform gestalteten Prosawerken und Filmen das Schicksal Einzelner als stellvertretend für die Gesellschaft.

■ **km,** Einheitenzeichen für **K**ilo**m**eter (→Kilo...); **km/h,** Abkürzung für Stundenkilometer.

■ **Knallgas,** ein Gemisch aus zwei Teilen Wasserstoff und einem Teil Sauerstoff, das bei Entzündung durch Funken oder beim Erhitzen auf etwa

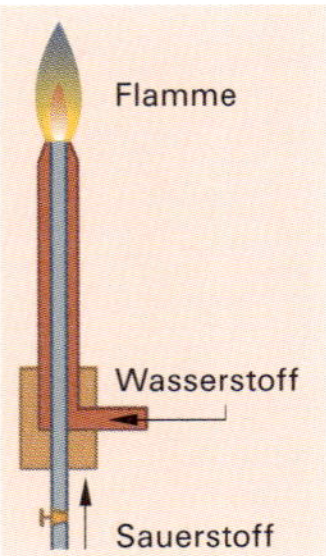

Knallgas: im Knallgasgebläse werden Sauerstoff und Wasserstoff zusammengeführt, die Zündung erfolgt dann im Augenblick des gleichzeitigen Austritts

600 °C unter heftiger Explosion zu Wasserdampf reagiert:

$$2\,H_2 + O_2 \rightarrow 2H_2O.$$

Im erweiterten Sinne werden alle Wasserstoff-Luft-Gemische als Knallgas bezeichnet. Im **Knallgasgebläse** werden die beiden Gase zusammengeführt; die dabei entwickelte große Wärme wird z. B. beim Schweißen ausgenutzt. Die Energie des Knallgasgemisches wird in der →Brennstoffzelle direkt in elektrischen Strom umgewandelt.

■ **Knappe, 1)** im Mittelalter allgemein der berittene Krieger ohne die volle Ausrüstung eines Ritters; daneben ein junger Mann von freier Geburt (»Edelknappe«), der einem fremden Ritter diente, um das Waffenhandwerk zu erlernen und seine ritterliche Erziehung zu vollenden.
2) Bergmann mit abgeschlossener Lehre. Die Knappen sind in der **Knappschaft** zusammengeschlossen.

■ **Knaus-Ogino-Methode** →Empfängnisverhütung.

■ **Kniegelenk,** beim Menschen und bei den Wirbeltieren die bewegliche Verbindung zwischen Oberschenkelknochen und Schienbein. Der Raum zwischen den Gelenkhöckern des Oberschenkels und den beiden Gelenkflächen des Schienbeins wird von halbrunden, im Querschnitt keilförmigen Knorpelscheiben **(innerer** und **äußerer Meniskus)** ausgefüllt. Von der Rinne zwischen den Gelenkhöckern ziehen zwei sich überkreuzende starke, bei jeder Stellung des Knies sich spannende und damit dieses sichernde Bänder **(Kreuzbänder)** nach vorn und hinten zu dem Mittelrand des Schienbeins. In die durch Bänder verstärkte Gelenkkapsel ist vorn die **Kniescheibe** eingelassen. Durch mehrere Schleimbeutel werden besonders belastete Stellen des Kniegelenks gegen Druck und Reibung geschützt.

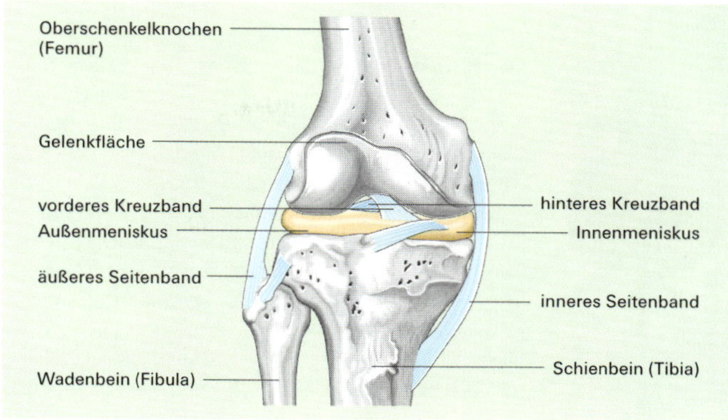

Aufbau eines von vorn gesehenen **Kniegelenks**

> **Kloster**
>
> Das später allenthalben verwendete Bauschema für Klosteranlagen der Benediktiner ist schon für die Zeit Karls des Großen belegt, und zwar durch den Sankt Gallener Klosterplan, der in der Stiftsbibliothek des schweizerischen Sankt Gallen aufbewahrt wird. Er wurde um 820 angefertigt und zeigt den vollständigen Grundriss einer benediktinischen Klosteranlage. Im Zentrum liegt die lang gestreckte Abteikirche und, an ihrer südlichen Breitseite anschließend, die Klausur der Mönche mit dem Kreuzgang und den Klausurgebäuden. Im Süden des Komplexes finden sich Werkstätten, im Osten Garten, Noviziat, Krankenstation und Friedhof der Mönche, im Norden die Gebäude des Abtes und der vornehmen Gäste, im Westen die Pilgerherberge sowie Viehställe.

■ **Knoblauch,** ein bis 70 cm hohes, stark riechendes Liliengewächs der Gattung Lauch mit flachen Blättern, doldigem Blütenstand und einer Zwiebel, die (reif) von vielen Gruppen kleiner Brutzwiebeln **(Knoblauchzehen)** umgeben ist.

Knoblauch

■ **Knochen,** die Stützelemente der Wirbeltiere, die in ihrer Gesamtheit das →Skelett bilden. Sie stützen den Körper und schützen bestimmte Organe. Man unterscheidet Röhrenknochen (z. B. Schenkel- und Armknochen), platte Knochen (z. B. Beckenknochen, Schulterblatt, Schädelknochen) und kurze Knochen (z. B. Wirbel, Hand- und Fußwurzelknochen). Die Röhrenknochen enthalten das Knochenmark, in dem die roten Blutkörperchen gebildet werden. Jeder Knochen ist von einer bindegewebigen Knochenhaut überzogen. Diese enthält Blutgefäße, die dem Knochen Nährstoffe zuführen, und Nerven, die sie sehr schmerzempfindlich machen. Der harte Anteil des Knochens besteht aus der äußeren Knochenrinde und der inneren Schwammschicht mit schmalen Knochenbälkchen. Ihre Härte und Festigkeit erhalten die Knochen durch Kalksalze, die in das Knochengewebe eingelagert sind.

■ **Knochenfische,** Klasse der Fische mit vielen Arten in Meeres- und Süßgewässern. Ihr Skelett ist weitgehend bis völlig verknöchert. Die meisten heute lebenden Fische sind Knochenfische.

■ **knockout** [nokaut; engl.], Abkürzung **k.o.**, →Boxen.

■ **Knollen,** die nährstoffhaltigen Verdickungen an Spross oder Wurzel. Zu den Sprossknollen zählen Kartoffel, Kohlrabi und Herbstzeitlose, zu den Wurzelknollen Dahlie und Orchideen.

Die **Knollen** unterscheidet man nach der Lage der Knollenbildung: Radieschen, Kohlrabi und die Kartoffel zählen zu den Sprossknollen; das Bild ganz unten zeigt die Wurzelknollen einer Dahlie

■ **Knollenblätterpilze,** mehrere Arten der Ständerpilze. Der **Grüne Knollenblätterpilz** ist bis 10 cm hoch, hat einen hautartigen Ring am Stiel und eine knollige Verdickung am Fuß. Er ist der giftigste heimische Pilz und ist, besonders in jungem Zustand, leicht mit dem Champignon zu verwechseln.

■ **Knorpel,** eine elastisch-feste, kalkarme Stützsubstanz im Körper der Wirbeltiere, die bei den Knorpelfischen zeitlebens als Skelett erhalten bleibt. Bei den übrigen Wirbeltieren einschließlich Mensch wird sie größtenteils abgebaut und durch sich neubildende Knochensubstanz ersetzt. Knorpelig bleiben z. B. die Gelenkflächen und Ohrmuscheln.

■ **Knorpelfische,** eine Klasse der Fische mit verknorpeltem Skelett (Haie, Rochen und Seedrachen). Sie waren in früheren erdgeschichtlichen Zeiten (Karbon bis Trias) häufiger vertreten, wurden aber von den →Knochenfischen weitgehend verdrängt.

■ **Knossos,** Stadt des minoischen →Kreta.

■ **Knoten, 1)** Verschlingung von Seilen, Tauen, Fäden. Besonders im Schifffahrtswesen ist die Kenntnis verschiedener Knoten wichtig.
2) Einheitenzeichen **kn,** Maßeinheit für die Geschwindigkeit in der Schifffahrt (auch →Log):

1 kn = 1 Seemeile/Stunde = 1,852 km/h.

■ **Know-how** [no^{u}hau; engl.] *das,* Wissen, wie man eine Sache praktisch verwirklicht oder anwendet; in der Technik Bezeichnung für Spezialwissen.

■ **Koala** [australisch] *der* (Beutelbär), bis 82 cm großes Beuteltier mit silbergrauem, wolligem Fell und einer Greifhand mit spitzen Krallen. Der nachtaktive Koala lebt auf Eukalyptusbäumen in Wäldern Ostaustraliens und ernährt sich nur von den Blättern einer ganz bestimmten Art dieser Bäume. Der unter strengem Schutz stehende Koala trinkt nie Wasser.

■ **Koalition** [frz.] *die,* Vereinigung, Bündnis, Zusammenschluss mehrerer Parteien oder Staaten zur Durchsetzung gemeinsamer Ziele.
Ein von mehreren Staaten gemeinsam gegen einen Staat geführter Krieg wird auch **Koalitionskrieg** genannt (z. B. die Französischen Revolutionskriege und die Napoleonischen Kriege, geführt von den verbündeten europäischen Mächten gegen Frankreich zwischen 1792 und 1807).
Beteiligen sich in einer parlamentarischen Demokratie verschiedene Parteien (z. B. CDU/CSU und FDP oder SPD und Bündnis 90/Die Grünen) an der Regierung, nennt man diese eine **Koalitionsregierung.**

■ **koaxial,** eine gemeinsame Achse besitzend.

■ **Koaxialkabel,** elektrische Doppelleitung; in der Mittelachse verläuft ein Kupferdraht, der durch eine Isolierschicht von dem ummantelten Außenleiter (Metallfolie oder Drahtgeflecht) getrennt wird. Das Koaxialkabel eignet sich vor allem zur störungsfreien Übertragung von Hochfrequenzsignalen, z. B. für Fernsehen und Radio.

■ **Kobalt** [mittellateinisch] (Cobalt) *das,* chemisches Element, ein sehr hartes und zähes Schwermetall. Das grau glänzende Metall ist dem Nickel und Eisen (härter und fester als Stahl) sehr ähnlich und chemisch recht beständig. Kobalt wird für Legierungen für hochwarmfeste Maschinenbauteile und Schneidwerkzeuge verwendet. Das in Kernreaktoren gewinnbare radioaktive Isotop ^{60}Co wird für die Krebsbehandlung (Bestrahlung) ver-

Koala mit Jungtier

Kobalt
chemisches Symbol: Co
Ordnungszahl: 27
relative Atommasse: 58,93
Dichte: 8,9 g/cm³
Schmelzpunkt: 1495 °C
Siedepunkt: 2927 °C

wendet. Kobalt ist ein wichtiger Bestandteil des Vitamins B_{12}.

■ **Kōbe,** neben Yokohama wichtigste Hafenstadt Japans, mit 1,5 Mio. Einwohnern, auf der Insel Honshū, an der Ōsakabucht gelegen; wichtiges Industriezentrum.

■ **Koblenz,** Stadt in Rheinland-Pfalz, am Zusammenfluss von Rhein und Mosel gelegen (»Deutsches Eck«), mit 108700 Einwohnern. In Koblenz befinden sich das Bundesarchiv und das Bundeswehrzentralkrankenhaus. Trotz Zerstörungen im Zweiten Weltkrieg besitzt Koblenz ein schönes Stadtbild mit bedeutenden Kirchen (u. a. Sankt Castor) und anderen Bauwerken (Moselbrücke aus dem 14. Jahrh., Schloss u. a.). Auf dem rechten Rheinufer erhebt sich die Feste **Ehrenbreitstein.** – Koblenz ist eine römische Gründung.

■ **Kobra** [portugiesisch] *die* (Brillenschlange), eine bis 1,8 m lange Giftnatter. Sie kann die Halsrippen ausbreiten. Dadurch wird an der Oberseite eine Zeichnung sichtbar, die zwei umrandeten Augen (»Brille«) ähnelt.

■ **Koch,** Robert, deutscher Bakteriologe, *Clausthal (heute zu Clausthal-Zellerfeld) 11. Dezember 1843, †Baden-Baden 27. Mai 1910. Koch entdeckte u. a. die Erreger des Milzbrandes, der Tuberkulose und der Cholera. Er erforschte u. a. die Pest, die Malaria und die Schlafkrankheit. Koch ist der Begründer der experimentellen Bakteriologie (Lehre von den Bakterien). 1905 erhielt er den Nobelpreis für Physiologie oder Medizin.

■ **Köchelverzeichnis** → Mozart.

■ **Kochsalz** → Salz.

■ **Kodein** → Codein.

■ **Kodex** (Codex) [lat.] *der,* **1)** eine Buchform, die in der Zeit vom 2. bis zum 4. Jahrh. die Buchrolle der Antike ablöste: wachsüberzogene Holztafeln, Papyrus- oder Pergamentblätter, die zwischen Holzdeckeln zusammengebunden sind.
2) eine gebundene Handschrift aus dem Mittelalter.
3) eine Gesetzessammlung; das Gesetzbuch der katholischen Kirche heißt z. B. lateinisch: Codex Iuris Canonici.

■ **Koedukation** [ko-e...; lat.] *die,* die gemeinsame Erziehung von Jungen und Mädchen im öffentlichen Bildungswesen.

■ **Koexistenz** [ko-e...; lat.] *die,* im politischen Sprachgebrauch das friedliche Nebeneinanderbestehen von Staaten mit unterschiedlicher Gesellschaftsordnung.

■ **Koffein** [neulateinisch] (Coffein) *das,* → Alkaloid der Kaffeebohne, der Teeblätter, des Kakaobaums, der Mate-Pflanze und der Kolanuss mit anregender Wirkung (bei Überdosierung treten u. a. Herzklopfen und Schweißausbrüche auf).

■ **Kogge** *die,* gedrungenes, breites Handels- oder Kriegsschiff des 13. bis 15. Jahrh., besonders der → Hanse. Ursprünglich nur einmastig, besaß die Kogge später zwei oder drei Masten und hohe Aufbauten, besonders am Heck.

■ **Kohäsion** [lat.] *die,* der Zusammenhalt nicht chemisch miteinander verbundener Atome oder Moleküle eines Stoffes. Die Kohäsion nimmt von den festen Stoffen über die Flüssigkeiten zu den Gasen ab. Wegen der Kohäsion ist es erforderlich, Kraft auszuüben, wenn man feste Stoffe zerbrechen oder Gase ausdehnen will. – auch → Adhäsion.

Diese Zeichnung einer **Kobra** zeigt deutlich die Fähigkeit der Brillenschlange, ihre mit einer Brillenzeichnung versehene Nackenregion durch Spreizung der verlängerten Halsrippen scheibenförmig auszubreiten; das Gift der Kobra kann für den Menschen sehr gefährlich werden

■ **Kohl,** Helmut, deutscher Politiker (CDU), *Ludwigshafen am Rhein 3. April 1930. Kohl war 1969–76 Ministerpräsident von Rheinland-Pfalz und 1973–98 Bundesvorsitzender der CDU; seit 1976 ist er Mitglied des Bundestags. 1982–98 war er Bundeskanzler einer Koalitionsregierung aus CDU/CSU und FDP. Er betrieb 1989/90 mit Nachdruck die zügige Vereinigung der beiden deutschen Staaten. Außenpolitisch bemühte er sich um neue Impulse für den europäischen Einigungsprozess und setzte sich für die Erweiterung der EU und die Unterstützung des Reformprozesses in Osteuropa ein.

Das war 1994: **Helmut Kohl** und Wolfgang Schäuble; der damalige Bundeskanzler stellt ein Buch des damaligen CDU-Fraktionsvorsitzenden vor, es trägt den Titel »Und der Zukunft zugewandt«

■ **Kohl,** eine Gattung der Kreuzblütler mit etwa 30 meist ein- oder zweijährigen Arten (vor allem im Mittelmeergebiet). Der Kohl im engeren Sinne ist der **Gemüsekohl,** eine Pflanze mit kräftigem Stiel, dicken Blättern und meist schwefelgelben Blüten in locker verzweigtem, traubigem Blütenstand. Der Gemüsekohl ist eine alte Kulturpflanze mit zahlreichen Zuchtformen, die sich in Blätterkohl (z.B. Grünkohl), Stammkohl (z.B. Kohlrabi), Kopfkohl (z.B. Weißkohl) und Infloreszenzkohl (z.B. Blumenkohl) unterscheiden lassen. Andere kultivierte Kohlarten sind z.B. Chinakohl, Raps und Rübsen.

■ **Kohle,** braune bis tiefschwarze, kohlenstoffreiche Umwandlungsprodukte pflanzlichen Ursprungs aus früheren Zeitaltern der Erdgeschichte. Je nach Alter und Umwandlungsbedingungen kann man grob in →Torf, →Braunkohle und →Steinkohle unterscheiden. Die Kohle wird im Tage- und Untertagebau gewonnen. Sie war bis zum Aufkommen von Erdgas und Erdöl der wichtigste fossile Brennstoff und Rohstoff für die chemische Industrie. Die in Deutschland abgebaute Kohle wird heute vorwiegend in Wärmekraftwerken in elektrischen Strom umgewandelt. Man kann Kohle durch die →Kohlehydrierung in gasförmige (Kohlevergasung) und flüssige (Kohleverflüssigung) Brenn- und Rohstoffe umwandeln. – auch →Holzkohle.

■ **Kohlehydrierung** *die,* verschiedene Verfahren, die mithilfe von Wasserstoff bei höheren Temperaturen, hohem Druck und mithilfe von Katalysatoren Braun- oder Steinkohle in flüssige oder gasförmige Kohlenwasserstoffe u.a. umwandeln.

■ **Kohlendioxid** (Kohlenstoffdioxid, CO_2), farb- und geruchloses Gas, das mit 0,03 % Bestandteil der Luft ist. Kohlendioxid hat eine große Bedeutung im Kohlenstoffkreislauf der Natur. Durch →Assimilation bauen die Pflanzen aus Kohlendioxid und Wasser →Kohlenhydrate auf, durch die →Atmung bzw. den aeroben Abbau werden organische Substanzen wieder in Kohlendioxid und Wasser übergeführt. Vor allem durch den steigenden Verbrauch fossiler Brennstoffe (Kohle, Erdöl, Erdgas) sowie die Rodung tropischer Regenwälder ist der Kohlendioxidgehalt der Atmosphäre in den letzten Jahrzehnten angestiegen. Kohlendioxid ist neben anderen Stoffen (z.B. Methan und FCKW) für den Treibhauseffekt verantwortlich.

■ **Kohlenhydrate,** große Gruppe von chemischen Verbindungen, die oft die Zusammensetzung $C_n(H_2O)_m$ (z.B. Traubenzucker, $C_6H_{12}O_6$, Saccharose, $C_{12}H_{22}O_{11}$) besitzen, auf die der Name (Kohlen für Kohlenstoff, C, und griechisch »Hydrat« für Wasser H_2O) zurückgeht.
Die Reservekohlenhydrate der Pflanzen, z.B. die →Stärke, die der Tiere, z.B. das →Glykogen, sowie die Gerüstsubstanz der Pflanzen, die →Zellulose, bestehen aus Glucoseeinheiten in verschieden hoher Anzahl, die durch verschiedenartige Verknüpfung zu Makromolekülen verbunden sind.
Die Kohlenhydrate sind neben den Fetten und Proteinen die dritte wichtige Gruppe von Nahrungsmitteln für den Menschen. Außer der Zellulose, die für den Menschen unverdaulich ist, werden die Kohlenhydrate bei der Verdauung in Glucoseeinheiten abgebaut und gehen durch die Darmwand in die Blutbahn über. Im Körper werden sie als Glykogen gespeichert, in Fett umgewandelt oder mithilfe des durch die Blutbahn zugeführten Sauerstoffs zu Kohlendioxid und Wasser verbrannt. Dieser Vorgang liefert die Energie für den Körper.

■ **Kohlenmonoxid** (Kohlenoxid, Kohlenstoffmonoxid, CO) *das,* ein sehr giftiges, farb- und geruchloses Gas. Kohlenmonoxid entsteht bei der unvollständigen Verbrennung von Kohlenstoff und kohlenstoffhaltigem Material bei ungenügender Sauerstoffzufuhr, z. B. auch in Verbrennungsmotoren (Ottomotoren) der Pkw. Es hat technisch eine große Bedeutung beim Hochofenprozess und wurde früher als Stadtgas verwendet.

■ **Kohlensäure,** eine schwache, nur in wässriger Lösung bekannte Säure, H_2CO_3. Kohlensäure entsteht beim Einleiten von Kohlendioxid in Wasser.

Kohlenstoff
chemisches Symbol: C (von lat. carboneum)
Ordnungszahl: 6
relative Atommasse: 12,01
Dichte (bei 20 °C, Diamant): 3,51 g/cm³
Schmelzpunkt (Diamant): 3 550 °C
Siedepunkt: 4 827 °C

■ **Kohlenstoff,** ein nichtmetallisches chemisches Element. Kohlenstoff ist ein wesentlicher Bestandteil aller organischen Materie (→Kohlenhydrate), aber auch in den gebirgsbildenden Carbonaten (Calciumcarbonat und Magnesiumcarbonat) enthalten. Darüber hinaus findet er sich als →Kohlendioxid in der Luft oder gelöst in allen Gewässern. Modifikationen von Kohlenstoff sind der hexagonale →Graphit, der in der Reaktortechnik große Bedeutung erlangt hat, und der kubische →Diamant, die edelste Form des Kohlenstoffs. Eine weitere, erst jüngst entdeckte Modifikation des Kohlenstoffs sind die fußballförmigen →Fullerene. Verschiedene Erscheinungsformen des Kohlenstoffs sind auch Ruß, Holzkohle und Koks.

■ **Kohlenwasserstoffe,** eine sehr große Gruppe chemischer Verbindungen des Kohlenstoffs mit Wasserstoff. Man unterscheidet grob die gesättigten Kohlenwasserstoffe (**Alkane,** C_nH_{2n+2}), die je nach der Anzahl der Kohlenstoffatome des Moleküls gasförmig, flüssig oder fest sind. Das erste Glied in dieser Reihe ist das Methan mit der Zusammensetzung CH_4, das nächsthöhere Glied ist das Äthan (Ethan) mit der Zusammensetzung C_2H_6. Weitere Gruppen der Kohlenwasserstoffe sind die **Alkene** (C_nH_n) und die **Alkine** (C_nH_{2n-2}), die als ungesättigte Kohlenwasserstoffe bezeichnet werden, sowie die zyklischen Alkane und die aromatischen Kohlenwasserstoffe (z. B. →Benzol).
Kohlenwasserstoffe kommen in der Natur in Form von Gemischen als Erdgas und Erdöl vor. Sie werden in großen Mengen als Brenn- und Treibstoff sowie als Rohstoffe für die chemische Industrie verwendet.

■ **Kohorte** [lat.] *die,* altrömische Truppeneinheit, der zehnte Teil einer →Legion.

■ **Koitus** (Coitus) →Geschlechtsverkehr.

■ **Kojote** →Präriewolf.

■ **Kokain** (Cocain) *das,* ein aus den Blättern des südamerikanischen Kokastrauches gewonnenes oder halbsynthetisch hergestelltes Alkaloid, das zu den gefährlichsten und am weitesten verbreiteten →Drogen zählt. Kokain wird geschnupft, geraucht oder – seltener – gespritzt und besitzt eine belebend-stimulierende (euphorische) Wirkung bei gleichzeitiger Unterdrückung des Schlaf- und Hungergefühls sowie ängstlicher Spannungszustände. Bei fortgesetzter Anwendung kommt es jedoch zu körperlichem Verfall, Abmagerung sowie zu vorzeitiger Vergreisung. Kokainmissbrauch bewirkt eine starke psychische Abhängigkeit (Kokainismus). Eine Überdosis kann zum Tod führen.

■ **Kokken** [griech.], kugelförmige →Bakterien verschiedenster systematischer Stellung.

■ **Kokon** [...kong; griech.] *der,* Gespinsthülle mancher Insektenpuppen. In den Kokon spinnen sich die Insektenlarven vor der Verpuppung ein **(Puppenkokon).** Auch die um Eigelege gesponnene Hülle, z. B. von Spinnen und Regenwürmern, wird Kokon genannt **(Eikokon).**

Über 400 Werke des Malers **Oskar Kokoschka** wurden 1937 als »entartete Kunst« beschlagnahmt

In den Jahren 1934–1938 lebte **Oskar Kokoschka** in Prag, dort malte er unter anderem diese Ansicht von Prag mit der Karlsbrücke im Zentrum; die Farben und die Bewegung des Wassers und der Wolken weisen über die Grenzen der Stadt mit dem Hradschin hinaus

■ **Kokoschka,** Oskar, österreichischer Maler, Grafiker und Dichter, * Pöchlarn 1. März 1886, † Villeneuve (Kanton Waadt) 22. Februar 1980; bedeutender Vertreter des Expressionismus. Seine Bilder besitzen mitunter eine rauschhafte Farbigkeit. Er schuf neben psychologisch-visionären Porträts und

Die quirligen **Kolibris**, die vorwärts wie rückwärts fliegen können, erkennt man an den langen spitzen Flügeln und den auffällig kurzen Füßen; der hier abgebildete Kolibri, die rotkehlige Hummelelfe, wiegt mit ihren 6 cm geradem al knapp 2 Gramm

Landschaften zahlreiche Städtebilder und verfasste expressionistische Dramen (»Mörder, Hoffnung der Frauen«, 1910).

■ **Kokospalme,** bis 30 m hohe Palme mit bis 6 m langen Fiederblättern. Sie wird an allen tropischen Meeresküsten als wichtige Nutzpflanze angebaut. Aus ihrer Frucht, der bis etwa 1 kg schweren **Kokosnuss,** wird die **Kokosmilch,** die **Kokosfaser** sowie die **Kopra,** das getrocknete und grob zerkleinerte Nährgewebe der Kokosnuss, gewonnen. Von der Kokospalme selbst werden die Blattfiedern als Flechtmaterial verwendet, das Holz als Baumaterial, die Endknospen als Gemüse.

■ **Koks** [engl.] *der,* industriell hergestellte Form der Steinkohle, die durch Erhitzen auf hohe Temperaturen (unter Ausschluss von Sauerstoff) von ihren flüchtigen Bestandteilen befreit wurde und deshalb kohlenstoffreicher ist als die Kohle. Wichtig ist heute nur noch der in Kokereien hergestellte Hüttenkoks für die Eisengewinnung im Hochofen.

■ **Kolabaum,** bis 20 m hoher tropischer Baum, der zur Gewinnung der Samen **(Kolanuss)** kultiviert wird. Der Keimling enthält bis 3 % Koffein, bis 0,1 % Theobromin, etwa 40 % Stärke und 4 % Gerbstoffe und wird als Nahrungsmittel sowie zur Herstellung von Erfrischungsgetränken verwendet.

■ **Kolben,** ein Maschinenteil, das sich in einem Zylinder dicht an der inneren Zylinderwand hin- und herbewegt. Er nimmt die aus der Verbrennung eines Brennstoff-Luft-Gemisches oder der Ausdehnung eines anderen unter Druck stehenden Arbeitsgases (z. B. Dampf) stammende Druckkraft auf und leitet diese z. B. über eine Pleuelstange und eine Kurbelwelle weiter. Bei anderen Maschinen (z. B. bei manchen Pumpenarten) ist – umgekehrt – der Kolben das letzte Glied in der Kette der Kraftübertragungsglieder.

Ein Meisterwerk römischer Baukunst: das **Kolosseum** in Rom erreicht auf elliptischen Grundriss mit seinen drei Geschossen zu je 80 Arkaden mit vorgelegten Halbsäulen und einem Obergeschoss mit Fenstern und Pilastern eine Höhe von knapp 49 Metern

■ **Kolchose** [russisch, = Kollektivwirtschaft] *die,* genossenschaftlich organisierter landwirtschaftlicher Großbetrieb in der ehemaligen UdSSR. Mit Ausnahme eines kleinen Privatanteils an Land und Vieh sind Grund, Vieh und Wirtschaftsgeräte gemeinsamer Besitz der Kolchosemitglieder.

■ **Kolibakterien** [griech.] (Escherichia coli), Bakterien, die im unteren Dünndarm und im Dickdarm leben. Sie sind wichtig für die Verdauung und verhindern Fäulnisprozesse, sind jedoch auch häufigster bakterieller Erreger vor allem von Harnwegsinfektionen und können schwere Durchfallerkrankungen hervorrufen.

■ **Kolibris** [karibisch], Familie von hummel- bis schwalbengroßen Vögeln mit metallisch glänzendem Gefieder. Die zwischen 2 und 20 g leichten Vögel können im Schwirrflug (25–80 Schläge pro Sekunde) in der Luft stehen und mit ihrem langen Schnabel Nektar saugen. Die besuchten Blüten werden auch bestäubt. Es gibt etwa 320 Arten, vor allem in subtropischen und tropischen Gebieten.

■ **Kolik** [griech.] *die,* ein plötzlich auftretender krampfartiger Leibschmerz, meist verursacht durch Darmkatarrh, Verstopfung, einen Gallen- oder Nierenstein.

■ **Kollaboration** [lat.-frz. *die,* freiwillige Zusammenarbeit mit dem Landesfeind, insbesondere, wenn dieser das Land besetzt hat. Als **Kollaborateure** galten etwa die Dänen, Franzosen und Niederländer, die während des Zweiten Weltkriegs mit der deutsche Besatzungsmacht zusammenarbeiteten.

■ **Kollaps** [lat.] *der,* eine plötzlich auftretende Blutdruckregulationsstörung, bei der der Organismus eine genügende Durchblutung der lebenswichtigen Organe nicht mehr gewährleisten kann. Die Minderdurchblutung im Gehirn führt hierbei zur kurzen Bewusstlosigkeit.
Vorzeichen sind meist Gesichtsblässe, kalter Schweiß, Schwindelgefühl und Gliedmaßenzittern. Zu den Allgemeinmaßnahmen bei einem einfachen Kollaps gehören Kopftieflagerung, Gefäßreizungen mit kaltem Wasser und kreislaufanregende Mittel.

■ **Kolleg** [lat.] *das,* **1)** akademische Vorlesung; Funkkolleg und Telekolleg sind wissenschaftliche Vorlesungsreihen in Rundfunk und Fernsehen.

2) Einrichtung des →zweiten Bildungsweges zur Erlangung des Abiturs.

■ **Kollektiv** [lat.] *das,* Arbeitsgruppe in sozialistischen Industriebetrieben oder landwirtschaftlichen Kolchosen.

■ **Kolloide** →Lösung.

■ **Kollwitz,** Käthe, deutsche Bildhauerin und Grafikerin, *Königsberg 8. Juli 1867, †Moritzburg (bei Dresden) 22. April 1945. In ergreifenden Zeichnungen, Druckgrafiken und Plastiken gestaltete sie oft das Elend der Armen und Unterdrückten. Bevorzugtes Thema ihrer Plastiken ist die Beziehung von Mutter und Kind.

■ **Köln,** Stadt in Nordrhein-Westfalen, mit 963 200 Einwohnern, in der fruchtbaren Kölner Bucht zu beiden Seiten des Rheins gelegen. Köln, traditionsreicher Handelsplatz und Messestadt, besitzt eine Universität (1388 gegründet), mehrere Hochschulen und Fachhochschulen sowie bedeutende Museen. Trotz großer Zerstörungen im Zweiten Weltkrieg blieben viele mittelalterliche Kirchen und andere Bauten erhalten oder konnten wieder hergestellt werden (u. a. Sankt Gereon, Sankt Aposteln, Sankt Pantaleon; das Festgebäude Gürzenich). Weltberühmt ist der **Kölner Dom,** im Chor eines der bedeutendsten Bauwerke der Gotik (Beginn des Baus 1248, Ende 1880; Höhe der beiden Türme 156 m).
Köln ist eine römische Gründung (50 n. Chr. **Colonia Agrippinensis,** später Colonia).

■ **Kolonialismus** [lat.] *der,* die Besitznahme und Beherrschung von Gebieten in Übersee (Kolonien) durch europäische Mächte. Ziel der Kolonialmächte war es, sich Gebiete wirtschaftlich nutzbar zu machen, militärische Stützpunkte zu gewinnen und so die eigene Macht zu stärken. Oft war der Kolonialismus auch mit dem Gedanken der christlichen Mission verbunden. Der Kolonialismus erreichte seinen Höhepunkt gegen Ende des 19. Jahrh.; nach dem Zweiten Weltkrieg beschleunigte sich der Prozess der Entkolonialisierung.

■ **Kolonie** [lat.] *die,* **1)** *Biologie:* die Vergesellschaftung von Einzelorganismen der gleichen Art zu einer höher organisierten Lebensform unter teilweiser oder völliger Aufgabe der Individualität (z. B. Korallenstock). Als Kolonie bezeichnet man auch die zeitlich begrenzten Ansammlungen von Vögeln zur Brut und Aufzucht der Nachkommen **(Brutkolonie),** ferner manche Familienstaaten von Insekten, z. B. von Ameisen.
2) *Geschichte:* der auswärtige Territorialbesitz eines Staates, meist in anderen Erdteilen. Kolonien werden vom Mutterland aus regiert. – auch →Kolonialismus.

■ **Kolonnade** [frz.] *die,* Säulengang mit geradem Gebälk, im Gegensatz zur →Arkade.

■ **Koloratur** [italienisch] *die,* mit schnellen, weiten Läufen und Sprüngen versehene Passage einer Arie (besonders einer Sopranarie), deren Ausführung eine virtuose Stimmbeherrschung voraussetzt.

■ **Kolosseum** *das,* das größte Amphitheater Roms und der antiken Welt, von den Kaisern Vespasian und Titus 70–80 n. Chr. erbaut. Es besaß fast 70 000 Sitzplätze für die Zuschauer der Gladiatoren- und Tierkämpfe. In die 6–7 m hohe Unterkellerung war ein Kanalsystem eingebaut, das auch die Vorführung von »Seeschlachten« erlaubte.

■ **Kolping,** Adolf, deutscher katholischer Theologe, *Kerpen 8. Dezember 1813, †Köln 4. Dezember 1865. Köln gründete in Köln einen katholischen Gesellenverein, der die Grundlage des späteren **Kolpingwerks** bildete und der sich die religiöse, berufliche und soziale Bildung vor allem der Handwerker zur Aufgabe macht. Heute umfasst das Kolpingwerk alle Berufe und hat weltweit etwa 400 000 Mitglieder.

■ **Kolumbien,** Republik im Nordwesten Südamerikas. Kolumbien wird von drei Gebirgsketten der Anden durchzogen, das weite östliche Tiefland ist tropisch heiß (Savannen und Wälder). Die höher gelegenen Landesteile, in denen der Großteil der

Kolumbien
Fläche 1 141 748 km²
Einwohner 41,564 Mio.
Hauptstadt Bogotá (Santafé de Bogotá)
Amtssprache Spanisch
Nationalfeiertag 20. 7.
Währung 1 Kolumbian. Peso (kol$) = 100 Centavos (c, cvs)
Zeitzone MEZ – 6 Std.

Dieses Selbstporträt zeigt die Malerin **Käthe Kollwitz** im Alter von Anfang Dreißig

Kolumbien

Flagge

Wappen

Bevölkerung (überwiegend Mischlinge) lebt, haben gemäßigtes Klima. Angebaut werden vor allem Kaffee (Kolumbien ist nach Brasilien der wichtigste Kaffee-Erzeuger der Welt), Baumwolle, Zuckerrohr, Bananen, Tabak und Reis. Große Bedeutung hat der illegale Anbau von Drogenpflanzen (Hanf, Kokastrauch). Kolumbien ist reich an Erdöl, Kohle, Gold, Silber, Platin, Eisen und liefert 90 % aller Smaragde der Erde. Die Industrie ist seit 1945 im Aufschwung begriffen.

Geschichte: Das Gebiet, Neugranada genannt, wurde 1499 entdeckt und seit 1511 durch Europäer besiedelt. 1547 wurde es Generalkapitanat, 1739 Vizekönigreich. 1810 brach der Unabhängigkeitskampf aus; die Spanier konnten jedoch erst 1819 endgültig besiegt werden. Die neu gebildete Republik Großkolumbien zerfiel 1829/30 in Ecuador, Venezuela und Kolumbien Während des 19. Jahrh. gab es Auseinandersetzungen zunächst zwischen Zentralisten und Föderalisten, dann zwischen Konservativen und Liberalen, die 1938–58 in einen Bürgerkrieg mündeten. Erhebliches innen- und außenpolitisches Konfliktpotenzial birgt heute der Kampf gegen die Drogenmafia, die eng mit der Guerilla verknüpft ist.

■ **Kolumbus** (Columbus), Christoph, genuesischer Seefahrer in spanischen Diensten, *Genua zwischen 25. August und 31. Oktober 1451, †Valladolid 20. Mai 1506; der »Entdecker« Amerikas. Kolumbus landete nach einer abenteuerlichen Fahrt am 12. Oktober 1492 auf einer von den Einheimischen Guanahani genannten Bahamainsel (vielleicht San Salvador) und gelangte dann nach Kuba und Haiti, wo er eine spanische Niederlassung grün-

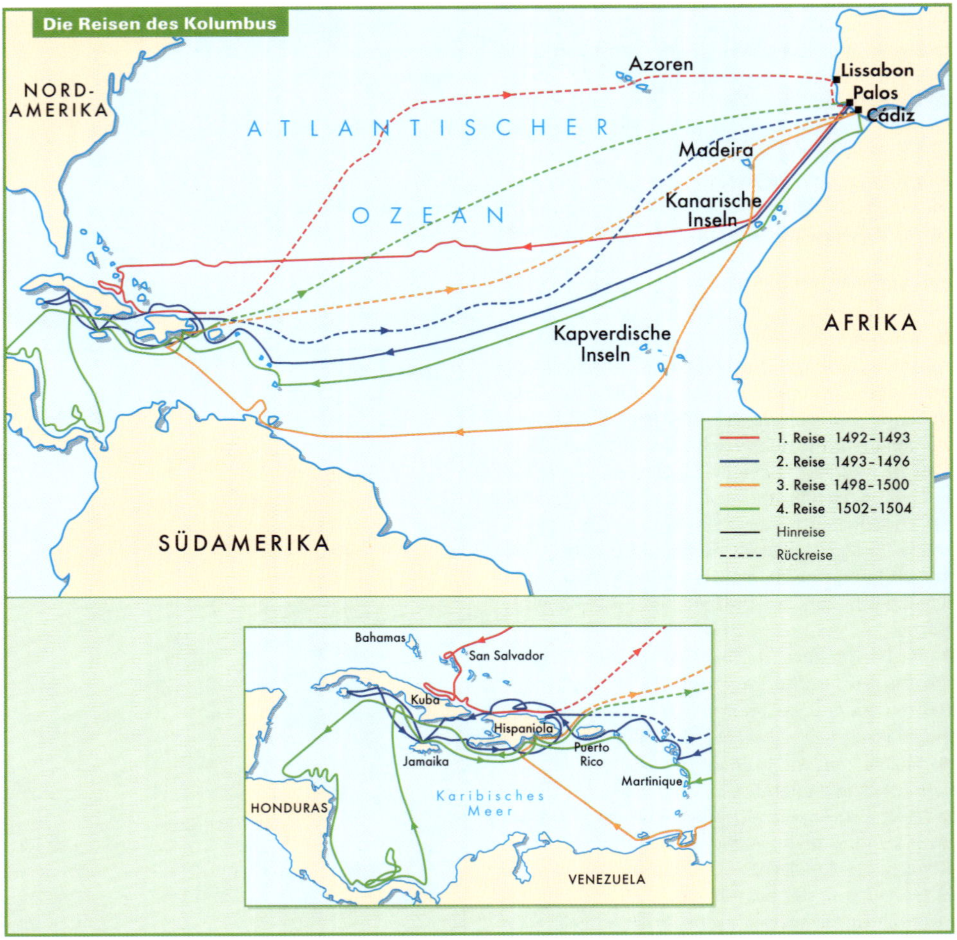

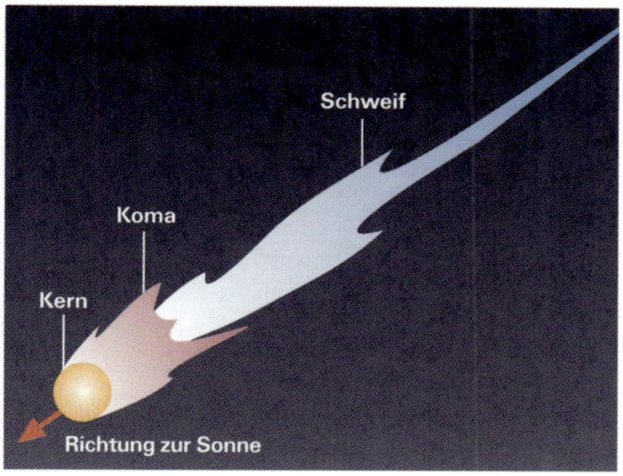

Aufbau eines **Kometen**

dete. Er glaubte den Seeweg nach Indien gefunden zu haben (daher die Namen »Indianer« für die Ureinwohner und »westindische« Inseln). Bei weiteren Fahrten entdeckte er die Nordküste Südamerikas und die Ostküste Mittelamerikas.

■ **Koma** [griech.] *das,* eine tiefe Bewusstlosigkeit, die als Folge bestimmter Erkrankungen plötzlich auftreten kann: z. B. Zuckerkoma bei Diabetikern, Leber- oder Nierenkoma bei Zersetzung dieser Organgewebe. Dabei schädigen frei werdende Giftstoffe das Stammhirn und damit die Steuerung wichtiger Körperfunktionen. Ein Koma kann auch durch direkte Einwirkung auf das Gehirn, z. B. bei Unfällen, auftreten.

■ **Kometen** [griech.], nur selten für das bloße Auge sichtbare Himmelskörper des Sonnensystems, die die Sonne auf stark elliptischen Bahnen mit zum Teil sehr langen Umlaufzeiten umkreisen. Kometen sind nicht scharf umgrenzt, den Kometenkern umgibt eine Koma (nebelige, faserige Hülle). Vom Kometenkopf (Kern und Koma) gehen die Kometenschweife aus, die bis 100 Mio. km lang sein können (»Schweifsterne«). Die Leuchterscheinung beruht zum Teil auf der Reflexion des Sonnenlichts, zum Teil aber auch auf dem Leuchten von Gasen. Am bekanntesten ist der Halleysche Komet (→Halley, Edmond). – Infokasten S. 166

■ **Komik** [griech.] *die,* die einer Situation oder Handlung innewohnende erheiternde, Lachen erregende Wirkung.

■ **Komintern** *die,* Abkürzung für die **Kommu**nistische →**Intern**ationale.

■ **Komma** →Satzzeichen (Übersicht).

■ **Kommanditgesellschaft,** Abkürzung **KG,** Handelsgesellschaft, die mindestens einen unbeschränkt haftenden Gesellschafter (Vollhafter oder **Komplementär**) hat und mindestens einen Gesellschafter, dessen Haftung auf den Betrag einer bestimmten Vermögenseinlage beschränkt ist (Teilhafter oder **Kommanditist**).

■ **Kommentar** [lat.] *der,* **1)** *allgemein:* sprachliche und sachliche Erläuterung zu einem Text.

2) *Presse, Funk und Fernsehen:* die persönliche Stellungnahme eines Journalisten zu politischen, wirtschaftlichen und anderen Ereignissen.

■ **Kommerz** [lat. commercium, = Handel] *der,* wirtschaftliches, auf Gewinn bedachtes Interesse; auch Wirtschaft, Handel und Verkehr.

■ **Kommission** [lat.] *die,* **1)** *allgemein:* zu einem bestimmten Zweck gebildeter Ausschuss, z. B. Untersuchungskommission zur Aufklärung eines Verbrechens.

2) *Recht:* Geschäftsauftrag, der vom Kommissionär für »fremde Rechnung« ausgeführt wird, das heißt, er kauft die Ware nicht, sondern er hält sie bereit, um sie für den, der sie in Auftrag gegeben hat, zu verkaufen.

■ **kommunal** [lat.], die Gemeinde betreffend. In der **Kommunalwahl** werden die Gemeindevertretungen (Stadtrat, Gemeinderat) gewählt.

mit dem Auge wahrnehmbare Kometen

Name	kleinster Erdabstand in Mio. km	Datum
Halley	13,2	1. April 374
Halley	13,4	19. April 607
Halley	5,0	10. April 837
Halley	15,6	23. April 1066
Temple-Tuttle	3,4	26. Oktober 1366
C/1491 B 1	1,4	20. Februar 1491
D/1770	2,6	1. Juli 1770
Giacobini-Zinner	149	20. Dezember 1900
Ikeya-Seki	145	21. Oktober 1965
Kohoutek	120	15. Januar 1974
West	119	29. Februar 1976
IRAS-Araki-Alcock	4,7	11. Mai 1983
Halley	62,8	11. April 1986
Hyakutake	15,2	25. März 1996
Hale-Bopp	197	23. März 1997

■ **Kommune** [lat.] *die,* **1)** die →Gemeinde 1); auch →Pariser Kommune.

2) alternative Lebens- und Wohngemeinschaft, die in den westlichen Industriegesellschaften seit dem Ende der 1960er-Jahre praktiziert wurde.

■ **Kommunikation** [lat.] *die,* der (zwischenmenschliche) Informationsaustausch. Die Kommunikation verläuft in drei Schritten: Verschlüsselung, Übermittlung und Entschlüsselung der Informa-

Kometen

Für Kometen hat man im Lauf der Zeiten vielerlei Erklärungen gefunden. Man hielt sie für Todesboten, weil nach Cäsars Tod ein leuchtender Komet auftauchte. Da mit ihrem Auftauchen gelegentlich auch gute Weinernten zusammenfielen, deutete man sie als Vorzeichen großer Jahrgänge. Und der berühmteste von ihnen, der Halleysche Komet, der seit 240 v. Chr. regelmäßig beobachtet wird, rief jedes Mal die düstersten Propheten auf den Plan.
Seit der Antike sind ungefähr 1 200 Kometenerscheinungen überliefert, verursacht von rund 800 verschiedenen Kometen. Jedes Jahr entdecken die Forscher etwa 20 weitere, und die Wissenschaft weiß von rund einer Billion Kometen, die draußen am Rande des Sonnensystems umherschwirren. Es handelt sich um Klumpen aus einem Gemisch von Eis, Steinen und Staub, die erst bei Annäherung an die Sonne aus der Schwärze des Alls austreten. Dann entfalten sie ihren leuchtenden Schweif im Sonnenlicht, eine Fahne aus Gasen und Staub, manchmal Hunderte Millionen Kilometer lang.

tion. Unerlässlich für das Zustandekommen von Kommunikation zwischen zwei oder mehr Individuen ist ein zumindest teilweise gemeinsamer Zeichenvorrat (z. B. Sprache).

Komoren

Flagge

Wappen

■ **Kommunion** [lat., = Gemeinschaft] *die,* in der katholischen Kirche der Empfang der Eucharistie (→Abendmahl). Der erstmalige Empfang der Eucharistie (**Erstkommunion,** in der Regel im 9. oder 10. Lebensjahr) wird meist festlich gefeiert.

■ **Kommuniqué** [...münike; frz.] *das* (Kommuniqué), regierungsamtliche Mitteilung oder Veröffentlichung (z. B. über die Ergebnisse von Beratungen).

■ **Kommunismus** [lat.] *der,* um 1840 in Frankreich entstandener politisch-ideologischer Begriff mit mehreren Bedeutungen:
1. die gedankliche Vorstellung einer Gesellschaft, in der das Privateigentum an Produktionsmitteln in Gemeineigentum überführt wird; alle Mitglieder dieser Gesellschaft besitzen soziale Gleichwertigkeit;
2. die Gesamtheit der ökonomischen und politischen Lehren mit dem Ziel einer kommunistischen Gesellschaft, auf der Grundlage der Theorien von Karl Marx und Friedrich Engels (→Marxismus) formuliert u. a. von Lenin;
3. die auf diesen Lehren beruhenden politischen Herrschaftssysteme. Erstmals entstand eine kommunistische Staats- und Gesellschaftsordnung in Gestalt der →Sowjetunion nach der russischen Oktoberrevolution 1917.

■ **Kommunistisches Manifest,** von Karl Marx und Friedrich Engels im Auftrag des Bundes der Kommunisten 1847 verfasste und 1848 veröffentlichte Schrift mit dem Titel »Manifest der Kommunistischen Partei«. Sie fasst erstmals die Theorie des →Marxismus zusammen, erläutert die Vorstellung des Klassenkampfes und fordert die Aufhebung des Privateigentums sowie die Errichtung einer klassenlosen Gesellschaft. Sie schließt mit der berühmten Losung: »Proletarier aller Länder, vereinigt euch!«

■ **kommunizierende Röhren,** untereinander verbundene Gefäße. Füllt man sie mit Flüssigkeit, so steigt diese in allen Gefäßen unabhängig von deren Form und deren Rauminhalt bis zu gleicher Höhe an. Auf diesem Prinzip beruht z. B. ein artesischer Brunnen.

■ **Komödie** [griech.] *die* (Lustspiel), ein Drama, das einen Konflikt oder Scheinkonflikt auf heitere, überlegene Art löst. Die Komödie entwickelte sich in der griechischen Antike. Der berühmteste Komödiendichter jener Zeit war Aristophanes. In der Neuzeit haben u. a. Shakespeare, Calderón de la Barca und Molière die Form der Komödie geprägt. In neuerer Zeit trägt sie zum Teil stark groteske oder absurde Züge, z. B. bei Samuel Beckett.

■ **Komoren,** Inselstaat im Indischen Ozean, zwischen Madagaskar und der Küste Ostafrikas. Die Hauptstadt Moroni (22 000 Einwohner) liegt an der Westküste der Insel Njazidja. Die Komoren gehören zu den am wenigsten entwickelten Ländern der Erde; Industrie ist kaum vorhanden, es dominiert die Landwirtschaft. Ausfuhrprodukte sind Vanille, Gewürznelken und Essenzen für die Parfümherstellung. – Die Komoren, die zum Einflussbereich der arabischen Kultur gehören, wurden 1912 französische Kolonie; seit 1975 sind sie selbstständig.

■ **Kompanie** [italienisch] *die,* **1)** *Handelsrecht:* (frz. Compagnie, engl. Company), in Deutschland veraltete Bezeichnung für Handelsgesellschaft (abgekürzt **Co., Cie.**), geführt von mehreren Kompagnons (= Teilhabern).
2) *Militärwesen:* Truppeneinheit in Stärke von 60–200 Mann, gegliedert in drei bis vier Teileinheiten (Züge). Drei bis fünf Kompanien bilden ein Bataillon. Bei der Artillerie und der Flugabwehrtruppe

wird die Kompanie als **Batterie** bezeichnet, bei fliegenden Verbänden der Luftwaffe als **Staffel**.

■ **Komparativ** →Adjektiv.

■ **Kompass** [italienisch] *der,* ein Gerät zur Bestimmung der Himmelsrichtung. Der **Magnetkompass** besteht in seiner einfachsten Bauart aus einer beweglichen Magnetnadel, die sich auf der Windrose in Richtung der Feldlinien des erdmagnetischen Feldes einstellt (→Erdmagnetismus). Nur an wenigen Orten der Erde zeigt sie genau nach Norden. Die Abweichung von der Nord-Süd-Richtung wird als Missweisung oder →Deklination bezeichnet. Der **Kreiselkompass** besteht aus einem sich sehr schnell drehenden Kreisel, der von einem Elektromotor angetrieben wird (etwa 20000 Umdrehungen/Min.). Ist die Drehachse so gelagert, dass sie sich nur in Horizontalebene bewegen kann, stellt sie sich in die Richtung des geographischen Meridians ein. Kreiselkompasse werden auch als künstliche Horizonte in Flugzeugen verwendet.

■ **Kompatibilität** [lat.] *die,* die Verträglichkeit und Austauschbarkeit, z. B. von Anlagen, Geräten, Steckern, Programmen und Datenträgern untereinander ohne besondere Anpassungsmaßnahmen.

■ **Kompensation** [lat.] *die,* Ausgleich, Entschädigung.

■ **Kompetenz** [lat.] *die,* Befugnis, Zuständigkeit, z. B. einer Behörde; Sachverstand, Fähigkeit.

■ **Komplementärfarben,** zwei Spektralfarben (→Spektrum), die sich bei additiver →Farbmischung zu Weiß ergänzen, z. B. Rot und Grün, Blau und Gelb oder Violett und Grüngelb.

Komoren
Fläche 1862 km²
Einwohner 672000
Hauptstadt Moroni
Amtssprachen Arabisch, Französisch
Nationalfeiertag 6. 7.
Währung 1 Komoren-Franc (FC) = 100 Centimes
Zeitzone MEZ + 2 Std.

■ **komplett** [frz.], vollständig, abgeschlossen.

■ **Komplex** [lat.] *der,* **1)** *allgemein:* aus mehreren, miteinander verflochtenen Teilen bestehendes Ganzes.

2) *Psychologie:* eine bedrückende, schlechte Vorstellung von sich selbst, z. B. als Minderwertigkeitskomplex, der meist unbewusst (verdrängt) ist.

■ **komplexe Zahlen,** Zahlen in der Form $z = a + ib$, die sich aus reellen Zahlen $(a + b)$ und einer imaginären Zahl $(\sqrt{-1})$ zusammensetzen. – auch →Zahl.

■ **Komponente** [lat.] *die,* Bestandteil eines Ganzen, Teilkraft.

■ **Komponist** [lat.] *der,* Schöpfer eines Musikstücks.

■ **Komposition** [lat.] *die,* **1)** *bildende Kunst, Literatur:* das kunstvolle Gefüge, die formale Gestaltung eines Kunstwerks, z. B. eines Gemäldes oder eines literarischen Werks, etwa eines Romans.

2) *Musik:* die Tonsetzkunst, die Schöpfung eines musikalischen Kunstwerks; auch das Musikstück selbst.

■ **Kompositum** [lat. = Zusammensetzung] *das,* zusammengesetzes Wort, z. B. »Haustür«.

■ **Kompost** [lat.] *der,* vor allem aus organischen Küchen- und Gartenabfällen oder Baumschnitt durch Verrottung entstandene, sehr nährstoffreiche Erde, die im Gartenbau verwendet werden kann.

■ **Kompressor** [lat.] *der,* ein Gerät zum Verdichten von Gasen oder Dämpfen. Bei Hochleistungsmotoren in Rennwagen und Flugzeugen wird das explosive Gas-Luft-Gemisch zunächst durch einen Kompressor verdichtet und dann in den Verbrennungsraum (Zylinder) gebracht. Dadurch wird eine höhere Motorleistung erzielt (Kompressormotor). Kompressoren werden u. a. auch zur Erzeugung von Pressluft für Presslufthämmer und in Kältemaschinen verwendet.

■ **Kompromiss** [lat.] *der,* selten *das,* Übereinkunft durch gegenseitige Zugeständnisse.

■ **Kondensation** [lat.] *die,* **1)** *Chemie:* eine Reaktionsart, bei der sich zwei Moleküle unter Abspaltung eines Moleküls Wasser (H_2O) zusammenlagern. Da sich bei Vorliegen entsprechender Moleküle diese Reaktion unter Bildung von Ketten und netzförmigen Gebilden bis zur Bildung von Makromolekülen fortsetzen kann, spielt die Kondensation (Polykondensation) bei der Herstellung von →Kunststoffen und Kunstharzen eine große Rolle.

2) *Physik:* der Übergang eines gasförmigen Stoffes in den flüssigen (oder auch festen) Aggregatzustand durch Abkühlung oder hinreichende Druckerhöhung.

■ **Kondensator** [lat.] *der,* **1)** *Elektrotechnik:* Speicher für elektrische Ladungen. Der Plattenkondensator besteht aus zwei voneinander isolierten Platten. Legt man an diese Platten eine elektrische Gleichspannung, werden sie aufgeladen. Die aufgenommene Ladung ist umso größer, je höher die anliegende Spannung ist. Das Verhältnis von aufgenommener Ladung Q zur anliegenden Spannung U bleibt dabei stets gleich; es ist ein Maß für die Aufnahmefähigkeit des Kondensators und heißt Kapazität C. Es gilt also:

$$C = Q/U.$$

Gemessen wird die Kapazität in Farad (F), 1 F = 1 Coulomb/Volt. In einem Gleichstromkreis sperrt der Kondensator, nachdem er aufgeladen wurde, den Stromfluss. Für Wechselstrom dagegen ist er infolge der elektrischen →Influenz durchlässig, und zwar umso besser, je höher die Frequenz des Wechselstromes ist. Kondensatoren sind wichtige Bauteile in elektronischen Geräten. Sie werden u. a. zur Trennung von Gleich- und Wechselströmen und in Schwingkreisen verwendet. Gebaut werden sie u. a. als Blockkondensatoren und Drehkondensatoren. Bei Drehkondensatoren ist die Kapazität veränderbar.

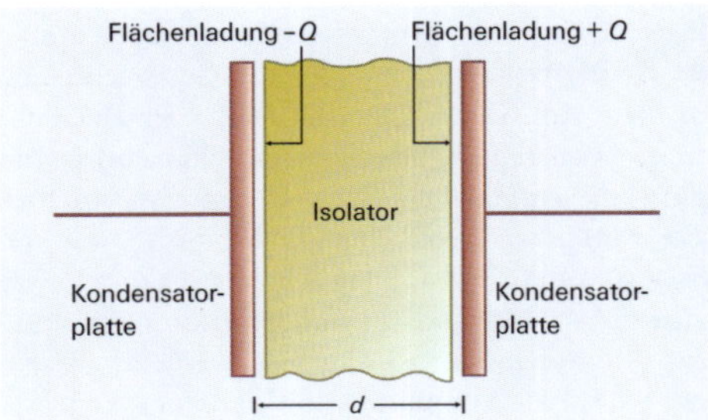

Die Grafik zeigt den Aufbau eines **Kondensators** am Beispiel eines Plattenkondensators; d ist der Plattenabstand

2) *Energietechnik:* eine Vorrichtung zur Verflüssigung von Dämpfen. Mit Kondensatoren werden insbesondere die Abdämpfe von Dampfmaschinen und Dampfturbinen verflüssigt und können dann als Wasser wieder der Anlage zugeführt werden.

■ **Kondition** [lat.] *die,* **1)** *allgemein:* die körperlich-seelische Verfassung eines Menschen; auch die körperliche Leistungsfähigkeit und Ausdauer, vor allem eines Sportlers.

Konfuzius

Für Konfuzius, der in einer Zeit des gesellschaftlichen Umbruchs lebte, war Traditionsbewusstsein der Ausgangspunkt seiner Lehre. Durch die Unterrichtung von Schülern und ihre Ausbildung zum Staatsdienst wollte er den Unruhen seiner Zeit entgegenwirken und die alte Ordnung, die er als ideal ansah, wiederherstellen. Jeder sollte die Rolle, die ihm aufgrund seiner sozialen Stellung zukam, wieder richtig ausfüllen:
»der Herrscher handle wie ein Herrscher,
der Minister wie ein Minister,
der Vater wie ein Vater,
der Sohn wie ein Sohn.«

2) *Wirtschaft:* Geschäftsbedingung (vor allem Lieferungs- und Zahlungsbedingungen).

■ **Konditional** (Bedingungsform) →Verb.

■ **Konditionalsatz** →Umstandssatz.

■ **Kondom** *das* (Präservativ), eine Hülle aus dünnem Gummi, die vor dem Geschlechtsverkehr über den versteiften Penis gezogen wird, das Sperma auffangen und somit eine Empfängnis verhindern soll (→Empfängnisverhütung). Kondome können auch die Übertragung von Geschlechtskrankheiten und Aids verhindern.

■ **Kondor** →Geier.

■ **Konfektion** [frz.] *die,* serienmäßige, fabrikmäßige Herstellung von Kleidungsstücken.

■ **Konferenz** [lat.] *die,* Sitzung, Besprechung, Tagung, auf der über bestimmte Fragen beraten wird (z. B. Lehrerkonferenz, Ministerkonferenz).

■ **Konfession**[lat.] *die,* christliche Glaubensgemeinschaft, z. B. die römisch-katholische, altkatholische, evangelisch-reformierte, evangelisch-lutherische, orthodoxe Konfession.

■ **Konfirmation** [lat., = Befestigung, Bestätigung] *die* (Einsegnung), in den evangelischen Kirchen die feierliche Aufnahme der getauften Jugendlichen in die Gemeinde, meist im Alter von etwa 14 Jahren. Die Konfirmation wird vorbereitet durch den Konfirmandenunterricht. Bei der Konfirmation bekennen die **Konfirmanden** ihren Glauben und werden unter Handauflegung und Gebet »eingesegnet«. Nach der Konfirmation sind die Jugendlichen vollberechtigte Miglieder ihrer Gemeinde; sie sind zum Abendmahl zugelassen und dürfen eine Patenschaft annehmen.

■ **Konflikt** [lat.] *der,* Streit, Auseinandersetzung zwischen Personen, z. B. Eltern und Kindern (Generationskonflikt) oder Staaten (politischer, militärischer Konflikt). Im weiteren Sinn das Aufeinandertreffen gegensätzlicher Interessen oder auch der innere Widerstreit von Motiven.

■ **Konföderation** [lat.] *die,* der Zusammenschluss gleichberechtigter souveräner Staaten; im Gegensatz zum Bundesstaat besteht ein Austrittsrecht.

■ **Konformismus** [lat.] *der,* eine Haltung, die sich stets um Anpassung an die vorherrschende Meinung bemüht.

■ **Konfuzius** (Kongfuzi), *Qufu 551 v. Chr., †ebenda 479 v. Chr., chinesischer Philosoph. Er war zunächst als Lehrer für die Oberschicht tätig, später unterrichtete er als Wanderphilosoph zahlreiche Schüler und wirkte als Ratgeber an verschiedenen Fürstenhöfen. Der aus seinen Lehren entstandene **Konfuzianismus** war bis zum Ende des Kaisertums in China (1912) verbindliche Staatsdoktrin. Als praktische Moralphilosophie legte er drei unumstößliche Beziehungen fest: die Unterordnung des Volkes unter den Herrscher, des Sohnes unter den Vater und der Frau unter den Mann. Neben dieser Hierarchie gab es fünf Haupttugenden: gegenseitige Liebe, Rechtschaffenheit, Weisheit, Sittlichkeit und Aufrichtigkeit. In seiner Bedeutung für die Bewahrung der jahrtausendealten chinesischen Tradition hat der Konfuzianismus in Ostasien noch heute viele Anhänger.

■ **Konglomerat** [lat.] *das,* **1)** *allgemein:* Zusammenballung, Gemisch.

2) *Geologie:* grobkörniges Sedimentgestein aus gerundeten Gesteinsstücken (Geröll), die durch tonige, kalkige oder andere Bindemittel verkittet sind.

■ **Kongo** *der,* zweitgrößter Fluss Afrikas, 4374 km lang. Im Oberlauf bis zu den Stanleyfällen heißt er **Lualaba.** Der Kongo erweitert sich im Mittellauf zu einem seeartigen Strom mit Inseln, bildet im Unterlauf die Livingstonefälle und mündet in den Atlantischen Ozean.

■ **Kongo** (Demokratische Republik Kongo, bis 1997 Zaire), Staat in Zentralafrika, der den größten Teil des Kongobeckens einnimmt. Im Osten wird er durch die Seenkette des innerafrikanischen Grabens begrenzt. Tropischer Regenwald bedeckt über 50% der Staatsfläche. In der Landwirtschaft, die für 70% der Bevölkerung (Bantu- und Sudanvölker, mehrheitlich Christen) die Lebensgrundlage bildet, ist der Wanderhackbau vorherrschend. Angebaut werden Maniok, Erdnüsse, Bananen und Gemüse, für den Export vor allem. Palmöl, Kaffee und Kautschuk. Wichtigster Wirtschaftszweig ist der Bergbau in der Provinz →Shaba (Kupfer, Zink, Silber und Steinkohle sowie Diamanten und Erdöl). Die Industrie ist weitgehend auf das Bergbaugebiet beschränkt.

Kongo (Demokratische Republik)
Fläche 2,345 Mio. km²
Einwohner 49,208 Mio.
Hauptstadt Kinshasa
Amtssprache Französisch
Nationalfeiertag 30. 6.
Währung 1 Kongo-Franc (FC) = 100 Centimes
Zeitzone MEZ und MEZ +1 Std.

Geschichte: Der 1881 vom belgischen König im Kongobecken gegründete »Unabhängige Kongostaat« wurde 1908 belgische Kolonie und 1960 als Demokratische Republik Kongo unabhängig (1960–66 auch Kongo [Léopoldville], 1966–71 Kongo [Kinshasa] genannt). Die Provinz Katanga (heute Shaba) erklärte sich noch im selben Jahr für selbstständig (Kongokrise); 1963 beendeten die UN gewaltsam den Abfall Katangas. 1965 übernahm Generalleutnant Mobutu Sese-Seko (1930–97) mit der Armee die Macht, hob die Verfassung auf und leitete eine Afrikanisierungspolitik ein; Staatsname war 1971–97 Zaire. Mobutu, unter dessen autoritärer Regierung das Land wirtschaftlich ausblutete, verzichtete 1997 nach einem mehrmonatigen Bürgerkrieg auf seine Machtbefugnisse und verließ das Land. Staatspräsident wurde Laurent Désiré Kabila (*1931).

■ **Kongo** (Republik Kongo), Staat in Zentralafrika, im Südosten vom Kongo begrenzt. Industrie ist kaum vorhanden, wichtigstes Exportgut ist das Erdöl. Daneben sind Edelhölzer und Bergbau (Blei- und Zinkerze) von Bedeutung. Die mehrheitlich christliche Bevölkerung besteht vor allem aus Bantuvölkern.

Geschichte: Die Küste an der Mündung des Kongo, an der seit 1766 französische Missionare tätig waren, war bis ins 19. Jahrh. Sklavenhandelsgebiet. Die heutige Republik Kongo war seit den

Kongo (Demokratische Republik)

Flagge

Wappen

Kongo (Republik)
Fläche 342 000 km²
Einwohner 2,822 Mio.
Hauptstadt Brazzaville
Amtssprache Französisch
Nationalfeiertag 15. 8.
Währung 1 CFA-Franc = 100 Centimes (c)
Zeitzone MEZ

Kongo (Republik)

Flagge

Wappen

1880er-Jahren französische Kolonie und erhielt 1960 als Kongo (Brazzaville) die Unabhängigkeit.

■ **Kongress** [lat.] *der,* **1)** *allgemein:* Tagung, große Versammlung von Wissenschaftlern, Politikern, Berufsvertretern u. a., auf der Fachfragen und gemeinsame Angelegenheiten besprochen werden. Bekannt aus der Geschichte ist z. B. der →Wiener Kongress.
2) *Staatsrecht:* Bezeichnung für das Parlament (die gesetzgebende Versammlung) in den USA, das aus Senat und Repräsentantenhaus besteht.

■ **Kongruenz** [lat.] *die,* Übereinstimmung, Deckungsgleichheit. In der Geometrie gelten zwei Figuren als kongruent (Zeichen: ≅), wenn sie in ihrer Form und Größe übereinstimmen.

■ **Koniferen** [lat.] →Nadelhölzer.

■ **König,** nach dem Kaiser Träger der höchsten monarchischen Würde. Das Königtum gab es zu allen Zeiten, z. B. in den altgriechischen Stadtstaaten und im Rom der Frühzeit. Bei den Germanen traten zu den Herrschervorstellungen vom Volkskönigtum (Wahl unter den Mitgliedern einer sich oft auf Abstammung von den Göttern berufenden Sippe durch die Volksversammlung) im Fränkischen Reich der antik-römische Amtsgedanke und die christliche Vorstellung vom Gottesgnadentum hinzu, also das Gebundensein an die überlieferten Volksgesetze und die Zustimmung der Großen, eigene Gesetzgebungs-, Steuer-, Gerichts- und Heeresgewalt sowie Kirchenhoheit. Im Heiligen Römischen Reich trug der noch nicht zum Kaiser gekrönte »deutsche« König seit dem 11. Jahrh. den Titel »Römischer König«.
Seit dem Ende des Ersten Weltkriegs gibt es in Deutschland und Österreich keine Königswürde mehr, dagegen sind andere europäische Staaten noch Königreiche (Belgien, Dänemark, Großbritannien, die Niederlande, Norwegen, Schweden und Spanien).

■ **Königsberg** (russisch Kaliningrad), Hafenstadt in Russland, am Pregel, nahe der Mündung ins Frische Haff, mit 427 200 Einwohnern. Bis 1945 war Königsberg die Hauptstadt der preußischen Provinz Ostpreußen. Königsberg ist mit dem Vorhafen Pillau (heute Baltijsk) und der Ostsee durch den Königsberger Seekanal (42 km) verbunden.
1944/45 wurde die Innenstadt mit den meisten historischen Bauten zerstört. Die Ruinen des gotischen Doms und der von Schinkel erbauten Altstädter Kirche wurden gesichert, die Reste des Schlosses 1969 gesprengt. In den ursprünglichen Formen wieder aufgebaut wurde die im 19. Jahrh. errichtete Neue Universität.
Königsberg ist eine Gründung des Deutschen Ordens (seit 1457 Sitz des Hochmeisters); später Krönungsstadt der preußischen Könige. Seit 1945 unter sowjetischer Verwaltung, gehört die Stadt seit 1990 zu Russland. – An der Königsberger Universität lehrte 1755–96 Immanuel Kant.

■ **Königskerze,** eine Gattung der Rachenblütler mit etwa 360 Arten. In Mitteleuropa ist die bis 2 m hohe **Großblütige Königskerze** mit großen, leuchtend gelben Blüten oft an Wegrändern und auf Schuttplätzen zu finden.

■ **Königssee,** lang gestreckter See in Oberbayern nahe Berchtesgaden, 5,2 km² groß, bis 189 m tief. Auf einer Halbinsel befinden sich die Wallfahrtskirche Sankt Bartholomä (Neubau 1697) und ein ehemaliges Jagdschloss (1708-09).

■ **konisch** [griech.], kegelförmig.

■ **Konjugation** (Beugung) →Verb.

■ **Konjunktion** [lat.] *die* (Bindewort), grammatischer Begriff. Die Konjunktion verbindet Wörter oder Sätze, und zwar unterordnend (dass, weil, wenn) und nebenordnend (aber, denn, oder, und).

■ **Konjunktiv** (Möglichkeitsform) →Verb.

■ **Konjunktur** [lat.] *die,* die jeweilige Geschäftslage in einem Teilbereich oder in der Gesamtwirtschaft. Man unterscheidet vier Phasen: Aufschwung (Expansion), Hoch (Boom), Abschwung (Krise, Rezession) und Tief (Depression). Die Konjunkturpolitik versucht, durch Eingriffe in die Wirtschaft größere Konjunkturschwankungen zu mildern oder zu vermeiden.

■ **konkav** [lat.], nach innen gekrümmt, hohl (besonders in der Optik); Gegensatz: konvex. – auch →Linsen.

■ **Konklave** [lat.] *das,* die (streng von der Außenwelt abgeschlossene) Kardinalsversammlung bei der Papstwahl.

■ **Konkordat** [lat.] *das,* Vertrag zwischen einem Staat und der katholischen Kirche zur Regelung der staatlich-kirchlichen Angelegenheiten (z.B. Erteilung von Religionsunterricht).

■ **konkret** [lat.], anschaulich, gegenständlich, greifbar, wirklich; Gegensatz: abstrakt.

■ **konkrete Kunst,** im engeren Sinn ein in den 1930er-Jahren entwickelter Stil der modernen Kunst, der die Kunstwerke nach den Gesetzen der Mathematik gestaltete; die persönliche »Handschrift« des Künstlers sollte ausgeschlossen werden. Im weiteren Sinn bezeichnet der Begriff eine Form der →abstrakten Kunst, die ausdrücklich nicht die Darstellung einer Wirklichkeit außerhalb des Bildes beabsichtigt, sondern deren bildnerische Elemente auf sich selbst verweisen.

■ **konkrete Poesie,** Bezeichnung für Versuche in der modernen Literatur, Sprache oder Schrift als rein akustisches oder visuelles Material für die Gestaltung einer von traditionellen Zusammenhängen losgelösten Aussage einzusetzen.

■ **Konkretum** →Substantiv.

■ **Konkurrenz** [lat.] *die,* Rivalität, (freier) Wettbewerb. Als Konkurrenten bezeichnet man z.B. einen Mitbewerber um eine Stellung.

■ **Konkurs** [lat.] *der,* Zahlungsunfähigkeit (meist eines Unternehmens). Im Konkursverfahren, einem gerichtlichen Vollstreckungsverfahren, werden alle Gläubiger mit dem gleichen prozentualen Anteil ihrer Forderungen befriedigt.

■ **Konquistadoren** [spanisch]], die spanischen und portugiesischen Eroberer Mittel- und Südamerikas im 16. Jahrh.; durch ihre Expeditionen wurden die indianischen Reiche, etwa der Inka und Azteken, erobert, ausgeplündert und zerstört. Bekannte Konquistadoren waren u.a. Hernán Cortés und Francisco Pizarro.

■ **Konsekutivsatz** →Umstandssatz.

■ **Konsens** [lat.] *der,* Zustimmung, Einwilligung; Übereinstimmung der Meinungen, Einigkeit.

■ **Konservatismus** (Konservativismus) [lat.] *der,* geistige Haltung, die die bestehenden Ordnungen und Werte zu bewahren sucht und Neuerungen gegenüber abwehrend eingestellt ist. Der Konservativismus als politische Bewegung entstand im 18. Jahrh. als Reaktion auf die Aufklärung und die Umwälzungen der Französischen Revolution. Im 19. Jahrh. der Erhaltung der Monarchie verhaftet, die die bestehenden Ordnungen und Werte zu bewahren sucht und Neuerungen gegenüber abwehrend eingestellt ist, öffnete sich der Konservativismus im 20. Jahrh. den Anforderungen der Demokratie und der modernen Industriegesellschaft.

■ **Konservatorium** [lat.] *das* (Musikakademie), Ausbildungsstätte für alle Fachgebiete der Musik; im engeren Sinn die zwischen den Musikschulen und den Musikhochschulen einzuordnende Stätte der Musikausbildung.

■ **Konservierung** [lat.] *die,* Haltbarmachung, insbesondere von Nahrungsmitteln, um sie vor der Zersetzung durch Fäulnis, Schimmelpilze u.a. zu bewahren. Die gebräuchlisten Arten der Konservierung sind das Kühlen, Trocknen, Sterilisieren, Eindicken, Pasteurisieren, Pökeln (Einsalzen), Räuchern, Gefrieren und die Verwendung von Chemikalien. Bestimmte chemische Konservierungsmittel sind nach dem Lebensmittelgesetz kennzeich-

Konservierung

Nachdem der Franzose Nicolas Appert (* 1749, † 1841) festgestellt hatte, dass Nahrungsmittel, die in geschlossenen Behältern erhitzt worden waren, nicht gärten, begann er mit dem Verkauf von Lebensmitteln in Flaschen. 1804 prüfte das Marineministerium seine Produkte. Proben wurden nach Brest gesandt und erst drei Monate später verzehrt. Das Ergebnis war positiv. Im Bericht des Marinepräfekten stand, die Bohnen und Erbsen hätten ihre Frische und ihren Geschmack bewahrt.
1810 erhielt Appert vom Innenministerium für sein Verfahren einen bereits 1795 ausgesetzten Preis von 12 000 französischen Francs und machte es in seinem »Buch für alle Haushalte, oder die Kunst, alle tierischen und pflanzlichen Stoffe über mehrere Jahre zu konservieren« bekannt.
Da die Flaschen zerbrechlich waren, begann man in England schon ab 1810, zinnbeschichtete, eiserne Dosen zu verwenden. Der Nachteil dieser Dosen, die manchmal schwerer als die in ihnen enthaltene Nahrung waren, bestand darin, dass man sie nur mit großer Mühe und unter Zuhilfenahme von Messern, Bajonetten oder Hammer und Meißel öffnen konnte. Das erste Patent auf einen Dosenöffner wurde erst 1858 an den Amerikaner Ezra Warner erteilt.

nungspflichtig. Neben die im Handel bisher am meisten angewandte Konservierung in Konserven ist das Tiefkühlen und die Vakuumverpackung getreten.

■ **Konsistenz** [lat.] *die,* die Beständigkeit eines Stoffes, sein Verhalten gegen Formänderungen.

■ **Konsonant** →Mitlaut.

■ **Konsonanz** [lat.] *die,* in der Musik der Gegensatz zur →Dissonanz.

■ **konstant** [lat.], gleich bleibend, unveränderlich. Eine **Konstante** ist eine unveränderliche Größe.

■ **Konstantin I., der Große,** römischer Kaiser (306–337), *Naissus (heute Niš, Serbien) 27. Februar 272 oder 273 (oder um 280?), †bei Nikomedia (heute İzmit, Türkei) 22. Mai 337. Konstantin reformierte Heer und Verwaltung und förderte das Christentum. Sein Mailänder Edikt 313 verfügte die Gleichberechtigung des Christentums mit der antiken Religion. Die Christenverfolgungen hatten ein Ende. Konstantin machte das anstelle des alten Byzanz neu gegründete, 330 eingeweihte Konstantinopel zur neuen Hauptstadt des Römischen Reiches.

■ **Konstantinopel** →Istanbul.

■ **Konstanz,** Stadt am Bodensee, in Baden-Württemberg, mit 77 200 Einwohnern. Die Universitätsstadt besitzt viele Kirchen und Bauwerke: das ehemalige Dominikanerkloster mit Kreuzgang; das 1089 geweihte Münster (später verändert); das Konzilsgebäude, 1388 als Kaufhaus erbaut; das Rathaus sowie ehemalige Zunfthäuser aus dem 14. und 15. Jahrhundert.

Die Reichsstadt war im Mittelalter ein bedeutender Handelsmittelpunkt und Tagungsort; hier fand 1414–18 das **Konstanzer Konzil** statt, welches das Abendländische Schisma (Kirchenspaltung unter drei Päpsten) beseitigte, in der Auseinandersetzung um die rechtmäßige Lehre (Verbrennung von Jan →Hus) und die Reform der Kirche aber scheiterte.

■ **Konstitution** [lat.] *die,* **1)** *Anthropologie:* die vorwiegend erbbedingte körperliche Verfassung, Beschaffenheit, Widerstandskraft eines Menschen.

2) *Recht:* →Verfassung.

■ **konstitutionell,** verfassungsmäßig. Eine **konstitutionelle Monarchie** ist eine durch eine Verfassung beschränkte Monarchie, das heißt, die erbliche Gewalt des Regenten ist durch parlamentarisches Haushalts- und Gesetzgebungsrecht, Ministerverantwortlichkeit, Öffentlichkeitsprinzip und Rechtsstaatsprinzip eingeschränkt.

■ **Konstruktion** [lat.] *die,* **1)** *allgemein:* gedanklicher Aufbau; konstruierte Gedankenfolge.

2) *Geometrie:* das Zeichnen (Konstruieren) einer geometrischen Figur aus gegebenen Größen.

3) *Technik:* die Entwicklung und der Zusammenbau von Maschinen oder Bauwerken; oft auch als Bezeichnung für die Bauart selbst verwendet, z. B. Fachwerkkonstruktion, Massivbaukonstruktion.

■ **Konstruktivismus** [lat.] *der,* in Russland entwickelte Kunstrichtung des 20. Jahrh., bei der harmonische Strukturen allein aus formal kontrollierbaren Elementen konstruiert werden sollen. Voraussetzung dafür sind die Verwendung von geometrischen Grundformen (z. B. Kreis, Quadrat) und einer beschränkten Farbskala sowie der Verzicht auf jegliche Nachahmung eines (Natur)vorbildes. Formale Voraussetzungen boten der Kubismus und der Futurismus.

■ **Konsul** [lat.] *der,* **1)** *Geschichte:* im antiken Rom der höchste Staatsbeamte. Es gab zwei Konsuln, die jährlich neu gewählt wurden. Sie saßen dem Senat vor, besaßen viele Ehrenrechte und waren in Kriegszeiten Befehlshaber des Heeres. – In Frankreich waren 1799–1804 drei Konsuln Träger der Staatsgewalt. Erster Konsul war Napoleon Bonaparte. Die Konsulatsverfassung bestand bis zur Erhebung Napoleons zum Kaiser.

2) *Völkerrecht:* der Vertreter eines Staates im Ausland. Zu seinem Aufgabenbereich gehört die Wahrnehmung der politischen und wirtschaftlichen Interessen seines Landes und die Unterstützung von Angehörigen seines Staates, wenn dies nötig ist. Die Befugnisse von **Honorarkonsuln** sind eingeschränkt.

■ **Konsultation** [lat.] *die,* Beratung, z. B. durch einen Arzt oder Rechtsanwalt; **konsultieren,** jemanden (z. B. einen Arzt) zurate ziehen.

■ **Konsum** [lat.] *der,* Verbrauch. Ein **Konsument** ist ein Verbraucher. **Konsumgüter** sind Güter, die für den Jetztverbrauch oder die private Verwendung bestimmt sind (z. B. Nahrungsmittel, Kleidung, Schallplatten), im Gegensatz zu Investitionsgütern (z. B. Maschinen).

■ **Kontakt** [lat.] *der,* **1)** *allgemein:* Berührung, Verbindung, Fühlungnahme.

2) *Elektrotechnik:* die Verbindung zweier elektrischer Leiter, die durch bloße Berührung den Stromfluss weiterleiten (z. B. Steckkontakt, Klemm- oder Schraubkontakt).

■ **Kontaktlinsen** (Haftschalen), kleine, dünne, auf der Hornhaut des Auges über der Pupille zu tragende schalenförmige Linsen aus Glas oder (weichem) Kunststoff zur Verbesserung der Sehleistung.

■ **Kontamination** [lat.] *die,* Verschmutzung

durch radioaktive, chemische oder mikrobiell wirksame Substanzen.

■ **kontern,** sich zur Wehr setzen, schlagfertig erwidern (auch im Sport).

■ **Konterrevolution** [lat.] *die,* in der Französischen Revolution entstandene Bezeichnung für den Versuch, eine durch Revolution geschaffene Ordnung zu stürzen und die vorrevolutionären Zustände wieder herzustellen.

■ **Kontinent** [lat.] *der,* →Erdteil.

■ **Kontinentalklima,** Klima im Innern großer Landflächen mit starken Temperaturunterschieden zwischen Tag und Nacht, vor allem aber zwischen Winter und Sommer, und geringen Niederschlägen.

■ **Kontinentalsperre,** von Napoleon I. 1806 für das europäische Festland verfügte Wirtschaftsblockade, die sich gegen England richtete, das seinerseits die französischen Häfen für neutrale Schiffe sperrte.

■ **Kontingent** [lat.] *das,* Beitrag, Anteil, eine begrenzte Anzahl oder Menge, z. B. eine bestimmte Warenmenge, die ein- oder ausgeführt werden darf.

■ **kontinuierlich** [lat.], stetig, fortdauernd.

■ **Konto** [italienisch] *das,* von einem Unternehmen, vor allem einer Bank, für einen Kunden laufend geführte Gegenüberstellung und Abrechnung von Einnahmen und Ausgaben (Gut- und Lastschriften).

■ **Kontokorrentkonto** [lat.] *das* (laufendes Konto), Konto für die laufenden Geschäftsbeziehungen zwischen Geschäftspartnern, auf dem die gegenseitigen Leistungen verrechnet werden. Das von einer Bank einem Kunden eingerichtete Kontokorrentkonto bezeichnet man heute meist als →Girokonto.

■ **Kontrabass** (Bass, Bassgeige), tiefstes und größtes Streichinstrument des Orchesters. Es hat heute meist vier Saiten in Quartstimmung ($_1$E, $_1$A, D, G).

■ **Kontrapunkt** [lat.], in der Musik die Satztechnik, in der die einzelnen Stimmen selbstständig und gleichberechtigt geführt werden. Meister dieser Kompositionsart waren vor allem G. P. da Palestrina und J. S. Bach.

■ **konträr** [lat.], entgegengesetzt, widrig.

■ **Kontrast** [lat.] *der,* Gegensatz, auffallender Unterschied (vor allem von Farben).

■ **Konvent** [lat.] *der,* Versammlung der stimmberechtigten Mitglieder eines Klosters (Mönche, Nonnen); auch Bezeichnung für die gesamte Klostergemeinschaft oder das Kloster selbst.

■ **Konvention** [lat.] *die,* **1)** *Soziologie:* Regeln des Umgangs, des sozialen Verhaltens, die als Verhaltensnormen gelten.
2) *Völkerrecht:* Übereinkunft, Abkommen, Vertrag, z. B. die →Genfer Konvention.

■ **Konventionalstrafe,** vertraglich vereinbarte Geldbuße, die derjenige zahlen muss, der einen Vertrag nicht einhält (z. B. wenn ein Termin nicht eingehalten wird) oder mangelhaft erfüllt.

■ **Konvergenz** [lat.] *die,* Annäherung, Übereinstimmung.

■ **Konversation** [lat.] *die,* geselliges Gespräch, Plauderei.

■ **Konverter** [engl.] *der,* Gerät oder elektronische Baugruppe zur Umformung hochfrequenter Signale der einen Frequenz in solche einer anderen Frequenz. In der Fernsehtechnik ein mit eigenem Netzanschluss ausgestattetes Gerät, das bei älteren Fernsehempfängern die Umformung von UHF-Signalen in VHF-Signale ermöglicht.

■ **konvertieren** [lat.], **1)** *Informatik:* Daten in ein anderes Format umwandeln bzw. ein Programm an ein neues Betriebssystem anpassen.
2) *Religion:* zu einer anderen, besonders der katholischen Glaubensgemeinschaft übertreten (der Übertretende wird als **Konvertit** bezeichnet).
3) *Wirtschaft:* eine Währung gegen eine andere tauschen.

■ **konvex** [lat.], nach außen gekrümmt (besonders in der Optik); Gegensatz: konkav; auch →Linsen.

■ **Konvoi** [konweu, auch konweu; frz.] *der,* Geleitzug (z. B. von Autos oder Schiffen).

■ **Konzentrationslager,** Abkürzung KZ, Lager, in denen eine große Anzahl meist politischer Gefangener eingesperrt werden. In solchen Lagern hielten z. B. die Briten während des Krieges gegen die Buren in Südafrika (1899–1902) burische Frauen und Kinder fest, um den Widerstand der kämpfenden Männer zu brechen. Seit 1923 wurden politisch Andersdenkende in der Sowjetunion in Zwangsarbeitslager gebracht.
Im nationalsozialistischen Deutschland baute die →SS ein straff organisiertes, weit verzweigtes System von Konzentrationslagern auf, zunächst vor allem für politische Gegner wie Sozialdemokraten, Kommunisten, Gewerkschafter, kritische Intellektuelle und Geistliche. Später kamen andere Personengruppen hinzu, die aus rassischen, religiösen oder »sozialen« Gründen zu »Volksschädlingen« erklärt wurden, vor allem Juden, Zigeuner, Homosexuelle und Schwerverbrecher, besonders seit 1943 auch Polen und sowjetische Kriegsgefangene. Konzentrationslager gab es z. B. in Oranienburg (später

Sachsenhausen, bei Berlin), Dachau und Buchenwald (bei Weimar). 1944 gab es 22 Konzentrationslager mit 165 angeschlossenen Arbeitslagern. Die Zahl der Insassen betrug 1942 etwa 100 000, 1945 etwa 715 000.

Den Insassen der Konzentrationslager wurde jegliche Achtung ihrer Menschenrechte verwehrt; sie waren der persönlichen Willkür des Lagerpersonals ausgeliefert und zahlreichen Foltern unterworfen. Viele von ihnen mussten grausame medizinische Versuche erdulden. Nach dem Beschluss der nationalsozialistischen Partei- und Staatsführung, die europäischen Juden auszurotten, richtete die SS Vernichtungslager ein, vor allem im besetzten Polen (z. B. bei Auschwitz, Treblinka, Majdanek). In den Gaskammern dieser Lager wurden rund drei Millionen Juden ermordet.

■ **konzẹntrisch** [mittellateinisch], einen gemeinsamen Mittelpunkt habend; um einen gemeinsamen Mittelpunkt herum angeordnet; auf diesen zustrebend.

■ **Konzẹpt** [lat.] *das,* Entwurf, die erste Fassung eines Textes; Plan, Programm.

■ **Konzẹrn** [engl.] *der,* lockerer Zusammenschluss rechtlich selbstständig bleibender Unternehmen (mit eigenen Firmennamen), die gemeinsam geführt werden.

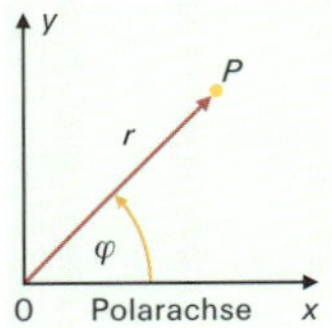

Polarkoordinaten

■ **Konzẹrt** [lat.] *das, Musik:* 1. aus mehreren Sätzen bestehende Komposition für ein oder mehrere Soloinstrumente und Orchester; 2. musikalische Veranstaltung.

■ **Konzessio̱n** [lat.] *die,* **1)** *allgemein:* Zugeständnis, Entgegenkommen.

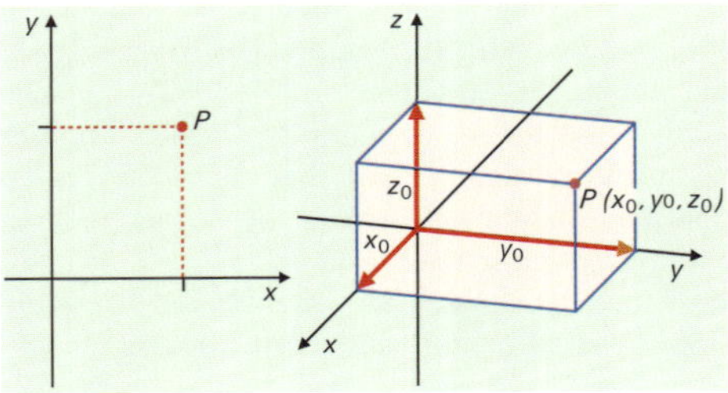

Koordinaten: das hier dargestellte rechtwinklige Koordinatensystem in der zweidimensionalen Ebene heißt nach dem französischen Philosophen René Descartes »kartesisch«, dabei gilt: die Achsen sind zueinander rechtwinklig – die Einheiten auf den Achsen sind gleich – die x-Achse geht durch Drehung um 90 Grad im Gegenuhrzeigersinn in die y-Achse über; die Grafik rechts daneben demonstriert das kartesische Koordinatensystem im dreidimensionalen Raum: drei Geraden, die x-Achse, die y-Achse und die z-Achse schneiden sich in einem Punkt

Er erkannte: die Erde ist nicht der Mittelpunkt der Welt; das Gemälde zeigt **Nikolaus Kopernikus** mit einer Zeichnung seines heliozentrischen Weltsystems

2) *Recht:* behördliche Genehmigung zur Ausübung eines Gewerbes, z. B. die Schankkonzession für einen Gastwirt.

■ **Konzessi̱vsatz** → Umstandssatz.

■ **Konzi̱l** [lat.] *das,* Versammlung kirchlicher Amtsträger zur Klärung von Glaubens- und Sittenfragen und zur Regelung des kirchlichen Lebens, vor allem innerhalb der katholischen Kirche.

Auf **ökumenischen Konzilen** vertreten der Papst und die Bischöfe die gesamte katholische Kirche. Das 1. ökumenische Konzil tagte 325 in Nicäa; dort wurde das altkirchliche (noch heute gültige) Glaubensbekenntnis beschlossen. Das 22. ökumenische Konzil (2. Vatikanisches Konzil) tagte 1962–65 in Rom.

■ **Ko̱o̱g** → Polder.

■ **Kooperatio̱n** [lat.] *die,* Zusammenarbeit.

■ **Koordina̱ten** [lat.], Zahlen oder Größen, durch die die Lage eines Punktes eindeutig angegeben wird. Um die Lage eines Punktes durch Koordinaten anzugeben, ist ein Koordinatensystem erforderlich.

In der Geometrie wird am häufigsten das rechtwinklige (kartesische) Koordinatensystem benutzt. Es besteht aus der waagerechten x-Achse **(Abszisse)** und der senkrecht hierzu stehenden y-Achse **(Ordinate).** Ihr Schnittpunkt heisst Koordinatenursprung. Die Lage eines Punktes in diesem Koordinatensystem ist dann eindeutig bestimmt durch seinen Abstand von der y-Achse (x-Koordinate) und seinen Abstand von der x-Achse (y-Koordinate). Der Abstand nach rechts bzw. oben wird dabei positiv gerechnet, der nach links bzw. unten negativ. Um die Lage eines Punktes im Raum anzugeben, ist noch eine 3. Achse (z-Achse) erforderlich, die senkrecht sowohl auf der x-Achse als auch auf der y-Achse steht. Bei Polarkoordinaten wird die Lage eines Punktes der Ebene P(r, φ) durch seinen Abstand r vom Nullpunkt, der Pol genannt wird, und den Winkel φ festgelegt, den die Abstandsgerade mit einer festen Achse (gewöhnlich der x-Achse) einschließt. Mithilfe von Koordinatensystemen lassen sich Funktionen grafisch darstellen. – Zum Koordinatensystem der Erde →Gradnetz der Erde.

■ **koordinieren** [lat.], **1)** *allgemein:* etwas aufeinander abstimmen, miteinander in Einklang bringen.
2) *Sprachwissenschaft:* nebenordnen, beiordnen (Satzglieder oder Sätze).

■ **Kopenhagen** (dänisch København), Haupt-, Residenz- und bedeutendste Hafenstadt, Kultur-, Handels- und Industriezentrum Dänemarks. Kopenhagen liegt am Öresund im Osten von Seeland und auf Amager und hat 488 000 Einwohner (mit Vorstädten 1,346 Mio.). Die Bedeutung der Stadt als Residenz lässt sich an königlichen Bauten erkennen: Schloss Rosenborg (1610–26), Schloss Christiansborg (1732–40), Schloss Amalienborg (1754–60; heutige Residenz).
Kopenhagen geht auf ein Fischerdorf des frühen Mittelalters zurück. 1254 erhielt es Stadtrecht, seit 1445 ist es Residenz.

■ **Kopernikus,** Nikolaus, Astronom und Mathematiker, Domherr in Frauenburg, *Thorn 19. Februar 1473, †Frauenburg (Ostpreußen, heute Frombork, Polen) 24. Mai 1543. In der Zeit vor Kopernikus glaubte man, die Erde befinde sich im Mittelpunkt des Weltalls und sie werde von Sonne, Mond und Planeten umkreist (geozentrisches oder ptolemäisches Weltsystem). Kopernikus erkannte, dass die Erde ein Planet ist und mit den anderen Planeten die Sonne umkreist. Dieses kopernikanische oder heliozentrische Weltsystem suchte er durch Beobachtungen mit selbst gebauten Instrumenten zu beweisen. Seine Auffassung konnte sich gegen die alte Lehre erst nach den Arbeiten von Galilei und Kepler durchsetzen.

■ **Kopffüßer,** die höchstentwickelte Weichtierklasse mit etwa 750 im Meer lebenden, meist räuberisch lebenden Arten. Der Körper ist plump,

Das Wahrzeichen der dänischen Hauptstadt **Kopenhagen:** die »Kleine Meerjungfrau«; die Titelfigur des berühmten Märchens von Hans Christian Andersen war das Modell für die 1913 geschaffene Bronzefigur des dänischen Bildhauers Edvard Eriksen

Kopffüßer

Unter den Weichtieren erreicht das Zentralnervensystem der Kopffüßer den höchsten Entwicklungsstand. Das durch Verschmelzungen entstandene, stark entwickelte Oberschlundganglion funktioniert als Zentrale für die Aufnahme von Sinneswahrnehmungen. Die Feinstruktur des Gehirns und vor allem die umfassenden Schaltvorgänge, durch die das Tier vielfältige Assoziationsketten bilden und verarbeiten kann, ermöglichen eine den höheren Wirbeltieren ähnliche breit gefächerte Lernfähigkeit. Ebenso wie das Gehirn zeigen auch die Augen einen hohen Entwicklungsgrad, der auch gewisse Ähnlichkeiten mit dem Auge des Menschen aufweist. Dazu gehören eine ausgeprägte Aufnahmefähigkeit der Linse sowohl für die Nahsicht als auch für die Fernsicht sowie bewegliche Pupillen zur Wahrnehmung von Helligkeit. Darüber hinaus besitzt das Weichtier auch eine hohe Dichte von spezialisierten Nervenfasern, die die Reize von Licht aufnehmen und in entsprechende Anregungen umwandeln können.

▸ In gewandter Körperhaltung zeigt sich hier ein zu der Klasse der Kopffüßer gehörender Krake selbstbewusst breitköpfig; und zielstrebig zeigt sich der Krake auch: während eines Experiments konnte beobachtet werden, dass das Tier in der Lage war, eine Glasflasche zu entkorken, um an die darin eingeschlossene Beute zu gelangen.

flach gedrückt oder lang gestreckt, die Mantelhöhle mündet mit einem Trichter nach außen. Am Kopf sitzen acht oder zehn saugnapf- oder hakenbesetzte, äußerst bewegliche Arme zum Ergreifen der Beutetiere und meist hoch entwickelte Linsenaugen mit bis zu 40 cm Durchmesser. Kopffüßer schwimmen mit seitlichen Flossen, Flossensäumen oder mittels des Trichters, aus dem das in die Mantelhöhle aufgenommene Wasser mit großer Kraft ausgestoßen wird (Rückstoßprinzip). Dabei kann Tinte (Sepia) abgegeben werden. Kopffüßer sind vielfach zu lebhafter Farbänderung der Haut fähig. Zu den Kopffüßern zählen Perlboote, die ausgestorbenen →Ammoniten und →Belemniten, die Kraken mit acht Armen sowie die Kalmare und Tintenschnecken (»Tintenfische«) mit je zehn Armen.

■ **Kopierverfahren,** Verfahren, mit denen mithilfe von Licht Wiedergaben (Ablichtungen, Kopien) und Vervielfältigungen von Schriftstücken, Zeichnungen u. a. hergestellt werden. Die häufigsten Kopierverfahren arbeiten auf der Grundlage der Elektrofotografie.

Bei der **Xerographie** wird eine mit Selen beschichtete, rotierende Trommel belichtet, mit Farbpulver (Toner) besprüht und das somit sichtbare Ladungsbild auf Papier »abgerollt«; fixiert wird durch Erhitzen.

Thermokopierverfahren arbeiten mit wärmeempfindlichem Kopierpapier. Die an den schwarzen Stellen absorbierte Wärmestrahlung verursacht eine farbbildende Reaktion im Kopiermaterial.

Das **Zinkoxidverfahren** arbeitet mit beschichtetem Papier, das elektrostatisch aufgeladen und belichtet wird. Anschließend durchläuft es ein Flüssigkeitsbad, das den Toner enthält.

Das **Lichtpausverfahren** arbeitet mit Spezialpapier, das einen Farbstoff enthält, der beim Belichten zerstört wird. Unbelichtete Stellen werden mit Ammoniak sichtbar gemacht.

Zu den **Reflexkopierverfahren** zählt das **Fotokopierverfahren.** Die Belichtung des Kopierpapiers (Kontaktpapier) erfolgt direkt. Auf der darunter liegenden Vorlage wird Licht an unbedruckten Stellen reflektiert und durchdringt ein zweites Mal

Koran

Der Koran – das heilige Buch des Islams. Der Islam ist eine Schriftreligion. Dem Koran kommt aber ein anderer Stellenwert zu als der Bibel in Judentum und Christentum. Für Juden und Christen ist in der Geschichte Israels und in Leben und Wort Jesu Christi die Offenbarung wahrzunehmen, die im Alten und Neuen Testament lediglich literarisch dokumentiert wird, sodass diese Schriften »nur« in einem abgeleiteten Sinn als »Wort Gottes« gelten. Im Islam aber stellt das Buch selbst die Offenbarung Gottes und seines Willens dar, nicht etwa die Gestalt oder das Leben Mohammeds; der Prophet wird auch nicht als Autor, sondern als Sprachrohr Gottes aufgefasst. Später wurde der Koran als mit Gott gleichewiges Wort bezeichnet, das dann durch Mohammed in arabischer Sprache geoffenbart wurde. Wortlaut, Inhalt und arabische Sprachgestalt sind somit unabänderlich und dürfen nicht kritisch hinterfragt werden. Deshalb wird das Koranbuch als das direkt von Gott inspirierte Wort Gottes in kostbaren Korankästen wie dem hier abgebildeten aufbewahrt. Ursprünglich nur für die Gläubigen bestimmt, hat es lange gedauert, bis Übersetzungen des Korans in nicht arabische Sprachen angefertigt werden durften.

▶ Dieser Korankasten aus dem 16. Jahrhundert ist in Istanbul im Museum für türkische und islamische Kunst aufbewahrt

die lichtempfindliche Schicht und verursacht dann erst eine Schwärzung.

■ **Kopra** [portugiesisch] *die,* das getrocknete und grob zerkleinerte, feste Nährgewebe der Kokosnuss. Es ist sehr fettreich und wird für die Herstellung von Seifen und Speisefett verwendet.

■ **Kopten,** die Arabisch sprechenden christlichen Nachkommen der alten Ägypter. Sie gehören der koptischen Kirche an, die seit dem 5. Jahrh. in Ägypten besteht.

■ **Kopulation** [lat.] *die,* →Begattung.

■ **Korallen** [griech.] (Blumentiere), festsitzende, meist ein Kalkgerüst bildende Nesseltiere der warmen Meere. Durch mächtige Anhäufungen dieser Skelette entstehen die Korallenbänke und -riffe, die nur in ihrem oberen Teil lebende Tiere enthalten. Die Einzelpolypen der in 100–200 m Tiefe lebenden Edelkoralle scheiden ein gemeinsames, weißes oder rotes Skelett ab, das zu Schmuck verarbeitet wird; Edelkorallen sind deswegen im Mittelmeer fast ausgerottet.

■ **Koran** [arabisch, = Lesung] *der,* das heilige Buch des →Islam. Es enthält, in 114 **Suren** (Abschnitte) aufgeteilt, die Botschaft Gottes (Allahs), die dieser durch den Propheten Mohammed den Menschen offenbart hat. Als unmittelbares Wort Gottes ist der Koran der verbindliche Maßstab für das private und gesellschaftliche Leben und die Grundlage des islamischen Rechts (→Scharia).

■ **Korbblütler,** eine der größten Pflanzenfamilien mit etwa 25 000 Arten in etwa 1100 Gattungen. Die Blütenstände sind aus vielen unvollständigen Einzelblüten zusammengesetzt. Zu den Korbblütlern gehören u. a. Kornblume, Disteln, Löwenzahn, Salat, Sonnenblume, Arnika, Gänseblümchen und Kamille.

■ **Kordilleren** […diljeren; spanisch], Gebirge im Westen des amerikanischen Doppelkontinents, von Alaska bis Kap Hoorn, rund 15 000 km lang. Die Kordilleren Südamerikas werden meist als →Anden bezeichnet; in Nordamerika unterscheidet man mehrere pazifische Gebirgsketten und die →Rocky Mountains.

■ **Korea** (koreanisch Chosŏn, = Land der Morgenröte), ehemaliger Staat in Ostasien, gelegen auf der nach Süden vorspringenden **Halbinsel Korea** zwischen dem Japanischen und dem Gelben Meer. Er ist seit 1948 geteilt in die Staaten Nord-Korea und Süd-Korea; die Grenze verläuft etwa am 38. Breitengrad.

Geschichte: Als erste historisch fassbare politische Einheit gilt das um 400 v. Chr. in Nordwestkorea entstandene Alt-Chosŏn, das Ende des 3. Jahrh.

Wunder der Natur: **Korallen** in einem Korallenriff

v. Chr. vom Reich Wiman-Chosŏn abgelöst wurde. Dieses wurde 108 v. Chr. dem chinesischen Han-Reich eingegliedert. Im 7. Jahrh. vollzog sich die Einigung verschiedener Teilreiche zu einem Staat. 1231–1356 war Korea von Mongolen besetzt, danach wurde es von Mitgliedern der einheimischen Yi-Dynastie beherrscht. Nach erfolglosen Invasionsversuchen japanischer Heere fielen seit 1627 die (bald darauf in China regierenden) Mandschu in Korea ein und zwangen das Land zur Anerkennung ihrer Oberhoheit, die bis 1894 bestand. Die ständige äußere Bedrohung veranlasste die Herrscher der Yi-Dynastie zu einer rigorosen Politik der Abschließung des Landes (1637–1876).

Seit der Wende vom 19. zum 20. Jahrh. wurde Korea abwechselnd von Japan und Russland beherrscht, bis es 1910 Japan eingegliedert wurde. Auf der Konferenz von Kairo 1943 wurde Korea die Unabhängigkeit versprochen. Nach dem Zweiten Weltkrieg wurde es von der Sowjetunion und den USA besetzt. Nach dem Scheitern amerikanisch-sowjetischer Verhandlungen über eine gesamtkoreanische provisorische Regierung (1946) und den nur in Süd-Korea unter UN-Aufsicht abgehaltenen freien Wahlen (1948) kam es zur Spaltung des Landes in die am 15. August 1948 konstituierte **Republik Korea** im Süden und die am 9. September 1948 proklamierte **Demokratische Volksrepublik Korea**. Die Besatzungsmächte zogen sich 1948/49 aus Korea zurück.

Korea (Nord-Korea)
Fläche 122 762 km²
Einwohner 23,206 Mio.
Hauptstadt Pjöngjang (P'yŏngyang)
Amtssprache Koreanisch
Nationalfeiertag 9. 9.
Währung 1 Won = 100 Chon
Zeitzone MEZ + 8 Std.

Korea (Nordkorea)

Flagge

Wappen

1950 löste ein Vorstoß nordkoreanischer Truppen den **Koreakrieg** aus: Das kommunistische Nord-Korea wurde von China unterstützt, das prowestliche Süd-Korea durch UN-Truppen unter amerikanischem Oberbefehl. Die Kämpfe endeten 1953 mit dem Waffenstillstand von Panmunjon. Die danach aufgenommenen Friedensverhandlungen scheiterten; die Verbindungen zwischen Nord- und Süd-Korea wurden rigoros abgebrochen. Erst Anfang der 1970er-Jahre kamen wieder Regierungskontakte zustande, die 1990 zu (bisher erfolglosen) Gesprächen über eine friedliche Wiedervereinigung führten. 1997 begannen (unter Beteiligung Chinas und der USA) Vorverhandlungen über den Abschluss eines Friedensvertrages für Korea.

■ **Korea** (Nord-Korea, Demokratische Volksrepublik Korea), Staat in Ostasien, umfasst den Festlandanteil und den Norden der Halbinsel Korea bis zur Demarkationslinie um den 38. Breitengrad. Angaben über die Bevölkerung beruhen auf Schätzungen. Zur Zeit der Teilung war die Industrialisierung in diesem Teil Koreas stärker fortgeschritten als im Süden. Forciert wurde vor allem der Ausbau der Schwerindustrie, die auf reichem Rohstoffvorkommen basiert. Gefördert werden Kohle, Graphit, Eisen-, Wolfram-, Molybdän- und Golderze. Die gesamte Wirtschaft wird von einer zentralstaatlichen Planungskommission kontrolliert.

Durch den Zusammenbruch des Handels mit den ehemaligen Ostblockländern verschlechterte sich ab 1990 die ohnehin prekäre Wirtschaftslage. Akuter Nahrungsmangel, in einigen Landesteilen sogar Hungersnot, trat nach den Überschwemmungen von 1995 und 1996 ein und entwickelte sich nach den Dürreschäden 1997 zur Hungerkatastrophe.

Geschichte: Zur Entwicklung bis 1953 →Korea (ehemaliger Staat). Nach dem Koreakrieg (1950–53) konzentrierte sich die herrschende Koreanische Arbeiterpartei auf den raschen Wiederaufbau mit sowjetischer und chinesischer Hilfe. Maßgeblicher Parteiführer und Politiker war Kim Il Sung (1912–94), der 1972 auch das Amt des Staatspräsidenten übernahm. Nach dessen Tod trat sein Sohn Kim Jong Il (*1941/42) faktisch die Nachfolge seines Vaters an; 1997 wurde er Parteichef, 1998 Vorsitzender des neu geschaffenen Nationalen Verteidigungsausschusses.

■ **Korea** (Süd-Korea), Staat in Ostasien, umfasst den Süden der Halbinsel Korea südlich der Demarkationslinie am 38. Breitengrad einschließlich der vorgelagerten rund 3 500 Inseln. Etwa 38 % der Koreaner sind Christen (überwiegend evangelisch), 23 % Buddhisten, 22 % Konfuzianer und 10 % Anhänger des traditionellen Schamanismus. Süd-Korea hat sich seit den 1960er-Jahren zu einem Industriestaat gewandelt. Es ist eines der führenden Schiffbauländer und in der Automobil- und Elektroindustrie in der Spitzengruppe der Industriestaaten.

Geschichte: Zur Entwicklung bis 1953 →Korea (ehemaliger Staat). Süd-Korea lehnte sich nach dem Koreakrieg (1950–53) eng an die USA an. 1961

Korea (Süd-Korea)
Fläche 99 268 km²
Einwohner 46,115 Mio.
Hauptstadt Seoul
Amtssprache Koreanisch
Nationalfeiertag 15. 8.
Währung 1 Won = 100 Chon
Zeitzone MEZ + 8 Std.

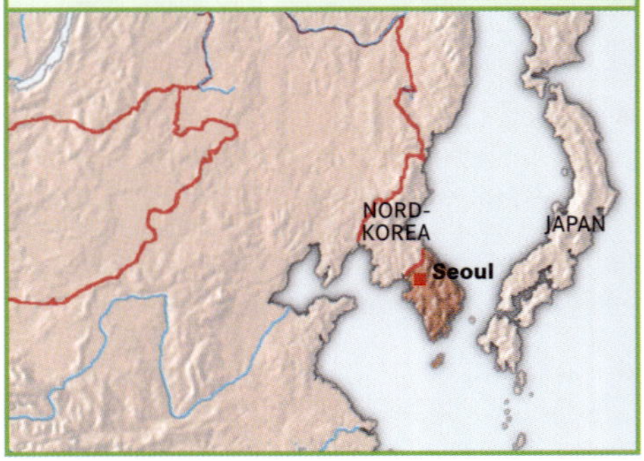

Korea (Südkorea)

Flagge

Wappen

stürzte das Militär die Regierung und beseitigte die demokratischen Institutionen; das Land wurde in den folgenden Jahrzehnten autoritär regiert. Erst nachdem der frühere Oppositionelle Kim Young Sam (*1927) 1992 die Präsidentschaftswahlen gewonnen hatte, setzten Reformen ein, die die Korruption zwischen Wirtschaft und Politik bekämpften sowie den politischen Einfluss des Militärs beschnitten. Staatspräsident ist seit 1998 Kim Dae Jung (*1924).

■ **Korinth,** griechische Hafenstadt am Südufer des **Golfs von Korinth** und am **Kanal von Korinth** (für Seeschiffe), mit 27 400 Einwohnern. An die antike Stadt Korinth, die 5 km weiter südwestlich lag, erinnern noch heute bedeutende Ruinen (u. a. der Tempel des Apoll). Über Alt-Korinth erhebt sich der Burgberg **Akrokorinth** mit vorwiegend mittelalterlichen Ruinen.
Korinth war im alten Griechenland der bedeutendste Handels- und Umschlagplatz nach Athen. Seine kulturelle Blüte erlebte es im 7. und 6. Jahrh. v. Chr. 146 v. Chr. wurde Korinth von den Römern zerstört, 44 v. Chr. von Cäsar neu gegründet. Im 1. Jahrh. n. Chr. gründete der Apostel Paulus hier eine Christengemeinde, an die er die beiden **Korintherbriefe** schrieb.

■ **Kork** [lat.] *der*, die äußere Rindenschicht vieler mehrjähriger Pflanzen, die die inneren Gewebe vor dem Austrocknen schützt. Er ist sehr elastisch, undurchlässig für Gase und Flüssigkeiten und widerstandsfähig. Kork, vor allem von **Korkeichen** (im Mittelmeergebiet verbreitete Art der Eichen), wird zu Flaschenkorken und als Bodenbelag verwendet.

Körpergewicht: Einteilung des Body Mass Index (BMI)

Einteilung	BMI (kg/m²)
Untergewicht	unter 17,0
Normalgewicht	20,0–24,9
Übergewicht	25,0–29,9
Fettsucht	30,0–39,9
extreme Fettsucht	über 40,0

Körpergewicht: Body Mass Index (BMI) für das Normalgewicht in verschiedenen Altersgruppen

Alter (in Jahren)	BMI (kg/m²)
19–24	19,0–23,9
25–34	20,0–24,9
34–44	21,0–25,9
45–54	22,0–26,9
55–65	23,0–27,9
über 65	24,0–28,9

Unweit des heutigen **Korinth** zeugen die Ruinen des dorischen Apollontempels von der alten Stadt Korinth im archaischen Griechenland

■ **Kormorane** [frz.], bis 90 cm große, gewandt fliegende und tauchende, Fisch fressende Wasservögel (Ruderfüßer) mit 30 Arten.

■ **Körpergewicht,** das von Geschlecht, Alter, Ernährungszustand, Körperlänge und hormonellen Faktoren abhängige Gewicht eines Individuums. Eine wesentliche Rolle spielt auch der Knochenbau, da die Knochen mit etwa 17,5 % am Körpergewicht beteiligt sind.
Das **Normalgewicht** wird durch den so genannten Body Mass Index (BMI) bestimmt. Die Formel für den BMI lautet:

BMI = Gewicht in Kilogramm/ Größe in Meter zum Quadrat.

Ein 1,75 m großer Mensch, der 70 kg wiegt, hat also einen BMI von etwa 22,9.
Ob eine Person Untergewicht, z. B. aufgrund einer Magersucht, Normalgewicht, Übergewicht oder eine Fettsucht hat, kann man ungefähr anhand des jeweiligen BMI bestimmen. Da mit zunehmendem Alter ein etwas höheres Gewicht als Normalgewicht toleriert werden kann, verschieben sich die Werte für Untergewicht, Übergewicht und Fettsucht mit höherem Alter entsprechend. Nach Schätzungen ist in Deutschland etwa die Hälfte der erwachsenen Bevölkerung übergewichtig. Übergewichtige Menschen haben eine geringere Lebenserwartung. – auch →Essstörungen.

Die Oberschnabelspitze der meist dunkel bis schwarz gefärbten **Kormorane** ist hakig herabgebogen; den hier abgebildeten in Europa heimischen Gewöhnlichen Kormoran erkennt man an seinen weißen Wangen

■ **Körperschaftsteuer** →Einkommensteuer.

■ **Korps** [kor; frz.] *das,* Großverband des Heeres, bestehend aus zwei bis fünf Divisionen und Korpstruppen (→Heer).

■ **Korpuskularstrahlen** [lat.]], aus Teilchen bestehende Strahlen, u.a. Elektronenstrahlen, Ionenstrahlen, Neutronenstrahlen.

■ **Korrelation** [lat.] *die,* das Aufeinanderbezogensein zweier Begriffe.

■ **Korrespondent** [lat.] *der,* für eine Zeitung, den Hörfunk oder das Fernsehen arbeitender auswärtiger Berichterstatter.

■ **Korrespondenz** [lat.] *die,* Briefwechsel; Schriftverkehr.

■ **Korrosion** [lat.] *die,* die Zerstörung von Werkstoffen (vor allem Metallen, z.B. durch Rost) durch chemische oder elektrochemische Vorgänge, die von der Oberfläche ausgehen.

■ **Korruption** [lat.] *die,* Bestechlichkeit, Bestechung; Sittenverfall.

■ **Korsika,** französische Insel im Mittelmeer, mit 8680 km² und 260000 Einwohnern. Der Hauptort ist Ajaccio. Das stark zerklüftete Gebirge im Innern erreicht eine Höhe von 2710 m. Das Küstenland im Osten ist fruchtbar. An der Westküste gibt es gute Naturhäfen. Weite Teile der Insel sind mit Wald und Macchie bedeckt. Schaf- und Ziegenzucht sowie der Fremdenverkehr sind wichtige Erwerbszweige. In dem milden Klima gedeihen Kastanien, Oliven, Korkeichen, Südfrüchte und Wein.
Geschichte: Aus dem 4. und 3. Jahrtausend v. Chr. gibt es bedeutende Zeugnisse der Megalithkultur (u.a. Menhire). Seit dem 6. Jahrh. v. Chr. gab es auf Korsika phönikische Handelsniederlassungen, ab 227 v. Chr. war es in römischem Besitz. Danach stand die Insel abwechselnd unter der Oberherrschaft von Genua oder Frankreich. 1768 trat Genua Korsika an Frankreich ab, 1982 erhielt es Autonomierechte.

Korund: Kristallbruchstück eines Rubins

■ **Korund** [Tamil] *der,* sehr harte Form von natürlich vorkommendem Aluminiumoxid (Al_2O_3). Der gemeine Korund wird wegen seiner Härte als Schleif- und Poliermittel verwendet. Durch Metalloxide gefärbte Korunde sind der →Rubin und →Saphir. Der industriell verwendete Korund wird auch synthetisch hergestellt.

■ **Korvette** [frz.] *die,* Kriegsschiffstyp für Geleitschutz und U-Boot-Abwehr, etwas kleiner als die →Fregatte.

■ **Koryphäe** [griech.] *die,* hervorragender Könner; jemand, der Außerordentliches auf seinem Gebiet leistet.

■ **Kosaken** [türkisch], seit der 2. Hälfte des 15. Jahrh. am Unterlauf von Dnjepr und Don entstandene Gemeinschaft von russischen und ukrainischen Bauern, die ihre Heimat aus sozialem Protest gegen die Grundherren verlassen hatte. Seit dem 18. Jahrh. bis zum Ende des Zarenreichs bildeten die Kosaken spezielle zarentreue Reiterverbände, die zur Grenzsicherung und zur Niederschlagung innerer Unruhen herangezogen wurden. Nach der Machtergreifung der Bolschewiki und dem Ende des Bürgerkriegs (1922) verließen etwa 30000 Kosaken Russland.

■ **koscher** [jiddisch], rein, einwandfrei (nach den jüdischen Speisevorschriften, die z.B. Schweinefleisch als nicht koscher verbieten).

■ **Kosinus** (Cosinus) [lat.] *der,* Funktionszeichen **cos,** eine der →Winkelfunktionen.

■ **Kosmetik** [griech. = Kunst des Schmückens] *die,* allgemein die Körper- und Schönheitspflege, darüber hinausgehend die Kunst der Verschönerung (vor allem des Gesichts).

■ **kosmische Strahlung** (Höhenstrahlung, Ultrastrahlung), energiereiche Teilchen- und Photonenstrahlung aus dem Weltraum (von der Sonne, der Milchstraße und anderen Galaxien), die auf die Erdatmosphäre trifft (Sekundärstrahlung) und noch in großen Tiefen im Meer und in der Erdrinde nachweisbar ist.

■ **Kosmologie** [griech.] *die,* die Lehre vom Weltall als Ganzem, von seiner Entstehung und Entwicklung, seinem Alter, seiner Ausdehung und Struktur. Die moderne Kosmologie beruht auf der allgemeinen →Relativitätstheorie und auf der kosmologischen Rotverschiebung (→Doppler-Effekt) in den Spektren von Galaxien (Sternsystemen), die 1929 von Edwin Powell Hubble entdeckt wurde. Wenn sich die Bewegung der Galaxien umkehren ließe, dann müsste es vor etwa 14 Milliarden Jahren einen Zustand extrem hoher Temperatur und Dichte gegeben haben, aus dem sich der heutige Kosmos entwickelte (Urknall oder Bigbang). Die Frage, ob sich der Kosmos weiter ausdehnen oder zur Ruhe kommen oder schließlich wieder schrumpfen wird, lässt sich heute noch nicht eindeutig beantworten. Die kosmische Hintergrundstrahlung, die 1964/65 entdeckt wurde, gilt als starke Stütze der Urknalltheorie.

■ **Kosmonaut** →Astronaut, →Raumfahrt.

■ **Kosmopolit** [griech.] *der,* Weltbürger; jemand, der sich weniger einem bestimmten Volk als vielmehr der ganzen Menschheit verbunden fühlt.

■ **Kosmos** →Weltall.

■ **Kosovo,** Provinz Jugoslawiens, in der Teilrepublik Serbien, 10887 km² mit 1,7 Mio. Einwohnern; die Hauptstadt ist Priština. Die Bewohner sind zu 90% Albaner (überwiegend Muslime) und zu 10% orthodoxe Serben. Das auf allen Seiten von Gebirgen umschlossene Gebiet grenzt im Südwesten an Albanien.

Geschichte: Der Kosovo, der seit der Schlacht auf dem Amselfeld (serbisch = Kosovo polje) 1389 unter türkischer Herrschaft stand, kam 1913 teilweise und mit der Gründung Jugoslawiens 1918 ganz zu Serbien. Die Anfang der 1980er-Jahre einsetzenden Bestrebungen der albanischen Bevölkerungsmehrheit nach mehr Unabhängigkeit mündeten aufgrund der serbischen Unterdrückungspolitik und der durch sie ausgelösten allmählichen Radikalisierung der Kosovaren (Terrorakte der Befreiungsarmee UÇK) im Frühjahr 1998 in einen blutigen Bürgerkrieg. Es kam zu einer anhaltenden Flucht und Vertreibung der albanischen Bewohner. Zwischen 24. März und und 10. Juni 1999 griff die NATO (ohne UN-Mandat) mit Luftangriffen auf jugoslawische Militär- und Infrastruktureinrichtungen in den Konflikt ein. Schließlich kam es zur Stationierung einer bewaffneten UN-Schutztruppe (KFOR = **Ko**sovo **For**ce), zur Rückkehr albanischer Flüchtlinge und zur Massenflucht der serbischen Bevölkerung. Eine dauerhafte Lösung des Kosovokonflikts bleibt auch von der Umwandlung der UÇK in eine zivile Organisation abhängig.

■ **Kot** (Exkrement, Stuhl), durch den Darm ausgeschiedenes Verdauungsprodukt, bestehend aus Wasser, Darmbakterien, abgeschilferten Zellen der Darmschleimhaut, Sekreten der Verdauungsdrüsen, nicht resorbierten Nahrungsschlacken sowie Gärungs- und Fäulnisprodukten, die den typischen Kotgeruch ausmachen. Die braune Farbe ist durch die Abbauprodukte der Gallenfarbstoffe bedingt. Der Mensch gibt pro Tag etwa 200 g Kot ab.

■ **Kotangens** (Cotangens) [lat.] *der,* Funktionszeichen **cot**, eine der →Winkelfunktionen.

■ **KPD,** Abkürzung für **K**ommunistische **P**artei **D**eutschlands, 1918/19 aus dem →Spartakusbund hervorgegangene politische Gruppierung, die sich bis 1933 zu einer Massenpartei (fast 6 Mio. Wähler) entwickelte. Unter dem Nationalsozialismus wurde sie zerschlagen; 1945 neu gegründet; in der Sowjetischen Besatzungszone vereinigte sie sich mit der SPD zur SED, der führenden Partei der DDR. In der Bundesrepublik Deutschland wurde sie 1956 verboten, jedoch bildeten sich hier verschiedene Nachfolgeorganisationen.

■ **Krabben, 1)** (Kurzschwanzkrebse), eine Unterordnung der Zehnfußkrebse (Taschenkrebs, Wollhandkrabbe u. a.) mit rundlichem Körper und kurzem, nach unten eingeschlagenem Hinterleib. Das erste Rumpfbeinpaar hat meist große Scheren. Das Fleisch der Krabben ist zart und schmackhaft **2)** Handelsbezeichnung für die Nordseegarnele (→Garnelen).

■ **Kraft,** physikalische Größe, Formelzeichen F, die nur an ihrer Wirkung zu erkennen ist. Immer wenn eine Bewegungsänderung oder eine Verformung auftritt, wirkt eine Kraft.
Physikalisch ist die Kraft gleich dem Produkt Masse × Beschleunigung. Die Einheit der Kraft ist das →Newton (N).

Eine Kraft hat die Größe 1 N, wenn sie einer Masse von 1 kg eine Beschleunigung von 1 m/s² erteilt.

Die Kraft wird durch ihren Angriffspunkt, ihre Größe und die Richtung ihrer Wirkung bestimmt. Sie ist also eine gerichtete Größe, ein Vektor. – Zu Gewichtskraft →Gewicht.

■ **Kraftfeld,** der Raum, in dem auf einen Körper eine →Kraft ausgeübt wird. Beispielsweise stellt der Raum um einen Magneten ein Kraftfeld dar, denn in ihm wird auf einen Eisenkörper eine Kraft ausgeübt.

Dieses **Kraftrad** ist eine Harley Davidson; das Modell Heritage Special stammt aus dem Jahr 1994

■ **Kraftrad,** Kurzbezeichnung **Krad**, im engeren Sinne gleichbedeutend mit **Motorrad**; im weiteren Sinne Sammelbezeichnung für alle einspurigen, zweirädrigen Kraftfahrzeuge, die im Prinzip aus gleichartigen Baugruppen bestehen: Motorrad (auch mit Beiwagen), Motorroller, Leichtkraftrad, Kleinkraftrad mit Hilfsmotor und Mofa.
Der Antrieb des Kraftrads erfolgt durch einen Zweitaktmotor oder, bei schweren Motorrädern, durch einen Viertakt-Ottomotor. Der Rahmen besteht aus gepressten, zusammengeschweißten Stahlblechschalen oder aus Stahlrohren. Das Vorderrad ist in

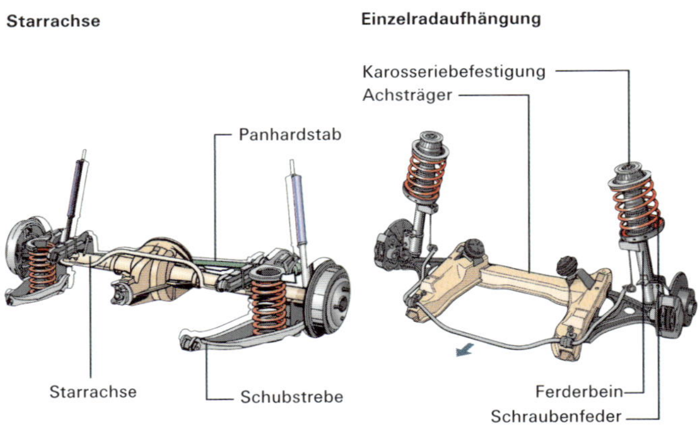

Radaufhängung bei **Kraftwagen;** bei Starrachsen erfolgt die Führung in Längsrichtung des Fahrzeugs durch Schubstreben; vertikale Schwingungen werden durch Schraubenfedern gedämpft, die jedoch keine Seitenkräfte aufnehmen können, diese Funktion übernimmt der Panhardstab; gegenüber den starren Achsen hat die Einzelradaufhängung den Vorteil, dass keine Beeinflussung der Räder untereinander stattfindet

einer Gabel angeordnet, die schwenkbar im Steuerkopf des Rahmens gelagert und mit einer Lenkstange versehen ist. Der Federung der Vorderachse dient eine Teleskopgabel oder eine Schubschwinge. Die Führung des Hinterrades erfolgt meist mithilfe einer gezogenen Langschwinge, wobei Schraubenfedern eingesetzt werden. Vorder- und Hinterrad haben voneinander unabhängig wirkende mechanische Innenbackenbremsen oder hydraulische Scheibenbremsen. Kupplung und Schaltgetriebe sind mit dem Motorgehäuse verschraubt und bilden einen kompakten Block. Die Gänge werden bei leichteren Motorrädern durch eine Drehgriffschaltung eingelegt, bei schwereren Motorrädern durch einen Fußhebel am Getriebegehäuse. Die Leistung des Motors regelt man mit einem Gasdrehgriff. Die Kraftübertragung vom Getriebe zum Hinterrad bewirkt eine Rollenkette oder eine Kardanwelle. Bei kleineren Motorrädern ist die Lichtmaschine mit einer Zündanlage zur Schwunglichtzündanlage zusammengefasst. Schwerere Krafträder sind mit einer Drehstromlichtmaschine und Batteriezündanlage ausgestattet, ferner mit einem elektrischen Anlasser (gewöhnlich dient jedoch ein Kickstarter zum Anlassen des Motors).
Für Fahrer (und Beifahrer) aller Krafträder besteht die Pflicht zum Tragen eines Schutzhelms; empfohlen wird auch das Tragen geeigneter Schutzkleidung. – Nicht mehr üblich sind die Bezeichnungen **Moped** (Fahrrad mit Hilfsmotor bis 40 km/h) und **Mokick** (Kleinkraftrad bis 40 km/h).

■ **Kraftwagen** (Automobil, Auto), mehrspuriges Kraftfahrzeug (Abkürzung **Kfz**) zur Beförderung von Personen (Personenkraftwagen, Abkürzung **Pkw;** Omnibus) und/oder Lasten (Lastkraftwagen, Abkürzung **Lkw**); daneben gibt es im Motorsport Sport- und Rennwagen. Fahrwerk und Motor bilden das Fahrgestell (Chassis). Das Fahrwerk besteht aus den Rädern (Felgen und Reifen) und ihren Aufhängungen sowie aus Federelementen, dem Bremssystem und der Lenkung. Beim Lkw und Anhängern sind die Räder durch starre Achsen verbunden, beim Pkw überwiegen Einzelradaufhängungen. Zur Federung dienen Blatt-, Schrauben- und Drehstab-(Torsions-)Federn; manche Kraftwagen haben auch Luft- oder Gasfederung. Hydraulische Stoßdämpfer halten die Federwege klein. Hydraulisch wirken auch die Bremsen; dabei werden vorn vorwiegend Scheibenbremsen, hinten Trommel- oder Scheibenbremsen eingesetzt. Viele Autos verfügen über ein →Antiblockiersystem. Bei der Lenkung findet Servolenkung mit hydraulischer Lenkkraftunterstützung zunehmend Verbreitung.
Der Motor ist meist ein Verbrennungsmotor (→Ottomotor, →Dieselmotor, →Wankelmotor), seltener ein Elektromotor, eine Brennstoffzelle oder ein Erdgasantrieb. Die Motorkraft wird über Kupplung, Getriebe und Differenzialgetriebe auf die antreibenden Räder übertragen, wobei man zwischen Vorderrad-, Hinterrad- und Allradantrieb unterscheidet. Der benötigte Kraftstoff (Benzin, Dieselöl) wird dem Motor durch eine Kraftstoffförderpumpe zugeführt.

Kraftwagen: Meilensteine der Geschichte

1885	erster dreirädriger Kraftwagen von Carl Benz. Viertaktmotor 0,75 PS, elektrische Zündung, Differenzialgetriebe
1886	erster vierrädriger Kraftwagen von Gottlieb Daimler. Viertaktmotor 1,5 PS, Glührohrzündung, Kupplung für zwei Geschwindigkeiten
1887	Magnetzünder von Robert Bosch
1888	Luftreifen von John Dunlop
1892	Spritzdüsenvergaser von Wilhelm Maybach
1900/01	erster Mercedes-Kraftwagen, gebaut von Wilhelm Maybach in der Daimler-Motoren-Gesellschaft
1908	Serienfertigung des Modells T durch Henry Ford in den USA
1934	erste Konstruktion des Volkswagens durch Ferdinand Porsche
1949	Gürtelreifen
1967	Airbag
1978	Antiblockiersystem ABS (Serienfertigung)
1986	Antriebsschlupfregelung (Serienfertigung)
1995	Elektronisches Stabilitäts-Programm (Serienfertigung)

Kraftwagen

Seit den 60er-Jahren des 19. Jahrhunderts gab es viele Versuche mit Kraftwagen mit Verbrennungsmotor. Die Ehre, als Erster ein Auto, das heißt einen »schienenungebundenen Selbstfahrer« gebaut zu haben, wird manchmal Carl Benz streitig gemacht. So beansprucht der Wiener Mechaniker Siegfried Marcus (1831–98) diesen Rang. Schon 1870, also 16 Jahre vor Benz, konstruierte er einen Zweitakter, der nur anhand von Fotos und Plänen nachweisbar ist und von dem niemand weiß, ob er je funktionstüchtig gewesen ist. Seine zweite Benzinkutsche mit einem 0,75 PS starkem Einzylinder-Viertaktmotor ist im Technischen Museum in Wien zu besichtigen. Sie wurde 1888, mit dem Hinweis schon 1875 gebaut worden zu sein, als »erstes Automobil der Geschichte« vorgestellt. Doch Carl Benz und Gottfried Daimler hatten ihre Kraftwagen schon 1885 und 1886 nicht nur gebaut, sondern auch bekannt gemacht.

Die im Abgas eines mit Ottomotor angetriebenen Fahrzeugs enthaltenen Schadstoffe können über einen →Katalysator geleitet und dadurch zum Teil entgiftet werden. Die mit viel Energie ausströmenden Abgase können nutzbar gemacht werden, wenn man sie eine kleine Turbine antreiben lässt, die ihrerseits einen Verdichter antreibt, der den Motorzylindern verdichtete Luft zuführt (Turbolader).

Die **Personenkraftwagen** werden oft nach verschiedenen Gesichtspunkten (Größe, Leistung, Hubraum) unterteilt in Klein-, Mittelklasse- und Oberklassewagen. Einschließlich Fahrersitz dürfen in ihnen nicht mehr als acht Sitzplätze vorhanden sein.

Der **Omnibus** (Kraftomnibus, Autobus, Bus) dient der Beförderung einer größeren Anzahl von Personen (bis etwa 125 Plätze). In Reisebussen befinden sich die Sitzreihen erhöht über Gepäckabteilen. Bei Eineinhalbdeckern befindet sich über der hinteren Hälfte ein weiteres Deck; Doppeldecker weisen zwei komplette Passagierdecks auf. Im Linienverkehr werden auch Gelenkbusse eingesetzt.

Bei den **Lastkraftwagen** (Lastwagen) unterscheidet man Kombi- oder Lieferwagen auf Pkw-Basis mit eigenständigem Kastenaufbau oder abgewandelter Pkw-Karrosserie, Zugwagen (Lastzüge) mit oder ohne Anhänger, Zugmaschinen, Sattelschlepper mit Sattelauflieger (Sattelzüge) und Sonderfahrzeuge. Lkw werden nach ihrem hauptsächlichen Verwendungszweck in Straßen- und Geländefahrzeuge und nach ihrer Zuladekapazität in Leicht-, Mittel- und Schwerlastwagen eingeteilt. Sie haben je nach Gewichtsklasse und gesetzlich zulässigen Achslastgrenzen zwei, drei oder vier Achsen. Beim Aufbau unterscheidet man Kastenaufbau (geschlossener Kasten aus Stahlblech- und Leichtmetall- oder Kunststoffverbundbauweise mit Heck- und/oder Seitentüren), Pritschenaufbau (ebene, durchgehende Ladefläche mit festen oder herunterklappbaren Bordwänden aus Stahl, Leichtmetall, Kunststoff oder Holz). Sonderaufbauten werden z. B. für Feuerwehr-, Müll-, Tank-, Rettungs-, Polizei- und Militärfahrzeuge sowie Wohnmobile hergestellt. Darüber hinaus können Lkw mit Verladehilfen (Kran, Hebebühne, absenkbare Ladefläche u. a.) ausgerüstet werden.

Geschichte: 1886 baute Gottlieb Daimler den von ihm und Wilhelm Maybach entwickelten, schnelllaufenden Benzinmotor mit Glührohrzündung in einen vierrädrigen Kutschwagen ein und fuhr damit 1887 von Stuttgart nach Cannstatt mit einer Geschwindigkeit von 18 km/h. Carl Benz hatte 1885 nach dem gleichen Prinzip eine dreirädrige ›Motorkutsche‹ konstruiert (1888 Demonstrationsfahrt von Mannheim nach Pforzheim). 1913 begann Henry Ford mit der Fließbandfertigung im Kraftfahrzeugbau; 1914 war die hydraulische Bremse, 1939 die Scheibenbremse, 1948 der Gürtelreifen gebrauchsreif entwickelt.

■ **Kraftwerk** (Elektrizitätswerk), Anlage zur Gewinnung elektrischer Energie. Kernstück eines Kraftwerks ist ein →Generator. Beim **Wärmekraftwerk** wird er durch Dampfturbinen angetrieben.

Kraftwerk: Sonnenkraftwerk; man unterscheidet drei Typen von Sonnenkraftwerken: Rinnenkollektoranlagen, Parabolspiegelanlagen und Solarturmanlagen; die hier abgebildete Solarturmanlage wird in Kalifornien betrieben

Die dafür benötigte Wärmeenergie wird durch Verbrennung von Kohle, Erdöl oder Erdgas gewonnen, beim Kernkraftwerk durch Kernspaltung in den verwendeten Kernbrennstoffen (auch →Kernenergie). **Geothermische Kraftwerke** nutzen die Wärmeenergie der Erde in vulkanischen Gebieten. Bei **Wasserkraftwerken** wird die Energie von künstlichen oder natürlichen Wasserfällen, von rasch strömenden Flüssen oder von Gezeitenströmungen zum Antrieb der Generatoren verwendet. **Windkraftwerke** nutzen die Luftströmungen, **Sonnenkraftwerke** die Energie der Sonnenstrahlung. Die Leistungsfähigkeit von Kraftwerken wird in Kilowatt (kW) oder Megawatt (MW) angegeben. – auch →Energiequellen.

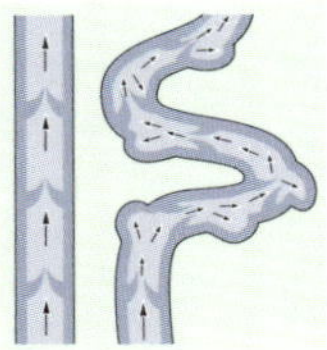

Die Zeichnung zeigt den Verlauf einer **Krampfader** im Vergleich zu einer gesunden Vene

■ **Krähen,** etwa 50 cm lange, meist gesellig lebende, schwarze Singvögel (Rabenvögel), die als Allesfresser auch Eier und Junge anderer Vögel rauben. Die Rabenkrähe ist völlig schwarz, die Saatkrähe besitzt einen kahlen, weißen Fleck um die Schnabelwurzel. Die graue Nebelkrähe Ostdeutschlands überwintert teilweise in Süddeutschland.

■ **Krakatau,** Vulkaninsel in der Sundastraße, zwischen Sumatra und Java, 15 km², 813 m hoch. Durch einen Vulkanausbruch wurde die Insel 1883 zersprengt und auf ein Drittel ihrer früheren Größe verkleinert. Eine gewaltige Flutwelle, die noch in Südamerika verspürt wurde, richtete vor allem auf Sumatra und Java schlimme Verwüstungen an. Rund 36 000 Menschen verloren bei dieser größten Vulkankatastrophe seit Menschengedenken das Leben.

Fliegende **Kraniche** kann man an ihren lang vorgereckten Hälsen erkennen, ihre Rufe klingen wie Trompeten

■ **Krakau** (polnisch Kraków), Stadt in Südpolen, an der oberen Weichsel gelegen, mit 740 500 Einwohnern.Die Stadt wurde nach dem Zweiten Weltkrieg stark industrialisiert, besonders mit dem Eisenhüttenkombinat im Stadtteil Nowa Huta. Sehenswert sind vor allem die gotische Marienkirche mit dem Marienaltar des Veit Stoß, der Dom (1364 geweiht), das Schloss und die ehemalige Tuchhalle. 965 erstmals genannt, wurde Krakau nach der Zerstörung durch die Mongolen 1257 neu gegründet. Von 1320 bis ins 18. Jahrh. war es Krönungsort der polnischen Könige.

■ **Kraken** →Kopffüßer.

■ **Kral** [portugiesisch] *der,* Rundsiedlung afrikanischer Hirtennomaden, die um einen offenen oder eingezäunten Schlafplatz der Tiere angeordnet ist.

■ **Krampf,** unwillkürliche, heftige Muskelzusammenziehung. Beim tonischen Krampf verharrt der Muskel in der Anspannung, beim klonischen Krampf wechselt er zwischen Anspannung und Erschlaffung. Hervorgerufen wird der Krampf durch Überanstrengung des Muskels, Vergiftungen oder Veränderungen im Zentralnervensystem.

■ **Krampfader,** eine krankhaft erweiterte Vene, die an den Beinen als sich schlängelnder oder knotiger Strang sichtbar ist.

■ **Kran,** eine Vorrichtung zum Heben und seitlichen Versetzen von Lasten. Er kann ortsfest, auf Schienen oder frei verfahrbar oder auf einem Schwimmkörper angeordnet sein. Man unterscheidet je nach Verwendungszweck zahlreiche unterschiedliche Bauarten. Im Baugewerbe werden meist **Turmdrehkräne** benutzt. Zum Transport schwerer Werkstücke in Fabrikhallen verwendet man den **Brückenkran**. Er besteht aus einer fahrbaren Brückenkonstruktion, auf der sich eine so genannte Laufkatze, an der das Hebeseil befestigt ist, bewegen kann. Zum Be- und Entladen von Schiffen benutzt man **Portalkräne** oder **Verladebrücken**. **Schwimmkräne** sind Kräne, die auf schwimmfähigen Pontons montiert sind. **Hydraulische Fahrzeugkräne** sind auf schweren Lastkraftwagen angebracht und haben einen Teleskopmast.

■ **Kraniche,** etwa bis 1,5 m lange Watvögel mit langem Hals, kleinem Kopf und kräftigem Schnabel. Sie leben vor allem in sumpfigen Landschaften und

Steppen; meist Zugvögel. Der in Mitteleuropa lebende **Graue Kranich** ist stark bedroht.

■ **Krater,** die trichter- oder kesselförmige Öffnung eines Vulkans, durch die die Lava an die Erdoberfläche tritt, oder eine Vertiefung im Boden durch einen Meteoriteneinschlag.

■ **Kraus,** Karl, österreichischer Schriftsteller, *Jitschin (heute Tschechische Republik) 28. April 1874, †Wien 12. Juni 1936. Er kritisierte in zum Teil satirischer, aber oft auch sarkastisch-zorniger Sprache die Kultur seiner Zeit, vor allem Österreichs. Das Forum für seine Schriften bildete die Zeitschrift »Die Fackel«, die er 1899 begründet hatte und die ab 1911 ausschließlich mit seinen eigenen Texten erschien.

■ **Kreativität** [lat.] *die,* das Schöpferische; die Fähigkeit schöpferisch zu denken und die Ergebnisse dieses Denkens zu verwirklichen, z. B. in Form eines Kunstwerks oder einer Erfindung.

■ **Krebs,** im allgemeinen Sprachgebrauch Bezeichnung für bösartige Geschwülste und Geschwulstkrankheiten (vor allem Karzinom und Sarkom) und einige bösartige Systemerkrankungen des Blutes. **Karzinome** gehen von bestimmten Deck- und Organgeweben aus, **Sarkome** von Stütz- und Bindegeweben; Systemerkrankungen (z. B. Leukämie) betreffen die Blutstammzellen. Bösartige Geschwülste dringen rasch in Nachbargewebe ein und zerstören diese. Auf dem Lymph- und/oder Blutweg bilden sie Tochtergeschwülste **(Metastasen).**

Kraniche

In Ägypten dienten Kraniche nach Wandbildern des 3. Jahrtausends v. Chr. als Nahrung und Opfertiere. Sie wurden mit dem Schlagnetz gefangen und in Geflügelgehegen gemästet. Auf griechischen und römischen Schmucksteinen, Grabreliefs und auf Vasen werden Kraniche oft in Verbindung mit erotischen Szenen dargestellt.
In der griechischen und christlichen Antike galten sie als Symbol von Wachsamkeit und sozialem Verhalten. Die Römer schätzten das Fleisch der mit Schlingen oder Netzen gefangenen und gemästeten Kraniche als Delikatesse. Durch ihr pünktliches Erscheinen im Frühjahr gaben die Kraniche den Zeitpunkt des Pflügens und Säens an.
In Japan gilt der Kranich als Glücksvogel und ist, ebenso wie in China, Sinnbild langen Lebens.

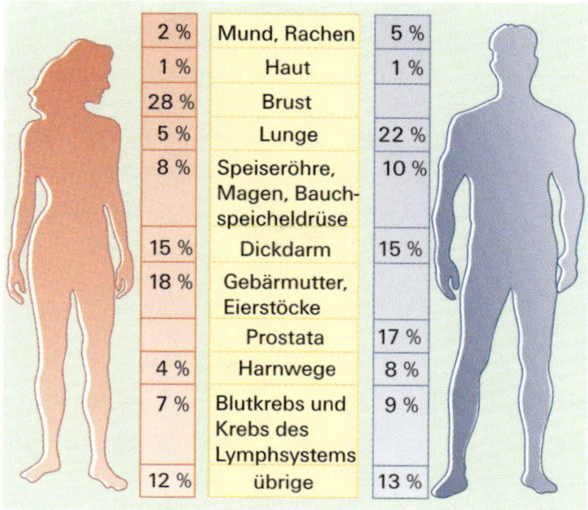

Krebs: die häufigsten Krebsarten

Krebsauslösend wirken über 800 chemische Substanzen. Viele von ihnen sind auch →Mutagene. Da auch Mutationen hervorrufende Strahlen (Röntgenstrahlen, ultraviolette und radioaktive Strahlen) Krebs auslösen, werden alle Entstehungsweisen von Krebs auf eine Störung im Steuerungsmechanismus im Kern der Zelle zurückgeführt, der normalerweise die Anzahl der Teilungen begrenzt. Ein intaktes Immunsystem erkennt und vernichtet die entarteten Zellen sofort.
Krebs ist nur heilbar, wenn alle vorhandenen Krebszellen durch die Behandlung zerstört werden können. Als Therapiemaßnahmen stehen Operationen, Strahlenbehandlung und Chemotherapie (z. B. Behandlung mit zellwachstumshemmenden Medikamenten) zur Verfügung.

■ **Krebstiere** (Krustentiere), Klasse von weniger als 1 mm bis 60 cm großen Gliederfüßern mit etwa 45 000 Arten. Der Körper ist meist in Kopf, Brust (diese können auch verschmolzen sein) und Hinterleib geteilt. Bei größeren Formen wird der aus Chitin bestehende Panzer durch Einlagerung von Kalk hart und spröde; er wird während des Wachstums öfter gewechselt. Der Kopf trägt zwei Paar Antennen und ein Paar Facettenaugen. Als Wasserbewohner atmen die Krebstiere durch Kiemen.

■ **Kredit** [lat.] *der,* die Überlassung einer Geldsumme für eine bestimmte Zeit gegen einen vereinbarten Preis (→Zinsen).

■ **Kreditinstitute** →Banken.

■ **Kreide, 1)** *Geologie:* →geologisches System (Übersicht).

2) *Petrologie:* ein weißer, feinkörniger, weicher und lockerer Kalkstein (Calciumcarbonat). Er bildete

Karl Kraus schrieb mit Wucht gegen den volksverdummenden Missbrauch der Sprache durch Politiker und Sensationsjournalisten an, so auch in seinem Drama »Die letzten Tage der Menschheit«, in dem er mit wörtlichen Zitaten bekannter Persönlichkeiten die Absichten der Demagogen bloßlegte

sich während der Kreidezeit aus den Kalkpanzern und Kalkhüllen kleinerer Meerestiere.

■ **Kreis,** eine geschlossene Kurve, auf der alle Punkte liegen, die von einem Punkt, dem Kreismittelpunkt *M*, die gleiche Entfernung haben. Diese Entfernung heißt Radius (*r*). Für den Kreisdurchmesser (*d*), den Kreisumfang (*U*) und die Kreisfläche (*F*) gelten die Beziehungen ($\pi = 3{,}14159...$):

$$d = 2r$$

$$U = 2\pi r$$

$$F = \pi r^2.$$

Eine Gerade, die den Kreis in einem Punkt berührt, heißt Tangente; eine Gerade, die den Kreis schneidet, heißt Sekante. Das im Kreisinneren verlaufende Stück einer Sekante heißt Sehne. Ein von einer Sehne abgeschnittenes Kreisstück heißt Kreisabschnitt oder Kreissegment. Als Kreisausschnitt oder Kreissektor bezeichnet man dagegen ein durch zwei Radien begrenztes Kreisstück. Zwei Kreise, die denselben Mittelpunkt haben, heißen konzentrische Kreise.

■ **Kreisel,** ein meist symmetrisch gebauter Körper, der sich um seine Symmetrieachse dreht. Der Kreisel ist bestrebt, die Lage seiner Drehachse im Raum beizubehalten. Auf dieser Erscheinung beruht die Wirkungsweise des Kreiselkompasses (→Kompass). Übt man auf die Drehachse eine Kraft aus, weicht sie senkrecht zur Wirkungsrichtung dieser Kraft aus. Eine kurzzeitige Krafteinwirkung auf ein Ende der Drehachse, etwa einen Schlag, beantwortet der Kreisel mit einer kegelförmigen Bewegung seiner Drehachse (Präzession).

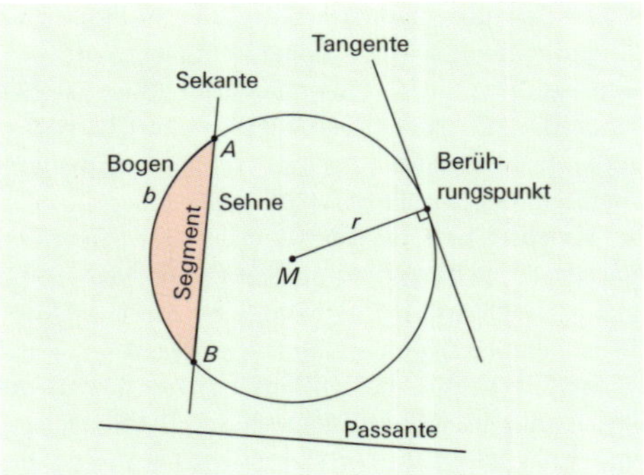

Ein **Kreis** und eine Gerade können zwei verschiedene Punkte, einen Punkt oder keinen Punkt gemeinsam haben: im ersten Fall schneidet die Gerade als Sekante den Kreis, im zweiten Fall berührt sie ihn als Tangente und im letzten Fall meidet sie ihn als Passante; die Sekante zerlegt die Kreisfläche und die Kreislinie in jeweils zwei Teile – die Teile der Kreislinie nennt man Bogen und die der Kreisfläche Segmente, die Strecke wiederum, die eine Sekante mit der Kreisfläche gemeinsam hat, heißt Sehne; der Berührpunkt ist der gemeinsame Punkt von Kreis und Tangente und der Radius die Verbindungsstrecke zwischen Kreismittelpunkt und Berührpunkt, wobei die Tangente und der Radius rechtwinklig zueinander stehen

Die in Eurasien lebende **Kreuzotter** ist vom Aussterben bedroht

■ **Kreiskolbenmotor,** eine Verbrennungskraftmaschine, deren Kolben eine stetig kreisende Bewegung durchführen. Zu technischer Bedeutung ist nur der →Wankelmotor gelangt.

■ **Krematorium** [lat.] *das,* Anstalt zur Einäscherung von Toten.

■ **Kreml** [russisch] *der,* befestigter, burgartiger Stadtteil russischer Städte im Mittelalter. Am bekanntesten ist der Moskauer Kreml, der mehrere alte Kirchen und eine Anzahl Paläste umfasst und heute Sitz der russischen Regierung ist.

■ **Kreolen** [spanisch], die Nachkommen romanischer Einwanderer in Mittel- und Südamerika (weiße Kreolen); in Brasilien auch für die Nachkommen der aus Afrika stammenden Sklaven (schwarze Kreolen).

■ **Kreta,** die größte der griechischen Inseln, im östlichen Mittelmeer, mit 8 261 km^2 und 540 100 Einwohnern. Die größte Stadt ist Heraklion. Das Innere besteht vorwiegend aus Kalkgebirgen; unter den drei Gebirgsstöcken erreicht der Ida eine Höhe von 2 456 m. Klima und Pflanzenwelt sind mittelmeerisch. In kleinen fruchtbaren Küstenebenen werden u. a. Wein, Oliven und Zitrusfrüchte angebaut. Größte wirtschaftliche Bedeutung hat jedoch der Fremdenverkehr.

Geschichte: Vom 3. Jahrtausend bis 1100 v. Chr. war Kreta Mittelpunkt der **minoischen Kultur** (so genannt nach dem sagenhaften König Minos). Als Zeugnisse aus diesem Zeitraum sind Teile von Palastanlagen erhalten (z. B. in Knossos und Phaistos), teils mit großen Wandgemälden, dazu Schmuck, bunt bemalte Vasen u. a. Vor 1400 v. Chr., erneut vor 1000 v. Chr. wanderten griechische Stämme ein, 67 v. Chr. wurde Kreta von den Römern erobert. Danach wechselte die Herrschaft noch mehrmals (ab 1669 war Kreta türkisch), bis die Insel 1913 mit Griechenland vereinigt wurde.

■ **Kreuz,** zwei sich rechtwinklig, seltener schräg schneidende Balken. In unterschiedlichen Formen ist das Kreuz eines der ältesten religiösen Symbole und Heilszeichen. Im Christentum ist es zum Sinnbild für das Leiden Christi und das durch Gott in Tod und Auferstehung gewirkte Heil geworden.

■ **Kreuzblütler,** eine weltweit verbreitete, vielgestaltige Pflanzenfamilie mit rund 3000 Arten. Jede Blüte besteht aus je vier freien Kelch- und Blumenkronblättern, die kreuzweise gestellt sind. Zu den Kreuzblütlern gehören u. a. Senf, Raps, die Kohlarten, Rüben, Salat, Kresse, Rettich, Meerrettich, viele Zierpflanzen und Wildkräuter.

■ **Kreuzer,** früher das auf die Handelskriegführung spezialisierte Kriegsschiff, gekennzeichnet durch hohe Geschwindigkeit und relativ schwache Bewaffnung; heute nach Außerdienststellung der Schlachtschiffe das größte Mehrzweckkampfschiff.

■ **Kreuzotter,** die einzige in Deutschland verbreitete Viper. Sie wird bis 80 cm lang, Kopf und Schwanz sind deutlich vom Rumpf abgesetzt. Das dunkelbraune bis schwarze Zickzackband hebt sich bei dunkleren Formen kaum von der Grundfärbung ab. Als Nahrung dienen Mäuse und andere lebende Tiere dieser Größe. Im Allgemeinen greift die Kreuzotter nur an, wenn sie gereizt wird. Das Gift der Kreuzotter ist auch für den Menschen gefährlich, jedoch nur selten tödlich.

■ **Kreuzung,** in der Tier- und Pflanzenzüchtung die Paarung von Individuen mit unterschiedlichen Erbanlagen, das heißt von Rassen, Sorten oder Arten.

■ **Kreuzzüge,** die vom 11. Jahrh. bis Ende des 13. Jahrh. unternommenen Kriegszüge nach Vorderasien und Nordafrika zur Befreiung der heiligen Stätten von der islamischen Herrschaft. Von Predigern wurde den Teilnehmern an Kreuzzügen Sündenvergebung und im Todesfall das ewige Heil versprochen. Es gab jedoch auch weltliche Interessen wie die Aussicht auf Beute, Handel und Abenteuerlust. Man unterscheidet sieben K.:

Nach der Bitte des byzantinischen Kaisers um Hilfe gegen die Seldschuken rief Papst Urban II. 1095 die Christenheit zur Befreiung des heiligen Grabes von Jerusalem auf.

Es kam zum **1. Kreuzzug 1096–99,** der mit der Vernichtung ganzer Judengemeinden in Frankreich, am Rhein, an der Donau und in Böhmen begann. Nach der Errichtung der Lehnsstaaten Edessa (in Kleinasien), Antiochia und Tripolis (beide in Syrien) gelang es 1099, Jerusalem zu erobern.

Eines der bekanntesten Wandgemälde aus der Zeit der minoischen Kultur in **Kreta** ist das im Ostflügel der Palastes von Knossos gefundene Stierspringerfresko

Die islamische Rückeroberung Edessas war der Auslöser für den **2. Kreuzzug 1147–49,** an dem sich neben anderen der Staufer Konrad III. und Ludwig VII. von Frankreich beteiligten. Der Kreuzzug scheiterte bereits während des Marsches durch Kleinasien.

Nach der Einnahme Jerusalems durch Sultan Saladin kam es zum **3. Kreuzzug 1189–92** unter Führung Kaiser Friedrichs I. Barbarossa (ertrunken 1190), bei dem es nicht gelang, Jerusalem zurückzuerobern.

Der **4. Kreuzzug 1202–04** endete mit der Eroberung Konstantinopels und der Errichtung des Lateinischen Kaiserreiches unter venezianisch-französischer Führung. 1212 fand ein Zug »junger Leute« (lat. pueri, deshalb auch **Kinderkreuzzug**) statt, der bereits in Italien scheiterte. Teilnehmer waren wohl Knechte, Landarbeiter und Tagelöhner.

Friedlich verlief der **5. Kreuzzug 1228/29,** als es Kaiser Friedrich II. durch Verhandlungen gelang, die christlichen Pilgerstätten zurückzugewinnen. Jerusalem ging jedoch bereits 1244 wieder verloren.

Während des **6. Kreuzzuges 1248–54** geriet der französische König Ludwig IX., der Heilige, mit seinem Heer in Gefangenschaft, wurde aber gegen Lösegeld wieder freigelassen.

Auf dem **7. Kreuzzug 1270,** der sich gegen Tunis richtete, starb Ludwig IX. – Die Geschichte der Kreuzzüge endete mit der Rückeroberung der Stadt Akko 1291 durch die Muslime.

■ **Kricket** [engl.] *das,* dem amerikanischen Baseball verwandtes englisches Schlagballspiel für zwei Mannschaften mit je elf Spielern. Gespielt wird Kricket auf einem ovalen, 60 × 80 m großen Spielfeld. In der Feldmitte stehen im Abstand von 20,12 m die beiden Tore (Wickets), die aus drei nebeneinander im Abstand von 11,1 cm stehenden Stäben bestehen. Die Werfer der (angreifenden) Feldpartei versuchen mit dem 156–163 g schweren Korkball die Tore einzuwerfen, die von je einem Schläger der (verteidigenden) Schlagmannschaft mit der Schlagkeule (Bat) verteidigt werden. Die geworfenen Bälle sollen möglichst weit weggeschlagen werden, damit die beiden Schläger, ehe es einem Spieler der Feldpartei gelingt, ein Tor einzuwerfen, möglichst viele punktbringende Platzwechsel zwischen den beiden Toren ausführen können. Haben alle Spieler der verteidigenden Mannschaft geschlagen, ist ein Durchgang vorbei; gespielt werden zwei oder vier Durchgänge.

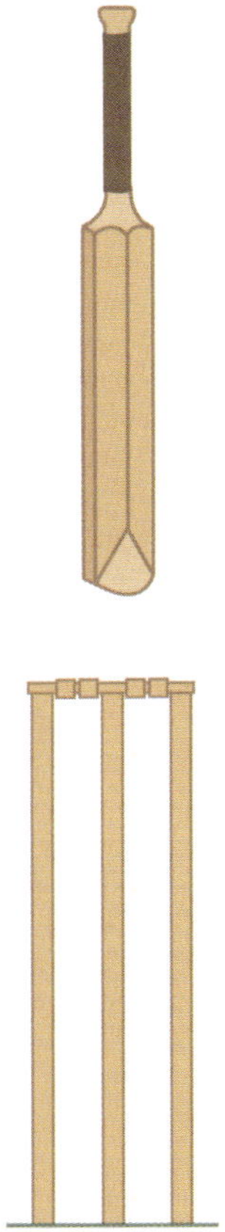

Kricket:
Schlagkeule und Tor

■ **Kriechtiere** → Reptilien.

■ **Krieg,** organisierter, mit Waffengewalt ausgetragener Machtkonflikt zwischen Staaten oder zwischen verschiedenen Bevölkerungsgruppen eines Staates (Bürgerkrieg) zur Durchsetzung politischer, wirtschaftlicher, ideologischer und militärischer Interessen.

■ **Kriemhild,** in der Nibelungensage die Gemahlin Siegfrieds. Nach Siegfrieds Ermordung heiratet sie den Hunnenkönig Etzel, um sich am Mörder ihres Gatten, Hagen und den eigenen Brüdern, zu rächen.

■ **Krim** *die,* zur Ukraine gehörende Halbinsel zwischen Asowschem und Schwarzem Meer, Hauptstadt ist Simferopol. Die Krim ist mit dem Festland durch die Landenge von Perekop verbunden. Der nördliche Teil der Halbinsel ist Steppe. Im Süden erhebt sich das Jailagebirge (bis 1 545 m). An dessen Südhängen gedeihen Oliven, Wein und Südfrüchte. Wichtige Orte an der Südküste sind Sewastopol (als Hafen) und Jalta (als Kurort).

■ **Kriminalistik** [lat.] *die,* Lehre von der Aufklärung und Verhinderung von Verbrechen.

■ **Kriminalität** [lat.] *die,* die Gesamtheit der in einem bestimmten Gebiet vorkommenden Straftaten. Dabei wird Kriminalität heute meist verstanden als eine besondere Form abweichenden Verhaltens von den in einer bestimmten Gesellschaft zu einer bestimmten Zeit festgelegten Normen, das mit gesetzlich festgelegten Sanktionen geahndet wird.

Die Grausamkeit und Hemmungslosigkeit der Kämpfe während der **Kreuzzüge** veranschaulicht diese Darstellung der Belagerung von Nikaia (heute in Anatolien) im Jahre 1097: die Kreuzfahrer beschießen die belagerte Stadt mit den abgeschlagenen Köpfen ihrer Feinde

■ **Kriminalpolizei,** Abkürzung **Kripo,** besonderer Zweig der Polizei zur Verbrechensverhütung und -bekämpfung. Die Kriminalpolizei hat die Aufgabe, strafbare Handlungen zu erforschen und alle unaufschiebbaren Anordnungen gegen Täter und Beweismaterial zu treffen (Recht des ersten Zugriffs).

■ **Krischna** [Sanskrit, = der Dunkle] (Krishna), der populärste Gott im Hinduismus, gilt als Verkörperung Wischnus. Der Legende nach war er vornehmer Abkunft, wuchs jedoch als Hirtenknabe auf; seine Liebesabenteuer mit den Hirtenmädchen gehören zu den beliebten Motiven der indischen Kunst.

■ **Kristalle** [griech.]], regelmäßige Anordnung von Atomen, Molekülen oder Ionen, die sich durch räumliche Periodizität (Wiederholung) auszeichnet und so regelmäßig geformte Festkörper bildet, die in der verschiedensten Art, aber in jedem Falle durch ebene Flächen begrenzt sind.

Je nach der räumlichen Anordnung der Teilchen entsteht eine bestimmte Kristallstruktur (Raumgit-

ter), die durch genau festgelegte Abstände zwischen den einzelnen Teilchen und ebenfalls genau festgelegte Winkel definiert ist. Die Mannigfaltigkeit der in der Natur vorkommenden und auch im Labor reproduzierbaren (nachbildbaren) Kristallstrukturen lässt sich in sechs **Kristallsysteme** unterteilen: das kubische, hexagonale, tetragonale, rhombische, monokline und trikline System.
Kristalle bilden sich durch Anlagerung aus Schmelzen oder Lösungen um einen Kristallkeim. Wenn man z. B. einen Wollfaden (hier den Kristallkeim) in eine gesättigte Lösung von Kochsalz (Natriumchlorid, NaCl) oder Kupfersulfat hängt und die Lösung einige Tage ohne Erschütterungen stehen lässt, können große Kristalle mit völlig glatten Oberflächen entstehen.

■ **Kristallnacht** →Reichspogromnacht.

■ **Kriterium** [griech.] *das,* unterscheidendes Merkmal als Bedingung für einen Sachverhalt, ein Urteil, eine Entscheidung.

■ **kritische Masse,** diejenige Spaltstoffmenge, die erforderlich ist, damit eine gegebene Reaktoranordnung gerade kritisch wird, das heißt, bei der sich die Kettenreaktion selbst aufrechterhält.

■ **Kroatien,** Republik in Südosteuropa, grenzt im Süden an das Adriatische Meer. In Kroatien sind Landwirtschaft (u. a. Getreide, in Dalmatien Wein und Zitrusfrüchte; Viehzucht) und Industrie gut entwickelt. In den Gebirgsgegenden gibt es große Wälder, am Adriatischen Meer Seebäder. Größte Einnahmequelle für die Bevölkerung (überwiegend katholische Kroaten) ist der Fremdenverkehr.
Geschichte: Römer, Ostgoten, Franken, Griechen (Byzanz) und andere Völker beherrschten das Land jahrhundertelang. Seit Beginn des 12. Jahrh. war Kroatien eng an Ungarn gebunden, wurde öfter in seinem Grenzbestand verändert und lange von den Türken bedroht. Seit dem 16. Jahrh. gehörte es zur österreichischen Völkergemeinschaft, ab 1867 war es der ungarischen Krone unterstellt. Seit 1918 gehörte es (außer 1941–45) zu Jugoslawien, aus dessen Staatsverband es sich 1991 durch die Erklärung der Unabhängigkeit löste. In der Folge kam es zu einem Krieg zwischen der serbisch dominierten Armee Jugoslawiens und kroatischen Milizen, der erst 1995 mit dem Vertrag von Dayton beendet werden konnte.

Kroatien
Fläche 56 538 km²
Einwohner 4,677 Mio.
Hauptstadt Zagreb
Amtssprache Kroatisch
Nationalfeiertag 30. 5.
Währung 1 Kuna (K) = 100 Lipa (lp)
Zeitzone MEZ

Kroatien

Flagge

Wappen

Krokodile

Krokodile zerkleinern ihre Nahrung im Magen. Sie führen dort mehrere Kilogramm an Steinen mit sich, zwischen denen die Mahlzeit zermahlen wird. Außerdem dienen diese Steine als Ballast, der es den Krokodilen erlaubt, halb untergetaucht im Wasser liegend auszusehen wie ein toter Baumstamm.

■ **Kroetz** [krøts], Franz Xaver, deutscher Schriftsteller und Schauspieler, *München 25. Februar 1946. Kroetz schreibt Volksstücke mit realistischer Milieuschilderung und gehörte in den 1970er-Jahren zu den vielgespielten Bühnenautoren.

■ **Krokodile** [griech.], eine Ordnung 1,5–7 m langer, in tropischen und subtropischen Gebieten verbreiteter Reptilien mit einem Hautpanzer (Hornschuppen oder -platten) und muskulösem, seitlich abgeplattetem Ruderschwanz. Nur Augen und Nasenlöcher überragen den flachen Schädel und erheben sich beim Aufenthalt im Wasser über die Wasseroberfläche. Nase und Ohren sind beim Tauchen verschließbar. Die vier Hinterzehen sind durch Schwimmhäute verbunden, die fünf Vorderzehen sind frei. Die Krokodile sind Fleischfresser (vor allem Fische, Vögel und Säuger). – auch →Alligatoren.

■ **Krokus** [griech., = Safran] *der,* eine Gattung der Schwertliliengewächse mit rund 80 Arten. Die Krokusse überwintern als Knolle. Im Vorfrühling blüht z. B. der weiß oder violett blühende **Frühlingskrokus**, im Herbst der den gelben Farbstoff und das Safrangewürz (aus den getrockneten Narben gewonnen) liefernde, violett blühende **Echte Safran.**

Der Echte Safran ist eine kultivierte Art der Gattung **Krokus;** Farbstoff und Gewürz liefern die orangeroten Nabenschenkel der Griffel

Krone [lat. corona, = Kranz], Kopfschmuck und Teil der Herrschaftszeichen (Insignien) des Herrschers. Kronen waren bereits im Altertum bekannt, z.B. in Ägypten. Die Krone des mittelalterlichen Abendlandes entwickelte sich aus römischen und byzantinischen Vorläufern und dem germanischen Königshelm. Mit drei übereinander gesetzten Kronen geschmückt ist die Krone des Papstes, die **Tiara**. Sie wird seit 1964 nicht mehr getragen.

Kronos, Titan der griechischen Mythologie, Vater des Zeus. Er wurde auch als Gott der Zeit aufgefasst (wegen der Namensähnlichkeit mit griechisch »chronos« = Zeit).

Kronzeuge, Hauptzeuge der Anklage, der selbst Tatbeteiligter war und dem für seine Aussage Strafmilderung oder Straffreiheit versprochen wird.

Kropf, 1) *Medizin:* eine krankhafte Vergrößerung der Schilddrüse. Ursache ist meist Jodmangel, der zu einer verminderten Produktion der Schilddrüsenhormone führt. Seltener ist die Überfunktion der Schilddrüse die Ursache. Die Behandlung erfolgt durch die Zufuhr von Jod oder Schilddrüsenhormonen oder operatives Entfernen.

2) *Zoologie:* eine drüsenreiche Ausstülpung der Speiseröhre bei Vögeln und vielen Wirbellosen. Hier wird die aufgenommene Nahrung gespeichert und vorverdaut.

Krösus (Kroisos), König von Lydien in Kleinasien (etwa 560–546 v.Chr.). Sein Reichtum wurde sprichwörtlich: Auch heute wird ein sehr wohlhabender Mann noch »Krösus« genannt.

Krösus

Nach der Eroberung fast ganz Westkleinasiens wurde Krösus durch die Tribute der unterworfenen Städte und Länder unermesslich reich. Solon, einer der sieben Weisen, soll ihm auf die Frage, wen er für den glücklichsten Menschen halte, jedoch geantwortet haben, dass er ihn nicht den Glücklichsten nennen könne, bevor er nicht sein Leben auch glücklich beschlossen habe.
Die Weissagung des delphischen Orakels, Krösus werde, wenn er den Fluss Halys überschreite, ein großes Reich zerstören, erfüllte sich an ihm selbst: Als er siegesgewiss das Perserreich angriff, wurde er von Kyros II. besiegt und nach der Einnahme von Sardes 547 v.Chr. gefangen genommen – zerstört wurde sein eigenes Reich. Wie und wann er starb, ist ungewiss.

Kröten, landbewohnende Familie der Froschlurche, etwa 2,5–25 cm lang. Ihre Haut ist warzig und drüsenreich. Aus bestimmten Drüsen wird bei vielen Arten eine giftige, schleimige Flüssigkeit abgegeben. Sie ernähren sich vor allem von Nacktschnecken und Insekten. Die Eier (Laich) werden in Schnüren im Wasser abgelegt.

Kruzifix [lat.] *das,* plastische oder gemalte Darstellung Christi am Kreuz.

Krypta [griech.] *die,* unterirdischer Raum unter dem Chor alter, vor allem romanischer Kirchen (Grabstätte oder Aufbewahrungsort von →Reliquien).

Krypton
chemisches Symbol: Kr
Ordnungszahl: 36
relative Atommasse: 83,8
Dichte: 3,73 g/l
Schmelzpunkt: −157,4 °C
Siedepunkt: −153 °C

Krypton [griech.] *das,* ein chemisches Element aus der Gruppe der Edelgase. Das farb-, geruchlose und chemisch wie alle Edelgase sehr reaktionsträge Gas kommt in der Luft zu etwa $^{1}/_{1000}$ ‰ vor und wird durch →Adsorption und Desorption an Aktivkohle aus der flüssigen Luft gewonnen. Krypton dient als Füllgas von Glühlampen, weil es wegen seiner geringen Wärmeleitfähigkeit eine höhere Temperatur der Glühfäden gestattet, als dies bei Stickstoff- oder Argonfüllungen möglich ist. Es wird auch für den Bau von →Geigerzählern und →Lasern verwendet.

KSE-Vertrag, Vertrag über **k**onventionelle **S**treitkräfte in **E**uropa, 1990 von NATO und Warschauer Pakt geschlossenes Abkommen über eine Verringerung der konventionellen Land- und Luftstreitkräfte zwischen Atlantik und Ural. Vereinbarungsgemäß waren bis Ende 1995 alle für eine Zerstörung vorgesehenen Waffen unbrauchbar gemacht worden (bis auf kleine Ausnahmen), die damit erreichten Obergrenzen in allen Waffenkategorien machen es den Vertragspartnern unmöglich, plötzlich einen konventionellen Krieg mit Aussicht auf Erfolg zu beginnen.

KSZE, Abkürzung für **K**onferenz über **S**icherheit und **Z**usammenarbeit in **E**uropa, seit 1975 etwa alle zwei Jahre tagende Konferenz der Außenminister der europäischen Staaten sowie Kanadas und der USA. 1975 wurde in Helsinki die KSZE-Schlussakte unterzeichnet. Ihr zufolge sollen Beziehungen der Teilnehmerstaaten u. a. von folgenden Prinzipien geleitet werden: souveräner Gleichheit, Gewaltverzicht, friedlicher Konfliktregelung, Nichteinmischung in innere Angelegenheiten, Achtung der Menschenrechte und Grundfreiheiten, Selbstbestimmungsrecht, Zusammenarbeit zwischen den Staaten.

Folgekonferenzen fanden in Belgrad (1977/78), Madrid (1980–83), Wien (1987–89) und Helsinki (1992) statt. In der »Charta von Paris« (1990) verpflichteten sich die Teilnehmerstaaten zu Demokratie und Rechtsstaatlichkeit sowie zur Achtung der Menschenrechte. Der KSZE, die sich seit 1995 OSZE (**O**rganisation für **S**icherheit und **Z**usammenarbeit in **E**uropa) nennt, gehören über 50 Staaten an.

■ **Kuba** (spanisch Cuba), größte Insel der Großen Antillen und Republik in Mittelamerika (mit vielen kleinen, küstennahen Inseln). Die Bevölkerung besteht hauptsächlich aus Weißen spanischer Abkunft, ferner Mestizen und Schwarzen. Kuba besteht größtenteils aus Tiefland; an der karibischen Küste ist es versumpft; das Gebirge im Südosten erreicht eine Höhe von 1 972 m. Es herrscht tropisches Seeklima.

An der Spitze der Landwirtschaft steht der Zuckerrohranbau (Kuba gehört zu den wichtigsten Rohrzuckerproduzenten der Welt), ferner werden Reis, Mais, Kaffee, Ananas, Bananen, Baumwolle und Tabak angebaut. Unter den Bodenschätzen ist Nickel am wichtigsten; es wird auch Erdöl gefördert. Die Industrie umfasst Zucker- und Erdölraffinerien, Textilherstellung, Tabakverarbeitung, Fisch verarbeitende Industrie sowie Eisen- und Stahlindustrie. An der Südküste der Insel befindet sich der amerikanische Militärstützpunkt Guantánamo.

Kuba
Fläche 110 861 km²
Einwohner 11,096 Mio.
Hauptstadt Havanna
Amtssprache Spanisch
Nationalfeiertage 1. 1., 26. 7., 10. 10.
Währung Kubanischer Peso (kub$) = 100 Centavos (¢)
Zeitzone MEZ – 6 Std.

Geschichte: 1492 wurde Kuba von Kolumbus entdeckt, 1511 von den Spaniern, 1762 von den Briten erobert und 1763 an Spanien abgetreten. Seit 1898 unterstand Kuba den USA. Aus den Krisen im Gefolge der Weltwirtschaftskrise ging Fulgencio Batista y Zaldívar (1901–73), unterstützt von den USA, als starker Mann und schließlich Militärdiktator (1940–44 und seit 1952) hervor.

1959 wurde Fidel Castro Ruz Ministerpräsident, nachdem er mit seinen Guerillakämpfern Batista vertrieben hatte. Castro verwandelte Kuba in einen sozialistischen Staat. 1961 scheiterte eine vom amerikanischen Geheimdienst geplante und unterstützte Landung von Exilkubanern in der Schweinebucht. Wegen der daraufhin folgenden Errichtung sowjetischer Raketenbasen auf der Insel kam es 1962 in der **Kubakrise** zu einer Konfrontation zwischen den USA und der UdSSR, die beide Großmächte an den Rand eines Atomkriegs führte: Nach der Blockade Kubas durch die USA zog die Sowjetunion ihre Raketen aber wieder ab. Auch nach dem Zusammenbruch des Ostblocks 1989/90 verweigert das Castro-Regime politische Reformen. Die Aufhebung der sowjetischen Wirtschaftshilfe 1990 stellte Kuba vor existenzielle wirtschaftliche Probleme, denen man mit vorsichtigen Reformen zu begegnen versucht.

Kuba

Flagge

Wappen

■ **Kubik...** [lat.], Vorsatz mit der Bedeutung, dass die dahinter stehende Einheit in die 3. Potenz erhoben werden soll, z. B. Kubikmeter = m^3. Kubik ist also ein Vorsatz zur Bildung von Raummaßen.

Unter einer **Kubikzahl** versteht man die 3. Potenz einer natürlichen Zahl, z. B. $8 = 2^3$, $27 = 3^3$).

Die **Kubikwurzel** $\sqrt[3]{\ }$ einer Zahl a ist diejenige Zahl b, die zur 3. Potenz erhoben a ergibt: $\sqrt[3]{a} = b$, wenn $b^3 = a$, z. B.: $\sqrt[3]{64} = 4$, denn $4^3 = 64$.

■ **kubisch** [lat.], würfelförmig.

■ **Kubismus** *der*, um 1907 entstandene Richtung der modernen Kunst, in der die perspektivisch richtige Darstellung zugunsten der gleichzeitigen Wiedergabe mehrerer Ansichten eines Gegenstandes aufgegeben wurde. Bekannte Vertreter waren neben Pablo Picasso und Georges Braque (1882–1963) u. a. Fernand Léger (1881–1955) und Alexander Archipenko (1887–1964). – Bild S. 192

■ **Kuckucke,** eine Familie schlanker Baumvögel mit langem Schwanz und Kletterfüßen. Wie

Junge **Kuckucke** lernen ihre Eltern bekanntlich nie kennen; von Wirtsvögeln – hier im Bild ein Rohrsänger – aufgezogen, machen sich die flügge gewordenen Vögel schnell selbstständig

viele andere Kuckucke ist der bei uns heimische **Gemeine Kuckuck** ein Brutschmarotzer: Das kleine Ei wird in ein fremdes Nest gelegt. Nach dem Schlüpfen drückt der nesthockende junge Kuckuck die anderen Jungvögel oder Eier aus dem Nest. Der etwa 30 cm lange erwachsene Kuckuck vertilgt vor allem Insekten und Früchte.

■ **Kugel,** eine geschlossene Fläche gleichmäßiger Krümmung, mathematisch die Menge aller Punkte des dreidimensionalen Raumes, für die die Entfernung von einem festen Punkt, dem Mittelpunkt M, gleich einer festen Länge r, dem Radius, ist. Schnitte von Ebenen mit Kugeln ergeben Kugelteile (Abschnitt, Ausschnitt, Schicht).
Der doppelte Wert des Radius wird als **Durchmesser** d bezeichnet:

$$d = 2r.$$

Die **Kugeloberfläche** O erhält man aus der Beziehung:

$$O = 4\pi r^2.$$

Für den **Rauminhalt** V der Kugel gilt:

$$V = {}^4/_3 \pi r^3.$$

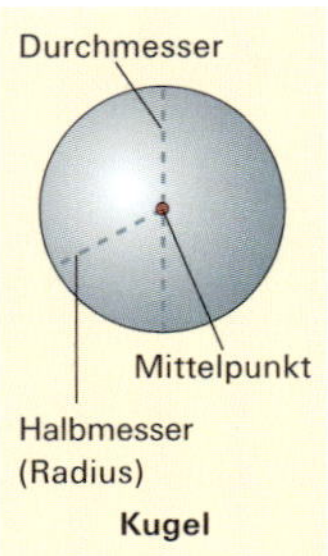

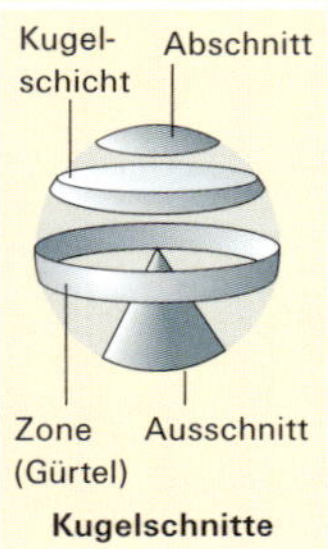

Kugel

■ **Kugellager,** eine Vorrichtung, mit deren Hilfe die Reibung zwischen einer sich drehenden Achse und dem Achslager herabgesetzt wird. Das Kugellager besteht aus zwei gehärteten Stahlringen, zwischen denen sich Kugeln befinden, die durch den Kugelkäfig in gleichem Abstand gehalten werden. Durch das Kugellager wird die verhältnismäßig große Gleitreibung in die wesentlich kleinere Rollreibung umgewandelt. Befinden sich zwischen den Laufringen kleine Rollen, spricht man von einem Rollenlager.

■ **Kugelstoßen,** leichtathletische Disziplin, bei der eine metallische Kugel möglichst weit aus einem Wurfkreis (Durchmesser 2,135 m) heraus gestoßen wird. Die Kugel für Männer hat ein Gewicht von 7,265–7,285 kg (Durchmesser 11–13 cm), für Frauen 4,005–4,025 kg (Durchmesser 9,5–11 cm).

■ **Kühlschrank** →Kältemaschine.

■ **Ku-Klux-Klan** [engl. kjuklaksklän] *der,* politischer Geheimbund in den USA, gegründet 1865 nach dem Sezessionskrieg. Er kämpfte mit Terror (Fememorden, Brandstiftungen) und Lynchjustiz gegen die Gleichberechtigung der Schwarzen. 1871 wurde er verboten; er lebte im Ersten Weltkrieg wieder auf und richtete sich nun auch gegen religiöse (katholische, jüdische) und ethnische Minderheiten. Seit den 1960er-Jahren agitiert der Bund vor allem gegen die Rassenintegration der Schwarzen.

■ **kulant** [frz.], entgegenkommend, gefällig, vor allem im Geschäftsverkehr.

■ **Kuli** [angloindisch] *der,* Bezeichnung für billige Arbeitskräfte, zuerst in Süd- und Ostasien.

■ **Kulmination** [lat.] *die,* **1)** *allgemein:* Gipfelpunkt einer Entwicklung.
2) *Astronomie:* der Durchgang eines Gestirns durch

Kubismus: Das hier abgebildete Gemälde gehört zu den Landschaftsdarstellungen von L'Estaque, die Georges Braque im Jahr 1908 mit kubisch gestalteten Häusern malte; anlässlich einer Ausstellung dieser Bilder in einer Pariser Galerie prägte ein Kritiker den Begriff »Kubismus«

Kulturstädte Europas

Athen	1985
Florenz	1986
Amsterdam	1987
Berlin (West)	1988
Paris	1989
Glasgow	1990
Dublin	1991
Madrid	1992
Antwerpen	1993
Lissabon	1994
Luxemburg	1995
Kopenhagen	1996
Saloniki	1997
Stockholm	1998
Weimar	1999
Avignon, Bergen, Bologna, Brüssel, Helsinki, Krakau, Prag, Reykjavik, Santiago de Compostela	2000
Porto, Rotterdam	2001
Brügge, Salamanca	2002

den höchsten Punkt **(Kulminationspunkt)** seiner täglichen Bahn am Himmel. Es steht dann genau im Süden.

■ **Kult** [lat., = Pflege] *der* (Kultus), an feste Regeln gebundene religiöse Verehrung; auch die übertriebene Verehrung einer Person oder einer Sache.

■ **Kultur** [lat.] *die,* **1)** *allgemein:* die Gesamtheit der im weitesten Sinne geistigen und gestaltenden Leistungen einer Gemeinschaft; auch Bildung, verfeinerte Lebensweise (Kultiviertheit).

2) *Biologie:* auf geeigneten Nährböden gezüchtete Bakterien oder Zellarten; auch das Züchtungsverfahren selbst.

■ **Kulturpflanzen,** alle Pflanzen (gegenwärtig etwa 12000 Arten), die vom Menschen planmäßig angebaut, geerntet und verwertet werden.

■ **Kulturstadt Europas** (auch Europäische Kulturhauptstadt), auf Initiative der EU seit 1985 verliehene Auszeichnung: Eine europäische Stadt (meist eine Großstadt) wird für ein Jahr zur Kulturstadt Europas ernannt und erhält damit die Aufgabe, in diesem Jahr durch Veranstaltungen (Kongresse, Konzerte, Lesungen, Ausstellungen, Theater- und Filmvorführungen) die kulturelle Einheit Europas und seine Vielfalt auf besondere Art zu zeigen und zu fördern.

■ **Kultusministerium** [lat.], oberste Behörde für das Bildungs- und Erziehungswesen, die Pflege von Wissenschaft und Kunst sowie für sonstige kulturelle Angelegenheiten. In der Bundesrepublik Deutschland steht die Kulturhoheit ausschließlich den Ländern zu; es gibt also kein Bundeskultusministerium. Für überregionale (über die Länder hinausgehende) Fragen ist die Ständige Konferenz der Kultusminister zuständig.

■ **Kümmel,** ein bis 1 m hoher, zweijähriger Doldenblütler. Die Blüten sind weiß, die Samen werden wegen des in ihnen enthaltenen Kümmelöls als Gewürz u. a. für Brot und Branntwein verwendet.

■ **Kung-Fu** [chinesisch] *das,* karateartige Selbstverteidigungssportart mit vielen Varianten. Kung-Fu wird auf einer 8 × 8 m großen Kampffläche (»Boxring«) ausgetragen, die Kämpfer tragen Hand- und Fußpolster sowie Tiefschlagschutz. Angriffe dürfen sich nur gegen das Gesicht und vordere Körperpartien richten. Gewertet werden bestimmte Tritte, Stöße und Schläge mit 1–3 Punkten. Ein Kampf geht über zwei oder drei Minuten.

■ **Kunst** [althochdeutsch, zu können], im weitesten Sinn jede auf Wissen und Übung gegründete Tätigkeit (z. B. Reitkunst, Kochkunst). Die Kunst im engeren Sinn umfasst die Dichtung (Literatur), die Musik und die bildende Kunst (Architektur, Bildhauerkunst, Malerei, Grafik, Zeichnung), ferner die darstellende und ausübende Kunst wie Tanz, Theater, Pantomime und Filmkunst. Anders als bei Produkten des Kunstgewerbes und Kunsthandwerks sind Kunstwerke nicht durch eine Funktion eindeutig festgelegt.

■ **Kunstfasern** →Chemiefasern.

■ **Kunstflug,** alle mit einem Motor- oder Segelflugzeug absichtlich ausgeführten Flugbewegun-

Kunst

Nicht immer war Kunst so frei wie heute. So hielt Kaiser Wilhelm II. 1901 anlässlich der Enthüllung der Denkmalsgruppen an der Berliner Siegesallee eine Rede mit dem bezeichnenden Satz: »Eine Kunst, die sich über die von mir bezeichneten Gesetze hinwegsetzt, ist keine Kunst mehr.« Diese Zeit um die Wende des 19. zum 20. Jahrhundert war geprägt von Theaterzensur, Literaturprozessen und -verboten, Geld- und Haftstrafen für Verleger und Autoren wegen Majestätsbeleidigung, »Aufhetzung zum Klassenhass« oder Gotteslästerung. Ein Opfer der Zensur wurde der Dichter Frank Wedekind wegen eines wirklich witzigen Gedichts zur Orientreise des Kaisers: er verbrachte den Jahreswechsel 1899/1900 in Festungshaft.

Wörter, die man unter K vermisst, suche man unter C, Ch oder Q

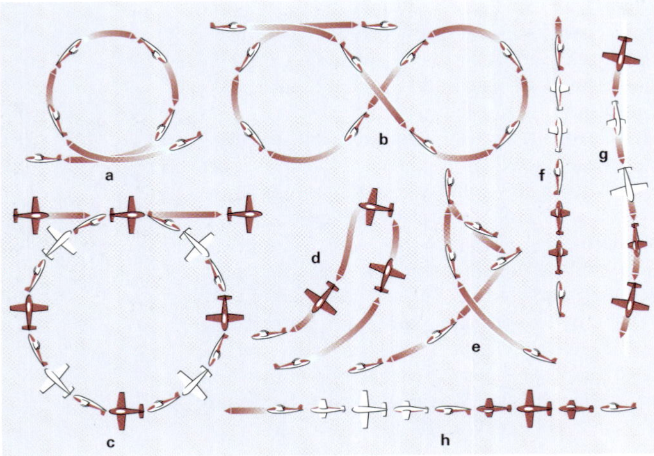

Die Grafik zeigt die verschiedenen Figuren, die beim **Kunstflug** möglich sind; in der Fachsprache werden sie so benannt: a Looping; b Looping-acht; c Rollenkreis; d Turn; e Männchen; f Schraube; g Trudeln; h Rolle

gen, die nicht für den Normalflug erforderlich sind und mit nicht normaler Fluglage und nicht normalen Geschwindigkeitsveränderungen verbunden sind. Kunstflug wird zur Schulung von Piloten und als spezielle Art des Luftsports betrieben.

■ **Kunstgewerbe,** zweckgebundene, »angewandte Kunst«, z.B. die Gestaltung von Möbeln, Porzellan, Gläsern, Emailarbeiten, Keramik, Textilien. Heute unterscheidet man vielfach zwischen Kunstgewerbe und **Kunsthandwerk,** das die handwerkliche Ausführung in den Vordergrund stellt.

Reiner Kunze führte auch Regie bei der Verfilmung von »Die wunderbaren Jahre«

■ **künstliche Intelligenz,** Abkürzung KI, Teilgebiet der Informatik, in dem untersucht wird, wie man intelligentes Verhalten des Menschen vom Computer nachvollziehen lassen kann. Die Forschung hat bislang noch nicht klären können, wie Informationsverarbeitung und Datenverknüpfung bei Intelligenzleistungen im menschlichen Gehirn funktionieren. Daher sind die Forschungsgebiete der KI besonders schwierig zu bearbeiten. Zu ihnen zählen u.a. sprachverarbeitende Systeme, Spielprogramme, autonome Roboter und wissensbasierte Expertensysteme. Bei letzteren wird das Expertenwissen über ein Fachgebiet in einer Datenbank hinterlegt. Der Computer beantwortet Anfragen, indem er dies Wissen nach logischen Regeln verknüpft und im Dialog durch weitere Fragen die Anfrage präzisieren lässt.

■ **künstliche Niere** → Dialyse.

■ **Kunststoffe,** makromolekulare, organische Materialien, die durch Abwandlung von Naturstoffen oder vollsynthetisch aus niedermolekularen Stoffen hergestellt werden. Ausgangsstoffe für die Synthese sind überwiegend aus Erdgas und Erdöl hergestellte Stoffe. Die wichtigsten Herstellungsverfahren sind die → Polymerisation, Polykondensation und Polyaddition.
Nach ihren physikalischen Eigenschaften unterscheidet man **thermoplastische Kunststoffe,** die bei Wärme verformbar sind, **duroplastische Kunststoffe,** die hart und widerstandsfähig sind, und **elastische Kunststoffe,** die verformbar sind. Auch Lackrohstoffe und Klebstoffe werden meist zu den Kunststoffen gezählt.
Kunststoffe werden auch nach ihren Ausgangsstoffen und Bedingungen benannt, z.B. Polyethylen (PE), Polyvinylchlorid (PVC), Polystyrol, Polyester und Polyamide (Nylon, Perlon). Kunststoffe werden heute in nahezu allen Industriezweigen eingesetzt (z.B. für die Herstellung von Verpackungen, Gebrauchsartikeln, Isolierstoffen, Reifen, Chemiefasern), obwohl sie in Mülldeponien fast nicht verrotten und in Müllverbrennungsanlagen giftige Abgase erzeugen können.

■ **Kunze,** Reiner, deutscher Schriftsteller, *Oelsnitz/Erzgebirge 16. August 1933. Seine durch hintergründige Ironie gekennzeichneten Gedichte kritisierten u.a. das Leben in der DDR, aus der er 1977 in die Bundesrepublik Deutschland übersiedelte. Berühmt ist auch sein Prosaband »Die wunderbaren Jahre« (1976).

■ **Kuomintang** [chinesisch, = Nationale Volkspartei] *die,* chinesische Partei, 1912 hervorgegangen aus einer von Sun Yat-sen, dem ersten Präsidenten Chinas, gegründeten Geheimgesellschaft. Unter Chiang Kai-shek bildete sie 1923–27 eine Einheitsfront mit den Kommunisten, erneut 1937–45 gegen Japan. Im chinesischen Bürgerkrieg nach dem Zweiten Weltkrieg konnte sie sich gegen die Kommunisten nicht behaupten und ist seit 1949 auf Taiwan beschränkt.

■ **Kupfer,** ein metallisches chemisches Element. Das rötlich gefärbte Halbedelmetall ist neben Gold das einzige Metall, das eine deutliche Farbe aufweist. Es ist ziemlich hart und zäh, jedoch dehnbar. In der Natur kommt Kupfer gediegen meist zusammen mit Silber und in Verbindung mit Schwefel (als Sulfide) meist zusammen mit Eisen vor. Die herausragende Bedeutung des Metalls liegt in seiner guten elektrischen Leitfähigkeit; über 50% werden in der Elektroindustrie verarbeitet. Für diese Zwecke muss durch Elektrolyse gereinigtes Kupfer, so genanntes Elektrolytkupfer, verwendet werden, da schon geringe Verunreinigungen die Leitfähigkeit

Kupfer
chemisches Symbol: Cu (von lat. cuprum)
Ordnungszahl: 29
relative Atommasse: 63,55
Dichte: 8,96 g/cm³
Schmelzpunkt: 1 084 °C
Siedepunkt: 2 562 °C

stark herabsetzen. Wegen seiner guten Wärmeleitfähigkeit dient es auch zur Herstellung von Kupfergeräten (Braukesseln, Töpfen usw.) und Warmwasserleitungen. Kupferlegierungen (Bronze, Messing) werden u. a. für Gebrauchsgegenstände und Münzen verwendet.

■ **Kupferstich,** ältestes Tiefdruckverfahren, bei dem eine Zeichnung mit einem Grabstichel in eine Kupferplatte eingeritzt wird. Die Druckfarbe wird in die Vertiefungen eingerieben und von dort auf das Papier übertragen. Die Technik des Kupferstichs wird seit dem 15. Jahrh. angewandt, frühe Meister waren Martin Schongauer und Albrecht Dürer.

■ **Kuppel** [lat.], Gewölbekonstruktion über rundem, quadratischem oder vieleckigem Raum, deren Mantelfläche ein Kugelabschnitt ist. Beim Übergang vom quadratischen oder vieleckigen Raum zur Kuppel sind als Hilfskonstruktion **Pendentifs** (Eckzwickel) oder **Trompen** (Trichternischen) notwendig.

■ **Kupplung, 1)** *Fahrzeugtechnik:* eine Vorrichtung zum Verbinden von Fahrzeugen, z. B. Kupplung zwischen Motorfahrzeug und Anhänger bei Lastkraftwagen oder zwischen Eisenbahnwagen.
2) *Maschinenbau:* eine meist lösbare Verbindung zwischen einer Antriebsmaschine und dem angetriebenen Maschinenteil, z. B. die lösbare Verbindung zwischen Motor und angetriebenen Rädern beim Kraftwagen. Durch Herabtreten des Kupplungspedals kann diese Verbindung zeitweise gelöst werden, z. B. beim Starten und Schalten des Getriebes.

■ **Kür,** beim Wettbewerb in verschiedenen Sportarten (z. B. beim Eiskunstlauf und Kunstturnen) vom Wettkämpfer nach eigenem Ermessen und Können frei zusammengestellte Übung im Unterschied zur Pflicht.

■ **Kuratorium** [lat.] *das,* Aufsichtsbehörde, z. B. einer Anstalt oder Stiftung.

■ **Kürbis** [lat.], eine Gattung der Kürbisgewächse mit rund 25 Arten. Es sind kriechende oder kletternde Kräuter mit Blattranken, großen, gelben Blüten und fleischigen und oft sehr großen, essbaren, in Form und Farbe unterschiedlichen Beerenfrüchten. Bekannte Arten sind u. a. der Speisekürbis (Gartenkürbis) und der Riesenkürbis (Frucht bis zu 100 kg schwer).

■ **Kurden,** Volk in **Kurdistan,** einem Bergland in Vorderasien (Türkei, Iran, Irak und Nachbargebiete). Schätzungen über die Zahl der Kurden schwanken zwischen 12 und 30 Mio.; die meisten sind Muslime.
Trotz gemeinsamer Sprache, Geschichte und Kultur konnten die Kurden keinen Nationalstaat bilden. Vor allem in Irak, Iran und in der Türkei werden sie unterdrückt und führen erbitterte Kämpfe um ihre Autonomie. Nach dem ersten und zweiten →Golfkrieg flüchteten Hunderttausende von Kurden vor der Verfolgung durch den irakischen Diktator Saddam Husain in die benachbarte Türkei und nach Iran.
In der Türkei kämpft seit 1984 die Guerillaorganisation der Arbeiterpartei Kurdistans (PKK) um einen eigenen Staat für die auf türkischem Gebiet lebenden Kurden, seit 1993/94 offiziell für Autonomie innerhalb der Türkei. Ende Mai 1999 begann ein Hochverratsprozess gegen ihren Führer Abdullah Öcalan (* 1949).

■ **Kurfürst** →Fürst.

■ **Kurie** [lat.] *die,* die Gesamtheit der päpstlichen Behörden in Rom.

■ **Kurilen,** 1 270 km lange Kette von 30 Inseln und Riffen zwischen Kamtschatka und Hokkaido; 15 600 km². Die Kurilen gehören seit 1951 zu Russland.

■ **Kurisches Haff** *das,* Ostseehaff im Gebiet der Memelmündung vor der ostpreußischen und litauischen Küste. Es ist 1 619 km² groß. Von der Ostsee ist es getrennt durch die **Kurische Nehrung,** eine 96 km lange Landzunge vom Samland bis zur Memel mit hohen Dünen.

■ **Kurve** [lat. curvus, = gekrümmt] *die,* im allgemeinen Sprachgebrauch eine stetig gekrümmte Linie; in der *Mathematik* jede gerade oder gekrümmte Linie. Besitzt eine Kurve keine Endpunkte, so spricht man von einer **geschlossenen Kurve.** Kurven in der Ebene **(ebene Kurven)** sind z. B. Gerade, Kreis und Parabel. Daneben gibt es die **Raumkurven,** z. B. die Schraubenlinie. Ebene Kurven haben im Allgemeinen eine Krümmung, Raumkurven Krümmung und Windung.
Eine stetige Kurve ist durch die Gleichung zwischen den Koordinaten ihrer Punkte bestimmt. Genügen die Koordinaten einer algebraischen Gleichung 2. Grades, so heißt die ebene Kurve (z. B. ein Kegelschnitt) **Kurve 2. Ordnung** oder **2. Grades.**

■ **Kurzarbeit,** Herabsetzung der betriebsüblichen Arbeitszeit bei einem vorübergehenden, unvermeidbaren Arbeitsmangel. Bei Kurzarbeit erhält

Gediegenes **Kupfer**

Blühende Pflanze des **Kürbisses** mit junger Frucht; die unreifen Früchte des Speisekürbisses werden gekocht als Gemüse gegessen

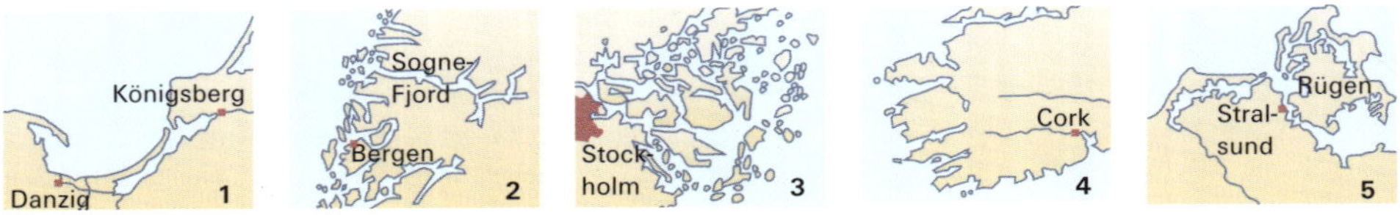

Küste: 1 Haff, 2 Fjordküste, 3 Schärenküste, 4 Riaküste, 5 Boddenküste

der Arbeitnehmer unter bestimmten Voraussetzungen für die Ausfallstunden Kurzarbeitergeld aus der Arbeitslosenversicherung.

■ **Kụrzschluss,** eine meist durch schadhafte elektrische Leitungen oder Geräte hervorgerufene direkte Verbindung zwischen den beiden Polen einer Spannungsquelle. Es fließt dann ein sehr großer Strom, der die Kabel so stark erhitzt, dass ein Brand entstehen kann. Verhindert werden schädliche Auswirkungen eines Kurzschlusses durch elektrische →Sicherungen.

■ **Kụrzschrift** (Stenografie), eine gegenüber der normalen Schrift verkürzte Schrift, die durch flüssige Linienführung und besondere Zeichen ein schnelles Schreibtempo ermöglicht. Selbstlaute werden meist nur durch Stärke und Stellung der Mitlautzeichen zum Ausdruck gebracht. Jede Kurzschrift enthält außerdem feststehende Kurzformen für bestimmte Silben und Wörter, die so genannten **Kürzel**.

■ **Kụrzsichtigkeit,** eine meist angeborene Fehlbildung des Augapfels (→Auge). Der Weg des Lichts durch Linse und Augapfel ist zu lang, sodass ein scharfes Bild schon vor und nicht auf der Netzhaut entsteht. Je nach Grad der Kurzsichtigkeit werden Objekte nur bis zu 1 m oder näher scharf gesehen. Der Sehfehler wird mithilfe einer Brille mit Zerstreuungslinsen ausgeglichen.

■ **Kụrzstreckenlauf** →Lauf.

■ **Kụrzwellen,** Abkürzung KW, →Rundfunk.

■ **Kụ̈ste,** der Grenzraum zwischen Meer und Land, von stark wechselnder Breite (1 m bis viele km). Durch Brandung, Gezeiten, Meeresströmungen, Hebungs- und Senkungserscheinungen, Meeresspiegelschwankungen und durch die Ablagerungen der Flüsse werden Küsten ständig verändert.
Durch Nachlassen der Transportkraft des Wassers kann sich an einer Landspitze aus einer Sandzunge ein Haken entwickeln, der in Strömungsrichtung zur **Nehrung** wachsen kann, das heißt einem schmalen, aus Sand aufgebauten Landstreifen, der oft mit Dünen besetzt ist. Die von der Nehrung vom offenen Meer abgetrennte Bucht wird **Haff** genannt. Senkungsküsten entstehen durch das Eindringen des Meeres in den Festlandbereich, wobei je nach dem überfluteten Relief verschiedene Küstenformen entstehen können: **Fjordküsten** (Norwegen, Grönland, Südalaska, Südchile), **Schärenküsten** (Schweden, Finnland), **Fördenküsten** (Ostseite Jütlands und Schleswig-Holstein) sowie **Boddenküsten** (Mecklenburg) wurden von eiszeitlichen Gletschern und den Schmelzwasserrinnen geformt. Wenn ehemalige Flusstäler vom Meer überflutet werden, entsteht bei alten Faltengebirgen eine **Riaküste** (Nordwestspanien, Bretagne, Südchina), bei jungen Kettengebirgen eine **Calaküste** (westliches Mittelmeer) oder eine **Canaleküste** (Dalmatien) sowie bei flachen Tafelländern eine **Limanküste** (Nordküste des Schwarzen Meers). Bei widerstandsfähigen Gesteinen bilden sich **Steilküsten** (Kliffküsten), bei weniger widerstandsfähigem Gestein **Flachküsten.**

■ **Kuwait,** Emirat am Nordende des Persischen Golfs. Das größtenteils aus Wüste bestehende Land ist eines der bedeutendsten Erdölgebiete der Erde. Rohrleitungen führen zu den drei Raffinerien und Erdölausfuhrhäfen. Bedeutend sind petrochemische Industrie, Düngemittelproduktion und Meerwasserentsalzung.

Kuwait

Flagge

Wappen

Kuwait
Fläche 17 818 km²
Einwohner 1,809 Mio.
Hauptstadt Kuwait
Amtssprache Arabisch
Nationalfeiertag 25. 2.
Währung 1 Kuwait-Dinar (KD.) = 1 000 Fils
Zeitzone MEZ + 2 Std.

Wörter, die man unter K vermisst, suche man unter C, Ch oder Q

Geschichte: Kuwait gewann 1961 seine vollständige Unabhängigkeit. 1990 wurde das Emirat von Irak besetzt, im →Golfkrieg 2) von einer internationalen Militärstreitmacht unter Führung der USA aber wieder befreit.

■ **Kuwait,** Hauptstadt und wirtschaftliches Zentrum von Kuwait, Hafen an der Bucht von Kuwait, mit 193 000 Einwohnern.

■ **Kybernetik** [griech.] *die,* von dem amerikanischen Mathematiker Norbert Wiener (1894–1964) begründete Wissenschaft, die selbsttätige, rückgekoppelte Regelungs- und Steuerungsvorgänge in Biologie, Technik und Gesellschaft mithilfe der Mathematik beschreibt und mit technischen Modellen nachahmt. Die allgemeine Kybernetik untersucht grundlegende Strukturen und Funktionen.

■ **Kyffhäuser** [kif...] *der,* kleines Waldgebirge südlich des Harzes, in Thüringen. Bei den Ruinen der Burg **Kyffhausen** (11. und 12. Jahrh.) steht das 1896 erbaute Kyffhäuserdenkmal. Am Südfuß des Kyffhäuser liegt die Barbarossahöhle. Nach der Sage schläft im Kyffhäuser verzaubert ein deutscher Kaiser, ursprünglich Friedrich II., dann wurde die Sage auf Friedrich I. Barbarossa übertragen.

■ **Kykladen,** griechische Inselgruppe und Verwaltungsbezirk im Ägäischen Meer, südöstlich von Attika und Euböa, 2 572 km^2, mit 94 000 Einwohnern; Hauptstadt ist Hermupolis auf Syros. Zu den über 200 gebirgigen Inseln gehören u. a. Naxos, Paros, Mykonos und Thera (Santorin).

■ **Kyniker,** Anhänger der griechischen Philosophenschule des **Kynismus** (→Diogenes).

■ **Kyōto** →Kioto.

■ **kyrillische Schrift** (russisch Kyrilliza) [nach dem Slawenapostel Kyrillos], nach dem Vorbild der griechischen Majuskeln (Großbuchstaben) geschaffene Schrift, die zur alleinigen Schrift der griechisch-orthodoxen Slawen wurde. Durch die Rechtschreibreform Peters des Großen 1707–10 und die Schriftreform 1917/18 vereinfacht und der lateinischen Schrift angenähert, wird die russische kyrillische Schrift heute auch zur Schreibung nichtslawischer Sprachen verwendet.

■ **Kyrillos und Methodios,** Apostel der Slawen, griechische Brüder aus Thessalonike (Saloniki): **Kyrillos,** eigentlich Konstantinos, * 826/827, † Rom 14. Februar 869, **Methodios,** eigentlich Michael, * um 815, † in Mähren 6. April 885. Sie übersetzten die biblischen und liturgischen Texte ins Slawische und gelten als Schöpfer des slawischen Alphabets. Ab 863 waren sie im Auftrag des byzantinischen Kaisers Michael III. als Missionare im Großmährischen Reich tätig.

kyrillische Schrift: russische Kyrilliza

russischer Buchstabe		Transkription	Transliteration
А	а	a	a
Б	б	b	b
В	в	w	v
Г	г	g	g
Д	д	d	d
Е	е	e	e
Е	е	jo	e
Ё	ё	jo	ë
Ж	ж	sch	ž
З	з	s	z
И	и	i	i
Й	й	j	j
К	к	k	k
Л	л	l	l
М	м	m	m
Н	н	n	n
О	о	o	o
П	п	p	p
Р	р	r	r
С	с	s	s
Т	т	t	t
У	у	u	u
Ф	ф	f	f
Х	х	ch	h
Ц	ц	z	c
Ч	ч	tsch	č
Ш	ш	sch	š
Щ	щ	schtsch	šč
Ъ	ъ		"
Ы	ы	y	y
Ь	ь		'
Э	э	e	ė
Ю	ю	ju	ju
Я	я	ja	ja

■ **Kyros II., der Große** (lat. Cyrus), persischer König (seit 559 v. Chr.), † 530 v. Chr.; aus dem Geschlecht der Achaimeniden. Er eroberte Medien, Lydien und Babylon und wurde dadurch zum Begründer des ersten persischen Großreichs.

■ **Kyūshū** (Kiuschu), südwestlichste und drittgrößte der vier japanischen Hauptinseln, mit 42 163 km^2 (mit Nebeninseln) und 13,45 Mio. Einwohnern. Die Insel ist größtenteils Berg- und Hügelland (mit mehreren tätigen Vulkanen); sie besitzt fruchtbare Küstenebenen und im Norden das größte Steinkohlengebiet Japans.

■ **KZ,** Abkürzung für →Konzentrationslager.

L

■ **L, 1)** der zwölfte Buchstabe des deutschen Alphabets, ein Konsonant.

2) römisches Zahlzeichen für 50.

■ **l,** Einheitenzeichen für Liter.

■ **Label** [le̯ibᵊl; engl., = Aufkleber, Etikett] *das,* Etikett einer Schallplatte; im weiteren Sinn auch Bezeichnung für diePlattenfirma.

■ **La̲bferment** *das* (Lab, Chymosin), ein Enzym des Labmagens saugender Kälber, das das Kasein der Milch zur Gerinnung bringt (es kommt wahrscheinlich in den Mägen aller jungen Säugetiere vor). Das Enzym wird zur Käseherstellung verwendet.

■ **Labrado̲r,** die größte Halbinsel Nordamerikas, an der Ostküste Kanadas zwischen Hudsonbai und Sankt-Lorenz-Golf gelegen, etwa 1,4 Mio. km^2 groß, mit rund 50 000 Einwohnern (darunter Inuit und Indianer). In dem wald- und seenreichen Hochland herrscht raues Klima, bedingt durch die kalte Meeresströmung an der Ostküste (Labradorstrom). Die Vegetation bilden Tundra und im Süden Nadelwald. – Labrador wurde um 1000 von dem Normannen Leif Erisson entdeckt.

Lachse tragen während der Laichwanderung ein rot gefärbtes ›Hochzeitskleid‹

■ **Labyrịnth** [griech.] *das,* **1)** *allgemein:* ein schwer zu durchdringendes Gewirr von Gängen und Räumen; Irrgarten; in der griechischen Mythologie die Behausung des Minotaurus, die von Dädalus für den König Minos in Knossos (auf Kreta) erbaut wurde.

2) *Anatomie:* das innere →Ohr.

■ **Lạchgas** (Distickstoffmonoxid, N_2O), ein farb- und geruchloses Gas. Da Lachgas im Gemisch mit ausreichend Sauerstoff ungiftig ist und eine stark schmerzstillende Wirkung besitzt, wurde es früher als Narkosemittel eingesetzt.

■ **Lạchse,** bis 1,5 m große Raubfische. Der **Atlantische Lachs** ist ein 1 bis 1,5 m langer und bis 36 kg schwerer Wanderfisch, der bei seinen Laichwanderungen bis in die Oberläufe der Flüsse aufsteigt. Dort werden im Herbst/Winter in etwa 1 m großen Laichgruben bis zu 30 000 Eier abgelegt. Nach 1–5 Jahren Aufenthalt im Süßwasser wandert der **Sälmling** ins Meer. Wenn er nach einem Jahr in den Fluss zurückkehrt, heißt er **Jakobslachs,** nach 2–5 Jahren **Salm.**

Die im Meer lebenden Lachse haben eine silbrige Färbung, die laichreifen Tiere nehmen eine rote Tönung an. Beim männlichen Lachs bildet sich am Unterkiefer ein hakenförmiger, knorpeliger Fortsatz. Lachse können bis zu zehn Jahre alt werden.

■ **Lạcke,** flüssige Gemische, die im Wesentlichen aus Bindemittel (z. B. Kunststoffharzen), Lösungsmittel (z. B. Benzin oder Wasser) und Pigmenten bestehen. Sie dienen zum Schutz vor Korrosion und zur Verschönerung von Oberflächen und werden durch Sprühen, Tauchen oder Anstrich aufgebracht. Lacke härten nach dem Verdunsten des Lösungsmittels oder durch Reaktionen mit der Luft. Es gibt auch Lacke, die als Pulver aufgebracht werden und durch Sintern auf der Oberfläche haften (z. B. Autolacke).

■ **Lạckmus** [niederländisch] *der* oder *das*, ein Farbstoff, der aus verschiedenen Flechten gewonnen wird. Er hat die Eigenschaft, sich in saurer Lösung rot, in basischer Lösung blau zu färben. In der Chemie wird eine Lackmuslösung deshalb zum Bestimmen von Säuren und Basen verwendet. In der Praxis verwendet man auch **Lackmuspapier** (mit Lackmus getränkt), das man in die zu prüfende Lösung eintaucht.

■ **La̲dogasee,** der größte See Europas, nordöstlich von Sankt Petersburg in Russland gelegen. Der Ladogasee ist 17 700 km^2, mit den 660 Inseln 18 135 km^2 groß und damit mehr als 30-mal so groß wie der Bodensee. Sein Wasser fließt durch die Newa in die Ostsee; Kanalverbindungen bestehen zur Wolga und zum Weißen Meer. Der fischreiche See ist von Dezember bis April vereist.

■ **La̲dung** (elektrische Ladung), die auf einem Körper befindliche positive oder negative Elektrizitätsmenge (bzw. der Überschuss der positiven gegenüber der negativen Elektrizitätsmenge oder umgekehrt). Die Einheit der Ladung ist das →Coulomb. – auch →Elektrizität.

■ **La Fayette** (Lafayette) [lafajạ̈t], Marie Joseph Motier, Marquis de, französischer Staatsmann, *Schloss Chavaniac (Département Haute-Loire) 6. September 1757, †Paris 20. Mai 1834. La Fayette kämpfte seit 1777 als General im Nordamerikanischen Unabhängigkeitskrieg an der Seite George Washingtons. Nach seiner Rückkehr nach Paris war er einer der führenden Politiker der Französischen Revolution, der sich in der Nationalversammlung für die Verkündung der Menschen- und Bürgerrechte einsetzte.

Jean de La Fontaine verlieh der Fabel den Rang eines literarischen Kunstwerks: in seinen in die Welt der Tiere verlegten Geschichten führte er eine spitze Feder gegen den damaligen Zeitgeist, aber so, dass sie ganz zeitlos bis heute treffen

Aus einem Schulbuch wurde ein Stückchen Weltliteratur: Die Geschichte von Nils Holgersson hat Selma Lagerlöf ursprünglich als Lesebuch für die schwedischen Volksschulen geschrieben

■ **La Fontaine** [lafongtạ̈n], Jean de, französischer Dichter, *Château-Thierry 8. Juli 1621, †Paris 13. April 1695. Er wurde berühmt durch seine »Fabeln« (1668–94), für die er antike Vorbilder (z. B. Äsop) benutzte und in denen er voller Humor die Schwächen der Menschen verspottete, u. a. in »Der Fuchs und der Rabe« oder in »Die Grille und die Ameise«.

■ **La̲ger,** ein Maschinenteil, der eine sich drehende Achse trägt. Das Lager besteht zumeist aus einem Hohlzylinder, in dem die Achse steckt. Beim **Gleitlager** steckt die Achse unmittelbar im Hohlzylinder. Zwischen Lager und Achse findet eine Gleitreibung statt, die man durch Schmieren oder Ölen möglichst klein hält. Aus Kunststoff bestehende Lager benötigen bisweilen überhaupt keine Schmierung. Beim **Wälzlager** befinden sich zwischen Achse und Lager Kugeln oder Rollen (→Kugellager).

Selma Lagerlöf

■ **La̲gerlöf,** Selma, schwedische Schriftstellerin, *Gut Mårbacka (Verwaltungsbezirk Värmland) 20. November 1858, †ebenda 16. März 1940. Sie erhielt 1909 den Nobelpreis für ihren Roman »Gösta Berling« und wurde 1914 als erste Frau in die Schwedische Akademie aufgenommen. Sie verfasste tief religiöse, fantasievolle und heimatverbundene Erzählungen. Eines der bekanntesten Jugendbücher ist ihr Märchenroman »Wunderbare Reise des kleinen Nils Holgersson mit den Wildgänsen« (1907/08).

■ **Lago Maggiore** [...madschore] *der* (deutsch Langensee), der zweitgrößte der oberitalienischen Seen, in den Tessiner Alpen gelegen; ein Fünftel des Sees gehört zum schweizerischen Kanton Tessin, vier Fünftel zu Italien. Der Lago Maggiore ist 212 km^2 groß und bis 372 m tief. Infolge des milden Klimas und der landschaftlichen Schönheit seiner Umgebung ist er ein Mittelpunkt des Fremdenverkehrs; von seinen Inseln ist die Isola Bella am bekanntesten. Viel besuchte Orte am See sind Locarno, Ascona und Stresa.

■ **Lagos,** größte Stadt und bedeutendster Hafen in Nigeria, am Golf von Guinea, mit 1,5 Mio. Einwohnern. – Lagos war 1954–91 Hauptstadt von Nigeria (heute →Abuja).

■ **Lagune** [italienisch] *die,* ein flacher Strandsee, der durch Sandinseln (Dünen) oder eine Nehrung vom offenen Meer abgetrennt ist, z. B. die Lagunen von Venedig. Die Lagunen in der Ostsee heißen →Haff.
Lagune nennt man auch die Wasserfläche im Inneren eines →Atolls.

■ **Lähmung,** die Unmöglichkeit, einen bestimmten Muskel oder ein bestimmtes Organ in Tätigkeit zu setzen oder Empfindungen wahrzunehmen. Ursache ist die Erkrankung oder Schädigung eines Nervs oder dessen Schaltstelle im Gehirn oder Rückenmark. Durch →Narkose wird eine zeitlich begrenzte Lähmung hervorgerufen.

■ **Lahn** *die,* rechter Nebenfluss des Rheins, 245 km lang. Die Lahn entspringt im Rothaargebirge (Sauerland) und mündet südlich von Koblenz.

■ **Lahore** [lahor], zweitgrößte Stadt in Pakistan, im Pandschab gelegen, mit 5,06 Mio. Einwohnern. Das Stadtbild wird von Moscheen, Palästen und Mausoleen geprägt; die Festung und der Shalimargarten gehören zum Weltkulturerbe der UNESCO.

■ **Laibach** →Ljubljana.

■ **Laich** *der,* die Eier von Fischen, Amphibien und Schnecken. Sie sind von einer Gallertschicht umgeben und werden einzeln, in Schnüren oder Klumpen meist im Wasser abgelegt.

■ **Laie** [griech.] *der,* **1)** *allgemein:* Nichtfachmann, Nichtsachverständiger.
2) *katholische Kirche:* Kirchenmitglied, das nicht dem geistlichen Stand (→Klerus) angehört.

■ **Laienrichter** (offiziell: ehrenamtliche Richter), nicht juristisch ausgebildete Personen, die an bestimmten Gerichten (z. B. Arbeits-, Sozial-, Strafgericht; →Schöffe) tätig sind.

■ **lakonisch** [griech.], kurz und treffend in der Redeweise. Das Wort bezieht sich auf die Bewohner des antiken Lakonien (um Sparta), die als wortkarg, aber dennoch schlagfertig galten.

■ **Lakritze** [griech.] *die,* der eingedickte Saft aus der Wurzel des Süßholzstrauchs, der in Südeuropa und in Asien wächst. Lakritze wird in der Volksmedizin bei Husten und Magengeschwüren verwendet. Sie ist in Verbindung mit Zucker und Stärkesirup auch ein beliebtes Naschwerk.

■ **Lama** [tibetisch, = der Obere] *der,* tibetischer Priester oder Mönch. Die vor allem in Tibet verbreitete Form des Buddhismus heißt **Lamaismus** (Verschmelzung des Buddhismus mit älteren tibetischen religiösen Kulten); höchster geistlicher Würdenträger ist der →Dalai-Lama.

■ **Lama** →Kamele.

■ **Lambarene** (Lambaréné) →Schweitzer, Albert.

■ **Lamellen** [frz.], **1)** *Botanik:* die strahlenförmig stehenden dünnen Blättchen an der Unterseite des Hutes von Lamellen- oder Blätterpilzen. Die Lamellen sind die Träger der Fruchtschicht, die die Pilzsporen enthält.
2) *Technik:* schmale, dünne Plättchen, vor allem als Glieder einer Schicht oder Reihe.

■ **Länder** →Bundesländer.

■ **Landeshauptmann,** in Österreich der Vorsitzende einer Landesregierung; in Wien der Bürgermeister.

■ **Landeskirche,** Gliedkirche der Evangelischen Kirche in Deutschland, an deren Spitze meist ein Landesbischof steht. Die Gebiete der einzelnen Landeskirchen decken sich heute nur noch teilweise mit den politischen Einheiten der Bundesländer.

■ **Landeszentralbanken,** Abkürzung **LZB,** Hauptverwaltungen der Deutschen Bundesbank für die Bundesländer.

■ **Landfriede,** seit dem 12. Jahrh. im Heiligen Römischen Reich ein öffentlich-rechtlicher Schutz gegen den Missbrauch der →Fehde sowie gegen jede Straftat. Bestimmte Personen wie Geistliche, Frauen, Kaufleute und Bauern sowie Sachen wie Kirchen, Friedhöfe, Ackergeräte und Mühlen wurden unter den Schutz des Landfriedens gestellt. Mit dem **Ewigen Landfrieden** wurde 1495 im Heiligen Römischen Reich die Fehde endgültig abgeschafft.

■ **Landschaftsschutzgebiet** →Naturschutz.

■ **Landshut,** Stadt in Niederbayern, an der Isar gelegen, mit 58 500Einwohnern. Die Stadt besitzt ein gut erhaltenes mittelalterliches Stadtbild mit bedeutenden Kirchen (u. a. die spätgotische Sankt-Martins-Kirche), Stadtresidenz, Rathaus und Burg Trausnitz.

Die Organisation der **Landsknechte,** die das Ritterheer abgelöst hatte, bildete die Grundlage für alle nachfolgenden Entwicklungen des Heerwesens; der hier abgebildete Holzschnitt zeigt einen Fahnenträger, sprich Fähnrich, aus dem 16. Jahrhundert

■ **Landsknechte,** im 15. und 16. Jahrh. die zu Fuß kämpfenden Söldner im Heiligen Römischen Reich (»in deutschen Landen«). Sie erhielten einen Monatssold und mussten ihre Waffen selbst stellen. Im Verlauf des Dreißigjährigen Krieges wurden die Landsknechtsheere durch stehende Heere abgelöst.

■ **Landtag,** die vom Volk gewählte Versammlung von Abgeordneten (Parlament) in den deutschen und österreichischen Bundesländern. Der Landtag heißt in Berlin Abgeordnetenhaus, in Bremen und Hamburg Bürgerschaft.

■ **Landwirtschaftliche Produktionsgenossenschaft,** Abkürzung **LPG,** der genossenschaftliche Zusammenschluss u. a. von Bauern und Landarbeitern zu einem gemeinschaftlichen Wirtschaftsbetrieb. Landwirtschaftliche Produktionsgenossenschaften entstanden in den 1950er-Jahren in der DDR nach sowjetischem Vorbild.

■ **Lang,** Fritz, österreichisch-amerikanischer Filmregisseur, *Wien 5. Dezember 1890, †Beverly Hills (Kalifornien) 2. August 1976. Lang, dessen erste Werke Höhepunkte des expressionistischen Films waren (z. B. »Metropolis«, 1926), drehte viele international erfolgreiche Filme, z. B. »Rache für Jesse James« (1940), »Der Tiger von Eschnapur« (1959).

■ **Länge,** der in Grad gemessene Winkel, den eine Meridianebene der Erde mit der Ebene des Nullmeridians bildet. Die geographische Länge gibt die Entfernung eines Ortes vom Nullmeridian an, östlich des Nullmeridians als **östliche Länge (ö. L.),** westlich davon als **westliche Länge (w. L.).** Dabei ist ein **Längenkreis** ein durch beide Pole verlaufender Großkreis. Die Erdkugel wird in 360 Längenkreise unterteilt, die vom Nullmeridian (Greenwich) jeweils bis 180° nach Westen und nach Osten gezählt werden. – auch →Gradnetz der Erde.

■ **Langobarden,** elbgermanischer Volksstamm, der um Christi Geburt an der unteren Elbe siedelte. Seit dem 2. Jahrh. begannen die Langobarden wie viele andere germanische Stämme nach Süden zu wandern. Um 570 besetzten sie die Poebene (Lombardei = Langobardei) und große Teile Mittelitaliens und errichteten hier ein Reich mit der Hauptstadt Pavia. Dieses Langobardenreich wurde 774 von Karl dem Großen erobert und mit dem Fränkischen Reich vereinigt.

■ **Langstreckenlauf** →Lauf.

■ **Languste** [frz.] *die,* ein scherenloser Zehnfußkrebs, der im Mittelmeer und in atlantischen Küstengewässern an Felsen in 15–100 m Tiefe lebt. Die **Europäische Languste,** die bis etwa 45 cm lang und bis 8 kg schwer wird, ist ein geschätzter Speisefisch.

■ **Langwellen,** Abkürzung LW, →Rundfunk.

Lanthan
chemisches Symbol: La
Ordnungszahl: 57
relative Atommasse: 138,91
Dichte: 6,14 g/cm³
Schmelzpunkt: 920 °C
Siedepunkt: 3 455 °C

■ **Lanthan** [griech.] *das,* ein metallisches chemisches Element, das als Legierungszusatz verwendet wird. Lanthan und die 14 im Periodensystem auf dieses folgenden Elemente werden zusammenfassend als **Lanthanoide** bezeichnet.

■ **Lanzettfischchen,** eine Familie der Schädellosen, ein Unterstamm der Wirbeltiere. Ihr bis 7 cm langer Körper ist glashell, lanzettförmig (lanzenförmig) und besitzt einen Flossensaum. Er zeigt bereits den Grundbauplan der Wirbeltiere. Knöcherne oder knorpelige Wirbel werden nicht ausgebildet. Das Blutgefäßsystem ist geschlossen. Lanzettfischchen leben, meist im Sand vergraben, an den Küsten fast aller gemäßigten und warmen Meere.

■ **Laokoon** […ko-on], in der griechischen Mythologie der trojanische Priester, der im →Trojanischen Krieg seine Landsleute vor dem hölzernen Pferd (dem »Trojanischen Pferd«) der Griechen warnt. Um den Griechen zu helfen, schickt die Göttin daraufhin Schlangen, die Laokoon und seine Söhne erwürgen. – Die bedeutendste Darstellung der Todesszene ist die **Laokoongruppe**, die im 1. Jahrh. v. Chr. von Künstlern aus Rhodos geschaffen und 1506 (von Michelangelo) in Rom gefunden wurde; sie befindet sich heute im Vatikanischen Museum in Rom.

Die **Laokoongruppe**, eine knapp zwei Meter hohe Marmorskulptur, wirkte nach ihrer Wiederentdeckung wie kein zweites antikes Werk auf die Kunsttheorie; weltberühmt ist die grundlegende Abhandlung »Laokoon: Oder über die Grenzen der Malerei und Poesie« von Gotthold Ephraim Lessing

■ **Laos,** Staat in Hinterindien am mittleren Mekong. Laos ist größtenteils gebirgig, zu 40% bewaldet und reich an Edelhölzern (Teakholz). Wichtigster Wirtschaftszweig ist die Landwirtschaft (vor allem. Reis, Mais, Kartoffeln, Zuckerrohr und Tabak); von Bedeutung ist auch der Schlafmohn zur Opiumgewinnung im Goldenen Dreieck (Grenzbereich von Thailand, Birma und Laos). Die reichen Bodenschätze (vor allem Eisen-, Zinn-, Blei-, Kupfererz, Gold) werden kaum abgebaut. Die Industrie ist wenig entwickelt. Die Bevölkerung (Lao oder Laoten) ist mehrheitlich buddhistisch.

Laos

Flagge

Wappen

Laos
Fläche 236 800 km²
Einwohner 5,358 Mio.
Hauptstadt Vientiane
Amtssprache Laotisch
Nationalfeiertag 2. 12.
Währung Kip
Zeitzone MEZ + 6 Std.

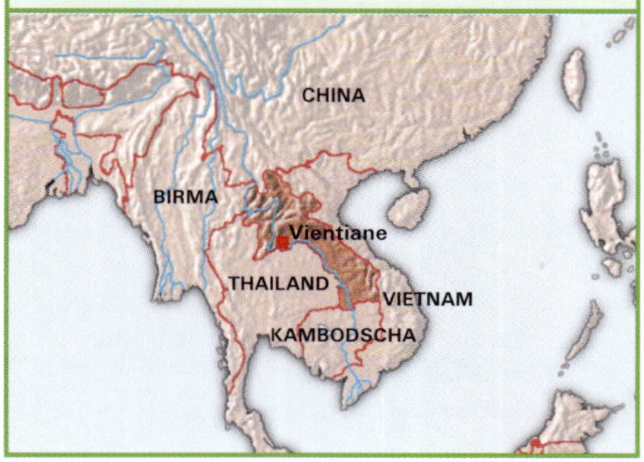

Geschichte: Bedeutende Zeugnisse der steinzeitlichen Besiedlung sind Gräberfelder mit mannshohen Tonurnen auf dem Tranninhplateau. Ende des 12. Jahrh. beherrschten die Khmerkönige (→Kambodscha) Laos im Süden. Nach deren Verdrängung gründeten die Lao im 14. Jahrh. den Staat Lanchang. Das Gebiet wurde im 17./18. Jahrh. in drei Königreiche geteilt, gehörte im 19. Jahrh. zu Thailand und wurde 1893 Teil des französischen Kolonialreiches.

1954 wurde Laos als Monarchie unabhängig. In dem infolge der Ausweitung des Vietnamkrieges entflammten Bürgerkrieg zwischen den von den USA unterstützten Regierungstruppen und den prokommunistischen Pathet-Lao-Verbänden setzten sich die Kommunisten durch und errichteten 1975 die Volksrepublik Laos.

■ **Laotse** [chinesisch, = alter Meister] (Laozi), nur legendenhaft fassbarer chinesischer Philosoph, der wohl im 4. oder 3. Jahrh. v. Chr. lebte. Laotse gilt als Verfasser des »Taoteking« (= Buch von Tao und Te), in dem er lehrt, dass der Weise sich von allem weltlichen Wirken fern halten und seine geistige Kraft auf die Versenkung ins »Tao«, die ewige Ordnung der Welt und des Lebens, ausrichten müsse (→Taoismus).

■ **La Paz** [la pas], Stadt in Bolivien, südöstlich des Titicacasees, mit 740 000 Einwohnern; größte Stadt Boliviens und höchstgelegene Großstadt der Erde (zwischen 3 100 m und 4 100 m). La Paz ist Sitz der Regierung und Wirtschaftszentrum des Landes. Verfassungsmäßige Hauptstadt ist Sucre.

■ **Lapisla̱zuli** [lat., = Blaustein] *der* (Lasurstein), ein blauer, mitunter grünlicher bis violetter, undurchsichtiger Halbedelstein, der als Schmuckstein verwendet wird.

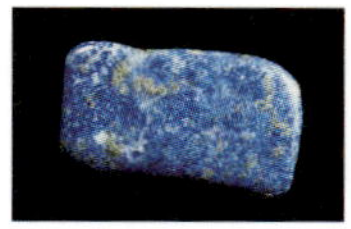

Lapislazuli

■ **Lạppen** (Samen), Volk, etwa 60 000 Menschen, in **Lappland** (die nördlichen Gebiete Finnlands, Schwedens, Norwegens und angrenzende Teile Russlands). Die Lappen waren ursprünglich Fischer und Jäger, gingen dann zum Teil zur Rentierzucht über und sind heute überwiegend sesshaft oder Halbnomaden mit Wohnhütten bei den Sommerweiden im Gebirge und Häusern bei den Winterweiden.

■ **Laptop** [lạptop; engl.] *der,* ein kleiner tragbarer Computer (etwa 5 kg) mit der Leistungsfähigkeit eines Personalcomputers, der inzwischen vom →Notebook abgelöst wurde.

■ **Lạrche,** eine Gattung der Kieferngewächse, bis 50 m hoch werdende Bäume. Die Lärche wirft im Herbst ihre Nadeln ab. Im Frühjahr bilden sich an Kurztrieben Büschel hellgrüner Nadeln. Die männlichen Blüten stehen in hängenden, gelben Zapfen, die weiblichen in rötlichen, aufrechten Zapfen. Die Lärche liefert wertvolles Bau- und Furnierholz.

■ **lạrgo** [italienisch], musikalische Tempovorschrift: breit, langsam, auch getragen. Der musikalische Satz in diesem Tempo ist das **Largo.** – **larghetto,** weniger breit als largo.

■ **Lạrm,** meist lauter Schall, der lästig, störend oder gar schmerzhaft auf den Menschen einwirkt. Lang andauernder Lärm kann gesundheitsschädlich sein und Schwerhörigkeit, erhöhten Blutdruck und seelische Schädigungen zur Folge haben.
Zur Lärmmessung dient das **Dezibel (db).** Es ist ein logarithmisches Maß für den Schalldruck und wird als dB(A) auf die dem menschlichen Ohr angepasste Frequenzbewertungskurve A bezogen. Dabei entspricht eine Verzehnfachung des Schalldrucks einer Lautstärkezunahme um 10 dB(A).

■ **Lạrve** [lat.] *die,* die frei lebende, sich selbstständig ernährende Jugendform von Tieren. Sie kann sich im Aussehen, in der Ausbildung bestimmter Organe und in der Lebensweise vom erwachsenen Tier beträchtlich unterscheiden. Nach einer bestimmten Zeit, die bei den einzelnen Tierarten verschieden lang ist, macht die Larve eine Umwandlung (Metamorphose) zum erwachsenen Tier durch.

■ **Lascaux** [lasko̱], 1940 entdeckte Höhle bei Montignac (Département Dordogne), Frankreich, mit eindrucksvollen Wandmalereien und Gravierungen aus der jüngeren Altsteinzeit. Die Höhle, die zum Weltkulturerbe der UNESCO gehört, wurde 1963 für den Publikumsverkehr geschlossen, man kann aber in unmittelbarer Nähe eine originalgetreue Nachbildung des Hauptteils besichtigen. – Infokasten S. 205

■ **Laser** [leisər; engl.] *der,* Kurzwort aus **l**ight **a**mplification by **s**timulated **e**mission of **r**adiation (engl., = Lichtverstärkung durch erzwungene Emission von Strahlung), ein Generator und Verstärker für kohärentes Licht. Das Licht von Lasern wird in engen Parallellichtbündeln abgestrahlt, die eine große Strahlungsintensität haben. Die Arbeitsweise entspricht prinzipiell der des →Masers. Unterschiede im Bau sind durch die kürzeren Wellenlängen des Lichts im Vergleich zu denen der Mikrowellen bedingt. Laser werden u. a. in der Industrie (z. B. Laserdrucker), in der Medizin (z. B. chi-

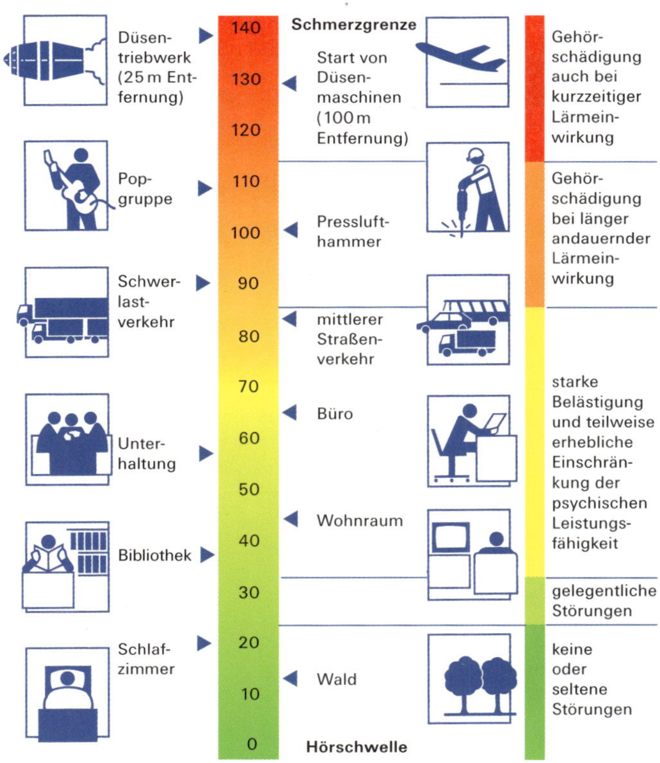

Der Schutz vor **Lärm** ist heute Teil des Umweltschutzes; die Grafik demonstriert den in Dezibel angegebenen Pegel des durch Schallschwingungen hervorgerufenen Drucks (Schalldruck) verschiedener Schallquellen und Schallauswirkungen

rurgisches Messer) und in der Nachrichtentechnik (z. B. Nachrichtenübermittlung) eingesetzt.

Ferdinand Lassalle

■ **Lassalle** [lassal], Ferdinand, deutscher Politiker und Arbeiterführer, *Breslau 11. April 1825, †Genf 31. August 1864. Lassalle wirkte bahnbrechend für die sozialistische Arbeiterbewegung; er entwickelte ein Programm, in dem er u. a. allgemeine, gleiche, geheime und direkte Wahlen forderte. 1863 war er an der Gründung des »Allgemeinen Deutschen Arbeitervereins« (→SPD) beteiligt.

■ **Lasso** [spanisch] *das*, langes Wurfseil mit loser Schlinge am Ende. Cowboys, Gauchos und Indianer Nord- und Südamerikas benutzen mit viel Geschick Lassos zum Einfangen von Tieren.

Orlando di Lasso beherrschte mit raffiniertem Klangsinn alle Stile seiner Zeit; sein mehr als 2000 Kompositionen umfassendes Werk zählt etwa 1200 Motetten

■ **Lasso,** Orlando di, niederländischer Komponist, *Mons (Hennegau) um 1532, †München 14. Juni 1594. Lasso, neben Giovanni da Palestrina der bedeutendste Komponist seiner Zeit, wurde 1553 Kapellmeister in Rom und 1556 Hofkapellmeister in München. Er komponierte Messen, Motetten, Madrigale und Lieder.

■ **Lastkraftwagen** →Kraftwagen.

■ **Latein** *das*, die Sprache der Latiner (→Latium), die von den Römern übernommen wurde. Sie verbreitete sich als Verkehrs- und Amtssprache über das ganze Römische Reich und verdrängte nach und nach die einheimischen Sprachen. Nach dem Untergang des Weströmischen Reiches (395) entwickelten sich die →romanischen Sprachen.

Man unterscheidet **klassisches Latein,** die Sprache der klassischen Literatur und Dichtung, und **Vulgärlatein,** die Umgangssprache des Volkes, aus der sich die romanischen Sprachen entwickelt haben.

In Form von **Mittellatein** sprachen die Gebildeten das Lateinische bis zur Renaissance, die das klassische Latein neu belebte. Als **Neulatein** bezeichnet man die lateinische Sprache der Neuzeit.

Obwohl schon lange eine tote Sprache, blieb Latein wesentlicher Bestandteil europäischer Kultur und Bildung. Lehnwörter und Fremdwortbildungen (etwa in Rechtswissenschaft, Medizin, Philosophie und Theologie) zeugen von seiner bis heute anhaltenden Bedeutung.

Allen bekannt: der Europäische Laubfrosch

■ **Lateinamerika,** zusammenfassende Bezeichnung für alle Länder Süd- und Mittelamerikas, in denen Spanisch oder Portugiesisch gesprochen wird (einschließlich Mexiko). Die gemeinsame Herkunft des Spanischen und Portugiesischen aus dem Lateinischen war namengebend für diesen Raum und hebt ihn vom angloamerikanischen Sprachraum ab.

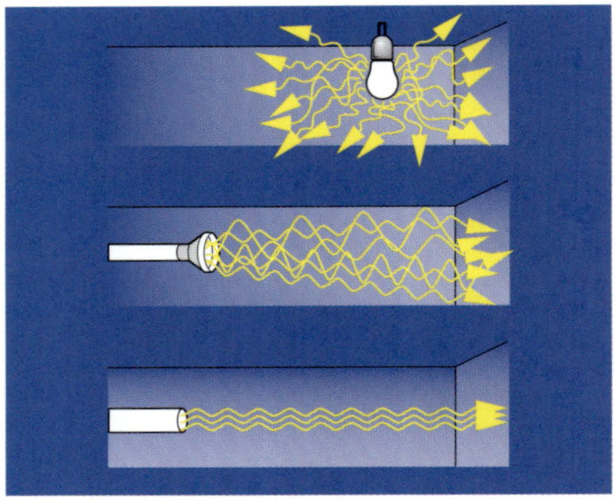

Die Grafik zeigt den Unterschied zwischen der Strahlung einer Glühbirne und einer Taschenlampe und der gleichförmigen Strahlung eines **Lasers:** Alle Wellenzüge der Laserstrahlung entstehen zur gleichen Zeit und bewegen sich gleichermaßen in dieselbe Richtung, das heißt, sie sind zeitlich und räumlich kohärent

■ **La-Tène-Zeit** [latān...; nach dem Fundplatz La Tène am Neuenburger See, Schweiz], vorgeschichtliche Epoche, zweiter Abschnitt der →Eisenzeit in Europa, der im 5. Jahrh. v. Chr. die Hallstattzeit ablöste.

■ **Lateran** *der*, päpstlicher Palast und Basilika (San Giovanni in Laterano) in Rom, bis 1308 Residenz der Päpste. Der Palast beherbergt heute Museen.

■ **Latium** (italienisch Lazio), historische Landschaft in Mittelitalien, zwischen Tyrrhenischem Meer und Albaner Bergen, vom Tiber durchflossen. Latium war im Altertum von den **Latinern** bewohnt. Die Führung dieser Region übernahm schon im 4. Jahrh. v. Chr. Rom.

■ **Laubfrösche,** eine Familie der Froschlurche mit rund 500 Arten. Die vorwiegend im tropischen Amerika und in Australien vorkommenden Tiere sind bis 14 cm lange, schön gefärbte Baumbewohner mit glatter Haut und Haftballen an den Finger- und Zehenspitzen. Die kleineren Männchen besitzen eine große Schallblase und eine laute Stimme. In Europa lebt nur der bis 5 cm lange, oberseits lindgrüne, unterseits weißliche **Europäische Laubfrosch.**

Durch das zunehmende Verschwinden von Feuchtgebieten, die die Laubfrösche als Laichplätze benötigen, gehören die einheimischen Laubfrösche heute zu den stark bedrohten Arten.

■ **Laubhölzer,** zu den Bedecktsamern zählende Holzgewächse. Ihre Blätter sind meistens flächig, nicht nadelförmig (→Nadelhölzer) ausgebildet. Die meisten Laubhölzer unserer Breiten werfen die Blätter im Herbst ab. Viele Laubhölzer liefern Nutzholz.

■ **Laubhüttenfest** (hebräisch Sukkot), jüdisches Herbstfest, bei dem die Menschen zur Erinnerung an den Auszug der Juden aus Ägypten und ihre Wanderung durch die Wüste Hütten mit Laubdächern errichten, in denen sie ihre Mahlzeiten einnehmen. Es wird sieben Tage (außerhalb Israels acht Tage) lang Ende September/Anfang Oktober gefeiert.

■ **Lauda,** Niki (Nikolaus), österreichischer Automobilrennfahrer, *Wien 22. Februar 1949. Lauda war 1975, 1977 (auf Ferrari) und 1984 auf Porsche Weltmeister der Formel 1; insgesamt errang er 25 Grand-Prix-Siege. 1976 verunglückte er auf dem Nürburgring schwer. 1979 gründete er die Lauda Air Luftfahrtgesellschaft mbH.

■ **Lauf, 1)** *Musik:* eine schnelle Folge von stufenweise auf- oder absteigenden Tönen.

2) *Sport:* 1. in der Leichtathletik zusammenfassende Bezeichnung für verschiedene Disziplinen:
Der **Kurzstreckenlauf** umfasst die Strecken über 100, 200 und 400 m;
der **Mittelstreckenlauf** die über 800 und 1500 m (außerolympisch auch 1 englische Meile = 1 609,3 m und 3 000 m),
der **Langstreckenlauf** die über 5 000 m (Damen 3 000 m) und 10 000 m;
der **Marathonlauf** geht über 42 195 km und wird zum Teil auf der Straße ausgetragen.
Olympische Staffelwettbewerbe werden über 4 × 100 m und 4 × 400 m ausgetragen.
Zum Langstreckenlauf gehören außerdem der **Hürdenlauf** (Männer über 110 und 400 m; Damen über 100 und 400 m) und der **Hindernislauf** über 3 000 m.
2. im Motorsport Bezeichnung für das einzelne Rennen im Rahmen einer Wettkampfserie. – Infokasten S. 206

■ **Laufkäfer,** weltweit verbreitete Käferfamilie mit meist dunkler, metallisch glänzender Körperfärbung. Laubkäfer sind schlank und langbeinig, haben kräftige Kieferzangen und fadenförmige Fühler. Sie ernähren sich räuberisch von Insekten, Schnecken und Würmern.

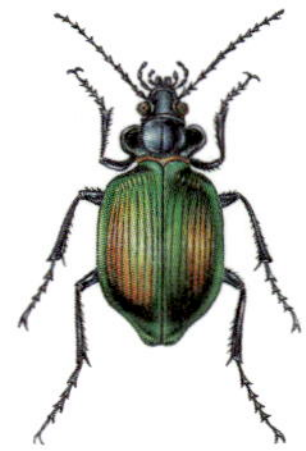

In Deutschland leben rund 600 Arten der **Laufkäfer;** die hier abgebildete Art heißt Großer Puppenräuber, er wird bis zu 3 cm groß

■ **Laugen,** wässrige Lösungen von →Basen, die deutlich alkalisch reagieren, also einen Überschuss an Hydroxidionen besitzen, z. B. Natronlauge (NaOH), Kalilauge (KOH).

■ **Lausanne** [losạn], Hauptstadt des Schweizer Kantons Waadt, mit 114 200 Einwohnern. Die landschaftlich schöne Lage am Nordufer des Genfer Sees und das milde Klima machen die Stadt zu einem Anziehungspunkt für den Fremdenverkehr.

■ **Läuse** (Echte Läuse), kleine, 1–6 mm lange, stark abgeflachte, flügellose Insekten, die bei Menschen und warmblütigen Tieren Blut saugen. Weltweit gibt es 400 Arten. Einige übertragen Krankheiten (z. B. Fleckfieber). Zum Festhalten besitzen sie Klammerbeine. Ihre Eier (Nissen) werden an Wirtshaaren festgeklebt. Läuse kommen nur auf ganz bestimmten Wirten vor, z. B. die Menschenlaus auf Menschen oder die Hundelaus auf Hunden.
Zu einer anderen Insektenordnung gehören die →Pflanzenläuse.

■ **Lausitz** *die,* Landschaft beiderseits der Lau-

Lascaux

Die 1940 entdeckte, 140 m tiefe Höhle von Lascaux bei Montignac im südwestfranzösischen Département Dordogne ist die vielleicht berühmteste Fundstätte altsteinzeitlicher Feldmalereien. Die Höhle gliedert sich in mehrere Abschnitte: »Saal der Stiere«, »Gang«, »Schiff«, »Apsis« und »Schacht«. An ihren Felswänden und Felsdecken befinden sich etwa 600 mit Eisenoxiden und Manganerde ausgeführte Malereien und rund 1500 Gravierungen mit einem Alter von 17 000 bis 18 000 Jahren. Die ausdrucksvollen Darstellungen zeigen überdimensionale Hirsche, Steinböcke, Urrinder, Wildpferde, Wildkatzen und Wisente, ferner Maskentänzer und symbolische Zeichen in Form von Gittern und Pfeilen. Auch die für die Ausführung der Felsbilder benötigten Werkzeuge fand man beim Ausräumen der Bodenablagerungen.

▶ Dieses Bild zeigt unten links Wildpferde sowie eine von einem Speer getroffene Hirschkuh

sitzer Neiße und der oberen Spree (mit dem Spreewald) in Brandenburg, Sachsen und Polen (das Gebiet östlich der Lausitzer Neiße). In der Lausitz haben sich Reste der Kultur der →Sorben erhalten.

Der Lausitzer Grenzwall trennt die gebirgige **Oberlausitz** mit dem Lausitzer Bergland und dem Lausitzer Gebirge (bis 793 m) von der flachwelligen **Niederlausitz**.

■ **Laute** [von arabisch al'ūd, = Holz] *die*, Saiteninstrument, dessen Vorläufer, der Ud, von den Arabern nach Europa gebracht worden ist. Die Laute hat heute meist sechs Saiten in Quart-Terz-Stimmung (früher bis zu 14 Doppelsaiten), einen kurzen Hals, einen vom Hals abgeknickten Wirbelkasten und einen Resonanzkörper in Form einer halbierten Birne. Sie wird gezupft.

■ **Lautlehre** →Phonetik.

Lauf

Der Marathonlauf geht auf eine Legende zurück: Nach der Schlacht bei Marathon, einem antiken Ort an der Ostküste der griechischen Halbinsel Attika, im Jahr 490 v. Chr. soll ein Bote die Nachricht vom Sieg des athenischen Feldherrn Miltiades über die Perser im Laufschritt nach Athen gebracht haben und dort mit dem Ausruf »Wir haben gesiegt« tot zusammengebrochen sein.

An diese Geschichte anknüpfend, nahm man bei den 1. Olympischen Spielen der Neuzeit 1896 in Athen diesen Lauf als Wettbewerb ins Programm und wählte in Anlehnung an die etwa 40 km betragende Entfernung zwischen Marathon und Athen diese Distanz. Die heutige Strecke von 42 195 m wurde 1924 allgemein verbindlich festgelegt, sie entspricht der erstmals 1908 gelaufenen Distanz von 26 englischen Meilen und 385 Yards.

Sieger beim ersten olympischen Marathonlauf 1896 wurde der griechische Schafhirte Spyridon Louis. Er trat im volkstümlichen Schäfergewand an und hatte sich lediglich durch Fasten und Beten auf den Lauf vorbereitet. Auf der Strecke teilte er seine Kräfte klug ein und stärkte sich zwischendurch mit Brot, Käse und Wein. Dennoch brauchte er für die 40 km lange Strecke, die auch durch die Berge führte, nur 2 Stunden, 58 Minuten und 50 Sekunden.

■ **Lautschrift,** eine phonetische Umschrift, mit der – unabhängig von der Rechtschreibung – die Laute so wiedergegeben werden, wie man sie ausspricht. Sie hat zu diesem Zweck besondere Zeichen entwickelt, da es viel mehr Laute gibt als Buchstaben des Alphabets. Am gebräuchlichsten ist die Internationale Lautschrift, für welche die Association Phonétique Internationale (gegründet 1886) verantwortlich ist. – In diesem Buch wird eine sehr einfache Lautschrift verwendet, die die richtige Aussprache nur angenähert wiedergibt.

■ **Lautsprecher,** ein elektroakustischer Wandler, der elektrische Wechselströme im Tonfrequenzbereich in hörbaren Schall (Luftschallschwingungen) umwandelt. Eine möglichst originalgetreue Klangwiedergabe lässt sich wegen der Breite des für das menschliche Ohr wahrnehmbaren Tonfrequenzbandes (16 Hz–20 kHz, das heißt über zehn Oktaven) mit einem einzigen Lautsprecher praktisch nicht verwirklichen. Man verwendet deshalb z. B. in den Lautsprecherboxen von Hi-Fi-Anlagen Kombinationen aus (unter Umständen mehreren) Hoch-, Mittel- und Tieftonlautsprechern, deren Membrandurchmesser vom abzustrahlenden Frequenzbereich abhängt (zwischen 2 cm beim Hochtonlautsprecher und 45 cm beim Basslautsprecher). Frequenzweichen sorgen für die Trennung des Frequenzbandes (Zweiweg- oder Dreiwegsystem).

Der am häufigsten verwendete **elektrodynamische Lautsprecher** besteht aus einem Permanentmagneten, in dessen Luftspalt sich eine Schwingspule befindet. Die an ihr befestigte und mitschwingende Konusmembran regt die umgebende Luft zu Schallschwingungen an. Der guten Wiedergabe tiefer Töne dient die Bassreflexbox mit mehreren Öffnungen auf der Rückseite. Die dort austretenden Schallwellen verstärken die nach vorn abgestrahlten Basstöne.

Der **elektrostatische Lautsprecher** beruht auf dem Kondensatorprinzip: Zwischen zwei starren durchlöcherten Elektroden und einer zwischen ihnen ausgespannten leitenden Membran liegt eine hohe Gleichspannung, der die tonfrequente Wechselspannung überlagert wird. Kristalllautsprecher beruhen auf dem piezoelektrischen Effekt: Bestimmte Kristalle verformen sich beim Anlegen einer Spannung. Aktive Boxen besitzen für jedes Lautsprechersystem einen eigenen Verstärker (aktive Weiche), der sich getrennt einstellen lässt; damit ist eine optimale Raumanpassung möglich.

■ **Lautverschiebung,** bestimmte Verände-

Lautsprecher: Lautsprecherbox; die Bassreflexöffnung verbessert die Abstrahlung der tiefen Töne

rungen der Verschlusslaute (p, t, k; b, d, g) in den germanischen Sprachen und im Althochdeutschen. Die **germanische Lautverschiebung** (erste Lautverschiebung) trennte die germanischen von den indogermanischen Sprachen.

Die **hochdeutsche Lautverschiebung** (zweite Lautverschiebung) trennte im 6./7. Jahrh. die hochdeutschen Mundarten von den anderen westgermanischen Sprachen. Die Veränderungen gingen vom Süden des deutschen Sprachgebietes aus und drangen nicht gleichmäßig nach Norden vor. Das Niederdeutsche blieb unbeeinflusst. Auf der zweiten Lautverschiebung beruhen z. B. folgende Unterschiede: niederdeutsch A*pp*el – hochdeutsch A*pf*el, *D*ör – *T*ür, i*k* – i*ch*, ä*t*en – e*ss*en, *t*wee – *z*wei.

■ **Lạva** [italienisch] *die,* eine glühende, flüssige Gesteinsmasse, die beim Ausbruch eines Vulkans aus dem Erdinnern an die Erdoberfläche befördert wird (Lava ist austretendes →Magma). Sie hat eine Temperatur von 1 000 bis 1 300 °C und erstarrt nach der Abkühlung zu grauschwarzem Gestein. Nach der Form unterscheidet man Fladen-, Strick- und Schollenlava sowie Brocken- und Blocklava. Auch der Bimsstein ist ein Lavagestein.

■ **Lavẹndel** [lat.] *der,* eine vor allem in den Mittelmeerländern verbreitete Gattung der Lippenblütler; Sträucher oder Kräuter mit blauen oder violetten Blüten. Der **Echte Lavendel** ist ein bis 60 cm hoher Halbstrauch mit blauvioletten Blüten. Die ätherischen Öle aus den Blüten werden u. a. zur Herstellung von Seife und Parfüm verwendet.

Echter Lavendel

■ **Lavoisier** [lawoasje̱], Antoine Laurent de, französischer Chemiker, *Paris 26. August 1743, †ebd. 8. Mai 1794. Lavoisier gilt durch seine Einsicht, dass genaue Mengenmessungen für chemische Untersuchungen notwendig sind, als einer der Begründer der neuzeitlichen Chemie. Er wies u. a. nach, dass der Verbrennungsprozess eine Sauerstoffaufnahme ist (Oxidation).

■ **Lawịne** [von mittellateinisch labina, = Erdfall] *die,* an Berghängen niedergehende Schnee- und Eismassen, die ganze Dörfer unter sich begraben können. Zum Schutz gegen Lawinen werden Schutzmauern und -wälle errichtet, Wälder aufgeforstet (so genannte Bannwälder) und Straßen überbaut oder durch Tunnel oder Galerien geführt.

■ **Lawrence** [lọr^{e}ns], T. E. (Thomas Edward), genannt Lawrence von Arabien, britischer Archäologe und Schriftsteller, *Tremadoc (Wales) 15. August 1888, †Moreton (County Dorset, Südengland) 19. Mai 1935. Er organisierte als britischer Agent im Ersten Weltkrieg den Aufstand der Araber gegen das Osmanische Reich und erlangte aufgrund seiner Rolle im Wüstenkrieg einen legendären Ruf. Enttäuscht von der britischen Nahostpolitik, zog er sich 1922 zurück. – Bild S. 208

Nach der Form des Risses unterscheidet man bei **Lawinen** die Schneebrettlawine von der hier abgebildeten Lockerschneelawine

■ **Lawrencium** [lo-] *das,* radioaktives chemisches Element aus der Gruppe der Actinoide, ein zu den →Transuranen zählender, erstmals 1959 künstlich hergestellter Alphastrahler.

Lawrencium
chemisches Symbol: Lr
Ordnungszahl: 103

■ **LCD-Anzeige,** Abkürzung für engl. Liquid Cristal Display, die →Flüssigkristallanzeige.

■ **Leasing** [lising; engl.] *das,* eine besondere Form der Vermietung von meist hochwertigen Gütern (z.B. Fahrzeuge, Kopiergeräte), bei der die Mietzahlungen bei einem späteren Kauf angerechnet werden.

Über T. E. Lawrence schrieb sein Landsmann Winston Churchill: »Er wird weiterleben in der englischen Literatur... und in den Legenden von Arabien«; seine legendäre Geschichte lebt auch in dem 1962 von dem englischen Filmemacher David Lean gedrehten Filmklassiker »Lawrence von Arabien« weiter

■ **Leben,** Daseinsform aller Organismen, ein komplexes System von Eigenschaften. Typische Merkmale des Lebendigen sind: Stoff- und Energiewechsel, Wachstum, Reizbarkeit, Bewegung, Fortpflanzungsvermögen, Vererbung, Individualität, Veränderbarkeit, der Besitz von Nukleinsäuren (DNA und RNA) und Proteinen (Enzyme) sowie die Fähigkeit, Moleküle selbst zu synthetisieren. Viren stehen nur scheinbar zwischen Unbelebtem und Lebendigem; es fehlt ihnen lediglich der eigene Stoffwechsel.

Die kleinste Bau- und Funktionseinheit der Lebewesen ist die →Zelle, die selbst einen Organismus darstellen kann (Einzeller). Mehrzellige Organismen zeichnen sich durch einen bestimmten Bauplan aus.

Leben ist nur unter bestimmten Bedingungen möglich, die jedoch sehr unterschiedlich sein können (z.B. Temperatur von −50 bis +110°C). Leben auf anderen Himmelskörpern ist deshalb unwahrscheinlich, aber denkbar. Der Anfang des Lebens auf der Erde ist nicht genau zu datieren; wahrscheinlich entstand es vor etwa 3–4 Milliarden Jahren. Zu Beginn des Lebens bildeten sich kleine, später größere Moleküle, die sich zu einfachen, dann zu komplizierteren Verbindungen und Molekülketten zusammenlagerten. Danach entstanden Makromoleküle wie Proteine und Nukleinsäuren. Diese Stoffe mussten jedoch in geordneter Weise zusammenwirken und sich selbst vermehren, bevor Leben nach der obigen Definition entstehen konnte. Die Formenmannigfaltigkeit des Lebens wird durch die Evolutionstheorie erklärt.

■ **Lebensdauer,** die Zeit zwischen Geburt und Tod eines Lebewesens. Am ältesten werden *Pflanzen:* Nadelbäume 300–500 Jahre, Eichen 500–1000 Jahre, Eiben 900–3000 Jahre und Mammutbäume 4000 und mehr Jahre.

Bei den *Tieren* leben z.B. die Männchen der Gemeinen Feigenwespe nur wenige Minuten. Kleinere Singvögel werden 10–15 Jahre, Papageien bis 100 Jahre alt. Hunde und Katzen können über 20, Pferde über 30 und Elefanten über 60 Jahre alt werden. Schildkröten leben bis zu 200 Jahre.

■ **Lebenslauf** (lat. Curriculum Vitae), kurze, schriftliche Darstellung des eigenen Lebens, wie sie z.B. bei der Bewerbung um eine Arbeitsstelle erwartet wird.

■ **Lebensstandard,** die Gesamtheit aller Güter, die der Bevölkerung eines Staates oder einem Einzelnen für die private Lebensgestaltung zur Verfügung stehen, das heißt der materielle Wohlstand. Im weiteren Sinn werden auch Faktoren wie Freizeit, soziale Sicherheit, Infrastruktur und Umwelterhaltung berücksichtigt, sodass Lebensstandard und Lebensqualität fast gleichbedeutend sind.

■ **Leber,** im Bauchraum liegende größte Drüse des menschlichen und tierischen Körpers. Sie produziert täglich etwa 1 l Galle und hat zahlreiche Aufgaben im Stoffwechsel: Sie baut aus Nahrungsbestandteilen Glykogen, Proteine und Fette auf und ist meist auch an deren Verwertung und Abbau beteiligt. Beim Abbau der Proteine entsteht in der Leber Harnstoff, der dann über die Niere ausgeschieden wird (Entgiftung). Zudem ist die Leber am Eisenstoffwechsel beteiligt und bildet für die Blutgerinnung wichtige Substanzen.

■ **Leberfleck,** brauner, meist etwa linsengroßer

Die Anfang der 1950er-Jahre im ostfranzösischen Ronchamp erbaute Wallfhrtskirche krönt das Lebenswerk des Architekten **Le Corbusier**

Fleck auf der Haut, der durch eine (gutartige) Wucherung der Pigmentzellen entsteht.

■ **Lebertran,** ein hell- bis goldgelbes, klares Öl, das hauptsächlich aus der Leber von Kabeljau und Schellfisch gewonnen wird. Es ist reich an ungesättigten Fettsäuren und den Vitaminen A, E und D und wird u. a. als Stärkungsmittel sowie in Salben zur Wundbehandlung verwendet.

■ **Lech** *der,* rechter Nebenfluss der Donau, 263 km lang. Er entspringt südöstlich der Roten Wand in Vorarlberg (Österreich) und mündet nordöstlich von Donauwörth (Bayern) in die Donau.

■ **Lechfeld,** Ebene südlich von Augsburg, zwischen den Flüssen Wertach und Lech. Entgegen der Überlieferung fand die **Schlacht auf dem Lechfeld**, in der der deutsche König Otto I. die Ungarn vernichtend schlug, nicht hier statt, sondern am 10. August westlich von Augsburg und am 11./12. August auf dem Ostufer des Lechs.

■ **Le Corbusier** [lᵉkorbüsje], eigentlich Charles Édouard Jeanneret-Gris, französischer Architekt schweizerischer Herkunft, *La Chaux-de-Fonds (Kanton Neuenburg) 6. Oktober 1887, †Roquebrune-Cap-Martin (Département Alpes-Maritimes) 27. August 1965. Er beeinflusste mit seiner Skelettbauweise (bei der nicht die Wände, sondern Stützen den Bau tragen) maßgeblich die Entwicklung der modernen Architektur. Völlig freie Grundrisslösungen und kunstvolle Lichtführung zeigen vor allem seine eigenwilligen Wohn- und Kirchenbauten (u. a. Wallfahrtskirche von Ronchamp). Le Corbusier war auch als Maler und Bildhauer tätig.

■ **Leder,** von den Haaren befreite, durch →Gerben haltbar gemachte und meist gefettete und gefärbte Tierhaut besonders von Schweinen und Rindern.

■ **Lederstrumpf,** Held der Erzählungen von J. F. →Cooper.

■ **Lee** *die,* die dem Wind abgekehrte Seite (eines Schiffes, Berges oder Gebirges); die dem Wind zugekehrte Seite heißt **Luv**.

■ **legal** [lat.], gesetzlich, erlaubt; Gegensatz: illegal.

■ **Legasthenie** [griech.-lat.] *die,* Lese-Recht-schreib-Schwäche, eine Störung beim Erlernen des Schreibens und Lesens bei sonst normaler Intelligenz. Legasthenie tritt besonders bei Jungen auf (bei etwa 6 %) und äußert sich vor allem in Umstellungen, Verwechslungen und Auslassungen von Buchstaben und ganzen Wortteilen. Bei frühzeitiger Hilfe kann die Lernstörung allmählich abgebaut werden.

■ **legato** [italienisch], Abkürzung **leg.**, musikalische Vortragsweise: gebunden, in der Notenschrift durch einen **Legatobogen** (Bogen über oder unter den Noten) kenntlich gemacht; Gegensatz: staccato.

■ **Legende** [lat., zu legere, = lesen] *die,* **1)** *allgemein:* Bildunterschrift, erklärender Text zu Bildern und Zeichnungen sowie Zeichenerklärung auf Landkarten; auch Text der Inschriften auf Münzen und Siegeln.

2) *Literatur:* volkstümliche, lehrhafte Erzählung aus dem Leben eines Heiligen, bei der meist ein wahrer Kern fantasievoll ausgeschmückt wird.

■ **Legierungen** [italienisch], metallische Werkstoffe, die durch das Zusammenschmelzen von mindestens zwei Metallen entstanden sind. Der zweite oder ein weiterer Bestandteil einer Legierung kann auch ein Halb- oder Nichtmetall wie Kohlenstoff, Silicium, Phosphor, Bor und ä. sein.

Die Eigenschaften von Legierungen unterscheiden sich deutlich von denen reiner Metalle, z. B. bessere

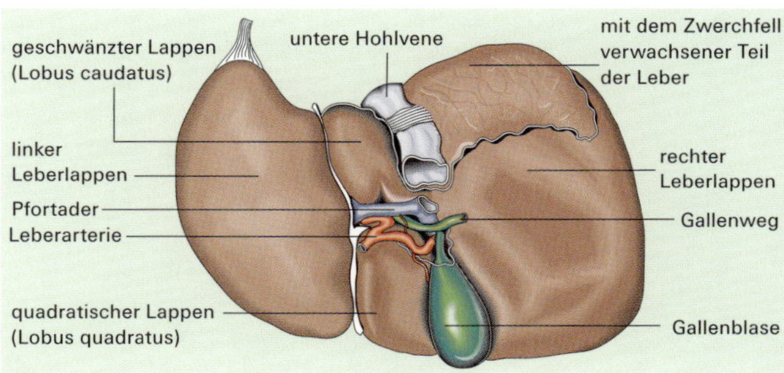

Die Zeichnung zeigt den Aufbau der **Leber** in ihrer Rückansicht

Schmiedbarkeit, größere Widerstandsfähigkeit gegen Chemikalien, größere Härte.
Durch geeignete Legierungszusammensetzung kann man Werkstoffe mit bestimmten gewünschten Eigenschaften herstellen. Besonders bekannte Legierungen sind Bronze (Kupfer und Zinn), Messing (Kupfer und Zink), Silberamalgam (Silber und Quecksilber) und als technisch bedeutendste Legierung Stahl (Eisen und wenig Kohlenstoff).

■ **Legion** [lat.] *die,* die größte Einheit im römischen Heer. Sie umfasste 6000 Fußsoldaten (Legionäre) und 300 Reiter. Seit dem 1. Jahrh. v. Chr. war sie in zehn Kohorten zu je drei Manipel gegliedert, jedes Manipel in zwei Zenturien (Hundertschaften).
Heute werden Truppen, die aus Angehörigen fremder Staaten bestehen, als Legion bezeichnet, z. B. →Fremdenlegion.

■ **Legislative,** im Sinne der →Gewaltenteilung die gesetzgebende Gewalt.

■ **Legislaturperiode** [lat.-griech.], der Zeitraum für den eine Volksvertretung (Parlament) gewählt ist.

■ **legitim** [lat.], rechtmäßig, gesetzlich anerkannt; berechtigt.

■ **Leguane** [niederländisch], eine vor allem in Amerika verbreitete Familie der Echsen mit über 700 Arten. Leguane sind zwischen 10 cm und 2 m lang; ihr Körper ist oft lebhaft bunt gefärbt und meist wesentlich kürzer als der Schwanz.

■ **Le Havre** [l^{e}awr^e], Hafenstadt in Frankreich, in der Normandie, an der Mündung der Seine in den Ärmelkanal, mit 197 200 Einwohnern. Die Stadt ist ein bedeutender Güterumschlag- und Passagierhafen (Autofähre nach Southampton).

■ **Lehen,** Bezeichnung für die Nutzungsrechte an einem Gut. Das Lehnswesen bildete die Grundlage der abendländischen Staats- und Gesellschaftsordnung während des Mittelalters. Mit der Vergabe des Lehens durch den Lehnsherrn an den **Vasallen** (Lehnsträger) war eine Treueverpflichtung verbunden. Oberster Lehnsherr war der König; die Fürsten und hohen Geistlichen konnten Teile ihres Lehnsbesitzes weiterverleihen. So entstand eine Lehnspyramide, an deren Spitze der König stand. Lehen wurden zunächst auf Lebenszeit verliehen, später waren sie erblich.

■ **Lehnwort** →Fremdwort.

■ **Lehrvertrag** →Berufsausbildungsvertrag.

■ **Leibeigenschaft,** die Abhängigkeit vor allem der bäuerlichen Bevölkerung von einem Grundherrn nach mittelalterlichem Recht. Die soziale Stellung der Leibeigenen war grundsätzlich nicht anders als die der Hörigen, die an den Boden gebunden waren oder sich als Freie in den Schutz der Grundherrn begeben hatten. Die Leibeigenschaft ging auf die Kinder über, sie bedeutete Frondienst, Grundzinsen und andere Dienste. Die Leibeigenen unterstanden der Gerichtsbarkeit des Grundherrn. Die Leibeigenschaft wurde erst durch die →Bauernbefreiung im 19. Jahrh. abgeschafft.

■ **Leibniz,** Gottfried Wilhelm, deutscher Universalgelehrter, vor allem Philosoph und Mathematiker, *Leipzig 1. Juli 1646, †Hannover 14. November 1716. Er entwickelte unabhängig von Isaac Newton die Differenzial- und Integralrechnung. Eine bedeutende philosophische Leistung war die Entwicklung seiner Monadentheorie. Monaden verstand er als einfache, unteilbare, geistige Einheiten ohne räumliche Ausdehnung, deren Zusammenwirken auf einer von Gott vorherbestimmten Harmonie beruht. In diesem Sinn sah Leibniz die bestehende Welt als die »beste aller möglichen Welten« an. Viele seiner Gedanken wurden zu einem wichtigen Bestandteil der deutschen Aufklärung.

■ **Leichtathletik,** zusammenfassende Bezeichnung für die sportlichen Übungen und Wettkämpfe im →Gehen, Laufen (→Lauf), Springen (→Dreisprung, →Hochsprung, →Stabhochsprung, →Weitsprung), Werfen (→Diskuswerfen, →Hammerwerfen, →Kugelstoßen, →Speerwerfen) sowie für die verschiedenen Mehrkämpfe (vor allem →Siebenkampf und →Zehnkampf).

■ **Leichtmetalle,** alle Metalle oder Legierungen mit einer Dichte bis 4,5 g/cm^3, u. a. Aluminium, Magnesium, Titan, Beryllium, Natrium und Kalium. Sie werden insbesondere im Flugzeugbau verwendet.

■ **Leichtöle,** die bei der Destillation von Steinkohlenteer bei Temperaturen von 170–190 °C siedenden flüssigen Produkte, die im Wesentlichen aus den aromatischen chemischen Verbindungen Benzol, Toluol und Xylol bestehen. Durch eine weitere, vorsichtigere Destillation (→destillieren) werden sie getrennt und als wertvolle Rohstoffe in der chemischen Industrie verwendet. Die bei höherer Temperatur siedenden flüssigen Produkte aus dem Steinkohlenteer nennt man Mittel- und →Schweröle.

■ **Leideform** (Passiv) →Verb.

■ **Leier** [griech.] *die,* Musikinstrument mit Schallkörper und zwei Jocharmen, die das als Saitenhalter dienende Joch tragen. Es wird mit einem Plektron (Plättchen) gezupft.
Vorgängerin der Leier war die antike **Lyra**, die uspründlich aus einem mit Kuhhaut überspannten Schildkrötenpanzer und zwei daran befestigten

Leichtathletik: Hallendisziplinen bei Welt- und Europameisterschaften (Frauen und Männer)

Laufen		Springen	Stoßen	Mehrkampf
60 m	800 m	Dreisprung	Kugelstoßen	Fünfkampf[1)]
60 m Hürden	1 500 m	Hochsprung		Siebenkampf[2)]
200 m	3 000 m	Stabhochsprung		
400 m	4 × 400 m	Weitsprung		

1) Frauen: 60 m Hürden, Kugelstoßen, Hochsprung, Weitsprung, 800 m.
2) Männer: 60 m, Weitsprung, Kugelstoßen, Hochsprung, 60 m Hürden, Stabhochsprung, 1 000 m.

Tierhörnern bestand. Von dem dazwischen angebrachten Querholz wurden 5–7 Saiten über den Korpus gespannt.

■ **Leif Eriksson,** norwegischer Seefahrer, *um 975, †um 1020. Er kam um 1000 bei einer Fahrt in das zu dieser Zeit von Wikingern besiedelte Grönland vom Kurs ab und gelangte an die Küste Nordamerikas, das er »Vinland« nannte. So wurde er zum ersten europäischen Entdecker Amerikas lange vor Kolumbus. Da das Wissen um diese Entdeckung schon bald wieder verloren ging, blieb sie ohne Folgen.

■ **Leinen** (Leinwand, Linnen), glattes Gewebe aus gesponnenen Flachsfasern in Leinwandbindung (der Kettfaden liegt abwechselnd über und unter dem Schussfaden). **Halbleinen** ist ein Gewebe aus Leinen- und Baumwollgarnen.

■ **Leipzig,** Stadt in Sachsen am Zusammenfluss von Parthe, Pleiße und Weißer Elster, mit 493 900 Einwohnern; Sitz einer Universität, mehrerer Hochschulen und Museen. Als Standort der Deutschen Bücherei (Teil der Deutschen Bibliothek) und der Frühjahrs-Buchmesse knüpft Leipzig an seine Tradition als Buchstadt an. Die zentrale Lage der Stadt in Mitteleuropa ermöglichte die Entwicklung zum Verkehrsknotenpunkt (größter Kopfbahnhof Europas) und zum wichtigen Messestandort. Weltberühmt wurde Leipzig durch seine Musiktradition und -pflege (J. S. Bach, Thomanerchor, Gewandhausorchester) sowie als Messestadt (seit etwa 1500).

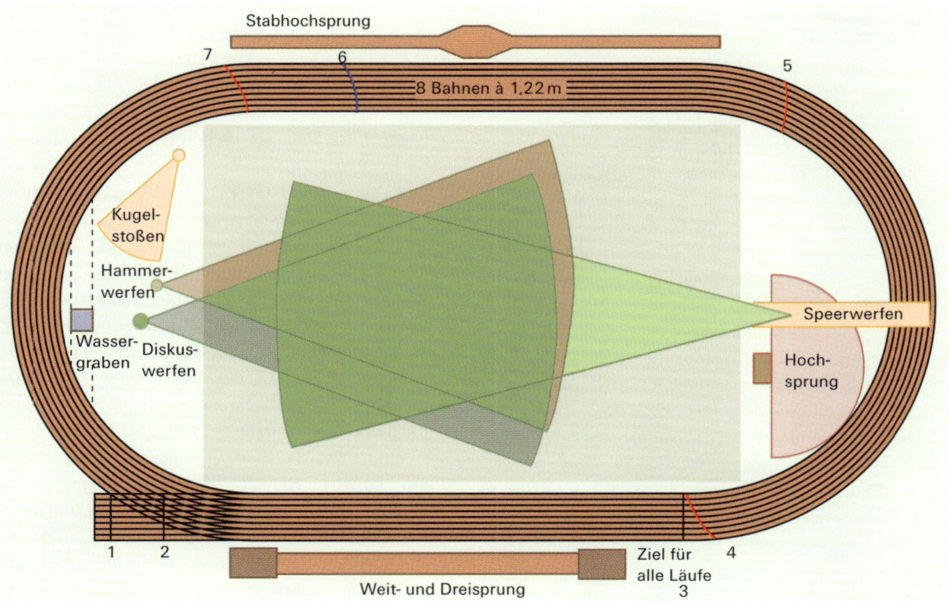

Leichtathletik: vorschriftsmäßige Anlage mit 400-m-Rundbahn für alle international üblichen Disziplinen; 1 Start 110 m Hürden, 2 Start 100 m, 3 Ziel für alle Läufe, 4 Start 400 m, 800 m, 10 000 m, 5 Start 1 500 m, 6 Start 3 000 m Hindernis, 7 Start 5 000 m

Wladimir Iljitisch Lenin propagierte die »Diktatur der Arbeiterklasse« als die höchste Form der Demokratie; der Lauf der Geschichte des 20. Jahrhunderts hat diese Vorstellung grausam widerlegt

In der **Völkerschlacht bei Leipzig** (16.–19. Oktober 1813) wurde Napoleon I. von den verbündeten Preußen, Österreichern, Schweden, Engländern und Russen besiegt. – Von den »Montagsdemonstrationen« in Leipzig 1989/90 gingen entscheidende Impulse für die revolutionären Veränderungen in der DDR und die Vereinigung der beiden deutschen Staaten aus.

■ **Leistung,** physikalische Größe, Formelzeichen *P*, die pro Zeiteinheit verrichtete Arbeit. Der Quotient aus Arbeit *W* und Zeit *t* ist

$$P = \frac{W}{t}.$$

Bei gleicher Arbeit ist also die Leistung um so größer, je geringer die dazu erforderliche Zeit ist. Verrichtet man die gleiche Arbeit in der halben Zeit, so hat man die doppelte Leistung erbracht.
Die gesetzliche Einheit der Leistung ist das Watt (W) mit seinen dezimalen Vielfachen und Teilen, z.B. Kilowatt (1 kW = 1 000 W) und Megawatt (1 MW = 1 000 kW). Eine ältere Leistungseinheit ist das PS (Pferdestärke; 1 PS = 0,735 kW).
Die **elektrische Leistung** (→Elektrizität) eines Gleichstroms ist gleich dem Produkt aus Spannung *U* und Stromstärke *I*:

$$P = U \cdot I.$$

Die Völkerschlacht bei Leipzig

Im Herbstfeldzug 1813 der Befreiungskriege gegen Napoleon I. ermöglichte die Schlesische Armee unter dem preußischen Generalfeldmarschall Blücher Anfang Oktober den Elbübergang, um nun gemeinsam die Entscheidungsschlacht einzuleiten. Bei Leipzig standen sich am 16. Oktober 205 000 Mann der Alliierten und 190 000 Mann der Armee Napoleons gegenüber, weshalb man von einer »Völkerschlacht« spricht. Zunächst konnten sich beide Seiten in einem hartnäckigen Kampf trotz hoher Verluste halten und während der Nacht zum 17. Oktober ihre Truppen verstärken. Am 18. Oktober wurde Napoleon jedoch besiegt und nach Leipzig hineingedrängt, wo sich die Franzosen von ihren rückwärtigen Verbindungen weitgehend abgeschnitten sahen und sich in der Nacht zum 19. Oktober in westlicher Richtung zurückzogen. Napoleon entkam, aber der Kampf um die Vorherrschaft in Europa war entschieden; Napoleon musste Deutschland räumen.

■ **Leiter,** allgemein ein Stoff, der Wärme, Schall oder elektrischen Strom weiterleitet. Im elektrischen Leiter sind viele positive und negative Ladungsträger (Ionen, Elektronen) schon unter dem Einfluss eines schwachen elektrischen Feldes beweglich: Es kann ein elektrischer Strom fließen. Stoffe mit beschränkter oder fast verschwindender Beweglichkeit der Ladungsträger sind die →Halbleiter und die →Isolatoren.

■ **Leiterplatte,** →gedruckte Schaltung.

■ **Leitfossilien** →Fossilien.

■ **Leitwerk,** Baugruppe eines Flugzeugs, meist am hinteren Ende (Heckleitwerk), gebildet aus Höhen- und Seitenleitwerk, die jeweils aus einer feststehenden Flosse (zur Stabilisierung der Flugzeugbewegungen) und daran angebrachten Rudern (Höhen- und Seitenruder; zur Flugzeugsteuerung) bestehen.

■ **Lektor** [lat.] *der,* Lehrkraft an wissenschaftlichen Hochschulen, vor allem für Einführungskurse und Übungen (Sprachkurse); auch Mitarbeiter eines Verlages, der Manuskripte prüft und bearbeitet.

■ **Lemberg** (ukrainisch Lwiw), Stadt in der Ukraine, mit 790 000 Einwohnern. Die historische Altstadt mit zahlreichen Kirchen gehört zum Weltkulturerbe der UNESCO. – Lemberg, ein altes Kultur- und Handelszentrum, gehörte 1919–39 zu Polen.

■ **Lemminge** [dänisch], Gruppe von drei Gattungen bis 15 cm großer, stummelschwänziger Wühlmäuse mit elf Arten in den nördlichen Polargebieten. Die Lemminge leben in lichten Wäldern, in Tundren und auf Hochflächen. Ihr Fell ist dick und weich, im Sommer rötlich bis grau, im Winter weiß.
Massenvermehrungen der Lemminge führen zu weiten Wanderungen (Lemmingzüge), die nicht selten an Meeresküsten enden, wo die Tiere ins Wasser stürzen.

■ **Lemuren,** eine Familie der →Halbaffen.

■ **Lena** *die,* Fluss in Ostsibirien, Russland. Die Lena entspringt im Baikalgebirge am Westufer des Baikalsees; sie ist 4 400 km lang und mündet in die Laptewsee (Nordpolarmeer).

■ **Lenin,** Wladimir Iljitsch, eigentlich W. I. Uljanow, russischer Politiker, *Simbirsk (heute Uljanowsk) 22. April 1870, †Gorki (bei Moskau) 21. Januar 1924. Lenin wurde wegen seiner revolutionären Tätigkeit 1897–1900 nach Sibirien verbannt. Ab 1900 lebte er im Ausland und übernahm 1903 die Führung der russischen Bolschewiki (→Bolschewismus). 1917, mitten im Ersten Weltkrieg, kehrte er aus der Schweiz über Deutschland nach Russland zurück. Dort errichtete er nach der Oktoberrevolution (1917) die Diktatur der Bolschewiki und erzwang die politische und wirtschaftliche Umwandlung seines Landes in einen kommunistischen Staat. Mit seinen Schriften begründete er den Leninismus (→Marxismus).

■ **Leningrad** →Sankt Petersburg.

■ **Leninismus** →Marxismus.

■ **lento** [italienisch], musikalische Vortragsbezeichnung: langsam, gedehnt zu spielen.

■ **Lenz,** Siegfried, deutscher Schriftsteller, *Lyck (Masuren, heute zu Polen) 17. März 1926. Lenz schrieb Dramen, Hörspiele und Erzählungen, die meist Zeitprobleme behandeln und menschliche Unfreiheit und Schuld sowie das Erlebnis von Einsamkeit und Versagen darstellen. Der Roman »Deutschstunde« (1968) beschäftigt sich mit Anpassung und Widerstand unter dem Nationalsozialismus. Bekannt sind außerdem u.a.: »So zärtlich war Suleyken« (Erzählungen, 1955), »Heimatmuseum« (Roman, 1978), »Exerzierplatz« (Roman, 1985).

■ **Leonardo da Vinci** [...tschi], italienischer Maler, Zeichner, Baumeister, Bildhauer, Naturforscher und Erfinder, *Vinci (bei Florenz) 15. April 1452, †Schloss Cloux (heute Clos-Lucé bei Amboise, Frankreich) 2. Mai 1519. Leonardo da Vinci ist eine der bedeutendsten Persönlichkeiten der Renaissance. Neben weltberühmten Gemälden (u.a. »Mona Lisa«, »Heilige Anna selbdritt«, »Abendmahl«) und einer unübersehbaren Fülle von Zeichnungen schuf er plastische Werke und wirkte als Baumeister (Modell für die Kuppel des Mailänder Doms). Malerei war für ihn auch Mittel einer anschaulichen Naturforschung, Vorstoß zu den Gesetzen der Natur, zu der er auch durch Studien auf den Gebieten der Anatomie, Zoologie, Botanik, Geometrie und Technik Zugang fand. Viele – zu seiner Zeit nicht verwirklichte – Erfindungen (Tauchgeräte, Flugmaschinen, mechanischer Webstuhl, bewegliche Brücken, Pumpen) gehen auf seine Ideen zurück; daneben erarbeitete er auch Landkarten, Stadtpläne sowie ingenieurtechnische Entwürfe (Festungsanlagen, Kanalbauten).

■ **Leoncavallo,** Ruggiero, italienischer Komponist, *Neapel 23. April 1857, †Montecatini 9. August 1919. Von seinen Opern wurde »Der Bajazzo« (1892) ein Welterfolg.

■ **Leonidas,** König von Sparta (seit 488 v.Chr.). Er verteidigte im Freiheitskampf der Griechen gegen die Perser den Thermopylenpass und fiel dort nach Verrat 480 v.Chr. mit 300 Spartanern und 700 Thespiern.

■ **Leopard** [lat.] *der* (Panther), eine bis 1,5m lange Großkatze in Afrika und Asien. Das Fell ist schwarz oder zeigt dunkelbraune bis schwarzbraune Flecken auf gelbem Grund. Häufig werden auch nur die schwarzen Tiere als Panther bezeichnet. Der Leopard jagt, meist allein, vorwiegend nachts. Seine Beutetiere sind vor allem Antilopen, Affen, Wildschweine, Nagetiere und Vögel.

Leonardo da Vincis berühmtes Wandgemälde »Abendmahl«, an dem er 1495–1497 arbeitete, befindet sich im Refektorium des Mailänder Klosters Santa Maria delle Grazie; der schlechte Zustand des Bildes, der neben Umwelteinflüssen auch auf Leonardos Experimentieren mit noch unerprobten Techniken zurückgeführt werden kann, machte schon im 16. Jahrhundert erste Restaurierungsarbeiten erforderlich; nach erneuter Restaurierung ab 1977 ist das Werk seit 1995 für die Öffentlichkeit wieder zugänglich

■ **Lepra** [griech.] *die* (Aussatz), eine anzeigepflichtige chronische Infektionskrankheit, die nur durch unmittelbaren, lang dauernden Kontakt übertragen wird. Erreger ist ein von dem norwegischen Arzt Gerhard Henrik Armauer Hansen 1871 entdecktes Bakterium. Im Verlauf der sich über Jahrzehnte hinziehenden Krankheit kommt es zur Bildung von Flecken und Knoten auf der Haut, zu Gewebszerstörungen und Verstümmelungen sowie zu Nervenschädigungen.
Früher wurden die Erkrankten aus der Gesellschaft ausgestoßen (»ausgesetzt«). In Mitteleuropa gibt es seit dem 17. Jahrh. nur noch wenige Erkrankungen; weltweit wird heute mit 3–4 Mio. Kranken gerechnet.

■ **Leptonen** [griech.], Gruppe von sechs →Elementarteilchen (und deren Antiteilchen), die nicht der starken Wechselwirkung unterliegen und die

Leonardo da Vinci verkörperte das Idealbild des Universalgenies; hier ein Selbstporträt, das er etwa vier Jahre vor seinem Tode zeichnete

neben den →Quarks als fundamentale Bausteine der Materie angesehen werden. Zu den Leptonen gehören das →Elektron, das Myon und das Tauon sowie deren →Neutrinos.

■ **Lẹrchen,** eine Singvogelfamilie in baumarmen Landschaften. Lerchen sind erdfarbene Bodenvögel, die ihre gut getarnten Nester in flachen Erdmulden anlegen. Die Männchen tragen ihren Gesang häufig in steil aufsteigendem Rüttelflug vor. In Mitteleuropa kommen u. a. **Feldlerche, Heidelerche** und **Haubenlerche** vor.

■ **lẹsbisch** [nach der Insel Lesbos mit Bezug auf die griechische Dichterin Sappho, die hier lebte], homosexuell empfindend (auf Frauen bezogen). – auch →Homosexualität.

Lesotho

Flagge

Wappen

Lesotho
Fläche 30 355 km²
Einwohner 2,184 Mio.
Hauptstadt Maseru
Amtssprachen Sotho und Englisch
Nationalfeiertag 4. 10.
Währung 1 Loti (M) = 100 Lisente (s)
Zeitzone MEZ + 2 Std.

■ **Lesotho,** Staat im südlichen Afrika, überwiegend ein Hochland, das im Osten bis auf 3 482 m über dem Meeresspiegel ansteigt. Lesotho gehört zu den ärmsten Staaten der Erde. Die Bewohner, die fast ausschießlich dem Bantuvolk der Sotho angehören, leben hauptsächlich von Getreideanbau, der jedoch nicht zur Selbstversorgung reicht. Von Bedeutung ist die Haltung von Schafen und Angoraziegen für den Wollexport (Mohairwolle).
Lesotho war seit 1868 als Basutoland britisches Schutzgebiet und erlangte 1966 als Königreich innerhalb des Commonwealth die Unabhängigkeit.

■ **Lessẹps,** Ferdinand Marie Vicomte de, französischer Diplomat und Ingenieur, *Versailles 19. November 1805, †La Chênaie (Département Indre) 7. Dezember 1894. Lesseps leitete 1859-69 den Bau des Suezkanals. 1879 begann er mit dem Bau des Panamakanals, scheiterte aber mit diesem Projekt.

■ **Lẹssing,** Gotthold Ephraim, deutscher Schriftsteller, *Kamenz 22. Januar 1729, †Braunschweig 15. Februar 1781. Lessing war einer der bedeutendsten Vertreter der deutschen Aufklärung. In »Laokoon: oder über die Grenzen der Malerei und Poesie« (1766) versuchte er, diese beiden Kunstgattungen theoretisch gegeneinander abzugrenzen. In der »Hamburgischen Dramaturgie« (1767–69) setzte er sich mit dem Wesen des Dramas auseinander. Mit seinen bürgerlichen Trauerspielen »Miss Sara Sampson« (1755) und »Emilia Galotti« (1771) sowie mit seinem Lustspiel »Minna von Barnhelm« (1767) verfasste er beispielgebende Werke der betreffenden Dramengattungen. In dem Drama »Nathan der Weise« (1779) setzte sich Lessing für den Gedanken der Humanität und der Toleranz zwischen den Weltreligionen ein. Ferner verfasste er Gedichte, Fabeln, Epigramme, Streitschriften und Abhandlungen über literarische und philosophische Fragen (z. B. »Die Erziehung des Menschengeschlechts«, 1780).

■ **Lẹttland,** Republik an der Ostsee, im Baltikum, ein hügeliges, seen- und waldreiches Land. Wichtigster Wirtschaftszweig ist die Industrie (vor allem Bau von Rundfunkgeräten, Telefonanlagen, Generatoren, Landmaschinen und Waggons). Die Bevölkerung besteht zu etwa 55 % aus Letten, 32,6 % Russen und 4 % Ukrainern.

Lettland

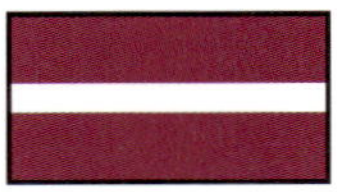

Flagge

Wappen

Lettland
Fläche 64 589 km²
Einwohner 2,354 Mio.
Hauptstadt Riga
Amtssprache Lettisch
Nationalfeiertag 18. 11.
Währung 1 Lats (s) = 100 Santimes (s)
Zeitzone MEZ + 1 Std.

Der Pastorensohn **Gotthold Ephraim Lessing**, der das Theater als seine »Kanzel« bezeichnet hat, verhalf der deutschen Literatur zum Sprung auf die Weltbühne; das Porträt zeigt den Anwalt des freien, selbstbestimmten Geistes im Alter von nicht ganz vierzig Jahren

Geschichte: Im Gebiet des heutigen Lettland siedelten seit dem 9. Jahrh. die zu den ostbaltischen Völkern zählenden Stämme der Lettgaller, Selen und Semgaller. Sie wurden seit dem 12. Jahrh. christianisert und vom Schwertbrüderorden, ab 1237 vom Deutschen Orden unterworfen. Nach Jahren polnischer Herrschaft gehörte das Land seit dem Ende des 18. Jahrh. zu Russland. Die 1918 ausgerufene Republik wurde 1934 unter Kārlis Ulmanis (1877–1942) beseitigt und durch ein autoritäres Regime ersetzt. 1940 wurde Lettland unter sowjetischem Druck der Sowjetunion angegliedert, aus deren Staatsverband es sich 1991 löste.

■ **Leuchtfeuer,** eine Vorrichtung, u. a. auf Leuchttürmen, in Leuchtbojen und auf Feuerschiffen, mit deren Hilfe Lichtsignale ausgesendet werden. Leuchtfeuer markieren Schifffahrtswege, warnen vor gefährlichen Stellen in der Nähe von Schifffahrtsstraßen (Riffe, Untiefen, Landvorsprünge) und haben Bedeutung für die Navigation. Drehfeuer senden einen umlaufenden starken Lichtstrahl aus. Bei Blinkfeuern werden die Lichtsignale in regelmäßigen Abständen unterbrochen.

■ **Leuchtkäfer,** eine Familie von 8–25 mm großen Käfern, die an der Bauchseite ihrer Hinterleibsringe Leuchtorgane tragen. Männchen und Weibchen strahlen nachts Licht aus, das durch Oxidation des Leuchtstoffs Luciferin entsteht. Durch diese Signale finden die Tiere den Weg zueinander. Eine bekannte Art ist das **Johanniswürmchen (Glühwürmchen)**.

■ **Leuchtröhre,** eine meist mit Edelgas (z. B. Neon oder Helium) gefüllte Glasröhre, in die zwei Elektroden eingeschmolzen sind. Beim Anlegen einer hohen elektrischen Spannung (etwa 1000 V je Meter Rohrlänge) fließt ein Strom, der die Gasmoleküle zum Leuchten bringt. Leuchtröhren werden vor allem für Reklamezwecke (Leuchtschrift) verwendet. – auch →Leuchtstofflampen.

■ **Leuchtstoffe** (Luminophore), chemische Substanzen, die eine →Lumineszenz aufweisen und die Energie elektromagnetischer Strahlung absorbieren und als sichtbares Licht aussenden. Neben den **selbstleuchtenden Leuchtstoffen** (u. a. Calcium- und Magnesiumwolframat) unterscheidet man **fluoreszierende Leuchtstoffe** (z. B. in Fernsehbildschirmen, Leuchtstofflampen, als Leuchtfarbenzusätze für Verkehrsschilder u. a.), deren Lichtemission praktisch nach Beendigung der Anregung endet, und **phosphoreszierende Leuchtstoffe,** die ein längeres Nachleuchten zeigen. Letztere sind z. B. zur Herstellung von Signalfarben von Bedeutung, die in der Dunkelheit nachleuchten. Mit Leuchtstoffen werden auch Oszillographenröhren und Röntgenschirme beschichtet; zu ihnen zählen auch die optischen Aufheller und die Fluoreszenzfarbstoffe.

■ **Leuchtstofflampen,** Niederdruckentladungslampen, an deren Innenwand Leuchtstoffe aufgebracht sind, die unter dem Einfluss der erzeugten langwelligen UV-Strahlung Licht mit einem kontinuierlichem Spektrum ausstrahlen. Die Lichtstrahlung der Gasentladung selbst dringt nur wenig durch die Leuchtstoffschicht. Die →Leuchtstoffe sind im Wesentlichen für die Lichtausbeute und die Lichtfarbe ausschlaggebend. Vorteile der

Leuchtkäfer

Jeder hat in warmen Sommernächten schon das Leuchten der Glühwürmchen beobachtet. Doch wodurch entsteht dieses eigentümliche Glühen?
Das Licht wird im Unterleib der Leuchtkäfer durch Oxidation des Stoffes Luziferin erzeugt. Die Leuchtrate wird durch das Nervensystem gesteuert. In Paraguay gibt es eine etwa 7 cm lange, flügellose Art, die an beiden Körperenden rotes und an anderen Körperstellen grünes Licht erzeugen kann. In Mitteleuropa treten die Leuchtkäfer meist um den 24. Juni, den Johannistag, herum auf und werden deshalb auch Johanniswürmchen genannt.

Leuchtstofflampen sind hohe Lichtausbeute und lange Lebensdauer (bis zu einem Mehrfachen der Werte gewöhnlicher Glühlampen) sowie die Unempfindlichkeit gegen Erschütterungen. Sie werden heute in der Straßenbeleuchtung und zunehmend auch als **Energiesparlampen** im Wohnbereich verwendet.

■ **Leuchtturm,** als Schifffahrtszeichen dienender hoher, weithin sichtbarer Turm mit starkem →Leuchtfeuer an der Spitze. Leuchttürme stehen an Land oder auch im Wasser an für die Schiffsnavigation wichtigen Punkten und sind durch Form, Farbgebung und Lichtkennung eindeutig erkennbar.

■ **leuk..., leuko...** [griech.], Bestimmungswort von Zusammensetzungen mit der Bedeutung: weiß, hell, glänzend, z. B. Leukozyten, Leukoderma (Bildung weißer Flecken auf der Haut).

■ **Leukämie** [griech.] *die* (Blutkrebs), eine bösartige Erkrankung des die weißen Blutkörperchen bildenden Gewebes mit Veränderungen der Blutkörperchen. Dabei vergrößern sich Milz, Leber und Lymphknoten; im Knochenmark treten Veränderungen auf. Anzeichen sind anfangs Mattigkeit, Abmagerung, Blutungen und Fieber.

■ **Leukozyten** [griech.] (weiße Blutkörperchen), kernhaltige Blutzellen (→Blut), die u. a. Krankheitserreger vernichten.

■ **Lexikon** [griech.] *das,* alphabetisch geordnetes Nachschlagewerk, in dem Sachauskünfte zu Personen und Begriffen sowie meist auch Worterklärungen gegeben werden. Umfangreiche Lexika nennt man auch →Enzyklopädie. Daneben gibt es Fachlexika für bestimmte Gebiete. In einem →Wörterbuch findet man nur Worterklärungen.

■ **Lhasa,** Hauptstadt von Tibet (heute zu China), mit 343 000 Einwohnern. Die Stadt liegt etwa 3 700 m über dem Meeresspiegel. Sie wird überragt von der ehemaligen Palastburg (Potala) des →Dalai-Lama (UNESCO-Weltkulturerbe). Lhasa ist das Zentrum des Lamaismus (→Lama) mit vielen prächtigen Pagoden und Klöstern, zu denen Europäer in der Regel keinen Zutritt haben.

■ **Lianen** [frz.], Kletterpflanzen, die an anderen Gewächsen, an Felsen und Mauern emporwachsen, um das Licht besser ausnützen zu können. Lianen haben sehr verschiedenartige Organe, die ihnen das Klettern ermöglichen, z. B. vom Spross ausgehende Wurzeln, Dornen, Haftscheiben und Klimmhaare. Sie bilden jedoch keinen Stamm aus. Lianen sind kennzeichnend für tropische Regenwälder. In Deutschland kommen u. a. vor: Efeu, Erbse, Hopfen, Weinrebe, Brombeere und Bohne.

■ **Libanon,** Republik an der Ostküste des Mittelmeers in Vorderasien. Das vorwiegend gebirgige Land besitzt fruchtbare Täler und Küsten, wo Zitrusfrüchte, Oliven und Getreide angebaut werden. Wichtigste Industriezweige sind Textil-, Nahrungsmittel- und Holzindustrie. Die Bevölkerung (Christen, sunnitische und schiitische Muslime) wird besonders durch die verschiedenen Religionszugehörigkeiten bestimmt.

Geschichte: Libanon, im Altertum Teil des Groß-

Libellen

Die Libellen gelten als das perfekte Flugtier schlechthin. Ihre Flugmanöver, bei denen sie plötzlich in der Luft anhalten, um dann ohne einen Flügelschlag weiterzuschweben, haben schon den ukrainisch-amerikanischen Helikopterpionier Igor Sikorsky (1889–1972) fasziniert und inspiriert.

Die Libellen verfügen über zwei Flügelpaare und können jeden einzelnen Flügel unabhängig bewegen. Dazu besitzen sie gewaltige Brustmuskeln, also genau das, was dem Menschen zum Fliegen aus eigener Körperkraft fehlt. Wenn auch viele Arten gefährdet sind, so kommen doch immerhin achtzig der ursprünglich einhundert europäischen Arten noch in Deutschland vor.

Libanon

Flagge

Wappen

Libanon
Fläche 10 452 km²
Einwohner 3,194 Mio.
Hauptstadt Beirut
Amtssprache Arabisch
Nationalfeiertag 22. 11.
Währung 1 Libanesisches Pfund (L£) = 100 Piastres (P.L.)
Zeitzone MEZ +1 Std.

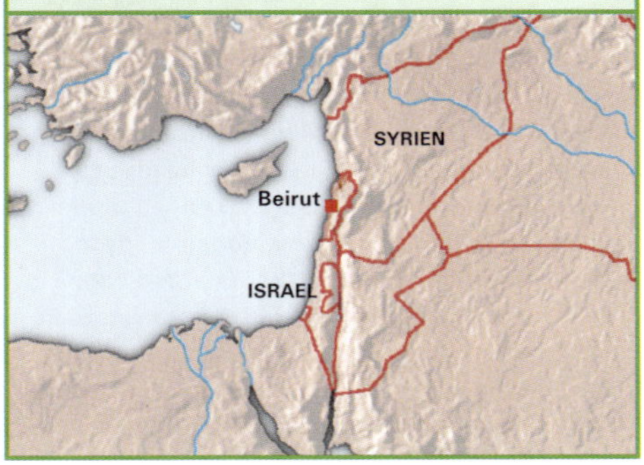

Bei der Paarung bilden die **Libellen** ein »Rad«: das Männchen hält mit seinem Hinterleibsende das Weibchen hinter dem Kopf fest, während das Weibchen sein Hinterleibsende an das mit einer Samentasche verbundene männliche Begattungsorgan führt

raums Syrien und Kerngebiet der →Phöniker, stand 1516–1918 unter türkischer Herrschaft, kam dann unter französische Mandatsverwaltung und wurde 1944 unabhängig.

Nach dem 1. Israelisch-Arabischen Krieg (1948) nahm das Land zahlreiche Flüchtlinge aus →Palästina auf. Die zunehmende, von libanesischem Gebiet aus gegen Israel gerichtete Guerillatätigkeit der Palästinensischen Befreiungsorganisation (PLO) bewirkte zahlreiche israelische Vergeltungsschläge. Der Widerstand der libanesischen Armee und christlicher Milizen gegen die PLO sowie innenpolitische Auseinandersetzungen zwischen prowestlichen Christen und arabisch-nationalistischen Muslimen verursachten einen ständigen Bürgerkrieg, in den auch syrische und israelische Streitkräfte mehrmals eingriffen.

■ **Libanongebirge,** Gebirgszug in Libanon, bis 3088 m hoch.

■ **Libellen** [lat.] (Wasserjungfern), farbenprächtige, 1 – 13 cm lange Insekten mit schlankem Körper, dickem Kopf und vier schmalen, häutigen Flügeln. Sie erjagen ihre Insektenbeute im Flug. Die im Wasser lebenden Larven ernähren sich von Wassertieren. Sie häuten sich mehrmals, verlassen dann das Wasser als Nymphen, aus denen die fertigen Insekten schlüpfen.

■ **liberal** [lat.], frei und vorurteilslos denkend und handelnd, die Freiheit des Einzelnen unterstützend.

■ **Liberalismus** [lat.] *der,* eine zu Beginn des 19. Jahrh. entstandene geistig-politische Bewegung, die auf die Aufklärung zurückgeht. Der Liberalismus forderte die Beschränkung staatlicher Macht gegenüber den Bürgern, die Anerkennung der →Menschenrechte mit Gewissens- und Religionsfreiheit, Meinungs- und Pressefreiheit, die Gleichheit aller vor dem Gesetz sowie die Durchsetzung der repräsentativen Demokratie. Er verlor als Ausdruck der bürgerlichen Emanzipationsbestrebungen mit dem Erstarken der Arbeiterbewegung in der 2. Hälfte des 19. Jahrh. an Anziehungskraft. – Wirtschaftspolitisch vertrat der Frühliberalismus die freie Marktwirtschaft ohne Eingriffe des Staates.

■ **Liberia,** Republik in Westafrika. Das Land steigt von der meist sumpfigen Küstenebene (Mongrovensümpfe) in niedrigen Stufen zum Hochland an; es besitzt heißfeuchtes Tropenklima und ist überwiegend mit tropischem Regenwald bedeckt. Über die Hälfte der Bevölkerung sind in der Landwirtschaft beschäftigt (vor allem Kautschuk, Kaffee, Kakao); daneben besitzt der Bergbau (Eisenerz, Diamanten, Gold) Bedeutung. Unter liberianischer Flagge verkehrt die (nach Panama) zweitgrößte Handelsflotte der Erde. Zur Bevölkerung zählen neben den Nachfahren aus Amerika zurückgekehrter Sklaven (3 %) 20 ethnische Gruppen von Sudanvölkern sowie Libanesen; rund 40 % gehören Naturreligionen an, 37 % sind Christen, etwa 20 % Muslime.

Geschichte: Seit 1822 wurden an der »Pfefferküste« gegen den heftigen Widerstand der einhei-

Liberia
Fläche 111 369 km²
Einwohner 2,748 Mio.
Hauptstadt Monrovia
Amtssprache Englisch
Nationalfeiertag 26. 7.
Währung 1 Liberianischer Dollar (Lib$) = 100 Cents (c)
Zeitzone MEZ – 1 Std.

Liberia

Flagge

Wappen

mischen Stämme befreite Sklaven aus den USA angesiedelt, die bald zur staatstragenden Schicht aufstiegen. 1847 wurde die unabhängige Republik Liberia ausgerufen.

■ **Libido** [lat.] *die,* sexuelles Verlangen, Lust. Nach Sigmund →Freud ist Libido die Energie des Sexualtriebes, die sich auf verschiedene Objekte oder Vorstellungen richten kann. Andere sehen in ihr die in der Intensität psychischer Vorgänge sich äußernde Lebenskraft oder psychische Energie.

■ **Libretto** [italienisch, = kleines Buch] *das,* Textbuch von Opern, Operetten, Musicals; auch der Text selbst.

Libyen
Fläche 1 759 540 km²
Einwohner 5,98 Mio.
Hauptstadt Tripolis
Amtssprache Arabisch
Nationalfeiertag 1. 9.
Währung 1 Libyscher Dinar (LD) = 1 000 Dirhams
Zeitzone MEZ +1 Std.

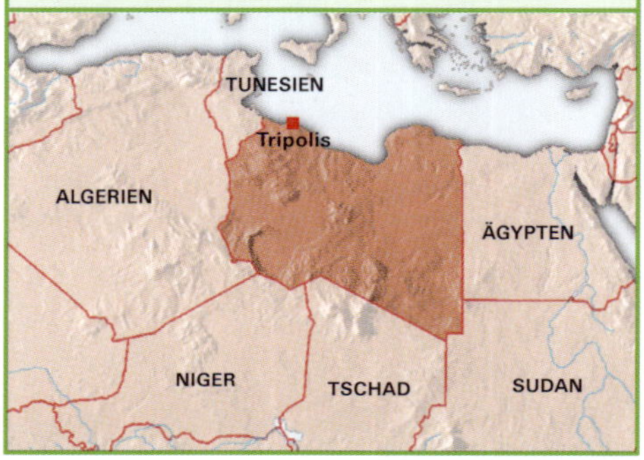

■ **Libyen,** Staat in Nordafrika. Das Land besteht größtenteils aus der Libyschen Wüste (nur wenige Oasen); nur im Küstengebiet ist Landwirtschaft möglich. Seit 1958 wird Erdöl gewonnen und ausgeführt. Die mehrheitlich muslimische Bevölkerung besteht vor allem aus Arabern (34 %) und arabisierten Berbern (30 %) sowie in Stammesgesellschaften lebenden Berbern (25 %).

Geschichte: Im westlichen Küstengebiet (Tripolitanien) entstanden im 8./7. Jahrh. v. Chr. phönikische, in der Cyrenaika (Landschaft in Ostlibyen) zur gleichen Zeit griechische Gründungen. Im 1. Jahrh. v. Chr. wurde Libyen römisch, 395 n. Chr. zwischen west- und oströmischem Reich geteilt. Die Araber eroberten um 650 das ganze Land. Seit 1551 herrschten die Türken. 1912 wurde Libyen italienische Kolonie, 1951 unabhängiges Königreich. Nach einem Militärputsch unter Oberst Moamar al-Gaddhafi (* 1942) wurde 1969 die Republik ausgerufen; seit 1976 ist Libyen eine sozialistische Volksrepublik.

Libyen

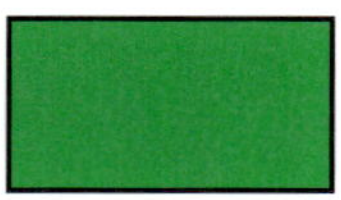

Flagge

Wappen

■ **Licht,** der sichtbare Bereich der von der Sonne ausgehenden →elektromagnetischen Strahlung, das heißt Strahlung im Wellenlängenbereich zwischen etwa 380 und 780 Nanometer (nm) des elektromagnetischen →Spektrums (1 nm = 0,000 001 mm); in der Physik werden auch die auf der kurzwelligen und langwelligen Seite anschließenden Bereiche der Ultraviolettstrahlung bzw. der Infrarotstrahlung hinzugerechnet.

Das Sonnenlicht ist die wichtigste Energiequelle der Erde; ohne Licht gäbe es keine →Photosynthese und damit kein Leben, so wie es uns vertraut ist.

Licht breitet sich in homogenen Medien geradlinig aus. Beim Durchgang durch die Berührungsfläche zweier Medien unterschiedlicher optischer Dichte (→Lichtgeschwindigkeit) erfährt ein Lichtstrahl eine Richtungsänderung (→Brechung). An der Oberfläche lichtundurchlässiger Körper und an der Berührungsfläche zweier Medien mit unterschiedlicher optischer Dichte wird ein Teil des auftreffenden Lichts zurückgeworfen (→Reflexion). Trifft ein Lichtstrahl auf ein Hindernis, so dringt er zum Teil in den geometrischen Schattenraum hinter dem Hindernis ein (→Beugung).

Lässt man einen weißen Lichtstrahl durch ein →Prisma fallen, so wird er spektral aufgefächert. Da jeder Spektralfarbe eine bestimmte Wellenlänge entspricht, ist weißes Licht demnach ein Gemisch elektromagnetischer Strahlung verschiedener Wellenlängen. Rotes und violettes Licht haben Wellenlängen von etwa 780 nm bzw. 380 nm; die Wellenlängen der übrigen Spektralfarben liegen dazwischen. Die Abhängigkeit der Stärke der Lichtbrechung des Prismas von der Wellenlänge des Lichts bezeichnet man als →Dispersion.

Treffen zwei Lichtstrahlen gleicher Wellenlänge (monochromatisches Licht) aufeinander, so überlagern sie sich, wenn die in ihnen enthaltenen →Wellen eine feste Phasenbeziehung haben, das heißt kohärent sind, und verstärken oder schwächen sich dadurch gegenseitig an bestimmten Stellen. Diese Erscheinung nennt man Interferenz des Lichts. Sie ist ebenso wie die Beugung ein wichtiger Beweis für dessen Wellennatur (Wellentheorie). Gewöhnliches Licht ist nur zu einem sehr geringen Teil kohärent, im Gegensatz zum Licht des →Lasers.

Es gibt auch Erscheinungen (z. B. den →Photoeffekt), die sich nur dadurch erklären lassen, dass

»M – Maybe...« oder das ganz Gewöhnliche: dieses Bild von **Roy Lichtenstein** gehört zu den bekanntesten Stücken der Pop-Art

man das Licht als eine aus kleinen Teilchen (Photonen oder Lichtquanten) bestehende Strahlung ansieht (Lichtquantentheorie). Keine der beiden Theorien kann für sich allein alle Eigenschaften des Lichts erklären: Das Licht hat sowohl Wellen- als auch Teilchencharakter. Man bezeichnet das als **Welle-Teilchen-Dualismus** des Lichts.

■ **Lịchtempfindlichkeit,** in der →Fotografie die Empfindlichkeit von fotografischem Material (meist Filmen) gegenüber Licht. Die Belichtungszeit hängt von der Lichtempfindlichkeit ab, die vorher am Fotoapparat eingestellt werden muss. Die Lichtempfindlichkeit eines Films wird in →ASA (früher in DIN) angeben.

■ **Lịchtenberg,** Georg Christoph, deutscher Physiker und Schriftsteller, *Ober-Ramstadt 1. Juli 1742, †Göttingen 24. Februar 1799. Lichtenberg gehört zu den bedeutendsten Naturwissenschaftlern seiner Zeit. Sein Ruf als Schriftsteller beruht vor allem auf seinen ironisch-geistvollen »Aphorismen«, in denen er sich als Repräsentant der Aufklärung erweist.

■ **Lichtenstein** [lịktᵉnstain], Roy, amerikanischer Maler und Grafiker, *New York 29. September 1923, †ebenda 27. Oktober 1997; einer der Hauptvertreter der Pop-Art in den USA. Er griff in seinen Werken auf Vorlagen aus den Massenmedien und auf bekannte Kunstwerke zurück, die er in eine Rasterstruktur übersetzte.

■ **Lịchtgeschwindigkeit,** die Geschwindigkeit, mit der Licht oder allgemein elektromagnetische Wellen sich ausbreiten. Im Vakuum ist diese Geschwindigeit (Vakuumlichtgeschwindigkeit) c = 299 792 458 m/s, unabhängig von der Frequenz der Wellen. In Stoffen, z. B. Luft, Glas, Wasser, hängt die Lichtgeschwindigkeit außer von deren Eigenschaften auch von der Frequenz ab. Von zwei verschiedenen Stoffen bezeichnet man denjenigen mit der kleineren Lichtgeschwindigkeit als den optisch dichteren Stoff.
Die Vakuumlichtgeschwindigkeit ist die größte Geschwindigkeit, die materielle Körper oder Signale erreichen können.

■ **Lịchtjahr,** Einheitenzeichen **Lj,** Längeneinheit in der Astronomie, die Entfernung, die das Licht in einem Jahr zurücklegt:

1 Lj = 9,4605 Billionen km.

Der sonnennächste Fixstern (Proxima Centauri) ist 4,27 Lj entfernt.

■ **Lịchtleiter,** ein optisches System zur Fortleitung von Licht für verschiedene Zwecke. Ein Lichtleiter zur Bildübertragung (Bildleiter) besteht meistens aus einem Bündel flexibler Glasfasern (Lichtleitfasern), die an den Enden gefasst sind. Das auf der polierten Stirnfläche des Faserbündels entworfene Bild wird durch die einzelnen Fasern zerlegt und zum anderen Ende übertragen. Hier wird das Bild rasterförmig wieder zusammengesetzt (über 10 000 Bildpunkte pro mm^2).
In der Optoelektronik dienen dünne Quarzglasfasern zur Führung von Licht als Informationsträger, z. B. zur Übertragung von Daten und Nachrichten.

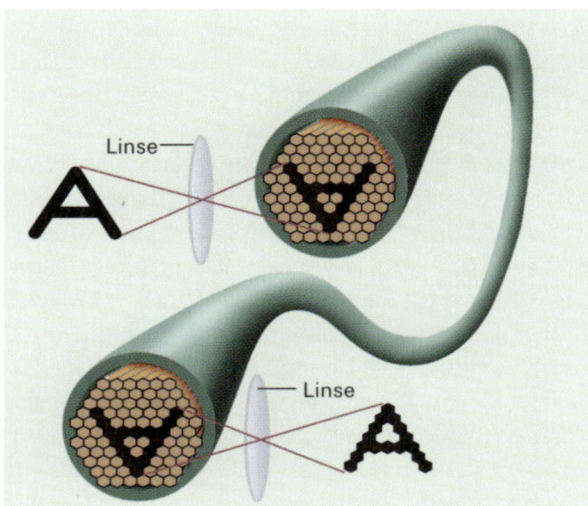

Bei der Bildübertragung durch einen **Lichtleiter** wird das Bild in höchstens so viele Bildpunkte zerlegt, wie der Bildleiter Glasfasern enthält; da die Bildleiter meist sehr dünn sind, müssen die abbildenden optischen Systeme (hier als Linse bezeichnet) stark verkleinern beziehungsweise vergrößern

Der Physiker **Georg Christoph Lichtenberg** beherrschte auch beim Schreiben das Gesetz der Lichtstrahlen; in Heften, die er selbst »Sudelbücher« nannte, brachte er oft in einem einzigen Satz die Dinge auf den Punkt: »Die Fliege, die nicht geklappt sein will, setzt sich am sichersten auf die Klappe selbst«

Der große Forscher **Justus Liebig** musste als junger Mann die Universität Erlangen wegen Beteiligung an Studentenunruhen verlassen

Karl Liebknecht setzte sein ganzes Leben gegen Krieg und Militarismus ein; im Jahr 1907 veröffentlichte er die Schrift »Militarismus und Antimilitarismus unter besonderer Berücksichtigung der internationalen Jugendbewegung«, der Staat antwortete darauf mit eineinhalb Jahren Festungshaft wegen »Hochverrats«

■ **Lichtmaschine,** der vom Motor angetriebene elektrische →Generator zur elektrischen Energieversorgung (ursprünglich nur für die elektrische Beleuchtung) eines Kraftfahrzeuges.

■ **Lichtschranke,** eine Anlage mit einem Fotodetektor, der von einer Lichtquelle (meist infrarotes Licht) beleuchtet wird und ein elektrisches Signal liefert, sobald der Lichtstrahl unterbrochen wird. Lichtschranken werden z.B. zur Zeitmessung (im Sport), zur Maschinensteuerung (bei Transportbändern), in der Sicherheitstechnik und bei Alarmanlagen verwendet.

■ **Lichtstärke,** das Verhältnis vom Durchmesser der Linsenöffnung und der Brennweite. Eine Lichtstärke von 1:2 bedeutet, dass die Brennweite der betreffenden Linse (oder des Linsensystems) doppelt so groß ist wie der Durchmesser der Linsenöffnung. Die Lichtstärke spielt insbesondere bei Fotoobjektiven eine wichtige Rolle. Mithilfe der veränderlichen →Blende kann dabei die Lichtstärke verändert werden. – auch →Fotografie.

■ **Lichtstift** (Lichtgriffel), Eingabegerät für Daten zur Steuerung von Programmabläufen direkt auf der Bildschirmoberfläche eines Datensichtgerätes. An der Spitze des Lichtstifts befindet sich ein punktförmiger Fotodetektor, der einen Impuls abgibt, wenn der periodisch die Bildschirmfläche zeilenweise abtastende Elektronenstrahl unter dem Lichtstift durchläuft. Dadurch wird seine Position berechnet und (z.B. grafisch) weiterverarbeitet.

■ **Lido** [italienisch] *der,* Nehrung, der Küstenstreifen zwischen Lagune und Meer z.B. der Lido von Venedig.

■ **Liebermann,** Max, deutscher Maler und Grafiker, *Berlin 20. Juli 1847, †ebenda 8. Februar 1935. Liebermann, der bedeutendste Vertreter des deutschen Impressionismus, schuf zunächst Bilder arbeitender Menschen in meist dunklen Farbtönen; später entstanden farbigere Strandlandschaften, Gartenbilder, bewegte Straßenszenen und Porträts.

■ **Liebig,** Justus Freiherr von, deutscher Chemiker, *Darmstadt 12. Mai 1803, †München 18. April 1873. Liebig sind bahnbrechende Forschungen auf vielen Gebieten der Chemie zu verdanken. Er entdeckte das so genannte Minimumgesetz für das Wachstum der Pflanzen und legte damit die Grundlagen für die Düngemittellehre. Weiterhin befasste er sich mit der Ernährung und entdeckte den Fleischextrakt.

■ **Liebknecht, 1)** Karl, deutscher Politiker, *Leipzig 13. August 1871, †Berlin 15. Januar 1919; Sohn von 2). Liebknecht war Abgeordneter der SPD im Reichstag. Er gründete mit Rosa Luxemburg den

Max Liebermann malte dieses Selbstportät im Katastrophenjahr 1933, zwei Jahre vor seinem Tod; am 2. Mai 1933 war er aus der Preußischen Akademie der Künste, deren Präsident er seit 1920 war, ausgetreten

Spartakusbund und beteiligte sich an der Gründung der KPD. 1919 wurde er zusammen mit Rosa Luxemburg von Freikorpsoffizieren ermordet.

2) Wilhelm, deutscher Politiker *Gießen 29. März 1826, †Charlottenburg (heute zu Berlin) 7. August 1900; Vater von 1). Liebknecht war zusammen mit August Bebel der erste sozialdemokratische Abgeordnete im Norddeutschen Reichstag.

■ **Liechtenstein,** Fürstentum in den nördlichen Alpen rechts des Alpenrheins, zwischen Österreich und der Schweiz. Liechtenstein ist durch ein Zoll- und Währungsabkommen wirtschaftlich eng an die Schweiz gebunden, die das Land auch außenpolitisch vertritt. Die Bevölkerung, zu der rund 12000 Ausländer (Schweizer, Österreicher, Deutsche, Italiener) gehören, ist mehrheitlich katholisch. **Geschichte:** Das 1719 gegründete Fürstentum Liechtenstein war 1815–66 Mitglied des Deutschen Bundes und ging 1918 eine enge Bindung mit der Schweiz ein.

■ **Lied,** ein gesungenes oder zum Singen bestimmtes Gedicht, meist aus mehreren gleich gebauten und gereimten Strophen; eine der Grundformen sprachlicher und musikalischer Gestaltung. Als Melodie ist das Lied gekennzeichnet durch Einfachheit, Abgeschlossenheit und gleichmäßige Gliederung. Man unterscheidet das mündlich überlieferte →Volkslied und das Kunstlied, mit den reichen Liedschöpfungen der deutschen Klassik und

Romantik (Goethe, Eichendorff, Heine, Mörike, Uhland, vertont u.a. von Schubert, Schumann und Brahms).

■ **Liestal** →Basel-Landschaft.

■ **Liga** [lat. ligare, = verbinden] *die,* **1)** *Geschichte:* im 15.–17. Jahrh. Bezeichnung für Bündnis (später durch Allianz oder Koalition ersetzt); in neuerer Zeit Bezeichnung für Zusammenschlüsse mit politischen oder weltanschaulichen Zielsetzungen, z. B. Arabische Liga, Liga für Menschenrechte. **2)** *Sport:* Wettkampfklasse, in der mehrere Mannschaften eines bestimmten Gebietes von etwa gleicher Spielstärke zusammengeschlossen sind (z. B. Bundesliga, Regionalliga).

■ **Liguster** [lat.] *der* (Rainweide), eine Gattung der Ölbaumgewächse, Sträucher oder Bäume mit gegenständigen Blättern und weißen bis gelblichen Blüten, die je eine Beere entwickeln. In Deutschland wird der **Gemeine Liguster** als Zierhecke angepflanzt. Er kann bis zu 5 m hoch werden, hat duftende weiße Blüten und schwarze, giftige Beeren.

■ **Lilien** [lat.], eine Gattung der Liliengewächse mit rund 75 Arten in der gemäßigten Zone der Nordhalbkugel; Zwiebelpflanzen mit schmalen Blättern und trichterförmigen bis fast glockenförmigen Blüten. Lilien gehören zu den ältesten Zierpflanzen (in Europa seit dem 15. Jahrh.) und wachsen nur sehr selten wild.

■ **Lilienthal,** Otto, deutscher Ingenieur und Flugpionier, *Anklam 23. Mai 1848, †Berlin 10. August 1896. Lilienthal studierte den Vogelflug und baute einen Flugapparat, mit dem er 1891 seinen ersten Gleitflug unternahm. Mit weiter entwickelten Typen erreichte er Weiten bis zu 350 m. Bei einem Flugversuch verunglückte er tödlich.

Liechtenstein
Fläche 160 km²
Einwohner 32 000
Hauptstadt Vaduz
Amtssprache Deutsch
Nationalfeiertag 15. 8.
Währung 1 Schweizer Franken (sfr) = 100 Rappen (Rp)/Centimes (c)
Zeitzone MEZ

■ **Liliput,** Märchenland in dem Roman »Gullivers Reisen« von J. Swift, in dem Gulliver daumengroße Einwohner, die **Liliputaner**, trifft.

■ **Lima,** Hauptstadt von Peru, wenige Kilometer von der Küste des Pazifischen Ozeans entfernt, mit 6,47 Mio. Einwohnern. In Lima, das mit dem Seehafen Callao zu einem Ballungsraum zusammengewachsen ist, leben mehr als ein Viertel aller Einwohner Perus, zum Teil in ausgedehnten Elendsvierteln (Barriadas). – Lima wurde 1535 von Pizarro gegründet. Bis 1821 war es Sitz der spanischen Vizekönige von Peru.

■ **Limerick** [nach der irischen Stadt Limerick] *der,* englisches Versgedicht in fünf Zeilen nach dem Schema: aabba, mit einer häufig ins Unsinnige umschlagenden Endzeile.

■ **Limes** [lat., = Grenze] *der,* in der römischen Kaiserzeit die befestigte Reichsgrenze, insbesondere die zur Sicherung angelegten Grenzbefestigungen in Britannien, im Rhein- und Donaugebiet, in Dakien, Arabien und Afrika. Der Limes wurde im 1. Jahrh. n. Chr. angelegt und im 2. und 3. Jahrh. ausgebaut.
Der **niedergermanische Limes** bestand aus einer Reihe von Befestigungen am Rheinufer, der **obergermanische Limes** (Wörth am Main – Bad Wimpfen am Neckar) wurde im 2. Jahrh. mit Palisaden, Wall und Wachtürmen sowie mit der Saalburg, einem Kastell bei Bad Homburg vor der Höhe, befestigt. Der **rätische Limes** (Lorch – Gunzenhausen – Eining) war mit Palisaden, Holz- und Steintürmen befestigt. – Infokasten S. 222, Karte S. 223

■ **Limit** [engl.] *das,* Grenze, die nicht über- oder unterschritten werden darf, z. B. eine Preisgrenze.

■ **Lincoln** [lingk^{e}n], Abraham, 16. Präsident der USA (1861–65), *bei Hodgenville (Kentucky) 12. Februar 1809, †Washington (D. C.) 15. April 1865. Lincoln wurde als Kandidat der Republikanischen Partei zum Präsidenten gewählt. Die Wahl eines Republikaners, des Vertreters der Partei, die für die Abschaffung der Sklaverei eintrat, löste den →Sezessionskrieg aus. 1863 verbot seine Partei die Sklavenhaltung. Nach der siegreichen Beendigung des Krieges setzte sich Lincoln für eine Aussöhnung mit den Südstaaten ein. Kurz nach seiner Wiederwahl (1864) wurde er von einem Fanatiker aus den Südstaaten erschossen.

■ **Lindau (Bodensee),** Stadt in Bayern, am

Otto Lilienthal – sein Lebenswerk erinnert an die griechische Sage von Dädalus und Ikarus

Abraham Lincoln auf einer Fotografie aus dem Jahr 1860; der 16. Präsident der USA verfügte in einer ab 1. Januar 1863 wirksamen »Emanzipationserklärung« die Abschaffung der Sklaverei

Liechtenstein

Flagge

Wappen

Bodensee, mit 23 800 Einwohnern. Die malerische Altstadt liegt auf einer Insel im Bodensee und ist durch eine Brücke und einen Bahndamm mit der Neustadt und dem Festland verbunden. Spätgotik und Barock bestimmen das Bild der Stadt.

■ **Lindbergh** [lịndbö̱ʳg], Charles, amerikanischer Flieger. *Detroit (Michigan) 4. Februar 1902, †auf Maui (Hawaii) 26. August 1974. Er überquerte 1927 als Erster im Alleinflug den Atlantik von New York nach Paris (in 33,5 Stunden) und berichtete darüber in seinem Buch »Mein Flug über den Ozean« (1953).

■ **Lịnde,** eine Gattung der Lindengewächse mit rund 30 Arten; bis 40 m hohe Bäume mit meist herzförmigen, etwas unsymmetrischen, gesägten Blättern. Die Fruchtstände werden durch den Wind verbreitet, wobei ein Deckblatt als Flugorgan dient. Eine Linde kann bis 1 000 Jahre alt werden. Ihr Holz ist weich und wird deshalb für Schnitz- und Drechslerarbeiten verwendet. Die getrockneten Blüten liefern einen schweißtreibenden und fiebersenkenden Tee.

Astrid Lindgren

■ **Lịndgren** [...gre̱n], Astrid, schwedische Schriftstellerin, *Näs (bei Vimmerby, Verwaltungsbezirk Kalmar) 14. November 1907. Sie schrieb viele fantasievolle Geschichten für Kinder, die in fast alle Sprachen der Welt übersetzt wurden, vor allem die Pippi-Langstrumpf-Serie (1945–48, 1978), die Bücher um den Meisterdetektiv Kalle Blomquist (1946–53), um Karlsson vom Dach (1956–68), Michel von Lönneberga (1963–86) und um Ronja Räubertochter (1981).

Pippi Langstrumpf, das von **Astrid Lindgren** erfundene neunjährige Mädchen mit den feuerroten, abstehenden Zöpfen und den verschiedenfarbigen Strümpfen, ist immer bereit, gegen widersinnige Vorschriften und Ungerechtigkeiten aufzubegehren

Limes

Einige erhaltene Limesstrecken, konservierte oder rekonstruierte Kastelle und Wachtürme am obergermanischen Limes:
- Limesstrecke am Heidegraben im Heimbacher Wald östlich von Neuwied am Rhein
- Limesstrecke am Wintersberg südlich von Bad Ems (mit rekonstruiertem Wachturm)
- Limesstrecke am Grauen Kopf nordwestlich Bad Schwalbach (mit dem konservierten Kohortenkastell Holzhausen)
- Limesstrecke zwischen Großem und Kleinem Feldberg im Taunus (mit den Fundamenten eines Wachturms und des Feldbergkastells)
- Rekonstruiertes Kastell Saalburg (mit Museum) nordwestlich von Bad Homburg vor der Höhe
- Konserviertes Kastell Kapersburg nordöstlich der Saalburg
- Reste eines Doppelkastells bei Osterburken im östlichen Odenwald (Museum)

■ **Lịndwurm,** ein ungeflügelter Drache der Sagenwelt. In der Nibelungensage bewacht ein Lindwurm den Nibelungenhort und wird von Siegfried getötet.

■ **linea̱r** [lat.], geradlinig, linienförmig; stetig verlaufend.

■ **linea̱re Gle̱ichung,** eine Gleichung ersten Grades, die nur Unbekannte der ersten →Potenz enthält, z. B. $9x - 6y = 3$.

■ **Linguịstik** [lat.] *die,* der moderne theorieorientierte und auf die Systemhaftigkeit der Sprache bezogene Zweig der →Sprachwissenschaft.

■ **Lịnienschiff,** bis zum Ersten Weltkrieg Bezeichnung für die Großkampfschiffe, die herkömmlicherweise in Linienformation ins Gefecht gingen. Nach 1918 setzte sich anstelle von Linienschiff der Begriff Schlachtschiff durch.

■ **Lịnk** [engl.] *der,* in der Informatik Querverweis zu einem anderen Dokument; **Hyperlink,** →Hypertext.

■ **Lịnkshändigkeit,** der bevorzugte Gebrauch der linken Hand vor der rechten, bei etwa 5 % der Menschen ausgeprägt. Ursache ist in der Regel die durch erbliche Veranlagung bedingte stärkere Entwicklung und Vorherrschaft der rechten Hirnhälfte.

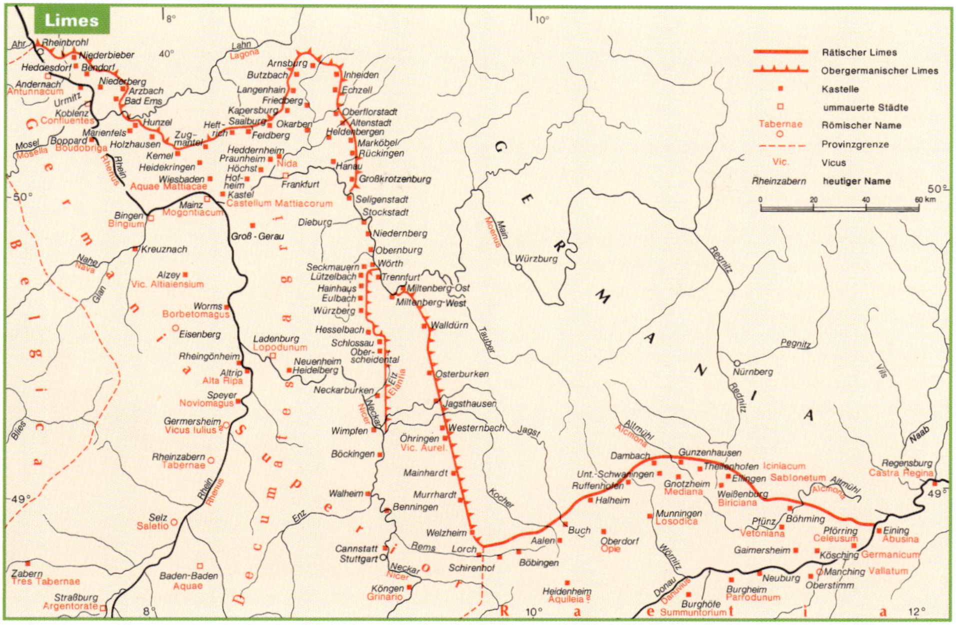

■ **Linné,** Carl von, schwedischer Naturforscher, *Råshult (Småland) 23. Mai 1707, †Uppsala 10. Januar 1778. Linné erfasste und ordnete die gesamte zu seiner Zeit bekannte Tier- und Pflanzenwelt in einem →System. Dabei beschrieb er viele Tiere und Pflanzen zum ersten Mal und führte die wissenschaftliche Benennung von Pflanzen und Tieren ein.

■ **Linolschnitt,** ein dem Holzschnitt verwandtes Hochdruckverfahren. Als Druckträger dient eine im Vergleich zu Holz weichere Linoleumplatte, die sich mit speziellen Werkzeugen leicht schneiden lässt.

■ **Linse, 1)** *Anatomie:* der Licht brechende Teil des Auges bei Tier und Mensch.

2) *Botanik:* alte Kulturpflanze aus dem Orient, ein zu den Schmetterlingsblütlern gehörendes 30 bis 50 cm hohes Kraut mit kleinen bläulich weißen Blüten. Die essbaren Hülsenfrüchte sind reich an Proteinen und Kohlenhydraten.

3) *Physik:* durchsichtiger, von gekrümmten, meist kugelförmigen Flächen begrenzter Körper aus Glas, Quarz oder Kunststoff. Wenn Lichtstrahlen durch eine Linse hindurchtreten, werden sie gebrochen. Linsen sind in vielen optischen Systemen die wichtigsten Elemente.

Konvexe Linsen sind in der Mitte dicker als am Rand. Sie brechen Lichtstrahlenbündel zu deren Achse hin und werden deswegen auch **Sammellinsen** genannt. Eine Konvexlinse hat folgende Eigenschaften:

1. Parallel zur optischen Achse der Linse, das heißt zu ihrer Symmetrieachse einfallende Lichtstrahlen (Parallelstrahlen) treffen sich nach Durchgang durch sie in einem Brennpunkt *F*.

2. Von einem Brennpunkt ausgehende Strahlen verlaufen nach Durchgang durch die Linse parallel zur optischen Achse.

3. Durch den Linsenmittelpunkt verlaufende Strahlen (Mittelpunktstrahlen) gehen ungebrochen durch die Linse hindurch.

Der Abstand eines Brennpunkts vom Linsenmittelpunkt heißt Brennweite f. Diese ist umso kleiner, je stärker die Linse gekrümmt ist. Der Kehrwert von f wird als Brechkraft bezeichnet und in Dioptrien gemessen ($1\,\text{dpt} = 1\,\text{m}^{-1}$).

Sammellinsen können von einem Gegenstand ein reelles (wirkliches) oder ein virtuelles (scheinbares) Bild liefern. Für die reelle Abbildung gilt die Linsenformel $1/g + 1/b = 1/f$ ($g =$ Abstand des Gegenstands vom Linsenmittelpunkt, $b =$ Abstand des Bilds vom Linsenmittelpunkt, $f =$ Brennweite).

Carl von Linné gründete im Jahr 1739 auch die Schwedische Akademie der Wissenschaften

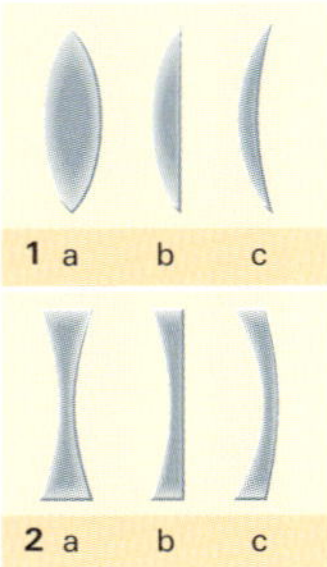

Die Grafik zeigt die verschiedenen Formen der **Linse** nach Art ihrer Flächenkrümmung: die in der Linie 1 gezeigten **Sammellinsen** nennt man bikonvex (a), plankonvex (b) und konkavkonvex (c) und die in der Linie 2 gezeigten **Zerstreuungslinsen** nennt man bikonkav (a), plankonkav (b) und Konvexkonkav (c)

Konkave Linsen sind in der Mitte dünner als am Rand und brechen Lichtstrahlenbündel von deren Achse weg. Sie werden deswegen auch als **Zerstreuungslinsen** bezeichnet. Eine Konkavlinse hat folgende Eigenschaften:

1. **Parallelstrahlen verlaufen nach Durchgang durch die Linse so, als kämen sie von einem Brennpunkt *F*.**
2. **Strahlen, die so auf die Linse fallen, dass sie ohne deren Vorhandensein durch ihren Brennpunkt gehen würden, werden zu Parallelstrahlen.**
3. **Mittelpunktstrahlen gehen ungebrochen durch die Linse. Konkavlinsen können nur virtuelle Bilder erzeugen.**

Da alle Linsen mit Abbildungsfehlern behaftet sind, werden sie außer bei Anwendungen wie Brillen und Lupen meist in Kombinationen aus mehreren verschiedenartigen Einzellinsen verwendet, z.B. in Okularen und Objektiven für Geräte wie Fernrohre, Fotoapparate, Mikroskope und Projektionsapparate.

■ **Linz,** Hauptstadt von Oberösterreich, an der Donau, mit 189 100 Einwohnern. Sehenswert sind neben einer der ältesten Kirchen Österreichs (Martinskirche, 8. Jahrh.) weitere bedeutende Kirchen, ein Schloss und schöne alte Adelshäuser, vor allem aus dem Barock.

■ **Lipide** [griech.], Sammelbezeichnung für die →Fette und fettähnlichen Stoffe; Letztere werden auch als **Lipoide** bezeichnet.

■ **Lipizzaner,** edle, sehr gelehrige Warmblutpferde, die ihren Namen nach dem Stammgestüt Lipizza (Lipica, heute in Slowenien gelegen) bei Triest erhalten haben. Prüfung und Auslese der Hengste finden seit 1735 in der Spanischen Reitschule in Wien statt, für die die Lipizzaner als Dressurpferde Weltruhm errangen. Lipizzaner sind meist Schimmel; sie erreichen eine Schulterhöhe von über 150 cm, die Brust ist breit, die Beine sind kurz. Heute kommen die Lipizzaner für die Wiener Hofreitschule vorwiegend aus dem österreichischen Staatsgestüt Piber bei Köflach.

■ **Lippenblütler,** eine weltweit verbreitete Pflanzenfamilie mit etwa 3 000 Arten. Es sind Kräuter oder Stauden mit vierkantigem Stängel. Die Blüten haben gewöhnlich eine Ober- und eine Unterlippe. Zu den Lippenblütlern gehören viele Heil- und Gewürzpflanzen (u.a. Lavendel, Melisse, Salbei, Basilikum, Thymian, Pfefferminze und Bohnenkraut) und viele Wildkräuter.

Die Bekanntschaft mit dem »Teufelsgeiger« Niccolò Paganini beflügelte den Klaviervirtuosen **Franz Liszt** zu einem Klavierstil, der die Fülle eines Sinfonieorchesters auf das Klavier übertrug

■ **Lissabon,** Hauptstadt und größter Hafen Portugals, mit 591 500 Einwohnern. Die Stadt liegt an der seeartig erweiterten Mündung des Tejo, nahe dem Atlantischen Ozean. Kastell, Kirchen, Klöster, zahlreiche Prachtbauten, die großzügige Stadtanlage mit breiten Straßen und Plätzen sowie die berühmte Altstadt (Alfama) machen Lissabon zu einer der schönsten Städte der Erde. – Die Stadt wurde 1755 durch ein Erdbeben zu zwei Dritteln zerstört, aber rasch wieder aufgebaut.

Der auf kurzen Beinen lebende **Lipizzaner** ist von kräftiger Konstitution und hat ein lebhaftes, gutmütiges Naturell

■ **List,** Friedrich, deutscher Volkswirtschaftler, *Reutlingen 6. August 1789, †Kufstein 30. November 1846. List trat für die Aufhebung der innerdeutschen Zollschranken ein (zu seiner Zeit bestand Deutschland noch aus 39 Staaten) und forderte Schutzzölle nach außen, um das Wachstum der deutschen Industrie zu sichern. Der von ihm geplante Ausbau des Eisenbahnnetzes sollte die wirtschaftliche Entwicklung vorantreiben und die deutschen Einheitsbestrebungen fördern.

■ **Liszt** [list], Franz von (seit 1859), ungarischer Komponist und Pianist, *Raiding (Burgenland) 22. Oktober 1811, †Bayreuth 31. Juli 1886. Liszt wurde zu seiner Zeit hauptsächlich als Klaviervirtuose gefeiert. Neben vielen Klavierkompositionen (u.a. »Ungarische Rhapsodien«) schuf er Messen, Oratorien sowie Orchesterwerke und sinfonische Dichtungen, u.a. »Les préludes« und »Prometheus«.

■ **Litauen,** Republik an der Ostsee, im Baltikum, ein seenreiches Flachland mit Hügelland im Osten und Westen. In der Wirtschaft ist die Industrie führend, vor allem Maschinenbau, Metallverarbeitung und Elektrotechnik. Die mehrheitlich katholische Bevölkerung besteht vor allem aus Litauern (81,6 %), Russen (8,2 %) und Polen (6,9 %).

Geschichte: Etwa zu Beginn des 9. Jahrh. nahmen

die baltischen Litauer das Gebiet in Besitz. 1240 wurden die litauischen Fürstentümer zum Großfürstentum Litauen vereinigt, dessen Herrscher 1386 durch Heirat auch die polnische Königskrone erwarb (Personalunion mit →Polen; Christianisierung Litauens). In der Schlacht bei Tannenberg (Masuren) besiegte das vereinigte polnisch-litauische Heer den Deutschen Orden. Litauen bildete seit dem 14. Jahrh. ein Großreich, zu dem weite Teile Russlands und der Ukraine gehörten. 1569 wurde es mit Polen in Realunion vereinigt und gelangte 1795 mit der 3. Polnischen Teilung an Russland. 1918 entstand die unabhängige Republik Litauen, die 1940 mit militärischer Gewalt der Sowjetunion angegliedert wurde. 1991 erklärte Litauen seine Unabhängigkeit.

■ **Liter** *das,* auch *der,* Einheitenzeichen **l**, ein Hohlmaß, das insbesondere für Flüssigkeiten verwendet wird:

1 l = 1 dm³ = 1000 cm³.

■ **Literatur** [lat.] *die,* Sammelbezeichnung für Schrifttum aller Art. Im engeren Sinn bezeichnet man als Literatur nur poetische Texte im Sinn von Dichtung, also Epik, Dramatik und Lyrik, hier jedoch oft eingeschränkt auf geistesgeschichtlich oder stilistisch bedeutende Schriftwerke. Durch Vorsatz eines kennzeichnenden Wortes kann der Begriff Literatur eingeengt werden, z. B. Unterhaltungsliteratur, Weltliteratur, Jugendliteratur, Nationalliteratur. – Tabelle S. 226

Litauen
Fläche 65 301
Einwohner 3,585 Mio
Hauptstadt Vilnius (Wilna)
Amtssprache Litauisch
Nationalfeiertag 16. 2. und 11. 3.
Währung 1 Litas (LTL) = 100 Centas (ct)
Zeitzone MEZ +1 Std.

Litauen

Flagge

Wappen

■ **Litfaßsäule,** Säule für das (kostenpflichtige) Anschlagen von Plakaten oder Bekanntmachungen. Die ersten Litfaßsäulen wurden am 1. Juli 1855 von dem Drucker Ernst Litfaß (1816–74) in Berlin aufgestellt.

Lithium
chemisches Symbol: Li
Ordnungszahl: 3
relative Atommasse: 6,94
Dichte: 0,53 g/cm³
Schmelzpunkt: 180,5 °C
Siedepunkt: 1 342 °C

■ **Lithium** [griech.] *das,* ein chemisches Element aus der Gruppe der Alkalimetalle. Das silberglänzende, ziemlich zähe Leichtmetall ist in seiner chemischen Reaktionsfähigkeit dem Natrium und Magnesium ähnlich. Es wird an der feuchten Luft sehr viel langsamer angegriffen als die übrigen Alkalimetalle (Natrium, Kalium, Rubidium und Cäsium). Gewonnen wird Lithium (wie auch die anderen Alkalimetalle) durch Schmelzelektrolyse von Lithiumchlorid im Gemisch z. B. mit Kaliumchlorid.
Lithium hat in der Kerntechnik (Wasserstoffbombe, Kernfusion und als Kühlmittel in Kernreaktoren) Bedeutung. Lithiumverbindungen werden in Batterien und zur Therapie bei psychischen Krankheiten (z. B. Depressionen) eingesetzt.

■ **Lithographie** [griech.] *die* (Steindruck), ein 1798 von Alois Senefelder erfundenes Flachdruckverfahren: Eine Platte eines bestimmten, feinporigen Kalksteins, der leicht Fett und Wasser aufnimmt, dient als Druckstock. Das darauf mit Fettkreide oder fettiger Farbe gezeichnete Bild verbindet sich mit dem kohlensauren Kalk des Steins zu fettsaurem Kalk. Nur an diesen Stellen haftet Farbe, die nach dem Druckvorgang auf dem Papier erscheint. Farblithographien erfordern meist mehrere Platten.
Bedeutende Künstler des 19. und 20. Jahrh. von F. de Goya y Lucientes und H. Daumier bis zu P. Picasso und M. Chagall haben die Lithographie als Technik gepflegt.

■ **Liturgie** [griech.] *die,* in den christlichen Kirchen der nach einer bestimmten Ordnung gefeierte Gottesdienst.

■ **Liverpool** [liwerpul], Stadt in Westengland, an der Mündung des Mersey in die Irische See, mit 463 700 Einwohnern. Liverpool wurde im 19. Jahrh. zu einem der wichtigsten Häfen der Erde, der jedoch seit dem Zweiten Weltkrieg an Bedeutung verlor. Neue Hafenanlagen entstanden in der Nachbarstadt Bootle. – Liverpool ist die Heimatstadt der →Beatles.

■ **Livesendung** [laif…; engl.], eine Direktsendung vom Ort des Geschehens; das Aufgenommene wird unmittelbar in Bild und Ton (Fernsehen) oder Ton (Hörfunk) gesendet.

■ **Livingstone** [liwingst^{e}n], David, britischer Missionar und Forschungsreisender, *Blantyre (bei Glasgow) 19. März 1813, †Chitambo am Bangweolosee (Sambia) 1. Mai 1873. Livingstone bereiste Süd- und Mittelafrika, erforschte die Flussläufe des Sambesi und des Kongo, entdeckte u. a. die Victoriafälle, die Kongoquellflüsse und verschiedene afrikanische Seen (u. a. den Njassasee). Vier Jahre lang galt er in seiner Heimat als verschollen, bis er von Sir Henry M. Stanley 1871 gefunden wurde. Danach erforschten beide gemeinsam das Gebiet des Tanganjikasees. – Nach Livingstone sind die **Livingstonefälle** im Unterlauf des Flusses Kongo in der Demokratischen Republik Kongo benannt.

■ **Livius,** Titus, römischer Geschichtsschreiber, *Patavium (heute Padua) 59 (?) v. Chr., †ebenda 17 n. Chr. Livius beschrieb in 142 (nur teilweise erhaltenen) Büchern die Geschichte Roms von der Gründung der Stadt (Titel des Werks »Ab urbe condita«) bis 9 v. Chr.

■ **Lizenz** [lat.] *die,* vom Urheber oder Inhaber eines Patents, eines Gebrauchsmusters oder eines sonstigen Nutzungsrechts erteilte Erlaubnis (Lizenzvertrag), sein Recht, meist gegen eine Lizenzgebühr, ganz oder teilweise zu benutzen.

■ **Ljubljana** (deutsch Laibach), Hauptstadt der Republik Slowenien, an der Save, mit 276 100 Ein-

Literatur: Lesetipps

Autor	Titel	Ersterscheinungsjahr
Harriet Beecher-Stowe	Onkel Toms Hütte	1852
Lewis Carroll	Alice im Wunderland	1865
Miguel de Cervantes Saavedra	Don Quijote	1615
Carlo Colloni	Die Abenteuer des Pinocchio	1883
James Fenimore Cooper	Der Letzte der Mohikaner	1826
Daniel Defoe	Robinson Crusoe	1719
Charles Dickens	Oliver Twist	1838
Anne Frank	Das Tagebuch der Anne Frank	1947
Johann Wolfgang von Goethe	Das Märchen (in: Unterhaltung deutscher Ausgewanderter)	1795
Günter Grass	Die Blechtrommel	1959
Peter Härtling	Jakob hinter der blauen Tür	1983
Wilhelm Hauff	Geschichte vom kleinen Muck (in: Märchen)	1828
Hermann Hesse	Das Glasperlenspiel	1943
E. T. A. Hoffmann	Lebensansichten des Katers Murr	1821
Aldous Huxley	Schöne neue Welt	1932
Erich Kästner	Emil und die Detektive	1929
Judith Kerr	Als Hitler das rosa Kaninchen stahl	1971
Rudyard Kipling	Im Dschungel	1894
Selma Lagerlöf	Wunderbare Reise des kleinen Nils Holgersson mit den Wildgänsen	1908
Siegfried Lenz	Deutschstunde	1968
Thomas Mann	Unordnung und frühes Leid	1925
Herman Melville	Moby Dick	1851
George Orwell	1984	1949
Edgar Allan Poe	Der Goldkäfer	1843
Antoine de Saint-Exupéry	Der kleine Prinz	1943
John Steinbeck	Von Mäusen und Menschen	1937
Robert Louis Stevenson	Die Schatzinsel	1883
Jonathan Swift	Gullivers Reisen	1726
Mark Twain	Die Abenteuer Tom Sawyers	1876
Jules Verne	Die Reise um die Erde in 80 Tagen	1873

wohnern. Über der Stadt liegt die mittelalterliche Burg, in der Stadt befinden sich zahlreiche barocke Bauten. – Ljubljana gehörte bis 1918 zu Österreich und war Hauptstadt des Kronlandes Krain.

■ **Lkw,** Abkürzung für Lastkraftwagen (→Kraftwagen).

■ **Lloyd Webber** [le̲ud wẹbᵉ], Andrew, britischer Komponist, *London 22. März 1948. Er wurde durch die Rockopern »Jesus Christ Superstar« (1971) und »Evita« (1978) sowie Musicals wie »Cats« (1981), »Starlight Express« (1984) und »Sunset Boulevard« (1993) bekannt.

■ **Lọbby** [engl.] *die,* ursprünglich die Wandelhalle im (britischen und amerikanischen) Parlament. Danach bezeichnet man auch die Interessenvertreter bestimmter gesellschaftlicher Gruppen (Lobbyisten), die hier mit den Abgeordneten zusammentreffen, um sie in ihrem Sinne zu beeinflussen, als Lobby.

■ **Locạrno,** Stadt und Kurort in der Schweiz, am Nordufer des Lago Maggiore im Tessin, mit 14 300 Einwohnern. Hier wurde 1925 unter der Leitung von Aristide Briand und Gustav Stresemann der **Locarnopakt** (auch Locarnovertrag) abgeschlossen, der den politischen Ausgleich zwischen Deutschland und den Westmächten vorantrieb, die deutsche Westgrenze vertraglich sicherte und den Eintritt Deutschlands in den Völkerbund vorbereitete.

■ **Lọchner,** Stephan, deutscher Maler, *Meersburg (?) um 1400–10, †Köln 1451; Hauptmeister der spätgotischen Kölner Malerschule. Er verband weltabgewandte Anmut mit dem Realismus der niederländischen Malerei. Bekannte Bilder sind das »Kölner Dombild« (Dreikönigsaltar) und die »Muttergottes in der Rosenlaube«.

■ **Loch Nẹss** [lọk...], See in Nordschottland, 52 km² groß und bis 230 m tief. Er wurde bekannt durch Berichte über ein Meeresungeheuer (»Nessie«), das im See gesehen worden sein soll. Dass »Nessie« wirklich existiert, konnte allerdings bisher nicht belegt werden.

■ **Locke** [lọk], John, englischer Philosoph, *Wrington (County Somerset) 29. August 1632, †Oates (County Essex) 28. Oktober 1704; Hauptvertreter des englischen →Empirismus. Er vertrat die Ansicht, dass der Mensch nicht mit bestimmten Vorstellungen geboren werde, sondern sich diese erst im Laufe seines Lebens durch Erfahrung erwerbe. In der Staatslehre betonte Locke den Gedanken der Volkssouveränität, das heißt die Ausübung aller Staatsgewalt durch das Volk (Grundlage der Demokratie), und der Rechtsgleichheit (Gleichheit vor dem Gesetz). Er beeinflusste damit entscheidend die Entwicklung des modernen Verfassungsstaates. – Bild S. 228

■ **Lo̲fotinseln** (norweg. Lofoten), Inselgruppe vor der Nordwestküste Norwegens, im Europäischen Nordmeer, rund 1 350 km², mit 25 000 Einwohnern; bis fast 1 200 m hohe, kahle Felsengruppen springen weit ins Meer vor. Der Kabeljaufang ist stark zurückgegangen, es gibt Fischverarbeitungsbetriebe, Schafzucht und Fremdenverkehr.

■ **Lọg** [engl.] *das,* Gerät zum Bestimmen der Schiffsgeschwindigkeit. Früher wurde sie mit einer Leine (Logleine) gemessen, in der im Abstand von etwa 7 m Knoten eingeknotet waren. Am Ende der Leine befand sich ein aufrecht im Wasser auf der Stelle schwimmendes Brett. Je nach der Anzahl der Knoten, die in einer bestimmten Zeit von der Logwelle abrollten, bestimmte man die Geschwindigkeit (daher auch die bis heute übliche Geschwindigkeitsangabe in der Schifffahrt, →Knoten. Heute benutzt man das **Patentlog,** bei dem ein Zählwerk die Umdrehungen eines nachgeschleppten Propellers und damit den zurückgelegten Weg anzeigt.

■ **Logarịthmus** [griech.] *der,* Funktionszeichen **log,** der Logarithmus einer Zahl *a* zur Basis *b* ist

Andrew Lloyd Webber

Loch Ness

Erste Berichte über ein Meeresungeheuer im Loch Ness tauchten 1933/34 auf. Seitdem griffen die Zeitungen das Thema immer wieder auf, vornehmlich in der sommerlichen Ferienzeit, wenn wenig wichtige Meldungen zu berichten waren. 1987 wurde sogar eine technisch aufwendige Suchaktion durchgeführt, die natürlich auch keine Antwort auf die Frage brachte, ob das Ungeheuer wirklich existiere. Inzwischen wollen fast 30 000 Menschen Nessie, wie es liebevoll genannt wird, gesehen haben.
Von solchen vermeintlichen »Lebewesen« wird überall auf dem Globus berichtet. »Champ«, das Ungeheuer des nordamerikanischen Champlainsees, hat, wie es heißt, einen schlangenförmigen, 9 m langen Leib. »Manipogo« im kanadischen Winnepegosissee hat einen Buckel und ein vom Hinterkopf abstehendes Horn.
Auch »Issie« im japanischen Ikedasee hat zwei Buckel. Das isländische Nessie-Pendant ist der »Lágarfljótsormur«, und Australien wartet natürlich mit einer Beutelvariante auf, dem »Bunyip«.

diejenige Zahl, mit der man *b* potenzieren muss, um *a* zu erhalten. Man schreibt:

$$\log_n a = x, \text{ wenn } b^x = a,$$

z. B. $\log_2 16 = 4$, denn $2^4 = 16$.
Die Zahl *b* (bzw. 2) heißt Basis. Die Zahl *a* (bzw. 16) heißt Numerus. Die Zahl *x* (bzw. 4) heißt Logarithmus. Der Logarithmus stellt also einen Exponenten dar. Beim praktischen Rechnen werden in der Regel die Logarithmen zur Basis 10 benutzt (briggssche oder dekadische Logarithmen). Man schreibt statt $\log_{10} a$ kürzer $\lg a$. Die Zahlenwerte der Logarithmen sind in Logarithmentafeln aufgezeichnet.

Der auch als Arzt, Geschäftsmann und Politiker tätige **John Locke** war ein umfassend gebildeter Denker und er war zudem ein Philosoph mit höchst praktischem Verstand, der auch den Weinanbau zu würdigen wusste; in der Politik übernahm sowohl die amerikanische Unabhängigkeitserklärung von 1776 als auch der französische Verfassungsentwurf von 1791 bis in wörtliche Formulierungen die Ideen seiner auf der Gewaltenteilung beruhenden Staatstheorie

■ **Logbuch,** das gesetzlich vorgeschriebene Schiffstagebuch. Einzutragen sind u. a. Kurs, Geschwindigkeit, Wetter und besondere Vorkommnisse.

■ **Loge** [losche; frz.] *die,* **1)** im Theater ein kleiner, zur Bühne hin offener Raum mit wenigen Sitzplätzen.
2) Vereinigung von Freimaurern und ihr Versammlungsort.

■ **Loggia** [lodscha; italienisch] *die,* nach vorn offene Säulen- oder Pfeilerhalle, entweder an einem Bauwerk oder frei stehend.

■ **Logik** [griech.] *die,* die Lehre vom folgerichtigen (also »logischen«) Denken und Argumentieren über Gegenstände und Sachverhalte. Die in der Logik entwickelten Begründungsbeweise sind →Deduktion und →Induktion

■ **Logistik** [frz.] *die,* **1)** *Betriebswirtschaftslehre:* die Gesamtheit aller Aktivitäten eines Unternehmens von der Beschaffung der Materialien bis zur Auslieferung von Fertigprodukten.
2) *Militärwesen:* die Planung, Bereitstellung und Einsatz aller Mittel, die für einen militärischen Einsatz notwendig sind.

■ **Logo** [engl.] *der* oder *das,* ein grafisches Symbol für ein Unternehmen, meist mit einer besonderen Firmenfarbe und Schrifttype, das einen hohen Wiedererkennungseffekt besitzt.

■ **Logopädie** [griech.] *die,* die Wissenschaft und Behandlung von Sprachstörungen, z. B. Stottern, Stammeln oder Überhaupt-nicht-sprechen-Wollen. Der Sprechunterricht wird von speziell ausgebildeten **Logopäden** erteilt.

■ **Lohengrin,** Held aus dem Sagenkreis um König Artus, Sohn des Parzival, der auf Geheiß des Artus in einem von einem Schwan gezogenen Schiff der bedrängten Herzogin Elsa von Brabant zu Hilfe kommt. Er muss sie jedoch nach kurzer, glücklicher Ehe wieder verlassen, als sie die verbotene Frage nach seiner Herkunft stellt. – Die Sage wurde in mehreren mittelalterlichen Epen gestaltet; Richard Wagner schrieb die Oper »Lohengrin« (1850).

■ **Lohn,** allgemein jedes als Vergütung von Arbeitsleistungen anzusehende Einkommen. Dazu zählen: Löhne im engeren Sinn (Arbeitsentgelt der Arbeiter), Gehälter (Angestellte) und die Bezüge der Beamten; Lohncharakter haben auch Honorare, Gagen u. a. (Einkommen aus freiberuflicher Tätigkeit). Lohnformen sind: Zeitlohn (Stundenlohn) und Leistungslohn (Akkordlohn, Prämienlohn). Als Tariflohn bezeichnet man den Lohn, der aufgrund eines Tarifvertrags gezahlt wird.

■ **Lohnsteuer** →Einkommensteuer.

■ **Loipe** [norwegisch] *die,* vorgespurte, markierte Skilanglaufstrecke.

■ **Loire** [loar] *die,* größter Fluss Frankreichs, 1 020 km lang. Die Loire entspringt in den Cevennen und mündet bei Saint-Nazaire in den Atlantischen Ozean.

■ **Lokomotive** [engl.] *die* (kurz Lok), Zugmaschine oder Triebfahrzeug der →Eisenbahn. Je nach Antriebsart unterscheidet man Dampf-, Brennkraft-, elektrische und Druckluftlokomotiven. Die Antriebsleistung einer Lokomotive muss auf mehrere Achsen aufgeteilt werden, weil die zulässige Achslast begrenzt ist. Moderne Lokomotiven haben

zur besseren Bogenläufigkeit Drehgestelle mit Einzelachsantrieb. Schwere Schnellzug- oder Güterzuglokomotiven weisen bis zu sechs Antriebsachsen auf.
Die ersten Lokomotiven waren Dampflokomotiven, deren Dampfmaschinen mit Holz, Torf, Kohle oder Öl geheizt wurden. Die elektrischen Lokomotiven erhalten ihren Strom von einer Oberleitung (Spannung = 15000 V) über Stromabnehmer. Sie sind in zwei- bis dreiachsiger Drehgestellbauweise ausgeführt, wobei jede Achse mit einem Elektromotor von 550–1200 Kilowatt (750–1600 PS) Leistung ausgerüstet ist. Mit Ausnahme der langsam fahrenden Rangierlokomotiven sind alle Diesellokomotiven ebenfalls mit Drehgestellen ausgerüstet. Bei der dieselhydraulischen Lokomotive ist der Motor über eine hydraulische Kupplung, ein mechanisches Getriebe und Gelenkwellen mit den Rädern verbunden. Bei dem dieselelektrischen Antrieb erzeugt der Motor über einen Generator Strom, der die Elektromotoren an den Drehgestellen antreibt.
Geschichte: Die erste Dampflokomotive wurde 1804 in England gebaut. Die Urform aller späteren Lokomotiven konstruierte 1829 George Stephenson (1781–1848) mit der »Rocket« (46,5 km/h), die das Zeitalter der Personenbeförderung einleitete.

Die Grafik zeigt das Innenleben der elektrischen Universallokomotive, einer **Lokomotive,** die im Jahr 1997 eingeführt worden ist

1835 lieferte die Firma Stephenson die Lokomotive »Adler« für die erste deutschen Eisenbahn zwischen Nürnberg und Fürth. Die erste elektrische Lokomotive wurde 1879 von Werner von Siemens in Berlin vorgeführt. Sie erhielt Strom von einer in der Gleismitte liegenden Stromschiene. Die erste Diesellokomotive (mit 1000 PS) entwarf 1908 Rudolf Diesel.

■ **Lombardei** *die* (italienisch Lombardia), Landschaft in Oberitalien zwischen Lago Maggiore, Po und Gardasee. Der Name leitet sich von den →Langobarden her. Die Lombardei ist dicht bevölkert und der bedeutendste Industrieraum Italiens. Wichtigste Stadt ist Mailand.

■ **London** [engl. lənd^e^n], Hauptstadt Großbritanniens, mit 7,122 Mio. Einwohnern eine der größten Städte der Erde mit einem der größten Häfen (beiderseits der Themse im Londoner Becken gelegen). In London gibt es über 30 Universitäten und Hochschulen, zahlreiche Akademien und Institute sowie berühmte Museen (u. a. Britisches Museum, Nationalgalerie). London ist Zentrum des britischen Welthandels.
Die Innenstadt (City) beherbergt die Zeitungs- und Geschäftsviertel mit Banken, Geschäftshäusern und Geschäftsstraßen. Der Stadtteil Westminster ist Verwaltungsmittelpunkt der Stadt und des Landes, Residenz der englischen Königin (Buckinghampalast) und Sitz der Regierung (Parlament). Themseabwärts erstreckt sich das riesige Hafengebiet mit Fabriken, Lagerhallen und Werftanlagen.
London ist reich an Parkanlagen (u. a. Hydepark); es besitzt rund 1600 Kirchen und viele bedeutende historische Bauten, u. a. Westminster Abbey, Saint Paul's Cathedral mit ihrer mächtigen Kuppel, Tower (dieses älteste Bauwerk war eine Festung; heute Museum) und Towerbrücke, Parlamentsgebäude, mit einem Wahrzeichen der Stadt, dem Uhrturm »Big Ben«, die königlichen Paläste.
Geschichte: London, ursprünglich eine keltische Siedlung, war bereits zur Römerzeit (»Londinium«) ein wichtiger Handelsplatz. Im 11. Jahrh. übernahm London, lange mit Winchester konkurrierend, die Rolle einer Hauptstadt; Wilhelm der Eroberer ließ sich als erster König in der Westminster Abbey krönen.

■ **London** [lənd^e^n], Jack, amerikanischer Schriftsteller, *San Francisco 12. Januar 1876, †Glen Ellen (Kalifornien) 22. November 1916. Er führte ein abenteuerliches Leben (u. a. als Matrose und Goldsucher), das er in erfolgreichen Romanen und Kurzgeschichten verarbeitete, u. a. »Der Ruf der Wildnis« (1903) und »Der Seewolf« (1904).

■ **Looping** [lup...; engl.] *der,* auch *das,* eine Figur beim Kunstflug: Überschlag nach oben oder unten aus dem Normal- oder Rückenflug.

■ **Lope de Vega,** Félix, →Vega Carpio, Lope Félix de.

■ **Lorbeer,** eine Gattung der Lorbeergewächse.

Es sind Bäume oder Sträucher mit ledrig glänzenden Blättern und Beerenfrüchten, die nur je einen Samen enthalten. Der 10–12 m hohe **Echte Lorbeer,** ein typischer Mittelmeerbaum, wird auch als Zierbaum angepflanzt. Seine Blätter sind zugespitzt und wellig; sie werden als Gewürz verwendet.

■ **Lọrd** [engl.], Titel und Anrede für den hohen englischen Adel; auch hohe Würdenträger und Regierungsbeamte führen den Titel (z. B. Lordkanzler). – auch →Oberhaus.

■ **Lorelei** (Loreley), 132 m hoher, fast senkrecht am rechten Rheinufer aufsteigender Schieferfelsen bei Sankt Goarshausen in Rheinland-Pfalz. Der Rhein, der die Lorelei im Bogen umfließt, ist hier nur 113 m breit und war früher durch Riffe sowie die hohe Flussgeschwindigkeit gefährlich.

Clemens Brentano hat sich dadurch zu einer Ballade über die »Lore Lay«, eine schöne Frau, die die Männer von den Gefahren ablenkt und so ins Verderben schickt, anregen lassen. Bekannt wurde sie vor allem durch das Gedicht Heinrich Heines: »Ich weiß nicht, was soll es bedeuten…« (1824), das von Friedrich Silcher (1789–1860) vertont wurde.

■ **Lorenz,** Konrad, österreichischer Verhaltensforscher, *Wien 7. November 1903, †ebenda 27. Februar 1989; einer der Begründer der vergleichenden Verhaltensforschung. Er untersuchte das Verhalten der Tiere untereinander (vor allem im Hinblick auf angeborene und erworbene Verhaltensweisen) und verglich es mit dem menschlichen Verhalten. Lorenz schrieb u. a. »Über tierisches und menschliches Verhalten« (1965). 1973 erhielt er (zusammen mit Nikolaas Tinbergen und Karl von Frisch) den Nobelpreis für Medizin oder Physiologie.

Mit seiner Oper »Regina« hinterließ **Albert Lortzing** im Jahr 1848 auch eine politisch inspirierte Oper über die deutsche 1848er-Revolution, die allerdings erst im Jahr 1981 erstmalig auf die Bühne gebracht worden ist

■ **Lọrtzing,** Albert, deutscher Opernkomponist, *Berlin 23. Oktober 1801, †ebenda 21. Januar 1851. Mit musikalischem Witz und volkstümlichen Melodien belebte Lortzing die komische Oper neu. Die Texte stammen zum großen Teil von ihm selbst, u. a. »Zar und Zimmermann« (1837), »Der Wildschütz« (1842), »Undine« (1845) und »Der Waffenschmied« (1846).

■ **Los Angeles** [...ändsch^{e}l^{e}s], größte Stadt Kaliforniens, USA, mit 3,77 Mio. Einwohnern, am Pazifischen Ozean gelegen, einer der weltweit bedeutendsten Standorte der Luft- und Raumfahrtindustrie. Im Stadtteil **Hollywood** befindet sich das Zentrum der amerikanischen Filmindustrie. Die Stadt liegt in einer erdbebengefährdeten Zone (Sankt-Andreas-Graben). – Los Angeles wurde 1781 als spanische Missionssiedlung gegründet.

■ **Lọ̈ss** [auch lọ̈ß], ein gelbbraunes, staubfeines Sediment (Hauptbestandteil Quarz mit 8–20 % Kalk und 5–20 % Ton), das besonders fruchtbar ist. Löss findet sich in großer Ausdehnung in China (hier in mächtigen Schichten), Südsibirien, der Ukraine, in der Magdeburger Börde und in Rheinhessen. Er wurde in Europa während der Eiszeiten zusammengeweht. Durch Umlagerung kann er geschichtet sein (Schwemmlöss).

Besonders die Untersuchungen über das instinktive Verhalten der Graugans machten **Konrad Lorenz** berühmt

■ **Lösungen,** im weitesten Sinn homogene Gemische verschiedener Stoffe (z. B. auch Gase in Gasen oder in Feststoffen), im engeren Sinn flüssige Gemische aus mindestens zwei Stoffen. In einem flüssigen Stoff, dem Lösungsmittel (z. B. Wasser, Benzin, Alkohol), ist ein gasförmiger, flüssiger oder fester Stoff enthalten. In der Lösung sind die gelösten Teilchen (Moleküle, Ionen) fein verteilt und von dem Lösungsmittel umgeben. Die Menge des bei einer bestimmten Temperatur in einem Lösungsmittel maximal lösbaren Stoffes nennt man Löslichkeit. Gase lösen sich bei tiefer Temperatur, Feststoffe meist bei höherer Temperatur besser. Durch die feine Verteilung der gelösten Stoffe eignen sich Lösungen besonders gut für chemische Reaktionen.

Von den beschriebenen, so genannten echten Lösungen sind die kolloidalen Lösungen **(Kolloide)**, bei denen die gelösten Teilchen größer sind, sowie die →Emulsionen und →Suspensionen zu unterscheiden.

■ **Lọt, 1)** *Bautechnik:* an einem Faden aufgehängtes Metallgewicht, das die Senkrechte anzeigt. Das Senkblei hängt dann »lotrecht«.

2) *Mathematik:* die durch einen vorgegebenen Punkt verlaufende Senkrechte zu einer gegebenen Geraden oder Ebene.

3) *Schifffahrt:* ein Gerät zum Messen der Wassertiefe vom Schiff aus. Dies geschah früher ebenfalls mit einem **Senkblei**. – auch →Echolot.

■ **Lothringen** (frz. Lorraine), Gebiet in Ostfrankreich zwischen Vogesen, Champagne und Ardennen an der oberen Maas und Mosel. Lothringen ist mit seinen reichen Eisenerzlagern (vor allem bei Longwy und Thionville) sowie Kohle- und Salzvorkommen ein bedeutendes Industriezentrum Frankreichs (50% der französischen Stahlproduktion kommen von hier). Hauptorte sind Nancy und Metz.

Geschichte: Lothringen war ursprünglich das Gebiet, das Lothar II. bei der Teilung des karolingischen Mittelreichs 855 als Königsreich (»Lotharingien«) erhielt. Es war wechselnd selbstständig oder gehörte zu Frankreich. 1871–1918 war es Teil des deutschen Reichslandes Elsass-Lothringen, 1918 wurde es an Frankreich zurückgegeben, 1941–45 unterstand es deutscher Verwaltung.

■ **Lotosblumen,** Seerosengewächse mit großen, schildförmigen Blättern und langstieligen, großen Blüten, die in Ostasien, Nordaustralien und in den wärmeren Gebieten Nordamerikas vorkommen.

■ **Lotse** [engl.], ein Seemann, der in schwierigem Fahrwasser (z. B. gefährliche Flussstrecken, Hafeneinfahrten, Flussmündungen) die Führung von Schiffen übernimmt. Für bestimmte Gewässer besteht Lotsenzwang. Der Lotse muss amtlich zugelassen sein.

■ **Lotterie** [niederländisch] *die,* Glücksspiel, bei dem Lose verkauft und einige (meist nummerierte) Lose als Gewinne ausgelost werden. Für die Veranstaltung einer öffentlichen Lotterie ist eine staatliche Genehmigung erforderlich. Mindestens 30% des Spielkapitals müssen Gewinne sein. Auch das **Zahlenlotto** (Lotto, »6 aus 49«) und das **Fußballtoto** sind Lotterien.

■ **Lourdes** [lurd], Stadt in Frankreich, am Nordrand der Pyrenäen, mit 16300 Einwohnern, einer der bedeutendsten katholischen Wallfahrtsorte. In einer Grotte bei Lourdes hatte Bernadette Soubirous, ein französisches Hirtenmädchen, 1858 mehrere Marienerscheinungen. Die in dieser Grotte entspringende Quelle gilt seitdem als wunderheilkräftig und wird jährlich von über 2 Mio. Pilgern besucht.

■ **Louvre** [luwrᵉ] *der,* das ehemalige Stadtschloss der französischen Könige am rechten Seineufer in Paris. Es wurde um 1200 begonnen und mehrfach umgebaut und durch Anbauten erweitert. Der Louvre, seit 1793 öffentliches Museum, beherbergt heute eine der bedeutendsten Gemälde- und Kunstsammlungen der Welt (u. a. die »Mona Lisa« von Leonardo da Vinci und die Statue »Venus von Milo«).

■ **Love-Parade** [lawpᵉreⁱd; engl.], seit 1989, der Zeit des Aufbruchs in die Technoszene, jeden Sommer in Berlin stattfindender bunter, friedlicher Umzug von hunderttausenden junger Menschen.

■ **Löwe,** die einzige gesellig (in kleinen Rudeln) lebende und jagende Großkatze, bis 1,9 m lang, Schulterhöhe etwa 1 m. Löwen leben in den Steppen und Savannen Afrikas südlich der Sahara und in Reservaten in Indien. Vor und während der Eiszeiten waren sie über ganz Eurasien und Nordamerika verbreitet. Die Männchen besitzen eine mächtige Mähne. – Bild S. 232

■ **Löwenzahn,** Gattung der Korbblütler mit rund 70 Arten. Die gelb blühenden, Milchsaft führenden Rosettenpflanzen haben gezähnte Blätter und Blütenkörbchen aus Zungenblüten auf rundem, hohlem, blattlosem Schaft. In Mitteleuropa kommt vor allem der **Gemeine Löwenzahn** (Kuhblume) vor.

■ **loyal** [loajal; frz.], gesetzestreu, regierungstreu; auch vertragstreu, redlich, die Interessen anderer achtend.

■ **LPG,** Abkürzung für →Landwirtschaftliche Produktionsgenossenschaft.

■ **LSD** *das,* Abkürzung für Lysergsäurediäthylamid, eine synthetisch (chemisch) hergestellte →Droge, die zu Halluzinationen (intensiviertem Farbensehen, Ineinanderübergehen von Sinnes-

Die bekannteste Art der **Lotosblume** ist die hier abgebildete, in mehreren Sorten kultivierte Indische Lotosblume, die bei uns nur in beheizten Gewächshäusern gedeiht

Die neue Ansicht des **Louvre:** im Jahr 1989 wurde die Glaspyramide als Haupteingang des weltberühmten Museums eröffnet; erbaut wurde sie von dem (aus China stammenden) amerikanischen Architekten Ieoh M. Pei

empfindungen, Aufhebung des Zeitempfindens), aber auch zu lang anhaltenden Depressionen und Angstzuständen (»Horrortrips«) führen kann.

■ **Lübeck** (Hansestadt Lübeck), Hafenstadt in Schleswig-Holstein, an der unteren Trave, mit 213 700 Einwohnern; der Stadtteil **Travemünde,** ein bekanntes Seebad, liegt direkt an der Ostsee (Lübecker Bucht). Sehenswerte Bauten sind das Holstentor, der Dom, die Marienkirche, das ehemalige Sankt-Annen-Kloster (heute Museum), das Heilig-Geist-Hospital, das Rathaus und die Salzspeicher.
Lübeck war im Mittelalter als führende Stadt der Hanse ein wichtiger Handelsplatz. Das lübische Stadtrecht wurde für zahlreiche Städte im Ostseeraum vorbildlich.

Das schwierige Leben **Ludwigs II.,** der aufgrund seiner künstlerischen Utopien auch der »Märchenkönig« genannt wird, hat der italienische Filmregisseur Luchino Visconti im Jahr 1972 eindrucksvoll glaubwürdig verfilmt

■ **Lubitsch,** Ernst, deutsch-amerikanischer Filmregisseur, *Berlin 29. Januar 1892, †Los Angeles (Kalifornien) 30. November 1947. Er wurde mit geistreichen und frivolen Komödien berühmt (z. B. »Ninotschka«, 1939). Der Film »Sein oder Nichtsein« (1942) ist eine Parodie über den Nationalsozialismus.

■ **Luchse,** eine Gattung hochbeiniger Raubkatzen mit mächtigen Pranken und scharfen Krallen. Der Kopf ist klein, die Ohrspitzen tragen Haarpinsel. Der etwa 1,10 m große **Nordluchs** jagt nachts vor allem Rehe und Wildhühner. Er lebt in Wäldern der nördlichen Erdhalbkugel. In Deutschland wurde er ausgerottet, aber nach 1970 im Nationalpark Bayerischer Wald wieder ausgewildert.

Die **Löwen** gehören zu den nachaktiven Tieren, die sich tagsüber recht träge zeigen; das männliche Tier erkennt man an seiner prächtigen Nacken- und Schultermähne; für die Beute sorgt meistens die mähnenlose Löwin, sie schlägt ihr Opfer mit einem Prankenschlag nieder und tötet es durch einen Kehlenbiss

■ **Ludwig II.,** König von Bayern (seit 1864), *Nymphenburg (heute zu München) 25. August 1845, †(ertrunken) im Starnberger See 13. Juni 1886. Ludwig nahm 1866 am Krieg gegen Preußen teil, gab aber durch ein von Bismarck entworfenes Schreiben den Anstoß zur Kaiserproklamation 1871. Die dafür von Bismarck zugesagte großzügige finanzielle Hilfe erlaubte ihm die Fortführung seiner kostspieligen Bauleidenschaft (Schlösser Neuschwanstein, Herrenchiemsee, Linderhof) und die Unterstützung zahlreicher Künstler, u. a. Richard Wagners. 1886 verfiel er in geistige Umnachtung und wurde entmündigt und nach Schloss Berg am Starnberger See gebracht. Dort ertrank er im selben Jahr im See.

■ **Ludwig XIV.,** genannt der »Sonnenkönig«, König von Frankreich (seit 1643), *Saint-Germain-en-Laye 5. September 1638, †Versailles 1. September 1715. Er übernahm 1661 persönlich die Regierung und verkörperte am eindeutigsten die Regierungsform des →Absolutismus. Bekannt ist sein Wahlspruch »L'État c'est moi« (»Der Staat bin ich«), mit dem er zum Ausdruck bringen wollte, dass alle Staatsgewalt in seiner Hand vereinigt sei. Unter seiner Herrschaft erlebte Frankreich einen Höhepunkt glanzvoller Machtentfaltung und eine Blütezeit französischer Kunst und Literatur. Ludwig erbaute das berühmte Schloss zu Versailles. In mehreren Kriegen begründete er die politische Vormachtstellung Frankreichs in Europa; die Kriegskosten legten jedoch – neben der aufwendigen Prachtentfaltung des Hofes – den Grund für die wirtschaftliche Zerrüttung des Landes, die eine der Ursachen der →Französischen Revolution wurde.

■ **Ludwig XVI.,** König von Frankreich (1774–92), *Versailles 23. August 1754, †(hingerichtet) Paris 21. Januar 1793. Er war seit 1770 mit der österreichischen Kaisertochter Marie Antoinette verheiratet. Ludwig konnte, obwohl er sich um Reformen bemühte, die Finanzkrise der französischen Monarchie nicht lösen. Die Einberufung der Generalstände löste schließlich die →Französische Revolution aus. Nach dem Sturm auf die Tuilerien (10. August 1792) wurde er mit seiner Familie gefangen genommen, am 21. September für abgesetzt erklärt und zum Tod verurteilt.

■ **Ludwigshafen am Rhein,** Industriestadt in Rheinland-Pfalz, mit 164 900 Einwohnern, gegenüber von Mannheim am linken Rheinufer gelegen. Die Stadt ist ein bedeutendes Zentrum der chemi-

Das Gemälde eines französischen Malers aus dem Jahr 1701 demonstriert die beispiellose Übereinstimmung von Regierungsform und Herrscher in der Person des Sonnenkönigs **Ludwigs XIV.**, der von sich sagte »L'État c'est moi – Der Staat bin ich«; des Königs Landsmann Gérard Corbiau hat dessen ferne Lebensgeschichte in Augenschein genommen und im Jahr 2001 in dem Film »Der Köning tanzt« greifbar ins Kino gebracht

schen Industrie und besitzt den größten linksrheinischen Binnenhafen.

■ **Luft,** das die Erde umgebende Gasgemisch, dessen Hauptbestandteile (bei trockener, reiner Luft in der unteren Atmosphäre) 78,1 Vol.-% Stickstoff, 20,93 Vol.-% Sauerstoff, 0,93 Vol.-% Argon und 0,03 Vol.-% Kohlendioxid sind.
Die Luft enthält je nach Temperatur unterschiedlich hohe Wasserdampfanteile (relative →Luftfeuchtigkeit). In den bodennahen Luftschichten können durch die Abgase der Industrie, des Autoverkehrs und der privaten Haushalte unterschiedliche Anteile von Stickstoffoxiden, →Ozon, Schwefeloxiden, Staub u. a. enthalten sein.

■ **Luftdruck,** der durch das Gewicht der Luft erzeugte Druck. Er wird mit dem Barometer gemessen und in Pascal (Pa), früher in Millibar (mbar) oder Torr, angegeben:

1 mbar = 100 Pa = 1 hPa.

Der Luftdruck in Meereshöhe (Normaldruck) beträgt im Durchschnitt 1013 hPa (760 Torr); er schwankt je nach Wetterlage zwischen 880 und 1080 hPa. Mit zunehmender Höhe nimmt der Luftdruck ab. In Erdbodennähe beträgt die Druckabnahme etwa 1 hPa auf 14,5 m Höhenunterschied. In größerer Höhe nimmt der Druck dann langsamer ab. In etwa 5000 m Höhe ist er auf die Hälfte, in etwa 16 km Höhe auf ein Zehntel seines ursprünglichen Wertes abgesunken.

■ **Luftfahrt,** die Fortbewegung im Luftraum im Gegensatz zur Raumfahrt. Man unterscheidet Luftfahrzeuge, die durch aerostatischen →Auftrieb getragen werden (Ballons, Luftschiffe) von den Luftfahrzeugen mit aerodynamischer Auftriebserzeugung (Starr- und Drehflügel-Flugzeuge, Flugkörper, Drachen, Fallschirme). – Tabelle S. 234

■ **Luftfeuchtigkeit,** der Wasserdampfgehalt der Luft. Die **absolute Luftfeuchtigkeit** gibt an, wie viel Gramm Wasserdampf in 1 m^3 Luft enthalten sind. Die Luft vermag nur, abhängig von der Temperatur, eine ganz bestimmte Menge von Wasserdampf aufzunehmen, dann ist sie gesättigt. Je wärmer die Luft ist, umso mehr Wasserdampf kann sie aufnehmen. Kühlt sich gesättigte Luft ab, so wird ein Teil des Wasserdampfes wieder zu Wasser. Es bilden sich Nebel, Tau oder Niederschläge.
Die **relative Luftfeuchtigkeit** gibt an, wieviel Prozent der Sättigungsmenge die Luft an Wasserdampf enthält. Eine relative Luftfeuchtigkeit von 100 % bedeutet also, dass die Luft gesättigt ist. Mit steigender Temperatur nimmt bei gleich bleibender absoluter Luftfeuchtigkeit die relative Luftfeuchtigkeit ab. Die relative Luftfeuchtigkeit ist wichtig für das Wohlbefinden des Menschen; am angenehmsten werden 45 % bis 65 % empfunden. Die Luftfeuchtigkeit wird mit →Hygrometern gemessen.

■ **Luftgewehr,** Sportgewehr, bei dem das Geschoss durch Druckluft aus dem Lauf getrieben wird.

■ **Lufthansa** (Deutsche Lufthansa AG), 1926 gegründete und 1953 in der Bundesrepublik

Luftdruck

Der Luftdruck in einer bestimmten Höhe ist gleich dem Gewicht der Luftsäule über dieser Höhe: Das hat der französische Wissenschaftler Blaise Pascal 1648 durch Versuche herausbekommen. Je höher man steigt, desto kleiner wird die darüber liegende Luftsäule und damit auch der Druck. In Meereshöhe entspricht er etwa dem Druck, welchen ein Körper von 1 kg Masse auf eine Fläche von 1 cm^2 ausübt. Gemessen wird der Luftdruck mit dem Barometer, und zwar in Hektopascal (hPa). In dieser Einheit beträgt der durchschnittliche Luftdruck auf Meereshöhe 1 013 hPa.

Deutschland neu gegründete deutsche Luftverkehrsgesellschaft.

■ **Luftkissenfahrzeug,** ein Spezialfahrzeug, das von einem Luftkissen zwischen Geräteboden und Untergrund (Land, Wasser) getragen wird. Dieses Luftkissen wird durch einen aus Düsen nach unten austretenden Luftstrom gebildet. Luftkissenfahrzeuge dienen vor allem zur Überquerung von Wasserflächen (z. B. Hovercraft) und weglosem Gelände.

■ **Luftkühlung,** ein Kühlverfahren bei Verbrennungskraftmaschinen mit Luft als Kühlmittel zur Wärmeabfuhr aus den Zylindern und dem Zylinderkopf, die zur Oberflächenvergrößerung mit Kühlrippen ausgestattet sind.

■ **Luftröhre,** die 10–12 cm lange Verbindung zwischen Kehlkopf und Bronchien. Sie ist mit einer Schleimhaut ausgekleidet, deren zahlreiche Flimmerhärchen die Staubteilchen und Bakterien mit Schleim nach oben befördern.

Luftfahrt: große Ereignisse

1783	erster Aufstieg eines Heißluftballons (Étienne Jacques und Michel Joseph de Montgolfier)
1785	erste Überquerung des Ärmelkanals von England nach Frankreich durch Jean-Pierre Blanchard und John Jeffries in einem Wasserstoffballon
1797	Fallschirmabsprung aus einem Ballon aus etwa 1 000 m Höhe durch André Jacques Garnerin
1804	Joseph Louis Gay-Lussac erreicht im Ballon 7 000 m Höhe
1890–96	Gleitflüge Otto Lilienthals
1900	erster Aufstieg eines Zeppelin-Luftschiffes, des LZ 1, von Manzell am Bodensee
1903	erste Motorflüge der Brüder Wright
1915	erstes Ganzmetallflugzeug von Hugo Junkers
1917	Streckenrekord von LZ 59 über 6 757 km von Bulgarien bis Khartum in Afrika und zurück
1919	erste Nordatlantiküberquerung durch John William Alcock und Arthur Whitten-Brown
1920	erster Segelflugwettbewerb auf der Wasserkuppe
1924	erste Ost-West-Überquerung des Nordatlantiks durch LZ 126 unter Hugo Eckener
1927	Nordatlantiküberquerung von New York nach Paris durch Charles Lindbergh im Alleinflug
1928	erste Ost-West-Überquerung des Nordatlantiks im Flugzeug durch Hermann Köhl, Günter von Hünefeld, James Fitzmaurice
1929	Weltfahrt des LZ 127 ›Graf Zeppelin‹ unter H. Eckener
1932	A. Piccard erreicht in seinem Stratosphärenballon 16 940 m Höhe
1932	Beginn des regelmäßigen Liniendienstes über den Südatlantik durch LZ 127
1935	Beginn des Luftverkehrs mit Flugzeugen über den Pazifischen Ozean
1936	erster leistungsfähiger Hubschrauber Fw 61

■ **Luftschiff,** ein lenkbares Luftfahrzeug, das durch den aerostatischen Auftrieb getragen wird. Es besteht aus einem großen Ballon, der mit einem Gas gefüllt ist, das eine geringere Dichte besitzt als Luft (z. B. Wasserstoff oder Helium). Bei starren Luftschiffen erhält der Ballon seine Form durch ein Leichtmetallgerüst, bei unstarren durch den Druck des Füllgases. Der Vortrieb erfolgt durch Motoren über Luftpropeller, die sich in Motorgondeln unter dem Luftschiff befinden. Gesteuert wird das Luftschiff durch Leitwerke am hinteren Ende.

Geschichte: Das erste brauchbare Luftschiff (Starrluftschiff), das Ferdinand Graf von Zeppelin (1838–1917) konstruierte, startete am 2. Juli 1900 (»LZ 1«). Die ersten brauchbaren unstarren Luftschiffe stammten von dem Brasilianer Alberto Santos-Dumont (1873–1932), der am 19. Oktober 1901 damit den Eiffelturm umrundete, und (1906) von dem deutschen Ingenieur August von Parseval (1861–1942).

1924 fand die erste Nonstop-Atlantiküberquerung von Ost nach West durch »LZ 126« statt. »LZ 127« (»Graf Zeppelin«) nahm 1929 nach einem Rundflug um die Erde den Liniendienst über Süd- und Nordatlantik auf, »LZ 129« (»Hindenburg«) folgte 1936. Dieses größte je im Einsatz befindliche Luftschiff fiel am 6. Mai 1937 bei Lakehurst (New Jersey, USA) einer Brandkatastrophe zum Opfer. Daraufhin wurde der Luftschiffbau in Deutschland eingestellt, weil kein Helium als unbrennbares Traggas zu erhalten war. Derzeit werden unstarre Kleinluftschiffe mit Helium als Traggas vereinzelt noch zu Reklamezwecken verwendet.

1997 fand die Flugerprobung einer neuen Zeppelin-Generation (»Zeppelin NT«) statt. Diese Luftschiffe vereinen die Vorteile von Starr- und Prallluftschiffen.

■ **Luftspiegelung,** eine Erscheinung, bei der man Gegenstände, die hinter einer Anhöhe oder hinter dem Horizont liegen, in scheinbarer Nähe erblickt. Das kommt besonders in Wüstengebieten vor **(Fata Morgana)**: Durch den heißen Sand werden die unteren Luftschichten stark erhitzt und ausgedehnt, die oberen, dichten Luftschichten werfen dann die Lichtstrahlen wie ein Spiegel zurück. Auf See wird die Luftspiegelung **Kimmung** genannt.

■ **Luftverschmutzung** →Immission.

■ **Luftwiderstand,** der Strömungswiderstand der Luft (→Aerodynamik), eine Kraft, die entgegen der Bewegungsrichtung eines sich relativ zur Luft bewegenden Körpers wirkt. Der Luftwiderstand

> **Lukas**
>
> Der Evangelist Lukas, Mitarbeiter des Apostels Paulus und von Beruf Arzt, galt schon in der alten Kirche als Verfasser des Lukasevangeliums und der Apostelgeschichte. Ohne historischen Anhalt ist die Überlieferung, er sei einer der zwölf Jünger Jesu oder der ungenannte Emmausjünger gewesen. In der bildenden Kunst wird Lukas vor allem als einer der vier Evangelisten und zusammen mit ihnen dargestellt. Seine Attribute sind Arztgeräte und Malutensilien, denn nach einer (um 530 nachweisbaren) Legende galt Lukas als Maler. Seit dem Spätmittelalter verehrten ihn daher die in »Lukasgilden« zusammengeschlossenen Maler als Schutzpatron.

hängt ab von Form, Größe, Oberflächenbeschaffenheit und Geschwindigkeit des umströmten Körpers sowie von der Luftdichte. Der C_w-Wert (Luftwiderstandsbeiwert) geht als formabhängiger Faktor in die Berechnung des Luftwiderstands ein.

■ **Lụftwurzeln,** oberirdisch auftretende Wurzeln verschiedener Pflanzen. Sie sind verschieden gestaltet und haben unterschiedliche Funktionen, z. B. Haftwurzeln (meist umklammern sie feste Gegenstände) und Atemwurzeln (sie dienen der Atmung der Pflanzen).

■ **Lügendetektor** *der,* ein Gerät, das fortlaufend Aufzeichnungen über den Verlauf der Herzströme, der Atemfrequenz (Dichte, Häufigkeit der Atmung), des Blutdrucks und der Hautfeuchtigkeit einer befragten Person macht. Diese Aufzeichnung von nicht kontrollierbaren Reaktionen soll die Erregung anzeigen, die auftritt, wenn jemand eine falsche Aussage macht. Lügendetektoren sind als Beweismittel vor Gericht in der Regel nicht zugelassen.

■ **Lukas,** Heiliger, einer der vier Evangelisten. Lukas war Arzt in Antiochien und Begleiter des Apostels Paulus. Nach altkirchlicher Überlieferung gilt er als der Verfasser des Lukasevangeliums und der Apostelgeschichte.

■ **Lumineszẹnz** [lat.] *die,* Sammelbezeichnung für alle Lichterscheinungen durch Gase, Flüssigkeiten und Feststoffe, die nicht durch Glühen von Stoffen hervorgerufen werden. Lumineszenz ist auf den Übergang von Elektronen von höheren in tiefere Energiezustände zurückzuführen. Man unterscheidet die →Fluoreszenz und die →Phosphoreszenz, die sich im Wesentlichen durch die Dauer des Nachleuchtens nach einer Anregung der Elektronen unterscheiden.

Nach der Art der Energiezufuhr, die zur Anregung der Stoffe führt, spricht man z. B. von **Chemolumineszenz,** wenn eine chemische Reaktion zugrunde liegt, von **Radiolumineszenz,** wenn radioaktive Strahlung dafür verantwortlich ist (Lumineszenz dient zum Nachweis dieser Strahlung). Lumineszenz in lebenden Zellen, z. B. bei Meeresalgen oder Glühwürmchen, nennt man **Biolumineszenz.**

■ **Lụmmen** [skandinavisch], bis 50 cm lange, zu den Alken gehörende Meeresvögel, oberseits schwarz, unterseits weiß. Sie brüten in Kolonien vor allem auf einsamen Felseninseln der Nordmeere.

■ **Luna** [lat., = Mond], die römische Mondgöttin.

■ **Lüneburger Heide,** ausgedehnte Geestlandschaft in Norddeutschland zwischen Aller und Elbe. Die Ursprünglichkeit und Schönheit der Heidelandschaft mit Heidekraut, Wacholder und Kiefern bewahrt heute nur noch das Naturschutzgebiet um den Wilseder Berg. Weite Gebiete tragen heute Wälder oder werden landwirtschaftlich genutzt. Bei Celle (im Südosten der Lüneburger Heide) wird Erdöl gewonnen; am Nordrand liegt die Kreisstadt **Lüneburg** (65 800 Einwohner).

■ **Lụnge,** das Atmungsorgan der Luft atmenden Wirbeltiere und des Menschen. Die menschliche

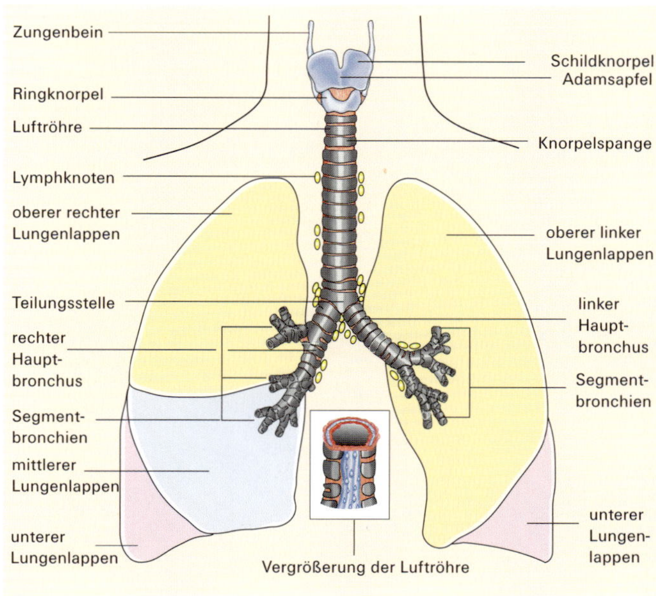

Querschnitt durch die Lunge mit Luftröhre und Bronchien

Lunge besteht aus zwei Lungenflügeln, die rechts und links im Brustkorb liegen. Die rechte Lunge hat drei, die linke (auf der Seite des Herzens) zwei Lungenlappen. Beim Einatmen gelangt die Luft über die Luftröhre und die Bronchien, die sich immer weiter verzweigen, in die Lungenbläschen, wo der Gasaustausch zwischen Lunge und Blut stattfindet: Das Blut nimmt Sauerstoff auf und gibt Kohlenstoff ab. Die Oberfläche beider Lungenflügel wird vom Lungenfell überzogen, während der Innenraum der Brusthöhle vom Rippenfell ausgekleidet ist. Beide zusammen bilden das allseitig geschlossene Brustfell.

■ **Lungenentzündung,** eine Infektionskrankheit der Lunge, die durch unterschiedliche Erreger (Bakterien, Pilze, auch Viren) hervorgerufen wird. Krankheitszeichen sind hohes Fieber, Schüttelfrost, Husten und Brustschmerzen.

■ **Lupe** [frz.] *die,* ein Vergrößerungsglas (Sammellinse) mit kurzer Brennweite. Mit einer Lupe lässt sich im günstigsten Fall ein Abbildungsmaßstab von 1:25, das heißt eine 25fache Vergrößerung, erreichen.

■ **Lupine** [lat.] *die,* eine Gattung der Schmetterlingsblütler mit rund 200 Arten. Es sind Kräuter oder Halbsträucher mit häufig gefingerten Blättern. Die Blüten stehen in Trauben. In die Wurzeln dringen Knöllchenbakterien ein, die den Luftstickstoff binden können. Dieser gebundene Stickstoff wird von der Wirtspflanze aufgenommen. Lupinen werden deshalb häufig zur Gründüngung verwendet oder zur Bodenverbesserung angepflanzt.

Der Kupferstich zeigt **Martin Luther** im Jahr 1521, als er als »Junker Jörg« auf der Wartburg das Neue Testament ins Deutsche übersetzte

■ **Lurche** →Amphibien.

■ **Lustspiel,** deutsche Bezeichnung für →Komödie.

Lutetium
chemisches Symbol: Lu
Ordnungszahl: 71
relative Atommasse: 174,97
Dichte: 9,84 g/cm³
Schmelzpunkt: 1 653 °C
Siedepunkt: 3 393 °C

■ **Lutetium** [nach Lutetia, dem lat. Namen von Paris] *das,* ein chemisches Element aus der Gruppe der Lanthanoide (→Lanthan).

■ **Luther,** Martin, deutscher Reformator, *Eisleben 10. November 1483, †ebenda 18. Februar 1546; Sohn eines Bergmanns. Er besuchte ab 1501 die Universität Erfurt und begann 1505 nach dem Magisterexamen mit dem Studium der Rechtswissenschaften, das er aber bald wieder abbrach. Auf dem Weg von Mansfeld nach Erfurt tat er in einem schweren Gewitter das Gelübde »Hilf heilige Anna, ich will ein Mönch werden«! (Juli 1505). Zwei Wochen später trat er in das Kloster der Augustinereremiten in Erfurt ein und wurde 1507 zum Priester geweiht. Ab 1512 lehrte er als Doktor der Theologie und Professor an der Universität in Wittenberg.

Luther sah die christlichen Grundsätze in seiner Zeit vielfach missachtet, z.B. durch Ablasshändler, bei denen sich ein Sünder von der erwarteten Strafe Gottes durch Geld freikaufen zu können glaubte. Am 31. Oktober 1517 veröffentlichte er 95 Thesen, in denen er dazu und zu anderen drängenden Fragen der Christenheit kritisch Stellung nahm.

Luthers Lehre stellte den Einzelnen in ein neues Verhältnis zu Gott. Der Glaube allein und das Vertrauen in die Gerechtigkeit Gottes, der seinen Sohn in die Welt gesandt hat, bewirken nach Luther Gottes Gnade. Luther erklärte alle Getauften für gleich und frei in den Fragen des Glaubens, unabhängig auch von der Autorität des Papstes, die nur menschlich und darum fehlbar sei. Ausschließlich die Heilige Schrift sollte Maßstab christlichen Handelns sein, durch Tradition überlieferte Glaubenssätze lehnte Luther ab.

Luthers Thesen erregten in ganz Deutschland großes Aufsehen. Er, der ursprünglich nur Reformen

innerhalb der Kirche beabsichtigt hatte, wurde nun zur Auseinandersetzung mit der Kirche und dem Papst gezwungen (auch →Reformation). Über ihn wurde der Bann ausgesprochen, er wurde vor den Reichstag nach Worms (1521) geladen; dort lehnte er einen Widerruf seiner Lehre ab und verfiel der Reichsacht. Kurfürst Friedrich der Weise von Sachsen gewährte ihm jedoch Schutz und Asyl; zum Schein gefangen genommen, wurde Luther heimlich auf die Wartburg gebracht, wo er zehn Monate als »Junker Jörg« lebte. Während dieser Zeit übersetzte er das Neue Testament in ein Deutsch, das alle Deutschen (die viele unterschiedliche Dialekte sprachen) verstehen sollten und das bald zur Grundlage für eine einheitliche Hochsprache in Deutschland wurde.
Luther heiratete 1525 die frühere Nonne Katharina von Bora (1499-1552). Sein weiteres Leben widmete er dem Aufbau einer protestantischen Kirchenorganisation, bei der die fürstlichen Landesherren zugleich Oberste der Kirche wurden. Er verfasste viele Schriften, Kirchenordnungen und geistliche Lieder. Er erlebte nicht mehr, dass nach vielen Kämpfen 1555 im Augsburger Religionsfrieden Katholiken und Protestanten als gleichberechtigt anerkannt wurden.

■ **Luv** →Lee.

■ **Luxemburg,** Großherzogtum zwischen Belgien, Deutschland und Frankreich. Der Norden des Landes wird durch das 400–559 m hohe **Ösling** gebildet, mit Wald, Heide und Wiesen. Im Süden schließt sich das fruchtbare **Gutland** an, mit Getreide- und Zuckerrübenanbau, aber auch Obst- und Gemüse- und an den Hängen Weinbau, außerdem Rinder- und Schweinezucht. Im Süden hat Luxemburg Anteil an den lothringischen Eisenerzen (Minette) mit der darauf aufbauenden Stahlindustrie. Luxemburg ist Mitglied der Zollunion →Benelux. Die Bevölkerung (Luxemburger und 27 % Ausländer) ist mehrheitlich katholisch.

Geschichte: Luxemburg war eine Grafschaft des Heiligen Römischen Reiches, seit 1354 Herzogtum. 1443 wurde es Teil Burgunds, 1477 Teil der habsburgischen Niederlande (mit diesen wurde es 1555 spanisch und 1714 österreichisch). 1815 wurde Luxemburg Großherzogtum und Mitglied des Deutschen Bundes. 1839 musste es die wallonischen Gebiete an Belgien abtreten, 1866 wurde es selbstständig. Nach mehreren vergeblichen Versuchen Frankreichs, Luxemburg käuflich zu erwerben, wurde das Land 1867 für neutral erklärt. Seit 1890 wird es von eigenen Großherzögen und nicht mehr in Personalunion mit den Niederlanden regiert. Im 1. und Zweiten Weltkrieg wurde Luxemburg von deutschen Truppen besetzt.

Luxemburg
Fläche 2 586 km²
Einwohner 422 000
Hauptstadt Luxemburg
Amtssprachen Französisch, Luxemburgisch, Deutsch
Nationalfeiertag 23. 6.
Währung 1 Luxemburgischer Franc (lfr) = 100 Centimes (c)
Zeitzone MEZ

Luxemburg

Flagge

Wappen

■ **Luxemburg,** Haupt- und Residenzstadt von Luxemburg, an der Alzette, mit 76 400 Einwohnern. Die Stadt ist Sitz zahlreicher Dienststellen der EG (u. a. Europäischer Gerichtshof) und ein bedeutendes Finanzzentrum. Sehenswert sind die gotische Kathedrale Notre-Dame und die Kirche Saint-Michel (17. Jahrh.) sowie das großherzogliche Palais (1572).

■ **Luxemburg,** Rosa, deutsche Politikerin und Publizistin, *Zamość (heute zu Polen) 5. März 1870, † (ermordet) Berlin 15. Januar 1919. Sie lebte ab 1899 in Berlin, wo sie in die SPD eintrat und 1914 mit Karl Liebknecht die Opposition gegen den Krieg anführte. Mit Liebknecht gründete sie den →Spartakusbund. 1918 entwarf sie das Programm der Kommunistischen Partei Deutschlands (→KPD). Rosa Luxemburg trat in Reden, Schriften und Aufsätzen gegen Nationalismus und Militarismus ein und war 1915–18 (mit kurzer Unterbrechung) inhaftiert. Sie wurde 1919 mit Liebknecht von Freikorpsoffizieren ermordet. – Bild S. 238

■ **Luzern, 1)** schweizerischer Kanton im Alpenvorland, mit 1 493 km² und 343 200 Einwohnern (überwiegend deutschsprachig und katholisch). – Das Herrschaftsgebiet der Stadt Luzern wurde 1803 Kanton der Schweiz.
2) Hauptstadt von 1), am Vierwaldstätter See gele-

Die Fotografie zeigt **Rosa Luxemburg** im Alter von etwa vierzig Jahren; unter dem von ihr formulierten Leitsatz »Freiheit ist immer die Freiheit des anders Denkenden« lebte die Weltbürgerin, die sechs Sprachen beherrschte, für das ideal einer freien, gleichberechtigten Völkergemeinschaft

gen, mit 57 200 Einwohnern, ein Zentrum des Fremdenverkehrs. Die malerische Altstadt weist viele historische Bauten auf (Stadtmauer mit Türmen, Kapellbrücke, mittelalterliche Häuser).

■ **Luzerne** [frz.] *die,* eine Gattung der Schmetterlingsblütler. Die bis 80 cm hohe **Saatluzerne** ist eine gegen Dürre und Winterkälte widerstandsfähige Staude. Wegen ihres hohen Proteingehalts ist sie eine wichtige Futterpflanze.

■ **Luzifer** [lat., = Lichtbringer], nach biblischer Vorstellung ein gefallener Engel; im Mittelalter ein Name für den Teufel.

■ **Lyme-Borreliose** [laim...] *die,* eine durch Zeckenbiss übertragene Infektionskrankheit mit Muskel- und Gelenkschmerzen, zum Teil auch Fieber. Später können Gelenk-, Herzmuskel- und Nervenentzündungen auftreten. Überträger ist das Bakterium Borrelia burgdorferi. Die Krankheit wurde erstmals 1976 in Lyme, USA, beobachet.

■ **Lymphe** [griech.] *die,* eine farblose bis hellgelbe Körperflüssigkeit, die dem Blutplasma (→Blut) entstammt. Die Lymphe tritt aus den Blutkapillaren in Gewebsspalten über, sammelt sich in **Lymphgefäßen** und wird zu den Venen zurückgeführt. Beim Menschen werden in Ruhe täglich 2–3 Liter Lymphflüssigkeit in den Blutkreislauf zurückgeführt.

In die Lymphgefäße sind **Lymphknoten** eingeschaltet, die Lymphzellen bilden, Krankheitskeime vernichten und als Filter wirken. Die Lymphe transportiert Fette, die sie aus dem Darm aufnimmt; sie ernährt und reinigt Zellgebiete, die nicht von Blutkapillaren versorgt werden.

■ **Lymphozyten** [lat.-griech.] (Lymphzellen), zu aktiver Bewegung befähigte Gruppe der weißen Blutkörperchen, die einen Teil des Immunsystems und der weißen Blutkörperchen (31 %) bilden. Bildungsort der Stammzellen der Lymphozyten ist das Knochenmark.

Man unterscheidet zwei Hauptgruppen: **T-Lymphozyten,** die weiter in spezielle Zelltypen für die Immunabwehr unterteilt werden, und **B-Lymphozyten,** die spezifische →Antikörper produzieren.

■ **lynchen** [engl.], jemanden, der wirklich oder angeblich eine Straftat begangen hat, ohne Gerichtsurteil misshandeln oder töten. Oft geschieht dies durch eine erregte Volksmenge unmittelbar nach einer Tat (»Lynchjustiz«). Die Herkunft des Begriffs ist zweifelhaft. Als Namengeber des Wortes genannt werden der Ende des 17. Jahrh. in North Carolina tätige Richter John Lynch, der bis 1782 in Virginia wirkende Richter Charles Lynch, der aus Virginia stammende Hauptmann William Lynch (1742–1820) und ein um 1495 lebender irischer Bürgermeister.

■ **Lyon** [liong], Stadt in Frankreich, mit 422 400 Einwohnern, an der Mündung der Saône in die Rhone gelegen. Lyon, eine bedeutende Messe- und Handelsstadt, ist seit dem 15. Jahrh. ein Zentrum der Seidenerzeugung (heute Kunstfaserherstellung); berühmt ist das Textilmuseum.

■ **Lyra** →Leier.

■ **Lyrik** [von griech. lyrikós, = zum Spiel der Lyra gehörend] *die,* eine poetische Hauptgattung neben Epik und Dramatik (→Drama); sie gilt als Urform der Dichtung. In der griechischen Antike wurde Gesang, der mit Lyrabegleitung vorgetragen wurde, als Lyrik bezeichnet.

Zur äußeren Form der Lyrik gehören Rhythmus und Vers, auch Reim und Strophe; die Behandlung des Inhalts ist durch Konzentration, Vereinfachung und Bedeutungsintensität gekennzeichnet. Dabei können verschiedene Gegenstände (z. B. in der Liebeslyrik die Liebe, in der politischen Lyrik politische Themen) in formal unterschiedlich anspruchsvollen Gefügen (u. a. Lied, →Ode, →Sonett, →Elegie) dargestellt werden. In der Lyrik des 20. Jahrh. ist insgesamt eine Lösung von den formalen Traditionen zu beobachten.

M

M, 1) der 13. Buchstabe des deutschen Alphabets, ein Konsonant.
2) römisches Zahlzeichen für 1 000 (**m**ille).

m, 1) Einheitenzeichen für **M**eter.
2) Formelzeichen für **M**asse 1).

M. A. →Magister.

Mäander [nach dem Fluss Mäander (heute Menderes) in Kleinasien] *der,* **1)** *Geographie:* starke Flusswindung.
2) *Kunst:* Ornamentband, meist aus einer rechtwinklig gebrochenen Linie gebildet, aber auch als wellenförmige, fortlaufende »Schnecken« (so genannter Spiralmäander oder »laufender Hund«).

Maar [lat.] *das,* eine rundliche, trichterförmige Vertiefung in der Erdoberfläche, meist mit Wasser gefüllt. Die Maare entstanden durch vulkanische Gasexplosionen. Maare gibt es z. B. in der Vulkaneifel (→Eifel) und auf der Schwäbischen Alb.

Maas (frz. Meuse) *die,* Fluss in Frankreich, Belgien und in den Niederlanden, 925 km lang. Die Maas entspringt nordöstlich von Langres in Ostfrankreich und mündet zusammen mit dem Rhein im Rhein-Maas-Delta in die Nordsee.

Maastrichter Vertrag (offiziell: Vertrag über die Gründung der Europäischen Union), der Gründungsvertrag der →Europäischen Union. Er wurde 1991 in der niederländischen Stadt Maastricht vom Europäischen Rat verabschiedet und 1992 von den Staats- und Regierungschefs der Mitgliedsstaaten der Europäischen Gemeinschaften unterzeichnet; am 1. November 1993 trat er in Kraft. Der Maastrichter Vertrag wurde 1997 durch den Amsterdamer Vertrag (in Kraft getreten 1999) ergänzt.

Macchie [maki^e; italienisch] *die,* immergrüne Gebüschformation aus niedrigen, anspruchslosen Bäumen und Sträuchern im Mittelmeergebiet.

Machiavelli [makjawälli], Niccolò, italienischer Politiker und Geschichtsschreiber, *Florenz 3. Mai 1469, †ebenda 22. Juni 1527. Machiavelli entwarf in seinem Hauptwerk »Il principe« (»Der Fürst«, 1532) Grundgedanken neuzeitlicher Politik: Wesen und Selbstzweck des Staates sei die Macht. Zum Erhalt der Macht und für das Staatswohl gestand er den Herrschenden zu, die allgemeinen Regeln der Moral zu übertreten.

Mach-Zahl [nach dem österreichischen Physiker Ernst Mach, 1838–1916], Zeichen M, eine Größe, die das Verhältnis der Geschwindigkeit v eines Flugzeugs zur Schallgeschwindigkeit c in der es umgebenden Luft angibt:

$$M = v/c.$$

Ein Flugzeug fliegt mit $M = 2$ (gelesen »Mach 2«), wenn es die doppelte Schallgeschwindigkeit erreicht hat, also etwa bei 2 400 km/h.

Madagaskar, Inselrepublik im Westen des Indischen Ozeans, vor der Südostküste Afrikas; sie umfasst die Insel Madagaskar (viertgrößte Insel der

Madagaskar
Fläche 587 041 km²
Einwohner 16,348 Mio.
Hauptstadt Antananarivo
Amtssprachen Malagasy und Französisch
Nationalfeiertage 26. 6. und 14. 10.
Währung 1 Madagascar-Franc (FMG) = 100 Centimes (c)
Zeitzone MEZ + 2 Std.

Madagaskar

Flagge

Wappen

Erde) und einige Nebeninseln. Zentrale Hochplateaus werden von Vulkangebirgen überragt und fallen zu den Küstenebenen steil ab. Madagaskar ist regenreich, nur der Süden ist trocken. Die Madagassen (die in eine Vielzahl von ethnischen Gruppen zerfallen und mehrheitlich Christen und Anhänger von Naturreligionen sind) bauen Vanille, Gewürznelken, Pfeffer, Reis, Maniok, Zuckerrohr, Kaffee, Tabak und Baumwolle an. Im Innern des Landes werden Zeburinder und Schafe gezüchtet. Abgebaut werden Graphit, Glimmer und Chromerz. Die Industrie verarbeitet vor allem landwirtschaftliche Erzeugnisse, daneben finden sich Textil- und chemische Industrie. Haupthäfen sind Toamasina und Mahajanga.

Geschichte: Im 10. Jahrh. errichteten Araber auf der Insel Handelsniederlassungen. 1500 wurde sie erstmals von Portugiesen aufgesucht. 1884/85 wurde Madagaskar von Frankreich erobert, 1896 französische Kolonie. Seit 1960 ist es unabhängig.

■ **Made,** die fußlose Larve mancher Insekten, besonders von Fliegen und Bienen.

■ **Madeira** [madera], Hauptinsel der gleichnamigen Inselgruppe im Atlantischen Ozean, die den portugiesischen Distrikt Madeira bildet; die Hauptstadt ist Funchal. Die 765 km^2 große, gebirgige Insel mit rund 260 400 Einwohnern ist im Pico Ruivo 1 862 m hoch. Auf Madeira gedeihen tropische Kulturpflanzen (Zuckerrohr, Bananen). Von hier stammt der bekannte Süßwein **Madeira**. Die Insel hat regen Fremdenverkehr.

Madonna

■ **Madọnna** [italienisch, = meine Herrin] *die,* Bezeichnung für Maria, die Mutter Jesu.

■ **Madọnna,** eigentlich Madonna Louise Veronica Ciccone, amerikanische Popsängerin, *Bay City (Michigan) 16. August 1958. Ihr Aufstieg zu einem der Superstars der amerikanischen Popmusik begann 1983 mit dem Hit »Holiday«. Weitere Hits folgten, u. a. »Like a Virgin«, »Who's that girl« und »Like a Prayer«. Mit ihren erotischen Bühnenshows und Musikvideos sorgte sie seit den 80er-Jahren oft für Schlagzeilen. Madonna spielte auch in Filmen, u. a. »Desperately Seeking Susan« (1984), »Body of Evidence« (1992) und »Evita« (1996).

■ **Mạdras,** Hauptstadt des südindischen Bundesstaates Tamil Nadu, 3,84 Mio. Einwohner, mit einem wichtigen Seehafen am Golf von Bengalen. – Madras wurde 1840 von der britischen Ostindischen Kompanie gegründet und war lange Zeit einer ihrer drei Hauptsitze.

■ **Madrịd,** Hauptstadt Spaniens, im Zentrum des Landes am Manzanares gelegen, mit 2,88 Mio. Einwohnern. In Madrid gibt es vier Universitäten, zahlreiche Akademien, wissenschaftliche Institute und Museen. Das Stadtbild ist vor allem von Zweckbauten des 19. und 20. Jahrh. geprägt. In der Altstadt liegen die Plaza Mayor (17. Jahrh.), ein von Barockbauten mit Arkadengängen umgebener zentraler Platz, und der aus dem 18. Jahrh. stammende Königspalast. Der Prado, das spanische Nationalmuseum, enthält bedeutende Werke alter Malerei. – Madrid wurde erstmals im 10. Jahrh. als maurische Festung genannt. Es ist seit 1561 Sitz der spanischen Könige, seit 1606 Hauptstadt.

■ **Madrigal** [italienisch] *das,* mehrstimmiges weltliches Kunstlied (vor allem im 16. und 17. Jahrhundert).

■ **Mạfia** [italienisch] *die,* eine in der Gesellschaft Siziliens tief verwurzelte, ganz Italien in Mitleidenschaft ziehende Form der organisierten Kriminalität, ähnlich der neapolitanischen »Camorra«. Die Mafia (Eigenbezeichnung »Ehrenwerte Gesellschaft«) entstand Anfang des 19. Jahrh. auf Sizilien als Gegengewalt zur Staatsmacht und hat ihren Ursprung in den bewaffneten Gefolgschaften der Großgrundbesitzer. Mit sizilianischen Einwanderern gelangte sie Ende des 19. Jahrh. in die USA (hier auch »Cosa Nostra« oder »The Syndicate« genannt), wo sie unter ihren lokalen Führern, z. B. Al Capone in Chicago sowie Charles »Lucky« Luciano und Vito Genovese in New York, den Kern des dortigen organisierten Verbrechens bildete. Zwischen den einzelnen Gangs, den »Familien«, die einem »Don« oder »Paten« unterstanden, fanden immer wieder blutige Rivalitätskämpfe statt.

Zur Erreichung ihrer Ziele wie Schutzgeld, Schmuggel, öffentliche Aufträge z. B. im Bauwesen, Drogen- und Waffenhandel übt die Mafia Gewalt (Mord, Körperverletzung), Gewaltandrohung, Erpressung oder Bestechung gegenüber Behörden und Privatpersonen aus. Ihre Innenbeziehungen werden bestimmt durch »Schweigen« (über die Verbrechen) und »Rache« (gegenüber Verrätern). Die Eskalation der Gewalt in Italien Anfang der 1990er-Jahre führte dort zu einem energischen Vorgehen gegen die Mafia.

■ **Magalhães** [magaljạngisch] (Magellan), Fernão de, portugiesischer Seefahrer, *Sabrosa (bei Vila Real) um 1480, †(gefallen) bei Cebu 27. April 1521. Magalhães erhielt von Karl V. 1519 fünf Schiffe für eine Westfahrt zu den Molukken (Gewürzinseln). Er erreichte 1520 die Mündung des La Plata, fand die (später nach ihm benannte) Magellanstraße im Süden Südamerikas und gelangte 1521 zu den Marianen und Philippinen, wo er in Kämpfen mit Einheimischen fiel. Diese erste Erdumseglung wurde von dem Spanier Juan Sebastián Elcano (1476–1526) zu Ende geführt. Damit war die Kugelform der Erde erwiesen.

■ **Magdeburg,** Hauptstadt von Sachsen-Anhalt, an der Elbe, am Ostrand der fruchtbaren Magdeburger Börde gelegen, mit 235 100 Einwohnern. Die bedeutende Industriestadt ist Verkehrsknotenpunkt und wichtiger Binnenhafen am Schnittpunkt von Elbe, Elbe-Havel- und Mittellandkanal.
Bekannte Wahrzeichen der Stadt sind der Dom (1209 begonnen), der Alte Markt mit Rathaus und der Magdeburger Reiter.
Magdeburg war im 9. Jahrh. Grenzort gegen die Slawen, seit 968 Erzbistum. Es nahm seit dem 12. Jahrh. einen bedeutenden Aufschwung und war später auch Mitglied der Hanse. Das Magdeburger Stadtrecht wurde im 13. Jahrh. bis weit nach Osteuropa verbreitet. Während des Dreißigjährigen Krieges brannte die Stadt 1631 nach der Eroberung durch den kaiserlichen General Tilly fast völlig ab.

■ **Magdeburger Halbkugeln,** zwei Halbkugeln, die sich luftdicht aneinander pressen lassen. Pumpt man sie weitgehend luftleer, so werden sie vom äußeren Luftdruck so stark zusammengepresst, dass sie nur mit größter Kraftanstrengung getrennt werden können. Der Erfinder der Luftpumpe, der Magdeburger Bürgermeister Otto von Guericke, führte damit 1654 die Wirkung des Luftdrucks vor. Er spannte an die luftleer gepumpten Halbkugeln (Radius 42 cm) rechts und links je acht Pferde, die diese nicht trennen konnten.

■ **Magellan** →Magalhães, Fernão de.

■ **Magellanstraße** (Magalhãesstraße), 600 km lange Meeresstraße zwischen dem südamerikanischen Festland und Feuerland, eine wichtige Schifffahrtsstraße. Sie wurde 1520 von Fernão de Magalhães entdeckt und ist seit 1881 chilenisches Hoheitsgebiet.

■ **Magen,** bei Wirbeltieren und Mensch der auf die Speiseröhre folgende, von Muskeln umgebene erweiterte Teil des Verdauungskanals. In ihm wird die aufgenommene Nahrung gespeichert und durch den Magensaft so weit aufbereitet, dass sie als Speisebrei in den Dünndarm weitergeleitet werden kann. – Bei Wiederkäuern besteht der Magensack aus vier einzelnen Abschnitten: Pansen, Netz-, Blätter- und Labmagen. Bei den Vögeln, besonders bei Körnerfressern, folgt auf einen Drüsenmagen ein Muskelmagen. Manchen Tieren fehlt der Magen völlig, z. B. Würmern.

■ **Magersucht** →Essstörungen.

■ **Maghreb** [arabisch] *der,* der westliche Teil der arabisch-muslimischen Welt: Marokko, Algerien

Magalhães – Entdeckungsreise

und Tunesien, im weiteren Sinne auch Libyen und Mauretanien.

■ **Magie** [lat.] *die,* Praktiken, mit denen der Mensch versucht, seinen Willen auf die Umwelt in einer Weise zu übertragen, die nach naturwissenschaftlicher Betrachtungsweise irrational erscheint. Werden damit unheilvolle Absichten verfolgt, spricht man von **schwarzer Magie,** bei nutzbringendem Zauber von **weißer Magie.**

■ **magisches Quadrat,** ein quadratisches Zahlenschema, bei dem Zeilen-, Spalten- und Diagonalsummen alle die gleiche Zahl ergeben.

■ **Magister** [lat., = Meister] *der,* akademischer Grad; in der Bundesrepublik Deutschland wurde 1960 der **M**agister **A**rtium (**M. A.,** dem Namen nachgestellt) als Universitätsexamen für geisteswissenschaftliche Fächer allgemein eingeführt.

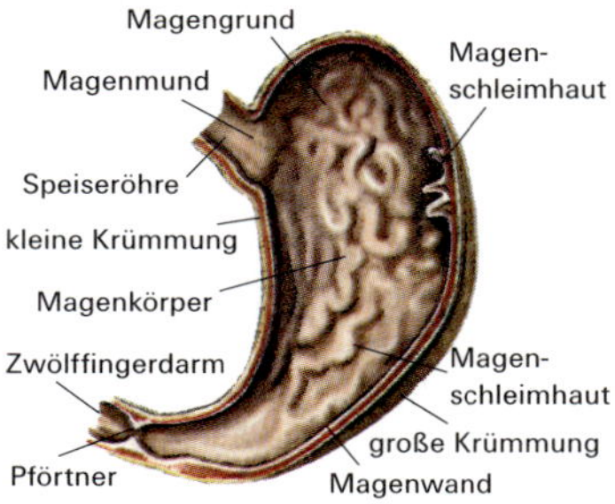

Längsschnitt durch einen menschlichen **Magen**

■ **Magma** [griech.] *das,* die in tieferen Teilen der Erdkruste befindliche, flüssige und zumeist gashaltige Gesteinsschmelze. Die meisten Magmen sind silikatischer Natur. Der Gehalt an SiO_2 bestimmt die Eigenschaften des Magmas. An die Erdoberfläche tritt Magma in Form von →Lava. In erstarrtem Zustand bildet es die **magmatischen Gesteine** (→Gesteine).

Magna Charta (Magna Charta Libertatum) [lat., = große Urkunde (der Freiheiten)] *die,* Urkunde, die am 15. Juni 1215 dem englischen König Johann I. Ohneland (1199–1216 auf dem Thron) von Vertretern aufständischer Barone und der Kirche abgerungen wurde. Sie umfasst 63 Artikel und behandelt im Wesentlichen die – durch sie verbesserte – Stellung der Vasallen gegenüber dem König (Neuregelung lehnsrechtlicher Verpflichtungen). Die Magna Charta wurde von den nachfolgenden Königen immer wieder bestätigt und ist als wichtigstes englisches Grundgesetz noch heute (bis auf überholte Bedingungen) gültig.

Magnesium [griech.] *das,* ein chemisches Element, ein silberglänzendes, weiches Leichtmetall, das sich ziehen und walzen lässt. Es ist mit 1,95 % der festen Erdkruste eines der häufigsten Metalle, kommt jedoch in der Natur infolge seines unedlen Charakters nur in Form vielfältiger Verbindungen vor. Die wichtigsten mineralischen Verbindungen sind der Dolomit ($CaCO_3 \cdot MgCO_3$) und der Magnesit ($MgCO_3$). Hergestellt wird Magnesium durch Schmelzflusselektrolyse von Magnesiumchlorid ($MgCl_2$).

Magnesium
chemisches Symbol: Mg
Ordnungszahl: 12
relative Atommasse: 24,3
Dichte: 1,74 g/cm^3
Schmelzpunkt: 650 °C
Siedepunkt: 1 090 °C

Technisch wird Magnesium für Legierungen vor allem mit Aluminium verwendet. Es hat eine große Bedeutung im Pflanzenstoffwechsel (zentraler Bestandteil des →Chlorophylls). Magnesiummangel führt zu Schäden an den Blättern und Nadeln von Bäumen (→Waldsterben) und kann durch Düngemittel (z. B. Bittersalz) ausgeglichen werden.

Magnet [griech.] *der,* ein Körper, der in seiner Umgebung ein Magnetfeld erzeugt. Jeder Magnet hat einen magnetisch positiven (Nordpol) und einen magnetisch negativen (Südpol) Pol, in deren Umgebung die magnetische Feldstärke besonders hoch ist. Dauer- oder Permanentmagnete behalten einen Großteil ihrer Magnetisierung bei und lassen sich nur durch gezieltes Erhitzen entmagnetisieren. Dauermagneten werden u. a. als Kompassnadel oder im Fahrraddynamo verwendet. Zerbricht man einen Stabmagneten in der Mitte, sind beide Bruchstücke vollkommene Magnete, mit je einem Nord- und Südpol. Magnetpole treten also stets paarweise auf. Man spricht von magnetischen Dipolen. Auch unmagnetisches Eisen enthält so genannte Elementarmagnete. Sie sind allerdings völlig ungeordnet und heben sich dadurch in ihrer Wirkung gegenseitig auf. Streicht man mehrmals mit einem Magneten über ein unmagnetisches Stück Eisen, werden die Elementarmagneten geordnet, das Eisenstück wird magnetisch. Dieser Vorgang heißt **magnetische Induktion.** Der Raum um einen Magneten, in dem er auf andere Körper eine Kraft ausübt, heißt **Magnetfeld.** Zwischen elektrischem Strom und Magnetfeld besteht ein enger Zusammenhang (Elektromagnetismus). Ein stromdurchflossener Leiter ist von einem Magnetfeld umgeben. Diese Erscheinung nutzt man beim →Elektromagneten aus.

Magnetband, ein bandförmiger Informationsträger zur Aufzeichnung, Speicherung, Wiedergabe und Löschung von Audio- und Video- (Tonband, Videoband) oder Datensignalen. Auf einem Kunststoffträger (z. B. aus Polyester, Polyvinylchlorid) sind eine oder mehrere magnetisierbare Schichten aufgebracht. Magnetbänder werden meist in Kassetten aufbewahrt. Wichtig sind gute Wickeleigenschaft, hohe Reiß- und Abriebfestigkeit, geringe Neigung zu Aufladungen und gute magnetische Eigenschaften. Beim Digitaltonband **DAT** (Abkürzung für engl. Digital-Audio-Tape) erfolgt die Aufnahme der Schallsignale in digitalisierter Form. Das digitale Aufnahmeverfahren gewährleistet, dass bei mittels DAT hergestellten Kopien von ebenfalls digitalen Tonträgern (z. B. CD) deren Tongüte voll erhalten bleibt.

magnetische Flussdichte (magnetische Induktion), eine physikalische Größe, die (zusammen mit der magnetischen Feldstärke) den magnetischen Zustand des Raumes beschreibt.

magnetischer Pol →Magnet.

Magnetismus [griech.] *der,* die Lehre vom magnetischen Feld und dem Verhalten von Körpern in ihm. Es zeigt sich, dass alle Körper in einem Magnetfeld durch magnetische →Induktion selbst magnetisch werden. Nach der Art des induzierten Magnetismus unterscheidet man **diamagnetische Stoffe** (z. B. Wasser, Schwefel), die aus einem Magnetfeld herausgedrängt werden, **paramagnetische Stoffe** (z. B. Aluminium, Magnesium), die in ein Magnetfeld hineingezogen werden, und **ferromagnetische Stoffe** (Eisen, Kobalt, Nickel), die ebenfalls in ein Magnetfeld hineingezogen werden, jedoch mit einer etwa 1000-mal so großen Kraft wie die paramagnetischen Stoffe. – Das Phänomen des Magnetismus war bereits in der Antike bekannt. – auch →Magnet.

■ **Magnetkarte,** eine kleine Kunststoffkarte mit einem magnetisierbaren Streifen als Datenträger, die als Werksausweis, Bankkundenkarte für Geldautomaten, Telefonkarte und Ähnliches dient. Die gespeicherten Kenndaten werden von einem Lesegerät erfasst und einem Computer zur Weiterverarbeitung zugeleitet. Eine Weiterentwicklung der Magnetkarte ist die **Chipkarte,** die einen Mikroprozessor enthält.

■ **Magnetschwebebahn,** eine räderlose Bahn, die mithilfe von Magnetfeldern an oder auf eisernen Fahrschienen schwebend entlanggeführt wird. Sie erreicht Fahrgeschwindigkeiten bis zu 500 km/h. Beim **elektromagnetischen Schweben (EMS)** halten regelbare Elektromagnete einen gleich bleibenden, rund 10 mm großen Abstand zwischen Fahrzeug und Fahrweg. Das System ist prinzipiell instabil und nur mit einem

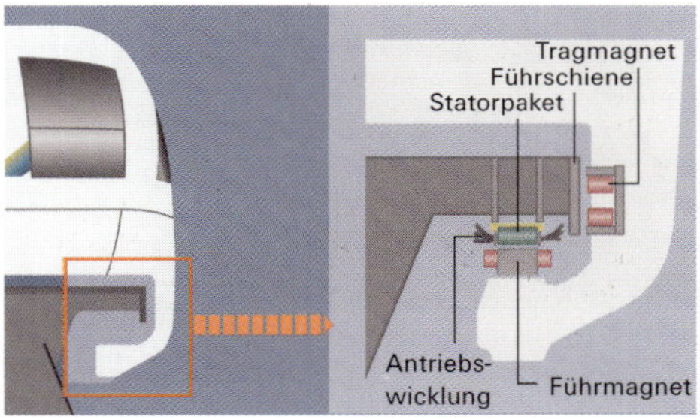

Die Grafik skizziert das System der **Magnetschwebebahn;** die über die gesamte Länge des Fahrzeugs verteilten Elektromagnete wirken auf die aus eisenmagnetischem Material gefertigten Schienen am Fahrweg: während die auf der rechten und linken Seite angebrachten Führmagnete den Zug in die Mitte des Fahrwegs zentrieren, ziehen die Tragmagnete das Fahrzeug von unten an den Fahrweg heran, wodurch es angehoben wird

elektronischen Regelsystem funktionsfähig. Das Fahrzeug greift mit seinen Magnetgestellen seitlich unter den Fahrweg. Die Tragmagnete heben das Fahrzeug an, Führmagnete halten es seitlich in der Spur. Im Stillstand setzt das Fahrzeug mit Kufen auf dem Fahrweg auf. Der in Deutschland entwickelte →Transrapid beruht auf der EMS-Technik.

Das in Japan entwickelte **elektrodynamische Schweben (EDS)** beruht auf abstoßenden Magnetkräften. Magnetspulen am Fahrzeug erzeugen starke Magnetfelder, die während der Bewegung entsprechend hohe Ströme in Reaktionsspulen der Fahrbahn hervorrufen. Durch die entstehenden abstoßenden Kräfte entsteht ein Luftspalt von rund 100 mm zwischen Fahrbahn und Fahrzeug. Der Schwebevorgang ist selbststabilisierend, ein guter Fahrkomfort jedoch nicht ohne zusätzliche Dämpfung möglich. Die magnetische Abstützung setzt eine Mindestgeschwindigkeit voraus, sodass zum Anfahren und Halten Räder nötig sind.

■ **Magnetspeicher** (magnetische Speicher), in der elektronischen Datenverarbeitung Bezeichnung für Speichersysteme, bei denen Magnetisierungseffekte zur Speicherung von Daten ausgenutzt werden. Bei magnetischen Digitalspeichern ermöglichen die beiden Zustände magnetischer Bauelemente oder kleiner magnetisierbarer Magnetband- oder Magnetplattenbereiche die Speicherung von Dualzahlen. Als magnetomotorische Speicher werden solche Magnetspeicher bezeichnet, bei denen der mit dem magnetischen Speichermaterial versehene (nichtmagnetische) Träger eine Bewegung gegenüber einer als Lese-schreib-Einrichtung arbeitenden Magnetkopfeinheit ausführt. Zu ihnen zählen u.a. die Magnetbandspeicher und die Magnetplattenspeicher (z.B. →Festplatten mit rotierenden Magnetplatten und →Disketten).

■ **Magnolien** [nach dem französischen Botaniker Pierre Magnol, 1638–1715], bis 3 m hohe, sommer- oder immergrüner Bäume oder Sträucher mit ungeteilten Blättern und großen Blüten, die vor den Blättern erscheinen, z.B. die **Sternmagnolie** mit weißen Blüten und die **Tulpenmagnolie** mit wei-

Bei der **Magnetschwebebahn** übernehmen magnetische Kräfte die Aufgaben, für die bei der bisherigen Eisenbahn Schiene und Räder zuständig waren: sie tragen das Gewicht des Zuges, sorgen für die seitliche Führung und übertragen die Antriebs- und Bremskräfte

ßen bis rosafarbenen Blüten. Magnolien sind beliebte Zierpflanzen.

■ **Magritte** [magrịt], René, belgischer Maler, *Lessines (Hennegau) 21. November 1898, †Brüssel 15. August 1967; bedeutender Vertreter des Surrealismus, der alltägliche, naturalistisch dargestellte Dinge in nach den Naturgesetzen nicht mögliche Zusammenhänge stellt und sie so verfremdet.

■ **Magyaren** [madschar^{e}n], im 9. Jahrh. aus der Gegend zwischen Ural und Wolga in das Gebiet des heutigen →Ungarn eingewandertes Volk, das heute über 90 % der ungarischen Bevölkerung stellt.

■ **Mahagọni** [indianisch] *das,* wertvolles, rötlich braunes, sehr hartes Holz von tropischen Bäumen mittel- und südamerikanischer Herkunft.

■ **Maharạdscha** [Sanskrit, = großer König] (Maharaja), indischer Herrschertitel: Großfürst; **Maharani,** Titel der Frau eines Maharadschas.

■ **Mahler,** Gustav, österreichischer Komponist und Dirigent, *Kaliště (Böhmen) 7. Juli 1860, †Wien 18. Mai 1911. Er war u. a. in Kassel, Leipzig, Budapest, Hamburg und Wien (dort 1897–1907 Direktor der Hofoper) tätig. Mahler war einer der letzten großen Sinfoniker der Spätromantik und zugleich ein wichtiger Wegbereiter der neuen Musik. Er schrieb u. a. zehn Sinfonien und Liederzyklen (»Kindertotenlieder«, »Des Knaben Wunderhorn«, »Lieder eines fahrenden Gesellen«).

■ **Mähren,** historisches Gebiet, das den Ostteil der Tschechischen Republik umfasst, mit Brünn als Zentrum. Im Westen wird es begrenzt durch die Böhmisch-Mährische Höhe, im Osten durch Karpaten und Beskiden, im Süden durch Österreich und im Norden durch Schlesien.

Geschichte: Die keltischen Bewohner verließen um 60 v. Chr. das Land. Es folgten germanische Stämme, nach deren Abzug im 6. Jahrh. Slawen nachrückten. Im 9. Jahrh. war Mähren Mittelpunkt des Großmährischen Reiches, das 906 durch die Ungarn vernichtet wurde. Im 11. Jahrh. wurde Mähren mit →Böhmen verbunden. Im 16. Jahrh. kam es an Österreich, 1918 wurde es Teil der neu gegründeten Tschechoslowakei.

Das wild wachsende **Maiglöckchen** trägt fünf bis acht nickende Blüten; charakteristisch sind die dicht über dem Boden, am Grund des Pflanzensprosses wachsenden, sprich grundständigen Blätter

■ **Maiglöckchen,** Gattung der Liliengewächse, bis 20 cm hohe, giftige Waldpflanze, die im Mai blüht. Die unterirdischen Triebe stehen unter Naturschutz.

Das Männchen des **Maikäfers,** hier ein Feldmaikäfer, wird erst in der Dämmerung aktiv

■ **Maikäfer,** eine Gattung der Blatthornkäfer (Größe 2–3 cm). Der **Feldmaikäfer** ist schwarz mit weißlicher Behaarung; Kopfschild, Fühler, Flügeldecken und Beine sind rötlich braun. Sein Hinterleib trägt an den Seiten je fünf weiße Dreiecke. Das Weibchen legt drei bis fünf Eigelege mit etwa 30 Eiern in etwa 10 cm Bodentiefe ab, dann stirbt es. Nach vier bis sechs Wochen schlüpfen die Larven (Engerlinge), die sich von Pflanzenwurzeln ernähren. In ihrem dritten Lebensjahr, zu Anfang Juni, verpuppen sich die Larven in 30–40 cm Erdtiefe. Nach der Überwinterung im Boden schlüpft der Käfer im nächsten Frühjahr. Der **Waldmaikäfer** (Rosskastanienmaikäfer) sieht ähnlich aus, ist aber etwas kleiner. Bei günstigen Entwicklungsbedingungen kann sich der Maikäfer massenhaft vermehren.

Gustav Mahler, der Schüler Anton Bruckners, erweiterte die Grenzen der Musik bis zur Atonalität; seine Tätigkeit in Wien ist als Glanzzeit des Wiener Musiklebens in die Musikgeschichte eingegangen; ab 1907 dirigierte Mahler an der New Yorker Metropolitan Opera

■ **Mailand** (italienisch Milano), Stadt in der Lombardei, mit 1,3 Mio. Einwohnern die zweitgrößte Stadt Italiens. In Mailand gibt es zwei Universitäten, mehrere Museen (u. a. die Pinacoteca di Brera und die Pinacoteca Ambrosiana mit berühmten Bibliotheken), Theater und eine Oper (die berühmte »Scala«). Mailand ist das bedeutendste Wirtschaftszentrum Italiens und eine bekannte Messestadt. Bemerkenswerte Bauten sind vor allem die Kirche Sant' Ambrogio (altchristliche Anlage, der heutige Bau aus dem 10.–12. Jahrh.) und der gotische Dom aus weißem Marmor (1386 begonnen).
Geschichte: Das antike Mediolanum ist eine keltische Gründung, die 222 v. Chr. von den Römern unterworfen wurde. In Mailand einigten sich 313 Konstantin der Große und Licinius auf das so genannte Toleranzedikt von Mailand, das dem Christentum die Gleichstellung mit den heidnischen Religionen

garantierte. Im 4. Jahrh. kam die Mailänder Kirche unter Bischof Ambrosius zu hohem Ansehen. 961 wurde die Stadt von Otto dem Großen unterworfen. Im 12. Jahrh. übernahm Mailand die Führung des Lombardenbundes und gewann unter der Herrschaft der Visconti zunehmend an Macht. Nach deren Aussterben (1447) stand die Stadt unter der Herrschaft der Sforza (Höhepunkt der Renaissancekultur), dann unter französischer (1499–1525) und spanischer Herrschaft, bis sie 1714 an die österreichischen Habsburger überging. Ab 1859 gehörte Mailand zu Savoyen, mit diesem dann zu Italien.

■ **Mailbox** [me^{i}l...; engl.] *die,* elektronischer »Briefkasten«, in dem Nachrichten (E-Mails) für Benutzer eines Teilnehmersystems, auch in deren Abwesenheit, hinterlegt werden können. Mailboxen sind normalerweise eine spezielle Benutzeradresse; der Zugang ist über Kennwörter gesichert.

■ **Main** *der,* rechter Nebenfluss des Rheins, 524 km lang, davon 384 km schiffbar. Er entsteht südwestlich von Kulmbach aus den Quellflüssen Weißer Main (vom Fichtelgebirge) und Roter Main (von der Fränkischen Alb) und mündet bei Mainz.

■ **Mainz,** Landeshauptstadt von Rheinland-Pfalz, am Rhein, mit 188 500 Einwohnern. Die Stadt ist Sitz einer Universität und bedeutender Museen (Römisch-Germanisches Zentralmuseum, Gutenberg-Museum). Sie besitzt zahlreiche historische Bauten, vor allem den Dom (1239 geweiht) und andere Kirchen, das Kurfürstliche Schloss (17./18. Jahrh.), das barocke ehemalige Deutschordenshaus (jetzt Landtagsgebäude).
Geschichte: Die 13 v. Chr. als römisches Militärlager (Mogontiacum) gegründete Stadt wurde im 3. Jahrh. römische Provinzhauptstadt. 346 wurde erstmals ein Mainzer Bischof genannt. Unter bedeutenden Erzbischöfen (seit dem 8. Jahrh.), zugleich als Kurfürsten (seit dem 13. Jahrh.) Erzkanzler, war sie ein Zentrum des Reiches. 1477 wurde die Universität gegründet (sie bestand bis 1797, 1946 neu gegründet). 1792/93 und 1797–1814 war Mainz französisch.

■ **Mais** [indianisch] *der,* zur Gattung der Süßgräser gehörende, weltweit angebaute Kulturpflanze (Größe bis 2,5 m), deren Wildform aus Mexiko stammt. Die reifen, meist gelblichen Körner der über 100 Zuchtmaissorten werden als Nahrungsmittel, junge Maispflanzen (Grünmais) als Viehfutter verwendet. Außerdem stellt man u. a. Maisstärke, Maisbier und Cornflakes aus Maiskörnern her. Da die Pflanze dem Boden viele Nährstoffe entzieht, ist ihr Anbau ökologisch fragwürdig.

■ **Maische,** ein durch Zermahlen, Zerquetschen und Dämpfen (notfalls unter Zusatz von Wasser) hergestellter Brei aus Weintrauben (Weinkelterei), Früchten (Spirituosenbrennerei) oder getrocknetem Gerstenmalz (Bierbrauerei). Der in der Maische enthaltene Zucker oder die enthaltene Stärke wird zu Alkohol vergoren.

■ **Majdanek,** Stadtteil der polnischen Stadt Lublin (353 300 Einwohner). Hier befand sich während des Zweiten Weltkriegs ein nationalsozialistisches Konzentrations- und Vernichtungslager, in dem mehrere Hunderttausend Menschen umgebracht wurden.

■ **Majorität** [lat.] *die,* Mehrheit; Stimmenmehrheit; Gegensatz: Minorität.

■ **Makedonien** (Mazedonien), historische Landschaft in Südosteuropa. Sie umfasst die nordgriechische Region Makedonien (2,5 Mio. Einwohner; Hauptstadt: Saloniki), den Staat Makedonien und Gebietsteile Südwestbulgariens.

■ **Makedonien** (Mazedonien), Republik in Südosteuropa, auf der Balkanhalbinsel. Die Bevölkerung besteht zu zwei Dritteln aus Makedoniern, einer den Bulgaren verwandten südslawischen Volksgruppe, zu einem Viertel aus Albanern, daneben aus Türken, Serben und Zigeunern; zwei Drittel sind orthodoxe Christen, etwa 25–30 % Muslime. Klimatisch ist das Gebirgsland, ein Binnenstaat, durch Sommertrockenheit gekennzeichnet. Angebaut werden vor allem Weizen, Tabak, Wein und Obst; größte Bedeutung hat der Bergbau.
Geschichte: Das antike Makedonien, das sich

Makedonien
Fläche 25 713 km^2
Einwohner 2,023 Mio.
Hauptstadt Skopje
Amtssprache Makedonisch
Nationalfeiertag 8. 9.
Währung Denar (Den) = 100 Deni
Zeitzone MEZ

Blühender **Mais** und Maiskolben; die Maiskolben werden bis kurz vor der Reife von großen, häutigen Deckblättern eingehüllt

Makedonien

Flagge

Wappen

über die historische Großlandschaft erstreckte, wurde von den Makedonen besiedelt, einem den Griechen verwandten Stamm (nicht identisch mit den heutigen Makedoniern). Unter den Königen Philipp II. (359–336 v. Chr.) und seinem Sohn Alexander dem Großen (336–323 v. Chr.) gelang die Einigung der Griechen unter makedonischer Vorherrschaft. Alexander der Große errichtete von Makedonien aus ein Weltreich, das aber in den Kämpfen der Diadochen wieder zerfiel. Nach der Niederlage im 3. Makedonischen Krieg (172–168 v. Chr.) gegen Rom wurde Makedonien 148 v. Chr. römische Provinz.

Im Mittelalter stand Makedonien unter bulgarischer und byzantinischer, später serbischer Herrschaft. Seit dem 14. Jahrh. war es türkisch. Nach dem 2. Balkankrieg, im Frieden von Bukarest 1913, wurde Makedonien zwischen Serbien, Griechenland und Bulgarien geteilt. 1945/46–91 war Makedonien Teilrepublik Jugoslawiens, 1992 erklärte es seine Unabhängigkeit.

Malawi
Fläche 118 484 km²
Einwohner 10,377 Mio.
Hauptstadt Lilongwe
Amtssprache Englisch
Nationalfeiertag 6. 7.
Währung 1 Malawi-Kwacha (MK) = 100 Tambala (t)
Zeitzone MEZ + 1 Std.

Malawi

Flagge

Wappen

■ **Makler,** ein selbstständig und gewerbsmäßig tätiger Vermittler. Man unterscheidet z. B. Waren-, Immobilien- und Versicherungsmakler. Makler erhalten als Vergütung eine Maklergebühr (Courtage).

■ **makro..., Makro...** [griech.], Bestimmungswort von Zusammensetzungen mit der Bedeutung »lang«, »groß«.

■ **Makrokosmos** →Mikrokosmos.

■ **Málaga,** Hafenstadt und Kurort in Südspanien, am Mittelmeer, mit 549 100 Einwohnern. Bekannt ist die Stadt z. B. durch den Malagawein. – Málaga, eine Gründung der Phöniker, fiel 205 an die Römer, 571 an die Westgoten und 711 an die Araber (Reste der Alcazaba, einer maurischen Burg aus dem 8.–13. Jahrh.). 1487 wurde es spanisch.

■ **Malaien, 1)** in Malaysia übliche Bezeichnung für die hier lebende, völkerkundlich zu den Indonesiern zählende Bevölkerung.
2) früher allgemeine Bezeichnung für →Indonesier.

■ **Malaiische Halbinsel** (Halbinsel Malakka), Halbinsel in Südostasien. Sie ist gebirgig (bis 2 190 m hoch), 1 500 km lang, an der schmalsten Stelle (Isthmus von Kra) nur 40–50 km breit. Der Nordwesten gehört zu Birma, der Nordosten und der mittlere Abschnitt zu Thailand, der Süden zu Malaysia. Von der Insel Sumatra (Indonesien) wird die Malaiische Halbinsel durch die Malakkastraße getrennt, eine an der schmalsten Stelle 67 m breite Meeresstraße.

■ **Malaiischer Archipel,** die Inselwelt zwischen Hinterindien und Neuguinea mit den Großen und Kleinen Sundainseln, den Molukken und den Philippinen.

■ **Malakka** (Halbinsel Malakka), →Malaiische Halbinsel.

■ **Malaria** [italienisch] *die,* eine vor allem in den Tropen und Subtropen vorkommende Infektionskrankheit, die von Plasmodien (Einzellern) verursacht wird. Überträgerin ist eine Stechmücke (Anopheles). Die Erreger vermehren sich in den roten Blutkörperchen, die dann platzen und beim Infizierten einen Fieberschub verursachen. Schätzungsweise 300–500 Mio. Menschen erkranken jährlich an Malaria und zwischen 1,5 und 2,7 Mio. Menschen sterben jährlich an dieser Krankheit. Da eine Impfung nicht möglich ist, sollten Touristen vor einer Reise in gefährdete Gebiete durch Einnahme spezieller Medikamente das Erkrankungsrisiko mindern.

■ **Malawi,** Republik im südlichen Ostafrika, westlich und südlich des Malawisees. Die Bevölkerung, fast ausschließlich Bantuvölker (mehrheitlich Christen), lebt vor allem von der Landwirtschaft. Angebaut werden hauptsächlich Mais, für den Export Tabak, Tee, Zuckerrohr und Erdnüsse.

Geschichte: 1891 wurde Malawi britisches Protektorat, das 1907 den Namen »Njassaland« erhielt. 1964 erlangte es die Unabhängigkeit.

■ **Malawisee** (Njassasee), drittgrößter See in Afrika, mit 30 800 km² mehr als 50-mal so groß wie der Bodensee, bis zu 706 m tief. Er entwässert über den Shire zum Sambesi. Der Nationalpark Malawisee gehört zum Welterbe der UNESCO.

■ **Malaysia,** Bundesstaat in Südostasien. Westmalaysia umfasst den Süden der Malaiischen Halbinsel, Ostmalaysia die beiden Gliedstaaten **Sarawak** und **Sabah** im Norden der Insel Borneo. Die insgesamt 13 Gliedstaaten werden von neun Sultanen und vier Gouverneuren regiert. Staatsoberhaupt ist einer der neun auf fünf Jahre gewählten Sultane. Die mehrheitlich muslimische Bevölkerung besteht vor allem aus Malaien und Chinesen. Über 70 % der Staatsfläche sind immergrüner tropischer Regenwald. Ausfuhrgüter sind vor allem Kautschuk, Palmöl, Pfeffer, Erdöl und Zinn. Die wachsende Industrie fördert die Ansiedlung ausländischer Unternehmen (u. a. Herstellung von Kameras, elektronische Industrie, Kraftfahrzeugmontage).

Geschichte: Malaysia entstand nach dem Zweiten Weltkrieg durch den Zusammenschluss ehemaliger britischer Kolonien und Protektorate.

Malaysia
Fläche 329 758 km²
Einwohner 21,45 Mio.
Hauptstadt Kuala Lumpur
Amtssprache Bahasa Malaysia
Nationalfeiertag 31. 8.
Währung 1 Malaysischer Ringgit (RM) = 100 Sen (c)
Zeitzone MEZ + 6 Std. 30 Minuten

■ **Malediven,** Inselstaat im Indischen Ozean, bestehend aus rund 2000 Koralleninseln (nur 201 sind bewohnt) südwestlich der Südspitze Indiens. Die Hauptstadt Male liegt auf der gleichnamigen Insel. Die Malediver, ein Mischvolk arabisch-indischer und indonesischer Abstammung, sind Muslime. Ausgeführt werden Fisch, Kopra, Kokosnüsse

Malediven
Fläche 298 km²
Einwohner 282 000
Hauptstadt Male
Amtssprache Divehi
Nationalfeiertage 26. 7. und 11. 11.
Währung 1 Rufiyaa (Rf) = 100 Laari (L)
Zeitzone MEZ + 4 Std.

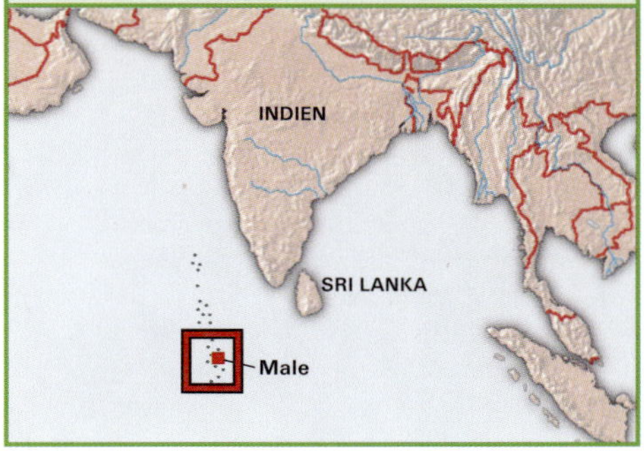

und Textilien. Wichtigster Erwerbszweig ist heute der Fremdenverkehr.

Geschichte: Seit 1645 unter dem Schutz der Niederländer, wurden die Malediven 1887 ein Sultanat unter britischer Schutzherrschaft, 1965 unabhängig, 1968 Republik.

■ **Malerei,** die künstlerische Gestaltung einer Fläche durch das Auftragen von Farbe; sie unterscheidet sich als Gattung der bildenden Kunst einerseits von den dreidimensionalen Künsten Architektur und Plastik, andererseits von Zeichnung und (Druck-)grafik, die wesentlich von der Linie bestimmt sind.

Die wichtigsten Techniken sind Fresko-, Öl-, Acrylmalerei, Aquarell, Gouache, Pastellmalerei. Nach Funktion und Farbträgern unterscheidet man Wand- und Deckenmalerei, Tafel- (oder Leinwandmalerei), Buchmalerei; nach den Motiven: Historien-, Landschafts-, Genremalerei, Bildnis, Stillleben. Die abstrakte (gegenstandslose) Malerei setzt an die Stelle der Abbildung eines Motivs Form und Farbe.

■ **Mali,** Republik im Norden der westlichen Sahara, im →Sahelund in den Flussgebieten des oberen Niger und Senegal. Von der wildreichen Savanne im Süden geht das Land nach Norden in Wüste über. Haupterwerbszweig der Bevölkerung (Sudanvölker, überwiegend Muslime) ist die Landwirtschaft.

Geschichte: Seit dem 12. Jahrh. bestand im westlichen Sudan das Reich Mali, das im 15.–17. Jahrh.

Malediven

Flagge

Wappen

Malaysia

Flagge

Wappen

Mali

Flagge

Wappen

Mali
Fläche 1 240 192 km²
Einwohner 11,832 Mio.
Hauptstadt Bamako
Amtssprache Französisch
Nationalfeiertag 22. 9.
Währung 1 CFA-Franc = 100 Centimes (c)
Zeitzone MEZ – 1 Std.

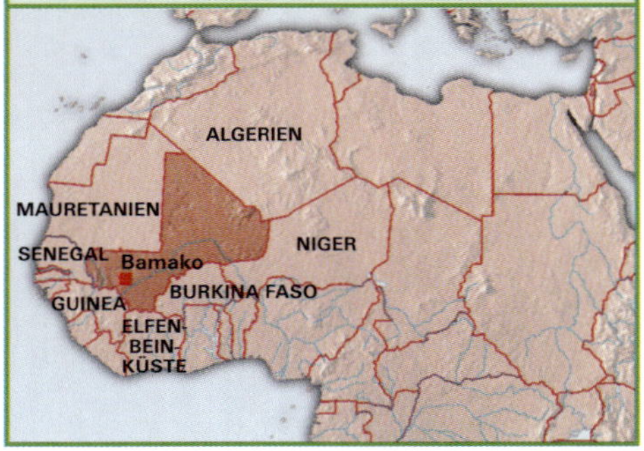

zerfiel. Im späten 19. Jahrh. wurde das Gebiet französische Kolonie. 1960 erlangte Mali die Unabhängigkeit.

■ **Mallorca** [majọrka], größte Insel der spanischen Balearen im Mittelmeer, mit 3 684 km² und 391 000 Einwohnern. Die Hauptstadt ist Palma de Mallorca. Mallorca ist im Inneren ein fruchtbares Hügelland (Anbau von Wein, Oliven und Zitrusfrüchten), das im Nordwesten bis 1 445 m hoch ist. Die Küste ist felsig und buchtenreich. Wichtigster Wirtschaftsfaktor ist der Fremdenverkehr.

Malta

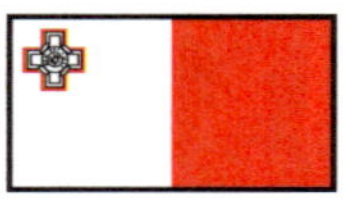

Flagge

Wappen

■ **Mạlta,** Inselstaat im zentralen Mittelmeer, mit den Inseln Malta, Gozo (maltesisch Ghaudex) und Comino. Die Inseln sind Reste einer Landbrücke zwischen Sizilien und Nordafrika. Sie haben buchtenreiche Küsten und sind im Innern stark verkarstet. Große wirtschaftliche Bedeutung besitzt der Fremdenverkehr. Die Malteser, ein mediterranes Mischvolk mit arabischer Sprache (Maltesisch) sind mehrheitlich katholisch.

Geschichte: Malta, seit etwa 5000 v. Chr. besiedelt, war eines der Zentren der Megalithkultur und seit 1000 v. Chr. phönikische Kolonie. Um 400 v. Chr. wurde es karthagisch, 218 v. Chr. römisch, 870 n. Chr. arabisch und 1090 normannisch; später war es Teil des Königreichs Sizilien. Seit 1530 gehörte Malta dem Johanniterorden (Malteser). 1798 wurde es von Napoleon I., 1800 von England erobert, das die Insel zu einem militärischen Stützpunkt ausbaute. Seit 1964 ist Malta unabhängig, seit 1974 eine parlamentarische Republik.

■ **Malteserorden** →Johanniterorden.

■ **Malwinen** →Falklandinseln.

■ **Mạlz,** nach Einlegen in Wasser gekeimtes und getrocknetes Getreide (vor allem Gerste), Ausgangsprodukt für Bier, Branntwein, Nährmittel (Malzextrakt) und Malzkaffee. **Malzbier** ist ein schwach gehopftes, süßes Bier, dem nach der Gärung noch Zucker zugesetzt wird und das weniger als 0,5 Volumenprozent Alkohol enthält.

■ **Mamelucken** [arabisch] (Mamluken), ursprünglich Militärsklaven türkischer, kaukasischer oder slawischer Herkunft, die seit dem 9. Jahrh. einen großen Teil der Heere in islamischen Ländern stellten. In Ägypten und Syrien stiegen sie zur Oberschicht auf und regierten dort bis zur türkischen Eroberung 1517. Auch danach behielten sie ihren Einfluss, bis ihre Führer 1811 einem Massaker zum Opfer fielen.

■ **Mammographie** [lat.-griech.] *die,* Röntgenaufnahme der weiblichen Brust.

■ **Mạmmut** [russisch] *das,* gegen Ende der Eiszeit ausgestorbener, bis 4 m hoher Elefant in den Steppen Eurasiens und Nordamerikas. Er trug ein dichtes, langhaariges Fell und bis fast 5 m lange, gebogene oder eingerollte Stoßzähne. Im Dauerfrostboden Sibiriens wurden vollständig erhaltene Exemplare gefunden.

■ **Mạmmutbaum,** Bezeichnung für immergrüne Nadelbäume aus zwei Gattungen der Sumpfzypressengewächse. Der **Riesenmammutbaum**

Malta
Fläche 316 km²
Einwohner 379 000
Hauptstadt Valletta
Amtssprachen Maltesisch und Englisch
Nationalfeiertag 31. 3.
Währung 1 Maltesische Lira (Lm) = 100 Cents (c) = 1 000 Mils (m)
Zeitzone MEZ

(Sequoiadendron giganteum) wird etwa 100 m hoch (maximal bekannte Höhe 135 m) und 3 000 bis 4 000 Jahre alt. Die Stämme haben einen Durchmesser bis zu 12 m. Er wächst in 1 500–2 500 m Höhe an den Westhängen der Sierra Nevada in Kalifornien. In Deutschland wird er gelegentlich in Wäldern und Parkanlagen angepflanzt.

Der **Küstenmammutbaum** (Sequoia sempervirens) wird etwa 110 m hoch und bis 1500 Jahre alt. Er ist deutlich schlanker als der Riesenmammutbaum; seine Zapfen sind kleiner. Er wächst in den nebelreichen Küstengebirgswäldern in Nordkalifornien und Südwestoregon.

■ **Manager** [mä̦nedsche; engl.] *der,* mit der Führung eines großen Unternehmens beauftragter verantwortlicher Angestellter; im weiteren Sinn auch der geschäftliche Betreuer von Künstlern oder Sportlern; als **Management** bezeichnet man die gesamte Unternehmensleitung.

■ **Manchester** [mä̦ntschiste], Stadt in Mittelengland, östlich von Liverpool, mit 427 700 Einwohnern, nach London das bedeutendste britische Finanz- und Handelszentrum. – Im 18. Jahrh. war hier das Zentrum der englischen Baumwollindustrie. Manchester ist Symbol des britischen Kapitalismus (Manchestertum).

■ **Mạndala** [Sanskrit, = Kreis, Ring] *das,* in den indischen Religionen ein mystisches Kreis- oder Vieleckbild, das den Kosmos, die Götterwelt oder auch psychische Aspekte versinnbildlicht. Es soll zur Meditation anregen.

■ **Mandarịn** [Sanskrit, = Ratgeber] *der,* in Europa übliche Bezeichnung für einen hohen Beamten der chinesischen Kaiserzeit.

■ **Mandarịnenbaum,** eine Art der Zitruspflanzen, ein kleiner Baum oder Strauch mit dornigen Blättern, dessen Heimat Südchina ist. Es gibt mehrere Zuchtformen; danach kann man unterscheiden: die eigentlichen Mandarinen (orangefarben), Tangerinen (mehr rötlich, kernlos), Satsumas (frühreif, samenlos) und Klementinen (vermutlich die Kreuzungsform mehrerer Sorten des Mandarinenbaums; sehr süß, meist kernlos).

■ **Mandạt** [lat., = Auftrag, Weisung] *das,* **1)** *Staatsrecht:* Amt und Auftrag eines Abgeordneten. **2)** *Völkerrecht:* vom Völkerbund oder von den UN erteilte Vollmacht an einen Staat, ein bestimmtes Gebiet (Mandatsgebiet) treuhänderisch (das heißt im Auftrag) zu verwalten.

■ **Mandẹla,** Nelson Rolihlahla, südafrikanischer Politiker und Bürgerrechtler, *Qunu (Transkei) 18. Juli 1918. Mandela, ursprünglich Rechtsanwalt, war einer der Führer des African National Congress

Der **Mammutbaum,** hier ein Riesenmammutbaum, beeindruckt durch gewaltige Dimensionen, die er durch jahrtausendelanges Wachstum erreicht; in Europa wurden die ältesten Exemplare in den 1870er-Jahren angepflanzt

(ANC). Wegen seines Kampfes gegen die →Apartheid war er 1964–90 in Haft und wurde zur Symbolfigur des Widerstands der Schwarzen in Südafrika. Als Präsident des ANC (1991–97) leitete er die Verhandlungen mit der weißen Regierung unter Frederik Willem de Klerk, die zur Bildung einer gemischtrassigen Regierung führten. 1993 erhielt er mit de Klerk den Friedensnobelpreis. 1994–99 amtierte Mandela als erster schwarzer Staatspräsident der Republik Südafrika. – Bild S. 250

■ **Mạndelbaum,** Baum oder Strauch, ein Rosengewächs. Die im Frühjahr vor den Blättern erscheinenden Blüten sind weißrosa.. Die Steinfrüchte **(Mandeln)** bergen jeweils einen Kern, den Samen. Der Mandelbaum wird in wärmeren Gebieten vor allem in zwei Sortengruppen angepflanzt (Süß- und Bittermandel). – Bild S. 250

■ **Mạndeln,** im Rachenbereich liegende Lymphdrüsen, z. B. Gaumenmandeln, Rachenmandeln. Die Mandeln sind Abwehrorgane gegen Krankheitserreger.

■ **Mandolịne** [italienisch] *die,* ein lautenähnli-

Der **Mandarinenbaum** wird bis zu 3 m hoch, hier ein blühender Zweig mit Früchten

ches Zupfinstrument mit bauchigem Schallkasten, kurzem Hals und leicht nach hinten abgeknicktem Wirbelbrett. Die vier Doppelsaiten aus Metall werden mit einem Plektron (Plättchen) angerissen. Sie sind gestimmt wie bei der Geige: g, d^1, a^1, e^2.

■ **Mandschurei** *die,* nordöstlicher Teil Chinas, der die Provinzen Liaoning, Jilin und Heilongjiang umfasst. Der westliche Teil gehört zur Inneren Mongolei. Das große, von Gebirgen umgebene mandschurische Tiefland ist ein bedeutendes Wirtschaftsgebiet Chinas. Auf dem fruchtbaren Lössboden werden vor allem Sojabohnen angebaut, ferner Reis, Mais und Weizen. Die Mandschurei hat reiche Bodenschätze, u. a. Kohle, Erdöl und Eisenerz.
Geschichte: Im 16. und 17. Jahrh. einigten die tungusischen Mandschu, die 1644–1912 auch in China regierten, das Land. 1931 wurde die Mandschurei von Japan erobert, das 1932 den von ihm abhängigen Staat **Mandschukuo** ausrief. Seit 1949 ist die Mandschurei Teil der Volksrepublik China.

Die rosaweißen Blüten des **Mandelbaums** entfalten im Frühling ihre Pracht; zur Reife fallen die Steinkerne aus der geplatzten Fruchthülle heraus

■ **Manet** [manä], Édouard, französischer Maler, *Paris 23. Januar 1832, †ebenda 30. April 1883. Er wurde zum »Vater« des Impressionismus. Seinerzeit schockierend waren die Wahl und die Gestaltung seiner Themen; so zeigt sein berühmtes Bild »Frühstück im Freien« (1863) eine unbekleidete Frau inmitten einer Männergesellschaft in einer damals als nachlässig empfundenen Malweise.

■ **Mangan** [griech.] *das,* ein chemisches Element, ein stahlglänzendes Schwermetall. Das wichtigste in der Natur vorkommende Manganerz ist der Braunstein (Mangandioxid, MnO_2). Die auf den Tiefseeböden der Ozeane entdeckten **Manganknollen,** die auch andere Metalle (Kobalt, Nickel, Kupfer) enthalten, sind zwar die bedeutendsten Manganlagerstätten der Erde, werden aber aus ökonomischen und ökologischen Gründen noch nicht abgebaut. Mangan wird durch Elektrolyse von Mangansulfat ($MnSO_4$) hergestellt und überwiegend bei der Eisen- und Stahlherstellung als Legierungsbestandteil verwendet.
Manganverbindungen spielen eine wichtige Rolle bei der Herstellung von Batterien, Pigmenten sowie in der Trinkwasseraufbereitung und Abwasserreinigung. Mangan ist ein Spurenelement und kommt in allen Zellen vor. Eine wichtige Rolle spielt es in der →Photosynthese, wo es für die Spaltung des Wassers und die Bildung von Sauerstoff verantwortlich ist.

Mangan
chemisches Symbol: Mn
Ordnungszahl: 25
relative Atommasse: 54,94
Dichte: 7,44 g/cm³
Schmelzpunkt: 1 246±3 °C
Siedepunkt: 1 961 °C

1964 zu lebenslänglich Zuchthaus verurteilt und erst 1990, nach 27 Jahren, aus der Haft entlassen, legte **Nelson Mandela** am 10. Mai 1994 als erster schwarzer Präsident Südafrikas den Amtseid ab

■ **Mangrove** [engl.] *die,* Pflanzenbestand im Gezeitenbereich flacher tropischer Küstenzonen. Mangrove besteht aus immergrünen, meist baumartigen Gehölzen, die →Atemwurzeln und Stelzwurzeln aufweisen; mit den Stelzwurzeln sind sie im Boden verankert.

■ **Manhattan** [mänhätᵉn], Stadtteil von →New York.

■ **Manie** [griech.] *die,* Besessenheit, krankhafte Neigung (etwas zu tun).

■ **Manierismus** [frz.] *der,* Kunststil zwischen Renaissance und Barock. Er wurzelt in der Hochrenaissance, zeigt aber wesentlich abweichende Merkmale: Die menschliche Gestalt wirkt oft überlang, in der Haltung gedreht, in den Gesten geziert. Die Maler zeigen Menschen, Gebäude und Landschaften gern aus ungewöhnlichem Blickwinkel, die Farben können emailartig, »unwirklich« leuchten. Zu den führenden Meistern des Manierismus rechnet man u. a. die Maler Tintoretto (1518–94) und El Greco sowie den Bildhauer Giovanni da Bologna (auch Giambologna, 1529–1608), einen seit 1553 in Florenz tätigen Flamen.

■ **Manifest** [lat.] *das,* die Grundsatzerklärung einer politischen Partei oder ein sonstiger programmatischer Aufruf einer politischen oder künstleri-

Eine Studie der Zweideutigkeit: Inmitten eines exakt ausgemalten Stilllebens in einer »Bar in den Folies-Bergerè« – so der Titel dieses Gemäldes – platziert **Édouard Manet** eine klargesichtige Barfrau, die ins Leere schaut, und einen Mann am Rande des Bildes: Sie und Er werden wie die wogende Menschenmenge im Hintergrund in einem Spiegel gezeigt, wobei die von dem dunkelgesichtigen Mann fixierte Frau in dieser Perspektive dem Betrachter den Rücken zuwendet

schen Gruppe, z. B. das →Kommunistische Manifest.

■ **Manịla,** Hauptstadt der Philippinen, auf Luzon, an der Manilabucht, mit 1,66 Mio. Einwohnern (als Hauptstadtregion Metropolitan Manila 9,45 Mio.). Die Stadt besitzt eine vielseitige Industrie und ist der wichtigste Hafen und Verkehrsknotenpunkt der Philippinen. Der älteste Stadtteil, Intramuros, gehört zum Weltkulturerbe der UNESCO.

■ **Maniọk** [indianisch] *der,* eine tropische Kulturpflanze, ein Wolfsmilchgewächs. Der bis 3 m hohe Strauch entwickelt bis 5 kg schwere, bis über 50 cm lange und bis 20 cm dicke Wurzelknollen, aus denen Stärkemehl (Tapioka) gewonnen wird. Um den giftigen Milchsaft zu zerstören, müssen die Knollen vor dem Essen getrocknet oder gekocht werden. Maniok ist ein wichtiges Nahrungsmittel der einheimischen Bevölkerung in Afrika, Südamerika und Westindien.

■ **Manipulatiọn** [lat.] *die,* gezielte Beeinflussung von Menschen ohne deren Wissen und oft gegen deren Willen.

■ **Man, Isle of** [ai̯l ᵊf mǟn; engl.], Insel in der Irischen See, 572 km², mit 72 000 Einwohnern; die Hauptstadt ist Douglas. Die Isle of Man untersteht als Selbstverwaltungsgebiet der britischen Krone.

■ **Ma̲nitu** [indianisch] *der,* eine unter nordamerikanischen Indianern (vor allem Algonkin) verbreitete Bezeichnung für eine allen Dingen und Erscheinungen innewohnende unpersönliche Macht (»Großer Geist«).

■ **Mạnn,** **1)** Heinrich, deutscher Schriftsteller, *Lübeck 27. März 1871, †Santa Monica (Kalifornien) 12. März 1950; Bruder von 2). Er verließ 1933 Deutschland (Berufsverbot durch die Nationalsozialisten) und lebte zunächst in Frankreich, dann in den USA. Sein gesellschaftskritisches Werk umfasst u. a. die Romantrilogie »Das Kaiserreich« (»Der Untertan«, 1914; »Die Armen«, 1917; »Der Kopf«, 1925), den Roman »Professor Unrat« (1905; als »Der blaue Engel« 1930 verfilmt) und historische Romane um den französischen König Heinrich IV. – Bild S. 252

2) Thomas, deutscher Schriftsteller, *Lübeck 6. Juni 1875, †Kilchberg (bei Zürich) 12. August 1955; Bruder von 1). Er lebte nach der Machtergreifung Hitlers vor allem in der Schweiz und in den USA; nach dem Zweiten Weltkrieg kehrte er in die Schweiz zurück. Mann ist einer der bedeutendsten Erzähler des 20. Jahrhunderts. Er erhielt 1929 den Nobelpreis für seinen ersten Roman »Buddenbrooks« (1901), der den Verfall einer Lübecker Kaufmannsfamilie schildert. Die Gegensätze Bürger–Kunst, Leben–Geist werden in seinen frühen Werken immer neu abgewandelt; die späteren Arbeiten sind vorwiegend Kultur- und Zeitanalysen. Zu nennen sind u. a. die Novellen »Tonio Kröger« (1903) und »Der Tod in Venedig« (1912), der Roman »Der Zauberberg« (1924, 2 Bände), die Romantetralogie »Joseph und

Wurzelknollen des **Maniok**

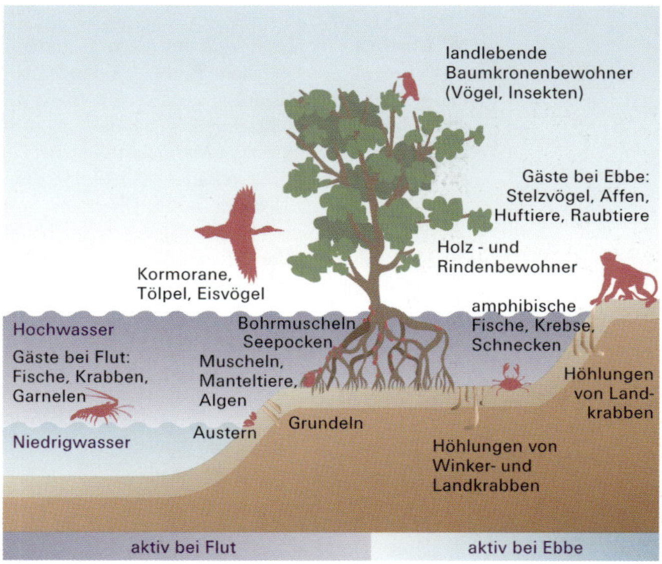

Mangroven beherbergen eine artenreiche Fauna; die Grafik zeigt eine Auswahl der Land- und Meerbewohner, die hier aufeinander treffen

Auf dieser um 1900 aufgenommenen Fotografie steht **Heinrich Mann** vor seinem Bruder **Thomas Mann;** beiden wurde 1933 die deutsche Staatsbürgerschaft aberkannt – Heinrich floh 1940 vor den Nationalsozialisten aus Frankreich in die USA, Thomas wurde 1936 tschechischer Staatsbürger, lebte ab 1939 in den USA und wurde dort 1944 amerikanischer Staatsbürger

seine Brüder« (1933–43) und der Roman »Doktor Faustus« (1947).

■ **Manna** [hebräisch] *das,* im Alten Testament das »vom Himmel gefallene Brot«, das den Israeliten während ihrer Wanderung durch die Wüste als Nahrung diente (wahrscheinlich handelte es sich dabei um den Honigtau der Mannaschildlaus).

■ **Mannheim,** Stadt in Baden-Württemberg, an der Mündung des Neckars in den Oberrhein, mit 308 200 Einwohnern. Mit Ludwigshafen am Rhein ist Mannheim das Handels- und Industriezentrum des Ballungsraums Rhein-Neckar mit einem der bedeutendsten deutschen Binnenhäfen. Das Schloss und die Jesuitenkirche stammen aus dem 18. Jahrhundert.

Mannheim wurde 1606 als Festungsstadt gegründet und nach Zerstörung ab 1698 nach einheitlichem Idealplan (144 »Quadrate« genannte Baublöcke um ein Achsenkreuz) wieder aufgebaut. 1720–78 war die Stadt Residenz der Kurfürsten von der Pfalz.

■ **Manometer** [griech.] *das,* ein Gerät zur Messung von Drücken in Gasen und Flüssigkeiten. – auch →Barometer.

■ **Mantua** (italienischMantova), Stadt in Italien, in der Lombardei, mit 48 700 Einwohnern. Mantua besitzt bedeutende Kirchen- und Palastbauten: Der Palazzo Ducale (um 1300 begonnen) ist einer der größten Paläste Europas. – Die Stadt, wohl eine Gründung der Etrusker, stand 1328–1708 unter der Herrschaft der Gonzaga (seit 1530 Herzogtum).

■ **Manufaktur** [lat.] *die,* Frühform des industriellen Betriebs zur Erzeugung von Massenwaren. Die im Wesentlichen handwerkliche Fertigung (z. B. von Teppichen oder Konsumgütern) ging mit starker Spezialisierung und Arbeitsteilung sowie geringem Einsatz von Maschinen einher. Der Übergang von der Manufaktur zur Industriefabrik in der 1. Hälfte des 19. Jahrh. war fließend.

■ **Maori,** die einheimische polynesische Bevölkerung von Neuseeland, deren Vorfahren Neuseeland um 900 besiedelt haben. Bekannt ist vor allem ihre hoch entwickelte Schnitzkunst.

■ **Mao Zedong** (Mao Tse-tung), chinesischer Politiker, * Shaoshan (Provinz Hunan) 26. Dezember 1893, † Peking 9. September 1976. Mao Zedong beteiligte sich 1921 an der Gründung der Kommunistischen Partei Chinas (KPCh). Ab 1928 war er Führer der kommunistischen Partisanenbewegung in Südchina, erlangte jedoch erst während des »Langen Marsches« 1934/35, quer durch China nach Norden, die Parteiführung. 1945 wurde er Vorsitzender der KPCh. Im Bürgerkrieg (1945–49) vertrieb er Chiang Kai-shek vom Festland und rief 1949 die Volksrepublik →China aus, deren Präsident er 1954–58 war.

1965/66 leitete Mao Zedong die »Kulturrevolution« ein, in der er unter Anwendung gewaltsamer Mittel jeden noch vorhandenen Rest europäischen oder überkommenen chinesischen Denkens als Hinder-

Mannheim

Zwar gibt es eine Reihe deutscher Städte, die nach barocken Idealvorstellungen über geometrischem Grundriss gebaut wurden, doch nur in der Mannheimer Innenstadt verzichtet man auf Straßennamen: Innerhalb einer ringförmigen Wallanlage verlaufen alle Straßen rechtwinklig. Die so festgelegten Häuserblocks (»Quadrate«) tragen Buchstaben und Ziffern. Vom Westflügel des Schlosses ausgehend, werden sie mit A bis K, vom Ostflügel aus mit L bis U bezeichnet. Die Zahl gibt die Entfernung des jeweiligen Quadrats von der Mittelachse des Schlosses an. Die Hausnummern beginnen jeweils an der dem Schloss nächsten Ecke. So ergeben sich unübertroffen kurze Adressen wie L6,1.

nis auf dem Weg zur klassenlosen Gesellschaft zu beseitigen suchte. Um seine Person baute er einen Führerkult als »großer Vorsitzender und Steuermann« auf. Die politische Führung begann jedoch schon vor seinem Tod, diesen Personenkult abzubauen. Eine Auswahl seiner Gedanken und Aussprüche wurde als das »Rote Buch« (»Mao-Bibel«) verbreitet. – auch →Marxismus.

Mao Zedong mit einigen Begleitern während des Bürgerkriegs

■ **Marabu** [arabisch] *der,* eine Gattung bis 1,4 m langer Störche mit drei Arten in Afrika, Indien und Südostasien. Kopf und Hals sind nackt. Der Marabu ernährt sich von Aas und Kleintieren.

■ **Marathonlauf** →Lauf.

■ **Marburg,** Stadt in Hessen, an der oberen Lahn, mit 77 300 Einwohnern. Die Marburger Universität wurde 1527 als erste protestanische Universität gegründet. Die Elisabethkirche ist eine der frühesten gotischen Kirchen in Deutschland (begonnen 1235). Das erhöht liegende Schloss stammt im Wesentlichen aus dem 13.–15. Jahrhundert. – Marburg entstand am Fuße einer 1122 von den Landgrafen von Thüringen errichteten Burg und erhielt 1311/57 Stadtrecht. Es ist bekannt als Wohnsitz und Grabstätte der heiligen Elisabeth.

■ **Marc,** Franz, deutscher Maler und Grafiker, *München 8. Februar 1880, †(gefallen) bei Verdun 4. März 1916; Expressionist, Mitbegründer der Künstlergemeinschaft →Blauer Reiter. Im Mittelpunkt seines Schaffens steht das Tier als Sinnbild des geheimnisvollen Lebens der Natur. Die Bilder Marcs haben leuchtende Farben und zeigen zunehmend facettenartige Elemente.

■ **Märchen,** eine meist kürzere Erzählung, in der die Grenzen zwischen Wirklichkeit und Wunderbarem aufgehoben sind. Geister und Zaubermächte greifen in das Alltagsleben ein. Fast immer siegt das Gute, und das Böse wird bestraft. Man unterscheidet Volks- und Kunstmärchen. **Volksmärchen** sind Erzählungen, die über lange Zeit mündlich überliefert und erst später gesammelt und als Bücher herausgegeben wurden; Verfasser kennt man nicht. Oft gibt es Abwandlungen bei anderen Völkern oder Volksgruppen. Die bedeutendste Sammlung der orientalischen Volksmärchen ist »Tausendundeine Nacht«, die der deutschen Volksmärchen »Kinder- und Hausmärchen« der Brüder Grimm (1812).

Die **Kunstmärchen** knüpfen oft an Volksmärchen an, sind jedoch Dichtungen eines einzelnen Verfassers. Bedeutende Autoren von Kunstmärchen sind der Franzose Charles Perrault (1628–1703), der Däne Hans Christian Andersen, der Engländer Oscar Wilde sowie die Deutschen Clemens Brentano, Wilhelm Hauff, E. T. A. Hoffmann, Eduard Mörike und Ludwig Tieck.

■ **Marco Polo** →Polo, Marco.

■ **Marder,** eine weltweit verbreitete Raubtierfamilie mit rund 70 Arten. Marder sind meist schlank und niedrig gebaut, sie sind etwa 15–150 cm lang. Meist jagen sie Nagetiere. Zu den Mardern gehören u. a. Wiesel, Iltis, Raubmarder, Dachs, Stinktier und Otter. Marder im engeren Sinne sind der Baum- oder Edelmarder und der Steinmarder.

■ **Margarine** [frz.] *die,* streichbares Speisefett, das durch Vermischung von mindestens 80 % Fett (Halbfettmargarine 39–41 %) und höchstens 1 % Milchfett mit Wasser hergestellt wird. Die meist flüssigen pflanzlichen Ausgangsstoffe (z. B. Soja-, Sonnenblumen-, Palmöl) werden vorher gehärtet.

■ **Maria,** die Mutter Jesu Christi, im kirchlichen Sprachgebrauch auch »Mutter Gottes«, »Unsere

Diesem Bild aus dem Jahr 1913 hat **Franz Marc** den Titel »Tierschicksale« gegeben; die Verfassung unserer Mitlebewesen wird mit explodierendem Pinselstrich als ein von Farbe glühender, doch für uns fremd bleibender Teil der Natur dargestellt

Die kahlköpfigen **Marabus** haben einen unter der Kehle hängenden aufblasbaren, kropfartigen Hautsack

Porträt der schottischen Königin **Maria Stuart;** ihr Leben wurde vielfach dargestellt: in Theaterstücken neben Friedrich Schiller unter anderem von dem spanischen Dramatiker Lope de Vega Carpio (1627) und dem amerikanischen Bühnenautor Maxwell Anderson (1933), in der Oper des italienischen Komponisten Gaetano Donizetti (1835) und im Film des amerikanischen Regisseurs John Ford (1936)

Der hier abgebildete siebenpunktige **Marienkäfer** gehört neben dem zweipunktigen zu den bekannten heimischen Arten; er überwintert oft in großer Zahl gemeinsam unter Laub oder an ähnlich geschützten Plätzen; die Larven erkennt man an den rotgelben Warzen

liebe Frau« (frz. »Notre Dame«, italienisch »Madonna«).

Nach *katholischer Lehre* empfing Maria als Jungfrau ihren Sohn durch das Wirken des Heiligen Geistes. Sie wurde als einziger Mensch ohne Erbsünde geboren (»Unbefleckte Empfängnis«) und mit Leib und Seele in den Himmel aufgenommen (»Mariä Himmelfahrt«).

Die *evangelische Lehre* erkennt zwar die besondere Stellung Marias als Mutter Jesu an, sieht jedoch auch in ihr einen der Erlösung bedürftigen Menschen.

■ **Marianen,** Inselgruppe im westlichen Pazifischen Ozean, in Mikronesien, bestehend aus 16 Inseln, die mit Ausnahme der größten Insel Guam (549 km^2, 159 000 Einwohner; Hauptstadt: Agaña), den Staat **Nordmarianen** (457 km^2, 70 000 Einwohner) bilden; die Hauptstadt ist Garapan auf der Insel Saipan. Die Marianen sind teils vulkanischen Ursprungs, teils sind es Koralleninseln. Sie werden im Osten und Süden vom Marianengraben bogenförmig umzogen (im Süden, in der Witjastiefe I, 11 034 m tief).

Geschichte: Die Marianen wurden 1521 von Magalhães entdeckt und waren ab 1565 spanisch. Spanien trat 1898 Guam an die USA ab und verkaufte 1899 die übrigen Inseln an das Deutsche Reich. Diese fielen 1920 als Völkerbundsmandat an Japan, 1947 als UN-Treuhandgebiet an die USA und erhielten 1978 als mit den USA assoziiertes Commonwealth innere Selbstverwaltung. Nach Aufhebung der UN-Treuhandschaft sind die Nordmarianen weitgehend unabhängig.

■ **Maria Stuart** [- stuart, - stju^{e}t], Königin von Schottland (1542–68), *Linlithgow (Schottland) 8. Dezember 1542, †(hingerichtet) Fotheringhay Castle (County Northamptonshire, Mittelengland) 8. Februar 1587. Sie heiratete 1558 den späteren französischen König Franz II. und kehrte nach dessen Tod 1561 nach Schottland zurück, wo sie wegen ihrer Thronansprüche (als Urenkelin Heinrichs VII. galt sie den Katholiken als die rechtmäßige Erbin des englischen Throns) rasch in Gegnerschaft zur englischen Königin Elisabeth I. geriet. Gleichzeitig stand sie als Katholikin im Gegensatz zum protestantischen England. Durch Wirren und Aufruhr im eigenen Land bedrängt, floh sie zu Elisabeth, von der sie jedoch gefangen gesetzt wurde. Da sie in mehrere Verschwörungen gegen Elisabeth verwickelt schien, ließ diese sie nach neunzehnjähriger Haft hinrichten. – Das Schicksal der Königin hat Schiller in seinem Trauerspiel »Maria Stuart« (1800) dargestellt.

■ **Maria Theresia,** Erzherzogin von Österreich, Königin von Böhmen und Ungarn (seit 1740), *Wien 13. Mai 1717, †ebenda 29. November 1780. Als Gemahlin Kaiser Franz' I. wurde sie (fälschlich) als Kaiserin bezeichnet; seit 1740 war sie aufgrund der →Pragmatischen Sanktion Nachfolgerin ihres Vaters, Kaiser Karls VI., in der Gesamtherrschaft des Hauses Österreich. Sie konnte in den ersten beiden Schlesischen Kriegen (1740–45) und im Österreichischen Erbfolgekrieg (1740–48) ihre Thronrechte behaupten, verlor dabei jedoch Schlesien an Preußen (1748). Der Versuch, im Siebenjährigen Krieg (1756–63) das Land zurückzugewinnen, scheiterte trotz einzelner militärischer Erfolge. Im Übrigen widmete Maria Theresia, eine der bedeutendsten Herrschergestalten Österreichs, sich vor allem der Innenpolitik und leitete Reformen auf vielen Gebieten ein (u. a. Verwaltung, Finanzen, Agrarwesen, Heer und Aufbau eines Volksschulwesens).

■ **Marie Antoinette** [...angtoanät], französische Königin, *Wien 2. November 1755, †Paris 16. Oktober 1793; Tochter Kaiser Franz' I. und Maria Theresias, seit 1770 mit dem späteren König Ludwig XVI. von Frankreich verheiratet. Nach dem Ausbruch der Französischen Revolution verhandelte sie mit dem Grafen von Mirabeau über die Rettung der Monarchie und veranlasste den Fluchtversuch der königlichen Familie im Juni 1791. Nach dem Sturm auf die Tuilerien wurde sie 1792 mit Ludwig XVI. inhaftiert und 1793 hingerichtet.

■ **Marienburg** (polnisch Malbork), Stadt in Polen, an der Nogat, mit 40 400 Einwohnern. – Die Marienburg war 1309–1457 Residenz des Hochmeisters des Deutschen Ordens; das 1280 begonnene Ordensschloss (nach 1945 restauriert), eine große, weitläufige Anlage mit Hochschloss, Mittelschloss und Kapellenchor, ist das Wahrzeichen der Stadt.

■ **Marienkäfer** (Herrgottskäfer, Glückskäfer), kleine, meist halbkugelige, gelb bis rot und schwarz gezeichnete Käfer. Die bunten Larven leben auf Blättern und fressen, wie auch die Käfer, Blatt- und Schildläuse, oft bis zu 50 Stück am Tag. Marienkäfer werden daher zur biologischen Schädlingsbekämpfung eingesetzt. Jede Art hat eine festgelegte Zahl von Punkten, die sich im Laufe des Lebens nicht verändern.

Dieses Porträt zeigt die elfjährige **Maria Theresia** mit dem in einem bourdeauxroten Samtsessel liegenden Erzherzogshut, der auf ihre künftige Rolle als Herrscherin hinweist; Maria Theresia ging als tatkräftige Regentin und Mutter von 16 Kindern in die Geschichte ein

■ **Marihuana** [spanisch] *das,* als tabakartiges Gemisch aus den getrockneten Blüten und Blättern der weiblichen Hanfpflanze hergestellte →Droge, die, zu Zigaretten oder Joints gedreht, geraucht wird. Die Wirkungen reichen von intensiven Sinneswahrnehmungen, Entspanntheit und Glücksgefühl bis zu Niedergeschlagenheit, Unruhe und Aggressivität. Der Missbrauch von Marihuana führt zur psychischen Abhängigkeit.

■ **Marine** [lat.] *die,* das See- und Flottenwesen eines Staates. Man unterscheidet zwischen der **Handelsmarine** (dazu gehören die Fahrgast-, Fracht- und Tankschiffe) und der **Kriegsmarine,** die einen Teil der Gesamtstreitkräfte eines Landes bildet.

■ **Marionette** [frz.] *die,* eine an Fäden oder Drähten oder von unten durch Stäbe geführte bewegliche Gliederpuppe als Spielfigur eines Marionettentheaters.

■ **Marius,** Gaius, römischer Konsul und Feldherr, *Cereatae (bei Arpinum, heute Arpino, Latium) 156 v. Chr., †Rom 13. Januar 86 v. Chr. Er beendete 105 v. Chr. siegreich den Krieg gegen Jugurtha von Numidien, besiegte 102 v. Chr. die Teutonen bei Aquae Sextiae (Aix-en-Provence) und 101 v. Chr. die Kimbern bei Vercellae. Er schuf ein Berufsheer. Seit 88 v. Chr. stand Marius im Bürgerkrieg gegen Sulla, in dessen Verlauf er geächtet wurde und nach Afrika floh. 87 v. Chr. kehrte er nach Rom zurück und starb als Konsul.

■ **Mark** *die,* eine seit dem 9./10. Jahrh. in Europa übliche Gewichtseinheit; am bekanntesten wurde die **kölnische Mark** (= 232–235 g, zuletzt – bis 1857 – 233,856 g). Von der Gewichtseinheit ist der Name für verschiedene Münzen, vor allem in Norddeutschland, übernommen worden. In ganz Deutschland wurde die Mark 1871 als Münzeinheit eingeführt. Seit 1948 ist die **Deutsche Mark** (→DM) Währungseinheit in der Bundesrepublik Deutschland; in der DDR bestand die Mark als Währungseinheit bis zur Übernahme der DM im Juli 1990.

■ **Mark** *die,* Grenzland, verwaltet von einem **Markgrafen,** erstmals zur Zeit Karls des Großen in den Randgebieten des Fränkischen Reichs durch die Gründung von wehrhaften Siedlungen angelegt. Wichtige Marken waren z. B. die Spanische Mark südlich der Pyrenäen, die Bayerische Ostmark (später Österreich) und die Nordmark (später Mark Brandenburg).

■ **Mark** *das,* **1)** *Botanik:* der Grundgewebestrang im Zentrum pflanzlicher Sprosse. Es dient als Stoff- und Wasserspeicher.

2) *Zoologie:* bei Tier und Mensch das Gewebe im Innern von Organen (Knochen-, Rücken-, Nebennierenmark).

■ **Mark Aurel** (Marcus Aurelius Antoninus), römischer Kaiser (seit 161), *Rom 26. April 121, †Vindobona (heute Wien) 17. März 180. Die politische

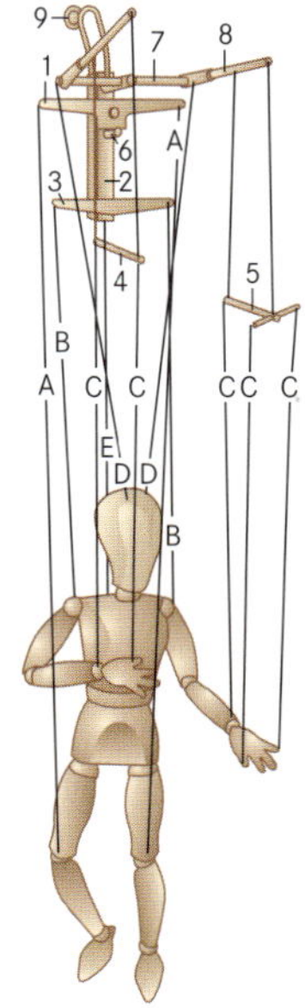

Die Zeichnung demonstriert den Mechanismus einer **Marionette,** die an einer Vorrichtung hängt, die man Führungskreuz nennt: 1 Laufschwinge, 2 Hauptholz, 3 Schulterschwinge, 4 und 5 Handholz für zwei und drei Fäden , 6 Haltebolzen, 7 Kopfholz, 8 verstellbare Handholzhalter, 9 Haken zum Aufhängen; A Lauf-, B Schulter-, C Hand-, D Kopffäden, E Komplementfaden

Die Reiterstatue des römischen Kaisers **Mark Aurel** hat erst der italienische Renaissancemeister Michelangelo auf dem heutigen Kapitolsplatz in Rom aufstellten lassen; das Original steht seit 1990 im Kapitolinischen Museum

Lage des Römischen Reiches zwang ihn zu dauernden Abwehrkämpfen, so 162–166 im Partherkrieg und 166–180 in den Markomannenkriegen. Der hochgebildete Mark Aurel war ein Liebhaber der Literatur; seine in griechischer Sprache geschriebenen, von der stoischen Philosophie geprägten »Selbstbetrachtungen« erregten vor allem in der Renaissance starkes Interesse.

■ **Markomannen,** zu den Sweben gehörender germanischer Stamm, der zu Cäsars Zeit im Maingebiet siedelte. Ihr König Marbod führte die Markomannen um 9 v. Chr. nach Böhmen, wo sie den Kern seines Reiches bildeten. Ab 19 n. Chr. gerieten sie in lose Abhängigkeit von Rom, gegen das sie 166–180 die **Markomannenkriege** führten. Im 3. und 4. Jahrh. überschritten sie die Donau; 433 kamen sie unter die Herrschaft der Hunnen.

■ **Markt** [von lat. mercatus, = Handel], im engeren Sinn der Ort, an dem Güter zum Kauf oder Tausch angeboten werden (auf einem Marktplatz, in einer Markthalle); im weiteren Sinn jedes Zusammentreffen von Angebot und Nachfrage, das dem Handel und Austausch von Gütern, Dienstleistungen, Wertpapieren usw. dient.

■ **Mark Twain** [- tᵘeⁱn], eigentlich Samuel (Langhorne) Clemens, amerikanischer Schriftsteller, *Florida (Missouri) 30. November 1835, †Redding (Connecticut) 21. April 1910. Sein Hauptwerk, der anfangs als Jugendbuch verstandene Roman »Abenteuer und Fahrten des Huckleberry Finn« (1884) und dessen Fortsetzung »Die Abenteuer Tom Sawyers« (1876) zählen zu den hervorragenden Werken der amerikanischen Prosaliteratur am Ende des 19. Jahrhunderts. Autobiografisch beeinflusst ist der Roman »Leben auf dem Mississippi« (1883).

■ **Marktwirtschaft,** Wirtschaftsordnung, in der Art und Umfang der Produktion sowie die Verteilung der Produktionsergebnisse in erster Linie über den Markt (im Sinn von Angebot und Nachfrage) und die dort stattfindende Preisbildung gesteuert werden. Voraussetzungen einer Marktwirtschaft sind Gewerbe- und Vertragsfreiheit, freie Berufs- und Arbeitsplatzwahl, freier Wettbewerb (jeder Unternehmer kann Art und Menge seiner Produkte bestimmen), freie Preisbildung (die Preise richten sich nach Angebot und Nachfrage; ist ein Gut knapp, so ist der Preis entsprechend hoch) und das Fehlen staatlicher Eingriffe in das Wirtschaftsgeschehen. Dies setzt auch das Privateigentum an Produktionsmitteln voraus.

In der Theorie führt dieses Idealmodell der **freien Marktwirtschaft** zum höchsten Wohlstand der Gesellschaft. In der Geschichte hat sich jedoch gezeigt, dass bestimmte staatliche Eingriffe notwendig sind. Schwächen zeigten sich vor allem in der wirtschaftlichen und politischen Machtkonzentra-

Markus

Markus wird meist schreibend mit einem geflügelten Löwen dargestellt. Die abenteuerliche Überführung seiner Gebeine aus dem nordafrikanischen Alexandria nach Venedig, die wohl im 9. Jahrhundert erfolgte, wird mit verschiedenen Wundern in Zusammenhang gebracht. In Venedig wurden die Reliquien in der Kapelle des Dogen aufbewahrt. Spätere Generationen bauten an dieser Stelle dann den Markusdom.

Der geflügelte Löwe wurde zum Hoheitszeichen Venedigs, das bis heute noch an vielen Befestigungsanlagen in Italien und rund um das östliche Mittelmeer zu sehen ist. Der Löwe stützt eine Pranke auf ein offenes Buch mit der Inschrift »Pax tibi Marce Evangelista Meus« – Friede sei mit dir Markus, mein Evangelist. Bezieht sich die Darstellung des Löwen allerdings auf kriegerische Ereignisse, so ist das Buch geschlossen.

Nach Abbruch der Schule versuchte sich der heute weltberühmte Schriftsteller **Mark Twain** nicht nur als Lotse auf einem Mississippidampfer, sondern auch als Goldgräber, Journalist und Verleger; nach Reisen um die ganze Welt, auf denen er auch den Neckar befahren hat, erklärt er im »Tom Sawyer«: »eine meiner Absichten bestand darin, die Erwachsenen freundlich daran zu erinnern, was sie selbst einst gewesen...«

tion durch ungleiche Einkommens- und Vermögensverteilung sowie in der immer wiederkehrenden Massenarbeitslosigkeit.

In der seit 1948 in der Bundesrepublik Deutschland eingeführten **sozialen Marktwirtschaft** kommt dem Staat die Aufgabe zu, sozial unerwünschte Ergebnisse der Marktwirtschaft zu korrigieren, z. B. Einkommensverteilungen zu steuern, Aufgaben zu übernehmen, die die Möglichkeiten der Privatinitiative übersteigen (z. B. Bildung) und den freien Wettbewerb gegen seine Gefährdung durch Kartellbildung zu schützen.

■ **Mạrkus,** einer der vier Evangelisten. Nach christlicher Überlieferung war er Begleiter des Paulus und Verfasser des **Markusevangeliums,** des ältesten der Evangelien.

■ **Mạrmarameer,** Teil des Mittelmeers in der Türkei. Es trennt Europa (Balkanhalbinsel) von Asien (Anatolien). Über den Bosporus ist es im Norden mit dem Schwarzen Meer und über die Dardanellen im Westen mit dem Ägäischen Meer verbunden. Das Marmarameer umfasst 11 500 km^2 und ist bis 1 355 m tief.

■ **Mạrmor** [griech.] *der,* ein kristallines, mehr oder weniger grobkörniges Gestein mit über 50 % Kalkspatgehalt ($CaCO_3$). In reinem kristallinem Zustand ist Marmor schneeweiß (z. B. Carraramarmor). Durch Verunreinigungen kann er sehr verschiedene Färbungen und Musterungen annehmen. Aufgrund seiner geringen Härte ist er leicht zu bearbeiten und wird in der Bildhauerei und im Baugewerbe (Fliesen, Bodenbeläge, Fassadenverkleidung) verwendet.

■ **Marọkko,** Königreich in Nordwestafrika. Die Bevölkerung besteht aus Arabern (20 %), Berbern (36 %) und arabisierten Berbern (40 %); Staatsreligion ist der Islam.

Marokko erstreckt sich von der Mittelmeerküste (Straße von Gibraltar) bis in die nordwestliche Sahara. Die Landwirtschaft bietet als Marktprodukte Apfelsinen und Mandarinen sowie Frühgemüse. Marokko ist einer der größten Korklieferanten und einer der bedeutendsten Exporteure von Sardinenkonserven. Die Industrialisierung des Landes zieht große Teile der Bevölkerung in die Städte (besonders an der Nordwestküste). Marokko ist reich an Bodenschätzen, vor allem Phosphaten (eines der bedeutendsten Phosphatausfuhrländer), Kohle, Mangan, Eisen, Blei, Kobalt, Erdöl und Erdgas. Wichtigste Industrie- und Hafenstadt ist Casablanca am Atlantischen Ozean. Zu einem wichtigen Wirtschaftsfaktor hat sich der Tourismus entwickelt.

Geschichte: In dem von Berberstämmen bewohnten Gebiet gab es phönikische, später karthagische Niederlassungen. Um 40 n. Chr. wurde das Land römische Provinz. Im 5. Jahrh. eroberten es die Wandalen, im 6. Jahrh. das Byzantinische Reich und um

Marokko
Fläche 458 730 km^2
Einwohner 28,012 Mio.
Hauptstadt Rabat
Amtssprache Arabisch
Nationalfeiertage 3. 3. und 14. 8.
Währung 1 Dirham (DH) = 100 Centimes (C)
Zeitzone MEZ – 1 Std.

Marokko

Flagge

Wappen

700 die Araber. Im 15. und 16. Jahrh. gelangten Teile Marokkos an die Portugiesen und Spanier. Frankreich gewann durch geschickte Vertragspolitik zunehmenden Einfluss; 1912 wurde Marokko größtenteils französisches Protektorat. 1956 erklärte es seine Unabhängigkeit. König ist (seit 1999) Mohammed VI. (*1963).

■ **Mạrs,** römisch-italischer Gott des Krieges, aber auch Schützer der Fluren und ihres Wachstums. Er galt als Ahnherr des römischen Volkes. Der Monat März war ihm geweiht. In der griechischen Mythologie entspricht ihm der Gott → Ares.

■ **Mạrs** *der,* von der Sonne her gesehen der vierte Planet des Sonnensystems. Seine Atmosphäre besteht zu 95 % aus Kohlendioxid; Wasserdampf und Sauerstoff gibt es nur in geringen Mengen. Seit 1963 sind zahlreiche amerikanische und sowjetische Raumsonden zum Mars geflogen und haben zahlreiche Fotos und Messdaten zur Erde übermittelt. Sie passierten den Planeten entweder in geringer Entfernung oder schwenkten in eine Umlaufbahn ein. Mehrfach gelang es, eine Landesonde abzusetzen, so 1976 bei den amerikanischen Raumsonden Viking 1 und 2, deren »Lander« Bodenproben entnahmen und analysierten. Dabei gabe es keine Hinweise auf Lebensformen. 1997 landete die Marssonde Pathfinder (»Pfadfinder«) auf dem Mars und setzte dort das automatische Fahrzeug Sojourner (»Besucher«) aus.

■ **Mạrsch** *die* (Marschland, Marschen), Niederung an Flachküsten oder Flussläufen, die durch Verlandung des Watts entstanden ist. Die Marsch besteht aus fruchtbaren Böden (hauptsächlich Ton) und wird durch Deiche vor Überflutung geschützt.

■ **Mạrsch** *der,* Musikstück, das durch seinen gleichmäßigen Rhythmus und meist geraden Takt das Gehen oder Marschieren im Gleichschritt unterstützt. Man unterscheidet verschiedene Formen, z. B. Militärmarsch, Reitermarsch, Trauermarsch.

■ **Mạrschall** [althochdeutsch, = Pferdeknecht] *der,* der Inhaber eines der vier germanischen Hausämter, zuständig für Stallungen und Pferde; später der Quartierbeschaffer für den gesamten Hofstaat (Hofmarschall) und mit dem Aufkommen der Reiterheere der oberste Befehlshaber im Krieg (Feldmarschall). Noch heute ist Marschall in verschiedenen Ländern der höchste militärische Rang.

■ **Marseillaise** [marßäjäs^{e}; frz.] *die,* die französische Nationalhymne; sie wurde erstmals 1792 von einem Freiwilligenbataillon aus Marseille beim Einzug in Paris gesungen.

■ **Marseille** [marßäj], Hafenstadt am Golfe du Lion (Mittelmeer), nahe der Rhonemündung, und bedeutendes Industriezentrum, mit 797 700 Einwohnern die zweitgrößte Stadt Frankreichs. Der Hafen von Marseille ist der drittgrößte Europas. Den Kern bildet der Alte Hafen, um den die Stadt an Kalkhängen ansteigt. Reste eines römischen Theaters und römischer Hafenanlagen sind noch erhalten. Sehenswert sind u. a. das Rathaus aus dem 17. Jahrh., die Kathedrale aus dem 19. Jahrh. (mit romanischen Teilen) und die Basilika Notre-Dame-de-la-Garde (19. Jahrh.). – Marseille wurde um 600 v. Chr. von Griechen gegründet (Massalia).

Die Entsendung von amerikanischen und sowjetischen Raumsonden ermöglichte es, die Oberfläche des **Mars** zu fotografieren und zu karthographieren; das aus zahlreichen Aufnahmen zusammengesetzte Mosaikbild der Marsoberfläche zeigt auf der Nordhalbkugel des Planeten unter anderem ein hier sichtbares ausgedehntes Netz von Becken, Gräben und cañonartigen Tälern, die zum Teil 700 km breit und 6 km tief sind; die rötliche Färbung wird durch eisenhaltigen Staub hervorgerufen, der durch unregelmäßig auftretende Stürme verteilt wird

■ **Marshall** [ma̲^{r}sch^{e}l; engl.] → Sheriff.

■ **Marshallinseln** [ma̲^{r}sch^{e}l...], Republik im westlichen Pazifik. Die Marshallinseln umfassen die gleichnamige, zu Mikronesien zählende Inselgruppe mit zusammen über 1 200 Inseln, die in zwei Atollreihen gegliedert ist, und ein Seegebiet von über 1,3 Mio. km^{2}. Die hauptsächlichen Erwerbsquellen der Bevölkerung (vor allem Mikronesier, überwiegend christlich) sind Kopragewinnung und Fischfang.

Geschichte: Die 1529 von den Spaniern entdeckten Marshallinseln wurden 1885 deutsches Schutz- und 1920 japanisches Mandatsgebiet. 1947 kamen sie unter Treuhandverwaltung der USA, 1990 wurden sie formal unabhängig.

■ **Marshallplan** [ma̲^{r}sch^{e}l...] → Europäisches Wiederaufbauprogramm.

Marshallinseln

Flagge

Wappen

■ **Martinique** [martinịk], französisches Überseedépartement (seit 1946) im Bereich der Westindischen Inseln; es umfasst die gleichnamige Insel, die zu den Kleinen Antillen gehört. Martinique ist 1128 km² groß und hat 411000 Einwohner; Hauptstadt ist Fort-de-France. Wichtigster Erwerbszweig ist der Tourismus; bedeutende landwirtschaftliche Exportprodukte sind Bananen und Zuckerrohr (zur Rumproduktion).

■ **Mạ̈rtyrer** [griech., = Zeuge] *der,* jemand, der eine Idee oder seinen Glauben »bezeugt« und dafür schwere Leiden oder den Tod **(Martyrium)** auf sich nimmt.

■ **Mạrx,** Karl, deutscher Theoretiker des Sozialismus und Begründer des Marxismus, *Trier 5. Mai 1818, †London 14. März 1883. Nach dem Studium der Rechtswissenschaft und Philosophie in Bonn und Berlin, währenddessen er sich u.a. kritisch mit Hegel auseinander gesetzt hatte, wandte er sein Interesse wirtschaftlichen und sozialen Themen zu. Er arbeitete zunächst als Chefredakteur der liberalen »Rheinischen Zeitung« in Köln. 1843 ging er nach Paris, wurde jedoch auf Verlangen der preußischen Regierung ausgewiesen und lebte ab 1845 in Brüssel. Dort setzte er die enge Zusammenarbeit mit Friedrich Engels, die schon in Paris begonnen hatte, fort und verfasste gemeinsam mit dem Freund das »Kommunistische Manifest« (1848). 1848 kehrte Marx nach Köln zurück, wo er die »Neue Rheinische Zeitung« herausgab. Nach deren Verbot lebte er seit 1849 ständig in London, meist unter wirtschaftlichen Schwierigkeiten und unterstützt von Engels. Er arbeitete an theoretischen Schriften und schrieb sein Hauptwerk »Das Kapital« (1. Band 1867; der 2. Band wurde 1885, der 3. Band 1894 von Engels herausgegeben). 1864–66 leitete Marx die von ihm gegründete »Internationale Arbeiterassoziation« (Erste Internationale). – auch →Marxismus. – Bild S. 260

Marshallinseln
Fläche 181 km²
Einwohner 63000
Hauptstadt Dalap-Uliga-Darrit (auf Majuro)
Amtssprachen Marshallesisch und Englisch
Nationalfeiertage 1.5. und 17.9.
Währung 1 US-Dollar (US-$) = 100 Cents (c, ¢)
Zeitzone MEZ +11 Std.

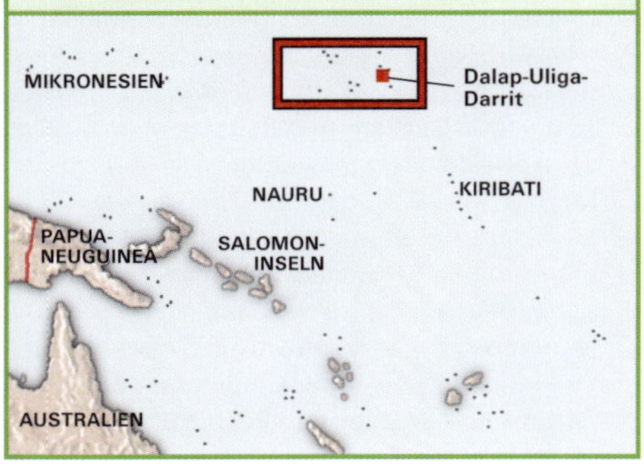

■ **Marxịsmus,** Sammelbezeichnung für die Lehren von Karl →Marx und Friedrich →Engels sowie alle theoretischen und politischen Positionen, die sich bemühen, diese Lehren zu interpretieren, weiterzuentwickeln oder in die Praxis umzusetzen. In Auseinandersetzung mit dem →Materialismus und dem »dialektischen Prinzip« (Entwicklung durch Kampf von Gegensätzen) Hegels entwarf Marx das Konzept einer Gesellschaftsform der Zukunft. Die unüberbrückbaren Gegensätze zwischen den →Klassen und ihr Kampf gegeneinander, der **Klassenkampf,** sind hiernach das eigentliche Entwicklungsgesetz der Menschheitsgeschichte. Mit dem Sieg der unterdrückten Klassen über die jeweils herrschende Klasse in einer Revolution bewege sich die Geschichte von der Urgesellschaft über die Sklavenhaltergesellschaft zum →Feudalismus, der im Industriezeitalter vom →Kapitalismus überwunden wird.

Mit dem Sieg des Proletariats über die Bourgeoisie (Bürgertum), der führenden Klasse des Kapitalismus, beginne die Phase des Sozialismus. Um diesen Sieg zu sichern und damit die Entwicklung zur klassenlosen Gesellschaft (Kommunismus) einzuleiten, müsse das Proletariat übergangsweise eine Diktatur in Staat und Gesellschaft ausüben.

Die wirtschaftlichen Bedingungen bilden nach Marx die Basis, die Grundlage, der Gesellschaft. Recht, Politik, Religion, Philosophie und Kunst bilden den Überbau der Gesellschaft und hängen von der wirtschaftlichen Basis ab. Jeder Mensch verwirkliche sich als Mensch durch Arbeit. Der Lohnarbeiter sei jedoch seiner Arbeit entfremdet, da er nicht Eigentümer der Produktionsmittel und des Produktionsergebnisses sei. Das Eigentum an den Produktionsmitteln konzentriere sich vielmehr auf immer weniger Kapitalbesitzer, während die Zahl der lohnabhängigen Arbeitskräfte immer weiter steige; deshalb verelende das Proletariat zunehmend.

Im Zentrum der marxschen Kritik am Kapitalismus steht die Lehre vom Mehrwert: Der Arbeiter müsse seine Arbeitskraft wie eine Ware verkaufen. Zwischen dem Preis (Lohn), den der Unternehmer ihm für seine Arbeit zahle, und dem Preis (Erlös), den der Unternehmer für Erzeugnisse erziele, die der Arbeiter hergestellt hat, aber entstehe eine Gewinnspanne. Diesen Mehrwert nehme der Kapitalbesitzer für sich als seinen Profit in Anspruch. Die

Das Auftreten einer Ware auf dem Markt ist der Dreh- und Angelpunkt der Theorien von **Karl Marx;** in seinem Hauptwerk »Das Kapital« beschreibt er den Stellenwert des Gebrauchswerts einer Ware – sagen wir eines Buches – zu deren Tauschwert so: »Der Gebrauchswert ist ... nie als unmittelbarer Zweck des Kapitalisten zu behandeln. Auch nicht der einzelne Gewinn, sondern nur die rastlose Bewegung des Gewinnes«.

Enteignung der Kapitalbesitzer und die Überführung ihrer Produktionsmittel in Gemeineigentum sowie der Aufbau einer sozialistischen Gesellschaft durch eine Revolution könnten diese Missstände beseitigen.

Obwohl marxistische Ideen von der sozialdemokratischen und sozialistischen →Arbeiterbewegung der Industriestaaten Westeuropas übernommen wurden, gelang eine solche Revolution nur 1917 in Russland, einem Land, das seinerzeit weit hinter der allgemeinen industriellen Entwicklung in Europa zurückstand und sich daher noch gar nicht in dem nach marxscher Interpretation vorauszusetzenden Stadium des Kapitalismus befand. Diesen russischen Verhältnissen trug →Lenins Deutung und Weiterentwicklung des Marxismus **(Leninismus)** Rechnung: Sie geht davon aus, dass der moderne Kapitalismus durch Monopole und Kartelle sowie durch koloniale Ausbeutung gekennzeichnet ist. Dies garantiere zwar auch der Arbeiterschaft einen höheren Lebensstandard, korrumpiere aber Teile der Arbeiterbewegung und führe zugleich zu Kriegen um Rohstoffe und Anlagemöglichkeiten zwischen den Großmächten sowie zu weltwirtschaftlichen Ungleichgewichten, sodass auch in rückständigen Ländern Revolutionen ausbrechen könnten. An deren Spitze habe nicht das Proletariat, sondern (zunächst) dessen als Partei straff geführte, intellektuelle »Avantgarde« zu treten.

Seit 1924 betrieb →Stalin die Dogmatisierung und autoritäre Durchsetzung (»Sozialismus in einem Land«) der Lehren von Marx, Engels und Lenin, und der **Stalinismus** wurde zum Inbegriff kommunistischer bürokratischer Machtpolitik. Die Kommunistische Partei der Sowjetunion betrachtete die als **Marxismus-Leninismus** bezeichneten Lehren als universell gültigen wissenschaftlichen Sozialismus sowie verbindliche Weltanschauung des Proletariats. Der politische und wirtschaftliche Umbruch in den ehemaligen Ostblockstaaten stellte den Anspruch auf die Realisierung der Ideen des Marxismus-Leninismus infrage.

Eine eigenständige Abwandlung des Marxismus entstand in der Strategie der sozialen Revolution **(Maoismus),** die →Mao Zedong seit den 1920er-Jahren in China, einem unterentwickelten Land ohne nennenswerte Industriearbeiterschaft, entwarf und umzusetzen bestrebt war. Hiernach sollte der Umsturz in einem Guerillakrieg der unterdrückten Bauern herbeigeführt werden, der zu einem »Volkskrieg« ausgeweitet werden sollte. Die Volksmassen unter Führung der Partei verhinderten in der dann zu errichtenden sozialistischen Gesellschaft in ständiger revolutionärer Bereitschaft (permanente Revolution) die Bildung neuer Klassen und Klassengegensätze und trügen die »Weltrevo-

Marzipan

Das Wort Marzipan leitet sich von Markus, dem Namen eines der vier Evangelisten, ab, genauer: von Marci panis, dem Brot des Markus. Die Lübecker, die gern behaupten, sie hätten das Marzipan erfunden, erzählen folgende Geschichte: Als die Hansestadt im 14. Jahrhundert belagert wurde, gab es für die Bevölkerung nur Honig und Mandeln zu essen. Den Bäckern der Stadt kam am 25. April, dem Namenstag des Heiligen Markus, eine Erleuchtung: Marci panis. Ein solches zu Ehren ihres Stadtheiligen immer schon hergestellt zu haben, behaupten auch die Venezianer. Tatsächlich kommt das Zuckerwerk aber aus dem Orient, und es gelangte um das Jahr 800 herum nach Spanien und Portugal.

Maschinengewehr

Mit dem umgangssprachlichen »Nullachtfünfzehn« oder auch »Nullachtfuffzehn« kennzeichnen wir etwas, das ganz alltäglich und gar nicht originell ist. Der Begriff leitet sich von der militärischen Bezeichnung für ein Maschinengewehr ab, das 1908 entwickelt worden ist und technisch verändert ab 1915 die Bezeichnung LMG 08/15 trug. Als geflügeltes Wort kam die Bezeichnung durch den deutschen Schriftsteller Hans Hellmut Kirst (1914–99) in Umlauf. Der 1954 erschienene erste Band seiner Romantrilogie »Die abenteuerliche Revolte des Gefreiten Asch« trägt den Titel »08/15«.

lution« durch Einkreisung der Industrieländer nach außen.

■ **Marzipan** [italienisch] *das,* eine aus Mandeln, Zucker und Aromastoffen hergestellte Süßware.

■ **Märzrevolution,** Bezeichnung für die revolutionären Vorgänge 1848 in den Staaten des Deutschen Bundes, ausgelöst durch die französische Februarrevolution. Den bürgerlichen Forderungen u.a. nach Pressefreiheit und Bauernbefreiung wurde zum Teil nachgegeben. Es wurden liberale Ministerien eingesetzt; die →Frankfurter Nationalversammlung wurde gebildet und eine Verfassung ausgearbeitet. Weiteren Aufständen im September 1848 und im Mai 1849 folgte die militärische Niederschlagung, die Zugeständnisse wurden nach und nach zurückgenommen.

■ **Masai** →Massai.

■ **Maschine** [frz.] *die,* eine mechanische, aus beweglichen Teilen bestehende Vorrichtung, die Kraft oder Energie überträgt und mit deren Hilfe bestimmte Arbeiten unter Einsparung menschlicher Arbeitskraft ausgeführt werden können. Einfache Maschinen sind z.B. Hebel, Flaschenzug und schiefe Ebene.

■ **Maschinengewehr,** Abkürzung **MG,** vollautomatische Handfeuerwaffe mit einer (theoretischen) Feuergeschwindigkeit von bis zu 1 200 Schuss pro Minute.

■ **Maschinenpistole,** Abkürzungen **MP, MPi,** automatische Handfeuerwaffe mit einer (theoretischen) Feuergeschwindigkeit von bis zu 600 Schuss pro Minute.

■ **Maschinensprache,** eine Programmiersprache, die als Anweisungen nur Maschinenbefehle einer bestimmten digitalen Rechenanlage zulässt. Die Befehle müssen als Befehlswörter der Rechenanlage dargestellt sein und alle erforderlichen Angaben entsprechend verschlüsselt (meist binär) enthalten. Die Befehlswörter der Maschinensprache bestehen aus Ziffern zu verschiedenen Grundzahlen (z.B. Dual-, Dezimalziffern). Da die Erstellung eines Maschinenprogramms sehr arbeitsaufwendig und fehleranfällig ist, wurden andere Programmiersprachen entwickelt. Die darin formulierten Programme müssen allerdings von einem →Compiler in Maschinensprache umgewandelt werden.

■ **Maser** [meⁱsᵉr] *der,* Abkürzung für **m**icrowave **a**mplification by **s**timulated **e**mission of **r**adiation [engl., = Mikrowellenverstärkung durch erzwungene Strahlungsausdehnung], Gerät zur Erzeugung und Verstärkung kurzwelliger elektromagnetischer Strahlung (Mikrowellen). Seine Wirkungsweise beruht auf einer besonderen Art der Wechselwirkung zwischen Strahlung und Materie (»Pumpen« in Zustände höherer Energie und stimulierte Emission von Strahlung). Auch Lichtwellen können nach dem Prinzip des Masers verstärkt werden (→Laser).

Die **Märzrevolution** in Berlin wurde ausgelöst, als am 18. März 1848 nach zunächst friedlich verlaufenen Demonstrationen vor dem Berliner Stadtschloss von Soldaten Schüsse abgefeuert wurden, daraufhin kam es zu heftigen Barrikadenkämpfen

■ **Masern,** eine fieberhafte Virusinfektion, die überwiegend im Kindesalter auftritt. Äußere Erkennungszeichen sind kleine weiße Flecken in Höhe der oberen und unteren Backenzähne auf der Mundschleimhaut und ein sich über den ganzen Körper ausbreitender, klein- bis grobfleckiger dunkelroter Ausschlag. Die Masern sind meist mit Bindehautentzündung und Schnupfen verbunden. Gefährlich sind die häufig eintretenden Komplikationen, wie Lungenentzündung, Mittelohrentzündung und Gehirnentzündung. Masern hinterlassen eine lebenslange Immunität. Die Behandlung erfolgt durch Bettruhe im abgedunkelten Zimmer, verstärkte Flüssigkeitsaufnahme sowie durch Antibiotika bei hinzutretenden Infektionen. Durch eine Impfung mit abgeschwächten Erregern nach dem 15. Lebensmonat wird ein leichterer Krankheitsverlauf bewirkt.

In der Baukunst der Gotik kennt man verschiedene Formen des **Maßwerks:** den Dreipass, Vierpass und Sechspass (1-3) sowie den hochgotischen Stil (4) und den Flamboyantstil (5)

■ **Maskulinum** →Substantiv.

■ **Masochismus** *der,* nach dem österreichischen Schriftsteller Leopold Sacher-Masoch (1836–95) benannte sexuelle Orientierungen, bei denen Lust mit bestimmten Formen der bewussten Hingabe an den Sexualpartner verknüpft wird, z. B. körperliche oder psychische Unterwerfung, Erleiden von Schmerz, Duldung von Erniedrigung, Aushalten von Angst oder Wehrlosigkeit. Masochismus kommt bei heterosexuellen Frauen und Männern ebenso vor wie bei Homosexuellen oder Bisexuellen (→Sadismus, →Sadomasochismus).

■ **Massachusetts** [mässᵉtschussets], Bundesstaat im Nordosten der USA (Atlantikküste), 27 337 km², mit 6,147 Mio. Einwohnern; die Hauptstadt ist Boston. Massachusetts gehört zu den Gründerstaaten der USA. Führende Wirtschaftszweige sind Elektrotechnik und Elektronik, ferner Maschinenbau, Nahrungsmittel-, Textil- und Druckindustrie. Der Hightechbereich ist eng mit dem Massachusetts Institute of Technology (MIT) und der Harvard University in Cambridge verbunden.

■ **Massage** [...aschᵉ; frz.] *die,* mechanische Einwirkung auf die Haut und die unter ihr liegenden Gewebe (Muskeln, Bindegewebe) durch verschiedene Handgriffe, z. B. Klopfen, Kneten und Reiben. Massagen werden meist von besonders dafür ausgebildeten Kräften, Masseuren und Masseurinnen, ausgeführt. Zweck der Massage ist eine bessere Durchblutung und die örtliche Freisetzung von körpereigenen Wirkstoffen. Sie wird u. a. bei rheumatischen Erkrankungen, Haltungsschäden und Verletzungsfolgen der verschiedensten Art (z. B. Sportunfälle) angewendet.

■ **Massai** (Masai), Hirtenvolk in Ostafrika, in den Steppen Kenias und Tansanias. Die Massai unterscheiden sich in ihrem großen und schlanken Körperbau stark von den Nachbarvölkern. Sie leben nach wie vor überwiegend als Vollnomaden von der Rinderzucht.

■ **Massaker** [frz.] *das,* Gemetzel, Blutbad, Massenmord.

■ **Masse,** eine physikalische Grundeigenschaft der Materie, die sich auf zweierlei Weise äußert: zum einen als Widerstand, den ein Körper einer Bewegungsänderung (Beschleunigung oder Abbremsung) entgegensetzt **(träge Masse),** zum anderen als Fähigkeit, infolge der allgemeinen →Gravitation einen anderen Körper anzuziehen oder von einem anderen Körper angezogen zu werden **(schwere Masse).** Träge Masse und schwere Masse sind einander gleich.

Die Masse wird gemessen in Kilogramm (kg) oder Gramm (g):

1 kg = 1 000 Gramm (g);
1 g = 1 000 Milligramm (mg).

1 kg ist die Masse des bei Paris aufbewahrten Urkilogramms, eines Körpers aus einer Platin-Iridium-Legierung, dessen Masse ziemlich genau der eines Liters Wasser bei 4 °C entspricht.

In der Atom- und Kernphysik sowie in der Chemie wird als gesetzliche Einheit der Masse neben dem kg die atomare Masseneinheit (Einheitenzeichen: u) verwendet, die als der 12. Teil der Masse eines Atoms des Kohlenstoffisotops ^{12}C definiert ist:

$$1\,u = 1{,}6605402 \cdot 10^{-27}\,kg.$$

■ **Maßeinheiten** →Einheiten.

■ **Massenmedien,** alle Mittel zur umfassenden Verbreitung von Informationen. Dazu gehören u. a. Presse, Hörfunk, Fernsehen, Film, Compact Discs und Bücher. Die verschiedenen Massenmedien vermitteln nicht nur qualitativ verschiedene Inhalte, sie erreichen auch unterschiedliche Bevölkerungsgruppen. Hauptquelle der Information sind Fernsehen und Zeitungen, die in den Industriestaaten nahezu die gesamte Bevölkerung erreichen. In Demokratien wird durch das Recht der Informations-, Meinungs- und Pressefreiheit die Möglichkeit der Information aus allen zugänglichen Quellen garantiert.

■ **massiv** [frz.], ohne Hohlräume, fest.

■ **Maßstab,** bei Landkarten, Bauplänen usw. das Verhältnis zwischen der gezeichneten Strecke und der wirklichen Strecke. Der Maßstab 1 : 100 000 bedeutet, dass eine Strecke von 1 cm auf der Karte einer Strecke von 100 000 cm = 1 km in der Wirklichkeit entspricht.

■ **Maßwerk,** ein Bauornament der Gotik, das mit dem Zirkel konstruiert (»gemessen«) und vor allem für Bogenfelder der Fenster und Arkaden verwendet wurde.

■ **Mastdarm,** der Endabschnitt des Dickdarms bei Säugetieren.

■ **Masturbation** [lat.] *die,* eine sexuelle Handlung, bei der durch manuelle Selbstreizung **(Selbstbefriedigung, Onanie)** oder gegenseitige Stimulierung der Geschlechtsorgane sexuelle Befriedigung erlangt wird. Masturbation wird von Menschen aller Altersstufen, jedoch am häufigsten von Jugendlichen praktiziert. Eine nicht geringe Rolle spielt die gegenseitige Masturbation bei der Homosexualität. Entgegen landläufigen Vorurteilen kommt Masturbation nicht als Ursache körperlicher oder seelischer Schäden infrage. Eine positive Geschlechtserziehung verzichtet völlig auf ein Masturbationsverbot. Sexualwissenschaftler weisen besonders auf die Ventil- und Erprobungsfunktion der Masturbation hin.

■ **Masuren,** Landschaft in Polen, im Süden des ehemaligen Ostpreußen, die durch Endmoränen, die Masurischen Seen und große Kiefernwälder geprägt ist.

■ **Matchball** [mätsch...; engl.] *der,* bei Rückschlagspielen (z. B. beim Tennis) der das Spiel (engl. Match) entscheidende Ball.

■ **Materialismus** [lat.] *der,* philosophische Lehre, nach der alles Wirkliche nur als →Materie interpretiert werden kann oder nur von materiellen Vorgängen ableitbar ist, was auch z. B. für das Denken oder das Bewusstsein gilt (im Unterschied zur Lehre des →Idealismus). Den **dialektischen Materialismus** begründeten Karl Marx und Friedrich Engels mit ihrer Auffassung, die Bewegung der Materie (Natur, Gesellschaft) sei durch den Kampf der Gegensätze bedingt. – auch →Marxismus.

■ **Materie** [lat.] *die,* in der Physik eine Bezeichnung für alles Stoffliche in der Natur, gleich, ob fest, flüssig, gasförmig, oder ob von atomarer oder astronomischer Größenordnung. Die bedeutendste Eigenschaft von Materie ist die →Masse.

■ **Mathematik** [griech.] *die,* die Wissenschaft, die sich mit Zahlen, Größen und Figuren sowie den Beziehungen beschäftigt, die zwischen ihnen bestehen, ergänzt um grundlegende Fragestellungen zur Mengenlehre und mathematischen Logik. Die Mathematik ist in zahlreiche Teilgebiete unterteilt:
Die **Arithmetik** behandelt die Gesetze des Rechnens mit Zahlen (Addition, Subtraktion, Multiplikation, Division). In der **Algebra** werden u. a. Gleichungen untersucht und Wege zu ihrer Auflösung aufgezeigt.
Die **Differenzial-** und **Integralrechnung** (Analysis) untersucht veränderliche Größen (z. B. Steigungen, Kurvenkrümmungen) und damit zusammenhängende Fragen (in der Integralrechnung z. B. die

Mathematik
Klassische Unterteilung:
- Arithmetik
- Geometrie
- Algebra
- Analysis

Spezialdisziplinen:
- Funktionalanalysis
- Kombinatorik
- Mengenlehre
- Optimierung
- Stochastik
- Topologie
- Vektorrechnung

Neuere Gebiete:
- Fraktalgeometrie
- Chaostheorie
- Komplexitätstheorie
- Technomathematik

Mathematik: mathematische Zeichen

=	gleich
≠	ungleich
<	kleiner
>	größer
≦, ≤	kleiner oder gleich
≧, ≥	größer oder gleich
+	plus
−	minus
·, ×	mal
:, /	geteilt durch
$t\|a$	t ist Teiler von a
a^n	n-te Potenz von a
$\sqrt[n]{a}$	n-te Wurzel von a
$\|a\|$	Betrag von a
mengentheoretische Zeichen	
∈	Element von
∉	kein Element von
⊂	Teilmenge
⊄	nicht Teilmenge
∩	Durchschnitt
∪	Vereinigung
\	Minuszeichen für Mengen
$A \times B$	Kreuzprodukt von A und B
∅, { }	leere Menge
ℕ	Menge der natürlichen Zahlen
ℤ	Menge der ganzen Zahlen
ℚ	Menge der rationalen Zahlen
ℝ	Menge der reellen Zahlen
ℂ	Menge der komplexen Zahlen
logische Zeichen	
∧	und
∨	oder
→, ⇒	wenn ..., dann
⇐, ⇔	genau dann, wenn
¬	nicht
∃, ⋁	es existiert
∀, ⋀	für alle
$A := B$	A ist durch B definiert
geometrische Zeichen	
∥	parallel
⊥	senkrecht
~	ähnlich
≅	kongruent
∢	Winkel
$\overline{AB}$	Strecke
$\|\overline{AB}\|$	Streckenlänge
$\overline{AB}$	Halbgerade
AB	Gerade

Henri Matisse beschwört in großflächiger Malweise das Zusammenspiel von Farbe und Raum, von Form und Linie; das hier abgebildete Figurenbild trägt den naheliegenden Titel »Der Tanz«: die Farben Rot, Grün und Blau bestimmen den Zusammenklang der Farbflächen, die den ekstatisch tanzenden Menschen das Schweben in einer geheimnisvoll harmonischen, man kann auch sagen freien Wildheit ermöglichen

Berechnung krummlinig begrenzter Flächen) mithilfe »unendlich kleiner Größen«, der so genannten Differenziale.

Die **Geometrie** untersucht ebene Figuren (Planimetrie) und Körper (Stereometrie). Ein Teilgebiet der Planimetrie ist die Lehre von den Dreiecken (→Trigonometrie).

Weitere wichtige Teilgebiete der Mathematik sind →Mengenlehre, Funktionentheorie, Vektorrechnung, analytische Geometrie und Wahrscheinlichkeitsrechnung.

Alle bisher aufgeführten Teilgebiete der Mathematik fasst man unter der Bezeichnung **reine Mathematik** zusammen. Ihre Erforschung geschieht ohne unmittelbaren Bezug auf ihre praktische Verwendbarkeit.

In der **angewandten Mathematik** werden die Ergebnisse der reinen Mathematik für die Lösung von Aufgaben aus Naturwissenschaft, Technik und Wirtschaft nutzbar gemacht (z. B. Statistik, Informationstheorie, mathematische Methoden der Wirtschaftswissenschaften).

Geschichte: Schon die Babylonier und die Ägypter besaßen erste mathematische Kenntnisse. Der Grieche Euklid fasste die mathematischen Erkenntnisse seiner Zeit zusammen. Von den Indern stammt die Dezimaldarstellung der Zahlen. Im Mittelalter haben vor allem die Araber die Mathematik durch die Weiterentwicklung von Rechentechniken gefördert. Außerdem wurden durch sie die Ergebnisse der babylonischen und griechischen Mathematik nach Europa überliefert.

Um die Wende des 16. zum 17. Jahrh. schuf Galileo Galilei die heutige naturwissenschaftliche Methode unter Verwendung der Mathematik. Im 17. Jahrh. entwickelten Isaac Newton und Gottfried Wilhelm Leibniz unabhängig voneinander die Differenzial- und Integralrechnung. Einen gewaltigen Ausbau erfuhren ihre Entdeckungen durch Leonhard Euler (1707–83). Der bedeutendste Mathematiker im Übergang vom 18. zum 19. Jahrh. war Carl Friedrich Gauß. Die moderne Mathematik versteht sich heute, vor allem unter dem Einfluss der Mengenlehre, als eine Wissenschaft von abstrakten Strukturen. Dabei werden aus Axiomen logische Folgerungen, die mathematischen Sätze, gezogen.

■ **Matinee** [frz.] *die,* künstlerische Veranstaltung am Vormittag.

■ **Matisse** [matiss], Henri, französischer Maler, Bildhauer und Grafiker, *Le Cateau-Cambrésis 31. Dezember 1869, †Cimiez (heute zu Nizza) 3. November 1954. Er schuf vor allem Stillleben und Wandmalereien in reinen, leuchtenden Farben, die das Ornamentale und die Eigenwertigkeit der Farbe betonen. Nach 1900 sammelte sich um Matisse die von den Zeitgenossen »Fauves« (Wilde) genannte Malergruppe, die sich vom Impressionismus abwandte.

Mit seinen schaufelförmigen Vorderpfoten gräbt der **Europäische Maulwurf** in seinem Bau eine richtige Wohnung: ein Nest für die Jungen, eine Vorratskammer und eine Wohnkammer

■ **Matriarchat** [lat., griech.] *das,* eine Gesellschaftsordnung, in der die Frau die bevorzugte Rolle innehat. In der Erbfolge und hinsichtlich der sozialen Stellung ist die weibliche Linie ausschlaggebend. – auch →Patriarchat.

■ **Matrix** [lat.] *die,* in der Mathematik ein rechteckiges Zahlenschema, bei dem die Elemente (meist Zahlen) in *m* waagerechten Zeilen und *n* senkrechten Spalten angeordnet sind.

■ **Matrize** [frz.] *die,* eine Hohlform, mit deren Hilfe man Gegenstände gießen, pressen oder prägen kann. Die Matrize stellt dabei das Negativ des herzustellenden Gegenstandes dar.

■ **Matrose** [niederländisch] *der,* **1)** *allgemein:* Ausbildungsberuf in der Handelsschifffahrt mit dreijähriger Lehrzeit.

2) *Militärwesen:* in Deutschland der unterste Mannschaftsdienstgrad in der Bundesmarine.

■ **Matterhorn** *das* (italienisch Monte Cervino), 4478 m hoher Berg in den Walliser Alpen, an der schweizerisch-italienischen Grenze. Der von Gletschern umgebene Felsgipfel wurde erstmals 1865 (von einer englischen Seilschaft unter der Führung von Edward Whymper) über den Nordostgrat von Zermatt aus bestiegen.

■ **Matthäus,** Apostel, der seit dem 2. Jahrh. als Verfasser des **Matthäusevangeliums** gilt; Heiliger. Der Evangelist wird mit einem Buch, Schwert oder den Attributen des Zöllners dargestellt.

■ **Matthäus,** Lothar, deutscher Fußballspieler, *Erlangen 21. März 1961. Matthäus ist mit 150 Länderspielen (zwischen 1980 und 2000) der Spieler mit den weltweit meisten Länderspieleinsätzen. Höhepunkt seiner Karriere, während der er bei Borussia Mönchengladbach (1979–84), Bayern München (1984–88 und 1992–99) und Inter Mailand (1988–92) spielte, war der Gewinn der Fußballweltmeisterschaft 1990 in Italien. Im gleichen Jahr wurde er u. a. zum Deutschen und Europäischen Fußballer des Jahres sowie zum Weltfußballer des Jahres gewählt.

■ **Matura** → Abitur.

■ **Mauersegler,** ein bis 16 cm langer, rußschwarzer, leicht bläulich schimmernder Segler mit weißlicher Kehle, sichelförmigen Flügeln und kurzem Gabelschwanz. Der Mauersegler fliegt außergewöhnlich schnell (180 km/h).

■ **Maulbeerbaum,** sommergrüne Bäume oder Sträucher in der nördlichen gemäßigten und in der subtropischen Zone. Die Scheinfrüchte sehen brombeerartig aus. Die Blätter des in China heimischen **Weißen Maulbeerbaums** dienen als Nahrung für Seidenraupen. Der in Westasien heimische **Schwarze Maulbeerbaum** liefert schwarzrote, wohlschmeckende Früchte.

■ **Maulesel** → Esel.

■ **Maul- und Klauenseuche,** Abkürzung **MKS**, eine anzeigepflichtige, ansteckende, fieberhafte Viruskrankheit bei Klauentieren (vor allem Rindern). Erkrankte Tiere bekommen einen Blasenausschlag an Maul, Euter und in den Klauenspalten. Auf den Menschen wird die MKS durch das Trinken ungekochter Milch übertragen. Bekämpft wird die Seuche durch Schutzimpfungen. Bricht sie dennoch aus, so werden Sperrmaßnahmen verhängt.

■ **Maulwürfe,** eine Familie der Insektenfresser in Eurasien und Nordamerika. Grabende Formen besitzen kleine Augen und Ohren, ihre Vorderfüße sind zu Grabschaufeln verbreitert. Der **Europäische Maulwurf** wird 14 cm lang. Er legt unterirdische Wohnbaue an, von denen aus zahlreiche Gänge in sein Jagdrevier führen. Er lebt von Regenwürmern und Bodeninsekten. Der Eingang zu seinem Bau ist gekennzeichnet durch einen Maulwurfshügel. Maulwürfe halten keinen Winterschlaf.

■ **Mauren,** die arabisch-berberischen Bewohner Nordwestafrikas; außerdem spanische Bezeichnung für die arabisch-berberischen Muslime, die 711–1492 in weiten Teilen der Iberischen Halbinsel und Nordwestafrikas herrschten.

■ **Mauretanien,** Republik in Nordwestafrika mit überwiegend maurischer (arabisch-berberischer) Bevölkerung, der Islam ist Staatsreligion. Mauretanien reicht bis zum Atlantischen Ozean. Es gehört überwiegend zur westlichen Sahara, der Süden zur Dornsavanne der Sahelzone. Im Tal des Senegalflusses an der Südwestgrenze wird Reis angebaut. In den Oasen wachsen Dattelpalmen. Die Nomaden halten Kamele, Rinder, Schafe und Ziegen. Mauretanien ist nach Südafrika und Liberia der

Mauretanien
Fläche 1 030 700 km²
Einwohner 2,453 Mio.
Hauptstadt Nouakchott
Amtssprache Arabisch
Nationalfeiertag 28. 11.
Währung Ouguiya (UM) = 5 Khoums (KH)
Zeitzone MEZ –1 Std.

Der raublättrige **Schwarze Maulbeerbaum** wächst bei uns meist als Strauch

Mauretanien

Flagge

Wappen

drittgrößte Eisenerzlieferant Afrikas; Eisenerz und Fischereiprodukte sind die wichtigsten Exportgüter.
Geschichte: Im 4. Jahrh. n. Chr. wanderten von Norden her Berber in das heutige Mauretanien ein, das 1061–1147 zum islamischen Almoravidenreich gehörte. Danach blieb Nordmauretanien in loser Abhängigkeit von Marokko, der Süden gehörte zu Mali. 1904 wurde Mauretanien französisches Protektorat, 1920 französische Kolonie, 1958 autonome Republik innerhalb der Französischen Gemeinschaft. Seit 1960 ist Mauretanien unabhängig.

■ **Mauritius,** Inselstaat im Indischen Ozean, östlich von Madagaskar. Der Anbau und die Verarbeitung von Zuckerrohr, das Textilgewerbe und der Tourismus sind die wichtigsten Wirtschaftszweige des Landes. 68 % der Bevölkrung sind indischer Herkunft (rund 50 % Hindu, 30 % Christen, vor allem katholisch).
Bekannt wurde Mauritius durch Briefmarkenfehldrucke im Jahr 1847, von denen nur wenige in den Handel kamen. Die **blaue Mauritius,** eine Zwei-Pence-Marke, von der lediglich zwölf Stück bekannt sind, gehört zu den größten Kostbarkeiten unter den →Briefmarken.
Geschichte: Das schon Arabern und Malaien bekannte Mauritius wurde 1510 erstmals von Europäern besucht. 1598 kam es in niederländischen Besitz, 1715 an Frankreich, 1810 an Großbritannien. Seit 1968 ist es ein unabhängiger Staat im Commonwealth.

Mauritius

Flagge

Wappen

Mauritius
Fläche 2 040 km²
Einwohner 1,154 Mio.
Hauptstadt Port Louis
Amtssprache Englisch
Nationalfeiertag 12. 3.
Währung 1 Mauritius-Rupie (MR) = 100 Cents (c)
Zeitzone MEZ +2 Std.

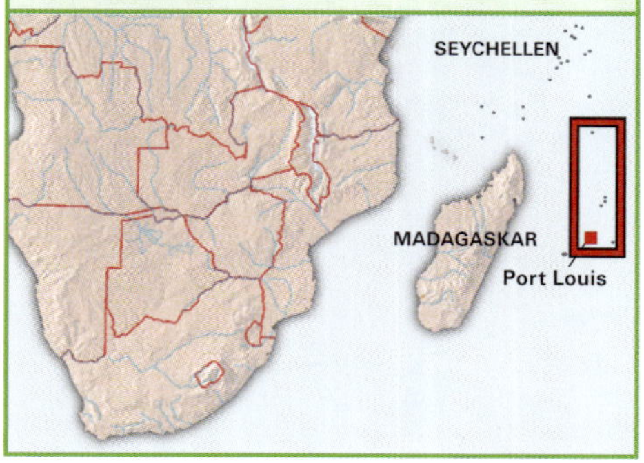

■ **Maus,** in der elektronischen Datenverarbeitung etwa »mausgroßes« Eingabegerät zur Steuerung von Programmabläufen alternativ zur Tastatur. Die mit der Hand auf einer Unterlage ausgeführten Mausbewegungen beeinflussen über eine an der Unterseite angebrachte Rollkugel die Position eines speziellen →Cursors auf dem Bildschirm (z. B. Pfeil, Symbol für eine Hand). Mit an der Oberseite angebrachten Knöpfen können Aktionen ausgelöst werden.

Zu den heimischen **Mäusen** gehört die hier abgebildete Waldmaus

■ **Mäuse,** eine Familie etwa 5–50 cm langer, unauffällig gefärbter Nagetiere mit über 350 Arten in der Alten Welt. Der Schwanz ist kaum behaart und ziemlich lang, die Schnauze ist spitz, die Ohren sind nackt. Einige Arten sind durch den Menschen weltweit verbreitet worden. Mäuse sind überwiegend bodenbewohnende Tiere, die sich vorzugsweise von pflanzlicher Kost ernähren. Zu den einheimischen Arten gehören Wald-, Zwerg- und Hausmaus sowie Haus- und Wanderratte.

■ **Mauser** *die,* der Federwechsel bei Vögeln. Nach der Brutperiode wird das Gefieder vollständig ersetzt (Enten z. B. können dabei flugunfähig sein), vor der Brutperiode wird ein Teil des Gefieders gewechselt (Hochzeitskleid).

■ **Mausoleum** [griech.] *das,* ein monumentaler Grabbau. Die Bezeichnung geht zurück auf das berühmte Grabmal des persischen Statthalters Mausolos (†353 v. Chr.) in Halikarnassos, das zu den →sieben Weltwundern zählte.

■ **Maut** *die,* Zoll, Wegegeld; in Bayern und Österreich eine Gebühr für die Benutzung von Straßen (Mautstraßen) und Brücken.

■ **maximal** [lat.], sehr groß; größt..., höchst...; höchstens.

■ **Maxime** [lat.] *die,* Grundsatz; Lebensregel.

■ **Maximilian I.,** deutscher (»Römischer«) König (seit 1486) und Kaiser (seit 1508), *Wiener Neustadt 22. März 1459, †Wels 12. Januar 1519. Er heiratete 1477 Maria, die Erbin von Burgund, und begründete damit die Macht der Habsburger in den Niederlanden, die er auch nach dem frühen Tod seiner Frau (1482) sichern konnte. Maximilian I. vertrieb die Ungarn aus Österreich und erwarb 1490 Tirol. Nach seiner Heirat mit Bianca Maria Sforza (1493), Tochter des Herzogs von Mailand, versuchte er, die kaiserliche Macht in Italien zu vergrößern. Für seine weit reichenden politischen Pläne benötigte er die Hilfe der Reichsstände und gab deshalb mehreren Reformwünschen seine Zustimmung. So wurde 1495 auf dem Reichstag zu Worms der Ewige Landfriede (Abschaffung des Fehderechts) verkündet und 1512 das Reich in zehn Reichskreise eingeteilt. Als vielseitig gebildeter Anhänger des Humanismus förderte Maximilian I. (»der letzte Ritter«) Kunst und Wissenschaften am Übergang vom Mittelalter zur Neuzeit.

■ **Maximum** [lat.] *das* (Maximalwert), Höchstwert, Höchstmaß; Gegensatz: Minimum.

Karl May als »Old Shatterhand«, der weiße Freund des Apachenhäuptlings Winnetou

■ **Maxwell** [mäksᵘel], James Clerk, britischer Physiker, *Edinburgh 13. Juni 1831, †Cambridge 5. November 1879. Er verfasste bedeutende Arbeiten zur Theorie der Gase und zur Elektrizitätslehre. Die von ihm aufgestellten **maxwellschen Gleichungen** sind die Grundgleichungen der Elektrizitätslehre.

■ **May,** Karl, deutscher Schriftsteller, *Ernstthal (heute zu Hohenstein-Ernstthal) 25. Februar 1842, †Radebeul 30. März 1912. Schauplatz seiner spannenden und fantasiereichen, seine christliche Weltanschauung vermittelnden Abenteuer- und Reiseromane sind vor allem der Nahe Osten und der so genannte Wilde Westen Nordamerikas, die er jedoch erst 1899/99 und 1908 selbst bereiste. Zu seinen Hauptwerken gehören »Durch die Wüste« (1892), »Winnetou« (drei Bände, 1876–93) und »Der Schatz im Silbersee« (1894).

Die aus abstrakten Zeichen bestehende Bilderschrift der **Maya** konnte bis heute nur zum Teil entziffert werden

■ **Maya,** eine Gruppe mittelamerikanischer Indianerstämme (u. a. in Guatemala und Südmexiko). Sie bilden eine Sprachfamilie. Älteste Zeugnisse der Kultur der Maya, die einen Höhepunkt der indianischen Kultur bildet, stammen aus dem 3. Jahrtausend v. Christus. Während der klassischen Zeit (300–900 n. Chr.) war das Gebiet der Maya in einzelne Staaten aufgeteilt; Zentren waren Städte mit Tempeln und Palästen aus Stein. Die Maya kannten bereits eine Bilderschrift und besaßen herausragende Kenntnisse der Astronomie und Mathematik (Kalender). Das letzte Teilreich der Maya wurde 1697 von den Spaniern erobert.

■ **Mayflower** [meⁱflauᵉr] *die,* Name des 23 m langen Segelschiffes, auf dem 1620 die puritanischen →Pilgerväter von England nach Massachusetts segelten.

■ **Mayotte** [majot] (Mahoré), östlichste Insel der Komoren, nordwestlich von Madagaskar, im Indischen Ozean, 375 000 km², mit 131 000 Einwohnern. Mayotte gehört als Collectivité territoriale zu Frankreich; Verwaltungssitz ist Dzaoudzi auf der Nebeninsel Pamanzi Be. Auf Mayotte werden u. a. Vanille, Kaffee und Zuckerrohr angebaut.

James Clerk Maxwell

■ **MAZ,** Abkürzung für die **ma**gnetische Bildauf**z**eichnung, ein Verfahren, mit dem Bildsignale auf einem →Magnetband gespeichert werden.

■ **Mazedonien** →Makedonien (Landschaft und Staat).

■ **Mäzen** [lat.], ein privater Förderer von Kunst, Wissenschaft oder Sport. Die Bezeichnung geht zurück auf den Römer Gaius Maecenas (um 70 bis 8

v. Chr.), der als besonderer Gönner der Dichter Horaz und Vergil auftrat. – auch →Sponsoren.

■ **MdB,** Abkürzung für **M**itglied **d**es **B**undestags.

■ **MdEP,** Abkürzung für **M**itglied **d**es **E**uropäischen **P**arlaments.

■ **MdL,** Abkürzung für **M**itglied **d**es **L**andtags.

■ **Mechanik** [griech] *die,* ein Teilgebiet der Physik, die Lehre von den Kräften, Bewegungen und dem Zusammenhang, der zwischen diesen besteht. Die Mechanik wird unterteilt in Statik, Kinematik und Dynamik. Die Statik untersucht die Gleichgewichtszustände zwischen Kräften. In der Kinematik werden Bewegungsvorgänge beschrieben, ohne dass man sich dabei mit ihren Ursachen befasst. Die Dynamik dagegen untersucht die Wechselwirkung zwischen Kräften und Bewegungen.

■ **Mecklenburg,** ehemaliger Gliedstaat des Deutschen Reiches an der Ostsee, zwischen Schleswig-Holstein, Brandenburg und Pommern. Rund 10% des Landes sind Moor- und Seenflächen, die von Endmoränenzügen umgeben sind. Die **Mecklenburgische Seenplatte** mit Schweriner See, Plauer See, Müritz u. a. ist ein ähnlich beliebtes Erholungs- und Ausflugsgebiet wie die zahlreichen Seebäder an der Ostseeküste.

Geschichte: Nach dem Abzug germanischer Stämme wurde Mecklenburg um 600 n. Chr. von Slawen besiedelt. 1160 gliederte Heinrich der Löwe das Land endgültig dem Reichsverband an. Im 14. Jahrh. wurde Mecklenburg Herzogtum.

1701 wurde das Land in Mecklenburg-Schwerin und Mecklenburg-Strelitz geteilt, die beide 1815 zu Großherzogtümern erhoben wurden. Nach Abdankung der beiden Fürstenhäuser (1918) erhielten die beiden Länder demokratische Verfassungen; als Land Mecklenburg wurden sie 1934 vereinigt, 1945 um Vorpommern und Rügen erweitert. 1952 wurden im Gebiet von Mecklenburg die Bezirke Schwerin, Rostock und Neubrandenburg errichtet, die 1990 im neu geschaffenen Bundesland →Mecklenburg-Vorpommern aufgingen.

■ **Mecklenburg-Vorpommern,** Bundesland der Bundesrepublik Deutschland, 23 170 km², mit 1,795 Mio. Einwohnern. Die Hauptstadt ist Schwerin. An 340 km Außenküste an der Ostsee schließt sich eine fruchtbare Moränenlandschaft mit Weizen- und Zuckerrübenanbau an; die südlich angrenzenden Sanderflächen werden für Roggen und Kartoffeln genutzt. In den Flussniederungen und im Küstenbereich dominiert die Rinderzucht. Die Industrie hat ihren Schwerpunkt im Schiffbau (Werften in Rostock, Wismar und Stralsund), daneben gibt es Metall verarbeitende Industrie und Fischverarbeitung. Die Ostseeküste mit den Halbinseln Darß und Zingst sowie den Inseln Rügen und Usedom ist ein beliebtes Urlaubsgebiet. – Nach der Vereinigung der beiden deutschen Staaten wurde Mecklenburg-Vorpommern 1990 Bundesland. Ministerpräsident ist (seit 1998) der SPD-Politiker Harald Ringstorff (*1939). – auch →Mecklenburg, →Pommern.

■ **Mediatisierung** [lat.] *die,* im Heiligen Römischen Reich die Unterwerfung eines weltlichen Reichsstands, der bis dahin direkt dem Reich unterstand (Reichsunmittelbarkeit), durch einen mächtigeren Reichsstand. Dabei ging der Landbesitz an den mächtigeren Reichsstand über. Zu einer Mediatisierung führte z. B. der →Reichsdeputationshauptschluss.

Dieses Bildnis zeigt den feinsinnigen **Lorenzo de' Medici,** der vor allem durch die Förderung von Kunst und Wissenschaft der Republik Florenz zu einer einmaligen Glanzzeit verhalf

■ **Medici** [meditschi], Familie, die in der mittelalterlichen Stadtrepublik Florenz zu Reichtum und politischem Einfluss gelangte. Die Medici waren zuerst an der Stadtregierung beteiligt, dann faktisch Stadtherren, ab 1531 Herzöge, ab 1569 Großherzöge der Toskana.

Unter Cosimo dem Alten (1389–1464) und Lorenzo dem Prächtigen (1449–1492) erlebte Florenz eine Blütezeit. Die Medici förderten Wissenschaft und Künste und machten Florenz zur bedeutendsten Stadt neben Rom. Das Geschlecht der Medici, dem drei Päpste (Leo X., Clemens VII. und Leo XI.) und zwei Königinnen (Katharina und Maria von Frankreich) entstammten, erlosch 1737.

■ **Medien,** Mittel zur Weitergabe von Informationen, z. B. Fernsehen, Presse, Rundfunk, Buch, Film, aber auch Tafel oder Folie (Unterrichtsmedien). -auch →Massenmedien.

■ **Medina,** Oasenstadt in Saudi-Arabien, nördlich von Mekka, mit 400 000 Einwohnern. Nach Mekka ist Medina der bedeutendste islamische Wallfahrtsort. In der Großen Moschee (707–709 errichtet) befinden sich die Gräber Mohammeds, seiner Tochter Fatima sowie der beiden ersten Kalifen, Abu Bakr und Omar.

■ **Medina** [arabisch, = Stadt] *die,* Bezeichnung für das alte, oft ummauerte Zentrum (Altstadt) nordafrikanischer Städte.

■ **Meditation** [lat., = Nachdenken] *die,* durch entsprechende Übungen angestrebte geistige Sammlung mit dem Ziel, das Wesen der Dinge und des Seins zu erfassen. Die Meditation soll den Menschen zu seinem eigensten inneren Grund führen. Meditationstechniken sind u. a. bestimmte Sitzhaltungen, Körperübungen, Atemkontrolle, Konzentration (z. B. auf Bilder und Texte). Von Bedeutung ist die Meditation besonders in östlichen Kulturen (z. B. im Zen-Buddhismus); einige Formen sind im Rahmen des →New Age neu belebt worden.

■ **mediterran** [lat.], den Mittelmeerraum betreffend.

■ **Medium** [lat., = Mitte] *das,* **1)** *allgemein:* Mittel, vermittelndes Element; Werbeträger.

2) *Okkultismus:* Person, die bei spiritistischen Sitzungen (Séancen) mit »Geistern« in Verbindung tritt (als »Mittelsperson«).

3) *Physik:* Träger eines physikalischen Geschehens. Die meisten Medien sind stofflicher Natur, z. B. Luft als Träger von Schallwellen oder Metalle als Leiter von Strom. Im Gegensatz dazu ist auch das (stofflose) Vakuum ein Medium für die Ausbreitung elektromagnetischer Strahlung und für den Energietransport durch diese.

■ **Medizin** [lat.] *die,* die Wissenschaft vom gesunden und kranken Menschen, die Wissenschaft von den Krankheitsursachen, der Heilung von Krankheiten und der Vorbeugung gegen Krankheiten. – Tabelle S. 271, 272

■ **Medizinmann,** bei Naturvölkern der Zauberpriester, der Krankheiten und böse Geister vertreiben soll.

■ **Medley** [mädli; engl.] →Potpourri.

■ **Medusen** →Quallen.

■ **Meer** (Weltmeer), die zusammenhängende Wassermasse der Erde. Sie bedeckt rund 71 % der Erdoberfläche. Durch die Landmassen (Erdteile) ist das Meer in drei Ozeane gegliedert: Pazifischer Ozean, Atlantischer Ozean und Indischer Ozean. Zu den Nebenmeeren zählt man die Randmeere (z. B. Nordsee, Beringmeer) sowie die Mittelmeere (zwischen den Erdteilen, z. B. Nordpolarmeer, Mittelmeer). Hinzu kommen die innerhalb eines Erdteils gelegenen intrakontinentalen Mittelmeere (z. B. Rotes Meer, Ostsee).

Nach Tiefe und Landferne gliedert man das Meer in Küstenzone, Flachsee (bis 200 m Tiefe) und Tiefsee. Das Bodenrelief des Meeres ist sehr vielfältig, man unterscheidet Kontinentalränder, Tiefseebecken und mittelozeanische Rücken. Letztere bilden ein zusammenhängendes Gebirgssystem von etwa 60 000 km Länge, das sich durch alle Ozeane erstreckt. Der durchschnittliche Salzgehalt des Seewassers liegt bei 34–35 ‰, er schwankt jedoch stark (Persischer Golf 40 ‰, Ostsee 7–10 ‰, Mittelmeer 38 ‰). Die Meeresbewegungen treten als Wellen, Gezeiten und Meeresströmungen auf.

Das Meer stellt einen Ablagerungsraum für verwittertes Gesteinsmaterial (Geröll, Sand, Schlick), abgestorbene Organismen und chemische Ausfällungen (z. B. Manganknollen) dar. Es ist Lebensraum einer artenreichen Pflanzen- und Tierwelt und wird je nach Lebensweise in drei Bereiche gegliedert. Zum **Benthos** gehören alle am Boden festsitzenden oder umherkriechenden Lebewesen (z. B. Muscheln, Seeanemonen, Braun- und Rotalgen), während das **Nekton** die Organismen umfasst, die sich aktiv schwimmend im Wasser bewegen (Kopffüßler, Fische, Robben, Wale). Das **Plankton** ist die Lebensgemeinschaft von Pflanzen und Tieren, die passiv mit der Bewegung des Wassers schweben.

Von alters her wird das Meer von der Fischwirtschaft, als Verkehrsträger (Schifffahrt) und zur Meersalzgewinnung genutzt. Hinzu kommen in neuerer Zeit u. a. die Verwertung von Algen, Salzgewinnung und Gewinnung von mineralischen Rohstoffen. In Schelfgebieten werden Erdöl und Erdgas gefördert. Die Küsten der Meere sind für den Tourismus bedeutend.

Ein zunehmendes Problem ist die Verschmutzung der Meere durch die Einleitung von Stoffen (z. B. »Verklappen«, das heißt Versenken von Abfällen) und Abwärme.

■ **Meeresströmungen,** Transport von Wassermassen (meist der oberflächennahen Schichten) in den Ozeanen. Meeresströmungen entstehen entweder durch Einwirkung stetig wehender Winde wie Monsun und Passat (Driftströme) oder durch Meerwasserunterschiede, die mit der Temperatur und dem Salzgehalt zusammenhängen (Gefäll- oder Gradientströme). Sie werden infolge der Erdumdrehung auf der Nordhalbkugel nach rechts, auf der Südhalbkugel nach links abgelenkt. Warme Meeresströmungen (z. B. der Golfstrom) und kalte Meeresströmungen (z. B. der Labradorstrom) beeinflussen das Klima.

■ **Meerkatzen,** 35–70 cm lange baumbewohnende, langschwänzige Affen mit nacktem Gesicht und Backentaschen. Nackte oder nur wenig behaarte Körperteile sind oft auffallend gefärbt. Sie leben in Gruppen vor allem in Afrika südlich der Sahara.

Meerkatzen haben ein ausgezeichnetes Gehör; auf ihre Hauptfeinde Leopard, Kampfadler und Schlange reagieren sie mit drei verschiedenen Warnrufen, auf die ein unterschiedliches Fluchtverhalten folgt

■ **Meerrettich,** eine ausdauernde Staude aus der Familie der Kreuzblütler mit rübenartigen, bis 4 cm dicken Wurzeln. Sie enthalten Senföle und liefern ein scharfes Küchengewürz.

Den blühenden **Meerrettich** erkennt man an seinen saftig glänzenden Blättern und den weißen, in lockerer Traubenrispe wachsenden Blüten

■ **Meerschweinchen,** eine Nagetierfamilie mit rund 15 Arten in Südamerika mit gedrungenem Körperbau und fast vollständig zurückgebildetem Schwanz. Die bis 20 cm langen und ziemlich kurzbeinigen Hausmeerschweinchen graben Höhlen, sind meist nachtaktiv und ernähren sich von Pflanzen.

■ **Meeting** [miting; engl.] *das,* Treffen; auch Sportveranstaltung in kleinerem Rahmen.

■ **Mega...** [griech.], Vorsatzzeichen **M**, Vorsatz vor Einheiten mit der Bedeutung 1 000 000, z. B. 1 Megatonne (Mt) = 1 000 000 t.
In der Datenverarbeitung gilt:

1 MByte = 2^{20} Byte = 1 048 576 Byte.

■ **Megaphon** [griech.] *das,* ein Schalltrichter zur Verstärkung der menschlichen Stimme. Durch den Trichter werden die Schallwellen gebündelt und haben dadurch eine größere Reichweite. Es gibt auch elektrisch verstärkte Megaphone.

■ **Mehltau,** Bezeichnung für verschiedene durch Mehltaupilze hervorgerufene Pflanzenkrankheiten. Die **Echten Mehltaupilze,** die zu den Schlauchpilzen gehören, überziehen Blätter, Stängel und Früchte mit einem dichten weißen Belag. Das Fadengeflecht der Pilze treibt Saugfäden in die Zellen der Oberhaut der Pflanzen. Besonders gefährlich ist der Apfelmehltau, bei dem die befallenen Pflanzen keine Früchte mehr bilden, und der Echte Rebenmehltau, bei dem Blätter und die Beeren der befallenen Weinstöcke vertrocken.
Die **Falschen Mehltaupilze,** die zu den Algenpilzen gehören, wachsen meist aus den Spaltöffnungen der Blätter heraus, sodass der mehlige Belag vielfach auf die Blattunterseite beschränkt ist. Sie verursachen u. a. den Falschen Rebenmehltau, die gefährlichste Krankheit der Weinrebe. Die Blätter zeigen oberseits gelbgrünliche Flecken und unterseits einen weißen Pilzrasen. Die Weinbeeren werden braun und schrumpfen lederartig ein.

■ **Mehrkampf,** aus mehreren Einzeldisziplinen bestehender sportlicher Wettkampf aus einer Sportart (»reiner Mehrkampf«, z. B. in der Leichtathletik der Siebenkampf für Frauen und der Zehnkampf für Männer) oder aus mehreren Sportarten (»gemischter Mehrkampf«, z. B. der →moderne Fünfkampf).

■ **Mehrwertsteuer** →Umsatzsteuer.

■ **Mehrzahl** →Numerus 2).

■ **Meile** *die,* eine alte Längeneinheit (Wegemaß), mit unterschiedlicher Größe. Die römische Meile entsprach 1489 m. Heute ist die Meile noch in den angelsächsischen Ländern (1 mile = 1,609 km) gebräuchlich, daneben international als **Seemeile** (1,852 km). Früher galt in Deutschland z. B. die geographische Meile (7,420439 km), in Preußen die deutsche Landmeile (7,53248 km).

■ **Meineid** →Eid.

■ **Meinungsforschung** (Demoskopie, Umfrageforschung), ein sozialwissenschaftliches Verfahren, um Aufschlüsse über Meinungen und Lebensverhältnisse der Bevölkerung zu gewinnen. Befragt wird ein relativ kleiner Personenkreis, der für die Gesamtheit repräsentativ erscheint. Die Meinungsforschung wird u. a. eingesetzt zur Erforschung politischer Einstellungen (z. B. Vorhersage

Medizin: Geschichte

um 3000 v. Chr.		rituelle Operationen, Geburtshilfe, Trepanationen, Dämonenbeschwörung
um 2800		»Papyrus Smith«, das älteste Chirurgiebuch, und andere medizinische Papyri
um 2000		»Codex Hammurabi« mit Falldarstellungen und Gebührenordnung
ab 1500		Heilkunde altindischer Veden
seit 5. Jahrh.		Akupunktur als chinesische Diagnose- und Therapiemethode
500	Pythagoras	Lehre von den biologischen und pathologischen Rhythmen
400	Hippokrates	natürliche Begründung der Medizin; Aufbau einer allgemeinen Krankheitslehre
100	Asklepiades	Ausbau der physikalisch-diätetischen Therapie
um Christi Geburt	Aulus Cornelius Celsus	schreibt in seiner Enzyklopädie ein Buch »De medicina«
100 n. Chr.	Soranus Pedanios Dioskurides	Lehrbuch der Geburtshilfe (»Gynaikeia«) Systematik der Pharmakologie (»Materia medica«)
150	Galen	System der Gesamtmedizin
600	Alexander von Tralles, Paulus von Ägina	Systematisierung der byzantinischen Medizin
850	Johannitius Rhazes	Übersetzung griechischer Klassiker in das Arabische erstes System der arabischen Medizin (»Continens«)
1000	Ibn Sina	das Lehrbuch der Scholastik (»Canon medicinae«)
1100	Constantinus Africanus	frühe Übersetzungen aus dem Arabischen an der Schule von Salerno
1150	Hildegard von Bingen	Entwurf einer Natur- und Heilkunde (»Causae et curae«)
1250	Petrus Hispanus Arnaldus von Villanova	Konzept einer naturphilosophisch unterbauten Medizin Ausbau der scholastischen Heilkunde
14. Jahrh.		Einführung der Quarantäne mit dem Auftreten des schwarzen Tods
um 1500	Paracelsus	Entwurf einer umfassenden Heilkunst und Lebenskunde
1543	Andreas Vesalius	Begründung der neuzeitlichen Anatomie (»Fabrica«)
1620	Fabricius Hildanus	Ausbau der neuzeitlichen Chirurgie
1628	William Harvey	Entdeckung des Blutkreislaufs (»De motu cordis«)
1665	Marcello Malpighi	Beschreibung des Kapillarkreislaufs
1700–30	Georg Ernst Stahl, Friedrich Hoffmann, Hermann Boerhaave	Ära der großen Systematiker der medizinischen Aufklärung
um 1750	Albrecht von Haller	systematische Darstellung der Physiologie und Pathologie
1761	Giovanni Battista Morgagni	Begründung der modernen pathologischen Anatomie
1779	Johann Peter Frank	Begründung der Hygiene (»System einer vollständigen medizinischen Polizei«)
1796	Edward Jenner	erste erfolgreiche Impfungen gegen Pocken
	Christoph Wilhelm Hufeland	»Die Kunst das menschliche Leben zu verlängern« (Makrobiotik)
1800	Xavier Bichat	Begründung der allgemeinen Gewebelehre (»Anatomie générale«)
1822	Lorenz Oken	Gründung der Versammlung Deutscher Naturforscher und Ärzte
1838/39	Mathias Jacob Schleiden, Theodor Schwann	Begründung einer Zelllehre
ab 1842		Einführung der modernen Narkoseverfahren
um 1850	Johannes Müller	Begründung der modernen Physiologie

von Wahlergebnissen) und zur Marktforschung (z. B. Beurteilung von Werbemaßnahmen).

■ **Meinungsfreiheit,** in der Bundesrepublik Deutschland durch das Grundgesetz (Artikel 5, Absatz 1) gewährleistetes Recht, sich ohne Zwang und Druck eine eigene Meinung zu bilden und diese in Wort, Schrift und Bild frei zu äußern und zu verbreiten. Die Meinungsfreiheit findet ihre Schranken in den allgemeinen Gesetzen.

■ **Meiose** [griech.] →Zellteilung.

■ **Meisen,** eine Familie 9–20 cm langer Singvögel. Es sind lebhafte Standvögel, die gut in Sträuchern und Bäumen klettern. Ihre Nahrung besteht vorwiegend aus Insekten und Kleintieren. Sie nisten in Höhlen oder in selbst gebauten Nestern. In Mitteleuropa kommen u. a. vor: Blau-, Kohl-, Hauben- und Sumpfmeise.

■ **Meißen,** Stadt an der Elbe in Sachsen, mit 30 300 Einwohnern. Zu den Sehenswürdigkeiten des mittelalterlichen Stadtkerns gehören das spät-

Medizin: Geschichte (Fortsetzung)

1851	Hermann von Helmholtz	Erfindung des Augenspiegels
1858	Rudolf Virchow	Etablierung der modernen Pathologie (»Zellularpathologie«)
1861	Ignaz Semmelweis	Prophylaxe des Kindbettfiebers
1867	Joseph Lister	Einführung der antiseptischen Wundbehandlung
um 1880	Louis Pasteur, Robert Koch	Begründung der Bakteriologie
	Max von Pettenkofer	Ausbau einer naturwissenschaftlich fundierten Hygiene
1882	Paul Ehrlich	Begründung der Immunitätslehre
1894	Emil von Behring	Einführung des Diphtherieheilserums
1895	Conrad Röntgen	Entdeckung der Röntgenstrahlen
um 1900	Sigmund Freud	Begründung der Psychoanalyse
1903	Ferdinand Sauerbruch	Einführung des Druckdifferenzverfahrens bei Thoraxoperationen
ab 1905	Harvey Cushing	Aufbau einer spezialisierten Neurochirurgie
1922		klinischer Einsatz von Insulin
1929	Hans Berger	Nachweis der Aktionsströme des Gehirns (Elektroenzephalographie)
1935	Gerd Domagk	Beginn der Sulfonamidbehandlung bei Infektionen
1941	Alexander Fleming u. a.	Einführung des Penicillins
ab 1950	Ludolf von Krehl, Richard Siebeck, Victor von Weizsäcker	Begründung der psychosomatischen Medizin (Heidelberger Schule)
1955	Jonas E. Salk	Einführung der Schutzimpfung gegen Kinderlähmung in den USA Einführung der Ultraschalldiagnostik (Sonographie)
1967		Entwicklung der Laserchirurgie
	Christiaan N. Barnard	erste Herztransplantation am Menschen
1972	Godfrey N. Hounsfield	Entwicklung der Computertomographie
1975		WHO registriert Ausrottung der Pocken
1978	Patrick C. Steptoe	erste Zeugung eines Kinds durch extrakorporale Befruchtung (»Retortenbaby«)
1982		Einführung der Kernspintomographie
		Humaninsulin wird als erste medizinisch wichtige Substanz gentechnologisch erzeugt
1983	Luc Montagnier und Robert C. Gallo	Entdeckung des Aidserregers
1989		Entdeckung des Gendefekts, der für die Mukoviszidose verantwortlich ist
1991	Stanley B. Prusiner	Entwicklung der Theorie der Prionen als Erreger des Rinderwahnsinns (BSE) und der Creutzfeldt-Jakob-Krankheit
1996		Erfolge bei der Aidsbehandlung durch Kombination verschiedener antiviraler Substanzen

gotische Rathaus und die Frauenkirche aus dem 15. Jahrh., daneben der Dom (13. bis 15. Jahrh.) und die Albrechtsburg (ab 1471) auf dem Burgberg (mit Porzellanmuseum). – Meißen entstand bei der 929 gegründeten Burg Misni und erhielt Ende des 12. Jahrh. Stadtrecht. 1710 wurde hier als erste Porzellanmanufaktur in Europa die **Meißner Porzellanmanufaktur** gegründet (u. a. Zwiebelmuster).

■ **Meister,** Handwerker, der aufgrund einer Meisterprüfung berechtigt ist, einen Handwerksbetrieb selbstständig zu führen und Berufsanfänger auszubilden.

■ **Meistersinger,** bürgerliche Liederdichter und Sänger des Mittelalters (Dichter-Handwerker). Seit dem 15. Jahrh. hatten sie in Singschulen eine zunftmäßige Organisation. Es galt eine feststehende Rangordnung (Schüler, Singer, Dichter, Meister). Zu den wichtigsten Schulen der Meistersinger gehörten Nürnberg, Augsburg, Mainz und Straßburg. Einer der bedeutendsten Meistersinger war Hans →Sachs.

Meitnerium
chemisches Symbol: Mt
Ordnungszahl: 109

■ **Meitnerium** [benannt nach der österreichisch-schwedischen Physikerin Lise Meitner, 1878–1968] *das,* ein künstliches radioaktives chemisches Element aus der Gruppe der →Transurane. Es wurde 1982 in Darmstadt zum ersten Mal hergestellt.

■ **Mekka,** der bedeutendste Wallfahrtsort des Islam, im Westen von Saudi-Arabien gelegen, mit 630 000 Einwohnern. In Mekka, dem kultischen Mittelpunkt des Islam, wurde Mohammed geboren; hier befindet sich die →Kaaba. Jährlich kommen bis zu 1 Mio. Pilger; jeder Muslim soll wenigstens einmal in seinem Leben nach Mekka wallfahren (»Hadsch«).

■ **Mekong** *der,* einer der längsten Flüsse (4 500 km) Asiens und der Hauptfluss Hinterindiens. Er entspringt in China und mündet in Vietnam mit einem breiten Delta (über 70 000 km^2 groß) ins Südchinesische Meer. Seeschiffe können auf dem Mekong bis Phnom Penh fahren (280 km).

■ **Melancholie** [griech.] *die,* Schwermut, Trübsinn. Der **Melancholiker** ist ein zu Traurigkeit und Schwermut neigender Mensch. – auch →Temperament.

■ **Melanchthon,** Philipp, eigentlich P. Schwarzert, deutscher Humanist und Reformator, *Bretten (bei Karlsruhe) 16. Februar 1497, †Wittenberg 19. April 1560. Melanchthon war ab 1519 der engste Mitarbeiter Luthers. Er baute das evangelische Bildungswesen und das Landeskirchensystem auf. Mit dem »Augsburgischen Bekenntnis« (1530) und anderen Veröffentlichungen verfasste er grundlegende Bekenntnisschriften des Protestantismus.

■ **Melanesien,** nordöstlich von Australien gelegene westpazifische Inseln. Dazu gehören u. a. Neuguinea, der Bismarckarchipel, die Salomoninseln, die Neuen Hebriden (Vanuatu), Fidschi und Neukaledonien.

■ **Melanom** [griech.] *das,* ein von den pigmentbildenden Zellen der Haut, seltener der Schleimhaut ausgehender Tumor. Das **maligne Melanom** ist ein hochgradig bösartiger Hautkrebs, der die Pigmentzellen der Oberhaut oder der Lederhaut betrifft. Es tritt in mittlerem bis höherem Lebensalter auf und kann sich im weiteren Verlauf vor allem in Gliedmaßen, Rumpf und Gesicht ansiedeln. Neben der Entstehung auf der vorher unveränderten Haut ist auch ein Ausgang von einem Muttermal oder einem entarteten Leberfleck möglich. Wiederholte Hautschädigungen durch UV-Licht, vor allem schwere Sonnenbrände während der Kindheit, erhöhen das Erkrankungsrisiko erheblich.

■ **Melbourne** [mẹlb^{e}rn], Hauptstadt und Haupthafen des australischen Bundesstaates Victoria; mit 3,2 Mio. Einwohnern zweitgrößte Stadt Australiens; wichtigster Industriestandort von Victoria und ein bedeutendes Geschäftszentrum (u. a. Banken, Börse). Das Stadtbild trägt mit seinen Bauten aus dem späten 18. und 19. Jahrh. ausgeprägt englische Züge.

■ **Melisse** [griech.-lat.] *die,* eine Gattung der Lippenblütler. In Europa kommt nur die **Zitronenmelisse** mit stark nach Zitrone duftenden Blättern und kleinen weißen Blüten vor. Sie wird als Gewürz- und Heilpflanze angebaut.

■ **Melk,** österreichische Stadt an der Donau, mit 5 100 Einwohnern. Bekannt wurde Melk durch das Benediktinerstift, das 1702 bis 1736 als barocke Anlage auf einem 57 m hohen Felsen über der Stadt erstand.

■ **Melodie** [griech.] *die,* eine in sich geschlossene, geordnete Folge von Tönen. Sie hat einen bestimmten Rhythmus und kann gesungen werden.

■ **Melone** [italienisch] *die,* eine saftige, meist kugelige bis ovale Beerenfrucht verschiedener Kürbisgewächse, z. B. die **Wassermelone** mit grüner Schale und rotem saftigem Fruchtfleisch und die kleineren aromatischeren **Zucker-** oder **Honigmelonen.**

Vielfältig ist die Zeichnung der **Meisen;** die mit einer schwarzweiß gesprenkelten Federhaube geschmückte Haubenmeise zeigt ein schwarz eingerahmtes, weißliches Gesicht; bei der weißwangigen Blaumeise dominiert das kobaltblaue Federkleid und die schwarzköpfige Kohlmeise ist mit einer über Kehle und Bauch gezogenen schwarzen »Krawatte« ausstaffiert

■ **Melville** [mälwil], Herman, amerikanischer Schriftsteller, *New York 1. August 1819, †ebenda 28. September 1891. In seinem Roman »Moby Dick oder Der weiße Wal« (1851) schildert Melville mit dem Kampf zwischen Kapitän Ahab und dem Wal symbolhaft die Auflehnung des Menschen gegen Natur und Schicksal.

■ **Membran** [lat.] *die,* **1)** *Biologie:* ein dünnes Häutchen, das u.a. zur Abgrenzung von Organen (z.B. Trommelfell) und von Zellen (Zellmembran) dient. Die Zellmembran spielt als Träger von Enzymen und spezifischen Oberflächenmolekülen und als Trennwand zwischen Lösungen verschiedener Konzentration eine besondere Rolle. Meist sind Zellmembranen für das Lösungsmittel gut durchlässig, für den gelösten Stoff weniger gut (Ionen, kleine Moleküle) bis nicht durchlässig (große Moleküle, z.B. Proteine); dies ist eine Voraussetzung für die →Osmose und für elektrische Phänome an Membranen.

2) *Technik:* ein meist rundes, nur am Rand eingespanntes elastisches Plättchen, das der Übertragung von Druckänderungen dient (z.B. Umwandlung elektrischer in akustische Schwingungen und umgekehrt in Lautsprecher und Mikrofon).

■ **Memel** *die* (litauisch Nemunas, russisch Neman), Fluss in Osteuropa, 937 km lang. Die Memel entspringt südlich von Minsk und mündet ins Kurische Haff.

■ **Memoiren** [memoar^{e}n; frz.], literarische Darstellung von Lebenserinnerungen.

■ **Memorandum** [lat.] *das,* ausführliche (diplomatische) Denkschrift.

Gregor Mendel

■ **Mendel,** Gregor, österreichischer Botaniker, *Heinzendorf (bei Odrau, Nordmährischer Kreis) 22. Juli 1822, †Brünn 6. Januar 1884. Bei Kreuzungsversuchen (vor allem mit Bohnen und Erbsen) entdeckte Mendel, ein Augustinermönch, die nach ihm benannten →mendelschen Regeln.

■ **Mendelevium** *das,* ein künstliches radioaktives chemisches Element aus der Gruppe der →Transurane.

Mendelevium
chemisches Symbol: Md
Ordnungszahl: 101

■ **mendelsche Regeln,** die von Gregor Mendel zuerst erkannten drei Grundregeln, die die Weitergabe der Erbanlagen beschreiben:

1. Uniformitätsregel: Kreuzt man reinerbige (homozygote) Individuen (P-Generation) miteinander, die sich nur in einem einzigen Merkmal bzw. in einem Gen unterscheiden, so sind deren Nachkommen (F_1-Generation) untereinander alle gleich (uniform), das heißt für das betreffende Gen mischerbig (heterozygot). War das Merkmal dominant, bestimmt es die äußere Erscheinung, den Phänotyp. Wenn die Nachkommen der F_1-Generation im Phänotyp zu gleichen Teilen beiden Eltern ähnlich sehen (z.B. Mischfarbe), liegt ein intermediärer Erbgang vor.

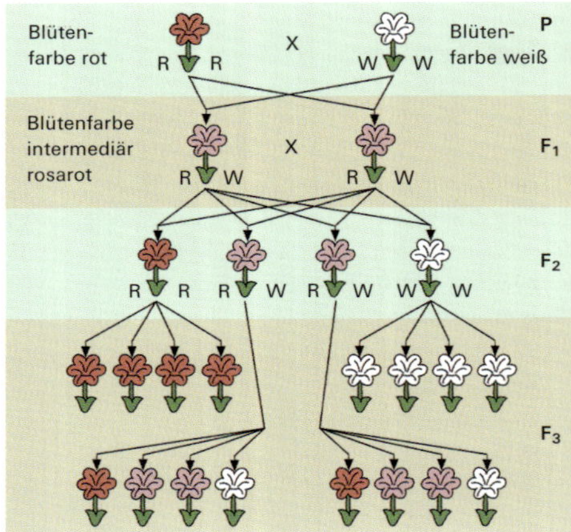

Die Grafik zeigt den Ablauf des in den **mendelschen Regeln** beschriebenen Erbgangs; **P** steht für Elterngeneration, F_1 bis F_3 für die erste, zweite und dritte Tochtergeneration, **R** für die Erbanlage für die rote Blütenfarbe und **W** für die Erbanlage für die weiße Blütenfarbe

2. Spaltungsregel: Werden mischerbige Individuen der F_1-Generation untereinander gekreuzt, so sind ihre Nachkommen (F_2-Generation) nicht alle gleich, sondern es treten neben heterozygoten auch reinerbige Individuen auf. Beim intermediären Erbgang sind 50% reinerbig (je 25% entsprechen den beiden Eltern der Generation P) und 50% mischerbig (entsprechen der F_1-Generation).

3. Gesetz der freien Kombinierbarkeit der Gene: Werden Individuen miteinander gekreuzt, die sich in mehr als einem Gen voneinander unterscheiden, gilt für jedes einzelne Gen- oder Merkmalspaar die Uniformitäts- und die Spaltungsregel. Die freie Kombinierbarkeit gilt jedoch nur für Genpaare, die auf verschiedenen Chromosomen liegen. Die auf den gleichen Chromosomen lokalisierten Gene sind zu so genannten Kopplungsgruppen zusammengefasst, die sich im Kreuzungsexperiment wie ein einziges Gen verhalten.

■ **Mendelssohn Bartholdy,** Felix, deutscher Komponist, *Hamburg 3. Februar 1809, †Leipzig 4. November 1847. Er trat schon mit neun Jahren als Pianist auf und komponierte seit seinem elften Lebensjahr. Seine für die deutsche Hochromantik charakteristische Musik ist durch die Klarheit der Form mit der Tradition der Wiener Klassik verbunden. Er schrieb u. a. Sinfonien, Konzerte (z. B. Violinkonzert e-Moll), Kammermusik, Klavierwerke (»Lieder ohne Worte«), Musik zu Shakespeares Komödie »Ein Sommernachtstraum« sowie die biblischen Oratorien »Paulus« (1836) und »Elias« (1846). Als Dirigent (seit 1835 Leitung der Gewandhauskonzerte in Leipzig) leistete er gleichfalls Bedeutendes (Wiederaufführungen von Werken Johann Sebastian Bachs).

■ **Menelaos,** sagenhafter König von Sparta; die Entführung seiner Gattin Helena durch Paris war der Anlass für den Trojanischen Krieg.

■ **Menetekel** [aramäisch] *das,* geheimnisvolles Anzeichen einer drohenden Gefahr, Warnung. Im Alten Testament (Daniel 5,25-28) wird der babylonische König Belsazar während eines Festmahls durch eine an der Wand erscheinende Geisterschrift gewarnt: »mene, mene, tekel ufarsin« = gezählt (die Tage der Regierung), gewogen und zerteilt (das Reich wird zwischen Medern und Persern geteilt werden).

■ **Mengenlehre,** von Georg Cantor (1845–1918) begründetes Teilgebiet der Mathematik. Eine Menge ist eine Zusammenfassung von bestimmten wohl unterschiedenen Objekten unserer Anschauung oder unseres Denkens zu einem Ganzen, z. B. die Menge der geraden Zahlen, die Menge der Schüler einer Klasse, die Menge der Primzahlen zwischen 10 und 20. Die Objekte einer Menge nennt man ihre Elemente, z. B. ist 11 ein Element der Menge M der Primzahlen zwischen 10 und 20, man schreibt $11 \in M$. Eine Menge ist bestimmt, wenn man weiß, welches ihre Elemente sind. Die Menge der Schüler und die der Schülerinnen einer Klasse sind Teilmengen. Die Kinder aller Schulklassen bilden die Vereinigungsmenge aller Schülerinnen und Schüler einer Schule. Eine Menge kann aber auch unendlich viele Elemente umfassen, wie z. B. die Menge der natürlichen Zahlen $\mathbb{N} = \{1, 2, 3, \ldots\}$. Zwischen den Elementen einer Menge können bestimmte Verknüpfungen definiert sein (z. B. die Addition in $\mathbb{N}$), man spricht dann von einer algebraischen Struktur.

■ **Menhir** [frz.] *der,* aufrecht stehender, bis zu 20 m hoher Stein von kultischer Bedeutung. In Frankreich (z. B. Carnac), Großbritannien, Deutschland und Skandinavien wurden in der späten Jungsteinzeit Menhire einzeln, in Reihen oder Kreisen, zum Teil bei oder auf Gräbern errichtet. – auch →Carnac, →Stonehenge.

■ **Meniskus** [griech.] *der,* eine halbmondförmige Knorpelscheibe im Kniegelenk, die mit einem zweiten Meniskus (innerer und äußerer Meniskus) Stoß und Druck der Gelenkflächen von Oberschenkel und Schienbein abfedern. Durch heftige Drehbewegungen des Oberschenkels bei fest stehendem Unterschenkel und gebeugtem Kniegelenk kann ein Meniskus einklemmen oder reißen. Das Knie schwillt dann an und lässt sich nicht mehr strecken. Bei einem unvollständigen Riss wird das Kniegelenk durch einen Gipsverband ruhig gestellt, bei vollständigem Riß oder Einklemmung wird der Meniskus durch eine Operation entfernt.

■ **Mennoniten,** Mitglieder einer Freikirche, die nach dem friesischen Täufer Menno Simons (1496–1561) benannt wurden. Sie sind aus niederländischen und norddeutschen Täufergruppen hervorgegangen und stehen dem Kalvinismus nahe. Sie lehnen die Kindertaufe, jegliche Gewalt, Wehrdienst, staatl. Zwang in Glaubensfragen, Eid und Ehescheidung ab. Aufgrund ihrer Distanz zum Staat und ihrer pazifistischen Grundhaltung waren die Mennoniten häufig zur Auswanderung gezwungen (Ende des 18. Jahrh. in die Ukraine, Ende des 19. Jahrh. und im 20. Jahrh. nach Nordamerika; →Amische).

■ **Menopause** [griech.] *die,* der Zeitpunkt der letzten von den Eierstöcken gesteuerten Monatsblutung, meist zwischen dem 47. und 52. Lebensjahr der Frau.

■ **Mensa** [lat., = Tisch] *die,* **1)** *allgemein:* Speiseraum für Studierende und Hochschulangehörige. **2)** *christliche Liturgie:* Altar, auch Deckplatte des Altars.

■ **Mensch,** als Unterart Homo sapiens sapiens der Art Homo sapiens das einzige noch lebende Mitglied der Gattung Mensch (Homo), die mit den Halbaffen und Affen zur Ordnung der →Primaten gehört. Charakteristisch für den Menschen sind der aufrechte Gang und der Verlust des tierischen Haarkleids. Durch sein hoch entwickeltes Gehirn und die damit verbundenen Fähigkeiten, zu denken, zu sprechen und seine Umwelt zielgerecht zu verändern, ist der Mensch das höchstentwickelte Lebewesen auf der Erde.

Die menschliche Evolutionslinie geht von menschenaffenähnlichen Formen **(Propliopithecus** und **Aegyptopithecus)** des frühen Oligozäns (seit rund 38 Mio. Jahren) aus. Aus dem unteren Miozän

Am 1. März 1829 sorgte **Felix Mendelssohn Bartholdy** mit der Berliner Singakademie für die erste Wiederaufführung der »Matthäuspassion« seit dem Tod von Johann Sebastian Bach im Jahr 1750; als der Komponist Leiter der Leipziger Gewandhauskonzerte wurde, führte er den Taktstock als Handwerkszeug des Dirgenten ein

(vor 17–25 Mio. Jahren) liegen Reste von **Hominoiden** als gemeinsamen Vorfahren der Hominiden, Menschenaffen und Gibbons vor, unter denen der **Proconsul africanus** durch Funde am besten belegt ist. Erst vor wenigen Jahren wurden die Überreste des **Ardipithecus ramidus** (Alter rund 4,4 Mio. Jahre), des **Australopithecus anamensis** (Alter rund 4,2 Mio. Jahre) und des **Australopithecus bahregazali** (Alter rund 3,4 Mio. Jahre) entdeckt. Alle drei Arten werden als wichtige Zwischenglieder in der Entwicklung zum Menschen angesehen. Gut belegt ist der zuerst 1973 entdeckte **Australopithecus afarensis** (u.a. »Lucy«), der bis vor etwa 2,7 Mio. Jahren nachweisbar ist. Um diese Zeit trat auch der **Australopithecus africanus** auf.

Die Abbildung zeigt das Skelett des heutigen **Menschen** im Vergleich zu dem rekonstruierten kleineren Skelett des 1973 entdeckten frühen Vormenschen »Lucy«; gemessen an den kurzen Beinen sind Lucys Arme mit den schimpansenähnlich gekrümmten Fingerknochen relativ lang, die Form des Beckens hingegen ist annähernd übereinstimmend, was vermuten lässt, dass Lucy aufrecht gehen konnte

Funde von Beckenknochen legen nahe, dass alle Australopithecus-Arten sich aufrecht fortbewegt haben. Ihre Schädel waren noch weitgehend affenähnlich und das Schädelvolumen mit gut 500 cm^3 noch relativ klein. Der **Australopithecus aethiopicus** war ein Vorfahre des **Australopithecus boisei** und des **Australopithecus robustus.** Diese beiden großen Pflanzenfresser starben ohne einen evolutionären Nachfolger vor etwa 1,3 bzw. 1,1 Mio. Jahren aus.

Der vor etwa 2,4 Mio. Jahren erscheinende **Homo habilis** oder der zur gleichen Zeit erstmals belegte **Homo rudolfensis** werden an den Anfang der Entwicklungslinie gestellt, die zum heutigen Menschen geführt hat. Homo rudolfensis wird eher in die Nachfolge des Australopithecus afarensis gestellt, Homo habilis in die Nachfolge des Australopithecus africanus. Beide haben erstmals Steinwerkzeuge hergestellt. Die Entwicklungsstadien im Einzelnen sind strittig, doch besteht kein Zweifel, dass zuerst die zweibeinige Körperhaltung und Fortbewegungsweise erworben wurden. Erst danach kam es zur Entfaltung des Gehirns weit über das bei höheren Affen erreichte Maß hinaus.

Vor etwa 1,8 Mio. Jahren tauchte der **Homo erectus** auf, der schon weitgehend die Körpergestalt des heutigen Menschen hatte. Er war diejenige Art, die sich erstmals über Afrika hinaus nach Asien und Europa ausbreitete. Geschickt im Herstellen von Werkzeugen (Faustkeile, Abschläge), entwickelte er die Fähigkeit, Feuer zu machen sowie größere Tiere zu jagen. Vom früharchaischen Homo erectus ging die Entwicklung über eine spätarchaische Form und einen früharchaischen Homo sapiens zum anatomisch modernen **Homo sapiens,** dessen Schädelbau sich grundsätzlich nicht mehr von dem des heute lebenden Menschen unterscheidet.

Die Frage, ob der heutige Mensch (Homo sapiens sapiens), der in Afrika (Südäthiopien, Südafrika) seit etwa 130 000 Jahren belegt ist, nur in Afrika entstanden ist (»Out-of-Africa«-Theorie) und von hier aus die übrige Erde besiedelt hat (seit 100 000 Jahren

> **Mensch**
>
> Der Mensch verfügt wie kein anderes Säugetier über eine Vielzahl an Fortbewegungsmöglichkeiten. So kann ein junger Erwachsener ohne Training folgende sieben Leistungen erbringen: 25 km an einem Tag gehen, 150 m schnell sprinten, 1 500 m im Dauerlauf zurücklegen, einen hohen Baum erklettern, mit Anlauf über einen 3 m breiten Graben springen, 2 m tief tauchen und 200 m zügig schwimmen.

im Nahen Osten) oder ob er sich auch auf anderen Kontinenten (Europa, Asien) aus Vorgängerformen entwickelt haben könnte, ist noch nicht geklärt.

Der nur in Europa und Vorderasien nachweisbare **Neandertaler** (Homo sapiens neanderthalenis oder Homo neanderthalensis), der nach dem ersten Fundort im Neandertal bei Düsseldorf benannt ist, stellt einen isolierten Seitenzweig der Menschheit dar. Man unterscheidet die seit etwa 130000 Jahren nachweisbaren Praeneandertaler der vorletzten Eiszeit und der letzten Zwischeneiszeit von dem »klassischen« Neandertaler der letzten Eiszeit (seit rund 80000 Jahren). Noch vor seinem allmählichen Verschwinden in der letzten Eiszeit vor etwa 30000 Jahren erscheint vor etwa 40000 Jahren auch in Westeuropa mit dem **Cro-Magnon-Menschen** ein typischer Vertreter des **Homo sapiens sapiens** mit den Kulturzügen der jüngeren Altsteinzeit.

Die Menschenformen, geographisch lokalisierbare Formengruppen des heutigen Menschen, entstanden durch Anpassungen an die verschiedenen Lebensräume und Klimabereiche. Es werden Europide, Mongolide, (aus diesen hervorgegangen Indianide) und Negride unterschieden.

Der menschliche Körper setzt sich sowohl aus anorganischen (etwa 60% Wasser, 5% Mineralstoffe) als auch aus organischen Substanzen (vor allem Eiweiße, Proteine, Kohlenhydrate) zusammen. Gegliedert wird er in Kopf, Rumpf und Gliedmaßen. Er wird durch das →Skelett gestützt. Dieses ist von (über 600) →Muskeln umgeben, die, zusammen mit den →Gelenken, die Bewegungen ermöglichen. Den äußeren Abschluss und Schutz bildet die →Haut. Die Eingeweide haben unterschiedliche Aufgaben: →Atmung, →Blutkreislauf, →Ernährung, →Fortpflanzung, →Stoffwechsel und →Verdauung. Das →Nervensystem reguliert zusammen mit den →Hormonen die Lebensvorgänge. Den Kontakt zur Außenwelt stellen die →Sinnesorgane her.

■ **Menschenaffen,** zur Überfamilie der Menschenartigen (Hominoidea) gehörende Familie der Primaten, die in Abgrenzung zu den Kleinen Menschenaffen (→Gibbons) auch als Große Menschenaffen bezeichnet werden. Sei sind etwa 65–150 cm lang und haben langen Arme und verhältnismäßig kurze Beine. Ihr Daumen kann den anderen Fingern gegenübergestellt werden (Greifhand). Sie leben überwiegend auf Bäumen und ernähren sich vor allem von pflanzlicher Nahrung. Zu den Menschenaffen gehören Gorilla, Orang-Utan, Schimpanse und Bonobo.

■ **Menschenrechte,** die Rechte, die jedem Menschen unabhängig von seiner Stellung in Staat, Gesellschaft, Religion oder Kultur und ungeachtet seiner Sprache, Hautfarbe oder Weltanschauung bereits dadurch zustehen, dass er als Mensch existiert. Zu den Menschenrechten gehören u.a. das Recht auf Leben, körperliche Unversehrtheit und die Freiheit der Person, die Gleichheit vor dem Gesetz, die Glaubens-, Gewissens- und Bekenntnisfreiheit und das Recht der freien Meinungsäußerung. Abgeleitet vom moralischen Prinzip einer angeborenen Menschenwürde gelten Menschenrechte als universal, bedingungslos gültig, unantastbar und unveräußerlich.

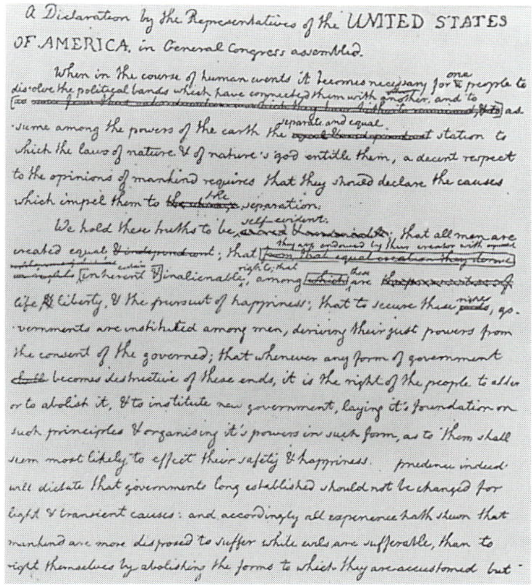
A Declaration by the Representatives of the UNITED STATES OF AMERICA, in General Congress assembled.

When in the course of human events it becomes necessary for one people to dissolve the political bands which have connected them with another, and to assume among the powers of the earth the separate and equal station to which the laws of nature & of nature's god entitle them, a decent respect to the opinions of mankind requires that they should declare the causes which impel them to the separation.

We hold these truths to be self-evident; that all men are created equal; that they are endowed by their creator with inherent & inalienable rights; that among these are life & liberty, & the pursuit of happiness; that to secure these rights, governments are instituted among men, deriving their just powers from the consent of the governed; that whenever any form of government becomes destructive of these ends, it is the right of the people to alter or to abolish it, & to institute new government, laying it's foundation on such principles & organising it's powers in such form, as to them shall seem most likely to effect their safety & happiness. prudence indeed will dictate that governments long established should not be changed for light & transient causes: and accordingly all experience hath shewn that mankind are more disposed to suffer while evils are sufferable, than to right themselves by abolishing the forms to which they are accustomed. but

Eine Pioniertat für des Menschen Recht beziehungsweise die **Menschenrechte:** schwarz auf weiß verkündet die amerikanische Unabhängigkeitserklärung im Jahr 1776: »All men are created equal ...«; maßgeblich verantwortlich für die Formulierung dieses Dokuments – hier ein Auszug – war Thomas Jefferson, der später dritter Präsidenten der USA wurde

Im Gegensatz zu den in Verfassungen verankerten **Grundrechten,** von denen einige als Bürgerrechte (z.B. Wahlrecht) den eigenen Staatsangehörigen vorbehalten bleiben können, werden die Menschenrechte nicht von einer staatlichen Instanz verliehen, sondern können durch diese als etwas Vorgegebenes lediglich anerkannt werden. Andererseits bedürfen gerade die Menschenrechte, da es sich bei ihnen um gedanklich abstrakte, lediglich dem Gewissen anheim gestellte Rechte handelt, einer Einordnung in konkrete Rechtskataloge; besonders der Schutz der liberalen Freiheitsrechte, die sich gegen

Als unvoreingenommener Augenmensch beobachtete **Adolph Menzel** sehr genau die Zeichen seiner Zeit und war deshalb als Maler seinen Zeitgenossen voraus; ein Bild wie diese Bleistiftzeichnung »Fabrikplatz mit rauchenden Schloten« war in deren Entstehungsjahr 1872 ein keineswegs übliches Thema

(ungezügelte) staatliche Gewalt wenden, ist eng mit der Staatsform der Demokratie verknüpft.

Ideen- und Rechtsgeschichte: Obwohl Grundgedanken der Menschenrechte bereits in der Antike (vor allem von den Stoikern) und im Mittelalter (von der christlichen Theologie) formuliert wurden, beruht der Durchbruch des modernen Verständnisses der Menschenrechte auf den Staats- und Gesellschaftslehren neuzeitlicher Philosophen, insbesondere von John Locke und Jean-Jacques Rousseau. Die verfassungsrechtliche Verankerung geschah nach frühen Ansätzen (in der Magna Charta und der Bill of Rights) erstmals während des amerikanischen Unabhängigkeitskrieges in der Verkündung der »Virginia Bill of Rights« (1776); diesem Vorbild folgte, unter Betonung des universellen Charakters der Menschenrechte, die im Verlauf der Französischen Revolution proklamierte Erklärung der Menschen- und Bürgerrechte (1789). Mit dem politischen Erstarken des Liberalismus im 19. Jahrh. fanden verbriefte Grundrechte Eingang in Verfassungstexte (in Deutschland zuerst 1818/19 in Baden, Bayern und Württemberg).

Zur Völkerrechtsnorm wurden die Menschenrechte jedoch erst im 20. Jahrh. erhoben: In der von der Generalversammlung der UN verkündeten Allgemeinen Erklärung der Menschenrechte wurden 1948 Grundsätze der persönlichen Freiheit und der Gleichheit aller Menschen erstmals international festgeschrieben; ergänzt wurde dieses unter dem Eindruck der Menschenrechtsverletzungen im Zweiten Weltkrieg entstandene Dokument durch zwei 1966 verabschiedete und 1976 in Kraft getretene Pakte über bürgerliche und politische sowie wirtschaftliche, soziale und kulturelle Rechte. Die tatsächliche Lage der Menschenrechte wird von den UN durch verschiedene Kommissionen und Beauftragte beobachtet.

Gegenwärtige Entwicklung: Der gesamte völkerrechtliche Menschenrechtsschutz leidet noch immer darunter, dass er in erster Linie innerstaatlichen Organen übertragen ist. Durch das Völkerrecht können nur die Staaten als solche verpflichtet werden. Da ein internationales Organ zur Umsetzung der Menschenrechte und eine international bindende Gerichtsbarkeit – trotz bestehender globaler Abkommen – fehlen, ist die Kontrolle über die Erfüllung der völkerrechtlichen Pflichten sehr erschwert. Nur auf regionaler Ebene wurden Ansätze für eine internationale Gerichtskontrolle geschaffen (Europäische Menschenrechtskonvention von 1950 mit dem Europäischen Gerichtshof als Kontrollorgan; Amerikanische Menschenrechtskonvention von 1969, für Mittel- und Südamerika; Afrikanische Charta der Menschen und Völker von 1981). Der Zugang des Einzelnen zu einer solchen übernationalen Gerichtsbarkeit stößt aber immer noch auf Schwierigkeiten, weil vor allem die Einzelstaaten für den Menschenrechtsschutz zuständig sind.

Trotzdem können die UN auf diesem Gebiet Erfolge verzeichnen. Die weltweite Diskussion über die Menschenrechte hat zu zahlreichen Vorschlägen für die Erweiterung der Menschenrechtskataloge geführt. Darunter sind besonders das Recht auf eine saubere Umwelt, das Recht auf Frieden und – vor allem im Hinblick auf den Reichtum der hoch industrialisierten Länder einerseits und das Elend der armen Länder andererseits – das Recht auf Entwicklung. Im Sozialpakt sind bereits die Rechte auf Arbeit und Gesundheit verbrieft.

Wie wichtig die Diskussion über das Thema ist, zeigen neben vielen aktuellen Berichten über Menschenrechtsverletzungen in der Folge von Krisen, Kriegen, diktatorischer Herrschaftsausübung und ethnischer Diskriminierung die Dokumentationen der Menschenrechtsorganisationen wie z. B. Amnesty International. Sie setzen sich u. a. mit dem Verschwinden missliebiger Personen, politisch motivierten willkürlichen Verhaftungen und Hinrichtungen, Folter, religiöser Intoleranz, Rassismus und Fremdenfeindlichkeit auseinander. Besondere Bedeutung im völkerrechtlichen Menschenrechtsschutz kommt dem Kampf gegen Diskriminierung zu, vor allem gegen die Rassendiskriminierung und die Diskriminierung der Frau.

■ **Menstruation** [lat.] *die* (Periode, Regel), die gewöhnlich alle 28 Tage auftretende und drei bis fünf Tage dauernde Blutung aus der Gebärmutter während der fortpflanzungsfähigen Zeit der Frau (etwa zwischen dem 11./12. und 50. Lebensjahr). Alle vier Wochen reift in einem der Eierstöcke eine Eizelle in einem →Follikel heran, das in der Mitte zwischen zwei Menstruationen platzt (→Eisprung). Unmittelbar danach beginnen die Schleimhäute an den Wänden der Gebärmutter mit dem Aufbau einer Nährschicht für das eventuell befruchtete Ei. Kommt es nicht zur Befruchtung, wird die nun überflüssig gewordene Nährschicht abgestoßen und tritt als bräunliche bis rote Flüssigkeit aus der Scheide aus. Ist eine Befruchtung durch ein Spermium erfolgt, beginnt die Schwangerschaft und die Menstruation setzt aus.

■ **mental** [lat.], den Geist betreffend, gedanklich.

■ **Mentalität** [lat.] *die,* Geisteshaltung; Denkweise eines Menschen oder einer Gruppe von Menschen.

■ **Menü** [frz.] *das,* **1)** *allgemein:* Speisenfolge, eine aus mehreren aufeinander abgestimmten Gängen bestehende Mahlzeit.

2) *Datenverarbeitung:* eine auf dem Bildschirm angezeigte Liste von Programmfunktionen (Menüleiste), aus der der Benutzer auswählt und z. B. durch Drücken einer Taste oder Tastenkombination oder durch Bewegen eines →Cursors auf ein bestimmtes Feld die nächsten Arbeitsschritte festlegt.

■ **Menuett** [frz.] *das,* anmutiger Paartanz in mäßig schnellem Dreiertakt mit kleinen Schritten und vielen Figuren. Das Menuett wurde unter Ludwig XIV. Hof- und Gesellschaftstanz. Später wurde es Bestandteil u. a. der Suite, Sinfonie und Sonate.

■ **Menzel,** Adolph von, deutscher Maler und Grafiker, *Breslau 8. Dezember 1815, †Berlin 9. Februar 1905. In einem Stil, der auf Hell-Dunkel-Wirkung abzielte, griff Menzel alltägliche Themen (des Industriezeitalters) auf, die in seiner Zeit als kaum darstellungswürdig galten (»Eisenwalzwerk«, 1875). Daneben schuf er u. a. Illustrationen und Gemälde zur Geschichte Preußens zur Zeit Friedrichs II., des Großen.

■ **Mercator,** Gerhardus, eigentlich Gerhard Kremer, niederländischer Geograph und Kartograph, *Rupelmonde (bei Antwerpen) 5. März 1512, †Duisburg 2. Dezember 1594. Mercator schuf Globen und Karten, darunter eine Weltkarte, für die er ein Verfahren zur winkelgetreuen Abbildung der Erdoberfläche **(Mercatorprojektion)** entwickelte, das bis heute die Grundlage für die Herstellung von Seekarten bildet.

Berühmt wurde **Gerhardus Mercator** – hier auf einem Kupferstich aus dem Jahr 1574 – durch seine große, für die Seefahrt bestimmte Weltkarte

■ **Merian,** Matthäus, der Ältere, schweizerischer Kupferstecher und Buchhändler, *Basel 22. September 1593, †Langenschwalbach (heute Bad Schwalbach) 19. Juni 1650. Merian wurde berühmt durch die etwa 2100 europäische Städteansichten und Karten, die von ihm selbst oder aus seiner Werkstatt stammen.

■ **Meridian** [lat.] *der,* Längenkreis der Erde (→Gradnetz der Erde).

Mit seinen gestochen scharfen Städteansichten hinterließ **Matthäus Merian** einen kulturgeschichtlichen Schatz; der hier abgebildete Kupferstich zeigt die Stadt Wasserburg am Inn

■ **Merkantilismus** [lat.] *der,* Bezeichnung für die Wirtschaftspolitik absolutistischer Staaten vom 16. bis zum 18. Jhrhundert. Durch Eingriffe des Staates in Wirtschaftsprozesse sollte die Wirtschafts- und Finanzkraft des Landes gestärkt werden. Mittel hierzu waren Exportförderung, Vereinheitlichung von Maßen und Gewichten, Beseitigung der Binnenzölle und eine aktive Bevölkerungspolitik. Die einzelnen Länder setzten unterschiedliche Schwerpunkte: Frankreich förderte vor allem die gewerbliche Wirtschaft, England setzte auf die Ausweitung des Außenhandels, Deutschland auf die Erhöhung der Bevölkerungszahl und die Sicherung des Finanzbedarfs **(Kameralismus)**.

Angela Merkel wurde im April 2000 zur Bundesvorsitzenden der CDU gewählt

■ **Merkel,** Angela, deutsche Politikerin, *Hamburg 17. Juli 1954; Physikerin. Sie war im Herbst 1989 in der DDR Mitbegründerin des »Demokratischen Aufbruchs« und wurde im Dezember 1990 Mitglied des Bundestages und 1993 Landesvorsitzende der CDU in Mecklenburg-Vorpommern. 1991–94 war sie Bundesministerin für Frauen und Jugend, dann bis 1998 Bundesministerin für Umwelt, Naturschutz und Reaktorsicherheit, 1998–2000 CDU-Generalsekretärin. Seit April 2000 ist sie Bundesvorsitzende der CDU und damit in Deutschland die erste Frau in einem solchen Amt.

■ **Merkur** (lat. Mercurius), römischer Gott des Handels und Gewerbes; später dem griechischen Gott Hermes gleichgesetzt.

■ **Merkur** [lat.] *der,* der sonnennächste und (nach Pluto) zweitkleinste Planet des Sonnensystems. Die amerikanische Raumsonde Mariner 10 flog 1974/75 in bis zu 327 km Nähe mehrmals am Merkur vorbei und erkundete dessen Oberfläche, die der des Mondes ähnelt.

■ **Merowinger,** fränkisches Königsgeschlecht, benannt nach Merowech (um 455). Ihre größte Macht entfalteten die Merowinger unter Chlodwig I. (um 466–511), dem Begründer des fränkischen Reiches. 751 wurden sie von den →Karolingern abgelöst.

■ **Mesolithikum** →Steinzeit.

■ **Mesonen** [griech.], eine Gruppe mittelschwerer →Elementarteilchen, die zusammen mit den Baryonen zur Gruppe der stark wechselwirkenden Elementarteilchen, den Hadronen, gehören. Sie entstehen z. B. beim Stoß energiereicher Protonen und Neutronen untereinander oder mit Atomkernen. Die instabilen Mesonen zerfallen nach sehr kurzer Zeit in Leptonen und Photonen.

■ **Mesopotamien** [griech., = (Land) zwischen den Strömen] (Zweistromland), Großlandschaft in Vorderasien, das Gebiet am mittleren und unteren Euphrat und Tigris, im Süden **Babylonien** (nach der Stadt Babylon), im Norden **Assyrien** (nach der Stadt Assur). Im Altertum entwickelten sich hier bedeutende frühgeschichtliche Kulturen und Reiche. Seit dem Ende des 4. Jahrtausends v. Chr. schufen die →Sumerer die städtische Kultur und das Bewässerungssystem des Zweistromlandes; das kurzlebige sumerische Großreich wurde um 2230 v. Chr. von dem semitischen Reich von →Akkad abgelöst. Im 2. Jahrtausend v. Chr. hatte das Altbabylonische Reich unter →Hammurapi seine größte Ausdehnung. Assyrien wuchs zu einer Großmacht heran und unterwarf um 1220 v. Chr. Babylonien, das erst unter Nebukadnezar I. (1124–03 v. Chr.) seine Selbstständigkeit zurückgewann, Ende des 10. Jahrh. v. Chr. aber erneut in assyrische Abhängigkeit geriet. Im 6. Jahrh. v. Chr. wurde Mesopotamien von den Persern erobert, danach gehörte es zum Reich Alexanders des Großen. Es folgte eine wechselhafte Geschichte, während der Mesopotamien zum Reich der Diadochen gehörte, von den Parthern erobert wurde und nach Römern und Byzantinern im 7. Jahrh. von den Arabern in Besitz genommen wurde. Vom 16. Jahrh. bis zum Ersten Weltkrieg war Mesopotamien türkisch; seit 1921 gehört der größte Teil zu Irak.

■ **Mesozoikum** →geologisches System (Übersicht).

■ **Messe** [lat.] *die,* **1)** *Liturgie:* katholischer Gottesdienst, bestehend aus Wortgottesdienst und Mahlfeier nach dem Vorbild des letzten Abendmahles Jesu.

2) *Musik:* Vertonung der regelmäßig wiederkehrenden Texte der Gottesdienstfeier (vor allem Kyrie, Gloria, Credo, Sanctus, Benedictus, Agnus Dei). Berühmte Messen schufen u. a. Johann Sebastian Bach, Haydn, Mozart, Beethoven, Schubert und Bruckner, darunter auch Totenmessen (→Requiem).

3) *Wirtschaft:* eine in bestimmten Abständen (oftmals jährlich) stattfindende Veranstaltung, bei der das Warenangebot eines oder mehrerer Wirtschaftszweige zum Kauf angeboten wird. Wichtige Messeorte sind u. a. Hannover, Berlin, Köln, Frankfurt am Main und Leipzig.

■ **Messias** [hebräisch, = Gesalbter], im Alten Testament der von Gott verheißene Erlöser. Die jüdische Religion erwartet in ihm den Heilskönig der Zukunft, der die politische Macht Israels und zugleich die weltweite Gottesherrschaft errichten wird. Das Neue Testament sieht diese Weissagung in →Jesus Christus (»Christus« ist das griechische Wort für »Messias«) erfüllt.

■ **Messina,** Hafenstadt an der Nordostspitze Siziliens, Italien, mit 261 100 Einwohnern. – Ein großes Erdbeben zerstörte Messina 1908 fast völlig. Im Zweiten Weltkrieg wurde die Stadt schwer beschädigt. Viele historische Gebäude (z. B. der Dom aus normannischer Zeit) wurden wieder aufgebaut. – Messina wurde im 8. Jahrh. v. Chr. als griechische Kolonie gegründet.

■ **Messing** *das,* eine gelbliche bis rötliche Legierung aus Kupfer mit Zink als Hauptbestandteil.

Technische Bedeutung haben nur Messinglegierungen mit einem Kupfergehalt über 52 %. Durch Zulegierung anderer Metalle erhält man die so genannten Sondermessinge mit hoher Festigkeit und Korrosionsbeständigkeit.

■ **Messner,** Reinhold, italienischer Bergsteiger, Schriftsteller und Filmemacher, *Brixen 17. September 1944. Messner bezwang 1978 zusammen mit Peter Habeler (*1942) den Mount Everest ohne Sauerstoffgerät und im Alleingang den Nanga Parbat. Bis 1986 hatte er als erster Mensch alle 14 Achttausender bestiegen. 1990 durchquerte er mit Arved Fuchs (*1953) die Antarktis zu Fuß.

■ **Messschraube** (Mikrometerschraube), ein Gerät zur Messung sehr kleiner Längen mit hoher Genauigkeit. Der zu messende Gegenstand wird zwischen zwei eben geschliffene Flächen gebracht, deren Abstand durch eine Schraube verändert werden kann. Bei einer Umdrehung der Schraube ändert sich dieser Abstand beispielsweise um 0,5 mm. An der Schraube ist eine Skala angebracht, auf der man den jeweils eingestellten Abstand ablesen kann. Moderne Geräte besitzen eine digitale Anzeige.

Metalle

Dass sich Metall bei Berührung kälter als Holz anfühlt, liegt an den unterschiedlichen Eigenschaften der beiden Materialien als Wärmeleiter. Ein Metall leitet die Hautwärme schneller ab als Holz. Noch schneller ist die Wärmeleitfähigkeit der Luft. Das machen wir uns alle zunutze, wenn wir einen Pullover anziehen, dessen Wolle eine erwärmte Luftschicht am Körper bewahrt und sie nicht abströmen lässt.

■ **Mestizen** →Mischlinge.

■ **Metalle** [griech.], Sammelbezeichnung für diejenigen chemischen Elemente, die in reinem Zustand (mit Ausnahme des Quecksilbers) fest, undurchsichtig und (mit Ausnahme von Kupfer und Gold) metallisch weiß glänzend sind. Sie können sehr gut elektrischen Strom und Wärme leiten und sind besonders bei großer Reinheit durch Pressen, Hämmern, Schmieden oder Ziehen verformbar. Als Werkstoff finden Metalle daher äußerst vielseitige technische Anwendungen und zählen zu den wichtigsten Rohstoffen.

Die Metallatome werden in ihrer jeweiligen Gitterstruktur (→Kristalle) durch die Metallbindung (→chemische Bindung) zusammengehalten. Die Verbindungen der Metalle untereinander nennt man →Legierungen.

Metalle untergliedert man nach ihrem Bestreben, sich mit Sauerstoff zu Oxiden zu verbinden in unedle (z. B. Eisen, Natrium, Magnesium), halbedle (Nickel, Kupfer) und edle (Gold, Platin) Metalle. Säuren lösen die unedlen Metalle in der Mehrzahl unter Bildung der entsprechenden Salze. Nach der →Dichte unterscheidet man →Leichtmetalle und →Schwermetalle (Dichte über 4,5 g/cm^3).

■ **metamorphe Gesteine,** durch Metamorphose entstandene →Gesteine.

■ **Metamorphose** [griech.] *die,* **1)** *allgemein:* Umgestaltung, Verwandlung.

2) *Geologie:* zusammenfassende Bezeichnung für die Umwandlung der →Gesteine innerhalb der Erdkruste, die vor allem durch Druck- und Temperatureinwirkung erfolgt (dabei bleibt der feste Zustand erhalten).

3) *Zoologie:* die indirekte Entwicklung vom Ei zum geschlechtsreifen Tier durch Einschaltung gesondert gestalteter, selbstständiger Larvenstadien (hauptsächlich bei →Insekten).

■ **Metapher** [griech.] *die,* ein sprachliches Bild, das dadurch entsteht, dass ein Wort oder eine Wortgruppe aus dem gewöhnlichen Bedeutungsbereich in einen anderen übertragen wird, z. B. »Quelle« für »Ursache« oder »das Haupt der Familie«.

■ **Metaphysik** [griech.] *die,* ursprünglich die Bezeichnung für die Schriften von Aristoteles, in denen er nach den Prinzipien und Ursachen suchte, die der Welt zugrunde liegen. Diese Texte wurden hinter den Büchern über die Natur (Physik) eingeordnet (griech. tà metà tà physikà = das, was hinter der Physik steht). Nach dem Vorbild von Aristoteles nennt man seither die philosophische Grundwissenschaft, die auf das zielt, was hinter der sinnlich erfahrbaren Welt liegt und sie ermöglicht (z. B. die Ideen Gott, Freiheit oder Unsterblichkeit), Metaphysik.

Bedeutende metaphysische Systeme entwickelte neben der griechischen Philosophie die Philosophie des Mittelalters und die rationalistische Philosophie in Frankreich und Deutschland im 17. und 18. Jahrhundert. Immanuel Kant zeigte auf, dass metaphysische Fragen nicht exakt wissenschaftlich bearbeitet werden können, da sie den möglichen Erfahrungsbereich des Menschen überschreiten.

■ **Metastase** [griech.] →Krebs.

■ **Meteor** [griech.] *der,* die Lichterscheinung, die ein außerirdischer Kleinkörper (→Meteorite) beim Eindringen in die Erdatmosphäre hervorruft. Klei-

Reinhold Messner

> **Methusalem**
>
> Eindrucksvoll: Laut Genesis 5, 25-27, zeugte er im Alter von 187 Jahren Lamiech, seinen wohl ersten Sohn. Danach lebte er noch 782 Jahre, »dass sein ganzes Alter ward neunhundertneunundsechzig Jahre, und starb«. In der Zwischenzeit hatte er für weitere Nachkommenschaft gesorgt. Überhaupt scheint die ganze Familie recht gesund gewesen zu sein, denn schon Methusalems Vater hatte es auf 365 Jahre gebracht, und der oben erwähnte Lamiech wurde immerhin 777 Jahre alt.

nere Meteore nennt man **Sternschnuppen** (bis 10 g schwer).

■ **Meteorite,** Körper außerirdischen Ursprungs, die in die Erdatmosphäre eindringen und dort ganz oder zum Teil verdampfen und die als →Meteore bezeichnete Leuchterscheinung verursachen. Meteorite im engeren Sinn sind die zur Erdoberfläche fallenden Reststücke, im weiteren Sinn alle Kleinkörper, die sich durch das Sonnensystem bewegen. Die Leuchtspur eines Meteoriten kann in bis zu 330 km Höhe beginnen und in wenigen Kilometern Höhe enden, wo größere Meteorite mitunter explosionsartig zerspringen und dann einen **Meteoritenschauer** verursachen. Gelangt ein Meteorit auf die Erde, so entsteht durch den Aufschlag ein **Meteoritenkrater.** Solche Krater können Tiefen von über 100 m und Durchmesser bis zu 100 km haben. Bekannte Meteoritenkrater sind der Meteor Crater in Arizona (USA), das Nördlinger Ries und das Steinheimer Becken.

■ **Meteorologie** →Wetter.

■ **Meter** [griech.] *der* oder *das,* Einheitenzeichen **m**, gesetzliche Einheit der Länge. Genau festgelegt wurde das Meter früher durch das in Sèvres bei Paris aufbewahrte Urmeter, einen Stab aus einer Platin-Iridium-Legierung. Seit 1983 ist das Meter als die Länge der Strecke definiert, die das Licht im Vakuum während der Dauer von 1/299 792 458 s zurücklegt. Vom Meter abgeleitete Längeneinheiten sind:

1 Millimeter (mm) = 0,001 m,

1 Zentimeter (cm) = 0,01 m,

1 Dezimeter (dm) = 0,1 m,

1 Kilometer (km) = 1000 m.

■ **Methadon** *das,* ein künstlich hergestelltes, morphinähnliches, stark wirksames schmerzstillendes Mittel mit Suchtpotenzial. Methadon wird bei der Entziehungskur von Heroinabhängigen eingesetzt, da es die Entzugserscheinungen unterdrückt. Da Methadon von den Suchtkranken als Flüssigkeit eingenommen wird, entfällt für sie die Gefahr, sich beim Spritzen von Heroin mit Aids oder einer Hepatitis anzustecken.

■ **Methan** [griech.] *das,* der einfachste →Kohlenwasserstoff (CH_4). Es ist ein brennbares, farb- und geruchloses Gas und Hauptbestandteil des →Erdgases.

■ **Methode** [griech.] *die,* ein planmäßiges Vorgehen.

■ **Methodisten,** die Anhänger verschiedener christlicher Kirchen, die sich 1784 als eine Erneuerungsbewegung von der anglikanischen Kirche gelöst haben. Die Bezeichnung leitet sich ab von ihrem »methodischen« Vorgehen beim Lesen der Bibel und bei religiösen Übungen. Im »Weltrat Methodistischer Kirchen« sind 64 autonome Mitgliedskirchen mit rund 60 Mio. Mitgliedern zusammengeschlossen.

■ **Methusalem,** Gestalt des Alten Testaments; er soll das höchste Alter der biblischen Väter erreicht haben. Sprichwörtlich wurde daher die Wendung: *alt wie Methusalem.*

■ **Metrik** [griech.] *die,* **1)** *Literatur:* (Verslehre) →Vers.

> **Meteore und Meteoriten**
>
> Obwohl ständig ein wahrer Meteoritenschauer auf die Erde niederprasselt, geht die Sache meist glimpflich ab. Selbst die größten Meteoriten zerbersten vor dem Aufprall in viele Bruchstücke. So zerplatzte beispielsweise am 26. April 1803 in Frankreich ein Meteorit in zahlreiche Splitter: in einem Gebiet von 48 km² wurden 2 000 bis 3 000 Brocken gesammelt, der schwerste wog 9 kg. Gelegentlich sind allerdings gewichtigere Trümmer dabei, wie etwa am 8. März 1976 in China: Unter den insgesamt mehr als 4 t Gesteinsschauer war ein Bruchstück von 1,77 t. Manchmal, wenn auch sehr selten, kommt es ganz dick: Der Meteoritenkrater Canyon Diabolo in Arizona, 1891 entdeckt und einer der berühmtesten der Welt, hat einen Durchmesser von 1 200 m und ist 170 m tief. Den soll vor etwa 20 000 Jahren ein Meteorit mit einem Durchmesser von 25 m und einer Masse von 65 000 t geschlagen haben.

2) *Musik:* die Lehre vom Takt und von der Taktbetonung.

■ **Metronom** [griech.] *das,* Taktmesser; ein Uhrwerk mit einem Pendel, das bei jedem Hin- und Hergang ein knackendes Geräusch gibt. Die Schwingungsdauer des Pendels kann verändert werden. Das Metronom wird zur Kontrolle der Gleichmäßigkeit des Tempos beim Musizieren benutzt.

■ **Metropole** [griech.] *die,* Hauptstadt (mit weltstädtischem Charakter); Stadt, die als Zentrum für etwas gilt.

■ **Mette** [lat.] *die,* Früh- oder Nachtgottesdienst, z.B. die Christmette, die an Weihnachten gefeiert wird.

■ **Metternich,** Klemens Wenzel Fürst von, österreichischer Staatsmann, *Koblenz 15. Mai 1773, †Wien 11. Juni 1859. Metternich wurde 1809 Außenminister, 1821 Haus-, Hof- und Staatskanzler. Unter seiner Leitung wurde 1814/15 auf dem →Wiener Kongress die in der Zeit der Französischen Revolution und Napoleons I. gestürzten Monarchien wieder hergestellt (Restauration). Zur Erhaltung dieser Ordnung strebte Metternich ein gemeinsames Vorgehen der Großmächte Österreich, Russland und Preußen an (→Heilige Allianz). Die liberalen und nationalen Strömungen in den deutschen Staaten bekämpfte er mit polizeistaatlichen Mitteln, vor allem durch die Unterdrückung der Pressefreiheit (Karlsbader Beschlüsse 1819). Als Symbolfigur reaktionärer (rückschrittlicher) Politik wurde er während der Revolution von 1848 gestürzt.

Auch ein Staatsmann, der zu spät kam: **Klemens Wenzel Fürst von Metternich** stemmte seine ganze Lebenskraft gegen das Rad der Geschichte, das im Jahr 1776 mit der amerikanischen Unabhängigkeitserklärung den Menschen- und Bürgerrechten den Weg frei gemacht hatte; der Name des fürstlichen Anhängers der Monarchie steht für eine Polizeiherrschaft, die keine Zugeständnisse an die Volkssouveränität zuließ

Meteorite: Rund 20 000 Jahre alt ist der hier abgebildete Meteoritenkrater Canyon Diablo in Zentralarizona; er misst einen Durchmesser von 1200 Metern und hat (heute) eine Tiefe von 170 Metern

■ **Metz,** Stadt in Lothringen, Frankreich, an der Mosel, mit 119 600 Einwohnern. Die Universitätsstadt besitzt zahlreiche mittelalterliche Bauwerke, so vor allem die gotische Kathedrale mit Glasmalereien aus dem 13.–16. Jahrh. (und aus dem 20. Jahrh. von Marc Chagall) sowie das Deutsche Tor aus dem 13. und 15. Jahrhundert.

■ **Mexiko** (Ciudad de México, Mexico City), Hauptstadt von Mexiko, im zentralen Hochland (2 240 m über dem Meeresspiegel) gelegen, mit 8,52 Mio. Einwohnern (im städtischen Ballungsraum leben 16,67 Menschen); wichtigster Industriestandort und kulturelles Zentrum des Landes. Viele Bauwerke und Gebäude (u.a. die Kathedrale) dieser schachbrettartig angelegten Stadt, die im 16. Jahrh. auf den Ruinen der Aztekenhauptstadt Tenochtitlán erbaut wurde, erinnern an die spanische Kolonialzeit.

■ **Mexiko,** Staat (föderative Republik) in Mittelamerika, zwischen dem Golf von Mexiko und dem Pazifischen Ozean. Die zu den Küstenebenen steil abfallenden Gebirgszüge der Sierra Madre um-

Mexiko

Flagge

Wappen

Mexiko
Fläche 1 953 162 km
Einwohner 97,366 Mio.
Hauptstadt Mexiko
Amtssprache Spanisch
Nationalfeiertag 16. 9.
Währung 1 Mexikanischer Peso (mex$) = 100 Centavos (¢)
Zeitzone MEZ −7 Std.

schließen das mexikanische Hochland mit dem Hauptsiedlungsgebiet im südlichen Hochland und der Vulkanzone mit den höchsten Bergen, Citlaltépetl (5 700 m) und Popocatépetl (5 452 m). Die Niederschläge nehmen vom wüstenhaften Norden Mexikos nach Süden stark zu, der meiste Niederschlag fällt an der Ostküste. Für den Eigenbedarf werden Mais, Hirse, Weizen und Bohnen angebaut, für den Export vor allem Kaffee, daneben Zitrusfrüchte und Baumwolle. Außerdem ist Mexiko der weltweit viertgrößte Produzent von Bienenhonig.

Wie seine zeitgenössischen Schriftstellerkollegen Theodor Storm und Gottfried Keller hat **Conrad Ferdinand Meyer** die deutschsprachige Literatur mit Erzählungen bereichert, deren Spannung durch eine ganz bestimmte Erzähltechnik erzeugt wird, die man in der Literatursprache Rahmenerzählung nennt

Das Land ist reich an Bodenschätzen, besonders an Erdöl, Erdgas, Silber, Blei, Gold, Zink, Kupfer, Eisen, Quecksilber, Antimon. Mexiko zählt zu den industriell fortgeschrittensten Staaten Lateinamerikas; es wird heute zu den Schwellenländern gerechnet. Große Bedeutung hat der Fremdenverkehr. – Über 90 % der überwiegend katholischen Bevölkerung sind Mestizen.

Geschichte: Die erste Hochkultur erlebte Mexiko von 1200 v. Chr. bis 400 v. Chr. unter den Olmeken. Um 1000 war die Blütezeit der Kultur der Maya, seit dem 14. Jahrh. drangen von Norden die Mixteken, Tolteken und Azteken ein (Untergang des Mayareiches). Nach der Eroberung des Aztekenreiches durch die Spanier unter Hernán Cortés im 16. Jahrh. bildete Mexiko das spanische Vizekönigreich Neuspanien. 1821/23 erlangte das Land die Unabhängigkeit von Spanien.

Nach einem Krieg gegen die USA musste Mexiko 1848 u. a. Kalifornien, New Mexico und Texas abtreten. Innenpolitische Spannungen lösten 1857 einen Bürgerkrieg aus, in dessen Folge auf Betreiben Frankreichs 1864 das Kaiserreich Mexiko (unter dem österreichischen Erzherzog Maximilian) errichtet wurde, das jedoch bald wieder zerbrach; Maximilian wurde erschossen (1867).

Durch einen Staatsstreich gelangte 1876 Porfirio Díaz an die Macht (Amtszeiten 1876–80 und 1884–1911). Der Sturz des Präsidenten leitete im 20. Jahrh. eine Epoche sozialrevolutionärer Unruhen mit Bürgerkriegen und häufigen Regierungswechseln in Mexiko ein.

1994 erhoben sich bewaffnete Indios gegen ihre Unterdrückung. Sie forderten u. a. eine Landreform und bessere Bildungschancen. Nach massiven Militäraktionen kam es 1996 zu einer Teilverständigung.

■ **Meyer,** Conrad Ferdinand, schweizerischer Schriftsteller, *Zürich 11. Oktober 1825, †Kilchberg (bei Zürich) 28. November 1898. Meyer, der zu den bedeutendsten deutschsprachigen schweizerischen Autoren des 19. Jahrh. gehört, greift vor allem historische Stoffe auf. Zu seinen bekanntesten Werken gehören der Roman »Jürg Jenatsch« (1876/82) sowie seine Novellen »Das Amulett« (1873) und »Gustav Adolfs Page« (1882). Mit seinen ausgefeilten Symbolgedichten (»Zwei Segel«) hat Meyer eine eigene Form der Lyrik gefunden.

■ **Meyerbeer,** Giacomo, eigentlich Jakob Liebmann Meyer Beer, *Tasdorf (heute zu Rüdersdorf bei Berlin) 5. September 1791, †Paris 2. Mai 1864. Er lebte seit 1831 überwiegend in Paris und war zeitweise Generaldirektor der Berliner Oper. Meyerbeer war der Hauptvertreter der französischen Großen Oper des 19. Jahrh. (u. a. »Robert der Teufel«, 1831; »Die Hugenotten«, 1836).

■ **MEZ,** Abkürzung für →mitteleuropäische Zeit.

■ **Mẹzzosopran** →Sopran.

■ **Mịchael,** einer der Erzengel. In der jüdischen und christlichen Tradition gilt er als Vertrauter Gottes und Fürsprecher der Menschen bei Gott. – Bild S. 287

■ **Michelangelo** [mikelạndschelo], eigentlich M. Buonarroti, italienischer Bildhauer, Maler, Baumeister und Dichter, *Caprese (heute Caprese Michelangelo, Provinz Arezzo) 6. März 1475, †Rom 18. Februar 1564. Der Hauptmeister der Hochrenaissance beschritt als Künstler neue Wege. Er löste sich von der Bindung an die Tradition und entwickelte neue Formen des künstlerischen Ausdrucks. Zu seinen berühmtesten Werken gehört der »David« (1501–04), ein Marmorstandbild, das als

Wahrzeichen der Stadt Florenz vor dem Palazzo Vecchio aufgestellt wurde (das Original befindet sich heute im Museum). Die »Neue Sakristei« von San Lorenzo in Florenz schmücken die von Michelangelo geschaffenen Medici-Grabmäler (1520–34).
Sein malerisches Hauptwerk befindet sich in der Sixtinischen Kapelle des Vatikan: die mit biblischen Szenen ausgemalte Decke (1509–12) und das Fresko »Jüngstes Gericht« (1534–41) an der Altarwand.
Michelangelos bedeutendstes architektonisches Werk ist die Kuppel der Peterskirche in Rom (Bauleitung ab 1546). Sein vielseitiges Schaffen lebt von einem leidenschaftlichen Ringen um die Verwirklichung der vollkommenen Schönheit. Dies wird auch in seinen Dichtungen (meist schwermütige Sonette) deutlich.

■ **Michigansee** [mischig^{e}n...], der drittgrößte der fünf Großen Seen Nordamerikas, im Nordosten der USA. Haupthäfen sind Chicago und Milwaukee.

■ **Mickymaus** (Mickey Mouse), von Walt Disney 1927 als »Mortimer Mouse« zunächst für den Film (»Steamboat Willie«, 1928) geschaffene Zeichentrickfigur. Seit 1930 erscheinen (zunächst in den USA) Comics.

■ **Miesmuschel** (Pfahlmuschel), meist 6–8 cm lange, blauschwarze Muschel, die sich mithilfe von Haftfäden an Pfählen, Steinen und toten Muschelschalen festsetzt und sich durch Ausfiltern von organischen Bestandteilen im Wasser ernährt. In den Gezeitenzonen Europas und Nordamerikas bildet sie oft riesige Muschelbänke. Ihr Fleisch ist essbar, sie wird deswegen auch gezüchtet.

■ **Migräne** [frz.] *die,* anfallartig, meist halbseitig auftretende Kopfschmerzen. Mit der Migräne sind oft Sehstörungen, Erbrechen und Scheu vor Licht und Lärm verbunden. Der Anfall kann eine Stunde bis zwei Tage dauern; die Anfallshäufigkeit kann zwischen einigen wenigen im Jahr bis zu fast täglichen Anfällen schwanken.

■ **Mikado** [japanisch] *das,* ein Geschicklichkeits- und Geduldspiel mit dünnen Holz- oder Plastikstäbchen.

■ **mikro..., Mikro...** [griech.], **1)** *allgemein:* klein..., gering..., fein..., z. B. Mikrofilm.
2) *Messwesen:* Vorsatzzeichen m, Vorsatz vor Einheiten mit der Bedeutung millionstel, z. B. 1 Mikrometer = $1\,\mu m = 10^{-6}\,m$.

■ **Mikroben** →Mikroorganismen.

■ **Mikrocomputer** [...kompjut^{e}r], ein Computer unter Verwendung hochintegrierter Schaltungen. Ein Mikrocomputer besteht aus dem →Mikroprozessor als zentralem Rechen- und Steuerwerk, den Ein- und Ausgabeeinheiten, einem Festwertspeicher (→ROM) und einem Daten- und Adressbus (→Bus). Zu den Mikrocomputer gehören vor allem die Personalcomputer.

■ **Mikroelektronik,** ein Zweig der Elektronik, der sich mit Entwurf, Herstellung und Anwendung von →integrierten Schaltungen befasst.

■ **Mikrofon** [griech.] *das,* ein akustischer Wandler, der über eine durch Schallwellen in mechanische Schwingungen versetzte Membran Luftschall in elektrische Wechselspannungen umwandelt (Luftschallmikrofon). Daneben gibt es Körperschallmikrofone zur direkten Umwandlung mechanischer Schwingungen, beim Kehlkopfmikrofon insbesondere der vom Kehlkopf beim Sprechen ausgehenden Schwingungen. Man unterscheidet:
1. Kontaktmikrofon: Eine Membran drückt die Körnchen einer abgekapselten Kohlestaubfüllung zusammen, wodurch sich der Übergangswiderstand zwischen den Kohleteilchen ändert und ein Gleichstrom entsprechend moduliert wird, z. B. Kohle(körner)mikrofon;
2. Kondensatormikrofon: Dicht vor einer festen metallischen Membran schwingt eine bewegliche, leitende Membran. Die Kapazität des von beiden Membranen gebildeten Kondensators ändert sich bei Beschallung;

Dieser Skulptur gab **Michelangelo** den Namen »Der Sieger«; die Skulptur hat ihren Platz im Palazzo Vecchio in Florenz gefunden

Raumüberwindende Körperbewegung: nach Themen aus der Schöpfungsgeschichte schuf **Michelangelo** im Auftrag von Papst Julius II. die Deckenfresken der Sixtinischen Kapelle des Vatikans; besonders berühmt ist die hier abgebildete Darstellung der »Erschaffung Adams«

3. dynamisches Mikrofon: Eine mit einer Kalottenmembran verbundene Spule »taucht« in den Luftspalt eines Topfmagneten, wobei in den Spulenwindungen tonfrequente Spannungen induziert werden (Tauchspulenmikrofon). Beim Bändchenmikrofon sind Membran und Spule durch ein dünnes Aluminiumbändchen ersetzt;
4. Kristallmikrofon: Man nutzt den piezoelektrischen Effekt an Kristallen (durch den Schalldruck erhält man tonfrequente Piezospannungen). Der Frequenzbereich eines modernen Mikrofons umfasst Frequenzen von etwa 20 bis 20 000 Hz. Kabellose Mikrofone enthalten einen Sender für die drahtlose Übertragung zum Empfänger.

■ **Mikrokosmos,** philosophischer Begriff für die »kleine Welt« des Menschen. Der Mikrokosmos bildet verkleinert das Universum **(Makrokosmos)** ab, das man sich u. a. in der Stoa und der Naturphilosophie des Mittelalters als einen großen Organismus vorstellte.

Mikronesien

Flagge

Wappen

■ **Mikronesien** [griech., = Kleininselwelt], Inselgebiet im nordwestlichen und mittleren Pazifischen Ozean, umfasst Guam, die Marianen, Karolinen, Marshallinseln, Gilbertinseln und Nauru. Mikronesien liegt in einem Seegebiet von fast 8 Mio. km² (in West-Ost-Richtung über 5 000 km) mit insgesamt rund 2 700 km² Landfläche und hat 440 000 Einwohner.

■ **Mikronesien** (Föderierte Staaten von M.), Inselrepublik im Westen des Pazifischen Ozeans, bestehend aus den Ostkarolinen (Kosrae, Pohnpei, Chuuk) und den zu den Westkarolinen zählenden Yap Islands, zusammen 607 Inseln und Atolle. Das Klima ist tropisch-ozeanisch mit unregelmäßigen Niederschlägen. Die Hauptzweige der Wirtschaft sind Landwirtschaft (Ausfuhr von Kopra) und Fischerei, daneben der Fremdenverkehr.

Geschichte: Die Inseln wurden vor rund 3 500 Jahren von Ostmelanesien aus besiedelt, im 16. Jahrh. von Spaniern entdeckt und später kolonisiert. 1898 kamen sie an das DeutscheReich, nach dem Ersten Weltkrieg unter japanische Herrschaft, im Zweiten Weltkrieg unter den Einfluss der USA, die sie ab 1947 als UN-Treuhandgebiet verwalteten. 1979 wurden die Föderierten Staaten von Mikronesien ausgerufen, 1990 hob der UN-Sicherheitsrat die Treuhandschaft auf.

Mikronesien
Fläche 701 km²
Einwohner 134 000
Hauptstadt Palikir (auf Pohnpei)
Amtssprache Englisch
Nationalfeiertage 10. 5., 24. 10. und 3. 11.
Währung 1 US-Dollar (US-$) = 100 Cents (c)
Zeitzone Kosrae und Pohnpei: MEZ +10 Std., Chuuk und Yap: MEZ + 9 Std.

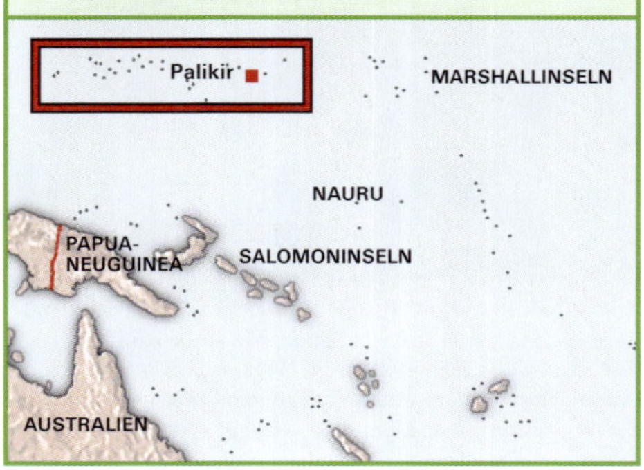

■ **Mikroorganismen** [griech.] (Mikroben), meist einzellige Lebewesen, die wegen ihrer geringen Größe (im Bereich von nur wenigen Mikrometern) nur durch ein Mikroskop sichtbar sind. Es gibt **eukaryontische Mikroorganismen** die einen echten Zellkern besitzen (mikroskopisch kleine Pilze, Mikroalgen, Protozoen), und **prokaryontische Mikroorganismen** ohne echten Zellkern (Bakterien, Archaebakterien, Cyanobakterien). Mikroorganismen leben vor allem im Boden und haben eine wichtige Funktion im Stoffkreislauf, sind Symbioten bei Pflanzen und Tieren aber auch Krankheitserreger.

■ **Mikroprozessor,** die aus Rechen- und Steuerwerk bestehende Zentraleinheit (→CPU) eines →Mikrocomputers. Mikroprozessoren werden als →integrierte Schaltungen ausgeführt. Der Mikroprozessor ist in einem →Chip untergebracht. Bis zu 64 Bits können gleichzeitig vom Rechenwerk verarbeitet werden. Die Taktfrequenz, die ein Maß für die Schnelligkeit ist, mit der die Befehle abgearbeitet werden können, beträgt inzwischen über 700 MHz.

■ **Mikroskop** [griech.] *das,* ein Gerät, mit dem man Objekte sehr geringer Größe sichtbar machen kann. Es besteht aus zwei optischen Systemen, Objektiv und Okular, einer Beleuchtungseinrichtung und dem Stativ, das die optischen Teile sowie den Objekttisch trägt. Das Objektiv liefert von dem Gegenstand, der sich zwischen der einfachen und doppelten Brennweite befindet, ein vergrößertes reelles Zwischenbild, das durch das Okular nochmals vergrößert wird. Um den Abbildungsmaßstab verändern zu können, besitzen die meisten Mikroskope mehrere Objektive, die abwechselnd durch eine Drehvorrichtung (Revolver) in den Strahlengang gebracht werden können. Mit Lichtmikroskopen las-

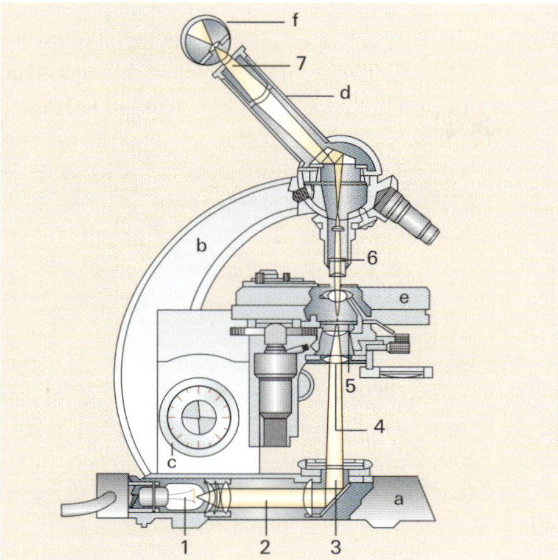

Die Grafik zeigt den Aufbau eines **Mikroskops,** das Durchlichtmikroskop oder auch Durchstrahlungsmikroskop genannt wird; in diesem Mikroskop werden dünne, durchsichtige Objekte von unten vom Licht durchstrahlt, das hier gelb markiert ist: a Fuß, b Stativ, c Grob- und Feintrieb zur Scharfeinstellung, d Tubus, e Objekttisch, f Auge, 1 Niedervoltleuchte, 2 Kollektorlinsen, 3 Leuchtfeldblende, 4 Kondensor, 5 Aperturblende, 6 Objektiv, 7 Okular

sen sich Abbildungsmaßstäbe bis höchstens 1:2000 erreichen, größere Maßstäbe ermöglicht das →Elektronenmikroskop.

■ **Mikrowellen,** elektromagnetische Wellen mit einer Wellenlänge unter 1 m. Sie werden z. B. im Nachrichtenverkehr über Richtfunkverbindungen verwendet. Mit Mikrowellen können Speisen in sehr kurzer Zeit im **Mikrowellenherd** erhitzt werden.

■ **Milben,** eine Ordnung der Spinnentiere mit rund 30 000 Arten. Milben erreichen eine Körperlänge von 0,1 bis 30 mm, die meisten werden 0,5 bis 2 mm lang. Kopf, Brust und Hinterleib sind miteinander verschmolzen. Ihre Mundwerkzeuge sind verschieden gebaut, je nachdem, ob sie zum Kauen, Stechen oder Saugen dienen. Die meisten Milben leben auf dem Land, doch kommen Milben auch im Süß- und Salzwasser vor sowie als Schmarotzer an oder in Tieren und Pflanzen. Zu den Milben zählen u. a. Käse-, Krätz-, Wassermilbe und Zecke.

■ **Milch,** eine weiße, undurchsichtige Flüssigkeit (Emulsion), die in den Milchdrüsen der weiblichen Säugetiere und der Frau (Muttermilch) als Nahrung für den Nachwuchs gebildet wird. Kuhmilch besteht durchschnittlich zu 87,3 % aus Wasser, zu 3,8 % aus Milchfett, zu 3,4 % aus Milchprotein, zu 4,8 % aus Milchzucker und zu 0,7 % aus Salzen (vor allem Phosphate, Citrate und Chloride von Calcium und Kalium; an Spurenelementen finden sich Fluor, Jod, Mangan, Kupfer und Zink). Die Muttermilch ist in ihrer Zusammensetzung spezifisch auf die Bedürfnisse des Jungen des jeweiligen Säugetiers ausgerichtet, sodass z. B. Kuhmilch beim menschlichen Säugling zu Unverträglichkeiten führen kann. Durch spezielle Milchsäurebakterien kann man Quark, Joghurt oder Kefir bereiten. Die trübe Flüssigkeit, die zurückbleibt, ist die **Molke.** Durch Zentrifugieren gewinnt man aus dem Fett der Milch →Butter.

■ **Milchgebiss** →Gebiss.

■ **Milchstraße,** das schwach leuchtende, unregelmäßig begrenzte Band, das sich nahezu längs eines Großkreises über den Himmel erstreckt und sich im Fernrohr in Einzelsterne, Nebel und Sternhaufen auflöst. Die Milchstraße ist die Symmetrieebene eines rotierenden Sternsystems, des **Milchstraßensystems (Galaxis).** Zu ihm gehört die Sonne, alle mit bloßem Auge sichtbaren Sterne (etwa 5 000) sowie weitere etwa 200 Milliarden Sterne. Das Milchstraßensystem besteht aus einer

Der Erzengel **Michael** gilt als als Engel der Gerechtigkeit und der Gnade, der die Seelen der Verstorbenen in den Himmel vor das Gericht Gottes geleitet; auf diesem Fresko aus dem 12. Jahrhundert ist der Erzengel als »Seelenwäger« tätig

galaktischen Scheibe von etwa 120 000 Lichtjahren (Lj) Durchmesser und 3500 Lj Dicke mit einer zentralen Verdickung von 15 000 Lj. Die Sonne ist etwa 30 000 Lj vom Zentrum des Milchstraßensystems entfernt. Das Milchstraßensystem rotiert, was zu einer Umlaufbewegung der Sonne führt. Ein Umlauf dauert etwa 250 Mio. Jahre, die Sonne bewegt sich dabei mit etwa 230 km/s.

Mimose

■ **Milieu** [miliö; frz.] *das,* Lebensumstände, Umwelt.

■ **militant** [lat.], bewusst kämpferisch für eine Überzeugung eintretend; streitbar.

■ **Militär** [frz.] *das,* allgemeine Bezeichnung für die Gesamtheit der regulären Streitkräfte eines Staates.

■ **Militarismus** [frz.] *der,* die Übertragung militärischer Wertvorstellungen, Denk- und Verhaltensweisen auf nichtmilitärische Lebensbereiche. Der Militarismus ist gekennzeichnet durch die Behauptung der Unvermeidbarkeit von Kriegen; die Verherrlichung des »Rechts des Stärkeren«; die Übernahme von militärischen Strukturen in den zivilen Bereich; die Sichtbarmachung dieser Einstellung durch Tragen von Uniformen und häufige militärische Aufmärsche; die Ausbildung der Jugendlichen nach militärischen Prinzipien.

Die osmanische Moschee besitzt vier bis sechs **Minarette,** die, wie hier am Bau der Süleiman-Moschee in Istanbul zu sehen ist, hoch und schlank wie gespitze Bleistifte in die Unendlichkeit ragen

■ **Military** [militᵉri; engl.] *die,* heute offiziell »Große Vielseitigkeitsprüfung«, im Pferdesport eine aus Dressur, Geländeprüfung und Springen an drei aufeinander folgenden Tagen bestehende Prüfung.

■ **Miliz** [lat.] *die,* eine Wehrform, bei der die Streitkräfte eines Staates im Frieden nur aus einem kleinen Personalstamm (Kader) sowie den Wehrpflichtigen in Grundausbildung und kurzen Wehrübungen bestehen. Die Miliz erreicht damit nur etwa 5–10 % der für den Kriegsfall vorgesehenen Stärke. Ein typisches Beispiel für eine Miliz sind die Streitkräfte der Schweiz.

■ **Milli...** [lat.], Vorsatzzeichen **m**, Vorsatz vor Einheiten mit der Bedeutung Tausendstel, z. B. 1 Millimeter = 1 mm = 0,001 m.

■ **Milliarde** [frz.] *die,* Abkürzung **Mrd.,** 1000 Millionen = 1 000 000 000 = 10^9.

■ **Million** [italienisch] *die,* Abkürzung **Mio.,** 1000 · 1000 = 1 000 000 = 10^6.

■ **Miltiades,** griechischer Staatsmann und Feldherr, * um 550 v. Chr., † Athen um 489 v. Chr. Unter seiner Führung besiegten die Athener 490 bei Marathon das persische Heer.

■ **Milz,** ein etwa faustgroßes, im linken Oberbauch meist hinter oder nahe beim Magen gelegenes lymphatisches Organ der Wirbeltiere (einschließlich Mensch). In der Milz werden weiße Blutkörperchen sowie Antikörper bei schweren Infektionskrankheiten gebildet, abgebaut werden gealterte rote Blutkörperchen.

■ **Mimese** [griech.] *die,* →Tarntracht bei Tieren durch Nachahmung belebter oder unbelebter Gegenstände. Ein Sonderfall ist die →Mimikry.

■ **Mimik** [griech.] *die,* Gebärden- und Mienenspiel des Gesichts.

■ **Mimikry** [...kri; engl.] *die,* eine Form der Schutzanpassung von wehrlosen Tieren. Vor allem wehrlose Insekten passen ihre äußere Erscheinung häufig wehrhaften oder widerlich schmeckenden Insekten an, um räuberischen Tieren zu entgehen. Beispielsweise ahmt der harmlose Hornissenschwärmer die Hornisse nach. – auch →Tarntracht.

■ **Mimosen** [griech.] (Sinnpflanzen), eine Gattung der Mimosengewächse, die als Kräuter, Sträucher oder Bäume hauptsächlich im tropischen und subtropischen Amerika wachsen. Sie haben doppelt gefiederte Blätter, zum Teil. stachlig, mit gelben, weißlichen oder violetten Blüten in Köpfchen oder Ähren. Bei der **Sinnpflanze** (Mimosa pudica) klappen die Blättchen bei der geringsten Erschütterung und Berührung nach oben zusammen und schließlich das ganze Blatt abwärts. Durch den Stängel pflanzt sich der Reiz zu anderen Blättern fort. Nach einiger Zeit richten sich die Blätter wieder auf. Eine Verdunklung wirkt ähnlich (»Schlafstellung«).

Minarett [arabisch] *das,* Turm der Moschee, von dem die Gläubigen fünfmal am Tag vom Gebetsrufer (Muezzin; heute oft durch Tonband und Lautsprecher ersetzt), zum Gebet aufgefordert werden.

Minderheiten (Minoritäten), ursprünglich eine Bezeichnung für den jeweils in einer Abstimmung unterlegenen Teil einer Gesamtgruppe. Heute unterscheidet man Minderheiten auf verschiedenen Gebieten:

1. hinsichtlich politischer Entscheidungen, bei denen ein Beschluss Gesetzeskraft erlangt, der von einer Mehrheit getragen wird;

2. im Bereich der politischer Geschichte und des Völkerrechts als Bezeichnung für eine Gruppe von Menschen, die nicht alle als charakteristisch erachteten Merkmale der Mitglieder z. B. eines Staates oder einer Nation aufweisen;

3. im religiösen Bereich als Abweichung von einer dominierenden Religionsgemeinschaft;

4. in den Sozialwissenschaften als Bezeichnung für Menschen und soziale Gruppen, denen »Anderssein« zugesprochen wird oder die dieses für sich beanspruchen **(Randgruppen)**;

5. aus sozialpsychologischer Sicht z. B. für Menschen, die sich in ihrem Verhalten von anderen Menschen und deren sozialen Normen unterscheiden.

Der Begriff Minderheiten bezeichnet nicht nur ein Zahlenverhältnis, er drückt auch eine soziale Beziehung aus, in der nach den Normen einer Gruppe Menschen außerhalb dieser Gruppe weniger Anerkennung entgegengebracht wird und diese infolgedessen benachteiligt werden. So war die farbige Bevölkerung (19 Mio.) in der Republik Südafrika während der Politik der →Apartheid trotz zahlenmäßiger Überlegenheit in der politischen Minderheit gegenüber der weißen Bevölkerung (4,5 Mio.).

In zahlreichen Staaten werden Minderheiten verfassungs- und völkerrechtlich geschützt (in der Bundesrepublik Deutschland auf der Grundlage u. a. des Grundgesetzes).

Minderjährige, Kinder und Jugendliche bis zur →Volljährigkeit, in Deutschland Personen unter 18 Jahren.

Mine [frz.] *die,* **1)** *Bergbau:* Bergwerk, Erzlager.
2) *grafische Technik:* eine Schreibeinlage in Blei-, Bunt-, Kopierstiften sowie Tinten- oder Pastenbehälter, z. B. Kugelschreiberminen.
3) *Waffenkunde:* als militärisches Sperrmittel ausgelegter Sprengkörper auf der Erde (Landmine in Form der kleinen Personenmine und der größeren Panzermine) oder im Wasser (Seemine). Die Auslösung erfolgt mechanisch durch Druck oder Berührung sowie durch Einwirkung optischer, akustischer oder magnetischer Signale.

Minerale [frz.] (Mineralien), Sammelbezeichnung für alle aus chemischen Elementen oder (vor allem) aus anorganischen oder (selten) organischen Verbindungen bestehenden Substanzen, die durch natürliche Vorgänge auf der Erde, dem Mond oder anderen Himmelskörpern entstanden sind. Minerale liegen meist in Kristallform vor.

Minerva, römische Göttin, Beschützerin des Handwerks, der Weisheit und der schönen Künste; sie entspricht der griechischen Göttin Athene.

Miniatur [von mittellateinisch miniatura, = mit Zinnober gemaltes Bild] *die,* Bildschmuck in Handschriften; auch ein kleines, oft medaillonförmiges Bild auf Gebrauchs- und Ziergegenständen

Miniaturisierung [italienisch] *die,* Entwicklung im Bereich der Elektronik mit dem Ziel, kleinste elektronische Schaltungen durch Verwendung extrem kleiner Baugruppen und besonderer Fertigungsverfahren (→integrierte Schaltung, →gedruckte Schaltung) herzustellen.

Mini Disc →Compact Disc.

minimal [lat.], sehr klein, sehr wenig, niedrigst.

Minimum [lat.] *das* (Minimalwert), der kleinstmögliche Wert, den eine Größe annehmen kann; Gegensatz: Maximum.

Minipille →Empfängnisverhütung.

Minister [lat., = Diener] *der,* Mitglied einer Regierung, in der Regel Leiter eines Ministeriums. Ministerien sind die obersten Regierungs- und Verwaltungsbehörden eines Staates mit bestimmtem Aufgabenbereich, z. B. Verteidigung oder Justiz. Der Leiter einer Regierung führt in vielen Staaten den Titel **Ministerpräsident** (in der Bundesrepublik Deutschland Leiter der Regierung eines Bundeslandes).

In der *Schweiz* ist Minister der Titel für einen diplomatischen Vertreter; die Mitglieder der Bundesregierung heißen Bundesräte.

Ministerialen [lat.], ursprünglich unfreie Dienstleute im Hof-, Verwaltungs- oder Kriegsdienst. Seit dem 11. Jahrh. ritterlich lebende Dienstleute, auch mit politischem Einfluss. Die Ministerialen gingen (meist) im niederen Adel auf.

Minnesänger, die Dichter mittelhochdeutscher Lyrik, deren Lieder von der **Minne** handelten, von der verehrenden Liebe zu einer meist höhergestellten Frau. Die Minnesänger vertonten ihre Gedichte selbst und trugen sie zur Harfe oder zur Fiedel vor. Ihre Zuhörer waren die adligen Da-

Dieses Bild eines Fiedel spielenden **Minnesängers** stammt aus einer berühmten Sammlung mittelalterlicher Liederhandschriften; die Sammlung ist unter dem Namen »Manessische Handschrift« bekannt; jedem Dichter ist ein Bild gewidmet, das auch meist dessen Wappen trägt, hier das eines relativ unbekannten Minnesängers namens Reinmar der Fiedler

men und Herren an den Höfen. Einer der berühmtesten Minnesänger ist →Walther von der Vogelweide.

■ **Minorität** [lat.] *die,* Minderheit; Gegensatz: Majorität.

■ **Minos,** sagenhafter König in Knossos auf Kreta, Sohn des Zeus und der Europa. Seine Gattin gebar den **Minotaurus,** ein Ungeheuer mit menschlichem Körper und Stierkopf, den Minos in einem riesigen Labyrinth festhalten ließ.

■ **Minotaurus,** in der griechischen Mythologie ein Ungeheuer mit Menschenleib und Stierkopf, das im Labyrinth von Knossos gefangen gehalten wurde. Theseus besiegte ihn mithilfe der Ariadne.

■ **Minsk,** Hauptstadt von Weißrussland, mit 1,7 Mio. Einwohnern; wichtiger Industriestandort (Traktoren, Lastkraftwagen, Motorräder). – Die 1067 erstmals erwähnte Stadt fiel 1326 unter litauische Herrschaft. 1793 kam sie zum Russischen Reich.

■ **minus** [lat., = weniger], Zeichen −, das Rechenzeichen für die →Subtraktion.

■ **Mir** [russisch, = Frieden], im Februar 1986 gestartete russische Raumstation, die seit dem 8. 2. 1987 bis zu ihrer zeitweiligen Außerdienststellung am 27. 8. 1999 ständig bemannt war. Während dieser Zeit wurde die Station durch das Ankoppeln von Labormodulen bis zu ihrem Endstadium ständig ausgebaut: Sie erreichte eine Masse von 140 t, eine Länge von 33 m und eine Breite von 26 m. Der längste Aufenthalt eines russischen Kosmonauten auf der Station dauerte 438 Tage. Die Mir wurde am 23. März 2001 kontrolliert zum Absturz gebracht. Ihre Nachfolgerin ist die →Internationale Raumstation (ISS).

■ **Miró** [mirọ], Joan, katalanischer Maler und Bildhauer, *Montroig (heute zu Barcelona) 20. April 1893, †Palma (auf Mallorca) 25. Dezember 1983. Seine Bilder, Collagen und Montagen führen wie im Märchen in eine geheimnisvolle, verzauberte Welt, in der durchaus auch Ängste und Gefahren verborgen sind.

■ **Mischlinge,** Menschen, deren Eltern oder Vorfahren verschiedenen Menschenformengruppen (Rassenkreisen) angehören: **Mulatten** (Schwarze und Weiße), **Mestizen** (Indianer und Weiße), **Zambos** (Indianer und Schwarze).

■ **Mischpult,** eine elektronische Regelanlage, mit der die von Mikrofonen und elektrischen Tonabnehmern erzeugten »Teilansichten« eines Klangbildes wieder zu einem Ganzen zusammengefügt (»abgemischt«) werden.

■ **Mispel** *die,* in Vorderasien heimischer, bis 3 m hoher Strauch oder kleiner Baum aus der Familie der Rosengewächse. Die Blätter sind lanzettförmig, die Blüten groß und weiß. Die birnenähnlichen Früchte sind erst nach Lagerung oder Frost essbar. In Europa kommt die Mispel verwildert vor.

■ **Mission** [lat.] *die,* **1)** *allgemein:* Sendung, Auftrag.

2) *Religionswissenschaft:* die Verkündigung der christlichen Botschaft unter Nichtchristen.

3) *Völkerrecht:* diplomatische Vertretung eines Staates im Ausland.

■ **Missionar** [lat.] *der,* in der christlichen Mission tätiger Geistlicher oder Laie.

■ **Mississippi** *der,* größter Strom Nordamerikas, in den USA, 3 765 km lang (mit Missouri 5 970 km lang). Der Mississippi entfließt dem Lake Itasca und mündet mit großem Delta in den Golf von Mexiko. Er entwässert mit seinem Stromnetz 40 % der Fläche der USA. Große Mengen von Sinkstoffen bilden Sand- und Schlammbänke, die zu

Stauungen führen. Während der Frühjahrshochwasser kann es zu riesigen Überschwemmungen kommen. Die größten Nebenflüsse des Mississippi sind der Missouri und der Ohio.

■ **Missouri** [missuri] *der,* rechter Nebenfluss des Mississippi, im nördlichen Mittelwesten der USA, 4086 km lang. Der Missouri mündet nördlich von Saint Louis.

Auf diesem Bild von **Joan Miró** steht einiges ganz schön auf dem Kopf: das Geheimnis dieser Fabelwelt liegt in den Feinheiten, die den Gedanken bis in die einzelnen Linien und Farbkombinationen freien Lauf in alle Richtungen lassen; das 1949 gemalte Bild heißt »Personnage et chien devant le soleil«, zu Deutsch: Figur und Hund im Angesicht der Sonne

■ **Misstrauensvotum,** ein Mehrheitsbeschluss des Parlaments, der der Regierung, dem Regierungschef oder einem Minister das Vertrauen entzieht und damit einen Rücktritt erzwingt.

■ **Mistel,** ein bis 1 m hoher, gelbgrüner, strauchiger Halbschmarotzer. Die immergrünen Blätter sind derb und lederartig, die gelblichen Blüten unscheinbar. Die erbsengroßen, weißen, klebrigen Beeren werden von Vögeln gefressen und durch Vogelkot verbreitet. Mithilfe von Saugorganen entzieht die Mistel der Wirtspflanze Wasser und Nährsalze. Da sie Blattgrün besitzt, ist sie zur →Photosynthese befähigt. In Deutschland kommt die Laubholz- und die Nadelholzmistel vor. – Infokasten S. 292

■ **Mistkäfer,** ein bis 2,5 cm große, meist metallisch grün, blau oder violett schimmernde Blatthornkäfer mit kurzen Grabbeinen. Sie leben fast alle von verwesenden Stoffen, besonders von Tierkot, den sie auch als Nahrung für ihre Larven verscharren.

■ **Mistral** [frz.] *der,* ein Fallwind im Südosten Frankreichs (vor allem im unteren Rhonetal), der kalte Luftmassen aus den nördlichen Gebirgsgegenden nach Süden führt und häufig Sturmstärke erreicht

■ **Mitbestimmung,** die Beteiligung der Arbeitnehmer oder ihrer Vertreter an der Willensbildung in privatwirtschaftlichen Unternehmen sowie in öffentlichen Dienststellen. Man unterscheidet Mitbestimmung auf der Leitungsebene eines Unternehmens im Aufsichtsrat sowie Mitbestimmung innerhalb eines Betriebes durch den Betriebsrat (betriebliche Mitbestimmung).

Mitbestimmung auf Unternehmensebene wurde 1951 in der Montanindustrie eingeführt (Montan-Mitbestimmung): Ebenso viele Vertreter der Arbeitnehmer wie der Arbeitgeber (paritätische Mitbestimmung) sowie ein neutrales Mitglied bilden den **Aufsichtsrat**. Außerdem ist durch den Arbeitsdirektor der nicht gegen die Stimmen der Arbeitnehmervertreter bestellt oder abberufen werden kann, eine weitere Mitbestimmung im Vorstand möglich. Mit dem Mitbestimmungsgesetz von 1976 wurde auch in den übrigen Wirtschaftsbereichen (ausgenommen so genannte Tendenzbetriebe, z. B. Zeitungsverlage) die paritätische Mitbestimmung in Unternehmen mit mehr als 2 000 Beschäftigten eingeführt: Der Aufsichtsrat ist zu gleichen Teilen mit Vertretern der Eigentümer (z. B. Aktionäre) und der Arbeitnehmer zu besetzen; Letztere müssen aus den Gruppen der Arbeiter, Angestellten und leitenden Angestellten gewählt werden. Die in den Betrieben vertretenen Gewerkschaften stellen davon zwei (bei einem zwanzigköpfigen Aufsichtsrat drei) der Arbeitnehmervertreter. Bei Stimmengleichheit im Aufsichtsrat entscheidet dessen Vorsitzender, der gewöhnlich die Anteilseignerseite vertritt.

Da die Unternehmensleitung die Richtlinien für den Betrieb und für seine Entwicklung bestimmt und der Aufsichtsrat demgegenüber nur Kontrollaufgaben hat, sind die Möglichkeiten der Mitbestimmung beschränkt.

Nach dem Betriebsverfassungsgesetz von 1972 ist in jedem Betrieb mit mindestens fünf Beschäftig-

Die mit einem dunkel tönenden Geräusch fliegenden **Mistkäfer** werden erst in der Dämmerung aktiv

Die Früchte der **Mispel** waren bis ins 18. Jahrhundert als Obst beliebt; die Mispel liefert auch gutes Holz für Drechslerarbeiten

Mistel

Dass die Mistel ausschließlich auf Bäumen wächst und nicht auf der Erde, beschäftigte die Gelehrten schon im Altertum. Damals wusste man noch nicht, dass die Mistel ihre Vermehrung einem ganz besonderen Kreislauf verdankt.
Die Früchte der Mistel, die im November–Dezember reifen, sind Köstlichkeiten für die im Winter nicht gerade verwöhnten Vögel. Deren Kot enthält nach dem Genuss der kleinen Früchte nicht nur die unverdaulichen Samen der Mistel, sondern er ist wie sie auch sehr klebrig. Da die Vögel ihr Geschäft gern auf Bäumen verrichten, bleibt der fruchtbare »Mist« (von dem die Pflanze auch ihren Namen ableitet) dort kleben, wo sich die schmarotzende Mistel am wohlsten fühlt: im Geäst. Hier wächst nun wieder eine neue Pflanze.

ten, die älter als 18 Jahre sind, ein **Betriebsrat** zu wählen, der in sozialen und personellen Angelegenheiten (z.B. bei Einstellungen, Entlassungen) und Fragen des Arbeitsschutzes unterschiedliche Mitwirkungsrechte besitzt (z.B. bloße Informationsrechte, aber auch echte Mitentscheidungsrechte). In Betrieben mit mehr als 100 Arbeitnehmern (ausgenommen Tendenzbetriebe) hat ein vom Betriebsrat zu wählender **Wirtschaftsausschuss** Informations- und Beratungsrechte in wirtschaftlichen Angelegenheiten. Sind in einem Betrieb mindestens fünf jugendliche Arbeitnehmer beschäftigt, ist eine **Jugendvertretung** zu bilden. Im öffentlichen Dienst entspricht dem Betriebsrat der aufgrund von Personalvertretungsgesetzen gewählte **Personalrat.**

■ **Mithras,** ein seit 1000 v. Chr. in Iran verehrter Gott des Rechts und der staatlichen Ordnung. Im 1. Jahrh. n. Chr. erlangte er im Römischen Reich als Erlösergott, der mit der Sonne verbunden war, neue Bedeutung. Besonders die Soldaten verehrten ihn. So fand man in römischen Garnisonen **Mithräen,** unterirdische Räume, die dem Kult des Mithras dienten.

■ **Mitlaut** (Konsonant), Sprachlaut, der dadurch gebildet wird, dass die ausströmende Atemluft während einer gewissen Zeit gehemmt oder eingeengt wird, z. B. p, m, r. – auch →Selbstlaut.

■ **Mitochondrien** [griech.], Organellen in allen kernhaltigen Zellen. Mitochonrien sind von zwei Membranen umhüllt, enthalten eigene Desoxyribonukleinsäure und vermehren sich durch Teilung. Sie enthalten die Enzyme des Fettsäureabbaus, des Zitronensäurezyklus und der Atmungskette, durch die das energiereiche Adenosintriphosphat (ATP) gewonnen wird.

■ **Mitose** [griech.] →Zellteilung.

■ **Mitra** [griech.] *die,* Bischofsmütze.

■ **Mittelalter,** in der europäischen Geschichte etwa die Zeit zwischen 500 (Ende des Altertums) und 1500 (Beginn der Neuzeit).

■ **Mittelamerika,** der mittlere Teil Amerikas. Mittelamerika besteht aus Zentralamerika (der Landbrücke zwischen Nord- und Südamerika) und den Westindischen Inseln. Zentralamerika reicht vom Isthmus von Tehuantepec (Landenge im südöstlichen Mexiko) bis zur Ostgrenze von Panama. – Karte S. 294

■ **mitteleuropäische Zeit,** Abkürzung **MEZ**, die Zeit, die für die Orte auf dem 15. Grad östlicher Länge gültig ist. Sie liegt um eine Stunde vor der Weltzeit (die nach dem Nullmeridian durch →Greenwich bestimmt wird) und gilt als Zonenzeit in allen Ländern Mittel- und Westeuropas (Ausnahme: Großbritannien, Irland und Portugal) sowie in Dänemark, Schweden und Norwegen. In Deutschland (seit 1980) und vielen anderen Ländern wird im Sommer auf die **mitteleuropäische Sommerzeit** (Abkürzung **MESZ**) umgestellt. Sie beginnt am letzten Sonntag im März (Vorstellen der Uhren um eine Stunde) und endet am letzten Sonntag im Oktober (Rückstellen der Uhren um eine Stunde).

■ **Mittelhochdeutsch** →deutsche Sprache.

■ **Mittellandkanal,** Kanalverbindung zwischen Weser und Elbe; der 321,3 km lange Kanal ist für Schiffe bis zu 1000 t befahrbar. Er verbindet über den Dortmund-Ems-Kanal (Anschlusskanal) das Ruhrgebiet mit der Elbe (nördlich von Magdeburg) und wird durch den Elbe-Havel-Kanal bis Berlin fortgesetzt.

■ **Mittelmächte,** die im Ersten Weltkrieg verbündeten Staaten Deutsches Reich und Österreich-Ungarn (so benannt wegen ihrer Mittellage zwischen den Gegnern in West- und Osteuropa), dann auch auf die Bündnispartner Türkei und Bulgarien ausgedehnt. Die Gegenpartei bildeten die Alliierten (Großbritannien, Frankreich, Russland, später auch die USA und Japan).

■ **Mittelmeer,** Nebenmeer des Atlantischen Ozeans zwischen Südeuropa, Nordafrika und Vorderasien. Man unterscheidet mehrere Teile, so u. a.: das Tyrrhenische, das Adriatische und das Ägäische Meer; das Schwarze Meer ist ein Nebenmeer des

Mittelmeers. Die größte Tiefe beträgt 5 121 m (westlich der Peloponnes). In den Küstengebieten, deren Klima durch heiße Sommer und milde Winter gekennzeichnet ist, gedeihen u.a. Zitrusfrüchte, Oliven, Wein und Feigen.

- **Mittelsteinzeit** →Steinzeit.
- **Mittelstreckenlauf** →Lauf.
- **Mittelwellen,** Abkürzung MW, →Rundfunk.
- **Mittelwort** →Partizip.
- **Mitternachtssonne,** eine Erscheinung in den Gebieten zwischen den Polarkreisen und den Erdpolen: Im Sommer sinkt die Sonne auch um Mitternacht nicht unter den Horizont **(Polartag).** An den Polarkreisen ist die Mitternachtssonne nur an einem Tag zu beobachten **(Mittsommernacht).** Polwärts nimmt die Zeitdauer der Mitternachtssonne ständig zu, an den Polen selbst dauert die Mitternachtssonne ein halbes Jahr. Auf der entgegengesetzten Seite der Erdkugel herrscht eine entsprechend lange **Polarnacht.** Die Mitter-

Mittelamerika: Staatliche Gliederung

Staat/Inseln	Staatsform	Fläche in km²	Ew. in 1 000	Hauptstadt/ Verwaltungssitz
Antigua und Barbuda	Königreich	442	67	Saint John's
Bahamas	Königreich	13 878	284	Nassau
Barbados	Königreich	430	259	Bridgetown
Belize	Königreich	22 966	236	Belmopan
Costa Rica	Republik	51 100	3 674	San José
Dominica	Republik	751	65	Roseau
Dominikan. Republik	Republik	48 734	8 130	Santo Domingo
El Salvador	Republik	21 041	5 939	San Salvador
Grenada	Königreich	344	97	Saint George's
Guatemala	Republik	108 889	12 336	Guatemala
Haiti	Republik	27 750	6 884	Port-au-Prince
Honduras	Republik	112 088	5 997	Tegucigalpa
Jamaika	Königreich	10 990	2 539	Kingston
Kuba	Republik	110 861	11 096	Havanna
Mexiko	Republik	1 953 162	97 366	Mexiko
Nicaragua	Republik	129 494	4 717	Managua
Panama	Republik	75 517	2 778	Panama
Saint Kitts and Nevis	Königreich	262	43	Basseterre
Saint Lucia	Königreich	616	154	Castries
Saint Vincent and the Grenadines	Königreich	389	120	Kingstown
Trinidad und Tobago	Republik	5 128	1 102	Port of Spain
abhängige Gebiete				
von Frankreich:				
Guadeloupe		1 705	421	Basse-Terre
Martinique		1 128	411	Fort-de-France
von Großbritannien				
Anguilla		96	11	The Valley
British Virgin Islands		153	19	Road Town
Cayman Islands		259	39	George Town
Montserrat		102	13	Plymouth
Turks- und Caicosinseln		497	17	Grand Turk
von den Niederlanden:				
Aruba		193	69	Oranjestad
Niederländische Antillen		800	210	Willemstad
von den USA:				
Puerto Rico		8 959	3 888	San Juan
Virgin Islands of the United States		352	120	Charlotte Amalie

nachtssonne ist durch Achsenstellung der Erde zur →Ekliptik bedingt.

■ **Mitterrand** [miterang], François, französischer Politiker, *Jarnac (Département Charente) 26. Oktober 1916, †Paris 8. Januar 1996. Mitterand war 1944 Mitglied in de Gaulles Provisorischer Regierung und zwischen 1947 und 1957 mehrfach Minister. In der französischen Staatskrise 1958 bezog er gegen de Gaulle Stellung und bemühte sich seit Gründung der Fünften Republik (1959) um die Sammlung der Linken. 1971–80 war er Generalsekretär der neu gegründeten Sozialistischen Partei. 1981–95 war Mitterand Staatspräsident.

■ **mittlerer Bildungsabschluss** (früher mittlere Reife), der erfolgreiche Abschluss des 10. Schuljahres (Sekundarstufe I) an Realschulen, an Hauptschulen mit Aufbauklassen, an Gesamtschulen und an Gymnasien. Gleich gewertet werden der erfolgreiche Abschluss einer Berufsfachschule, die mit meist zweijähriger Schulzeit auf der Hauptschule aufbaut, sowie der Abschluss der Berufsaufbauschulen. Der mittlere Bildungsabschluss ermöglicht den Zugang zu einer Reihe gehobener Berufe u. a. in Wirtschaft und Verwaltung. Er ist Voraussetzung für den Besuch von Fachoberschulen (Fachoberschulreife) und qualifiziert in besonderen Fällen für die gymnasiale Oberstufe.

■ **mm,** Einheitenzeichen für die Längeneinheit Millimeter (→Meter).

■ **Mobbing** [engl. to mob, = über jemanden herfallen] *das,* Bezeichnung für wiederholte feindselige Handlungen durch Kollegen oder Vorgesetzte **(Bossing)** am Arbeitsplatz, die gegen eine Person gerichtet sind, z. B. üble Nachrede, Schikanen, sexuelle Belästigung.

■ **mobil** [lat.], beweglich, nicht an einen festen Ort gebunden.

■ **Mobilfunk,** die Gesamtheit aller beweglichen Landfunkdienste. Der Mobilfunk ermöglicht drahtlose Ferngespräche (Übertragung mittels elektromagnetischer Wellen) von jedem Ort aus (u. a. Autotelefon). Neben dem seit 1985 betriebenen C-Netz (inzwischen **C-Tel** genannt) bestehen die digitalen Mobilfunknetze **D 1** (Betreiber: Deutsche Telekom AG), **D 2** (Betreiber: Mannesmann Mobilfunk GmbH), **e-plus** (Betreiber: e-plus Mobilfunk GmbH, ein Firmenkonsortium von VEBA und Thyssen) und **E 2** (Betreiber: E 2 Mobilfunk GmbH & Co KG, ein Unternehmen der VIAG AG und British Telecom).
In den Mobilfunknetzen werden die Verbindungen über Funkzellen (Waben) aufgebaut. Meldet sich ein →Mobiltelefon durch Einschalten des Geräts im Netz an, wird in der Netzdatenbank automatisch

Mittelamerika

der Standort des Geräts erfasst (über die Anmeldung bei dem betreffenden Netzknoten) und die Zugangsberechtigung geprüft. Zusätzlich erfolgt eine automatische Abfrage, ob das sich einbuchende Mobiltelefon als gestohlen gemeldet ist. Bei Geräten, die bereits in das Netz eingebucht sind, wird im Stand-by-Modus in regelmäßigen Abständen ein Funkkontakt zwischen Funktelefon und Festsender hergestellt. Das Netz weiß daher stets, wo das Funktelefon angeklingelt werden muss.

■ **Mobiltelefon,** kleines ortsungebundenes und netzunabhängiges Telefon. Im Unterschied zum schnurlosen Telefon arbeitet das Mobiltelefon zwar auch mithilfe funktechnischer Übertragung, wird aber nicht am analogen Festnetz angeschlossen, sondern nutzt eines der Mobilfunknetze (→Mobilfunk). Für jedes Telefonat muss eine **p**ersönliche **I**dentifikations**n**ummer (PIN) eingegeben werden.

■ **Moçambique** [moßambik, portugiesisch mussambik[e]] (Mosambik), Republik an der Küste Südostafrikas; im Norden ein Hoch- und Gebirgsland, im Süden und an der Küste ein ebenes Niederungsgebiet mit tropischen Wäldern. Die Landwirtschaft ist der wichtigste Wirtschaftszweig. Angebaut werden Grundnahrungsmittel (u.a. Maniok, Mais, Hirse) und für den Export Cashewnüsse, Zuckerrohr und Baumwolle. Die Vielfalt von Bodenschätzen (u.a. Erdgas, Kupfer) wird kaum wirtschaftlich genutzt; bisher werden nur Kohle, Salz und Bauxit in nennenswertem Umfang abgebaut.
98% der Bevölkerung gehören zu 76 ethnischen Gruppen von Bantuvölkern; etwa 50% hängen Naturreligionen an, je 20% sind Christen und Muslime.

Geschichte: Moçambique war eine portugiesische Kolonie, ehe es 1975 (als Volksrepublik Moçambique) unabhängig wurde. Nach langen Jahren des Bürgerkriegs, dessen Folgen noch heute spürbar sind (Zerstörung der Infrastruktur, schätzungsweise 2 Mio. Landminen u.a.), erhielt Moçambique 1990 eine republikan. Verfassung. Es wurde ein Mehrparteiensystem eingeführt. Seit 1995 ist Moçambique (das einzige nicht englischsprachige) Mitglied des Commonwealth of Nations.

■ **Modalsatz** →Umstandssatz.

■ **Modalverb,** ein Verb, das (in Verbindung mit einem Infinitiv) die persönliche Einstellung des Sprechers zum Inhalt der Aussage oder die Bedingung für die Verwirklichung des verbalen Geschehens ausdrückt, z.B. ich *kann, muss, soll, will, darf* arbeiten. Diese Verben können auch als Vollverben gebraucht werden, z.B. er *will* ins Kino.

■ **Modell** [italienisch] *das,* **1)** *allgemein:* Vorbild; Abbild, gedankliche Vorstellung; Entwurf, Muster.
2) *Malerei* und *Bildhauerkunst:* ein Naturgegenstand (Person, Tier oder Pflanze), der als Vorbild einer künstlerischen Gestaltung dient.

■ **Modem** [Kurzwort aus Modulator und Demodulator] *der,* ein elektronisches Zusatzgerät zur Datenübertragung auf Fernsprechleitungen (z.B. beim Internet). Modems wandeln Daten in akustische Signale um zur Übermittlung per Telefon und auf der Empfängerseite zurück in eine »computerverständliche« Form.

Moçambique
Fläche 801 590 km²
Einwohner 18,691 Mio.
Hauptstadt Maputo
Amtssprache Portugiesisch
Nationalfeiertag 25. 6.
Währung 1 Metical (MT) = 100 Centavos (CT)
Zeitzone MEZ +1 Std.

Moçambique

Flagge

Wappen

■ **moderato** [italienisch], musikalische Tempobezeichnung mit der Bedeutung: gemäßigt.

■ **Moderator** [lat.] *der,* **1)** *allgemein:* ein Redakteur, der durch eine Sendung in Hörfunk und Fernsehen führt, indem er die Beiträge (meist) kommentierend verbindet.
2) *Reaktortechnik:* in Kernreaktoren benötigte Substanz, um schnelle Neutronen abzubremsen.

■ **moderner Fünfkampf,** sportlicher Vielseitigkeitswettbewerb; umfasst Schießen mit der Luftpistole, Fechten mit dem Degen, Schwimmen in beliebigem Stil (Männer 300 m, Damen 200 m), Springreiten mit zugelosten Pferden und einen Geländelauf (Männer 4000 m, Damen 2000 m)..

■ **Modul** [lat.] *das,* **1)** *Datenverarbeitung:* austauschbares Teil eines Geräts (Hardware) oder eines Programms (Software) mit einer ganz bestimmten

Funktion, das eine geschlossene Funktionseinheit bildet und mit anderen Moduln über Schnittstellen verbunden ist.

2) *Elektrotechnik:* eine Schaltungseinheit, die aus mehreren Bauelementen zusammengesetzt ist, z. B. das Empfangsmodul eines Fernsehgerätes.

■ **Modulation** [lat.] *die,* **1)** *Musik:* der Übergang von einer Tonart in eine andere.

Dieser **Mohn,** der Klatschmohn, ist in ganz Europa auf Äckern und Ödland verbreitet; seine leuchtend roten Blüten haben am Grund schwarze Flecken und deren Kronblätter wurden früher zur Herstellung von Tinte verwendet

2) *Nachrichtentechnik:* das Aufprägen einer Schwingung niederer Frequenz auf eine Trägerschwingung hoher Frequenz.

Wird durch die niederfrequente Schwingung die Amplitude (Schwingungsweite) der Trägerschwingung verändert, spricht man von einer **Amplitudenmodulation;**

wird die Frequenz der Trägerschwingung verändert, spricht man von einer **Frequenzmodulation;** wird die Phasenlage verändert, dann handelt es sich um eine **Phasenmodulation.**

Bei Rundfunkübertragungen werden die Schallschwingungen zunächst durch ein →Mikrofon in elektrische Schwingungen umgewandelt, mit denen dann eine hochfrequente Trägerschwingung moduliert wird. Im Rundfunkempfänger erfolgt dann wieder die Trennung von Trägerschwingung und schallfrequenter Schwingung (Demodulation). Im Lang-, Mittel- und Kurzwellenbereich wird meist die Amplitudenmodulation, im UKW-Bereich die Frequenzmodulation verwendet.

■ **Modus** (Aussageweise) →Verb.

■ **Mofa** →Kraftrad.

■ **Möglichkeitsform** (Konjunktiv) →Verb.

■ **Mohammed** [arabisch, = der Gepriesene] (Muhammad), eigentlich Abul Kasim Mohammed Ibn Abd Allah, Stifter des Islam, *Mekka um 570, †Medina 8. Juni 632. In seinem 40. Lebensjahr wurden Mohammed, bis dahin ein Kaufmann, in der Wüste bei Mekka »göttliche Offenbarungen« zuteil, die später im →Koran aufgezeichnet wurden. Im Zentrum seiner Verkündigung stand das Bekenntnis zu Allah, dem einen Gott (→Islam). Da er in seiner Heimatstadt nicht anerkannt wurde, übersiedelte Mohammed 622 nach Medina (→Hedschra), wo er eine große Anhängerschaft gewann. Von hier aus bekehrte er die arabischen Stämme und einte sie auch politisch. Mohammed sah sich als Erneuerer der Religion Abrahams und als Nachfolger von Moses und Jesus Christus, die er als Propheten anerkannte.

Der hier mit seinem zur Paarungszeit ausgebildeten Rückenkamm abgebildete Teichmolch ist ein bräunlich olivgrüner und mit runden braunen Flecken versehener **Molch,** der in Tümpeln und Wassergräben lebt

■ **Mohammedaner,** von den Bekennern des Islam abgelehnte Bezeichnung für →Muslim.

■ **Mohikaner,** nordamerikanische Indianergruppe, die heute in Connecticut (Neuengland) lebt. Die nahe verwandten **Mahican** zogen im 17. Jahrh. vom Hudson River nach Westen und gingen in anderen Indianerstämmen auf. Bekannt wurden die Mohikaner vor allem durch James Fenimore Coopers Roman »Der letzte Mohikaner« (1826).

■ **Mohn** einjährige Kräuter oder Stauden mit weißem, giftigem Milchsaft. Die kugeligen, eiförmigen oder länglichen Kapseln enthalten eine große Anzahl von Samen. Der **Kulturmohn** ist eine wichtige Ölpflanze. Aus dem Milchsaft halbreifer Kapseln des **Schlafmohns** gewinnt man →Opium.

■ **Moiren** →Parzen.

■ **Mokick** →Kraftrad.

■ **Mol** [lat.] *das,* Einheitenzeichen **mol,** Einheit der Stoffmenge: 1 Mol ist diejenige Stoffmenge einer Substanz, die aus ebenso vielen Teilchen besteht, wie Atome in 12 g des Kohlenstoffnuklids ^{12}C enthalten sind:

$6{,}022137 \cdot 10^{23}$ Teilchen.

■ **Molche und Salamander,** eine Familie der Schwanzlurche, die vor allem in Europa und Asien leben. Es werden die zumindest zur Paarungszeit im Wasser lebenden **Molche** mit seitlich abgeflachtem Schwanz und die ganzjährig an Land lebenden **Salamander** mit rundem Schwanzquerschnitt unterschieden.

In Mitteleuropa leben der leuchtend schwarz und gelb gemusterte **Feuersalamander** sowie der schwarze **Alpensalamander.** Das Männchen des bis 18 cm langen **Kammmolchs** trägt während der Fortpflanzungszeit einen gezackten Hautkamm längs der Rückenmitte, der schwächer ausgebildet ein Kennzeichen für den **Teichmolch** ist. Der rotbäuchige **Alpen-** oder **Bergmolch** und der **Fadenmolch** (die Männchen sind mit einem Schwanzfaden ausgestattet) tragen anstelle eines Kammes eine erhöhte Längsleiste auf dem Rücken.

■ **Moldau** *die,* **1)** historisches Gebiet in →Rumänien, zwischen Ostkarpaten und Pruth. Die größte Stadt ist Jassy.

2) linker Nebenfluss der Elbe, im Gebiet der Tschechischen Republik, 440 km lang. Die Moldau entspringt im Böhmerwald und mündet bei Mělník.

■ **Moldawien,** Republik nördlich des Schwarzen Meeres, zwischen Pruth und unterem Dnjestr. Das Gebiet entspricht dem größten Teil der historischen Landschaft Bessarabien. Nach der Volkszählung von 1989 leben in Moldawien mehr als 60 Nationalitäten, in der Mehrheit Rumänen (Moldawier, 64,5 %), Ukrainer (13,8 %), Russen (13 %) und Gagausen (3,5 %). Den (mehrheitlich russisch-ukrainischen) Bewohnern der Dnjestr-Region (Trans-

Moldawien
Fläche 33 700 km²
Einwohner 4,461 Mio.
Hauptstadt Chişinău
Amtssprache Moldawisch (Rumänisch)
Nationalfeiertag 27. 8.
Währung 1 Moldau-Leu (MDL) = 100 Bani
Zeitzone MEZ +1 Std.

nistrien) wurde 1992 der Status einer nationalen Minderheit gewährt. Im Südwesten des Landes besteht das autonome Gebiet Gagausien. Moldawien besitzt eine ertragreiche Landwirtschaft und exportiert Tabak, Getreide und Obst. Im Industriebereich dominiert die Nahrungsmittelverarbeitung.

Geschichte: 1812 wurden Teile der Moldau und Bessarabiens von Russland annektiert und das Gebiet im 20. Jahrh. der Sowjetunion einverleibt (seit 1940: Moldauische Sozialistische Sowjetrepublik). 1990 erklärte Moldawien seine Souveränität innerhalb der Sowjetunion, 1991 seine Unabhängigkeit.

■ **Molekül** [frz.] *das,* Bezeichnung für durch Atombindungen (→chemische Bindung) zusammengehaltene Teilchen von zwei oder mehr gleichen oder verschiedenen Atomen.

■ **Molekularbiologie,** eine Teildisziplin der Biologie, die den Aufbau, die Regulation des Wachstums, die Differenzierung und die Wechselwirkung von Zellen untereinander auf molekularer Ebene untersucht. Die Molekularbiologie ist eine interdisziplinäre Fachrichtung, die methodisch und inhaltlich Überschneidungen sowohl mit der Biochemie als auch der Biophysik zeigt.

■ **Molière** [moljär], eigentlich Jean-Baptiste Poquelin, französischer Dichter, Schauspieler und Theaterleiter, getauft Paris 15. Januar 1622, † ebenda 17. Februar 1673. Molière zog als Theaterdirektor, Schauspieler und Regisseur mit einer Theatertruppe 13 Jahre durch Frankreich; ab 1658 spielte er mit seiner Truppe in Paris. Er beherrschte vollendet drei Typen der Komödie: die Posse (z. B. »Die lächerlichen Preziösen«, 1659), die – vom Hofe gewünschte – Ballettkomödie (z. B. »Der Bürger als Edelmann«, 1672; »Der eingebildete Kranke«, 1673) und vor allem die Charakterkomödie (z. B. »Der Geizige«, 1668; »Der Menschenfeind«, 1667; »Tartuffe«, 1669). Die Musik zu den Ballettkomödien schrieb der französische Hofkomponist Jean-Baptiste Lully (1632–87). – Bild S. 298

■ **Molke** →Milch.

■ **Moll** [lat. mollis, = weich] *das,* Tongeschlecht mit der kleinen →Terz. – auch →Dur.

■ **Mollusken** [lat.], wissenschaftlicher Name der →Weichtiere.

■ **Moloch,** nach dem Alten Testament ein heidnischer Gott, dem Kinder durch Feuertod geopfert wurden; im übertragenen Sinn eine Macht, die alles verschlingt (z. B. »der Moloch Großstadt«).

■ **Molukken,** indonesische Inselgruppe zwischen Celebes und Neuguinea, mit 1,8 Mio. Einwohnern. Der Verwaltungssitz ist Ambon. Die größten Inseln sind Halmahera, Ceram und Buru. Die Gewürze der Molukken **(Gewürzinseln)** waren schon im Altertum begehrte Handelswaren; heute ist ihre Bedeutung stark zurückgegangen und Kopra (neben Gewürzen) Hauptexportprodukt.

■ **Molybdän** *das,* ein metallisches chemisches Element, ein hartes, sprödes, graues Schwermetall. Molybdän ist als Bestandteil einiger Enzyme ein essenzielles Spurenelement. Es wird in Pigmenten, Katalysatoren, in der Elektrotechnik und als Legierungsbestandteil (vor allem in Stählen) verwendet.

Molybdän
chemisches Symbol: Mo
Ordnungszahl: 42
relative Atommasse: 95,94
Dichte: 10,22 g/cm³
Schmelzpunkt: 2 623 °C
Siedepunkt: 4 639 °C

■ **Monaco,** Fürstentum in Südeuropa, an der Côte d'Azur. Monaco besteht aus vier städtischen Bezirken: Monaco-Ville mit dem Fürstenpalast, La Condamine mit dem Jacht- und Handelshafen, Fontvieille und **Monte Carlo** mit dem Spielcasino. Das milde Klima und die reizvolle Lage am Mittelmeer haben Monacos Entwicklung zu einem Zentrum des Fremdenverkehrs begünstigt. Nur ein kleiner Teil der Wohnbevölkerung sind echte Monegassen (20,8 %); 47 % sind Franzosen, 16 % Italiener.

Geschichte: Monaco untersteht seit 1331 der aus

Moldawien

Flagge

Wappen

Monaco
Fläche 1,95 km²
Einwohner 33 000
Hauptstadt Monaco
Amtssprache Französisch
Nationalfeiertag 19. 11.
Währung 1 Französischer Franc (FF) = 100 Centimes (c)
Zeitzone MEZ

Monaco

Flagge

Wappen

Genua stammenden Adelsfamilie Grimaldi; Staatsoberhaupt ist (seit 1949) Rainier III. (*1923). Die Schutzmächte wechselten mehrmals (seit 1918 Frankreich).

■ **Monarchie** [griech., = Alleinherrschaft] *die*, Staatsform, in der eine besonders legitimierte Person, der erbliche oder gewählte **Monarch**, selbstständiges, dauerndes Staatsoberhaupt ist, zunächst als Alleinherrscher, der alle Staatsgewalt in seiner Person vereinigte **(absolute Monarchie)**.
In der **konstitutionellen Monarchie** ist seine Gewalt durch eine Verfassung (Konstitution) beschränkt, besonders ist die Volksvertretung (Parlament) an der Gesetzgebung und Festsetzung des Budgets beteiligt.
In der **parlamentarischen Monarchie** beschränkt sich die Macht des Monarchen auf die Repräsentation.

■ **Monat,** ursprünglich die Zeit eines Mondumlaufs um die Erde (Mondmonat); er dauert etwa 29,5 Tage. Die heutige Einteilung des Jahres in zwölf Monate entspricht jedoch nicht den Umlaufzeiten und den Phasen des Mondes, sondern wurde von Papst Gregor XIII. 1582 (→Kalender) festgelegt, um eine brauchbare Einteilung des (durch den Umlauf der Erde um die Sonne festgelegten) Jahres zu erreichen.

■ **Mönch** *der*, Gipfel in den Berner Alpen (Schweiz), südwestlich von Grindelwald, 4 107 m hoch.

■ **Mönchtum,** eine in verschiedenen Religionen verbreitete Lebensform von Männern (Mönche) oder Frauen (Nonnen), die einzeln oder in Gemeinschaften (Mönchs- und Nonnenkloster) ein asketisches Leben führen (z. B. Armut, sexuelle Enthaltsamkeit) und das religös begründen.
Die älteste Form des Mönchtums im Christentum ist das zurückgezogene Leben als Eremit (Einsiedler). Für die Mönchsgemeinschaft stellte →Benedikt von Nursia Regeln auf, die bis heute weithin gültig sind. Mit den mittelalterlichen (→Bettelorden) und neuzeitlichen Reformbewegungen (→Jesuiten) öffnete sich das Mönchtum dem Wirken an der Welt (Predigt, Seelsorge, Erziehung, Krankenpflege, Mission).
Eine große Rolle spielt das Mönchtum auch im Buddhismus.

■ **Mond, 1)** der Begleiter eines Planeten.
2) der einzige natürliche Begleiter der Erde (Erdmond) und somit der der Erde nächste Himmelskörper. Der Mond umkreist in einem Monat einmal die Erde, mit ihr gemeinsam binnen eines Jahres die Sonne. Die Mondbahn ist gegen die →Ekliptik geneigt. Der Mond ist 384 403 km von der Erde entfernt (mittlere Entfernung), sein Durchmesser beträgt 3 476 km (0,272 des Erddurchmessers). Am auffälligsten am Mond sind für den Menschen die Mondphasen (Vollmond, abnehmender Mond, Neumond und zunehmender Mond). Der Mond hat keine eigene Leuchtkraft, er wird von der Sonne angestrahlt. Die Mondphasen (Lichtphasen des Mondes) sind von der Stellung von Sonne und Mond zueinander abhängig. Der Mond dreht sich einmal um sich selbst in der Zeit, in der er einen Umlauf um die Erde vollzieht. Dadurch sieht man immer dieselbe Seite des Mondes. Schon mit bloßem Auge kann man auf dem Mond hellere und dunklere Flecken erkennen. Die dunklen, flachen tief liegenden Maria (Einzahl: Mare) zeigen außer schmalen Erhebungen, Kleinkratern und Rillen

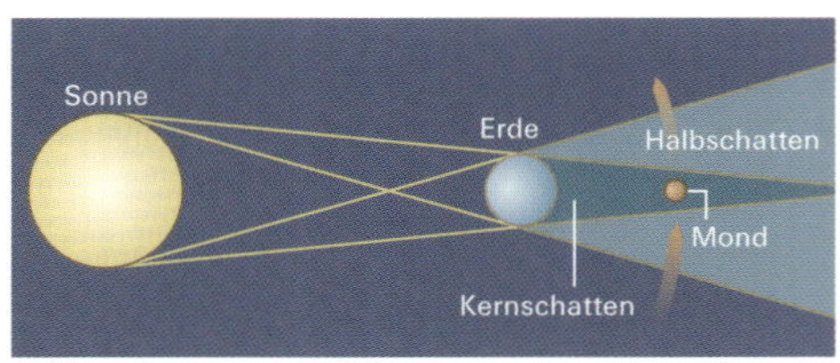

Bei einer **Mondfinsternis** liegt der Mond im Schattenkegel der Erde und wird von der Sonne nicht mehr beleuchtet; daher kann er auch nicht zurückleuchten

Molière war im Spiel wie im wirklichen Leben ein geborener Theatermacher; in seinem letzten Werk »Der eingebildete Kranke« spielte er als todkranker Mann die Hauptrolle, während der vierten Vorstellung starb er im Kostüm des eingebildeten Kranken; die hier abgebildete Lithographie nimmt Bezug auf diese Szene

kein auffallendes Relief. Für die Oberfläche sind kraterförmige Formationen typisch. Je nach Größe unterscheidet man Krater, Kraterebenen, Ring- und Wallsysteme (diese oft mit einem Durchmesser von mehr als 200 km). Heutige Karten zeigen auf der der Erde zugewandten Seite mehr als 33 000 Krater, doch ist durch die Mondsonden bewiesen worden, dass diese kraterartigen Formationen sich in noch kleineren Größenordnungen (Durchmesser von wenigen Metern) fortsetzen. Es gibt auf dem Mond aber auch Gebirgsketten, Hügellandschaften und einzelne Berge, die oft am Rande von Maria bis mehr als 6 000 m aufsteigen. Typisch sind auch Rillen, schmale Schluchten, die oft 300–500 km lang sind. Da dem Mond eine →Atmosphäre fehlt, strahlt die Sonne ungehindert auf diesen Himmelskörper. Auf der beschienenen Mondseite (Tagseite) herrscht eine Temperatur von etwa 130 °C, während sie auf der Nachtseite auf etwa −160 °C abfällt. Die Anziehungskraft des Mondes ist für die Entstehung der →Gezeiten wesentlich.

Bereits der griechische Philosoph Anaxagoras (5. Jahrh. v. Chr.) erklärte die Mondphasen und die Mondfinsternisse richtig. Galilei konnte 1610 durch Beobachtungen mit dem Fernrohr Unebenheiten auf dem Mond feststellen; er schuf auch die erste Karte vom Mond. Die ersten fotografischen Aufnahmen vom Mond stammen von Henry Draper (1837–82). Teleskopaufnahmen wurden in den Jahren nach 1950 durch Aufnahmen von (teils bemannten) Mondsonden ergänzt. Im Dezember 1968 wurde der Mond erstmals von einer bemannten Mondsonde umrundet. Am 20. Juli 1969 landeten die Amerikaner Neil Alden Armstrong (*1930) und Edwin Eugene Aldrin (*1930) im Rahmen des Apollo-Programms auf dem Mond (Rückstart nach 21 Stunden und 36 Minuten mit 27 kg Gesteinsproben); fünf weitere Landungen auf dem Mond folgten bis 1972 (→Raumfahrt).

■ **Mondfinsternis,** die Verfinsterung des Mondes. Sie kommt dadurch zustande, dass die Erde in die Verbindungslinie Sonne–Mond tritt und so der Mond in ihrem Schatten steht. Wird der Mond nur teilweise verdunkelt, spricht man von ei-

Im äußeren Ring sind die Mondphasen so aufgezeichnet, wie sie von der Erde aus zu sehen sind.

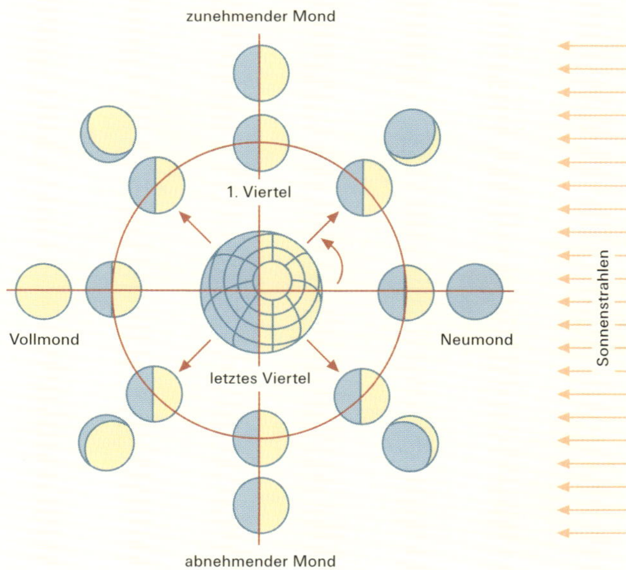

Die Trennlinie zwischen dem beleuchteten und dem unbeleuchteten Teil des **Mondes** ist im ersten und letzten Viertel eine gerade Linie, während der anderen Phasen eine Halbellipse; aus der Stellung der Sonne zum Mond ergibt sich auch, dass man den zunehmenden Mond nur am Abendhimmel und den abnehmenden Mond nur am Morgenhimmel sehen kann

ner partiellen, bei völliger Verdunkelung von einer totalen Mondfinsternis.

■ **Monet** [monä], französischer Maler, Claude, *Paris 14. November 1840, †Giverny (Département Eure) 6. Dezember 1926. Mit seinen in freier Natur gemalten Landschafts- und Städtebildern versucht Monet, die Veränderungen des Lichts wiederzugeben. Sein Bild »Impression, soleil levant« (»Eindruck bei Sonnenaufgang«, 1872) gab der Stilrichtung des →Impressionismus ihren Namen.

■ **Mongolei,** das von den Mongolen bewohnte Gebiet im Nordosten Zentralasiens. Die →Innere Mongolei gehört als autonome Region zu China, die **Äußere Mongolei** bildet den Staat →Mongolei.

Mongolei
Fläche 1566500 km²
Einwohner 2,624 Mio.
Hauptstadt Ulan-Bator
Amtssprache Mongolisch
Nationalfeiertage 11. 7. und 26. 11.
Währung 1 Tugrik (Tug.) = 100 Mongo
Zeitzone MEZ +7 Std.

Mongolei

Flagge

Wappen

■ **Mongolei,** Republik in Zentralasien. Das Land ist eine von Gebirgsketten durchzogene Hochfläche. Der größte Teil ist Steppe und Halbwüste; den Süden und Südosten nimmt die Wüste Gobi ein. In der Mongolei wird vor allem Viehwirtschaft betrieben. Die reichen Bodenschätze werden noch wenig genutzt (bislang vor allem Kohle, Kupfer, Molybdänerze).

Die Bevölkerung besteht zu 90% aus Mongolen; traditionell vorherrschend ist der lamaistische Buddhismus.

Geschichte: Die Mongolei war bis 1911 Teil des chinesischen Reiches. Mithilfe sowjetischer Truppen erkämpfte sich das Land die Unabhängigkeit. Die daraufhin 1924 gegründete Mongolische Volksrepublik wurde erst 1946 von China anerkannt. 1990 gab die Kommunistische Partei ihren Führungsanspruch auf, es fanden freie Parlamentswahlen statt. Der Staatsname wurde 1992 in Mongolei geändert.

■ **Mongolen,** innerasiatische Völkergruppe in der →Mongolei und den angrenzenden Gebieten. In der Äußeren Mongolei leben rund 2 Mio., in China rund 4,8 Mio. Mongolen. Sie sind bis heute großenteils Nomaden, das wichtigste Herdentier ist das Schaf. Mongolen leben in Jurten, das sind runde, aus Holzgittern und darüber gespannten Filzdecken gebildete Zelte. Altüberlieferte Bräuche wie Reiterspiele, Ringkämpfe und Bogenschießen werden weiterhin gepflegt.

Unter →Dschingis Khan geeint, schufen die Mongolen im 13. Jahrh. ein Weltreich, das ab 1260 nach der Eroberung ganz Chinas unter Kubilai in drei Teilreiche zerfiel: das Reich der →Goldenen Horde, das Reich der Ilchane (in Iran) und die Mongolei mit China.

■ **Mongolismus** *der,* frühere Bezeichnung für das →Down-Syndrom.

■ **Monismus** [griech.] *der,* philosophische Lehre, die die Welt aus einem einziges Prinzip heraus erklärt. So ist z. B. nach dem Materialismus alles Materie oder auf Materie zurückzuführen. – auch →Dualismus.

■ **Monitor** [lat.] *der,* allgemein eine Kontroll- oder Prüfeinrichtung, auch Bezeichnung für einen Bildschirm; beim Fernsehen ein Bildschirmgerät zur Überprüfung von Bildaufzeichnungen.

■ **mono..., Mono...** [auch: mono...; griech.], Bestimmungswort von Zusammensetzungen mit der Bedeutung »allein«, »einzeln«.

■ **Monogamie** →Ehe.

■ **Monogramm** [griech.] *das,* Namenszeichen, das meist aus den Anfangsbuchstaben von Vor- und Nachnamen gebildet wird.

■ **Monokultur,** landwirtschaftliche Nutzungsform, bei der der Boden über Jahre hinweg mit derselben Kulturpflanzenart (vor allem Mais, Tabak) bebaut wird. Höheren Erträgen und Arbeitseinsparungen stehen Bodenmüdigkeit (Verlust von Nährstoffen, Erosion) und verstärkte Anfälligkeit für Krankheiten und Schädlinge gegenüber.

■ **Monolith** [griech.] *der,* ein einzelner Steinblock, z. B. ein Menhir; auch ein kunstvoll bearbeiteter Steinblock, z. B. ein Obelisk.

■ **Monolog** [griech.] *der,* die (längere) Rede einer Person während eines Gesprächs; auch der längere, selbstgesprächähnliche Vortrag einer Person im Schauspiel. – auch →Dialog.

■ **Monopol** [griech.] *das,* eine Marktform mit nur einem Anbieter (Monopolist). Der Hersteller oder Verkäufer kann den Preis bestimmen, da die Güter oder Dienstleistungen nur bei ihm erhältlich sind; der freie Wettbewerb ist ausgeschaltet. Wegen der Gefahr des Missbrauchs unterliegt die Monopolbildung in fast allen Staaten gesetzlichen Bestimmungen. Bei einem **Staatsmonopol** besitzt der Staat ein Monopol für die Herstellung oder den Verkauf bestimmter Güter und Dienstleisungen (z. B. Branntweinmonopol in Deutschland). – Ist die Nachfrage in einer Hand vereinigt, so spricht man vom **Monopson**.

■ **Monotheismus** [griech.] *der,* der Glaube an einen einzigen Gott. Monotheistische Religionen sind das Judentum, das Christentum und der Islam.

■ **Monrovia,** Hauptstadt von Liberia, am Golf von Guinea, mit 962 000 Einwohnern; der wichtigste Freihafen Afrikas. – Monrovia wurde 1822 von freigelassenen Sklaven aus den USA gegründet und 1824 nach dem amerikanischen Präsidenten James Monroe (1758-1831) benannt.

■ **Monstranz** [lat.] *die,* in der katholischen Kirche ein kunstvolles Gefäß, in dem die geweihte Hostie gezeigt wird (z. B. bei Prozessionen).

■ **Monsun** [arabisch] *der,* beständiger Wind in den Tropen, der halbjährlich die Richtung wechselt. Im Sommerhalbjahr weht er vom Meer zum Land und bringt dabei Regen; im Winterhalbjahr weht er trocken vom Land zum Meer. Der Monsun ist besonders ausgeprägt in Süd- und Ostasien, wo er das **Monsunklima** mit Regenzeiten von Mai bis Oktober und Trockenzeiten von November bis April verursacht. Hervorgerufen wird der Monsun dadurch, dass sich im Sommer die Landmasse schneller erwärmt als das Meer. Die über dem Land erwärmten Luftmassen steigen hoch, und die dichtere Luft von den benachbarten, kühleren Meeren drängt nach. Im Winter ist der Vorgang umgekehrt.

■ **Montage** [montasche; frz.] *die,* Zusammenbau eines Gerätes oder eines Bauwerks aus Einzelteilen.

■ **Montanindustrie,** Unternehmen der Bergbau-, Hütten- und Schwerindustrie.

■ **Montanunion** →Europäische Gemeinschaft für Kohle und Stahl.

■ **Montblanc** [mongblang] *der,* der höchste Gipfel der Alpen und Europas, in der Montblancgruppe, an der französisch-italienischen Grenze. Der Montblanc ist 4 807 m hoch und stark vergletschert. Seit 1965 verbindet ein 11,6 km langer Straßentunnel die französische und die italienische Seite. Der Hauptgipfel wurde erstmals 1786 von Jacques Balmat (1762–1834) und Michel Paccard (1757–1827) bestiegen.

■ **Monte Carlo** →Monaco.

■ **Montenegro** (serbokroatisch Crna Gora), Teilrepublik der Bundesrepublik →Jugoslawien, mit 13 812 km² und 800 000 Einwohnern (außer Montenegrinern vor allem Serben und Albaner). Die Hauptstadt ist Podgorica. Montenegro ist ein raues, zum Teil bewaldetes Gebirgsland mit einem schmalen Küstenstreifen an der Adria. Nördlich des Skutarisees liegt eine fruchtbare Ebene, in der u. a. Getreide und Obst angebaut werden.

Geschichte: Montenegro stand seit dem 16. Jahrh. unter türkischer Oberhoheit. Um die Mitte des 19. Jahrh. wurde es erbliches Fürstentum, 1910 Königreich. Nach 1918 gehörte es zum Königreich der Serben, Kroaten und Slowenen, nach dem Zweiten Weltkrieg zu →Jugoslawien (historischer Staat).

■ **Monteverdi,** Claudio, italienischer Komponist, getauft Cremona 15. Mai 1567, †Venedig 29. November 1643. Monteverdi entwickelte einen neuen Kompositionsstil; er verlieh dem Text und der Textdeutung mehr Gewicht als den Tonsatzregeln. Monteverdi komponierte ausdrucksstarke Madrigale und die ersten Meisterwerke der neu entstandenen Gattung der Oper (u. a. »Orfeo«, 1607). Seine Spätwerke (u. a. »Die Krönung der Poppaea«, 1642) galten bis in das 18. Jahrh. als verbindliches Vorbild für die Oper.

■ **Montevideo,** Hauptstadt Uruguays, am Río de la Plata, mit 1,38 Mio. Einwohnern (über 40 % des Landes). Montevideo ist Kulturzentrum (mit Universität) und wichtigster Industriestandort. Ausgehend von der schachbrettartigen Altstadt im Kolonialstil und dem Hauptgeschäftszentrum erstreckt sich die Stadt mit vielen Parks und breiten Alleen weit ins Hinterland.

■ **Montmartre** [mongmartre] *der,* Stadtteil auf einer Anhöhe im Norden von Paris; bekannt als Künstler- und Vergnügungsviertel.

■ **Montreal** [...triąl] (frz. Montréal), größte Stadt Kanadas, in der Provinz Quebec, mit 1,02 Mio. Einwohnern (mit Vorstädten 3,13 Mio.). Montreal liegt auf einer Insel im Sankt-Lorenz-Strom. Es ist ein wichtiges kulturelles Zentrum (u. a. vier Universitäten), wirtschaftlicher Mittelpunkt Kanadas und wichtiger Verkehrsknotenpunkt.
Die 1642 gegründete Stadt war während der Kolonialzeit eine wichtige französische Bastion. 1760 Großbritannien überlassen und 1775/76 von amerikanischen Truppen besetzt, war Montreal 1844–49 Hauptstadt Kanadas.

■ **Monument** [lat.] *das,* Denkmal.

■ **Moor** (je nach Landschaft auch Ried, Bruch, Moos, Fehn, Venn u. a. genannt), ein feuchtes,

Diese in Sonnenform gestaltete **Monstranz** aus dem 18. Jahrhundert wird heute im Bamberger Diözesanmuseum aufbewahrt

schwammiges Gelände mit charakteristischen Pflanzengesellschaften auf einer mindestens 30 cm mächtigen Torfdecke. Moore entstehen dort, wo mehr Wasser (Niederschläge, Grundwasser) auftritt als abfließt, versickert oder verdunstet. Zur Bildung von **Flachmooren** (Niedermooren) kommt es, wenn stehende Gewässer durch Pflanzenwuchs vom Ufer aus verlanden oder wenn ein Gebiet immer wieder überschwemmt wird. Hier wachsen vor allem Rohrkolben, Seggen, Schilf, Schwarzerle, Weide und Moose. **Hochmoore** bilden sich im Wesentlichen aus Torfmoos bei reichlichen Niederschlägen und hoher Luftfeuchtigkeit. Sie sind von der Wasserzufuhr durch das Grundwasser völlig unabhängig. Das Torfmoos überwächst immer wieder die eigenen unteren Schichten, die dabei absterben. Durch das ständige Wachstum an der Oberfläche, das in der Mitte am stärksten ist, entsteht eine leichte, uhrglasförmige Wölbung (daher die Bezeichnung Hochmoor). Bisweilen bildet sich in der Mitte, wenn die Wölbung »reißt«, ein See (Moorauge). Zur typischen Pflanzenwelt der Hochmoore gehören neben dem Torfmoos vor allem Wollgras, Glockenheide und Binsen. Moore gehören zu den am stärksten gefährdeten Ökosystemen in Mitteleuropa.

Morcheln sind als Speisepilze sehr beliebt

■ **Moore** [mu^{e}], Henry, britischer Bildhauer und Grafiker, *Castleford (bei Leeds) 30. Juli 1898, †Much Hadham (County Hertfordshire) 31. August 1986. In monumentalen Plastiken aus Stein, Holz und Bronze stellte Moore meist den menschlichen Körper (oft liegend oder in Gruppen) dar. Er vereinfachte ihn dabei bis zu seiner Grundform (Stilisierung).

■ **Moose,** eine Abteilung des Pflanzenreichs mit rund 25 000 weltweit verbreiteten Arten. Mosse lassen sich in die beiden Klassen Leber- und Laubmoose gliedern. Die Mosse bilden noch keine echten Wurzeln und Gefäßbündel aus und haben einen charakteristischen →Generationswechsel. Ihre Samenzellen besitzen zwei peitschenförmige Geißeln, mit deren Hilfe sie z. B. in einem Regentropfen die Eizelle, die chemische Lockstoffe ausscheidet, schwimmend erreichen können, um sie zu befruchten.

■ **Moped** →Kraftrad.

■ **Moral** [lat., = die Sitten betreffend(e Philosophie)] *die,* Bezeichnung für die Normen und Werte, die in einer Gesellschaft, einer Gruppe oder von einem einzelnen Menschen als verbindlich anerkannt werden. So umfasst die Sexualmoral die Regeln, denen das Ausleben der Sexualität unterworfen werden soll (z. B. war der Geschlechtsverkehr lange Zeit nur innerhalb der Ehe gesellschaftlich »erlaubt«). Mit den Gesetzen des sittlichen Verhaltens befasst sich in der Philosophie die →Ethik. – Moral bezeichnet auch eine Gesinnung und Einstellung (z. B. Arbeits-, Kampfmoral) oder die sittliche Nutzanwendung (z. B. einer Geschichte).

■ **Moräne** →Eiszeiten, →Gletscher.

Dieses lebensfrohe **Mosaik** zeigt eine Gasthausszene auf einem römischen Fußbodenmosaik

■ **Morcheln,** Gattung der Schlauchpilze mit 15 Arten. sie wachsen unter Eschen und Pappeln auf humus- undkalkreichen Böden. Der Hut zeigt eine wabenartig gefelderte Oberfläche.

■ **Mord,** die vorsätzliche Tötung eines Menschen aus niederen Beweggründen (z. B. Rachsucht) auf heimtückische oder grausame Weise.

■ **Morgenland,** poetische und veraltete Bezeichnung für →Orient.

■ **Morgenrot** →Abendrot.

■ **Morgenstern,** Christian, deutscher Schriftsteller, *München 6. Mai 1871, †Meran 31. März 1914. Morgenstern wurde mit witzigen, grotesken Gedichten (»Galgenlieder«, 1905) bekannt. Mit diesen geistreichen Wortspielen ist er ein früher Vertreter der →konkreten Poesie.

■ **Morgenstern,** der helle Planet Venus, der morgens bis kurz vor Sonnenaufgang am östlichen Himmel sichtbar bleibt. – auch →Abendstern.

■ **Mörike,** Eduard, deutscher Dichter, *Ludwigsburg 8. September 1804, †Stuttgart 4. Juni 1875. Er schrieb neben Balladen lyrische Liebes- und Naturgedichte, in denen sich oft Schönheit und Wirklichkeit in unauflöslicher Spannung gegenüberstehen. Sie wurden später mehrfach vertont (u. a. von Robert Schumann). Zu seinen bekanntesten Werken zählen der Roman »Maler Nolten« (1. Fassung

1832), die Märchendichtung »Das Stuttgarter Hutzelmännlein« (1853) und die Novelle »Mozart auf der Reise nach Prag« (1856).

■ **Moritat** *die,* schauerliche oder rührselige Geschichte in Liedform, die vom 17. bis zum 19. Jahrh. von umherziehenden Straßensängern **(Bänkelsängern)** zu Drehorgelmusik berichtet wurden. Der Vortrag wurde durch eine Bildtafel illustriert.

■ **Mormonen** (Kirche Jesu Christi der Heiligen der letzten Tage), eine Religionsgemeinschaft, die 1830 von Joseph Smith (1805–44) in den USA gegründet wurde. 1847 gründeten die Mormonen in der Nähe des Großen Salzsees den späteren Bundesstaat Utah mit der Hauptstadt Salt Lake City. Dort soll nach ihrer Lehre Christus wieder erscheinen und ein tausendjähriges Reich errichten. Das »Buch Mormon« und die Bibel sind Glaubensgrundlage. Die Mormonen sollen nach strengen moralischen Grundsätzen leben und auf Genussmittel verzichten. Außerdem soll jeder männliche Mormone wenigstens zwei Jahre lang missionarisch tätig sein. Es gibt weltweit etwa 10 Mio. Mormonen.

■ **Morphium** [griech.; nach Morpheus, dem Gott des Schlafes] *das,* ein Betäubungsmittel, das im →Opium enthalten ist. Es unterdrückt die Schmerzempfindung. Der Missbrauch führt zur Sucht. – auch →Drogen.

■ **Morphologie** [griech.] *die,* die Lehre von den Gestalten und Formen, z. B. der Erdoberfläche (Geographie), der Tiere und Pflanzen (Biologie); in der Sprachwissenschaft die Lehre von der Gestaltveränderung der Wörter (z. B. »Buch«, »Bücher«).

■ **Morsezeichen,** von dem amerikanischen Erfinder Samuel Morse (1791–1872) entwickeltes Alphabet für die telegrafische Nachrichtenübermittlung. Es besteht aus Punkten und Strichen, die in verschiedener Weise gesendet werden können: als kurze und lange Stromstöße über Funk oder Kabel, als kurze und lange Lichtsignale oder auch als Klopfsignale.

■ **Mosaik** [frz.] *das,* Flächendekoration aus bunten Stein-, Glas- oder Tonstückchen. Die Einzelteile werden in noch feuchten Mörtel eingedrückt. Mit Mosaiken wurden z. B. Fußböden altrömischer Villen und später Kirchenwände und -kuppeln geschmückt.

■ **Moschee** [arabisch] *die,* islamisches Gotteshaus mit einem oder mehreren schlanken Türmen (→Minarett), oft mit einer oder mehreren Kuppeln. In der Moschee findet sich die nach Mekka ausgerichtete Gebetsnische **(Mihrab)** und die Predigtkanzel **(Minbar).** Geschmückt sind die Moscheen mit kunstvollen Ornamenten und mit Koransprüchen, die in künstlerischer Schrift gestaltet sind; Darstellungen von Personen fehlen wegen des Bilderverbots des Islam. Bei jeder Moschee ist, meist im Hof, ein Brunnen zu finden, an dem die Gläubigen die Waschungen vornehmen, die vor jedem Gebet vorgeschrieben sind.

■ **Mosel** *die,* linker Nebenfluss des Rheins, in Frankreich, Luxemburg und Deutschland. Die 545 km lange Mosel entspringt in den Südvogesen, bildet ab Trier viele Windungen (Mäander) und mündet bei Koblenz. Seit 1964 ist die Mosel kanalisiert. Geschätzt sind die Moselweine, die aus dem Weinbaugebiet Mosel–Saar–Ruwer stammen.

»Gelassen stieg die Nacht ans Land, / Lehnt träumend an der Berge Wand ...«, den Verfasser dieser Verse, **Eduard Mörike,** ehrte sein Kollege Gottfried Keller mit den Worten »Wenn sein Tod nun seine Werke nicht unter die Leute bringt, so ist ihnen nicht zu helfen, nämlich den Leuten«

Christian Morgenstern

Christian Morgenstern

Wenn es um Humor geht, fängt das Erfinden von Geschichten an – so auch bei Christian Morgenstern; zu den »Galgenliedern« gehört das Gedicht »Das Nasobēm«:

Auf seinen Nasen schreitet
einher das Nasobēm,
von seinem Kind begleitet.
Es steht noch nicht im Brehm.

Es steht noch nicht im Meyer.
Und auch im Brockhaus nicht.
Es trat aus meiner Leyer
zum ersten Mal ans Licht.

Auf seinen Nasen schreitet
(wie schon gesagt) seitdem,
von seinem Kind begleitet,
einher das Nasobēm.

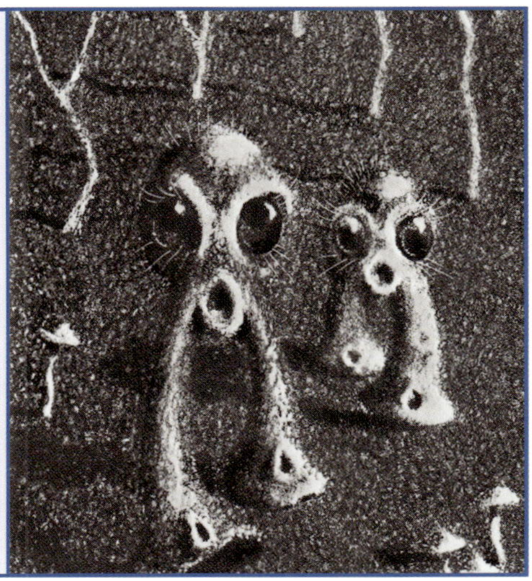

■ **Moses** (Mose), Gestalt des Alten Testaments, Bruder Aarons. Er gilt als Stifter der jüdischen Religion; seine historische Existenz ist nicht fassbar. Nach dem biblischen Bericht führte er die Israeliten aus der ägyptischen Gefangenschaft. Er vermittelte ihnen den Glauben an Jahwe als den alleinigen Gott, von dem er am Berg Sinai die Zehn Gebote empfing. Moses starb, bevor das Gelobte Land Kanaan erreicht war. Die nach ihm benannten fünf ersten Bücher der Bibel bilden die Thora, das jüdische »Gesetz« (→Judentum).

■ **Moskau,** Hauptstadt Russlands, mit 8,63 Mio. Einwohnern, an der Moskwa gelegen. Als Kulturmetropole verfügt Moskau über zahlreiche Universitäten und Hochschulen (u. a. Lomonossow-Universität, 1755 gegründet), Bibliotheken, Museen und Theater (u. a. das berühmte Bolschoi-Theater). Moskau ist der wichtigste Industriestandort und Verkehrsknotenpunkt Russlands (neun Kopfbahnhöfe, drei Binnenhäfen und vier Flughäfen).

Die Stadt ist ringförmig angelegt; strahlenförmig führen Ausfallstraßen aus dem Zentrum, in dem der Kreml liegt. Daneben befindet sich der Rote Platz mit der Basiliuskathedrale (1555–60) und dem Leninmausoleum (1930). Auffällig sind die Bauten im neoklassizistischen Monumentalstil (»Zuckerbäckerstil«) der 1930er- und 40er-Jahre.

Geschichte: Moskau wurde erstmals 1147 erwähnt. Seit dem 14. Jahrh. ist es Sitz des Oberhauptes der russisch-orthodoxen Kirche, seit etwa 1480 war es russische Hauptstadt und Regierungssitz der Zaren (1712 von Sankt Petersburg abgelöst). 1922–91 war Moskau Hauptstadt der Sowjetunion.

■ **Moskitos** →Stechmücken.

■ **Moslem** →Muslim.

■ **Motette** [italienisch] *die,* mehrstimmige geistliche Vokalmusik, zuerst ohne, später mit Instrumentalbegleitung. Bedeutende Werke komponierten u. a. Orlando di Lasso, Heinrich Schütz und Johann Sebastian Bach.

■ **Motiv** [lat.] *das,* **1)** *allgemein:* Beweggrund, Antrieb; Leitgedanke.

2) *bildende Kunst* und *Literatur:* Gegenstand oder Thema einer künstlerischen Darstellung, z. B. das Motiv eines Stilllebens oder das Motiv der Liebe der Kinder verfeindeter Familien in Shakespeares »Romeo und Julia«.

3) *Musik:* die kleinste Einheit einer Komposition (innerhalb eines →Themas).

■ **Motocross** [engl.] *das,* Geländerennen im Motorradsport. Die 1 500–2 500 m lange Rennstrecke, ein Rundkurs, führt über natürliche Hindernisse wie Rinnen, Steilhänge, Sand- und Schlammstrecken sowie künstlich angelegte Hindernisse wie Bodenwellen.

■ **Motor** [lat.], *der,* eine Kraftmaschine zur Gewinnung von Bewegungsenergie aus anderen Energieformen, z. B. Elektro- und Dieselmotor, Windturbine. – auch →Verbrennungsmotoren.

■ **Motorrad** →Kraftrad.

■ **Motorroller** →Kraftrad.

■ **Motorsport,** zusammenfassende Bezeichnung für sportliche Wettbewerbe mit motorgetriebenen Fahrzeugen und Flugzeugen (Automobil-, Motorrad-, Motorflug-, Motorbootrennsport). Im **Motorradsport** finden auf Hochgeschwindigkeitskursen Straßenrennen in verschiedenen Klassen statt, eingeteilt nach dem Hubraum des Motors. Daneben gibt es Gras- und Sandbahnrennen, Speedwayrennen auf Eisbahnen, →Motocross sowie Geschicklichkeitsprüfungen (→Trial). Im **Automobilsport** gibt es Rundstreckenrennen für Autos bestimmter Bauart (z. B. →Formel 1, Formel 3000, Tourenwagen), Zuverlässigkeits- und Geschicklichkeitsprüfungen sowie →Rallyes.

■ **Motten,** bis 2,5 cm spannende Kleinschmetterlinge mit dicht behaartem Körper und gefransten Flügeln. Unter den Motten sind viele Schädlinge, z. B. die **Kleidermotte** mit einfarbig hell ockergelben, fettig glänzenden Vorderflügeln und helleren Hinterflügeln. Ihre Weibchen legen an Wollstoffen und Pelzen ihre Eier ab, aus denen Larven schlüpfen und sich von dem Stoff der Textilien ernähren.

Das Weibchen der **Kleidermotte** legt bis zu 200 Eier

■ **Motto** [italienisch] *das,* Sinn-, Wahl-, Leitspruch; Kennwort.

■ **Mountainbike** [maunt^{e}nbaik; engl., = Bergfahrrad] *das,* Geländesportrad, das mit grobstolliger breiter Bereifung und meist 21 Gängen ausgestattet ist. Die insgesamt stabilere Fertigung ermöglicht auch Fahrten in unwegsamen Gebieten.

■ **Mount Everest** →Everest, Mount.

■ **Möwen,** fluggewandte Vögel, die an Meeresufern und an Gewässern im Binnenland der kalten und gemäßigten Zone vorkommen. Sie sind 25–76 cm groß, tragen ein vor allem weiß und grau gefärbtes Gefieder, der Schnabel ist leicht hakenförmig. Die Flügel sind lang und zugespitzt, zwischen den Vorderzehen haben sie Schwimmhäute. Neben Fischen fressen Möwen Weichtiere, Aas und Abfälle, an Land auch Obst, Würmer und Vogeleier. Da sie nicht tauchen können, sind sie auf das angewiesen, was an der Oberfläche schwimmt. Die meisten Arten brüten in mehr oder minder großen Kolonien auf Klippen, Dünen oder im Röhricht. In Mitteleuropa kommen u. a. Eis-, Lach- und Silbermöwe vor.

■ **Mozart,** Wolfgang Amadeus, österreichischer Komponist, *Salzburg 27. Januar 1756, †Wien 5. Dezember 1791. Von seinem Vater Leopold Mozart (1719–1787), der seit 1743 als Hofmusiker im Dienst des Erzbischofs von Salzburg stand, wurde er musikalisch ausgebildet. Als »Wunderkind« (Klavier- und Violinspiel, Kompositionen) erregte er Aufsehen; schon im Alter von sechs Jahren unternahm er mit seinem Vater und seiner Schwester Maria Anna (»Nannerl«, 1751–1829) Konzertreisen.
1769 wurde Mozart erzbischöflicher Konzertmeister in Salzburg. Er unternahm drei Reisen in das damals musikalisch führende Italien (1769–73). 1777 erreichte er seine Entlassung aus dem als beengend empfundenen Dienst des Salzburger Erzbischofs und ließ sich 1780 in Wien nieder, wo er mit wechselndem Erfolg als freier Künstler lebte, häufig in wirtschaftlichen Schwierigkeiten, ohne feste Anstellung. Erst 1787 wurde er mit einem bescheidenen Gehalt zum kaiserlichen Kammerkomponisten ernannt. Er starb 35jährig über der Arbeit am »Requiem«. Die Stelle, an der er beigesetzt wurde, ist heute nicht mehr festezustellen.
Mozart ist neben Joseph Haydn und Ludwig van Beethoven ein Hauptvertreter der Wiener Klassik und einer der bedeutendsten Komponisten überhaupt. Sein Werk umfasst alle musikalischen Stile und Gattungen seiner Zeit; er schrieb u.a. über 50 Sinfonien, zahlreiche Konzerte, kammermusikalische und Klavierwerke, Messen, Kantaten und Singspiele (»Die Entführung aus dem Serail«, 1782). Seine bekanntesten Opern sind »Figaros Hochzeit« (1786), »Don Giovanni« (1787), »Così fan tutte« (1790) und »Die Zauberflöte« (1791). Ludwig Ritter von Köchel (1800–1877) ordnete Mozarts Werke im **Köchelverzeichnis** (Abkürzung: KV).

Als selbstbewusster Mann der Aufklärung bewegte sich der Vollblutmusiker **Leopold Mozart** sicher auf dem Feld der Philosophie und Literatur, der Naturwissenschaften und Physik sowie auch der Geschichte und Politik; die Besonderheit seines Sohnes würdigte er mit den Worten: »und war es nicht eine große Freude ..., da ich als ein voltairianer mit einem Erstaunen zu mir sagen hörte: Nun habe ich einmal in meinem Leben ein Wunder gesehen, daß ist das erste!«

Wolfgang Amadeus Mozart

Hartnäckig hält sich das Gerücht, Mozart sei bei seinem Tod von Gott und der Welt verlassen gewesen. Die Wiener Zeitung vom 24.12.1791 erzählt anderes; sie berichtet von der Bestürzung, die Mozarts Tod auch in der Öffentlichkeit ausgelöst hat: »Die Freunde der Tonkunst in Prag, haben daselbst, am 14. d. M. ... die feyerlichen Exequien für den am 5. allhier Verstorbenen ... Wolfgang Gottlieb Mozart gehalten ... An dem dazu bestimmten Tage wurden durch eine halbe Stunde alle Glocken an der Pfarrkirche geläutet; fast die ganze Stadt strömte hinzu, so daß weder der wälsche Platz die Kutschen, noch die sonst für beynahe 4000 Menschen geräumige Kirche die Verehrer des verstorbenen Künstlers fassen konnte ... Das Requiem war von dem Kapellmeister Rößler, es wurde von 120 der ersten Tonkünstler ... vortreflich ausgeführt ... festliche Stille war umher, und tausend Thränen flossen in schmerzlicher Rückerinnerung an den Künstler ...«.
Das staunenswert begabte Kind Wolfgang – hier auf einem Porträt im Alter von sechs Jahren – gehört zu den Menschen, die man Ausnahmemenschen nennt. Sein Vater und einziger Lehrer, Leopold Mozart, hat das früh erkannt und die Begabung mit Behutsamkeit gefördert und auch beschützt. Dass er sein Kind brutal zum »Wunderkind« gedrillt habe, an dieser bösartigen Missbrauchsgeschichte stimmt nicht ein einziges Wort.

▶ Die Leichtigkeit der Notenschrift – hier eine Kostprobe des Achtjährigen – hat Mozart, der auf dem Porträt sechs Jahre alt ist, auch in späteren Jahren nicht verloren

Muhammad Ali

Mücken, weltweit verbreitete Unterordnung der Zweiflügler mit rund 48 000 Arten. Es sind 1–40 mm lange Insekten mit langen, vielgliedrigen Fühlern, schlanken Beinen und dünnhäutigen Flügeln. Viele Mücken ernähren sich Blut saugend. Einige wichtige Familien sind die Gallmücken, Kriebelmücken, Stechmücken, Schnaken und Zuckmücken.

Muezzin *der,* der islamischer Gebetsrufer, der die Muslime fünfmal täglich vom Minarett herab zum Gebet auffordert (heute oft durch Tonband und Lautsprecher ersetzt).

Mufflon [frz.] *der* (Muffelwild), →Schafe.

Muhammad Ali, bis zu seinem Beitritt zu der religiösen Schwarzenbewegung »Black Muslims« (1965) Cassius Clay, amerikanischer Boxer, *Louisville (Kentucky) 17. Januar 1942. Er gewann 1964 die Weltmeisterschaft im Schwergewicht und verteidigte den Titel neunmal erfolgreich, bis ihm dieser 1967 infolge Lizenzentzugs wegen Kriegsdienstverweigerung aberkannt wurde. 1974–78 erneut Weltmeister, gab Muhammad Ali 1979 den Weltmeistertitel kampflos ab und scheiterte 1980 bei dem Versuch, ihn zurückzugewinnen.

Mulatten →Mischlinge.

Müll →Abfallbeseitigung.

Müller, Heiner, deutscher Schriftsteller und Dramatiker, *Eppendorf (bei Chemnitz) 9. Januar 1929, †Berlin 30. Dezember 1995. Zunächst an Brecht orientiert, wandte sich Müller in seinen Dramen der Bearbeitung klassischer Stoffe oder shakespearscher Stücke zu und problematisierte das Verhältnis von Staat und Revolution. Er entwickelte eine schockierende Bilderwelt und eine Dramaturgie, die auf traditionelle Ausdrucksmittel verzichtet.

multi..., Multi... [lat.], Bestimmungswort von Zusammensetzungen mit der Bedeutung »viel«, »vielfach«.

multikulturelle Gesellschaft, Begriff aus der Sprache der Politik und Soziologie, der auf die Tatsache Bezug nimmt, dass in vielen Gesellschaften Menschen unterschiedlicher Sprache, Traditionen, religiöser Bekenntnisse, Wertvorstellungen, Erziehung und Lebensstile zusammenleben. Er hat eine auf Toleranz und wechselseitige Anerkennung der verschiedenen kulturellen Erfahrungen gerichtete Sozialordnung zum Ziel. – auch →Ausländer.

multilateral [lat.], mehrseitig, mehrere Seiten (z. B. Staaten) betreffend; Gegensatz: bilateral.

Multimedia, Oberbegriff für eine Vielzahl von Produkten, Diensten und Anwendungen aus dem Computer-, Telekommunikations- sowie Hörfunk- und Fernsehbereich. Dabei werden, unterstützt von einem Computer, digitalisierte Töne, Texte, Grafiken und Bewegtbilder verknüpft. Bei deren Anwendung ist ein Dialog zwischen Anbieter und Nutzer möglich.

Multiple-Choice-Verfahren [maltipᵉl tscheuß -; engl., = mehrfache Auswahl], eine Fragebogen- und Testtechnik, bei der zwischen mehreren vorgegebenen Antworten gewählt werden muss. Sie wird vor allem in der Meinungsforschung und Psychodiagnostik wie auch allgemein zu Prüfungszwecken angewendet.

multiple Sklerose [lat.-griech.], Abkürzung **MS,** eine organische Erkrankung des Zentralnervensystems. Im Rückenmark und Gehirn bilden sich Entzündungsherde, in denen das Nervengewebe zerfällt und anschließend verhärtet. Die Folge sind Lähmungserscheinungen an den Gliedmaßen, Gefühlsstörungen (vor allem Taubheitsgefühl), Zittererscheinungen bei beabsichtigten Bewegungen sowie Sehstörungen. Die Krankheit tritt bevorzugt zwischen dem 20. und 40. Lebensjahr in unterschiedlichen Schweregraden auf und verläuft entweder in Schüben oder langsam, zum Teil aber auch rasch fortschreitend. Frauen sind etwas häufiger als Männer betroffen. Die Ursachen sind wahrscheinlich Infektionen mit Viren in der frühen Kindheit oder erblich bedingte Faktoren.

Multiplikation [lat.] *die,* eine der vier Grundrechenarten. Die Multiplikation stellt eine verkürzte Addition gleich großer Summanden dar: $3+3+3+3+3+3+3 = 7 \cdot 3$.
Die Zahlen, die miteinander multipliziert werden, heißen **Faktoren** (der erste Faktor ist der **Multiplikand,** der zweite der **Multiplikator**), das Ergebnis heißt **Produkt.** Für die Multiplikation gelten:

1. das Vertauschungsgesetz:

$$a \cdot b = b \cdot a,$$

2. das Verbindungsgesetz:

$$a \cdot b \cdot c = (a \cdot b) \cdot c = a \cdot (b \cdot c) = (a \cdot c) \cdot b,$$

3. das Verteilungsgesetz:

$$(a \pm b) \cdot c = a \cdot c \pm b \cdot c.$$

Mumie [arabisch] *die,* eine Leiche, die durch natürliche Einflüsse (z. B. Austrocknung) oder durch künstliche Verfahren (z. B. Einbalsamierung) vor Verwesung geschützt ist. Mumien sind u. a. aus dem alten Ägypten erhalten, wo die Leichen der Vornehmen, aber auch die von heiligen Tieren, einbalsamiert wurden. Dazu wurden Gehirn und Eingeweide entnommen und der Körper mit Natronlauge und Salben behandelt.

Mumps (Ziegenpeter), durch Viren hervorgerufene, hochansteckende Infektionskrankheit, die eine Entzündung der Ohrspeicheldrüse (mitunter auch anderer Drüsen) mit schmerzhaften Schwellungen hervorruft. Die Krankheit, die durch Tröpfcheninfektion übertragen wird, hinterlässt lebenslange Immunität.

■ **Munch** [munk], Edvard, norwegischer Maler und Grafiker, *Løten (Provinz Hedmark) 12. Dezember 1863, †Hof Ekely (bei Oslo) 23. April 1944. Als einer der Wegbereiter des Expressionismus behandelte Munch in seinen Werken (u. a. »Der Schrei«, 1893) das Thema der Weltangst, das er als Grunderfahrung des menschlichen Lebens symbolisch in Bildern von Einsamkeit, Eifersucht, Liebe und Tod darstellte.

■ **München,** Landeshauptstadt von Bayern, an der Isar, im Alpenvorland, mit 1,194 Mio. Einwohnern. Neben der Universität und der Technischen Universität besitzt München zahlreiche Hochschulen und Museen (u. a. Deutsches Museum, Alte und Neue Pinakothek). München ist ein bedeutendes Wirtschaftszentrum und wichtiger Verkehrsknotenpunkt (Großflughafen im Erdinger Moos).

Zu den zahlreichen Sehenswürdigkeiten gehören die spätgotische Frauenkirche, deren Türme Wahrzeichen der Stadt sind, die barocke Theatinerkirche, die Residenz (16.–19. Jahrh.) mit dem Antiquarium, Schloss Nymphenburg (begonnen 1663) mit der Amalienburg (1734–39) und bedeutende klassizistische Bauten (u. a. Propyläen). Beliebte Ausflugsziele sind der Englische Garten und der Tierpark Hellabrunn. Die Kongress- und Messestadt hält im Fremdenverkehr einen Spitzenplatz in Deutschland, bedingt auch durch das jährliche Oktoberfest. 1972 fanden in München die Olympischen Sommerspiele statt.

Das 1157/58 von Heinrich dem Löwen als Marktstadt gegründete München war 1255–1918 Residenz der Wittelsbacher.

■ **Münchhausen,** Hieronymus Karl Friedrich Freiherr von, genannt »Lügenbaron«, deutscher Offizier, *Bodenwerder 11. Mai 1720, †ebenda 22. Februar 1797. Münchhausen erzählte im Freundeskreis unglaubliche Abenteuergeschichten, die aufgeschrieben und um Erzählungen anderer Herkunft vermehrt wurden. Gottfried August Bürger (1747–94) gab die bekannteste Sammlung solcher »Münchhausengeschichten« heraus.

■ **Mundart** (Dialekt), in bestimmten, meist ländlichen Gebieten gesprochene Sprache, deren Regeln von der Standardsprache (→Sprache) abweichen und die einen begrenzteren, aber im Geltungsbereich oft genaueren, zum Teil »veralteten« Wortschatz und einen einfacheren Satzbau hat. – auch →Idiolekt, →Soziolekt.

■ **Mündel** →Vormund.

■ **Mundharmonika,** Musikinstrument, bei dem die Töne durch frei schwingende metallene Zungen in einem länglichen, flachen Kästchen (Kanzellenkörper) erzeugt werden. Die Zungen reagieren auf Druck- oder Saugwind.

■ **Mündigkeit** →Volljährigkeit. – auch →Recht.

■ **Münster** [lat.] *das,* Stiftskirche, Pfarrkirche, Dom.

■ **Münster,** Stadt in Nordrhein-Westfalen, mit 264 700 Einwohnern. Im östlichen Stadtgebiet verläuft der Dortmund-Ems-Kanal. Alte Kirchen, darunter der Dom aus dem 13. Jahrh., gehören zu den Sehenswürdigkeiten, wie auch das gotische Rathaus, alte Häuser mit Laubengängen und das fürstbischöfliche Schloss (18. Jahrh.; heute Universität). – Die Stadt geht auf eine befestigte Siedlung aus der Zeit Kaiser Karls des Großen zurück. Im »Friedenssaal« des Rathauses wurde 1648 der →Westfälische Frieden unterzeichnet.

■ **Müntzer** (Münzer), Thomas, deutscher evangelischer Theologe und Anführer im Bauernkrieg, *Stolberg/Harz um 1490, †bei Mühlhausen 27. Mai 1525. Zunächst Anhänger Luthers, entwickelte sich Müntzer zu einem radikalen »Schwärmer«, der von göttlichen Eingebungen überzeugt war und einen Gottesstaat auf Erden errichten wollte. Nachdem er sich während der Reformation nicht gegen Luther hatte durchsetzen können, verwirklichte er seit 1525 in der Reichsstadt Mühlhausen zahlreiche seiner Vorstellungen. Im Mai 1525 schloss er sich im →Bauernkrieg den aufständischen Bauern an. Nach deren vernichtender Niederlage bei Frankenhausen am Kyffhäuser wurde er selbst gefangen genommen, gefoltert und enthauptet.

Thomas Müntzer wurde von seinem ehemaligen Freund Martin Luther unter anderem in der Schrift »Wider die räuberischen und mörderischen Bauern« erbittert bekämpft

■ **Münzen,** allgemeine Zahlungsmittel (Geld), die meist rund und zweiseitig geprägt sind. Auf der Vorderseite befindet sich entweder das Hoheitszeichen des betreffenden Staates (Wappen) oder – in Monarchien – das Bild des Herrschers. Die Rückseite trägt die jeweilige Zahl- und Nominalangabe (Währung).

Die ältesten Münzen wurden wahrscheinlich im 12. Jahrh. v. Chr. in China aus Bronze gegossen. Um 650 v. Chr. wurden in Lydien Münzen aus Elekron, einer natürlich vorkommenden Gold-Silber-Legierung, hergestellt. Seit dem 4. Jahrh. v. Chr. wurde auch Kupfer als Münzmetall verwendet. Erst im 19. Jahrh. wurde auch Nickel, seit dem 20. Jahrh. Eisen und Aluminium als Münzmetall eingesetzt. Der Metallwert der **Scheidemünzen** (Kleinmünzen) ist geringer als ihr Nominalwert; **Kurantmünzen** dagegen verkörpern ihren Wert durch das Edelmetall, aus dem sie hergestellt wurden.

■ **Murmeltiere,** 40–80 cm körperlange Nagetiere aus der Familie der Erdhörnchen mit kurzem buschigem Schwanz und kurzen Gliedmaßen. Sie kommen in Steppen, Hochsteppen und Wäldern vor. Die umfangreiche Erdbauten anlegenden Bodenbewohner leben in Kolonien und sind reine Pflanzenfresser. Bei Gefahr pfeifen sie schrill und durchdringend. Ihren Winterschlaf verbringen sie in tiefen unterirdischen Bauten.

Ein **Murmeltier** vor seinem Bau; der Bau, der immer wieder »renoviert« wird, ist meist ein Werk von mehreren Generationen

■ **Muscheln** [lat.], eine Klasse der Weichtiere mit rund 8000 Arten. Ihr 0,1–135 cm langer Körper wird von einer zweiteiligen Schale umschlossen. Die Schale trägt an ihrem oberen Rand oft ein so genanntes Schloss aus ineinander greifenden Zähnen und Gruben. Durch zwei Schließmuskeln kann die Schale geschlossen werden. Ein muskulöser Fuß an der Bauchseite dient zur Fortbewegung. Zu beiden Seiten des Körpers hängen Kiemen in die Mantelhöhle hinein. Sie sind mit Flimmerzellen besetzt und saugen Wasser mit Nahrungsteilchen (Plankton) in die Mantelhöhle. Muscheln leben meist festsitzend an Felsen oder Holzpfählen. – Als menschliche Nahrungsmittel werden die **Miesmuschel** und die **Herzmuschel** geschätzt. Eine Delikatesse sind →Austern. Wichtig für die Schmuckindustrie ist vor allem die Seeperlmuschel.

■ **Musen** [griech.], in der griechischen Mythologie neun Töchter des Zeus, Schutzgöttinnen der Künste und der Wissenschaften: **Erato** (Liebesdichtung), **Euterpe** (lyrische Poesie und Gesang), **Kalliope** (erzählende Dichtung), **Klio** (Geschichtsschreibung), **Melpomene** (Trauerspiel), **Polyhymnia** (Pantomime, Tanz und ernstes Lied), **Terpsichore** (Tanz und Chorgesang), **Thalia** (Lustspiel) und **Urania** (Sternkunde).

■ **Museum** [griech.] *das,* Ausstellungsgebäude für Kunstwerke, wissenschaftliche, historische und technische Sammlungen.

■ **Musical** [mjusik^{e}l; engl.] *das,* zu Beginn des 20. Jahrh. entstandenes unterhaltendes Bühnenstück, das musikalische, darstellerische und tänzerische Elemente verbindet. Es wurde durch Sprechstück, Revue, Operette, zum Teil auch Kabarett sowie Jazz- und Popmusik beeinflusst. Bekannte Musicals sind z.B. »My fair Lady« (1956), »Westside Story« (1957), »Anatevka« (1964), »Hair« (1967), »Cats« (1981), »Das Phantom der Oper« (1986).

■ **Musik** [von griech. musikḗ téchnē, = Kunst der Musen] *die,* die Tonkunst, die Kunst, Töne, Klänge und Geräusche schöpferisch so zusammenzustellen, dass eine einheitliche künstlerische Form entsteht. Musik wird entweder gesungen (**Vokalmusik,** von lat. vox = Stimme) oder von Instrumenten gespielt **(Instrumentalmusik).**

Die frühesten Aufzeichnungen europäischer Musik stammen aus dem 9. Jahrhundert. Es sind die für die christianisierten Franken von der römischen Kirche übernommenen einstimmigen Gesänge des gregorianischen Chorals. Ende des 9. Jahrh. vollzog sich dann im frühen »Organum« der entscheidende Schritt zur mehrstimmigen Musik. Bis ins 14. Jahrh. waren im Mittelalter auch der weltliche Minnesang sowie das Lied- und Tanzrepertoire der Spielleute noch von großer Bedeutung.

Um 1425 begann die Musik der Neuzeit mit der Epoche der »frankoflämischen (niederländischen) Schule«, die durch Ausbildung von Dreiklangakkordik, gesanglichen Linien, fließender Rhythmik und Gleichwertigkeit aller Stimmen den polyphonen Vokalsatz ausbildete.

Um 1600 vollzog sich mit dem Beginn des Barock erneut ein Stilumbruch. Die Vokalpolyphonie wurde abgelöst vom instrumental begleiteten Sologesang, der »Monodie«. In Italien entstanden die neuen Gattungen der Oper, des Oratoriums und der Kantate. Eine reiche Literatur entstand für Tasteninstrumente, kammermusikalische Besetzungen und Instrumentalensembles bis hin zum spätbarocken Concerto grosso und Solokonzert. Die Oper erreichte ihre erste Vollendung bei Claudio Monteverdi (»L'Orfeo«, 1607).

Eine eigene Stilentwicklung zeigt die deutsche protestantische Kirchenmusik. Michael Praetorius (1571/72–1621) und Heinrich Schütz übertrugen die Neuerungen der italienischen Musik von 1600 an in den deutschen Sprachraum. Zum Inbegriff

protestantischer Kirchenmusik wurden die Passionen und Kantaten Johann Sebastian Bachs. Der Zeitgenosse Bachs, Georg Friedrich Händel, wirkte in England als führender Komponist im Bereich der Oper und des Oratoriums. Georg Philipp Telemann wurde zum »Wegbereiter der Klassik«.
In der »Vorklassik« (etwa 1730–70) veränderten sich Klang und Ausdruck im Sinne stärkerer Homophonie, einfacherer Harmonik und Rhythmik (Carl Philipp Emanuel Bach, Mannheimer Schule). Durchschaubare Dramatik und handlungsorientierte Gestaltung bestimmten die Opern von Christoph Willibald Gluck, Leichtigkeit und Beweglichkeit der Aktion die italienische Opera buffa. Die Vollendung dieser Entwicklung gipfelte im Schaffen der drei Komponisten der Wiener Klassik, Joseph Haydn, Wolfgang Amadeus Mozart und Ludwig van Beethoven.
Im frühen 19. Jahrh. entwickelten sich die Anfänge romantischer und virtuoser Musik, die eng mit dem aufblühenden Konzertwesen verknüpft sind. Romantik bestimmt die Oper von Carl Maria von Weber (»Der Freischütz«, 1821) bis zu Richard Wagner, das Kunstlied, beginnend mit Franz Schubert, die Klaviermusik (Robert Schumann und Frédéric Chopin) und die sinfonische Programmmusik (Hector Berlioz und Franz Liszt). Romantische Klanggebung und Harmonik, formal jedoch deutliche Bindungen an die Wiener Klassik zeigen die Sinfonien, Streichquartette und die Klavierkammermusik von Schumann, Felix Mendelssohn Bartholdy, Johannes Brahms und Anton Bruckner.

Robert Musil emigrierte 1939 nach dem Verbot seiner Bücher nach Genf, wo er drei Jahre später als vergessener Unbekannter starb; er hatte sich vergeblich um eine Einreise in die USA bemüht

Die Oper in Italien bis hin zu Giuseppe Verdi und Giacomo Puccini und die Oper in Frankreich (Giacomo Meyerbeer, Charles Gounod, Georges Bizet) verkörpern eine je eigene, ebenfalls romantisch eingefärbte Tradition. In betontem Gegensatz hierzu gelangte Wagner nach 1850 zu seinen großen, als »Gesamtkunstwerk« konzipierten Musikdramen.
Anzeichen eines Übergangs zeigt die Musik um 1900. Gattungsgrenzen wurden fließend, poetisch Inhaltliches gewann breiten Raum (vor allem in den Tondichtungen von Richard Strauss), Formen wurden komplexer und steigerten sich ins Riesenhafte, wie in den Sinfonien von Gustav Mahler. Das Orchester wurde farbenreicher und differenzierter eingesetzt, und die Harmonik gelangte an die Grenzen einer seit Jahrhunderten gültigen Tonalität.
Eine der wesentlichen Neuerungen war nach 1908 die freie atonale Musik des Wiener Komponisten Arnold Schönberg und seiner Schüler Alban Berg und Anton von Webern, die durch die Aufgabe von bindenden Grundtönen und Tonikazentren völlig neue Möglichkeiten der Zusammenklänge erschlossen. Schönberg entwickelte daraus um 1920 die Zwölftontechnik, die innerhalb der Atonalität strukturell wieder stärker gebundene Werke möglich machte.
Bezeichnend für die Musik im 20. Jahrh. ist die Vielfalt der Stile und deren Vermischung. Elemente der Unterhaltungsmusik (→Rock- und Popmusik), des →Jazz und außereuropäischer Klangformen drangen in die Kunstmusik ein. Nach 1950 entstanden in zeitlich enger Abfolge so unterschiedliche Richtungen wie die →serielle Musik, die →elektronische Musik oder die Musique concrète. Die Komponisten der Postmoderne (z. B. Wolfgang Rihm, *1952) wenden sich seitdem verstärkt klassisch-romantischen Vorbildern zu.

■ **Musikinstrument,** Musikinstrumente werden nach der Art ihrer Tonerzeugung in Idiophone (Selbstklinger, z. B. Rasseln), Membranophone (Fellklinger, z. B. Trommel), Chordophone (Saitenklinger, z. B. Gitarre), Aerophone (Luftklinger, z. B. Trompete) und Elektrophone (elektronische Musikinstrumente, z. B. Synthesizer) untergliedert.

■ **Musil,** Robert (Edler von), österreichischer Schriftsteller, *Klagenfurt 6. November 1880, †Genf 15. April 1942. In seinem Roman »Die Verwirrungen des Zöglings Törleß« (1906) stellt Musil Probleme der Pubertät dar und analysiert zugleich autoritäre Gesellschaftsstrukturen. Sein Hauptwerk »Der Mann ohne Eigenschaften« (1930–43) schildert am

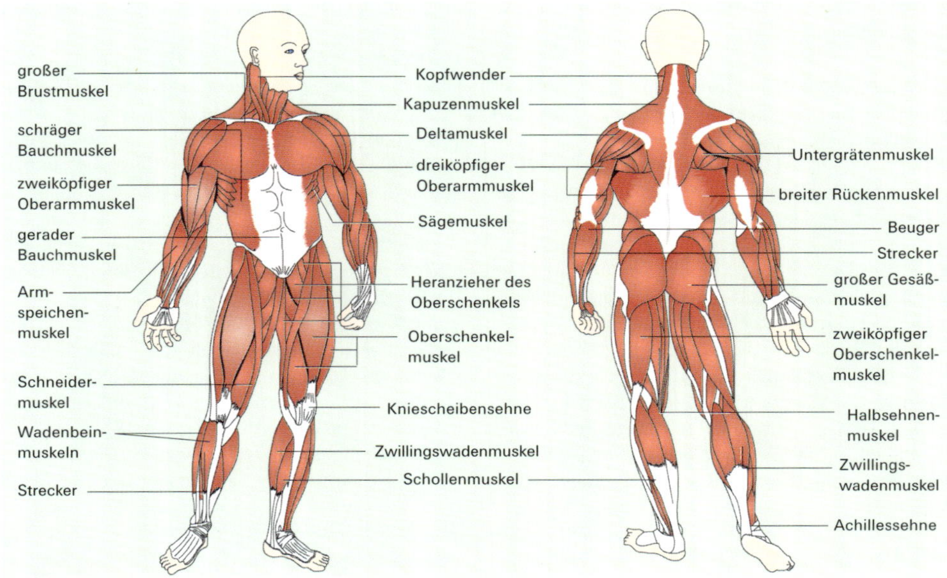

Die Grafik zeigt die **Muskeln,** die an Teilen des Skeletts ansetzen; sichtbar ist nur die äußere oberflächliche Schicht der Skelettmuskeln

Beispiel der untergehenden Donaumonarchie (die er »Kakanien« nennt) den Zerfall der Werte, die Auflösung der menschlichen Persönlichkeit und das Aufkommen politischer Weltanschauungen als deren Ersatz.

■ **Muskatnuss,** von Schale und Samenmantel befreiter, getrockneter einziger großer Samen der walnussgroßen Frucht des **Echten Muskatnussbaumes,** der vor allem in Südostasien angebaut wird. Die Muskatnuss ist ein beliebtes Küchengewürz.

■ **Muskelkater,** durch Überanstrengung hervorgerufene, vorübergehende Muskelbeschwerden. Ursache sind kleinste Faserrisse im Muskelgewebe.

■ **Muskeln** [lat.], Organe aus Muskelgewebe, die der Bewegung des Körpers dienen. Das Muskelgewebe kann sich zusammenziehen, dehnt sich aber nicht aktiv. Deshalb gehört zu jedem Muskel ein Gegenmuskel (z.B. Bizeps und Trizeps). Der Anstoß zum Zusammenziehen wird durch Nerven übermittelt. Die Gesamtheit der Muskeln nennt man Muskulatur. Man unterscheidet **glatte Muskeln,** die nicht dem Willen unterworfen sind (z.B. in den Luftwegen, im Auge), **quer gestreifte Muskeln,** die dem Willen gehorchen, und den **Herzmuskel,** der eine Sonderstellung einnimmt, da er quer gestreift ist und dennoch nicht dem Willen unterliegt.

■ **Muslim** [arabisch, = der sich Gott unterwirft] (Moslem) *der,* Anhänger des →Islam .

■ **Mussolini,** Benito, italienischer Politiker, *Predappio (Provinz Forlì-Cesena) 29. Juli 1883, †Giulino di Mezzegra (Provinz Como) 28. April 1945. Ursprünglich Sozialist, gründete Mussolini 1919 die Bewegung »Fascio di combattimento« (→Faschismus, die 1921 zur Partei »Partitio Nazionale Fascista« umgewandelt wurde. Seit dem »Marsch auf Rom« formell Ministerpräsident (1922–43), beherrschte er Italien faktisch als Diktator (italienisch Duce, = Führer). Unter seiner Führung beteiligte sich Italien in engem Bündnis mit dem nationalsozialistischen Deutschland am Zweiten Weltkrieg; nach der Kapitulation Italiens wurde Mussolini von italienischen Partisanen erschossen. Bild Faschismus.

■ **Mustang** [spanisch] *der,* ein verwildertes Hauspferd der nordamerikanischen Prärie.

■ **Musterung,** in der Bundesrepublik Deutschland von den Kreiswehrersatzämtern durchgeführtes Verfahren, bei dem die Wehrdienstfähigkeit ungedienter Wehrpflichtiger festgestellt wird. Bei der Musterung wird die körperliche und geistige Tauglichkeit untersucht und geprüft, ob gesetzlich vorgesehene Hinderungsgründe für die Ableistung des Wehrdienstes (»Wehrdienstausnahmen«) bestehen. Darüber hinaus wird die Art des zu leistenden Wehrdienstes (in den Streitkräften oder im Zivildienst) festgestellt.

Mutagene [lat.-griech.], natürlich vorkommende oder synthetische Substanzen sowie Strahlen, die Mutationen hervorrufen können.

Mutation [lat.] *die,* eine plötzlich auftretende und dann von einer Generation zur nächsten weitergegebene, also erbliche Veränderung der genetischen Information der DNS. Erkennbar wird sie in Stoffwechselvorgängen und/oder im Aussehen (z. B. Blutbuche: rote Blätter). Eine Mutation kann von selbst (spontan) eintreten oder durch bestimmte Faktoren (z. B. bestimmte Bestrahlungen, Chemikalien) hervorgerufen werden.

Mutterkorn, ein schwarzviolettes Pilzfadengeflecht im Fruchtknoten und Korn von Getreide. Es wird vom **Mutterkornpilz** gebildet und enthält Giftstoffe.

Mutterkuchen (Plazenta) → Schwangerschaft.

Muttermal, eine angeborene, fleckenförmige Fehlbildung in der Haut. Das Muttermal kann durch Farbstoffeinlagerung dunkel oder auch bläulich rot aussehen. Oft überragt es die übrige Haut; mitunter ist es behaart.

My [griech.] *das,* der zwölfte Buchstabe des griechischen Alphabets (Zeichen M, μ).

Myanmar (Union von Myanmar), birmesische Bezeichnung von → Birma.

mykenische Kultur, die Kultur der Bronzezeit auf dem griechischen Festland (etwa 1600–1100 v. Chr.), benannt nach Mykene, einem antiken Königssitz (heute Ruinenstätte) auf der Peloponnes. Aus dieser Epoche stammen Palastanlagen, zum Teil mit gewaltigen Befestigungen (Mykene, Tiryns), Wandmalereien, Schacht- und Kuppelgräber, die von der minoischen Kultur Kretas beeinflusst sind, sowie kostbare Grabbeigaben (goldene Totenmasken, Waffen, Goldschmuck u. a). Die mykenische Kultur spiegelt sich zum Teil noch in den Dichtungen Homers wider.

Mystik [griech.] *die,* eine Form des religiösen Erlebens: Gläubige Menschen versuchen durch Abkehr von allem Äußeren, durch Hingabe und Versenkung eine Vereinigung mit Gott zu erreichen. Mystik ist in verschiedenen Religionen ausgeprägt, z. B. im Taoismus, Buddhismus (Zen), Islam (Suffismus) und im Judentum (Chassidismus, Kabbala). Bedeutende Mystiker des Christentums waren u. a. Hildegard von Bingen (1098–1179), Mechthild von Magdeburg (um 1208–1282 oder 1297) sowie Meister Eckhart. – Das Wort **mystisch** bedeutet »geheimnisvoll«, »dunkel«.

Mythologie [griech.] *die,* Gesamtheit mythischer Vorstellungen (→ Mythos) eines Volkes (z. B. griechische Mythologie); auch die Wissenschaft, die diese Vorstellungen erforscht und deutet.

Mythos [griech., = Rede, Erzählung] *der,* Erzählung vom Wirken der Götter, Dämonen und Helden aus vorgeschichtlicher Zeit. In ihr drückt sich die Weltdeutung der Menschen aus (z. B. in den Mythen vom Anfang der Welt). Eng mit dem Mythos verknüpft war die Entstehung religiöser Kulte. – Im übertragenen Sinn bezeichnet man heute Personen, Gegenstände oder Begebenheiten, die verklärt und legendär geworden sind, als Mythos (z. B. John F. Kennedy ist zum Mythos geworden).

Myzel [griech.] *das,* die Gesamtheit der Pilzfäden eines Pilzes.

a

b

Die Zeichnung b zeigt ein keimendes **Mutterkorn** und die Zeichnung a eine davon befallene Roggenähre

N

N, 1) der 14. Buchstabe des deutschen Alphabets, ein Konsonant.
2) Abkürzung für Norden.
3) chemisches Symbol für Stickstoff (lat. Nitrogenium).
4) Einheitenzeichen für Newton.

Nabe, der innerste Teil eines Rades, mit dem es auf der Welle oder auf dem Zapfen sitzt.

Nachrichtendienst, Bezeichnung für staatliche Geheimdienste zur Beschaffung vorwiegend geheimer Informationen militärischer, politischer, wirtschaftlicher und wissenschaftlicher Natur im Rahmen der Spionage, zur Sabotage sowie zur Spionage- und Sabotageabwehr. Es werden politische und militärische Nachrichtendienste unterschieden.

Großbritannien besitzt den Nachrichtendienst mit der ältesten Tradition (14. Jahrh.), den Secret Intelligence Service. In Frankreich gibt es das Deuxième Bureau und die Sûreté Nationale, in den USA die Central Intelligence Agency (CIA). In der früheren Sowjetunion arbeitete das KGB, in der ehemaligen DDR der Staatssicherheitsdienst. In der Bundesrepublik Deutschland bestehen der Bundesnachrichtendienst (BND), der Verfassungsschutz und der Militärische Abschirmdienst (MAD). Die Nachrichtendienste unterliegen der parlamentarischen Kontrolle.

Die versteckt lebende **Nachtigall** ist selten zu sehen, dafür aber umso eindringlicher zu hören; die Melodie dieses Singvogels folgt ganz bestimmten Kompositionsregeln: jeder Ruf wird öfter wiederholt, wobei zwei Motive, das »tschuk-tschuk-tschuk« und das langsame, zum Crescendo ansteigende »dü-dü-dü«, vorherrschend sind

■ **Nachrichtensatellit,** unbemannter künstlicher Erdsatellit für die Übertragung von Nachrichten öffentlicher oder nicht öffentlicher Telekommunikationsdienste (Telefon, Fernsehen, Hörfunk, Datenübertragung). Nachrichtensatelliten umrunden die Erde auf kreisförmigen oder elliptischen Bahnen. Wichtiger Sonderfall ist die geostationäre Bahn, auf der ein Satellit in etwa 35 800 km Höhe ortsfest über dem Äquator steht, die Erde somit einmal pro Tag umrundet.

■ **Nachrichtentechnik,** ein Teilgebiet der Elektrotechnik, das sich mit der Aufnahme, Umsetzung, Übertragung und Abgabe von Informationen mithilfe elektrischer Erscheinungen (Strom, Spannung, elektromagnetische Wellen) befasst. Klassische Anwendungen der Nachrichtentechnik sind →Telegrafie, →Fernschreiber und →Telefon, Weiterentwicklungen die Anwendungen der Funktechnik (→Fernsehen, →Rundfunk), verbunden mit der Satellitentechnik (→Nachrichtensatellit) und mit Techniken der Ton- und Bildaufzeichnung und -wiedergabe (→Schallplatte, →Tonbandgerät, →Videorecorder), auch zusammenfassend als Unterhaltungselektronik bezeichnet.
Eine Verkleinerung elektronischer Bauelemente und deren Zusammenfassung zu integrierten Schaltungen in der →Mikroelektronik führte zur Konstruktion von →Computern.
Heute werden alle Verfahren zur Übermittlung von Daten, Ton und Bild, darunter Mobiltelefon, Bildtelefon u. a., unter dem Begriff →Telekommunikation zusammengefasst. In zunehmendem Maße entwickeln sich Gebiete wie Messtechnik, Regelungs- und Steuerungstechnik zu eigenständigen Spezialgebieten.

■ **Nachsilbe** (Suffix), eine sich an den Wortstamm anschließende Silbe, die als selbstständiges Wort nicht mehr vorkommt (z. B. -heit, -ung, -lich in Weis*heit,* Prüf*ung,* fröh*lich*), oder ein Wort, das an ein anderes angefügt wird und in dieser Verbindung in seiner Bedeutung verblasst (**Halbsuffix,** z. B. -weise, -voll, -freundlich in stellen*weise,* wunder*voll,* haut*freundlich*).

■ **Nachtblindheit,** das Unvermögen, bei Dunkelheit zu sehen. Nachtblindheit kann u. a. ihre Ursache in Vitamin-A-Mangel haben.

■ **Nachtigall,** hochbeiniger, oberseits graubrauner, unterseits bräunlich weißer, zu den Drosseln gehörender Singvogel, mit Schwanz etwa 17 cm lang. Die Nachtigall lebt meist versteckt in Laubwäldern und dichten Büschen. Ihr wohltönender Gesang ist bei Tag und Nacht zu hören.

■ **Nachtschattengewächse,** Pflanzenfamilie mit etwa 2 600 Arten, die hauptsächlich in Amerika vorkommen. Es sind meist krautige oder holzige Pflanzen. Viele unter ihnen sind wichtige Nutzpflanzen z. B. Kartoffel, Tabak, Paprika und Tomate. Alle Nachtschattengewächse enthalten →Alkaloide, von denen viele giftig sind. Giftpflanzen sind z. B. Bilsenkraut, Schwarzer Nachtschatten (mit weißen Blüten und schwarzen Beeren), Stechapfel und Tollkirsche.

■ **Nachtwandeln** →Schlafwandeln.

■ **Nacktsamer** (Gymnospermen), Abteilung der Samenpflanzen, deren Samenanlagen (im Gegensatz zu den →Bedecktsamern) offen an den Fruchtblättern sitzen. Die Nacktsamer haben stets getrenntgeschlechtige Blüten; zu ihnen gehören u. a. die Nadelhölzer.

■ **Nacktschnecken** →Schnecken.

■ **Nadelhölzer** (Koniferen), eine weltweit verbreitete Klasse der Nacktsamer. Sie haben sich hauptsächlich auf der nördlichen Halbkugel stark entwickelt. Nadelhölzer sind reich verzweigte Bäume, auch Sträucher mit vielen kleinen, meist nadelförmigen Blättern. Die weiblichen Blüten entwickeln sich nach der Befruchtung oft zu holzigen Zapfen. Nadelhölzer sind wichtige Nutzhölzer und Zierbäume, u.a. Fichte, Kiefer, Tanne, Eibe, Lärche, Zypresse und Wacholder.

■ **Nadir** →Zenit.

■ **Nagasaki,** Hafenstadt in Japan, an der Westküste der Insel Kyūshū, mit 438 600 Einwohnern. Der Friedenspark mit dem 15 m hohen Friedensdenkmal erinnert an den amerikanischen Atombombenangriff am 9. August 1945, der Zehntausende von Menschen tötete und den Großteil der Stadt zerstörte.

■ **Nagetiere,** Ordnung der Säugetiere mit rund 3 000 weltweit verbreiteten Arten. Sie sind 5–100 cm lang, haben relativ kurze Beine und ernähren sich überwiegend von Pflanzen. Kennzeichen ist das Nagetiergebiss mit je einem Paar scharfer, meißelartiger, leicht gebogener, ständig wachsender Schneidezähne (Nagezähne) im Ober- und Unterkiefer. Die Eckzähne fehlen. Nagetiere werden oft zu Vorratsschädlingen. Viele liefern wertvolle Pelze, z.B. Bisamratte, Biberratte und Chinchilla. Andere, wie Meerschweinchen, Weiße Mäuse und Laborratten, spielen als Versuchstiere in der pharmazeutischen Forschung eine wichtige Rolle.

■ **Nahe** *die,* linker Nebenfluss des Rheins, 116 km lang. Die Nahe entspringt bei Sankt Wendel im Saarland und mündet bei Bingen. Im unteren Nahetal wird Wein angebaut.

■ **Naher Osten** (Nahost), Bezeichnung für die außereuropäischen Länder am östlichen Mittelmeer: die arabischen Staaten Vorderasiens und Israel; oft werden auch Ägypten, Türkei und Iran einbezogen.

■ **Nahostkonflikt,** der mit unterschiedlicher Schärfe ausgetragene Konflikt zwischen den arabischen Völkern, besonders den Palästinensern, und Israel.

Der Nahostkonflikt wurde ausgelöst durch die zunehmende jüdische Einwanderung nach →Palästina seit Ende des 19. Jahrh. und die Ausrufung des Staates Israel 1948. Er führte zu fünf israelisch-arabischen Kriegen (1948/49, 1956, 1967, 1973, 1982). Die Verwicklung dieser Auseinandersetzungen in den weltpolitischen Interessenkonflikt zwischen den USA und der Sowjetunion machte den Nahostkonflikt zu einen inernationalen Krisenherd.

1979 schlossen als Erste Israel und Ägypten ein Friedensabkommen. 1991 begannen Nahost-Friedenskonferenzen, in deren Gefolge die Aussicht auf eine Beilegung des Konflikts näher gerückt ist. So unterzeichneten die PLO und Israel 1993 das Gaza-Jericho-Abkommen (über die Teilautonomie der palästinensischen Araber), das durch weitere Abkommen 1994 und 1995 ergänzt wurde. Im Sinne der Hinführung zu einer palästinensischen Staatlichkeit fanden in den Autonomiegebieten Wahlen statt, bei denen der Palästinenserführer Arafat zum Rais gewählt wurde.

1994 nahmen auch Israel und Jordanien die Friedensverhandlungen wieder auf und unterzeichneten am 26. Oktober 1994 einen Friedensvertrag, der den seit 1948 bestehenden Kriegszustand beendete. Ende 1999 begannen Verhandlungen zwischen Syrien und Israel. Im Mittelpunkt der Spannungen steht hier die Frage der politisch-militärischen Kontrolle der Golanhöhen.

■ **Nahrungskette,** eine Nahrungsbeziehung,

Nahostkonflikt: israelisch-arabische Kriege

Name	Jahr	Anlass	beteiligte Staaten	Ergebnisse
Palästinakrieg	1948/49	Gründung des Staates Israel	Israel – Ägypten, Irak, Jordanien, Libanon, Syrien	Teilung Jerusalems; das Westjordanland wird jordanisch, der Gazastreifen ägyptisch
Suezkrieg	1956	Israel will mit seinem Angriff die Sperrung des Suezkanals und des Hafens von Elath brechen	Israel (unterstützt von Großbritannien und Frankreich) – Ägypten	Öffnung des Hafen von Elath; Eroberung, dann aber wieder Räumung des Sinai und des Gazastreifens
Sechstagekrieg	1967	Blockade des Golfs von Akaba durch Ägypten	Israel – Ägypten, Syrien, Jordanien	israelische Besetzung der eroberten Gebiete: Golanhöhen, Gazastreifen, Westjordanland, Sinai
Jom-Kippur-Krieg	1973	Lieferungsboykott der Erdöl fördernden Staaten	Israel – Ägypten, Syrien	beginnende Gesprächsbereitschaft bei einigen arabischen Staaten, besonders Ägypten, das 1979 den Sinai zurückbekam und Frieden schloss
Libanonkrieg	1982	Angriff der PLO von Libanon aus auf israelische Siedlungen	Israel – PLO, Syrien	Zerschlagung der Kampfverbände der PLO und Verlegung des PLO-Hauptquartiers von Beirut nach Tunis; die UN verurteilten Israel

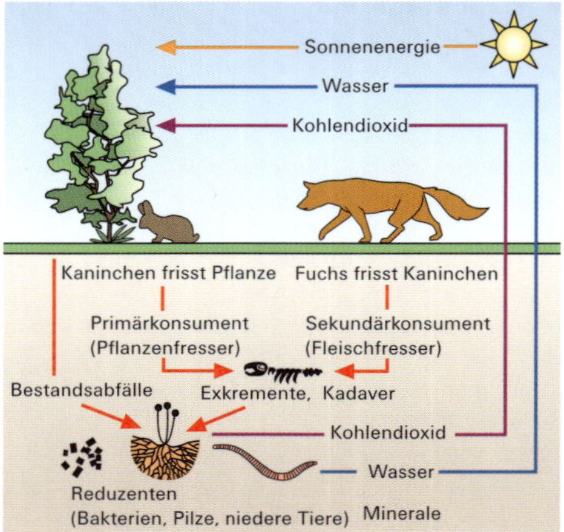

Beispiel einer **Nahrungskette**

bei der mehrere Organismenarten so voneinander abhängen, dass die eine jeweils die Nahrungsgrundlage der anderen darstellt. Am Anfang einer solchen Nahrungskette steht immer eine grüne Pflanze (Produzent), die mithilfe der Photosynthese Biomasse und damit die Nahrungsgrundlage für einen Pflanzenfresser schafft, der seinerseits die Beute für einen Fleischfresser darstellt (Konsument). Eine Nahrungskette hat meist etwa vier bis fünf Glieder, wobei das letzte als Endverbraucher bezeichnet wird.

■ **Nairọbi,** Hauptstadt von Kenia, mit 1,5 Mio. Einwohnern, im Hochland Ostafrikas (1670 m über dem Meeresspiegel) gelegen; Wirtschafts- und Messezentrum des Landes.

■ **naịve Malerei,** außerhalb kunstgeschichtlicher Stilrichtungen stehende Kunst von Laien. Sie ist – im Unterschied zu der auf Überlieferungen beruhenden Volkskunst – stark durch die Person des Künstlers geprägt. Die Bilder fallen durch die fröhliche Buntheit der Farben, die Unbefangenheit und Schlichtheit der Darstellung sowie die Freude am Detail auf. Bekannte Vertreter sind u. a. Anna Mary (»Grandma«) Moses (1860–1961) und Henri Rousseau (1844–1910).

■ **Nạmenstag,** der Kalendertag des Heiligen, dessen Namen jemand trägt; im katholischen und orthodoxen Brauchtum oft von besonderer Bedeutung.

Namibia

Flagge

Wappen

■ **Namịbia,** Staat im südwestlichen Afrika, mehrheitlich bewohnt von Bantuvölkern. Etwa 6 % der Bevölkerung sind Weiße, davon 30 % deutscher Abstammung.

Von der Küstenwüste **Namib** steigt das Land steil zur inneren Hochfläche an, die in die weiten Ebenen des Nordens, Nordostens und Ostens übergeht. In der Landwirtschaft wird vor allem Viehzucht betrieben (Rinder und Karakulschafe); im Norden ist bei künstlicher Bewässerung auch Ackerbau möglich. Dank der planktonreichen kalten Meeresströmung vor Namibia (Benguelastrom) ist die Fischerei ein wichtiger Wirtschaftszweig. Große Bedeutung besitzt die Diamantengewinnung (vor allem von Schmuckdiamanten) in den Sanden der Namib.
Geschichte: Das Gebiet wurde im 15. Jahrh. von den Portugiesen entdeckt und 1884/85 deutsches Schutzgebiet **(Deutsch-Südwestafrika).** 1920 kam es als Mandat des Völkerbunds unter südafrikanische Verwaltung. 1966 entzog die UN-Generalversammlung Südafrika das Mandat, 1968 gab sie dem Land den Namen »Namibia«. Der Internationale Gerichtshof erklärte die fortgesetzte Präsenz Südafrikas in Namibia für völkerrechtlich illegal. 1990 wurde Namibia als letzte Kolonie Afrikas unabhängig.

■ **Nancy** [nangßi̯], Stadt in Lothringen, Frankreich, an der Meurthe und am Rhein-Marne-Kanal gelegen, mit 99000 Einwohnern. Berühmt sind die im Rokokostil ausgeführten Plätze (Weltkulturerbe der UNESCO). – Die 1073 erstmals erwähnte Stadt war bis 1702 Hauptstadt von Lothringen.

■ **Nạnga Pạrbat** *der,* höchster Gipfel des westlichen Himalaja, im pakistanischen Teil Kaschmirs gelegen, 8126 m hoch. Die Erstbesteigung gelang dem Österreicher Hermann Buhl 1953.

Namibia
Fläche 824 292 km²
Einwohner 1,653 Mio.
Hauptstadt Windhuk
Amtssprache Englisch
Nationalfeiertag 21. 3.
Währung 1 Namibia-Dollar (N$) = 100 Cents (c)
Zeitzone MEZ +1 Std.

Ein Sinnbild des Machtmenschen – dieses Gemälde aus dem Jahr 1800 demonstriert den Eroberungswillen des in der Pose eines absoluten Herrschers dargestellten Napoléon Bonaparte, der als späterer Kaiser **Napoléon I.** fast den ganzen Kontinent beherrschte und das Land der Revolution bei gleichzeitiger Einführung des »Code civil« zu einer Militärdiktatur machte

■ **Nanking** (Nanjing), Hafen- und Industriestadt in China, am Unterlauf des Jangtsekiang, mit 2,1 Mio. Einwohnern. In der Stadt sind zahlreiche Bauten (Paläste, Tempel, Gräber) der Ming-Dynastie (1368–1644) erhalten. – Nanking war seit dem 3. Jahrh. Hauptstadt mehrerer Reiche in China.

■ **Nansen,** Fridtjof, norwegischer Polarforscher und Diplomat, *Hof Mellom-Frøen (bei Christiania, heute Oslo) 10. Oktober 1861, †Lysaker (heute zu Bærum bei Oslo) 13. Mai 1930. Nansen durchquerte als Erster Grönland von Ost nach West, drang mit seinem Schiff »Fram« ins Packeis des Nordpolarmeeres vor und dann mit Schlitten und auf Skiern bis über den 86. Grad nördlicher Breite. Dabei wies er die Drift des Polareises nach. Als Hochkommissar des Völkerbunds leitete er nach dem Ersten Weltkrieg die Heimkehr von Kriegsgefangenen aus Russland. Er organisierte Hilfsaktionen für die unter Hungersnot leidende Bevölkerung der Sowjetunion. 1922 wurde auf seine Anregung der **Nansenpass** als Ausweis für Staatenlose geschaffen. 1922 erhielt Nansen den Friedensnobelpreis. Er schrieb u.a. »Auf Schneeschuhen durch Grönland« (1890) und »In Nacht und Eis« (1897).

■ **Nantes** [nangt], Hafenstadt in Nordwestfrankreich, an der Loire, mit 251 100 Einwohnern. Sie ist durch einen Seekanal mit dem Vorhafen Saint-Nazaire am Golf von Biscaya verbunden.

Im **Edikt von Nantes** (1598) sicherte der französische König Heinrich IV. den Hugenotten u.a. das Recht auf freie Religionsausübung zu (1685 durch Ludwig XIV. wieder aufgehoben) und beendete damit die Hugenottenkriege.

■ **Napalm**® *das,* gelartiges Brandmittel aus Aluminiumseifen und Benzin mit sehr hoher Hitzeentwicklung. Das Gemisch zündet beim Aufprall des Brandmittelbehälters (meist Napalmbombe) und ist nicht löschbar.

■ **Naphthalin** [persisch-griech.] *das,* ein Kohlenwasserstoff, der in großen Mengen im Steinkohlenteer enthalten ist und aus diesem durch Destillation gewonnen wird. Napthalin ist ein überaus vielseitiger Ausgangsstoff in der organisch-chemischen Industrie.

Fridtjof Nansen

■ **Napoleon I.,** ursprünglich Napoleone Buonaparte, später Napoléon Bonaparte, Kaiser der Franzosen (1804–14 und 1815), *Ajaccio (Korsika) 15. August 1769, †Longwood (Sankt Helena) 5. Mai 1821. 1793 zum Brigadegeneral ernannt, verhalfen Napoleon seine militärischen Erfolge in den Französischen Revolutionskriegen, besonders in dem seit 1796 unter seinem Oberbefehl siegreichen Italienfeldzug, zu außerordentlicher Popularität. Durch die Ernennung zum 1. Konsul nach dem Staatsstreich von 1799 gelangte Napoleon auch tatsächlich an die Macht. 1802 ernannte er sich zum Konsul auf Lebenszeit, 1804 zum Kaiser der Franzosen (Selbstkrönung in Gegenwart von Papst Pius VII.) und 1805 zum König von Italien.

Die **naive Malerei** hatte einen nicht geringen Einfluss auf namhafte Künstler des 20. Jahrhunderts; dieses Bild mit dem Titel »Krieg« schuf Henri Rousseau, der Beamter beim Pariser Stadtzoll war, im Jahr 1894

Im Inneren schuf Napoleon eine neue, teilweise auf dem Erbe der Französischen Revolution beruhende Ordnung (Erlass eines bürgerlichen Gesetzbuchs durch den »Code civil«, 1804).
Absoluter Machtwille und der Versuch, Mitteleuropa unter französische Vorherrschaft zu stellen, mündeten in die **Napoleonischen Kriege** gegen wechselnde Koalitionen europäischer Mächte. In deren Verlauf brachen überkommene politische Strukturen (Heiliges Römisches Reich) auseinander; der moderne Nations- und Staatsgedanke gelangte zum Durchbruch. Nach dem Sieg über Österreich (Schlacht von Austerlitz, 1805) und über Preußen (Doppelschlacht von Jena und Auerstedt, 1806), der Errichtung des →Rheinbundes und dem erzwungenen Bündnis mit Zar Alexander I. von Russland 1807 stand Napoleon auf dem Höhepunkt seiner Macht.
Nach seiner Scheidung von Joséphine de Beauharnais (1763–1814) heiratete er die österreichische Kaisertochter Marie Louise (1791–1847). Um die 1806 verhängte, gegen Großbritannien gerichtete →Kontinentalsperre wirksamer zu gestalten, weitete er 1810 sein Staatensystem durch die Angliederung der Niederlande und der deutschen Nordseeküste aus.
Der verlustreiche Russlandfeldzug 1812 wurde zur Wende der napoleonischen Herrschaft in Europa. Die Befreiungskriege (1813–15), vor allem die Niederlage in der Völkerschlacht bei Leipzig gegen Österreich, Preußen und Russland (1813), führten zum Rückzug Napoleons auf französischen Boden. 1814 wurde er von den verbündeten Gegnern, die Paris besetzt hatten, zur Abdankung gezwungen und erhielt das Fürstentum Elba zugewiesen.
Sein Versuch, die Macht zurückzuerobern, führte zur Errichtung der »Herrschaft der 100 Tage«, die nach der Schlacht bei Waterloo (1815) endete. Napoleon wurde auf die Insel Sankt Helena verbannt, wo er 1821 starb. Seine Leiche wurde 1840 nach Paris überführt und im Invalidendom beigesetzt.

Weiße Narzisse und Gelbe Narzisse; die **Narzisse** wird seit dem 16. Jahrhundert gezüchtet und als Gartenblume kultiviert

■ **Narbe, 1)** *Botanik:* der oberste Teil des Stempels (mit klebriger Oberfläche) der höheren Pflanzen. Die Narbe nimmt den Blütenstaub auf.
2) *Medizin:* nach dem Wundverschluss gebildetes Hautgewebe, unelastisch gewordenes Bindegewebe, das wenig Gefäße besitzt und keine Drüsen, Haare und Nerven enthält.

■ **Narkose** →Anästhesie.

■ **Narzisse** [griech.] *die,* eine Gattung der Amaryllisgewächse mit etwa 25 Arten in Mitteleuropa und im Mittelmeergebiet. Bei uns gedeihen hauptsächlich die 20–40 cm hohe **Gelbe Narzisse (Osterglocke)** mit gelber Blütenhülle und langer Nebenkrone und die **Weiße Narzisse,** deren kurze Nebenkrone mit rotem Rand versehen ist.

■ **NASA** *die,* Abkürzung für **N**ational **A**eronautics and **S**pace **A**dministration [engl., = nationale Luft- und Raumfahrtbehörde], die 1958 gegründete zivile Behörde der USA für Luftfahrt und Weltraumforschung mit Sitz in Washington (D. C.). Startbahnhof für Weltraumflüge ist Cape Canaveral in Florida.

Nase

Die Nase ist das Organ, das den schnellsten Zugang zu unserer Gefühlswelt hat: Während die Informationen von Ohr und Auge mehrfach umgewandelt und gefiltert werden, ist das Riechorgan nur ganze zwei Schaltstellen (Synapsen) vom Reich der Emotionen und Hormone entfernt. Die Reize, die die zehn Millionen Rezeptoren aufnehmen, werden gleich über drei breite Datenautobahnen weitergeleitet. Eine führt über den Thalamus, den man auch das »Tor zum Bewusstsein« nennen kann, zur Hirnrinde, die zweite zum Hippocampus, einem zentralen Gefühlszentrum, und die dritte leitet zum Hypothalamus, der unter anderem die Hormonproduktion beeinflusst. Aber im Unterschied zum akustischen und visuellen System sind die beim Riechen beteiligten Hirnregionen nicht so klar abgrenzbar. So löst bei der bildhaften Darstellung von Gehirnaktivitäten der Duft einer Rose ein nicht zu interpretierendes Muster leuchtender Hirnregionen aus.

■ **Nase,** das Geruchsorgan der Wirbeltiere, bei höheren Wirbeltieren auch Teil des Atmungsweges. Die Nase besteht aus dem Nasenbein, dem Nasenknorpel und der Nasenscheidewand, die die beiden Nasenhöhlen voneinander trennt. Ihr Inneres wird von einer Schleimhaut bedeckt, die die Nase feucht hält, während Härchen Staub und kleine Fremdkörper, die mit der Luft eindringen, auffangen. Gleichzeitig wird in der Nase die Atemluft auf Körpertemperatur vorgewärmt. Dem →Geruchssinn dienen Riechzellen im oberen Teil der Nase.

■ **Nashörner** (Rhinozerosse), eine Familie Pflanzen fressender Unpaarhufer in den Steppen Afrikas und Asiens. Nashörner sind etwa 2–4 m lang, bis über 3 t schwer, fast haarlos und haben eine panzerartige Haut und kurze, säulenartige Beine. Am Vorderkopf tragen sie ein oder zwei Hörner. Das

Panzernashorn, mit nur einem Horn, lebt in Indien, das **Spitzmaulnashorn** in Afrika. Das in Afrika lebende **Breitmaulnashorn** ist mit rund 4 m Länge, 2 m Schulterhöhe und einem 1 m langen Vorderhorn nach dem Elefanten das größte Landsäugetier der Erde.

■ **Nasobēm** *das,* ein von Christian →Morgenstern entdecktes, lexikalisch bisher nicht erfasstes Tier; es gehört zur Gattung der Nasenschreiter.

■ **Nasser,** Gamal Abd el-, ägyptischer Offizier und Politiker, *Beni Mor (Provinz Assiut) 15. Januar 1918, †Kairo 28. September 1970. Er beteiligte sich 1952 an der Beseitigung der Königsherrschaft in Ägypten, wurde Minister-, dann Staatspräsident und war 1958–61 Staatsoberhaupt der Vereinigten Arabischen Republik (→Ägypten). Politisch erstrebte er die Einigung der arabischen Völker vor allem im Kampf gegen Israel. Er galt als ein Wortführer der blockfreien Staaten.

■ **Nation** [lat. natio, = Geburt, Geschlecht] *die,* politische Gemeinschaft, gekennzeichnet durch das Bewusstsein der politischen und/oder kulturellen Eigenständigkeit, das Bewusstsein einer als gemeinsam empfundenen Geschichte, Tradition, Religion, Kultur und Sprache oder eines gemeinsamen Wohngebiets und den Willen zur Zusammengehörigkeit. Der seit der Französischen Revolution in den Vordergrund getretene westeuropäische (französische) Nationsbegriff begreift Nation als eine historisch geformte Willensgemeinschaft, die in der Einheit des Staatswesens hervortritt **(Staatsnation).**

Die Eigenart der deutschen Geschichte, die erst spät einen deutschen Nationalstaat hervorbrachte, hat sich in einer weniger eindeutigen Vorstellung von Nation niedergeschlagen. Die deutschen Denker der klassischen und romantischen Epoche betonten die volkhaft-kulturelle, vorstaatliche Nation **(Kulturnation).**

Der Zwiespalt zwischen einem eher politisch verstandenen und einem eher ethnisch-kulturell verstandenen Nationsbegriff erweist sich auch im Begriff **Nationalität,** der einerseits im Rechtssinn die Staatsangehörigkeit meint, andererseits aber auch die nationale Minderheit innerhalb eines Staates bezeichnet.

■ **Nationalhymne,** patriotischer Gesang mit (meist) volkstümlicher Melodie, vielfach als Ausdruck des National- und Staatsbewusstseins empfunden. Nationalhymnen werden bei feierlichen politischen und sportlichen Anlässen gespielt und gesungen.

■ **Nationalismus** [lat.] *der,* eine politische Ideologie, der die →Nation als oberster Wert gilt. In der Regel blind und übersteigert verfolgt, neigt der Nationalismus zur Geringschätzung und Verachtung anderer Nationen oder Minderheiten.

■ **Nationalökonomie** →Volkswirtschaft.

■ **Nationalpark,** eine einzigartig charakteristische Landschaft von nationaler Bedeutung, die unter strengem Naturschutz steht. Der erste Nationalpark war der 1872 gegründete Yellowstone National Park in den USA. – Tabelle S. 319

■ **Nationalrat,** in Österreich die erste gesetzgebende Kammer des Bundes, in der Schweiz eine der beiden Kammern des Parlaments, der Bundesversammlung.

■ **Nationalsozialismus,** eine völkisch-antisemitische und nationalrevolutionäre Bewegung (→Faschismus 2) in der ersten Hälfte des 20. Jahrh. in Deutschland, deren Anhänger eine in der deutschen Geschichte beispiellose politische und moralische Katastrophe herbeiführten.

Weltanschauung und Ziele: Der Nationalsozialismus wandte sich radikal gegen die Folgen der Niederlage Deutschlands im Ersten Weltkrieg und der Novemberrevolution (1918), gegen die Bedingungen des Versailler Vertrags (1919), gegen das parlamentarisch-demokratische System der Weimarer Republik, gegen Kommunismus und Sozia-

Gamal Abd el-Nasser erreichte mit der Verstaatlichung des Suezkanals für sein Land eine Vormachtstellung im gesamten arabischen Raum

Bis vor wenigen Jahren waren die **Nashörner** durch Wilderei vom Aussterben bedroht; die erbeuteten Hörner der Tiere erbrachten höchste Preise; das Bild zeigt Breitmaulnashörner mit einem Jungtier

lismus, gegen die demokratisch-liberale Ideenwelt, gegen den politischen Katholizismus, gegen bürgerlich-konservative Richtungen und besonders in einem schrankenlosen →Antisemitismus gegen die Juden, die als Inbegriff allen Übels galten.
Beschworen wurden dagegen die »Volksgemeinschaft«, die bedingungslose Unterordnung aller Staatsangehörigen unter den »Führer«, der wahnhafte Glaube an die rassische Überlegenheit des »deutschen Herrenvolks« über die als minderwertig eingestuften »Untermenschen«, die Verherrlichung von Krieg und Kampf als Gelegenheiten der Bewährung für die Völker und für den Einzelnen sowie romantische Vorstellungen von Bauerntum und Heimaterde (»Blut und Boden«), verbunden mit dem Versuch, heidnisch-germanisches Brauchtum zu neuem Leben zu erwecken. Fernziel dieser menschenverachtenden Ideologie war die Errichtung einer deutschen Weltherrschaft, beginnend mit der Gewinnung von »Lebensraum im Osten«.
Geschichte: Die **Nationalsozialistische Deutsche Arbeiterpartei** (NSDAP) wurde 1919 als »Deutsche Arbeiterpartei« (DAP) gegründet; Adolf Hitler, noch im Gründungsjahr beigetreten, übernahm 1921 ihre Führung. Mit seinen Anhängern unternahm er 1923 in München einen Putsch (»Marsch zur Feldherrnhalle«), der jedoch fehlschlug. Während seiner anschließenden Festungshaft schrieb er an seinem Buch »Mein Kampf«, in dem er die Ziele und Vorstellungen des Nationalsozialismus darlegte.

Nationalsozialismus: »Wir stehen kampfgerüstet zum Marsch ins Dritte Reich« – Adolf Hitler mit SA-Männern auf einer Kundgebung der NSDAP in Berlin am 1. November 1932 : zwei Monate vor der nationalsozialistischen Machtübernahme

Noch ein Fall, der von der Vernichtung von Geist und Kultur durch den **Nationalsozialismus** berichtet: das »Selbstbildnis mit Judenpass« malte der Berliner Künstler Felix Nussbaum auf der Flucht in Belgien um das Jahr 1943; 1944 wurde er nach Auschwitz deportiert: Felix Nussbaum starb am 8. August 1944

Nach Hitlers vorzeitiger Haftentlassung und der Neugründung der vorübergehend verbotenen NSDAP (1925) entwickelte sich der Nationalsozialismus, unterstützt durch geifernde Propaganda und militärisch organisierte Kampftruppen, die SA (= Sturmabteilung) und die SS (= Schutzstaffel), bis 1930 zu einer Massenbewegung. Die Rezession, besonders in der Weltwirtschaftskrise von 1929, und der Anstieg der Arbeitslosigkeit auf über 6 Mio. Menschen brachten der NSDAP großen Zulauf aus allen Schichten der Bevölkerung. Trotz innerer Streitigkeiten wurde sie im Juli 1932 die stärkste Partei im Reichstag, derer sich die bisher nur mit Notverordnungen regierenden national-konservativen Kräfte bedienen zu können glaubten.
Am 30. Januar 1933 ernannte Reichspräsident Paul von Hindenburg Hitler zum Reichskanzler; damit begann der 18 Monate dauernde Prozess der nationalsozialistischen »Machtergreifung«. Am 24. März 1933 erließ der Reichstag mit den Stimmen der bürgerlichen Parteien (die SPD stimmte dagegen, die Kommunisten waren bereits verhaftet) das Ermächtigungsgesetz, das Hitler außerordentliche Vollmachten überließ: Mit Ausnahme der NSDAP wurden sämtliche Parteien verboten und die Gewerkschaften zerschlagen; die Versammlungs- und

Pressefreiheit wurde aufgehoben, das gesellschaftliche Leben durch die der NSDAP angeschlossenen Organisationen (u.a. Hitler-Jugend, Deutsche Arbeitsfront) durchdrungen und durch polizeistaatliche Unterdrückung (→Gestapo) kontrolliert.
Diejenigen, die sich öffentlich gegen die nun errichtete Diktatur zur Wehr setzten (→Widerstandsbewegung), wurden brutal verfolgt, in →Konzentrationslagern misshandelt und ermordet. Auch unbequeme oder rivalisierende Personen aus den eigenen Reihen, etwa die SA-Führung um Ernst Röhm, wurden ausgeschaltet (1934). Nach Hindenburgs Tod vereinigte Hitler 1934 die Ämter des Reichspräsidenten und des Reichskanzlers in seiner Hand; die Streitkräfte wurden auf ihn persönlich vereidigt.
Seine außenpolitischen Ziele verfolgte Hitler mit verbrecherischer Unerbittlichkeit: 1933 Austritt Deutschlands aus dem Völkerbund, 1935 Einführung der allgemeinen Wehrpflicht, 1936 Einmarsch von Truppen in das entmilitarisierte Rheinland, 1938 Anschluss Österreichs und des Sudetenlandes an das Deutsche Reich. Nach der Besetzung der Tschechoslowakei löste Hitler im September 1939 mit dem Überfall auf Polen den Zweiten Weltkrieg aus. In den eroberten Gebieten übten die deutschen Besatzer, vor allem die SS unter Heinrich Himmler, eine Terrorherrschaft aus.
Bereits 1935 wurden durch die →Nürnberger Gesetze die deutschen Juden unter entwürdigende Sondergesetze gestellt. Die »Endlösung der Judenfrage« sah in den von den Nationalsozialisten besetzten Ländern die systematische Vernichtung der Juden vor: Jüdische Männer, Frauen und Kinder wurden in Konzentrationslagern zusammengetrieben, wo sie unmenschlicher Behandlung ausgesetzt waren und durch Massenerschießungen oder in Gaskammern getötet wurden. Die Zahl der getöteten Juden wird auf 5–6 Millionen geschätzt.
Nach dem Krieg wurde Deutschland besetzt, die NSDAP und ihre Gliederungen wurden aufgelöst und die wichtigsten Politiker der NSDAP, soweit sie nicht (wie etwa Hitler) Selbstmord begangen hatten, in den →Nürnberger Prozessen vor ein »Internationales Militärtribunal« gestellt und verurteilt. Durch die »Entnazifizierung« sollten ferner Anhänger und Nutznießer des Nationalsozialismus aus dem öffentlichen Leben verbannt werden.

■ **Nationalversammlung,** gewählte Volksvertretung, die zu außergewöhnlichen Zwecken einberufen ist, besonders zur Verfassunggebung. Die erste Nationalversammlung bildete sich in Frankreich zu Beginn der Französischen Revolution. Erste deutsche Beispiele waren die Frankfurter Nationalversammlung von 1848/49 und die preußische verfassunggebende Versammlung von 1848. Im Deutschen Reich war 1919 die Weimarer Nationalversammlung verfassunggebendes Organ (»Weimarer Verfassung«).

■ **NATO** *die,* Abkürzung für **N**orth **At**lantic **T**reaty **O**rganization [engl., = Nordatlantikpakt], 1949 in Washington (D.C.) von Belgien, Dänemark, Frankreich, Großbritannien, Island, Italien, Kanada, Luxemburg, den Niederlanden, Norwegen, Portugal und den USA geschlossenes Verteidigungsbündnis mit Sitz in Brüssel. Vor dem Hintergrund des nach 1945 einsetzenden Ost-West-Konflikts sollte der Pakt der als Bedrohung empfundenen militärischen Präsenz der Sowjetunion in Europa ein Gegengewicht entgegensetzen. 1952 traten Griechenland und die Türkei, 1955 die Bundesrepu-

Nationalparks in Deutschland

Nationalpark	Bundesland	Gründungsjahr	Gesamtfläche in km²
Schleswig-Holsteinisches Wattenmeer	Schleswig-Holstein	1985	2730
Niedersächsisches Wattenmeer	Niedersachsen	1986	2363
Vorpommersche Boddenlandschaft	Mecklenburg-Vorpommern	1990	805
Müritz-Nationalpark	Mecklenburg-Vorpommern	1990	319
Bayerischer Wald	Bayern	1970	243
Berchtesgaden	Bayern	1978	208
Harz	Niedersachsen	1994	158
Hamburgisches Wattenmeer	Hamburg	1990	117
Unteres Odertal	Brandenburg	1995	105
Sächsische Schweiz	Sachsen	1990	93
Hainich	Thüringen	1998	76
Hochharz	Sachsen-Anhalt	1990	59
Jasmund	Mecklenburg-Vorpommern	1990	30

blik Deutschland und 1982 Spanien bei. Nach dem Ende des Ost-West-Konflikts kamen 1999 Polen, die Tschechische Republik und Ungarn hinzu. Frankreich zog sich 1966, ebenso wie Griechenland zwischen 1974 und 1980, aus den gemeinsamen militärischen Stäben zurück.
Oberstes Organ ist der **Nordatlantikrat,** dem Regierungsvertreter aller Mitgliedsstaaten angehören. Vorsitzender ist der **Generalsekretär.** Oberste militärische Instanz ist der **Militärausschuss,** der sich aus den Generalstabschefs der Mitgliedsländer zusammensetzt. Das Bündnisgebiet ist in die zwei Kommandobereiche Europa und Atlantik eingeteilt; dazu kommt die Regionale Planungsgruppe für Kanada und die USA. Mit dem 1997 gegründeten **Euro-Atlantischen-Partnerschaftsrat** sucht die NATO die Zusammenarbeit mit der GUS, mit anderen ehemaligen Ostblockländern sowie weiteren nicht zum Bündnis gehörenden OSZE-Mitgliedern.

NATO: Generalsekretäre

Lord Ismay (Großbritannien)	1952–57
Paul-Henry Spaak (Belgien)	1957–61
Dirk Stikker (Niederlande)	1961–64
Manlio Brosio (Italien)	1964–71
Joseph Luns (Niederlande)	1971–84
Lord Carrington (Großbritannien)	1984–88
Manfred Wörner (Bundesrepublik Deutschland)	1988–94
Willy Claes (Belgien)	1994–95
Javier Solana Madariaga (Spanien)	1995–99
George Robertson (Großbritannien)	seit 1999

Natrium
chemisches Symbol: Na
Ordnungszahl: 11
relative Atommasse: 22,99
Dichte: 0,97 g/cm^3
Schmelzpunkt: 97,72 °C
Siedepunkt: 883 °C

■ **Natrium** *das,* ein chemisches Element aus der Gruppe der Alkalimetalle. Das sehr weiche, silberweiße Metall ist dem →Kalium sehr ähnlich. Es kommt in der Natur (Anteil an der Erdkruste 2,43 %) nur in Verbindungen (z. B. Natronfeldspat, Stein- oder Meersalz, Salpeter) vor, da es sehr reaktionsfähig ist. Natriumionen (meist in Form des Kochsalzes, NaCl, aufgenommen) spielen eine wichtige Rolle im menschlichen Organismus. Metallisches Natrium wird in der chemischen Industrie, in Kernkraftwerken vom Typ schneller Brüter (→Brutreaktor) als Wärmeüberträger und in galvanischen Hochtemperaturzellen (→Batterien) verwendet.

■ **Nattern,** eine weltweit verbreitete, artenreichste Schlangenfamilie. Nattern sind mit wenigen Ausnahmen ungiftige Land- und Wasserbewohner. Sie besitzen eine kreisrunde Pupille und zahnreiche Kiefer. In Mitteleuropa leben die →Ringelnatter, die mit einer dunkelbraunen Würfelzeichnung versehene **Würfelnatter,** die seltene, oberseits glänzend braun gefärbte, bis zu 1,5 m lange **Äskulapnatter** und die lebend gebärende, etwa 75 cm lange **Glatt-** oder **Schlingnatter.** Die einheimischen Arten sind geschützt.

■ **Naturalisation** [lat.] *die,* Einbürgerung, die Verleihung der Staatsbürgerschaft an einen Ausländer.

■ **Naturalismus** [lat.] *der,* **1)** *bildende Kunst:* die naturgetreue Darstellung des Sichtbaren, auch des Alltäglichen und Hässlichen. In diesem Sinne gilt der Naturalismus oft als Steigerung des →Realismus. Bevorzugte Themen des Naturalismus, besonders in der Kunst zwischen 1870 und 1900, waren die kleinbürgerliche Idylle, das proletarische Milieu und das soziale Elend (z. B. Max Liebermann, Käthe Kollwitz).
2) *Literatur:* literarische Strömung des ausgehenden 19. Jahrh., die eine möglichst getreue Wiedergabe der »Natur« (der Wirklichkeit) anstrebt. Sie will auch die Schattenseiten des Lebens, z. B. die sozialen Missstände in der Großstadt, darstellen. Hauptvertreter des Naturalismus waren in Frankreich Émile Zola, in Deutschland Gerhart Hauptmann und Arno Holz (1863–1929).

■ **Naturheilkunde,** die Lehre von der Heilung von Krankheiten durch »naturgegebene« Einwirkungen. Zu ihren Verfahren gehören vor allem naturbelassene Heilmittel sowie Mittel, die die Selbstheilungskräfte des Körpers unterstützen, z. B. Abhärtung, Bewegung in frischer Luft, Bäder, gesunde Ernährung und Entspannung.
Die Pflanzenheilkunde, ein Teilgebiet der Naturheilkunde, verwendet frische bzw. getrocknete Pflanzen (Heilpflanzen) oder Teile davon ohne weitere Verarbeitung, z. B. für Säfte, Tees, Abkochungen und Aufgüsse.

■ **Naturkatastrophen,** Sammelbezeichnung für alle extremen Naturereignisse, die nicht nur zu großen Schäden in der Natur führen, sondern v. a. Bauwerke und Infrastrukturen zerstören sowie zahlreiche Todesopfer, Verletzte und Obdachlose zur Folge haben. Naturkatastrophen können durch

Naturheilkunde: Heilpflanzen (Auswahl)

deutscher Name	lateinischer Name	verwendete Pflanzenteile	Inhaltsstoffe	Anwendung
Arnika	Arnica montana	Blüten	ätherisches Öl, Bitterstoffe, Flavonoide	äußerlich bei Blutergüssen und Mundschleimhautentzündungen
Baldrian	Valeriana officinalis	Wurzel	ätherisches Öl, Valepotriate	bei Nervosität, Schlafstörungen
Bärentraube	Arctostaphylos uva-ursi	Blätter	Hydrochinonverbindungen, Gerbstoffe	bei Entzündungen der Harnwege (nur bei alkalischem Harn)
Beifuß	Artemisia vulgaris	Kraut	ätherisches Öl, Bitterstoffe	bei Verdauungsbeschwerden, Blähungen, Appetitlosigkeit
Echte Kamille	Chamomilla recutita	Blüten	ätherisches Öl mit Chamazulen	bei innerlichen und äußerlichen Entzündungen, Magen-Darm-Beschwerden
Eibisch	Althaea officinalis	Wurzel, Blätter	Schleim, Stärke, Pektin	bei Reizhusten, Magen-Darm-Katarrhen, Bronchitis, Entzündungen des Rachenraums
Engelwurz	Angelica archangelica	Wurzelstock	ätherisches Öl, Bitterstoffe	bei Magenverstimmung, Verdauungsstörungen
Eukalyptus	Eucalyptus globulus	Blätter	ätherisches Öl mit Zineol	bei chronischer Bronchitis
Fenchel	Foeniculum vulgare	Früchte	ätherisches Öl	appetitanregend, verdauungsfördernd, bei Blähungen, Magen-Darm-Krämpfen, Erkrankungen der Atemwege
Frauenmantel	Alchemilla xanthochlora	Kraut	Gerbstoffe, Bitterstoffe	bei Magen-Darm-Erkrankungen, Durchfall, Blähungen
Holunder (Schwarzer Holunder)	Sambucus nigra	Blüten	ätherisches Öl, Flavonoide	bei fieberhaften Erkältungen (schweißtreibend)
Huflattich	Tussilago farfara	Blüten	ätherisches Öl, Schleim, Bitterstoffe	bei entzündeten Schleimhäuten
Isländisches Moos	Cetraria islandica	ganze Pflanze (Flechte)	Schleimstoffe, Flechtensäuren	bei Husten, Entzündungen der Atmungsorgane, verdauungsfördernd
Knoblauch	Allium sativum	Zwiebeln	ätherisches Öl, Allizin	appetitanregend, verdauungsfördernd
Lein (Flachs)	Linum usitatissimum	Samen	fettes Öl, Schleim	bei chronischer Verstopfung, Magenschleimhautentzündung
Löwenzahn	Taraxacum officinale	Wurzel, ganze Pflanze	Bitterstoffe	appetitanregend, bei Verdauungsbeschwerden, Blutreinigungsmittel
Melisse	Melissa officinalis	Blätter	ätherisches Öl mit Zitronellal und Zitral	bei Nervosität, Magen-Darm-Beschwerden
Odermennig (Kleiner Odermennig)	Agrimonia eupatoria	Kraut	Gerbstoffe, Bitterstoffe, ätherisches Öl	bei Magen-Darm-Entzündungen, Gallenbeschwerden
Pfefferminze	Mentha piperita	Blätter	ätherisches Öl mit Menthol, Gerb- und Bitterstoffe	bei Magenschleimhautentzündungen, Magen-Darm-Koliken, Gallenbeschwerden
Römische Kamille	Anthemis nobilis	Blüten	ätherisches Öl, Bitterstoffe	wie Echte Kamille
Sanikel	Sanicula europaea	Kraut	Triterpensaponine, Pflanzensäuren, ätherisches Öl	bei Blähungen
Schafgarbe	Achillea millefolium	Blüten, Kraut	ätherisches Öl mit Azulen, Bitterstoffe	appetitanregend, verdauungsfördernd, bei Magenbeschwerden
Schlehe (Schlehdorn, Schwarzdorn)	Prunus spinosa	Blüten	Kohlenhydrate, Glykoside	bei Erkältungen, mildes Abführmittel
Spitzwegerich	Plantago lanceolata	Kraut	Glykoside, Schleim, Kieselsäure	bei Katarrhen der oberen Atemwege
Wermut	Artemisia absinthium	Kraut	ätherisches Öl, Bitter- und Gerbstoffe	bei Verdauungsstörungen, Magenleiden, Appetitlosigkeit

extreme Wetterbedingungen (Stürme, Niederschläge, Hitze, Kälte, Blitzschlag) und daraus sich ergebenende Überschwemmungen, Sturzfluten und Muren entstehen, infolge von Erdbeben, Erdrutschen, Vulkanausbrüchen, Meteoriten- oder Kometeneinschlägen auftreten oder durch Seuchen und Schädlingsbefall ausgelöst werden.
Für die Zunahme von Naturkatastrophen in den letzten Jahrzehnten werden die weltweite Bevölkerungszunahme, die Besiedlung und Industrialisierung naturgefährdeter Räume sowie die Änderungen der Umweltbedingungen als Hauptgründe gesehen.

■ **Naturpark,** Landschaft, die sich durch natürliche Eigenart und Schönheit sowie meist einen hohen Erholungswert auszeichnet und in ihrem gegenwärtigen Zustand erhalten werden soll. In Deutschland gibt es 74 Naturparks, deren Flächen zum Großteil als Landschaftsschutzgebiete und zum geringeren Teil als Naturschutzgebiete (→Naturschutz) ausgewiesen sind.

■ **Naturreligionen** →Stammesreligionen.

■ **Naturschutz,** alle Maßnahmen zum Schutz und zur Pflege von besiedelter und unbesiedelter Natur als Lebensgrundlage für den Menschen und für seine Erholung. Dazu gehört die Erhaltung von Naturdenkmälern (Wasserfälle, Felsengruppen, alte Bäume), Naturlandschaften oder naturnahen Kulturlandschaften (Schilfbestände, Moore, Urwälder) und der Schutz vom Aussterben bedrohter Tiere und Pflanzen.
Letzterem dienen vor allem die **Naturschutzgebiete,** die in ihrem natürlichen Zustand zu belassen sind (»Vollschutzgebiete« dürfen nicht einmal betreten werden, »Teilschutzgebiete« nur stark eingeschränkt genutzt werden).
Landschaftsschutzgebiete genießen einen geringeren Schutz: ordnungsgemäße Land- und Forstwirtschaft sowie geregelte Jagd und Fischerei sind erlaubt, nicht aber Bebauung, Abholzen oder Aufforsten. In Deutschland gibt es etwa 5000 Naturschutzgebiete und etwa 6200 Landschaftsschutzgebiete.

■ **Naturvölker,** kleinere Kulturgemeinschaften meist außerhalb Europas, die in ihrer Lebensweise stark ihrer natürlichen Umgebung angepasst sind. Sie leben meist als Sammler und Jäger (Fischer).

■ **Naturwissenschaften,** Sammelbegriff für Wissenschaften, die sich mit der Erforschung der belebten und der unbelebten Natur und ihren Gesetzmäßigkeiten befassen. Dazu gehören u.a. Astronomie, Chemie, Physik, Meteorologie, Geologie, Biologie (Botanik, Zoologie, Genetik, Ökologie) mit verschiedenen Teilgebieten und sich überschneidenen Gebieten, wie die Biophysik.

■ **Naumburg (Saale),** Stadt an der Saale, Sachsen-Anhalt, gegenüber der Unstrutmündung gelegen, mit 30600 Einwohnern. Der romanisch-gotische Dom (Anfang 13. Jahrh. bis 1330) birgt bedeutende plastische Werke des Naumburger Meisters: Kreuzigungsgruppe, Reliefs und die berühmten Stifterfiguren (u.a. Ekkehard und Uta).

Nauru
Fläche 21 km²
Einwohner 11000
Hauptstadt Yaren
Amtssprachen Nauruisch, Englisch
Nationalfeiertag 31. 1.
Währung 1 Australischer Dollar ($A) = 100 Cents (c)
Zeitzone MEZ +10 Std. und 30 Minuten

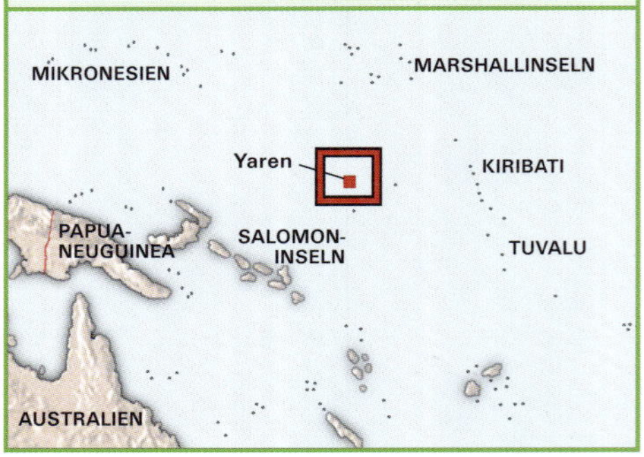

Nauru

Flagge

Wappen

■ **Nauru** (Naoero), Inselrepublik im westlichen Pazifik, südlich des Äquators, bestehend aus der zu Mikronesien zählenden Insel Nauru. Einziger Wirtschaftszweig ist der Abbau und Export von Phosphat. Mehr als die Hälfte der überwiegend christlichen Bevölkerung gehört dem einheimischen mikronesisch-polynesisch-melanesischen Mischvolk an.
Geschichte: Nauru war 1888–1914 deutsche Kolonie, kam dann unter australische, neuseeländische und britische Treuhandverwaltung; seit 1968 ist es unabhängige Republik im Commonwealth of Nations.

■ **Navigation** [lat.] *die,* die Planung und Überwachung der Fahrzeugbewegung, ursprünglich zu See, dann in der Luft und im Weltraum und neuerdings auch zu Land, unter Beachtung bestimmter Kriterien. Dazu gehören das möglichst sichere, schnelle und Treibstoff sparende Erreichen eines Ziels, bestimmter Orte zu bestimmten Zeiten, das

Ermitteln des zurückgelegten Wegs und das Einhalten eines vorgeschriebenen Kurses.
Zur Navigation benötigt man mehr oder weniger komplizierte Mess- und Rechenvorgänge. Zu messen sind u. a. die Zeit, die Geschwindigkeit und Beschleunigung der Bewegung und die Position und Orientierung bezüglich bestimmter fester Punkte. Zu den lange bekannten Navigationsverfahren gehören die Beobachtung und Messung des Stands der Gestirne (Sextant) und die Verwendung des Kompasses, zu den neueren Funk- und Radarpeilung sowie Trägheits- und Satellitennavigation (GPS).

■ **Nazareth,** Stadt in Nordisrael, im Hügelland von Galiläa, mit rund 50 000 Einwohnern; als Vaterstadt Jesu und Ort seiner Kindheit eine wichtige heilige Stätte des Christentums.

■ **Neandertaler,** altsteinzeitliche Menschengruppe, benannt nach den im Neandertal bei Düsseldorf gefundenen Skelettresten. Weitere Funde in Europa und Vorderasien vermitteln eine Vorstellung von den Neandertalern, die vor etwa 200 000 bis 30 000 Jahren lebten. Die neuere Forschung sieht im Neandertaler keinen direkten Vorfahren des heutigen Menschen, sondern den Vertreter einer ausgestorbenen Seitenlinie. – auch →Mensch.

■ **Neapel** (italienisch Napoli), Hafenstadt in Italien, am Golf von Neapel am Fuß des Vesuvs gelegen, mit 1,02 Mio. Einwohnern; wirtschaftlicher und kultureller Schwerpunkt Süditaliens, Anziehungspunkt des Fremdenverkehrs. Die Universität wurde 1224 gegründet. Das historische Zentrum der Stadt mit zahlreichen Kirchen, Klöstern und weltlichen Bauten gehört zum Weltkulturerbe der UNESCO. Das Castel Nuovo (13. Jahrh.) war Residenz der Könige von Neapel.

■ **Nebel, 1)** *Astronomie:* schwach leuchtende Himmelsobjekte, die aus leuchtendem Gas oder Staub bestehen und größer und verwaschener erscheinen als Sterne, z. B. der Orionnebel. Früher wurden auch Sternsysteme als Nebel bezeichnet, was sich in Namen wie »Andromedanebel« erhalten hat.

2) *Meteorologie:* fein verteilte Wassertröpfchen in der Luft, bei einer Dichte, die die Sichtweite auf weniger als 1 km herabsetzt. Nebel ist eine unmittelbar auf der Erdoberfläche aufliegende Wolke. Zur Nebelbildung kommt es, wenn feuchter Erdboden abkühlt (Ausstrahlungsnebel), wenn feuchte Luft an Bergen aufsteigt (Bergnebel), bei Kaltluft über wärmeren Seeflächen (Seenebel oder Seerauch), bei abkühlenden Luftmassen, die vom Meer kommen, über polaren Eisflächen (Polarnebel) oder bei der Mischung feuchtwarmer mit kalter Luft (Mischungsnebel).

■ **Nebennieren,** beim Menschen zwei 10–18 g schwere, auf jeder Niere oben aufliegende Drüsen, die verschiedene Hormone produzieren. Das **Nebennierenmark** produziert die Hormone Adrenalin und Noradrenalin, die **Nebennierenrinde** Geschlechtshormone (u. a. Androgene), Glucocorticoide, wie Cortison, die vor allem den Kohlenhydrat-, Fett- und Proteinstoffwechsel beeinflussen, und Mineralocorticoide (vor allem Aldosteron), die auf die Elektrolytkonzentration und -zusammensetzung in der Körperflüssigkeit wirken.

■ **Nebensatz** →Gliedsatz, →Satz.

■ **Nebukadnezar II.,** König von Babylon (605–562 v. Chr.). Er eroberte 597 und 587 v. Chr. Jerusalem und deportierte jedes Mal große Teile der Juden nach Babylonien (»Babylonische Gefangenschaft«). Bei der zweiten Eroberung wurde Jerusalem zerstört, der Staat Juda ausgelöscht. – Nebukadnezar II. ist der Titelheld von Verdis Oper »Nabucco« (1842).

■ **Neckar** *der,* rechter Nebenfluss des Oberrheins in Baden-Württemberg, 367 km lang. Der Neckar entspringt auf der Baar (zwischen Schwarzwald und Schwäbischer Alb), mündet bei Mannheim, ist ab Plochingen kanalisiert und über 203 km schiffbar.

■ **negativ** [lat.], **1)** *allgemein:* verneinend, ablehnend; ungünstig, ergebnislos, schlecht; Gegensatz: positiv.

2) *Mathematik:* kleiner als Null (Zeichen: –).

■ **Negativ** [lat.] *das,* das beim Fotografieren auf dem entwickelten Film entstehende Bild. Beim Schwarz-Weiß-Negativ sind die Helligkeitswerte gerade umgekehrt wie beim aufgenommenen Original, beim Farbnegativ erscheinen die jeweiligen →Komplementärfarben des Originals. Stellt man ein Positiv (z. B. einen Papierabzug) her, erscheinen wieder die ursprünglichen Helligkeitswerte oder Farben. – auch →Fotografie.

■ **Negev** (Negeb) *der,* wellige Wüstenlandschaft im Süden Israels, etwa 12 000 km^2. Der wichtigste Ort ist Beer Sheva (128 400 Einwohner). Bewässerungsanlagen ermöglichen im Norden Obst- und Ackerbau.

■ **Negro Spirituals** [nigro^{u} spiritju^{e}ls; engl.], geistliche Lieder der Afroamerikaner (Amerikaner schwarzafrikanischer Abstammung), meist schwermütige Melodien mit spezifisch afroamerikanischen Elementen, wie z. B. Offbeat (→Beat); in den formalen und harmonischen Strukturen jedoch von

Bezügen zur europäischen geistlichen und Volksmusik gekennzeichnet.

■ **Nehrung,** ein schmaler, flacher Landstreifen, der einen Meeresteil fast abgeschnürt hat (→Haff), z. B. die Kurische Nehrung an der Ostsee; in Italien Lido genannt.

■ **Neiße** *die* (polnisch Nysa), Name zweier Nebenflüsse der Oder, **1) Glatzer Neiße,** auch Schlesische Neisse, 195 km lang. Sie entspringt im Glatzer Schneegebirge und mündet nahe Oppeln.
2) Lausitzer Neiße, auch Görlitzer Neisse, 256 km lang. Sie entspringt im Isergebirge und mündet nördlich von Guben. Seit 1945 bildet die Lausitzer Neisse zusammen mit der Oder die Grenze zwischen Polen und Deutschland (→Oder-Neiße-Linie).

■ **Nekrolog** [griech.] *der,* Nachruf auf einen Verstorbenen; auch Bezeichnung für eine Sammlung solcher Nachrufe.

■ **Nektar** [griech.] *der,* **1)** *Botanik:* der zuckerhaltige Saft, den Honigdrüsen (Nektarien), die in oder nahe der Blüte liegen, ausscheiden. Mit dem Nektar werden Insekten angelockt, die dann beim Aufsaugen die Blüte bestäuben. Im Honigmagen der Bienen (→Honigbienen) wird der Nektar zu →Honig umgewandelt.
2) *griechische Mythologie:* der Trank der Götter, der wie ihre Speise, das Ambrosia, Unsterblichkeit verleiht.

Diese Art der Gattung **Nelke,** die in Bauerngärten beliebte Kartäusernelke, trägt meist sechs in büscheligen Köpfchen wachsende rote Blüten

■ **Nelken,** Pflanzenfamilie mit etwa 2 000 Arten, die hauptsächlich in der nördlichen gemäßigten Zone vorkommen. Sie sind Kräuter oder Halbsträucher mit schmalen Blättern und formenreichen Blütenständen. Viele sind bekannte Wiesen- und Gartenpflanzen, z. B. die rote Steinnelke, die vielgestaltige Gartennelke, die aus Südeuropa stammt und meist mit gefüllten Blüten gezogen wird, die auf feuchten Wiesen wachsende rosafarbene Kuckucksnelke und die purpurrote Pechnelke an trockenen Stellen.

In seinem schlachtenreichen Leben büßte der britische Kriegsheld **Horatio Nelson** die Sehkraft seines rechten Auges und seinen rechten Arm ein und in der berühmten Schlacht bei Trafalgar wurde er tödlich verwundet

■ **Nelson** [nẹls^{e}n], Horatio, Viscount of Nelson (seit 1801), Baron of the Nile (seit 1798), britischer Admiral, *Burnham Thorpe (Norfolk) 29. 9. 1758, †(gefallen) bei Trafalgar 21. 10. 1805. Er schlug 1805 die vereinigte französisch-spanische Flotte bei Kap Trafalgar an der Atlantikküste Südspaniens und sicherte dadurch die britische Vorherrschaft zur See. Seine Tapferkeit und Tatkraft machten Nelson zu einem der populärsten Nationalhelden Großbritanniens.

■ **Nennform** (Infinitiv) →Verb.

■ **neo..., Neo...** [griech.], Bestimmungswort von Zusammensetzungen mit der Bedeutung »neu, jung«, z. B. Neolithikum (Jungsteinzeit).

Nepal
Fläche 147 181 km²
Einwohner 23,168 Mio.
Hauptstadt Kathmandu
Amtssprache Nepali
Nationalfeiertage 11. 1., 9. 11. und 28. 12.
Währung 1 Nepalesische Rupie (NR) = 100 Paisa (P.)
Zeitzone MEZ + 4 Std. und 30 Minuten

■ **Neodym** [griech.] *das,* ein chemisches Element aus der Gruppe der Lanthanoide. Das silbrig glänzende Metall ist Legierungsbestandteil von Magnesiumlegierungen und magnetischen Werkstoffen. Es wird zur Rosafärbung von Email, Glas und Keramik sowie in speziellen Lasern verwendet.

Neodym
chemisches Symbol: Nd
Ordnungszahl: 60
relative Atommasse: 144,24
Dichte: 7,007 g/cm³
Schmelzpunkt: 1 016 °C
Siedepunkt: 3 066 °C

■ **Neolithikum** →Steinzeit.

■ **Neon** [griech.] *das,* ein chemisches Element aus der Gruppe der Edelgase. Es dient als Füllgas von Leuchtstoffröhren und wird in speziellen Lasern verwendet.

Neon
chemisches Symbol: Ne
Ordnungszahl: 10
relative Atommasse: 20,18
Dichte: 0,89 g/l
Schmelzpunkt: −248,59 °C
Siedepunkt: −246,08 °C

■ **Nẹpal,** Königreich im Himalaja. Das Gebirgsland erstreckt sich zwischen Indien und China (Tibet). In Nepal liegt der Hauptkern des Himalaja (Mount Everest). Die Täler werden landwirtschaftlich genutzt (u. a. Anbau von Reis, Jute, Zuckerrohr, Tabak), in höheren Lagen wird Viehzucht betrieben. Die Industrie beschränkt sich auf die Verarbeitung landwirtschaftlicher Produkte. Zunehmende Bedeutung hat der Trekkingtourismus. Die größte Gruppe der mehrheitlich hinduistischen Bevölkerung sind die Gurkha, deren Muttersprache Nepali zur Nationalsprache wurde.

Geschichte: Das Königreich Nepal wurde 1769 gegründet; es war durch Verträge von 1816 und 1923 mit Britisch-Indien verbunden. Seit 1990 ist Nepal eine konstitutionelle Monarchie mit Mehrparteiensystem.

Nepal

Flagge

Wappen

Neptun

Monde laufen normalerweise mit der Drehung ihrer Planeten; nicht so Triton, der größte Mond des Neptun. Daraus kann man schließen, dass er selbst einmal ein Planet war, der seine Kreisbahn um die Sonne zog. Was ist passiert? Durch die sehr viel größere Masse des Neptun wurde die Abweichung von Tritons Umlaufbahn um die Sonne immer größer, bis Triton dann vor Millionen von Jahren aus dieser Bahn kippte und in eine elliptische Umlaufbahn um Neptun einschwenkte. Und diese Bahn ist rückläufig zur Drehung Neptuns und seiner Bahn um die Sonne.

■ **Neptun, 1)** *der, Astronomie:* der von der Sonne aus gezählt achte und damit zweitäußerste Planet im Sonnensystem; er ist mit bloßem Auge nicht sichtbar. Neptun wurde 1846 von dem Berliner Astronomen Johann Gottfried Galle entdeckt. Zusätzlich zu den bereits bekannten Neptunmonden Triton und Nereide wurden 1989 mithilfe der Raumsonde Voyager 2 sechs weitere Monde sowie ein Ringsystem entdeckt.

2) *römische Mythologie:* römischer Gott des Meeres; er entspricht dem griechischen Gott →Poseidon.

■ **Neptunium** *das,* ein radioaktives chemisches Element aus der Gruppe der →Transurane. Von ihm geht eine natürliche Zerfallsreihe aus. Die Isotope ^{237}Np und ^{239}Np sind Zwischenstufen bei der Herstellung wichtiger radioaktiver Nuklide.

■ **Nẹro** (nach der Adoption durch Kaiser Claudius nannte er sich Nero Claudius Caesar), römischer Kaiser (54–68 n. Chr.), *Antium (heute Anzio) 15. Dezember 37, †bei Rom 9. Juni 68. Geprägt durch Grausamkeit, Verschwendungssucht und Größenwahn, ließ er seine Mutter und seine erste Frau ermorden und zwang seinen ehemaligen Lehrer und Berater, den Philosophen Seneca, zum Selbstmord. Den Tod seiner zweiten Frau Poppaea Sabina im Jahr 65 verursachte er durch einen Fußtritt. Als 64 in Rom ein Brand ausbrach, der drei Viertel der Stadt in Schutt und Asche legte, behauptete ein Gerücht, Nero selbst habe den Brand gelegt. Deshalb lenkte er den Zorn der Massen auf die Christen; es kam zur ersten grausamen Christenverfolgung. 68 n. Chr. wurde Nero abgesetzt und beging auf der Flucht Selbstmord.

■ **Nẹrven** [lat.], bei Mensch und Tieren die gebündelte Axone von →Nervenzellen des peripheren →Nervensystems, die von Gewebehüllen umgeben sind und ebenso wie die Hormone als Kommunikationsmittel zwischen den verschiedenen Teilen des Organismus dienen.

Die Nerven bestehen aus **Nervenfasern,** die sich häufig zu parallel verlaufenden, oft von einer gemeinsamen Bindegewebshülle umschlossenen **Nervenbündeln** (Nervenstränge) zusammenschließen. Mit bloßem Augen sichtbare Nerven bestehen wiederum aus einer verschieden großen Anzahl von Nervenfaserbündeln. Innerhalb des Zentralnervensystems bezeichnet man die Faserbündel als **Nervenbahnen.** Angehäuft zusammenliegende Nervenzellkörper bilden die **Ganglien.** – Bild S. 326

■ **Nẹrvensystem,** in einfachster Ausbildung (z. B. bei Hohltieren) ein über Nervenfasern netzartig verbundenes System von →Nervenzellen, das den ganzen Körper durchzieht und Informationen aus der Umwelt direkt zu den Muskel- oder Drüsenzellen leitet. Bei den Wirbellosen kommt es zu einer Konzentration des Nervengewebes zu Nervensträngen (Markstränge). Bei höher entwickelten Tieren sind die Nervenfasern zu →Nerven gebündelt und zu Ganglien (z. B. bei Gliedertieren) zusammengefasst, die zusammen das Strickleiternervensystem bilden.

Neptunium
chemisches Symbol: Np
Ordnungszahl: 93
relative Nuklidmasse: 237,05
Dichte: 20,25 g/cm³
Schmelzpunkt: 644 °C
Siedepunkt: 3 902 °C

Das Nervensystem der Wirbeltiere (und damit auch des Menschen) zeigt den höchsten Grad an Spezialisierung: Das **Zentralnervensystem** (Gehirn und Rückenmark) verarbeitet Informationen, die es von den Sinneszellen über die sensorischen Nerven des **peripheren** (am Rande befindlichen) **Nervensystems** erhält, und gibt Befehle über die motorischen Nerven zu den Erfolgsorganen wie Arme und Beine. Das →vegetative Nervensystem beeinflusst besonders die Steuerung der inneren Organe.

■ **Nervenzellen,** spezielle Zellen in allen höheren Tieren, die erregbar sind und Erregungen weiterleiten und verarbeiten können. Sie bestehen aus dem zellkernhaltigen Teil und den von hier ausgehenden verschieden langen Fortsätzen. Die Fortsätze sind vergleichbar mit Telefonleitungen, über die die Nervenzelle Nachrichten empfängt **(Dendriten)** oder absendet **(Axon).** Die Nervenzelle mit all ihren Fortsätzen nennt man **Neuron.** Die Axone von Nervenzellen, die Bewegungen auslösen **(motorische Nervenzellen)**, und solchen, die Sinneseindrücke weiterleiten **(sensorische Nervenzellen),** sind von speziellen Zellen umgeben, die die so genannte Markscheide bilden. An diesen Nervenzellen können die Erregungssignale besonders schnell weitergeleitet werden. Die Verbindungsstellen zwischen dem Axon der einen Nervenzelle und den Dendriten einer anderen Nervenzelle oder zwischen einer Nervenzelle und einer Muskelzelle werden als **Synapsen** bezeichnet. Nervenzellen können sich zu →Nerven bündeln und sind Teil eines →Nervensystems.

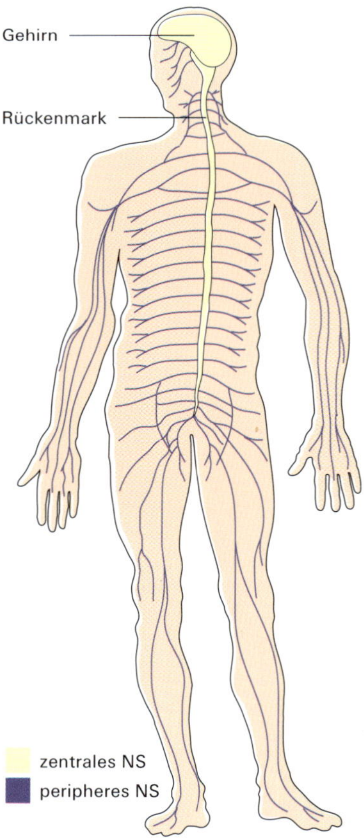

Das zentrale **Nervensystem** verarbeitet oft in Bruchteilen von Sekunden die über das periphere Nervensystem vermittelten Informationen

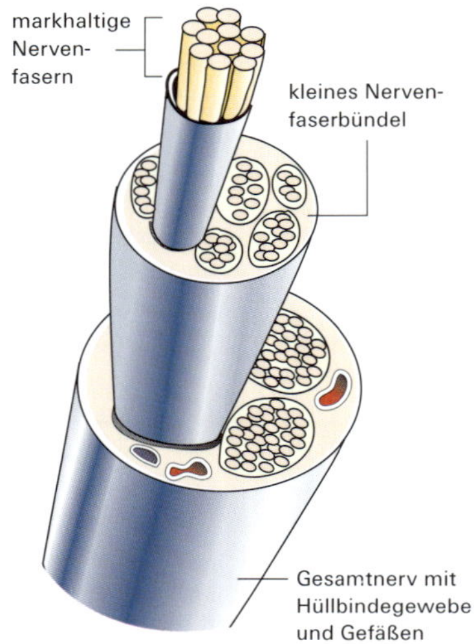

Aufbau eines **Nervs**

■ **Nerze,** bis etwa 50 cm körperlange Marderarten, die in Eurasien und Nordamerika leben. Sie sind gewandte Schwimmer und Taucher, deren dichter, dunkelbrauner Pelz sehr geschätzt wird. Beim **Europäischen Nerz** sind Kehle, Ober- und Unterlippe weißlich. Der dunkelbraune bis lehmfarbene **Amerikanische Nerz (Mink)** wird heute in größerem Umfang in Pelztierfarmen gezüchtet.

■ **Nesseltiere,** Hohltiere, die in ihrer äußeren Körperwand Nesselkapseln ausbilden. Bei Reizung explodieren die unter Druck stehenden Kapseln und stülpen Nesselfäden mit einer ätzenden Flüssigkeit aus, die kleine Tiere lähmt oder sogar töten kann und der Abwehr von Feinden und dem Beutefang dient. Die 0,5 mm–2,2 m langen Nesseltiere umfassen etwa 10 000 Arten, die einen mundnahen Kranz von Tentakeln (Fangarmen) besitzen. Sie treten als festsitzende →Polypen oder als frei schwimmende, getrenntgeschlechtliche →Quallen auf.

■ **Nest,** meist besonders geschützter Aufenthaltsort für viele Tiere, der dem Nächtigen, dem Überdauern ungünstiger Witterungsverhältnisse, meist aber dem Erbrüten und der Aufzucht der Nachkommen dient.

■ **Nestflüchter,** in weit entwickeltem Zustand zur Welt kommende, schnell den Geburtsort (das Nest) verlassende Tiere, z. B. Hühner, Enten, Feldhasen und Huftiere.

■ **Nesthocker,** Jungtiere, die in noch unvollkommenem Zustand geboren werden. Sie kommen nackt und »blind« zur Welt und bedürfen noch der Pflege und des Schutzes der Eltern, z. B. Singvögel, Greifvögel, Eulen, Insektenfresser und Nagetiere.

■ **Nestor,** Held der griechischen Mythologie; unter den Griechen, die Troja belagerten, der älteste Fürst und weiseste Ratgeber. – Nach ihm nennt man oft den ältesten Gelehrten einer Wissenschaft oder allgemein einen klugen Ratgeber Nestor.

■ **Nestroy** [nẹstreu], Johann Nepomuk, österreichischer Dichter und Schauspieler, * Wien 7. Dezember 1801, † Graz 25. Mai 1862. Mit seinem scharfen Witz und seiner verblüffenden Komik war er der erfolgreichste Vertreter der Altwiener Volkskomödie. Zu den bekanntesten Stücken gehören »Der böse Geist Lumpazivagabundus« (1835) und »Einen Jux will er sich machen« (1844).

Johann Nepomuk Nestroy war als Dichter und Schauspieler ein geborener Komödiant; das Foto zeigt ihn als unvergessenen Darsteller des Schusters Knieriem aus dem umwerfend komischen Stück »Der böse Geist Lumpazivagabundus«

In Deutschland sind die **Nerze** ausgerottet; der hier abgebildete Europäische Nerz erreicht mit seinem buschig behaarten Schwanz eine Körperlänge von bis zu 55 cm

■ **netto** [italienisch], rein, nach Abzug; Gegensatz: brutto.

■ **Netzflügler,** eine Insektenordnung, deren Vertreter vier große, meist netzartig geaderte Flügel besitzen, die in Ruhe dachförmig zusammengelegt werden. Netzflügler sind Raubinsekten mit kauenden Mundwerkzeugen.

■ **Netzwerk, 1)** *Datenverarbeitung:* ein Verbundsystem verschiedener →Computer zum Austausch von Informationen, zum Verteilen von Rechnerleistung und zum Ausfallschutz. Nach der Art der Teilnehmer unterscheidet man **offene Netzwerke,** die den weltweiten Zugriff auf Datenbanken ermöglichen, und **geschlossene Netzwerke,** die einem bestimmten Benutzerkreis vorbehalten sind. Netzwerke werden u. a. nach ihrer räumlichen Ausdehnung (z. B. lokales Netzwerk), nach den Zugriffsverfahren sowie nach der Art ihrer Vernetzung klassifiziert.

2) *Elektrotechnik:* Zusammenschaltung mehrerer Schaltelemente (u. a. Widerstände, Kondensatoren).

■ **Neuenburg** (frz. Neuchâtel), **1)** (amtlich frz. Neuchâtel), Kanton in der westlichen Schweiz, der sich vom Neuenburger See über den Schweizer Jura bis zur französischen Grenze erstreckt, mit 803 km² und 165 600 Einwohnern. Die fruchtbarsten Gegenden sind das Val de Ruz und die Gebiete am Neuenburger See (Wein- und Obstanbau). La Chaux-de-Fonds und Le Locle sind bedeutende Zentren der schweizerischen Uhrenindustrie.

Geschichte: Das Fürstentum Neuenburg (seit 1648) fiel 1707 an Friedrich I. in Preußen, 1805–14 an Frankreich und wurde unter Friedrich Wilhelm III. 1814 als 21. Kanton in die schweizerische Eidgenossenschaft aufgenommen. 1848 wurde eine von der Schweiz gewährleistete republikanische Verfassung eingeführt.

2) Hauptstadt von 1), mit 31700 Einwohnern, an den Hängen des Jura und am Nordwestufer des Neuenburger Sees; schweizerisches Zentrum für Elektronik und Mikrotechnik.

■ **Neuengland** (Neuenglandstaaten), die sechs im Nordosten der USA gelegenen Staaten, die seit 1620 (→Pilgerväter) von England aus besiedelt wurden: Maine, New Hampshire, Vermont, Massachusetts, Rhode Island und Connecticut.

■ **neue Religionen,** religiöse Gruppen oder Bewegungen, die sich seit der Mitte des 19. Jahrh. weltweit gebildet haben und nicht in die traditionellen Religionen integriert sind. Der Begriff »Sekte« wird heute vermieden, da er sehr stark abwertet. Zu den vor christlichem Hintergrund entstandenen neuen Religionen gehören u. a. Adventisten, Mormonen, Vereinigungskirche, Zeugen Jehovas, Universelles Leben, Theosophische Gesellschaft. Aus islamischem Kontext hervorgegangen sind z. B. die Ahmadija und die Bahai-Religion, aus hinduistischem Umfeld die Bhagvan- und Hare-Krishna-Bewegung, Divine Light Mission und Transzendentale Meditation, aus buddhistischem Umfeld vor allem die über 300 neuen japanischen Religionen.

■ **Neue Sachlichkeit,** Stilrichtung der deutschen Malerei der 1920er-Jahre. Sie betonte, im Gegensatz zum ausdrucksstarken →Expressionismus, eine kühl-distanzierte Darstellung der Realität und wandte sich gegen die Tendenzen der abstrakten Kunst.

■ **Neues Testament,** Abkürzung **N. T.**, der zweite Teil der christlichen →Bibel, eine Sammlung von 27 urchristlichen Schriften (ursprünglich griechisch). Sie umfasst die vier Evangelien (von Matthäus, Markus, Lukas, Johannes), die Apostelgeschichte, die Briefe des Apostels Paulus sowie andere, deren Verfasserschaft umstritten ist, und die Offenbarung (Apokalypse) des Johannes.

■ **Neue Welt,** im 16. Jahrh. entstandene Bezeichnung für Amerika.

■ **Neue Wilde** (Junge Wilde), eine Gruppe deutscher Maler, die seit Ende der 1970er-Jahre meist großformatige ausdrucksstarke Bilder mit aggressiver Farbigkeit malten.

■ **Neufundland** (engl. Newfoundland), Insel vor der kanadischen Ostküste, dem Sankt-Lorenz-Golf vorgelagert, 108860 km² groß. Sie bildet zusammen mit einem Teil von Labrador die östlichste Provinz Kanadas (Newfoundland, 563500 Einwohner); die Hauptstadt ist Saint John's. Das Klima ist rau, häufig gibt es Nebel. Die Wälder liefern Holz, sonst wird die Insel von Tundra bedeckt. Wirtschaftsgrundlage sind Küsten- und Hochseefischerei.

■ **Neufundländer,** ein Rasse kräftiger, schwarz- und langhaariger Wachhunde mit einer Widerristhöhe von 68 bis 75 cm. Sie haben einen breiten Kopf, kleine herabhängende Ohren, kräftige Beine und einen langen buschigen Schwanz. Neufundländer sind ausgezeichnete Schwimmer.

■ **Neuguinea** [...gi...], zweitgrößte Insel der Erde, nördlich von Australien, mit 771900 km² und 4,5 Mio. Einwohnern (Papua, Melanesier und Zwergstämme). Die Insel wird von mehreren parallelen Gebirgsketten durchzogen und ist zu zwei Dritteln dicht bewaldet (an den Küsten Mangrovevegetation, im Bergland tropischer Regenwald und tropischer Bergwald). Bodenschätze sind Gold und Kupfer, in den Küstengebieten gedeihen Kaffee, Bananen, Kokospalmen und Kautschukbäume. – Der Westteil Neuguineas gehört seit 1963 als Irian Jaya zu Indonesien, der Ostteil gehört zu →Papua-Neuguinea.

■ **Neukaledonien,** Insel in Melanesien, nordöstlich von Australien im Pazifischen Ozean, mit 18575 km² und 206000 Einwohnern (Eigenbezeichnung Kanaken); Hauptstadt ist Nouméa. Neukaledonien bildet mit Nachbarinseln das französische Überseeterritorium Neukaledonien Wichtigster Wirtschaftszweig ist der Nickelerzbergbau.

■ **Neulandgewinnung** (Landgewinnung), ein in Küstengebieten angewandtes Verfahren, um dem Meer Land abzugewinnen. Durch vorgeschobene Deiche und Pfahldämme (Buhnen) wird im Wattenmeer Schlick zurückgehalten. Gräben verstärken den Schlickanfall, angesiedelte Pflanzen und Algen festigen den Boden, der durch Deiche geschützt wird. Das gewonnene Land nennt man **Koog** oder **Polder**. Neulandgewinnung in großem Maßstab wird in den Niederlanden betrieben (→IJsselmeer).

■ **Neumann,** Balthasar, deutscher Baumeister des Barock, getauft in Eger 30. Januar 1687, † Würzburg 19. August 1753. Er war beteiligt an Planung und Bau der Würzburger Residenz. Hauptwerke sind außerdem die Wallfahrtskirche Vierzehnheiligen (südlich von Lichtenfels, Oberfranken) sowie die Treppenhäuser der Schlösser Brühl bei Köln und Bruchsal.

■ **Neurologie** [griech.] *die,* die Lehre von den Vorgängen im zentralen und peripheren Nervensystem und seinen Erkrankungen. Das Fachgebiet ist in der Praxis meist mit der Psychiatrie verbunden und wird dann als **Nervenheilkunde** bezeichnet.

■ **Neuron** →Nervenzelle.

■ **Neurose** [griech.] *die,* Sammelbegriff für Störungen des Verhaltens und Erlebens (z. B. Furcht, Hemmungen) und der körperlichen Funktionen, für die keine organische Ursache nachgewiesen werden kann. Sie bleiben den Betroffenen unverständlich und können von ihnen nicht genügend kontrolliert werden.

■ **Neurotransmitter** (Überträgerstoffe), Substanzen, die bei der Erregungsübertragung an den Synapsen von den →Nervenzellen freigesetzt werden. Zu den Neurotransmittern gehören u. a. Acetylcholin, Adrenalin, Noradrenalin, Dopamin und Serotonin.

Neuseeland
Fläche 270 534 km^2
Einwohner 3,68 Mio.
Hauptstadt Wellington
Amtssprache Englisch
Nationalfeiertag 6. 2.
Währung 1 Neuseeland-Dollar (NZ$) = 100 Cents (c)
Zeitzone MEZ+11 Std.

■ **Neuseeland,** Staat im südwestlichen Pazifik, der die südöstlich von Australien gelegenen beiden Hauptinseln Nordinsel und Südinsel sowie benachbarte kleinere Inseln umfasst. Von den Einwohnern sind 73,8 % europäischer (meist britischer) Abstammung, 9,6 % sind →Maori. Die Nordinsel ist ein Gebirgs- und Hügelland mit tätigen Vulkanen, Geysiren, heißen Quellen und reich gegliederten Küsten; auf der Südinsel befinden sich die neuseeländischen Alpen (Mount Cook, 3764 m hoch) mit gewaltigen Gletschern. Beide Inseln sind durch die Cookstraße voneinander getrennt. Das Klima ist gemäßigt subtropisch. Wichtigster Wirtschaftszweig ist die Rinder- und Schafzucht. Im Export von Molkereiprodukten, Fleisch und Wolle zählt Neuseeland zu den führenden Ländern der Erde. Angebaut werden vor allem Getreide, Gemüse und Äpfel. Bodenschätze sind Kohle, Erdgas, Erdöl und Eisensand. Industriebetriebe finden sich vor allem auf der Nordinsel; führend ist die Nahrungsmittelindustrie.

Geschichte: Neuseeland war bereits vor der Entdeckung (1642) durch den Niederländer Abel Janszoon Tasman (1603–1659) von den polynesischen Maori besiedelt. 1840 kam es in britischen Besitz. 1931 wurde es als parlamentarische Monarchie im Commonwealth of Nations unabhängig; Staatsoberhaupt ist der britische Monarch.

Neuseeland

Flagge

Wappen

■ **Neusiedler See,** ein weitgehend abflussloser, leicht salzhaltiger, nur 1–2 m tiefer See mit einem Gesamtareal von etwa 276 km^2 im österreichischen Burgenland und in Ungarn. In dem teilweise breiten Schilfgürtel des Ufers nisten zahlreiche zum Teil seltene Vogelarten (Naturschutzgebiet, seit 1977 Biosphärenreservat der UNESCO).

■ **neutral** [lat.], **1)** *allgemein:* parteilos, unparteiisch; keinem Staatenbündnis angehörend.

2) *Chemie:* eine Lösung, die weder wie eine Säure noch wie eine Base reagiert, bezeichnet man als neutral. **Neutralisation** ist der Vorgang, einer Säure so lange eine Base (oder umgekehrt) zuzugeben, bis beide sich unter Bildung von Wasser und eines Salzes in ihrer unterschiedlichen Wirkung gegenseitig aufheben.

3) *Physik:* elektrisch ungeladen, das heißt mit gleich viel positiven und negativen elektrischen Ladungen.

■ **Neutralität** [lat.] *die,* unparteiische Haltung, Nichteinmischung; im Völkerrecht die Nichtbeteiligung eines Staates an einem Krieg oder einem sonstigen Konflikt zwischen anderen Staaten. Ein neutraler Staat darf die Krieg führenden Länder weder militärisch noch politisch oder wirtschaftlich unterstützen. Zu unterscheiden ist zwischen andauernder Neutralität (z. B. Schweiz, Österreich seit 1955) und Neutralität in einer bestimmten Situation.

■ **Neutrino** [italienisch, = kleines Neutron] *das,* zu den →Leptonen zählendes stabiles, ungeladenes und vermutlich masseloses Elementarteilchen. Es kommt in den drei Arten **Elektonneutrino, Myonneutrino** und **Tauneutrino** sowie deren Antiteilchen, den **Antineutrinos,** vor.

■ **Neutron** [lat.] *das,* Symbol **n,** zu den Baryonen gehörendes elektrisch neutrales Elementarteilchen mit der Masse $1{,}675 \cdot 10^{-27}$ kg, neben dem

Proton ein Baustein der Atomkerne (→Atom). Es ist im Verband eines Atomkerns stabil, als freies Teilchen zerfällt es mit einer Halbwertszeit von etwa zehn Minuten. Freie Neutronen entstehen vor allem bei der Kernspaltung und spielen eine wichtige Rolle bei Strukturuntersuchungen von Materie, aber auch bei der Strahlenbehandlung in der Medizin.

Das Bildnis zeigt **Isaac Newton** im Jahr 1689; etwa 240 Jahre später würdigte Albert Einstein die Leistung seines Vorgängers in persönlicher Anrede: »du fandst den einzigen Weg, der zu deiner Zeit für einen Menschen von höchster Denk- und Gestaltungskraft eben noch möglich war. Die Begriffe, die du schufst, sind auch jetzt noch führend, ... obwohl wir nun wissen, daß sie durch andere, der Sphäre der unmittelbaren Erfahrung ferner stehende ersetzt werden müssen...«

■ **Neutronenbombe** →Kernwaffen.

■ **Neutronensterne,** Sterne, die im Wesentlichen aus einem Neutronengas bestehen. Ihre Masse ist derjenigen der Sonne vergleichbar, sie haben aber nur einen Radius von etwa 10 km und damit eine Dichte, die etwa so groß ist wie die von Atomkernen (also etwa eine Milliarde Mal so groß wie die von →Weißen Zwergen oder eine Billiarde Mal so groß wie die von Wasser). Neutronensterne stellen eins der möglichen Endstadien der →Sterne dar. Sie werden z. B. als Pulsare beobachtet.

■ **Neutrum** →Substantiv.

■ **Neuzeit,** die Zeit seit dem Ende des Mittelalters (etwa 1500) bis zur Gegenwart.

■ **Newa** *die,* Abfluss des Ladogasees, Russland. Die Newa mündet in den Finnischen Meerbusen (Ostsee); sie ist 74 km lang und von Mai bis November schiffbar. Im Newadelta liegt Sankt Petersburg.

■ **New Age** [nju e^{i}dsch; engl., = neues Zeitalter], eine weltanschauliche Bewegung, die im letzten Drittel des 20. Jahrh. in den USA entstand. Sie begreift die Gegenwart als Wendezeit und knüpft ihre Heilserwartungen an eine grundsätzliche Umgestaltung der Welt. Kernpunkt ist die Hoffnung auf die Ablösung des technologisch bestimmten modernen Zeitalters durch die mystische Einheit der Menschen untereinander und mit der Natur.

■ **New Orleans** [nju o^{r}li^{e}ns, auch ...o^{r}lins], Hafenstadt im Deltagebiet des Mississippi, in Louisiana, USA, mit 484 100 Einwohnern. Der Hafen hat den größten Umschlag der USA. – New Orleans wurde 1718 von Franzosen gegründet und ist in seiner Altstadt (Vieux Carré, French Quarter) von spanisch-französisch-kreolischer Kultur geprägt. Die Stadt war bis etwa 1917 das Zentrum des frühen Jazz (New-Orleans-Jazz).

■ **Newton** [njut^{e}n], Sir Isaac, englischer Physiker, Mathematiker und Astronom, *Woolsthorpe (bei Grantham, County Lincolnshire) 4. Januar 1643, †Kensington (heute zu London) 31. März 1727. Newton ist der Begründer der neuzeitlichen Naturwissenschaft. Er entwickelte gleichzeitig mit Leibniz, doch unabhängig von ihm, die Differenzial- und Integralrechnung, leitete aus den keplerschen Gesetzen das Schwerkraftgesetz (Gravitationsgesetz) ab, formulierte die Grundgleichungen und -tatsachen der Mechanik (→newtonsche Gesetze) und erklärte die Bewegung der Planeten um die Sonne sowie die Gezeiten. Weitere seiner vielen richtungweisenden Forschungsergebnisse waren die Erklärung des Lichts und der Farben, die Zerlegung der Lichtstrahlen durch Brechung und die Ausbreitung des Schalls.

■ **Newton** [njut^{e}n; nach Isaac Newton] *das,* Einheitenzeichen **N**, gesetzliche Einheit der Kraft: 1 N ist gleich der Kraft, die einem Körper der Masse 1 kg die Beschleunigung 1 m/s^2 erteilt. Es gilt:

1 N = 1 kg m/s^2 = 1 J/m.

■ **Newtonmeter** [njut^{e}n...] *das,* Einheitenzeichen **Nm**, Einheit der Energie:

1 Nm = 1 J (Joule) = 1 Ws (Wattsekunde).

■ **newtonsche Gesetze** [njut^{e}n...], die von Newton zusammengestellten Grundgesetze der →Mechanik:

1. Jeder Körper verharrt im Zustand der Ruhe oder der gleichförmigen geradlinigen Bewegung, solange keine Kräfte auf ihn wirken (Trägheitsgesetz).

2. Die auf einen Körper wirkende Kraft ist gleich seiner Masse mal seiner Beschleunigung (dynamisches Grundgesetz).

3. Die Kräfte, die zwei Körper aufeinander ausüben, sind stets gleich groß, aber von entgegengesetzter Richtung, das heißt, es gilt stets: Wirkung = Gegenwirkung (actio = reactio; Reaktions- oder Wechselwirkungsprinzip).

■ **New Wave** [nju̲^{u}e̲^{i}w; engl., = neue Welle] *der,* Mitte der 1970er-Jahre in den USA aufgekommene Strömung innerhalb der Rockmusik, die in England direkt vom Punkrock beeinflusst war, ohne jedoch dessen Aggressivität zu übernehmen. In bewusster Distanz zu dem gesteigerten künstlerischen und technischen Anspruch zahlreicher Rockgruppen der 1970er-Jahre orientieren sich die New-Wave-Gruppen wieder mehr am »klassischen« Rock 'n' Roll und an der Beatmusik der frühen 1960er-Jahre: Elektronischer Klangzauber ist unerwünscht und die musikalische Struktur meist rockig einfach. Bekannte Vertreter sind u.a. Patti Smith (*1946), Blondie, Talking Heads, The Police und The Clash.

Der New Wave beeinflusste Ende der 1970er-Jahre auch die deutschsprachige Rockszene; vor allem. Vor allem in Berlin (West) bildeten sich viele Kleingruppen, deren Musik sich bald als **Neue deutsche Welle** etablieren konnte. Texte und Gruppennamen (u.a. Fehlfarben, Deutsch-Amerikanische Freundschaft, Einstürzende Neubauten) stellen die neue deutsche Welle in die Nähe jugendlicher Protestformen Ende der 70er-Jahre; bekannte Vertreter sind ferner u.a. Ideal, Trio und Nena (*1960).

■ **New York** [njujo̲^{r}k], größte Stadt der USA, 7,38 Mio. Einwohnern (mit Randgebieten 19,9 Mio.), an der Mündung des Hudson River in den Atlantischen Ozean sowie auf mehreren Inseln gelegen. Das Stadtgebiet ist in fünf Bezirke geteilt: Manhattan, Bronx, Brooklyn, Queens und Richmond.

Den Stadtkern bildet die lang gezogene Flussinsel **Manhattan** (zwischen Hudson River und East River), die mit ihrer »Skyline« von riesigen Wolkenkratzern zu einem Wahrzeichen der Stadt geworden ist: Empire State Building (381 m), Rockefeller-Center, UN-Gebäude u.a.); am höchsten sind mit 412 m die Zwillingstürme des World Trade Center (110 Stockwerke). In Manhattan liegen die Hauptgeschäftsstraßen: die Fifth Avenue, der Broadway (Vergnügungs- und Theaterzentrum) und die Wall Street (mit den Banken und Börsen). Manhattan ist durch Brücken und mehrere Tunnel mit dem Festland und Long Island (Brooklyn und Queens) verbunden.

In New York leben Menschen verschiedenster Herkunft; viele von ihnen wohnen in eigenen Stadtvier-

Das heutige Gesicht der Neuen Welt – seit 1973 akzentuieren in **New York** die 412 m hohen Zwillingstürme des World Trade Center die Skyline des südlichen Manhattan

teln, so in Harlem vor allem Schwarze, in Chinatown Chinesen, in Little Italy Italiener. Der Verkehr wird durch Hoch- und Untergrundbahnen, Züge (unterirdischer Bahnhof) und ein in mehreren Etagen übereinander ausgebautes Straßensystem bewältigt. New York ist durch Flug- und Schiffsverbindungen mit allen wichtigen Punkten der Erde verbunden und besitzt drei Großflughäfen. Die auf einer kleinen Insel errichtete Freiheitsstatue (1866) gilt als Wahrzeichen der Stadt und Amerikas. N. Y. ist Sitz der UN.
Geschichte: New York entwickelte sich aus einer 1626 errichteten kleinen Handelsstation der Niederländer (Neu-Amsterdam), die 1664 von englischen Kolonisten erobert und in New York umbenannt wurde. 1785–90 war es Sitz der Bundesregierung.

■ **Niagarafälle,** die Wasserfälle des **Niagara River**, des 55 km langen Grenzflusses zwischen den USA und Kanada, der den Eriesee mit dem Ontariosee verbindet. Das Dröhnen der in die Tiefe stürzenden Wassermassen ist 60 km weit zu hören (das indianische Wort Niagara bedeutet »donnerndes Wasser«). Durch eine Insel werden die Niagarafälle in den 790 m breiten kanadischen **Hufeisenfall** (Höhenunterschied 49 m) und die 350 m breiten **Amerikanischen Fälle** (Höhenunterschied 51 m) geteilt.

■ **Nibelungen** [verwandt mit Nebel], in der germanischen Heldensage 1. die dämonischen Besitzer eines großen Schatzes (Hort), der von dem Zwerg Alberich gehütet wird, 2. die Burgunden (Burgunder), ein Volksstamm am Rhein. Nach dem →Nibelungenlied geht nach Siegfrieds Ermordung der Goldhort (Nibelungenhort), den Siegfried gewann, an die Burgundenkönige über, die nun selbst Nibelungen genannt werden.

■ **Nibelungenlied,** ein um 1200 im Donauraum entstandenes Heldenepos in mittelhochdeutscher Sprache. Geschildert werden Siegfrieds Tod und der Untergang der Burgunden am Hof des Hunnenkönigs Etzel (Attila). Das Werk hat immer wieder Künstler zur Neugestaltung angeregt, so u. a. Richard Wagner (»Der Ring des Nibelungen«, 1876; Musikdrama).

Nicaragua

Flagge

Wappen

■ **Nicaragua** (Nikaragua), Republik in Zentralamerika, zwischen Pazifischem Ozean und Karibischem Meer. Die Bevölkerung setzt sich aus Mestizen (70 %), Weißen (17 %), Indianern (4 %), Schwarzen (9 %), Mulatten und Zambos zusammen. Die Hauptstadt Managua wurde 1972 durch ein Erdbeben fast völlig zerstört. Nicaragua ist ein vulkanisches, waldreiches Gebirgsland mit heißem Klima

Nicaragua
Fläche 129 494 km^2
Einwohner 4,717 Mio.
Hauptstadt Managua
Amtssprache Spanisch
Nationalfeiertag 15. 9.
Währung 1 Córdoba (C$) = 100 Centavos (c,cts)
Zeitzone MEZ – 7 Std.

und fruchtbaren Gebieten an der Küste des Pazifischen Ozeans. Mehr als 70 % der Bevölkerung leben in diesem Küstengebiet. Ausfuhrgüter sind Kaffee, Fleisch, Baumwolle und Zucker. Die Industrie verarbeitet Agrarprodukte, daneben werden Textilien, Leder- und Metallwaren hergestellt.
Geschichte: Nach der Entdeckung durch Kolumbus 1502 gehörte Nicaragua zum ehemaligen spanischen Kolonialreich. 1823–38 war es Teil der Zentralamerikanischen Föderation, seitdem ist es selbstständige Republik. 1912–32 hielten die USA Nicaragua besetzt. Mehr als 40 Jahre lang beherrschte die Familie Somoza das Land, ehe sie Nicaragua nach einem Bürgerkrieg 1979 verlassen musste und von einer Regierungsjunta der marxistischen Sandinistischen Befreiungsbewegung abgelöst wurde. Mit den Präsidentschaftswahlen 1990 endete die sandinistische Herrschaft, gegen die sich die von den USA finanziell unterstützten »Contras« erhoben hatten.

■ **nichteheliche Kinder** (außereheliche Kinder, uneheliche Kinder), Kinder, die nicht einer rechtsgültigen Ehe entstammen, also besonders die Kinder einer unverheirateten Frau. Lange Zeit waren nichteheliche Kinder rechtlich diskriminiert. Seit dem In-Kraft-Treten des 1997 verabschiedeten Kindschaftsreformgesetzes am 1. Juli 1998 spielt es für die Rechtsstellung eines Kindes grundsätzlich keine Rolle mehr, ob seine Eltern miteinander verheiratet sind oder nicht. Sind sie bei der Geburt des

Kindes nicht miteinander verheiratet, steht ihnen gemeinsam das Recht der elterlichen Sorge zu, wenn sie erklären, es gemeinsam übernehmen zu wollen, oder einander heiraten. Ansonsten hat allein die Mutter die elterliche Sorge und dem Vater steht ein Recht auf Umgang mit dem Kind zu. Die gesetzliche Amtspflegschaft wurde abgeschafft und durch eine freiwillige Beistandschaft des Jugendamtes ersetzt.
Ebenfalls seit 1998 sind nichteheliche Kinder erbrechtlich ehelichen Kindern gleichgestellt. Im selben Jahr wurde das Unterhaltsrecht für Kinder geschiedener Ehepaare und für nichteheliche Kinder vereinheitlicht (→Regelunterhalt).

■ **Nickel** *das,* ein chemisches Element, ein silberweißes, glänzendes, dem Eisen und Kobalt verwandtes Schwermetall. In der Natur kommt Nickel

> **Nickel**
> chemisches Symbol: Ni
> Ordnungszahl: 28
> relative Atommasse: 58,69
> Dichte: 8,9 g/cm^3
> Schmelzpunkt: 1 455 °C
> Siedepunkt: 2 913 °C

meist in Verbindungen mit Schwefel, Arsen oder Antimon und auch als →Silikat vor. Nickel ist ein Metall mittlerer Reaktionsfähigkeit, dessen Verbindungen meist zweiwertig und grün gefärbt sind. Es wird u. a. für die Stahlveredlung und für die Fetthärtung (→Margarine) verwendet.

■ **Nidwalden** →Unterwalden.

■ **Niederdeutsch,** die seit historisch fassbarer Zeit in Norddeutschland gesprochene Sprache, die sich bis heute in regional unterschiedlichen (meist als Plattdeutsch bezeichneten) →Mundarten erhalten hat. Diese sind von der 2. (hochdeutschen) Lautverschiebung nicht oder kaum erfasst worden und unterscheiden sich daher deutlich von den hochdeutschen Mundarten (z. B. Pipe = Pfeife; breken = brechen). Im Mittelalter war Niederdeutsch Literatur-, Geschäfts- und Rechtssprache.

■ **Niederlande** (oft fälschlich Holland), Königreich an der Nordsee, zwischen Ems- und Scheldemündung, einschließlich Wasserflächen 41 854 km^2 (Landfläche 33 882 km^2). Das Tiefland (zum Teil Marschland) liegt wenig über, teilweise bis 6 m unter dem Meeresspiegel. Vor allem im Rhein-Schelde-Mündungsgebiet ist die Küste buchtenreich und durch Deiche und natürliche Dünen gegen Sturmfluten geschützt. Nördlich und nordöstlich von Den Helder sind der Küste die Westfriesischen Inseln mit ausgedehntem Watt vorgelagert.
Große Einpolderungen (→Polder), besonders am IJsselmeer und in der Rhein-Maas-Mündung, sind bedeutende Ackerbau- und Viehzuchtgebiete. Die Niederlande werden von zahlreichen eingedeichten Flüssen (Maas, Rhein, Schelde) und Kanälen durchzogen. Die Kanäle dienen vor allem der Entwässerung. Die vielen Windmühlen betreiben meist die Pumpanlagen.
An Bodenschätzen gibt es außer Erdgas auch Erdöl und Salze. Für die Wirtschaft wichtig sind Vieh- und Milchwirtschaft (die Niederlande sind weltweit größter Exporteur von Schweinefleisch und Milchprodukten), Acker- und Gemüsebau (letzterer zum Teil in Treibhauskulturen mit mehreren Ernten im Jahr), die bedeutende Blumenzucht (vor allem Tulpen), Fischerei, Nahrungsmittelindustrie, Schiffbau und Metallindustrie, chemische, elektrotechnische und Textilindustrie. Die Niederlande haben eine bedeutende See- und Binnenschifffahrt. Rotterdam ist der größte Hafen der Erde.
Geschichte: In der Antike war das Gebiet der heutigen Niederlande von den germanischen Batavern und Friesen bewohnt. Im frühen Mittelalter wurde der gesamte Raum um Maas, Schelde und Rhein (einschließlich des heutigen Belgien) Teil des →Fränkischen Reiches und fiel durch die Reichsteilungen des 9. Jahrh. großenteils an das Ostfränki-

> **Niederlande**
> **Fläche** 41 526 km^2
> **Einwohner** 15,654 Mio.
> **Hauptstadt** Amsterdam
> **Regierungssitz** Den Haag
> **Amtssprache** Niederländisch
> **Nationalfeiertag** 30. 4.
> **Währung** 1 Holländischer Gulden (hfl) = 100 Cent (c, ct)
> **Zeitzone** MEZ

Niederlande

Flagge

Wappen

sche, später Heilige Römische Reich. Früh bildeten sich relativ selbstständige Territorien aus. Sie wurden im 14. und 15. Jahrh. nach und nach Teil des Herzogtums Burgund und fielen durch die Heirat des späteren Kaisers Maximilian I. mit Maria von Burgund 1477 an die Habsburger.

Nach der Teilung der habsburgischen Gebiete unter Karl V. blieben die niederländischen Besitzungen mit Spanien verbunden. Die absolutistische Herrschaft Philipps II., der Versuch einer gewaltsamen Zurückdrängung der Reformation und die Missachtung der Rechte der Stände führten zu Unruhen; nachdem Spanien zu deren Unterdrückung den Herzog von Alba entsandt hatte, brach 1567/68 der Freiheitskampf offen aus. Alba ließ Graf →Egmont und andere hinrichten, konnte jedoch den Widerstand nicht brechen und die Ausweitung des Aufstandes (seit 1572 unter Führung Wilhelms I. von Oranien) nicht verhindern. Erst 1579 gelang es, die südlichen, überwiegend katholischen Provinzen auf die Seite Spaniens zu ziehen (endgültig 1585). Dagegen schlossen sich die nördlichen Provinzen zusammen und sagten sich 1581 von Spanien und dem Haus Habsburg los.

Martin Niemöller, eine Symbolfigur des kirchlichen Widerstands gegen den Nationalsozialismus, wurde 1937 verhaftet und brachte die Zeit zwischen 1938 und 1945 in drei verschiedenen Konzentrationslagern zu

1648 wurde im Westfälischen Frieden die Unabhängigkeit der Republik der Vereinigten Niederlande anerkannt. Im 17. Jahrh. stiegen die Niederlande zur bedeutenden See- und Handelsmacht mit einem Kolonialreich (vor allem in Südostasien) auf. 1795 wurden sie von französischen Truppen erobert und zur Batavischen Republik erklärt, 1806 dann zum Königreich Holland unter Louis Bonaparte, einem Bruder Napoleons. 1810 wurden die Niederlande Frankreich einverleibt.

Die südlichen, katholischen Niederlande fielen 1714 als österreichische Niederlande an die Habsburger; sie wurden bereits 1794 Frankreich angegliedert. Sie bildeten mit den nördlichen Niederlanden seit dem Wiener Kongress 1815 unter Wilhelm I. das »Königreich der Vereinigten Niederlande«, das in der Revolution von 1830 wegen der politischen, religiösen und wirtschaftlichen Gegensätze zwischen beiden Landesteilen wieder zerbrach. Der südliche Teil ist seit 1831 als Belgien selbstständig. Im Ersten Weltkrieg blieben die Niederlande neutral. Im Zweiten Weltkrieg wurden sie trotz Neutralität von Deutschland angegriffen und besetzt, 1944/45 von Alliierten befreit. Königin ist seit 1980 Beatrix (*1938).

■ **Niederösterreich,** das größte österreichische Bundesland, mit 19 174 km² und 1,534 Mio. Einwohnern. Landeshauptstadt ist Sankt Pölten. Niederösterreich erstreckt sich beiderseits der Do-

Mit den Ideen **Friedrich Nietzsches** haben die nationalsozialistischen Demagogen Schindluder getrieben, das immer noch nachwirkt; Dosio Koffler, ein heute vergessener Schriftsteller, der 1933 Nazideutschland verlassen musste, hat in dem Stück »Die deutsche Walpurgisnacht« den Wahnsinn der Ideenverdrehung für jedermann verständlich dargestellt; das Theaterstück ist bei uns inzwischen von einer Theatergruppe eines Karlsruher Gymnasium aufgeführt worden

nau zwischen Enns und March und umfasst u. a. das Waldviertel, das fruchtbare Hügelland des Weinviertels, die Schwemmlandebene des Tullner Beckens, das Marchfeld und das weite, fast baumlose Wiener Becken. Neben der Landwirtschaft besitzt Niederösterreichvor allem Metall-, Nahrungsmittel-, Textil- und chemische Industrie; auch Erdöl- und Erdgasgewinnung sowie lebhafter Fremdenverkehr.

■ **Niedersachsen,** Bundesland der Bundesrepublik Deutschland, zwischen unterer Elbe und niederländischer Grenze, mit 47 613 km² und 7,873 Mio. Einwohnern. Die Hauptstadt ist Hannover. Niedersachsen hat im Süden mit dem Weserbergland und dem westlichen Harz noch Anteil am deutschen Mittelgebirge. Nach Norden wird das Land allmählich flacher (u. a. Lüneburger Heide) bis zu den teilweise unter dem Meeresspiegel liegenden Marschen an der Küste. Vor der Küste liegt ein breiter Wattgürtel, der im Westen durch die Ostfriesischen Inseln von der Nordsee getrennt wird.

Bedeutende Wasserstraßen sind Ems, Weser, Mittellandkanal und Dortmund-Ems-Kanal. In Niedersachsen werden Kartoffeln, Getreide, Gemüse und Obst angebaut, Viehzucht ist im Tiefland dominierend. An Bodenschätzen werden Erdöl und Erdgas (Emsland, Ostfriesland, an der Aller und bei Peine), Kalisalze (an Aller und Leine), Steinsalze, Braunkohle (bei Helmstedt) und Eisenerze (bei Salzgitter und Peine) gewonnen. Wichtigste Industriebereiche sind der Fahrzeugbau, Nahrungsmittel-, elektronische und chemische Industrie. Der Raum Hannover ist Verkehrszentrum des Landes.

Geschichte Niedersachsen wurde 1946 durch Zusammenschluss der früheren preußischen Provinz Hannover mit den Ländern Braunschweig, Oldenburg und Schaumburg-Lippe gebildet. Ministerpräsident ist seit 1999 der SPD-Politiker Sigmar Gabriel (*1960).

■ **Niemöller,** Martin, deutscher evangelischer Theologe, *Lippstadt 14. Januar 1892, †Wiesbaden 6. März 1984. Er war ein führendes Mitglied der →Bekennenden Kirche.

■ **Niere,** ein paariges Organ der Wirbeltiere zur Ausscheidung flüssiger Abfallstoffe des Stoffwechsels. Die bohnenförmigen Nieren des Menschen liegen im hinteren Bauchraum links und rechts neben der Wirbelsäule; sie sind jeweils etwa 11 cm lang, 6 cm breit und 4 cm dick (zusammen etwa 120–200 g schwer). Die äußere Rindenschicht mit den Nierenkörperchen dient der Harnbereitung (etwa 1–2 l täglich). In der inneren Markschicht liegen die Sammelrohre, die in das Nierenbecken münden. Von hier gelangt der Harn über den Harnleiter in die Harnblase und wird über die Harnröhre ausgeschieden.

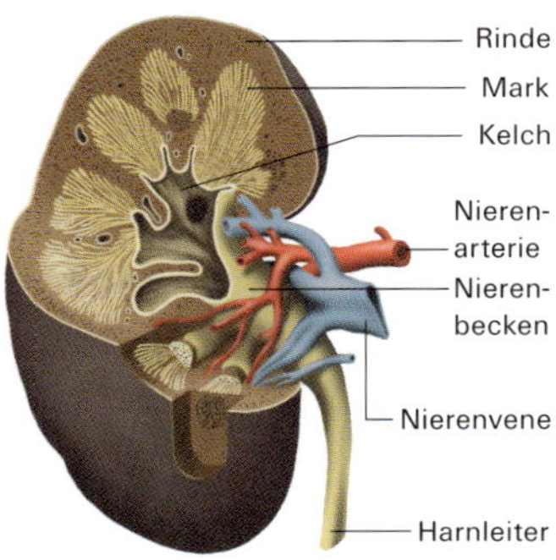

Die Zeichnung zeigt eine aufgeschnittene linke **Niere** von hinten

Die Nieren reinigen das Blut von aufgenommenen, nicht verwertbaren Stoffen und von Abbauprodukten des Stoffwechsels, mit ihrer Hilfe wird der Wasser- und Elektrolythaushalt des Körpers reguliert.

■ **Nietzsche,** Friedrich, deutscher Philosoph und Dichter, *Röcken (bei Lützen) 15. Oktober 1844, †Weimar 25. August 1900. Nietzsche verstand sich als Denker einer orientierungslosen, nihilistischen Zeit und übte an deren Kultur, insbesondere an der Ethik des Christentums, unerbittlich Kritik. Vom Standpunkt einer absoluten Lebensbejahung aus forderte er die höhere Entwicklung des Menschen zum »Übermenschen« und die »Umwertung aller Werte«, vor allem der christlichen Moralwerte. Sein bekanntestes Werk ist »Also sprach Zarathustra« (1883–85).

■ **Niger** *der,* drittgrößter Fluss Afrikas, 4 160 km lang. Er entspringt an der Südgrenze Guineas, fließt in weitem Bogen durch die westliche und südliche Sahara und mündet in den Golf von Guinea. Wegen der unterschiedlichen Wasserführung ist der Niger nur zeitweise schiffbar.

Niger
Fläche 1 267 000 km²
Einwohner 10,119 Mio.
Hauptstadt Niamey
Amtssprache Französisch
Nationalfeiertage 3. 8. und 18. 12.
Währung 1 CFA-Franc = 100 Centimes
Zeitzone MEZ

Niger

Flagge

Wappen

■ **Niger,** Republik in Westafrika. Größte Bevölkerungsgruppe sind die Hausa (rund 54 %); hellhäutige Fulbe leben vor allem im Sahel, die Tuareg in der Sahara. Der Binnenstaat Niger liegt im Sahel und reicht im Norden bis in die zentrale Sahara hinein. Nur 10 % des Bodens können als Ackerland genutzt werden; angebaut werden Hirse, Maniok, Reis und Erdnüsse. Die Viehhaltung konzentriert sich auf den Sahelbereich. Industrie ist kaum ausgebildet, Hauptexportgut ist Uran.
Als ehemaliger Teil Französisch-Westafrikas erhielt Niger 1960 die Unabhängigkeit.

Nigeria
Fläche 923 768 km²
Einwohner 121,773 Mio.
Hauptstadt Abuja
Amtssprache Englisch
Nationalfeiertag 1. 10.
Währung 1 Naira (₦) = 100 Kobo (k)
Zeitzone MEZ

Nigeria

Flagge

Wappen

■ **Nigeria,** westafrikanische Republik am Golf von Guinea. Nigeria ist der bevölkerungsreichste Staat Afrikas mit einer Vielzahl von Völkern und Stämmen. Hauptgruppen sind im Norden die Hausa (21 %) und Fulbe (11 %), im Südwesten die Yoruba (21 %), im Südosten die Ibo (18 %).
Das Land gliedert sich in die Hochfläche im Norden und Westen (bis 1 780 m über dem Meeresspiegel) und in das südliche, mit steilem Abfall anschließende Flachland, das das Talgebiet des Niger einschließt. Der Nord- und Westteil ist Savannengebiet, der Süden meist mit tropischem Regenwald bedeckt. Wichtigstes Wirtschaftsgut ist das Erdöl. Ab 1973 entstanden viele Industriebetriebe (Brauereien, Metallverarbeitung, Düngemittel-, elektrotechnische und chemische Industrie), die Landwirtschaft aber wurde vernachlässigt. Neben Erdöl wird auch Kakao exportiert.
Geschichte: 1472 landeten erstmals Portugiesen an der Küste des heutigen Nigeria und organisierten später Sklaventransporte nach Amerika. Im späten 19. Jahrh. eroberte Großbritannien das Land; die Kolonie erhielt 1960 die Unabhängigkeit. Als sich Biafra, der Ostteil des Landes, 1967 für unabhängig erklärte, kam es zu einem blutigen Bürgerkrieg, in dem Biafra 1970 kapitulieren musste. Seit 1993 wird das Land von Militärmachthabern beherrscht.

■ **Nihilismus** [lat. nihil, = nichts] *der,* eine Lehre, die keine Werte anerkennt. Der Nihilismus verneint alle gewonnenen Erkenntnisse und bestehenden Ordnungen, er leugnet die Möglichkeit sittlicher Normen und Werte. Der Nihilist ist von der Sinnlosigkeit des Lebens überzeugt.

■ **Nike,** griechische Siegesgöttin, die meist geflügelt und mit Kranz dargestellt wird. Ihr entspricht die römische Göttin Victoria.

■ **Nikolaus,** wahrscheinlich Bischof von Myra (Lykien in Kleinasien), †6. Dezember 345 oder 351. Um seine Gestalt ranken sich zahlreiche Legenden. In der Volksfrömmigkeit der katholischen Kirche und der orthodoxen Kirchen (vor allem in Russland) ist er einer der am meisten verehrten Heiligen. An seinem Festtag, dem **Nikolaustag** (6. Dezember), werden nach altem Brauch die Kinder beschenkt.

■ **Nikosia** [auch: nikosia], Hauptstadt von Zypern, mit 194 000 Einwohnern, davon 154 000 im griechischen Teil. Die seit 1974 geteilte Stadt ist Sitz der griechisch-zyprischen und der türkisch-zyprischen Regierung und besitzt eine griechische und eine türkische Universität sowie mittelalterliche Kirchen (heute zum Teil Moscheen), Moscheen und Reste venezianischer Wälle. – Nikosia ist seit 1960 Hauptstadt von Zypern.

■ **Nikotin** [frz.] *das,* zur Gruppe der Alkaloide gehörendes, starkes Pflanzengift. Es kommt vor allem in den Blättern der Tabakpflanze vor und zählt im weiteren Sinne zu den →Drogen. Es verengt die Blutgefäße und wirkt in kleineren Dosen anregend, in höheren Dosen lähmend auf das →vegetative Nervensystem. Die wiederholte Zufuhr führt zur Gewöhnung und Sucht, die Gefäßerkrankungen und Durchblutungsstörungen zur Folge hat.

■ **Nil** *der,* Strom in Afrika, mit 6671 km der längste Fluss der Erde. Quellfluss ist der Kagera, der in den Victoriasee mündet. Als **Victoria-Nil** verlässt er den See, fließt als **Bergnil,** dann als **Weißer Nil** nordwärts und vereinigt sich bei Khartum (Sudan) mit dem **Blauen Nil.** Auf den letzten 2 700 km nimmt der Nil keine Nebenflüsse mehr auf. Er durchbricht das nubische Kalk- und Sandsteinplateau in großem Bogen und bildet dabei sechs Katarakte (große Stromschnellen); ein Katarakt ist heute vom Nassersee (bei →Assuan) überflutet. Im Wüstengebiet Oberägyptens bildet der Nil eine Flussoase, die 5–20 km breit ist. Die unregelmäßige Wasserführung überschwemmte bis vor wenigen Jahren jährlich weite Teile des Landes. Die Ablagerung des Nilschlamms verwandelte das Wüstengebiet beiderseits des Flusses in eine fruchtbare Landschaft. Unterhalb von Kairo mündet der Strom in großem Delta ins Mittelmeer.
Die Nilüberschwemmungen dienten schon in den altägyptischen Reichen der Landwirtschaft; das Wasser wurde auf höher gelegene Felder gepumpt.

Heute sorgen Staudämme für eine bessere Verteilung der Stromflut über das Jahr. Dadurch wurde zwar eine Ausdehnung der Anbaugebiete möglich, es zeigen sich jedoch zunehmend Nachteile: Der fruchtbare Schlamm verbleibt im Stausee, die Felder müssen gedüngt werden, dadurch versalzen die Böden.

■ **Nilpferd** →Flusspferde.

■ **Nimbus** [lat.] *der,* in der Kunst Heiligenschein; übertragen auch Bezeichnung für Ruhmesglanz.

■ **Nîmes** [nim], Stadt in Südfrankreich, mit 128 000 Einwohnern, ein wichtiger Handelsplatz, vor allem für Wein. Berühmt ist Nîmes auch wegen seiner Baudenkmäler aus römischer Zeit (u. a. Amphitheater, Tempel, Aquädukt).

■ **Niob** [benannt nach Niobe, einer Gestalt der griechischen Sage] *das,* ein chemisches Element. Das hellgraue, sehr harte Metall wird als Legierungsbestandteil in Baustählen und hitzebeständigen Stählen verwendet.

Niob
chemisches Symbol: Nb
Ordnungszahl: 41
relative Atommasse: 92,91
Dichte: 8,57 g/cm^3
Schmelzpunkt: 2 477±10 °C
Siedepunkt: 4 744 °C

■ **Nirwana** [Sanskrit, = das Erlöschen, Vergehen] (Nirvana) *das,* das Ziel der Erlösung im →Buddhismus, die Vorstellung von einem Zustand der inneren Ruhe, den ein Mensch durch Aufgeben aller Wünsche schon zu seinen Lebzeiten erreichen kann und der nach seinem Tod ermöglicht, dass er aus dem Kreislauf der Wiedergeburt ausscheidet und damit vom Leiden des Diesseits erlöst wird.

■ **Nischni Nowgorod** (1932–90 Gorki), Industrie- und Hafenstadt in Russland, an der Mündung der Oka in die Wolga, mit 1,365 Mio. Einwohnern drittgrößte Stadt Russlands. Nischni Nowgorod ist das führende Wirtschafts- und Kulturzentrum des Wolgagebiets mit Universität und mehreren Hochschulen. – Die 1221 gegründete Stadt ist der Geburtsort des Schriftstellers Maxim Gorki.

■ **Nissen,** die Eier der →Läuse.

■ **Nitrate** [griech.], die Salze der Salpetersäure (→Salpeter). Nitrate sind wichtige Düngemittel, z. B. Kaliumnitrat und Ammoniumnitrat. Übermäßige Düngung führt jedoch zur Belastung des Grundwassers mit Nitrat. Nitrate im Trinkwasser können im Körper zu den giftigen **Nitriten** oder den **Nitrosaminen** umgewandelt werden.

■ **Nitrocellulose** [griech.-lat] *die,* fälschliche, aber in der Technik noch verwendete Bezeichnung für Zellulosenitrat, eine explosive oder mit heißer Flamme brennbare gelblich weiße Masse. Sie wird für die Herstellung von Sprenggelatine, Nitrolacken, Schießbaumwolle und Zelluloid verwendet.

■ **Nitroglycerin** [griech.] *das,* fälschliche, aber allgemein gebräuchliche Bezeichnung für den Salpetersäureester des Glycerins (Glycerintrinitrat), eine ölige Verbindung, die als gefährliches Sprengmittel bei Stoß und Schlag explodieren kann. Durch Aufquellen mit Nitrozellulose gewinnt man aus Nitroglycerin die handhabungssichere Sprenggelatine und durch Aufsaugen des Nitroglycerins in Kieselgur →Dynamit.

■ **Niveau** [frz. niwo] *das,* ebene Fläche von einer bestimmten Höhe; Stufe in einer Skala bestimmter Werte (z. B. Preisniveau); auch: geistiger Rang, Anspruchsebene (z. B. einer Veranstaltung, eines Romans).

■ **nivellieren** [frz.], **1)** *allgemein:* Unterschiede oder Gegensätze ausgleichen oder mildern.
2) *Geodäsie:* Höhenunterschiede im Gelände mithilfe eines Nivelliergeräts bestimmen.

■ **Nixen,** Wassergeister. Meist stellt man sich Nixen als schöne Jungfrauen vor, die versuchen, Menschen zu sich ins Wasser zu locken; sie werden häufig mit weiblichem Oberkörper und Fischschwanz dargestellt.

■ **Nixon** [nixᵊn], Richard Milhous, 37. Präsident der Vereinigten Staaten von Amerika (1969–74), *Yorba Linda (Calif.) 9. September 1913, †New York 22. April 1994; Mitglied der Republikanischen Partei. Er leitete 1972 mit einer Reise nach Peking die Normalisierung der Beziehungen zur Volksrepublik China ein und erreichte 1973 durch seinen Sicherheitsberater Henry Kissinger (1973–77 Außenminister) einen Waffenstillstand in Vietnam. Wegen seiner Verwicklung in die →Watergate-Affäre musste Nixon als erster Präsident der USA zurücktreten.

■ **Nizza** (frz. Nice), Seebad und mit 342 000 Einwohnern größte Stadt an der Côte d'Azur. Die wegen ihres milden Klimas, ihrer reizvollen Lage und ihrer Feste (Karneval, Blumenfeste) berühmte Stadt ist ein Zentrum des Fremdenverkehrs.

■ **Njassasee** →Malawisee.

■ **NN,** Abkürzung für →Normal**n**ull.

■ **Noah** (in der Vulgata Noe), Gestalt des Alten Testaments. Noah baute auf Befehl Gottes ein Schiff (Arche) und wurde dadurch mit seiner Familie und vielen Tieren vor der großen Flut (Sintflut) gerettet.

Ein Inbegriff zeitloser Schönheit ist die Büste der altägyptischen Königin **Nofretete**

■ **Nobel,** Alfred, schwedischer Chemiker und Industrieller, *Stockholm 21. Oktober 1833, †San Remo (Italien) 10. Dezember 1896. Er erfand das Dynamit, später auch andere Sprengstoffe. Sein hiermit erworbenes Vermögen vermachte er der **Nobelstiftung,** die mittels der Zinsen seit 1901 jährlich die **Nobelpreise** verleiht. Sie werden für die bedeutendsten Leistungen auf den Gebieten Physik, Chemie, Medizin oder Physiologie und Literatur sowie für besondere Verdienste um die Erhaltung des Friedens vergeben. – Unabhängig von der Nobelstiftung wird seit 1969 der Nobelpreis für Wirtschaftswissenschaften, seit 1980 der alternative Nobelpreis verliehen.

■ **Nobelium** [nach Alfred Nobel] *das,* ein künstliches radioaktives chemisches Element aus der Gruppe der →Transurane.

■ **Nocken** *der,* eine Erhebung an Wellen **(Nockenwelle)** und Scheiben **(Nockenscheibe)**. Wird die Welle oder Scheibe gedreht, stoßen die Nocken andere Maschinenteile an (z.B. die Ein- und Auslassventile bei Verbrennungskraftmaschinen).

■ **Nocturne** [noktürn; frz., = nächtlich] *das* oder *die* (italienisch Notturno), in der romantischen Klaviermusik des 19. Jahrh. ein träumerisch-stimmungsvolles, einsätziges Klavierstück. Berühmte Nocturnes komponierten Schumann und Chopin.

■ **Nofretete** [ägyptisch, = die Schöne ist gekommen], altägyptische Königin des 14. Jahrh. v. Chr., Gemahlin des →Echnaton. Sie wurde bekannt durch die 1912 bei Ausgrabungen im mittelägyptischen Amarna gefundene Büste aus bemaltem Kalkstein (heute in Berlin, Ägyptisches Museum).

■ **NOK,** Abkürzung für **N**ationales **O**lympisches **K**omitee.

■ **Nolde,** Emil, eigentlich E. Hansen, deutscher Maler und Grafiker, *Nolde (bei Tondern) 7. August 1867, †Seebüll (heute zu Neukirchen, Kreis Nordfriesland) 13. April 1956; einer der Hauptvertreter des Expressionismus. Zu seinen bevorzugten Motiven zählten die Natur, religiöse und exotische Figuren, bei deren Darstellung er durch ungewöhnliche Kontraste eine ins Auge stechende Leuchtkraft der Farben erzielte. Nolde erhielt 1941 von den Nationalsozialisten Malverbot.

■ **Nomaden** [zu griech. nome, = Weide], Wanderhirten, deren Wirtschafts- und Gesellschaftsform auf Viehhaltung, verbunden mit nicht sesshafter Lebensweise (Nomadismus) beruht. Die Nomaden begleiten ihre Herden, die ihnen auch gehören, im Familienverband mitsamt dem Hausrat auf ständiger Wanderschaft zu unterschiedlichen Weiden. Dabei legen sie Entfernungen bis über 1000 km zurück. Hauptverbreitungsgebiete des Nomadismus sind die Halbwüsten, Steppen und Savannen Nordafrikas, Vorder- und Zentralasiens. Im 20. Jahrh. ist der Nomadismus stark zurückgegangen, da viele Staaten

Nobel

Auch wenn die Erfindung des Dynamits den doch eher pazifistisch eingestellten Alfred Bernhard Nobel nicht glücklich gemacht haben soll, sorgten die keineswegs friedlichen Verhältnisse dafür, dass die Entfesselung der Sprengkräfte ihm ein riesiges Vermögen bescherten. Drei Jahre vor seinem Tod schrieb er an die Pazifistin Bertha von Suttner, dass aus der mit einem Großteil seines Vermögens zu gründenden Stiftung ein Preis für Leistungen auf dem Gebiet der Physik, Chemie, Physiologie/Medizin und Literatur sowie für Verdienste um die Erhaltung des Friedens alle fünf Jahre verliehen werden solle, und das insgesamt sechsmal. Wenn es innerhalb dieser 30 Jahre nicht gelänge, »das gegenwärtige System« zu reformieren, fiele die Menschheit ohnehin in die Barbarei zurück. Das von Nobel hinterlassene Vermögen war mit 30 Millionen Schwedischen Kronen so groß, dass von seinen Zinsen jährlich Preise verteilt werden können.

Mit dem Bild »Figur und Maske« verbeugte sich der Maler **Emil Nolde** im Jahr 1911 vor der Kunst Afrikas; die symbolkräftigen Masken verkörpern magische Kräfte, also etwas Unsichtbares, dessen Darstellung hohes Abstraktionsvermögen verlangt; Picasso und alle anderen großen Maler zogen aus der neu entdeckten fremdem Kunst die Kraft für die Wende, die man bei uns seitdem abstrakte Kunst nennt

versuchen, die Nomaden sesshaft zu machen. – **Halbnomaden** bebauen ständig ihr Land, während Teile der Familie mit den Herden umherziehen.

■ **Nomen** [lat.] *das,* das →Substantiv; auch Bezeichnung für alle Wortarten, die deklinierbar, aber weder Pronomen noch Artikel sind, also für Substantiv und Adjektiv. – **nominal,** auf ein Nomen bezogen.

■ **Nominativ** (Werfall) →Fälle.

■ **Nonne, 1)** *katholische Kirche:* Angehörige eines weiblichen Ordens, Ordensfrau.

2) *Zoologie:* ein dämmerungs- und nachtaktiver Schmetterling mit 35 bis 60 mm Flügelspannweite. Die weißen Vorderflügel haben gezackte schwarze Querbänder, die Hinterflügel sind grau. Die Raupen sind gefährliche Forstschädlinge: Eine Raupe verzehrt in ihrem Leben bis zu 1 000 Nadeln.

■ **Nonsens** [engl.] *der,* Unsinn; absurde, hintersinnige Gedankenverbindung. – Zu den **Nonsensversen** gehört z. B. der →Limerick.

■ **Nordamerika,** der nördliche Teil Amerikas, mit rund 21,8 Mio. km² und 292 Mio. Einwohnern. Im Westen ist Nordamerika vom Pazifischen, im Osten vom Atlantischen Ozean begrenzt. Zu Nordamerika gehört auch die im Norden vorgelagerte Insel Grönland.

Die *Oberflächengestalt* lässt eine Unterscheidung in mehrere Großeinheiten zu: die Küstenebene am Atlantik und am Golf von Mexiko, die östlichen Mittelgebirgsregionen (Appalachen) mit dem vorgelagerten Piedmontplateau, das Gebiet der inneren Ebenen (Bereich der Großen Seen, Mississippibecken und Great Plains), die Kordilleren (Rocky Mountains, intermontane Hochebenen und pazifische Küstengebirge) sowie der Kanadische Schild im Norden.

Für das *Klima* ist die Lage in der kühlgemäßigten Westwindzone bestimmend. Die Gebirge verlaufen in Nord-Süd-Richtung und verhindern das Eindringen feuchter, ozeanischer Luftmassen. Es überwiegen kontinentale Klimamerkmale (heiße Sommer, kalte Winter). Die klimatische Trockengrenze verläuft etwa entlang dem 98. Längengrad und trennt das Gebiet in eine feuchte (humide) Ost- und eine trockene (aride) Westhälfte. In der Osthälfte können feuchte tropische Luftmassen ungehindert nach Norden und umgekehrt polare Luftmassen rasch bis nach Florida vordringen. Weitere Instabilitätsfaktoren sind Tornados und Hurrikans. Im Westen führt der Staueffekt der Kordilleren zu genügend Niederschlägen an der Pazifikküste, im Windschatten der Gebirge finden sich dagegen Wüsten und Halbwüsten.

Nordamerika hat Anteil an allen *Vegetationszonen,* von der Schnee- und Eisregion Nordkanadas und Grönlands bis zu tropischen Gebieten im südlichen Florida. Der Osten ist ein Waldland mit einer Abfolge wie in Eurasien (Nadelwald, Mischwald, Laubwald). Die flachen inneren Ebenen sind Hochgrassteppen (Prärie), die nach Westen in Kurzgrasstep-

Nonsens

Eines der beliebtesten Nonsensgedichte, dessen Ursprung unbekannt ist, beginnt mit den Versen:
»Dunkel wars,
der Mond schien helle,
schneebedeckt die grüne Flur,
als ein Wagen blitzesschnelle
langsam um die Ecke fuhr.
Drinnen saßen stehend Leute,
schweigend ins Gespräch vertieft,
als ein totgeschossener Hase
auf dem Sandberg Schlittschuh lief.«

Nordamerika
bis 100 000 Ew.
100 000 - 500 000 Ew.
500 000 - 1 Mill. Ew.
über 1 Mill. Ew.
historischer Ort, Ruine
Ottawa Hauptstadt
Atlanta Hauptstadt des Bundesstaates oder der Provinz
Staatsgrenze
Grenze des Bundesstaates oder der Provinz
0 500 1000 km
NORDPOLARMEER
Grönland (dän.)
RUSSLAND
Nördlicher Polarkreis
ISLAND
Wrangel-Insel
Beaufortsee
Baffinmeer
Davisstraße
Dänemarkstraße
Irmingersee
Labradorsee
Hudsonstraße
Hudsonbai
Foxe Basin
Beringstraße
Golf von Alaska
Alaska (USA)
Aleuten
Kodiak
Kodiak I.
Alexander-Arch.
Queen Elizabeth Islands
Parry Islands
Sverdrup Islands
Axel-Heiberg I.
Ellesmere Island
Devon I.
Banks I.
Victoria I.
Prince of Wales I.
Somerset I.
Baffin Island
Southampton I.
Coats I.
Mansel I.
Belcher Is.
Qaanaaq
Upernavik
Ilulissat
Aasiaat
Sisimiut
Maniitsoq
Nuuk
Qaqortoq
Nanortalik
Kap Farvel
Angmagssalik
Qeqertarsuaq
Resolute
Arctic Bay
Pond Inlet
Boothia Pen.
Taloyoak
Cambridge Bay
Kugluktuk
Prince Charles I.
Iqaluit
Cape Dorset
Repulse Bay
Baker Lake
Arviat
Churchill
Salluit
Kangirsuk
Inukjuak
Kuujjuaq
Nain
Kap Chidley
Point Hope
Barrow
Pt. Barrow
Wainwright
Umiat
Prudhoe Bay
Kotzebue
Nome
St. Lawrence I.
Bethel
Dillingham
Bristol Bay
Fort Yukon
Fairbanks
Nenana
Mt. McKinley 6198 m
Anchorage
Palmer
Seward
Cordova
Valdez
Dawson
Whitehorse
Skagway
Juneau
Sitka
Ketchikan
Prince Rupert
Queen Charlotte Is.
Kap St. James
Vancouver I.
Victoria
Vancouver
Kap Bathurst
Inuvik
Aklavik
Fort Good Hope
Norman Wells
Großer Bärensee
Echo Bay
Yukon Territory
Northwest Territories
Nunavut Territory
Großer Sklavensee
Yellowknife
Fort Simpson
Hay River
Fort Smith
Fort Nelson
Fort Vermilion
Uranium City
Athabascasee
Fort McMurray
Rentiersee
Lynn Lake
Watson Lake
Dease Lake
Rocky Mountains
British Columbia
Prince George
Quesnel
Dawson Creek
Grande Prairie
Jasper
Edmonton
Calgary
Lethbridge
Kamloops
Alberta
Saskatchewan
Manitoba
Ontario
Quebec
Labrador
Neufundland
Kanada
Hudson Bay
Saskatoon
The Pas
Winnipegsee
Rosetown
Regina
Swift Current
Winnipeg
Brandon
Gillam
Peawanuck
Moosonee
Chisasibi
Waskaganish
Chibougamau
Schefferville
Labrador City
Goose Bay
Happy Valley-Goose Bay
Rigolet
St. Anthony
Gander
Kap Race
Anticosti I.
St.-Lorenz-Golf
Prince Edward Island
Charlottetown
New Brunswick
Fredericton
Halifax
Truro
Nova Scotia
K. Canso
Bathurst
Chicoutimi
Quebec
Montreal
Ottawa
Nakina
Cochrane
Sioux Lookout
Thunder Bay
Oberer See
Sudbury
Toronto
Hamilton
Ontariosee
Huronsee
Michigansee
Eriesee
Seattle
Olympia
Everett
Spokane
Washington
Portland
Salem
Eugene
Oregon
Kap Blanco
Eureka
Redding
Sacramento
Reno
Carson City
Oakland
San Francisco
San Jose
Modesto
Fresno
Mt. Whitney 4419 m
Nevada
Kalifornien
Las Vegas
Bakersfield
Santa Barbara
Pasadena
Los Angeles
San Diego
Tijuana
Mexicali
Idaho
Boise
Pocatello
Great Falls
Helena
Butte
Billings
Havre
Montana
Williston
Minot
Bismarck
North Dakota
Grand Forks
Fargo
South Dakota
Pierre
Minnesota
St. Paul
Duluth
Wyoming
Cheyenne
Laramie
Utah
Salt Lake City
Ogden
Provo
Großer Salzsee
Colorado
Denver
Aurora
Pueblo
Lakewood
Nebraska
North Platte
Lincoln
Omaha
Iowa
Des Moines
Kansas
Topeka
Wichita
Kansas City
Jefferson City
Missouri
St. Louis
Springfield
Illinois
Chicago
Wisconsin
Madison
Michigan
Detroit
Gary
Indiana
Indianapolis
Ohio
Columbus
Frankfort
Kentucky
Nashville
Davidson
Tennessee
Chattanooga
Charleston
West Virginia
Virginia
Richmond
Washington
Maryland
Delaware
Dover
Pennsylvania
Harrisburg
New Jersey
Trenton
New York
Albany
Hartford
Rhode Island
Massachusetts
Boston
Concord
New Hampshire
Vermont
Montpelier
Maine
Augusta
Yarmouth
Vereinigte Staaten von Amerika
Arizona
Phoenix
Mesa
Tucson
New Mexico
Albuquerque
Santa Fe
El Paso
Amarillo
Lubbock
Oklahoma
Oklahoma City
Tulsa
Arkansas
Little Rock
Red River
Texas
Dallas
Ft. Worth
Austin
San Antonio
Houston
San Angelo
Corpus Christi
Shreveport
Louisiana
Baton Rouge
New Orleans
Mississippi
Jackson
Alabama
Montgomery
Mobile
Georgia
Atlanta
Savannah
South Carolina
North Carolina
Raleigh
Columbia
Kap Hatteras
Florida
Tallahassee
Jacksonville
Orlando
Kap Canaveral
Tampa
Fort Lauderdale
Miami
Key West
ATLANTISCHER OZEAN
Bermudainseln (brit.)
Hamilton
Golf von Mexiko
BAHAMAS
Grand Bahama
Great Abaco
Eleuthera
Cat I.
San Salvador
Long I.
Andros
Nassau
Acklins I.
Nördlicher Wendekreis
Turks- u. Caicos-In. (brit.)
KUBA
HAVANNA
Pinar del Rio
Camagüey
Holguín
Santiago de Cuba
Sta. Clara
HAITI
DOMINIKAN. REP.
Port-au-Prince
SANTO DOMINGO
Hispaniola
JAMAIKA
Kingston
Antillen
Karibisches Meer
Yucatánstraße
Mérida
Cancún
Campeche
K. Cartoche
Golf von Campeche
BELIZE
Belmopan
GUATEMALA
HONDURAS
Tegucigalpa
Puerto Barrios
K. Gracias a Dios
EL SALVADOR
San Salvador
NICARAGUA
Managua
Nicaraguasee
COSTA RICA
San José
Golf von Tehuantepec
BARRANQUILLA
Cartagena
Montería
MARACAIBO
VENEZUELA
Aruba
Curaçao (nied.)
Punta Gallinas
Santa Marta
MEXIKO
Ciudad Juárez
Chihuahua
Hermosillo
Ciudad Obregón
Los Mochis
Torreón
Culiacán
Saltillo
Monterrey
Nuevo Laredo
Matamoros
Ciudad Victoria
Durango
Mazatlán
San Luis Potosí
Tampico
Aguascalientes
León
Tepic
Guadalajara
Querétaro
Morelia
Toluca de Lerdo
Mexiko
Puebla
Veracruz Llave
Villahermosa
Oaxaca de Juárez
Acapulco de Juárez
I. Socorro
La Paz
K.S. Lucas
K.S. Lázaro
Punta Eugenia
I. de Guadelupe (mex.)
Golf von Kalifornien
Niederkalifornien
Turks- u. Caicos-Inseln (brit.)
DOMINIKAN. REP.
SANTO DOMINGO
HAITI
Port-au-Prince
Hispaniola
Puerto Rico (USA)
San Juan
Jungferninseln (USA u. brit.)
ANTIGUA UND BARBUDA
Guadeloupe (frz.)
SAINT KITTS UND NEVIS
DOMINICA
Martinique (frz.)
SAINT LUCIA
BARBADOS
SAINT VINCENT & THE GRENADINES
GRENADA
TRINIDAD UND TOBAGO
Niederl. Antillen
Aruba (nied.)
Curaçao
Bonaire
Karibisches Meer
80° ö. L.
180° w. L.
160°
140°
120°
100°
80°
60°
40°
20°
0°

pen (Great Plains) übergehen. Das kalifornische Küstenland zeigt mittelmeerische Pflanzenformen.
In der *Tierwelt* sind typische Vertreter im Norden Rentier, Eisbär, Polarfuchs und Robbe, im Nadelwaldbereich Luchs, Bär und Elch, in den Präriegebieten Bison, Präriehund und Gabelbock, in den westlichen Gebirgen der Puma.
Die *Bevölkerung* bestand ursprünglich aus Indianern und Eskimo. Heute zeigt die Verteilung etwa 85% Weiße, 10% Schwarze und 5% Mischlinge, Indianer und Asiaten.
Die *Landwirtschaft* im südlichen Kanada sowie in den großen Anbaugebieten der USA ist von hoher Produktivität gekennzeichnet. Überproduktion und Bodenschädigungen sind hier jedoch Dauerprobleme.
Im *Industriesektor* gründet sich die günstige Entwicklung auf die reichen Rohstoff- und Energiequellen (Steinkohle, Eisenerz, Kupfer, Blei, Zink, Erdöl, Erdgas); prägende Wirkung entfalten die weitgehende Arbeitsteilung und der hohe Grad der Technisierung.
Im *Verkehr* weist Nordamerika den weltweit höchsten Motorisierungsgrad auf. Das südliche Kanada und die USA sind durch Bahn- und Straßennetze (Highways) gut erschlossen; hohe Bedeutung hat der inländische Luftverkehr. Die Schifffahrt hat ihre Schwerpunkte am Mississippi-Flusssystem und am Sankt-Lorenz-Seeweg, der Seeschiffen den Zugang zu den Großen Seen ermöglicht.
Geschichte: Die Besiedlung Nordamerikas durch die Indianer vollzog sich nach heutigen Erkenntnissen vor etwa 12000 Jahren über die damals bestehende Landbrücke zwischen Nordostasien und Amerika (im Gebiet der heutigen Beringstraße). Bis 4000 v. Chr. (dem Ende der so genannten paläoindianischen Zeit) hatten sich unterschiedliche Kulturen ausgebildet, deren wirtschaftliche Grundlage das Jagen und Sammeln war, z. B. die der Irokesen im nordöstlichen Waldland Nordamerikas, der Pueblos im Südwesten der USA oder der Azteken in Mexiko.
Die ersten europäischen Entdecker Nordamerikas waren vermutlich die Normannen (Wikinger), die um das Jahr 1000 von Island aus nach Grönland und Neufundland kamen (→Leif Eriksson). Die eigentliche Erschließung auch der Festlandküste begann erst nach 1492 mit Kolumbus. Die Eroberung des Aztekenreiches durch Hernán Cortés zu Beginn des 16. Jahrh. leitete die Kolonialzeit ein. Außer Spanien waren auch Großbritannien, Frankreich, die Niederlande, Schweden und Russland an der Kolonisation beteiligt. Sie hatten Anteil an der Ausbildung →Kanadas, der →Vereinigten Staaten von Amerika und →Mexikos. – Weitere Übersicht S. 342

Nordamerika: Staatliche Gliederung

Staat	Staatsform	Fläche in km²	Einwohner in 1 000	Hauptstadt
Kanada	parlamentarische Monarchie	9970610	31006	Ottawa
Vereinigte Staaten von Amerika[1)]	Republik	9809155	272638	Washington
abhängige Gebiete				
von Dänemark: Grönland		2175600	56,1	Nuuk
von Frankreich: Saint-Pierre-et-Miquelon		242	6,9	Saint-Pierre
von Großbritannien: Bermudainseln		53	62,5	Hamilton

1) einschließlich Hawaii, das geographisch zu Ozeanien gehört

■ **Nordamerikanischer Unabhängigkeitskrieg,** der Kampf der 13 britischen Kolonien in Nordamerika gegen das Mutterland (1775–83). Sie erklärten am 4. Juli 1776 ihre Unabhängigkeit (»Declaration of Independence«). Großbritannien widersetzte sich in einem jahrelangen Krieg, der 1783 nach dem Sieg der amerikanischen Kolonisten bei Yorktown mit der Anerkennung der Unabhängigkeit endete. Erster Präsident der »Vereinigten Staaten von Amerika« wurde der Oberbefehlshaber der Kolonialarmee, George Washington.

■ **Nordatlantikpakt** →NATO.

■ **Norddeutscher Bund,** der 1866 von 22 Mittel- und Kleinstaaten sowie Freien Städten nördlich der Mainlinie gegründete Bundesstaat unter der Führung Preußens. Über den Deutschen Zollverein waren auch süddeutsche Staaten mit dem Norddeutschen Bund verbunden. Zu Beginn des Deutsch-Französischen Krieges 1870/71 schlossen sich die süddeutschen Staaten dem Norddeutschen Bund an, der im Dezember 1870 den Namen »Deutsches Reich« annahm.

■ **Norden,** Himmelsrichtung, die durch den **Nordpunkt**, das heißt den senkrecht unter dem Himmelsnordpol (in der Nähe des Polarsterns) gelegenen Punkt, festgelegt ist.

■ **Nordfriesische Inseln** →Friesische Inseln.

■ **Nordfriesland,** Gebiet an der Westküste Schleswig-Holsteins zwischen Wiedau und Eider einschließlich der Nordfriesischen Inseln. Nordfriesland ist eine Marschenlandschaft mit zahlreichen Kögen (→Polder).

■ **Nordirland** (engl. Northern Ireland), der zu Großbritannien gehörende Nordostteil der Insel Irland, mit 14 161 km² und 1,65 Mio. Einwohnern. Die Hauptstadt ist Belfast.

Geschichte: Als sich →Irland 1920/21 von Großbritannien löste, verblieben die sechs mehrheitlich von Protestanten (vor allem Presbyterianer und Anglikaner) bewohnten Grafschaften der historischen Provinz Ulster beim Mutterland, das ihnen Autonomie gewährte, das heißt ein eigenes Parlament (Stormont) und eine eigene Regierung. Bestimmend für die innere Entwicklung wurde vor allem der Konflikt zwischen der protestantischen Mehrheit, die an der Union mit Großbritannien festhielt, und der (politisch weitgehend ausgegrenzten) katholischen Minderheit, die eine Vereinigung mit der Republik Irland erstrebte.

Seit 1969 herrschten in Nordirland bürgerkriegsähnliche Verhältnisse, getragen von radikal-militanten Gruppen wie der katholischen Untergrundorganisation →IRA und extremistischen protestantischen Kräften. Im selben Jahr verlegte die britische Regierung Truppen nach Nordirland, um die gewaltsamen Auseinandersetzungen zu beenden; 1974 übernahm sie die direkte Regierungsgewalt.

1994 kam es zu ersten Teilerfolgen in den langwierigen Nordirlandgesprächen, an denen auch die Republik Irland teilnahm. Die irische und die britische Regierung erkannten das Selbstbestimmungsrecht sämtlicher Bewohner der Insel Irland an, die IRA und die bewaffneten protestantischen Verbände erklärten ihren Verzicht auf terroristische Aktivitäten. Ein Friedensabkommen wurde 1998 durch Volksabstimmungen (in Nordirland und in der Republik Irland, die künftig auf den verfassungsmäßigen Anspruch auf Wiedereingliederung der nordirischen Grafschaften verzichten will) bestätigt. Nach Parlamentswahlen, in denen sich die gemäßigten Parteien durchsetzten, nahm 1999 eine politisch und konfessionell gemischte Regionalregierung in Nordirland die Arbeit auf.

■ **Nordische Kriege,** zwei Kriege im 17. und 18. Jahrh. um die Vormachtstellung im Ostseeraum:

1. Schwedisch-polnisch-dänischer Krieg (1655–60): Um die Ansprüche Johanns II. Kasimir von Polen auf den schwedischen Thron abzuwenden, fiel Karl X. Gustav in Polen ein. Brandenburg und Russland verbündeten sich mit Schweden, Dänemark mit Polen. 1660 konnte Schweden im Frieden von Olivia seine Stellung im Baltikum halten.

2. Großer Nordischer Krieg (1700–21): 1699 wurde die Vormachtstellung Schwedens im Ostseeraum durch ein Bündnis Russlands, Dänemarks und Polen-Sachsens gefährdet. Es kam zum Krieg, bei dem Schweden seine Vormachtstellung verlor, Russland einen Zugang zur Ostsee bekam und zur neuen Großmacht aufsteigen konnte.

■ **nordischer Skisport,** zusammenfassende

Nordamerika: Entdeckung und Erforschung

um 1000	Leif Eriksson entdeckt Nordamerika
1497	G. und S. Caboto entdecken von England aus erneut Nordamerika (Neufundland)
1513	J. Ponce de León entdeckt Florida
1520	G. da Verrazano erforscht große Teile der Küste zwischen Florida und Neufundland
1528–36	Vorstoß A. N. Cabeza de Vacas von Florida über die Mississippimündung durch das heutige Texas bis zur Stadt Mexiko
1535–36	J. Cartier befährt den Sankt-Lorenz-Strom bis in die Gegend von Montreal
1539–42	H. de Soto quert von Florida aus die Appalachen, zieht über den Mississippi bis Oklahoma
1540–42	Vorstoß von F. V. de Coronado von Mexiko aus ins Pueblogebiet, an den Grand Canyon und in die Great Plains
1541	erste Siedlungsversuche Frankreichs im Gebiet des Sankt-Lorenz-Stroms scheitern
1584–86	erste Kolonisationsversuche von Sir W. Raleigh im Gebiet des heutigen North Carolina (»Virginia«) scheitern
1585–87	J. Davis unternimmt drei Reisen zur Suche der Nordwestpassage im Norden Amerikas
1603–15	S. de Champlain befährt den Sankt-Lorenz-Strom, gründet 1608 Quebec, erreicht als erster Europäer die Großen Seen (1609 Champlainsee, 1615 Huronsee), gründet erste französische Siedlungen
1673	J. Marquette (SJ) und L. Jolliet gelangen vom Michigansee zum Mississippi, den sie bis zum Arkansas River befahren
1682	R. C. S. de La Salle befährt den Mississippi bis zur Mündung
1741	V. Bering entdeckt von Asien aus Alaska
1776–78	auf der Suche nach der Nordwestpassage kartiert J. Cook die noch unbekannte Nordwestküste Nordamerikas
1789	A. Mackenzie befährt den nach ihm benannten Strom und quert 1793 den Kontinent im Gebiet des heutigen Kanada
1804–06	W. Clark und M. Lewis durchqueren den Kontinent erstmals im Gebiet der heutigen USA

Bezeichnung für die Wettkampfdisziplinen Skispringen und Skilanglauf im Unterschied zu den Disziplinen des →alpinen Skisports. Die »nordische Kombination« ist ein Mehrkampf für Herren, bestehend aus Springen von der Normalschanze und 15-km-Langlauf.

■ **Nordkap,** Vorgebirge auf der norwegischen Insel Magerøy, 307 m hoch. Das Nordkap (71° 10' 21" nördlicher Breite) galt lange als nördlichster Punkt Europas; dieser liegt jedoch auf derselben Insel noch um 1,5 km weiter nördlich.

■ **Nord-Korea** →Korea (Nord-Korea).

■ **Nordlicht** →Polarlicht.

■ **Nordostpassage** (Nordöstliche Durchfahrt, Nördlicher Seeweg), Seeweg vom Atlantischen zum Pazifischen Ozean durch das Nordpolarmeer entlang der Nordküste Europas und Asiens, rund 6000 km lang. Die Nordostpassage wurde 1878/79 erstmals von dem Schweden Adolf Erik Nordenskiöld (1832–1901) vollständig befahren. Wegen der langen Vereisung ist die Schifffahrt nur zeitweise oder mit Eisbrechern möglich.

■ **Nord-Ostsee-Kanal** (früher Kaiser-Wilhelm-Kanal), Seekanal zwischen der Ostsee und der Nordsee, 98,7 km lang. Er verläuft quer durch Schleswig-Holstein von der Kieler Förde bis Brunsbüttel an der Mündung der Elbe und wurde seit seiner Erbauung (1887–95) mehrfach verbreitert. 7–10 Stunden dauert die Durchfahrt, die kürzer und gefahrloser als der Seeweg durch das Skagerrak ist.

■ **Nordpol,** der nördliche Schnittpunkt der Erdachse mit der Erdoberfläche, nördlichster Punkt der Erde, inmitten des mit Packeis bedeckten Nordpolarmeeres gelegen. Die gedachte Verlängerung der Erdachse vom Nordpol zum Sternenhimmel weist auf den nördlichen Himmelspol in der Nähe des Polarsterns (im Sternbild Kleiner Bär). – auch →Arktis.

■ **Nordpolarmeer** →Eismeere.

■ **Nordrhein-Westfalen,** Bundesland im Westen der Bundesrepublik Deutschland, mit 34 079 km² und 17,983 Mio. Einwohnern das bevölkerungsreichste und am dichtesten besiedelte Land Deutschlands. Die Hauptstadt ist Düsseldorf.

Ein Drittel des Landes ist gebirgig (Nordeifel, Sauerland, Rothaargebirge, Teutoburger Wald, Nordwestteil des Weserberglandes), zwei Drittel sind Tiefland (Münsterland, Niederrheinisches Tiefland). Im Übergangsgebiet vom Gebirge zum Flachland (Ruhrgebiet und Aachener Becken) und im Münsterland finden sich ausgedehnte Steinkohlevorkommen. Das dort entstandene Rheinisch-Westfälische Industriegebiet ist das größte industrielle Ballungsgebiet Europas. Der größte Teil Nordrhein-Westfalens gehört zum Stromgebiet des Rheins, der das Land von Süd nach Nord durchfließt und eine Leitlinie wichtiger europäischer Verkehrswege bildet. In Duisburg befindet sich der größte Binnenhafen Deutschlands.

Über die Hälfte des Landes wird landwirtschaftlich genutzt mit Getreide- und Zuckerrübenanbau, Viehwirtschaft, Obst- und Gemüsebau. Die Industrie ist sehr vielseitig. Durch Krisen im Bergbau und der früher vorherrschenden Eisen- und Stahlindustrie verlagerte sich der wirtschaftliche Schwerpunkt von der Ruhr zu den Dienstleistungszentren am Rhein (Düsseldorf, Köln).

Geschichte: N.-W. wurde 1946 aus dem nördlichen Teil der ehemaligen preußischen Rheinprovinz (Regierungsbezirke Aachen, Düsseldorf, Köln) und der ehemaligen preußischen Provinz Westfalen gebildet; 1947 kam das Land Lippe hinzu. Ministerpräsident ist (seit 1998) der SPD-Politiker Wolfgang Clement (*1940).

■ **Nordsee,** europäisches Randmeer des Atlantischen Ozeans, rund 580 000 km² groß. Es erstreckt sich zwischen den Shetlandinseln im Norden Großbritanniens, der Straße von Dover und dem Kattegat. Die mittlere Tiefe beträgt 70 m, die größte Tiefe 725 m. Die Wasserzirkulation wird, vor allem im Wattenmeer, stark von den Gezeiten beeinflusst. In den Anliegerstaaten liegen einige der bedeutendsten Handelshäfen der Erde, u. a. London, Hamburg, Rotterdam. Die N. ist sehr fischreich (Kabeljau, Hering, Schellfisch). Von Plattformen (Bohrinseln) aus wird seit 1967 Erdgas und seit 1971 Erdöl gefördert. Durch Schiffsverkehr (→Ölpest) und Einleitung von Schadstoffen besteht ein bedrohlicher Zustand der Meeresverschmutzung.

■ **Nord-Süd-Konflikt,** Bezeichnung für die Gegensätze, die sich aus dem wirtschaftlich-sozialen und politisch-kulturellen Entwicklungsgefälle zwischen den Industriestaaten der nördlichen Erdhalbkugel und den überwiegend auf der südlichen Erdhalbkugel gelegenen Entwicklungsländern Afrikas, Asiens und Lateinamerikas **(Nord-Süd-Gefälle)** ergeben. Sie entstanden nach dem Zweiten Weltkrieg im Gefolge der Entkolonisierung und hatten ihre Ursache vor allem in Bevölkerungsexplosion, Nahrungsmittelknappheit, unzureichender Industrialisierung sowie mangelnder Einbindung der Dritten Welt in die internationale Arbeitsteilung, in der Ausbeutung ihrer Rohstoffe und Arbeitskräfte und der ungerechten Handelsbeziehungen.

Seit den 1970er-Jahren suchen die Staaten der Dritten Welt im Rahmen des im UN-System und auf zahlreichen Konferenzen geführten **Nord-Süd-Dialogs** über die Forderung nach einer neuen Weltwirtschaftsordnung den Nord-Süd-Konflikt zu entschärfen. Ende 1977 konstituierte sich eine **Nord-Süd-Kommission** (18 Politiker und Wissenschaftler, je zur Hälfte aus Industrie- und Entwicklungsländern), deren Aufgabe darin besteht, die Beziehungen zwischen Industrie- und Entwicklungsländern zu analysieren und Wege zu einer ausgeglicheneren Weltordnung vorzuschlagen.

■ **Nordwẹstpassage** (Nordwestliche Durchfahrt), der Seeweg zwischen Atlantischem und Pazifischem Ozean durch die arktische Inselwelt Nordamerikas, das Nordpolarmeer und die Beringstraße. Die Nordwestpassage wurde 1903–06 von Roald Amundsen erstmals vollständig befahren (in Ost-West-Richtung). Wegen starker Vereisung ist sie für die Schifffahrt bedeutungslos.

■ **Nọrm** [lat.] *die,* **1)** *allgemein:* Richtschnur, Maßstab, allgemeine Regel.

2) *Technik, Wirtschaft:* national oder international festgelegte, einheitliche Abmessung, Größe, Bezeichnung u.a. bei industriellen und gewerblichen Produkten. – auch →DIN.

■ **Normalnull** *das,* Abkürzung **NN (N. N.),** der mittlere Wasserstand des Meeres, Bezugsfläche für Höhenmessungen auf der Erdoberfläche.

■ **Normandie** *die,* Landschaft in Nordwestfrankreich mit den Hauptorten Caen und Rouen sowie zahlreichen wichtigen Häfen (Cherbourg, Le Havre). Erwerbsgrundlagen der Bevölkerung sind Landwirtschaft (Obst- und Frühgemüsekulturen; Viehzucht), Industrie und Fremdenverkehr.

Geschichte: Benannt nach dem dort seit dem 10. Jahrh. siedelnden →Normannen, gehört die Normandie nach mehrfacher Verbundenheit mit England seit 1450 zu Frankreich. Im Zweiten Weltkrieg war sie das erste Ziel der alliierten Invasion im Westen (Landung am 6. Juni 1944).

■ **Normạnnen** (Nordmannen), im weiteren Sinn alle (→Wikinger), die vom 8.–11. Jahrh. von Skandinavien aus fremde Länder heimsuchten, im engeren Sinn diejenigen von ihnen, die seit dem Ende des 8. Jahrh. an die Küsten des Fränkischen Reiches und des angelsächsischen England vorstießen und später bis Italien gelangten. Ein Teil der Normannen ließ sich 911 an der Seinemündung in der Normandie nieder, die ihnen der französische König als Lehen gab. 1066 eroberten sie unter Herzog Wilhelm dem Eroberer England und stellten dort das normannische Königshaus.

Ab 1016 wurden Normannen in Unteritalien als Söldner angeworben; die von Robert und Roger Guiscard in Unteritalien (Apulien) und Sizilien errichteten, straff organisierten und 1130 zum Königreich vereinten Normannenstaaten fielen 1194 an die Staufer.

An ihren Wegen von Nordeuropa zum Schwarzen Meer und nach Byzanz gründeten die Normannen (hier **Waräger** genannt) im 9. Jahrh. auch Herrschaften um Nowgorod und Kiew in Russland, die zum Kern des ersten russischen Staates, des Kiewer Reiches, wurden.

■ **Nọrnen,** in der germanischen Mythologie drei Schicksalsgöttinnen, die über Geschick und Lebensdauer der Menschen bestimmen: Urd (das Gewordene), Verdani (das Seiende) und Skuld (das Werdende). – auch →Parzen.

Norwegen

Flagge

Wappen

Norwegen
Fläche 323 758 km²
Einwohner 4,392 Mio.
Hauptstadt Oslo
Amtssprache Norwegisch
Nationalfeiertag 17. 5.
Währung 1 Norwegische Krone (nkr) = 100 Øre (Ø)
Zeitzone MEZ

■ **Nọrwegen** (norwegisch Norge), Königreich in Nordeuropa, im Westen der Skandinavischen Halbinsel, mit Gebieten in der Arktis (Spitzbergen, Jan Mayen). Neben den Norwegern leben als Minderheiten Samen (Lappen) und Finnen im Land.

Das stark vergletscherte, bis 2 470 m hohe, fast ganz Norwegen durchziehende Gebirge fällt zur Küste steil, nach Osten allmählich ab. Nur im Süden ist eine breitere Küstenebene vorgelagert. Die Küste ist durch Fjorde stark gegliedert; vor ihr liegen zahlreiche Inseln. Das Klima ist unter dem Einfluss des →Golfstroms regenreich und wintermild; daher sind die Häfen an der Westküste auch eisfrei.

Nur 2,5 % des Landes sind Ackerland, 26 % sind bewaldet (Sägewerke, Holz- und Papierindustrie), ansonsten überwiegt Ödland. An Bodenschätzen sind vorhanden: Eisen, Kupfer und Molybdän, auf Spitzbergen Kohle; größte Bedeutung haben heute Erdöl und Erdgas. In der Industrie geht die Entwicklung hin zu hochspezialisierten Verarbeitungsprozessen (Elektrotechnik). Hinsichtlich Handelsflotte und Fischfang zählt Norwegen zu den weltweit führenden Ländern.

Geschichte: Im 9. Jahrh. gelang Harald I. Schönhaar († um 933) die Einigung der norwegischen Teilkönigreiche. 1319–63 hatten Norwegen und Schweden einen gemeinsamen König. Seit 1380 war Norwegen in Personalunion mit Dänemark verbunden. Die dänische Königin Margarete I. vereinte 1397 in der Kalmarer Union die drei nordischen Reiche. Norwegen blieb mit Schweden bis 1523, mit Dänemark bis 1814 vereinigt. 1536 wurde die Reformation in Norwegen eingeführt. Im Kieler Frieden 1814 fiel Norwegen an Schweden, erhielt jedoch eine Sonderverfassung. Trotz starker Spannungen blieb bis 1905 die Union zwischen Norwegen und Schweden bestehen. Sie wurde dann durch Beschluss des norwegischen Parlaments und durch Volksabstimmung aufgelöst; der dänische Prinz Karl wurde 1905 als Haakon VII. zum König von Norwegen gewählt (er regierte bis 1957). Norwegen blieb im Ersten Weltkrieg neutral. 1920 konnte es Spitzbergen gewinnen. Im Zweiten Weltkrieg war Norwegen 1940–45 von Deutschland besetzt. König ist seit 1991 Harald V. (* 1937).

■ **Nostalgie** [griech.] *die,* die Rückwendung zu früheren, in der Vorstellung verklärten Zeiten, die dem Unbehagen an der eigenen Zeit entgegengesetzt wird.

■ **Nostradamus,** eigentlich Michel de Notredame, französischer Mathematiker und Astrologe, * Saint-Rémy-de-Provence 14. Dezember 1503, † Salon-de-Provence 2. Juli 1566; Leibarzt König Karls IX. Seine dunklen Prophezeiungen in gereimten Vierzeilern wurden bis in die Neuzeit immer wieder neu gedeutet.

■ **Notar** [lat.] *der,* ein Jurist, der Rechtsvorgänge, z. B. Verträge, beurkundet und beglaubigt.

■ **Note** [lat. nota, = Merkmal] *die,* **1)** *Bildungswesen:* Bewertungsform schulischer Leistungen (→Zensur), auch im Studium und bei Studienabschlüssen.

2) *Musik:* Zeichen zur schriftlichen Festlegung eines Tons (→Notenschrift).

3) *Sport:* erreichte Punktzahl (z. B. im Skispringen) oder Teilbewertung (z. B. im Eiskunstlauf A-Note, B-Note).

4) *Völkerrecht:* amtliche schriftliche Mitteilung im diplomatischen Verkehr zwischen Regierungen (Notenwechsel).

■ **Notebook** [noᵘtbuk; engl., = Notizbuch] *das,* kleinere Ausführung eines Personalcomputers in der Größe eines Notizbuchs, die den Laptop ablöste. Ein Notebook wiegt 1,5 bis 3,5 kg, hat einen Flachbildschirm und zur Bedienung des Cursors einen Trackball oder ein Joypad (druckempfindliche Fläche zur Cursorsteuerung). Er wird über das Stromnetz oder mit Akkus betrieben.

■ **Notenbank,** ursprünglich jede Bank, die das Recht zur Ausgabe von Banknoten hatte. Heute ist in fast allen Staaten dieses Notenausgeberecht bei einer vom Staat errichteten und/oder kontrollierten **Zentral[noten]bank** monopolisiert.

Aufgaben dieser Institution sind: Versorgung der Wirtschaft mit Zahlungsmitteln, Regulierung des Geldvolumens entsprechend den Bedürfnissen der Wirtschaft, Sicherung der Stabilität des Wertes der Währung, Ausgleich der Zahlungsbilanz und Verwaltung der nationalen Währungsreserven.

In Deutschland wurde 1875 die Reichsbank als erste Notenbank geschaffen; sie bestand bis 1945. Aus der Bank deutscher Länder ging 1957 die →Deutsche Bundesbank hervor. Ab 1999 sind die Notenbanken der EU-Staaten Bestandteil des Europäischen Systems der Zentralbanken (→Europäische Zentralbank).

■ **Notenschlüssel** →Schlüssel.

■ **Notenschrift** (Notation), System von Zeichen zur schriftlichen Darstellung von Musik. Die Tonhöhe des einzelnen Tons wird durch seine Stellung im Liniensystem bestimmt. Dessen fünf Linien werden durch den Notenschlüssel am Anfang des

Notenschrift

Für den musikalischen Fortschritt war eine Art Schrift nötig, die alle Informationen enthielt, die man brauchte, um ein Musikstück überall in gleicher Weise zum Erklingen zu bringen. Daher notierte man seit dem 9 Jahrh. Melodien durch linienlose **Neumen** (griech. neuma = Wink). Damit konnte aber nur die Veränderung eines Silbentons, das heißt die Aufwärts- und Abwärtsbewegung der Stimme, und die ungefähre Tonhöhe bezeichnet werden. Später wurde dann eine Notenschrift geschaffen, mit der auf Linien der Melodieverlauf und die Verteilung der Noten auf Textsilben festgehalten werden konnte.

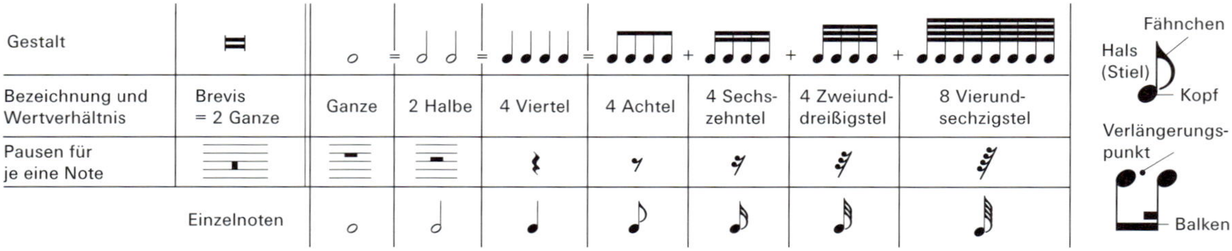

Notenschrift: Darstellung der verschiedenen Notengestalten und deren zeitlicher Werte

Systems in ihrer Tonhöhenbedeutung festgelegt. Weitere (chromatische) Veränderungen der Tonhöhe werden durch Versetzungszeichen ausgedrückt. Die Notenwerte (Ganze, Halbe, Viertel, Achtel usw.) werden durch fortgesetzte Halbierung gewonnen. Ein Punkt hinter der Note verlängert diese um die Hälfte ihres Wertes. Jeder Notenwert lässt sich durch ein Pausenzeichen in gleicher Dauer ersetzen.

■ **Notstandsgesetze,** in der Verfassung verankerte gesetzliche Regeln, nach denen Staatsorgane zur Bewältigung eines äußeren (z.B. Verteidigungs-, Spannungsfall) oder inneren Not- oder Ausnahmezustandes (z.B. Aufruhr, Naturkatastrophen) größere Vollmachten auf Zeit erhalten.
In der Bundesrepublik Deutschland ist seit 1968 eine Notstandsverfassung Bestandteil des Grundgesetzes. Sie regelt u.a. den Einsatz von Polizei und Bundeswehr und schränkt bestimmte Grundrechte ein.

■ **Notwehr,** die Verteidigung, die erforderlich ist, um einen unmittelbar bevorstehenden oder schon begonnenen rechtswidrigen Angriff abzuwehren. Eine Notwehrhandlung ist nicht widerrechtlich, das heißt, sie ist straflos.

■ **Novae** [lat.] (Neue Sterne), eine Gruppe von →Veränderlichen, deren absolute Helligkeit durch einen plötzlichen Helligkeitsausbruch innerhalb eines oder weniger Tage stark zunehmen kann (im Mittel um zehn Größenklassen, bezogen auf die Ausgangshelligkeit).

■ **Novalis,** eigentlich Georg Philipp Friedrich Freiherr von Hardenberg, deutscher Dichter der Romantik, *Oberwiederstedt (heute zu Wiederstedt, Sachsen-Anhalt) 2. Mai 1772, †Weißenfels 25. März 1801. Sein unvollendeter Roman »Heinrich von Ofterdingen« (1802) führte die blaue Blume als Symbol der Sehnsucht in die Romantik ein. Einige seiner »Geistlichen Lieder« (1802) sind ins evangelische Gesangbuch übernommen worden. Charakteristisch für seine von der Mystik beeinflusste Dichtkunst sind die »Hymnen an die Nacht« (1800).

■ **Novelle** [lat.] *die,* **1)** *Literatur:* eine meist kürzere Erzählung, die in dramatischer Zuspitzung einen Wendepunkt herbeiführt. Die Novelle ist auf den Konflikt konzentriert und lässt eigenwertigen Figuren nicht oder selten Raum. Bedeutende deutsche Novellendichter sind u.a. Ludwig Tieck, Clemens Brentano, Heinrich von Kleist, Adalbert Stifter, Annette von Droste-Hülshoff, Gottfried Keller, Theodor Storm, Conrad Ferdinand Meyer und Thomas Mann.
2) *Recht:* Nachtrag zu einem Gesetz, der einzelne Bestimmungen abändert oder ergänzt.

■ **Novemberrevolution,** die nach der militärischen Niederlage Deutschlands und Österreichs im Ersten Weltkrieg ausgebrochene Revolution in beiden Staaten.
Im *Deutschen Reich* begann sie Ende Oktober/Anfang November 1918 mit der Meuterei auf Schiffen der Hochseeflotte in Wilhelmshaven und Kiel und führte zur Beseitigung der Monarchie (Abdankung Kaiser Wilhelms II. am 9. November 1918) und zur Ausrufung der Republik (durch Philipp Scheidemann und Karl Liebknecht), die durch die Wahlen zur Nationalversammlung (am 19. Januar 1919) begründet wurde.
In *Österreich* proklamierte eine am 21. Oktober zusammengetretene Provisorische Nationalversammlung Deutschösterreich am 12. November 1918 zur Republik und zum Teil der deutschen Republik.

■ **Noviziat** [lat.] *das,* Probezeit der **Novizen** (»Neulinge«) in katholischen Orden vom Eintritt ins Kloster bis zum Ablegen der Gelübde.

■ **NSDAP,** Abkürzung für **N**ational**s**ozialistische **D**eutsche **A**rbeiter**p**artei (→Nationalsozialismus).

■ **Nuance** [nüangß^{e}; frz.] *die,* feiner Übergang.

■ **Nubien,** Gebiet in Nordostafrika (in Ägypten und Sudan), beiderseits des Nils zwischen Assuan und Khartoum. – Die Herrscher des Reiches **Kusch,** das im 9. Jahrh. v. Chr. um das Zentrum Napata am 4. Nilkatarakt entstand, eroberten seit etwa 745 v. Chr. nach und nach Ägypten und beherrschten es bis 664 v. Chr. als 25. Dynastie. Im 4. Jahrh. n. Chr. wurde das Gebiet christianisiert; christliche Königreiche bestanden auch nach der arabischen Eroberung Ägyptens weiter (im Norden bis 1315, im Süden bis 1504).

■ **nuklear** [lat.], den Atomkern betreffend, auf Kernenergie beruhend; **Nuklearwaffen** →Kernwaffen.

■ **Nukleinsäuren,** in den Zellen aller Lebewesen (vor allem im Zellkern und den Ribosomen, in geringen Mengen auch in den Mitochondrien und Chloroplasten) vorkommende hochpolymere Substanzen aus Zuckern (Desoxyribose oder Ribose), organischen Basen (Adenosin, Cytosin, Guanosin, Thymin oder Uracil) und Phosphorsäure. Man unterscheidet die →Desoxyribonukleinsäure (Abkürzung DNS oder DNA) und die →Ribonukleinsäure (Abkürzung RNS oder RNA). Auf der besonderen Reihenfolge der Basen im Nukleinsäuremolekül beruht die Information für die verschiedenen →Gene.

■ **Nukleonen** [lat.], gemeinsame Bezeichnung für das →Neutron und das →Proton, die Bausteine des Atomkerns, und deren Antiteilchen.

■ **Nukleus** [lat.] *der,* Kern, z.B. Atomkern, Zellkern.

■ **Nuklide** [lat.], die Gesamtheit aller bekannten Atomarten. Die verschiedenen Nukliden eines einzelnen chemischen Elements sind seine Isotope.

■ **Null** [lat.] *die,* Zeichen 0, die Zahl, die jede andere Zahl bei Addition und Subtraktion nicht verändert. Es gelten also für alle Zahlen a die Gleichungen $a + 0 = a$ sowie $a - 0 = a$.
Multipliziert man eine Zahl mit Null, so erhält man als Ergebnis stets Null, es gilt also $a \cdot 0 = 0$. Eine Division durch Null ist nicht möglich.

■ **Numerale** →Zahlwort.

■ **Numerus** [lat., = Zahl] *der,* **1)** *Mathematik:* der Potenzwert in der Logarithmenrechnung.
2) *Sprachwissenschaft:* die Einzahl (Singular) oder Mehrzahl (Plural) eines Wortes (Nomen oder Verb).

■ **Numerus clausus** [lat., = geschlossene Zahl] *der,* zahlenmäßige Beschränkung der Zulassung zu einem Bildungsgang (besonders an Hochschulen).

■ **Numismatik** [griech.] *die,* die Münzkunde.

■ **Nuntius** [lat.] *der,* der ständige Vertreter des Papstes bei einer Regierung.

■ **Nürburgring,** Auto- und Motorradrennstrecke in der westlichen Eifel (seit 1984 neuer Rundkurs von 4,542 km Länge mit 14 Kurven).

■ **Nürnberg,** Stadt an der Pegnitz, Mittelfranken, mit 486 400 Einwohnern zweitgrößte Stadt Bayerns. In Nürnberg befinden sich Fachbereiche der Universität Erlangen-Nürnberg, bedeutende Museen (u.a. das Germanische Nationalmuseum) und Behörden (Bundesanstalt für Arbeit). Alljährliche Anziehungspunkte sind die Spielwarenmesse und der »Christkindlesmarkt«; bekannt sind auch die Nürnberger Lebkuchen.

Null – alles oder nichts

»Du bist eine Null!«, so heißt es, wenn jemand fertiggemacht werden soll, seelisch vernichtet. Offenbar ist eine Null ein Nichts. – Wenn das nun so ist, worin liegt dann die Bedeutung der Null? Wieviele Nullen und Nichtse gibt es eigentlich? Gibt es sie überhaupt?
Es ist bekannt, dass die von uns gebrauchten Ziffern 1, 2, 3... »arabisch« sind und letztlich aus Indien stammen. Die Griechen der Antike schrieben Zahlen üblicherweise voll in Worten aus. Diese Notierung war natürlich für Zahlentabellen nicht geeignet. Für astronomische Tabellen entwickelte man ein eigenes Zeichen für »Nichts«. Es bestand aus einem kleinen Kreis, über den ein Strich gesetzt wurde, später auch aus einer Ligatur aus dem griechischen O (»Omikron«) mit einem darüber gesetzten Ypsilon – die ersten beiden Buchstaben des griechischen Wortes für »Nichts«.
In Indien war man auf die Idee gekommen, dass sich, bei exakter Anwendung eines dezimalen Stellensystems, alle ganzen Zahlen beliebiger Größe durch nur neun Zeichen ausdrücken lassen. Wollte man aber z.B. 104 schreiben, so blieb die Stelle der Zehner leer, das heißt, auf sie entfiel keines der neun Zeichen. Um diese Leere kenntlich zu machen, damit der Stellenwert nicht übergangen wird, setzten die Inder ein besonderes Zeichen, das sie shunya (»Leere«) nannten. Die Araber lernten dieses Zeichen in Form eines kleinen Kreises kennen, und so übernahmen es die Europäer.
Es ist nicht zu verwundern, dass gerade die Null dem Verständnis besondere Schwierigkeiten bereitete: Einerseits stellt sie für sich selbst »nichts« dar, das heißt, sie hat keinen Wert. Mit einer der neun Ziffern zusammengestellt, vermehrt sie dagegen deren Wert beträchtlich. Es bedurfte einer langen Gewöhnungsphase, bis die geheimnisvolle Null in Europa ihren Platz im Bewusstsein der Menschen fand.

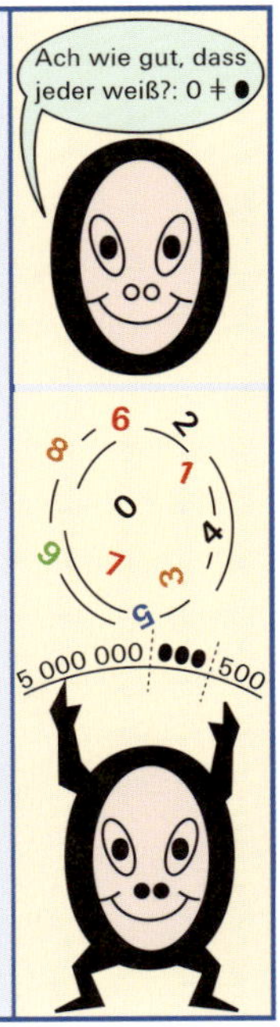

Das mittelalterliche *Stadtbild* erlitt im Zweiten Weltkrieg große Zerstörungen, lässt jedoch noch die kulturelle und politische Geltung der ehemaligen Reichsstadt im Spätmittelalter erkennen: 4 km lange Stadtmauer, Burg, Lorenzkirche mit spätgotischem Hallenchor, Frauenkirche, Sebalduskirche, Albrecht-Dürer-Haus, Schöner Brunnen. – 1835 wurde zwischen Nürnberg und Fürth die erste deutsche Eisenbahnstrecke eröffnet. – Die Nationalsozialisten veranstalteten in Nürnberg ihre Reichsparteitage.

■ **Nụrnberger Gesẹtze,** die 1935 während des nationalsozialistischen Reichsparteitags verkündeten Gesetze »zum Schutze des deutschen Blutes und der deutschen Ehre«: Ehen zwischen Deutschen und Juden wurden verboten; Juden konnten nicht mehr Reichsbürger sein; Beamte, Soldaten, Bauern, Studenten u. a. mussten den Nachweis erbringen, dass sie arisch, das heißt nicht »jüdischen Blutes«, waren.

Die Nürnberger Gesetze bildeten die juristische Grundlage der systematischen Diskriminierung und Verfolgung der Juden; sie gelten als Inbegriff der Verhöhnung des Rechtsstaatsgedankens durch den Nationalsozialismus.

■ **Nụrnberger Prozẹsse,** Sammelbezeichnung für die 1945–49 in Nürnberg von einem Internationalen Militärtribunal oder von amerikanischen Militärgerichten geführten Gerichtsverfahren gegen führende Nationalsozialisten, Angehörige des Generalstabs und die Verantwortlichen für die Verbrechen des nationalsozialistischen Terrorstaates. Hauptanklagepunkte waren: Verbrechen gegen den Frieden (Führen eines Angriffskrieges), Kriegsverbrechen und Verbrechen gegen die Menschlichkeit, wie sie z. B. in den Konzentrationslagern begangen worden waren.

Im Hauptprozess wurden zwölf Angeklagte zum Tode, drei zu lebenslänglicher Haft, vier zu langen Gefängnisstrafen verurteilt; drei wurden freigesprochen; Hermann Göring beging Selbstmord. Außerdem wurden die SS, die Gestapo und andere Organisationen sowie Gruppen bestimmter Organisationen als verbrecherisch verurteilt.

■ **Nụss,** eine Schließfrucht, deren Fruchtwand beim Reifen zu einem harten Gehäuse wird, das meist nur einen Samen umschließt. Nüsse in diesem Sinne sind Bucheckern, Eicheln, Edelkastanien, Haselnüsse u. a.; botanisch nicht zu den Nüssen gehören Kokos- und Walnüsse.

■ **Nu̲tria** [spanisch] *die* (Sumpfbiber, Biberratte), ein etwa 45–60 cm langes Nagetier Südamerikas. Es hat einen langen, runden, kaum behaarten Schwanz und Schwimmhäute an den Hinterfüßen. Wegen des wertvollen braunen Pelzes werden Nutrias heute gezüchtet.

■ **Nylon®** [na̲ilon; engl.] *das,* Handelsbezeichnung für mehrere Chemiefasern aus Polyamid, besonders für die erste vollsynthetische Faser.

■ **Nỵmphen** [griech.], in der griechisch-römischen Mythologie und Dichtung anmutige weibliche Naturgeister, Töchter des Zeus. Sie leben u. a. auf Bergen **(Oreaden),** in Quellen und Flüssen **(Najaden),** in Bäumen **(Dryaden)** und im Meer **(Nereiden).** Sie gehören vor allem zum Gefolge der Artemis. Verehrt wurden sie in Grotten (Nymphaion).

O

■ **O, 1)** der 15. Buchstabe des deutschen Alphabets, ein Vokal.

2) Abkürzung für **O**sten.

3) chemisches Symbol für Sauerstoff (lat. **O**xygenium).

■ **OAS,** Abkürzung für **O**rganization of **A**merican **S**tates [engl., = Organisation der Amerikanischen Staaten], 1948 in Bogotá gegründete Regionalorganisation selbstständiger amerikanischer Staaten innerhalb der UN; Sitz: Washington.

■ **Oa̲se** [ägyptisch] *die,* eine in Wüsten und Wüstensteppen gelegene Wasserstelle mit reichem Pflanzenwuchs. Ermöglicht wird dieser durch Quellwasser oder nahe der Erdoberfläche liegendes Grundwasser. Auch durch einen Fluss, der wüstenhaftes Gebiet durchquert, kann eine Oase entstehen

(Flussoase). Oft werden Oasen durch künstliche Bewässerung erweitert. Größere Oasen sind meist dicht besiedelt, es werden vor allem Getreide, Dattelpalmen, Obst und Gemüse angepflanzt. Charakterbaum vieler Oasen ist die Dattelpalme, deren Wurzeln bis in 30 m Tiefe vordringen.

■ **OAU,** Abkürzung für **O**rganization of **A**frican **U**nity [engl., = Organisation für Afrikanische Einheit], 1963 gegründeter Zusammenschluss unabhängiger afrikanischer Staaten mit Sitz in Addis Abeba. Marokko trat 1984 aus, Südafrika wurde 1994, nach dem Ende der Apartheid, aufgenommen.

■ **Ob** *der,* Fluss in Westsibirien, ohne Quellflüsse 3650 km lang, mit dem Irtysch, seinem wichtigsten Nebenfluss, 5410 km. Der Ob ensteht durch den Zusammenfluss von Katun (linker Quellfluss, 688 km lang) und Bija (301 km), die beide im Altai entspringen, und mündet in den **Obbusen** (Nordpolarmeer).

■ **Obduktion** [lat.] *die* (Autopsie, Sektion), die Leichenöffnung in einem gerichtsmedizinischen Institut zur Feststellung der Todesursache oder zu Lehr- und Forschungszwecken. – **obduzieren,** eine Obduktion vornehmen.

■ **Obelisk** [griech.] *der,* hoher, meist vierkantiger Steinpfeiler, der sich nach oben verjüngt und in einer pyramidenförmigen Spitze ausläuft. Obelisken wurden im alten Ägypten als Zeichen des Sonnengottes Re meist paarweise am Tempeleingang aufgestellt. Ihre oft vergoldete Spitze wurde von den ersten Strahlen der Sonne getroffen. Sie tragen oft Weiheinschriften (Hieroglyphen). Bei den römischen Kaisern, später dann auch in der Renaissance und im Barock, waren sie so beliebt, dass einige von ihnen nach Europa geholt wurden.

■ **Oberammergau,** Sommerfrische und Wintersportplatz an der Ammer in Oberbayern, mit 5300 Einwohnern und einer Berufsfachschule für Holzschnitzerei. Seit 1634 finden hier die Oberammergauer Passionsspiele statt, die alle zehn Jahre von Bürgern der Gemeinde aufgeführt werden.

■ **Oberer See** (engl. Lake Superior), größter und westlichster der Großen Seen in Kanada und den USA, zugleich größter Süßwassersee der Erde, 82414 km² groß und bis zu 406 m tief.

■ **Oberhaus,** in Ländern mit Zweikammerparlament die Kammer, die im Unterschied zum →Unterhaus nicht oder nur teilweise aus allgemeinen Wahlen hervorgeht, so in Großbritannien bisher das House of Lords, die Adelskammer. Seit 1999 bereitet die britische Regierung eine Reform des Oberhauses vor, in deren Gefolge bereits über 600 erbli-

Emblem der **OAU**

Obelisk

Die Obelisken wurden zumeist in den Steinbrüchen bei Assuan gefertigt und dann mit Schiffen auf dem Nil an den Ort ihrer Bestimmung gebracht. Wir wissen von einem Boot, das 63 m lang war. Schon der assyrische König Assurbanipal hat im 7. Jahrh. v. Chr. einen Obelisken aus Ägypten verschleppt, die meisten aber ließen die römischen Kaiser nach Rom bringen, wo der mit 32 m zweithöchste heute bekannte Obelisk auf dem Lateransplatz steht. Der höchste misst fast 42 m und liegt bis heute unvollendet im Steinbruch von Assuan. Berühmt sind der Obelisk auf dem Petersplatz in Rom und der Obelisk auf der Place de la Concorde in Paris, den die ägyptische Regierung den Franzosen zum Geschenk gemacht hat. Auch die beiden 20 m hohen Obelisken aus Alexandria, die den Namen »Nadeln der Kleopatra« tragen, wurden getrennt. Die eine »Nadel« fand 1878 ihren Standort in London, die andere wurde 1880 nach New York gebracht.

▶ Dieser Obelisk vor einem Tempel im oberägyptischen Luxor befand sich ursprünglich in Gesellschaft eines zweiten Obelisken, nämlich dem, der seit 1836 auf der Place de la Concorde in Paris steht

che Mitglieder Sitz und Stimme im Oberhaus verloren haben.

■ **Oberon,** altfranzösische Märchengestalt (Auberon), die dem Zwerg Alberich der germanischen Heldensage entspricht. Oberon ist ein Elfenkönig, Gemahl der Feenkönigin Titania.

■ **Oberösterreich,** Bundesland in Österreich, zwischen Inn und Enns, mit 11 980 km^2 und 1,372 Mio. Einwohnern. Die Hauptstadt ist Linz. Südlich der Donau hat Oberösterreich Anteil am Alpenvorland (Landwirtschaft) und am Salzkammergut (Fremdenverkehr), an der Südgrenze liegt der Dachstein (2 995 m). Oberösterreich hat mehrere Wasserkraftwerke sowie besonders in Linz und an der Traun Industrie mit Schwerpunkt Metallverarbeitung.

■ **Oberpfälzer Wald** →Böhmerwald.

■ **Oberrheinisches Tiefland** (Oberrheinebene), das Gebiet beiderseits des Rheins zwischen Basel und Mainz. Entstanden ist die 30–50 km breite Senke als Grabenbruch (Einsenkung der Erdkruste). Das Oberrheinische Tiefland ist klimatisch begünstigt. Hier gedeihen Tabak, Gemüse, Obst und Wein.

■ **Obervolta,** bis 1984 Name von →Burkina Faso.

■ **Objekt** [lat.] *das,* **1)** *allgemein:* eine Sache, ein Gegenstand, mit dem etwas geschieht oder geschehen soll.

2) *Grammatik:* (Satzergänzung) →Satz.

■ **objektiv** [lat.], unabhängig, sachlich, unparteiisch; Gegensatz: subjektiv.

■ **Objektiv** [lat.] *das,* bei einem optischen Gerät das dem jeweils abzubildenden oder zu betrachtenden Objekt zugewandte Linsensystem (das auch Spiegel enthalten kann), z. B. beim Fotoapparat, Mikroskop oder Fernrohr.

■ **obligatorisch** [lat.], verpflichtend, verbindlich; Gegensatz: fakultativ.

■ **Oboe** [frz.] *die,* Holzblasinstrument mit gerader, konischer Röhre und einem doppelten Rohrblatt als Mundstück. Eine Oboe hat 23 Löcher, von denen sechs mit den Fingern, die übrigen mit Klappen gedeckt werden. Ihr Ton ist hoch und näselnd.

Der Tonumfang der **Oboe** reicht von b/h-f^3, gestimmt ist das Instrument in C

■ **Obolus** [griech.] *der,* altgriechische Münze; übertragen: Spende, Eintrittsgeld.

■ **Observatorium** [lat.] *das,* Beobachtungsstation für astronomische, meteorologische oder geophysikalische Forschungen.

■ **Obsidian** [lat.] *der,* vulkanisches Gesteinsglas, das dunkel und reich an Kieselsäure ist. Obsidian wurde schon in der Steinzeit für Klingen u. a. verwendet. Heute wird er häufig zu Modeschmuck verarbeitet.

■ **Obst,** Sammelbezeichnung für essbare Früchte und Samen wild wachsender oder vom Menschen gezüchteter Bäume, Sträucher und Stauden.

Kernobst (z. B. Apfel, Birne, Quitte) hat fleischige Früchte mit einem »Kerngehäuse« im Inneren, in das Kerne (die Samen) eingebettet sind.

Steinobst (z. B. Kirsche, Pflaume, Pfirsich, Aprikose) enthält einen harten Stein.

Beerenobst (z. B. Heidelbeere, Stachelbeere) hat saftiges Fruchtfleisch, in dem meist mehrere Kerne liegen. Auch Früchte, die botanisch gesehen keine echten Beeren sind, wie Erdbeere, Brombeere und Himbeere, zählt man zum Beerenobst.

Schalenobst enthält wenig Wasser und hat eine harte Frucht- oder Samenschale; hierzu zählt man die echten Nüsse (→Nuss) wie Haselnuss, aber auch Walnuss, Kokosnuss und Erdnuss, die botanisch keine Nüsse sind.

■ **obszön** [lat.], unanständig, das Schamgefühl verletzend.

■ **Obwalden** →Unterwalden.

■ **Ochlokratie** [griech., zu óchlos, = Pöbel] *die,* in der altgriechischen Staatslehre die nicht an Verfassung und Gesetze gebundene Herrschaft des Pöbels als entartete Form der Demokratie.

■ **Ochotskisches Meer,** Randmeer des Pazifischen Ozeans vor Nordostasien.

■ **Ochse,** kastriertes männliches Hausrind.

■ **Ocker,** Verwitterungsprodukte von Eisenerzen (Eisenoxide, -hydroxide und -sulfate) mit vor allem Silikat- und Kalkbeimengungen. Ocker sind gelbe bis rote und rotbraune →Pigmente. Sie wurden schon für die Höhlenzeichnungen von Altamira verwendet. Ocker sind zum Teil als Farbstoffe für Lebensmittel und Kosmetika zugelassen.

■ **Octavianus** (Oktavian), Beiname des späteren Kaisers →Augustus.

■ **Ode** [griech.] *die,* feierliches lyrisches Gedicht in Strophenform, der →Hymne verwandt; in der deutschen Dichtung vor allem bei Klopstock und Hölderlin.

■ **Odenwald,** Mittelgebirge zwischen Kraichgau und Main, gehört zu Baden-Württemberg, Hessen und Bayern, bis 626 m hoch (Katzenbuckel). Am westlichen Fuß des Odenwalds führt die →Bergstraße entlang. Südlich des Neckars liegt der Kleine Odenwald. Der größte Teil des Odenwalds und sein östliches Vorland bilden den Naturpark Bergstraße-Odenwald.

■ **Oder** *die,* Fluss in Mitteleuropa, 910 km lang, davon 162 km Grenzfluss zwischen Deutschland und Polen (→Oder-Neiße-Linie). Die Oder entspringt im Odergebirge, durchfließt Mähren, Schlesien, Brandenburg und Pommern, fließt in das Stettiner Haff und mündet aus diesem in drei Armen (Dievenow, Swine, Peene) in die Ostsee. Es bestehen Kanalverbindungen zur Elbe (über Spree und Havel) und zur Weichsel (über Warthe und Netze).

■ **Oder-Neiße-Linie,** zwischen den USA, Großbritannien und der UdSSR im Potsdamer Abkommen 1945 ausgehandelte Grenzlinie zwischen den polnisch verwalteten deutschen Gebieten und dem übrigen Deutschland, heute die Staatsgrenze zwischen Deutschland und Polen. Die Oder-Neiße-Linie verläuft von der Ostsee, westlich von Swinemünde, an der Oder, dann an der Lausitzer Neiße bis an die Grenze der heutigen Tschechischen Republik. Die DDR erkannte die Oder-Neiße-Linie 1950 an, die Bundesrepublik Deutschland folgte 1970 (Deutsch-Polnischer Vertrag). Eine endgültige Bestätigung brachte 1990 der Zwei-plus-vier-Vertrag und der Grenzvertrag zwischen Deutschland und Polen (1991 ratifiziert).

■ **Odessa,** Hafenstadt am Schwarzen Meer, in der Ukraine, mit 1,04 Mio. Einwohnern und vielseitiger Industrie. Sehenswert sind u. a. der klassizistische Woronzow-Palast (1826–27) und das 1884–87 in historisierendem Stil erbaute Opernhaus.

■ **Odin,** nordischer Name für Wodan.

■ **Ödipus,** Gestalt der griechischen Mythologie, Sohn des Königs Laios von Theben und seiner Frau Iokaste. Ein →Orakel vor seiner Geburt besagt, er werde seinen Vater töten und seine Mutter heiraten. Um dies zu verhindern, wird er als Kind ausgesetzt. Er wird jedoch gerettet und erschlägt seinen Vater, ohne ihn zu erkennen. Zum Lohn dafür, dass er Theben von der Sphinx befreit, wird er König und Gatte seiner Mutter. Als durch einen Seher die Wahrheit aufgedeckt wird, erhängt sich Iokaste, und Ödipus sticht sich die Augen aus. Begleitet von seiner Tochter Antigone, irrt er blind durch die Fremde, bis er von den Göttern erlöst wird.

■ **Odoaker,** germanischer Heerführer im römischen Dienst, *um 430, †(ermordet) Ravenna 15. März 493; Sohn eines Fürsten aus dem germanischen Stamm der Skiren. Odoaker wurde am 23. 8. 476 von den germanischen Söldnern in Italien zum (Heer-)König ausgerufen und setzte den letzten weströmischen Kaiser Romulus Augustulus ab. Der Ostgotenkönig Theoderich, der ihn 489/490 wiederholt besiegte, eroberte 493 Ravenna (»Rabenschlacht«) und erschlug Odoaker.

■ **Odysseus,** Gestalt der griechischen Mythologie, König von Ithaka, verheiratet mit Penelope, Vater des Telemach. Odysseus zeichnet sich durch List und Beredsamkeit, aber auch durch Tapferkeit aus. Ihm verdanken die Griechen die Idee, das Trojanische Pferd (→Trojanischer Krieg) zu bauen, das ihnen die Eroberung Trojas ermöglicht.
Ein unter dem Namen Homers überliefertes griechisches Epos, die **Odyssee,** schildert die abenteuerliche, zehn Jahre dauernde Heimfahrt des Odysseus vom Krieg um Troja. Heute nimmt man an, dass die Odyssee etwa eine Generation später entstanden ist als die →Ilias und nicht von Homer stammt.

■ **OECD,** Abkürzung für **O**rganization for **E**conomic **C**ooperation and **D**evelopment [engl., = Organisation für wirtschaftliche Zusammenarbeit und Entwicklung], 1961 entstandene Nachfolgeorganisation der →OEEC mit Sitz in Paris. Hauptziele der bedeutendsten Organsisation der westlichen Industrieländer mit überwiegend beratender Funktion sind die Koordinierung und Vertiefung der wirtschaftlichen Zusammenarbeit und Entwicklung, die Förderung der Entwicklungshilfe und des Welthandels. Der OECD gehören alle Mitgliedsstaaten der EU und der EFTA an sowie Australien, Japan, Kanada, Neuseeland, die Türkei und die USA; inzwischen auch Schwellenländer (Mexiko seit 1994, Süd-Korea 1997) und ehemalige Ostblockländer (Tschechische Republik 1995, Ungarn und Polen 1996).

■ **OEEC,** Abkürzung für **O**rganization for **E**uropean **E**conomic **C**ooperation [engl., = Organisation für europäische wirtschaftliche Zusammenarbeit], 1948 bis 1961 bestehende Wirtschaftsorganisation (Sitz: Paris) der an der Marshallplanhilfe (→Europäisches Wiederaufbauprogramm) teilnehmenden Staaten. Nachfolgeorganisation ist die →OECD.

■ **Œuvre** [öwrᵉ; frz.] *das,* das Gesamtwerk eines Künstlers.

■ **Offenbach,** Jacques, deutsch-französischer Komponist, *Köln 20. Juni 1819, †Paris 5. Oktober 1880. Er hinterließ mehr als 50 Operetten, darunter »Orpheus in der Unterwelt« (1858) und »Die schöne Helena« (1864), sowie die Oper »Hoffmanns Erzählungen« (1881). – Bild S. 352

■ **Offenbarung,** Enthüllung, Entschleierung; Übermittlung göttlicher Botschaften an die Menschen. Viele Religionen haben eine Offenbarung zur Grundlage.

■ **Offensive** [lat.] *die,* Angriff, Vorstoß; Gegensatz: Defensive.

■ **öffentliche Meinung,** einerseits die in der Bevölkerung durch Umfragen (→Meinungsforschung) nachgewiesenen Meinungen, Einstellungen oder Verhaltensweisen zu öffentlich diskutierten Fragen und Sachverhalten; andererseits die vorherrschenden Urteile in der aktuellen öffentlichen (veröffentlichten), meist politischen Kommunikation. Die öffentliche Meinung wird mitgeprägt durch die Massenmedien und ist ein wesentliches Element des politischen Meinungs- und Willensbildungsprozesses in einer Demokratie.

In seiner Kölner Jugendzeit hieß **Jaques Offenbach** Jakob Offenbach und diesen Jakob nannte man im familiären Umkreis »Köbes«

■ **Offizi̱er** [frz.] *der,* Soldat mit einem Dienstgrad vom Leutnant an aufwärts.

■ **Ọffsetdruck** [engl.], ein Flachdruckverfahren, bei dem das zu bedruckende Papier nur indirekt mit der Druckform in Berührung kommt. Die Farben des Druckbildes werden zunächst auf eine entsprechend präparierte Gummiwalze übertragen und gelangen von dort auf das Papier. – auch →Drucken.

Jaques Offenbach, dessen Vater Isaac Juda Eberst später den Namen seiner Heimatstadt annahm, zog es im Alter von 14 Jahren nach Paris; dort belebte der »Köbes« aus Köln mit seiner überschäumenden musikalischen Intelligenz die Welt der Operette mit angriffslustig zeitsatirischen Meisterwerken, die er in eigenen kleinen Theatern, ab 1855 namens »Bouffes Parisiens«, aufführte; hier ein Plakat zu »Orpheus in der Unterwelt«

■ **Offshoretechnik** [ọfschoʳ...; engl.], allgemein alle zur Erkundung und Gewinnung von Rohstoffen (vor allem Erdöl und Erdgas) aus dem Meer erforderlichen Unternehmungen. Dabei werden je nach Wassertiefe unterschiedliche Plattformen verwendet.

Die **Hubplattform,** für Wassertiefen bis zu 100 m, wird als schwimmfähige Plattform von Schleppern oder durch Eigenantrieb an die Bohrstelle gebracht. Die absenkbaren Beine stehen beim Bohren auf dem Meeresboden.

Halbtaucher sind ortsbewegliche, schwimmende Plattformen, die von Schwimmkörpern mit vertikalen Säulen und Verstrebungen getragen und meist von Versorgungsschiffen geschleppt werden. Ihre Arbeitstiefe beträgt 600 m, wenn sie verankert wurden, und bis etwa 1000 m, wenn ihre Positon noch verändert werden kann. **Bohrschiffe** dienen dem Aufschlussbohren in über 1000 m Wassertiefe.

Die **Bohr-** und **Gewinnungsplattform** ist eine Stahlkonstruktion, die mit eingerammten Pfählen am Meeresboden verankert wird, oder eine Stahlbetonkonstruktion, die aufgrund ihres Gewichts fest auf dem Meeresboden steht. In ihrem unteren Teil wird gleichzeitig das Rohöl gespeichert. Vom Deck aus werden bis zu 60 Bohrungen abgeteuft. Das produzierte Öl wird von Tankern, die auf See aus den Speichertanks der Plattform beladen werden, bei größeren Feldern durch wetterunabhängige Pipelines auf dem Meeresboden abtransportiert.

■ **Ohio** [oha̱io] *der,* größter linker Nebenfluss des Mississippi, 1 579 km lang (mit Allegheny 2 102 km).

■ **O̱hm,** Georg Simon, deutscher Physiker, *Erlangen 16. März 1789, †München 6. Juli 1854. Nach ihm wurde die Maßeinheit des elektrischen Widerstands (Einheitenzeichen: Ω) benannt. Das von ihm formulierte **ohmsche Gesetz** (1826) lautet:

Bei gleich bleibender Temperatur ist die elektrische Stromstärke I (Einheitenzeichen: A) in einem metallischen Leiter der zwischen den Leiterenden herrschenden Spannung U (Einheitenzeichen: V) proportional (der Proportionalitätsfaktor R heißt elektrischer Widerstand: $U = I \cdot R$). Es gilt:

$$1\,\text{Ohm} = 1\,\text{V/A} = 1\,\Omega.$$

■ **O̱hnmacht,** plötzlich auftretende, kurz dauernde Bewusstlosigkeit, meist wegen verminderter Gehirndurchblutung.

■ **O̱hr,** Gehör- und Gleichgewichtsorgan der Wirbeltiere und des Menschen. Das menschliche Ohr ist in drei Abschnitte gegliedert: Außenohr, Mittelohr und Innenohr.

Das **Außenohr** besteht aus der knorpeligen Ohrmuschel, die wie ein Schalltrichter wirkt, und dem leicht gebogenen äußeren Gehörgang. An dessen Ende befindet sich das Trommelfell, ein feines Häutchen, das das im knöchernen Schädel liegende **Mittelohr** nach außen abschließt. Das Trommelfell wird durch Schallwellen in Schwingungen versetzt, die wiederum auf die drei kleinen Gehörknöchelchen (Hammer, Amboss und Steigbügel) im Mittelohr übertragen werden. Vom Steigbügel werden sie über das ovale Fenster an das **Innenohr** (Labyrinth) weitergegeben: Bei jeder Übertragung werden die Schwingungen verstärkt. Sie erreichen im Innenohr die Schnecke, das eigentliche Gehöror-

gan. In dieser mit Flüssigkeit gefüllten, wie eine Schnecke aufgerollten Röhre pflanzen sich die Schwingungen fort und reizen dadurch Sinneszellen (Haarzellen), die den Reiz über Nervenleitungen in das Hörzentrum des Gehirns weitervermitteln.
Im Innenohr liegt auch das Gleichgewichtsorgan, das aus drei Bogengängen besteht. Jeder dieser Bogengänge ist einer Richtung im Raum zugeordnet, sodass der Körper sich auf Bewegung und Lageveränderung (Aufstehen, Hinlegen, Bücken, Drehen) einstellen kann. Das Mittelohr steht mit dem Rachen durch die Ohrtrompete in Verbindung. Sie dient dem Druckausgleich zwischen Mittelohr und Außenluft. - auch →Gehör und →Gleichgewichtsorgan.

■ **Ohrenrobben,** eine Familie etwa 1,5–3,5 m langer Robben mit 14 Arten in Meeren und an Meeresküsten der südlichen Halbkugel (im Pazifik auch im Norden). Sie bilden im Unterschied zu den übrigen Robben kleine Ohrmuscheln aus. Man unterscheidet zwei Gattungsgruppen:
Die bis 2,5 m langen **Seebären (Pelzrobben),** die eine sehr dichte, weiche Unterwolle (Seal) haben, wurden teilweise rücksichtslos als Pelzlieferanten bejagt, sodass über die Hälfte der acht Arten unmittelbar bedroht waren. Durch strengen Schutz beginnen einige Bestände sich langsam zu erholen.

Kaum zu glauben: das **Okapi** mit den zebraähnlich gestreiften kurzen Beinen und dem geraden Rücken gehört zur Familie der Giraffen; das gar nicht langhalsige Giraffentier hielt sich auch lange Zeit vor den Menschen versteckt

Die **Seelöwen (Haarrobben)** mit sechs Arten, unterscheiden sich von den Pelzrobben durch das Fehlen der Unterwolle, ihre größere Gestalt und ihre lauten Rufe.

■ **Oise** [oa̱s] *die,* rechter Nebenfluss der Seine, 302 km lang.

■ **Oka̱pi** [afrikanisch] *das,* schwarzbraune, relativ kurzhalsige, bis 2,1 m lange Giraffenart in den Regenwäldern des Kongobeckens. Okapis haben

»Hören mit dem dritten Ohr« –

so lautet der Titel eines Buches des Psychoanalytikers Theodor Reik. Der Titel ist eine bewusste Anleihe bei dem Philosophen Friedrich Nietzsche. Nun, wir wissen, dass wir zwei Ohren haben, vermutlich auch, dass diese je aus einem äußeren Ohr, Mittelohr und Innenohr bestehen, und vielleicht sogar, dass es der Reizleitung bis in die akustische Region der Großhirnrinde bedarf, damit ein Höreindruck überhaupt entstehen kann. Das heißt: wir hören mit dem Großhirn. Und wo ist da bitteschön der Platz für ein drittes Ohr?
In der Bibel sagt Jesus: Wer Ohren hat, der höre; – am Ende einer Ansprache. Wenn diese Aufforderung einen Sinn hat, dann kann, wer Ohren hat, offenbar auch nicht hören. Und dies, obwohl wir Menschen doch die Ohren im Unterschied zu den Augen ja überhaupt nicht schließen können. Wir können zuhören, hinhören, herhören und weghören und wir können in uns hineinhören und eine innere Stimme wahrnehmen – vielleicht mit dem dritten Ohr? Das Hören ist eine komplexe Form

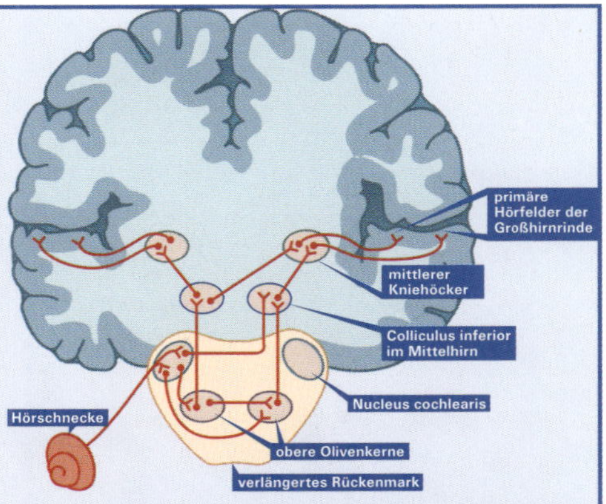

▶ Stark vereinfacht ist in dieser Grafik die Hörbahn vom Ohr zum Großhirn dargestellt; eingezeichnet sind die Faserverläufe ausgewählter Nervenzellen, dabei sind alle Nervenbahnen rechts-links spiegelsymmetrisch zu denken

der Umweltwahrnehmung und Umweltdeutung. Zu dieser Umwelt gehört jeder von uns auch selbst. Um die Ohren und mit den Ohren und um die Ohren herum spielt sich also sehr viel mehr ab als uns gemeinhin bewusst ist.

weiß gestreifte Beine, große Ohren und (nur die Männchen) zwei kurze, von Fell bedeckte Knochenzapfen (Hörner). Ihr Hals ist viel kürzer als der der Giraffen. Das Okapi wurde erst 1901 entdeckt.

■ **okay** [oke̱ⁱ; engl.], Abkürzung **O. K., o. k.,** richtig, in Ordnung; einverstanden.

■ **Okkultịsmus** [von lat. occultum, = das Verborgene, Geheimnisvolle] *der,* zusammenfassende Bezeichnung für Lehren und Praktiken, die auf so genannter außersinnlicher Wahrnehmung beruhen, das heißt Erscheinungen betreffen, die durch Naturgesetze nicht erklärbar sind.
Zum Okkultismus zählen Wahrnehmungen des Hellsehens, der Bewegung von Gegenständen ohne physische Ursache, das Phänomen des Schwebens, die Entstehung neuer körperlicher Gebilde (Materialisation) sowie alle durch Medien vermittelten parapsychologischen Erscheinungen (z. B. Telepathie, Telekinese). Dem Begriff Okkultismus werden meist Astrologie, Spiritismus, Magie, Spuk usw. untergeordnet.
Okkultismus beruht zum einen auf dem Glauben an die Übermacht menschlicher Seelenkräfte gegenüber den Naturgesetzen und an die Existenz von Geistern (Animismus), zum anderen nimmt er eine Beseeltheit der Natur an und rechnet schließlich mit der Möglichkeit einer Verbindung zwischen der menschlichen Seele und der beseelten Natur.
Teilweise versucht man, die okkulten Erscheinungen mit wissenschaftlichen Mitteln zu untersuchen (→Parapsychologie), teilweise werden die Erfahrungen und Lehren von ihren Anhängern aber auch als Geheimwissen behandelt.

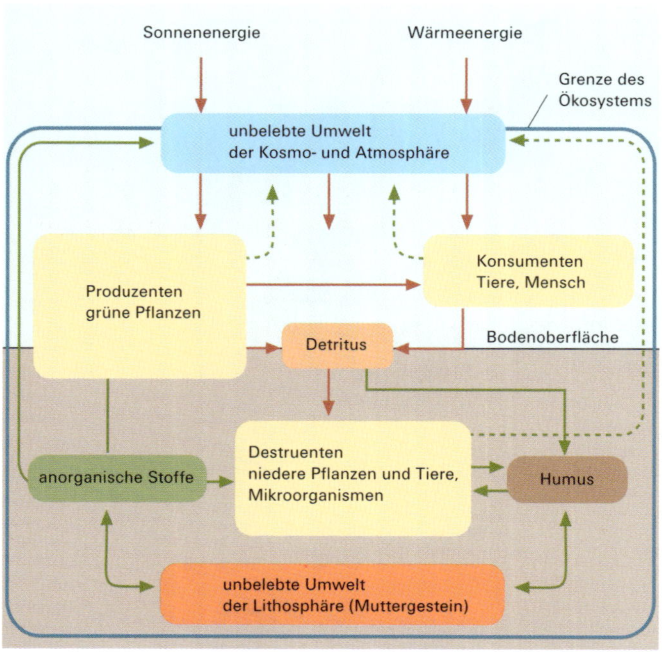

Die Grafik zeigt den Kreislauf eines **Ökosystems**

■ **Okkupatio̱n** [lat.] *die,* **1)** *Völkerrecht:* die Besetzung eines fremden Gebiets.
2) *Zivilrecht:* die Aneignung von herrenlosen, beweglichen Sachen.

■ **Ökologi̱e** [griech.] *die,* eine Ende des 19. Jahrh. aus der Biologie hervorgegangene Wissenschaft, die den Haushalt von zusammenlebenden Organismen in ihrer (belebten und unbelebten) Umwelt und in ihren Wechselbeziehungen mit ihrer Umwelt (→Ökosystem) beobachtet. Die Erkenntnisse der Ökologie sind eine wichtige Grundlage des →Umweltschutzes.

■ **ökolo̱gischer Lạndbau** (biologischer Landbau, organischer Landbau), im Unterschied zur konventionellen (technisch-ökonomischen) Landwirtschaft alle Formen des Landbaus auf der Grundlage folgender Grundsätze: Der landwirtschaftliche Betrieb ist ein Ökosystem, in dem ein geschlossener Kreislauf mit geringstmöglichem Verbrauch nicht erneuerbarer Energie- und Rohstoffvorräte angestrebt wird; Bodenfruchtbarkeit hat den höchsten Stellenwert; Bodenbearbeitung geschieht nur unter Schonung der Bodenorganismen und der Bodenstruktur; synthetische Düngemittel oder Herbizide werden nicht verwendet; auf Pestizide wird möglichst verzichtet; die biologische Selbstregulation des Ökosystems wird angestrebt.

■ **ökolo̱gisches Gle̱ichgewicht** →biologisches Gleichgewicht .

■ **Ökonomi̱e** [griech.] *die,* Wirtschaft; Wirtschaftswissenschaften; Wirtschaftlichkeit.

■ **Ö̱kosystem,** ein Wirkungsgefüge zwischen Lebewesen verschiedener Arten und ihrem Lebensraum, z. B. Laubwald, Wattenmeer, Korallenriff, Sandwüste.
Ein Ökosystem besteht aus den **Produzenten** (vor allem grüne Pflanzen) und den **Reduzenten** oder **Destruenten** (Mikroorganismen, niedere Pflanzen und Tiere). Dazwischen gibt es meist noch die **Konsumenten** (Tiere, der Mensch).
Die natürlichen Kreisläufe in einem Ökosystem sind ausgeglichen, das heißt, jede Veränderung löst selbsttätig eine Gegenveränderung aus, die das ökologische Gleichgewicht wieder herstellt. Künstliche Eingriffe in ein Ökosystem, z. B. die Bewässerung von Wüstengebieten oder die Überdüngung von

Gewässern, können dieses Gleichgewicht jedoch empfindlich stören.

■ **Ökotop** [griech.] *das,* die kleinste ökologische Einheit einer Landschaft, Lebensort einer Organismenart, an dem diese dauernd existieren kann.

■ **Oktanzahl,** Abkürzung **OZ,** eine Maßzahl (maximal 100) für die Klopffestigkeit des im Ottomotor verwendeten Benzins. Normalbenzin hat eine Oktanzahl von 90–93, Superbenzin von 96–98.

■ **Oktave** [lat.] *die,* ein →Intervall aus acht diatonischen Stufen (z. B. C–c).

■ **Oktoberrevolution,** die Machtübernahme der Bolschewiki unter der Führung →Lenins in Petrograd (Sankt Petersburg) am 7. November 1917, die eine politische Umwälzung in Russland einleitete (→Sowjetunion, Geschichte). Sie heißt Oktoberrevolution, weil dem 7. November nach dem damals in Russland gültigen julianischen Kalender der 25. Oktober entspricht.

■ **Okular** [lat.] *das,* bei optischen Geräten wie Fernrohr und Mikroskop das Linsensystem, das dem Auge des Beobachters zugewandt ist. Das dem beobachteten Gegenstand zugewandte Linsensystem heißt →Objektiv.

■ **Ökumene** [griech., = die bewohnte (Erde)], die Gesamtheit der christlichen Kirchen.

■ **ökumenische Bewegung,** die Bestrebungen innerhalb der christlichen Kirchen, die konfessionelle Trennung zu überwinden. Sie entstand im 19. Jahrh. in den reformierten Kirchen und bildete im 20. Jahrh. eigene Institutionen aus.

■ **Ökumenischer Rat der Kirchen,** Abkürzung **ÖRK,** 1948 in Amsterdam gegründete Organisation von über 300 christlichen Kirchen. Die katholische Kirche, die kein Mitglied ist, hat einen Beobachterstatus. Ziel ist das gemeinsame Gespräch und eine ökumenische Annäherung. Alle sieben Jahre tritt die Vollversammlung zusammen.

■ **Okzident** [lat.] *der,* das →Abendland; Gegensatz: Orient.

■ **Ölbaum,** eine Gattung der Ölbaumgewächse, bis 20 m hohe Bäume, die über 1 000 Jahre alt werden können. Der Stamm ist knorrig, oft drehwüchsig. Er trägt lederartige, lanzettliche, silberfarbene Blätter und weiße Blütentrauben. Wegen seiner Frucht (→Olive) ist er die wichtigste Kulturpflanze des Mittelmeergebietes. Er wird dort in großen Olivenhainen angebaut.

■ **Ölberg,** ein mehrfach in der Bibel erwähnter Höhenzug östlich von Jerusalem. Am westlichen Fuß liegt der Garten Gethsemane. Nach der Überlieferung der Bibel fuhr Jesus Christus vom Ölberg in den Himmel auf.

■ **Oldenburg,** historisches Territorium im Gebiet des Landes Niedersachsen, zu dem es seit 1946 gehört. 1815–1918 war Oldenburg ein Großherzogtum.

■ **Oldenburg (Oldenburg),** Stadt in Niedersachsen, mit 153 900 Einwohnern, an der Hunte (Nebenfluss der Unterweser) gelegen. Das Bild der Universitätsstadt ist wesentlich vom Klassizismus geprägt. Wahrzeichen ist der »Lappan«, der Turm des Heiliggeistspitals (1468).

■ **Oldie** [o^{u}ldi; engl.] *der,* alter Schlager oder Film.

■ **Öle** [griech.], Sammelbezeichnung für bei Raumtemperatur flüssige, wasserunlösliche organische Verbindungen. Man unterscheidet die fetten Öle (→Fette), z. B. Sonnenblumenöl, die Mineralöle (→Erdöl), z. B. Motorenöl, und die ätherischen Öle, duftende Riechstoffe aus Pflanzen, z. B. Rosenöl.

■ **Oleander** [italienisch] *der,* eine Gattung der Hundsgiftgewächse. Im Mittelmeergebiet heimisch ist der **Echte Oleander,** ein 3–6 m hoher Strauch oder Baum. Er hat schmale, ledrige Blätter und prächtige, je nach Kulturform unterschiedlich gefärbte, duftende Blüten.

■ **Ölfarben,** Farben, deren →Pigmente in trocknenden Ölen gelöst sind.

■ **Oligarchie** [griech., = Herrschaft der wenigen] *die,* nach Aristoteles eine Staatsform, in der die Gruppe der Reichsten die Regierung innehat; heute jede Staatsform, in der die tatsächliche Herrschaft bei kleinen Führungsgruppen liegt.

■ **Olive** [griech.] *die,* die pflaumenähnliche Steinfrucht des →Ölbaumes. Sie enthält in ihrem Fruchtfleisch viel Öl (Olivenöl), das durch Auspressen gewonnen und als Speiseöl verwendet wird.

■ **Olivier** [oliwi^e], Sir Laurence, britischer Schauspieler, Regisseur und Theaterleiter, *Dorking (County Surrey) 22. Mai 1907, †Brighton 11. Juli 1989. Olivier, der auch in Filmen spielte, wurde vor allem durch Shakespearerollen bekannt.

■ **Ölmalerei,** das Malen mit Ölfarben, heute meist auf Leinwand (bis zum 16. Jahrh. auch auf Holztafeln). Die Farben sind vor allem mit Öl gebunden und lassen sich, ohne zu verlaufen, sowohl übereinander als auch nebeneinander auftragen.

■ **Olme,** Familie lang gestreckter bis 30 cm langer Schwanzlurche in Süßgewässern Europas und Nordamerikas. Die Olme haben zwei stummelförmige Beine und einen seitlich zusammengedrückten Ruderschwanz. Sie gehen nie an Land und verbleiben zeitlebens im Larvenzustand.

■ **Ölpalme,** eine Palmengattung mit acht Arten, vor allem in Westafrika und Südamerika. Wirtschaftlich wichtig ist besonders die **Afrikanische**

Zweige des **Ölbaums** mit den kleinen weißen, in traubigen Ständen wachsenden Blüten und den pflaumenförmigen Steinfrüchten

Die bekannteste Art des **Oleanders** ist der hier abgebildete Echte Oleander mit seinen ursprünglich rosafarbenen Blüten

Ölpalme, die bis 30 m hoch wird. Ihre ovalen Fruchtstände tragen 800–2 000 pflaumengroße Einzelfrüchte, aus denen Palmöl gewonnen wird.

■ **Ölpest**, die Verschmutzung großer Meeresflächen, vor allem der Uferregionen samt der Tier- und Pflanzenwelt, durch Mineralöl (z. B. aus verunglückten Öltankern) oder Ölrückstände (z. B. aus der Reinigung von Tankern auf See). Die augenfälligste Folge der Ölpest ist das massenhafte Verenden von Wasservögeln, deren Gefieder durch das Öl verklebt, sodass sie bewegungsunfähig werden. Gegenmaßnahmen sind Ölbindemittel oder das Abschöpfen oder Abpumpen der Ölteppiche.

Die fünf ineinander verschlungenen Ringe sind das Wahrzeichen der **Olympischen Spiele**

■ **Olymp** *der*, Gebirgsmassiv in Mittelgriechenland, das bis 2 917 m hoch ist. In der griechischen Mythologie ist der Olymp der Sitz der Götter.

■ **Olympia**, griechischer Ort auf der Peloponnes, in der Antike Kultstätte des Zeus und Austragungsort der →Olympischen Spiele. In Olympia sind umfangreiche Reste des Heiligtums, von Sportanlagen und von Verwaltungsbauten ausgegraben worden. Im nahen Museum sind die Skulpturen des Zeustempels aufgestellt.

■ **Olympiade**, in der Antike Bezeichnung für den Zeitraum von vier Jahren zwischen den Olympischen Spielen; heute auch Bezeichnung für die Olympischen Spiele selbst.

■ **Olympische Spiele**, im Altertum die Festspiele in Olympia von 776 v. Chr. bis 393 n. Chr., in der Gegenwart die dem antiken Vorbild nachgestalteten großen internationalen Sportspiele seit 1896.
Die alle vier Jahre begangenen Festspiele in Olympia waren in der antiken Welt die bedeutendsten, ihre kultischen Anfänge liegen weit vor dem ersten historischen Nachweis in Form von Siegerlisten (776 v. Chr.). Teilnehmen durften nur freie griechische, später auch römische Bürger. Frauen waren weder als Akteure noch als Zuschauer zugelassen. Auf dem Wettkampfprogramm standen Laufwettbewerbe über verschiedene Distanzen, der Fünfkampf (Pentathlon, bestehend aus Lauf, Diskus- und Speerwerfen, Weitsprung und Ringen), das Ringen, der Faustkampf sowie Pferde- und Wagenrennen. Die jeweiligen Sieger erhielten einen Zweig des heiligen Ölbaumes in Olympia sowie hohe Preise und Auszeichnungen ihrer Heimatstädte. Die letzten Spiele sind für 393 n. Chr. bezeugt; der römische Kaiser Theodosius soll sie anschließend verboten haben, da er sie als heidnisch empfand.
1894 griff der Franzose Pierre de Coubertin (1863–1937) den olympischen Gedanken wieder auf und gründete das Internationale Olympische

Olympische Spiele

»Citius, altius, fortius« – das lateinische Motto der Olympischen Spiele der Neuzeit – deutsch »schneller, höher, weiter (eigentlich: stärker)« – wurde von Pierre de Coubertin propagiert, der den Rekord, die sportliche Höchstleistung, an die Spitze eines pyramidenförmig gedachten Modells des modernen Sports stellte. Der »Vater« der neuzeitlichen Olympischen Spiele griff dabei auf eine Formulierung des französischen Dominikanermönchs Henri-Martin Didon (1840-1900) zurück, der als Schriftsteller, Prediger und Erzieher wirkte. – Der Wahlspruch ist in der Sportdidaktik heute nicht mehr unumstritten, da er der Spitzenleistung ein höheres Gewicht beimisst als dem Breitensport.

Olympische Spiele: Sommerspiele

	Jahr	Ort
I.	1896	Athen
II.	1900	Paris
III.	1904	Saint Louis (Miss.)
IV.	1908	London
V.	1912	Stockholm
VI.	1916 (ausgefallen)	Berlin
VII.	1920	Antwerpen
VIII.	1924	Paris
IX.	1928	Amsterdam
X.	1932	Los Angeles (Calif.)
XI.	1936	Berlin
XII.	1940 (ausgefallen)	Tokio, Helsinki
XIII.	1944 (ausgefallen)	London
XIV.	1948	London
XV.	1952	Helsinki
XVI.	1956	Melbourne
XVI.	1956	Stockholm (Reiterspiele)
XVII.	1960	Rom
XVIII.	1964	Tokio
XIX.	1968	Mexiko
XX.	1972	München
XXI.	1976	Montreal
XXII.	1980	Moskau
XXIII.	1984	Los Angeles (Calif.)
XXIV.	1988	Seoul
XXV.	1992	Barcelona
XXVI.	1996	Atlanta
XXVII.	2000	Sydney
XXVIII.	2004	Athen

Komitee. Die ersten Olympische Spiele der Neuzeit wurden 1896 in Athen abgehalten. Sie finden seitdem alle vier Jahre statt (außer 1916, 1940 und 1944). Seit 1924 gibt es auch Olympische Winterspiele, seit 1994 in einem eigenen Vierjahresrhythmus um zwei Jahre zu den Sommerspielen versetzt.
Hohe Bedeutung besitzen bei den heutigen O.S. verschiedene Symbole: die **olympische Flamme,** die in Olympia entzündet und in einem Staffellauf in die austragende Stadt gebracht wird, die **olympische Fahne** mit den **olympischen Ringen,** die verschiedenfarbig und ineinander verschlungen für die Verbundenheit der fünf Erdteile stehen, sowie die **olympischen Medaillen** (in Gold, Silber und Bronze) als Auszeichnung für die jeweils drei Erstplatzierten eines Wettbewerbs.

■ **Oman,** Sultanat im Osten der Arabischen Halbinsel. Die Bevölkerung (zum Teil Nomaden) besteht vorwiegend aus muslimischen Arabern. Der überwiegende Teil des Landes ist Wüste. In Oasen werden Weizen, Gemüse, Dattelpalmen, Zitronen und Bananen angebaut. Weihrauch wird von den Beduinen in den Karabergen gesammelt. Größte wirtschaftliche Bedeutung besitzt die Erdölförderung.
Geschichte: Das Gebiet von Oman hatte schon im frühen Altertum große Bedeutung als Zwischenstation im Handelsverkehr zwischen dem Vorderen Orient und Indien. Seit 634 war es Teil des arabisch-islamischen Herrschaftsbereichs, seit 1749 beherrscht die Said-Dynastie das Sultanat.

Olympische Spiele: Winterspiele

	Jahr	Ort
I.	1924	Chamonix-Mont-Blanc
II.	1928	Sankt Moritz
III.	1932	Lake Palcid (N. Y.)
IV.	1936	Garmisch-Partenkirchen
V.	1948	Sankt Moritz
VI.	1952	Oslo
VII.	1956	Cortina d'Ampezzo
VIII.	1960	Squaw Valley (Calif.)
IX.	1964	Innsbruck
X.	1968	Grenoble
XI.	1972	Sapporo
XII.	1976	Innsbruck
XIII.	1980	Lake Placid (N. Y.)
XIV.	1984	Sarajevo
XV.	1988	Calgary
XVI.	1992	Albertville
XVII.	1994	Lillehammer
XVIII.	1998	Nagano
XIX.	2002	Salt Lake City (Ut.)
XX.	2006	Turin

Oman
Fläche 309 500 km²
Einwohner 2,504 Mio.
Hauptstadt Maskat
Amtssprache Arabisch
Nationalfeiertag 18. 11.
Währung 1 Rial Omani (R. O.) = 1 000 Baizas (Bz.)
Zeitzone MEZ + 3 Std.

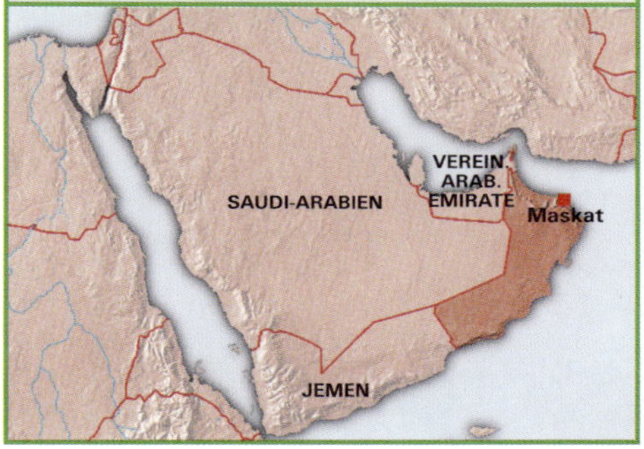

Oman

Flagge

Wappen

■ **Omega** [griech.] *das,* **1)** der letzte Buchstabe des griechischen Alphabets (Ω, ω).
2) (Ω), Einheitenzeichen für →Ohm.

■ **Omen** [lat.] *das,* Vorzeichen, das dem Menschen ungesucht zuteil wird oder das er bewusst zu erkunden versucht. Träume, der Lauf der Gestirne, aber auch zufällige Ereignisse werden als vermeintliche Omina aufgefasst.

■ **Omnibus** [lat.] →Kraftwagen.

■ **Onanie** →Masturbation.

■ **Onegasee,** zweitgrößter See Europas, im Nordwesten Russlands, 18-mal so groß wie der Bodensee und bis 120 m tief. Durch Kanäle ist er mit dem Weißen Meer, dem Ladogasee und der Wolga verbunden.

■ **online** [onlain, engl.], direkte Kopplung eines Computers über den Einwählknoten eines Onlinedienstes oder Providers an ein Datennetz, z. B. Internet.

■ **Onlinedienste** [onlain...], Betreiber nationaler oder internationaler Netze, die dem Abonnenten neben einem eigenen Informations- und Serviceangebot auch den Zugang zum offenen →Internet ermöglichen. Mittels Modem oder ISDN verschafft sich der Nutzer über einen Einwählknoten Zugang zum Netzwerk der Onlinedienste, wofür eine spezielle Anbietersoftware nötig ist. Die bekanntesten kommerziellen Onlinedienste in Deutschland sind AOL (America Online), T-Online und CompuServe.

■ **Ontariosee,** kleinster und östlichster der Großen Seen in Nordamerika. Er ist mit 18 960 km^2 fast so groß wie Hessen. Durch den Ontariosee verläuft die Grenze zwischen Kanada und den USA. Durch den Sankt-Lorenz-Strom ist er mit dem Atlantischen Ozean verbunden.

■ **Onyx** [griech.] *der,* aus unterschiedlich gefärbten (meist schwarzen und weißen) Lagen bestehende Abart des Chalcedons. Er wird als Schmuckstein verwendet.

Im Muttergestein eingeschlossener **Opal**

■ **Opal** [Sanskrit] *der,* schillerndes Mineral aus wasserhaltiger Kieselsäure. Opale sind farblose, milchig weiße bis grauschwarze und durch Verunreinigungen auch farbige, glasartige Mineralien mit einem lebhaften Farbenspiel, das durch den Schliff (Schmucksteine) noch verstärkt wird.

■ **Op-Art** [opart; amerikanisch] *die,* Kurzbezeichnung für **Op**tical **Art** (= optische Kunst), eine seit Mitte der 1950er-Jahre entwickelte Strömung in der bildenden Kunst, die durch die gesetzmäßige Anwendung von Linienrastern und Farbperspektive Bewegungs- und Flimmereffekte erzielt.

Emblem der **OPEC;** die Mitgliedsländer vereinigen auf sich rund 78% der sicheren Welterdölreserven

■ **OPEC** *die,* Abkürzung für **O**rganization of **Pe**troleum **E**xporting **C**ountries [engl., = Organisation Erdöl exportierender Länder], 1960 gegründete Organisation mit Sitz in Wien. Mitglieder sind Algerien, Gabun, Indonesien, Irak, Iran, Katar, Kuwait, Libyen, Nigeria, Saudi-Arabien, Venezuela und die Vereinigten Arabischen Emirate; Ecuador und Gabun schieden 1992 und 1996 aus. Ziel ist die Stabilisierung der Rohölpreise durch Regulierung der Fördermengen, mehrmals eingesetzt auch als politisches Druckmittel (Ölkrise 1973/74).

■ **Oper** [italienisch] *die,* Verbindung von dramatischer Handlung mit Musik. Der Text wird gesungen (→Rezitativ, →Arie), gelegentlich auch gesprochen; das Orchester begleitet oder erhält selbstständige Aufgaben (→Ouvertüre).

Die Oper entstand um 1600 in Florenz als Versuch, das antike Drama wieder zubeleben, und entwickelte sich rasch zur führenden musikalischen Gattung im Barock (Monteverdi, Händel). Nach Glucks Reformopern bilden in der Wiener Klassik Mozarts Werke durch ihren Reichtum musikalisch dramatischer Gestaltung einen Höhepunkt der Operngeschichte.

Im 19. Jahrh. zeigen sich in Italien (Rossini, Vincenzo Bellini, 1801–35; Verdi), in Frankreich (Giacomo Meyerbeer, 1791–1864; Charles Gounod, 1818–93; Bizet) und in Deutschland (Weber, Wagner) charakteristische eigene Entwicklungen. Wagner formte die deutsche romantische Oper um zum Musikdrama als »Gesamtkunstwerk«. Richard Strauss schuf psychologisch und musikalisch äußerst differenzierte Opern zu literarisch hoch stehenden Texten. Bedeutende Opernkomponisten des 20. Jahrh. sind ferner Strawinsky, Hindemith, Britten, Berg und Hans Werner Henze (*1926).

Dank seiner Vermehrungsfreude kann das als Pelztier bejagte **Opossum** seine Art am Leben erhalten

■ **Opera buffa** [italienisch] *die,* heitere (»komische«) Oper in italienischer Sprache, z. B. »Der Barbier von Sevilla« von Rossini. Erweitert und bereichert erscheint die Gattung bei Mozart (»Die Hochzeit des Figaro«).

■ **Operette** [italienisch] *die,* heiteres Bühnenspiel mit gesprochenen Dialogen, Musik, Gesang und Tanz. Zentrum der Operette war zunächst Paris (vor allem mit Jacques Offenbach), später erlangte die Wiener Operette durch Johann Strauß (Sohn), Franz von Suppè und Franz Lehár Weltruhm. Bedeutend war auch die Berliner Operette, vertreten durch Paul Lincke und Eduard Künneke. In der Gegenwart wurde die Operette vom →Musical zurückgedrängt.

■ **Opfer,** eine der ältesten Formen religiöser Handlungen des Menschen: Darbringung von Gaben (Früchte, Tiere, auch Menschen) an heiligen Stätten zu Ehren der Götter, als Bitte, Dank oder um Gott gnädig zu stimmen. – Im allgemeinen Sprachgebrauch und in der religiösen Praxis hat Opfer auch die Bedeutung von Verzicht und Spende.

■ **Opiate** [mittellateinisch], Arzneimittel, die aus →Opium gewonnen werden oder Opiumalkaloide (vor allem Morphin) enthalten.

■ **Opitz,** Martin, deutscher Dichter des Barock, *Bunzlau (Niederschlesien, heute Polen) 23. Dezember 1597, †Danzig 20. August 1639. In seinem »Buch von der Deutschen Poeterey« (1624) schuf er Regeln für die deutsche Kunstdichtung, die besonders für die Versdichtung wichtig wurden. Er führte das →Sonett, die →Ode und andere literarische Formen in die deutsche Literatur ein.

■ **Opium** [griech.] *das,* ein Produkt aus dem getrockneten Milchsaft des Schlafmohns, das 10–12% Morphin enthält. Das gereinigte Opium dient als **Morphium** zur Linderung von Schmerzen. Da es zudem Euphorie auslöst, wird es auch als Rauschgift (→Drogen) missbraucht.

■ **Opossum** [indianisch] *das,* eine Gattung zweier bis 45 cm (einschließlich Schwanz 80 cm) langer Beutelrattenarten in Nord- und Südamerika. Das Opossum kann mit Greifhänden und Greifschwanz gut klettern. Es ist weißlich bis grau gefärbt, frisst Früchte, Insekten und kleine Wirbeltiere. Es ist ein wertvolles Pelztier.

■ **Opportunist** [lat.] *der,* Person, die sich jeweils auch gegen ihre Überzeugung einer Situation anpasst, die für sie persönlich Vorteile bringt.

■ **Opposition** [lat.] *die,* **1)** *allgemein:* Widerspruch, Widerstand, Gegensatz.

2) *Astronomie:* ein Aspekt des Mondes oder eines Planeten, bei dem diese jeweils der Sonne gegenüberstehen, das heißt eine Gerade bilden, auf der die Erde zwischen der Sonne und dem anderen Himmelskörper liegt.

3) *Politik:* die an der Regierung nicht beteiligten Parteien im Parlament. Aufgabe der parlamentarischen Opposition ist es, die Regierung zu kontrollieren und zu kritisieren sowie Alternativen zur Politik der Regierung deutlich zu machen.

■ **Optik** [griech.] *die,* ein Teilgebiet der Physik, die Lehre vom sichtbaren →Licht und jeder diesem ähnlichen Strahlung (Infrarotlicht, Ultraviolettlicht).

Die **geometrische Optik (Strahlenoptik)** untersucht und beschreibt alle Vorgänge, bei denen man eine geradlinige Ausbreitung des Lichtes in Form von Strahlen annehmen kann. Dazu gehören Brechung und Reflexion und die darauf beruhende Bildentstehung bei Linsen, Spiegeln und in daraus zusammengesetzten optischen Instrumenten.

Die **Wellenoptik** befasst sich mit all den Vorgängen, die sich nur durch die Wellennatur des Lichtes erklären lassen, wie Beugung, Interferenz und Polarisation.

Die **physikalische Optik** untersucht Emission und Absorption von Licht und die Wechselwirkungen von Licht mit Materie oder elektrischen und magnetischen Feldern.

Die **Quantenoptik** beschäftigt sich insbesondere mit solchen Vorgängen, bei denen sich das Licht wie eine aus kleinen Teilchen (Lichtquanten) bestehende Strahlung (Korpuskularstrahlung) verhält.

Die **physiologische Optik** befasst sich mit dem Vorgang des Sehens und der Farbempfindung.

■ **Optimismus** [von lat. optimum, = das Beste] *der,* eine Lebenseinstellung, die alles von der besten Seite betrachtet; Gegensatz: Pessimismus.

■ **Optimum** [lat.] *das,* das Bestmögliche, das Beste, das Höchstmaß.

■ **Option** [lat.] *die,* Wahl, Wahlmöglichkeit; auch die vertraglich eingeräumte Voranwartschaft auf den Erwerb einer Sache (Vorkaufsrecht).

■ **optische Aufheller,** chemische Verbindungen (Weißtöner), die unsichtbares UV-Licht in sichtbares bläuliches Licht (→Fluoreszenz) umwandeln. Mit optischen Aufhellern behandelte Textilien, Papiere und Kunststoffe erscheinen heller und leuchten bei einer Bestrahlung mit UV-Licht (»Schwarzlicht in Diskos«). Optische Aufheller finden sich u. a. auch in Textilwaschmitteln.

■ **optische Täuschungen,** Fehlleistungen des menschlichen Auges bzw. des gesamten vom Auge bis zum Gehirn sich erstreckenden Sehvorgangs. Aufgrund optischer Täuschungen sieht man Gegenstände anders, als sie wirklich sind: Die wahrgenommenen Maßverhältnisse oder Erscheinungsformen stimmen nicht mit den geometrisch erfassbaren Verhältnissen oder den physikalischen Gegebenheiten der Gegenstände überein.

■ **Opus** [lat.] *das,* Werk, besonders das literarische oder musikalische Werk eines Künstlers; Abkürzung in der Musik: op.

■ **Orakel** [lat.] *das,* deutungsbedürftige Weissagung über Künftiges, ferner auch der Ort, an dem die Wahrsagung erteilt wird. Das berühmteste Orakel in der griechischen Antike befand sich im Tempel des Apollon in Delphi. – auch →Pythia.

■ **Orangenbaum** [orangschen...;persisch] (Apfelsinenbaum), nur als Kulturpflanze bekannter, kleiner, immergrüner Baum. Er stammt wahrscheinlich aus China; Hauptverbreitungsgebiet ist heute das Mittelmeergebiet. Die rötlich gelben, fleischigen Früchte (Orangen, Apfelsinen) sind Beeren. Sie zählen zu den Zitrusfrüchten.

■ **Orang-Utan** [malaiisch, = Waldmensch] *der,* bis etwa 1,8 m großer, rötlich braun behaarter Menschenaffe. Er lebt in den Wäldern Sumatras und Borneos. Mit kurzen Beinen und langen, kräftigen, zum Hangeln geeigneten Armen ist er gut an das

Den immergrünen **Orangenbaum** erkennt man an seinen länglichen ledrigen Blättern, deren Blattstiele schwach geflügelt sind; seine weißen Blüten strömen einen intensiven Duft aus und seine kugeligen Beerenfrüchte nennt man auch Apfelsinen

Orang-Utans hangeln sich auf möglichst kurzen Wegen und mit minimalem Energieaufwand zu den Futter- und den Wasserstellen

Baumleben angepasst. Er ist ein wenig geselliger Pflanzenfresser. Seine Schlafnester baut er auf Bäumen.

■ **Oranje** *der* (engl. Orange River), größter Fluss Südafrikas. Er ist 2250 km lang und mündet in den Atlantischen Ozean. Er ist nicht schiffbar.

■ **Oratorium** [lat.] *das,* in der Musik die Vertonung meist religiöser Texte für Chor, Solisten und Orchester. Bedeutende Schöpfer von Oratorien waren Bach, Händel und Haydn, später Mendelssohn Bartholdy, Liszt und Arthur Honegger (1892–1955).

Carl Orff

■ **Orbit** [ɔ'bit, engl.] *der,* Umlaufbahn, vor allem von Raumflugkörpern (z. B. Satelliten) um die Erde oder einen anderen Himmelskörper.

■ **Orchester** […k…; griech.] *das,* ein Instrumentalensemble aus mehreren Instrumentengruppen, das von einem Dirigenten geleitet wird. Das Orchester im heutigen Sinne entstand im 16. Jahrh. mit dem Aufkommen selbstständiger Instrumentalmusik. Es besteht im Wesentlichen aus vier Gruppen: Streicher, Holzbläser, Blechbläser, Schlagzeug.

Carl Orff bevorzugte für das elementare Gruppenmusizieren zahlreiche verschiedene Rhythmusinstrumente

■ **Orchideen** [griech.], eine Pflanzenfamilie mit etwa 20000 meist weltweit verbreiteten Arten (vor allem in den Tropen und in den Subtropen). Sie sind ausdauernde Kräuter, wachsen oft auf anderen Pflanzen (Epiphyten), ansonsten auf Humus. Ihre meist kompliziert gebauten, häufig stark duftenden Einzelblüten oder Blütenstände sind oft prächtig gefärbt. Die einheimischen Arten sind alle geschützt (u. a. der Frauenschuh, verschiedene Knabenkrautarten, die Nestwurz und das Waldvöglein).

■ **Orden** [lat.] *der,* **1)** *kirchliches Leben:* in der katholischen Kirche eine religiöse Gemeinschaft, deren Mitglieder (Mönche, Nonnen) dem »weltlichen« Leben entsagt und die Gelübde des Gehorsams, der Armut und der Keuschheit (sexuelle Enthaltsamkeit) abgelegt haben. Sie leben jeweils unter einem gemeinsamen Oberen und nach einer gemeinsamen Regel, meist auch in einer Lebensgemeinschaft (z. B. im Kloster). Einige Orden widmen sich der Krankenpflege, der Erziehung (Ordensschulen) oder der Wissenschaft (vor allem theologische Studien). Der älteste katholische Orden ist der Benediktinerorden. Auch in den evangelischen Kirchen gibt es den katholischen Orden vergleichbare Gemeinschaften.

2) *Verdienstorden:* Auszeichnung oder Ehrenzeichen, das vor allem von Staatsoberhäuptern an verdienstvolle Personen verliehen wird. Es gibt Orden für militärische, politische, wissenschaftliche und künstlerische Verdienste. – Der Bundespräsident verleiht u. a. das **Bundesverdienstkreuz** (eigentlich: Verdienstorden der Bundesrepublik Deutschland) in drei Klassen (Verdienstkreuz, Großes Verdienstkreuz, Großkreuz); es umfasst acht Stufen und eine Medaille.

■ **Ordinalzahlen** (Ordnungszahlen), diejenigen Zahlen, mit denen die Reihenfolge von Elementen einer Menge angegeben wird (erster, zweiter usw.). – auch →Kardinalzahlen und →Zahlwort.

■ **Ordinate** [lat.] →Koordinaten.

■ **Ordination** [lat.] *die,* in den evangelischen Kirchen die Beauftragung des Pfarrers zum geistlichen Amt (Predigt, Sakramente, Seelsorge); in der katholischen Kirche die Weihe zum Diakon, Priester oder Bischof.

■ **Ordnung** →System.

■ **Ordnungswidrigkeiten,** rechtswidrige und vorwerfbare Handlungen, die gegen Vorschriften eines Gesetzes verstoßen, das die Ahndung mit einer Geldbuße (Bußgeld) zulässt, u. a. im Steuer-, Straßenverkehrs- und Baurecht. Diesen Taten wird als »Verwaltungsunrecht« kein krimineller Gehalt beigemessen, weshalb sie nicht mit (Kriminal-)Strafen bedroht werden.

■ **Ordnungszahl, 1)** *Chemie, Physik:* die Zahl, die angibt, an welcher Stelle ein chemisches Element im →Periodensystem der chemischen Elemente steht.

2) *Mathematik:* →Ordinalzahlen

■ **Ordovizium** →geologisches System (Übersicht).

■ **Orest** (Orestes), Gestalt der griechischen Mythologie, Sohn des Agamemnon, dessen Ermordung er an seiner Mutter Klytämnestra und deren Geliebten rächt. Der Stoff wurde oft als Drama gestaltet, u. a. von Aischylos, Racine, Goethe und Sartre.

■ **Orff,** Carl, deutscher Komponist, *München 10. Juli 1895, † ebenda 29. März 1982. Bezeichnend für seinen Stil sind elementare, ausdrucksvolle Rhythmen bei relativ einfacher Melodik und Harmonik. Seine bekanntesten Werke sind: »Carmina Burana« (1937), »Der Mond« (1939) und »Die Kluge« (1943). Sein pädagogisch orientiertes »Schulwerk« fördert Zusammenspiel und Improvisation durch rhythmisch prägnante Klangstücke. Als Instrumente werden Xylophon, Metallophone und Glockenspiele bevorzugt, ergänzt u. a. durch Blockflöten, Fiedeln und Lauten.

■ **Organ** [griech.] *das,* **1)** *Biologie:* auf eine bestimmte Aufgabe spezialisierter Körperteil der mehrzelligen Lebewesen. Es ist deshalb oft typisch in seinem Aufbau und in seiner Form, z. B. das Herz, die Lunge, das Auge, das Laubblatt, die Wurzel.
2) *Recht:* Institution, Behörde oder Personengruppe einer Organisation (z. B. Vorstand, Aufsichtsrat), die bestimmte Aufgaben ausführt.

■ **Organellen** (Zellorganellen), in Zellen vorkommende organähnliche Gebilde mit einer bestimmten Struktur und Funktion, z. B. → Mitochondrien, → Chloroplasten und → Ribosomen.

■ **Organisation der amerikanischen Staaten** → OAS.

■ **Organisation für Sicherheit und Zusammenarbeit in Europa** → KSZE.

■ **organisch,** der belebten Natur angehörend; ein Organ betreffend.

■ **organische Chemie,** die Chemie der Kohlenstoffverbindungen (→ Chemie).

■ **Organismus** [griech.] *der,* **1)** *Biologie:* Lebewesen; das Gesamtsystem der Organe des lebenden Körpers (vielzelliger Wesen), das aus mehreren funktionellen Einheiten aufgebaut ist.
2) *Philosophie:* eine Struktur, deren Teile das Ganze aufbauen, auch das Ganze, das auf seine Teile steuernd Einfluss nimmt (z. B. sozialer Organismus).

■ **Orgasmus** [griech.] *der,* der Höhepunkt der sexuellen Lust mit dem nachfolgenden Gefühl einer besonders angenehmen Entspannung (»Befriedigung«). Der Orgasmus ist ein vielschichtiges körperliches und seelisches Geschehen mit erheblichen Geschlechtsunterschieden. Beim Mann tritt er zusammen mit dem Samenerguss ein. Männer benötigen vor einem erneuten Orgasmus eine Erholungsphase. Beim weiblichen Orgasmus zieht sich die Scheiden- und Gebärmuttermuskulatur mehrmals rhythmisch zusammen. Frauen können mehrere Orgasmen hintereinander oder einen länger anhaltenden Orgasmus (etwa 20–60 Sekunden) haben. – auch → Sexualität.

■ **Orgel** [von griech. órganon, = Werkzeug] *die,* das nach Tonumfang, Lautstärke und Klangreichtum größte Musikinstrument, das vor allem in der Kirchenmusik verwendet wird. Musik für die Orgel gibt es aus allen Musikepochen; der bedeutendste Komponist für die »Königin der Instrumente« war Johann Sebastian Bach.

Die Abbildung zeigt das gewaltige Pfeifenwerk einer **Orgel** aus der Barockzeit, der Zeit von Johann Sebastian Bach und Georg Friedrich Händel

Eine Orgel setzt sich im Wesentlichen aus dem Spieltisch, dem Pfeifenwerk und dem Windwerk zusammen.
Der **Spieltisch** besteht aus mehreren übereinander liegenden Tastenreihen (Manualen) und den mit den Füßen zu spielenden Pedalen. Jeder Taste ist ein Ton zugeordnet, der von einer Pfeife erzeugt wird. Der gesamten Tastatur entspricht also zunächst eine Pfeifenreihe (Register) gleicher Bauart und Klangfarbe. Große Orgeln besitzen bis über 100 solcher Register, die nach Belieben kombiniert werden können.

Im **Pfeifenwerk** sind die Pfeifen nach Registern und nach Größe angeordnet; die größeren erzeugen die tieferen Töne. Die Pfeifen können offen oder auch oben verschlossen (gedackt) sein.
Im **Windwerk** wird die Luft erzeugt (früher durch Blasebälge, heute durch Elektromotor oder Turbinen), die, von der Tastatur ausgelöst, zu den Pfeifen geleitet wird.

Das Sternbild **Orion**

■ **Orgie** [griech.] *die,* im Altertum ursprünglich ein geheimer Gottesdienst mit ekstatischen Handlungen, heute vor allem Bezeichnung für zügellose Gelage mit (sexuellen) Ausschweifungen.

■ **Orient** [lat.] *der,* das Morgenland, im Unterschied zum Okzident (dem Abendland). Im Allgemeinen versteht man unter Orient die Länder Vorderasiens (Vorderer Orient) mit Ägypten, im weiteren Sinne das Gebiet der islamischen Länder.

■ **Original,** das Ursprüngliche, Echte, z. B. die Urschrift eines Textes.

■ **Orinoco** *der,* Fluss im nördlichen Südamerika, in Venezuela, 2 140 km lang. Der Orinoco entspringt im Süden von Guayana und verliert etwa ein Viertel seines Wassers durch Flussgabelung (Bifurkation) an den Rio Negro, einen Nebenfluss des Amazonas. Er mündet mit breitem Delta in den Atlantischen Ozean.

■ **Orion** [griech.] *der,* ein Sternbild der Äquatorzone, bei uns im Winter am Abendhimmel sichtbar. Mit seinen drei Gürtelsternen und dem unterhalb von diesen sichtbaren Schwertgehänge gehört der Orion zu den gut erkennbaren →Sternbildern.

■ **Orkan** [niederländisch] *der,* heftiger Sturm (ab →Windstärke 12) mit Windgeschwindigkeiten über 32,7 m/s, das sind 118 km/h, in den Tropen über 200 km/h.

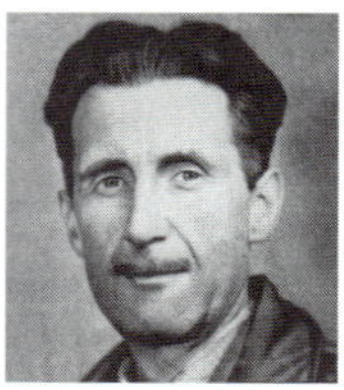

George Orwell nahm 1936 als Republikaner am Spanischen Bürgerkrieg teil; die lebensbedrohlichen Erfahrungen mit der sowjetischen Politik gegenüber republikanischen Andersdenkenden lenkten sein schriftstellerisches Engagement auf den menschenverachtenden Charakter totalitärer Ideologien

■ **Orkneyinseln** [o^{r}kni...], britische Inselgruppe im Atlantischen Ozean, vor der Nordspitze Schottlands; mehr als 70 Inseln, von denen 24 bewohnt sind, mit 19 600 Einwohnern. – Auf den Orkneyinseln befinden sich bedeutende vorgeschichtliche Denkmäler, z. B. Steinkreise und Grabhügel.

■ **Orkus,** römischer Gott, Herrscher des Totenreichs; auch das Totenreich selbst. – auch →Hades.

■ **Orléans** [orleang], Stadt in Frankreich, an der Loire, mit 105 100 Einwohnern. Eine gotische Kathedrale und viele Bürgerhäuser aus dem 16. Jahrh. prägen das Bild der Stadt. – 1429 wurde Orléans von den Engländern belagert, bis es durch →Jeanne d'Arc, die »Jungfrau von Orléans«, befreit wurde.

■ **Ornament** [lat., = Schmuck, Zierde] *das,* Verzierung an Bauwerken und Gegenständen aller Art. Die Formensprache der **Ornamentik** (Gesamtkomposition der Ornamente), die in ihren Anfängen auch zeichenhaft-symbolischer Art sein kann, ist von unerschöpflichem Reichtum und bewegt sich zwischen abstrakt-geometrischen Formen (z. B. Kreis, Dreieck, Spirale) und figürlicher, naturalistischer Gestaltungsweise, (z. B. Blatt, Blüte, Tier).

■ **Ornithologie** [griech.] *die,* Vogelkunde.

■ **Orpheus,** Gestalt der griechischen Mythologie, Sohn der Muse Kalliope und des Apoll. Durch Gesang und Saitenspiel bezaubert er Tiere und Pflanzen. Seiner verstorbenen Gattin **Eurydike** folgt er ins Totenreich. Hades gibt sie ihm zurück, macht aber zur Bedingung, dass Orpheus sich nicht nach ihr umsehen darf, bevor sie die Oberwelt erreicht haben. Orpheus verstößt gegen dieses Gebot und verliert Eurydike auf immer.

■ **orthodox** [griech.], rechtgläubig, strenggläubig; zur orthodoxen Kirche gehörend.

■ **orthodoxe Kirche,** Bezeichnung für die Ostkirchen, die sich im Morgenländischen Schisma (Kirchenspaltung) seit 1054 von der römisch-katholischen Kirche gelöst haben und den Papst nicht als Oberhaupt anerkennen.
Die orthodoxen Kirchen sind in Bekenntnis und Liturgie einheitlich, ihrer Verwaltung nach jedoch einzelne, selbstständige Kirchen (z. B. die griechische, die russische, die serbische, die rumänische und die bulgarische orthodoxe Kirche). Die Oberhäupter der einzelnen Kirchen werden Patriarch, Metropolit, Erzbischof oder Katholikos genannt, wobei der Patriarch von Konstantinopel (Ökumenischer Patriarch) einen gewissen Vorrang innehat.
Die orthodoxe Kirche erkennt die Lehren der sieben ersten ökumenischen →Konzile an, lehnt aber die weiteren Dogmen der römischen Kirche ab. Besonders ausgeprägt ist die Heiligen- und Bilderverehrung (Ikonen). Die orthodoxe Kirche hat weltweit etwa 150–170 Mio. Mitglieder.

■ **Orthographie** [griech.] →Rechtschreibung.

■ **Orthopädie** [griech.] *die,* ein Fachgebiet der Medizin: die Wissenschaft und Lehre von den angeborenen oder erworbenen Fehlern des Bewegungsapparates (der Knochen, Gelenke und Muskeln). Die Orthopädie behandelt die Leiden mit Massagen, Bestrahlungen, Gymnastik, Bandagen, Prothesen u. a., aber auch durch Operationen.

■ **Ortlergruppe,** stark vergletschertes Gebirgsmassiv der Zentralalpen, in Südtirol, Italien, im **Ortler** 3 899 m hoch.

■ **Ortszeit,** die nach dem Sonnenstand errechnete Zeit an einem bestimmten Ort. Sie ist für alle Orte der Erde, die auf demselben Längengrad liegen, gleich.

■ **Orwell** [o^{u}el], George, englischer Schriftsteller,

*Motihari (Indien) 25. Januar 1903, †London 21. Januar 1950. Er wurde berühmt mit der gegen Diktaturen gerichteten Satire »Farm der Tiere« (1945) und dem Roman »1984« (1949), in dem die Darstellung der totalen staatlichen Überwachung der Menschen Züge der damaligen Sowjetunion erkennen lässt.

■ **Ōsaka,** drittgrößte Stadt Japans und bedeutende Hafenstadt, an der Ōsakabucht im Südwesten der Insel Honshū, mit 2,6 Mio. Einwohnern; nach Tokio das wichtigste Industrie- und Handelszentrum Japans. Die von vielen Wasserläufen und Kanälen durchzogene Stadt wird auch »Venedig des Ostens« genannt.

■ **Ọscar** *der,* volkstümliche Bezeichnung für den **Academy Award,** den Filmpreis (eine vergoldete Statuette), der seit 1929 jährlich in Hollywood für die besten Einzelleistungen (Darstellung, Regie, Drehbuch, Musik u. a.) des amerikanischen Films und den besten ausländischen Film verliehen wird.

■ **Oseberg** [us^{e}bärg], kleiner Ort am Oslofjord in Norwegen. Hier entdeckte man 1904 in einem Grabhügel des 9. Jahrh. ein prunkvolles Eichenholzschiff (**Osebergschiff;** 21,58 m lang und 5,10 m breit), das in seinem Innern die Grabausstattung einer norwegischen Fürstin (**Oseberggrab**) mit Geräten, Wagen, Schlitten u. a. barg.

■ **Osiris,** altägyptischer Gott der sterbenden und wieder auflebenden Natur und des Nils, Bruder und Gemahl der Isis. Er wird von seinem Bruder Seth ermordet und von Isis, die von ihm Horus empfängt, wieder belebt. Horus besteigt den Thron der Lebenden, während Osiris im Totenreich regiert. Er wird als Mumie mit Krummstab und Geißel dargestellt.

■ **Ọslo** [norwegisch uslu] (1624–1924 Christiania, ab 1877 Kristiania), Hauptstadt Norwegens, mit 499 700 Einwohnern, am nördlichen Ende des Oslofjords; größter Hafen und Handelsplatz des Landes. – Oslo wurde Mitte des 11. Jahrh. gegründet und nach einem Großbrand durch König Christian IV. neu aufgebaut (1624).

■ **Osmanisches Reich,** das türkische Reich bis 1922 (→Türkei, Geschichte).

■ **Ọsmium** [griech.] *das,* ein metallisches chemisches Element. Das bläulich weiße, sehr harte, spröde Edelmetall ist das schwerste aller Elemente. Technisch wird es als Bestandteil sehr harter Legierungen, z. B. für spezielle elektrische Kontakte und Füllfederhalterspitzen, verwendet.

Osmium
chemisches Symbol: Os
Ordnungszahl: 76
relative Atommasse: 190,2
Dichte: 22,57 g/cm^3
Schmelzpunkt: 3 033 ± 30 °C
Siedepunkt: 5 012 ± 100 °C

■ **Osmọse** [griech.] *die,* eine einseitig verlaufende Diffusion kleiner Teilchen (Ionen oder Moleküle, in der Gasphase oder in Lösung) durch eine halbdurchlässige (semipermeable) Membran. Osmose tritt immer dann auf, wenn eine solche Membran zwei Lösungen unterschiedlicher Konzentration voneinander trennt und durch winzige Poren nur die kleineren (z. B. Lösungsmittelteilchen), nicht aber die etwas größeren Teilchen (des gelösten Stoffes) treten können. Durch das Bestreben der gelösten Teilchen, in beiden Lösungen die gleiche Konzentration zu erreichen, diffundieren mehr Lösungsmittelteilchen in die stärker konzentrierte Lösung als umgekehrt. Dadurch nimmt diese Lösung an Volumen zu, und es baut sich ein Druck auf (**osmotischer Druck**).
Osmose spielt eine große Rolle in den pflanzlichen Zellen mit Vakuolen, wobei das Plasma vereinfachend als semipermeable Membran aufgefasst werden kann.

■ **Osnabrụck,** Stadt in Niedersachsen, an der Hase, mit 165 000 Einwohnern. Das Bild der Universitätsstadt wird geprägt durch den romanischen Dom, mehrere gotische Kirchen, das Rathaus (15./16. Jahrh.) und andere alte Bauten.
Osnabrück wurde schon zur Zeit Karls des Großen Bischofssitz. 1246 trat es der Hanse bei.

■ **Ọssian,** irische Sagengestalt, ein greiser und blinder Sänger. Unter dem Namen Ossian hat der englische Dichter James Macpherson (1736–1796) »gefälschte« (angeblich aus dem Gälischen übersetzte) Lyrik geschrieben, die starken Einfluss u. a. auf die Dichter des Sturm und Drang (Herder, Goethe u. a.) ausübte.

■ **Ọstblock,** im Zusammenhang mit dem →Ost-West-Konflikt im Westen geprägtes Schlagwort für die Sowjetunion und alle europäischen und asiatischen Staaten, die nach dem Zweiten Weltkrieg unter sowjetischem Einfluss standen und im →Rat für gegenseitige Wirtschaftshilfe (RGW) und im →Warschauer Pakt zusammengeschlossen waren.

■ **Ọsten,** die Himmelsrichtung, die nach dem **Ostpunkt** festgelegt ist, das heißt nach dem Punkt am Horizont, an dem die Sonne am Tag des Frühlings- und Herbstanfangs (→Äquinoktium) scheinbar aufgeht.

■ **Ostẹnde** (niederländisch Oostende), Seebad und Hafenstadt in Belgien, an der Nordsee, mit

Bei vielen Filmschaffenden heiß begehrt: die etwa 26 cm hohe vergoldete Statuette des **Oscars**

67 600 Einwohnern. In Ostende ist der wichtigste Fischereihafen Belgiens sowie Ausgangspunkt von Fähren nach England (Dover).

Eine ganz eigene Kultur zeigt die **Osterinsel** mit den gigantischen großköpfigen Tuffsteinbüsten; Götterbilder oder Ahnenkult? – man weiß es nicht

■ **Osterinsel** (spanisch Isla de Pascua, polynes. Rapa Nui), chilenische Insel vulkanischen Ursprungs im südlichen Pazifischen Ozean, mit 163 km² und 2 800 Einwohnern (Polynesier und Chilenen). Bekannt wurde sie durch große Steinbüsten (Moai) und Plattformen, die von früheren Bewohnern errichtet wurden. Man fand auch kunstvolle Darstellungen aus Holz und Holztafeln mit einer hieroglyphenähnlichen Schrift, die bisher nur teilweise entziffert ist.

Der Name Osterinsel geht darauf zurück, dass die Insel am Ostersonntag 1722 entdeckt wurde. Seit 1888 gehört sie zu Chile. Der Rapa-Nui-Nationalpark wurde von der UNESCO zum Weltnaturerbe erklärt.

■ **Ostern,** das älteste Fest der christlichen Kirchen. Gefeiert wird die Auferstehung Jesu Christi. Das Fest wird durch die Fastenzeit und die Karwoche vorbereitet. Das Konzil von Nicäa (325) bestimmte den ersten Sonntag nach dem ersten Frühlingsvollmond als Termin für das Osterfest.

Ostern

Der Fund von zwei mit Streifen und Tupfen bemalten Gänseeiern in einem Wormser Grab aus der ersten Hälfte des 4. Jahrh. n. Chr. hat gezeigt, dass das Bemalen von Eiern eine sehr alte Sitte ist. Literarisch festgehalten sind gefärbte Eier für Deutschland zuerst im frühen 13. Jahrh. in der »Bescheidenheit« des Spruchdichters Freidank. Die Bezeichnung Osterei erscheint erstmals 1615 in Straßburg. Gegen Ende des 18. Jahrh. wurden Ostereier mit aufgemalten Sprüchen als Patengeschenk oder Liebesgabe üblich. Besonders kostbar sind die »Überraschungseier« des russischen Goldschmieds Carl Fabergé (1846–1920) für die Zarenfamilie.

■ **Österreich** (Republik Österreich), Staat in Mitteleuropa. Von der *Bevölkerung* sind 98 % Österreicher, daneben gibt es Minderheiten von Kroaten, Ungarn, Slowenen und Tschechen.

Landesnatur: Österreich ist ein Gebirgsland, in dem die Ostalpen zwei Drittel der Fläche einnehmen. Sie gliedern sich in die Nördlichen Kalkalpen, die Zentralalpen und die Südlichen Kalkalpen. Zwei Längstalzonen trennen diese Hauptzüge voneinander: Die nördliche Zone wird durch Teile des Inn-, Salzach- und Ennstales gebildet, die südliche von Drautal und Klagenfurter Becken. In den Zentralalpen liegt im Bereich der Hohen Tauern mit dem Großglockner (3 798 m) der höchste Berg des Landes. Nach Osten fächern sich die Alpen auf und verlieren an Höhe (Wienerwald). Im Norden hat Österreich Anteil am Alpenvorland (Innviertel) und am Karpatenvorland (Weinviertel), dazwischen liegen die Ausläufer des Böhmerwaldes (Mühlviertel; Waldviertel). Die östlichen Randlandschaften bestehen aus Tiefländern (Wiener Becken, Grazer Bucht), das Gebiet um den Neusiedler See gehört zum Kleinen Ungarischen Tiefland.

Österreich liegt im Übergangsbereich von ozeanischem zu kontinentalem *Klima*. Die Niederschläge nehmen von Westen zum kontinentalen Osten hin ab. Südkärnten ist noch mediterran beeinflusst. Die Alpen bieten ab 1 000 m Höhe einen eigenen Klimatyp (kurze, kühle Sommer und lange, schneereiche Winter).

Die *Wirtschaft* ist von den unterschiedlichen geographischen Bedingungen geprägt: Land- und Forstwirtschaft haben das Alpenvorland, das Wiener Becken, Niederösterreich, die steirischen Waldflächen und das burgenländische Weinland als Schwerpunkte. Im Gebirge wird Vieh- und Waldwirtschaft betrieben, im Flach- und Hügelland Ackerbau und teilweise Viehhaltung. Wichtigste Produkte sind Zuckerrüben, Mais, Gerste, Weizen, Kartoffeln und Obst. Der Weinbau ist aus klimatischen Gründen auf den Osten beschränkt.

Die Industrie konzentriert sich auf das Umfeld der größeren Städte: südliches Wiener Becken, oberösterreichisches Vorland mit Linz, Enns, Steyr, Wels und Vöcklabruck, das steirische Mur- und Mürztal, das Grazer Becken, das Unterinntal mit Innsbruck und das Dreieck Sankt Pölten, Krems an der Donau und Stockerau. Wichtige Zweige sind Eisenverar-

Österreich
Fläche 83 858 km²
Einwohner 8,086 Mio.
Hauptstadt Wien
Amtssprache Deutsch
Nationalfeiertag 26. 10.
Währung 1 Schilling (S) = 100 Groschen (Gr, g)
Zeitzone MEZ

beitung sowie chemische, Nahrungs- und Genussmittel-, Papier- und Elektroindustrie. Der Bergbau wurde stark eingeschränkt; von Bedeutung sind die Erdöl-, Erdgas-, Magnesit- und Salzgewinnung. Eine wichtige Einnahmequelle ist der Fremdenverkehr. Österreich ist ein wichtiges Transitland, besonders für den *Verkehr* in Nord-Süd-Richtung über die Alpen (u. a. Brenner- und Tauernautobahn). Als Wasserstraße hat nur die Donau Bedeutung, wichtigster Flughafen ist Wien-Schwechat.

Geschichte: Nach der Herrschaft der Römer, Einfällen der Langobarden und Auseinandersetzungen zwischen germanischen und slawischen Stämmen konnte das bayerische Herzogsgeschlecht der Agilolfinger vom 6. bis 8. Jahrh. seine Herrschaft im Südosten des heutigen Österreich behaupten. Karl der Große errichtete um 800 eine Mark gegen die Awaren, die von Otto dem Großen als »Ostmark« neu errichtet wurde. Diese Keimzelle des späteren Österreich wurde als Lehen an die Babenberger verliehen. Diese konnten durch Ausweitung ihres Machtbereiches ihre Position gegenüber Bayern ausbauen.

1156 wurde die Mark als Herzogtum Österreich selbstständig. Nach dem Aussterben der Babenberger (1246) bemächtigte sich der böhmische König Ottokar II. der Herrschaft. Erst Rudolf I. von Habsburg machte der böhmischen Macht ein Ende und belehnte 1282 seine Söhne mit den Herzogtümern Österreichund Steiermark. Daraus entwickelte sich die mehr als 600 Jahre andauernde Herrschaft der Habsburger in Österreich.

Im Spätmittelalter entstand in diesem Raum die habsburgische Hausmacht (Nieder-, Oberösterreich, Steiermark, Kärnten, Krain, Tirol, Görz), nicht zuletzt auch durch die Erwerbung der luxemburgischen Besitzungen (Böhmen und Mähren, Ungarn; 1437), in denen sich die Habsburger aber zunächst nicht behaupten konnten. Maximilian I. erwarb 1477 durch Heirat Burgund. Die Heirat Philipps des Schönen mit Johanna von Spanien 1496 begründete die habsburgische Weltmachtstellung.

Kaiser Karl V. überließ 1521 seinem Bruder Ferdinand I. die habsburgischen Erblande: Damit wurde – als Gegenstück zur spanischen Linie – die österreichische Linie der Habsburger begründet. In der Folgezeit war Österreich unter den Kaisern des Heiligen Römischen Reiches Zentrum der katholischen Gegenreformation in Deutschland und Hauptträger der Verteidigung gegen die Türken, die 1683 Wien belagerten. In den Türkenkriegen gewann es neben Ungarn das Banat, Teile Serbiens und Siebenbürgen, im Spanischen Erbfolgekrieg (1701–14) die (bisher spanischen) Niederlande, Mailand und weitere Besitzungen in Italien.

Unter Maria Theresia begann der Kampf mit Preußen um die Vorherrschaft im Reich, der im →Siebenjährigen Krieg (1756–63) gipfelte. 1772/75 (Polnische Teilungen) kamen Galizien und die Bukowina, 1779 das Innviertel an Österreich. Die Reformen Kaiser Josephs II., eines Anhängers des aufgeklärten Absolutismus, wurden nach seinem Tod teilweise zurückgenommen.

Österreich: Bundespräsidenten

Karl Seitz*)	1919–1920
Michael Hainisch	1920–1928
Wilhelm Miklas	1928–1938
Karl Renner	1945–1950
Theodor Körner	1951–1957
Adolf Schärf	1957–1965
Franz Jonas	1965–1974
Rudolf Kirchschläger	1974–1986
Kurt Waldheim	1986–1992
Thomas Klestil	seit 1992

*) 1. Präsident der konstituierenden Nationalversammlung

In den Napoleonischen Kriegen erlitt Österreich große Gebietsverluste. 1806 verzichtete Franz II., ab 1804 als Franz I. Kaiser von Österreich, auf die Krone des Heiligen Römischen Reiches. Der Wiener

Österreich

Flagge

Wappen

Österreich: Verwaltungsgliederung

Bundesland	Fläche in km²	Ew. in 1 000	Ew. je km²	Hauptstadt
Burgenland	3 966	279,8	71	Eisenstadt
Kärnten	9 533	564,4	59	Klagenfurt
Niederösterreich	19 174	1 534,0	80	Sankt Pölten
Oberösterreich	11 980	1 372,4	115	Linz
Salzburg	7 154	513,9	72	Salzburg
Steiermark	16 388	1 204,9	74	Graz
Tirol	12 647	661,9	52	Innsbruck
Vorarlberg	2 601	345,3	133	Bregenz
Wien	415	1 609,6	3 879	–
Österreich	83 858	8 086,2	96	Wien

Kongress 1815 brachte eine geographische Abrundung der habsburgischen Besitzungen; in der Folgezeit wurde Österreich zur europäischen Großmacht in Südosteuropa. Klemens Wenzel Fürst von Metternich verfolgte eine Politik, die innerhalb des Deutschen Bundes darauf zielte, die politische und soziale Ordnung zu erhalten und alle nationalen, liberalen und revolutionären Bewegungen zu bekämpfen. Deren Unterdrückung begünstigte die Revolution von 1848, die den Sturz Metternichs und die Abdankung Ferdinands I. zugunsten Franz Josephs I. brachte. Aufstände in Ungarn, Böhmen und Italien erschütterten die Monarchie. Der Krieg von 1866 entschied den Kampf um die Vormachtstellung zugunsten Preußens und zwang Österreich zur Umgestaltung des Staates in die Doppelmonarchie →Österreich-Ungarn (1867).

Die Auflösung des Nationalitätenstaates war eine Folge des Ersten Weltkriegs, den die Ermordung des österreichischen Thronfolgers Franz Ferdinand in Sarajevo ausgelöst hatte. Im Frieden von Saint-Germain (1919) wurde die Aufteilung der Doppelmonarchie verfügt: Österreich, der deutsche Reststaat der einstigen Donaumonarchie, wurde selbstständige Bundesrepublik und verlor u.a. Böhmen und Mähren, Südtirol und die Südsteiermark; als Nachfolgestaaten entstanden zugleich Ungarn und die Tschechoslowakei. Die Siegermächte verboten den Anschluss Österreichs an Deutschland.

Inflation und soziale Spannungen belasteten den jungen Staat, dessen innere Krisen 1933 zur autoritären Regierung unter Engelbert Dollfuß (1934 bei einem missglückten nationalsozialistischen Putschversuch in Wien ermordet) führten. 1938 folgten der Einmarsch deutscher Truppen und der »Anschluss« an das Deutsche Reich, mit dem Österreich bis zum Zusammenbruch 1945 vereinigt blieb. Nach dem Ende des Zweiten Weltkriegs wurde die Eigenstaatlichkeit Österreichs wieder hergestellt,

Österreich – Politische Gliederung

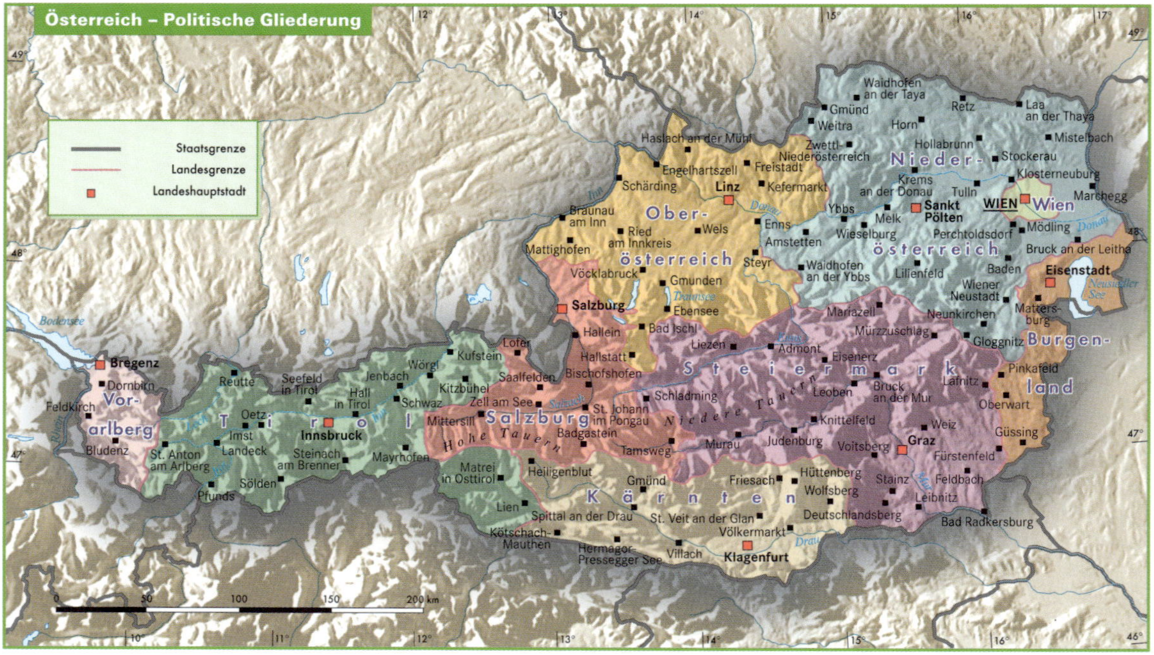

das Land jedoch in vier Besatzungszonen aufgeteilt. Die alliierte Besetzung endete mit dem Abschluss des österreichischen Staatsvertrages am 15. Mai 1955. Österreich verpflichtete sich am 26. Oktober 1955 zur immer währenden Neutralität. Die Regierungen der Zweiten Republik wurden überwiegend aus einer großen Koalition zwischen den beiden führenden Parteien, der konservativen Österreichischen Volkspartei (ÖVP) und der Sozialdemokratischen Partei Österreichs (SPÖ), gebildet. Nach den Wahlen 1999 kam es im Jahr 2000 erstmals zu einer Koalition zwischen der ÖVP und der rechtsgerichteten Freiheitlichen Volkspartei (FPÖ) unter Bundeskanzler Wolfgang Schüssel (*1945; ÖVP). Bundespräsident ist (seit 1992) Thomas Klestil (*1932).

■ **Ọ̈sterreich-Ụngarn** (Österreichisch-Ungarische Monarchie, Donaumonarchie), Bezeichnung für die 1867 nach dem österreichisch-ungarischen Ausgleich geschaffene Doppelmonarchie. Sie betonte die Unteilbarkeit der Habsburgischen Lande, erkannte jedoch Ungarn als eigenständiges Königreich unter der Dynastie der Habsburger mit eigener Gesetzgebung und Verwaltung an. Gemeinsam wurden die Außenpolitik, das Heerwesen und das Finanzwesen geregelt.

Nach dem Ersten Weltkrieg wurde Österreich-Ungarn aufgelöst; als Nachfolgestaaten entstanden Österreich, Ungarn und die Tschechoslowakei, einzelne Gebiete gelangten an Italien, Polen, Rumänien und Serbien. – Tabelle S. 368

■ **Ostfri̲esland,** das Gebiet zwischen der Emsmündung und dem Jadebusen. Es erstreckt sich an der Nordseeküste mit einem breiten Marschland und kultivierten Mooren. Wichtigste Stadt ist Emden. Vor der Küste liegen im Wattenmeer die **Ostfriesischen Inseln** (→Friesische Inseln) mit bedeutenden Seebädern.

■ **Ọstgoten** →Goten.

■ **ọstịndische Kompani̯en,** die Handelsgesellschaften, die, mit weit reichenden Vollmachten ausgestattet, vor allem den Handel mit Indien betrieben; am bedeutendsten waren die britische Ostindische Kompanie, die niederländische Ostindische Kompanie sowie die dänische Ostindische Kompanie (alle Anfang des 17. Jahrh. gegründet, Anfang des 19. Jahrh. aufgelöst).

■ **Ọstpreußen,** ehemalige Provinz des Deutschen Reiches, zwischen Weichsel (und ihrem Mündungsarm Nogat) und Memel gelegen. Die Hauptstadt war Königsberg. In Ostpreußen gibt es zahlreiche Seen, vor allem in Masuren, an der Ostseeküste Dünenlandschaften, Nehrungen und Haffs.

Geschichte: Ostpreußen, benannt nach den hier

siedelnden baltischen Prußen, wurde im 13. Jahrh. durch den Deutschen Orden besiedelt. 1525 wurde der östliche Teil des Deutschordenslandes Herzogtum (Preußen) und kam 1618 an Brandenburg. Nach dem Ersten Weltkrieg wurde das Memelland 1923 von Litauen besetzt, der Kreis Soldau kam an Polen, Danzig wurde Freie Stadt. 1945 wurde das Gebiet von sowjetischen Truppen erobert. Durch das Potsdamer Abkommen (1945) kam das nördliche Ostpreußen unter Verwaltung der Sowjetunion (Russlands), das südliche Ostpreußen unter polnische Verwaltung. Im Zwei-plus-vier-Vertrag und im Deutsch-Polnischen Grenzvertrag von 1990 erklärten die Vertragspartner die Grenzen von 1945 für rechtsgültig.

■ **Östrogene** [griech.], eine Gruppe von Geschlechtshormonen, die vor allem in den Follikeln und dem Gelbkörper, daneben auch im Hoden und der Nebennierenrinde gebildet werden. Sie bewirken in der Pubertät die Entwicklung der weiblichen Geschlechtsorgane sowie die Ausbildung der sekundären Geschlechtsmerkmale. Bei Frauen steuern sie mit anderen Hormonen zusammen den Menstruationszyklus.

■ **Oströmisches Reich** →Byzantinisches Reich.

Österreich-Ungarn

Reichsteile	
Kronländer	Hauptstadt
Niederösterreich	Wien
Oberösterreich	Linz
Salzburg	Salzburg
Steiermark	Graz
Kärnten	Klagenfurt
Tirol	Innsbruck
Vorarlberg	Bregenz
Böhmen	Prag
Mähren	Brünn
Schlesien	Troppau
Galizien	Lemberg
Bukowina	Czernowitz
Krain	Laibach
Küstenland	Triest
Dalmatien	Zara
Österreich	**Wien**
Ungarn	Budapest
Fiume	Fiume
Kroatien-Slawonien	Agram
Ungarn	**Budapest**
Bosnien-Herzegowina	**Sarajevo**
Österreich-Ungarn	**Wien**

Das Porträt des temperamentvollen Dichters und Musikers Oswald von Wolkenstein stammt aus einer von Oswald selbst zusammengestellten Handschrift; die Darstellung gilt als treffend realistisch

■ **Ostsee,** Nebenmeer des Atlantischen Ozeans, mit 0,39 Mio. km². Die Ostsee wird begrenzt von Dänemark, Deutschland, Polen, Litauen, Lettland, Estland, Russland, Finnland und Schweden. Sie ist im Nordwesten durch den Öresund sowie den Kleinen und Großen Belt mit Kattegat, Skagerrak, Nordsee und damit mit dem Atlantischen Ozean verbunden. Mit der Nordsee ist die Ostsee. auch durch den →Nord-Ostsee-Kanal verbunden. Die mittlere Tiefe liegt bei 55 m, die größte Tiefe beträgt 459 m. Der Salzgehalt ist gering; er beträgt bei Kiel 1,5 %, im Finnischen Meerbusen nur 0,1 %. Ebbe und Flut wirken nicht bis in die Ostsee. Heringe, Sprotten, Dorsche und Aale sind die am häufigsten vorkommenden Fische. Die Ostsee. zählt zu den am stärksten verschmutzten Meeren.

■ **Ostseerat,** 1992 in Kopenhagen gegründetes Kooperations- und Beratungsgremium der Ostseeanrainerstaaten (Dänemark, Deutschland, Estland, Finnland, Lettland, Litauen, Norwegen, Polen, Russland, Schweden) und der EU-Kommission. Der Ostseerat soll die marktwirtschaftliche Umstrukturierung in Polen, Russland und den drei baltischen Republiken unterstützen und eine Zusammenarbeit in den Bereichen Umweltschutz, Verkehr, Bildungswesen und Tourismus ermöglichen.

■ **Ost-West-Konflikt,** Bezeichnung für die Gegensätze, die nach dem Zweiten Weltkrieg unter den Siegermächten aufbrachen und zu einer globalen weltpolitischen Polarisierung in ein westliches Lager unter der Führung der USA und ein östliches Lager unter der Leitung der Sowjetunion führten (»Kalter Krieg«). Höhepunkte waren die Eingliederung der Tschechoslowakei in das sowjetische Herrschaftssystem 1947/48, die Berliner Blockade 1948/49, der Koreakrieg 1950–53, die Berlinkrise 1958–62, die Kubakrise 1962, der Vietnamkrieg 1946–75 und der Einmarsch sowjetischer Truppen in Afghanistan 1979. Spürbar entspannt durch die Politik der →Perestroika, wurde dem Ost-West-Konflikt durch die Umbrüche in Osteuropa 1989/90 und die Auflösung der Sowjetunion 1991 die Grundlage entzogen.

■ **Oswald von Wolkenstein,** spätmittelhochdeutscher Lyriker und Liederkomponist, *Südtirol (Schloss Schöneck im Pustertal?) um 1377, †Meran 1445. Er entstammte einem tirolischen Adelsgeschlecht und führte ein abenteuerliches Wanderleben. Von ihm sind rund 130 überwiegend weltliche Lieder erhalten, die von Liebe, Politik und Reiseabenteuern handeln. Sein literarisches und musikalisches Werk gehört zu den bedeutendsten zwischen Mittelalter und Renaissance.

■ **OSZE** →KSZE.

■ **Oszilloskop** [lat.-griech.] *das* (Kathodenstrahloszillograph, Elektronenstrahloszillograph), ein Mess- und Prüfgerät zur optischen Darstellung zeitlich schnell veränderlicher Vorgänge in der Elektrotechnik. Beispielsweise werden Spannungen auf einer speziellen Kathodenstrahlröhre sichtbar gemacht.

■ **Ottawa** [engl. ɔtᵊwᵊ], Hauptstadt von Kanada, mit 323 300 Einwohnern, am unteren Ottawa River gelegen. Das Regierungsviertel ist im Stil der englischen Neugotik erbaut. – Ottawa wurde 1827 gegründet.

■ **Otter,** zu den Mardern gehörende Raubtiere, die ans Wasserleben angepasst sind (Ohren unter Wasser verschließbar, kurze Beine mit Schwimmhäuten). Ihr wertvolles Fell ist kurzhaarig und glänzend. Zu den Ottern gehören u. a. der über ganz Eurasien verbreitete **Fischotter** (Länge bis 85 cm) und der im Meer lebende **Seeotter** (Länge bis 1,3 m).

■ **Ottern** →Vipern.

■ **Otto I., der Große,** deutscher König (seit 936), Kaiser (seit 962), *23. November 912, †Memleben (bei Nebra/Unstrut) 7. Mai 973; Sohn König Heinrichs I. aus dem sächsischen Geschlecht der Liudolfinger. Nach Auseinandersetzungen mit den Stammesherzögen erhob er die Bischöfe und Äbte zur Stütze der königlichen Herrschaft (Reichskirchensystem). Die Ostgrenze des Reiches ließ er durch Marken und die Gründung von neuen Bistümern für die Slawen- und Skandinavienmission sichern. Am 10. August 955 besiegte er die Ungarn auf dem Lechfeld bei Augsburg. Er unternahm drei Feldzüge nach Italien. 962 ließ er sich in Rom zum Kaiser krönen.

■ **Ottomotor** [nach dem deutschen Ingenieur Nicolaus Otto, 1832–91], ein im Vier- oder Zweitaktverfahren arbeitender →Verbrennungsmotor. Beim Ottomotor wird im Brennraum ein verdichtetes Kraftstoff-Luft-Gemisch durch einen Kompressionstakt verbrannt. Die Verbrennung wird im Gegensatz zum →Dieselmotor durch Fremdzündung eingeleitet (durch den Zündfunken einer Zündkerze). Das Gemisch wird im Vergaser aufbereitet (Vergasermotor) oder durch Benzineinspritzung dem Zylinder zugeführt (Einspritzmotor).

■ **Ottonen** (Liudolfinger), sächsisches Adelsgeschlecht, das 919–1024 die deutschen Könige (Heinrich I., Otto I., Otto II., Otto III. und Heinrich II.) stellte, die mit Ausnahme Heinrichs I. auch die Kaiserwürde erlangten.

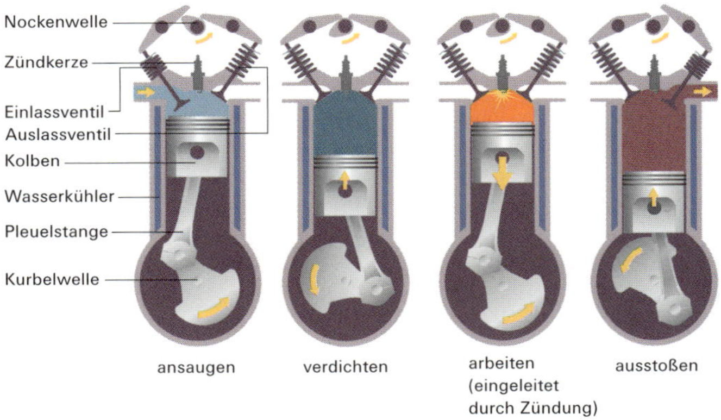

Prinzip eines **Ottomotors** im Viertaktverfahren: beim Ansaugen (erster Takt) entsteht durch den abwärts gehenden Kolben ein Unterdruck im Zylinder; während des Verdichtens (zweiter Takt) geht der Kolben bei geschlossenen Ein- und Auslassventilen wieder nach oben und verdichtet das angesaugte Gemisch; beim Arbeiten (dritter Takt) leitet der Zündfunke die Verbrennung des verdichteten Gemischs ein; zum Ausstoßen (vierter Takt) öffnet sich das Auslassventil und die Verbrennungsgase werden durch den aufwärts gehenden Kolben ausgeschoben

■ **Ötzi** (Similaunmann), der mumifizierte Leichnam eines vermutlich um 3300 v. Chr. bei der Überquerung der Alpen ums Leben gekommenen Mannes, der am 19. September 1991 im Similaungletscher der Ötztaler Alpen auf italienischem Gebiet (Südtirol) gefunden wurde. Aufgrund der Ausrüstungsgegenstände (u.a. ein Flachbeil aus Kupfer) gilt er als Hirte aus der späten Jungsteinzeit (Kupferzeit). Der Leichnam, der wegen der guten Konservierung im Gletschereis fast vollständig erhalten ist, ist seit März 1998 in einem Museum in Bozen der Öffentlichkeit zugänglich gemacht.

■ **Output** [autput; engl.] *der,* in der Datenverarbeitung Bezeichnung für die von den Computern über besondere Peripheriegeräte ausgegebenen Daten und für den Vorgang der Ausgabe dieser Daten; Gegensatz: Input.

■ **Ouvertüre** [uwer...; frz., = Eröffnung] *die,* instrumentales Musikstück als Einleitung zu Bühnen- und Vokalwerken (Oper, Ballett, Schauspiel, Orato-

Ozeanien: Staatliche Gliederung

Staat	Fläche in km²	Ew. in 1000	Hauptstadt
Fidschi	18274	822	Suva
Kiribati	811	83	Bairiki
Marshallinseln	181	63	Dalap-Uliga-Darrit
Mikronesien	701	134	Palikir
Nauru	21	11	Yaren
Neuseeland	270534	3680	Wellington
Nordmarianen[1)]	457	70	Garapan
Palau	488	17	Koror
Papua-Neuguinea	462840	4602	Port Moresby
Salomoninseln	28370	417	Honiara
Samoa	2831	174	Apia
Tonga	748	99	Nuku'alofa
Tuvalu	26	10	Fongafale
Vanuatu	12190	182	Vila
Nicht selbstständige Gebiete	**Fläche in km²**	**Ew. in 1000**	**Verw.-Sitz**
Australien			
Norfolkinsel	35	2,2	Kingston
Chile			
Osterinsel	163	2,8	Hangaroa
Frankreich			
Französisch-Polynesien	4167	232	Papeete
Neukaledonien	18575	206	Nouméa
Wallis und Futuna	274	14	Mata Utu
Großbritannien			
Pitcairn	4,6	0,05	Adamstown
Indonesien			
Irian Jaya	421981	2058	Jayapura
Neuseeland			
Cookinseln[2)]	240	20	Avarua
Niue[2)]	260	2	Alofi
Tokelau	12	1,5	–
USA			
Amerikanisch-Samoa	199	63	Pago Pago
Guam	549	159	Agaña
Hawaii	16759	1193	Honolulu
Howland Island	1,6	–	–
Jarvis Island	4,5	–	–
Johnstonatoll	2,8	1,2	–
Wake Island	6,5	0,2	–

1) Mit den USA assoziierter Staat. – 2) In freier Assoziation mit Neuseeland.

rium, Kantate), dann auch zur Suite; im 19. Jahrh. auch eigenständige Komposition (Konzertouvertüre), z. B. bei Beethoven oder Mendelssohn Bartholdy.

■ **Ovation** [lat.] *die,* Huldigung, stürmischer Beifall.

■ **Overheadprojektor** [o^{u}w^{e}rhäd...; engl.] → Projektionsapparate.

■ **Ovid,** eigentlich Publius Ovidius Naso, römischer Dichter, *Sulmo (heute Sulmona, Italien) 20. März 43 v. Chr., †Tomis (heute Konstanza, Rumänien) etwa 17 n. Chr. In seinen frühen Gedichten (»Amores«) huldigt er der Liebe, in der »Ars amatoria« feierte er die »Liebeskunst« als galantes Spiel. Berühmt sind seine »Metamorphosen« (Verwandlungssagen in Gedichtform nach griechischem Vorbild). Seine Werke zeichnen sich durch Witz, Anmut und Fantasie aus.

■ **Ovulation** → Eisprung.

■ **Owens** [o^{ue}ns], Jesse, amerikanischer Leichtathlet, *Danville (Alabama) 12. September 1913, †Tucson (Arizona) 31. März 1980. Owens stellte am 25. Mai 1935 innerhalb von 45 Minuten in verschiedenen Disziplinen fünf Weltrekorde auf (und einen Rekord ein). Bei den Olympischen Spielen in Berlin 1936 gewann er vier Goldmedaillen: über 100 und 200 m, im Weitsprung und in der 4 × 100-m-Staffel. – Infokasten S. 372

■ **Oxford,** Stadt in England, an der Themse, mit 118 800 Einwohnern. In Oxford befindet sich die älteste (gegründet im frühen 12. Jahrh.) und neben Cambridge berühmteste englische Universität mit 40 Colleges.

■ **Oxidation** [griech.] *die,* früher Bezeichnung für die Reaktion eines Elements mit Sauerstoff; heute versteht man unter Oxidation einen Vorgang, der nur in Verbindung mit einem Reduktionsvorgang abläuft. Man spricht daher besser von einer **Redoxreaktion**, bei der ein Stoff (Elektronendonator, Reduktionsmittel) an einen anderen Stoff (Elektro-

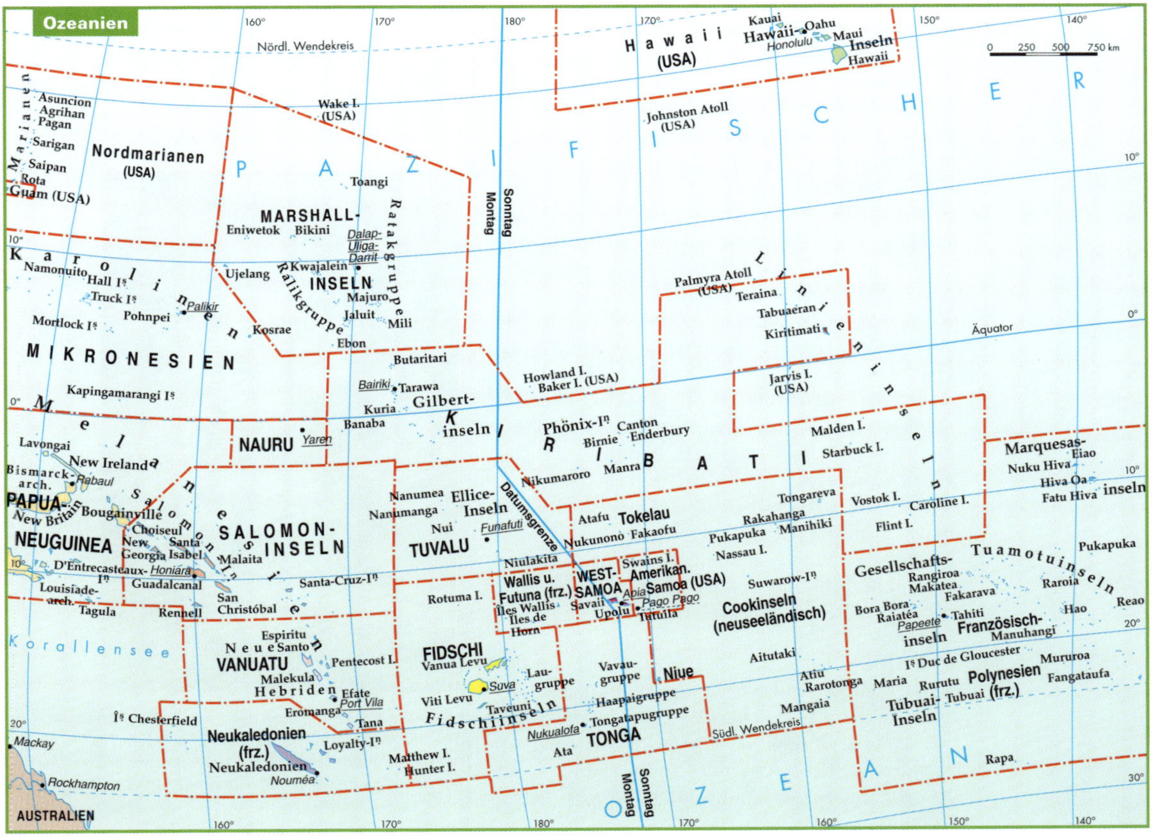

Jessse Owens

Jesse Owens, einer der erfolgreichsten Leichtathleten aller Zeiten, fiel schon als Schüler durch erstaunliche Leistungen in der Leichtathletik auf. Am 25. Mai 1935 stellte er in Ann Arbor (Michigan) vier Weltrekorde auf oder ein: 100 Yards in 9,4 Sekunden, 220 Yards in 20,3 Sekunden, Weitsprung 8,13 Meter (dieser Rekord hatte Bestand bis 1960) und 220 Yards Hürden in 22,6 Sekunden. Die Olympischen Spiele in Berlin 1936, bei denen er vier Goldmedaillen (100 Meter, 200 Meter, Weitsprung und mit der 4×100-Meter-Staffel) gewann, prägte Owens als Sportlerpersönlichkeit. Das deutsche Publikum feierte ihn, doch Adolf Hitler, der die Spiele zu einer Demonstration der Überlegenheit der »arischen Rasse« hatte machen wollen, vermied es, ihm die Hand zu reichen.

nenakzeptor, Oxidationsmittel) Elektronen abgibt und dabei selbst oxidiert wird. – auch →Reduktion.

■ **Ozean** [griech.] *der,* Bezeichnung für die drei großen Weltmeere Pazifischer, Atlantischer und Indischer Ozean (→Meer).

■ **Ozeanien,** zusammenfassende Bezeichnung für alle Inseln im Pazifischen Ozean, die zwischen Amerika, den Philippinen und Australien sowie zwischen dem Nördlichen und dem Südlichen Wendekreis liegen. Die über 7 000 Inseln, von denen nur etwa 2 100 bewohnt sind, sind über ein Meeresgebiet von etwa 70 Mio. km^2 verteilt. Man unterteilt sie üblicherweise in Melanesien, Mikronesien und Polynesien. – Übersicht S. 370, Karte S. 371

■ **Ozeanographie** [griech.] *die* (Meereskunde), die Wissenschaft vom Meer. Sie erforscht die physikalischen und chemischen Erscheinungen und Vorgänge im Weltmeer sowie den Meeresboden.

■ **Ozelot** [frz.] *der,* eine bis 1 m lange Kleinkatze in den Wäldern Mittel- und Südamerikas. Das Fell zeigt dunkelbraune, schwarz eingefasste Flecken. Es ist sehr dicht und weich, und daher als Pelz sehr begehrt. Durch rücksichtslose Bejagung sind die Bestände bedroht.

■ **Ozon** [griech.] *das,* ein Molekül, das im Gegensatz zum normalen Sauerstoff (O_2) aus drei Sauerstoffatomen (O_3) besteht. Ozon ist ein farbloses, äußerst giftiges Gas, das beim Menschen zu Schädigungen der Atemwege führen kann. Es ist ein sehr starkes Oxidationsmittel und wirkt desinfizierend.

Rund 10 % des Ozons befinden sich in den bodennahen Schichten der Atmosphäre (Troposphäre). Dieses Ozon kann bei bestimmten Wetterlagen (z. B. Smogbildung) auf gesundheitsgefährdende Konzentrationen ansteigen. Allgemein hat der bodennahe Ozongehalt infolge des Ausstoßes von Stickstoff- und Schwefeloxiden (vor allem Abgase von Kraftfahrzeugen) und anderer Schadstoffe besonders in den städtischen Ballungsgebieten seit einiger Zeit ständig zugenommen.

Die restlichen 90 % des Ozons befinden sich in der Stratosphäre, also in einer Höhe von etwa 20–50 km. Diese Ozonschicht ist äußerst wichtig, weil sie den größten Teil der kurzwelligen →Ultraviolettstrahlung absorbiert. Wird sie zerstört, kommt es zur Bildung eines Ozonlochs.

Das **Ozonloch** vor allem über der Antarktis beruht zum einen auf den jahreszeitlichen Schwankungen der Sonneneinstrahlung, die die Ozonspaltung und Ozonbildung beeinflusst, zum anderen ist es durch den Menschen verursacht, der durch Düngung, Kraftfahrzeugabgase und Fluorchlorkohlenwasserstoffe eine Zerstörung dieser Ozonschicht begünstigt. Dadurch kommt es zu einer vermehrten UV-Einstrahlung, die u. a. zur Erwärmung der Atmosphäre (→Klima) und zu Gefährdungen der Gesundheit (z. B. Hautkrebs) führt.

Besonderes Kennzeichen des mit seinen stämmigen Beinen besonders gut kletternden und wendig schwimmenden **Ozelots** ist der markante schwarze Streifen, der vom hinteren Augenwinkel über die Wange zieht – auch dieses nachtaktive Mitlebewesen ist durch den Menschen vom Aussterben bedroht

P

P, der 16. Buchstabe des deutschen Alphabets, ein Konsonant.

p, in der Musik Abkürzung für **p**iano (leise).

Pa, Einheitenzeichen für →Pascal.

Paarhufer (Paarzeher), eine Ordnung weltweit verbreiteter Huftiere mit über 160 Arten, bei denen die dritte und vierte Zehe der Vorder- und Hinterbeine verstärkt sind. Die Endglieder dieser Zehen sind mit einer hufartigen Hornmasse (Klaue) umgeben. Sie sind an schnelles Laufen angepasst. Paarhufer sind überwiegend Pflanzenfresser. Zu ihnen gehören u.a. Flusspferde, Kamele, Hirsche, Giraffen, Rinder, Ziegen, Schafe und Schweine.

Paarung →Begattung.

Pacht, Überlassung eines Gegenstandes (z.B. Grundstück, Jagdgebiet) an einen Pächter zum Gebrauch und zur Nutzung gegen Zahlung eines Pachtzinses.

Pädagogik [griech.] *die,* Wissenschaft von der Erziehung und Bildung.

pädagogische Hochschule, Abkürzung **PH,** Ausbildungsstätte für Grund-, Haupt-, Sonder- und teilweise Realschullehrer.

Päderast [griech.] *der,* erwachsener Mann, dessen sexuelles Interesse sich auf männliche Kinder und Jugendliche richtet (→Pädophilie).

Paderborn, Stadt in Nordrhein-Westfalen, mit 136100 Einwohnern, im Südosten der Westfälischen Bucht, an den Paderquellen gelegen. Das bekannteste Bauwerk der alten Bischofsstadt ist der romanisch-gotische Dom aus dem 13. Jahrhundert.

Pädophilie [griech.] *die,* das sexuelle Interesse erwachsener Männer oder Frauen, das sich auf Kinder und Jugendliche beiderlei Geschlechts richtet. Gesellschaft und Recht schützen Kinder und Jugendliche vor Pädophilie, weil Erwachsene ihnen körperlich, finanziell und in ihrer Überzeugungskraft meist stark überlegen sind und weil viele Kinder und Jugendliche aus Angst, Unsicherheit oder Hilflosigkeit zu sexuellen Handlungen gedrängt werden können, die sie nicht wollen und die ihnen schaden (→sexueller Missbrauch).

Padua (italienisch Padova), Stadt in Italien, westlich von Venedig, mit 211000 Einwohnern und einer 1222 gegründeten Universität. – Das Stadtbild der alten Handelsstadt ist von mittelalterlichen Bauten geprägt, z.B. Basilika des heiligen Antonius (mit dem Grab des Heiligen) aus dem 13. Jahrhundert. Padua hat den ältesten botanischen Garten Europas (1545; UNESCO-Welterbe).

Paganini, Niccolò, italienischer Violinvirtuose und Komponist, *Genua 27. Oktober 1782, †Nizza 27. Mai 1840. Paganini, einer der größten Geiger aller Zeiten, feierte als »Teufelsgeiger« Triumphe in ganz Europa. Auf ihn gehen auch viele Neuerungen der Violintechnik zurück.

Der »Teufelsgeiger« **Niccolò Paganini**

Pagode [drawidisch] *die,* mehrgeschossiger buddhistischer Tempel (quadratisch oder vieleckig) mit mehreren übereinander stehenden Dächern.

Pahlewi [pach...], die 1925–79 in Iran herr-

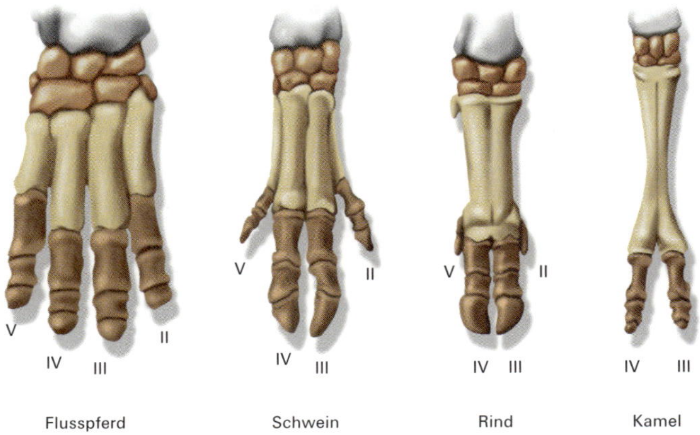

Wie bei den hier gezeigten Varianten fehlt die erste Zehe bei allen **Paarhufern;** das Körpergewicht lastet vor allem auf der dritten und vierten Zehe, während die zweite und fünfte bei vielen Arten mehr oder weniger zurückgebildet ist

schende Dynastie. Ihr gehörten an: Resa Schah (1878–1944, Schah 1925–41) und sein Sohn Mohammed Resa (1919–80, Schah 1941–79).

Pakistan
Fläche 796 095 km²
Einwohner 147,811 Mio.
Hauptstadt Islamabad
Amtssprache Urdu (in der Provinz Sind auch Sindhi)
Nationalfeiertage 23. 3. und 14. 8.
Währung 1 Pakistanische Rupie (pR) = 100 Paisa (Ps)
Zeitzone MEZ +4 Std.

Pakistan

Flagge

Wappen

■ **Pakistan,** Republik in Südasien, zwischen Himalaja und Arabischem Meer. Die Hälfte des Staates besteht aus Gebirgen und Wüsten. 80 % der Bevölkerung leben im Pandschab und am unteren Indus. Der Islam ist Staatsreligion.
Mit künstlicher Bewässerung werden u. a. Weizen, Baumwolle, Reis und Zuckerrohr angebaut. Wichtig sind die reichen Erdgasvorkommen. Bei der Industrie dominiert die Baumwollverarbeitung (Teppichknüpfereien), daneben gibt es chemische, Metall- und Lederindustrie.
Geschichte: Pakistan entstand bei der Teilung Britisch-Indiens 1947 als Staat mit muslimischer Bevölkerung und bestand damals aus den beiden Landesteilen Ost- und West-Pakistan, die mehr als 1 500 km voneinander getrennt waren. Seit Ende 1971 bildet Ost-Pakistan als →Bangladesh einen eigenen Staat. Seit 1947 besteht der Konflikt mit Indien um →Kaschmir.

■ **Pakt** [lat.] *der,* Vertrag, politisches oder militärisches Bündnis.

■ **Paläolithikum** →Steinzeit.

■ **Paläontologie** [griech.] *die,* die Wissenschaft von ausgestorbenen Lebewesen, von den →Fossilien.

■ **Paläozoikum** →geologisches System (Übersicht).

■ **Palästina,** seit dem Altertum gebräuchliche Bezeichnung für die Landschaft, die etwa dem Gebiet der heutigen Staaten →Israel und →Jordanien entspricht (ohne die Wüsten im Osten).
Die frühesten menschlichen Spuren Westasiens stammen aus dem Jordanland. Die unterschiedlichen Stämme und Kulturen blieben bis in die Mitte des 1. Jahrtausends v. Chr. erhalten. Dann wurde Palästina Teil des Perserreichs, 301 v. Chr. fiel es an die Ptolemäer, 198 v. Chr. an die Seleukiden, danach an die jüdische Dynastie der Makkabäer. 63 v. Chr. wurde Jerusalem von den Römern erobert und bildete seit dem 1. Jahrh. n. Chr. eine römische Provinz (70 n. Chr. Zerstörung des Tempels von Jerusalem durch die Römer).
634–640 eroberten die Araber Palästina, ab 878 gehörte es zu Ägypten. 1099 wurde es von den Kreuzfahrern erobert, deren christliches Königreich 1291 unterging. Vom 16. Jahrh. bis zum Ersten Weltkrieg gehörte Palästina zum Osmanischen Reich. 1920–48 war es britisches Mandatsgebiet.
Nachdem der britische Außenminister Arthur J. Balfour bereits 1917 Hilfe für die Gründung einer »nationalen Heimstätte« der Juden in Palästina zugesagt hatte **(Balfour-Deklaration),** wanderten Zehntausende von Juden in Palästina ein. Gegensätze zwischen Juden und Arabern (Palästinensern) führten zu Unruhen und blutigen Auseinandersetzungen (→Palästinensische Befreiungsbewegung). 1947 beschlossen die UN gegen arabischen Widerstand die Teilung Palästinas in einen jüdischen und einen arabischen Staat.
Nach Ausrufung des jüdischen Staates Israel 1948/49 kam es zum 1. Israelisch-Arabischen Krieg (Palästinakrieg), in dessen Folge Israel sein Staatsgebiet über den UN-Teilungsplan hinaus vergrößerte und Jerusalem geteilt wurde. Der östliche Teil fiel an Jordanien, ein kleiner Streifen mit der Stadt Gaza an Ägypten; seit 1967 hielt Israel diese Teile Palästinas besetzt.
Die ungelöste **Palästinafrage** bildete seither den Kern des Nahostkonflikts, der erst seit der gegenseitigen Anerkennung Israels und der PLO und dem Gaza-Jericho-Abkommen (über eine Teilautonomie der Palästinenser im Gazastreifen und in der Stadt Jericho) im September 1993 allmählich entschärft wird. Weitere Abkommen 1995 präzisierten Aufbau und Selbstverwaltung der palästinensischen Autonomiegebiete genauso wie den stufenweisen Rückzug der israelischen Besatzung. Am 20. Januar 1996 wählten die Palästinenser einen »Palästinenserrat«

und den Präsidenten (Rais) von dessen Exekutivrat (der »Regierung«); gewählt wurde Jasir Arafat mit 88,1 % der abgegebenen Stimmen.

■ **Palästinensische Befreiungsbewegung,** Organisationen arabischer Palästinenser, die – auch unter Einbeziehung militärischer wie terroristischer Mittel – das Ziel verfolgen, auf dem Boden →Palästinas einen eigenen Staat zu errichten. Ihre Dachorganisation ist seit 1964 die **Palästinensische Befreiungsorganisation** (Abkürzung **PLO**, von engl. **P**alestine **L**iberation **O**rganization), deren Vorsitzender seit 1969 Jasir Arafat ist. Ihren Kern bildet seit 1968 (Beitritt zur PLO) die Untergrundorganisation Al-Fatah. 1974 erkannten alle arabischen Staaten die PLO als einzige rechtmäßige Vertreterin des palästinensischen Volkes an, 1975 folgte die Zulassung zum Sicherheitsrat der UN, 1976 die Aufnahme in die Arabische Liga.
Nach der Vertreibung aus Beirut (1982) errichtete die PLO ihr Hauptquartier in Tunis. An der Spitze des seit 1987 andauernden Aufstandes (Intifada) der Palästinenser gegen die israelische Besatzungsmacht stehend, rief sie 1988 im Exil den Staat Palästina aus. 1993 unterzeichneten Israel und die PLO in Washington (D. C.) das Gaza-Jericho-Abkommen, das den Palästinensern eine Teilautonomie im Gaza-Streifen und in der Stadt Jericho zusichert.

Palästinafrage

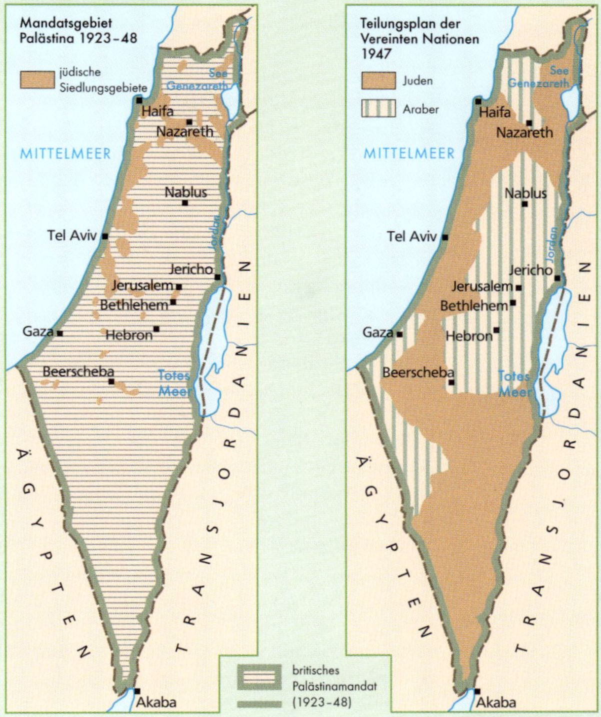

■ **Palau** (Belau), Republik im Westen des Pazifischen Ozeans, bestehend aus den rund 350 Palauinseln (davon elf bewohnt), die die westlichste Gruppe der Karolinen bilden. Sie liegen fast alle innerhalb eines über 110 km langen Barriereriffs, das eine Lagune von 1 267 km² Fläche umschließt. Sie sind teils vulkanischen Ursprungs, teils Koralleninseln; an den Küsten ist Mangrove verbreitet, im Innern Grasland oder Regenwald.
Die Bevölkerung besteht vor allem aus Mikronesiern, 10 % sind Filipinos. Landwirtschaft und Fischerei dienen der Selbstversorgung. Eine wichtige Devisenquelle ist der Tourismus.
Geschichte: Die 1543 entdeckte Inselgruppe war zunächst spanische, 1899–1919 deutsche Kolonie, danach japanisches Völkerbundsmandat und seit 1947 Treuhandgebiet der USA. 1994 wurde Palau unabhängig.

Palau
Fläche 488 km²)
Einwohner 17 000
Hauptstadt Koror
Amtssprachen Palauisch und Englisch
Nationalfeiertage 1./2. 10.
Währung US-Dollar
Zeitzone MEZ +8 Std.

Palau

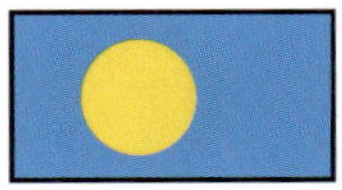

Flagge

Wappen

■ **Palermo,** Hauptstadt Siziliens, an der Nordküste der Insel gelegen, mit 686 500 Einwohnern; bedeutender Fremdenverkehrsort. – Die von Phönikern gegründete Stadt gelangte besonders unter den Normannenherrschern und dem Stauferkaiser Friedrich II. zu hoher Blüte, an die prächtige Bauten, u. a. der Dom (1185 geweiht), erinnern.

■ **Palestrina,** Giovanni Pierluigi da, italienischer Komponist, *Palestrina (?) um 1525, †Rom 2. Februar 1594. Mit seinen rund 950 geistlichen Werken (Messen, Motetten) im klaren, ausgewogenen A-cappella-Stil (mehrstimmiger Gesang ohne Instrumentalbegleitung) gehört Palestrina zu den bedeutendsten Kirchenmusikern überhaupt.

■ **Palindrom** [griech., = das Zurücklaufende] *das,* eine Lautreihe, die vor- und rückwärts gelesen denselben oder einen anderen Sinn ergibt, z. B. Otto, Reliefpfeiler, Neger, Gras.

■ **Palisade** [frz.] *die,* Reihe dicht nebeneinander in den Boden gerammter, oben zugespitzter Pfähle; in Verbindung mit einem vorgelagerten Graben Teil einer Befestigungsanlage.

■ **Palladio,** Andrea, eigentlich Andrea di Pietro, italienischer Baumeister und Architekturtheoretiker der Hochrenaissance, *Padua 30. November 1508, †Vicenza 19. August 1580. Palladios Kirchen, Paläste und Villen (u. a. Villa Capra, genannt »La Rotonda«, bei Vicenza, 1566/67 ff.) orientieren sich an antiken Maßvorstellungen und klassischen Motiven (Säulenordnung).

■ **Palladium** [griech.] *das,* chemisches Element, ein silberhelles, hartes, zähes und dehnbares Edelmetall. Es wird als Legierungsbestandteil für Zahnfüllungen, in Schmuckmetallen und vor allem als Katalysator in der chemischen Industrie verwendet.

Panama

Flagge

Wappen

■ **Palmen,** eine Familie einkeimblättriger Holzgewächse mit etwa 2800 Arten. Sie wachsen als Bäume, Sträucher oder Lianen vor allem in den Subtropen und Tropen. Ihre Stämme sind selten verzweigt und tragen meist kolbenartige Blütenstände. Die gestielten Blätter (Wedel) bilden oft einen Schopf.

Viele Palmen sind Nutzpflanzen, z. B. die →Kokospalme und die →Ölpalme. Die Sagopalme Südasiens enthält im Mark des Stammes den Sago, ein wichtiges, stärkelieferndes Nahrungsmittel. Die Dattelpalme der Oasen liefert Datteln.

■ **Pamir** [türkisch, = kalte Steppenweide] *der,* auch *das,* Hochgebirge in Zentralasien, genannt »Dach der Welt«. Das Gebiet gehört hauptsächlich zu Tadschikistan, der Osten zu China, der Süden zu Afghanistan. Höchster Berg ist der Pik Ismail Samani (bis 1998 Pik Kommunismus) in Tadschikistan mit 7 495 m.

■ **Pampa** [spanisch] *die,* ebene Großlandschaft in Südamerika, vor allem in Argentinien. Die ursprünglich baum- und strauchlose Grasebene wird heute landwirtschaftlich genutzt (Weizen- und Maisanbau, Rinder- und Schafzucht).

■ **Pampelmusenbaum,** eine Art der Zitruspflanzen, die vor allem in Südostasien angebaut wird. Die den Grapefruits ähnlichen Früchte **(Pampelmusen)** wiegen 3–6 kg.

■ **Pamphlet** [engl.] *das,* Schmäh- oder Streitschrift, oft mit politischem Charakter oder als Angriff auf eine Person.

■ **Pan,** griechischer Waldgott, der behaart, mit Ziegenhörnern und -beinen dargestellt wird. Er gilt als Erfinder der Hirtenflöte (Panflöte) und ist Schutzherr der Jäger und Hirten.

■ **pan…, Pan…** [griech.], Bestimmungswort von Zusammensetzungen mit der Bedeutung »all, gesamt«, z. B. Pantheon (Tempel für alle Götter).

Palladium
chemisches Symbol: Pd
Ordnungszahl: 46
relative Atommasse: 106,42
Dichte: 11,8 g/cm^3
Schmelzpunkt: 1 554 °C
Siedepunkt: 2 963 °C

■ **Panama,** Hauptstadt und größter Hafen von Panama, an der pazifischen Einfahrt zum Panamakanal gelegen, mit 464 900 Einwohnern. Die Altstadt gehört zum Weltkulturerbe der UNESCO. – Panama wurde 1519 von den Spaniern gegründet.

■ **Panama,** Republik in Zentralamerika. Das größtenteils bewaldete, bergige Land wird an seiner tiefsten und schmalsten Stelle vom →Panamakanal

Panama
Fläche 75 517 km^2
Einwohner 2,778 Mio.
Hauptstadt Panama
Amtssprache Spanisch
Nationalfeiertag 3. 11.
Währung 1 Balboa (B/.) = 100 Centésimos (c, cts)
Zeitzone MEZ –7 Std.

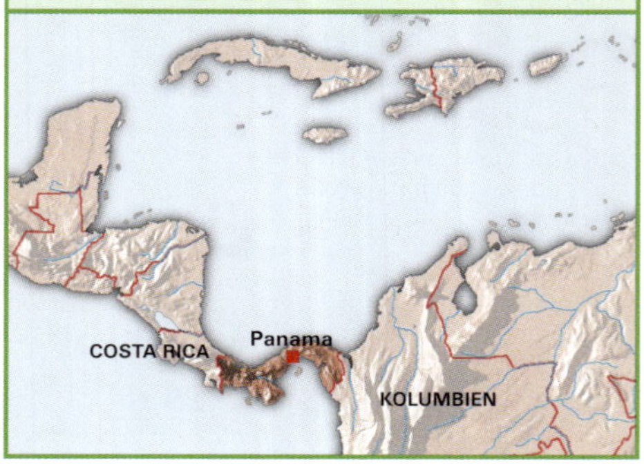

durchschnitten. Wichtigste Marktprodukte sind Kaffee, Bananen und Zuckerrohr. Ergiebig ist die Fischerei. Die Industrie konzentriert sich auf Konsumgüter für den Inlandverbrauch. Die Wirtschaft ist in hohem Maße auf Dienstleistungen gegenüber dem Ausland ausgerichtet. Unter panamaischer Flagge fährt eine große Handelsflotte. Mehr als 65% der überwiegend katholischen Bevölkerung sind Mestizen, rund 10% Weiße.

Geschichte: Im Jahre 1903 löste sich Panama, das bis zum 19. Jahrh. zum spanischen Kolonialreich gehört hatte, von Kolumbien. Im gleichen Jahr trat es den Gebietsstreifen zum Bau des Panamakanals (die Panamakanalzone) an die USA ab. Gemäß einem 1977 abgeschlossenen Vertrag wurden Kanal und die Kanalzone Ende 1999 an Panama zurückgegeben.

■ **Panamakanal,** Kanal in Mittelamerika, zwischen Atlantischem und Pazifischem Ozean; er verläuft durch den 57 km breiten Isthmus (Landenge) von Panama. Der Panamakanal ist eine der wichtigsten künstlichen Wasserstraßen der Erde; er ist 81,6 km lang, 70–300 m breit und mindestens 12,4 m tief; durch drei Schleusenanlagen überwindet er einen Höhenunterschied von 26 m. Er verkürzt den Seeweg von New York nach San Francisco um 15000 km. Der Kanal, mit dessen Bau die USA 1879 begannen, wurde 1914 eröffnet.

■ **Pandas,** zwei mit den Bären verwandte Arten. Der vorwiegend rostrote, bis 65 cm lange **Kleine Panda** (Katzenbär) lebt in den Wäldern des Himalaja. Der in China heimische **Große Panda** (Bambusbär) ist bis 1,5 m lang und hat ein schwarz-weißes Fell; er ernährt sich ausschließlich von Bambus. Er ist das »Wappentier« des Worldwide Fund for Nature.

■ **Pandora,** in der griechischen Sage eine schöne, verführerische Frau. Zeus, der sich an den Menschen für den Raub des Feuers rächen will, gibt ihr ein Gefäß, die **Büchse der Pandora,** in dem alle Übel der Welt eingeschlossen sind. Als Pandora es öffnet, fliegen alle Übel heraus, nur die Hoffnung bleibt zurück.

■ **Pandschab** [auch pandschab; Sanskrit, = Fünfstromland] *das* oder *der* (engl. Punjab), Landschaft (Stromebene) im Nordwesten Vorderindiens, gebildet aus dem Stromfächer der fünf linksseitigen Zuflüsse des Indus (Jhelum, Chenab, Ravi, Beas und Sutlej); sie reicht vom mittleren Indus in Pakistan bis nach Indien. – Der Pandschab ist die älteste indische Kulturlandschaft.

■ **Panorama** [griech.] *das,* **1)** *allgemein:* Rundblick, Ausblick auf eine Landschaft.

Den **Großen Panda** mit den schwarzen Ohren, den schwarzen Augenringen und dem schwarzen, über den Rücken gezogenen Gürtel kennen wir vor allem als Plüschtier; über seine Lebensweise ist noch verhältnismäßig wenig bekannt: der scheue Bambusbär lebt in unzugänglichen tibetischen Gebirgswäldern

2) *bildende Kunst:* großes Rundgemälde, das auf einen Rundhorizont gemalt ist.

■ **Pansen** *der,* der erste, sehr große Teil des Magens der → Wiederkäuer.

■ **Pantheismus** [griech., = Allgottlehre] *der,* Lehre, nach der Gott und die Welt, das heißt die schöpferische Natur, identisch sind. Der Pantheismus ist die älteste Form des Gottesglaubens.

■ **Pantheon** [griech.] *das,* in der Antike ein allen Göttern geweihter Tempel. Das bekannteste Pantheon befindet sich in Rom; es wurde als Ziegelrundbau mit Kuppel unter Hadrian um 125 n. Chr. errichtet und 609 als christliche Kirche geweiht. Das **Panthéon** in Paris, 1764–90 als Kirche erbaut, ist seit der Französischen Revolution die nationale Gedächtnisstätte und Begräbnisstätte bedeutender Franzosen. Es wurde Vorbild für zahlreiche Bauten, u. a. für das → Kapitol in Washington (D. C.).

■ **Panther** → Leopard.

■ **Pantoffeltierchen,** ovales bis pantoffelförmiges, 0,1–0,3 mm großes → Wimpertierchen, das vor allem in faulendem Wasser, in Aufgüssen und Abwässern lebt. Es ernährt sich von kleinsten Partikeln, die es mit seinen Wimpern einstrudelt.

■ **Pantomime** [griech.] *die,* eine Form der theatralischen Kunst ohne Worte: Handlung und Charakter werden nur durch Gebärden, Minenspiel und Körperbewegung ausgedrückt.

Die hier in vertraulicher Geselligkeit verweilenden **Papageien** gehören zu der Gruppe der Aras; mit ihrem kräftigen Schnabel können sie auch harte Nüsse knacken

■ **Panzer, 1)** *Militärwesen:* im Altertum und Mittelalter der Oberkörperschutz eines Kriegers (→Rüstung); heute Sammelbezeichnung für gepanzerte Militärfahrzeuge mit Ketten- oder Räderfahrwerk. Je nach Verwendungszweck unterscheidet man eine Vielzahl von Arten, u. a. die mit einer großkalibrigen Kanone versehenen **Kampfpanzer** (KPz) der Panzertruppe, die mit einer Maschinenkanone ausgerüsteten **Schützenpanzer** (SPz) und die nur mit MG bewaffneten **Transportpanzer** (TPz) der Infanterie sowie die **Spähpanzer** der Aufklärungstruppe. – Erstmals wurden Panzer im Ersten Weltkrieg 1916 von den Briten eingesetzt.

2) *Zoologie:* eine feste, starre Körperbedeckung verschiedener Tiergruppen (vor allem Käfer, Krebse, Schildkröten), die vor allem zum Schutz (gegen Feinde, Austrocknung) und als Stütze des Körpers dient. Der Panzer kann z. B. aus Kalk, Horn, Chitin oder Knochen bestehen und entweder zeitlebens erhalten bleiben oder von Zeit zu Zeit gewechselt werden.

■ **Papageien** [frz.], in den Tropen und Subtropen verbreitete Vogelfamilie. Papageien sind 9–100 cm lange, meist bunte Tiere, die mithilfe ihres stark gebogenen, hakigen Schnabels und ihrer Greiffüße geschickt auf Bäumen klettern. Sie leben meist gesellig und brüten vorwiegend in Baumhöhlen. In Gefangenschaft erlernen viele Papageienarten die Nachahmung von Geräuschen und können mitunter einige Wörter behalten (vor allem der afrikanische Graupapagei) und diese sogar im passenden Augenblick gebrauchen, ohne jedoch den Inhalt der Worte zu verstehen.

Am bekanntesten sind die von Australien bis zu den Philippinen verbreiteten **Kakadus,** mit einer aufrichtbaren Federhaube am Kopf, die farbenprächtigen, mittelgroßen **Loris,** die sehr farbenprächtigen **Aras** Südamerikas mit langem Schwanz, die in den Wäldern Mittel- und Südamerikas beheimateten **Amazonen** und die in der australischen Steppe heimischen **Sittiche.**

■ **Paparazzi** [italienisch], scherzhafte Bezeichnung für (aufdringliche) Pressefotografen oder Skandalreporter.

■ **Papaya** [spanisch] *die,* die einer kleinen Melone ähnelnde, bis 1,5 kg schwere, grüne bis gelbe Beerenfrucht des **Melonenbaums.** Ihr Fruchtfleisch ist gelb bis lachsrot und enthält zahlreiche schwarze Samen, die nicht gegessen werden. Da es nahezu frei von Fruchtsäuren ist.

■ **Paperback** [peⁱpᵉrbäk; engl.] *das,* kartoniertes, meist in Klebebindung hergestelltes Buch; im Unterschied zum kleineren Taschenbuch in »normalem« Buchformat.

■ **Papier** [von lat. papyrum, = Papyrus] *das,* ein Werkstoff, der durch Verfilzen, Verleimen und Pressen vor allem von Zellulosefasern hergestellt wird. Die Rohstoffe (vor allem Holz, Lumpen, Altpapier) werden mechanisch oder chemisch aufgeschlossen, mit Füllstoffen (z. B. Kaolin und Titandioxid), Bindemitteln (z. B. Leime), Farbstoffen oder – bei weißen Papieren – →optischen Aufhellern und viel Wasser zu einem Brei vermischt, auf ein Rüttelsieb aufgebracht und über Walzen gepresst und getrocknet.

Das Papier wurde schon vor etwa 2000 Jahren in China erfunden. Die Kenntnis von seiner Herstellung gelangte im Mittelalter über Arabien nach Europa, zuerst nach Italien, dann nach Deutschland, wo 1389 in Nürnberg die erste Papiermühle entstand.

■ **Pappeln** [lat.], eine Gattung schnellwüchsiger (bis zu 1 m im Jahr), sommergrüner Bäume aus der Familie der Weidengewächse, die in Europa, Asien, Nordafrika und Nordamerika vorkommt. Aus dem weichen Holz werden vor allem Papier und Streichhölzer hergestellt.

Die **Silberpappel** (mit silbrig behaarten Blattunterseiten) ist ein beliebter Parkbaum. Die bis zu 25 m hohe **Zitterpappel (Espe)** hat fast kreisrunde, gezähnte Blätter und seitlich zusammengedrückte Blattstiele (deshalb »zittern« die Blätter).

■ **Paprika** [serbisch] *der,* zu den Nachtschattengewächsen gehörende Kräuter, Halbsträucher und Sträucher mit kleinen Blüten und leuchtend gefärbten Beerenfrüchten (fälschlich Paprikaschoten genannt). Die heute weltweit kultivierten Gewürz- und Gemüsepflanzen stammen vermutlich alle von einer einjährigen Art ab. Paprika wird in vielen Sorten angebaut, die weiße, gelbe, rote oder violette bis schwarze, lange, schmale oder kurze Früchte tragen. Paprika ist vitaminreich. Er wird als Gemüse oder als Salat gegessen und als Gewürz (u. a. Paprikapfeffer) verwendet.

■ **Papst** [von lat. papa, = Vater] *der,* Oberhaupt der katholischen Kirche, auf Lebenszeit vom Kardinalskollegium in geheimer Wahl (Konklave) gewählt. Nach katholischer Lehre ist er als Nachfolger des Apostels →Petrus Stellvertreter Christi auf Erden. Er ist gleichzeitig Bischof von Rom. Das 1. Vatikanische Konzil (1870) verkündete das **Unfehlbarkeitsdogma:** In Glaubens- und Sittenfragen ist der Papst »unfehlbar«, wenn er »vom Lehrstuhl Petri aus« (ex cathedra) spricht. Derzeitiger Papst ist (seit 1978) →Johannes Paul II.

Papua, Sammelbezeichnung für die Ureinwohner Neuguineas und einiger benachbarter Inselgruppen (Bismarckarchipel, Salomoninseln) und Inseln, etwa 4,6 Mio. Menschen. Sie sprechen Papuasprachen und unterscheiden sich auch kulturell von den verwandten Melanesiern. Trotz weitgehender Christianisierung (vor allem in Papua-Neuguinea) haben sich traditionelle religiöse Vorstellungen bis heute erhalten.

Papua-Neuguinea
Fläche 462 840 km²
Einwohner 4,602 Mio.
Hauptstadt Port Moresby
Amtssprachen Englisch, daneben Neumelanesisch und Hiri Motu (beides Pidginsprachen)
Nationalfeiertag 16. 9.
Währung 1 Kina (K) = 100 Toea (t)
Zeitzone MEZ +9 Std.

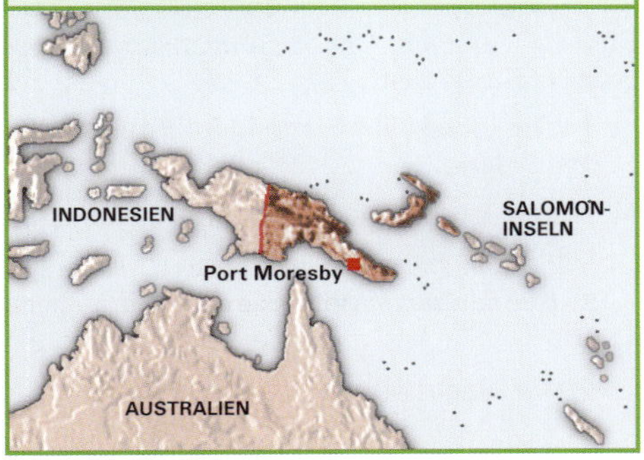

Papua-Neuguinea, Staat im westlichen Pazifischen Ozean, Ozeanien, der den Ostteil der Insel →Neuguinea, den Bismarckarchipel und weitere Inseln umfasst. Die Bevölkerung besteht mehrheitlich aus Papua, die sich in mehr als 700 Sprachgruppen (Papuasprachen) gliedern. Weite Teile des Landes sind von tropischem Regenwald bedeckt. Ausfuhrgüter sind Kupfererze, Gold, Palmöl, Tee, Kaffee, Kakao und Kopra.
Geschichte: Der aus dem ehemaligen australischen Territorium Papua und dem Treuhandgebiet Neuguinea gebildete Staat wurde als parlamentarische Monarchie im Commonwealth 1975 unabhängig.

Papyrusstaude, Grasart, vor allem im tropischen Afrika, die in ausgedehnten Papyrussümpfen entlang der Flüsse wächst. Sie wird 1–3 m hoch und trägt einen Schopf von Blättern und Blütenständen. Die Fasern werden zu Stricken, Matten und Körben geflochten, ja sogar zu Booten verarbeitet. Aus dünnen Stängelstreifen wurde **Papyrus** hergestellt, auf dem im Altertum (in Ägypten schon für den Beginn des 3. Jahrtausend v. Chr. nachgewiesen) geschrieben wurde.

Parabel [griech.] *die,* **1)** *Literatur:* gleichnishafte Erzählung, die eine religiöse oder sittliche Forderung durch ein einprägsames Beispiel darstellt, z. B. die Gleichnisse Jesu oder die Ringparabel in Lessings »Nathan der Weise«.
2) *Mathematik:* eine zur Familie der →Kegelschnitte gehörende Kurve. Der Abstand aller auf der Parabel liegenden Punkte von einem festen Punkt, dem Brennpunkt *F,* und einer festen Geraden, der Leitlinie *l,* ist jeweils gleich. Der Abstand des Brennpunkts von der Leitlinie heißt Parameter (*p*).
Die Gleichung der Parabel lautet:

$$y^2 = 2\frac{p}{x}$$

Als Scheitel bezeichnet man den Parabelpunkt (*S*), der der Leitlinie am nächsten liegt.

parabolisch, parabelförmig gekrümmt.

Parabolspiegel, ein →Hohlspiegel, dessen Querschnitt die Form einer Parabel hat, vor allem im Scheinwerfer verwendet.

Paracelsus, Philippus Theophrastus, eigentlich Philipp Aureolus Theophrast Bombast von Hohenheim, Arzt, Naturforscher und Philosoph, *Einsiedeln (Kanton Schwyz, Schweiz) 11. November (?) 1493, †Salzburg 24. September 1541. Paracelsus, der als Wegbereiter der neuzeitlichen Medizin gilt, zog als Wander- oder Wundarzt durch Europa. Er erkannte (durch Erfahrung, Experiment und Naturbeobachtung) die Lebensvorgänge vor allem als chemische Vorgänge und führte zahlreiche chemische Substanzen als Arzneimittel ein. Seine medizinischen Forschungen galten u. a. der Syphilis, den Krankheiten der Berg- und Hüttenarbeiter und der Wundbehandlung. Daneben verfasste er philosophische und theologische Schriften.

Paradies [persisch] *das,* in vielen Religionen verbreitete Vorstellung von einer Stätte des vollkommenen Glücks, der Ruhe und des Friedens, die es am Anfang der Menschheitsgeschichte gegeben haben soll und die am Ende aller Zeit wieder erwartet wird, z. B. Himmel, Nirwana, im Alten Testament der Garten Eden.

Paradiesvögel, eine Vogelfamilie mit etwa 40 Arten in den Tropenwäldern Australiens, Neuguineas und der Molukken. Paradiesvögel sind amsel- bis krähengroße Singvögel, deren Männchen meist prächtig gefärbt und durch auffallende Federbildungen geschmückt sind. Die Weibchen sind in der Regel unscheinbar braun gefärbt.

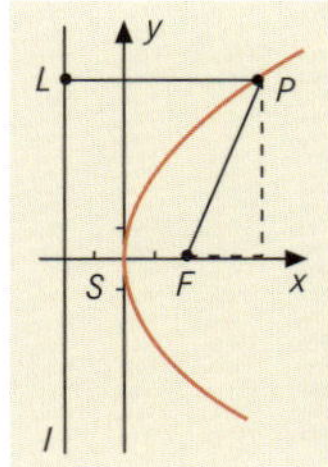

Parabel

Papua-Neuguinea

Flagge

Wappen

Ihre verlängerten Schmuckfedern stellen die **Paradiesvögel** bei der Balz durch Aufrichten und Abspreizen in ganzer Pracht zur Schau

■ **paradox** [griech.], widersinnig. Die **Paradoxie** ist eine Aussage, die einen Widerspruch im Sinne der formalen Logik enthält.
Auch das **Paradoxon** ist eine in sich widersprüchliche, scheinbar widersinnige und der allgemeinen Erfahrung zuwiderlaufende Aussage, die jedoch eine andere, höhere oder besondere Wahrheit spiegelt.

■ **Paraffin** [neulateinisch] *das,* ein festes oder flüssiges, fast farbloses, geruch- und geschmackloses Gemisch aus gesättigten Kohlenwasserstoffen, das durch Destillation aus Erdöl gewonnen wird. Paraffin wird zur Herstellung von Kerzen, Polituren, für Salben, Hautcremes, Schuhcremes, Schmiermitteln u. a. verwendet.

■ **Paragleiter,** antriebsloses Luftfahrzeug (Nurflügel-Gleitflugzeug) mit dreieckiger Tragfläche.

■ **Paragraph** [griech.] *der,* Zeichen **§,** besonders in Gesetzestexten und wissenschaftlichen Werken zur fortlaufenden Nummerierung der einzelnen Abschnitte benutztes Zeichen.

Paraguay
Fläche 406 752 km²
Einwohner 5,36 Mio.
Hauptstadt Asunción
Amtssprache Spanisch
Nationalfeiertage 14. und 15. 5.
Währung 1 Guaraní (₲, G) = 100 Céntimos (cts)
Zeitzone MEZ –5 Std.

Paraguay

Flagge

Wappen

■ **Paraguay** [auch: ...g^{u}ai], Republik im Innern Südamerikas. Mehr als 95 % der Bevölkerung sind Mestizen, etwa 2,5 % Indianer. Das Grasland des →Gran Chaco ist Weideland für Rinder, in Ostparaguay gibt es auch Getreide- und Zuckerrohranbau sowie große Wälder. Exportiert werden u. a. Baumwolle, Sojabohnen und Erdnüsse. Die Industrie verarbeitet vor allem die landwirtschaftlichen Produkte.

Geschichte: Während der spanischen Kolonialherrschaft wurde die Geschichte Paraguays wesentlich durch die Missions- und Siedlungstätigkeit der Jesuiten bestimmt. 1811 wurde Paraguay unabhängig. Im Krieg (1865–70) gegen Argentinien, Brasilien und Uruguay suchte Paraguay erfolglos, einen Zugang zum Meer zu erlangen; im Verlauf des Krieges wurde das Land völlig verwüstet und mehrere Jahre lang von Brasilien besetzt. 1932 kam es zum Krieg mit Bolivien. 1954 übernahm das Militär unter General Alfredo Stroessner (*1912) die Macht. Stroessner wurde 1989 in einem Militärputsch gestürzt. Die ersten freien Wahlen fanden 1991 statt.

■ **parallel** [griech.], nebeneinander verlaufend. In der Mathematik werden zwei Geraden oder Ebenen parallel genannt, wenn sie überall den gleichen Abstand voneinander und keinen gemeinsamen Schnittpunkt haben.

■ **Parallelogramm** [griech.] *das,* ein Viereck, bei dem die gegenüberliegenden Seiten parallel zueinander verlaufen. Das Parallelogramm hat folgende Eigenschaften:

1. **Die gegenüberliegenden Seiten sind gleich lang.**
2. **Die gegenüberliegenden Winkel sind gleich groß.**
3. **Benachbarte Winkel ergänzen sich zu 180°.**
4. **Die Diagonalen halbieren einander.**
5. **Jede Diagonale zerlegt das Parallelogramm in zwei deckungsgleiche Dreiecke.**
6. **Das Parallelogramm ist punktsymmetrisch zum Schnittpunkt der Diagonalen.**

Der Flächeninhalt ergibt sich als das Produkt der Länge der Grundlinie (a) und der Höhe (h). Spezielle Parallelogramme sind das Rechteck, der Rhombus und das Quadrat.

■ **Parallelrechner,** Computer, bei denen im Unterschied zu herkömmlichen Rechnern voneinander unabhängige Teilaufgaben einer komplexen Aufgabe nicht nacheinander von einem Prozessor, sondern parallel von einer Vielzahl von Mikroprozessoren abgearbeitet werden. Die mit Parallelrechnern erreichbare Steigerung der Rechengeschwindigkeit ist besonders im Bereich der Bildverarbeitung und für Simulationsverfahren erforderlich.

■ **Paralympics** →Behindertensport.

■ **Parameter** [griech.] *der,* **1)** *Mathematik:* eine in Gleichungen oder Funktionen neben den eigent-

lichen Variablen auftretende Hilfsvariable, deren Wert festgehalten oder systematisch verändert wird, um das Verhalten der entsprechenden Funktion oder Ähnliches zu untersuchen.
2) *Physik:* eine Größe, die bei dem gerade vorliegenden Prozess konstant gehalten wird, von Versuch zu Versuch aber verändert werden kann.

■ **Paraná** *der,* Fluss in Südamerika, 3700 km lang. Er entsteht aus dem Rio Paranaíba und dem Rio Grande in Brasilien und mündet in Argentinien nördlich von Buenos Aires in den →Río de la Plata.

■ **Paranoia** [griech., = Verrücktheit] *die,* eine Geistesstörung, bei der ein in sich schlüssiges Wahnsystem ausgebildet wird.

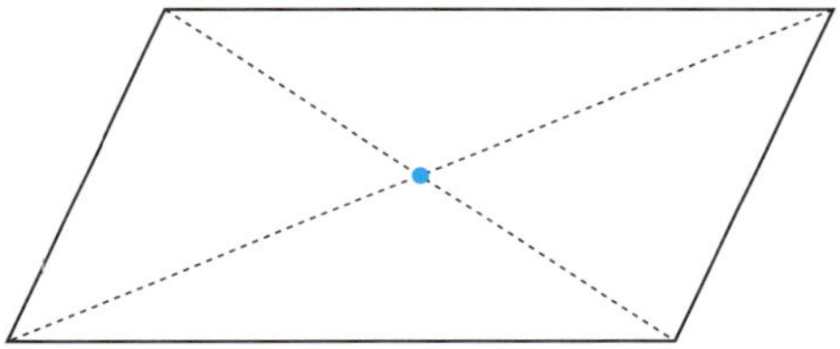

Parallelogramm als punktsymmetrisches Viereck

■ **Parapsychologie,** Lehre, die sich mit okkulten Erscheinungen (→Okkultismus) befasst, also mit Erscheinungen, die naturwissenschaftlich nicht erklärbar sind. Dazu gehören so genannte außersinnliche Wahrnehmungen wie Telepathie (direkte Übertragung von Gedanken und Gefühlen von Mensch zu Mensch) oder Hellsehen, aber auch unerklärliche Wirkungen auf Gegenstände, z. B. Telekinese (Bewegen von Gegenständen nur durch gedankliche Konzentration). Die Parapsychologie fasst diese Erscheinungen als **Psi-Phänomene** zusammen (Psi ist der Anfangsbuchstabe des griechischen Wortes Psyche, = Seele).

■ **Parasiten** [griech.] (Schmarotzer), Tiere oder Pflanzen, die auf Kosten anderer Tiere (auch des Menschen) oder Pflanzen leben, entweder in oder auf dem fremden Organismus (dem Wirt). Tierische Parasiten sind z. B. Bandwürmer, zu den pflanzlichen zählt die Mistel.

■ **Parcours** [parkur; frz.] *der,* im Pferdesport Hindernisbahn für Springprüfungen; im Motorsport Rennstrecke für Geschicklichkeitswettbewerbe.

■ **Parenthese** [griech.] *die,* Einschub, Redeteil (Wort, Wortgruppe, Satz), der außerhalb des eigentlichen Satzverbandes steht, z. B. ein Ausrufewort (au!, ach!), ein Anredefall (»*mein Sohn,* was willst du tun?«) oder ein Schaltsatz (das ist – *wer wollte das bezweifeln* – eine großartige Leistung). Die Parenthese wird durch Gedankenstriche, Kommas oder Klammern abgehoben.

■ **Parfüm** [frz.] *das,* kunstvolle Zusammenstellung von natürlichen oder synthetischen Riechstoffen, pflanzlichen Rohstoffen (ätherische Öle, Balsame) und – heute von geringer Bedeutung – tierischen Drüsensekreten.

■ **Parias** [Tamil] (Unberührbare), Inder, die keiner →Kaste angehören und in der Gesellschaft der Hindus als Außenseiter leben. Häufig gehen sie Berufen nach, die als »unrein« gelten. Trotz vielseitiger Bemühungen, die Parias in die Gesellschaft zu integrieren (z. B. von Mahatma Gandhi), werden sie noch heute, vor allem in den Dörfern, diskriminiert.

■ **Paris,** Gestalt der griechischen Mythologie, Sohn des Königs Priamos von Troja. Er spricht den von Hera, Athene und Aphrodite begehrten Preis der Schönheit der Letzteren zu **(Urteil des Paris)**. Mithilfe Aphrodites entführt er Helena aus Sparta und löst dadurch den →Trojanischen Krieg aus.

■ **Paris,** Hauptstadt und größte Stadt Frankreichs, beiderseits der Seine unterhalb der Marnemündung gelegen, 2,118 Mio. Einwohnern (im Ballungsraum zusätzlich 9 Mio.). Paris ist eine Weltstadt und Sitz internationaler Organisationen (u. a. UNESCO, OECD). Neben dem Institut de France (mit der Académie française) und der berühmten →Sorbonne gibt es weitere Universitäten, viele bedeutende Museen, Bibliotheken und Theater. Paris ist Mittelpunkt der Haute Couture (das die internationale Mode beeinflussende Schneiderhandwerk), die wichtigste Handelsstadt und der bedeutendste Binnenhafen Frankreichs; es verfügt über drei Flughäfen.
Stadtbild: Das innere Stadtgebiet wird vom Ring der äußeren Boulevards umschlossen, an die sich die Vorstädte (Faubourgs) anschließen. Es gibt zahlreiche berühmte Bauten, u. a. die Kathedrale Notre-Dame (1163 begonnen), die Sainte-Chapelle (1246–48), den Invalidendom (1680–1712) mit dem Grab Napoleons I., den →Louvre, den Triumphbogen (Arc de Triomphe de l'Étoile; 1836 vollendet, seit 1920 mit Grab des Unbekannten Soldaten), das Panthéon, den →Eiffelturm sowie das 1977 eröffnete Centre Georges-Pompidou (ein Kulturzentrum). Vergnügungs- und Künstlerviertel sind Montmartre und Montparnasse, das geistige Zentrum von Paris ist das Quartier Latin.
Geschichte: Als gallische Siedlung **Lutetia** wurde Paris erstmals von Cäsar erwähnt. Der Merowingerkönig Chlodwig I. erhob 508 die auf die Seine-Insel Île de la Cité beschränkte Siedlung zur Hauptstadt des Fränkischen Reiches. Im 11. und 12. Jahrh. ent-

standen Ansiedlungen auf dem rechten (Markt und Schloss) und dem linken (Universitätsviertel) Ufer der Seine. Paris entwickelte sich zur Hauptresidenz der französischen Könige. Im 17./18. Jahrh. war die Stadt kultureller Mittelpunkt Europas, dann Ausgangspunkt der Französischen Revolution. Bis heute konzentrieren sich in Paris, wie in keiner anderen europäischen Hauptstadt, die politischen, kulturellen und wirtschaftlichen Aktivitäten des Landes.

■ **Pariser Kommune,** Bezeichnung für den Pariser Stadtrat: 1) vom 14. Juli 1789 bis 1795; er war ab August 1792 das wichtigste Organ der Jakobiner;

2) von Ende März bis Ende Mai 1871, gewählt nach dem Aufstand der Pariser Nationalgarde gegen die Regierung; er setzte sich überwiegend aus republikanisch-revolutionären Kräften zusammen. In Kämpfen mit Regierungstruppen unterlag die Pariser Kommune endgültig in der »blutigen Woche« (21.–28. Mai), in der rund 25 000 Kommunarden getötet wurden.

■ **Parität** [zu lat. par, = gleich] *die,* **1)** *allgemein:* (zahlenmäßige) Gleichheit, Gleichstellung.

2) *Wirtschaft:* das im Wechselkurs zum Ausdruck kommende Wertverhältnis zwischen verschiedenen Währungen.

■ **Park,** weiträumige Gartenanlage. Kennzeichnend für den im 17. Jahrh. bestimmenden **französischen Park** sind streng geometrische Formen, sodass Beete und Rasenanlagen wie mit Zirkel und Lineal gezogen wirken. Der **englische Park** (englischer Garten) gewann im 18. Jahrh. an Bedeutung; mit lockeren Baumgruppen, Teichen, Rasenflächen u. a. sucht er die natürliche Landschaft (idealisiert) wiederzugeben.

■ **Park-and-ride** [pa'k änd raid; engl.], ein Organisationsprinzip im Großstadtverkehr, das die Innenstädte entlasten soll: Der Einzelne stellt sein Auto auf Parkplätzen am Stadtrand oder an Bahnhöfen ab und benutzt zur Fahrt in die Innenstadt öffentliche Verkehrsmittel.

■ **Parlament** [von frz. parler, = sprechen] *das,* in demokratischen Verfassungsstaaten das aus Wahlen hervorgegangene oberste Staatsorgan, das sich aus einer oder zwei Kammern zusammensetzt. Zu seinen wichtigsten Aufgaben gehören Gesetzgebung und Kontrolle der Regierung (z. B. durch Anfragen, Parlamentsausschüsse und Untersuchungsausschüsse). In parlamentarischen Demokratien nimmt das Parlament auch entscheidenden Einfluss auf die Regierungsbildung.

Der Vorgänger des Parlaments war der Große Rat der englischen Könige, der seit dem 13. Jahrh. als »Parliament« bezeichnet wurde und seit 1340 an der Gesetzgebung mitwirkte. Die politische Forderung nach aus →Wahlen hervorgegangenen Volksvertretungen setzte sich in Westeuropa jedoch erst seit dem 19. Jahrh. durch.

■ **Parlamentarischer Rat,** die 1948/49 in Bonn zur Ausarbeitung einer Verfassung (→Grundgesetz) tagende Versammlung von 65 Abgeordneten.

■ **Parlamentarismus** *der,* Bezeichnung für alle Regierungsformen, in denen ein aus Wahlen hervorgegangenes Parlament als Repräsentant des Volkes eine zentrale Stelle im politischen Prozess innehat.

■ **Parma,** Stadt in Oberitalien, mit 167 500 Einwohnern und einer Universität aus dem 13. Jahrhundert. Die Stadt ist für die Erzeugnisse ihrer Nahrungsmittelindustrie bekannt (u. a. Parmaschinken, Parmesankäse). Dom (11./12. Jahrh.) und achteckiges Baptisterium (12./13. Jahrh.) sind romanisch. Im Palazzo della Pilotta ist neben einer Gemäldegalerie auch das ganz in Holz erbaute Teatro Farnese aus dem frühen 17. Jahrh. zu sehen.

■ **Parnass** *der,* Kalkgebirgsstock in Mittelgriechenland, 2 457 m hoch. In der griechischen Mythologie galt der Parnass als Sitz Apolls und der Musen.

■ **Parodie** [griech.] *die,* die Nachahmung eines bekannten literarischen Kunstwerks in kritischer Absicht, wobei dessen Form für einen veränderten Inhalt benutzt wird. Die komische Wirkung entsteht aus dem Gegensatz zwischen der Form und den Aussagen der Parodie.

Wird ein bekannter Stoff in eine grob veränderte Form übertragen, so spricht man von einer **Travestie.** Hier entsteht die Komik aus der Differenz zwischen dem (meist gehobenen) Inhalt und dem unangemessenen sprachlichen Stil.

■ **Parodontose** [griech.] *die,* Zahnbettschwund, das fortschreitende Zurückweichen des Zahnfleischs von Zahnhals und Wurzel, das zu Lockerung und Ausfall der Zähne führt.

■ **Partei** [lat.] *die,* in der Politik ein dauerhafter Zusammenschluss von Bürgern mit gemeinsamen sozialen und politischen Vorstellungen über die Gestaltung der staatlichen, gesellschaftlichen und wirtschaftlichen Ordnung. Parteien nehmen Einfluss auf die politische Willensbildung (Formulierung von Interessen) sowie deren Umsetzung in politischen Prozessen und Verfahren (z. B. Wahlen).

Eine **Weltanschauungspartei** orientiert sich an übergeordneten moralischen, philosophischen oder

religiösen Zielen (z.B. konservative, liberale, sozialistische, christlich-konfessionelle Parteien).
Eine **Interessenpartei** sucht die besonderen Interessen einer Gruppe zu vertreten (z.B. Arbeiterpartei).
Eine **Volkspartei** sucht die vielen unterschiedlichen Interessen in der Bevölkerung zu bündeln und zu einem gemeinsamen politischen Willen zusammenzuführen.

Auch zu seiner Zeit stellte der Mathematiker und Physiker **Blaise Pascal** als philosophischer Denker die Kraft, die wir heute »emotionale Intelligenz« nennen, über die Form eines toten Faktenwissens, das als passives Wissen aus vielen einzeln gespeicherten Informationen besteht, die aber nicht unbedingt in ihren Zusammenhängen aktiv verstanden oder gar weitergehend begriffen werden

■ **Parthenogenese** →Jungfernzeugung.
■ **Parther,** im Altertum ein nordiranischer Volksstamm südöstlich des Kaspischen Meeres, dessen Gebiet um 555 v.Chr. vom Perserkönig Kyros II. erobert und zur Satrapie Parthien erklärt wurde. Hierher drangen um 250 v.Chr. die ebenfalls iranischen Parner vor und nahmen den Namen Parther an. Sie gründeten ein Großreich, das sich vom Euphrat bis zum Indus erstreckte und im 1.Jahrh. v.Chr. zur ständigen Bedrohung für die Römer wurde (Partherkriege). Im 3.Jahrh. wurde es von der persischen Herrscherdynastie der Sassaniden unterworfen.
■ **Partikel** [lat.] *die,* **1)** auch *das, allgemein:* Teilchen.
2) *Sprachlehre:* eine Wortart, die nicht flektiert werden kann, also Adverb *(dort, dann, deshalb),* Präposition (*auf, in, mit*) und Konjunktion (*weil, wenn, und, auch*).
■ **Partikularismus** [lat.] *der,* die Bestrebungen staatlicher Teilgebiete, ihre besonderen (regionalen) Interessen gegen die allgemeinen Interessen der übergeordneten staatlichen Gemeinschaft durchzusetzen.
■ **Partisan** [frz.-italienisch] *der,* Freischärler, Widerstandskämpfer; Angehöriger einer nicht zu den regulären Streitkräften gehörenden bewaffneten Gruppe; heute weitgehend durch den Begriff →Guerilla abgelöst.
■ **Partitur** [italienisch] *die,* die schriftliche Festlegung eines vielstimmigen Tonwerks; die Instrumentengruppen sind (in bestimmter Reihenfolge) Takt für Takt untereinander angeordnet.
■ **Partizip** [lat.] *das* (Mittelwort), Bezeichnung für Verbformen, die durch eine Mittelstellung zwischen Verb und Adjektiv gekennzeichnet sind. Im Deutschen unterscheidet man Partizip Präsens (Partizip der Gegenwart, z.B. *schwimmend)* und Partizip Perfekt (Partizip der Vergangenheit, z.B. *geschwommen).*
■ **Parzen** [lat.], die drei Schicksalsgöttinnen der römischen Mythologie: Nona, Decuma und Morta. Sie wurden den griechischen **Moiren** (Klotho, Lachesis, Atropos) gleichgesetzt. – auch →Nornen.
■ **Parzival** (Parsifal), Held der Artussage. Parzivals ritterlich-höfische Unterweisung, seine Abenteuer, die Aufnahme am Hofe König Artus' und die jahrelange, letztlich erfüllte Suche nach dem →Gral (Parzival wird König des Grals) wurden um 1190 von dem französischen Dichter Chrétien de Troyes und um 1200–10 von Wolfram von Eschenbach in Epen behandelt. Richard Wagner schrieb über diesen Stoff das Musikdrama »Parsifal« (1882).
■ **Pascal,** Blaise, französischer Mathematiker, Physiker und Philosoph, *Clermont-Ferrand 19.Juni 1623, †Paris 19. August 1662. Obwohl einer der bedeutendsten Naturwissenschaftler seiner Zeit, wandte sich Pascal in seinem religiösen Denken gegen Rationalismus und Optimismus: Der Mensch verfüge nicht nur über den Verstand (»raison«), um zu Erkenntnissen zu gelangen, sondern er benötige dafür und besonders für die Annäherung an den »verborgenen Gott« die »Logik des Herzens«. – Pascal entwarf 1642 eine Rechenmaschine, entdeckte 1647 das Gesetz der kommunizierenden Röhren und arbeitete u.a. über die Wahrscheinlichkeitsrechnung und die Kegelschnittlehre.
■ **Pascal** [nach Blaise Pascal] *das,* Einheitenzeichen **Pa,** gesetzliche Einheit des Drucks und der

mechanischen Spannung. 1 Pa ist gleich dem gleichmäßig auf eine ebene Fläche von 1 m^2 wirkenden Druck, wenn senkrecht auf diese Fläche die Kraft 1 N (→Newton) ausgeübt wird:

$1\ \mathrm{Pa} = 1\ \mathrm{N/m^2} = 10^{-5}\ \mathrm{bar}$.

Das 100fache der Einheit Pascal, das heute in der Meteorologie verwendete **Hektopascal** (hPa), entspricht 1 Millibar (mbar).

■ **PASCAL** →Programmiersprachen.

■ **Pascha** [türkisch] *der,* im Osmanischen Reich Titel der obersten Beamten und Offiziere.

■ **Pass** [lat.] *der,* **1)** *Baukunst:* für die Gotik kennzeichnende Maßwerkfigur, z. B. als Dreipass (geometrisches Ornament aus drei ineinander greifenden Kreisen).

2) *Geographie:* Bergübergang; eine meist schmale Einsattelung an einer Wasserscheide zwischen zwei Bergrücken oder Kämmen, die einen Übergang über einen Gebirgszug ermöglicht.

3) *Recht:* amtliche Urkunde, die im In- und Ausland als Ausweis anerkannt ist. In vielen Staaten besteht für den Grenzübertritt von Ausländern eine Passpflicht. – auch →Personalausweis.

4) *Zoologie:* →Passgang.

■ **Passah** [hebräisch] *das,* jüdisches Fest am 14./15. Nissan (dem 1. Frühlingsvollmond; März/April) zur Erinnerung an den Auszug des Volkes Israel aus Ägypten.

■ **Passat** [niederländisch] *der,* gleichmäßige Luftströmung in der Tropenzone (von den Rossbreiten zur äquatorialen Tiefdruckzone), bis in 2 km Höhe. Infolge der Erdrotation weht der Passat auf der nördlichen Halbkugel aus nordöstlicher Richtung, auf der südlichen Halbkugel aus südöstlicher. Im Allgemeinen ist er stetig und ganzjährig. Er ist trocken, nur beim Aufsteigen an Gebirgsküsten bringt er Regen (»Passatregen«).

■ **Passau,** Stadt in Niederbayern am Zusammenfluss von Donau, Inn und Ilz, mit 50 100 Einwohnern. Die Altstadt wird vom barocken Dom beherrscht (der Chor ist spätgotisch; berühmt ist die große Orgel). Ebenfalls aus dem Barock stammt die bischöfliche Residenz.

■ **Passgang** (Pass), Gangart der Vierfüßer (Kamel, Giraffe, seltener Pferd), bei der beide Beine einer Seite gleichzeitig jeweils anheben und niedersetzen. Dadurch kommt eine schaukelnde Bewegung zustande.

■ **Passion** [lat.] *die,* **1)** *allgemein:* Leidenschaft, Begeisterung.

2) *christliche Religion:* die Leidensgeschichte Jesu, über die die Evangelien berichten: Jesu Todesangst und Gefangennahme, Verhöre, Dornenkrönung, Verurteilung zum Kreuzestod durch Pilatus, das Tragen des Kreuzes, Kreuzigung, Tod und Begräbnis. – Teile der Passionsgeschichte wurden seit dem 15. Jahrh. vertont. Berühmt sind vor allem die Passionen von Johann Sebastian Bach (»Johannespassion«, 1724; »Matthäuspassion«, 1729).

■ **passiv** [lat.], untätig, teilnahmslos, duldend; Gegensatz: aktiv.

■ **Passiv** (Leideform) →Verb.

■ **Passiva** →Bilanz.

■ **Pastellmalerei,** eine Maltechnik, bei der mit Pastellfarben (aus Farbpulver, Kaolin, Ton und Bindemittel bestehend) auf rauem Papier oder Karton gemalt wird. Nach dem Auftragen können die pudrigen Farbschichten beliebig verrieben werden. Pastelle zeichnen sich durch zarte, lichte Farbigkeit aus.

Für die von den Machthabern seines Landes erzwungene Ablehnung des Nobelpreises wählte **Boris Pasternak** die Worte: »Mit Rücksicht auf die Bedeutung, die dieser Auszeichnung in der Gesellschaft, zu der ich gehöre, beigelegt wird, muss ich auf den unverdienten Preis verzichten... Fassen Sie meine freiwillige Ablehnung nicht als Unhöflichkeit auf«

■ **Pasternak,** Boris Leonidowitsch, russischer Schriftsteller, *Moskau 10. Februar 1890, †Peredelkino (bei Moskau) 30. Mai 1960. Seine Lyrik ist durch eine bildreiche, musikalische Sprache gekennzeichnet. Weltweite Beachtung fand Pasternak durch den Roman »Doktor Schiwago«, der wegen systemkritischer Passagen in der Sowjetunion nicht erscheinen durfte (zuerst 1957 in Italien in italienischer Übersetzung). Den ihm 1958 für sein Frühwerk verliehenen Nobelpreis musste er ablehnen.

Louis Pasteur

■ **Pasteur** [...tör], Louis, französischer Chemiker und Mikrobiologe, *Dole (Département Jura) 27. Dezember 1822, †Villeneuve-l'Étang (bei Paris) 28. September 1895. Pasteur, einer der Begründer der modernen Bakteriologie, erkannte erstmals Bakterien als Krankheitserreger und entwickelte Schutzimpfungen gegen Tollwut, Milzbrand, Rotlauf und Hühnercholera. Auf ihn geht auch das **Pasteurisieren** von Milch und anderen flüssigen Lebensmitteln zurück, die durch vorsichtiges Erhitzen auf 60–80 °C (dadurch Abtötung der Erreger möglicher Gärungsvorgänge) haltbar gemacht werden.

■ **Pastor** [auch: ...tor; lat., = Hirt] *der,* in Norddeutschland Bezeichnung und Anrede für katholische und evangelische Pfarrer.

■ **Pastorale** [italienisch, = Hirtenstück] *die,* Musikstück, das die Stimmung des idyllischen Landlebens musikalisch wiedergibt. Die bevorzugten Instrumente sind Schalmei und Oboe.

■ **Patagonien,** der südlichste Teil des südamerikanischen Festlands (bis zum Río Colorado im Norden). Der zu Chile gehörende Westen hat eine reich gegliederte Fjordküste; er wird von den Patagonischen Kordilleren (stellenweise vergletschert, bis 4 058 m hoch) durchzogen und ist großenteils bewaldet. Der viel größere Ostteil, der zu Argentinien gehört, ist ein nach Osten abfallendes, mit Gras- und Strauchsteppe bedecktes Tafelland, auf dem Schafzucht betrieben wird; hier liegen ausgedehnte Erdölfelder.

■ **Pate** [lat.] *der,* Taufzeuge (bei Katholiken zudem Firmzeuge) mit der Verpflichtung, die Mitverantwortung für die christliche Erziehung des Täuflings (oder des Firmlings) zu übernehmen.

■ **Patent** [mittellateinisch] *das, Recht:* **1.** Urkunde zur Verleihung von Rechten an Einzelpersonen (z. B. Jagdpatent) oder an Personengruppen (z. B. Gewährung der Religionsfreiheit für Lutheraner, Kalvinisten und Orthodoxe durch das Toleranzpatent Kaiser Josephs II. von 1781); früher auch Bestallungsurkunde (z. B. Offizierspatent);

2. Schutzrecht für eine Erfindung. Das Patent berechtigt den Patentinhaber zur alleinigen Nutzung und gewerblichen Verwertung der Erfindung für einen bestimmten Zeitraum. Es ist veräußerlich und vererblich; es wird nur auf Antrag erteilt, danach veröffentlicht und in die Patentrolle eingetragen. Die Aufgaben des Patentwesens nimmt in der Bundesrepublik Deutschland das Deutsche Patentamt in München wahr.

■ **Pater** [lat., = Vater] *der,* Titel und Anrede katholischer Ordensgeistlicher.

■ **Paternoster** [lat., = Vater unser] *der,* ein →Aufzug.

■ **Pathologie** [griech.] *die,* ein Gebiet der Medizin, das die Ursachen, Entstehungsweise und Verlaufsformen von Krankheiten und den durch sie hervorgerufenen Veränderungen und Auswirkungen erforscht.

■ **Pathos** [griech.] *das,* der gehoben feierliche Ausdruck in Sprache, Musik und Malerei.

■ **Patina** [italienisch] *die,* eine graugrüne, schützende Oberflächenschicht auf Kupfer oder Kupferlegierungen, die im Wesentlichen aus basischen Kupfersulfaten bestehen. Sie entsteht durch Einwirkung von Schwefel- und Kohlendioxid, in Meeresnähe auch durch Chloride. Patina wird häufig mit **Grünspan** verwechselt, das jedoch aus Kupferacetaten besteht.

■ **Patriarch** [griech.] *der,* **1)** *Altes Testament:* Bezeichnung für die »Erzväter« (Stammväter) des Volkes Israel: Abraham, Isaak und Jakob (und dessen zwölf Söhne).

2) *christliche Kirchen:* Ehrentitel der katholischen Kirche, vor allem für den Papst (Patriarch des Abendlandes) und für einige Bischöfe (von Venedig, Lissabon, Jerusalem). In den eigenständigen orthodoxen Kirchen Titel des obersten Geistlichen.

■ **Patriarchat** [griech., = Vaterherrschaft] *das,* Sozialstruktur, in der der Vater oder Älteste in einer Verwandtengruppe die Vorherrschaft innehat; im weiteren Sinne die Vorrangstellung des Mannes in Gesellschaft, Politik, Wirtschaft, Kultur, Kirche. – auch →Matriarchat.

■ **Patriotismus** [griech.] *der,* die Vaterlandsliebe.

■ **Patrizier** [lat.] *der,* **1)** im *alten Rom* die Angehörigen des Geburtsadels **(Patriziat),** die ursprünglich im Alleinbesitz der politischen Macht waren, im Unterschied zu den →Plebejern.

2) im *spätmittelalterlichen* und *neuzeitlichen Europa* die städtischen Oberschichten (Kaufleute, Ministerialen, zugezogener Landadel); aus ihrer Mitte ergänzte sich zunächst der Rat. Ihre Herrschaft wurde in den Zunftkämpfen des 14. Jahrh. und durch die Ausbildung fürstlicher Territorialstaaten erschüttert.

■ **Patron** [lat.] *der,* **1)** *altrömisches Recht:* im alten Rom der Schutzherr im Verhältnis zu seinen Freigelassenen (ehemaligen Sklaven) oder Klienten (Schutzbefohlenen).

2) *katholische Kirche:* (auch Schutzheiliger), Engel oder Heiliger, der als besonderer Beschützer gilt, z. B. der Patron einer Kirche (Kirchenpatron), einer Standes- oder Berufsgruppe (z. B. der heilige Christophorus als Schutzpatron der Reisenden, Kraftfahrer, Schiffer u. a.) oder einer Person (Namenspatron).

■ **Patrone** [frz.] *die,* zu einem Stück zusammengefasste Munition für Feuerwaffen, bestehend aus einer Hülse, die die Treibladung und den Zünder enthält, und dem Geschoss, das auf die obere Hülsenöffnung aufgepresst ist.

■ **Patt** [frz.] *das,* **1)** *Politik:* Situation, in der keine Partei oder Koalition einen Vorteil erringen oder den Gegner schlagen (überstimmen) kann.

2) *Schachspiel:* als unentschieden gewertete Stellung, bei der die am Zug befindliche Partei keinen Stein mehr bewegen kann, ohne dass der König bedroht ist.

■ **Pauke,** Schlaginstrument, dessen Klangkörper ein meist kupferner, halbkugelförmiger Kessel ist. Über den Kessel ist eine Tierhaut oder Kunststoff gespannt. Mit Schrauben oder Pedal kann die Spannung und damit die Tonhöhe verändert werden. Die Pauke wird mit einem Paar Schlägeln zum Klingen gebracht.

■ **Paulus** (jüdischer Name Saul), Missionar (»Apostel der Heiden«) und Theologe der christlichen Urgemeinde, *Tarsus (Kilikien) Anfang des 1. Jahrh. n. Chr., †Rom 60 oder 62 (?). Paulus

Weiß am Zug ist **Patt**

stammte aus einer strenggläubigen jüdischen Familie; durch seinen Vater war er römischer Staatsbürger. Von verhältnismäßig hoher griechischer Allgemeinbildung, schloss er sich den →Pharisäern an. Durch eine Christuserscheinung vor Damaskus (»Damaskuserlebnis«) wurde er zum Christentum bekehrt. Seine Missionsreisen führten ihn nach Kleinasien, Zypern und Griechenland. Nach seiner dritten Reise wurde er in Jerusalem verhaftet und nach Rom gebracht, wo er nach wahrscheinlich mehrjähriger Haft unter Kaiser Nero den Märtyrertod fand.

Paulus ist der Verfasser der ältesten Schriften des Neuen Testaments. Im Mittelpunkt seiner Verkündigung stehen die Lehre, dass der Mensch allein durch den Glauben die Sünden vergebende Gnade Gottes erlangen kann (besonders an diesen Punkt knüpfte später Luther an), und der Glaube an die Wiederkunft Jesu Christi.

■ **Pauschale** [neulateinisch] *die,* Geldbetrag, durch den eine Leistung, die sich aus verschiedenen Einzelposten zusammensetzt, ohne Spezifizierung abgegolten wird.

■ **Paviane,** 50–115 cm körperlange, langschwänzige Affen in den Bergen und Savannen Afrikas. Sie sind vierfüßig laufende Bodenbewohner mit langer Schnauze, einem raubtierartigen Gebiss, bunt gefärbten Backentaschen und großen, oft leuchtend roten Gesäßschwielen. Die Männchen haben oft eine Mähne (z. B. der Mantelpavian).

Auch bei den **Pavianen** – der große Unterschied: der Mantelpavian unterscheidet sich von seinem Weibchen vor allem durch die mantelartige Mähne an Schultern, Brust und den Kopfseiten

■ **Pay-TV** [pe͟itiwi; engl.], besonderes Fernsehprogramm, das monatlich zu bezahlen ist, um die codiert ausgestrahlten Sendungen mithilfe eines Decoders empfangen zu können.

■ **Pazifischer Ozean** (Pazifik, Stiller oder Großer Ozean), das größte der drei Weltmeere, zwischen Asien und Australien im Westen und Amerika im Osten, 166,2 Mio. km², mit Nebenmeeren 181,3 Mio. km² (nahezu 50 % der Wasserfläche der Erde). Die mittlere Tiefe beträgt 4280 m, die größte Tiefe 11034 m im Marianengraben (Witjastiefe). Die größten Nebenmeere sind das Australasiatische Mittelmeer und die Philippinensee sowie die Randmeere Beringmeer, Ochotskisches, Japanisches, Ostchinesisches und Gelbes Meer. Die Nebenmeere werden durch Inselbögen (z. B. Aleuten, Kurilen, japanischer Inselbogen, Ryūkyūinseln) vom Hauptozean getrennt. Im Westen ist der Pazifische Ozean durch zahlreiche Inselgruppen und mehrere große Tiefseegräben reich gegliedert. Die Oberflächentemperaturen schwanken zwischen 1 °C (im Norden) und 29 °C (in der äquatorialen Zone). In den Pazifischen Ozean münden nur wenige große Ströme, daher ist er nährstoffarm und somit verhältnismäßig arm an Meerestieren. – Der Pazifische Ozean wurde erstmals 1520/21 von Magalhães überquert.

■ **Pazifismus** [lat.] *der,* grundsätzliche Ablehnung des Krieges aus religiösen, sittlichen und politischen Gründen. Den Anstoß zur Gründung erster pazifistischer Organisationen gaben zu Beginn des 19. Jahrh. die Quäker in den USA und Großbritannien. Sie waren Ausgangspunkt einer allgemeinen →Friedensbewegung.

■ **PC,** Abkürzung für →Personalcomputer.

■ **PDS,** Abkürzung für Partei des Demokratischen Sozialismus, im Februar 1990 gegründete, aus der SED hervorgegangene politische Partei zunächst in der DDR, nach der Vereinigung der beiden deutschen Staaten in der Bundesrepublik Deutschland.

■ **Pearl Harbor** [pö͟ʳl ha͟bᵉʳ], Hafen auf der Hawaii-Insel Oahu, USA. Der Überfall japanischer Luft- und Seestreitkräfte auf den Marinestützpunkt Pearl Harbor am 7. Dezember 1941 eröffnete die amerikanisch-japanischen Kriegshandlungen im Zweiten Weltkrieg.

■ **Peary** [pi͟ᵉri], Robert Edwin, amerikanischer Polarforscher, *Cresson Springs (Pennsylvania) 6. Mai 1856, †Washington (D. C.) 20. Februar 1920. Peary unternahm sechs Expeditionen in die Arktis.

1901 umfuhr er die Nordküste Grönlands und wies damit dessen Inselcharakter nach. Am 6. April 1909 erreichte er die unmittelbare Nähe des Nordpols. Umstritten ist der Anspruch des amerikanischen Polarreisenden Frederick Albert Cook (1865–1940), bereits am 21. April 1908, also vor Peary, als Erster den Nordpol erreicht zu haben.

■ **Pech,** ein dunkler, zähflüssig-klebriger Rückstand aus der Destillation von Erdöl und Teer. Pech wird u. a. zur Herstellung von Pechkoks, Pechlacken und Kohlenstofffasern sowie von Teerpappen und als Weichmacher für Kautschuk verwendet.

■ **Pechblende** (Uranpecherz), mit den verschiedensten chemischen Elementen verunreinigtes Uranerz, chemisch ein Uranoxid der Zusammensetzung UO_2. Die Pechblende ist heute ein begehrtes Mineral für die Gewinnung des als Kernbrennstoff dienenden Urans.

■ **Pedal** [lat.] *das,* Fußhebel oder Tretkurbel. Bei Musikinstrumenten die mit den Füßen zu spielende Klaviatur (Orgel) sowie Fußhebel zur Tonbeeinflussung (Klavier, Harfe, Pauke).

■ **Pegasus** (Pegasos), in der griechischen Mythologie ein geflügeltes Pferd, das Symbol der Dichtkunst.

■ **Pegel,** eine Vorrichtung zum Messen des Wasserstandes in Flüssen, Seen und Flüssigkeitsbehältern. Die einfachste Form ist ein **Lattenpegel** mit metrischer Einteilung.

■ **Peilung,** die Bestimmung der Richtung (das heißt des Winkels, z. B. bezüglich der Nordrichtung), in der ein Punkt vom Beobachter aus gesehen liegt. Er kann entweder sichtbar sein (optische Peilung) oder Funkwellen ausstrahlen (Funkpeilung). Die optische Peilung erfolgt mit Fernrohr und Kompass, die Funkpeilung mit einer drehbaren Rahmenantenne (Richtantenne) und einem nachgeschalteten Funkempfänger.
Mit einer Peilung kann z. B. der Standort eines Flugzeugs oder Schiffes ermittelt werden. Dazu ist das Anpeilen von zwei festen Punkten erforderlich, deren Lage bekannt sein muss. Der Standort ergibt sich dann als Schnittpunkt der beiden Peillinien.

■ **Peking** (amtliche chinesische Form in lateinischen Buchstaben Beijing), Hauptstadt von China, am Nordrand der Großen Ebene, mit 7,15 Mio. Einwohnern (als regierungsunmittelbar verwaltetes Stadtgebiet 16 808 km², 12,6 Mio. Einwohner. Die Stadt verfügt über zahlreiche Kultur- und Bildungseinrichtungen. Sie besteht aus drei ineinander gestellten Bezirken, die jeweils ummauert und durch mächtige Torbauten zugänglich sind. Die fast quadratische **Innere Stadt (Mandschustadt)** enthält die ehemalige Kaiserstadt (auch **Verbotene** oder **Rote Stadt** genannt) mit zahlreichen Palast- und Tempelgebäuden. An ihrem Südrand schließt sich der Platz (am Tor) des Himmlischen Friedens an (größter öffentlicher Platz der Erde), an diesen die rechteckige **Äußere** oder **Chinesenstadt.** Außerhalb der alten Mauern sind zahlreiche Vorstädte entstanden.
Peking war seit etwa 1280 mit Unterbrechungen und unter verschiedenen Namen Residenz wechselnder Dynastien. Es wurde mehrfach zerstört und wieder aufgebaut. Seit 1949 ist es Hauptstadt der Volksrepublik China.

■ **Pelé,** eigentlich Edson Arantes do Nascimento, brasilianischer Fußballspieler, *Três Corações (Minas Gerais) 21. Oktober 1940. Pelé wurde mit der brasilianischen Nationalmannschaft dreimal Weltmeister (1958, 1962 und 1970). Er gilt als einer der besten Spieler in der Geschichte des Fußballsports.

■ **Pelikane** [griech.], Familie bis 1,8 m langer Vögel (Ruderfüßer) der Tropen und Subtropen mit sechs Arten, die sehr gut fliegen und schwimmen, aber nicht tauchen können (Ausnahme sind die Meerespelikane Amerikas). Mit dem langen Hals und dem sehr langen Schnabel, dessen Unterschnabel einen dehnbaren Hautsack trägt, schöpfen sie ihre Nahrung (Fische) aus dem Wasser.

Pelikan

■ **Peloponnes** *die,* auch *der,* griechische Halbinsel südlich des Golfs von Korinth, durch die Landenge von Korinth mit dem Festland verbunden. Die Peloponnes umfasst als Region 15 490 km² mit 606 000 Einwohnern. Berg- und Hügelländer (im Taygetos bis 2 407 m hoch), Hochflächen und fruchtbare Becken wechseln einander ab. Der Haupthafen ist Patras.
Auf der Peloponnes befinden sich Überreste wichtiger Orte und Kultstätten der Antike (u. a. Mykene, Epidauros, Sparta, Olympia).

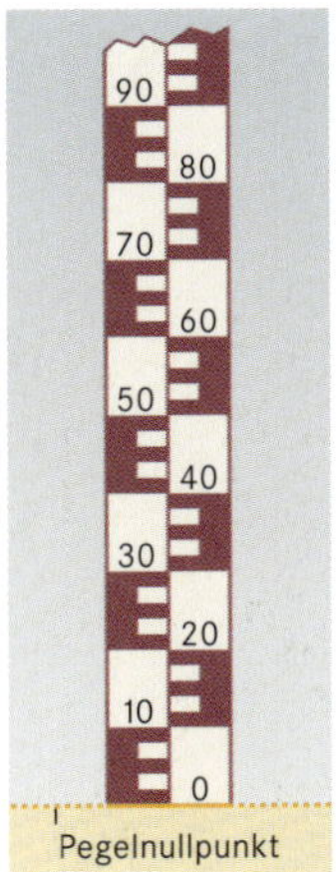

Pegel: Lattenpegel

■ **Peloponnesischer Krieg,** Krieg um die Vorherrschaft in Griechenland zwischen dem Peloponnesischen Bund unter Führung Spartas und Athen mit seinen Verbündeten, dem Attischen Seebund, 431–404 v. Chr. Der Krieg endete mit der Niederlage Athens.

■ **Pelze** (Fachbezeichnung: Rauchwaren), veredelte, das heißt zugerichtete und zum Teil auch gefärbte Tierfelle. Tiere, deren Felle zu Pelzen verarbeitet werden, sind u. a. Fohlen, Fuchs, Otter, Opossum, Karakullamm (Persianer), Nerz, Nutria, Hermelin, Marder, Zobel, Pelzrobbe, Kaninchen und Seehund. Das Jagen von Pelztieren, die zum Teil von der Ausrottung bedroht sind (z. B. Pelzrobben), wird von Umweltschutzverbänden stark kritisiert und ist auch in der breiten Öffentlichkeit umstritten.

■ **P.E.N.** (PEN, PEN-Club), Abkürzung für **P**oets, **E**ssayists, **N**ovelists [engl., = Dichter, Essayisten, Romanschriftsteller], 1921 gegründete internationale Schriftstellervereinigung, die für die weltweite Verbreitung aller Literatur sowie für einen ungehinderten Gedankenaustausch auch in Krisen- und Kriegszeiten eintritt. Die Mitglieder (sie werden durch Zuwahl aufgenommen) verpflichten sich zur Bekämpfung von Rassen-, Klassen- und Völkerhass und zum aktiven Eintreten für Pressefreiheit und Meinungsvielfalt. Zurzeit gibt es rund 130 Zentren in über 100 Staaten. Sitz des Internationalen P. E. N. ist London.

■ **Pẹndel** [lat.] *das,* im engeren Sinne ein an einem Faden hängender Körper, der nach Auslenkung aus der Ruhelage hin- und herschwingt. Im weiteren Sinn bezeichnet man als Pendel jeden um eine Achse oder einen Punkt drehbaren Körper, der Schwingungen ausführen kann.

Besonders leicht lassen sich die Gesetze der Pendelschwingung am **mathematischen Pendel** ableiten. Darunter versteht man ein Pendel, das aus einer punktförmigen Masse besteht, die an einem gewichtslosen Faden hängt. Als Schwingungsdauer oder Periode (T) eines Pendels bezeichnet man die Zeit, die für einen vollen Hin-und-Hergang benötigt wird. Für die Schwingungsdauer des mathematischen Pendels gilt die Beziehung:

$$T = 2\pi\sqrt{\frac{l}{g}}$$

(l = Länge des Pendels, g = Fallbeschleunigung; →Fall). Daraus ist ersichtlich, dass die Schwingungsdauer nur von der Pendellänge und der Fallbeschleunigung abhängt, nicht aber von der Masse des Pendels.

Das **Sekundenpendel** ist ein Fadenpendel, das für einen Hin- oder Hergang 1 Sekunde benötigt, dessen Schwingungsdauer also 2 Sekunden beträgt. Ein solches Pendel muss etwa 1 m lang sein.

Das **physikalische Pendel** ist ein Körper, der um eine nicht durch seinen Schwerpunkt gehende Achse drehbar ist. Bei ihm ist die Schwingungsdauer auch von der Masse des Körpers abhängig.

Wegen ihrer gleichmäßigen Schwingungsdauer werden Pendel zur Zeitmessung benutzt (Pendeluhr).

■ **Penelope,** in der griechischen Mythologie die Gemahlin des Odysseus, die ihm während seiner zwanzigjährigen Abwesenheit die Treue hielt; Mutter des Telemach.

■ **Penicilline,** Gruppe von →Antibiotika, die aus Schimmelpilzen gewonnen werden. Durch Hemmung bei der Neubildung der Bakterienzellwand wirken sie bakterientötend und sind daher als Medikament verwendbar. Häufiger Gebrauch fördert allerdings die Bildung resistenter (widerstandsfähiger) Bakterienstämme. Penicilline können beim Menschen zu lebensgefährlichen Allergien führen. Sie wurden 1928 von dem Engländer Alexander Fleming als erste Antibiotika entdeckt.

■ **Pẹnis** [lat.] *der,* das männliche Glied (→Geschlechtsorgane).

■ **Pẹnn,** William, englischer Quäker, *London 14. Oktober 1644, †Ruscombe (bei Reading) 30. Juli 1718. Er gründete 1681 in Nordamerika eine Kolonie für verfolgte Quäker, die er zu Ehren seines Vaters Pennsylvania nannte. Für sie entwarf er eine Verfassung mit dem Grundsatz der religiösen Toleranz. 1683 gründete er Philadelphia.

■ **Pennsylvania** [pensilwe̱ⁱniᵉ], Abkürzung **Pa.**, Bundesstaat im Nordosten der USA, der sich von der Küstenebene und dem Delaware River über die Appalachen bis zum zum Eriesee erstreckt, mit 119 291 km² und 12 Mio. Einwohnern. Die Hauptstadt ist Harrisburg, die größte Stadt Philadelphia. Pennsylvania verfügt über eine leistungsfähige Landwirtschaft mit bedeutender Milchwirtschaft. Unter den Staaten der USA ist das Land führend im Kohlenbergbau und steht an dritter Stelle in der Eisen- und Stahlproduktion.

Pennsylvania wurde 1681 von William Penn als Zufluchtstätte für verfolgte Quäker gegründet. Neben Quäkern wanderten vor allem viele Deutsche ein.

■ **Pẹntagon** [griech., = Fünfeck] *das,* das auf fünfeckigem Grundriss 1941/42 errichtete Gebäude des Verteidigungsministeriums der USA in Arlington (Virginia).

■ **Pentameter** →Vers.

■ **Pentatọnik** [griech.] *die,* ein fünfstufiges Tonsystem, ursprünglich eine Tonleiter ohne Halbtöne, z. B. mit den Tönen c–d–e–g–a oder deren Transposition. Die halbtonlose Pentatonik kommt vor allem in der Musik der Südsee, Ostasiens und Afrikas, aber auch in einigen europäischen Volks- und Kinderliedern vor. Eine jüngere Form, die auch Halbtöne enthält, beherrscht vor allem die japanische Musik.

■ **Percussion** [pᵉʳkạschn; engl., = Schlagzeug] *die, Musik:* 1. Bezeichnung für die Schlaginstrumente (→Schlagzeug) im Jazz und in der Popmusik; 2. in der Elektronenorgel ein Effektregister; auf Tastendruck klingt der Ton sofort stark an und schnell wieder ab und bewirkt so den typischen Sound.

■ **Perestroika** [russisch, = Umbau] *die,* Schlagwort für die von Michail Gorbatschow 1985 eingeleitete Umgestaltung des politischen und vor allem wirtschaftlichen Gefüges der Sowjetunion. – auch →Glasnost.

■ **Perfekt** (vollendete Gegenwart) →Verb.

■ **Performance** [p^er^fo̲rm^e^ns; engl.] *die,* eine aus den USA stammende Form der Aktionskunst, die in den 1970er-Jahren weitgehend an die Stelle des →Happenings trat. Im Gegensatz zu diesem bleiben Künstler und Publikum getrennt. Die Performance wird meist von einem einzelnen Künstler, aber auch von Gruppen vorgeführt. Häufig wird mit Mitteln des experimentellen Theaters und des modernen Balletts gearbeitet oder die Performance in Theater- und auch in Konzertaufführungen integriert.

■ **Pergament** [griech.] *das,* Beschreibstoff aus haarfreiem, nicht gegerbtem Ziegen-, Schaf- oder Kalbsleder. Pergament wurde seit dem 4./5. Jahrh. an der Stelle von Papyrus in Europa als Schreibmaterial verwendet (z.B. für mit Buchmalerei versehene Kodizes), bis es um 1500 vom Papier verdrängt wurde.

■ **Pergamon,** antike Stadt im westlichen Kleinasien (Anatolien), zum Teil an der Stelle der heutigen türkischen Stadt Bergama. Pergamon war 262–133 v. Chr. Mittelpunkt des mächtigen **Pergamenischen Reiches.** Der letzte König, Attalos III., vermachte es 133 v. Chr. testamentarisch den Römern, die hier die Provinz Asia einrichteten.

Seit 1878 finden Ausgrabungen statt. Man fand u. a. auf der Akropolis Reste mehrerer Tempel mit bedeutendem Skulpturenschmuck, die Ruinen des königlichen Palastes und eines Theaters sowie den **Pergamonaltar,** einen Altar des Zeus und der Athene (180–160 v. Chr.). Er wurde 1929 im Pergamonmuseum in Berlin aufgestellt (→griechische Kunst). Der Relieffries mit dem Kampf der Götter gegen die Giganten gehört zu den bedeutendsten erhaltenen Werken der hellenistischen Kunst.

■ **Perigäum** [griech.] *das,* →Apsiden.

■ **Perihel** [griech.] *das,* →Apsiden.

■ **Perikles,** athenischer Staatsmann, *Athen kurz nach 500 v. Chr., †ebenda (an der Pest) 429 v. Chr. Seit 443 war er ständiger gewählter Stratege (Feldherr und Lenker des Staates) und leitete die Ausgestaltung des 1. Attischen Seebundes zum attischen Seereich ein. Perikles war der bedeutendste Redner seiner Zeit.

Das **perikleische Zeitalter** war eine Glanzzeit Athens und ein Höhepunkt der klassischen griechischen Kultur (bildende Kunst, Dichtung, Philosophie, Geschichtsschreibung); es entstanden berühmte Bauten auf der Akropolis in Athen.

■ **Periode** [griech.] *die,* **1)** *allgemein:* ein bestimmter Zeitabschnitt oder etwas regelmäßig (periodisch) Wiederkehrendes.

2) *Mathematik:* eine sich ständig wiederholende Zahl oder Zahlengruppe bei unendlichen periodischen Dezimalbrüchen (z. B. 0,375375375... oder 0,6666...). Die Periode wird dabei nur einmal geschrieben und dann überstrichen. Statt 0,757575... schreibt man $0,\overline{75}$.

3) *Medizin:* die →Menstruation.

4) *Physik:* die Dauer von Schwingungen.

■ **Periodensystem der chemischen Elemente,** Abkürzung **PSE,** die systematische, tabellarische Anordnung der natürlichen oder durch Kernreaktionen künstlich erzeugten chemischen Elemente.

In den waagerechten Zeilen des PSE, den **Perioden,** werden die Elemente nach steigender Ordnungszahl, in den senkrechten Spalten, den **Gruppen** oder **Elementfamilien,** nach ähnlichen chemischen und physikalischen Eigenschaften eingeordnet. Die auf die beiden ersten Elemente Wasserstoff und Helium (1. Periode) folgenden 16 Elemente Lithium bis Argon, die die 2. und 3. Periode bilden, lassen sich acht verschiedenen Gruppen, den **Hauptgruppen,** zuordnen (gekennzeichnet als 1 A, 2 A, 3 B bis 7 B, 0). Die einer solchen Gruppe angehörenden Elemente verhalten sich chemisch sehr ähnlich, denn ihre Atome besitzen die gleiche Zahl der Außenelektronen. Feinere Unterschiede im chemischen Verhalten bei den Elementen einer Gruppe beruhen u. a. auf den unterschiedlichen Atomgrößen.

Die auf das Element Argon folgenden Elemente Kalium und Calcium, mit denen die 4. Periode beginnt, schließen in ihren Eigenschaften wieder an die Elemente der ersten und zweiten Hauptgruppe an. Die auf sie folgenden zehn Elemente Scandium bis Zink weichen in ihren Eigenschaften jedoch von den Hauptgruppenelementen ab und werden acht **Nebengruppen** zugeordnet (gekennzeichnet als 3 A bis 7 A, 8, 1 B, 2 B), wobei die drei einander ähnlichen Elemente Eisen, Kobalt und Nickel in einer einzigen Nebengruppe (Gruppe 8) zusammengefasst werden. Die auf das Zink folgenden Elemente Gallium bis Strontium gehören wieder zu den Hauptgruppen, die Elemente Yttrium bis Cadmium zu den Nebengruppen. Die weitere Einordnung ab dem Element Indium erfolgt nach dem gleichen Schema.

Eine Besonderheit ergibt sich in den Perioden 6 und 7 dadurch, dass das Element Lanthan und die darauf folgenden, dem Lanthan sehr ähnlichen Elemente Cer bis Lutetium unter der Bezeichnung **Lanthanoide** und das Element Actinium und die darauf folgenden Elemente Thorium bis Lawrencium unter der Bezeichnung **Actinoide** in gesonderten Reihen außerhalb des eigentlichen Systems aufgeführt werden. Die Elemente der Hauptgruppen werden unter besonderen Namen (als Alkalimetalle, Erdalkaligruppe, Borgruppe, Kohlenstoffgruppe, Stickstoffgruppe, Chalkogene, Halogene, Edelgase) zusammengefasst.

Das PSE wurde 1869 von dem Russen Dmitri Mendelejew und dem Deutschen J. Lothar Meyer unabhängig voneinander aufgestellt.

■ **Peripherie** [griech] *die,* **1)** *allgemein:* Randgebiet, Randbezirk.

2) *Mathematik:* Begrenzungslinie von geometrischen Figuren, insbesondere des Kreises (Kreisperipherie).

■ **Peripheriegeräte,** in der Datenverarbeitung Bezeichnung für alle Ein- und Ausgabegeräte, die über Datenkanäle an die Zentraleinheit eines Computers angeschlossen sind (z. B. Bildschirm, Drucker).

■ **Periskop** [griech.] *das,* ein Fernrohr, bei dem sich das →Objektiv weit oberhalb des →Okulars befindet. Die Richtung der Lichtstrahlen wird dabei zweimal umgelenkt (durch Prismen oder Spiegel). Periskope werden u. a. benutzt, um aus einem sicheren Unterstand heraus das Gelände überblicken zu können. Beim getauchten Unterseeboot kann das Periskop zur Beobachtung bis über die Wasseroberfläche ausgefahren werden.

■ **Peristaltik** [griech.] *die,* wellenförmig fort-

Periodensystem der chemischen Elemente

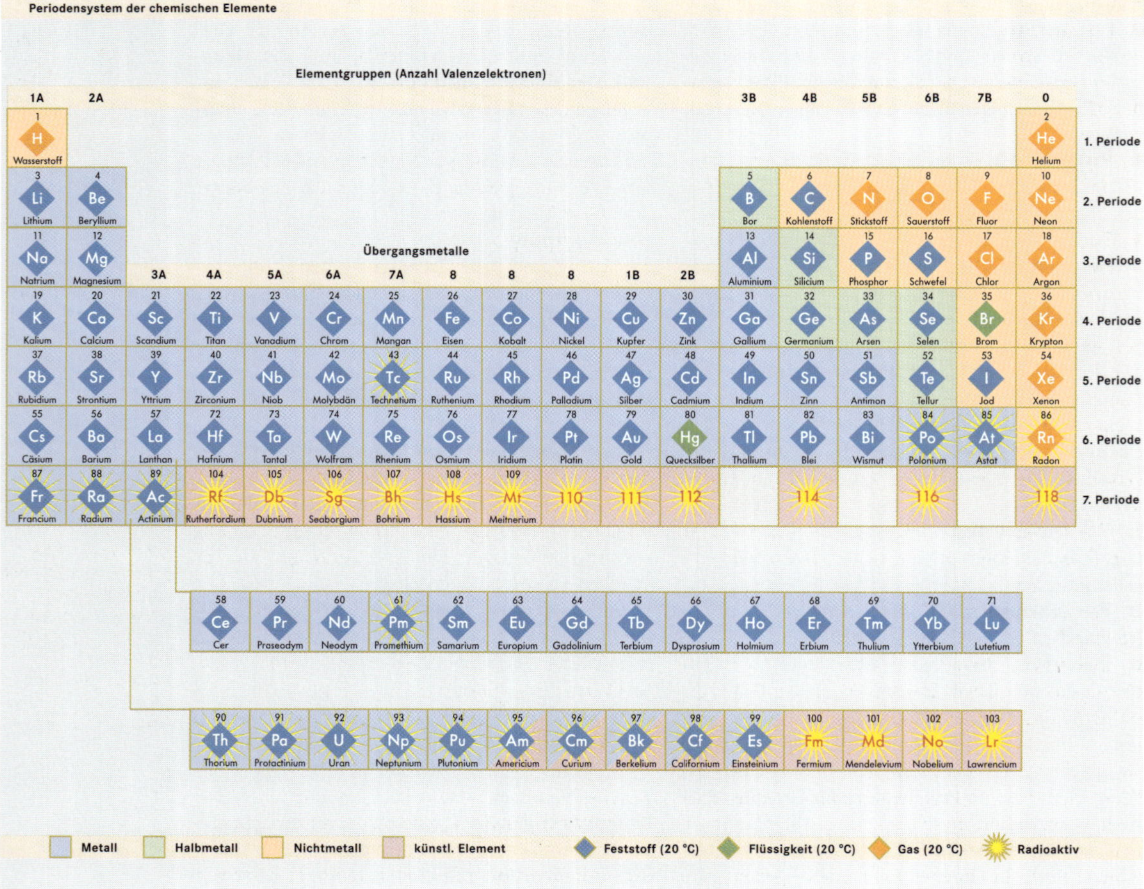

schreitende Kontraktionsvorgänge. Sie dienen bei vielen Wirbellosen der Fortbewegung, bei höheren Lebewesen der Beförderung des Inhalts von Magen, Darm und Harnleiter.

■ **Perlen,** etwa erbsengroße (selten bis walnussgroße) kugelige bis birnenförmige Gebilde aus →Perlmutt (etwa 96% Calciumcarbonat). Perlen bilden sich zwischen der Schale und dem Mantel einer Muschel um eingelagerte Fremdkörper. Um den Fremdkörper wird von der Muschel Perlmutt ausgeschieden, das die matt glänzenden weißen, gelblichen oder rosafarbenen, seltener grauen bis fast schwarzen Perlen ergibt. Sie wachsen recht lange (bis zehn Jahre und länger).

Perlen werden von Perlentauchern aus mitunter mehr als 20 m Tiefe tropischer oder subtropischer Meere gewonnen. Bei **Zuchtperlen** wird ein Perlkern (anstelle des Fremdkörpers) in die Muschel eingepflanzt.

■ **Perlhühner,** eine Familie der Hühnervögel mit sieben Arten in den Steppen und Regenwäldern Afrikas. Sie sind fast haushuhngroße Bodenbewohner mit kurzem Schwanz und perlartiger Gefiederzeichnung.

■ **Perlmutt** *das,* die schillernde Innenschicht (Perlmutterschicht) der Schalen von Weichtieren (hauptsächlich von Schnecken und Muscheln).

■ **Perm** →geologisches System (Übersicht).

■ **permanent** [lat.], dauernd, anhaltend, ununterbrochen.

■ **Perpetuum mobile** [lat., = das sich ständig Bewegende] *das,* eine Maschine, die sich von selbst bewegt und dabei Arbeit verrichtet, ohne dass ihr Energie zugeführt wird. In Unkenntnis der physikalischen Gesetze, nach denen ein Perpetuum mobile unmöglich ist, haben Erfinder immer wieder vergeblich versucht, eine solche Maschine zu konstruieren.

■ **Perserkriege,** die Kriege zwischen Persern und Griechen 500–449/448 v. Chr. Sie wurden ausgelöst durch den Aufstand der griechischen Städte in Kleinasien gegen die Perserherrschaft (Ionischer Aufstand). Die Verbindung der Ionier mit Athen veranlasste den Perserkönig Dareios I. zu einem Rachezug gegen Athen. Ein persisches Heer wurde 490 v. Chr. bei Marathon von den Athenern geschlagen.

480 nahm Xerxes, der Nachfolger des Dareios, den Krieg wieder auf und versuchte, ganz Griechenland zu erobern. Daraufhin schloss sich die Mehrzahl der Griechen unter Spartas Führung gegen ihn zusammen. Die griechische Stellung an den →Thermopylen unter Leonidas wurde verraten und genommen. Xerxes zerstörte Athen, wurde aber seinerseits 480 bei Salamis vernichtend geschlagen. 479 errangen die Griechen den entscheidenden Sieg über das persische Landheer bei Plataä und die persische Flotte bei Mykale. Mit der Gründung des 1. Attischen Seebundes (477) übernahm Athen die Führung der Griechen. Im Kalliasfrieden 449/448 zwischen Athen und Persien erkannte dieses die Zugehörigkeit der kleinasiatischen Griechenstädte zum Attischen Seebund an.

■ **Perseus,** in der griechischen Mythologie Sohn des Zeus und der Danae. Perseus befreit →Andromeda und nimmt sie zur Gemahlin. Ausgesandt, das Ungeheuer Medusa zu töten, deren Anblick jeden Menschen versteinert, erschlägt er sie mit abgewandtem Gesicht.

■ **Persien,** früherer Name von →Iran.

■ **Persischer Golf,** Nebenmeer des Indischen Ozeans, zwischen Iran und der Halbinsel Arabien. Die größte Tiefe beträgt 170 m. Das Klima am Golf ist schwül-heiß. Große wirtschaftliche Bedeutung hat das Erdöl, das an den Küsten und aus Unterwasserfeldern gefördert wird. Anliegerstaaten sind Iran, Irak, Kuwait, Saudi-Arabien, Bahrain, Katar, die Vereinigten Arabischen Emirate und Oman. Die Schiffe gelangen durch die 60–100 km breite Straße von Hormus in den Golf.

■ **Personalausweis,** amtliche Urkunde, mit der sich der Inhaber ausweisen kann. In Deutschland muss jeder Deutsche, der das 16. Lebensjahr vollendet hat, einen Personalausweis besitzen. Daneben wird nur ein gültiger Pass als ausreichende Legitimation anerkannt.

■ **Personalcomputer,** Abkürzung **PC,** ein leistungsfähiger Tischcomputer für den persönlichen (professionellen) Anwendungsbereich. Ein PC besteht im Wesentlichen aus einer Systemeinheit (CPU, Speicher, Festplatte, Floppy Disk) und den Peripheriegeräten wie Drucker oder Bildschirm. PCs eignen sich vor allem für die Erstellung von Rechnungen, Kalkulationen Diagrammen, Tabellen u. a. sowie zur Textverarbeitung. In Zukunft wird sich der PC vermutlich einerseits zur »intelligenten« Arbeitsplatzstation ohne Disketten- und Magnetbandlaufwerke innerhalb eines Rechennetzes und andererseits zur Multimediastation mit großer Rechenkapazität entwickeln. – auch →Computer.

■ **Personalpronomen** (persönliches Fürwort) →Pronomen.

■ **Personalunion,** eine nur durch ein gemeinsames Staatsoberhaupt hergestellte Staatenverbindung, die die staatliche Selbstständigkeit der verbundenen Staaten nicht berührt, im Unterschied

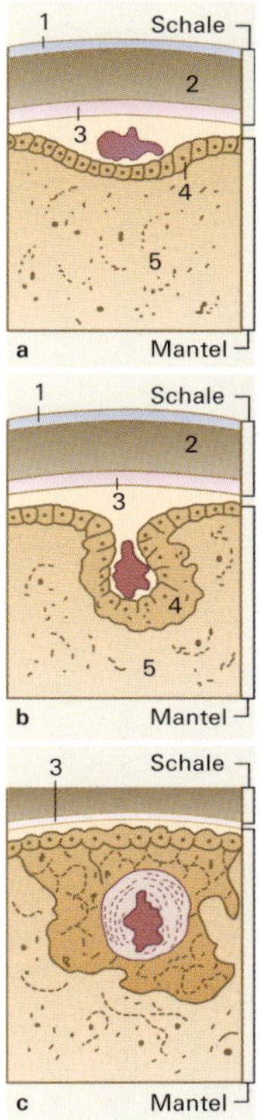

Perlen entstehen, wenn ein Fremdkörper zwischen Mantel und Schale der Muschel gerät (a) und vom Mantelepithel umwuchert wird (b); die ins Bindegewebe des Mantels verlagerten Epithelzellen bilden einen Perlsack, in dem der Fremdkörper schichtweise mit Perlmuttermasse überzogen wird (c); 1 Kutikula (dünnes Häutchen über der äußeren Zellschicht), 2 Prismenschicht, 3 Perlmutterschicht, 4 Mantelepithel, 5 Bindegewebe

zur **Realunion,** bei der auch die leitenden Institutionen verschmolzen werden.

■ **Personenkraftwagen** → Kraftwagen.

■ **persönliches Fürwort** (Personalpronomen) → Pronomen.

■ **Perspektive** [lat.] *die,* **1)** *allgemein:* sich von einem bestimmten Standpunkt aus ergebende Betrachtungsweise, Blickwinkel; Zukunftsaussicht, -erwartung.

2) *darstellende Geometrie:* zeichnerische Abbildung eines (räumlichen) Gegenstandes auf einer (ebenen) Fläche, die die möglichst wirklichkeitsnahe Darstellung der Räumlichkeit anstrebt. Als Hilfskonstruktion dient dabei der **Fluchtpunkt.** Nur die geraden Linien des Gegenstandes, die parallel zur Zeichenebene verlaufen, behalten ihre Richtung in der Abbildung bei. Alle übrigen parallelen Geraden erscheinen im Bild als gerade Linien, die im Fluchtpunkt zusammenlaufen. Liegt der Fluchtpunkt sehr tief, so spricht man von **Froschperspektive,** liegt er sehr hoch, von **Vogelperspektive.**

Peru
Fläche 1 285 216 km²
Einwohner 25,23 Mio.
Hauptstadt Lima
Amtssprachen Spanisch, Ketschua, Aimara
Nationalfeiertag 28. 7.
Währung 1 Neuer Sol (S/.) = 100 Céntimos
Zeitzone MEZ – 6 Std.

Peru

Flagge

Wappen

■ **Peru,** Republik an der pazifischen Küste Südamerikas. Peru wird in drei Landschaftseinheiten gegliedert:

1. die **Costa,** die wüstenhafte Küstenebene. In Bewässerungsoasen werden hier Zuckerrohr und Baumwolle angebaut, außerdem Reis, Gemüse, Obst, Tabak. In der Costa kommen Guano und Schwefel vor, im Norden vor allem Erdöl;

2. die **Sierra,** das Andenhochland, gegliedert in West-, Zentral- und Ostkordillere. Dieses Gebiet ist verhältnismäßig dicht besiedelt und hat tropisches Gebirgsklima. Bedeutend sind Ackerbau und Viehwirtschaft sowie der Erzbergbau;

3. die **Montaña,** die östliche Andenabdachung mit Anteil am Amazonastiefland. Hier finden sich umfangreiche Erdölvorkommen.

Wichtigste Zweige der überwiegend an der Küste angesiedelten Industrie sind die Erzverhüttung, Textil-, Bekleidungs- und chemische Industrie. Die vor der Küste gefangenen Fische werden überwiegend zu Fischmehl verarbeitet. Die Bevölkerung besteht zu mehr als 50 % aus Indianern (47 % Ketschua und 5,4 % Aimara), 32 % Mestizen und 12 % Weißen.

Geschichte: Seit 2500 v. Chr. gab es im Gebiet des heutigen Peru Siedlungen mit Häusern und die Ausbildung von Kunststilen. Es entwickelten sich staatliche Organisationen wie die Huarikultur, das Tiahuanacoreich und im mittleren Hochland seit etwa 1200 n. Chr. das Inkareich. Die → Inka schufen einen Einheitsstaat, dessen Macht schon vor der Eroberung durch die Spanier ab 1532 durch Pizarro geschwächt war. Peru wurde Teil des spanischen Reiches, Ecuador (1739) und Bolivien (1776) wurden abgetrennt. 1821–24 kämpfte Peru für seine Unabhängigkeit. Die Zeit nach 1945 war geprägt durch mehrere Militärputsche. Seit 1980 wird Peru von gewählten Zivilregierungen geführt – unter Staatspräsident Alberto Fujimori (* 1938; 1990-2000) mit autoritären Tendenzen.

■ **Perversion** [lat., = Verdrehung] *die,* eine starke bis krankhafte Abweichung von den allgemein als normal angesehenen psychischen Einstellungen und Verhaltensweisen, insbesondere im sexuellen Bereich (z. B. Sodomie). Der Begriff der sexuellen Perversion wird von Sexualwissenschaftlern auf bestimmte, suchtähnliche Sexualpraktiken begrenzt, ohne deren Ausübung keine sexuelle Befriedigung erlangt werden kann.

■ **Pessar** → Empfängnisverhütung.

■ **Pessimismus** [von lat. pessimus, = das Schlechteste] *der,* eine Einstellung oder Lebensanschauung, die geneigt ist, bei allem Geschehen das Übel überwiegen zu sehen; Gegensatz: Optimismus.

■ **Pest** [lat.] *die,* eine hochansteckende, akute, bereits bei Erkrankungsverdacht meldepflichtige bakterielle Infektionskrankheit. Der Erreger wird meist durch Flöhe von angesteckten Nagern auf den Menschen übertragen. Je nach Art und Verlauf der Infektion unterscheidet man die **Beulenpest** und die fast immer tödlich verlaufende **Lungenpest.**

Die Idee der Erziehung zur Selbsterziehung war für **Johann Heinrich Pestalozzi** der Motor seines Engagements für die allgemeine Volksbildung; das Porträt stammt aus dem Jahr 1808

Früher bekämpfte man die Pest durch Ausrotten der Nager und Pestflöhe sowie durch Quarantäne. Die schlimmste, aus Zentralasien eingeschleppte Pestepidemie traf Europa 1347–52; damals starben etwa 25 Mio. Menschen (etwa ein Drittel der Bevölkerung) am **schwarzen Tod.**

■ **Pestalozzi,** Johann Heinrich, schweizerischer Pädagoge, *Zürich 12. Januar 1746, †Brugg 17. Februar 1827. Pestalozzi gründete und leitete mehrere Erziehungsanstalten. Sein Streben galt einer umfassenden, auf Liebe und Glauben gründenden Menschenbildung. Er forderte, dass der Unterricht anschaulich gestaltet werden müsse, und betonte die Einheit von geistiger, sittlicher und körperlich-werktätiger Entwicklung (»Kopf, Herz, Hand«). Leitbild war ihm die Familie. Er verfasste u. a. »Lienhard und Gertrud« (1781–87) und »Wie Gertrud ihre Kinder lehrt« (1801).

Peter I., der Große – hier auf einem Gemälde um das Jahr 1710 – arbeitete im Jahr 1697 inkognito in dem holländischen Städtchen Zaandam als Zimmermann; diese Episode bot Albert Lortzing den Stoff für seine berühmte Oper »Zar und Zimmermann«

■ **Pestizide** [lat.], chemische Mittel zur Schädlingsbekämpfung in der Landwirtschaft.

■ **Peter I., der Große,** russischer Zar (seit 1682; zunächst unter Vormundschaft) und Kaiser (seit 1721), *Moskau 9. Juni 1672, †Sankt Petersburg 8. Februar 1725. Er bereiste 1697/98 inkognito Westeuropa und ließ sich in den Niederlanden und in England im Schiffbau ausbilden. Nach seiner Rückkehr leitete er Reformen nach westlichem Vorbild ein (u. a. Vergrößerung des Heeres, Schaffung der Ostseeflotte, Förderung der Wirtschaft, Umgestaltung der Verwaltung), die die Öffnung des Russischen Reiches nach Westeuropa bezweckten.
Nach Kriegen gegen die Türkei (1695–1700 und 1710/11) besiegte Peter die Schweden im 2. Nordischen Krieg und begründete damit die russische Vormachtstellung an der Ostsee. 1703 gründete er die Stadt Sankt Petersburg und erhob sie zur Residenz. Im Feldzug gegen Persien (1722/23) gewann er persische Gebiete am Kaspischen Meer. Seit Peter nahm Russland Einfluss auf das politische Geschehen in Europa.

■ **Petersburg** →Sankt Petersburg.

■ **Petition** [lat.] *die* (Bittschrift), schriftliches Gesuch (z. B. Bitte, Beschwerde) an das Staatsoberhaupt, das Parlament oder eine Behörde. Das Petitionsrecht für die Bundesrepublik Deutschland ist im Artikel 17 des Grundgesetzes festgelegt.

■ **Petrarca,** Francesco, italienischer Dichter und Humanist, *Arezzo 20. Juli 1304, †Arquà (heute Arquà Petrarca, Provinz Padua) 18. Juli 1374. Seine in der Volkssprache (nicht mehr in Latein) verfasste Lyrik enthält vor allem Gedichte (meist Sonette) an die von ihm geliebte, aber bereits verheiratete Laura. Petrarcas Lyrik hat entscheidend zur Ausbildung der italienischen Sprache beigetragen und die europäische Lyrik maßgeblich beeinflusst.

■ **Petrochemie,** Zweig der chemischen Großindustrie, der chemische Stoffe aus Erdölprodukten und Erdgas herstellt.

■ **Petroleum** [mittellateinisch] *das,* eine bei der Destillation des Erdöls gewonnene Fraktion (Kohlenwasserstoffgemisch) mit dem Siedebereich 180–250 °C. Es wurde früher vor allem für Beleuchtungszwecke verwendet, heute vor allem als Heizöl,

Pfadfinder: Abzeichen des Weltpfadfinderbundes

Pfalz
karolingische Pfalzen:
- Aachen
- Ingelheim
- Worms
- Frankfurt am Main
- Forchheim in Bayern
- Paderborn
- Nimwegen

ottonische Pfalzen:
- Quedlinburg
- Magdeburg
- Tilleda am Kyffhäuser

salisch-staufische Pfalzen:
- Goslar
- Hagenau im Elsass
- Gelnhausen
- Wimpfen
- Speyer
- Kaiserswerth (heute Stadtteil von Düsseldorf)
- Nürnberg.

Dieselkraftstoff und als Treibstoff für Strahltriebwerke (Kerosin).

■ **Petrus,** eigentlich Simon, Apostel, † zwischen 64 und 67. Petrus lebte, bevor er sich Jesus anschloss, als Fischer in Kapernaum am See Genezareth. Die Evangelien sprechen ihm eine gewisse Führungsrolle im Kreis der Jünger Jesu zu. Nach dem Tod Jesu war Petrus Oberhaupt der Gemeinde von Jerusalem, unternahm aber wohl auch Missionsreisen. Umstritten ist, ob er in Rom den Märtyrertod erlitt. – In der katholischen Kirche gilt der Papst als Nachfolger des Petrus.

■ **Petting** [engl.] *das,* das gegenseitige Liebkosen, Berühren, Streicheln und Küssen des ganzen Körpers einschließlich der Geschlechtsorgane, ohne dass das Glied in die Scheide eingeführt wird und es somit zum eigentlichen Geschlechtsverkehr kommt.
Petting ist eine gute Möglichkeit, sexuelle Erfahrungen zu machen, wenn man mit dem Partner/der Partnerin noch keinen Geschlechtsverkehr haben möchte. Weitere Gründe können sein, dass man sich vor einer Infektion, z. B. mit HIV, schützen möchte oder dass Geschlechtsverkehr nicht möglich ist, z. B. bei manchen Krankheiten oder auch in der fortgeschrittenen Schwangerschaft.

■ **Pfadfinder** (engl. Boyscouts), die größte freiwillige internationale Jugendbewegung der Erde (über 26 Mio. Mitglieder), 1907/08 von Robert Baden-Powell (1857–1941) in Großbritannien gegründet, seit 1909 auch in Deutschland. Zu den Grundprinzipien gehören die Arbeit in kleinen Gruppen und nach Altersstufen, die »Tracht« als gemeinsame Kleidung, die persönliche Verpflichtung auf die Grundideen der Solidarität, Toleranz und Mitverantwortung und internationalen Verständigung.

■ **Pfahlbauten,** Wohn- und Speicherbauten, die zum Schutz vor Feinden, Tieren, Bodenfeuchtigkeit und Ungeziefer auf eingerammte Pfähle gebaut sind und frei über dem Boden stehen. Pfahlbauten findet man im nördlichen Südamerika, in Afrika im Kongogebiet, am Malawisee, am Weißen Nil und an der Guineaküste sowie in Asien, besonders häufig bei Malaien, in der Südsee auf Neuguinea und Melanesien.
In Europa sind Pfahlbauten nur vereinzelt auf der Balkanhalbinsel zu finden. Verbreitet sind allerdings auf Pfähle gestellte Speicher. Bei den Pfahlbauten der jüngeren Steinzeit und späten Bronzezeit – besonders an den Voralpenseen – handelt es sich nur ausnahmsweise um echte Pfahlbauten; in der Regel sind es Überreste von Siedlungen, die in der einst trockenen Uferzone lagen. Die neuere Forschung spricht deshalb von Uferrandsiedlungen.

■ **Pfalz,** historisches Territorium in Südwestdeutschland. Von der Pfalzgrafschaft Lothringen am Niederrhein verlagerte sich der pfalzgräfliche Machtbereich nach Süden; er hatte im 13. Jahrh. Heidelberg als Zentrum. 1214 belehnte Kaiser Friedrich II. die bayerischen Wittelsbacher mit der Pfalz, 1329 wurde diese von Bayern getrennt (eigenständige Wittelsbacher Linie), 1356 wurden die Pfalzgrafen Kurfürsten (Kurpfalz). Ihr Territorium war durchsetzt von den Gebieten kleinerer und größerer fremder Herrschaften; die Dynastie zerfiel in mehrere Linien.
Im **Pfälzischen Erbfolgekrieg** (1688–97) verwüstete König Ludwig XIV. von Frankreich, der fragliche Erbansprüche verfocht, die Pfalz; 1777 wurde diese mit Bayern vereint. 1816 wurde aus den linksrheinischen ehemaligen pfälzischen und angrenzenden Gebieten der Bayerische Rheinkreis gebildet (seit 1838 »Rheinpfalz«), der seit 1946 zum Land Rheinland-Pfalz gehört.

■ **Pfalz,** im Mittelalter ein befestigter Wohnsitz des Königs. Pfalzen gab es über das ganze Reich verstreut. Sie dienten dem König bei seinen Reisen als Unterkunft und Gerichtsort. Eine Pfalz umfasste in der Regel einen Torbau, Palastbauten, den Wirtschaftshof und eine Kapelle. Städte wie Aachen, Goslar und Gelnhausen sind aus solchen Pfalzen hervorgegangen.

■ **Pfälzerwald** (Pfälzer Wald), Buntsandsteinbergland in Rheinland-Pfalz, das den **Naturpark Pfälzerwald** bildet, mit 1799 km², eingerichtet 1958. Den Ostteil des Berglandes bildet die **Haardt,** die von den höchsten Erhebungen des gesamten Pfälzerwaldes (Kalmit 673 m hoch) steil zum Oberrheingraben abfällt. An ihrem Fuß verläuft die Deutsche → Weinstraße.

■ **Pfandbrief,** ein → Wertpapier, das mit einem festen Zinssatz verzinst wird. Ausgegeben werden Pfandbriefe z. B. von Hypothekenbanken, die das auf diesem Wege beschaffte Geld als Hypothekarkredite (→ Hypothek) Hausbesitzern gegen Zins zur Verfügung stellen.

■ **Pfändung,** gerichtliche Maßnahme (Beschlagnahme), die z. B. aufgrund eines Gerichtsurteils angewendet werden kann, wenn jemand die im Urteil festgestellten Schulden nicht bezahlt. Die Pfändung geschieht bei beweglichen Sachen dadurch, dass der Gerichtsvollzieher sie in Verwahrung nimmt (z. B. Geld, Schmuck und Wertpapiere); alle übrigen Sachen (z. B. Auto, Möbel) können beim Schuldner bleiben, werden aber durch ein Siegel

(»Kuckuck«) als gepfändet gekennzeichnet. Bestimmte Teile des Einkommens sowie Gegenstände, die für Haushalt, Arbeit und persönlichen Gebrauch unentbehrlich sind, dürfen nicht gepfändet werden. Das Gericht kann dem Schuldner ausnahmsweise (auf seinen Antrag) eine Frist zur Zahlung setzen. Nach deren Ablauf werden die gepfändeten Sachen versteigert.

■ **Pfarrer,** Geistlicher, der mit der Seelsorge und kirchlichen Verwaltung einer Kirchengemeinde **(Pfarrei)** oder mit einem besonderen Amt (z. B. Krankenhaus-, Militärseelsorge) betraut ist. In der katholischen Kirche wird der Pfarrer vom Bischof bestellt, in den evangelischen Kirchen wird er von der Kirchenleitung eingesetzt oder von der Gemeinde gewählt.

Ein Inbegriff von strahlender Pracht: der Blaue **Pfau**

■ **Pfauen** [lat.], mit den Fasanen eng verwandte Hühnervögel in den Wäldern Südasiens und Indonesiens. Das Männchen trägt stark verlängerte, mit einer Augenzeichnung und schillernden Farben versehene Schwanzdeckfedern, die zu einem Rad aufgerichtet werden können. Auf dem Kopf tragen die Pfauen eine Krone aus schwärzlichen Kopffedern. Bei uns wird der **Blaue Pfau** (Größe des Männchens einschließlich der Schwanzfedern bis über 2 m) häufig als Ziervogel gehalten.

■ **Pfauenauge,** Name für verschiedene Schmetterlingsarten, die auffallende Augenflecken auf den Flügeln tragen. Das braunrote **Tagpfauenauge** ist ein Tagfalter mit buntem Augenfleck auf Vorder- und Hinterflügeln. Das rotbraune **Abendpfauenauge,** ein Schwärmer, trägt einen großen Fleck mit blauem Ring an den Hinterflügeln. Die **Nachtpfauenaugen** sind wollig behaarte Nachtschmetterlinge. Zu ihnen gehört der größte und schönste europäische Falter, das Große Nachtpfauenauge mit einer Flügelspannweite von 12–14 cm.

■ **Pfeffer,** eine einsamige Steinfrucht mit holzigem Kern und scharfem Geschmack (Gewürz). Sie stammt vom Pfefferstrauch, einer südostasiatischen Kletterpflanze. Der **schwarze Pfeffer** besteht aus ganzen, unreif geernteten und ungeschälten Früchten, der **weiße Pfeffer** wird dagegen reif geerntet und von der äußeren Schale befreit.

■ **Pfefferminze,** durch Kreuzung von zwei Arten der Lippenblütlergattung Minze entstandene Kulturart, die in Süddeutschland, in den Donauländern, in Italien und vor allem in den USA angebaut wird. Aus ihr wird entweder durch Aufgüsse der Blätter Tee bereitet oder Pfefferminzöl für Zahn- und Mundpflegemittel gewonnen.

■ **Pfeil,** Geschoss für Bogen, Armbrust oder Blasrohr. Der Pfeil besteht aus einem meist befiederten Schaft (Holz, Rohr) und einer Spitze aus Metall, Knochen oder Stein. Naturvölker bestreichen bisweilen die Pfeilspitze mit Gift (in Südamerika z. B. das Pflanzengift Curare), um Tiere und Menschen zu töten oder zu lähmen.

■ **Pferde,** weltweit verbreitete Familie hochbeiniger Unpaarhufer in Savannen und Steppen. Ihre Mittelzehe ist verlängert und endet in einem Huf; die anderen Zehen sind rückgebildet. Pferde sind Herdentiere mit gutem Hör- und Geruchsvermögen.

Zur Familie der Pferde gehören u. a. die Esel, die Zebras, das Prschewalskipferd (Wildpferd) und das aus ihm gezüchtete Hauspferd, aus dem alle heutigen Pferderassen gezüchtet wurden.

Man unterscheidet das lebhaftere, leicht gebaute, schnelle **Warmblut** vom ruhigeren, kräftigen **Kaltblut.** – Das männliche Pferd heißt **Hengst** (ist es kastriert, **Wallach**), das weibliche **Stute,** die Jungen heißen **Fohlen.** Nach der Farbe unterscheidet man z. B. Schimmel (weiß), Rappe (schwarz), Apfelschimmel (weiß mit dunklen Flecken) und Fuchs (braunrot). – auch →Ponys.

■ **Pferderennsport,** Wettläufe als Leistungsprüfung für Pferde, über Strecken von 1 000–4 800 m. Es gibt Galopprennen (Flachrennen und Hindernisrennen) sowie Trabrennen, bei denen die Pferde einen leichten, zweirädrigen Wagen, den »Sulky«, ziehen.

■ **Pferdesport** (Reitsport), zusammenfassende Bezeichnung für alle Sportarten, die der Mensch gemeinsam mit Pferden ausübt. Dabei wird zwischen Rennsport (→Pferderennsport) und Turniersport unterschieden. Zu diesem rechnet man →Dressur-

Der Pfefferstrauch ist eine Kletterpflanze mit rundlichen gelben bis roten Steinfrüchten; der **weiße Pfeffer** wird aus den reifen, von der äußeren Schale befreiten Früchten gewonnen und der **schwarze Pfeffer** aus den unreif geernteten ungeschälten Früchten

reiten, →Springreiten und →Military. Auch der Fahrsport, das Voltigieren und Reiterspiele (z.B. Pferdepolo) zählen zum Pferdesport.

■ **Pferdestärke,** Einheitenzeichen **PS,** gesetzlich nicht mehr zugelassene Einheit der →Leistung (1 PS = 0,735 Kilowatt).

Pfifferling

■ **Pfifferling,** ein Pilz der Laub- und Nadelwälder, dessen Fruchtkörper von Juli bis Ende September erscheint. Der Hut ist 3–8 cm breit, oft trichterförmig vertieft, mit einem unregelmäßigen Rand. Die Farbe ist blass- bis eidottergelb, das Fleisch weißlich. Der Pfifferling ist ein wertvoller Speisepilz.

■ **Pfingsten,** christliches Fest am siebten Sonntag nach Ostern. Es wird zur Erinnerung an das »Pfingstwunder« (die Herabsendung des Heiligen Geistes) begangen.

Pfirsich

■ **Pfirsich,** kugelige, seidig behaarte Steinfrucht des rot oder rosa blühenden **Pfirsichbaums,** eines Rosengewächses aus China. Es gibt ihn in vielen Kultursorten, die sich von China aus, wo der Pfirsichbaum schon im 3. Jahrtausend v. Chr. kultiviert wurde, über Persien nach Europa verbreitet haben. Eine glattschalige Abart ist die **Nektarine.**

■ **Pflanzen** [lat.], eine formenreiche, rund 360 000 Arten umfassende Gruppe von Organismen, die sich im Gegensatz zu den Tieren im Allgemeinen mithilfe der →Photosynthese ganz von anorganischen Stoffen (autotroph) ernähren. Ihre Organe (meist Blätter) sind deshalb dem Licht zugewandt. Meist können sie sich nicht frei fortbewegen (Ausnahme z.B. Einzeller). Ihre Zellwände bestehen hauptsächlich aus Zellulose.

Die **höheren Pflanzen** sind in Wurzel, Sprossachse und Blätter gegliedert. Sie pflanzen sich geschlechtlich durch die Vereinigung von Geschlechtszellen oder ungeschlechtlich durch Sporen fort. Viele Pflanzen vermehren sich zusätzlich durch vielzellige Ausläufer, Brutknospen, Brutzwiebeln, Sprosse und Knollen. Zu den Pflanzen gehören die Gruppen der Algen, Moose, Flechten, Farne und Samenpflanzen; ein eigenes Reich bilden die →Pilze.

Dieser Zweig trägt eine Zuchtform der **Pflaume,** die man Zwetschen nennt

Pflanzen sind für Mensch und Tier außer als Nahrungsmittel auch wegen der Freisetzung von Sauerstoff lebenswichtig. Darüber hinaus bewahrt eine dichte Pflanzendecke den Boden vor →Erosion, und im Gebirge kann dichter Waldbestand einen wirksamen Schutz vor der Bildung von Lawinen darstellen. Durch Speicherung von Niederschlagswasser sowie durch Wasserverdunstung an ihrer Oberfläche beeinflussen Pflanzen das Klima.

■ **Pflanzenläuse,** eine Ordnung der Insekten, zu der Blattflöhe, Blattläuse, Schildläuse u.a. gehören.

■ **Pflaume,** eine meist rundlich-kugelige, blaue, gelbe oder auch rote Steinfrucht des Pflaumenbaums, der wahrscheinlich aus einer Kreuzung (Schlehdorn und Kirschpflaume) in Vorderasien entstanden ist. In Europa wird er in vielen Sorten angebaut. Bekannte Zuchtformen sind die **Mirabelle** (mit kleinen gelben Früchten), die **Hauspflaume,** die **Zwetsche** (mit blauvioletten, eiförmigen Früchten und gelbem Fruchtfleisch) und die **Reneklode** (mit grünlichen, kugeligen Früchten).

■ **Pflegschaft,** Fürsorgeverhältnis, das nur bestimmte Angelegenheiten betrifft und nicht so umfassend ist wie die Vormundschaft (→Vormund).

■ **Pflicht,** beim Wettbewerb in verschiedenen Sportarten (z.B. beim Eiskunstlauf und Kunstturnen) vorgeschriebene Übung im Unterschied zur →Kür.

■ **Pflichtteil,** derjenige Teil des Erbes (in der Regel die Hälfte des Werts des gesetzlichen Erbteils), der den nächsten gesetzlichen Erben auch entgegen einem anders lautenden Testament mindestens zusteht, es sei denn, sie hätten sich schwerer Verfehlungen gegen den Erblasser schuldig gemacht.

■ **Pflug,** landwirtschaftliches Gerät, das den Ackerboden aufreißt und die Schollen wendet. Dabei werden Stoppeln und Düngemittel unter den Erdboden gebracht (umgepflügt).

■ **Pfropfung** →Veredelung.

■ **Pfründe** *die,* nach früherem katholischen Kirchenrecht ein Kirchenamt, das mit Einkünften verbunden war.

■ **Pfund, 1)** alte Gewichtsbezeichnung; 1 Pfund = 500 g = $^1/_2$ kg; das englische und amerikanische Pfund (»pound«) hat 453,6 g.

2) Währungseinheit in Großbritannien: 1 Pfund Sterling (Zeichen £) = 100 New Pence.

■ **Phalanx** [griech.] *die,* im Altertum die geschlossene Schlachtordnung der griechischen Heere. Sie bestand aus mehreren Reihen dicht neben- und hintereinander stehender, schwerbewaffneter Soldaten (Hopliten).

■ **Phallus** [griech.] *der,* der Penis. – Als Sinnbild der Zeugungskraft aus Holz oder Stein geformt, diente er als Fruchtbarkeitszauber, besonders in Ackerbaukulturen; in der Antike gehörte er zum Kult von Dionysos und Priapus (Fruchtbarkeitsgott).

■ **Phänomen** [griech.] *das,* seltenes, Aufsehen erregendes Ereignis (z.B. ein unerklärter Naturvorgang).

■ **Phänotyp** [griech.], das Erscheinungsbild eines Lebewesens; es entsteht aus dem Zusammenwirken der Erbanlagen (→Genotyp) und der Umweltbedingungen.

■ **Phantasie** →Fantasie.

■ **Phantom** [griech.] *das,* Trugbild, gespenstische Erscheinung.

■ **Pharao** [griech.-altägypt.] *der,* Titel der altägyptischen Könige.

■ **Pharisäer** [hebräisch], Angehöriger einer altjüdischen, religiös-politischen Gemeinschaft, die sich um einen frommen Lebenswandel bemühte und die jüdischen Gesetzesvorschriften genau befolgte. In vieler Hinsicht standen die Pharisäer den Lehren des Urchristentums nahe.

■ **Pharmazie** [griech.] *die,* die Wissenschaft von den Arzneimitteln, ihrer Zusammensetzung, Herstellung und Anwendung.

■ **Phase** [griech.] *die,* **1)** *allgemein:* Abschnitt einer Entwicklung oder eines Ablaufs.

2) *Astronomie:* die jeweilige Lichtgestalt eines nicht selbst leuchtenden Himmelskörpers (Mond, Planet, Asteroid); sie hängt von dessen Stellung zur Sonne und zum Beobachter ab.

3) *Elektrotechnik:* die unter Spannung stehenden Zuleitungen des elektrischen Netzes, auch die Spannung selbst.

4) *Physik:* →Welle.

■ **Phidias,** attischer Bildhauer des 5. Jahrh. v. Chr., einer der Hauptmeister der griechischen Klassik. Er war Oberaufseher beim Bau des Parthenons auf der Akropolis in Athen und schuf u. a. die 12 m hohe Kolossalstatue des Zeus für den Tempel in Olympia (eines der →sieben Weltwunder) und der Athene im Parthenon, beide mit Gold und Elfenbein verkleidet. Von einigen seiner Hauptwerke sind Beschreibungen und Nachbildungen erhalten.

■ **Philadelphia** [fil^{e}delfi^e], Stadt in Pennsylvania, am Mündungstrichter des Delaware River, mit 1,47 Mio. Einwohnern (im städtischen Ballungsraum 5,89 Mio.) eine der größten Städte der USA. Philadelphia wurde 1683 von William Penn gegründet. Damals entstand auch der heutige Stadtteil **Germantown** als erste deutsche Siedlung in Nordamerika. In Philadelphia wurde 1776 die Unabhängigkeit der USA verkündet. 1790–1800 befand sich hier der Sitz der Bundesregierung der USA.

■ **Philatelie** [griech.] *die,* die Briefmarkenkunde.

■ **philharmonisch** [griech.], die Harmonie, das Harmonische liebend; **Philharmoniker** nennen sich mehrere bedeutende Orchester, z. B. Wiener Philharmoniker, Berliner Philharmoniker.

■ **Philipp II.,** spanischer König (1556–98), *Valladolid 21. Mai 1527, †El Escorial (bei Madrid) 13. September 1598; Sohn Kaiser Karls V., Vater des Infanten Don Carlos. Er verlegte 1561 die königliche Residenz von Toledo nach Madrid und begann mit dem Bau der Klosteranlage El Escorial. Sein Versuch, das Eindringen der Reformation zu verhindern, führte in den Niederlanden zu Aufständen, die er rücksichtslos zu unterdrücken suchte, die jedoch mit dem Verlust der nördlichen Provinzen endeten. 1580 sicherte er sich den Besitz Portugals. Mit der Zerstörung der spanischen Flotte (der Armada) durch England (1588) begann der Niedergang der spanischen Großmacht.

Philippinen
Fläche 300 000 km²
Einwohner 72,164 Mio.
Hauptstadt Manila
Amtssprachen Filipino (Tagalog) und Englisch
Nationalfeiertage 12. 6. und 4. 7.
Währung 1 Philippinischer Peso (₱) = 100 Centavos (¢)
Zeitzone MEZ + 7 Std.

Philippinen

Flagge

Wappen

■ **Philippinen,** Staat und Inselgruppe (mit 7 100 Inseln) in Südostasien, der nördliche Teil des Malaiischen Archipels. Die Hauptstadt Manila liegt auf der größten Insel Luzon (104 688 km²). Weitere große Inseln sind Mindanao, Samar, Negros, Palawan, Panay, Mindoro und Leyte. Die Bevölkerung ist durch ethnische und sprachliche Vielfalt gekennzeichnet; etwa 80 % sind Katholiken, rund 9 % Protestanten, rund 4,6 % Muslime (vor allem auf Mindanao), die Autonomieforderungen erheben.

Die Inseln sind gebirgig, mit zum Teil noch tätigen Vulkanen; häufig treten Erdbeben auf. In dem feuchtheißen Monsunklima gedeihen u. a. Reis, Mais, Zuckerrohr und Kokospalmen. Die Philippinen sind der größte Kopraerzeuger der Erde. An Bodenschätzen haben sie Kupfer, Eisen, Mangan, Chrom, Gold und Erdöl. Die Industrie verarbeitet heimische Rohstoffe, daneben sind die Textilindustrie und der Elektronikbereich von Bedeutung. Umfangreich ist auch der Fischfang.

Geschichte: 1521 erreichte Magalhães als erster Europäer die Inseln. In der zweiten Hälfte des 16. Jahrh. wurden die Philippinen spanisch und erhielten ihren heutigen Namen (nach König Philipp II.). 1898 fielen sie an die USA. Nach japanischer Besetzung im Zweiten Weltkrieg erlangten sie 1946 ihre Unabhängigkeit.

1986 wurde der seit 1965 mit Korruption und Kriegsrecht herrschende Präsident Ferdinand Marcos durch Corazon Aquino, die bis 1992 Präsidentin blieb, abgelöst. Präsident Fidel Ramos (1992–98) suchte die Versöhnung mit den islamischen Aufständischen auf Mindanao und beendete einen zwanzigjährigen Bürgerkrieg, der mehr als 100 000 Tote gefordert hatte. Seit 2001 ist Gloria Arroyo Präsidentin.

■ **Philologie** [griech.] *die,* die Wissenschaft von der Erforschung von Texten und Kulturen aufgrund literarischer Überlieferung. Man unterscheidet verschiedene Fachrichtungen, u. a. klassische Philologie (Altgriechisch und Latein), romanische Philologie (Französisch, Italienisch, Spanisch, Rumänisch u. a.) oder englische Philologie.

■ **Philosophie** [griech., = Liebe zur Weisheit] *die,* die systematische Beschäftigung mit den Grundfragen, die etwa Immanuel Kant so formuliert hat: Was kann ich wissen, was soll ich tun, was darf ich hoffen, was ist der Mensch?

Die Philosophie fragt nach dem Zusammenhang der Dinge in der Welt, sucht die Aussagen der einzelnen Wissenschaften in einer Gesamtschau zusammenzufassen und untersucht die Möglichkeit menschlicher Erkenntnis.

Nach Aufgabe und Zielsetzung unterscheidet man im Wesentlichen folgende philosophische Disziplinen (Fachzweige): die Frage nach dem Allumfassenden und Allgemeinsten **(Metaphysik),** die Frage nach dem Sein **(Ontologie),** die Lehre vom richtigen Denken und Schließen **(Logik),** die Lehre von den Möglichkeiten und Formen der Erkenntnis **(Erkenntnistheorie),** die Lehre vom sittlichen Handeln des Menschen **(Ethik)** und die Lehre vom Schönen **(Ästhetik).**

■ **Phlegmatiker** [griech.] *der,* ein gleichgültiger, träger und schwerfälliger Mensch. – auch →Temperament.

■ **Phnom Penh** [pnom pẹn], Hauptstadt von Kambodscha mit 920 000 Einwohnern, am Mekong. Der Hafen ist für kleinere Seeschiffe erreichbar. – Phnom Penh wurde 1434 anstelle von Angkor Residenz der Khmerkönige. 1975, während des Bürgerkriegs, siedelten die Roten Khmer einen Großteil der Einwohner in ländliche Gebiete um.

■ **Phobie** [griech., = Furcht] *die,* eine seelische Erkrankung, bei welcher der Patient Angstzustände bekommt, die in keinem Verhältnis zur Ursache stehen. Dazu zählen z. B. die **Klaustrophobie** (Angst vor geschlossenen Räumen) und die **Agoraphobie** (Angst vor großen, weiten Plätzen). Behandelt wird die Krankheit z. B. mit Hypnose oder Lerntherapie.

■ **Phon** [griech.] *das,* ein Maß für die Lautstärke, wobei Phon die vom Menschen empfundene, Dezibel (→Lärm) dagegen die mit Messgeräten bestimmte Lautstärke darstellt.

■ **Phonem** [griech.] *das,* das kleinste lautliche Segment einer Sprache mit bedeutungsunterscheidender (jedoch nicht bedeutungstragender) Funktion (z. B. sind die Laute »d« und »t« in den Wörtern »leiden« und »leiten« Phoneme).

■ **Phonetik** [griech.] *die* (Lautlehre), Teilgebiet der Sprachwissenschaft, das die Lautbildung, das heißt die physikalischen (akustischen) und physiologischen (artikulatorischen) Eigenschaften der Laute, zum Gegenstand hat. Die **Phonologie** dagegen untersucht die Funktion der Laute im System der Sprache.

■ **Phöniker** (Phönizier), semitisches Volk, das spätestens im 2. Jahrtausend v. Chr. im Gebiet zwischen dem Libanongebirge und der östlichen Mittelmeerküste **(Phönikien, Phönizien)** sesshaft war. Die Phöniker führten von den wichtigsten Städten Byblos, Tyrus, Sidon und Berytos (= Beirut) regen Handel. Nachdem sie unabhängig von Ägypten geworden waren, dehnten sie ihre Macht durch Gründung von Handelskolonien im ganzen Mittelmeerraum aus. Eine bedeutende Niederlassung in Nordafrika, wo sie als **Punier** zur vorherrschenden Handelsmacht im westlichen Mittelmeer aufstiegen, war →Karthago. Seit dem 9. Jahrh. v. Chr. standen die phönikischen Städte unter der Oberherrschaft der Assyrer, danach unter der der Perser und Römer.

In der phönikischen *Kultur* mischten sich babylonische, ägyptische und andere Einflüsse. Die um 1200 v. Chr. entwickelte Schrift wurde zum Ausgangspunkt aller westlichen Buchstabenschriften.

■ **Phönix** *der,* Fabelwesen der Antike, das als Erscheinung des Sonnengottes aufgefasst wurde: ein Vogel, der sich selbst verbrennt, um aus der Asche neu zu entstehen (Sinnbild der ewigen Erneuerung und Auferstehung). – Im Christentum ist der Phönix Christussymbol.

■ **Phonologie** →Phonetik.

■ **Phosphor** [griech.] *der,* ein nichtmetallisches chemisches Element. Es kommt in mehreren Formen (Modifikationen) vor, vor allem als weißer und roter Phosphor.

Der **weiße Phosphor** ist eine wachsartige, gelbliche, sehr giftige und schon an der Luft entzündliche und oxidierende Substanz. Der **rote Phosphor** hingegen ist ungiftig und chemisch wesentlich reaktionsträger. Verwendet wird er u.a. bei der Herstellung von Reibflächen für Zündhölzer und von Feuerwerkskörpern.

Phosphor
chemisches Symbol: P
Ordnungszahl: 15
relative Atommasse: 30,97
Dichte (weiß): 1,82 g/cm^3
Schmelzpunkt (weiß): 44,1 °C
Siedepunkt (weiß): 280 °C

Die Salze der Phosphorsäure, H_3PO_4, die **Phosphate,** haben eine große Bedeutung, z.B. als Wasserenthärter in Waschmitteln oder in Düngemitteln. Gelangen sie in Gewässer, können sie diese überdüngen. Phosphate sind für eine normale Entwicklung von Pflanzen, Tieren und Menschen (Stärkebildung, Knochenaufbau) lebensnotwendig.

■ **Phosphoreszenz** [griech.] *die,* die Eigenschaft einiger Stoffe (z.B. Zinksulfid), nach Anregung mit Licht oder Röntgenstrahlen noch eine begrenzte Zeit lang Licht auszusenden (nachzuleuchten).

■ **Photoeffekt,** Auslösung von Atomelektronen aus ihrem Bindungszustand durch Licht; ein quantenhafter Vorgang. Die kinetische Energie der ausgelösten **Photoelektronen** nimmt mit der Energie der einfallenden →Photonen und damit mit der Frequenz des Lichts zu, sie hängt aber nicht von dessen Intensität ab, wie aufgrund der Wellentheorie des Lichts zu erwarten wäre.

■ **Photoelement** →Photozelle.

■ **Photon** [griech.] *das* (Lichtquant, Strahlungsquant), Symbol γ, masseloses →Elementarteilchen, das sich mit Lichtgeschwindigkeit bewegt. Ein Photon ist der kleinste Energieteil (Energiequant) einer elektromagnetischen Strahlung; seine Energie ist deren Frequenz proportional. Bei Röntgen- und Gammastrahlung ist diese Energie groß genug, um Atome zu ionisieren, worauf die Gefährlichkeit dieser Strahlungsarten für lebende Organismen beruht. Die Wechselwirkung zwischen Strahlung und Materie kann als Absorption oder Emission von Photonen beschrieben werden.

■ **Photosynthese** [griech.] *die,* eine grundlegende Stoffwechselreaktion in den Chloroplasten bei allen Pflanzen, die den Blattfarbstoff Chlorophyll besitzen. Dabei wird mithilfe der Lichtenergie Wasser in Sauerstoff und Wasserstoff gespalten und chemische Energie in Form von Adenosintriphosphat (ATP) gewonnen. Das ATP und der Wasserstoff ermöglichen die Bindung von Kohlendioxid aus der Luft an ein Kohlenhydrat. Aus der Verbindung entsteht Glucose (Traubenzucker). Sauerstoff wird als Abfallprodukt an die Luft abgegeben. Die Glucose wird als Stärke in den Chloroplasten gespeichert (→Assimilation).

■ **Photozelle,** optoelektronisches Bauelement, das auf dem →Photoeffekt beruht und dessen elektrische Leitfähigkeit mit der Stärke des einfallenden Lichts wächst. Durch Messung des »Photostroms« einer Photozelle in einem Stromkreis mit einer äußeren Spannungsquelle kann die Beleuchtungsstärke ermittelt werden.

Beim **Photoelement** erzeugt im Gegensatz hierzu das einfallende Licht selbst eine elektrische Spannung. Photoelemente werden u.a. in Belichtungsmessern und großflächig als →Solarzellen eingesetzt.

■ **Phrase** [griech.] *die,* **1)** *Musik:* melodische Sinneinheit, die aus mehreren Einzeltönen oder Motiven besteht.

2) *Sprachwissenschaft:* Satzteil, der aus einem Einzelwort oder mehreren Wörtern, die eine Einheit bilden, besteht.

■ **pH-Wert** [von lat. **p**otentia **h**ydrogenii, = Stärke des Wasserstoffs], eine Maßzahl für die in Lösungen enthaltene Konzentration an Wasserstoffionen, H^+ (bzw. Hydroniumionen, H_3O^+), das heißt für den sauren oder basischen Charakter (Acidität bzw. Basizität) einer Lösung. Der pH-Wert wird als negativer dekadischer Logarithmus der Wasserstoffionenkonzentration (H^+) angegeben. Da in reinem Wasser die Konzentrationen der Hydronium- und Hydroxidionen gleich groß sind (je 10^{-7} Mol pro Liter), liegt der negative Logarithmus der Wasserstoffionenkonzentration (der pH-Wert) des Wassers bei 7.

Lösungen mit höherer Wasserstoffionenkonzentration haben einen niedrigeren pH-Wert und werden als sauer bezeichnet (pH 0 bis 6,9), Lösungen mit niedrigerer Wasserstoffionenkonzentration haben einen höheren pH-Wert und werden basisch (oder alkalisch) genannt (pH 7,1 bis 14).

■ **Physik** [griech.] *die,* die Wissenschaft von den Naturvorgängen im Bereich der unbelebten Materie sowie von deren Eigenschaften, die sich experimentell erforschen, messen und mathematisch darstellen lassen und allgemein gültigen Gesetzen unterliegen. Insbesondere untersucht die Physik die Zustandsformen der Materie, ihre Struktur und Bewegung (Veränderung) sowie die diese hervorrufenden Kräfte und Wechselwirkungen.
Die Physik ist eine der exakten Naturwissenschaften und nimmt eine zentrale Stellung ein, weil die physikalischen Gesetzmäßigkeiten auch die Grundlage zum Verständnis der in anderen Naturwissenschaften beobachteten Naturvorgänge bilden.
In der experimentellen Physik liegen die Schwerpunkte in der messenden Beobachtung physikalischer Phänomene, während sich der theoretische Physiker vornehmlich mit der mathematischen Formulierung der in der Experimentalphysik gefundenen Erkenntnisse und der Ableitung der zugrunde liegenden Gesetze beschäftigt.
Die **klassische Physik** wird eingeteilt in →Mechanik, →Akustik, →Thermodynamik, Elektrodynamik (→Elektrizität) und →Optik. Aufgrund der Entwicklung der modernen Physik seit 1900 wird die Physik auch in Makrophysik (die die klassische Physik enthält) und Mikrophysik (die den atomaren Aufbau der Materie berücksichtigt) unterteilt.
In der klassischen Physik können alle Vorgänge anschaulich in Raum und Zeit beschrieben werden. Die Mikrophysik wird hingegen vor allem durch die Quantentheorie (→Quant) geprägt, die die von der klassischen Physik nicht erfassbaren Eigenschaften von Atomen und Molekülen beschreibt.
Die →Relativitätstheorie stellt den Übergang von der klassischen zur modernen Physik dar; ihre Gesetze sind in Makro- und Mikrophysik gültig.
Die **Atomphysik** untersucht Phänomene, die sich im Bereich der Elektronenhülle der Atome abspielen. Die Verbesserung der Messtechnik führte zur Entdeckung des Atomkerns und seiner Bausteine und damit zur **Kernphysik** sowie zur Physik der →Elementarteilchen, die die Kenntnisse über den Aufbau der Materie erheblich vertieft haben. Neben dem Vordringen zu immer feineren Strukturen ist es gelungen, die mikrophysikalischen Gesetze auf größere Objekte anzuwenden, die aus sehr vielen Teilchen zusammengesetzt sind (z. B. Festkörper, Gas, Plasma). Dabei konnten viele Eigenschaften der Materie, die schon in der klassischen Physik bekannt waren, aus ihrem atomaren Aufbau abgeleitet werden.
Geschichte: Nach Archimedes (um 285–212 v. Chr.) ruhte die experimentelle Forschung, bis Galilei mit seinen Untersuchungen über die Fall- und Pendelgesetze die Physik als die heutige Erfahrungswissenschaft begründete. Johannes Kepler entdeckte die Gesetze der Planetenbewegung, Isaac Newton begründete die Mechanik.
Im 19. Jahrh. wurde der Zusammenhang zwischen Elektrizität und Magnetismus entdeckt. 1888 wies Heinrich Hertz die von James Clerk Maxwell vorhergesagten elektromagnetischen Wellen nach und schuf damit die Voraussetzung für die drahtlose Nachrichtenübermittlung. Max Planck schuf die Grundlage der Quantentheorie, die u. a. durch Niels Bohr und Werner Heisenberg weiter entwickelt wurde. Sie lieferte mit der von Albert Einstein aufgestellten Relativitätstheorie Vorbedingungen für die Atomphysik. Otto Hahn entdeckte 1938 die induzierte, das heißt durch den Beschuss mit Neutronen künstlich herbeigeführte Kernspaltung, was den Weg zur Nutzung der Kernenergie eröffnete. Die Ergebnisse der Halbleiterphysik, vor allem die Erfindung des Transistors Ende der 1950er-Jahre, leiteten die rasante Entwicklung von Elektronisierung und Datenverarbeitung ein. Als neuartige Lichtquelle fand der Laser seit den 1960er-Jahren immer zahlreichere Anwendungen in Technik und Medizin. Die Abbildung einzelner Atome an Oberflächen war erstmals in den 1980er-Jahren mit dem Tunnelmikroskop möglich.

■ **Physiognomie** [griech.] *die,* das für ein Lebewesen charakteristische äußere Erscheinungsbild, besonders die menschlichen Gesichtszüge.

■ **Physiologie** [griech.] *die,* die Lehre von den normalen und den krankheitsbedingten Lebensvorgängen im Organismus, insbesondere in Organen, Geweben und Zellen. Dabei werden vor allem chemisch-physikalische Grundlagen erforscht.

■ **physisch** [griech.], körperlich.

■ **Pi, 1)** (Π, π), der 16. Buchstabe des griechischen Alphabets.
2) *Mathematik:* π, das Zeichen für die ludolphsche Zahl (Kreiszahl):

$$\pi = 3{,}141\,592\,653\,589\,793\ldots$$

Pi ist eine transzendente reelle Zahl, die das konstante Verhältnis von Kreisumfang ($2\pi r$) zum Durchmesser ($2r$) angibt. Die Kreisfläche A berechnet sich aus:

$$A = \pi r^2.$$

■ **piano** [italienisch], musikalische Vortragsbezeichnung: leise, sanft; Gegensatz: forte.

■ **Pianoforte** →Klavier.